西藏自治区"八五"普法教材

བོད་རང་སྐྱོང་ལྗོངས་ཀྱི་"ལོ་ལྔ་ཚན་བརྒྱད་པའི་"ཁྲིམས་ལུགས་ཁྱབ་གདལ་བསླབ་གཞི།

公务员法律知识读本

གཞུང་ཞབས་པའི་བཅའ་ཁྲིམས་ཤེས་བྱའི་ཀློག་དེབ།

西藏自治区司法厅　西藏自治区普法办　编

བོད་རང་སྐྱོང་ལྗོངས་སྲིད་ཁྲིམས་ཐིང་དང་བོད་རང་སྐྱོང་ལྗོངས་

ཁྲིམས་ལུགས་ཁྱབ་གདལ་གཞུང་ལས་ཁང་གིས་བསྒྲིགས།

བོད་ལྗོངས་བོད་ཡིག་དཔེ་རྙིང་དཔེ་སྐྲུན་ཁང་།

西藏藏文古籍出版社

图书在版编目（CIP）数据

西藏自治区“八五”普法教材 ：汉文、藏文 / 西藏自治区司法厅，西藏自治区普法办编. -- 拉萨 ：西藏藏文古籍出版社，2021.11

ISBN 978-7-5700-0619-9

Ⅰ. ①西… Ⅱ. ①西… ②西… Ⅲ. ①法律—中国—教材—汉、藏 Ⅳ. ①D920.5

中国版本图书馆 CIP 数据核字（2021）第 218626 号

西藏自治区“八五”普法教材

编　　者	西藏自治区司法厅　西藏自治区普法办
责任编辑	曾恒　顿珠平措
翻　　译	扎西旺久
出　　版	西藏藏文古籍出版社　邮政编码：850000 打击盗版：0891-6930339
印　　刷	西藏福利印刷厂
经　　销	全国新华书店
开　　本	16 开（710×1 000）
印　　张	77.5（共 7 册）
印　　数	1-1,000
字　　数	450 千字
版　　次	2021 年 11 月第 1 版
印　　次	2021 年 11 月第 1 次印刷
标准书号	ISBN 978-7-5700-0619-9
定　　价	198.00 元（共 7 册）

目　录

དཀར་ཆག

一、总　　论

དང་པོ། སྤྱི་བཤད།

1. 习近平新时代中国特色社会主义思想的主要内容是什么？

༡.ཞི་ཅིན་ཕིང་གི་དུས་རབས་གསར་པའི་ཀྲུང་གོའི་ཁྱད་ཆོས་ལྡན་པའི་སྤྱི་ཚོགས་རིང་ལུགས་ཀྱི་དགོངས་པའི་ནང་དོན་གཙོ་བོ་གང་ཡིན་ནམ།

即“八个明确”：

明确坚持和发展中国特色社会主义，总任务是实现社会主义现代化和中华民族伟大复兴，在全面建成小康社会的基础上，分两步走在本世纪中叶建成富强民主文明和谐美丽的社会主义现代化强国；

དེའང་“གསལ་སྟོན་བརྒྱད་”དེ།

ཀྲུང་གོའི་ཁྱད་ཆོས་ལྡན་པའི་སྤྱི་ཚོགས་རིང་ལུགས་རྒྱུན་འཁྱོངས་དང་འཕེལ་རྒྱས་གཏོང་དགོས་པ་དང་། སྤྱིའི་ལས་འགན་ནི་སྤྱི་ཚོགས་རིང་ལུགས་དེང་རབས་ཅན་དང་ཀྲུང་ཧྭ་མི་རིགས་ཀྱི་རླབས་ཆེའི་བསྐྱར་དར་མངོན་འགྱུར་ཡོང་བ་བྱ་རྒྱུ་དེ་ཡིན། དེའང་ཁྱོན་ཡོངས་ནས་འབྱོར་འབྲིང་སྤྱི་ཚོགས་བསྐྲུན་ཚར་བའི་རྨང་གཞིའི་ཐོག་གོམ་སྟབས་གཉིས་ལ་དབྱེ་ནས་དུས་རབས་འདིའི་དུས་དཀྱིལ་ལ་སླེབས་དུས་སྟོབས་འབྱོར་དང་དམངས་གཙོ། ཤེས་དཔལ། ཞི་མཐུན།

མཛོས་སྡུག་བཅས་ལྡན་པའི་སྤྱི་ཚོགས་རིང་ལུགས་དེང་རབས་ཅན་གྱི་སྟོབས་ཆེའི་རྒྱལ་ཁབ་ཅིག་བསྐྲུན་ཐུབ་པ་བྱ་དགོས་པ་གསལ་བཏོན་གནང་བ།

明确新时代我国社会主要矛盾是人民日益增长的美好生活需要和不平衡不充分的发展之间的矛盾，必须坚持以人民为中心的发展思想，不断促进人的全面发展、全体人民共同富裕；

དུས་རབས་གསར་པར་རང་རྒྱལ་སྤྱི་ཚོགས་ཀྱི་འགལ་ཟླ་གཙོ་བོ་ནི་མི་དམངས་ཀྱི་ཉིན་རེ་བཞིན་ཇེ་ལེགས་སུ་འགྲོ་བའི་བདེ་སྐྱིད་ཀྱི་འཚོ་བའི་དགོས་མཁོ་དང་དོ་མི་མཉམ་པ་དང་འཐུས་སྒོ་མི་ཚང་བའི་འཕེལ་རྒྱས་དབར་གྱི་འགལ་ཟླ་ཡིན་ཕྱིར། ངེས་པར་དུ་མི་དམངས་ལྟེ་བར་འཛིན་པའི་འཕེལ་རྒྱས་ཀྱི་བསམ་བློ་རྒྱུན་འཁྱོངས་ཀྱིས་མི་རྣམས་ཁྱོན་ཡོངས་ནས་ཡར་རྒྱས་ཡོང་རྒྱུ་དང་། དམངས་ཡོངས་ཐུན་མོང་ཐོག་འབྱོར་ཕྱུག་ལྡན་པ་ཡོང་རྒྱུར་སྐུལ་འདེད་ཟམ་མི་ཆད་པ་གཏོང་དགོས་པ་གསལ་བཏོན་གནང་བ།

明确中国特色社会主义事业总体布局是“五位一体”、战略布局是“四个全面”，强调坚定道路自信、理论自信、制度自信、文化自信；

ཀྲུང་གོའི་ཁྱད་ཆོས་ལྡན་པའི་སྤྱི་ཚོགས་རིང་ལུགས་བྱ་གཞག་གི་སྤྱིའི་གྲུབ་སྟངས་ནི་“ཕྱོགས་ལྔ་གཞི་གཅིག”ཡིན་པ་དང་། འཐབ་ཇུས་ཀྱི་གྲུབ་སྟངས་ནི་“ཁྱོན་ཡོངས་བཞི”ཡིན་པ་གསལ་བཏོན་གནང་ཞིང་། ལམ་ཕྱོགས་ཀྱི་གདེང་ཚོད་དང་རིག་པའི་གཞུང་ལུགས་ཀྱི་གདེང་ཚོད། ལམ་ལུགས་ཀྱི་གདེང་ཚོད། རིག་གནས་ཀྱི་གདེང་ཚོད་བཅས་བརྟན་དུ་གཏོང་རྒྱུ་ནན་བཤད་བྱ་དགོས་པ་གསལ་བཏོན་གནང་བ།

明确全面深化改革总目标是完善和发展中国特色社会主义制度、推进国家治理体系和治理能力现代化；

ཁྱོན་ཡོངས་ནས་བསྒྱུར་བཅོས་གཏིང་ཟབ་ཏུ་གཏོང་བའི་སྤྱིའི་དམིགས་འབེན་ནི་ཀྲུང་གོའི་ཁྱད་ཆོས་ལྡན་པའི་སྤྱི་ཚོགས་རིང་ལུགས་ཀྱི་ལམ་ལུགས་འཐུས་ཚང་དང་འཕེལ་རྒྱས་གཏོང་རྒྱུ་དང་། རྒྱལ་ཁབ་ཀྱི་བཅོས་སྐྱོང་མ་ལག་དང་བཅོས་སྐྱོང་ནུས་པ་དེང་རབས་ཅན་ལ་འགྱུར་རྒྱུར་སྐུལ་འདེད་གཏོང་དགོས་པ་གསལ་བཏོན་གནང་བ།

明确全面推进依法治国总目标是建设中国特色社会主义法治体系、建设社会主义法治国家；

ཁྲིམས་ལྟར་རྒྱལ་ཁབ་སྐྱོང་རྒྱུར་ཁྱོན་ཡོངས་ནས་སྐུལ་སློལ་གཏོང་བའི་སྤྱིའི་དམིགས་འབེན་ནི་ཀྲུང་གོའི་ཁྱད་ཆོས་ལྡན་པའི་སྤྱི་ཚོགས་རིང་ལུགས་ཀྱི་ཁྲིམས་སྐྱོང་མ་ལག་འཛུགས་རྒྱུ་དང་། སྤྱི་ཚོགས་རིང་ལུགས་ཀྱི་ཁྲིམས་སྐྱོང་རྒྱལ་ཁབ་འཛུགས་རྒྱུ་དེ་ཡིན་པ་གསལ་བཏོན་གནང་བ།

明确党在新时代的强军目标是建设一支听党指挥、能打胜仗、作风优良的人民军队，把人民军队建设成为世界一流军队；

ཏང་གི་དུས་རབས་གསར་པའི་དམག་དཔུང་སྟོབས་ཆེར་གཏོང་བའི་སྤྱིའི་དམིགས་འབེན་ནི་ཏང་གི་བཀོད་འདོམས་ལ་ཉན་པ་དང་རྒྱལ་ཁ་ཐོབ་པའི་དམག་འཐབ་བྱེད་ཐུབ་ལ། ཀུན་སྤྱོད་ལེགས་པའི་མི་དམངས་དཔུང་སྡེ་ཞིག་འཛུགས་ཐུབ་པ་དང་། མི་དམངས་དཔུང་སྡེ་དེ་ཡང་འཛམ་གླིང་ཐོག་གི་དཔུང་སྡེ་རྩེ་གྲ་ཞིག་ཏུ་འགྱུར་བ་བྱ་དགོས་པ་གསལ་བཏོན་གནང་བ།

明确中国特色大国外交要推动构建新型国际关系，推动构建人类命运共同体；

ཀྲུང་གོའི་ཁྱད་ཆོས་ལྡན་པའི་རྒྱལ་ཁབ་ཆེན་པོའི་ཕྱི་འབྲེལ་ཐད་ནས་རྒྱལ་སྤྱིའི་འབྲེལ་བ་དཔེ་གསར་ཞིག་འཛུགས་རྒྱུར་སྐུལ་འདེད་དང་། མིའི་རིགས་ཀྱི་ལས་དབང་གཅིག་མཐུན་ཚོགས་པ་གཏོད་རྒྱུར་སྐུལ་འདེད་གཏོང་དགོས་པ་གསལ་བཏོན་གནང་བ།

明确中国特色社会主义最本质的特征是中国共产党领导，中国特色社会主义制度的最大优势是中国共产党领导，党是最高政治领导力量，提出新时代党的建设总要求，突出政治建设在党的建设中的重要地位。

ཀྲུང་གོའི་ཁྱད་ཆོས་ལྡན་པའི་སྤྱི་ཚོགས་རིང་ལུགས་ཀྱི་ཆེས་རྩ་བའི་ཁྱད་ཆོས་ནི་ཀྲུང་གོ་གུང་ཁྲན་ཏང་གི་འགོ་ཁྲིད་ཡིན་ལ། ཀྲུང་གོའི་ཁྱད་ཆོས་ལྡན་པའི་སྤྱི་ཚོགས་རིང་ལུགས་ལམ་ལུགས་ཀྱི་དགེ་མཚན་ཆེ་ཤོས་ཀྲུང་གོ་གུང་ཁྲན་ཏང་གི་འགོ་ཁྲིད་ཡིན་པ་དང་། ཏང་ནི་ཆེས་མཐོའི་ཆབ་སྲིད་ཀྱི་འགོ་ཁྲིད་སྟོབས་ཤུགས་ཡིན་པ། དུས་རབས་གསར་པའི་ཏང་འཛུགས་སྐྱོང་

གི་སྤྱིའི་སྟང་ཕྱོགས་བསྟན་ཐོག ཆབ་སྲིད་འཛུགས་སྐྲུན་ཕྱོགས་སུ་ཏེ་དེས་ཏང་འཛུགས་སྐྲུན་ཁྲོད་ཀྱི་བབ་གལ་ཆེན་བཟུང་བ་འགྱུར་དུ་མངོན་པར་བྱ་དགོས་པ་གསལ་བསྟན་གནང་ཡོད།

2. 新时代坚持和发展中国特色社会主义的基本方略是什么?

༢.དུས་རབས་གསར་པར་ཀྲུང་གོའི་ཁྱད་ཆོས་ལྡན་པའི་སྤྱི་ཚོགས་རིང་ལུགས་བརྟན་འཛིན་དང་འཕེལ་རྒྱས་གཏོང་བའི་གཞི་རྩའི་ཐབས་གཞི་གང་ཡིན་ནམ།

即“十四个坚持”：

坚持党对一切工作的领导；坚持以人民为中心；坚持全面深化改革；坚持新发展理念；坚持人民当家作主；坚持全面依法治国；坚持社会主义核心价值体系；坚持在发展中保障和改善民生；坚持人与自然和谐共生；坚持总体国家安全观；坚持党对人民军队的绝对领导；坚持“一国两制”和推进祖国统一；坚持推动构建人类命运共同体；坚持全面从严治党。

དེའང“བརྟན་འཛིན་བྱ་དགོས་པ་བཅུ་བཞི”སྟེ།

ཏང་གིས་ལས་དོན་མཐའ་དག་ལ་འགོ་ཁྲིད་བྱ་རྒྱུ་བརྟན་འཛིན་དང་། མི་དམངས་ལྟེ་བར་འཛིན་རྒྱུ་བརྟན་འཛིན། ཁྱོན་ཡོངས་ནས་བསྒྱུར་བཅོས་གཏིང་ཟབ་བྱ་རྒྱུ་བརྟན་འཛིན། གོང་འཕེལ་གྱི་འདུ་ཤེས་གསར་པ་བརྟན་འཛིན། མི་དམངས་ཀྱིས་རང་ཁྱིམ་རང་བདག་བྱ་རྒྱུ་བརྟན་འཛིན། ཁྱོན་ཡོངས་ནས་ཁྲིམས་ལྟར་རྒྱལ་ཁབ་སྐྱོང་རྒྱུ་བརྟན་འཛིན། སྤྱི་ཚོགས་རིང་ལུགས་ཀྱི་ལྟེ་བའི་རིན་ཐང་མ་ལག་བརྟན་འཛིན། འཕེལ་རྒྱས་གཏོང་བའི་ཁྲོད་དམངས་ཀྱི་འཚོ་བ་འགན་སྲུང་དང་ལེགས་བཅོས་བྱ་རྒྱུ་བརྟན་འཛིན། མི་དང་རང་བྱུང་ཁམས་ཞི་མཐུན་མཉམ་གནས་བྱ་རྒྱུ་བརྟན་འཛིན། སྤྱི་ཡོངས་ཀྱི་རྒྱལ་ཁབ་བདེ་འཇགས་ལྟ་བ་བརྟན་འཛིན། ཏང་གིས་མི་དམངས་དམག་དཔུང་ལ་མཐའ་གཅིག་ཏུ་འགོ་ཁྲིད་བྱ་རྒྱུ་བརྟན་འཛིན། “རྒྱལ་ཁབ་གཅིག་ལ་ལམ་ལུགས་གཉིས”ལག་བསྟར་དང་མེས་རྒྱལ་གོང་དུ་གཅིག་གྱུར་བྱ་རྒྱུར་སྐུལ་འདེད་གཏོང་རྒྱུ་བརྟན་འཛིན། མིའི་རིགས་ཀྱི་ལས་དབང་གཅིག་མཐུན་ཚོགས་པ་གཏོད་རྒྱུར་སྐུལ་འདེད་གཏོང་རྒྱུ་དང་ཕྱོགས་ཡོངས་ནས་ཏང་ནན་སྐྱོང་བྱ་རྒྱུ་བརྟན་འཛིན་བྱེད་དགོས་པ་བཅས་རེད།

3. 习近平新时代中国特色社会主义思想的重大意义是什么?

༣.ཞི་ཅིན་ཕིང་གི་དུས་རབས་གསར་པའི་ཀྲུང་གོའི་ཁྱད་ཆོས་ལྡན་པའི་སྤྱི་ཚོགས་རིང་ལུགས་ཀྱི་དགོངས་པའི་གལ་འགངས་ཆེ་བའི་དོན་སྙིང་གཙོ་བོ་གང་ཡིན་ནམ།

从马克思主义发展史的角度来说，开辟了马克思主义中国化的新境界；从中华民族复兴史的角度来说，是全党全国人民为实现中华民族伟大复兴而奋斗的行动指南；从人类文明进步史的角度来看，为解决人类面临的共同难题贡献了中国智慧，提供了中国方案。

མ་ཁེ་སི་རིང་ལུགས་གོང་འཕེལ་ལོ་རྒྱུས་ནས་བཤད་ན། མ་ཁེ་སི་རིང་ལུགས་ཀྲུང་གོ་ཅན་དུ་འགྱུར་བ་བྱེད་པའི་འཕེལ་ཚད་གསར་པ་གཏོད་པ་དང་། དེའང་ཀྲུང་ཧྭ་མི་རིགས་བསྐྱར་དར་འབྱུང་ཐབས་ཀྱི་ལོ་རྒྱུས་ཐོག་ནས་བཤད་ན། ཏང་ཡོངས་དང་རྒྱལ་ཡོངས་མི་དམངས་ཀྱིས་ཀྲུང་ཧྭ་མི་རིགས་ཀྱི་རླབས་ཆེའི་བསྐྱར་དར་མངོན་འགྱུར་ཡོང་བའི་འབད་འཐབ་བྱ་སྤྱོད་ཀྱི་ཁྲིད་སྟོན་ཞིག་ཡིན་ལ། མིའི་རིགས་ཀྱི་ཤེས་དཔལ་འཕེལ་རྒྱས་གཏོང་བའི་ལོ་རྒྱུས་ཐོག་ནས་བལྟས་ན་འང་དེས་མིའི་རིགས་ལ་འཕྲད་པའི་ཐུན་མོང་གི་དཀའ་གནད་ཐག་གཅོད་བྱ་ཕྱིར་ཀྲུང་གོའི་བློ་གྲོས་ལེགས་སྐྱེས་དང་ཀྲུང་གོའི་ཇུས་གཞི་མཁོ་འདོན་བྱས་ཡོད།

4. 习近平法治思想的核心要义是什么?

༤.ཞི་ཅིན་ཕིང་གི་ཁྲིམས་སྐྱོང་དགོངས་པའི་དོན་སྙིང་གཙོ་བོ་གང་ཡིན་ནམ།

即“十一个坚持”：

坚持党对全面依法治国的领导，是中国特色社会主义法治的本质特征和内在要求。

དེའང་“རྒྱུན་འཛིན་བྱ་དགོས་པ་བཅུ་གཅིག”སྟེ།

ཏང་གིས་ཁྱོན་ཡོངས་ནས་ཁྲིམས་ལྟར་རྒྱལ་ཁབ་སྐྱོང་རྒྱུར་འགོ་ཁྲིད་བྱ་རྒྱུ་རྒྱུན་འཛིངས་

བྱ་དགོས་ཤིང་། དེ་ནི་ཀྲུང་གོའི་ཁྱད་ཆོས་ལྡན་པའི་སྤྱི་ཚོགས་རིང་ལུགས་ཁྲིམས་སྐྱོང་གི་ཚ་བའི་ཁྱད་ཆོས་དང་རང་གྲུབ་ཀྱི་དགོས་མཁོ་ཡིན།

坚持以人民为中心，是全面推进依法治国的力量源泉。

མི་དམངས་ལྟེ་བར་འཛིན་རྒྱུ་རྒྱུན་འཁྱོངས་བྱ་དགོས་ཤིང་། དེ་ནི་ཁྲིམས་ལྟར་རྒྱལ་ཁབ་སྐྱོང་རྒྱུར་ཕྱོན་ཡོངས་ནས་སྐུལ་འདེད་གཏོང་བའི་སྟོབས་ཤུགས་ཀྱི་འབྱུང་ཁུངས་ཡིན།

坚持中国特色社会主义法治道路，是全面推进依法治国的发展道路和正确方向。

ཀྲུང་གོའི་ཁྱད་ཆོས་ལྡན་པའི་སྤྱི་ཚོགས་རིང་ལུགས་ཀྱི་ཁྲིམས་སྐྱོང་ལམ་བུ་རྒྱུན་འཁྱོངས་བྱ་དགོས་ཤིང་། དེ་ནི་ཁྲིམས་ལྟར་རྒྱལ་ཁབ་སྐྱོང་རྒྱུར་ཕྱོན་ཡོངས་ནས་སྐུལ་འདེད་གཏོང་བའི་འཕེལ་རྒྱས་ཀྱི་ལམ་བུ་དང་ཡང་དག་པའི་ཁ་ཕྱོགས་ཡིན།

坚持依宪治国、依宪执政，是全面推进依法治国的工作重点。

རྩ་ཁྲིམས་ལྟར་རྒྱལ་ཁབ་སྐྱོང་རྒྱུ་དང་རྩ་ཁྲིམས་ལྟར་སྲིད་འཛིན་རྒྱུ་རྒྱུན་འཁྱོངས་བྱ་དགོས་ཤིང་། དེ་ནི་ཁྲིམས་ལྟར་རྒྱལ་ཁབ་སྐྱོང་རྒྱུར་ཁྱོན་ཡོངས་ནས་སྐུལ་འདེད་གཏོང་བའི་ལས་དོན་གྱི་གཙོ་གནད་ཡིན།

坚持在法治轨道上推进国家治理体系和治理能力现代化，是实现良法善治的必由之路。

ཁྲིམས་སྐྱོང་གི་ལམ་བུའི་ཐོག་རྒྱལ་ཁབ་ཀྱི་བཅོས་སྐྱོང་མ་ལག་དང་བཅོས་སྐྱོང་ནུས་པ་དེང་རབས་ཅན་དུ་འགྱུར་རྒྱུར་སྐུལ་འདེད་གཏོང་རྒྱུ་རྒྱུན་འཁྱོངས་བྱ་དགོས་ཤིང་། དེ་ནི་ཁྲིམས་བཟང་ལེགས་སྐྱོང་ཡོང་ཐུབ་རྒྱུར་བརྒྱུད་དགོས་ངེས་ཀྱི་ཐབས་ལམ་ཞིག་ཡིན།

坚持建设中国特色社会主义法治体系，是全面推进依法治国的发展目标和总抓手。

ཀྲུང་གོའི་ཁྱད་ཆོས་ལྡན་པའི་སྤྱི་ཚོགས་རིང་ལུགས་ཀྱི་ཁྲིམས་སྐྱོང་མ་ལག་འཛུགས་རྒྱུ་རྒྱུན་འཁྱོངས་བྱ་དགོས་ཤིང་། དེ་ནི་ཁྲིམས་ལྟར་རྒྱལ་ཁབ་སྐྱོང་རྒྱུར་ཁྱོན་ཡོངས་ནས་སྐུལ་འདེད་གཏོང་བའི་གོང་འཕེལ་གྱི་དམིགས་འབེན་དང་སྤྱི་ཡོངས་ཀྱི་དམ་འཛིན་བྱེད་ས་ཞིག་ཡིན།

坚持依法治国、依法执政、依法行政共同推进，法治国家、法治政府、法治社会一体建设，是全面推进依法治国的战略布局。

ཁྲིམས་ལྟར་རྒྱལ་ཁབ་སྐྱོང་རྒྱུ་དང་ཁྲིམས་ལྟར་སྲིད་སྐྱོང་རྒྱུ། ཁྲིམས་ལྟར་སྲིད་དབང་ལག་བསྟར་བྱ་རྒྱུ་ཐུན་མོང་ཐོག་སྐུལ་འདེད་བཏང་ཐོག ཁྲིམས་སྐྱོང་རྒྱལ་ཁབ་དང་ཁྲིམས་སྐྱོང་སྲིད་གཞུང་། ཁྲིམས་སྐྱོང་སྤྱི་ཚོགས་བཅས་གཞི་གཅིག་ཏུ་འཛུགས་སྐྱོང་བྱ་རྒྱུ་རྒྱུན་འཁྱོངས་བྱ་དགོས་ཤིང་། དེ་ནི་ཁྲིམས་ལྟར་རྒྱལ་ཁབ་སྐྱོང་རྒྱུར་ཁྱོན་ཡོངས་ནས་སྐུལ་འདེད་གཏོང་བའི་འཐབ་ཇུས་ཀྱི་བཀོད་སྒྲིག་ཅིག་ཡིན།

坚持全面推进科学立法、严格执法、公正司法、全民守法，是新时代法治建设的“十六字”方针。

ཚན་རིག་དང་མཐུན་པའི་ཁྲིམས་འཛུགས་དང་ཁྲིམས་ལག་བསྟར་ནན་པོ། ཁྲིམས་འཛིན་

གཞུང་དྲང་། དམངས་ཡོངས་ནས་ཁྲིམས་སྲུང་བ་བཅས་ལ་ཁྱོན་ཡོངས་ནས་སྐུལ་འདེད་གཏོང་རྒྱུ་རྒྱུན་འཁྱོངས་བྱ་དགོས་ཤིང་། དེ་ནི་དུས་རབས་གསར་པའི་ཁྲིམས་སྐྱོང་འཛུགས་སྐྲུན་བྱེད་ཕྱོགས་ཀྱི་"རྩ་དོན་བཞི"ཡིན།

坚持统筹推进国内法治和涉外法治，是建设法治强国的必然要求。

རྒྱལ་ནང་གི་ཁྲིམས་སྐྱོང་དང་ཕྱི་འབྲེལ་གྱི་ཁྲིམས་སྐྱོང་གཉིས་གཅིག་སྒྲུར་འཆར་འགོད་ཐོག་སྐུལ་འདེད་གཏོང་དགོས་ཤིང་། དེ་ནི་ཁྲིམས་སྐྱོང་གི་རྒྱལ་ཁབ་སྟོབས་ལྡན་འཛུགས་སྐྲུན་བྱེད་པའི་དགོས་ངེས་ཀྱི་བླང་བྱ་ཡིན།

坚持建设德才兼备的高素质法治工作队伍，是全面推进依法治国的组织保障。

སྤྱོད་ཡོན་གཉིས་ལྡན་གྱི་བྱང་ཚད་མཐོ་བའི་ཁྲིམས་སྐྱོང་ལས་དོན་དཔུང་ཁག་འཛུགས་སྐྲུན་བྱ་རྒྱུ་རྒྱུན་འཁྱོངས་བྱ་དགོས་ཤིང་། དེ་ནི་ཁྲིམས་ལྟར་རྒྱལ་ཁབ་སྐྱོང་རྒྱུར་ཁྱོན་ཡོངས་ནས་སྐུལ་འདེད་གཏོང་བའི་རྩ་འཛུགས་ཀྱི་འགན་སྲུང་ཡིན།

坚持抓住领导干部这个"关键少数"，是全面推进依法治国的关键问题。

འགོ་ཁྲིད་ལས་བྱེད་པའི་"འགག་རྩའི་ཉུང་ཤས་"འདིར་དམ་འཛིན་བྱ་རྒྱུ་རྒྱུན་འཁྱོངས་བྱ་དགོས་ཤིང་། དེ་ནི་ཁྲིམས་ལྟར་རྒྱལ་ཁབ་སྐྱོང་རྒྱུར་ཁྱོན་ཡོངས་ནས་སྐུལ་འདེད་གཏོང་བའི་འགག་རྩའི་གནད་དོན་ཡིན།

5. 习近平法治思想有什么重大意义？

༥.ཞི་ཅིན་ཕིང་གི་ཁྲིམས་སྐྱོང་དགོངས་པར་དོན་སྙིང་གལ་ཆེན་གང་འདྲ་ལྡན་ཡོད་དམ།

习近平法治思想是顺应实现中华民族伟大复兴时代要求应运而生的重大理论创新成果，是马克思主义法治理论中国化最新成果，是习近平新时代中国特色社会主义思想的重要组成部分，是全面依法治国的根本遵循和行动指南。

དེའང་ཞི་ཅིན་ཕིང་གི་ཁྲིམས་སྐྱོང་དགོངས་པ་ནི་ཀྲུང་ཧྭ་མི་རིགས་ཀྱི་རླབས་ཆེའི་བསྐྱར་དར་མངོན་འགྱུར་ཡོང་བར་བྱེད་པའི་དུས་རབས་ཀྱི་དགོས་མཁོར་གཞིགས་ཏེ་ཐོན་པའི་རིགས་པའི་གཞུང་ལུགས་ཀྱི་གསར་གཏོད་གྲུབ་འབྲས་གལ་ཆེན་ཞིག་ཡིན་པ་དང་། མ་ཁེ་སི་རིང་ལུགས་ཀྱི་ཁྲིམས་སྐྱོང་རིགས་པའི་གཞུང་ལུགས་དག་ཀྲུང་གོ་ཅན་དུ་གྱུར་པའི་གྲུབ་འབྲས་གསར་ཤོས་ཤིག་ཡིན་པ། ཞི་ཅིན་ཕིང་གི་དུས་རབས་གསར་པའི་ཀྲུང་གོའི་ཁྱད་ཆོས་ལྡན་པའི་སྤྱི་ཚོགས་རིང་ལུགས་དགོངས་པའི་གྲུབ་ཆ་གལ་ཆེན་ཞིག་ཡིན་པ། ཁྱོན་ཡོངས་ནས་ཁྲིམས་ལྟར་རྒྱལ་ཁབ་སྐྱོང་རྒྱུའི་རྩ་བའི་གཞི་འཛིན་ས་དང་བྱ་སྤྱོད་ཀྱི་ཕྱོགས་སྟོན་ཡིན།

6. 如何理解习近平总书记在庆祝中国共产党成立 100 周年大会上的重要讲话？

༦.སྤྱི་ཁྱབ་རྒྱུའུ་ཅི་ཞི་ཅིན་ཕིང་གིས་ཀྲུང་གོ་གུང་ཁྲན་ཏང་དབུ་བརྙེས་ནས་ལོ་ངོ་༡༠༠འཁོར་བའི་ཚོགས་ཆེན་ཐོག་གནང་བའི་གསུང་བཤད་གལ་ཆེན་ལ་གོ་བ་གང་འདྲ་ལེན་དགོས་སམ།

习近平总书记在庆祝中国共产党成立 100 周年大会上的重要讲话，全面回顾一百年来我们党围绕实现中华民族伟大复兴，团结带领中国人民开辟的伟大道路、创造的伟大事业、取得的伟大成就，庄严宣告我们实现了第一个百年奋斗目标，在中华大地上全面建成了小康社会，深刻总结了伟大建党精神，系统阐述了以史为鉴、开创未来的“九个必须”，是一篇马克思主义的纲领性文献，为全党全国各族人民向第二个百年奋斗目标迈进指明了前进方向、提供了根本遵循。

དེའང་སྤྱི་ཁྱབ་རྒྱུའུ་ཅི་ཞི་ཅིན་ཕིང་གིས་ཀྲུང་གོ་གུང་ཁྲན་ཏང་དབུ་བརྙེས་ནས་ལོ་ངོ་༡༠༠འཁོར་བའི་ཚོགས་ཆེན་ཐོག་གནང་བའི་གསུང་བཤད་གལ་ཆེན་ནང་། ལོ་ངོ་བརྒྱ་སོང་ཚུན་དུ་རང་རེའི་ཏང་གིས་ཀྲུང་ཧྭ་མི་རིགས་ཀྱི་རླབས་ཆེའི་བསྐྱར་དར་མངོན་འགྱུར་ཡོང་བ་བྱ་རྒྱུར་

གཞིགས་ནས་ཀྱང་གོ་མི་དམངས་ལ་མཐུན་སྦྲིལ་སྟེ་ཁྲིད་ཀྱིས་གསར་གཏོད་བྱས་པའི་རླབས་ཆེའི་ལམ་བུ་དང་། གསར་གཏོད་བྱས་པའི་རླབས་ཆེའི་བྱ་གཞག དེ་བཞིན་ཐོབ་ཟིན་པའི་རླབས་ཆེའི་གྲུབ་འབྲས་བཅས་ལ་ཁྱོན་ཡོངས་ནས་རྗེས་དྲན་གནང་བ་དང་། བརྗིད་ཉམས་ལྡན་པའི་ངང་ང་ཚོའི་ལོ་བརྒྱ་བྱས་པ་དང་པོའི་འབད་འཐབ་དམིགས་ཚད་མངོན་གྱུར་བྱུང་ཞིང་། ཀྱང་ཧྭ་ཡི་ས་གཞི་ཆེན་པོའི་ཐོག་ཁྱོན་ཡོངས་ནས་འབྱོར་འབྲིང་སྤྱི་ཚོགས་བསྐྲུན་གྲུབ་པ་ཁྱབ་བསྒྲགས་གནང་བ་དང་། རླབས་ཆེའི་ཧང་འཇུགས་ཀྱི་སྙིང་སྟོབས་ལ་ཕྱོགས་བསྡོམས་གཏིང་ཟབ་གནང་བ། ལོ་རྒྱུས་མི་ལོང་དུ་འཛིན་ཏེ་འབྱུང་འགྱུར་གསར་གཏོད་བྱ་རྒྱུའི་“དགོས་ངེས་དགུ”རྒྱས་བཤད་ཞིབ་ཕྲ་གནང་ཡོད་པས་དེ་ནི་མ་ཁེ་སི་རིང་ལུགས་ཀྱི་རྩ་འཛིན་རང་བཞིན་གྱི་ཡིག་ཆ་ཡིན་གཤིས། དེས་ཧང་ཡོངས་དང་རྒྱལ་ཡོངས་མི་རིགས་ཁག་གི་མི་དམངས་ལོ་བརྒྱ་བྱས་པ་གཉིས་པའི་འབད་འཐབ་དམིགས་འབེན་གྱི་ཕྱོགས་སུ་བསྐྱོད་རྒྱུར་མདུན་སྐྱོད་ཀྱི་ཁ་ཕྱོགས་གསལ་པོ་བསྟན་པ་དང་། རྩ་བའི་གཞི་འཛིན་ས་མཁོ་འདོན་བྱས་ཡོད།

7. 习近平总书记在西藏和平解放 70 周年之际考察西藏时有何重要指示？

༧.སྤྱི་ཁྱབ་ཙུའུ་ཅི་ཞི་ཅིན་ཕིང་གིས་བོད་ཞི་བས་བཅིངས་འགྲོལ་བཏང་ནས་ལོ་ངོ་༧༠འཁོར་བའི་སྐབས་བོད་ལྗོངས་ལ་གཟིགས་ཞིབ་གནང་སྐབས་མཇུབ་སྟོན་གལ་ཆེན་གང་དག་གནང་ཡོད་དམ།

在庆祝西藏和平解放 70 周年之际，中共中央总书记、国家主席、中央军委主席习近平来到西藏，祝贺西藏和平解放 70 周年，看望慰问西藏各族干部群众，给各族干部群众送去党中央的关怀。习近平作为中共中央总书记、国家主席、中央军委主席到西藏庆祝西藏和平解放，在党和国家历史上是第一次，充分表达了党中央对西藏工作的支持、对西藏各族干部群众的关怀。

དེ་འང་བོད་ཞི་བས་བཅིངས་འགྲོལ་བཏང་ནས་ལོ་༧༠འཁོར་བར་རྗེས་འབྲེལ་ཞུ་བའི་སྐབས་སུ། ཀྲུང་གུང་ཀྲུང་དབྱང་གི་སྤྱི་ཁྲབ་རྡུའུ་ཅི། རྒྱལ་ཁབ་ཀྱི་ཀྲུའུ་ཞི། ཀྲུང་དབྱང་དམག་ཨུད་ཀྱི་ཀྲུའུ་ཞི་ཞི་ཅིན་ཕིང་མཆོག་བོད་དུ་ཕེབས་ཏེ་བོད་ཞི་བས་བཅིངས་འགྲོལ་བཏང་ནས་ལོ་༧༠འཁོར་བར་བཀྲ་ཤིས་རྗེས་འབྲེལ་ཞུས་གནང་བ་དང་། བོད་ལྗོངས་མི་རིགས་ཁག་གི་ལས་བྱེད་མང་ཚོགས་ལ་གཟིགས་ཞིབ་དང་འཚམ་འདྲི་གནང་ནས་མི་རིགས་ཁག་གི་ལས་བྱེད་མང་ཚོགས་ལ་ཏང་ཀྲུང་དབྱང་གིས་ཐུགས་ཁུར་གནང་ཚུལ་མཚོན་པར་གནང་ཡོད། ཞི་ཅིན་ཕིང་གང་ཉིད་ཀྲུང་གུང་ཀྲུང་དབྱང་གི་སྤྱི་ཁྲབ་རྡུའུ་ཅི་དང་རྒྱལ་ཁབ་ཀྱི་ཀྲུའུ་ཞི། ཀྲུང་དབྱང་དམག་ཨུད་ཀྱི་ཀྲུའུ་ཞི་བཅས་ཡིན་པའི་ངོས་ནས་བོད་ཞི་བས་བཅིངས་འགྲོལ་བཏང་ནས་ལོ་༧༠འཁོར་བར་རྗེས་འབྲེལ་ཞུ་བར་ཕེབས་པ་དེ་ཡང་ཏང་དང་རྒྱལ་ཁབ་ཀྱི་ལོ་རྒྱུས་ཐོག་ཐེངས་དང་པོ་ཡིན། དེའི་ཐོག་ནས་ཏང་ཀྲུང་དབྱང་གིས་བོད་ལྗོངས་ཀྱི་ལས་དོན་ལ་རྒྱབ་སྐྱོར་དང་། བོད་ལྗོངས་མི་རིགས་ཁག་གི་ལས་བྱེད་མང་ཚོགས་ལ་ཐུགས་ཁུར་གང་ལེགས་གནང་བ་མཚོན་གྱི་ཡོད།

习近平强调，要全面贯彻新时代党的治藏方略，坚持稳中求进工作总基调，立足新发展阶段，完整、准确、全面贯彻新发展理念，服务和融入新发展格局，推动高质量发展，加强边境地区建设，抓好稳定、发展、生态、强边四件大事，在推动青藏高原生态保护和可持续发展上不断取得新成就，奋力谱写雪域高原长治久安和高质量发展新篇章。

ཞི་ཅིན་ཕིང་གིས་ནན་བརྗོད་གནང་བར། དུས་རབས་གསར་པའི་ཏང་གི་བོད་སྐྱོང་ཐབས་གཞི་ཁྱོན་ཡོངས་ནས་ལག་བསྟར་དང་། བརྟན་པོའི་ཁྲོད་ཡར་རྒྱས་ཡོང་བ་བྱེད་པའི་ལས་དོན་གྱི་སྤྱིའི་བྱེད་ཐྱོགས་རྒྱུན་འཁྱོངས་བྱེད་དགོས་པ་དང་། གོང་འཕེལ་གྱི་དུས་མཚམས་གསར་པར་རྐང་པ་བཙུགས་ཐོག གོང་འཕེལ་གྱི་འདུ་ཤེས་གསར་པ་འཛུས་ཚང་དང་གནད་འཕིགས། ཁྱོན་ཡོངས་བཅས་ཀྱི་སྒོ་ནས་ལག་བསྟར་དང་། གོང་འཕེལ་གྱི་གནས་བབས་གསར་པར་ཞབས་ཞུ་དང་འབྲེལ་འདྲིས་ཡོང་བ་བྱེད་པ། སྤུས་ཚད་མཐོ་བའི་གོང་འཕེལ་ལ་སྐུལ་འདེད་དང་མཐའ་མཚམས་ས་ཁུལ་གྱི་འཛུགས་སྐྲུན་ལ་ཤུགས་སྣོན་རྒྱག་པ། བརྟན་ལྷིང་དང་འཕེལ་རྒྱས། སྐྱེ་ཁམས། མཐའ་མཚམས་སྲོབས་ཆེར་གཏོང་རྒྱུ་བཅས་དོན་ཆེན་བཞིར་དམ་འཛིན་ཡག་པོ་བྱེད་པ། མཚོ་བོད་ས་མཐོའི་སྐྱེ་ཁམས་ཁོར་ཡུག་སྲུང་སྐྱོང་དང་རྒྱུན་མཐུད་གོང་འཕེལ་ཡོང་བ་བྱེད་པའི་ཐད་གྲུབ་འབྲས་གསར་པ་ཟམ་མི་ཆད་པ་ཐོབ་པ་བཅས་བྱས་མཐར། གངས་ལྗོངས་ས་མཐོར་ཡུན་རིང་དུས་བདེ་དང་སྤུས་ཚད་མཐོ་བའི་འཕེལ་རྒྱས་ཀྱི་ལེའུ་གསར་པ་ཞིག་བརྩམ་དགོས།

要坚持保护优先，坚持山水林田湖草沙冰一体化保护和系统治理，加强重要江河流域生态环境保护和修复，统筹水资源合理开发利用和保护，守护好这里的生灵草木、万水千山。

སྔོན་ལ་སྲུང་སྐྱོང་བྱ་རྒྱུ་རྒྱུན་འཁྱོངས་དང་། རི་ཆུ་ནགས་ཞིང་དང་མཚོའུ་རྩྭ་ཐང་། བྱེ་ས་འཁྱགས་ས་བཅས་ཚང་མ་མཉམ་དུ་སྲུང་སྐྱོང་དང་ཆ་ལག་ཚང་བའི་བཅོས་སྐྱོང་བྱ་རྒྱུ་རྒྱུན་འཁྱོངས་བྱ་དགོས་པ་དང་། གལ་གནད་ཆེ་བའི་གཙང་པོ་དང་ཆུ་བོ་རྒྱུག་ཁུལ་གྱི་སྐྱེ་ཁམས་ཁོར་ཡུག་སྲུང་སྐྱོང་དང་སླར་གསོ་བྱ་རྒྱུར་ཤུགས་སྣོན་རྒྱག་དགོས་པ། ཆུའི་ཐོན་ཁུངས་ལུགས་མཐུན་

ངང་གསར་སྤེལ་དང་བེད་སྤྱོད། སྲུང་སྐྱོབ་བཅས་བྱ་རྒྱ་གཅིག་གྱུར་འཆར་འགོད་བྱས་ནས་གནས་དེ་གའི་སློག་ཆགས་དང་རྩེ་ཤིང་། རི་ཀླུང་ཚང་མ་སྲུང་སྐྱོང་ཡག་པོ་བྱ་དགོས།

要坚持以人为本，不断完善城市功能，提高群众生活品质。

མི་རྩ་བར་འཛིན་རྒྱུ་རྒྱུན་འཁྱོངས་བྱས་ཐོག གྲོང་ཁྱེར་གྱི་ནུས་པ་ཟམ་མི་ཆད་པར་འཐུས་ཚང་དུ་གཏོང་བ་དང་། མང་ཚོགས་ཀྱི་འཚོ་བའི་སྤུས་ཚད་མཐོ་རུ་གཏོང་དགོས།

要全面贯彻党的宗教工作基本方针，尊重群众的宗教信仰，坚持独立自主自办原则，依法管理宗教事务，积极引导藏传佛教与社会主义社会相适应，促进宗教和顺、社会和谐、民族和睦，在推动社会发展进步中发挥积极作用。

ཏང་གི་ཆོས་ལུགས་ལས་དོན་གྱི་གཞི་རྩའི་བྱེད་ཐབས་ཁྱོན་ཡོངས་ནས་ལག་བསྟར་བྱས་ཏེ། མང་ཚོགས་ཀྱི་ཆོས་དད་ལ་བརྩི་འཛོག་དང་རང་ཚུགས་རང་བདག རང་གཉེར་བཅས་ཀྱི་རྩ་དོན་རྒྱུན་འཁྱོངས་བྱེད་དགོས་པ། ཁྲིམས་ལྟར་ཆོས་ལུགས་ལས་དོན་དོ་དམ་བྱས་ཐོག བོད་བརྒྱུད་ནང་བསྟན་དེ་སྤྱི་ཚོགས་རིང་ལུགས་ཀྱི་སྤྱི་ཚོགས་དང་འཚམ་མཐུན་ཡོང་བ་བྱེད་པ་དང་། ཆོས་ལུགས་འཆམ་མཐུན་དང་སྤྱི་ཚོགས་ཞི་མཐུན། མི་རིགས་མཛའ་མཐུན་ཡོང་བ་བཅས་བྱས་ནས་སྤྱི་ཚོགས་འཕེལ་རྒྱས་དང་ཡར་ཐོན་ཡོང་བ་བྱེད་པའི་ཐད་དགེ་མཚན་ལྡན་པའི་ནུས་པ་འདོན་སྤེལ་བྱ་དགོས།

要准确把握西藏工作的阶段性特征，扎实做好群众工作，提高社会治理水平，确保国家安全、社会稳定、人民幸福。

བོད་ལྗོངས་ལས་ཀའི་དུས་མཚམས་རང་བཞིན་གྱི་ཁྱད་ཆོས་ཡང་དག་པའི་ངང་ཁོང་དུ་ཆུད་པ་བྱས་ཏེ། མང་ཚོགས་ལས་དོན་ཏན་ཏིག་དང་ཡག་པོ་སྒྲུབ་པ་དང་། སྤྱི་ཚོགས་བཅོས་སྐྱོང་གི་ཆུ་ཚད་མཐོ་རུ་བཏང་ནས་རྒྱལ་ཁབ་ཀྱི་བདེ་འཇགས་དང་སྤྱི་ཚོགས་ཀྱི་བརྟན་ལྷིང་། མི་དམངས་ཀྱི་བདེ་སྐྱིད་བཅས་འགན་སྲུང་བྱ་དགོས།

要坚持把民族团结进步宣传教育与社会主义核心价值观教育、爱国主义教育、反分裂斗争教育、新旧西藏对比教育和马克思主义国家观、历史观、民族观、文化观、宗教观教育结合起来，多谋长久之策，多行固本之举。

མི་རིགས་མཐུན་སྒྲིལ་དང་ཡར་ཐོན་གྱི་དཔེ་བསྒྲགས་སློབ་གསོ་བྱ་རྒྱུ་དེ་སྤྱི་ཚོགས་རིང་ལུགས་ཀྱི་ལྟེ་བའི་རིན་ཐང་ལྟ་བའི་སློབ་གསོ་དང་རྒྱལ་གཅེས་རིང་ལུགས་ཀྱི་སློབ་གསོ། ཁ་འཐྲབ་ལ་ངོ་རྒོལ་གྱི་འཐབ་རྩོད་བྱ་རྒྱུའི་སློབ་གསོ། བོད་ལྗོངས་གསར་རྙིང་བསྡུར་བ་བྱེད་པའི་སློབ་གསོ། མ་ཁེ་སི་རིང་ལུགས་ཀྱི་རྒྱལ་ཁབ་ལྟ་བ་དང་ལོ་རྒྱུས་ལྟ་བ། མི་རིགས་ལྟ་བ། རིག་གནས་ལྟ་བ། ཆོས་ལུགས་ལྟ་བ་བཅས་ཀྱི་སློབ་གསོ་དང་ཟུང་འབྲེལ་བྱས་ནས་ཕུགས་ཕན་གྱི་ཐབས་ཇུས་མང་ཙམ་འདོན་པ་དང་ཟ་བརྟན་གྱི་བྱ་སྒྲུབ་མང་ཙམ་བཟུང་དགོས།

要加强民族交往交流交融，不断增强各族群众对伟大祖国、中华民族、中华文化、中国共产党、中国特色社会主义的认同，打牢民族团结的思想基础。

མི་རིགས་དབར་གྱི་འགྲོ་འོང་དང་སྤེལ་རེས། འབྲེལ་འདྲིས་བཅས་ལ་ཤུགས་སྣོན་བརྒྱབ་སྟེ། མི་རིགས་ཁག་གི་མང་ཚོགས་ཀྱིས་རླབས་ཆེན་གྱི་མེས་རྒྱལ་དང་ཀྲུང་ཧྭ་མི་རིགས། ཀྲུང་ཧྭའི་རིག་གནས། ཀྲུང་གོའི་ཁྲུད་ཆོས་ལྡན་པའི་སྤྱི་ཚོགས་རིང་ལུགས་བཅས་ལ་ངོས་འཛིན་གཅིག་མཐུན་ཡོང་རྒྱུར་ཤུགས་སྣོན་ཟམ་མི་ཆད་པ་བརྒྱབ་ནས་མི་རིགས་མཐུན་སྒྲིལ་གྱི་བསམ་བློའི་རྨང་གཞི་སྲ་བརྟན་ཡོང་བ་བྱ་དགོས།

要坚持以人民为中心的发展思想，推动巩固拓展脱贫攻坚成果同全面推进乡村振兴有效衔接，更加聚焦群众普遍关注的民生问题，办好就业、教育、社保、医疗、养老、托幼、住房等民生实事，一件一件抓落实，让各族群众的获得感成色更足、幸福感更可持续、安全感更有保障。

མི་དམངས་ལྟེ་བར་འཛིན་པའི་གོང་འཕེལ་གྱི་བསམ་བློ་རྒྱུན་འཁྱོངས་བྱས་ཐོག དབུལ་འཐོར་འགྲོལ་འགག་གཏོར་གྱི་གྲུབ་འབྲས་སྲ་བརྟན་དང་ཇེ་ཆེར་གཏོང་རྒྱུ་དང་ཁྱོན་ཡོངས་ནས་ཤང་གྲོང་དར་རྒྱས་ལ་སྐུལ་འདེད་གཏོང་རྒྱུ་གཉིས་ནུས་ཡོད་ངང་འབྲེལ་མཐུད་བྱེད་པ་དང་། མང་ཚོགས་ནས་ཡོངས་ཁྱབ་ངང་དོ་ཁུར་བྱེད་པའི་དམངས་འཚོའི་གནད་དོན་སྟེང་བས་གཙོ་ཆེར་བཟུང་ནས་ལས་ཞུགས་དང་སློབ་གསོ། སྤྱི་ཚོགས་འགན་བཅོལ། སྨན་བཅོས། རྒན་གསོ། བུ་བཅོལ། སྡོད་ཁང་སོགས་དམངས་འཚོའི་དོན་དག་དངོས་ཡག་པོ་སྒྲུབ་པ་དང་། དོན་དག་རེ་བཞིན་

དོན་འཁྱོལ་ཡོང་བར་དམ་འཛིན་གྱིས་མི་རིགས་ཁག་གི་མང་ཚོགས་ཀྱི་ཐོབ་ཚོར་སྤྲར་བས་ཆེ་རུ་གཏོང་བ་དང་བདེ་སྐྱིད་ཀྱི་ཚོར་སྣང་སྤྲར་བས་རྒྱུན་མཐུད་ཡོང་བ། བདེ་འཇགས་ཀྱི་ཚོར་སྣང་སྤྲར་བས་འགན་ལེན་ཐུབ་པ་བཅས་བྱ་དགོས།

要加强边境基础设施建设，鼓励各族群众扎根边陲、守护国土、建设家乡。

མཐའ་མཚམས་ཀྱི་རྨང་གཞིའི་སྒྲིག་བཀོད་འཛུགས་སྐྲུན་བྱེད་ཤུགས་ཆེ་རུ་བཏང་ནས་མི་རིགས་ཁག་གི་མང་ཚོགས་མཐའ་མཚམས་ལ་རྩ་བ་འཛུགས་རྒྱུ་དང་རྒྱལ་ཁོངས་ས་ཆ་ལྟ་སྲུང་བྱ་རྒྱུ། ཕ་ཡུལ་འཛུགས་སྐྲུན་བྱ་རྒྱུ་བཅས་ལ་སྐུལ་མ་གཏོང་དགོས།

学史力行是党史学习教育的落脚点，要把学史明理、学史增信、学史崇德的成果转化为改造主观世界和客观世界的实际行动。要在锤炼党性上力行，要在为民服务上力行，要在推动发展上力行。

ལོ་རྒྱུས་སློབ་སྦྱོང་བྱས་ཏེ་ལག་ལེན་དུ་འཁྱོལ་བ་བྱ་རྒྱུ་ནི་ཏང་གི་ལོ་རྒྱུས་སློབ་སྦྱོང་སློབ་གསོའི་རྐང་པ་འཛུགས་ས་དེ་ཡིན་ཞིང་། ལོ་རྒྱུས་སློབ་སྦྱོང་བྱས་ཏེ་གནས་ལུགས་གསལ་པོ་ཤེས་པ་དང་ལོ་རྒྱུས་སློབ་སྦྱོང་བྱས་ཏེ་བློ་སྤོབས་ཆེ་རུ་བཏང་བ། ལོ་རྒྱུས་སློབ་སྦྱོང་བྱས་ཏེ་ཀུན་སྤྱོད་གཙིགས་ཆེར་འཛིན་པའི་གྲུབ་འབྲས་རང་སྣང་གི་འཇིག་རྟེན་ལྟ་བ་དང་ཕྱི་རོལ་གྱི་འཇིག་རྟེན་ལྟ་བར་འགྱུར་ལྡོག་གཏོང་བའི་བྱ་སྤྱོད་དངོས་ལ་འགྱུར་བ་བྱ་དགོས་པ་དང་། ཏང་གཤིས་སྦྱོང་བརྡར་བྱེད་པའི་ཐད་ལག་ལེན་བསྟར་དགོས་པ། མི་དམངས་ལ་ཞབས་འདེགས་ཞུ་བའི་ཐད་ལག་ལེན་བསྟར་དགོས་པ། འཕེལ་རྒྱས་ལ་སྐུལ་འདེད་གཏོང་བའི་ཐད་ལག་ལེན་བསྟར་དགོས།

8. 建设中国特色社会主义法治体系的内容包括哪些？

༨.ཀྲུང་གོའི་ཁྱད་ཆོས་ལྡན་པའི་སྤྱི་ཚོགས་རིང་ལུགས་ཁྲིམས་སྐྱོང་མ་ལག་འཛུགས་སྐྱོང་གི་ནང་དོན་གྲས་སུ་གང་དག་ཚུད་ཡོད་དམ།

建设中国特色社会主义法治体系，就是在中国共产党领导下，坚持中国特色社会主义制度，贯彻中国特色社会主义法治理论，形成完备的法律规范体系、高效的法治实施体系、严密的法治监督体系、有力的法治保障体系，形成完善的党内法规体系，坚持依法治国、依法执政、依法行政共同推进，坚持法治国家、法治政府、法治社会一体建设，实现科学立法、严格执法、公正司法、全民守法，促进国家治理体系和治理能力现代化。

དེ་འདྲའི་ཀྲུང་གོའི་ཁྱད་ཆོས་ལྡན་པའི་སྤྱི་ཚོགས་རིང་ལུགས་ཀྱི་ཁྲིམས་སྐྱོང་མ་ལག་འཛུགས་རྒྱུ་ནི་ཀྲུང་གོ་གུང་ཁྲན་ཏང་གི་འགོ་ཁྲིད་འོག ཀྲུང་གོའི་ཁྱད་ཆོས་ལྡན་པའི་སྤྱི་ཚོགས་རིང་ལུགས་ཀྱི་ལམ་ལུགས་རྒྱུན་འཁྱོངས་བྱས་ཐོག ཀྲུང་གོའི་ཁྱད་ཆོས་ལྡན་པའི་སྤྱི་ཚོགས་རིང་ལུགས་ཀྱི་ཁྲིམས་སྐྱོང་གཞུང་ལུགས་ལག་ལེན་མཐར་ཕྱིན་བྱས་ནས། འཛུམས་སྐྱོ་ཚང་བའི་བཅའ་ཁྲིམས་ཀྱི་གཅིག་གྱུར་མ་ལག་དང་ཕན་ནུས་ཆེ་བའི་ཁྲིམས་སྐྱོང་ལག་བསྟར་མ་ལག དོ་ནན་གྱི་ཁྲིམས་སྐྱོང་ལྟ་སྐུལ་མ་ལག ནུས་ཡོད་ཀྱི་ཁྲིམས་སྐྱོང་འགན་སྲུང་མ་ལག་བཅས་ཆགས་པ་བྱ་རྒྱུ་དང་། འཛུམས་སྐྱོ་ཚང་བའི་ཏང་ནང་ཁྲུལ་གྱི་ཁྲིམས་སྲོལ་མ་ལག་ཆགས་པ་བྱ་དགོས། ཁྲིམས་ལྟར་རྒྱལ་ཁབ་སྐྱོང་རྒྱུ་དང་ཁྲིམས་ལྟར་སྲིད་འཛིན་རྒྱུ། ཁྲིམས་ལྟར་སྲིད་དབང་ལག་བསྟར་བྱ་རྒྱུ་བཅས་མཉམ་དུ་སྐུལ་སློལ་གཏོང་རྒྱུ་རྒྱུན་འཁྱོངས་དང་ཁྲིམས་སྐྱོང་རྒྱལ་ཁབ་དང་ཁྲིམས་སྐྱོང་སྲིད་གཞུང་། ཁྲིམས་སྐྱོང་སྤྱི་ཚོགས་བཅས་གཞི་གཅིག་ཏུ་འཛུགས་སྐྱོང་བྱ་རྒྱུ་རྒྱུན་འཁྱོངས་བྱས་ཏེ། ཚན་རིག་དང་མཐུན་པའི་ཁྲིམས་འཛུགས་དང་ཁྲིམས་ལག་བསྟར་ནན་པོ། ཁྲིམས་འཛིན་གཞུང་དྲང་། དམངས་ཡོངས་ནས་ཁྲིམས་ལུགས་སྲུང་བ་བཅས་བྱས་མཐར། རྒྱལ་ཁབ་ཀྱི་ཁྲིམས་སྐྱོང་མ་ལག་དང་བཅོས་སྐྱོང་མ་ལག་གི་ནུས་པ་དེང་རབས་ཅན་དུ་འགྱུར་རྒྱུར་སྐུལ་འདེད་གཏོང་དགོས།

9. “四个意识”是指什么？

༩.“འདུ་ཤེས་བཞི”གང་དག་ཡིན་ནམ།

“四个意识”是指政治意识、大局意识、核心意识、看齐意识。

“འདུ་ཤེས་བཞི”ནི་ཆབ་སྲིད་ཀྱི་འདུ་ཤེས་དང་ཧྲིལ་ཡོངས་ཀྱི་འདུ་ཤེས། སྙིང་ཤིང་གི་འདུ་ཤེས། མིག་ལྟོས་ཀྱི་འདུ་ཤེས་བཅས་ཡིན།

10. “四个自信”是指什么？

༡༠.“གདེང་ཚོད་བཞི”གང་དག་ཡིན་ནམ།

“四个自信”即中国特色社会主义道路自信、理论自信、制度自信、文化自信。

“གདེང་ཚོད་བཞི་”ནི་ཀྲུང་གོའི་ཁྱད་ཆོས་ལྡན་པའི་སྤྱི་ཚོགས་རིང་ལུགས་ཀྱི་ལམ་བུར་གདེང་ཚོད་ཡོད་པ་དང་། རིགས་པའི་གཞུང་ལུགས་ལ་གདེང་ཚོད་ཡོད་པ། ལམ་ལུགས་ལ་གདེང་ཚོད་ཡོད་པ། རིག་གནས་ལ་གདེང་ཚོད་ཡོད་པ་བཅས་རེད།

11. “两个维护”是指什么？

༡༡.“སྲུང་སྐྱོང་གཉིས་”གང་དག་ཡིན་ནམ།

“两个维护”是指坚决维护习近平总书记党中央的核心、全党的核心地位，坚决维护党中央权威和集中统一领导。

“སྲུང་སྐྱོང་གཉིས་”ནི་སྤྱི་ཁྱབ་རྩའུ་ཅི་ཞི་ཅིན་ཕིང་ནི་ཏང་ཀྲུང་དབྱང་གི་སྙིང་ཤིང་ཡིན་པ་དང་ཏང་ཡོངས་ཀྱི་སྙིང་ཤིང་ཡིན་པའི་གོ་གནས་སྲུང་སྐྱོང་མཐའ་གཅིག་ཏུ་བྱ་རྒྱུ་དང་། ཏང་ཀྲུང་དབྱང་གི་དབང་གྲགས་དང་གཅིག་བསྡུད་གཅིག་གྱུར་གྱི་འགོ་ཁྲིད་སྲུང་སྐྱོང་མཐའ་གཅིག་ཏུ་བྱ་རྒྱུ་གཉིས་ཡིན།

12. 社会主义核心价值观的基本内容是什么？

༡༢.སྤྱི་ཚོགས་རིང་ལུགས་ཀྱི་སྙིང་བའི་རིན་ཐང་ལྟ་བའི་གཞི་རྩའི་ནང་དོན་གང་ཡིན་ནམ།

富强、民主、文明、和谐，自由、平等、公正、法治，爱国、敬业、诚信、友善。

འབྱོར་ཕྱུག་དང་དམངས་གཙོ། ཤེས་དཔལ། ཞི་མཐུན། རང་དབང་། འདྲ་མཉམ། དྲང་གཞག ཁྲིམས་སྐྱོང་། རྒྱལ་གཅེས། ལས་བཀུར། ཡིད་རྟོན། མཛའ་མཐུན་བཅས་རེད།

13. 什么是“五个认同”？

༡༣."གཅིག་མཐུན་གྱི་ངོས་འཛིན་ལྔ"གང་དག་ཡིན་ནམ།

“五个认同”是指对伟大祖国的认同、对中华民族的认同、对中华文化的认同、对中国共产党的认同、对中国特色社会主义的认同。

"གཅིག་མཐུན་གྱི་ངོས་འཛིན་ལྔ"ནི་རླབས་ཆེན་གྱི་མེས་རྒྱལ་ལ་ངོས་འཛིན་གཅིག་མཐུན་དང་། ཀྲུང་ཧྭ་མི་རིགས་ལ་ངོས་འཛིན་གཅིག་མཐུན། ཀྲུང་ཧྭའི་རིག་གནས་ལ་ངོས་འཛིན་གཅིག་མཐུན། ཀྲུང་གོ་གུང་ཁྲན་ཏང་ལ་ངོས་འཛིན་གཅིག་མཐུན། ཀྲུང་གོའི་ཁྱད་ཆོས་ལྡན་པའི་སྤྱི་ཚོགས་རིང་ལུགས་ལ་ངོས་འཛིན་གཅིག་མཐུན་བྱ་རྒྱུ་བཅས་རེད།

14.“三个离不开”指什么？

༡༤.“ཁ་འབྲལ་ཐབས་མེད་པ་གསུམ”གང་དག་ཡིན་ནམ།

汉族离不开少数民族，少数民族离不开汉族，各少数民族之间也相互离不开。

རྒྱ་རིགས་ནི་གྲངས་ཉུང་མི་རིགས་དང་ཁ་འབྲལ་ཐབས་མེད་པ་དང་གྲངས་ཉུང་མི་རིགས་ནི་རྒྱ་རིགས་དང་ཁ་འབྲལ་ཐབས་མེད་པ། གྲངས་ཉུང་མི་རིགས་ཁག་ཀྱང་ཕན་ཚུན་ཁ་འབྲལ་ཐབས་མེད་པ་བཅས་རེད།

15.西藏工作的着眼点和着力点是什么？

༡༥.བོད་ལྗོངས་ལས་དོན་གྱི་དམིགས་ས་གཙོ་བོ་དང་ཤུགས་རྒྱག་ས་གཙོ་བོ་གང་ཡིན་ནམ།

西藏工作必须坚持以维护祖国统一、加强民族团结为着眼点和着力点。

བོད་ལྗོངས་ལས་དོན་གྱི་དམིགས་ས་གཙོ་བོ་དང་ཤུགས་རྒྱག་ས་གཙོ་བོ་ནི་བོད་ལྗོངས་ལས་དོན་ཁྲིད་ངེས་པར་དུ་རྒྱུན་མཐུད་དང་མེས་རྒྱལ་གཅིག་གྱུར་ལ་སྲུང་སྐྱོང་དང་། མི་རིགས་མཐུན་སྒྲིལ་ལ་ཤུགས་སྣོན་རྒྱག་དགོས་པ་དེ་ཡིན།

16.新时代党的治藏方略是什么？

༡༦.དུས་རབས་གསར་པའི་བོད་སྐྱོང་གི་ཐུས་གཞི་གང་ཡིན་ནམ།

在中央第七次西藏工作座谈会上，习近平总书记进一步丰富和发展了新时代党的治藏方略，并用“十个必须”高度概括，即：

དེའང་ཀྲུང་དབྱང་གི་བོད་ལྗོངས་ལས་དོན་སྐོར་གྱི་བཞུགས་མོལ་ཚོགས་འདུ་ཐེངས་བདུན་པའི་ཐོག སྤྱི་ཁྲབ་ཧྲུའུ་ཅི་ཞི་ཅིན་ཕིང་གིས་དུས་རབས་གསར་པའི་ཏང་གི་བོད་སྐྱོང་ཐུས་གཞི་

སྔར་བས་ཕུན་སུམ་ཚོགས་དང་འཕེལ་རྒྱས་བཏང་ཡོད་པ་མ་ཟད། "ངེས་པར་དུ་བཅུ"ཞེས་པའི་ནང་ཚད་མཐོའི་ཕྱོགས་བསྡུས་གནང་ཡོད་པ་དེ་ཡང་།

必须坚持中国共产党领导、中国特色社会主义制度、民族区域自治制度;

ངེས་པར་དུ་ཀྲུང་གོ་གུང་ཁྲན་ཏང་གི་འགོ་ཁྲིད་དང་ཀྲུང་གོའི་ཁྱད་ཆོས་ལྡན་པའི་སྤྱི་ཚོགས་རིང་ལུགས་ཀྱི་ལམ་ལུགས། མི་རིགས་ས་ཁོངས་རང་སྐྱོང་ལམ་ལུགས་བཅས་རྒྱུན་འཁྱོངས་བྱ་དགོས་པ།

必须坚持治国必治边、治边先稳藏的战略思想;

ངེས་པར་དུ་རྒྱལ་ཁབ་སྐྱོང་བར་ཡིན་གཅིག་གིས་མཐའ་མཚམས་སྐྱོང་དགོས་པ་དང་། མཐའ་མཚམས་སྐྱོང་བར་དང་ཐོག་བོད་བརྟན་ལྷིང་ཡོང་བ་བྱ་རྒྱུའི་འཐབ་ཇུས་བསམ་བློ་རྒྱུན་འཁྱོངས་བྱ་དགོས་པ།

必须把维护祖国统一、加强民族团结作为西藏工作的着眼点和着力点;

ངེས་པར་དུ་མེས་རྒྱལ་གོང་བུ་གཅིག་གྱུར་ལ་སྲུང་སྐྱོང་དང་མི་རིགས་མཐུན་སྒྲིལ་ལ་ཤུགས་སྣོན་རྒྱག་རྒྱུ་དེ་བོད་ལྗོངས་ལས་དོན་གྱི་དམིགས་ས་གཙོ་བོ་དང་ཤུགས་རྒྱག་ས་གཙོ་བོར་འཛུག་དགོས་པ།

必须坚持依法治藏、富民兴藏、长期建藏、凝聚人心、夯实基础的重要原则;

ངེས་པར་དུ་ཁྲིམས་ལྟར་བོད་བདག་སྐྱོང་བྱེད་པ་དང་དམངས་ཕྱུག་བོད་དར་ཡོང་རྒྱུ། ཡུན་རིང་ནང་བོད་ལྗོངས་འཛུགས་སྐྲུན་བྱེད་རྒྱུ། མི་སེམས་གོང་བུ་གཅིག་ཏུ་བསྒྲིལ་རྒྱུ། རྨང་གཞི་བརྟན་དུ་གཏོང་རྒྱུ་བཅས་ཀྱི་རྩ་དོན་གལ་ཆེན་རྒྱུན་འཁྱོངས་བྱ་དགོས་པ།

必须统筹国内国际两个大局;

ངེས་པར་དུ་རྒྱལ་ཕྱི་རྒྱལ་ནང་གཉིས་ཀྱི་ཁྱོན་ཡོངས་གནས་བབས་གཅིག་གྱུར་ཐོག་འཆར་འགོད་བྱ་དགོས་པ།

必须把改善民生、凝聚人心作为经济社会发展的出发点和落脚点;

ངེས་པར་དུ་དམངས་འཚོ་ལེགས་བཅོས་དང་མི་སེམས་གཅིག་ཏུ་འགྲུག་རྒྱུ་དེ་དཔལ་

འབྱོར་དང་སྤྱི་ཚོགས་གོང་འཕེལ་གྱི་འགོ་བཙམ་ས་དང་གཞི་ཚུགས་སར་འཛོག་དགོས་པ།

必须促进各民族交往交流交融；

ངེས་པར་དུ་མི་རིགས་ཁག་དབར་འགྲོ་འོང་དང་སྤེལ་རེས། འབྲེལ་འདྲིས་བཅས་བྱ་རྒྱུར་སྐུལ་འདེད་གཏོང་དགོས་པ།

必须坚持我国宗教中国化方向、依法管理宗教事务；

ངེས་པར་དུ་རང་རྒྱལ་གྱི་ཆོས་ལུགས་དེ་ཀྲུང་གོ་ཅན་གྱི་ཁ་ཕྱོགས་སུ་འགྱུར་རྒྱུ་དང་ཁྲིམས་ལྟར་ཆོས་ཕྱོགས་ལས་དོན་ལ་དོ་དམ་བྱ་རྒྱུ་རྒྱུན་འཁྱོངས་བྱ་དགོས་པ།

必须坚持生态保护第一；

ངེས་པར་དུ་སྐྱེ་ཁམས་སྲུང་སྐྱོང་བྱ་རྒྱུ་ཨང་དང་པོར་འཛོག་དགོས་པ།

必须加强党的建设特别是政治建设。

ངེས་པར་དུ་ཏང་འཛུགས་སྐྲུན་དང་ལྷག་པར་དུ་ཆབ་སྲིད་འཛུགས་སྐྲུན་ལ་ཤུགས་སྣོན་རྒྱག་དགོས་པ་བཅས་རེད།

17. 维护民族团结的思想基础是什么？

༡༧.མི་རིགས་མཐུན་སྒྲིལ་སྲུང་སྐྱོང་བྱེད་པའི་བསམ་བློའི་རྨང་གཞི་གང་ཡིན་ནམ།

坚持铸牢中华民族共同体意识是维护民族团结的思想基础。习近平总书记强调，“加强民族团结，基础在于搞好民族团结进步教育，建设各民族共有精神家园。要深入践行守望相助理念，深化民族团结进步教育，铸牢中华民族共同体意识，促进各民族像石榴籽一样紧紧抱在一起”。

དེའང་ཀྲུང་ཧྭ་མི་རིགས་གཅིག་མཐུན་ཚོགས་པའི་འདུ་ཤེས་རྒྱུན་མཐུད་དང་སྲ་བརྟན་གཏོང་རྒྱུ་ནི་མི་རིགས་མཐུན་སྒྲིལ་སྲུང་སྐྱོང་བྱེད་པའི་བསམ་བློའི་རྨང་གཞི་ཡིན། སྤྱི་ཁྱབ་རྩུའུ་ཅི་ཞི་ཅིན་ཕིང་གིས“མི་རིགས་མཐུན་སྒྲིལ་ལ་ཤུགས་སྣོན་རྒྱག་རྒྱུའི་རྨང་གཞི་ནི་མི་རིགས་མཐུན་སྒྲིལ་དང་ཡར་ཐོན་གྱི་སློབ་གསོ་ཡག་པོ་བརྒྱབ་སྟེ། མི་རིགས་ཁག་ལ་ཐུན་མོང་གི་བསམ་པའི་

ཁྲིམ་གཞིས་འཛུགས་དགོས་པ་དང་། ཕན་ཚུན་ལྷ་སྐྱོང་དང་རོགས་རེས་ཀྱི་འདུ་ཤེས་སྐྱོང་རོལ་གཏིང་ཟབ་ཡོང་བ་དང་མི་རིགས་མཐུན་སྒྲིལ་དང་ཡར་ཐོན་གྱི་སློབ་གསོ་གཏིང་ཟབ་ཐེབས་པ། ཀུང་ཧྲོ་མི་རིགས་གཅིག་མཐུན་ཚོགས་པའི་འདུ་ཤེས་བརྟན་པོ་ཡོང་བ་བཅས་བྱས་ནས་མི་རིགས་ཁག་སོ་འབྲུ་དང་འདྲ་བར་རྡོག་རྩ་གཅིག་ཏུ་བསྒྲིལ་རྒྱུར་སྐུལ་འདེད་གཏོང་དགོས"ཞེས་ནན་བརྗོད་གནང་ཡོད།

18. 西藏自治区针对民族团结出台的地方性法规是什么？

༡༨.བོད་རང་སྐྱོང་ལྗོངས་ཀྱིས་མི་རིགས་མཐུན་སྒྲིལ་ལ་དམིགས་ཏེ་བཏོན་པའི་ས་གནས་རང་བཞིན་གྱི་ཁྲིམས་སྲོལ་གང་ཡིན་ནམ།

2020 年 1 月 11 日，西藏自治区第十一届人民代表大会第三次会议通过了《西藏自治区民族团结进步模范区创建条例》，《条例》指出：西藏自古以来就是伟大祖国不可分割的一部分，各民族都是中华民族大家庭的重要成员。民族团结是各族人民的生命线，维护祖国统一、加强民族团结，旗帜鲜明反对分裂，是各族人民的共同责任和义务。

དེ་འང་སྤྱི་ལོ་༢༠༢༠ལོའི་ཟླ་༡ཚེས་༡༡ཉིན། བོད་རང་སྐྱོང་ལྗོངས་སྐབས་བཅུ་གཅིག་པའི་མི་དམངས་འཐུས་མི་ཚོགས་ཆེན་ཐེངས་གསུམ་པའི་ཐོག《བོད་རང་སྐྱོང་ལྗོངས་མི་རིགས་མཐུན་སྒྲིལ་ཡར་ཐོན་དཔེ་སྟོན་ཁུལ་འཛུགས་རྒྱུའི་སྒྲིག་ཡིག་》ལ་གྲོས་འཆམ་བྱུང་ཞིང་།《སྒྲིག་ཡིག་》ནང་། བོད་ནི་གནའ་ནས་བཟུང་རླབས་ཆེན་མེས་རྒྱལ་གྱི་ཁ་འབྲལ་དུ་མེད་པའི་མངའ་ཁོངས་ཀྱི་ཆ་ཤས་ཤིག་ཡིན་པ་དང་། མི་རིགས་ཁག་ཚང་མ་ཀྲུང་ཧྭ་མི་རིགས་ཁྱིམ་ཚང་ཆེན་པོའི་ནང་གི་ཁོངས་གཏོགས་གལ་ཆེན་ཤ་སྟག་ཡིན་པ། མི་རིགས་མཐུན་སྒྲིལ་ནི་མི་རིགས་ཁག་གི་མི་དམངས་ཀྱི་སྲོག་རྩ་ཡིན་པ། མེས་རྒྱལ་གོང་དུ་གཅིག་གྱུར་ལ་སྲུང་སྐྱོང་བྱ་རྒྱུ་དང་མི་རིགས་མཐུན་སྒྲིལ་ལ་ཤུགས་སྣོན་རྒྱག་རྒྱུ། དར་ཆ་གསལ་སྟོན་ཐོག་ཁ་བྲལ་ལ་ངོ་རྒོལ་བྱ་རྒྱུ་བཅས་ནི་མི་རིགས་ཁག་གི་མི་དམངས་ཀྱི་ཐུན་མོང་གི་འགན་འཁྲི་དང་འོས་འགན་ཡིན་ཞེས་བསྟན་ཡོད།

19. 西藏自治区民族团结进步模范区创建的总体要求是什么？

༡༩.བོད་རང་སྐྱོང་ལྗོངས་ཀྱི་མི་རིགས་མཐུན་སྒྲིལ་ཡར་ཐོན་དཔེ་སྟོན་ཁུལ་འཛུགས་རྒྱུའི་སྤྱིའི་བླང་བྱ་གང་ཡིན་ནམ།

《西藏自治区民族团结进步模范区创建条例》指出：民族团结进步模范区创建，以“中华民族一家亲、同心共筑中国梦”为总目标，以共同团结奋斗、共同繁荣发展为主题，以铸牢中华民族共同体意识为主线，以社会主义核心价值观为引领，以加强各民族交往交流交融为根本途径，增强对伟大祖国、中华民族、中华文化、中国共产党、中国特色社会主义的认同，促进各民族和睦相处、和衷共济、和谐发展，充分展现中国精神、中国价值、中国力量。

《བོད་རང་སྐྱོང་ལྗོངས་ཀྱི་མི་རིགས་མཐུན་སྒྲིལ་ཡར་ཐོན་དཔེ་སྟོན་ཁུལ་འཛུགས་རྒྱུའི་སྲོལ་ཡིག་》ནང་བསྟན་དོན། མི་རིགས་མཐུན་སྒྲིལ་ཡར་ཐོན་དཔེ་སྟོན་ཁུལ་འཛུགས་སྐབས། "ཀྲུང་ཧྭ་མི་རིགས་ཁྱིམ་ཚང་གཅིག་ལྟར་འཆམ་མཐུན་དང་བློ་སེམས་གཅིག་ཏུ་བསྒྲིལ་ནས་ཀྲུང་གོའི་ཕུགས་འདུན་བསྒྲུན་རྒྱུ"སྤྱིའི་དམིགས་ཡུལ་དུ་བཟུང་བ་དང་། མཉམ་དུ་མཐུན་སྒྲིལ་འབད་འཐབ་དང་མཉམ་དུ་དར་རྒྱས་གོང་འཕེལ་ཡོང་བ་བྱ་རྒྱུ་བརྗོད་དོན་གཙོ་བོར་བཟུང་བ། ཀྲུང་ཧྭ་མི་རིགས་གཅིག་མཐུན་ཚོགས་པའི་འདུ་ཤེས་བརྟན་པོ་འཛུགས་རྒྱུ་གཙོ་ཐིག་ཏུ་བཟུང་བ། སྤྱི་ཚོགས་རིང་ལུགས་ཀྱི་ལྟེ་བའི་རིན་ཐང་ལྟ་བས་ཁྲིད་སྟོན་བྱེད་པ། མི་རིགས་དབར་འགྲོ་འོང་དང་སྤེལ་རེས། འབྲེལ་འདྲིས་བྱ་རྒྱུ་གཞི་རྩའི་ཐབས་ལམ་དུ་བཟུང་བ་བཅས་བྱས་ཐོག རླབས་ཆེན་གྱི་མེས་རྒྱལ་དང་ཀྲུང་ཧྭ་མི་རིགས། ཀྲུང་ཧྭའི་རིག་གནས། ཀྲུང་གོ་གུང་ཁྲན་ཏང་། ཀྲུང་གོའི་ཁྱད་ཆོས་ལྡན་པའི་སྤྱི་ཚོགས་རིང་ལུགས་བཅས་ལ་ངོས་འཛིན་གཅིག་མཐུན་བྱ་རྒྱུར་ཤུགས་སྣོན་རྒྱག་པ་དང་། མི་རིགས་ཁག་འཆམ་མཐུན་མཉམ་གནས་དང་ཕྱུར་བ་གྲུ་འདེགས། ཞི་མཐུན་འཕེལ་རྒྱས་ཡོང་བ་བཅས་ལ་སྐུལ་འདེད་ཀྱིས་ཀྲུང་གོའི་སྙིང་སྟོབས་དང་ཀྲུང་གོའི་རིན་ཐང་། ཀྲུང་གོའི་སྟོབས་ཤུགས་བཅས་གང་ལེགས་མངོན་པར་བྱ་དགོས་ཞེས་འཁོད་ཡོད།

20. 西藏自治区针对环境保护出台的地方性法规是什么?

༢༠.བོད་རང་སྐྱོང་ལྗོངས་ཀྱིས་ཁོར་ཡུག་སྲུང་སྐྱོང་ལ་དམིགས་ཏེ་བཏོན་པའི་ས་གནས་རང་བཞིན་གྱི་ཁྲིམས་སྲོལ་གང་ཡིན་ནམ།

2021 年 1 月 24 日，西藏自治区第十一届人民代表大会第四次会议审议通过了《西藏自治区国家生态文明高地建设条例》，《条例》指出：西藏是青藏高原的主体，是重要的国家生态安全屏障。保护好青藏高原生态事关中华民族生存和长远发展，事关铸牢中华民族共同体意识，事关西藏长治久安和高质量发展，事关全区各族人民的民生福祉。

དེ་འང་སྤྱི་ལོ་༢༠༢༡ལོའི་ཟླ་༡ཚེས་༢༨ཉིན། བོད་རང་སྐྱོང་ལྗོངས་སྐབས་བཅུ་གཅིག་པའི་མི་དམངས་འཐུས་མི་ཚོགས་ཆེན་ཐེངས་བཞི་པའི་ཐོག《བོད་རང་སྐྱོང་ལྗོངས་རྒྱལ་ཁབ་སྐྱེ་ཁམས་ཞིབ་དཔལ་གྱི་མཐོ་ས་བསྐྲུན་རྒྱུའི་སྒྲོལ་ཡིག་》ལ་གྲོས་ཞིབ་དང་གྲོས་འཆམ་བྱུང་ཞིང་།《སྒྲོལ་ཡིག་》ནང་བསྟན་དོན། བོད་ལྗོངས་ནི་མཚོ་བོད་ས་མཐོའི་གཞི་རྐང་ཡིན་ལ། རྒྱལ་ཁབ་སྐྱེ་ཁམས་བདེ་འཇགས་ཀྱི་གྱང་ར་གལ་ཆེན་ཞིག་ཀྱང་ཡིན། མཚོ་བོད་ས་མཐོའི་སྐྱེ་ཁམས་སྲུང་སྐྱོང་ཡག་པོ་བྱ་རྒྱུ་དེ་ཀྲུང་ཧྭ་མི་རིགས་ཀྱི་འཚོ་གནས་དང་ཡུན་རིང་གི་འཕེལ་རྒྱས་དང་འབྲེལ་བ་ཡོད་པ་དང་། ཀྲུང་ཧྭ་མི་རིགས་གཅིག་མཐུན་ཚོགས་པའི་འདུ་ཤེས་བརྟན་པོ་འཛུགས་རྒྱུ་དང་འབྲེལ་བ་ཡོད་པ། བོད་ལྗོངས་ཡུན་རིང་དུས་བདེ་དང་ཕྱུགས་ཚད་མཐོ་བའི་གོང་འཕེལ་ཡོང་རྒྱུ་དང་འབྲེལ་བ་ཡོད་པ། ལྗོངས་ཡོངས་མི་རིགས་ཁག་གི་མི་དམངས་ཀྱི་དམངས་འཚོའི་བདེ་སྐྱིད་དང་འབྲེལ་བ་ཡོད་པ་བཅས་ཡིན་ཞེས་འཀོད་ཡོད།

21. 党的宗教工作基本方针是什么？

༢༡.ཏང་གི་ཆོས་ལུགས་ལས་དོན་གྱི་གཞི་རྩའི་བྱེད་ཕྱོགས་གང་ཡིན་ནམ།

全面贯彻党的宗教信仰自由政策，依法管理宗教事务，坚持独立自主自办的原则，积极引导宗教与社会主义社会相适应。

ཏང་གི་ཆོས་དད་རང་མོས་སྲིད་ཇུས་ཁྱོན་ཡོངས་ནས་ལག་ལེན་མཐར་ཕྱིན་པ་བསྟར་དགོས་པ་དང་ཁྲིམས་ལྟར་ཆོས་ཕྱོགས་ལས་དོན་ལ་དོ་དམ་བྱ་དགོས་པ། རང་ཚུགས་རང་བདག་དང་རང་གཉེར་བཅས་ཀྱི་རྩ་དོན་རྒྱུན་འཁྱོངས་བྱ་དགོས་པ། ཆོས་ལུགས་དེ་སྤྱི་ཚོགས་རིང་ལུགས་དང་ཕན་ཚུན་འཆམ་མཐུན་ཡོང་བར་ཁྲིད་སྟོན་ཇུར་ཐག་བྱ་དགོས་པ་བཅས་ཡིན།

22. 西藏社会的特殊矛盾是什么？

༢༢.བོད་ལྗོངས་སྤྱི་ཚོགས་ཀྱི་དམིགས་བསལ་འགལ་ཟླ་གང་ཡིན་ནམ།

西藏社会的特殊矛盾依然是各族人民同以达赖集团为代表的分裂势力之间的矛盾。

བོད་ལྗོངས་སྤྱི་ཚོགས་ཀྱི་དམིགས་བསལ་འགལ་ཟླ་ནི་སྔར་བཞིན་མི་རིགས་ཁག་གི་མི་དམངས་དང་ཏཱ་ལའི་རུ་ཚོགས་ཀྱིས་འཐུས་ཚབ་བྱས་པའི་ཁ་བྲལ་སྟོབས་ཤུགས་དབར་གྱི་འགལ་ཟླ་དེ་ཡིན།

23. 怎么看待各族人民与达赖集团的斗争？

༢༣.མི་རིགས་ཁག་གི་མི་དམངས་དང་ཏཱ་ལའི་རུ་ཚོགས་དབར་གྱི་འཐབ་རྩོད་ལ་ལྟ་སྟངས་གང་འདྲ་འཛིན་དགོས་སམ།

十四世达赖是图谋“西藏独立”的分裂主义政治集团的总头子，是国际反华势力的忠实工具，是在西藏制造社会动乱的总根源，是阻挠藏传佛教建立正常秩序的最大障碍，是披着宗教外衣祸藏乱教的政客。达赖集团“中间道路”的本质是分裂祖国，我们同达赖集团及支持他们的西方敌对势力的斗争，是中华民族反对帝国主义、殖民主义斗争的继续，是西藏各族人民同政教合一封建农奴主阶级残余势力斗争的继续，是关系国家统一、民族团结的重大政治斗争，对十四世达赖集团斗争始终是西藏工作的重中之重。

དེའང་ཏཱ་ལ་སྐུ་ཕྲེང་བཅུ་བཞི་པ་ནི“བོད་རང་བཙན”གྱི་རེ་ངན་འཆང་མཁན་ཁ་བྲལ་རིང་ལུགས་ཆབ་སྲིད་སྟོབས་ཤུགས་ཀྱི་སྤྱིའི་འགོ་གཙོ་ཡིན་པ་དང་། རྒྱལ་སྤྱིའི་ཐོག་ཀྲུང་གོར་ངོ་རྒོལ་བྱེད་མཁན་སྟོབས་ཤུགས་ཀྱི་ལག་ཆ་འཁྲུལ་མེད་ཅིག་ཡིན་པ། བོད་ལྗོངས་ཀྱི་སྤྱི་ཚོགས་ཟང་ཟིང་བཟོ་བའི་རྩ་བའི་འབྱུང་རྩ་ཡིན་པ། བོད་བརྒྱུད་ནང་བསྟན་གྱི་རྒྱུན་གཏན་སྒྲིག་ལམ་

འཛུགས་རྒྱུའི་འགོག་རྐྱེན་ཆེ་ཤོས་ཡིན་པ། ཆོས་ལུགས་ཀྱི་ཕྱི་གོས་གྱོན་ནས་བོད་ལ་ཆག་སྒོ་དང་ཆོས་ལུགས་ལ་འཁྲུག་རྐྱེན་སློང་བའི་ཆབ་སྲིད་ཀྱི་མི་སྣ་བཅས་ཡིན། ཏཱ་ལའི་ཚོགས་པའི་"དབུ་མའི་ལམ"ཀྱི་ངོ་བོ་ནི་མེས་རྒྱལ་ཁ་བྲལ་གཏོང་རྒྱུ་དེ་རེད། ང་ཚོ་དང་ཏཱ་ལའི་ཉ་ཚོགས་དང་ཁོ་ཚོར་རྒྱབ་སྐྱོར་བྱེད་མཁན་ནུབ་ཕྱོགས་དགྲ་འཛིན་སྟོབས་ཤུགས་དབར་གྱི་འཐབ་རྩོད་ནི་ཀྲུང་ཧྭ་མི་རིགས་ཀྱིས་བཙན་རྒྱལ་རིང་ལུགས་ལ་ངོ་རྒོལ་དང་མི་སེར་སྤྱིལ་བའི་རིང་ལུགས་ལ་ངོ་རྒོལ་བྱེད་པའི་འཐབ་རྩོད་ཀྱི་རྒྱུན་མཐུད་ཅིག་ཡིན་པ་དང་། བོད་ལྗོངས་མི་རིགས་ཁག་གི་མི་དམངས་ཀྱིས་ཆོས་སྲིད་ཟུང་འབྲེལ་བཀས་བཀོད་རྒྱུད་འཛིན་ཞིང་བྲན་བདག་པོའི་གྲལ་རིམ་གྱི་ངན་པའི་ཤུགས་ལྷག་དབར་འཐབ་རྩོད་བྱེད་པའི་རྒྱུན་མཐུད་ཅིག་ཡིན་པ། ཏཱ་ལ་སྐྱེ་ཕྲེང་བཅུ་བཞི་པའི་ཕྱོགས་གཏོགས་དང་འཐབ་རྩོད་བྱ་རྒྱུ་དེ་ནི་ད་ཕྱི་བར་གསུམ་དུ་བོད་ལྗོངས་ལས་དོན་གྱི་གལ་འགངས་ཆེ་ཤོས་དེ་ཡིན།

二、宪法及基本常识

གཉིས་པ། ཆ་ཁྲིམས་དང་གཞི་ཆའི་རྒྱུན་ཤེས།

中华人民共和国
宪 法

1. 宪法的地位是什么？

༡.རྩ་ཁྲིམས་ཀྱི་གོ་བབ་གང་ཡིན་ནམ།

《中华人民共和国宪法》是中华人民共和国的根本大法，规定拥有最高法律效力。一切法律、行政法规和地方性法规都不得同宪法相抵触。一切国家机关和武装力量、各政党和各社会团体、各企业事业组织都必须遵守宪法和法律。一切违反宪法和法律的行为，必须予以追究。任何组织或者个人都不得有超越宪法和法律的特权。

《ཀྲུང་ཧྭ་མི་དམངས་སྤྱི་མཐུན་རྒྱལ་ཁབ་ཀྱི་རྩ་ཁྲིམས་》ནི་ཀྲུང་ཧྭ་མི་དམངས་སྤྱི་མཐུན་རྒྱལ་ཁབ་ཀྱི་གཞི་རྩའི་ཁྲིམས་ཆེན་ཞིག་ཡིན་ཞིང་། དེར་ཆེས་མཐོའི་བཅའ་ཁྲིམས་ཀྱི་ནུས་པ་ལྡན་པ་གཏན་འབེབས་བྱས་ཡོད། ཁྲིམས་ལུགས་མཐའ་དག་དང་སྲིད་འཛིན་ཁྲིམས་སྲོལ། ས་གནས་རང་བཞིན་གྱི་ཁྲིམས་སྲོལ་བཅས་ཚང་མ་རྩ་ཁྲིམས་དང་རྒྱབ་འགལ་བྱེད་མི་ཆོག རྒྱལ་ཁབ་ཀྱི་ལས་ཁུངས་མཐའ་དག་དང་དྲག་ཆས་སྟོབས་ཤུགས། སྲིད་ཏང་ཁག་དང་སྤྱི་ཚོགས་ཚོགས་པ་ཁག ཁེ་ལས་བྱ་གཞག་རྩ་འཛུགས་ཁག་བཅས་ཚང་མས་ངེས་པར་དུ་རྩ་ཁྲིམས་དང་བཅའ་ཁྲིམས་ལ་བརྩི་སྲུང་ཞུ་དགོས། རྩ་ཁྲིམས་དང་བཅའ་ཁྲིམས་ལས་འགལ་བའི་བྱ་སྤྱོད་མཐའ་དག་ངེས་པར་དུ་རྩད་གཅོད་བྱ་དགོས་པ་དང་། རྩ་འཛུགས་དང་མི་སྒེར་གང་འདྲ་ཞིག་ཡིན་རུང་ཚང་མར་རྩ་ཁྲིམས་དང་བཅའ་ཁྲིམས་ལས་བརྒལ་བའི་དམིགས་བསལ་དབང་ཆ་ཡོད་མི་རུང་།

2. 我国的国家性质是什么？

༢.རང་རྒྱལ་གྱི་རྒྱལ་ཁབ་ཀྱི་ངོ་བོ་གང་ཡིན་ནམ།

中华人民共和国是工人阶级领导的、以工农联盟为基础的人民民主专政的社会主义国家。

དེ་འང་ཀྲུང་ཧྭ་མི་དམངས་སྤྱི་མཐུན་རྒྱལ་ཁབ་ནི་བཟོ་པའི་གྲལ་རིམ་གྱིས་འགོ་ཁྲིད་བྱས་པ་དང་བཟོ་ཞིང་མནའ་འབྲེལ་གྱིས་རྨང་གཞི་བྱས་པའི་མི་དམངས་དམངས་གཙོའི་སྲིད་དབང་སྒེར་འཛིན་གྱི་སྤྱི་ཚོགས་རིང་ལུགས་ཀྱི་རྒྱལ་ཁབ་ཅིག་ཡིན།

3. 我国的根本制度是什么？

༣.རང་རྒྱལ་གྱི་གཞི་རྩའི་ལམ་ལུགས་གང་ཡིན་ནམ།

社会主义制度是中华人民共和国的根本制度。

དེ་འདང་སྤྱི་ཚོགས་རིང་ལུགས་ནི་ཀྲུང་ཧྭ་མི་དམངས་སྤྱི་མཐུན་རྒྱལ་ཁབ་ཀྱི་གཞི་རྩའི་ལམ་ལུགས་ཤིག་ཡིན།

4. 我国的国家权力属于谁？

༤.རང་རྒྱལ་གྱི་རྒྱལ་ཁབ་དབང་ཆ་སུ་ཞིག་གི་ལག་ཏུ་བཟུང་ཡོད་དམ།

中华人民共和国的一切权力属于人民。

དེ་འདང་ཀྲུང་ཧྭ་མི་དམངས་སྤྱི་མཐུན་རྒྱལ་ཁབ་ཀྱི་དབང་ཆ་མཐའ་དག་མི་དམངས་ལ་བདག་པ་ཡིན།

5. 我国的政体是什么？

༥.རང་རྒྱལ་སྲིད་དབང་གི་སྒྲིག་སྲོལ་གང་འདྲ་ཡིན་ནམ།

我国的政体是人民代表大会制度。

རང་རྒྱལ་སྲིད་དབང་གི་སྒྲིག་སྲོལ་ནི་མི་དམངས་འཐུས་མི་ཚོགས་ཆེན་གྱི་ལམ་ལུགས་ཡིན།

6.《中华人民共和国宪法》针对民族关系有何规定？

༦.《ཀྲུང་ཧྭ་མི་དམངས་སྤྱི་མཐུན་རྒྱལ་ཁབ་ཀྱི་ཆ་ཁྲིམས་》ནང་མི་རིགས་ཀྱི་འབྲེལ་བར་དམིགས་ནས་གཏན་འབེབས་གང་འདྲ་བྱས་ཡོད་དམ།

中华人民共和国各民族一律平等。国家保障各少数民族的合法的权利和利益，维护和发展各民族的平等团结互助和谐关系。禁止对任何民族的歧视和压迫，禁止破坏民族团结和制造民族分裂的行为。

དེའང་ཀྲུང་ཧྭ་མི་དམངས་སྤྱི་མཐུན་རྒྱལ་ཁབ་ནང་གི་མི་རིགས་ཁག་ཚང་མ་འདྲ་མཉམ་ཡིན། རྒྱལ་ཁབ་ནས་གྲངས་ཉུང་མི་རིགས་ཁག་གི་ཁྲིམས་མཐུན་དབང་ཆ་དང་ཁེ་ཕན་འགན་ལེན་བྱེད་པ་དང་། མི་རིགས་ཁག་གི་འདྲ་མཉམ་དང་མཐུན་སྒྲིལ་རོགས་རེས། ཞི་མཐུན་བཅས་ཀྱི་འབྲེལ་བ་སྲུང་སྐྱོང་དང་འཕེལ་རྒྱས་གཏོང་བ། མི་རིགས་གང་རུང་ཞིག་ལ་ཡང་སྨད་ཆུང་དང་གཉའ་གནོན་བྱེད་མི་རུང་བ་དང་མི་རིགས་མཐུན་སྒྲིལ་ལ་གཏོར་བཤིག་དང་མི་རིགས་ཁ་བྲལ་གཏོང་བའི་བྱ་སྤྱོད་སྡིལ་མི་ཆོག

7. 什么是国家象征？

༧.རྒྱལ་ཁབ་ཀྱི་མཚོན་བྱེད་གང་ཞིག་ཡིན་ནམ།

国家象征是一个主权国家的代表和标志，主要包括国旗、国徽、国歌、首都等。

རྒྱལ་ཁབ་ཀྱི་མཚོན་བྱེད་ནི་བདག་དབང་ཡོད་པའི་རྒྱལ་ཁབ་ཅིག་གི་ཚབ་བྱེད་དང་མཚོན་རྟགས་ཡིན། དེའི་ནང་གཙོ་བོ་རྒྱལ་དར་དང་རྒྱལ་རྟགས། རྒྱལ་གླུ། རྒྱལ་ས་སོགས་ཚུད་ཡོད།

8. 关于国家安全，《中华人民共和国宪法》有哪些规定？

༨.རྒྱལ་ཁབ་ཀྱི་བདེ་འཇགས་སྐོར་ལ་《ཀྲུང་ཧྭ་མི་དམངས་སྤྱི་མཐུན་རྒྱལ་ཁབ་ཀྱི་རྩ་ཁྲིམས》ནང་གཏན་འབེབས་གང་དག་བྱས་ཡོད་དམ།

国家维护社会秩序，镇压叛国和其他危害国家安全的犯罪活动，制裁危害社会治安、破坏社会主义经济和其他犯罪的活动，惩办和改造犯罪分子。中华人民共和国公民有维护祖国的安全、荣誉和利益的义务，不得有危害祖国的安全、荣誉和利益的行为。保卫祖国、抵抗侵略是中华人民共和国每一个公民的神圣职责。

དེའང་རྒྱལ་ཁབ་ཀྱིས་སྤྱི་ཚོགས་ཀྱི་སྒྲིག་ལམ་སྲུང་སྐྱོང་དང་རྒྱལ་ཁབ་ལ་ངོ་ལོག་དང་རྒྱལ་ཁབ་ཀྱི་བདེ་འཇགས་ལ་གནོད་པའི་ཉེས་གསོག་བྱེད་སྒོ་གཞན་དག་ལ་དྲག་གནོན་བྱེད་རྒྱུ། སྤྱི་ཚོགས་ཀྱི་བདེ་འཇགས་ལ་གནོད་འཚེ་དང་སྤྱི་ཚོགས་རིང་ལུགས་ཀྱི་དཔལ་འབྱོར་ལ་གཏོར་བཤིག་གཏོང་མཁན་དང་ཉེས་གསོག་གི་བྱེད་སྒོ་གཞན་དག་ལ་བཀག་སྡོམ་བྱ་རྒྱུ། ཉེས་ཅན་པར་ཆད་གཅོད་དང་བསྒྱུར་བཅོས་བྱེད་རྒྱུ། ཀྲུང་ཧྭ་མི་དམངས་སྤྱི་མཐུན་རྒྱལ་ཁབ་ཀྱི་སྤྱི་དམངས་ལ་མེས་རྒྱལ་གྱི་བདེ་འཇགས་དང་གཟི་བརྗིད་མཚན་སྙན། ཁེ་ཕན་བཅས་སྲུང་སྐྱོང་བྱ་རྒྱུའི་འོས་འགན་ཡོད་པ། མེས་རྒྱལ་གྱི་བདེ་འཇགས་དང་གཟི་བརྗིད་མཚན་སྙན། ཁེ་ཕན་བཅས་ལ་གནོད་པའི་བྱ་སྤྱོད་སྤེལ་མི་ཆོག་པ། མེས་རྒྱལ་སྲུང་སྐྱོབ་དང་བཙན་འཛུལ་ལ་འགོག་རྒོལ་བྱ་རྒྱུ་ནི་ཀྲུང་ཧྭ་མི་དམངས་སྤྱི་མཐུན་རྒྱལ་ཁབ་ཀྱི་སྤྱི་དམངས་མི་རེ་ངོ་རེའི་བླ་ན་མེད་པའི་འགན་འཁྲི་ཡིན།

9. 公民的基本权利有哪些？

༩.སྤྱི་དམངས་ལ་གཞི་རྩའི་དབང་ཆ་གང་དག་ཡོད་དམ།

（1）法律面前一律平等；

（༡）བཅའ་ཁྲིམས་ཀྱི་མདུན་དུ་ཚང་མ་འདྲ་མཉམ་ཡིན་པ།

（2）政治权利和自由，包括选举权和被选举权，言论、出版、集会、结社、游行、示威的自由；

（༢）ཆབ་སྲིད་ཀྱི་དབང་ཆ་དང་རང་དབང་གི་ཐད་གདམ་བྱ་དང་འདེམས་བྱེད་ཀྱི་དབང་ཆ་དང་གཏམ་བརྗོད། པར་སྐྲུན། འདུ་འཛོམས། ཚོགས་པ་འཛུགས་པ། ཁྲོམ་སྐོར། ཐམ་སྟོན་བཅས་ཀྱི་རང་དབང་ཡོད།

（3）宗教信仰自由；

（༣）ཆོས་དད་རང་མོས་ཡིན་པ།

（4）人身与人格权，包括人身自由不受侵犯，人格尊严不受侵犯，住宅不受侵犯，通信自由和通信秘密受法律保护；

（༤）མི་ལུས་དང་མི་གཤིའི་དབང་ཆའི་ཐད། མི་ལུས་རང་དབང་ལ་བཙན་གནོད་བྱེད་མི་རུང་བ་དང་མི་གཤིའི་ལ་རྒྱར་བཙན་གནོད་བྱེད་མི་རུང་བ། སྡོད་ཁང་ལ་བཙན་གནོད་བྱེད་མི་རུང་བ། འཕྲིན་གཏོང་རང་དབང་དང་འཕྲིན་གཏོང་གསང་བའི་ཐད་བཅའ་ཁྲིམས་ཀྱི་སྲུང་སྐྱོང་ཐོབ་ཀྱི་ཡོད།

（5）监督权，包括对国家机关及其工作人员有批评、建议、申诉、控告、检举并依法取得赔偿的权利；

（༥）ལྟ་སྐྱུལ་དབང་ཆའི་ཐད། རྒྱལ་ཁབ་ཀྱི་ལས་ཁུངས་དང་དེའི་ལས་དོན་མི་སྣར་སྐྱོན་བརྗོད་དང་གྲོས་འགོ་འདོན་པ། རྒྱུ་མཚན་ཞུ་བ། ཞུ་གཏུག སྐྱོན་འདོན། དེ་བཞིན་ཁྲིམས་ལྟར་གུན་གསབ་ལེན་པ་བཅས་ཀྱི་དབང་ཆ་ཡོད།

（6）社会经济权利，包括劳动权利，劳动者休息权利，退休人员生活保障权利，因年老、疾病、残疾或丧失劳动能力时从国家和社会获得社会保障与物质帮助的权利；

（༦）དཔལ་འབྱོར་སྤྱི་ཚོགས་ཀྱི་དབང་ཆའི་ཐད། ངལ་རྩོལ་གྱི་དབང་ཆ་དང་ངལ་རྩོལ་པའི་ངལ་གསོའི་དབང་ཆ། ལས་འཁྱུར་ངལ་གསོ་བྱེད་མཁན་མི་སྣའི་འཚོ་བ་འགན་སྲུང་དབང་ཆ། ལོ་རྒས་པ་དང་ནད་ཕོག་པ། དབང་པོ་སྐྱོན་ཅན་ནམ་ངལ་རྩོལ་གྱི་ནུས་པ་ཤོར་བ་བཅས་ཀྱི་སྐབས་སུ་རྒྱལ་ཁབ་དང་སྤྱི་ཚོགས་ཐོག་ནས་སྤྱི་ཚོགས་འགན་སྲུང་དང་དངོས་པོའི་རོགས་སྐྱོར་ཐོབ་པའི་དབང་ཆ་ཡོད།

（7）社会文化权利和自由，包括受教育权利，进行科研、文艺创作和其他文化活动的自由；

（༧）སྤྱི་ཚོགས་རིག་གནས་ཀྱི་དབང་ཆ་དང་རང་དབང་ཐད། སློབ་གསོ་ཐོབ་པའི་དབང་ཆ་དང་ཚན་རིག་ཞིབ་འཇུག རིག་གནས་སྒྱུ་རྩལ་གསར་རྩོམ། དེ་བཞིན་རིག་གནས་ཀྱི་བྱེད་སྒོ་གཞན་དག་སྤེལ་བའི་དབང་ཆ་ཡོད།

（8）妇女保护权，妇女在政治、经济、文化、社会和家庭生活等方面享有同男子同等的权利；

（༨）བུད་མེད་སྲུང་སྐྱོང་དབང་ཆའི་ཐད། བུད་མེད་ལ་ཆབ་སྲིད་དང་དཔལ་འབྱོར། རིག་གནས། སྤྱི་ཚོགས། དེ་བཞིན་ཁྱིམ་ཚང་འཚོ་བ་སོགས་ཀྱི་ཐད་སྐྱེས་པ་དང་འདྲ་མཉམ་གྱི་དབང་ཆ་ཡོད།

（9）婚姻、家庭、母亲和儿童受国家的保护；

（༩）གཉེན་སྒྲིག་དང་ཁྱིམ་ཚང་། མ་དང་བྱིས་པ་བཅས་ལ་རྒྱལ་ཁབ་ནས་སྲུང་སྐྱོང་ཐོབ་པ་ཡིན།

（10）华侨、归侨和侨眷的正当权利和利益受国家保护。

（༡༠）ཕྱི་སྡོད་སྲུན་ཟླ་དང་ཕྱིར་ལོག་སྲུན་ཟླ། ཕྱི་སྡོད་རང་མིའི་ཁྲིམ་མི་བཅས་ཀྱི་ལུགས་མཐུན་ཁེ་དབང་ལ་རྒྱལ་ཁབ་ནས་སྲུང་སྐྱོང་ཐོབ་པ་བཅས་ཡིན།

10. 公民的基本义务有哪些？

༡༠. སྤྱི་དམངས་ཀྱི་གཞི་རྩའི་འོས་འགན་གང་དག་ཡིན་ནམ།

（1）维护国家的统一和全国各民族的团结；

（༡）རྒྱལ་ཁབ་ཀྱི་གཅིག་གྱུར་དང་རྒྱལ་ཡོངས་མི་རིགས་ཁག་གི་མཐུན་སྒྲིལ་ལ་སྲུང་སྐྱོང་བྱ་དགོས་པ།

（2）遵守宪法和法律，保守国家秘密，爱护公共财产，遵守劳动纪律，遵守公共秩序，尊重社会公德；

（༢）ཆ་ཁྲིམས་དང་བཅའ་ཁྲིམས་ལ་བརྩི་སྲུང་དང་རྒྱལ་ཁབ་ཀྱི་གསང་བ་སྲུང་རྒྱུ། སྤྱི་པའི་རྒྱུ་ནོར་ལ་གཅེས་འཛིན། ངལ་རྩོལ་སྒྲིག་ཁྲིམས་ལ་བརྩི་སྲུང་། སྤྱི་པའི་སྒྲིག་ལམ་ལ་བརྩི་སྲུང་། སྤྱི་ཚོགས་ཀྱི་སྤྱོད་བཟང་ལ་བརྩི་འཇོག་བཅས་བྱ་དགོས་པ།

（3）维护国家的安全、荣誉和利益；

（༣）རྒྱལ་ཁབ་ཀྱི་བདེ་འཇགས་དང་གཟི་བརྗིད་མཚན་སྙན། ཁེ་ཕན་བཅས་ལ་སྲུང་སྐྱོང་བྱ་དགོས་པ།

（4）保卫祖国，抵抗侵略，依照法律服兵役和参加民兵组织；

（༤）མེས་རྒྱལ་སྲུང་སྐྱོང་དང་བཙན་འཛུལ་ལ་འགོག་རྒོལ། བཅའ་ཁྲིམས་ལ་གཞིགས་ནས་དམག་ཞབས་ཞུ་དགོས་པ་དང་ཡུལ་དམག་རུ་འཛུགས་ནང་ཞུགས་དགོས་པ།

（5）依照法律纳税；

（༥）བཅའ་ཁྲིམས་ལ་གཞིགས་ནས་དཔྱ་ཁྲལ་འཇལ་དགོས་པ།

（6）其他义务。

（༦）ད་དུང་འོས་འགན་གཞན་དག་སྒྲུབ་དགོས་པ།

三、国旗法、国徽法、国歌法

གསུམ་པ། རྒྱལ་དར་གྱི་བཅའ་ཁྲིམས་དང་རྒྱལ་རྟགས་ཀྱི་བཅའ་ཁྲིམས། རྒྱལ་གླུའི་བཅའ་ཁྲིམས།

1. 五星红旗的构成及其内涵是什么？

༡.སྐར་ལྔའི་དར་དམར་གྱི་གྲུབ་ཆ་དང་དེའི་གོ་དོན་གང་ཡིན་ནམ།

五星红旗的旗面为红色，象征着革命。左上方缀有五颗黄色五角星，四颗小五角星环拱在一颗大星的右面。大五角星代表中国共产党，四颗小五角星代表工人、农民、小资产阶级和民族资产阶级。每颗小五角星各有一个尖角正对大五角星中心点，象征着中华儿女一心向党。

སྐར་ལྔའི་དར་དམར་གྱི་ཚོས་གཞི་ནི་དམར་པོ་ཡིན་པ་དང་། དེ་ནི་གསར་བརྗེའི་མཚོན་རྟགས་ཡིན། གཡོན་སྟེང་དུ་སེར་མདོག་ཅན་གྱི་ཟུར་ལྔའི་སྐར་མ་ལྔ་ཡོད་པ་དེའང་ཟུར་ལྔའི་སྐར་མ་ཆུང་བ་བཞིས་ཟུར་ལྔའི་སྐར་མ་ཆེ་བ་གཅིག་ལ་གཡས་ངོས་ནས་ཟླུམ་སྐོར་གྱི་ཚུལ་དུ་བསྐོར་ནས་ཡོད། ཟུར་ལྔའི་སྐར་མ་ཆེ་བ་ནི་ཀྲུང་གོ་གུང་ཁྲན་ཏང་གི་མཚོན་རྟགས་དང་ཟུར་ལྔའི་སྐར་མ་ཆུང་བ་བཞི་ནི་བཟོ་པ་དང་ཞིང་པ། འབྱོར་ལྡན་གྲལ་རིམ་ཆུང་གྲས་དང་མི་རིགས་འབྱོར་ལྡན་གྲལ་རིམ་གྱི་མཚོན་རྟགས་ཡིན། ཟུར་ལྔའི་སྐར་མ་ཆུང་བ་དེ་དག་གི་ཟུར་རྩེ་གཅིག་ནི་ཟུར་ལྔའི་སྐར་མ་ཆེ་བ་དེའི་ལྟེ་བར་ཁ་གཏད་ཡོད་ཅིང་། དེས་ཀྲུང་ཧྭའི་བུ་ཕྲུག་རྣམས་སེམས་རྩེ་གཅིག་གིས་ཏང་ལ་ཁ་ཕྱོགས་པ་མཚོན་གྱི་ཡོད།

2.《中华人民共和国国旗法》对升挂国旗有什么要求？

༢.《ཀྲུང་ཧྭ་མི་དམངས་སྤྱི་མཐུན་རྒྱལ་ཁབ་ཀྱི་རྒྱལ་དར་བཅའ་ཁྲིམས་》ནང་རྒྱལ་དར་འགེལ་བའི་སྐབས་བླང་བྱ་གང་ཡོད་དམ།

（1）不得升挂或者使用破损、污损、褪色或者不合规格的国旗，不得倒挂、倒插或者以其他有损国旗尊严的方式升挂、使用国旗。

（༡）དར་ངོས་རལ་བ་དང་བཙོག་སྐྱོན་ཡོད་པ། ཚོས་གཞི་བུད་པའམ་ཡང་ན་ཚད་གཞི་དང་མི་མཐུན་པའི་རྒྱལ་དར་འགེལ་བའམ་བེད་སྤྱོད་བྱེད་མི་ཆོག་པ། རྒྱལ་དར་མགོ་མཇུག་སློག་ནས་འགེལ་བའམ་འཛུགས་པ། དེ་བཞིན་རྒྱལ་དར་གྱི་གཟི་རྗམ་ལ་གནོད་པའི་ཐབས་ནས་འགེལ་བ་དང་བེད་སྤྱོད་བྱེད་མི་ཆོག

（2）升挂国旗时，可以举行升旗仪式。举行升旗仪式时，应当奏唱国歌。在国旗升起的过程中，在场人员应当面向国旗肃立，行注目礼或者按照规定要求敬礼，不得有损害国旗尊严的行为。

（༢）རྒྱལ་དར་འགེལ་བའི་སྐབས་རྒྱལ་དར་སྒྲེང་བའི་མཛད་སྒོ་སྤེལ་ཆོག རྒྱལ་དར་སྒྲེང་བའི་མཛད་སྒོ་སྤེལ་སྐབས་རྒྱལ་གླུ་གཏོང་དགོས། རྒྱལ་དར་སྒྲེང་བའི་བརྒྱུད་རིམ་ནང་སྒྲེང་སར་ཡོད་པའི་མི་རྣམས་རྒྱལ་དར་ལ་ཁ་ཕྱོགས་ནས་ཀྱང་དེར་ལངས་ཐོག མོས་གུས་ཀྱིས་མིག་རྒྱལ་དར་ལ་བལྟ་བའམ་ཡང་ན་གཏན་འབེབས་ཀྱི་བླང་བྱ་ལྟར་གུས་བཏུད་ཞུ་དགོས་པ་ལས་རྒྱལ་དར་གྱི་གཟི་ཟམ་ལ་གནོད་པའི་བཟོ་ལྟ་སྟོན་མི་ཆོག

3. 不得使用国旗及其图案的情形有哪些？

༣.རྒྱལ་དར་དང་རྒྱལ་དར་གྱི་དཔེ་རིས་གང་ཐུང་དུ་བེད་སྤྱོད་བྱེད་མི་ཆོག་པ་གང་དག་ཡིན་ནམ།

国旗及其图案不得用作商标、授予专利权的外观设计和商业广告，不得用于私人丧事活动等不适宜的情形。

དེའང་རྒྱལ་དར་དང་རྒྱལ་དར་གྱི་དཔེ་རིས་ཚོང་རྟགས་དང་གཅིག་བདག་ཁེ་དབང་ཐོབ་པའི་ཕྱི་ངོས་ཀྱི་རྟུས་འགོད་དང་ཚོང་ལས་འགྲེམས་བསྒྲགས་ཐད་བེད་སྤྱོད་བྱེད་མི་ཆོག་པ་དང་། མི་སྒེར་གྱི་འདས་འཇུག་བྱེད་སྒོ་སོགས་འོས་མིན་གྱི་རྣམ་པའི་ཐད་བེད་སྤྱོད་བྱེད་མི་ཆོག

4. 国徽的内容和含义是什么？

༤.རྒྱལ་རྟགས་ཀྱི་དཔེ་རིས་དང་དེའི་གོ་དོན་གང་ཡིན་ནམ།

国徽的内容为国旗、天安门、齿轮和麦稻穗，象征中国人民自“五四”运动以来的新民主主义革命斗争和工人阶级领导的以工农联盟为基础的人民民主专政的新中国的诞生。

རྒྱལ་རྟགས་ཀྱི་དཔེ་རིས་གྲས་སུ་རྒྱལ་དར་དང་གནམ་བདེ་སྒོ་མོ། འཁོར་ལོ་སོ་ཅན། སྒྲོའི་སྙེ་མ་བཅས་ཡོད་ཅིང་། དེས་ཀྲུང་གོ་མི་དམངས་ཀྱིས"ལྔ་བཞིའི"ལས་འགུལ་སྤེལ་ཚུན་དུ་མི་དམངས་དམངས་གཙོའི་གསར་བརྗེའི་འཐབ་རྩོད་བྱས་མཐར། བཟོ་པའི་གྲལ་རིམ་གྱིས་འགོ་ཁྲིད་བྱས་པ་དང་བཟོ་ཞིང་མནའ་འབྲེལ་གྱིས་རྨང་གཞི་བྱས་པའི་མི་དམངས་དམངས་གཙོའི་སྲིད་དབང་སྐྱེར་འཛིན་གྱི་ཀྲུང་གོ་གསར་པ་དབུ་བརྙེས་པ་མཚོན་གྱི་ཡོད།

5. 不得使用国徽及其图案的情形有哪些？

༥.རྒྱལ་རྟགས་དང་རྒྱལ་རྟགས་ཀྱི་དཔེ་རིས་གང་ཟྱང་དུ་བེད་སྤྱོད་བྱེད་མི་ཆོག་པ་གང་དག་ཡིན་ནམ།

（1）商标、授予专利权的外观设计、商业广告；

（༡）ཚོང་རྟགས་དང་གཅིག་བདག་ཁེ་དབང་ཐོབ་པའི་ཕྱི་རོས་རྟུས་འགོད། ཚོང་ལས་འགྲེམས་བསྒྲགས།

（2）日常用品、日常生活的陈设布置；

（༢）རྒྱུན་སྤྱོད་དངོས་ཟས་དང་རྣམ་ཀུན་འཚོ་བའི་ཐད་ཀྱི་བཀོད་སྒྲིག

（3）私人庆吊活动；

（༣）མི་སྒེར་གྱི་རྟེན་འབྲེལ་དང་མྱ་ངན་གྱི་བྱེད་སྒོ།

（4）国务院办公厅规定不得使用国徽及其图案的其他场合。

（༤）རྒྱལ་སྲིད་སྲི་ཁྲབ་གཞུང་ལས་ཐིང་ནས་རྒྱལ་རྟགས་དང་དེའི་དཔེ་རིས་ཚོགས་ར་གཞན་དག་ལ་བེད་སྤྱོད་བྱེད་མི་ཆོག་པའི་གཏན་འབེབས་བྱས་ཡོད།

6. 侮辱中华人民共和国国旗、国徽的，应当承担什么责任？

༦.ཀྲུང་ཧྭ་མི་དམངས་སྤྱི་མཐུན་རྒྱལ་ཁབ་ཀྱི་རྒྱལ་དར་དང་རྒྱལ་རྟགས་ལ་སྨད་འདོགས་བྱས་ཚེ། འགན་འཁྲི་གང་ཞིག་འཁུར་དགོས་སམ།

在公共场合故意以焚烧、毁损、涂划、玷污、践踏等方式侮辱中华人民共和国国旗、国徽的，依法追究刑事责任；情节较轻的，由公安机关处以十五日以下拘留。

དེ་འང་སྤྱི་པའི་ཚོགས་རར་ཁང་བཙུགས་ནས་མེར་བསྲེགས་གཏོང་བ་དང་རྡུལ་པོར་གཏོང་བ། རི་མོ་འབྲི་བ། ནག་ནོག་བྱུག་པ། རྫོག་བརྫིས་གཏོང་བ་སོགས་ཀྱི་རྣམ་པའི་ཐོག་ནས་ཀྲུང་ཧྭ་མི་དམངས་སྤྱི་མཐུན་རྒྱལ་ཁབ་ཀྱི་རྒྱལ་དར་དང་རྒྱལ་རྟགས་ལ་སྨད་འདོགས་བྱས་ཚེ། ཁྲིམས་ལྟར་འགན་འཁྲི་རྩད་གཅོད་བྱ་རྒྱུ་ཡིན་ཞིང་། གནས་ཚུལ་ཚབས་ཆུང་ཆུང་བའི་རིགས་སྤྱི་བདེ་ལས་ཁུངས་ནས་ཉིན་བཅོ་ལྔ་མན་བཀག་ཉར་བྱ་རྒྱུ་རེད།

7.《中华人民共和国国歌法》对奏唱国歌有什么要求?

༧.《ཀྲུང་ཧྭ་མི་དམངས་སྤྱི་མཐུན་རྒྱལ་ཁབ་ཀྱི་རྒྱལ་གླུའི་བཅའ་ཁྲིམས་》ནང་རྒྱལ་གླུ་དཀྲོལ་གཏོང་ཐད་བླང་བྱ་གང་བཏོན་ཡོད་དམ།

奏唱国歌，应当按照标准的国歌的歌词和曲谱，不得采取有损国歌尊严的奏唱形式。奏唱国歌时，在场人员应当肃立，举止庄重，不得有不尊重国歌的行为。

རྒྱལ་གླུ་གཏོང་སྐབས་ཚད་ལྡན་གྱི་རྒྱལ་གླུའི་གླུ་ཚིག་དང་གཞས་གདངས་ལ་གཞིགས་དགོས་པ་ལས་རྒྱལ་གླུའི་གཟི་རྫས་ལ་གནོད་པའི་དཀྲོལ་གཏོང་རིགས་བྱེད་མི་ཆོག རྒྱལ་གླུ་དཀྲོལ་གཏོང་བྱེད་སྐབས་ཚོགས་ར་དེ་གར་ཡོད་པའི་མི་རྣམས་ཀྱིང་རེར་ལངས་པ་དང་སྤྱོམ་བརྩིང་གི་ཚུལ་སྟོན་དགོས་པ་ལས་རྒྱལ་གླུར་བརྩི་འཇོག་མེད་པའི་ཚུལ་སྤྱོད་བཟུང་མི་རུང་།

8. 不得使用国歌的情形有哪些?

༨.རྒྱལ་གླུ་བེད་སྤྱོད་བྱེད་མི་ཆོག་པའི་ཆ་གང་དག་ཡིན་ནམ།

国歌不得用于或者变相用于商标、商业广告，不得在私人丧事活动等不适宜的场合使用，不得作为公共场所的背景音乐等。

དེའང་རྒྱལ་གླུ་ནི་ཚོང་རྟགས་དང་ཚོང་ལས་འགྲེམས་བསྒྲགས་ཐད་དངོས་སུ་བེད་སྤྱོད་དམ་ཡང་ན་རྣམ་པ་འགྱུར་བའི་ཐོག་ནས་བེད་སྤྱོད་བྱེད་མི་རུང་བ་དང་། མི་སྒེར་གྱི་འདས་འཇུག་བྱེད་སྒོ་སོགས་འོས་མིན་གྱི་ཚོགས་རར་བེད་སྤྱོད་བྱེད་མི་རུང་བ། སྤྱི་པའི་ཚོགས་རར་རྒྱབ་ལྗོངས་ཀྱི་རོལ་དབྱངས་སུ་བྱས་ནས་བེད་སྤྱོད་བྱེད་མི་རུང་བ་སོགས་སོ།།

9. 侮辱中华人民共和国国歌的，应当承担什么责任？

༩.ཀྲུང་ཧྭ་མི་དམངས་སྤྱི་མཐུན་རྒྱལ་ཁབ་ཀྱི་རྒྱལ་གླུར་སྨད་འདོགས་བྱས་ཚེ། འགན་འཁྲི་གང་ཞིག་འཁུར་དགོས་སམ།

在公共场合，故意篡改国歌歌词、曲谱，以歪曲、贬损方式奏唱国歌，或者以其他方式侮辱国歌的，由公安机关处以警告或者十五日以下拘留；构成犯罪的，依法追究刑事责任。

དེའང་སྤྱི་པའི་ཚོགས་རར་ཕྱིང་བརྩུགས་ནས་རྒྱལ་གླུའི་གཞས་ཚིག་ལ་བཟོ་བཅོས་དང་གཞས་གདངས་གསར་བཟོ། དེ་བཞིན་གཞས་གདངས་འཁྱོག་བཅོས་དང་དམའ་འབེབས་ཀྱི་རྣམ་པའི་ཐོག་ནས་རྒྱལ་གླུ་དཀྲོལ་གཏོང་དང་། ཡང་ན་རྣམ་པ་གཞན་དག་ཐོག་ནས་རྒྱལ་གླུར་སྨད་འདོགས་བྱས་ཚེ་སྤྱི་བདེ་ལས་ཁུངས་ནས་ཐ་ཚིག་གཏོང་བའམ་ཡང་ན་ཉིན་བཅོ་ལྔ་མན་བཀག་འཛུག་བྱ་རྒྱུ་དང་། ཉེས་གསོག་གི་ཚད་ལ་སླེབས་ཡོད་ཚེ་ཉེས་དོན་འགན་འཁྲི་རྩད་གཅོད་བྱ་རྒྱུ་རེད།

四、民法典

བཞི་པ། དམངས་དོན་ཁྲིམས་གཞུང་།

1.《中华人民共和国民法典》颁布的时间及意义？

༡.《ཀྲུང་ཧྭ་མི་དམངས་སྤྱི་མཐུན་རྒྱལ་ཁབ་ཀྱི་དམངས་དོན་ཁྲིམས་གཞུང་》ཡོངས་བསྒྲགས་བྱས་པའི་དུས་ཚོད་དང་དེའི་དོན་སྙིང་གང་ཡིན་ནམ།

《中华人民共和国民法典》由中华人民共和国第十三届全国人民大会第三次会议于2020年5月28日通过，自2021年1月1日起实行。民法典是新中国第一部以“典”命名的法律，关于民法典的定位，习近平总书记指出，“民法典在中国特色社会主义法律体系中具有重要地位，是一部固根本、稳预期、利长远的基础性法律”。民法典颁布的重要意义体现在坚持和完善中国特色社会主义制度的现实需要，是推进全面依法治国，推进国家治理体系和治理能力现代化的一个重大举措，让社会主义核心价值观通过法治建设更加深入人心。

《ཀྲུང་ཧྭ་མི་དམངས་སྤྱི་མཐུན་རྒྱལ་ཁབ་ཀྱི་དམངས་དོན་ཁྲིམས་གཞུང་》ནི་ཀྲུང་ཧྭ་མི་དམངས་སྤྱི་མཐུན་རྒྱལ་ཁབ་ཀྱི་སྐབས་བཅུ་གསུམ་པའི་རྒྱལ་ཡོངས་མི་དམངས་འཐུས་མི་ཚོགས་ཆེན་ཐེངས་གསུམ་པའི་ཐོག་སྟེ། སྤྱི་ལོ་༢༠༢༠ལོའི་ཟླ་༥པའི་ཚེས་༢༨ཉིན་གྲོས་འཆམ་བྱུང་བ་དང་། སྤྱི་ལོ་༢༠༢༡ལོའི་ཟླ་༡ཚེས་༡ཉིན་ནས་བཟུང་ལག་བསྟར་བྱེད་འགོ་ཚུགས་ཡོད། དམངས་དོན་ཁྲིམས་གཞུང་ནི་ཀྲུང་གོ་གསར་པའི་མིང་དུ“གཞུང་”ཞེས་ཐོགས་པའི་ཁྲིམས་གཞུང་ཨང་དང་པོ་དེ་ཡིན། དམངས་དོན་ཁྲིམས་གཞུང་གི་གོ་བབ་སྐོར་ལ་སྤྱི་ཁྱབ་ཧྲུའུ་ཅི་ཞི་ཅིན་ཕིང་གིས“དམངས་དོན་ཁྲིམས་གཞུང་གིས་ཀྲུང་གོའི་ཁྱད་ཆོས་ལྡན་པའི་སྤྱི་ཚོགས་རིང་ལུགས་ཀྱི་བཅའ་ཁྲིམས་མ་ལག་ཁྲོད་གནས་བབ་གལ་ཆེན་བཟུང་ཡོད་ཅིང་། དེ་ནི་འབྱུང་རྩ་སྲ་ལ་སྟོན་དཔག་བརྟན་པ། ཕུགས་ལ་ཕན་པ་བཅས་རྨང་གཞིའི་རང་བཞིན་གྱི་བཅའ་ཁྲིམས་ཤིག་ཡིན”ཞེས་བསྟན་ཡོད། དམངས་དོན་ཁྲིམས་གཞུང་ཡོངས་བསྒྲགས་བྱས་པའི་གལ་ཆེའི་དོན་སྙིང་ནི་ཀྲུང་གོའི་ཁྱད་ཆོས་ལྡན་པའི་སྤྱི་ཚོགས་རིང་ལུགས་ཀྱི་ལམ་ལུགས་རྒྱུན་འཛིན་དང་འཐུས་ཚང་དུ་བཏང་བའི་དོན་དངོས་ཀྱི་དགོས་མཁོའི་ཐོག་ནས་མངོན་གྱི་ཡོད་ཅིང་། དེའང་ཁྱོན་ཡོངས་ནས་ཁྲིམས་ལྟར་རྒྱལ་ཁབ་སྐྱོང་རྒྱུར་སྐུལ་འདེད་དང་རྒྱལ་ཁབ་ཀྱི་བཅོས་སྐྱོང་མ་ལག་དང་བཅོས་སྐྱོང་ནུས་པ་དེང་

རབས་ཅན་དུ་འགྱུར་བ་བྱེད་པའི་བྱ་སྤྱོད་གལ་ཆེན་ཞིག་ཡིན་པས་སྤྱི་ཚོགས་རིང་ལུགས་ཀྱི་ལྟེ་བའི་རིན་ཐང་ལྟ་བ་དག་ཁྲིམས་སྐྱོང་འཇུགས་སྐྱོང་བརྒྱུད་མི་རྣམས་ཀྱི་སེམས་ལ་གཏིང་ཟབ་ཟུག་རྒྱུ་རེད།

2.《中华人民共和国民法典》的立法目的是什么？

༢.《ཀྲུང་ཧྭ་མི་དམངས་སྤྱི་མཐུན་རྒྱལ་ཁབ་ཀྱི་དམངས་དོན་ཁྲིམས་གཞུང་》འཇུགས་པའི་དམིགས་ཡུལ་གང་ཡིན་ནམ།

为了保护民事主体的合法权益，调整民事关系，维护社会和经济秩序，适应中国特色社会主义发展要求，弘扬社会主义核心价值观。

དེའང་དམངས་དོན་བྱེད་པོའི་ཁྲིམས་མཐུན་ཁེ་དབང་སྲུང་སྐྱོང་དང་དམངས་དོན་འབྲེལ་བ་སྙོམས་སྒྲིག སྤྱི་ཚོགས་དང་དཔལ་འབྱོར་སྒྲིག་ལམ་སྲུང་སྐྱོང་། དེ་བཞིན་ཀྲུང་གོའི་ཁྱད་ཆོས་ལྡན་པའི་སྤྱི་ཚོགས་རིང་ལུགས་གོང་འཕེལ་གྱི་དགོས་མཁོ་དང་འཚམ་པ། སྤྱི་ཚོགས་རིང་ལུགས་ཀྱི་ལྟེ་བའི་རིན་ཐང་ལྟ་བ་དར་སྤེལ་གཏོང་རྒྱུ་བཅས་ཀྱི་ཆེད་དུ་གཏན་འབེབས་བྱས་པ་ཞིག་ཡིན།

3.《中华人民共和国民法典》与我们有什么关系？

༣.《ཀྲུང་ཧྭ་མི་དམངས་སྤྱི་མཐུན་རྒྱལ་ཁབ་ཀྱི་དམངས་དོན་ཁྲིམས་གཞུང་》ནི་ཉིད་ང་ཚོ་དང་འབྲེལ་བ་གང་ཡོད་དམ།

《中华人民共和国民法典》被誉为“社会生活的百科全书”和“保障民事权利的宣言书”，分为总则、物权、合同、人格权、婚姻家庭、继承、侵权责任七编和附则，共 84 章、1260 条，是迄今为止我国条文数最多的一部法律。它不仅在我国法治进程中具有划时代的历史意义，而且真正照顾到人们日常生活的方方面面。从生老病死到衣食住行，从婚姻家庭到生产生活，从物权、继承，到合同、侵权责任……可谓包罗社会万象，与每个人息息相关。

《ཀྲུང་ཧྭ་མི་དམངས་སྤྱི་མཐུན་རྒྱལ་ཁབ་ཀྱི་དམངས་དོན་ཁྲིམས་གཞུང་》ལ་“སྤྱི་ཚོགས་འཚོ་བའི་ཤེས་བྱ་ཀུན་བཏུས་”དང་། “དམངས་དོན་ཁེ་དབང་འགན་སྲུང་བྱེད་པའི་བསྒྲགས་གཏམ་ཡི་གེ་”ཞེས་འབོད་ཅིང་། དེར་སྤྱིའི་རྩ་དོན་དང་དངོས་དབང་། གན་རྒྱ། མི་གཞིའི་དབང་ཆ། གཉེན་སྒྲིག་གི་ཁྱིམ་ཚང་། རྒྱུན་འཛིན། ཤུལ་ནོར་དབང་གནོད་འགན་འཁྲི་བཅས་ལེ་ཚན་བདུན་དང་ཞར་བྱུང་དོན་ཚན་བཅས་སུ་དབྱེ་བ་དང་། དེར་ཁྱོན་ལེའུ་༨༤དང་དོན་ཚན་༡༢༦༠ཡོད་པས་ད་བར་རང་རྒྱལ་གྱི་དོན་ཚན་འབོར་གྲངས་མང་ཤོས་ཀྱི་བཅའ་ཁྲིམས་ཤིག་ཡིན། དེར་རང་རྒྱལ་གྱི་ཁྲིམས་སྐྱོང་འཕེལ་རིམ་ཁྲོད་དུས་རབས་དབྱེ་བའི་ལོ་རྒྱུས་ཀྱི་དོན་སྙིང་ལྡན་པ་མ་ཟད། དོན་དམ་པའི་ཐོག་ནས་མི་རྣམས་ཀྱི་རྒྱུན་གཏན་འཚོ་བའི་ཕྱོགས་གང་སར་ལྷ་རྟོག་བྱས་ཡོད། སྐྱེ་ཀ་ན་འཆི་ནས་ཟས་གོས་འགྲོ་སོང་བར་དང་། གཉེན་སྒྲིག་གི་ཁྱིམ་ཚང་ནས་ཐོན་སྐྱེད་འཚོ་བའི་བར། དངོས་དབང་དང་རྒྱུན་འཛིན་ནས་གན་རྒྱ་དང་དབང་གནོད་འགན་འཁྲིའི་བར་བཅས་སྤྱི་ཚོགས་ཀྱི་སྣང་ཚུལ་སྣ་ཚོགས་ཚུད་ཡོད་པས་མི་མི་རེ་རེ་དང་འབྲེལ་བ་ཆེན་པོ་ཡོད།

4.《中华人民共和国民法典》中的平等原则指什么？

༤.《ཀྲུང་ཧྭ་མི་དམངས་སྤྱི་མཐུན་རྒྱལ་ཁབ་ཀྱི་དམངས་དོན་ཁྲིམས་གཞུང་》ནང་འདྲ་མཉམ་གྱི་རྩ་དོན་ཞེས་པ་དེ་གང་ལ་ཟེར་རམ།

民事主体在民事活动中的法律地位一律平等。

དམངས་དོན་བྱེད་པོས་དམངས་དོན་བྱེད་སྒོའི་ནང་བཟུང་བའི་བཅའ་ཁྲིམས་ཀྱི་གོ་བབ་ཚང་མ་འདྲ་མཉམ་ཡིན་པ།

自然人的民事权利能力一律平等。

རང་བྱུང་མིའི་དམངས་དོན་ཁེ་དབང་གི་ནུས་པ་ཚང་མ་འདྲ་མཉམ་ཡིན་པ།

民事主体的财产权利受法律平等保护。

དམངས་དོན་བྱེད་པོའི་རྒྱུ་ནོར་དབང་ཆར་བཅའ་ཁྲིམས་ཀྱི་སྲུང་སྐྱོང་ཐོབ་པ།

夫妻在婚姻家庭中地位平等。

བཟའ་ཚང་གཉིས་གཉེན་སྒྲིག་གི་ཁྱིམ་ཚང་ནང་གོ་བབ་འདྲ་མཉམ་ཡིན་པ།

继承权男女平等。

རྒྱུན་འཛིན་བྱེད་དབང་ཐད་ཕོ་མོ་འདྲ་མཉམ་ཡིན་པ་བཅས་ལ་ཟེར།

5.《中华人民共和国民法典》中的诚信原则指什么？

༥.《ཀྲུང་ཧྭ་མི་དམངས་སྤྱི་མཐུན་རྒྱལ་ཁབ་ཀྱི་དམངས་དོན་ཁྲིམས་གཞུང་》ནང་གི་ཡིད་རྟོན་གྱི་རྩ་དོན་ཞེས་པ་གང་ལ་ཟེར་རམ།

《中华人民共和国民法典》第七条规定，民事主体从事民事活动，应当遵循诚信原则，秉持诚实，恪守承诺。第五百条规定，当事人在订立合同过程中有下列情形之一，造成对方损失的，应当承担赔偿责任：（1）假借订立合同，恶意进行磋商；（2）故意隐瞒与订立合同有关的重要事实或者提供虚假情况；（3）有其他违背诚信原则的行为。第五百零九条

规定：当事人应当遵循诚信原则，根据合同的性质、目的和交易习惯履行通知、协助、保密等义务。

དེའང་《ཀྲུང་ཧྭ་མི་དམངས་སྤྱི་མཐུན་རྒྱལ་ཁབ་ཀྱི་དམངས་དོན་ཁྲིམས་གཞུང་》གི་དོན་ཚན་བདུན་པའི་ནང་། དམངས་དོན་བྱེད་པོས་དམངས་དོན་བྱེད་སྒོ་སྤེལ་སྐབས་ཡིད་རྟོན་གྱི་རྩ་དོན་ལ་བརྩི་སྲུང་བྱས་ཐོག གཞུང་དྲང་དང་ཁས་ལེན་ལག་བསྟར་བྱ་དགོས་པ་གཏན་འབེབས་བྱས་ཡོད་པ་དང་། དོན་ཚན་ཨང་ལྔ་བརྒྱའི་ནང་དོ་བདག་གིས་གན་རྒྱ་འཛོག་པའི་བརྒྱུད་རིམ་ནང་གཞམ་གསལ་གྱི་གནས་ཚུལ་རིགས་བྱུང་ནས་ཕ་རོལ་ལ་གྱོང་གུན་བཟོས་ཚེ་གྱོང་གུན་གསབ་སྤྲོད་ཀྱི་འགན་འཁྲི་འཁུར་དགོས་པ་དེའང་（༡）གན་རྒྱ་འཛོག་པར་ཁ་གཡར་ནས་ཕྲང་བཙུགས་ཏེ་གྲོས་བསྡུར་བྱས་པ། （༢）གན་རྒྱ་འཛོག་རྒྱུ་དང་འབྲེལ་བ་ཡོད་པའི་དོན་དངོས་གལ་ཆེན་ཕྲང་བཙུགས་ནས་གསང་བ་བྱས་པའམ་ཡང་ན་གནས་ཚུལ་རྫུན་མ་མཁོ་འདོན་བྱས་པ། （༣）ཡིད་རྟོན་གྱི་རྩ་དོན་ལས་འགལ་བའི་བྱ་སྤྱོད་གཞན་དག་ཡོད་པ་བཅས་ཡིན། དོན་ཚན་ཨང་ལྔ་བརྒྱ་བཅུ་མེད་དགུའི་ནང་། དོ་བདག་གིས་ཡིད་རྟོན་འཕེར་བའི་རྩ་དོན་བརྩི་སྲུང་བྱེད་དགོས་ཤིང་། གན་རྒྱའི་ངོ་བོ་དང་དམིགས་ཡུལ། ཉོ་ཚོང་གི་གོམས་སྲོལ་བཅས་དང་བསྟུན་ནས་བརྡ་གཏོང་བ་དང་། རམ་འདེགས་བྱེད་པ། གསང་དོན་སྲུང་བ་སོགས་ཀྱི་འོས་འགན་སྒྲུབ་དགོས་པ་གཏན་འབེབས་བྱས་ཡོད།

6.《中华人民共和国民法典》中的守法与公序良俗原则指什么？

༦.《ཀྲུང་ཧྭ་མི་དམངས་སྤྱི་མཐུན་རྒྱལ་ཁབ་ཀྱི་དམངས་དོན་ཁྲིམས་གཞུང་》ནང་གི་ཁྲིམས་སྲུང་དང་སྤྱི་སྒྲིག་སྲོལ་བཟང་གི་རྩ་དོན་ཞེས་པ་གང་ལ་ཟེར་རམ།

民事主体从事民事活动，不得违反法律，不得违背公序良俗。

དམངས་དོན་བྱེད་པོས་དམངས་དོན་བྱེད་སྒོ་སྤེལ་སྐབས་བཅའ་ཁྲིམས་ལས་འགལ་མི་རུང་བ་དང་སྤྱི་པའི་སྒྲིག་སྲོལ་བཟང་པོ་ལས་འགལ་མི་རུང་བ།

违反法律、行政法规的强制性规定的民事法律行为无效。但是，该强制性规定不导致该民事法律行为无效的除外。

བཅའ་ཁྲིམས་དང་སྲིད་འཛིན་ཁྲིམས་སྲོལ་ལས་འགལ་ཏེ་བཙན་ཐབས་རང་བཞིན་གྱིས་གཏན་འབེབས་བྱས་པའི་དམངས་དོན་ཁྲིམས་ལུགས་ཡོད་རིགས་གོ་ཆོད་དུ་མེད། འོན་ཀྱང་བཙན་ཐབས་རང་བཞིན་གྱི་གཏན་འབེབས་དེ་རིགས་ཀྱིས་དམངས་དོན་བཅའ་ཁྲིམས་དེར་ནུས་པ་མི་ཐོན་པའི་རིགས་འདིའི་ཁོངས་སུ་ཚུད་མེད།

违背公序良俗的民事法律行为无效。

སྤྱི་སྒྲིག་སྲོལ་བཟང་དང་འགལ་བའི་དམངས་དོན་བཅའ་ཁྲིམས་ཀྱི་རིགས་གོ་ཆོད་དུ་མེད།

7.《中华人民共和国民法典》中的绿色原则指什么？

༧.《ཀྲུང་ཧྭ་མི་དམངས་སྤྱི་མཐུན་རྒྱལ་ཁབ་ཀྱི་དམངས་དོན་ཁྲིམས་གཞུང་》ནང་གི་ལྗང་མདོག་རྩ་དོན་ཞེས་པ་གང་ལ་ཟེར་རམ།

民事主体从事民事活动，应当有利于节约资源、保护生态环境。

དམངས་དོན་བྱེད་པོས་དམངས་དོན་བྱེད་སྒོ་སྤེལ་སྐབས་ཐོན་ཁུངས་གྲོན་ཆུང་དང་ཁོར་ཡུག་སྲུང་སྐྱོང་ལ་ཕན་ཐོགས་ཡོད་པ་བྱ་དགོས།

不动产权利人不得违反国家规定弃置固体废物，排放大气污染物、水污染物、土壤污染物、噪声、光辐射、电磁辐射等有害物质。

བརྟན་ནོར་ཐད་བདག་དབང་ཡོད་མཁན་གྱིས་རྒྱལ་ཁབ་ཀྱི་གཏན་འབེབས་ལས་འགལ་ཏེ་སྲ་གཟུགས་ཟོག་རོ་བསྐྱུར་འཛུག་དང་རླུང་ཁམས་ལ་སྦགས་བཙོག་དང་ཆུ་ལ་སྦགས་བཙོག་ས་རྒྱུར་སྦགས་བཙོག་བཟོ་བའི་དངོས་པོ་འབུད་བཤངས་བྱེད་མི་ཆོག་པ་དང་། འཛེར་སྐད་དང་འོད་རླབས་འཕྲོ་གྱེས། གློག་རླབས་འཕྲོ་གྱེས་སོགས་གནོད་ཡོད་རིགས་འབུད་མི་ཆོག་པ།

当事人在履行合同过程中，应当避免浪费资源、污染环境和破坏生态。

ཇོ་བདག་གིས་གན་རྒྱ་ལག་བསྟར་བྱེད་པའི་བརྒྱུད་རིམ་ནང་ཐོན་ཁུངས་འཕྲོ་བརླག་མི་འགྲོ་བ་དང་ཁོར་ཡུག་ལ་སྦགས་བཙོག་མི་བཟོ་བ། སྐྱེ་ཁམས་ལ་གནོད་སྐྱོན་མི་ཐེབ་པ་བྱ་དགོས།

侵权人违反法律规定故意污染环境、破坏生态造成严重后果的，被侵权人有权请求相应的惩罚性赔偿。

དབང་ཆར་གནོད་སྐྱོན་བཟོ་མཁན་གྱིས་བཅའ་ཁྲིམས་ཀྱི་གཏན་འབེབས་ལས་འགལ་ཏེ་ཧང་བཙུགས་ནས་ཁོར་ཡུག་ལ་སྦགས་བཙོག་བཟོས་པ་དང་སྐྱེ་ཁམས་ལ་གཏོར་བཤིག་བཏང་སྟེ་མཇུག་འབྲས་ཚབས་ཆེན་བཟོས་ཚེ། གནོད་སྐྱོན་ཕོག་ཡུལ་གྱིས་འོས་འཚམ་གྱི་ཆད་གཅོད་དང་གུན་གསབ་སྤྲོད་པའི་རེ་ཞུ་བྱེད་དབང་ཡོད།

8.《中华人民共和国民法典》主要有哪些新增亮点和变化？

༨.《ཀྲུང་ཧྭ་མི་དམངས་སྤྱི་མཐུན་རྒྱལ་ཁབ་ཀྱི་དམངས་དོན་ཁྲིམས་གཞུང་》ནང་བསྣན་པའི་གནད་ཆེ་བ་དང་འགྱུར་ལྡོག་གསར་པ་གཙོ་བོ་གང་དག་ཡོད་དམ།

（1）见义勇为免责

因保护他人民事权益使自己受到损害的，由侵权人承担民事责任，受益人可以给予适当补偿。没有侵权人、侵权人逃逸或者无力承担民事责任，受害人请求补偿的，受益人应当给予适当补偿。因自愿实施紧急救助行为造成受助人损害的，救助人不承担民事责任。

（༡）བདེན་པའི་རྒྱབ་ལངས་ལ་འགན་འཁྲི་མེད་པ།

དེའང་མི་གཞན་གྱི་དམངས་དོན་ཁེ་དབང་སྲུང་སྐྱོང་བྱ་ཕྱིར་རང་ཉིད་ལ་གནོད་སྐྱོན་ཕོག་ཚེ། དབང་གནོད་གཏོང་མཁན་གྱིས་དམངས་དོན་འགན་འཁྲི་འཁུར་དགོས་པ་དང་། ཁེ་ཕན་ཐོབ་མཁན་གྱིས་རྒྱུང་གསབ་འོས་འཚམ་སྤྲོད་དགོས་པ། དབང་གནོད་གཏོང་མཁན་མཐོང་དུ་མེད་པ་དང་བྲོས་བྱོལ་ལ་སོང་བའམ་ཡང་ན་དམངས་དོན་འགན་འཁྲི་འཁུར་ནུས་མེད་དུས། གནོད་སྐྱོན་ཕོག་མཁན་གྱིས་གུན་གསབ་རེ་བ་བཏོན་ན། ཁེ་ཕན་ཐོབ་མཁན་གྱིས་གུན་གསབ་འོས་འཚམ་སྤྲོད་དགོས། རང་མོས་ངང་ཁ་ཚ་དགོས་གཏུག་གི་རོགས་སྐྱོར་བྱས་ཏེ་

རོགས་སྐྱོར་བྱ་ཡུལ་ལ་གནོད་འཚེ་བཟོས་ཚེ། རོགས་སྐྱོར་བྱེད་མཁན་གྱིས་དམངས་དོན་འགན་འཁྲི་འཁུར་མི་དགོས།

（2）小区共有场所收入归业主

建设单位、物业服务企业或者其他管理人等利用业主的共有部分产生的收入，在扣除合理成本之后，属于业主共有。

（༢）སྡེ་ཁུལ་གྱི་ཐུན་མོང་ལ་དབང་བའི་ས་ཆ་དང་ཚོགས་རའི་ཡོང་འབབ་རྣམས་སྡེ་བདག་ལ་ཐོབ་པ།

དེའང་འཛུགས་སྐྲུན་ཚན་པ་དང་སྡེ་ལས་ཞབས་ཞུའི་ཁེ་ལས་སམ་ཡང་ན་དོ་དམ་བྱེད་མི་གཞན་དག་སོགས་ཀྱིས་སྡེ་བདག་གི་ཐུན་མོང་ཆ་ནས་བྱུང་བའི་ཡོང་འབབ་ལས་ལུགས་མཐུན་མ་གནས་འཐེན་གཙོག་བྱས་རྗེས་དེ་བྱིངས་ཚང་མ་སྡེ་བདག་ཐུན་མོང་ལ་དབང་བ་ཡིན།

（3）禁止高利放贷

禁止高利放贷，借款的利率不得违反国家有关规定。借款合同对支付利息没有约定的，视为没有利息。借款合同对支付利息约定不明确，当事人不能达成补充协议的，按照当地或者当事人的交易方式、交易习惯、市场利率等因素确定利息；自然人之间借款的，视为没有利息。

（༣）སྐྱེད་ཀ་མཐོ་བའི་དངུལ་བུན་བཏང་མི་ཆོག་པ།

དེའང་སྐྱེད་ཀ་མཐོ་བའི་དངུལ་བུན་བཏང་མི་ཆོག་པ་དང་། དངུལ་བུན་གྱི་སྐྱེད་ཀའི་ཚད་གཞི་རྒྱལ་ཁབ་ཀྱི་འབྲེལ་ཡོད་གཏན་འབེབས་ལས་འགལ་མི་རུང་། དངུལ་གཡར་གན་རྒྱའི་ནང་སྐྱེད་ཀ་འཇལ་རྒྱུའི་ཐད་ཁ་དན་མེད་ཚེ། སྐྱེད་ཀ་མེད་པར་བརྩི་རྒྱུ་ཡིན། དངུལ་གཡར་གན་རྒྱའི་ནང་སྐྱེད་ཀ་འཇལ་རྒྱུའི་ཐད་ཁ་དན་གསལ་པོ་མེད་ཚེ། དོ་བདག་གིས་ཁ་གསབ་གྲོས་མཐུན་བཞག་མི་རུང་བར་ས་གནས་དེ་གའམ་ཡང་ན་དོ་བདག་གི་བརྗེ་ཚོང་བྱ་ཐབས་དང་བརྗེ་ཚོང་གོམས་གཤིས། ཁྲོམ་རའི་སྐྱེད་ཚད་སོགས་རྒྱུ་རྐྱེན་ལ་གཞིགས་ཏེ་སྐྱེད་ཀ་གཏན་འཁེལ་བྱ་དགོས། རང་བྱུང་མིའི་དབར་དངུལ་བུན་གཏོང་རེས་བྱས་ན་སྐྱེད་ཀ་མེད་པར་བརྩི་བ་ཡིན།

（4）界定夫妻共同债务

夫妻双方共同签字或者夫妻一方事后追认等共同意思表示所负的债务，以及夫妻一方在婚姻关系存续期间以个人名义为家庭日常生活需要所负的债务，属于夫妻共同债务。

（༤）བཟའ་ཚང་ཐུན་མོང་གི་བུ་ལོན་དབྱེ་མཚམས།

དེ་འང་བཟའ་ཚང་གཉིས་ཀས་མཉམ་དུ་མཚན་འགོད་བྱས་པའམ་ཡང་ན་བཟའ་ཚང་ཕྱོགས་གཅིག་གིས་གནས་ཚུལ་ཐོན་པའི་རྗེས་སུ་ཁས་བླངས་པ་སོགས་ཐུན་མོང་ནས་འདོད་པའི་རྣམ་པ་བསྟན་པའི་བུ་ལོན་དང་། དེ་བཞིན་བཟའ་ཚང་ཕྱོགས་གཅིག་གིས་གཉེན་སྒྲིག་འབྲེལ་བ་གནས་ཡུན་ཡིན་པའི་སྐབས་སུ་རང་སྒེར་གྱི་མིང་ཐོག་ནས་ཁྱིམ་ཚང་དེ་གའི་རྣམ་ཀུན་འཚོ་བའི་དགོས་མཁོར་བརྟེན་ནས་གཡར་བའི་བུ་ལོན་ནི་བཟའ་ཚང་གཉིས་ནས་མཉམ་དུ་འཇལ་དགོས།

夫妻一方在婚姻关系存续期间以个人名义超出家庭日常生活需要所负的债务，不属于夫妻共同债务；但是，债权人能够证明该债务用于夫妻共同生活、共同生产经营或者基于夫妻双方共同意思表示的除外。

བཟའ་ཚང་ཕྱོགས་གཅིག་གིས་གཉེན་སྒྲིག་གི་འབྲེལ་བ་གནས་ཡུན་སྐབས་སུ་རང་སྒེར་གྱི་མིང་ཐོག་ནས་ཁྱིམ་ཚང་གི་རྣམ་ཀུན་འཚོ་བའི་དགོས་མཁོ་ལས་བརྒལ་ཏེ་གཡར་བའི་བུ་ལོན་ནི་བཟའ་ཚང་ཐུན་མོང་གི་བུ་ལོན་དུ་བརྩི་མི་རུང་། འོན་ཀྱང་བུན་བདག་གིས་བུ་ལོན་དེ་བཟའ་ཚང་ཐུན་མོང་གི་འཚོ་བ་དང་ཐུན་མོང་གི་ཐོན་སྐྱེད་ཁེ་གཉེར་རམ་ཡང་ན་བཟའ་ཚང་ཐུན་མོང་གི་བསམ་ཚུལ་བཅས་ཀྱི་ཆེད་དུ་བེད་སྤྱོད་བྱས་པ་ར་སྤྲོད་བྱེད་ཐུབ་ན་བུ་ལོན་དེ་བཟའ་ཚང་ཐུན་མོང་གིས་འཇལ་དགོས་པ་ཡིན།

（5）设立离婚冷静期

自婚姻登记机关收到离婚登记申请之日起三十日内，任何一方不愿意离婚的，可以向婚姻登记机关撤回离婚登记申请。前款规定期限届满后三十日内，双方应当亲自到婚姻登记机关申请发给离婚证；未申请的，视为撤回离婚登记申请。

（༥）གཉེན་འཐོར་བསམ་གཞིག་དུས་བཀག

དེ་འདང་གཉེན་སྒྲིག་ཐོ་འགོད་ལས་ཁུངས་ལ་བཟའ་ཚང་ཁ་བྲལ་གྱི་ཐོ་འགོད་རེ་ཞུ་འབྱོར་བ་ནས་བཟུང་ཉིན་སུམ་ཅུའི་ནང་ཁ་འབྲལ་འདོད་མེད་པའི་ཕྱོགས་གང་རུང་ཞིག་གིས་གཉེན་སྒྲིག་ཐོ་འགོད་ལས་ཁུངས་ནས་བཟའ་ཚང་ཁ་བྲལ་གྱི་ཐོ་འགོད་རེ་ཞུ་ཕྱིར་འཐེན་བྱས་ཆོག དོན་ཚན་གོང་མའི་གཏན་འབེབས་དུས་བཀག་ཡོལ་ནས་ཉིན་སུམ་ཅུ་སོང་ན་བཟའ་ཚང་གཉིས་ཀ་དངོས་སུ་གཉེན་སྒྲིག་ཐོ་འགོད་ལས་ཁུངས་ལ་བཟའ་ཚང་ཁ་བྲལ་གྱི་ལག་ཁྱེར་སྤྲོད་རྒྱུའི་རེ་ཞུ་བྱེད་པར་ཡོང་དགོས། རེ་ཞུ་མ་བྱས་ཚེ་བཟའ་ཚང་ཁ་བྲལ་གྱི་ཐོ་འགོད་རེ་ཞུ་རང་ཤུགས་ཀྱིས་ཕྱིར་འཐེན་བྱས་པར་བརྩི་བ་ཡིན།

（6）侄子、外甥也可以继承财产

将代位继承扩大至被继承人的兄弟姐妹先于被继承人死亡的情形，使得被继承人的侄、甥获得第二顺位法定继承人资格，突破了原先晚辈直系血亲的限制。

（༦）ཕོ་རྒྱུད་ཚ་བོ་དང་མོ་རྒྱུད་ཚ་བོས་ཀྱང་ཤུལ་ནོར་རྒྱུན་འཛིན་བྱས་ཆོག་པ།

དེ་འདང་ཚབ་བྱེད་རྒྱུན་འཛིན་བྱེད་སྟངས་རྒྱ་ཆེར་བཏང་བ་སྟེ། ཤུལ་ནོར་བདག་པོའི་གཅེན་གཅུང་མིང་སྲིང་སྔོན་ནས་གྲོངས་པ་ཡིན་ཚེ་ཤུལ་ནོར་བདག་པོའི་ཕོ་རྒྱུད་ཚ་བོ་དང་མོ་རྒྱུད་ཚ་བོར་ཤུལ་ནོར་རྒྱུན་འཛིན་པ་ཨང་གཉིས་པའི་ཐོབ་ཐང་ཡོད་ཅིང་། དེ་སྔའི་མི་རབས་རྗེས་མའི་ཐད་ཀའི་སྤུན་མཆེད་ཀྱི་ཚད་བཀག་ལས་བརྒལ་ཡོད།

（7）增加遗嘱形式

打印遗嘱应当有两个以上见证人在场见证。遗嘱人和见证人应当在遗嘱每一页签名，注明年、月、日。

（༧）ཁ་ཆེམས་འཛོག་སྟངས་ཁ་སྣོན་བྱས་པ།

ཁ་ཆེམས་པར་དུ་འདེབས་སྐབས་གཞོགས་ལ་དཔང་མི་གཉིས་ཡན་ཡོད་དགོས། ཁ་ཆེམས་འཛོག་མཁན་དང་དཔང་མི་གཉིས་ཀ་ནས་ཁ་ཆེམས་ཡི་གེའི་ཤོག་ལྷེ་ཚང་མའི་ཐོག་མིང་རྟགས་འགོད་པ་དང་མིང་རྟགས་འགོད་པའི་ལོ་དང་ཟླ་བ། ཚེས་པ་བཅས་དུས་ཚོད་གསལ་པོ་འབྲི་དགོས།

（8）守护“头顶上的安全”

禁止高空抛物。从建筑物中抛掷物品或者从建筑物上坠落的物品造成他人损害的，由侵权人依法承担侵权责任；经调查难以确定具体侵权人的，除能够证明自己不是侵权人的外，由可能加害的建筑物使用人给予补偿。可能加害的建筑物使用人补偿后，有权向侵权人追偿。

（༨）“མགོ་ཐོག་གི་བདེ་འཇགས་”སྲུང་སྐྱོབ་བྱ་ཐབས།

དེའང་མཐོ་ས་ནས་དངོས་པོ་གཡུག་མི་རུང་བ་སྟེ། ཁང་ཁྱིམ་སོགས་མཐོ་ས་ནས་དངོས་པོ་དབྱུག་པའམ་ཡང་ན་ཁང་ཁྱིམ་སོགས་མཐོ་ས་ནས་དངོས་པོ་ལྷུང་སྟེ་མི་གཞན་ལ་གནོད་འཚེ་བཟོས་ཚེ། དབང་གནོད་གཏོང་མཁན་གྱིས་ཁྲིམས་ལྟར་དབང་གནོད་འགན་འཁྲི་འཁུར་དགོས། བརྟག་དཔྱད་བྱས་ཀྱང་དབང་གནོད་གཏོང་མཁན་ཡང་སྙིང་སུ་ཡིན་མི་ཤེས་པ་དང་། རང་ཉིད་དབང་གནོད་གཏོང་མཁན་མིན་པ་ར་སྤྲོད་བྱེད་ཐུབ་པ་ཕུད། གནོད་སྐྱོན་བཟོ་སྲིད་པའི་ཁང་ཁྱིམ་སོགས་བེད་སྤྱོད་བྱེད་མཁན་ནས་ཁ་གསབ་སྤྲོད་དགོས། གནོད་སྐྱོན་བཟོ་སྲིད་པའི་ཁང་ཁྱིམ་སོགས་བེད་སྤྱོད་བྱེད་མཁན་གྱིས་གུན་གསབ་སྤྲད་རྗེས་སླར་དབང་གནོད་གཏོང་མཁན་ཕྱོགས་ནས་གུན་གསབ་ཀྱི་སྙིན་པ་ལེན་དབང་ཡོད།

（9）肖像权侵权不再看“是否以营利为目的了”

任何组织或者个人不得以丑化、污损，或者利用信息技术手段伪造等方式侵害他人的肖像权。未经肖像权人同意，不得制作、使用、公开肖像权人的肖像，但是法律另有规定的除外。

（༩）འདྲ་བརྙན་ཁེ་དབང་གི་དབང་གནོད་ཐད་ཕྱིས་འབྱུང་“ཁེ་ཕོགས་དམིགས་ཡུལ་དུ་འཛིན་པ་ཡིན་མིན་”ལ་མི་བལྟ་བ།

དེའང་ཅ་འཛུགས་སམ་མི་སྒེར་གང་འདྲ་ཞིག་ཡིན་རུང་། དམའ་འབེབས་དང་བཙོག་སྐྱོན་བཏང་བ། ཡང་ན་ཆ་འཕྲིན་ལག་རྩལ་གྱི་ཐབས་ལ་བརྟེན་ནས་རྫུན་བཟོ་སོགས་བྱས་ཏེ་མི་གཞན་གྱི་འདྲ་བརྙན་ཁེ་དབང་ལ་གནོད་སྐྱོན་གཏོང་མི་ཆོག བཅའ་ཁྲིམས་ཀྱི་གཏན་འབེབས་ནང་ཚུད་པ་ཕུད། འདྲ་བརྙན་བདག་པོའི་མོས་མཐུན་མ་ཐོབ་པར་འདྲ་བརྙན་བཟོ་བཞེངས་དང་བེད་སྤྱོད། ཡོངས་བསྒྲགས་བཅས་བྱེད་མི་ཆོག

（10）“熊孩子”给主播打赏，可以要求对方退还

八周岁以上的未成年人为限制民事行为能力人，实施民事法律行为由其法定代理人代理或者经其法定代理人同意、追认；但是，可以独立实施纯获利益的民事法律行为或者与其年龄、智力相适应的民事法律行为。

（༡༠）“ཕྲུ་གུ་འཚུབ་པོ་”ཡིས་བརྙན་སྲོན་པར་བྱ་དགའི་དངུལ་སྤྲད་ན་ཕྱིར་སློད་བྱ་རྒྱུའི་རེ་བ་འདོན་ཆོག་པ།

རང་ལོ་བརྒྱད་ཡན་གྱི་ནར་མ་སོན་པའི་མི་ནི་དམངས་དོན་བྱ་སྤྱོད་ཀྱི་ནུས་པར་ཚོད་བཀག་ཡོད་པའི་མི་ཡིན། དམངས་དོན་བཅའ་ཁྲིམས་ཀྱི་དོན་དག་གཙོད་སྐབས། མི་དེའི་ཁྲིམས་བཀོད་ཚབ་བྱེད་མི་སྣས་ཚབ་བྱེད་པའམ་ཡང་ན་དེའི་ཁྲིམས་བཀོད་ཚབ་བྱེད་མི་སྣའི་མོས་མཐུན་དང་རྗེས་སུ་ཁས་ལེན་ཐོབ་པ་བྱ་དགོས། འོན་ཀྱང་ཁེ་བཟང་རྐྱང་རྐྱང་ཐོབ་པའི་དམངས་དོན་བཅའ་ཁྲིམས་བྱ་སྤྱོད་དམ་ཡང་ན་མི་དེའི་ལོ་ཚོད་དང་རིག་སྟོབས་དང་འཚམ་པའི་དམངས་དོན་བཅའ་ཁྲིམས་བྱ་སྤྱོད་ཁེར་རྐྱང་ཐོག་ལག་བསྟར་བྱས་ཆོག

（11）男性可以要求不“被性骚扰”了

违背他人意愿，以言语、文字、图像、肢体行为等方式对他人实施性骚扰的，受害人有权依法请求行为人承担民事责任。

（༡༡）སྐྱེས་པས“ཆགས་རྩེད་ཞེ་བསྒུན”མི་བཟོ་བའི་རེ་བ་འདོན་ཆོག་པ།

མི་གཞན་གྱི་འདོད་མོས་དང་འགལ་ནས་སྐད་ཆ་དང་ཡི་གེ པར་རིས། ཡན་ལག་བྱ་སྤྱོད་སོགས་ཀྱི་བྱེད་སྟངས་ཐོག་ནས་མི་གཞན་ལ“ཆགས་རྩེད་ཞེ་བསྒུན”བཟོས་ཚེ། གནོད་འཚེ་ཕོག་མཁན་གྱིས་ཁྲིམས་ལྟར་བྱ་སྤྱོད་སྤེལ་མཁན་ལ་དམངས་དོན་འགན་འཁྲི་འཁུར་དགོས་པའི་རེ་ཞུ་བྱེད་དབང་ཡོད།

（12）人肉他人信息的，准备好承担责任

自然人享有隐私权。任何组织或者个人不得以刺探、侵扰、泄露、公开等方式侵害他人的隐私权。处理个人信息的，应当遵循合法、正当、必要原则，不得过度处理，并符合下列条件：（一）征得该自然人或者其监护人同意，但是法律、行政法规另有规定的除外；（二）公开处理信息的规则；（三）明示处理信息的目的、方式和范围；（四）不违反法律、行政法规的规定和双方的约定。个人信息的处理包括个人信息的收集、存储、使用、加工、传输、提供、公开等。

（༡༢）མི་གཞན་གྱི་ཆ་འཕྲིན་དྲ་ཐོག་དམར་འཚོལ་བྱས་རིགས་ལ་འགན་འཁྲི་འཁུར་རྒྱུའི་གྲ་སྒྲིག་བྱ་དགོས།

རང་བྱུང་མིར་སྒེར་གྱི་གསང་བའི་དབང་ཆ་ཡོད། རྩ་འཛུགས་སམ་མི་སྒེར་གང་འདྲ་ཞིག་ཡིན་རུང་ཉམས་ཚོད་དང་བསྒུན་གཙེས། ཕྱིར་རྗོལ། ཡོངས་བསྒྲགས་སོགས་ཀྱི་བྱ་ཐབས་ཐོག་ནས་མི་གཞན་གྱི་སྒེར་གྱི་གསང་བའི་དབང་ཆར་གནོད་སྐྱོན་གཏོང་མི་ཆོག མི་སྒེར་གྱི་ཆ་འཕྲིན་ཐག་གཅོད་བྱེད་སྐབས། ཁྲིམས་མཐུན་དང་ལུགས་མཐུན། དགོས་ངེས་ཀྱི་རྩ་དོན་བཅས་ལ་བརྩི་འཛིན་བྱེད་དགོས་པ་ལས་ཐལ་དྲགས་པའི་ཐག་གཅོད་བྱེད་མི་རུང་བ་དང་གཤམ་

གསལ་གྱི་དོན་ཚན་ཁག་དང་མཐུན་པ་བྱེད་དགོས་པ་སྟེ། གཅིག རང་བྱུང་གི་མི་དེ་རང་ངམ་ཡང་ན་ལྷ་སྐྱོང་པའི་མོས་མཐུན་ཐོབ་པ་བྱ་དགོས། འོན་ཀྱང་ཁྲིམས་ལུགས་དང་སྲིད་འཛིན་ཁྲིམས་སྲོལ་ནང་གཏན་འབེབས་གཞན་དག་ཡོད་པ་དེར་ཚུད་མེད། གཉིས། ཚ་འཕྲིན་ཐག་གཅོད་བྱེད་པའི་རྩ་དོན་ཡོངས་བསྒྲགས་བྱེད་དགོས་པ། གསུམ། ཚ་འཕྲིན་ཐག་གཅོད་བྱེད་པའི་དམིགས་ཡུལ་དང་བྱ་ཐབས། ཁྱབ་ཁོངས་བཅས་གསལ་སྟོན་བྱ་དགོས་པ། བཞི། བཅའ་ཁྲིམས་དང་སྲིད་འཛིན་ཁྲིམས་སྲོལ་གྱི་གཏན་འབེབས་དང་ཕྱོགས་གཉིས་པོའི་ཁ་ཆད་ལས་མ་འགལ་བ་བྱེད་དགོས་པ། མི་སྒེར་གྱི་ཚ་འཕྲིན་ཐག་གཅོད་བྱེད་པའི་ནང་མི་སྒེར་གྱི་ཚ་འཕྲིན་བསྡུ་རུབ་དང་ཉར་འཛོག བེད་སྤྱོད། ཁ་སྐོན། བརྒྱུད་གཏོང་། མཁོ་འདོན། ཡོངས་བསྒྲགས་སོགས་ཚུད་ཡོད།

五、公务员法

ལྔ་པ། གཞུང་ཞབས་པའི་བཅའ་ཁྲིམས།

1. 什么是公务员?

༡.གང་འདྲ་ཞིག་ལ་གཞུང་ཞབས་པ་ཟེར་རམ།

公务员是指依法履行公职、纳入国家行政编制、由国家财政负担工资福利的工作人员。公务员是干部队伍的重要组成部分，是社会主义事业的中坚力量，是人民的公仆。

དེའང་གཞུང་ཞབས་པ་ཞེས་པ་ནི་ཁྲིམས་ལྟར་གཞུང་ཕྱོགས་ཀྱི་ལས་ཀ་བྱེད་པ་དང་རྒྱལ་ཁབ་ཀྱི་སྲིད་འཛིན་སྒྲིག་ཁུངས་ནང་ཚུད་པ། རྒྱལ་ཁབ་ནོར་སྲིད་ནས་གླ་ཕོགས་དང་ཕན་བདེ་སྤྲོད་པའི་ལས་དོན་མི་སྣར་ཟེར་བ་ཡིན། གཞུང་ཞབས་པ་ནི་ལས་བྱེད་དཔུང་ཁག་གི་གྲུབ་ཆ་གལ་ཆེན་ཞིག་དང་། སྤྱི་ཚོགས་རིང་ལུགས་བྱ་གཞག་གི་ཀང་འཛིན་སྟོབས་ཤུགས་ཤིག མི་དམངས་ཀྱི་སྤྱི་ཞབས་པ་བཅས་ཡིན།

2. 公务员应当具备哪些条件?

༢.གཞུང་ཞབས་པར་ལྡན་དགོས་པའི་ཆ་རྐྱེན་གང་དག་ཡོད་དམ།

公务员应当具备下列条件:

གཞུང་ཞབས་པར་གཤམ་གསལ་གྱི་ཆ་རྐྱེན་དེ་དག་ལྡན་དགོས་པ་སྟེ།

(1) 具有中华人民共和国国籍;

(༡) ཀྲུང་ཧྭ་མི་དམངས་སྤྱི་མཐུན་རྒྱལ་ཁབ་ཀྱི་རྒྱལ་ཁོངས་ཐོབ་ཐང་ཡོད་དགོས་པ།

(2) 年满十八周岁;

(༢) རང་ལོ་བཅོ་བརྒྱད་ཟིན་པ།

(3)拥护中华人民共和国宪法,拥护中国共产党领导和社会主义制度;

(༣) ཀྲུང་ཧྭ་མི་དམངས་སྤྱི་མཐུན་རྒྱལ་ཁབ་ཀྱི་རྩ་ཁྲིམས་ལ་བརྩི་སྲུང་དང་། ཀྲུང་གོ་གུང་ཁྲན་ཏང་གི་དབུ་ཁྲིད་དང་སྤྱི་ཚོགས་རིང་ལུགས་ཀྱི་ལམ་ལུགས་ལ་བརྩི་བཀུར་ཞུ་དགོས་པ།

(4) 具有良好的政治素质和道德品行;

(༤) ཆབ་སྲིད་ཀྱི་བྱང་ཚད་དང་གཤིས་སྤྱོད་བཟང་པོ་ལྡན་དགོས་པ།

(5) 具有正常履行职责的身体条件和心理素质;

(༥) རྒྱུན་གཏན་གྱི་འགན་འཁྲི་འཁྱུར་ཐུབ་པའི་ལུས་པོའི་ཆ་རྐྱེན་དང་སེམས་ཁམས་ཀྱི་བྱང་ཚད་ལྡན་དགོས་པ།

(6) 具有符合职位要求的文化程度和工作能力;

(༦) འགན་གནས་ཀྱི་བླང་བྱ་དང་འཚམ་པའི་རིག་གནས་ཚད་དང་ལས་ཀའི་ནུས་པ་ལྡན་དགོས་པ།

(7) 法律规定的其他条件。

(༧) བཅའ་ཁྲིམས་ཐོག་གཏན་འཁེལ་བྱས་པའི་ཆ་རྐྱེན་གཞན་དག་ལྡན་དགོས་པ་བཅས་སོ།།

3. 公务员的权利有哪些?

༣.གཞུང་ཞབས་པར་དབང་ཆ་གང་དག་ཡོད་དམ།

（1）获得履行职责应当具有的工作条件；

（༡）འགན་འཁྲི་སྒྲུབ་རྒྱུར་དགོས་ངེས་ཀྱི་ལས་ཀའི་ཆ་རྐྱེན་ཐོབ་དགོས་པ།

（2）非因法定事由、非经法定程序，不被免职、降职、辞退或者处分；

（༢）ཁྲིམས་བཀོད་རྒྱུ་མཚན་རྐྱེན་གྱིས་མིན་པ་དང་ཁྲིམས་བཀོད་ཀྱི་གོ་རིམ་མ་བརྒྱུད་པར་གནས་དབྱུང་གཏོང་བ་དང་གོ་ས་ཕབ་པ། ལས་གནས་ཕྱིར་སློག་བྱེད་བཙུག་པའམ་ཆད་པ་གཅོད་པ་སོགས་ཀྱི་རིགས་བྱེད་མི་ཆོག་པ།

（3）获得工资报酬，享受福利、保险待遇；

（༣）གླ་ཕོགས་དང་ཐོབ་ཆ་ཡོད་པ་དང་ཕན་བདེ་ལོངས་སྤྱོད་བྱ་རྒྱུ་ཡོད་པ། འགན་བཅོལ་གྱི་ཐོབ་ཐང་ཡོད་པ།

（4）参加培训；

（༤）གསོ་སྦྱོང་ནང་ཞུགས་ཆོག་པ།

（5）对机关工作和领导人员提出批评和建议；

（༥）ལས་ཁུངས་དང་འགོ་ཁྲིད་མི་སྣར་སྐྱོན་བརྗོད་དང་གྲོས་འགོ་འདོན་ཆོག་པ།

（6）提出申诉和控告；

（༦）རྒྱུ་མཚན་རེ་ཞུ་དང་ཞུ་གཏུག་བྱས་ཆོག་པ།

（7）申请辞职；

（༧）ལས་གནས་དགོངས་ཞུ་བྱས་ཆོག་པ།

（8）法律规定的其他权利。

（༨）བཅའ་ཁྲིམས་ནང་གཏན་འཁེལ་བྱས་པའི་དབང་ཆ་གཞན་དག་བཅས་སོ།།

4. 公务员的义务有哪些?

༤.གཞུང་ཞབས་པར་འོས་འགན་གང་དག་ཡོད་དམ།

（1）忠于宪法，模范遵守、自觉维护宪法和法律，自觉接受中国共产党领导；

（༡）རྩ་ཁྲིམས་ལ་ལྷག་བསམ་རྣམ་དག་གིས་རྩ་ཁྲིམས་དང་བཅའ་ཁྲིམས་ཐོག་མིག་དཔེ་སྟོན་ནས་བརྩི་སྲུང་དང་རང་རྟོགས་ངང་སྲུང་སྐྱོང་བྱེད་པ། རང་རྟོགས་ངང་ཀྲུང་གོ་གུང་ཁྲན་ཏང་གི་འགོ་ཁྲིད་དང་ལེན་བྱེད་དགོས་པ།

（2）忠于国家，维护国家的安全、荣誉和利益；

（༢）རྒྱལ་ཁབ་ལ་ལྷག་བསམ་རྣམ་དག་གིས་རྒྱལ་ཁབ་ཀྱི་བདེ་འཇགས་དང་གཟི་བརྗིད་མཚན་སྙན། ཁེ་ཕན་བཅས་ལ་སྲུང་སྐྱོང་བྱེད་དགོས་པ།

（3）忠于人民，全心全意为人民服务，接受人民监督；

（༣）མི་དམངས་ལ་ལྷག་བསམ་རྣམ་དག་གིས་བློ་གཅིག་སེམས་གཅིག་ངང་མི་དམངས་ལ་ཞབས་འདེགས་ཞུ་བ་དང་། མི་དམངས་ཀྱི་ལྟ་སྐུལ་དང་ལེན་བྱེད་དགོས་པ།

（4）忠于职守，勤勉尽责，服从和执行上级依法作出的决定和命令，按照规定的权限和程序履行职责，努力提高工作质量和效率；

（༤）ལས་གནས་བརྟན་སྲུང་དང་འགན་འཁྲི་ཧུར་ཐག་འཁུར་བ། གོང་རིམ་གྱིས་ཁྲིམས་ལྟར་བཏོན་པའི་གཏན་འབེབས་དང་བཀའ་རྒྱར་བརྩི་སྲུང་ཞུ་ཞིང་ལག་བསྟར་བྱེད་པ། གཏན་འབེབས་བྱས་པའི་དབང་ཚད་དང་གོ་རིམ་ལྟར་ལས་འགན་འཁུར་དགོས་པ། འབད་བརྩོན་ཆེན་པོས་ལས་ཀའི་སྤུས་ཚད་དང་ལས་ཆོད་ཆེ་རུ་གཏོང་དགོས་པ།

（5）保守国家秘密和工作秘密；

（༥）རྒྱལ་ཁབ་ཀྱི་གསང་བ་དང་ལས་ཀའི་གསང་བ་སྲུང་དགོས་པ།

（6）带头践行社会主义核心价值观，坚守法治，遵守纪律，恪守职业道德，模范遵守社会公德、家庭美德；

（༦）སྤྱི་ཚོགས་རིང་ལུགས་ཀྱི་ལྟེ་བའི་རིན་ཐང་ལྟ་བ་ལག་བསྟར་བྱེད་པར་སྣེ་ཁྲིད་དང་། ཁྲིམས་སྲུང་ལ་བརྩི་སྲུང་མཐའ་གཅིག་ཏུ་བྱེད་པ། སྒྲིག་ཁྲིམས་ལ་བརྩི་སྲུང་། ལས་རིགས་ཀྱི་ཀུན་སྤྱོད་སྲུང་བ། སྤྱི་ཚོགས་ཀྱི་སྤྱི་པའི་སྲོལ་བཟང་དང་ཁྱིམ་ཚང་གི་བཟང་སྤྱོད་ཐད་མིག་དཔེ་སྟོན་ནས་བརྩི་འཛོག་བྱེད་དགོས་པ།

（7）清正廉洁，公道正派；

（༧）གཞུང་དྲང་སྤྱོད་གཙང་དང་དྲང་གཞག་ཚུལ་མཐུན་བྱེད་དགོས་པ།

（8）法律规定的其他义务。

（༨）བཅའ་ཁྲིམས་ཐོག་གཏན་འབེབས་བྱས་པའི་འོས་འགན་གཞན་དག་བཅས་སོ།།

5. 国家实行什么样的公务员职位分类制度？

༥.རྒྱལ་ཁབ་ཀྱིས་གཞུང་ཞབས་པའི་གོ་གནས་རིགས་དབྱེའི་ལམ་ལུགས་གང་འདྲ་ཞིག་ལག་བསྟར་བྱེད་ཀྱི་ཡོད་དམ།

国家实行公务员职务与职级并行制度，根据公务员职位类别和职责设置公务员领导职务、职级序列。

དེ་འདང་རྒྱལ་ཁབ་ཀྱིས་གཞུང་ཞབས་པའི་གོ་གནས་དང་འགན་རིམ་གཉིས་ཅིག་ཅར་དུ་ལག་བསྟར་བྱེད་ཅིང་། གཞུང་ཞབས་པའི་གོ་གནས་མི་འདྲ་བ་དང་འགན་འཁྲི་གཞིགས་ནས་གཞུང་ཞབས་པའི་འགོ་ཁྲིད་ཀྱི་གོ་གནས་དང་འགན་རིམ་གྱི་རིམ་པ་བཀོད་སྒྲིག་བྱེད་ཀྱི་ཡོད།

领导职务层次分为：国家级正职、国家级副职、省部级正职、省部级副职、厅局级正职、厅局级副职、县处级正职、县处级副职、乡科级正职、乡科级副职。

འགོ་ཁྲིད་ཀྱི་གོ་གནས་ལ་རིམ་པ་འདི་ལྟར་དབྱེ་ཡོད་དེ། རྒྱལ་ཁབ་རིམ་པའི་ལས་འཛིན་ཀྲན་པ། རྒྱལ་ཁབ་རིམ་པའི་ལས་འཛིན་གཞོན་པ། ཞིང་ཆེན་རིམ་པའི་ལས་འཛིན་ཀྲན་པ། ཞིང་ཆེན་རིམ་པའི་ལས་འཛིན་གཞོན་པ། ཐིང་དང་ཇུས་རིམ་པའི་ལས་འཛིན་ཀྲན་པ་དང་ཐིང་དང་ཇུས་རིམ་པའི་ལས་འཛིན་གཞོན་པ། རྫོང་དང་ཁྲུའུ་རིམ་པའི་ལས་འཛིན་ཀྲན་པ་དང་རྫོང་དང་ཁྲུའུ་རིམ་པའི་ལས་འཛིན་གཞོན་པ། ཤང་དང་ཁོའོ་རིམ་པའི་ལས་འཛིན་ཀྲན་པ། ཤང་དང་ཁོའོ་རིམ་པའི་ལས་འཛིན་གཞོན་པ་བཅས་སོ།།

综合管理类公务员职级序列分为：一级巡视员、二级巡视员、一级调研员、二级调研员、三级调研员、四级调研员、一级主任科员、二级主任科员、三级主任科员、四级主任科员、一级科员、二级科员。

ཕྱོགས་བསྡུས་དོ་དམ་རིགས་ཀྱི་གཞུང་ཞབས་པའི་འགན་རིམ་གོ་རིམ་ལ་དབྱེ་ན། རིམ་པ་དང་པོའི་སྐོར་ཞིབ་པ། རིམ་པ་གཉིས་པའི་སྐོར་ཞིབ་པ། རིམ་པ་དང་པོའི་བརྟག་ཞིབ་པ། རིམ་པ་གཉིས་པའི་བརྟག་ཞིབ་པ། རིམ་པ་གསུམ་པའི་བརྟག་ཞིབ་པ། རིམ་པ་བཞི་པའི་བརྟག་ཞིབ་

པ། རིམ་པ་དང་པོའི་ཀྲུའུ་རེན་ཁོའོ་ཡོན། རིམ་པ་གཉིས་པའི་ཀྲུའུ་རེན་ཁོའོ་ཡོན། རིམ་པ་གསུམ་པའི་ཀྲུའུ་རེན་ཁོའོ་ཡོན། རིམ་པ་བཞི་པའི་ཀྲུའུ་རེན་ཁོའོ་ཡོན། རིམ་པ་དང་པོའི་ཁོའོ་ཡོན། རིམ་པ་གཉིས་པའི་ཁོའོ་ཡོན་བཅས་སོ།།

6. 公务员的管理和任用坚持什么原则?

༦.གཞུང་ཞབས་པ་དོ་དམ་དང་བསྐོ་སྤྱོད་བྱེད་སྐབས་ཇ་དོན་གང་ཞིག་རྒྱུན་འཛིན་བྱེད་དགོས་སམ།

公务员的管理，坚持公开、平等、竞争、择优的原则，依照法定的权限、条件、标准和程序进行；坚持监督约束与激励保障并重的原则。

དེའང་གཞུང་ཞབས་པ་དོ་དམ་བྱེད་སྐབས་ཡོང་བསྒྲགས་དང་འདྲ་མཉམ། འགྲན་རྩོད། དྲག་འདེམས་བཅས་ཀྱི་ཇ་དོན་རྒྱུན་འཛིན་གྱིས་ཁྲིམས་བཀོད་དབང་ཚད་དང་ཆ་རྐྱེན། ཚད་གཞི། གོ་རིམ་བཅས་ལ་གཞིགས་ཏེ་དོ་དམ་དང་། ལྟ་སྐུལ་གཅུན་སྡོམ་དང་སྐུལ་ལྕག་འགན་སྲུང་གལ་ཆེ་མཉམ་དུ་བརྩི་བའི་ཇ་དོན་རྒྱུན་འཛིན་བྱ་དགོས།

公务员的任用，坚持德才兼备、以德为先，坚持五湖四海、任人唯贤，坚持事业为上、公道正派，突出政治标准，注重工作实绩。

གཞུང་ཞབས་པ་བསྐོ་སྤྱོད་བྱེད་སྐབས་སྤྱོད་ཡོན་གཉིས་ལྡན་ཐོག་ཀུན་སྤྱོད་གཙོ་བོར་བཟུང་རྒྱུ་རྒྱུན་འཛིན་དང་། ཕྱོགས་བཞི་མཚམས་བརྒྱད་ཀྱི་མི་ཚུད་པ་གང་ཞིག་སྤྱོད་ཡོན་གཉིས་ལྡན་གྱི་མི་ཁོ་ན་བསྐོ་སྤྱོད་བྱ་རྒྱུ་རྒྱུན་འཛིན། བྱ་གཞག་ཨང་དང་པོ་དང་དྲང་གཞག་ཚུལ་ལྡན་རྒྱུན་འཛིན། ཆབ་སྲིད་ཀྱི་ཚད་གཞི་འབུར་དུ་མངོན་པ་དང་ལས་ཀའི་གྲུབ་འབྲས་དངོས་ལ་བརྩི་མཐོང་བྱེད་མཁན་བཅས་དགོས།

7. 公务员晋升领导职务，应当具备哪些条件？

༧.གཞུང་ཞབས་པའི་འགོ་ཁྲིད་གོ་གནས་སྤོར་སྐབས་ཆ་རྐྱེན་གང་དག་ཚང་དགོས་སམ།

公务员晋升领导职务，应当具备拟任职务所要求的政治素质、工作能力、文化程度和任职经历等方面的条件和资格。公务员领导职务应当逐级晋升。特别优秀的或者工作特殊需要的，可以按照规定破格或者越级晋升。

གཞུང་ཞབས་པའི་འགོ་ཁྲིད་གོ་གནས་སྤོར་སྐབས། གོ་གནས་བསྐོ་གཞག་བྱ་རྒྱུར་མཁོ་བའི་ཆབ་སྲིད་ཀྱི་བྱུང་ཚད་དང་ལས་ཀའི་འཛིན་ཐང་། རིག་གནས་ཚད། འགན་གནས་འཁུར་བའི་ཉམས་མྱོང་སོགས་ཀྱི་ཆ་རྐྱེན་དང་ཐོབ་ཐང་ལྡན་དགོས། གཞུང་ཞབས་པའི་འགོ་ཁྲིད་ཀྱི་གོ་གནས་རིམ་པ་བཞིན་སྤོར་དགོས་པ་དང་། ཆེས་ཕུལ་དུ་བྱུང་བའམ་ཡང་ན་ལས་ཀའི་ཐད་དམིགས་བསལ་གྱི་དགོས་མཁོ་ཡོད་ཚེ། གཏན་འབེབས་ལྟར་རྒྱུན་སྲོལ་ལས་བརྒལ་བའམ་རིམ་པ་བརྒལ་ཏེ་གོ་གནས་སྤར་ཆོག

8. 公务员晋升领导职务，应该经过哪些程序？

༨.གཞུང་ཞབས་པའི་འགོ་ཁྲིད་གོ་གནས་སྤོར་སྐབས། གོ་རིམ་གང་འདྲ་བརྒྱུད་དགོས་སམ།

公务员晋升领导职务，按照下列程序办理：

གཞུང་ཞབས་པའི་འགོ་ཁྲིད་གོ་གནས་སྤོར་སྐབས། གཤམ་གསལ་གྱི་གོ་རིམ་ལྟར་སྤོར་དགོས་པ་སྟེ།

（1）动议；

（༡）དྲན་འཆར་འདོན་པ།

（2）民主推荐；

（༢）དམངས་གཙོའི་འོས་སྒྲུར་བྱེད་པ།

（3）确定考察对象，组织考察；

（༣）རྟོག་ཞིབ་བྱ་ཡུལ་གཏན་འཁེལ་དང་། ཚ་འཛུགས་ཀྱི་རྟོག་ཞིབ་བྱེད་པ།

（4）按照管理权限讨论决定；

（༤）དོ་དམ་གྱི་དབང་ཚད་ལ་གཞིགས་ནས་གྲོས་བསྡུར་གྱིས་ཐག་གཅོད་པ།

（5）履行任职手续。

（༥）ལས་གནས་འཁུར་བའི་འགྲོ་ལུགས་གཉེར་དགོས་པ་བཅས་སོ། །

9. 哪种情形可以对公务员或者公务员集体给予奖励？

༩.གནས་ཚུལ་གང་འདྲ་ཞིག་ལ་གཞིགས་ནས་གཞུང་ཞབས་པ་དང་གཞུང་ཞབས་པའི་མཉམ་སྡེབ་ལ་བྱ་དགའ་སྤྲོད་དགོས་སམ།

公务员或者公务员集体有下列情形之一的，给予奖励：

དེ་འདང་གཞུང་ཞབས་པ་དང་གཞུང་ཞབས་པའི་མཉམ་སྡེབ་ལ་གཤམ་གསལ་གྱི་གནས་ཚུལ་རིགས་ཡོད་ཚེ་བྱ་དགའ་སྤྲད་ཆོག་པ་སྟེ།

（1）忠于职守，积极工作，勇于担当，工作实绩显著的；

（༡）ལྷག་བསམ་རྣམ་དག་གིས་ལས་འགན་བརྟན་སྲུང་དང་ལས་ཀ་ཧུར་ཐག་བྱས་པ། འགན་འཁུར་ཕོད་པ། ལས་ཀའི་གྲུབ་འབྲས་མངོན་གསལ་དོད་པ།

（2）遵纪守法，廉洁奉公，作风正派，办事公道，模范作用突出的；

（༢）སྒྲིག་བཀུར་ཁྲིམས་སྲུང་དང་། སྒྲོད་གཙང་གཞུང་བཀུར། ཀུན་སྤྱོད་ཚུལ་ལྡན། དོན་གཉེར་དྲང་གཞག དཔེ་སྟོན་གྱི་ནུས་པ་མངོན་གསལ་དོད་པ།

（3）在工作中有发明创造或者提出合理化建议，取得显著经济效益或者社会效益的；

（༣）ལས་ཀའི་ནང་གསར་གཏོད་གསར་སྐྲུན་བྱས་པའམ་ཡང་ན་ལུགས་མཐུན་གྱི་གྲོས་འགོ་བཏོན་ནས་དཔལ་འབྱོར་གྱི་ཕན་འབྲས་སམ་ཡང་ན་སྤྱི་ཚོགས་ཀྱི་ཕན་འབྲས་མངོན་གསལ་ཐོན་པ།

（4）为增进民族团结，维护社会稳定做出突出贡献的；

（༤）མི་རིགས་མཐུན་སྒྲིལ་ལེགས་གཏོང་དང་སྤྱི་ཚོགས་བརྟན་ལྷིང་སྲུང་སྐྱོང་ཐད་ལེགས་སྐྱེས་མངོན་གསལ་དོད་པོ་ཕུལ་ཡོད་པ།

（5）爱护公共财产，节约国家资财有突出成绩的；

（༥）སྤྱི་པའི་རྒྱུ་ནོར་ལ་གཅེས་འཛིན་དང་རྒྱལ་ཁབ་ཀྱི་རྒྱུ་ནོར་ལ་གྲོན་ཆུང་བྱེད་པའི་ཐད་གྲུབ་འབྲས་མངོན་གསལ་དོད་པོ་ཡོད་པ།

（6）防止或者消除事故有功，使国家和人民群众利益免受或者减少损失的；

（༦）ཆག་སྒོ་སྔོན་འགོག་གམ་ཡང་ན་མེད་པ་བཟོ་བའི་ཐད་བྱས་རྗེས་བཞག་ནས་རྒྱལ་ཁབ་དང་མི་དམངས་ཀྱི་ཁེ་ཕན་ལ་གནོད་སྐྱོན་མེད་པ་བཟོས་པའམ་ཡང་ན་གནོད་སྐྱོན་ཆུང་དུ་བཏང་བ།

（7）在抢险、救灾等特定环境中做出突出贡献的；

（༧）ཉེན་སེལ་དང་གནོད་སྐྱོབ་སོགས་དམིགས་བསལ་ཁོར་ཡུག་ནང་ལེགས་སྐྱེས་མངོན་གསལ་དོད་པོ་ཕུལ་ཡོད་པ།

（8）同违纪违法行为作斗争有功绩的；

（༨）ཁྲིམས་འགལ་ལུགས་འགལ་གྱི་བྱ་སྤྱོད་ལ་འཐབ་རྩོད་བྱས་པར་བྱས་རྗེས་བཞག་ཡོད་པ།

（9）在对外交往中为国家争得荣誉和利益的；

（༩）ཕྱི་འབྲེལ་གྱི་འགྲོ་འོང་ནང་རྒྱལ་ཁབ་ཀྱི་ཆེད་དུ་གཟི་བརྗིད་དང་ཁེ་ཕན་བརྩོན་ལེན་བྱས་ཡོད་པ།

（10）有其他突出功绩的。

（༡༠）ད་དུང་མངོན་གསལ་དོད་པའི་བྱས་རྗེས་གཞན་དག་བཞག་པ་བཅས་སོ།།

10. 怎样做一个遵纪守法的公务员？

༡༠.གང་འདྲ་བྱས་ཏེ་སྒྲིག་བཀུར་ཁྲིམས་སྲུང་གི་གཞུང་ཞབས་པ་ཞིག་བྱེད་དགོས་སམ།

公务员应当遵纪守法，不得有下列行为：

དེའང་གཞུང་ཞབས་པས་སྒྲིག་བཀུར་ཁྲིམས་སྲུང་བྱེད་དགོས་པ་ལས་གཤམ་གསལ་གྱི་བྱ་སྤྱོད་རིགས་སྤྱེལ་མི་རུང་སྟེ།

（1）散布有损宪法权威、中国共产党和国家声誉的言论，组织或者参加旨在反对宪法、中国共产党领导和国家的集会、游行、示威等活动；

（༡）རྩ་ཁྲིམས་ཀྱི་དབང་གྲགས་ལ་གནོད་པ་དང་ཀྲུང་གོ་གུང་ཁྲན་ཏང་དང་རྒྱལ་ཁབ་ཀྱི་སྙན་གྲགས་ལ་གནོད་པའི་གཏམ་བརྗོད་སྤེལ་བ་དང་། རྩ་ཁྲིམས་དང་ཀྲུང་གོ་གུང་ཁྲན་ཏང་གི་འགོ་ཁྲིད་དང་རྒྱལ་ཁབ་ལ་ངོ་རྒོལ་བྱེད་པའི་འདུ་ཚོགས་དང་ཁྲོམ་སྐོར། ངོམ་སྟོན་སོགས་ཀྱི་བྱེད་སྒོ་སྒྲིག་འཛུགས་དང་དེར་ཞེ་ཞུགས་བྱེད་པ།

（2）组织或者参加非法组织，组织或者参加罢工；

（༢）ཁྲིམས་འགལ་གྱི་ཚ་འཛུགས་སྒྲིག་འཛུགས་དང་དེར་ཞེ་ཞུགས་བྱེད་ཅིང་། ལས་མཚམས་འཇོག་རྒྱུ་སྒྲིག་འཛུགས་དང་ཡང་ན་དེར་ཞེ་ཞུགས་བྱེད་པ།

（3）挑拨、破坏民族关系，参加民族分裂活动或者组织、利用宗教活动破坏民族团结和社会稳定；

（༣）མི་རིགས་ཀྱི་འབྲེལ་བར་དབྱེན་སྦྱོར་དང་གཏོར་བཤིག་གཏོང་བ་དང་། མི་རིགས་ཁ་བྲལ་གྱི་བྱེད་སྒོར་ཞེ་ཞུགས་སམ་ཡང་ན་སྒྲིག་འཛུགས་བྱེད་པ། ཆོས་ལུགས་བྱེད་སྒོ་བེད་སྤྱོད་ནས་མི་རིགས་མཐུན་སྒྲིལ་དང་སྤྱི་ཚོགས་བརྟན་ལྷིང་ལ་གཏོར་བཤིག་གཏོང་བ།

（4）不担当，不作为，玩忽职守，贻误工作；

（༤）འགན་མི་འཁུར་བ་དང་བྱས་རྗེས་མེད་པ། རང་འཁྲིའི་ལས་འགན་སྣང་མེད་དུ་བཏང་བ། ལས་ཀ་འཛུམས་ཤོར་གཏོང་བ།

（5）拒绝执行上级依法作出的决定和命令；

（༥）གོང་རིམ་ནས་ཁྲིམས་ལྟར་ཐག་བཅད་པའི་གཏན་འབེབས་དང་བཀའ་རྒྱ་ལག་བསྟར་བྱ་རྒྱུ་ཁས་མི་ལེན་པ།

（6）对批评、申诉、控告、检举进行压制或者打击报复；

（༦）སྐྱོན་བརྗོད་དང་རྒྱུ་མཚན་རེ་ཞུ། ཞུ་གཏུག སྐྱོན་འདོན་བཅས་ཀྱི་ཐད་མནར་གནོན་ནམ་ཡང་ན་རྡུང་རྡེག་འཁོན་ལན་སློག་པ།

（7）弄虚作假，误导、欺骗领导和公众；

（༧）འགོ་ཁྲིད་དང་མང་ཚོགས་ལ་མི་བདེན་རྫུན་བཟོ་དང་ཁ་འཛོལ་བཟོ་བ། མགོ་སྐོར་གཏོང་བ།

（8）贪污贿赂，利用职务之便为自己或者他人谋取私利；

（༨）སྣག་ཟ་སྣག་ཟན་བླངས་པ་དང་འགན་གནས་ཀྱི་མཐུན་རྐྱེན་བེད་སྤྱད་དེ་རང་ཉིད་དམ་ཡང་ན་མི་གཞན་ལ་སྒེར་ཕན་སྒྲུབ་པ།

（9）违反财经纪律，浪费国家资财；

（༩）ནོར་དཔལ་སྒྲིག་ལམ་ལས་འགལ་ཏེ་རྒྱལ་ཁབ་ཀྱི་རྒྱུ་ནོར་འཕྲོ་བརླག་གཏོང་བ།

（10）滥用职权，侵害公民、法人或者其他组织的合法权益；

（༡༠）འགན་དབང་གང་བྱུང་དུ་སྤྱད་ནས་སྤྱི་དམངས་དང་ཁྲིམས་མིའམ་ཡང་ན་རྩ་འཛུགས་གཞན་དག་གི་ཁྲིམས་མཐུན་ཁེ་དབང་ལ་གནོད་འཚེ་བཟོ་བ།

（11）泄露国家秘密或者工作秘密；

（༡༡）རྒྱལ་ཁབ་ཀྱི་གསང་བའམ་ཡང་ན་ལས་ཀའི་གསང་བ་ཕྱིར་བསྒྲགས་བྱེད་པ།

（12）在对外交往中损害国家荣誉和利益；

（༡༢）ཕྱི་འབྲེལ་གྱི་འགྲོ་འོང་ནང་རྒྱལ་ཁབ་ཀྱི་གཟི་བརྗིད་མཚན་སྙན་དང་ཁེ་ཕན་ལ་གནོད་སྐྱོན་བཟོ་བ།

（13）参与或者支持色情、吸毒、赌博、迷信等活动；

（༡༣）ཆགས་སྲེད་དང་དུག་འཐེན་པ། རྒྱན་འཛུགས། རྨོངས་དད་སོགས་ཀྱི་བྱེད་སྒོར་ཐེ་ཞུགས་དང་རྒྱབ་སྐྱོར་བྱེད་པ།

（14）违反职业道德、社会公德和家庭美德；

（༡༤）ལས་རིགས་ཀྱི་ཀུན་སྤྱོད་དང་སྤྱི་ཚོགས་ཀྱི་སྤྱོད་བཟང་། ཁྱིམ་ཚང་གི་བཟང་སྤྱོད་བཅས་ལས་འགལ་བ།

（15）违反有关规定参与禁止的网络传播行为或者网络活动；

（༡༥）འབྲེལ་ཡོད་གཏན་འབེབས་ལས་འགལ་ཏེ་བཀག་འགོག་བྱས་པའི་དྲ་ཐོག་དྲིལ་སྒྲོག་དང་ཡང་ན་དྲ་ཐོག་བྱེད་སྒོར་ཞུགས་པ།

（16）违反有关规定从事或者参与营利性活动，在企业或者其他营利性组织中兼任职务；

（༡༦）འབྲེལ་ཡོད་གཏན་འབེབས་ལས་འགལ་ཏེ་ཁེ་སོགས་རང་བཞིན་ལྡན་པའི་བྱེད་སྒོ་སྤེལ་བ་དང་ཡང་ན་དེར་ཐེ་ཞུགས་བྱེད་པ། ཁེ་ལས་སམ་ཡང་ན་ཁེ་སོགས་རང་བཞིན་ལྡན་པའི་རྩ་འཛུགས་གཞན་དག་ནང་འགན་གནས་གཅིག་ཟུང་འཛིན་པ།

（17）旷工或者因公外出、请假期满无正当理由逾期不归；

(༡༧) ལས་བྱོལ་བྱས་པའམ་ཡང་ན་གཞུང་དོན་གྱི་ཆེད་དུ་ཕྱིར་འགྲོ་སྐབས་དུས་འགྱངས་དང་། དགོངས་ཞུའི་དུས་ཚོད་ཡོལ་ནའང་ལུགས་མཐུན་གྱི་རྒྱུ་མཚན་མེད་པར་དུས་ཐོག་ལ་ཕྱིར་མི་ལོག་པ།

（18）违纪违法的其他行为。

(༡༨) ད་དུང་སྒྲིག་འགལ་ཁྲིམས་འགལ་གྱི་བྱ་སྤྱོད་གཞན་དག་བཅས་སོ།།

11. 对公务员的处分分哪几种？每种处分的期限为多久？

༡༡.གཞུང་ཞབས་པའི་ཆད་གཅོད་ལ་རིགས་གང་དག་ཡོད་དམ། རིགས་སོ་སོའི་ཆད་གཅོད་ཀྱི་དུས་ཡུན་ག་ཚོད་ཡིན་ནམ།

对公务员的处分分为：警告、记过、记大过、降级、撤职、开除。

དེའང་གཞུང་ཞབས་པའི་ཆད་གཅོད་ལ་དབྱེ་ན། ཐ་ཚིག་དང་ཉེས་པ་ཐོ་འགོད། ཉེས་ཆེན་ཐོ་འགོད། གནས་རིམ་ཕབ་པ། གནས་དབྱུང་། ཕྱིར་འབུད་བཅས་ཡོད།

每种处分的期限为：警告，六个月；记过，十二个月；记大过，十八个月；降级、撤职，二十四个月。

ཆད་གཅོད་རིགས་དེ་དག་གི་དུས་བཀག་ནི་ཐ་ཚིག་ལ་དུས་ཡུན་ཟླ་བ་དྲུག་དང་། ཉེས་པ་ཐོ་འགོད་ལ་ཟླ་བ་བཅུ་གཉིས། ཉེས་ཆེན་ཐོ་འགོད་ལ་ཟླ་བ་བཅོ་བརྒྱད། གནས་རིམ་ཕབ་པ་དང་གནས་དབྱུང་ལ་དུས་ཡུན་ཟླ་བ་ཉི་ཤུ་རྩ་བཞི་བཅས་ཡིན།

12. 公务员的培训有哪些类型？

༡༢.གཞུང་ཞབས་པའི་གསོ་སྦྱོང་ལ་རིགས་གང་དག་ཡོད་དམ།

公务员培训分为初任培训、任职培训、专门业务培训、在职培训、专业技术培训等。机关对新录用人员应当在试用期内进行初任培训；对晋升领导职务的公务员应当在任职前或者任职后一年内进行任职培训；对从事专项工作的公务员应当进行专门业务培训；对全体公务员应当进行提高政治素质和工作能力、更新知识的在职培训，其中对专业技术类公务员应当进行专业技术培训。

གཞུང་ཞབས་པའི་གསོ་སྦྱོང་ལ་དབྱེ་ན་ཐོག་མའི་འགན་གནས་གསོ་སྦྱོང་དང་འགན་འཕྱུར་གསོ་སྦྱོང་། ཆེད་དམིགས་ལས་སྣོའི་གསོ་སྦྱོང་། ལས་ཐོག་གསོ་སྦྱོང་། ཆེད་ལས་ལག་རྩལ་གསོ་སྦྱོང་སོགས་ཡོད། ལས་ཁུངས་ཁག་གིས་མི་སྣ་བསྡུ་འཛུགས་བྱས་རྗེས་ཚོད་ལྟའི་སྤྱོད་ཡུན་ནང་ཐོག་མའི་འགན་གནས་གསོ་སྦྱོང་བྱེད་དགོས་པ་དང་། འགོ་ཁྲིད་ཀྱི་གནས་རིམ་སྤར་བའི་གཞུང་ཞབས་པར་ལས་འགན་མ་འཁྱུར་གོང་ངམ་ལས་འགན་ཁུར་རྗེས་ཀྱི་ལོ་གཅིག་ནང་འགན་འཕྱུར་གསོ་སྦྱོང་བྱེད་པ། ཆེད་དོན་ལས་ཀ་བྱེད་མཁན་གྱི་གཞུང་ཞབས་པར་ཆེད་དམིགས་ལས་སྣོའི་གསོ་སྦྱོང་བྱེད་པ། གཞུང་ཞབས་པ་སྤྱི་ལ་ཆབ་སྲིད་ཀྱི་བྱང་ཚད་དང་ལས་ཀའི་འཛིན་ཐང་མཐོར་གཏོང་དང་ཤེས་བྱ་བཅོས་བསྒྱུར་གྱི་ལས་ཐོག་གསོ་སྦྱོང་བྱེད་པ། དེ་དག་ཁྲོད་ནས་ཆེད་ལས་ལག་རྩལ་རིགས་ཀྱི་གཞུང་ཞབས་པར་ཆེད་ལས་ལག་རྩལ་གྱི་གསོ་སྦྱོང་བྱ་དགོས།

13. 公务员需要进行回避的情形有哪些？

༡༣.གཞུང་ཞབས་པས་གཡོལ་དགོས་པའི་གནད་གང་དང་གང་ཡོད་དམ།

公务员回避的类型，具体包括：第一，任职回避。公务员之间有夫妻关系、直系血亲关系、三代以内旁系血亲关系以及近姻亲关系的，不得在同一机关双方直接隶属于同一领导人员的职位或者有直接上下级领导关系的职位工作，也不得在其中一方担任领导职务的机关从事组织、人事、纪检、监察、审计和财务工作。公务员不得在其配偶、子女及其配偶经营的企业、营利性组织的行业监管或者主管部门担任领导成员。因地域或者工作性质特殊，需要变通执行任职回避的，由省级以上公务员主管部门规定。

དེའང་གཞུང་ཞབས་པས་ཟུར་དུ་གཡོལ་དགོས་པའི་རིགས་ལ་ཞིབ་ཏུ་དབྱེ་ན། གཅིག བསྐོ་གཞག་བྱེད་སྐབས་ཟུར་དུ་གཡོལ་དགོས། དེའང་གཞུང་ཞབས་པའི་དབར་བཟའ་ཟླའི་

འབྲེལ་བ་དང་ཐད་ཀའི་སྤུན་མཆེད་ཀྱི་འབྲེལ་བ། མི་རབས་གསུམ་ནང་ཚུན་གྱི་ཁྲག་རྒྱུད་ཀྱི་གཉེན་འབྲེལ་དང་། དེ་བཞིན་གཉེན་སྒྲིག་གི་ཉེ་འབྲེལ་བཅས་ཡོད་ཚེ། ལས་ཁུངས་གཅིག་གི་ནང་ཕྱོགས་གཉིས་ཀ་ཐད་ཀར་འགོ་ཁྲིད་གཅིག་གི་མངའ་འོག་གི་འགན་གནས་སམ་ཡང་ན་ཐད་ཀར་གོང་འོག་གི་འགོ་ཁྲིད་ཀྱི་འབྲེལ་བ་ཡོད་པའི་འགན་གནས་ཐོག་ལས་ཀ་བྱེད་མི་རུང་ལ། གང་རུང་ཞིག་གིས་འགོ་ཁྲིད་ཀྱི་གོ་གནས་འཛིན་པའི་ལས་ཁུངས་ལ་རྩ་འཛུགས་དང་མི་དོན། སྒྲིག་བཀོད། ལྟ་ཞིབ། རྩིས་བཀོད། ནོར་དོན་བཅས་ཀྱི་ལས་ཀ་བྱེད་མི་རུང་། གཞུང་ཞབས་པ་ཡིན་ཕྱིན་རང་གི་བཟའ་ཟླ་དང་བུ་ཕྲུག དེ་བཞིན་བཟའ་ཟླས་གཉེར་བའི་ཁེ་ལས་དང་ཁེ་ཕོགས་རང་བཞིན་ལྡན་པའི་སྒྲིག་འཛུགས་ཀྱི་ལས་རིགས་ལྟ་སྐུལ་དོ་དམ་མམ་ཡང་ན་གཙོ་གཉེར་སྡེ་ཁག་ལ་འགོ་ཁྲིད་ཀྱི་ཁོངས་མི་བྱེད་མི་རུང་། ས་ཁོངས་སམ་ཡང་ན་ལས་ཀའི་དམིགས་བསལ་ངོ་བོས་རྐྱེན་པས་འགན་གནས་བསྐོ་གཞག་བྱེད་སྐབས་གཡོལ་ སྟབས་མི་བདེ་བ་བྱུང་ཚེ། ཞིང་ཆེན་རིམ་པ་ཡན་གྱི་གཞུང་ཞབས་པའི་གཙོ་གཉེར་སྡེ་ཁག་ནས་ཐག་གཅོད་དགོས།

第二，地域回避。公务员担任乡级机关、县级机关、设区的市级机关及其有关部门主要领导职务的，应当按照有关规定实行地域回避。

གཉིས། ས་ཁོངས་གཟུར་གཡོལ་བྱ་དགོས་པ། དེའང་གཞུང་ཞབས་པས་ཤང་རིམ་པའི་ལས་ཁུངས་དང་རྫོང་རིམ་པའི་ལས་ཁུངས། ཆུས་བཙུགས་པའི་གྲོང་ཁྱེར་རིམ་པའི་ལས་ཁུངས། དེ་བཞིན་དེའི་འབྲེལ་ཡོད་སྡེ་ཁག་གི་འགོ་ཁྲིད་གཙོ་བོའི་འགན་གནས་འཁུར་སྐབས། འབྲེལ་ཡོད་གཏན་འབེབས་ལྟར་ས་ཁོངས་གཟུར་གཡོལ་བྱ་དགོས།

第三，公务回避。公务员在执行公务时，如果涉及本人利害关系、亲属关系人员的利害关系以及其他可能影响公正执行公务的，应予以回避，以确保职务执行的公正、廉洁。

གསུམ། གཞུང་དོན་གཟུར་གཡོལ་བྱ་དགོས་པ་སྟེ། གཞུང་ཞབས་པས་གཞུང་དོན་སྒྲུབ་སྐབས་གལ་སྲིད་རང་སྐེར་གྱི་ཁེ་གྱོང་དང་། གཉེན་ཉེའི་ཁེ་གྱོང་དང་འབྲེལ་བ་ཡོད་པ། དེ་བཞིན་དྲང་གཞག་དང་གཞུང་དོན་བསྒྲུབ་རྒྱུར་ཤུགས་རྐྱེན་ཐེབས་སྲིད་པའི་གནས་ཚུལ་

ཡོད་ཚེ་གཟུར་གཡོལ་བྱས་ཏེ་འགན་འཁྲི་སྒྲུབ་སྐབས་གཞུང་དྲང་དང་སྙོད་གཙང་ཡོང་བ་བྱ་དགོས།

14. 公务员哪种情形下不能辞去公职？

༡༤.གཞུང་ཞབས་པས་གནས་ཚུལ་གང་འདྲ་ཞིག་གི་འོག་གཞུང་ཞབས་དགོངས་ཞུ་བྱས་མི་ཆོག་གམ།

公务员有下列情形之一的，不得辞去公职：

དེ་འདང་གཞུང་ཞབས་པར་གཤམ་གསལ་གྱི་གནས་ཚུལ་རིགས་ཡོད་ཚེ་གཞུང་ཞབས་དགོངས་ཞུ་བྱས་མི་ཆོག་སྟེ།

（1）未满国家规定的最低服务年限的；

（༡）རྒྱལ་ཁབ་ནས་གཏན་འབེབས་བྱས་པའི་ཞབས་ཞུའི་ལོ་ཚད་ཉུང་ཤོས་མ་ལོན་པ་དང་།

（2）在涉及国家秘密等特殊职位任职或者离开上述职位不满国家规定的脱密期限的；

（༢）རྒྱལ་ཁབ་ཀྱི་གསང་བ་སོགས་དམིགས་བསལ་འགན་གནས་དང་འབྲེལ་བ་ཡོད་པའམ་ཡང་ན་གོང་གསལ་གྱི་འགན་གནས་ལས་ཁ་བྲལ་ཏེ་རྒྱལ་ཁབ་ཀྱིས་གཏན་འབེབས་བྱས་པའི་གསང་དོན་ལས་གྲོལ་བའི་དུས་ཚོད་ཐིམ་མེད་པ།

（3）重要公务尚未处理完毕，且须由本人继续处理的；

（༣）གཞུང་དོན་གལ་ཆེན་ཐག་གཅོད་བྱས་མ་ཚར་བར་ངེས་པར་དུ་སོ་སོ་རང་ཉིད་ཀྱིས་མུ་མཐུད་ཐག་གཅོད་བྱ་དགོས་ཡོད་པ།

（4）正在接受审计、纪律审查、监察调查，或者涉嫌犯罪，司法程序尚未终结的；

（༤）ད་ལྟ་རྩིས་བཤེར་དང་སྒྲིག་ཁྲིམས་ཞིབ་བཤེར། ལྟ་ཞིབ་བརྟག་དཔྱད་བཅས་བྱེད་བཞིན་པའམ་ཉེས་གསོག་གི་དོགས་པ་ཡོད་པ། ཡང་ན་ཁྲིམས་འཛིན་གྱི་གོ་རིམ་མཇུག་སྒྲིལ་མེད་པ།

（5）法律、行政法规规定的其他不得辞去公职的情形。

（༥）བཅའ་ཁྲིམས་དང་སྲིད་འཛིན་ཁྲིམས་སྲོལ་ནང་གཏན་འཁེལ་བྱས་པའི་གཞུང་ཞབས་དགོངས་ཞུ་བྱེད་མི་རུང་བའི་གནས་ཚུལ་གཞན་དག་ཡོད་པ་བཅས་སོ།།

15. 公务员有哪些行为可以予以辞退？

༡༥.གཞུང་ཞབས་པར་བྱ་སྤྱོད་གང་དག་ཡོད་ཚེ་ལས་གནས་ནས་ཕྱིར་སློག་བྱས་ཆོག་གམ།

公务员有下列情形之一的，予以辞退：

དེ་འདང་གཞུང་ཞབས་པར་གཤམ་གསལ་གྱི་གནས་ཚུལ་རིགས་ཡོད་ཚེ་ལས་གནས་ནས་ཕྱིར་སློག་བྱས་ཆོག་སྟེ།

（1）在年度考核中，连续两年被确定为不称职的；

（༡）ལོ་མཇུག་གི་དཔྱད་ཞིབ་ནང་ལོ་གཉིས་བསྟུད་མར་ལས་འགན་མི་ཐེག་པ།

（2）不胜任现职工作，又不接受其他安排的；

（༢）ད་ཡོད་ཀྱི་ལས་གནས་འཁུར་མི་ཐུབ་ཅིང་ལས་ཀ་གཞན་དག་ཀྱང་བྱེད་འདོད་མེད་པ།

（3）因所在机关调整、撤销、合并或者缩减编制员额需要调整工作，本人拒绝合理安排的；

（༣）ལས་ཁུངས་ལེགས་སྒྲིག་དང་མེད་པ་བཟོས་པ། ཟླ་སྒྲིལ་བཏང་བའམ་ཡང་ན་མི་སྣ་ཁ་བསྡུས་བཅས་ཀྱི་རྐྱེན་པས་ལས་གནས་ལེགས་སྒྲིག་བྱེད་དགོས་ཚེ་རང་ཉིད་ནས་ལུགས་མཐུན་གྱི་བཀོད་སྒྲིག་དང་ལེན་མི་བྱེད་པ།

（4）不履行公务员义务，不遵守法律和公务员纪律，经教育仍无转变，不适合继续在机关工作，又不宜给予开除处分的；

（༤）གཞུང་ཞབས་པའི་འོས་འགན་ལག་བསྟར་མི་བྱེད་པ་དང་བཅའ་ཁྲིམས་དང་གཞུང་ཞབས་པའི་སྒྲིག་ཁྲིམས་ལ་བརྩི་སྲུང་མི་ཞུ་བའི་ཁར། སློབ་གསོ་བརྒྱབ་ཀྱང་སྔར་བཞིན་ལེགས་བཅོས་མི་བྱེད་པས་མུ་མཐུད་ལས་ཁུངས་ནང་ལས་ཀ་བྱ་རྒྱུར་མི་འཚམ་པ་གང་ཞིག་ཕྱིར་འབུད་བྱ་རྒྱུ་ཡང་མི་འཚམ་པ།

（5）旷工或者因公外出、请假期满无正当理由逾期不归连续超过十五天，或者一年内累计超过三十天的。

（༥）ལས་ཀར་མི་ཡོང་བའམ་ཡང་ན་གཞུང་དོན་གྱི་ཆེད་དུ་ཕྱིར་བསྐྱོད་པ་དང་། གུང་གསེང་གི་དུས་བཀག་ཡོལ་ནའང་ལུགས་མཐུན་གྱི་རྒྱུ་མཚན་མེད་པར་དུས་ཐོག་ལ་མ་ལོག་པར་

བསྐྱུད་མར་ཉིན་བཅོ་ལྔ་ལས་བརྒལ་བ། ཡང་ན་ལོ་གཅིག་གི་ནང་ཁྱོན་ཉིན་སུམ་ཅུ་ལས་བརྒལ་བ་བཅས་སོ།།

16. 哪些情形公务员可以申请提前退休?

༡༦.གནས་ཚུལ་གང་དག་གི་འོག་གཞུང་ཞབས་པས་ལྟ་ཐུར་ལས་འབུད་ངལ་གསོ་བྱ་རྒྱུའི་རེ་ཞུ་བྱས་ཆོག་གམ།

公务员符合下列条件之一的，本人自愿提出申请，经任免机关批准，可以提前退休：

དེའང་གཞུང་ཞབས་པས་གཤམ་གསལ་གྱི་ཆ་རྐྱེན་གང་རུང་ཞིག་དང་མཐུན་ཚེ། རང་ཉིད་ནས་རང་མོས་ཐོག་རེ་འདུན་ཞུ་བ་དང་། བསྐོ་འཛིན་ལས་ཁུངས་ནས་ཆོག་མཆན་ཐོབ་པ་བརྒྱུད་སྔ་ཐུར་དུ་ལས་འབུད་ངལ་གསོ་བྱས་ཆོག་པ་སྟེ།

（1）工作年限满三十年的；

（༡）ལས་ཀར་ཞུགས་ནས་ལོ་སུམ་ཅུ་སོང་ཟིན་པ།

（2）距国家规定的退休年龄不足五年，且工作年限满二十年的；

（༢）རྒྱལ་ཁབ་ནས་གཏན་འབེབས་བྱས་པའི་ལས་འབུད་ངལ་གསོའི་དུས་བཀག་གི་ལོ་ཚད་ནས་ལོ་ལྔ་མ་ལོན་པ་དང་ལས་ཀ་བྱས་ཏེ་ལོ་ཉི་ཤུ་སོང་ཟིན་པ།

（3）符合国家规定的可以提前退休的其他情形的。

（༣）ད་དུང་རྒྱལ་ཁབ་ནས་གཏན་འབེབས་བྱས་པའི་སྔ་ཐུར་ལས་འབུད་ངལ་གསོ་བྱས་ཆོག་པའི་གནས་ཚུལ་གཞན་དག་ཡོད་པ་བཅས་སོ།།

17. 公务员可以对自己的哪些人事处理进行申诉？

༡༧.གཞུང་ཞབས་པས་རང་ཉིད་ཀྱི་མི་དོན་ཐག་གཅོད་བྱེད་སྟངས་གང་དང་གང་གི་ཐད་རྒྱ་མཚན་ཞུ་འབུལ་བྱས་ཆོག་གམ།

（1）处分；

（༡）ཆད་པ་བཏང་བ།

（2）辞退或者取消录用；

（༢）ལས་གནས་ནས་ཕྱིར་སློག་དང་ཡང་ན་བསྡུ་འཇུག་མེད་པར་བཟོས་པ།

（3）降职；

（༣）གོ་གནས་ཕབ་པ།

（4）定期考核定为不称职；

（༤）དུས་བཀག་དཔྱད་ཞིབ་བྱེད་སྐབས་ལས་གནས་དང་མི་འཚམ་པར་བརྩིས་པ།

（5）免职；

（༥）གོ་གནས་མེད་པར་བཟོས་པ།

（6）申请辞职、提前退休未予批准；

（༦）འགན་གནས་དགོངས་ཞུའི་རེ་ཞུ་དང་སྔ་ནུར་དུ་ལས་འཁྱུར་ངལ་གསོ་བྱ་རྒྱུར་ཆོག་མཆན་མ་སྤྲད་པ།

（7）不按照规定确定或者扣减工资、福利、保险待遇；

（༧）གཏན་འབེབས་ལ་མ་གཞིགས་པར་ཐག་བཅད་པའམ་ཡང་ན་གླ་ཕོགས་དང་ཕན་བདེ། འགན་བཅོལ་ཐོབ་ཐང་བཅས་ཉུང་དུ་བཏང་བ།

（8）法律、法规规定可以申诉的其他情形。

（༨）ད་དུང་བཅའ་ཁྲིམས་དང་ཁྲིམས་སྲོལ་གྱི་གཏན་འབེབས་ལྟར་རྒྱ་མཚན་ཞུ་འབུལ་བྱས་ཆོག་པའི་གནས་ཚུལ་གཞན་དག་བཅས་སོ། །

18. 公务员辞去公职或者退休后可以从事与原工作业务直接相关的营利性活动吗？

༡༨.གཞུང་ཞབས་པ་གཞུང་གི་ལས་འགན་དགོངས་ཞུ་བྱས་པའམ་ལས་འབྲུར་ངལ་གསོ་བྱས་རྗེས་དེ་སྔའི་ལས་སྒོ་དང་ཐད་ཀར་འབྲེལ་བ་ཡོད་པའི་ཁེ་ཕོགས་རང་བཞིན་ལྡན་པའི་ལས་ཀ་བྱས་ཆོག་གམ།

不可以。公务员辞去公职或者退休的，原系领导成员、县处级以上领导职务的公务员在离职三年内，其他公务员在离职两年内，不得到与原工作业务直接相关的企业或者其他营利性组织任职，不得从事与原工作业务直接相关的营利性活动。

དེ་འདང་བྱེད་མི་ཆོག་སྟེ། གཞུང་ཞབས་པ་དགོངས་ཞུ་བྱས་པའམ་ཡང་ན་ལས་འབྲུར་ངལ་གསོ་བྱས་པའི་དེ་སྔའི་འགོ་ཁྲིད་ཀྱི་ཁོངས་མི་དང་། རྫོང་དང་ཁྲུའུ་རིམ་པ་ཡན་གྱི་འགོ་ཁྲིད་ཀྱི་གོ་གནས་ཡོད་པའི་གཞུང་ཞབས་པ་ལས་གནས་ནས་ཁ་བྲལ་ཏེ་ལོ་གསུམ་མ་སོང་བ་དང་། དེ་བཞིན་གཞུང་ཞབས་པ་གཞན་དག་ལས་གནས་ནས་ཁ་བྲལ་ཏེ་ལོ་གཉིས་མ་སོང་བར་དེ་སྔའི་ལས་སྒོ་དང་ཐད་ཀར་འབྲེལ་བ་ཡོད་པའི་ཁེ་ལས་སམ་ཡང་ན་ཁེ་ཕོགས་རང་བཞིན་ལྡན་པའི་རྩ་འཛུགས་གཞན་དག་ལ་འགན་གནས་འཁུར་མི་ཆོག་པ་དང་། དེ་སྔའི་ལས་སྒོ་དང་ཐད་ཀར་འབྲེལ་བ་ཡོད་པའི་ཁེ་ཕོགས་རང་བཞིན་གྱི་བྱེད་སྒོ་སྤེལ་མི་རུང་ངོ་།།

六、依法行政

དྲུག་པ། ཁྲིམས་ལྟར་སྲིད་འཛིན་པ།

1. 依法行政的含义是什么？

༡.ཁྲིམས་ལྟར་སྲིད་འཛིན་པ་ཞེས་པའི་གོ་དོན་གང་ཡིན་ནམ།

依法行政，是指国家机关及其工作人员依据宪法和法律赋予的职责权限，在法律规定的职权范围内，对国家的政治、经济、文化、教育、科技等各项社会事务，依法进行管理的活动。

དེ་འདང་ཁྲིམས་ལྟར་སྲིད་འཛིན་པ་ཞེས་པ་ནི་རྒྱལ་ཁབ་ལས་ཁུངས་དང་དེའི་ལས་དོན་མི་སྣར་རྩ་ཁྲིམས་དང་བཅའ་ཁྲིམས་ཀྱིས་སྤྲད་པའི་འགན་འཁྲིའི་དབང་ཚད་ཅིག་ཡིན་པ་དང་། བཅའ་ཁྲིམས་ཀྱིས་གཏན་འབེབས་བྱས་པའི་འགན་དབང་གི་ཁྱབ་ཁོངས་ནང་རྒྱལ་ཁབ་ཀྱི་ཆབ་སྲིད་དང་དཔལ་འབྱོར། རིག་གནས། སློབ་གསོ། ཚན་རྩལ་སོགས་སྤྱི་ཚོགས་ཀྱི་ལས་དོན་ཐད་ཁྲིམས་ལྟར་དོ་དམ་གྱི་བྱེད་སྒོ་སྤེལ་དགོས།

2. 依法行政的基本原则是什么？

༢.ཁྲིམས་ལྟར་སྲིད་འཛིན་པའི་གཞི་རྩའི་རྩ་དོན་གང་ཡིན་ནམ།

依法行政的基本原则是：必须坚持党的领导、人民当家作主和依法治国的有机统一；必须把维护最广大人民的根本利益作为政府工作的出发点；必须维护宪法权威，确保法制统一和政令畅通；必须把发展作为党执政兴国的第一要务，坚持以人为本和全面、协调、可持续的发展观，促进经济社会和人的全面发展；必须把依法治国和以德治国有机结合起来，大力推进社会主义政治文明、精神文明建设；必须把推进依法行政与深化行政管理体制改革、转变政府职能有机结合起来，坚持开拓创新与循序渐进的统一，既要体现改革和创新的精神，又要有计划、有步骤地分类推进；必须把坚持依法行政与提高行政效率统一起来，做到既严格依法办事，又积极履行职责。

དེའང་ཁྲིམས་ལྟར་སྲིད་འཛིན་པའི་གཞི་རྩའི་རྩ་དོན་ནི། ངེས་པར་དུ་ཏང་གི་འགོ་ཁྲིད་རྒྱུན་འཁྱོངས་དང་མི་དམངས་རང་ཁྲིམ་རང་བདག ཁྲིམས་ལྟར་རྒྱལ་ཁབ་སྐྱོང་རྒྱུ་བཅས་གཅིག་གྱུར་གང་ལེགས་བྱ་དགོས་པ། ངེས་པར་དུ་རྒྱ་ཆེའི་མི་དམངས་ཀྱི་རྩ་བའི་ཁེ་ཕན་སྲུང་སྐྱོང་བྱ་རྒྱུ་དེ་སྲིད་གཞུང་ལས་དོན་གྱི་འགོ་བཙམ་ས་བྱ་རྒྱུ་རྒྱུན་འཁྱོངས་བྱ་དགོས་པ། ངེས་པར་དུ་རྩ་ཁྲིམས་ཀྱི་དབང་གྲགས་སྲུང་སྐྱོང་དང་ཁྲིམས་ལུགས་གཅིག་གྱུར་ཐོག་སྲིད་གཞུང་གི་བཀའ་ཤར་གཏོང་ཐུབ་རྒྱུ་འགན་སྲུང་བྱ་དགོས་པ། ངེས་པར་དུ་འཕེལ་རྒྱས་གཏོང་རྒྱུ་དེ་ཏང་གི་སྲིད་སྐྱོང་རྒྱལ་དར་བྱེད་པའི་ལས་འགན་ཨང་དང་པོར་བཞག་ཐོག མི་རྩ་བར་འཛིན་རྒྱུ་དང་ཁྱོན་ཡོངས་དང་མཐུན་སྒྲོར། རྒྱུན་མཐུད་བཅས་ཀྱི་གོང་འཕེལ་ལྟ་བ་རྒྱུན་འཁྱོངས་ཀྱིས་དཔལ་འབྱོར་སྤྱི་ཚོགས་དང་མི་རྣམས་ཁྱོན་ཡོངས་ནས་ཡར་རྒྱས་ཡོང་རྒྱུར་སྐུལ་འདེད་གཏོང་དགོས་པ། ངེས་པར་དུ་ཁྲིམས་ལྟར་རྒྱལ་ཁབ་སྐྱོང་རྒྱུ་དང་ཀུན་སྤྱོད་ལ་བརྟེན་ནས་རྒྱལ་ཁབ་སྐྱོང་རྒྱུ་གཉིས་ཟུང་འབྲེལ་དམ་ཟབ་བྱས་ཏེ། སྤྱི་ཚོགས་རིང་ལུགས་ཀྱི་ཆབ་སྲིད་ཤེས་དཔལ་དང་བསམ་པའི་ཤེས་དཔལ་འཛུགས་སྐྲུན་བྱ་རྒྱུར་སྐུལ་འདེད་ཤུགས་ཆེན་གཏོང་དགོས་པ། ངེས་པར་དུ་ཁྲིམས་

ལྟར་སྲིད་འཛིན་དང་སྲིད་འཛིན་དོ་དམ་མ་ལག་བསྒྱུར་བཅོས་གཏིང་ཟབ་བྱ་རྒྱུ། སྲིད་གཞུང་གི་འགན་ནུས་བརྗེ་སྒྱུར་བྱ་རྒྱུ་བཅས་ཟུང་འབྲེལ་དམ་ཟབ་བྱ་རྒྱུ། གསར་གཏོད་གསར་སྐྲུན་དང་གོམ་པ་རིམ་བགྲོད་གཅིག་མཐུན་ཡོང་རྒྱུ་རྒྱུན་འཁྱོངས་བྱེད་པ། བསྒྱུར་བཅོས་དང་གསར་གཏོད་ཀྱི་སྙིང་སྟོབས་མངོན་པ་བྱ་དགོས་ལ། འཆར་གཞི་ཡོད་པ་དང་གོམ་སྟབས་ལྡན་པའི་ངང་རིགས་དབྱེ་སྟེ་སྐྱུལ་སྤེལ་གཏོང་དགོས་པ། ངེས་པར་དུ་ཁྲིམས་ལྟར་སྲིད་སྐྱོང་རྒྱུ་དང་སྲིད་འཛིན་ལས་ཚོད་ཆེ་རུ་གཏོང་རྒྱུ་གཉིས་གཅིག་གྱུར་བྱ་རྒྱུ་རྒྱུན་འཁྱོངས་བྱས་ཐོག ཁྲིམས་ལ་ནན་པོར་གཞིགས་ནས་ལས་དོན་སྒྲུབ་དགོས་པ་མ་ཟད། འགན་འཁྲི་ཧུར་ཐག་སྒྲུབ་དགོས་པ་བཅས་རེད།

3. 我国的法律规范有哪些？

༣.རང་རྒྱལ་གྱི་ཚད་ལྡན་བཅའ་ཁྲིམས་ལ་གང་དག་ཡོད་དམ།

我国的法律规范，具体包括：第一，宪法。由全国人民代表大会制定；第二，法律。由全国人民代表大会及其常务委员会制定；第三，行政法规。由国务院制定；第四，地方性法规、自治条例和单行条例。地方性法规除由省、自治区、直辖市的人民代表大会及其常务委员会制定以外，省、自治区的人民政府所在地的市、经济特区所在地的市、国务院已经批准的较大的市和其他设区的市也可以制定；第五，部门规章。由国务院各部、委员会、中国人民银行、审计署和具有行政管理职能的直属机构制定；第六，地方政府规章。由省、自治区、直辖市和设区的市、自治州的人民政府制定。

རང་རྒྱལ་གྱི་ཚད་ལྡན་བཅའ་ཁྲིམས་ཞིབ་ཕྲ་བརྗོད་ན། དང་པོ། རྩ་ཁྲིམས་ཏེ། དེ་ནི་རྒྱལ་ཡོངས་མི་དམངས་འཐུས་ཚོགས་ཀྱིས་གཏན་འབེབས་བྱེད་པ། གཉིས་པ། བཅའ་ཁྲིམས་ཏེ། དེ་ནི་རྒྱལ་ཡོངས་མི་དམངས་འཐུས་ཚོགས་དང་དེའི་རྒྱུན་ལས་ཨུ་ལྷན་ནས་གཏན་འབེབས་བྱེད་པ། གསུམ་པ། སྲིད་འཛིན་ཁྲིམས་སྲོལ་ཏེ། དེ་ནི་རྒྱལ་སྲིད་སྤྱི་ཁྱབ་ཁང་ནས་གཏན་འབེབས་བྱེད་པ། བཞི་པ། ས་གནས་རང་བཞིན་གྱི་ཁྲིམས་སྲོལ་དང་རང་སྐྱོང་སྲོལ་ཡིག འཆར་གཞི་ཟུར་འགོད་

སྲོལ་ཡིག་བཅས་ཡོད་པ་ལས། ས་གནས་རང་བཞིན་གྱི་ཁྲིམས་སྲོལ་ནི་ཞིང་ཆེན་དང་རང་སྐྱོང་ལྗོངས། ཐད་སྐྱོང་གྲོང་ཁྱེར་གྱི་མི་དམངས་འཐུས་ཚོགས་དང་དེའི་རྒྱུན་ལས་ཨུ་ལྷན་ནས་གཏན་འབེབས་བྱེད་པ་ཕུད། ཞིང་ཆེན་དང་རང་སྐྱོང་ལྗོངས་མི་དམངས་སྲིད་གཞུང་གནས་སའི་གྲོང་ཁྱེར་དང་དཔལ་འབྱོར་དམིགས་བསལ་ཁུལ་གནས་སའི་གྲོང་ཁྱེར། དེ་བཞིན་རྒྱལ་སྲིད་སྤྱི་ཁྱབ་ཁང་ནས་ཚོག་མཆན་སྤྲད་ཟིན་པའི་གྲོང་ཁྱེར་ཆེ་ཁག་དང་། ཁུལ་གཞན་དག་གི་གྲོང་ཁྱེར་ཆེ་ཁག་གིས་ཀྱང་གཏན་འབེབས་བྱེད་པ། ལྔ་པ། སྡེ་ཁག་གི་སྒྲིག་སྲོལ་ཏེ། དེ་ནི་རྒྱལ་སྲིད་སྤྱི་ཁྱབ་ཁང་གི་སྡེ་ཁག་ཁག་དང་ཨུ་ཡོན་ལྷན་ཁང་། གྲུང་གོ་མི་དམངས་དངུལ་ཁང་། རྩིས་བཤེར་ལས་ཁུངས་དང་སྲིད་འཛིན་ངོ་དམ་གྱི་འགན་ནུས་ཡོད་པའི་ཐད་གཏོགས་ལས་ཁུངས་བཅས་ཀྱིས་གཏན་འབེབས་བྱེད་པ། དྲུག་པ། ས་གནས་སྲིད་གཞུང་གི་སྒྲིག་སྲོལ་ཏེ། དེ་ནི་ཞིང་ཆེན་དང་རང་སྐྱོང་ལྗོངས། ཐད་སྐྱོང་གྲོང་ཁྱེར་དང་ཆུས་བཙུགས་པའི་གྲོང་ཁྱེར། རང་སྐྱོང་ཁུལ་མི་དམངས་སྲིད་གཞུང་བཅས་ཀྱིས་གཏན་འབེབས་བྱེད་པ་ཡིན།

4. 各法律规范之间的效力如何划分?

༤.ཚད་ལྡན་བཅའ་ཁྲིམས་དབར་གྱི་ནུས་པའི་དབྱེ་བ་གང་འདྲ་འབྱེད་དགོས་སམ།

各法律规范之间的效力，具体划分：第一，宪法具有最高的法律效力，一切法律、行政法规、地方性法规、自治条例和单行条例、规章均都不得同宪法相抵触；第二，法律的效力高于行政法规、地方性法规、规章；第三，行政法规的效力高于地方性法规、规章；第四，地方性法规的效力高于本级和下级地方政府规章；第五，省、自治区的人民政府制定的规章效力高于本行政区域内的设区的市、自治州的人民政府规定的规章。

ཚད་ལྡན་བཅའ་ཁྲིམས་དབར་གྱི་ནུས་པའི་ཞིབ་ཕྲའི་དབྱེ་བ་ནི། དང་པོ། རྩ་ཁྲིམས་ལ་ཆེས་མཐོའི་བཅའ་ཁྲིམས་ཀྱི་ནུས་པ་ཡོད། བཅའ་ཁྲིམས་དང་སྲིད་འཛིན་ཁྲིམས་སྲོལ། ས་གནས་རང་བཞིན་གྱི་ཁྲིམས་སྲོལ། རང་སྐྱོང་སྲོལ་ཡིག ཟུར་འགོད་སྲོལ་ཡིག སྒྲིག་སྲོལ་བཅས་མཐའ་དག

ནི་རྩ་ཁྲིམས་དང་ཕན་ཚུན་འགལ་མི་རུང་། གཉིས་པ། བཅའ་ཁྲིམས་ཀྱི་ནུས་པ་ནི་སྲིད་འཛིན་ཁྲིམས་སྲོལ་དང་ས་གནས་རང་བཞིན་གྱི་ཁྲིམས་སྲོལ། སྒྲིག་སྲོལ་བཅས་ལས་ཆེ་བ་ཡོད། གསུམ་པ། སྲིད་འཛིན་ཁྲིམས་སྲོལ་གྱི་ནུས་པ་ནི་ས་གནས་རང་བཞིན་གྱི་ཁྲིམས་སྲོལ་དང་སྒྲིག་སྲོལ་ལས་ཆེ་བ་ཡོད། བཞི་པ། ས་གནས་རང་བཞིན་གྱི་ཁྲིམས་སྲོལ་ནི་རིམ་པ་འདི་ག་དང་འོག་རིམ་གྱི་ས་གནས་རང་བཞིན་གྱི་སྒྲིག་སྲོལ་ལས་ཆེ་བ་ཡོད། ལྔ་པ། ཞིང་ཆེན་དང་རང་སྐྱོང་ལྗོངས་མི་དམངས་སྲིད་གཞུང་གིས་གཏན་འབེབས་བྱས་པའི་སྒྲིག་སྲོལ་གྱི་ནུས་པ་ནི་སྲིད་འཛིན་ས་ཁོངས་དེ་གའི་ནང་གི་རྒྱས་བཙུགས་པའི་གྲོང་ཁྱེར། རང་སྐྱོང་ཁུལ་མི་དམངས་སྲིད་གཞུང་གིས་གཏན་འབེབས་བྱས་པའི་སྒྲིག་སྲོལ་ལས་ཆེ་བ་ཡོད།

5. 如何处理地方性法规与规章之间的冲突？

༥.ས་གནས་རང་བཞིན་གྱི་ཁྲིམས་སྲོལ་དང་སྒྲིག་སྲོལ་དབར་གྱི་འགལ་ཟླ་ཐག་གཅོད་གང་འདྲ་བྱེད་དགོས་སམ།

在地方性法规、规章之间不一致时，应该作出以下裁决：第一，同一机关制定的新的一般规定与旧的特别规定不一致时，由制定机关裁决；第二，地方性法规与部门规章之间对同一事项的规定不一致且无法确定如何适用时，由国务院提出意见，国务院认为应当适用地方性法规的，应当决定在该地方适用地方性法规的规定，认为应当适用部门规章的，应当提请全国人民代表大会常务委员会裁决；第三，部门规章之间、部门规章与地方政府规章之间对同一事项的规定不一致时，由国务院裁决。

དེའང་ས་གནས་རང་བཞིན་གྱི་ཁྲིམས་སྲོལ་དང་སྒྲིག་སྲོལ་དབར་གཅིག་མཐུན་མིན་ཚེ། གཤམ་གསལ་ལྟར་ཁྲུན་ཐག་གཅོད་དགོས་པ་སྟེ། དང་པོ། ལས་ཁུངས་གཅིག་གིས་གཏན་འབེབས་བྱས་པའི་སྤྱིར་བཏང་གི་གཏན་འབེབས་གསར་པ་དང་དམིགས་བསལ་གྱི་གཏན་འབེབས་རྙིང་པ་གཉིས་གཅིག་མཐུན་མིན་ཚེ། གཏན་འབེབས་བྱེད་མཁན་ལས་ཁུངས་ནས་ཁྲུན་ཐག་གཅོད་དགོས། གཉིས་པ། ས་གནས་རང་བཞིན་གྱི་ཁྲིམས་སྲོལ་དང་སྡེ་ཁག་གི་སྒྲིག་སྲོལ་

དབར་དོན་དག་གཅིག་གི་ཐད་གཏན་འབེབས་བྱེད་སྟངས་གཅིག་མཐུན་མིན་པས་སྤྱོད་གོ་ཆོད་ཐབས་མེད་ཚེ། རྒྱལ་སྲིད་སྲི་ཁྲུབ་ཁང་ནས་བསམ་འཆར་བཏོན་ཏེ། རྒྱལ་སྲིད་སྲི་ཁྲུབ་ཁང་ནས་ས་གནས་རང་བཞིན་གྱི་ཁྲིམས་སྲོལ་སྤྱོད་རྒྱུའི་ངོས་འཛིན་བྱས་ན། ས་གནས་དེ་གར་ས་གནས་རང་བཞིན་གྱི་ཁྲིམས་སྲོལ་སྤྱོད་རྒྱུར་ཐག་གཅོད་དགོས། སྡེ་ཁག་གི་སྒྲིག་སྲོལ་སྤྱོད་རྒྱུའི་ངོས་འཛིན་བྱས་ན། རྒྱལ་ཡོངས་མི་དམངས་འཐུས་ཚོགས་རྒྱུན་ལས་ཨུ་ལྷན་ལ་ཞུན་ཐག་གཅོད་རྒྱུར་འབུལ་དགོས། གསུམ་པ། སྡེ་ཁག་གི་སྒྲིག་སྲོལ་དབར་དང་སྡེ་ཁག་གི་སྒྲིག་སྲོལ་དང་ས་གནས་རང་བཞིན་གྱི་སྒྲིག་སྲོལ་དབར་དོན་དག་གཅིག་གི་ཐད་གཏན་འབེབས་བྱེད་སྟངས་མ་མཐུན་ཚེ། རྒྱལ་སྲིད་སྲི་ཁྲུབ་ཁང་ནས་ཞུན་ཐག་གཅོད་དགོས།

6. 可以设定行政许可的事项有哪些？

༦.སྲིད་འཛིན་འཐུས་མཆན་འགོད་ཆོག་པའི་ལས་དོན་གང་དག་ཡོད་དམ།

下列事项可以设定行政许可：

དེ་འདང་གཤམ་གསལ་གྱི་ལས་དོན་ཁག་ལ་འཐུས་མཆན་འགོད་ཆོག་པ་སྟེ།

（1）直接涉及国家安全、公共安全、经济宏观调控、生态环境保护以及直接关系人身健康、生命财产安全等特定活动，需要按照法定条件予以批准的事项；

（༡）རྒྱལ་ཁབ་ཀྱི་བདེ་འཇགས་དང་སྤྱི་པའི་བདེ་འཇགས། དཔལ་འབྱོར་གྱི་སྤྱི་ཡོངས་སྙོམས་སྒྲིག སྐྱེ་ཁམས་ཁོར་ཡུག་སྲུང་སྐྱོང་། དེ་བཞིན་མི་ལུས་བདེ་ཐང་དང་ཚེ་སྲོག་རྒྱུ་ནོར་གྱི་བདེ་འཇགས་སོགས་དང་ཐད་ཀར་འབྲེལ་བ་ཡོད་པའི་དམིགས་བསལ་གྱི་བྱེད་སྒོ་ནི་ཁྲིམས་བཀོད་ཆ་རྐྱེན་ལ་གཞིགས་ཏེ་ཆོག་མཆན་ཐོབ་དགོས་པའི་ལས་དོན་ཡིན་པ།

（2）有限自然资源开发利用、公共资源配置以及直接关系公共利益的特定行业的市场准入等，需要赋予特定权利的事项；

（༢）རང་བྱུང་གི་ཐོན་ཁུངས་ཚད་ཡོད་དང་གསར་སྤེལ་བེད་སྤྱོད་དང་སྤྱི་པའི་ཐོན་ཁུངས་བཀོད་སྒྲིག དེ་བཞིན་སྤྱི་པའི་ཁེ་ཕན་དང་ཐད་ཀར་འབྲེལ་བ་ཡོད་པའི་དམིགས་བསལ་ལས་རིགས་ཀྱི་ཁྲོམ་རའི་ཞུགས་འཛུལ་སོགས་ནི། དམིགས་བསལ་དབང་ཆ་སྤྲོད་དགོས་པའི་ལས་དོན་ཡིན་པ།

（3）提供公众服务并且直接关系公共利益的职业、行业，需要确定具备特殊信誉、特殊条件或者特殊技能等资格、资质的事项；

（༣）སྤྱི་པའི་ཞབས་ཞུ་མགོ་འདོན་བྱ་དགོས་པ་དང་སྦྲགས། སྤྱི་པའི་ཁེ་ཕན་དང་ཐད་ཀར་འབྲེལ་བ་ཡོད་པའི་ལས་གནས་དང་ལས་རིགས་ནི། དམིགས་བསལ་གྱི་ཡིད་རྟོན་ཅུང་བ་དང་དམིགས་བསལ་གྱི་ཆ་རྐྱེན་ལྡན་པའམ་ཡང་ན་དམིགས་བསལ་གྱི་འཛོན་ནུས་ལྡན་པ་སོགས་ཀྱི་ཐོབ་ཐང་ལྡན་མིན་གཏན་འཁེལ་བྱ་དགོས་པའི་ལས་དོན་ཡིན་པ།

（4）直接关系公共安全、人身健康、生命财产安全的重要设备、设施、产品、物品，需要按照技术标准、技术规范，通过检验、检测、检疫等方式进行审定的事项；

（༤）སྤྱི་པའི་བདེ་འཇགས་དང་མི་ལུས་བདེ་ཐང་། ཚེ་སྲོག་རྒྱུ་ནོར་གྱི་བདེ་འཇགས་བཅས་དང་ཐད་ཀར་འབྲེལ་བ་ཡོད་པའི་གལ་ཆེའི་སྒྲིག་བཀོད་དང་སྒྲིག་ཆས། ཐོན་རྫས། དངོས་པོ་བཅས་ནི་ལག་རྩལ་གྱི་ཚད་གཞིར་གཞིགས་ནས་ཞིབ་དཔྱད་དང་ཚད་བཤེར། རིམས་ནད་བརྟག་དཔྱད་བྱ་ཐབས་སོགས་ལ་བརྟེན་ནས་ཞིབ་བཤེར་གཏན་འཁེལ་བྱ་དགོས་པའི་ལས་དོན་ཡིན་པ།

（5）企业或者其他组织的设立等，需要确定主体资格的事项；

（༥）ཁེ་ལས་སམ་ཡང་ན་རྩ་འཛུགས་གཞན་དག་འཛུགས་པ་སོགས་ནི། བྱེད་པོའི་ཐོབ་ཐང་གཏན་འཁེལ་བྱ་དགོས་པའི་ལས་དོན་ཡིན་པ།

（6）法律、行政法规规定可以设定行政许可的其他事项。

（༦）བཅའ་ཁྲིམས་དང་སྲིད་འཛིན་ཁྲིམས་སྲོལ་གྱི་གཏན་འབེབས་ནང་སྲིད་འཛིན་འཐུས་མཆན་སྤྲད་ཆོག་པའི་ལས་དོན་གཞན་དག་བཅས་སོ།།

7. 行政许可的实施机关有哪些？

༧.སྲིད་འཛིན་འཐུས་མཆན་སྤྲད་ཆོག་པའི་ལས་ཁུངས་གང་དག་ཡོད་དམ།

行政许可的实施机关，具体包括：第一，行政机关。行政许可通常是由具有行政许可权的行政机关在其法定职权范围内实施。此外，经国务院批准，省、自治区、直辖市人民政府根据精简、统一、效能的原则，可以决定一个行政机关行使有关行政机关的行政许可权，即“相对集中行使行政许可权”；第二，具有管理公共事务职能的组织。法律、法规授权的具有管理公共事务职能的组织，在法定授权范围内，可以自己的名义实施行政许可，即“授权许可”；第三，其他行政机关。行政机关在其法定职权范围内，依照法律、法规、规章的规定，可以委托其他行政机关实施行政许可，即“委托许可”。

སྲིད་འཛིན་འཕྲུས་མཆན་སྤྲད་ཆོག་པའི་ལས་ཁུངས་ཀྱི་གྲས་སུ། དང་པོ། སྲིད་འཛིན་ལས་ཁུངས་ཏེ། སྤྱིར་སྲིད་འཛིན་འཕྲུས་མཆན་ནི་སྲིད་འཛིན་འཕྲུས་མཆན་སྤྲོད་དབང་ཡོད་པའི་སྲིད་འཛིན་ལས་ཁུངས་ཀྱིས་དེ་གའི་ཁྲིམས་བཀོད་འགན་དབང་ཁྱབ་ཁོངས་ནང་སྤྲོད་པ་ཡིན། གཞན་ཡང་རྒྱལ་སྲིད་སྤྱི་ཁྱབ་ཁང་གི་ཆོག་མཆན་བརྒྱུད། ཞིང་ཆེན་དང་རང་སྐྱོང་ལྗོངས། ཐད་སྐྱོང་གྲོང་ཁྱེར་མི་དམངས་སྲིད་གཞུང་བཅས་ཀྱིས་ཁུ་བསྡུ་དང་གཅིག་གྱུར། ནུས་འབྲས་བཅས་ཀྱི་རྩ་དོན་ལ་གཞིགས་ནས་སྲིད་འཛིན་ལས་ཁུངས་ཤིག་གིས་འབྲེལ་ཡོད་སྲིད་འཛིན་ལས་ཁུངས་ཀྱི་སྲིད་འཛིན་འཕྲུས་མཆན་སྤྲོད་དབང་ཡོད་པ་ཐག་བཅད་ཆོག་པ་དེའང་“ལྟོས་བཅས་ཀྱིས་གཅིག་བསྡུས་ཐོག་སྲིད་འཛིན་འཕྲུས་མཆན་སྤྲོད་དབང་”ཡོད་པ་དེ་ཡིན། གཉིས་པ། སྤྱི་པའི་ལས་དོན་དོ་དམ་གྱི་འགན་ནུས་ལྡན་པའི་རྩ་འཛུགས་ཏེ། བཅའ་ཁྲིམས་དང་ཁྲིམས་སྲོལ་ཐོག་ནས་དབང་ཆ་སྤྲད་པའི་སྤྱི་པའི་ལས་དོན་དོ་དམ་གྱི་འགན་ནུས་ལྡན་པའི་རྩ་འཛུགས་ཀྱིས་ཁྲིམས་བཀོད་དབང་ཆའི་ཁྱབ་ཁོངས་ནང་རང་ཉིད་ཀྱི་མིང་ཐོག་ནས་སྲིད་འཛིན་འཕྲུས་མཆན་སྤྲད་ཆོག་པ་དེའང་“དབང་ཆ་ཐོབ་པའི་འཕྲུས་མཆན་”ཡིན། གསུམ་པ། སྲིད་འཛིན་ལས་ཁུངས་གཞན་དག་སྟེ། སྲིད་འཛིན་ལས་ཁུངས་ཀྱིས་དེའི་ཁྲིམས་བཀོད་འགན་དབང་གི་ཁྱབ་ཁོངས་ནང་། བཅའ་ཁྲིམས་དང་ཁྲིམས་སྲོལ། སྒྲིག་སྲོལ་བཅས་ཀྱི་གཏན་འབེབས་ལྟར་སྲིད་འཛིན་ལས་ཁུངས་གཞན་དག་ལ་སྲིད་འཛིན་འཕྲུས་མཆན་སྤྲོད་རྒྱུ་མངགས་བཅོལ་བྱེད་ཆོག་པ་དེའང་“མངགས་བཅོལ་འཕྲུས་མཆན་”ཡིན།

8. 行政机关应该如何处理申请人提出的行政许可申请？

༨.སྲིད་འཛིན་ལས་ཁུངས་ཀྱིས་རེ་ཞུ་བྱེད་མཁན་གྱིས་ཕུལ་བའི་སྲིད་འཛིན་འཐུས་མཆན་རེ་ཞུ་ཐག་ཆོད་གང་འདྲ་བྱེད་དགོས་སམ།

行政机关对申请人提出的行政许可申请，应当根据下列情况分别作出处理：

དེའང་སྲིད་འཛིན་ལས་ཁུངས་ཀྱིས་རེ་ཞུ་བྱེད་མཁན་གྱིས་ཕུལ་བའི་སྲིད་འཛིན་འཐུས་མཆན་རེ་ཞུ་དག་གཤམ་གསལ་གྱི་གནས་ཚུལ་ལ་གཞིགས་ཏེ་ཁག་སོ་སོར་ཐག་གཅོད་བྱ་དགོས་པ་སྟེ།

（1）申请事项依法不需要取得行政许可的，应当即时告知申请人不受理；

（༡）རེ་ཞུའི་ལས་དོན་དེར་ཁྲིམས་ལྟར་སྲིད་འཛིན་འཐུས་མཆན་ཐོབ་དགོས་དོན་མེད་པ་ཡིན་ཚེ། རེ་ཞུ་བྱེད་མཁན་ལ་བདག་སྐྱོང་མི་བྱེད་པ་དུས་ཐོག་ལ་གསལ་བཤད་བྱ་དགོས་པ།

（2）申请事项依法不属于本行政机关职权范围的，应当即时作出不予受理的决定，并告知申请人向有关行政机关申请；

（༢）རེ་ཞུའི་ལས་དོན་དེ་ཁྲིམས་ལྟར་སྲིད་འཛིན་ལས་ཁུངས་དེའི་འགན་དབང་གི་ཁྱབ་ཁོངས་ནང་ཚུད་མེད་ན། དུས་ཐོག་ལ་བདག་སྐྱོང་མི་བྱ་བའི་ཐག་གཅོད་པ་དང་སྦྲགས། རེ་ཞུ་བྱེད་མཁན་ལ་འབྲེལ་ཡོད་ལས་ཁུངས་ལ་རེ་ཞུ་བྱེད་དགོས་པ་གསལ་བཤད་བྱ་དགོས་པ།

（3）申请材料存在可以当场更正的错误的，应当允许申请人当场更正；

（༣）རེ་ཞུའི་ཡིག་ཆར་རང་སར་དག་བཅོས་བྱེད་དགོས་པའི་ནོར་འཁྲུལ་ཡོད་ཚེ། རེ་ཞུ་བྱེད་མཁན་ལ་རང་སར་དག་བཅོས་བྱེད་དུ་འཇུག་པ།

（4）申请材料不齐全或者不符合法定形式的，应当当场或者在五日内一次告知申请人需要补正的全部内容，逾期不告知的，自收到申请材料之日起即为受理；

（༤）རེ་ཞུའི་ཡིག་ཆ་ཆ་མི་ཚང་བའམ་ཡང་ན་ཁྲིམས་བཀོད་རྣམ་པ་དང་མི་མཐུན་པ་ཡིན་ཚེ། སྐབས་དེ་རང་ངམ་ཡང་ན་ཉིན་ལྔའི་ནང་ཚུན་དུ་རེ་ཞུ་བྱེད་མཁན་ལ་གསབ་བཅོས

བྱ་རྒྱུའི་ནང་དོན་ཚང་མ་ཐེངས་གཅིག་ལ་གསལ་བཤད་བྱེད་དགོས་པ་དང་། དུས་བཀག་ནང་གསལ་བཤད་མ་བྱས་ཚེ་རེ་ཞུའི་ཡིག་ཆ་འབྱོར་བའི་ཉིན་དེ་རང་ནས་བཟུང་བདག་སྐྱོང་བྱས་པར་བརྩི་བ།

（5）申请事项属于本行政机关职权范围，申请材料齐全、符合法定形式，或者申请人按照本行政机关的要求提交全部补正申请材料的，应当受理行政许可申请。

（༥）རེ་ཞུའི་ལས་དོན་དེ་སྲིད་འཛིན་ལས་ཁུངས་དེ་གའི་འགན་དབང་གི་ཁྱབ་ཁོངས་སུ་གཏོགས་པ་དང་རེ་ཞུའི་ཡིག་ཆ་ཆ་ཚང་བ། ཁྲིམས་བཀོད་རྣམ་པ་དང་མཐུན་པ་བཅས་དང་། ཡང་ན་རེ་ཞུ་བྱེད་མཁན་གྱིས་སྲིད་འཛིན་ལས་ཁུངས་དེ་གའི་བླང་བྱར་གཞིགས་ཏེ་གསབ་བཅོས་བྱས་པའི་རེ་ཞུའི་ཡིག་ཆ་ཆ་ཚང་ཕུལ་ཡོད་ཚེ། སྲིད་འཛིན་འཐུས་མཆན་གྱི་རེ་ཞུ་བདག་སྐྱོང་བྱ་དགོས་པ་བཅས་སོ།།

行政机关受理或者不予受理行政许可申请，应当出具加盖本行政机关专用印章和注明日期的书面凭证。

སྲིད་འཛིན་ལས་ཁུངས་ཀྱིས་སྲིད་འཛིན་འཐུས་མཆན་རེ་ཞུ་བདག་སྐྱོང་བྱས་པའམ་བདག་སྐྱོང་མ་བྱས་པ་གང་ཡིན་རུང་། སྲིད་འཛིན་ལས་ཁུངས་དེ་གའི་ཆེད་སྤྱོད་ཐམ་ཀ་དང་ཟླ་ཚེས་གསལ་པོར་བཀོད་པའི་ཡིག་ཐོག་གི་འཛིན་ཤོག་ངེས་པར་དུ་སྤྲོད་དགོས།

9. 行政处罚的种类有哪些？

༩.སྲིད་འཛིན་ཆད་གཅོད་ཀྱི་རིགས་ལ་གང་དག་ཡོད་དམ།

（1）警告、通报批评；

（༡）ཐ་ཚིག་སྒྲོག་པ་དང་སྐྱོན་བརྗོད་ཀྱི་བརྡ་བསྒྲགས་གཏོང་བ།

（2）罚款、没收违法所得、没收非法财物；

（༢）དངུལ་ཆད་གཅོད་པ། ཁྲིམས་འགལ་གྱི་ཐོབ་ཆ་དང་ཁྲིམས་འགལ་གྱི་རྒྱུ་ནོར་གཞུང་བཞེས་གཏོང་བ།

（3）暂扣许可证件、降低资质等级、吊销许可证件；

（༣）འཐུས་མཚན་ལག་ཁྱེར་གནས་སྐབས་བཀག་ཉར་དང་ཐོབ་ཐང་གི་རིམ་པ་དམའ་རུ་གཏོང་བ། འཐུས་མཚན་ལག་ཁྱེར་མེད་པར་བཟོ་བ།

（4）限制开展生产经营活动、责令停产停业、责令关闭、限制从业；

（༤）ཐོན་སྐྱེད་ཚོང་གཉེར་གྱི་བྱེད་སྒོ་སྤེལ་དུ་མི་འཇུག་པ་དང་། ཐོན་སྐྱེད་བྱེད་མཚམས་དང་ལས་སྒོ་གཉེར་མཚམས་འཇོག་རྒྱུའི་བཀའ་བཀོད་གཏོང་བ། སྒོ་བརྒྱབ་ནས་མུ་མཐུད་ལས་གཉེར་བྱེད་མི་ཆོག་པའི་བཀའ་རྒྱ་གཏོང་བ།

（5）行政拘留；

（༥）སྲིད་འཛིན་བཀག་ཉར་བྱེད་པ།

（6）法律、行政法规规定的其他行政处罚。

（༦）ད་དུང་བཅའ་ཁྲིམས་དང་སྲིད་འཛིན་ཁྲིམས་སྲོལ་ནང་གཏན་འབེབས་བྱས་པའི་སྲིད་འཛིན་ཆད་པ་གཞན་དག་བཅས་ཡོད།

10. 哪些情形可以减轻行政处罚？

༡༠.གནས་ཚུལ་གང་དག་གི་འོག་སྲིད་འཛིན་ཉེས་ཆད་ཆག་ཡང་བཏང་ཆོག་གམ།

当事人有下列情形之一，应当从轻或者减轻行政处罚：

དོ་བདག་ལ་གཤམ་གསལ་གྱི་གནས་ཚུལ་རིགས་ཡོད་ཚེ། སྲིད་འཛིན་ཉེས་ཆད་ཡང་དུ་གཏོང་བའམ་ཡང་ན་ཉུང་དུ་བཏང་ཆོག་པ་སྟེ།

（1）主动消除或者减轻违法行为危害后果的；

（༡）ཁྲིམས་འགལ་བྱ་སྤྱོད་ཀྱི་རྗེས་འབྲས་རང་འགུལ་ངང་མེད་པར་བཟོས་པའམ་ཡང་ན་ཆུང་དུ་བཏང་བ།

（2）受他人胁迫或者诱骗实施违法行为的；

（༢）མི་གཞན་གྱིས་འཛིགས་སྐུལ་དང་ཡང་ན་བསླུ་བྲིད་བྱས་ཏེ་ལག་བསྟར་བྱས་པའི་ཁྲིམས་འགལ་བྱ་སྤྱོད།

（3）主动供述行政机关尚未掌握的违法行为的；

（༣）སྲིད་འཛིན་ལས་ཁུངས་ཀྱིས་ཤེས་རྟོགས་མ་བྱུང་བའི་ཁྲིམས་འགལ་བྱ་སྤྱོད་རང་འགུལ་དང་ངོས་ལེན་ཞུས་པ།

（4）配合行政机关查处违法行为有立功表现的；

（༤）སྲིད་འཛིན་ལས་ཁུངས་ཀྱི་ཁྲིམས་འགལ་བྱ་སྤྱོད་ཞིབ་བཤེར་ཐག་གཅོད་བྱེད་སྐབས་གཞོགས་འདེགས་བྱས་ནས་བྱས་རྗེས་བཞག་པ།

（5）法律、法规、规章规定其他应当从轻或者减轻行政处罚的。

（༥）བཅའ་ཁྲིམས་དང་ཁྲིམས་སྲོལ། སྒྲིག་སྲོལ་བཅས་ཀྱི་ནང་སྲིད་འཛིན་ཉེས་ཆད་ཡང་དུ་གཏོང་རྒྱུ་དང་ཉུང་དུ་གཏོང་རྒྱུའི་གཏན་འབེབས་གཞན་དག་ཡོད་པ་བཅས་སོ།།

11. 行政处罚的管辖原则有哪些？

༡༡.སྲིད་འཛིན་ཆད་གཅོད་ཀྱི་བདག་སྐྱོང་གི་རྩ་དོན་གང་དག་ཡོད་དམ།

行政处罚的管辖原则，具体包括：第一，级别管辖。行政处罚通常是由县级以上地方人民政府具有行政处罚权的行政机关管辖，乡、镇级基层人民政府对行政违法行为不享有管辖权；第二，地域管辖。行政处罚一般是由违法行为发生地的行政机关管辖，但法律、行政法规另有规定，从其规定；第三，指定管辖。当两个或者两个以上的行政机关对管辖发生争议时，应报请共同的上一级行政机关指定管辖；第四，移送管辖。如果违法行为构成犯罪，行政机关应将案件转移送司法机关，追究行政违法人的刑事责任。

དེའང་སྲིད་འཛིན་ཆད་གཅོད་ཀྱི་བདག་སྐྱོང་རྩ་དོན་ལ་ཞིབ་ཕྲ་འདི་དག་འདུས་ཡོད་དེ། དང་པོ། རིམ་པ་མི་འདྲ་བའི་བདག་སྐྱོང་། སྤྱིར་སྲིད་འཛིན་ཆད་གཅོད་ནི་རྫོང་རིམ་པ་ཡན་གྱི་ས་གནས་མི་དམངས་སྲིད་གཞུང་གི་སྲིད་འཛིན་ཆད་གཅོད་ཀྱི་དབང་ཆ་ཡོད་པའི་སྲིད་འཛིན་ལས་ཁུངས་ཀྱིས་བདག་སྐྱོང་བྱེད་པ། ཤང་དང་གྲོང་རྡལ་གྱི་གཞི་རིམ་མི་དམངས་སྲིད་གཞུང་ལ་སྲིད་འཛིན་ཁྲིམས་འགལ་གྱི་བྱ་སྤྱོད་ཐག་གཅོད་བྱེད་དབང་མེད། གཉིས་པ། ས་ཁོངས་ཀྱི་བདག་སྐྱོང་། སྤྱིར་སྲིད་འཛིན་ཆད་གཅོད་ནི་ཁྲིམས་འགལ་གྱི་བྱ་སྤྱོད་ཐོན་སའི་སྲིད་འཛིན་ལས་ཁུངས་ཀྱིས་བདག་སྐྱོང་བྱེད་པ་ཡིན། འོན་ཀྱང་བཅའ་ཁྲིམས་དང་སྲིད་འཛིན་ཁྲིམས་སྲོལ་ནང་གཏན་འབེབས་གཞན་དག་ཡོད་ཚེ་གཏན་འབེབས་དེར་གཞིགས་དགོས། གསུམ་པ། དམིགས་འཛུགས་ཀྱི་བདག་སྐྱོང་། སྲིད་འཛིན་ལས་ཁུངས་གཉིས་སམ་གཉིས་ཡན་དབར་བདག་སྐྱོང་ཐད་རྩོད་གཞི་ཐོན་ཚེ། ཐུན་མོང་གི་གོང་རིམ་སྲིད་འཛིན་ལས་ཁུངས་ལ་བདག་སྐྱོང་ཐག་གཅོད་གནང་རོགས་ཞུ་དགོས། བཞི་པ། བདག་སྐྱོང་སྤོ་སྐྱེལ། གལ་སྲིད་ཁྲིམས་འགལ་བྱ་སྤྱོད་ཀྱིས་ཉེས་པ་བསགས་ཡོད་ཚེ། སྲིད་འཛིན་ལས་ཁུངས་ནས་གྱོད་དོན་དེ་ཁྲིམས་འཛིན་ལས་ཁུངས་ལ་རྩིས་སྤྲད་དེ་སྲིད་འཛིན་གྱི་ཁྲིམས་འགལ་མི་སྣའི་ཉེས་དོན་འགན་འཁྲི་རྩད་གཅོད་བྱ་དགོས།

12. 什么是行政强制措施?

༡༢.གང་འདྲ་ཞིག་ལ་སྲིད་འཛིན་བཙན་ཤེད་བྱ་ཐབས་ཟེར་རམ།

行政强制措施，是指行政机关在行政管理过程中，为制止违法行为、防止证据损毁、避免危害发生、控制危险扩大等情形，依法对公民的人身自由实施暂时性限制，或者对公民、法人或者其他组织的财物实施暂时性控制的行为。

སྲིད་འཛིན་བཙན་ཤེད་ཀྱི་བྱ་ཐབས་ཟེར་བ་ནི། སྲིད་འཛིན་ལས་ཁུངས་ཀྱིས་སྲིད་འཛིན་དོ་དམ་བྱེད་པའི་བརྒྱུད་རིམ་ནང་། ཁྲིམས་འགལ་བྱ་སྤྱོད་བཀག་འགོག་དང་དཔང་རྟགས་གཏོར་བརླག་མི་ཡོང་བ། གནོད་འཚེ་མི་ཐོན་པ། ཉེན་ཁ་ཁྱབ་ཆེར་འགྲོ་བ་ཚོད་འཛིན་སོགས་བྱེད་ཆེད། ཁྲིམས་ལྟར་སྤྱི་དམངས་ཀྱི་མི་ལུས་རང་དབང་ཐད་གནས་སྐབས་རང་བཞིན་གྱི་ཚོད་འཛིན་བྱེད་པའམ་ཡང་ན་སྤྱི་དམངས་དང་ཁྲིམས་མི། རྩ་འཛུགས་གཞན་དག་བཅས་ཀྱི་རྒྱུ་དངོས་ཐད་གནས་སྐབས་རང་བཞིན་གྱི་ཚོད་འཛིན་བྱེད་པའི་བྱ་སྤྱོད་ལ་ཟེར།

13. 什么是行政强制执行?

༡༣.གང་འདྲ་ཞིག་ལ་སྲིད་འཛིན་བཙན་ཤེད་ལག་བསྟར་ཟེར་རམ།

行政强制执行，是指行政机关或者行政机关申请人民法院，对不履行行政决定的公民、法人或者其他组织，依法强制履行义务的行为。

སྲིད་འཛིན་བཙན་ཤེད་ལག་བསྟར་ཞེས་པ་ནི། སྲིད་འཛིན་ལས་ཁུངས་སམ་ཡང་ན་སྲིད་འཛིན་ལས་ཁུངས་ཀྱིས་མི་དམངས་ཁྲིམས་ཁང་ལ་རེ་ཞུ་བྱས་ནས་སྲིད་འཛིན་གྱི་གཏན་འབེབས་ལག་བསྟར་མི་བྱེད་པའི་སྤྱི་དམངས་དང་ཁྲིམས་མི། ཡང་ན་རྩ་འཛུགས་གཞན་དག་བཅས་ལ་ཁྲིམས་ལྟར་བཙན་ཐབས་ཀྱིས་འོས་འགན་ལག་བསྟར་བྱེད་དུ་འཇུག་དགོས་པར་ཟེར།

14. 行政强制措施的种类有哪些？

༡༤.སྲིད་འཛིན་བཙན་ཤེད་བྱ་ཐབས་རིགས་གང་དག་ཡོད་དམ།

行政强制措施的种类，具体包括：

སྲིད་འཛིན་བཙན་ཤེད་བྱ་ཐབས་ལ་གཤམ་གསལ་གྱི་རིགས་ཁ་ཤས་ཡོད་དེ།

（1）限制公民人身自由；

（༡）སྤྱི་དམངས་ཀྱི་མི་ལུས་རང་དབང་ལ་ཚོད་འཛིན་བྱེད་པ།

（2）查封场所、设施或者财物；

（༢）ཚོགས་ར་དང་སྒྲིག་ཆས། རྒྱུ་ནོར་བཅས་ལ་སྒོ་ཐེལ་རྒྱག་པ།

（3）扣押财物；

（༣）རྒྱུ་ནོར་བཀག་ཉར་བྱེད་པ།

（4）冻结存款、汇款；

（༤）བཙོལ་དངུལ་དང་གཏོང་དངུལ་བཀག་འཛོག་བྱེད་པ།

（5）其他行政强制措施。

（༥）སྲིད་འཛིན་བཙན་ཤེད་བྱ་ཐབས་གཞན་དག་བཅས་སོ།།

15. 行政强制执行的方式有哪些？

༡༥.སྲིད་འཛིན་བཙན་ཤེད་ཀྱི་ལག་བསྟར་བྱེད་སྟངས་གང་དག་ཡོད་དམ།

（1）加处罚款或者滞纳金；

（༡）དངུལ་ཆད་དང་ཡང་ན་དུས་འགྱངས་ཆད་དངུལ་མང་དུ་གཏོང་བ།

（2）划拨存款、汇款；

（༢）བཙོལ་དངུལ་དང་གཏོང་དངུལ་གཏོང་སྤྲོད་བྱེད་པ།

（3）拍卖或者依法处理查封、扣押的场所、设施或者财物；

（༣）སྒོ་ཐེལ་བརྒྱབ་པ་དང་བཙན་ཉར་བྱས་པའི་ཚོགས་ར་དང་། སྒྲིག་ཆས། རྒྱུ་ནོར་བཅས་ཉབ་ཚོང་བྱེད་པའམ་ཡང་ན་ཁྲིམས་ལྟར་ཐག་གཅོད་བྱེད་པ།

（4）排除妨碍、恢复原状；

（༤）འགོག་རྐྱེན་མེད་པ་བཟོས་ནས་སྔར་གྱི་རྣམ་པ་སླར་གསོ་བྱེད་པ།

（5）代履行；

（༥）ཚབ་བྱས་ནས་ལག་བསྟར་བྱེད་པ།

（6）其他强制执行方式。

（༦）བཙན་ཤེད་ཀྱི་ལག་བསྟར་བྱེད་སྟངས་གཞན་དག་བཅས་སོ།།

16. 行政机关什么情况下可向人民法院申请强制执行？

༡༦.སྲིད་འཛིན་ལས་ཁུངས་ཀྱིས་གནས་ཚུལ་གང་འདྲ་ཞིག་གི་འོག་མི་དམངས་ཁྲིམས་ཁང་ལ་བཙན་ཤེད་ཀྱིས་ལག་བསྟར་བྱ་རྒྱུའི་རེ་ཞུ་བྱེད་ཆོག་གམ།

当事人在法定期限内不申请行政复议或者提起行政诉讼，又不履行行政决定的，没有行政强制执行权的行政机关可以自期限届满之日起三个月内，依照规定申请人民法院强制执行。行政机关申请人民法院强制执行前，应当催告当事人履行义务。催告书送达十日后当事人仍未履行义务的，行政机关可以向所在地有管辖权的人民法院申请强制执行；执行对象是不动产的，向不动产所在地有管辖权的人民法院申请强制执行。

དེའང་དོ་བདག་གིས་ཁྲིམས་བཀོད་དུས་བཀག་ནང་སྲིད་འཛིན་གྱི་བསྐྱར་གྲོས་བྱ་རྒྱུའི་རེ་ཞུ་མ་བྱས་པ་དང་། ཡང་ན་སྲིད་འཛིན་གྱི་རྒྱུ་མཚན་ཞུ་འབུལ་མ་བྱས་པའི་ཁར། སྲིད་འཛིན་གཏན་འབེབས་ལག་བསྟར་མ་བྱས་ཚེ། སྲིད་འཛིན་བཙན་ཤེད་ཀྱིས་ལག་བསྟར་བྱ་རྒྱུའི་དབང་ཆ་མེད་པའི་སྲིད་འཛིན་ལས་ཁུངས་ཀྱིས་དུས་བཀག་ཡོལ་བའི་ཉིན་མོ་ནས་བཟུང་ཟླ་བ་གསུམ་ནང་སྒྲིག་སྲོལ་འདི་གའི་གཏན་འབེབས་ལྟར་མི་དམངས་ཁྲིམས་ཁང་ནས་བཙན་ཤེད་ཀྱིས་ལག་བསྟར་བྱ་རྒྱུའི་རེ་ཞུ་བྱས་ཆོག སྲིད་འཛིན་ལས་ཁུངས་ནས་མི་དམངས་ཁྲིམས་ཁང་ལ་བཙན་ཤེད་ཀྱིས་ལག་བསྟར་བྱ་རྒྱུ་རེ་ཞུ་མ་བྱས་གོང་། དོ་བདག་ལ་འོས་འགན་སྒྲུབ་དགོས་པའི་སྐུལ་མ་གཏོང་དགོས། སྐུལ་མ་གཏོང་བའི་ཡི་གེ་བཏང་ནས་ཉིན་བཅུ་སོང་ནའང་དོ་བདག་གིས་སྔར་བཞིན་འོས་འགན་ལག་བསྟར་མ་བྱས་ཚེ། སྲིད་འཛིན་ལས་ཁུངས་ནས་གནས་དེ་གའི་བདག་སྐྱོང་དབང་ཆ་ཡོད་པའི་མི་དམངས་ཁྲིམས་ཁང་ལ་བཙན་ཤེད་ཀྱིས་ལག་བསྟར་བྱ་རྒྱུའི་རེ་ཞུ་བྱས་ཆོག ལག་བསྟར་བྱ་ཡུལ་དེ་བརྟན་ནོར་ཡིན་ཚེ། བརྟན་ནོར་གནས་སའི་བདག་སྐྱོང་དབང་ཆ་ཡོད་པའི་མི་དམངས་ཁྲིམས་ཁང་ལ་བཙན་ཤེད་ཀྱིས་ལག་བསྟར་བྱ་རྒྱུའི་རེ་ཞུ་བྱས་ཆོག

17. 行政诉讼可以向什么机关申请？

༡༧.སྲིད་འཛིན་གྱི་རྒྱ་མཚན་ཞུ་འབུལ་ཞུ་སྐབས་ལས་ཁུངས་གང་ཞིག་ལ་རེ་ཞུ་བྱེད་དགོས་སམ།

公民、法人或者其他组织认为行政机关和行政机关工作人员的行政行为侵犯其合法权益，有权依照本法向人民法院提起诉讼。

དེ་འང་སྤྱི་དམངས་དང་ཁྲིམས་མི། ཡང་ན་རྩ་འཛུགས་གཞན་དག་གིས་སྲིད་འཛིན་ལས་ཁུངས་དང་སྲིད་འཛིན་ལས་ཁུངས་ཀྱི་མི་སྣའི་སྲིད་འཛིན་བྱ་སྤྱོད་ཀྱིས་གང་གི་ཁྲིམས་མཐུན་ཁེ་དབང་ལ་བཙན་གནོད་བྱས་པར་ངོས་འཛིན་བྱས་ཚེ། བཅའ་ཁྲིམས་འདི་གར་གཞིགས་ནས་མི་དམངས་ཁྲིམས་ཁང་ལ་རྒྱ་མཚན་ཞུ་འབུལ་བྱེད་དབང་ཡོད།

18. 行政诉讼受案范围有哪些？

༡༨.སྲིད་འཛིན་གྱི་རྒྱ་མཚན་ཞུ་འབུལ་བྱས་པའི་གྱོད་དོན་བདག་སྐྱོད་ཀྱི་ཁྱབ་ཁོངས་ནང་གང་དག་ཡོད་དམ།

人民法院受理公民、法人或者其他组织提起的下列诉讼：

དེ་འང་མི་དམངས་ཁྲིམས་ཁང་གིས་སྤྱི་དམངས་དང་ཁྲིམས་མི། དེ་བཞིན་རྩ་འཛུགས་གཞན་དག་བཅས་ཀྱིས་ཕུལ་བའི་རྒྱ་མཚན་ཞུ་འབུལ་བདག་སྐྱོད་བྱེད་པའི་རིགས་གཤམ་གསལ་ཏེ།

（1）对行政拘留、暂扣或者吊销许可证和执照、责令停产停业、没收违法所得、没收非法财物、罚款、警告等行政处罚不服的；

（༡）སྲིད་འཛིན་བཀག་འཛུག་དང་འཐུས་མཚན་ལག་ཁྱེར། ཁེ་གཉེར་ལག་ཁྱེར་བཅས་གནས་སྐབས་ཉར་འཛོག་དང་ཡང་ན་མེད་པ་བཟོ་རྒྱུ། ཐོན་སྐྱེད་དང་ལས་མཚམས་འཛོག་རྒྱུ། ཁྲིམས་འགལ་གྱི་ཐོབ་ཆ་གཞུང་བཞེས་དང་ཁྲིམས་འགལ་གྱི་རྒྱུ་ནོར་གཞུང་བཞེས་གཏོང་རྒྱུ། དངུལ་ཆད་གཅོད་རྒྱུ། ཐ་ཚིག་གཏོང་རྒྱུ་སོགས་སྲིད་འཛིན་ཆད་གཅོད་དང་ལེན་མི་བྱེད་པའི་རིགས།

（2）对限制人身自由或者对财产的查封、扣押、冻结等行政强制措施和行政强制执行不服的；

（༢）མི་ལུས་ཀྱི་རང་དབང་ལ་ཚོད་འཛིན་དང་ཡང་ན་རྒྱུ་ནོར་ལ་སྒོ་ཐེལ་རྒྱག་རྒྱ། བཀག་ཉར། བཀག་འཛོག་སོགས་སྲིད་འཛིན་བཙན་ཤེད་བྱ་ཐབས་དང་སྲིད་འཛིན་བཙན་ཤེད་ལག་བསྟར་བྱ་རྒྱུ་དང་ལེན་མི་བྱེད་པའི་རིགས།

（3）申请行政许可，行政机关拒绝或者在法定期限内不予答复，或者对行政机关作出的有关行政许可的其他决定不服的；

（༣）སྲིད་འཛིན་འཐུས་མཆན་གྱི་རེ་ཞུ་བྱས་ཀྱང་སྲིད་འཛིན་ལས་ཁུངས་ནས་ཁས་མ་བླངས་པའམ་ཡང་ན་ཁྲིམས་བཀོད་དུས་བཀག་ནང་ལན་མ་བཏབ་པ་དང་། ཡང་ན་སྲིད་འཛིན་ལས་ཁུངས་ནས་བཏོན་པའི་འབྲེལ་ཡོད་སྲིད་འཛིན་འཐུས་མཆན་གྱི་གཏན་འབེབས་གཞན་དག་དང་ལེན་མི་བྱེད་པའི་རིགས།

（4）对行政机关作出的关于确认土地、矿藏、水流、森林、山岭、草原、荒地、滩涂、海域等自然资源的所有权或者使用权的决定不服的；

（༤）སྲིད་འཛིན་ལས་ཁུངས་ནས་བཏོན་པའི་ས་ཞིང་དང་གཏེར་ཁུལ། ཆུ་རྒྱུག་ཁུལ། ནགས་ཚལ། རི་ཁུལ། རྩྭ་ཐང་། ས་སྟོད། བྱེ་འདམ། མཚོ་ཁོངས་སོགས་རང་བྱུང་ཐོན་ཁུངས་ཀྱི་བདག་དབང་དང་། ཡང་ན་བེད་སྤྱོད་བྱེད་དབང་སྐོར་གྱི་གཏན་འབེབས་དང་ལེན་མི་བྱེད་པའི་རིགས།

（5）对征收、征用决定及其补偿决定不服的；

（༥）བསྡུ་ལེན་དང་བསྡུ་སྤྱོད་བྱ་རྒྱུའི་གཏན་འབེབས་དང་། དེ་བཞིན་ཁ་གསབ་གཏན་འབེབས་དང་ལེན་མི་བྱེད་པའི་རིགས།

（6）申请行政机关履行保护人身权、财产权等合法权益的法定职责，行政机关拒绝履行或者不予答复的；

（༦）སྲིད་འཛིན་ལས་ཁུངས་ལ་མི་ལུས་དབང་ཆ་དང་རྒྱུ་ནོར་དབང་ཆ་སྲུང་སྐྱོང་བྱ་རྒྱུ་སོགས་ཁྲིམས་མཐུན་ཁེ་དབང་གི་ཁྲིམས་བཀོད་འགན་འཁྲི་ལག་བསྟར་བྱ་རྒྱུའི་རེ་ཞུ་བྱས་ཀྱང་། སྲིད་

འཛིན་ལས་ཁུངས་ནས་ལག་བསྟར་བྱ་རྒྱུ་ཁས་མ་བླངས་པའམ་ཡང་ན་ལན་མ་བཏབ་པའི་རིགས།

（7）认为行政机关侵犯其经营自主权或者农村土地承包经营权、农村土地经营权的；

（༧）སྲིད་འཛིན་ལས་ཁུངས་ཀྱིས་ངོ་བདག་གི་ཁེ་གཉེར་དབང་ཆའམ་ཡང་ན་གྲོང་གསེབ་ཀྱི་ས་ཞིང་འགན་གཙང་ཁེ་གཉེར་དབང་ཆ་དང་། གྲོང་གསེབ་ཀྱི་ས་ཞིང་ཁེ་གཉེར་དབང་ཆར་བཙན་གནོད་བྱས་པར་ངོས་འཛིན་བྱེད་པའི་རིགས།

（8）认为行政机关滥用行政权力排除或者限制竞争的；

（༨）སྲིད་འཛིན་ལས་ཁུངས་ཀྱིས་སྲིད་འཛིན་གྱི་དབང་ཆ་གང་བྱུང་སྤྱད་དེ་འགྲན་རྟོད་མེད་པ་བཟོས་པའམ་ཡང་ན་ཚོད་འཛིན་བྱས་པར་ངོས་འཛིན་བྱེད་པའི་རིགས།

（9）认为行政机关违法集资、摊派费用或者违法要求履行其他义务的；

（༩）སྲིད་འཛིན་ལས་ཁུངས་ཀྱིས་ཁྲིམས་འགལ་ངང་མ་རྩ་བསྡུས་པ་དང་འགྲོ་གྲོན་ཆ་གསེས་བྱས་པའམ་ཡང་ན་ཁྲིམས་འགལ་ངང་འོས་འགན་གཞན་དག་སྒྲུབ་དགོས་པའི་བླང་བྱ་བཏོན་པ་སོགས་ལ་ངོས་འཛིན་བྱེད་པའི་རིགས།

（10）认为行政机关没有依法支付抚恤金、最低生活保障待遇或者社会保险待遇的；

（༡༠）སྲིད་འཛིན་ལས་ཁུངས་ཀྱིས་ཁྲིམས་ལྟར་འཚེ་གོད་གུན་གསབ་རོགས་དངུལ་དང་མ་མཐའི་འཚོ་བའི་འགན་སྲུང་ཐོབ་ཐང་ངམ་ཡང་ན་སྤྱི་ཚོགས་འགན་བཅོལ་ཐོབ་ཐང་མ་སྤྲད་པར་ངོས་འཛིན་བྱེད་པའི་རིགས།

（11）认为行政机关不依法履行、未按照约定履行或者违法变更、解除政府特许经营协议、土地房屋征收补偿协议等协议的；

（༡༡）སྲིད་འཛིན་ལས་ཁུངས་ནས་ཁྲིམས་ལྟར་ལག་བསྟར་མི་བྱེད་པ་དང་ཁ་དན་ལ་མ་གཞིགས་པ། ཡང་ན་ཁྲིམས་འགལ་ཐོག་སྲིད་གཞུང་ནས་ཁེ་གཉེར་བྱ་རྒྱུར་དམིགས་བསལ་འཐུས་མཆན་སྤྲད་པའི་གྲོས་མཐུན་དང་། ས་ཞིང་དང་ཁང་ཁྱིམ་བསྡུ་ལེན་གྱི་གུན་གསབ་གྲོས་མཐུན་ལ་སྒྱུར་བཟོ་དང་མེད་པ་བཟོས་པར་ངོས་འཛིན་བྱེད་པའི་རིགས།

（12）认为行政机关侵犯其他人身权、财产权等合法权益的。

（༡༢）སྲིད་འཛིན་ལས་ཁུངས་ཀྱིས་མི་ལུས་དབང་ཆ་དང་རྒྱུ་ནོར་དབང་ཆ་སོགས་ཁྲིམས་མཐུན་ཁེ་དབང་གཞན་དག་ལ་གནོད་སྐྱོན་བཏང་བར་ངོས་འཛིན་བྱེད་པའི་རིགས་བཅས་སོ།།

19. 什么是行政复议？

༡༩.གང་འདྲ་ཞིག་ལ་སྲིད་འཛིན་བསྐྱར་གྲོས་ཟེར་རམ།

行政复议是指公民、法人或者其他组织认为具体行政行为侵犯其合法权益，向行政机关提出行政复议申请，行政机关受理行政复议申请、作出行政复议决定的行政行为。

སྲིད་འཛིན་བསྐྱར་གྲོས་ཞེས་པ་ནི་སྤྱི་དམངས་དང་ཁྲིམས་མི། ཡང་ན་རྩ་འཛུགས་གཞན་དག་གིས་ཞིབ་ཕྲའི་སྲིད་འཛིན་བྱ་སྤྱོད་ཀྱིས་གང་གི་ཁྲིམས་མཐུན་ཁེ་དབང་ལ་གནོད་འཚེ་བཏང་བར་ངོས་འཛིན་བྱས་ཏེ། སྲིད་འཛིན་ལས་ཁུངས་ལ་སྲིད་འཛིན་བསྐྱར་གྲོས་བྱ་རྒྱུའི་རེ་ཞུ་བྱས་པ་དང་། སྲིད་འཛིན་ལས་ཁུངས་ནས་བསྐྱར་གྲོས་བྱ་རྒྱུའི་རེ་ཞུ་བདག་སྐྱོང་བྱས་ཟིན་ག སྲིད་འཛིན་བསྐྱར་གྲོས་བྱ་རྒྱུར་ཐག་བཅད་པའི་སྲིད་འཛིན་བྱ་སྤྱོད་ལ་ཟེར་བ་ཡིན།

20. 行政复议机关应该履行什么样的职责？

༢༠.སྲིད་འཛིན་བསྐྱར་གྲོས་ལས་ཁུངས་ནས་འགན་འཁྲི་གང་འདྲ་ཞིག་སྒྲུབ་དགོས་སམ།

行政复议机关负责法制工作的机构具体办理行政复议事项，履行下列职责：

དེའང་སྲིད་འཛིན་བསྐྱར་གྲོས་ལས་ཁུངས་ཀྱིས་ཁྲིམས་ལུགས་ལས་ཁུངས་ནས་ཞིབ་ཕྲའི་སྲིད་འཛིན་བསྐྱར་གྲོས་ཀྱི་ལས་དོན་བསྒྲུབ་རྒྱུར་འགན་འཁུར་དགོས་པ་དང་། གཤམ་གསལ་གྱི་འགན་འཁྲི་ཁག་སྒྲུབ་དགོས་པ་སྟེ།

（1）受理行政复议申请；

（༡）སྲིད་འཛིན་བསྐྱར་ཞིབ་ཀྱི་རེ་ཞུ་བདག་སྐྱོང་བྱ་རྒྱུ།

（2）向有关组织和人员调查取证，查阅文件和资料；

（༢）འབྲེལ་ཡོད་རུ་འཛུགས་དང་མི་སྣ་ལ་བརྟག་དཔྱད་དཔང་ལེན་དང་། ཡིག་ཆ་དང་དཔྱད་གཞི་ལྟ་བཤེར་བྱེད་དུ་འཇུག་རྒྱུ།

（3）审查申请行政复议的具体行政行为是否合法与适当，拟订行政复议决定；

（༣）སྲིད་འཛིན་བསྐྱར་ཞིབ་བྱ་རྒྱུ་རེ་ཞུ་བྱེད་པའི་ཞིབ་ཕྲའི་སྲིད་འཛིན་བྱ་སྤྱོད་ཁྲིམས་མཐུན་དང་འོས་འཚམ་ཡིན་མིན་ལ་ཞིབ་དཔྱད་བྱས་མཐར་སྲིད་འཛིན་བསྐྱར་ཞིབ་བྱེད་འཆར་ཡོད་པའི་ཐག་གཅོད་རྒྱུ།

（4）处理或者转送对《中华人民共和国行政复议法》所列有关规定的审查申请；

（༤）《ཀྲུང་ཧྭ་མི་དམངས་སྤྱི་མཐུན་རྒྱལ་ཁབ་ཀྱི་སྲིད་འཛིན་བསྐྱར་ཞིབ་བཅའ་ཁྲིམས་》ནང་འཁོད་པའི་འབྲེལ་ཡོད་གཏན་འབེབས་ཀྱི་ཞིབ་བཤེར་རེ་ཞུ་ཐག་གཅོད་དམ་ཡང་ན་བརྒྱུད་སྐྱོད་བྱ་རྒྱུ།

（5）对行政机关违反本法规定的行为依照规定的权限和程序提出处理建议；

（༥）སྲིད་འཛིན་ལས་ཁུངས་ཀྱིས་བཅའ་ཁྲིམས་འདི་གའི་གཏན་འབེབས་ལས་འགལ་བའི་བྱ་སྤྱོད་ལ་གཏན་འབེབས་ཀྱི་དབང་ཚད་དང་གོ་རིམ་ལྟར་ཐག་གཅོད་བྱ་རྒྱུའི་གྲོས་འགོ་འདོན་རྒྱུ།

（6）办理因不服行政复议决定提起行政诉讼的应诉事项；

（༦）སྲིད་འཛིན་བསྐྱར་ཞིབ་གཏན་འབེབས་དང་ལེན་མ་བྱས་རྐྱེན་སྲིད་འཛིན་རྒྱུ་མཚན་ཞུ་འབུལ་བྱས་པའི་དོན་དག་སྒྲུབ་གཉེར་བྱ་རྒྱུའི་རིགས།

（7）法律、法规规定的其他职责。

（༧）བཙའ་ཁྲིམས་དང་ཁྲིམས་སྲོལ་ནང་གཏན་འབེབས་བྱས་པའི་འགན་འཁྲི་གཞན་དག་བཅས་སོ།།

21. 什么是国家赔偿?

༢༡.རྒྱལ་ཁབ་ཀྱི་གུན་གསབ་ཅེས་པ་གང་ཡིན་ནམ།

国家赔偿又称国家侵权损害赔偿，是指国家机关和国家机关工作人员行使职权，有侵犯公民、法人和其他组织合法权益的情形，造成损害的，受害人有依照法律取得国家赔偿的权利。

རྒྱལ་ཁབ་ཀྱི་གུན་གསབ་ལ་མིང་གཞན་དུ་རྒྱལ་ཁབ་ཀྱི་དབང་གནོད་གུན་གསབ་ཀྱང་ཟེར། དེ་ནི་རྒྱལ་ཁབ་ལས་ཁུངས་དང་རྒྱལ་ཁབ་ལས་ཁུངས་ཀྱི་ལས་དོན་མི་སྣས་འགན་དབང་ལག་བསྟར་བྱེད་སྐབས། སྤྱི་དམངས་དང་ཁྲིམས་མི། དེ་བཞིན་ཚ་འཛུགས་གཞན་དག་གི་ཁྲིམས་མཐུན་ཁེ་དབང་ལ་གནོད་སྐྱོན་བཏང་ཡོད་ཚེ། གནོད་སྐྱོན་ཕོག་མཁན་གྱིས་བཙའ་ཁྲིམས་ལྟར་རྒྱལ་ཁབ་ནས་གྱོང་གུན་སྐྱིན་ཚབ་ལེན་རྒྱུའི་དབང་ཆ་ཡོད་པར་ཟེར།

22. 国家赔偿的方式主要有哪些?

༢༢.རྒྱལ་ཁབ་ཀྱི་གུན་གསབ་བྱ་ཐབས་གཙོ་བོ་གང་དག་ཡོད་དམ།

国家赔偿以支付赔偿金为主要方式。能够返还财产或者恢复原状的，予以返还财产或者恢复原状以及为受害人消除影响、恢复名誉、赔礼道歉等其他赔偿方式。

རྒྱལ་ཁབ་ཀྱི་གུན་གསབ་བྱ་ཐབས་གཙོ་བོ་ནི་གུན་གསབ་དངུལ་སྤྲོད་རྒྱུ་དེ་ཡིན། གཞན་ཡང་རྒྱུ་ནོར་ཕྱིར་སྤྲོད་བྱེད་ཐུབ་པའམ་ཡང་ན་སྔར་གྱི་རྣམ་པ་སླར་གསོ་བྱེད་ཐུབ་པ་ཡིན་ཚེ། རྒྱུ་ནོར་ཕྱིར་སྤྲོད་བྱེད་པའམ་ཡང་ན་སྔར་གྱི་རྣམ་པ་སླར་གསོ་བྱས་ཏེ་གནོད་འཚེ་ཕོག་མཁན་ལ་བག་ཆགས་ངན་པ་མེད་པ་བཟོ་བ། མཚན་སྙན་སླར་གསོ། དགོངས་དག་ཞུགས་བདེན་ཞུ་རྒྱུ་སོགས་གྱོང་གུན་གསབ་ཐབས་གཞན་དག་ཡོད།

23. 我国最高监察机关是?

༢༣.རང་རྒྱལ་གྱི་ལྟ་ཞིབ་ལས་ཁུངས་མཐོ་ཤོས་གང་ཡིན་ནམ།

中华人民共和国国家监察委员会是最高监察机关。

དེའང་ཀྲུང་ཧྭ་མི་དམངས་སྤྱི་མཐུན་རྒྱལ་ཁབ་ཀྱི་རྒྱལ་ཁབ་ལྟ་ཞིབ་ཨུ་ཡོན་ལྷན་ཁང་ནི་ལྟ་ཞིབ་ལས་ཁུངས་མཐོ་ཤོས་དེ་ཡིན།

24. 监察机关的职能是什么?

༢༤.ལྟ་ཞིབ་ལས་ཁུངས་ཀྱི་འགན་ནུས་གང་ཡིན་ནམ།

监察委员会依照有关法律规定履行监督、调查、处置职责:

དེའང་ལྟ་ཞིབ་ལས་ཁུངས་ཀྱིས་བཅའ་ཁྲིམས་དང་འབྲེལ་ཡོད་ཀྱི་གཏན་འབེབས་ལྟར་ལྟ་སྐུལ་དང་བརྟག་དཔྱད། ཐག་གཅོད་བཅས་ཀྱི་འགན་འཁྲི་སྒྲུབ་དགོས་པ་སྟེ།

（1）对公职人员开展廉政教育，对其依法履职、秉公用权、廉洁从政从业以及道德操守情况进行监督检查；

（༡）གཞུང་ཞབས་མི་སྣར་སྲིད་གཙང་གི་སློབ་གསོ་རྒྱག་པ་དང་ཁོ་ཚོས་ཁྲིམས་ལྟར་འགན་འཁྲི་སྒྲུབ་པ། གཞུང་དྲང་དང་དབང་ཆ་བེད་སྤྱོད་པ། སྤྱོད་གཙང་དང་སྲིད་གཉེར་ལས་གཉེར་བྱེད་ཚུལ། དེ་བཞིན་སྤྱོད་ལམ་བཅས་ལ་ལྟ་སྐུལ་ཞིབ་བཤེར་བྱ་དགོས་པ།

（2）对涉嫌贪污贿赂、滥用职权、玩忽职守、权力寻租、利益输送、徇私舞弊以及浪费国家资财等职务违法和职务犯罪进行调查；

（༢）སྣོག་ཟ་སྣོག་ཟན་ལེན་པ་དང་འགན་དབང་གང་བྱུང་སྤྱོད་པ། འགན་འཁྲི་སྣང་མེད་གཏོང་བ། དབང་བརྟེན་ཁེ་གཉེར། ཁེ་ཕན་བསྐུན་སྐྱེལ། ཉེར་ཕྱོགས་གཡོ་ཟོལ་བཅས་དང་། དེ་བཞིན་རྒྱལ་ཁབ་ཀྱི་རྒྱུ་ནོར་འཕྲོ་བརླག་བཏང་བ་སོགས་འགན་གནས་ཀྱི་ཁྲིམས་འགལ་དང་འགན་གནས་ཀྱི་ཉེས་གསོག་ལ་བརྟག་དཔྱད་བྱ་དགོས་པ།

（3）对违法的公职人员依法作出政务处分决定；对履行职责不力、失职失责的领导人员进行问责；对涉嫌职务犯罪的，将调查结果移送人民检察院依法审查、提起公诉；向监察对象所在单位提出监察建议。

（༣）ཁྲིམས་འགལ་གྱི་གཞུང་ཞབས་མི་སྣར་ཁྲིམས་ལྟར་སྲིད་དོན་ཆད་པ་གཅོད་རྒྱུའི་གཏན་འབེབས་བྱ་དགོས་པ་དང་། འགན་འཁྲི་ཡག་པོ་མ་སྒྲུབ་པ་དང་འགན་འཛོལ་ཤོར་བའི་འགོ་ཁྲིད་མི་སྣར་འགན་འཁྲི་རྩད་འདྲི་བྱ་དགོས་པ། འགན་གནས་ཀྱི་ཉེས་གསོག་པར་བརྟག་དཔྱད་བྱས་པའི་མཇུག་འབྲས་མི་དམངས་ཞིབ་དཔྱོད་ཁང་ལ་ཞིབ་དཔྱད་བྱ་རྒྱུར་སྐྱེལ་བ་དང་རྒྱ་མཚན་ཞུ་འབུལ་བྱ་རྒྱུ། ལྟ་ཞིབ་བྱ་ཡུལ་གནས་སའི་ལས་ཁུངས་ལ་ལྟ་ཞིབ་བྱ་རྒྱུའི་གྲོས་འགོ་འདོན་དགོས་པ་བཅས་རེད།

25. 监察机关的监察对象有哪些？

༢༥.ལྟ་ཞིབ་ལས་ཁུངས་ནས་ལྟ་ཞིབ་བྱ་ཡུལ་གང་དག་ཡོད་དམ།

监察机关对下列公职人员和有关人员进行监察：

དེའང་ལྟ་ཞིབ་ལས་ཁུངས་ནས་གཤམ་གསལ་གྱི་གཞུང་ཞབས་མི་སྣ་དང་འབྲེལ་ཡོད་མི་སྣར་ལྟ་ཞིབ་བྱ་དགོས་པ་སྟེ།

（1）中国共产党机关、人民代表大会及其常务委员会机关、人民政府、监察委员会、人民法院、人民检察院、中国人民政治协商会议各级委员会机关、民主党派机关和工商业联合会机关的公务员，以及参照《中华人民共和国公务员法》管理的人员；

（༡）ཀྲུང་གོ་གུང་ཁྲན་ཏང་གི་ལས་ཁུངས་དང་མི་དམངས་འདུས་ཚོགས། དེ་བཞིན་དེའི་རྒྱུན་ལས་ཨུ་ལྷན་གྱི་ལས་ཁུངས། མི་དམངས་སྲིད་གཞུང་དང་ལྟ་ཞིབ་ཨུ་ལྷན། མི་དམངས་ཁྲིམས་ཁང་། མི་དམངས་ཞིབ་དཔྱོད་ཁང་། ཀྲུང་གོ་མི་དམངས་ཆབ་སྲིད་གྲོས་མོལ་གྲོས་ཚོགས་ཀྱི་རིམ་ཁག་ཨུ་ལྷན་གྱི་ལས་ཁུངས། དམངས་གཙོ་ཏང་ཤོག་ལས་ཁུངས་དང་བཟོ་ཚོང་ལས་རིགས་མཉམ་འབྲེལ་ཚོགས་པའི་ལས་ཁུངས་ཀྱི་གཞུང་ཞབས་པ། དེ་བཞིན《ཀྲུང་ཧྭ་མི་དམངས་སྤྱི་མཐུན་རྒྱལ་ཁབ་ཀྱི་གཞུང་ཞབས་པའི་བཅའ་ཁྲིམས་》ལ་གཞིགས་ཏེ་དོ་དམ་བྱེད་མཁན་གྱི་མི་སྣ།

（2）法律、法规授权或者受国家机关依法委托管理公共事务的组织中从事公务的人员；

（༢）བཅའ་ཁྲིམས་དང་ཁྲིམས་སྲོལ་གྱིས་དབང་ཆ་སྤྲད་པའམ་ཡང་ན་རྒྱལ་ཁབ་ལས་ཁུངས་ཀྱིས་ཁྲིམས་ལྟར་སྤྱི་པའི་ལས་དོན་དོ་དམ་བྱ་རྒྱུར་མངགས་བཅོལ་བྱས་པའི་རྩ་འཛུགས་ནང་གཞུང་ཞབས་པའི་ལས་ཀ་བྱེད་མཁན་གྱི་མི་སྣ།

（3）国有企业管理人员；

（༣）རྒྱལ་གཉེར་ཁེ་ལས་ཀྱི་དོ་དམ་མི་སྣ།

（4）公办的教育、科研、文化、医疗卫生、体育等单位中从事管理的人员；

（༤）གཞུང་གཉེར་གྱི་སློབ་གསོ་དང་ཚན་ཞིབ། རིག་གནས། སྨན་བཅོས་འཕྲོད་བསྟེན། ལུས་རྩལ་སོགས་ཚན་པའི་ནང་དོ་དམ་བྱེད་མཁན་གྱི་མི་སྣ།

（5）基层群众性自治组织中从事管理的人员；

（༥）གཞི་རིམ་གྱི་མང་ཚོགས་རང་བཞིན་གྱི་རྩ་འཛུགས་ནང་དོ་དམ་བྱེད་མཁན་གྱི་མི་སྣ།

（6）其他依法履行公职的人员。

（༦）ད་དུང་ཁྲིམས་ལྟར་གཞུང་ཞབས་ཀྱི་ལས་ཀ་བྱེད་མཁན་གྱི་མི་སྣ་གཞན་དག་བཅས་སོ།།

26. 监察机关履行职责时有哪些权限?

༢༦.ལྟ་ཞིབ་ལས་ཁུངས་ཀྱིས་འགན་འཁྲི་སྒྲུབ་སྐབས་དབང་ཚད་གང་དག་ཡོད་དམ།

监察机关履行职责，有权采取下列措施:

དེ་འདང་ལྟ་ཞིབ་ལས་ཁུངས་ཀྱིས་འགན་འཁྲི་ལག་བསྟར་བྱེད་སྐབས། གཤམ་གསལ་གྱི་བྱ་ཐབས་ཁག་བཟུང་དབང་ཡོད་དེ།

（1）要求被监察的部门和人员提供与监察事项有关的文件、资料、财务账目及其他有关的材料，进行查阅或者予以复制；

（༡）ལྟ་ཞིབ་བྱ་ཡུལ་གྱི་སྡེ་ཚན་དང་མི་སྣེར་ལ་ལྟ་ཞིབ་བྱ་རྒྱུའི་ལས་དོན་དང་འབྲེལ་བ་ཡོད་པའི་ཡིག་ཆ་དང་དཔྱད་གཞི། ནོར་དོན་རྩིས་ཐོ། དེ་བཞིན་འབྲེལ་ཡོད་དཔྱད་གཞི་གཞན་དག་མཁོ་འདོན་བྱ་རྒྱུ་དང་། ལྟ་ཞིབ་དང་ཡང་ན་པར་སློག་རྒྱག་རྒྱུ་བཅས་ཀྱི་རེ་བ་འདོན་ཆོག་པ།

（2）要求被监察的部门和人员就监察事项涉及的问题作出解释和说明；

（༢）ལྟ་ཞིབ་བྱ་ཡུལ་སྡེ་ཚན་དང་མི་སྣེར་ལ་ལྟ་ཞིབ་བྱ་རྒྱུའི་ལས་དོན་དང་འབྲེལ་བ་ཡོད་པའི་གནད་དོན་ཐད་འགྲེལ་བཤད་དང་གསལ་བཤད་བྱ་རྒྱུའི་རེ་བ་འདོན་ཆོག་པ།

（3）责令被监察的部门和人员停止违反法律、法规和行政纪律的行为。

（༣）ལྟ་ཞིབ་བྱ་ཡུལ་གྱི་སྡེ་ཚན་དང་མི་སྣེར་ལ་བཅའ་ཁྲིམས་དང་ཁྲིམས་སྲོལ། སྲིད་འཛིན་སྒྲིག་ཁྲིམས་བཅས་ལས་འགལ་བའི་བྱ་སྤྱོད་སྲིལ་མཚམས་འཛོག་རྒྱུའི་བཀའ་བཏང་ཆོག་པ།

监察机关在调查违反行政纪律行为时，可以根据实际情况和需要采取下列措施:

ལྟ་ཞིབ་ལས་ཁུངས་ཀྱིས་སྲིད་འཛིན་སྒྲིག་ཁྲིམས་ལས་འགལ་བའི་བྱ་སྤྱོད་ལ་བརྟག་དཔྱད་བྱེད་སྐབས། དངོས་ཡོད་གནས་ཚུལ་དང་དགོས་མཁོར་གཞིགས་ནས་གཤམ་གསལ་གྱི་བྱ་ཐབས་ཁག་བཟུང་ཆོག་པ་སྟེ།

（1）暂予扣留、封存可以证明违反行政纪律行为的文件、资料、财务账目及其他有关的材料；

（༡）སྲིད་འཛིན་སྒྲིག་ཁྲིམས་ལས་འགལ་བའི་བྱ་སྤྱོད་ར་སྤྲོད་ཐུབ་པའི་ཡིག་ཆ་དང་དཔྱད་གཞི། ནོར་དོན་རྩིས་ཐོ། དེ་བཞིན་འབྲེལ་ཡོད་དཔྱད་གཞི་གཞན་དག་གནས་སྐབས་བཀག་ཉར་དང་བཀག་སྡོམ་ཉར་ཚགས་བྱེད་ཆོག་པ།

（2）责令案件涉嫌单位和涉嫌人员在调查期间不得变卖、转移与案件有关的财物；

（༢）གྱོད་དོན་དང་འབྲེལ་བའི་དོགས་ཡོད་ཚན་པ་དང་དོགས་ཡོད་མི་སྣས། གྱོད་གཞི་བརྟག་དཔྱད་བྱེད་རིང་གྱོད་དོན་དང་འབྲེལ་བའི་རྒྱུ་ནོར་གཞན་སྤྱུར་རམ་བཙོངས་མི་ཆོག་པའི་བཀའ་བཏང་ཆོག་པ།

（3）责令有违反行政纪律嫌疑的人员在指定的时间、地点就调查事项涉及的问题作出解释和说明，但是不得对其实行拘禁或者变相拘禁；

（༣）སྲིད་འཛིན་སྒྲིག་ཁྲིམས་དང་འགལ་བར་དོགས་གཞི་ཡོད་པའི་ཚན་པ་དང་དོགས་ཡོད་མི་སྣར་གཏན་འཁེལ་གྱི་བརྟག་དཔྱད་དུས་ཚོད་དང་། ས་ཆར་བརྟག་དཔྱད་བྱ་རྒྱུའི་ལས་དོན་དང་འབྲེལ་བ་ཡོད་པའི་གནད་དོན་ཐད་འགྲེལ་བཤད་དང་གསལ་བཤད་བྱ་རྒྱུར་བཀའ་བཏང་ཆོག འོན་ཀྱང་ཁོ་ཚོ་བཀག་འཛུག་དང་ཡང་ན་རྣམ་པ་འགྱུར་བའི་བཀག་འཛུག་བྱེད་མི་རུང་།

（4）建议有关机关暂停有严重违反行政纪律嫌疑的人员执行职务。

（༤）འབྲེལ་ཡོད་ལས་ཁུངས་ལ་སྲིད་འཛིན་སྒྲིག་ཁྲིམས་ལས་འགལ་ཚབས་ཆེ་བའི་དོགས་ཡོད་མི་སྣའི་ལག་དབང་གནས་སྐབས་མཚམས་འཇོག་བྱ་རྒྱུའི་གྲོས་འགོ་འདོན་ཆོག་པ་བཅས་སོ། །

27. 什么是突发事件？

༢༧.གང་འདྲ་ཞིག་ལ་གློ་བུར་གྱི་དོན་རྐྱེན་ཟེར་རམ།

突发事件是指突然发生，造成或者可能造成严重社会危害，需要采取应急处置措施予以应对的自然灾害、事故灾难、公共卫生事件和社会安全事件。此外，按照社会危害程度、影响范围等因素，自然灾害、事故灾难、公共卫生事件分为特别重大、重大、较大和一般四级。

སྤྱི་སྤྱོད་ཀྱི་དོན་རྐྱེན་ཞེས་པ་ནི་སྤྱི་སྤྱོད་དུ་ཐོན་པ་དང་སྤྱི་ཚོགས་ཀྱི་གནོད་འཚེ་ཚབས་ཆེན་བཟོས་པའམ་ཡང་ན་བཟོ་སྲིད་ཕྱིར། སྐབས་འཕྲལ་ཐོག་ཐག་གཅོད་བྱ་ཐབས་བཟུང་ནས་ཁ་གཏད་གཅོག་དགོས་པའི་རང་བྱུང་གནོད་འཚེ་དང་ལས་འཛོལ་ཆག་སྒོ། སྤྱི་པའི་འགྲོད་བསྟེན་དོན་རྐྱེན། སྤྱི་ཚོགས་ཀྱི་བདེ་འཇགས་དོན་རྐྱེན་བཅས་ལ་ཟེར་བ་ཡིན། གཞན་ཡང་སྤྱི་ཚོགས་ཀྱི་གནོད་འཚེའི་ཚབས་ཆེ་ཆུང་དང་ཤུགས་རྐྱེན་གྱི་ཁྱབ་ཁོངས་ལ་སོགས་པའི་རྒྱུ་རྐྱེན་ལ་གཞིགས་ཏེ། རང་བྱུང་གནོད་འཚེ་དང་ལས་འཛོལ་ཆག་སྒོ། སྤྱི་པའི་འགྲོད་བསྟེན་དོན་རྐྱེན་བཅས་ལ་དབྱེ་ན་ཆེས་ཚབས་ཆེ་བ་དང་ཚབས་ཆེ་བ། ཅུང་ཚབས་ཆེ་བ། སྤྱིར་བཏང་བཅས་རིམ་པ་བཞི་ཡོད།

28. 应对突发事件不履行法定职责的情形有哪些?

༢༨. གློ་བུར་གྱི་དོན་རྐྱེན་ལ་ཁ་གཏད་གཙོག་སྐབས་ཁྲིམས་བཀོད་འགན་འཁྲི་མི་འཁུར་བའི་གནས་ཚུལ་གང་དག་ཡོད་དམ།

地方各级人民政府和县级以上各级人民政府有关部门违反法律相关规定，不履行法定职责的，由其上级行政机关或者监察机关责令改正；有下列情形之一的，根据情节对直接负责的主管人员和其他直接责任人员依法给予处分：

ས་གནས་ཀྱི་རིམ་ཁག་མི་དམངས་སྲིད་གཞུང་དང་རྫོང་རིམ་པ་ཡན་གྱི་མི་དམངས་སྲིད་གཞུང་གི་འབྲེལ་ཡོད་སྡེ་ཁག་གིས་འབྲེལ་ཡོད་བཅའ་ཁྲིམས་དང་འགལ་ཏེ། ཁྲིམས་བཀོད་འགན་འཁྲི་མི་འཁུར་ཚེ། དེ་གའི་གོང་རིམ་སྲིད་འཛིན་ལས་ཁུངས་སམ་ཡང་ན་ལྟ་ཞིབ་ལས་ཁུངས་ནས་བསྒྱུར་བཅོས་བྱ་རྒྱུའི་བཀའ་བཏང་ཆོག་པ། གཤམ་གསལ་གྱི་གནས་ཚུལ་རིགས་ཡོད་ཚེ། གནས་ཚུལ་ལ་གཞིགས་ཏེ་ཐད་ཀའི་གཙོ་གཉེར་མི་སྣ་དང་ཐད་ཀར་འགན་འཁྲི་ཡོད་མཁན་མི་སྣར་ཁྲིམས་ལྟར་ཆད་པ་གཅོད་རྒྱུ་སྟེ།

（1）未按规定采取预防措施，导致发生突发事件，或者未采取必要的防范措施，导致发生次生、衍生事件的；

（༡）སྔོན་འགོག་གི་བྱ་ཐབས་གཏན་འབེབས་བཞིན་མ་བྱས་སྐབས་གློ་བུར་དུ་དོན་རྐྱེན་ཐོན་པའམ་ཡང་ན་དགོས་ངེས་ཀྱི་སྔོན་འགོག་བྱ་ཐབས་མ་བཟུང་སྐབས་དོན་རྐྱེན་བསྐྱར་མ་དང་རྒྱུན་མཐུད་དུ་ཐོན་པ།

（2）迟报、谎报、瞒报、漏报有关突发事件的信息，或者通报、报送、公布虚假信息，造成后果的；

（༢）གློ་བུར་དུ་ཐོན་པའི་དོན་རྐྱེན་གྱི་འབྲེལ་ཡོད་ཆ་འཕྲིན་འགྱངས་ཞུ་དང་རྫུན་ཞུ། གསང་བ་བྱས་པ། ཞུ་རྒྱ་ལུས་པ། ཡང་ན་ཆ་འཕྲིན་རྫུན་མ་བརྡ་བསྒྲགས་དང་གོང་ཞུ། ཁྱབ་བསྒྲགས་བཅས་བྱས་ནས་ཐོན་པའི་མཇུག་འབྲས་ངན་པ།

（3）未按规定及时发布突发事件警报、采取预警期的措施，导致损害发生的；

（༣）དུས་ཐོག་ལ་སྒྲི་བྱུར་དུ་ཐོན་པའི་དོན་རྐྱེན་གྱི་ཉེན་བརྡ་ཁྱབ་བསྒྲགས་དང་སྔོན་འགོག་དུས་མཚམས་ཀྱི་བྱ་ཐབས་བཟུང་རྒྱ་གཏན་འབེབས་མ་བྱས་སྟབས་གནོད་སྐྱོན་ཕྲུག་པ།

（4）未按规定及时采取措施处置突发事件或者处置不当，造成后果的；

（༤）སྒྲི་བྱུར་དུ་ཐོན་པའི་དོན་རྐྱེན་དུས་ཐོག་ལ་ཐག་གཅོད་བྱ་རྒྱུའི་བྱ་ཐབས་གཏན་འཁེལ་བྱས་མེད་པ་དང་། ཡང་ན་ཐག་གཅོད་བྱ་ཐབས་འཚམ་པོ་མ་བྱུང་བར་ཐོན་པའི་མཇུག་འབྲས་ངན་པ།

（5）不服从上级人民政府对突发事件应急处置工作的统一领导、指挥和协调的；

（༥）གོང་རིམ་མི་དམངས་སྲིད་གཞུང་ནས་སྒྲི་བྱུར་དོན་རྐྱེན་ཐག་གཅོད་བྱེད་པའི་ལས་ཀའི་གཅིག་གྱུར་འགོ་ཁྲིད་དང་བཀོད་འདོམས། མཐུན་སྒྲོར་བཅས་ལ་བརྩི་སྲུང་མ་ཞུས་པ།

（6）未及时组织开展生产自救、恢复重建等善后工作的；

（༦）དུས་ཐོག་ལ་ཐོན་སྐྱེད་རང་སྐྱོབ་དང་སླར་གསོ། བསྐྱར་འཛུགས་སོགས་རྗེས་འཇུག་ལས་ཀ་སྒྲིག་འཛུགས་མ་བྱས་པ།

（7）截留、挪用、私分或者变相私分应急救援资金、物资的；

（༧）མྱུར་སྐྱོབ་དངུལ་དང་དངོས་པོ་བཀག་ཉར་དང་གཞན་སྤྱོད། སྒེར་ལ་བགོས་པའམ་ཡང་ན་རྣམ་པ་འགྱུར་ཏེ་སྒེར་ལ་བགོས་པ།

（8）不及时归还征用的单位和个人的财产，或者对被征用财产的单位和个人不按规定给予补偿的。

（༨）བརྙ་སྤྱོད་བྱས་པའི་ཚན་པ་དང་མི་སྒེར་གྱི་རྒྱུ་ནོར་དུས་ཐོག་ལ་ཕྱིར་སྤྲོད་མ་བྱས་པ་དང་། ཡང་ན་རྒྱུ་ནོར་བརྙ་སྤྱོད་བྱ་ཡུལ་གྱི་ཚན་པ་དང་མི་སྒེར་ལ་གཏན་འབེབས་ལྟར་སྐྱིན་ཚབ་མ་སྤྲད་པ།

29. 行政垄断是什么?

༢༩.སྲིད་འཛིན་སྙིར་གཅོད་ཟེར་བ་གང་ཡིན་ནམ།

行政垄断，即行政机关和法律、法规授权的具有管理公共事务职能的组织滥用行政权力，实施排除或者限制市场竞争的行为。具体包括：行政机关和法律、法规授权的具有管理公共事务职能的组织不得滥用行政权力，限定或者变相限定单位或者个人经营、购买、使用其指定的经营者提供的商品。

སྲིད་འཛིན་སྙིར་གཅོད་ཅེས་པ་ནི། སྲིད་འཛིན་ལས་ཁུངས་དང་བཅའ་ཁྲིམས། ཁྲིམས་སྲོལ་ཐོག་ནས་དབང་ཆ་ཐོབ་པ་ལྟར་སྤྱི་པའི་ལས་དོན་ལ་དོ་དམ་བྱེད་པའི་འགན་ནུས་ཡོད་པའི་རུ་འཛུགས་ཀྱིས་སྲིད་འཛིན་དབང་ཆ་གང་བྱུང་སྤྱད་དེ་ཁྲོམ་རའི་འགྲན་རྩོད་མེད་པ་བཟོས་པའམ། ཡང་ན་ཚོད་འཛིན་བྱས་པའི་བྱ་སྤྱོད་བཅས་ལ་ཟེར་བ་ཡིན། དེ་དག་ཁྲོད་སྲིད་འཛིན་ལས་ཁུངས་དང་བཅའ་ཁྲིམས། ཁྲིམས་སྲོལ་ཐོག་ནས་དབང་ཆ་ཐོབ་པ་ལྟར་སྤྱི་པའི་ལས་དོན་ལ་དོ་དམ་བྱེད་པའི་འགན་ནུས་ཡོད་པའི་རུ་འཛུགས་ཀྱིས་སྲིད་འཛིན་དབང་ཆ་གང་དྲུ་བེད་སྤྱོད་བྱས་ཏེ། ཚན་པ་དང་མི་སྒེར་གྱིས་རང་གི་གཏན་འཁེལ་གྱི་ཁེ་གཉེར་པས་མཁོ་འདོན་བྱས་པའི་ཚོང་ཟོག་ཁེ་གཉེར་དང་ཉོ་སྒྲུབ། བེད་སྤྱོད་བཅས་བྱེད་པར་ཚོད་བཀག་དང་ཡང་ན་རྣམ་པ་འགྱུར་བའི་ཚོད་བཀག་བཟོ་མི་རུང་བ།

30. 哪些工程项目必须招投标?

༣༠.ལས་གྲྭའི་རྣམ་གྲངས་གང་དག་གི་ཐད་ངེས་པར་དུ་སྒྲུ་འཛིན་དེ་འགུགས་དང་ཞེན་བྱེད་དགོས་སམ།

在中华人民共和国境内进行下列工程建设项目包括项目的勘察、设计、施工、监理以及与工程建设有关的重要设备、材料等的采购，必须进行招标：

ཀྱང་ཧྲ་མི་དམངས་སྤྱི་མཐུན་རྒྱལ་ཁབ་ཀྱི་མངའ་ཁོངས་ནང་གཤམ་གསལ་གྱི་ལས་གྲྭའི་འཛུགས་སྐྲུན་རྣམ་གྲངས་དང་། རྣམ་གྲངས་རྩད་ཞིབ། ཇུས་འགོད། ཞར་སྐྲུན། ལྟ་སྐྱུལ་དོ་དམ། དེ་བཞིན་ལས་གྲྭའི་འཛུགས་སྐྲུན་དང་འབྲེལ་བ་ཡོད་པའི་སྒྲིག་ཆས་དང་རྒྱུ་ཆ་གལ་ཆེ་རིགས་སོགས་ཉོ་སྒྲུབ་བྱེད་སྐབས་ངེས་པར་དུ་སུ་འཛོན་དེ་འགུགས་བྱེད་དགོས་པ་སྟེ།

（1）大型基础设施、公用事业等关系社会公共利益、公众安全的项目；

（༡）རྨང་གཞིའི་སྒྲིག་བཀོད་ཆེ་གྲས་དང་སྤྱི་སྤྱོད་བྱ་གཞག་སོགས་སྤྱི་ཚོགས་ཀྱི་སྤྱི་པའི་ཁེ་ཕན་དང་མང་ཚོགས་ཀྱི་བདེ་འཇགས་དང་འབྲེལ་བ་ཡོད་པའི་རྣམ་གྲངས།

（2）全部或者部分使用国有资金投资或者国家融资的项目；

（༢）མ་རྩ་ཆ་ཚང་དང་ཡང་ན་ཆ་ཤས་རྒྱལ་ཁབ་ནས་བཏང་བའི་རྣམ་གྲངས་དང་ཡང་ན་མ་རྩ་མཉམ་བསྡུས་རིགས་ཀྱི་རྣམ་གྲངས།

（3）使用国际组织或者外国政府贷款、援助资金的项目。

（༣）རྒྱལ་སྤྱིའི་རྩ་འཛུགས་དང་ཡང་ན་ཕྱི་རྒྱལ་སྲིད་གཞུང་ནས་གཡར་བའི་དངུལ་བུན་དང་རོགས་དངུལ་བེད་སྤྱོད་བྱས་པའི་རྣམ་གྲངས།

31. 自治区对政府公开招投标有何要求？

༣༡.རང་སྐྱོང་ལྗོངས་ཀྱིས་སྲིད་གཞུང་གི་ངོས་ནས་མངོན་གསལ་ཐོག་སྒོ་འཛིན་དེ་འགུགས་དང་ལེན་བྱེད་སྐབས་བླང་བྱ་གང་འདྲ་ཡོད་དམ།

根据西藏自治区财政厅关于印发《西藏自治区 2021—2022 年度政府集中采购目录及采购限额标准》的通知要求，政府采购货物、服务项目，单项采购金额达到 200 万元以上（含 200 万元）的，应当采用公开招标方式采购。

བོད་རང་སྐྱོང་ལྗོངས་ནོར་སྲིད་ཐིང་གིས《བོད་རང་སྐྱོང་ལྗོངས་ཀྱི་སྤྱི་ལོ་༢༠༢༡ –༢༠༢༢ལོ་བར་གྱི་སྲིད་གཞུང་ནས་གཅིག་བསྡུས་ཐོག་ཉོ་སྒྲུབ་བྱ་རྒྱུའི་དཀར་ཆག་དང་ཉོ་སྒྲུབ་ཀྱི་བཅད་གྲངས་ཚད་གཞིའི་》སྐོར་གྱི་བརྡ་ཐོ་འགྲེམས་སྤེལ་བྱས་པའི་བླང་བྱར་གཞིགས་ན། དངོས་རྫས་ཉོ་སྒྲུབ་དང་རྣམ་གྲངས་ཞབས་ཞུ་བྱེད་སྐབས། རྣམ་གྲངས་རྐྱང་པའི་ཉོ་སྒྲུབ་དངུལ་འབོར་སྒོར་ས་ཡ་གཉིས་ཡན（སྒོར་ས་ཡ་གཉིས་ཚུད་པ་）ཟིན་ཚེ། མངོན་གསལ་ཐོག་སྒོ་འཛིན་དེ་འགུགས་དང་ལེན་བྱེད་དགོས་ཀྱི་ཡོད།

32. 接到生产安全事故报告后应该怎么处置?

༣༢.ཐོན་སྐྱེད་བདེ་འཇགས་ལས་འཛོལ་གྱི་སྙན་ཞུ་འབྱོར་རྗེས་ཐག་གཅོད་གང་འདྲ་བྱེད་དགོས་སམ།

负有安全生产监督管理职责的部门接到事故报告后，应当立即按照国家有关规定上报事故情况。负有安全生产监督管理职责的部门和有关地方人民政府对事故情况不得隐瞒不报、谎报或者迟报。有关地方人民政府和负有安全生产监督管理职责的部门的负责人接到生产安全事故报告后，应当按照生产安全事故应急救援预案的要求立即赶到事故现场，组织事故抢救。参与事故抢救的部门和单位应当服从统一指挥，加强协同联动，采取有效的应急救援措施，并根据事故救援的需要采取警戒、疏散等措施，防止事故扩大和次生灾害的发生，减少人员伤亡和财产损失。事故抢救过程中应当采取必要措施，避免或者减少对环境造成的危害。任何单位和个人都应当支持、配合事故抢救，并提供一切便利条件。

དེ་འང་བདེ་འཇགས་ཐོན་སྐྱེད་ལྟ་སྐུལ་དོ་དམ་འགན་འཁྲི་ཡོད་པའི་སྡེ་ཁག་ལ་ལས་འཛོལ་སྙན་ཞུ་འབྱོར་རྗེས། འཕྲལ་མར་རྒྱལ་ཁབ་ཀྱི་འབྲེལ་ཡོད་གཏན་འབེབས་ལྟར་གོང་རིམ་ལ་ལས་འཛོལ་གྱི་གནས་ཚུལ་སྙན་སེང་ཞུ་དགོས། བདེ་འཇགས་ཐོན་སྐྱེད་ལྟ་སྐུལ་དོ་དམ་གྱི་འགན་འཁྲི་ཡོད་པའི་སྡེ་ཁག་དང་འབྲེལ་ཡོད་ས་གནས་མི་དམངས་སྲིད་གཞུང་ནས་ལས་འཛོལ་གྱི་གནས་ཚུལ་སྦ་གསང་དང་རྫུན་ཞུ། ཡང་ན་འགྱང་ཞུ་བཅས་བྱེད་མི་ཆོག འབྲེལ་ཡོད་ས་གནས་མི་དམངས་སྲིད་གཞུང་དང་བདེ་འཇགས་ཐོན་སྐྱེད་ལྟ་སྐུལ་དོ་དམ་གྱི་འགན་འཁྲི་ཡོད་པའི་སྡེ་ཁག་གི་འགན་འཁུར་མི་སྣས་ཐོན་སྐྱེད་བདེ་འཇགས་ཀྱི་ལས་འཛོལ་སྙན་ཞུ་འབྱོར་རྗེས། ཐོན་སྐྱེད་བདེ་འཇགས་ལས་འཛོལ་གྱི་སྐབས་འཕྲལ་རོགས་སྐྱོབ་སྔོན་རྩིས་ཀྱི་བླང་བྱ་ལྟར་འཕྲལ་མར་ལས་འཛོལ་ཐོན་ས་དངོས་ལ་བསྐྱོད་དེ་ལས་འཛོལ་མྱུར་སྐྱོབ་སྒྲིག་འཛུགས་བྱ་དགོས། ལས་འཛོལ་མྱུར་སྐྱོབ་ནང་ཞུགས་མཁན་སྡེ་ཁག་དང་ཚན་པས་གཅིག་གྱུར་བཀོད་འདོམས་ལ་ཉན་

ནས་གཞོགས་འདེགས་མཉམ་སྦྱལ་གྱིས་ནུས་ལྡན་གྱི་སྦྱུར་སྐྱོབ་བྱ་ཐབས་བཟུང་དགོས་པ་མ་ཟད། ལས་འཛོལ་རོགས་སྐྱོབ་ཀྱི་དགོས་མཁོར་གཞིགས་ནས་ཉེན་ཟོན་དང་ཁ་གཏོར་སོགས་ཀྱི་བྱ་ཐབས་བཟུང་ནས་ལས་འཛོལ་ཁྱབ་ཆེར་མི་འགྲོ་བ་དང་གནོད་འཚེ་བསྐྱར་མ་མི་ཐོན་པ། མི་སྣ་ཤི་རྨས་དང་རྒྱུ་ནོར་གྱི་གྱོང་གུན་འགྲོ་ཚད་ཉུང་དུ་གཏོང་དགོས། ལས་འཛོལ་སྦྱུར་སྐྱོབ་ཀྱི་བརྒྱུད་རིམ་ནང་དགོས་ངེས་ཀྱི་བྱ་ཐབས་བཟུང་ནས་ཁོར་ཡུག་ལ་གནོད་འཚེ་མི་ཐོག་པ་བྱེད་པའམ་ཡང་ན་གནོད་འཚེ་ཐོག་ཚད་ཉུང་དུ་གཏོང་དགོས། ཚན་པ་དང་མི་སྒེར་གང་འདྲ་ཞིག་ཡིན་རུང་ཚང་མས་ལས་འཛོལ་སྦྱུར་སྐྱོབ་ལ་རོགས་སྐྱོར་དང་རམ་འདེགས་བྱེད་པ་མ་ཟད། སྐབས་བདེའི་མཐུན་རྐྱེན་གང་ཡོད་བསྐྲུན་དགོས།

七、国家安全

བདུན་པ།   རྒྱལ་ཁབ་ཀྱི་བདེ་འཇགས།

1. 国家秘密的范围有哪些？

༡.རྒྱལ་ཁབ་ཀྱི་གསང་བའི་ཁྱབ་ཁོངས་ནང་གང་དག་ཡོད་དམ།

下列涉及国家安全和利益的事项，泄露后可能损害国家在政治、经济、国防、外交等领域的安全和利益的，应当确定为国家秘密：

དེ་འོག་གཤམ་གསལ་གྱི་རྒྱལ་ཁབ་ཀྱི་བདེ་འཇགས་དང་ཁེ་ཕན་ལ་འབྲེལ་བ་ཡོད་པའི་ལས་དོན་ཕྱིར་བསྒྲགས་བྱས་ཚེ། ཕལ་ཆེར་རྒྱལ་ཁབ་ཀྱི་ཆབ་སྲིད་དང་དཔལ་འབྱོར། རྒྱལ་སྲུང་། ཕྱི་འབྲེལ་སོགས་ཁྱབ་ཁོངས་ཀྱི་བདེ་འཇགས་དང་ཁེ་ཕན་ལ་གནོད་སྐྱོན་བཟོ་སྲིད་པས་དེ་རིགས་ནི་རྒྱལ་ཁབ་ཀྱི་གསང་བ་ཡིན་པར་ཐག་གཅོད་དགོས།

（1）国家事务重大决策中的秘密事项；

（༡）རྒྱལ་ཁབ་ལས་དོན་གྱི་ཐབས་ཇུས་གལ་ཆེ་རིགས་ཀྱི་གསང་བའི་ལས་དོན།

（2）国防建设和武装力量活动中的秘密事项；

（༢）རྒྱལ་སྲུང་འཛུགས་སྐྲུན་དང་དྲག་ཆས་སྟོབས་ཤུགས་བྱེད་སྒོའི་ནང་གི་གསང་བའི་ལས་དོན།

（3）外交和外事活动中的秘密事项以及对外承担保密义务的秘密事项；

（༣）ཕྱི་འབྲེལ་དང་ཕྱི་དོན་བྱེད་སྒོའི་ནང་གི་གསང་བའི་ལས་དོན་དང་། དེ་བཞིན་ཕྱི་ཕྱོགས་ལ་གསང་བའི་འོས་འགན་འཁུར་བའི་གསང་བའི་ལས་དོན།

（4）国民经济和社会发展中的秘密事项；

（༤）རྒྱལ་དམངས་དཔལ་འབྱོར་དང་སྤྱི་ཚོགས་གོང་འཕེལ་ནང་གི་གསང་བའི་ལས་དོན།

（5）科学技术中的秘密事项；

（༥）ཚན་རིག་ལག་རྩལ་ཐད་ཀྱི་གསང་བའི་ལས་དོན།

（6）维护国家安全活动和追查刑事犯罪中的秘密事项；

（༦）རྒྱལ་ཁབ་ཀྱི་བདེ་འཇགས་སྲུང་སྐྱོང་བྱེད་པའི་བྱེད་སྒོ་དང་ཉེས་དོན་ཉེས་ཅན་རྗེས་འདེད་ཞིབ་བཤེར་བྱེད་པའི་ནང་གི་གསང་བའི་ལས་དོན།

（7）经国家保密行政管理部门确定的其他秘密事项。

（༧）ད་དུང་རྒྱལ་ཁབ་གསང་བའི་སྲིད་འཛིན་དོ་དམ་སྡེ་ཁག་གིས་གཏན་ལ་ཕབ་པའི་གསང་བའི་ལས་དོན་གཞན་དག་བཅས་སོ།།

2. 国家秘密的密级分为几级？

༢.རྒྱལ་ཁབ་ཀྱི་གསང་བར་རིམ་པ་མི་འདྲ་བ་ག་ཚོད་དབྱེ་ཡོད་དམ།

国家秘密的密级分为绝密、机密、秘密三级。

རྒྱལ་ཁབ་ཀྱི་གསང་བའི་རིམ་པར་དབྱེ་ན་གསང་ཆེན་དང་གསང་བ། གསང་ཆ་བཅས་རིམ་པ་གསུམ་ཡོད།

绝密级国家秘密是最重要的国家秘密，泄露会使国家安全和利益遭受特别严重的损害；机密级国家秘密是重要的国家秘密，泄露会使国家安全和利益遭受严重的损害；秘密级国家秘密是一般的国家秘密，泄露会使国家安全和利益遭受损害。

གསང་ཆེན་རིམ་པའི་རྒྱལ་ཁབ་ཀྱི་གསང་དོན་ནི་གལ་འགངས་ཆེ་ཤོས་ཀྱི་རྒྱལ་ཁབ་ཀྱི་གསང་ཆ་ཞིག་ཡིན། དེ་ཕྱིར་བསྒྲགས་བྱུས་ན་རྒྱལ་ཁབ་ཀྱི་བདེ་འཇགས་དང་ཁེ་ཕན་ལ་གནོན་སྐྱོན་ཧ་ཅང་ཆེན་པོ་བཟོ་སྲིད། གསང་བ་རིམ་པའི་རྒྱལ་ཁབ་ཀྱི་གསང་དོན་ནི་རྒྱལ་ཁབ་ཀྱི་གསང་ཆ་གལ་ཆེན་ཞིག་ཡིན། དེ་ཕྱིར་བསྒྲགས་བྱུས་ན་རྒྱལ་ཁབ་ཀྱི་བདེ་འཇགས་དང་ཁེ་ཕན་ལ་གནོད་སྐྱོན་ཚབས་ཆེན་བཟོ་སྲིད། གསང་ཆ་རིམ་པའི་རྒྱལ་ཁབ་ཀྱི་གསང་དོན་ནི་སྤྱིར་བཏང་གི་རྒྱལ་ཁབ་ཀྱི་གསང་ཆ་ཞིག་ཡིན། དེ་ཕྱིར་བསྒྲགས་བྱུས་ན་རྒྱལ་ཁབ་ཀྱི་བདེ་འཇགས་དང་ཁེ་ཕན་ལ་གནོད་སྐྱོན་བཟོ་སྲིད།

3. 机关、单位为防止泄密应建立什么样的工作制度?

༣.ལས་ཁུངས་དང་ཚན་པས་གསང་བ་ཕྱི་རུ་ཤུར་རྒྱུ་བཀག་འགོག་བྱ་ཕྱིར་ལས་ཀའི་སྒྲིག་ལམ་གང་འདྲ་ཞིག་འཛུགས་དགོས་སམ།

机关、单位应当实行保密工作责任制，健全保密管理制度，完善保密防护措施，开展保密宣传教育，加强保密检查。

དེའང་ལས་ཁུངས་དང་ཚན་པས་གསང་བའི་ལས་ཀའི་འགན་འཁྲིའི་ལམ་ལུགས་ལག་བསྟར་བྱེད་པ་དང་། གསང་བའི་དོ་དམ་ལམ་ལུགས་འཕྲུས་ཚང་དུ་གཏོང་བ། གསང་བའི་འགོག་སྲུང་བྱ་ཐབས་འཕྲུས་ཚང་དུ་གཏོང་བ། གསང་བ་སྲུང་བའི་དྲིལ་བསྒྲགས་སློབ་གསོ་སྤེལ་བ། གསང་བ་སྲུང་བའི་ཞིབ་བཤེར་ལས་ཀར་ཤུགས་སྣོན་རྒྱག་པ་བཅས་བྱ་དགོས།

4. 机关、单位应该怎样加强对国家秘密载体的管理？

༤.ལས་ཁུངས་དང་ཚན་པས་རྒྱལ་ཁབ་ཀྱི་གསང་དོན་གཞི་རྟེན་དོ་དམ་བྱ་རྒྱུར་ཤུགས་སྣོན་གང་འདྲ་རྒྱག་དགོས་སམ།

机关、单位应当加强对国家秘密载体的管理，任何组织和个人不得有下列行为：

དེ་འང་ལས་ཁུངས་དང་ཚན་པས་རྒྱལ་ཁབ་ཀྱི་གསང་དོན་གཞི་རྟེན་དོ་དམ་ལ་ཤུགས་སྣོན་བརྒྱབ་སྟེ་ཚ་འཛུགས་དང་མི་སྒེར་གང་འདྲ་ཞིག་ཡིན་རུང་གཤམ་གསལ་གྱི་བྱ་སྤྱོད་བཟུང་དུ་འཇུག་མི་རུང་སྟེ།

（1）非法获取、持有国家秘密载体；

（༡）ཁྲིམས་འགལ་ངང་རྒྱལ་ཁབ་ཀྱི་གསང་དོན་གཞི་རྟེན་རག་ཐབས་དང་བཟུང་ཐབས་བྱེད་པ།

（2）买卖、转送或者私自销毁国家秘密载体；

（༢）རྒྱལ་ཁབ་ཀྱི་གསང་དོན་གཞི་རྟེན་ཉོ་ཚོང་དང་བསྒྱུར་བསྐུར། ཡང་ན་རང་འཚམ་གྱིས་མེད་པ་བཟོ་བ།

（3）通过普通邮政、快递等无保密措施的渠道传递国家秘密载体；

（༣）སྤྱིར་བཏང་གི་སྦྲག་ཟམ་དང་མྱུར་སྐྱེལ་སོགས་གསང་སྲུང་བྱ་ཐབས་མ་བཟུང་བའི་ཐབས་ལམ་བརྒྱུད་རྒྱལ་ཁབ་ཀྱི་གསང་དོན་གཞི་རྟེན་བརྒྱུད་བསྐུར་བྱེད་པ།

（4）邮寄、托运国家秘密载体出境；

（༤）རྒྱལ་ཁབ་ཀྱི་གསང་དོན་གཞི་རྟེན་ཕྱི་རྒྱལ་ལ་སྦྲག་བསྐུར་དང་མངག་སྐྱེལ་བྱེད་པ།

（5）未经有关主管部门批准，携带、传递国家秘密载体出境。

（༥）གཙོ་གཉེར་སྡེ་ཁག་གི་ཆོག་མཆན་མ་ཐོབ་པར་རྒྱལ་ཁབ་ཀྱི་གསང་དོན་གཞི་རྟེན་ཕྱི་རྒྱལ་ལ་འཁྱེར་བ་དང་བརྒྱུད་བསྐུར་བྱེད་པ།

微信办公泄密

སྐད་འཕྲིན་ཐོག་ནས་གཞུང་ལས་ཀྱི་གསང་བ་ཕྱི་རུ་གྱུར་བ།

案情:

གྱོད་གཞིའི་གནས་ཚུལ།

2016年10月，某市市委某部门为部署相关敏感工作，印发了涉密文件，并通知该市各乡镇派人签字领取文件。某乡政府干部洪某到市委领取文件后，认为事件紧急，又正值深夜，于当晚将该文件拍照发送到乡政府微信群。群成员杨某看到后，立即转发到其他微信群。之后，该文件被数次转发到多个微信群和微博，造成泄密。

སྤྱི་ལོ་༢༠༡༦ལོའི་ཟླ་༡༠པར་གྲོང་ཁྱེར་ཞིག་གི་གྲོང་ཁྱེར་ཨུད་སྡེ་ཁག་ཅིག་གིས་དམིགས་བསལ་ལས་དོན་སྐོར་བཀོད་སྒྲིག་བྱེད་ཆེད། གསང་བ་དང་འབྲེལ་བ་ཡོད་པའི་ཡིག་ཆ་པར་འདེབས་བྱས་པ་མ་ཟད། གྲོང་ཁྱེར་དེ་གའི་ཤང་དང་གྲོང་རྡལ་ཁག་ནས་མི་བཏང་སྟེ་ཡིག་ཆ་དེར་མིང་རྟགས་བཀོད་དེ་ཕྱིར་ལེན་དགོས་པའི་བརྡ་ཐོ་བཏང་བ་རེད། ཤང་ཞིག་གི་སྲིད་གཞུང་ལས་བྱེད་པ་ཧུང་ཆེ་གེ་མོ་ཞེས་པས་གྲོང་ཨུད་ལ་ཕྱིན་ནས་ཡིག་ཆ་བླངས་རྗེས་གནས་ཚུལ་ཛ་དྲག་པའི་ཁར་མཚན་དགུང་ཟིན་སོང་སྙམ་སྟེ། མཚན་མོ་དེ་རང་ལ་ཡིག་ཆ་དེ་པར་དུ་བཏབ་ནས་ཤང་སྲིད་གཞུང་གི་སྐད་འཕྲིན་ཚོགས་པའི་ནང་བསྐུར་བ་རེད། ཚོགས་པའི་ནང་གི་ཡང་ཆེ་གེ་མོས་མཐོང་རྗེས་འཕྲལ་མར་སྐད་འཕྲིན་ཚོགས་པ་གཞན་དག་ནང་བརྒྱུད་བསྐུར་བྱས། དེ་རྗེས་ཡིག་ཆ་དེ་སྐད་འཕྲིན་ཚོགས་པ་དང་ཕོད་འཕྲིན་གཞན་དག་མང་པོར་བརྒྱུད་བསྐུར་ཐེངས་མང་བྱས་ཏེ་གསང་བ་ཐད་དེ་ཕྱི་རུ་གྱུར་བ་ལྟ་བུ་རེད།

分析:

དབྱེ་ཞིབ།

微信办公导致泄密违反了《中华人民共和国保守国家秘密法》第四十八条第七款“在互联网及其他公共信息网络或者未采取保密措施的有线和无线通信中传递国家秘密的”规定，属于违法行为，情节严重的，还将被依法追究刑事责任。

སྐད་འཕྲིན་ཐོག་གཞུང་ལས་བྱས་ཏེ་གསང་བ་ཕྱི་རུ་ཤོར་བ་དེ་ནི《ཀྲུང་ཧྭ་མི་དམངས་སྤྱི་མཐུན་རྒྱལ་ཁབ་ཀྱི་གསང་སྲུང་བཅའ་ཁྲིམས》ཀྱི་དོན་ཚན་བཞི་བཅུ་ཞེ་བརྒྱད་པའི་ནང་ཚན་བདུན་པའི“དྲ་སྦྲེལ་དང་སྤྱི་པའི་ཆ་འཕྲིན་དྲ་བ་གཞན་དག་དང་། ཡང་ན་གསང་སྲུང་གི་བྱ་ཐབས་བཟུང་མེད་པའི་སྐུད་ཡོད་དང་སྐུད་མེད་འཕྲིན་གཏོང་ནང་རྒྱལ་ཁབ་ཀྱི་གསང་དོན་བརྒྱུད་སྤེལ་བྱེད་མི་རུང་བའི”གཏན་འབེབས་ལས་འགལ་བས་ཁྲིམས་འགལ་གྱི་བྱ་སྤྱོད་ཡིན་པ་དང་། གནས་ཚུལ་ཚབས་ཆེན་པོ་ཡོད་ཚེ། ད་དུང་ཁྲིམས་ལྟར་ཉེས་དོན་འགན་འཁྲི་ཞིབ་གཅོད་བྱ་རྒྱུ་རེད།

使用微信办公作为一种发展趋势，本来无可厚非，问题并不在于微信本身，而在于机关单位保密管理的松懈。机关、单位要加强保密宣传教育，把风险意识和责任意识层层传导到每一个人。领导干部要管好身边工作人员，做到经常提醒。干部职工不仅要保证自己不使用微信传密，发现此类情况还要及时报告有关部门。

སྐད་འཕྲིན་ཐོག་གཞུང་ལས་བྱེད་པ་དེ་འཕེལ་ཕྱོགས་ཤིག་ཡིན་པ་ནི་བརྗོད་མེད་ཡིན། གནད་དོན་འབྱུང་རྐྱེན་ནི་སྐད་འཕྲིན་མ་ཡིན་པར་ལས་ཁུངས་ཚན་པས་གསང་དོན་དོ་དམ་བྱེད་རྒྱུར་ལྷོད་གཡེང་བཏང་བས་ཡིན། ལས་ཁུངས་དང་ཚན་པས་གསང་བ་སྲུང་རྒྱུའི་ཐད་དྲིལ་བསྒྲགས་སློབ་གསོ་བྱ་རྒྱུར་ཤུགས་སྣོན་རྒྱག་དགོས་པ་དང་། ཉེན་ཁའི་འདུ་ཤེས་དང་འགན་འཁྲིའི་འདུ་ཤེས་རིམ་པ་བཞིན་མི་མི་རེ་རེར་ལྷན་པ་བྱ་དགོས། འགོ་ཁྲིད་ལས་བྱེད་པས་ཉེ་འཁོར་གྱི་ལས་དོན་མི་སྣར་དོ་དམ་ཡག་པོ་བྱེད་པ་དང་རྟག་ཏུ་དྲན་སྐུལ་བྱ་དགོས། ལས་བྱེད་པ་དང་ལས་བཟོ་པས་རང་

ཉིད་ཀྱི་སྐད་འཕྲིན་ཐོག་ནས་གསང་དོན་བརྒྱུད་སྤེལ་མི་བྱེད་པ་འགན་སྲུང་བྱས་ཐོག གནས་ཚུལ་དེ་རིགས་ཤེས་རྟོགས་བྱུང་མ་ཐག་དུས་ཐོག་ཏུ་འབྲེལ་ཡོད་སྡེ་ཁག་ལ་སྙན་སེང་ཞུ་དགོས།

5. 有哪些泄露国家秘密的行为将会受到法律处罚？

༥.རྒྱལ་ཁབ་ཀྱི་གསང་བ་ཕྱིར་བསྒྲགས་བྱས་པའི་བྱ་སྤྱོད་གང་དག་ལ་བཅའ་ཁྲིམས་ཀྱི་ཆད་པ་ཕོག་གམ།

违反《中华人民共和国保守国家秘密法》规定，有下列行为之一的，依法给予处分；构成犯罪的，依法追究刑事责任：

《ཀྲུང་ཧྭ་མི་དམངས་སྤྱི་མཐུན་རྒྱལ་ཁབ་ཀྱི་གསང་སྲུང་བཅའ་ཁྲིམས་》ཀྱི་གཏན་འབེབས་ལས་བརྒལ་བར། གཤམ་གསལ་གྱི་བྱ་སྤྱོད་རིགས་ཡོད་ཚེ་ཁྲིམས་ལྟར་ཆད་པ་གཅོད་རྒྱུ་དང་ཉེས་པ་བསགས་ཡོད་ཚེ་ཁྲིམས་ལྟར་ཉེས་དོན་འགན་འཁྲི་ཟིང་གཅོད་བྱ་རྒྱུ་སྟེ།

（1）非法获取、持有国家秘密载体的；

（༡）ཁྲིམས་འགལ་ངང་རྒྱལ་ཁབ་ཀྱི་གསང་དོན་གཞི་རྟེན་རག་ཐབས་དང་བཟུང་ཐབས་བྱེད་པ།

（2）买卖、转送或者私自销毁国家秘密载体的；

（༢）རྒྱལ་ཁབ་ཀྱི་གསང་དོན་གཞི་རྟེན་ཉོ་ཚོང་དང་བསྐྱུད་བསྐུར། རང་འཚམ་གྱིས་མེད་པ་བཟོ་བ།

（3）通过普通邮政、快递等无保密措施的渠道传递国家秘密载体的；

（༣）སྤྱིར་བཏང་གི་སྦྲག་ཟམ་དང་མྱུར་སྐྱེལ་སོགས་གསང་སྲུང་བྱ་ཐབས་མ་བཟུང་བའི་ཐབས་ལམ་བརྒྱུད་རྒྱལ་ཁབ་ཀྱི་གསང་དོན་གཞི་རྟེན་བརྒྱུད་བསྐུར་བྱེད་པ།

（4）邮寄、托运国家秘密载体出境，或者未经有关主管部门批准，携带、传递国家秘密载体出境的；

（༤）རྒྱལ་ཁབ་ཀྱི་གསང་དོན་གཞི་རྟེན་ཕྱི་རྒྱལ་དུ་སྦྲག་སྐྱེལ་དང་མངག་སྐྱེལ་བྱས་པ་དང་། ཡང་ན་གཙོ་གཉེར་སྡེ་ཁག་ནས་ཆོག་མཆན་མ་ཐོབ་པར་རྒྱལ་ཁབ་ཀྱི་གསང་དོན་གཞི་རྟེན་ཕྱི་རྒྱལ་ལ་འཁྱེར་བ་དང་བརྒྱུད་བསྐུར་བྱེད་པ།

（5）非法复制、记录、存储国家秘密的；

（༥）ཁྲིམས་འགལ་ངང་རྒྱལ་ཁབ་ཀྱི་གསང་དོན་འདྲ་བཤུས་དང་ཟིན་ཐོ་འགོད་པ། ཉར་འཇོག་བྱེད་པ།

（6）在私人交往和通信中涉及国家秘密的；

（༦）མི་སྒེར་གྱི་འགྲོ་འོང་དང་འཕྲིན་གཏོང་ནང་རྒྱལ་ཁབ་ཀྱི་གསང་དོན་དང་འབྲེལ་བ་ཡོད་པ།

（7）在互联网及其他公共信息网络或者未采取保密措施的有线和无线通信中传递国家秘密的；

（༧）དྲ་སྦྲེལ་དང་སྤྱི་པའི་ཆ་འཕྲིན་དྲ་བ་གཞན་དག་དང་། ཡང་ན་གསང་སྲུང་གི་བྱ་ཐབས་མ་བཟུང་བའི་སྐུད་ཡོད་དང་སྐུད་མེད་འཕྲིན་གཏོང་ནང་རྒྱལ་ཁབ་ཀྱི་གསང་དོན་བརྒྱུད་བསྐུར་བྱེད་པ།

（8）将涉密计算机、涉密存储设备接入互联网及其他公共信息网络的；

(༨) གསང་བ་དང་འབྲེལ་བ་ཡོད་པའི་རྩིས་འཕྲོར་དང་གསང་བ་དང་འབྲེལ་བ་ཡོད་པའི་གསོག་ཉར་སྒྲིག་ཆས་དེ་དྲ་སྦྲེལ་ལམ་སྤྱི་པའི་ཆ་འཕྲིན་དྲ་བ་གཞན་དང་སྦྲེལ་མཐུད་བྱེད་པ།

(9) 在未采取防护措施的情况下，在涉密信息系统与互联网及其他公共信息网络之间进行信息交换的；

(༩) འགོག་སྲུང་གི་བྱ་ཐབས་མ་བཟུང་བའི་གནས་ཚུལ་འོག གསང་བ་དང་འབྲེལ་བའི་ཆ་འཕྲིན་མ་ལག་དང་དྲ་སྦྲེལ་དང་སྤྱི་པའི་ཆ་འཕྲིན་དྲ་བ་གཞན་དག་དབར་ཆ་འཕྲིན་བརྗེ་སྤེལ་བྱེད་པ།

(10)使用非涉密计算机、非涉密存储设备存储、处理国家秘密信息的;

(༡༠) གསང་བ་དང་འབྲེལ་བ་མེད་པའི་རྩིས་འཕྲོར་དང་། གསང་དོན་གསོག་ཉར་བྱས་མེད་པའི་སྒྲིག་ཆས་བེད་སྤྱད་དེ་རྒྱལ་ཁབ་ཀྱི་གསང་བའི་ཆ་འཕྲིན་ཐག་གཅོད་བྱེད་པ།

(11) 擅自卸载、修改涉密信息系统的安全技术程序、管理程序的；

(༡༡) གསང་བ་དང་འབྲེལ་བ་ཡོད་པའི་ཆ་འཕྲིན་མ་ལག་གི་བདེ་འཇགས་ལག་རྩལ་དང་དོ་དམ་གྱི་གོ་རིམ་རང་འཚམ་ངང་ཕྱུ་གཏོར་དང་བཟོ་བཅོས་བྱེད་པ།

(12) 将未经安全技术处理的退出使用的涉密计算机、涉密存储设备赠送、出售、丢弃或者改作其他用途的。

(༡༢) བདེ་འཇགས་ཀྱི་ལག་རྩལ་བརྒྱུད་གསང་སྲུང་ཐག་གཅོད་མ་བྱས་པར་ནུ་མཐུད་བེད་སྤྱོད་བྱེད་པའི་རྩིས་འཕྲོར་དང་། གསང་བ་དང་འབྲེལ་བ་ཡོད་པའི་གསོག་ཉར་སྒྲིག་ཆས་གཞན་ལ་སྟེར་བ་དང་བཙོངས་པ། བསྐྱུར་བ། ཡང་ན་གཞན་དག་ཐད་བེད་སྤྱོད་བྱེད་པ།

6. 网络使用应该注意哪些？

༦.དྲ་རྒྱ་བེད་སྤྱོད་བྱེད་སྐབས་གང་དག་གི་ཐད་དོ་སྣང་བྱེད་དགོས་སམ།

根据《中华人民共和国网络安全法》规定：任何个人和组织使用网络应当遵守宪法法律，遵守公共秩序，尊重社会公德，不得危害网络安全，不得利用网络从事危害国家安全、荣誉和利益，煽动颠覆国家政权、推翻社会主义制度，煽动分裂国家、破坏国家统一，宣扬恐怖主义、极端主义，宣扬民族仇恨、民族歧视，传播暴力、淫秽色情信息，编造、传播虚假信息扰乱经济秩序和社会秩序，以及侵害他人名誉、隐私、知识产权和其他合法权益等活动。

《ཀྲུང་ཧྭ་མི་དམངས་སྤྱི་མཐུན་རྒྱལ་ཁབ་ཀྱི་དྲ་རྒྱའི་བདེ་འཇགས་བཅའ་ཁྲིམས་》ཀྱི་གཏན་འབེབས་ལྟར་ན། མི་སྒེར་དང་ཚ་འཛུགས་གང་འདྲ་ཞིག་ཡིན་རུང་དྲ་རྒྱ་བེད་སྤྱོད་བྱེད་སྐབས། ཆ་ཁྲིམས་དང་བཅའ་ཁྲིམས་ལ་བརྩི་སྲུང་དང་སྤྱི་པའི་སྒྲིག་ལམ་བརྩི་སྲུང་། སྤྱི་ཚོགས་ཀྱི་སྤྱོད་བཟང་ལ་བརྩི་འཇོག་བཅས་བྱེད་དགོས་པ་དང་། དྲ་རྒྱའི་བདེ་འཇགས་ལ་གནོད་སྐྱོན་གཏོང་མི་རུང་བ། དྲ་རྒྱ་བེད་སྤྱད་ནས་རྒྱལ་ཁབ་ཀྱི་བདེ་འཇགས་དང་གཟི་བརྗིད་མཚན་སྙན། དེ་བཞིན་ཁེ་ཕན་ལ་གནོད་སྐྱོན་གཏོང་མི་རུང་བ། རྒྱལ་ཁབ་ཀྱི་སྲིད་དབང་མགོ་རྗེང་སློག་རྒྱུ་དང་སྤྱི་ཚོགས་རིང་ལུགས་ཀྱི་ལམ་ལུགས་མགོ་རྗེང་སློག་རྒྱུར་རྐུལ་སྐུལ་བྱེད་མི་རུང་བ། རྒྱལ་ཁབ་ཁ་བྲལ་གཏོང་རྒྱུ་དང་རྒྱལ་ཁབ་ཀྱི་གཅིག་གྱུར་ལ་གཏོར་བཤིག་གཏོང་རྒྱུར་རྐུལ་སྐུལ་བྱེད་མི་རུང་བ། འཇིགས་སྐུལ་རིང་ལུགས་དང་མཐའ་དྲགས་རིང་ལུགས་དྲིལ་བསྒྲགས་དང་མི་རིགས་ཀྱི་འཁོན་འཛིན་དང་མི་རིགས་ཀྱི་མཐོང་ཆུང་དྲིལ་བསྒྲགས། རྩུབ་སྤྱོད་དང་ཆགས་སྲེད་ཀྱི་ཆ་འཕྲིན་དྲིལ་བསྒྲགས་བཅས་བྱེད་མི་རུང་བ། ཆ་འཕྲིན་རྫུན་མ་བཟོས་ནས་དཔལ་འབྱོར་སྒྲིག་ལམ་དང་སྤྱི་ཚོགས་ཀྱི་སྒྲིག་ལམ་ཟང་ཟིང་བཟོ་བ་དང་མི་གཞན་གྱི་མིང་གྲགས་དང་སྒེར་གྱི་གསང་བ། ཤེས་བྱའི་ཐོན་དབང་དང་། དེ་བཞིན་ཁྲིམས་མཐུན་གྱི་ཁེ་དབང་སོགས་ལ་གནོད་པའི་བྱེད་སྒོ་གཞན་དག་སྤེལ་མི་རུང་བ།

7. 什么是叛逃罪？

༧.གང་འདྲ་ཞིག་ལ་ཇོ་ལོག་བྲོས་བྲོལ་གྱི་ཉེས་པ་ཟེར་རམ།

叛逃罪，即国家机关工作人员在履行公职期间，擅离岗位，叛逃境外或者在境外叛逃的行为，以及掌握秘密的国家工作人员，叛逃境外或者在境外叛逃的行为。

ངོ་ལོག་བྲོས་བྱོལ་ཞེས་པ་ནི་རྒྱལ་ཁབ་ལས་ཁུངས་ཀྱི་ལས་དོན་མི་སྣས་གཞུང་གི་ལས་ཀ་བྱེད་རིང་རང་འཚམ་དང་ལས་གནས་ལས་བྲལ་ཏེ་ངོ་ལོག་ནས་ཕྱི་རྒྱལ་ལ་བྲོས་པའམ་ཡང་ན་ཕྱི་རྒྱལ་ལ་ངོ་ལོག་གི་བྱ་སྤྱོད་སྤེལ་བ། དེ་བཞིན་གསང་དོན་ཤེས་མཁན་གྱི་རྒྱལ་ཁབ་ལས་དོན་པ་ངོ་ལོག་ནས་ཕྱི་རྒྱལ་ལ་བྲོས་པའམ་ཡང་ན་ཕྱི་རྒྱལ་ལ་ངོ་ལོག་གི་བྱ་སྤྱོད་སྤེལ་བ་བཅས་ལ་ཟེར་བ་ཡིན།

8. 什么是滥用职权罪

༨.གང་འདྲ་ཞིག་ལ་འགན་དབང་གང་བྱུང་སྤྱད་པའི་ཉེས་པ་ཟེར་རམ།

滥用职权罪，即国家机关工作人员滥用职权，致使公共财产、国家和人民利益遭受重大损失的犯罪行为。

འགན་དབང་གང་བྱུང་སྤྱད་པའི་ཉེས་པ་ཞེས་པ་ནི་རྒྱལ་ཁབ་ལས་ཁུངས་ཀྱི་ལས་དོན་མི་སྣས་འགན་དབང་གང་བྱུང་དུ་བེད་སྤྱད་དེ་སྤྱི་པའི་རྒྱུ་ནོར་དང་རྒྱལ་ཁབ་དང་མི་དམངས་ཀྱི་ཁེ་ཕན་ལ་གནོད་སྐྱོན་ཚབས་ཆེན་བཟོས་པའི་ཉེས་གསོག་བྱ་སྤྱོད་ལ་ཟེར་བ་ཡིན།

八、党纪党规

བརྒྱད་པ། ཏང་ཁྲིམས་དང་ཏང་སྒྲོལ།

1. 党员的义务有哪些？

༡.ཏང་ཡོན་ལ་འགན་འཁྲི་གང་དག་ཡོད་དམ།

党员必须履行下列义务：

（1）认真学习马克思列宁主义、毛泽东思想、邓小平理论、“三个代表”重要思想、科学发展观、习近平新时代中国特色社会主义思想，学习党的路线、方针、政策和决议，学习党的基本知识，学习科学、文化、法律和业务知识，努力提高为人民服务的本领。

ཏང་ཡོན་གྱིས་གཤམ་གསལ་འོས་འགན་རྣམས་ངེས་པར་དུ་བསྒྲུབ་དགོས་པ་སྟེ།

（༡）མར་ཁེ་སི་ལེ་ཉིན་རིང་ལུགས་དང་། མའོ་ཙེ་ཏུང་གི་དགོངས་པ། ཏེང་ཞའོ་ཕིང་གི་རིགས་པའི་གཞུང་ལུགས། “མཚོན་བྱེད་གསུམ”གྱི་གལ་ཆེའི་དགོངས་པ། ཚན་རིག་དང་མཐུན་པའི་འཕེལ་རྒྱས་ལྟ་བ། ཞི་ཅིན་ཕིང་གི་དུས་རབས་གསར་པའི་ཀྲུང་གོའི་ཁྱད་ཆོས་ལྡན་པའི་སྤྱི་ཚོགས་རིང་ལུགས་ཀྱི་དགོངས་པ་བཅས་ནན་ཏན་གྱི་སྒོ་ནས་སློབ་སྦྱོང་དང་། ཏང་གི་ལམ་ཕྱོགས་དང་། བྱེད་ཕྱོགས། སྲིད་ཇུས། གྲོས་ཆོད་བཅས་སློབ་སྦྱོང་། ཏང་གི་གཞི་རྩའི་ཤེས་བྱ་སློབ་སྦྱོང་། ཚན་རིག་དང་། རིག་གནས། བཅའ་ཁྲིམས། ལས་སྒོའི་ཤེས་བྱ་བཅས་སློབ་སྦྱོང་བྱས་ནས་མི་དམངས་ལ་ཞབས་འདེགས་ཞུ་བའི་ནུས་པ་ཆེ་རུ་གཏོང་གང་ཐུབ་བྱ་དགོས།

（2）贯彻执行党的基本路线和各项方针、政策，带头参加改革开放和社会主义现代化建设，带动群众为经济发展和社会进步艰苦奋斗，在生产、工作、学习和社会生活中起先锋模范作用。

（༢）ཏང་གི་གཞི་རྩའི་ལམ་ཕྱོགས་དང་། བྱེད་ཕྱོགས་སྲིད་ཇུས་ཁག་ལག་ལེན་མཐར་ཕྱིན་བསྟར་ནས་སྒྱུར་བཅོས་སྒོ་དབྱེ་དང་སྤྱི་ཚོགས་རིང་ལུགས་དེང་རབས་ཅན་དུ་འགྱུར་བའི་འཛུགས་སྐྲུན་ལ་སྔོ་ཁྲིད་ཀྱིས་ཞུགས་དགོས་པ་དང་། མང་ཚོགས་ལ་སྐུལ་ཁྲིད་བྱས་ནས་དཔལ་འབྱོར་གོང་འཕེལ་དང་སྤྱི་ཚོགས་ཡར་ཐོན་ཡོང་ཕྱིར་དཀའ་སྤྱད་འབད་བརྩོན་བྱས་ནས་ཐོན་སྐྱེད་དང་། ལས་ཀ། སློབ་སྦྱོང་། སྤྱི་ཚོགས་འཚོ་བ་བཅས་ཀྱི་ནང་དུ་གདོང་ལེན་དང་དཔེ་བཟང་གི་ནུས་པ་འདོན་དགོས།

（3）坚持党和人民的利益高于一切，个人利益服从党和人民的利益，吃苦在前，享受在后，克己奉公，多做贡献。

（༣）ཏང་དང་མི་དམངས་ཀྱི་ཁེ་ཕན་དེ་ཁེ་ཕན་གང་ལས་ཀྱང་ལྷག་པར་འཛིན་རྒྱུ་མཐའ་འཁྱོངས་བྱས་ནས་སྒེར་གྱི་ཁེ་ཕན་གྱིས་ཏང་དང་མི་དམངས་ཀྱི་ཁེ་ཕན་ལ་བསྟུན་དགོས་པ་དང་། དཀའ་བ་སྔོན་ལ་སྤྱོད་ཅིང་བདེ་བ་རྗེས་སུ་སྤྱོད་དགོས་ཤིང་། སྒེར་དོན་སྤངས་ནས་གཞུང་དོན་སྒྲུབ་ཅིང་ལེགས་སྐྱེས་གང་མང་འབུལ་དགོས།

（4）自觉遵守党的纪律，首先是党的政治纪律和政治规矩，模范遵守国家的法律法规，严格保守党和国家的秘密，执行党的决定，服从组织分配，积极完成党的任务。

（༤）ཏང་གི་སྒྲིག་ཁྲིམས་སྤྱི་དང་། གཙོ་བོ་ཏང་གི་ཆབ་སྲིད་ཀྱི་སྒྲིག་ཁྲིམས་དང་ཆབ་སྲིད་ཀྱི་སྒྲིག་ལམ་རང་རྟོགས་ཀྱིས་བརྩི་སྲུང་ཞུ་དགོས་པ་དང་། རྒྱལ་ཁབ་ཀྱི་བཅའ་ཁྲིམས་དང་ཁྲིམས་སྲོལ་དཔེ་སྟོན་གྱིས་བརྩི་སྲུང་བྱེད་དགོས་པ། ཏང་དང་རྒྱལ་ཁབ་ཀྱི་གསང་དོན་དམ་སྲུང་དང་། ཏང་གི་ཐག་གཅོད་ལག་བསྟར། ཚ་འཛུགས་ཀྱི་བསྐོ་མངག་དང་ལེན། ཧུར་བརྩོན་ཆེན་པོས་ཏང་གི་ལས་འགན་ལེགས་འགྲུབ་བཅས་བྱ་དགོས།

（5）维护党的团结和统一，对党忠诚老实，言行一致，坚决反对一切派别组织和小集团活动，反对阳奉阴违的两面派行为和一切阴谋诡计。

（༥）ཏང་གི་མཐུན་སྒྲིལ་དང་གཅིག་གྱུར་སྲུང་སྐྱོང་བྱེད་དགོས་པ་དང་། ཏང་ལ་ལྷག་བསམ་རྣམ་དག་དང་ཁ་ཞེ་གཉིས་མེད་བྱེད་ཅིང་། སེམས་ཐག་གཙང་བཅད་ཀྱིས་ཕྱོགས་ཁག་གི་རྩ་འཛུགས་དང་ཚོགས་པ་ཆུང་གྲས་ཀྱི་བྱ་སྤྱོད་མཐའ་དག་ལ་ངོ་རྒོལ་དང་། མངོན་བཟེ་ལྐོག་འགལ་གྱི་མགོ་གཉིས་མའི་སྤྱོད་ཚུལ་དང་ལྐོག་གཡོ་ངན་རྫུས་མཐའ་དག་ལ་ངོ་རྒོལ་བྱ་དགོས།

（6）切实开展批评和自我批评，勇于揭露和纠正违反党的原则的言行和工作中的缺点、错误，坚决同消极腐败现象作斗争。

（༦）སྐྱོན་བརྗོད་དང་རང་སྐྱོན་རང་བརྗོད་ཏན་ཏིག་བྱས་ནས་ཏང་གི་རྩ་དོན་དང་འགལ་བའི་གཏམ་སྤྱོད་དང་ལས་ཀའི་ནང་གི་སྐྱོན་དང་ནོར་འཁྲུལ་ཐེར་འདོན་དང་ཡོ་བསྲང་བྱེད་ཕོད་པ་དང་། སྙིད་ལུག་དང་རུལ་སུངས་སུ་འགྱུར་བའི་སྣང་ཚུལ་ལ་འཐབ་རྩོད་མཐའ་གཅིག་ཏུ་བྱ་དགོས།

（7）密切联系群众，向群众宣传党的主张，遇事同群众商量，及时向党反映群众的意见和要求，维护群众的正当利益。

（༧）མང་ཚོགས་དང་འབྲེལ་འདྲིས་དམ་ཟབ་བྱས་ནས་མང་ཚོགས་ལ་ཏང་གི་འདོད་ཚུལ་དྲིལ་བསྒྲགས་དང་། དོན་དག་བྱུང་ཚེ་མང་ཚོགས་དང་གོ་བསྡུར་བྱས་ཐོག་མང་ཚོགས་ཀྱི་བསམ་འཆར་དང་རེ་འདུན་དུས་ཐོག་ཏུ་ཏང་ལ་སྙན་སེང་ཞུས་ནས་མང་ཚོགས་ཀྱི་ལུགས་མཐུན་ཁེ་ཕན་ལ་སྲུང་སྐྱོང་བཅས་བྱ་དགོས།

（8）发扬社会主义新风尚，带头实践社会主义核心价值观和社会主义荣辱观，提倡共产主义道德，弘扬中华民族传统美德，为了保护国家和人民的利益，在一切困难和危险的时刻挺身而出，英勇斗争，不怕牺牲。

（༨）སྤྱི་ཚོགས་རིང་ལུགས་ཀྱི་གོམས་སྲོལ་གསར་པ་དར་སྤེལ་དང་། སྤྱི་ཚོགས་རིང་ལུགས་ཀྱི་ལྟེ་བའི་རིན་ཐང་ལྟ་བ་དང་སྤྱི་ཚོགས་རིང་ལུགས་ཀྱི་གཟི་ཁྲེལ་ལྟ་བ་སྔོ་ཁྲིད་ནས་ལག

བསྐྱར། གུང་ཁྲན་རིང་ལུགས་ཀྱི་ཀུན་སྤྱོད་དར་སྤེལ། ཀྲུང་ཧྭ་མི་རིགས་ཀྱི་སྲོལ་རྒྱུན་སྤྱོད་བཟང་དར་སྤེལ་བཅས་བྱས་ནས་རྒྱལ་ཁབ་དང་མི་དམངས་ཀྱི་ཁེ་ཕན་སྲུང་སྐྱོང་བྱེད་ཆེད་དཀའ་ངལ་དང་ཉེན་ཁ་གང་ཞིག་ལ་ཐུག་ཀྱང་དཔའ་ངར་ཆེར་བསྐྱེད་ཀྱིས་ཕྱིར་ཐོན་ཏེ་དཔའ་མཛངས་རྩལ་ཕོད་ཀྱིས་འཐབ་རྩོད་བྱེད་ཅིང་རང་སྲོག་བློས་གཏོང་བར་མི་སྐྲག་པ་བྱ་དགོས།

2. 什么是四个服从?

༢.བརྩི་སྲུང་བཞི་གང་དང་གང་ཡིན་ནམ།

"四个服从"，是党的民主集中制原则的重要内容，是党的政治纪律的核心内容，贯穿于党的建设的各个环节。内容包括：第一，党员个人服从党的组织；第二，少数服从多数；第三，下级组织服从上级组织；第四，全党各个组织和全体党员服从党的全国代表大会和中央委员会。"四个服从"是贯彻落实民主集中制的有效途径，是党内生活秩序的总概括，是正确处理党内各种关系的基本原则。

"བརྩི་སྲུང་བཞི"ནི་ཏང་གི་དམངས་གཙོ་གཅིག་བསྡུས་ལམ་ལུགས་ཀྱི་ནང་དོན་གལ་ཆེན་ཞིག་དང་། ཏང་གི་ཆབ་སྲིད་སྒྲིག་ལམ་གྱི་ལྟེ་བའི་ནང་དོན་ཞིག་ཡིན་པས་ཏང་འཛུགས་སྐྱོང་གི་ལྷུ་ཚིགས་ཚང་མར་ཁྱབ་ཡོད། དེའང་ཞིབ་ཕྲ་ནི། དང་པོ། ཏང་ཡོན་སྒེར་གྱིས་ཏང་གི་རྩ་འཛུགས་ལ་བརྩི་སྲུང་ཞུ་དགོས་པ། གཉིས་པ། ཉུང་བས་མང་བར་བརྩི་སྲུང་ཞུ་དགོས་པ། གསུམ་པ། འོག་རིམ་གྱིས་གོང་རིམ་ལ་བརྩི་སྲུང་ཞུ་དགོས་པ། བཞི་པ། ཏང་ཡོངས་ཀྱི་རྩ་འཛུགས་ཁག་དང་ཏང་ཡོན་ཡོངས་ནས་ཏང་གི་རྒྱལ་ཡོངས་མི་དམངས་འཐུས་ཚོགས་དང་ཀྲུང་དབྱང་ཨུ་ཡོན་ལྷན་ཁང་ལ་བརྩི་སྲུང་ཞུ་དགོས། "བརྩི་སྲུང་བཞི"ནི་དམངས་གཙོ་གཅིག་བསྡུས་ལམ་ལུགས་ལག་བསྟར་དོན་འཁྱོལ་བྱེད་པའི་ཐབས་ལམ་ནུས་ལྡན་ཞིག་ཡིན་པ་དང་། ཏང་ནང་ཁུལ་གྱི་འཚོ་བའི་སྒྲིག་ལམ་ཕྱོགས་བསྡུས་བྱས་པ་ཞིག་ཡིན་པ། ཏང་ནང་ཁུལ་གྱི་འབྲེལ་བ་སྣ་ཚོགས་ཐག་གཅོད་ཡང་དག་བྱེད་པའི་གཞི་རྩའི་རྩ་དོན་ཞིག་བཅས་ཡིན།

3. 对党员的纪律处分有哪几种？

༣.དང་ཡོན་གྱི་སྒྲིག་ལམ་ཆད་གཅོད་ལ་རིགས་གང་དག་ཡོད་དམ།

对党员的纪律处分种类：

དང་ཡོན་གྱི་སྒྲིག་ལམ་ཐད་ཀྱི་ཆད་པ་གཅོད་སྟངས་ལ་གཤམ་གསལ་གྱི་རིགས་མི་འདྲ་བ་ཁ་ཤས་ཡོད་དེ།

（1）警告；

(༡) ཐ་ཚིག་སྒྲོག་པ།

（2）严重警告；

(༢) ཐ་ཚིག་ནན་པོ་སྒྲོག་པ།

（3）撤销党内职务；

(༣) དང་ནང་ཁུལ་གྱི་གོ་གནས་མེད་པ་བཟོ་རྒྱུ།

（4）留党察看；

(༤) དང་ནང་ལ་རང་སོར་བཞག་ནས་ལྟ་ཞིབ་བྱ་རྒྱུ།

（5）开除党籍。

(༥) དང་གི་སྒྲིད་ཐུག་ནས་ཕྱིར་འབུད་བྱ་རྒྱུ་བཅས་རེད།

4. 对抗组织审查的情形有哪些？

༤.རྩ་འཛུགས་ཀྱི་ཞིབ་བཤེར་ལ་འགྲན་གོལ་བྱེད་ཚུལ་ཕྱོགས་གང་དག་ཡོད་དམ།

（1）串供或者伪造、销毁、转移、隐匿证据的；

(༡) དཔང་རྟགས་སྙོག་འབྲེལ་གྱིས་འདོན་པ་དང་རྫུན་བཟོ་བྱས་པ། མེད་པ་བཟོས་པ། སྤོ་འགྱུར་བྱས་པ། སྦ་གསང་བྱས་པ་བཅས་དང་།

（2）阻止他人揭发检举、提供证据材料的；

（༢）མི་གཞན་གྱིས་ཞེར་འདོན་དང་དཔང་རྟགས་དཔྱད་གཞི་མཁོ་འདོན་བྱེད་པར་བཀག་འགོག་བྱས་པ།

（3）包庇同案人员的；

（༣）གྱོད་འབྲེལ་མི་སྣ་འགེབས་སྲུང་བྱས་པ།

（4）向组织提供虚假情况，掩盖事实的；

（༤）རྩ་འཛུགས་ལ་གནས་ཚུལ་རྫུན་ཞུ་བྱས་ཏེ་དོན་དངོས་གཡོ་འགེབས་བྱས་པ།

（5）有其他对抗组织审查行为的。

（༥）ད་དུང་རྩ་འཛུགས་ཀྱི་ཞིབ་བཤེར་ལ་འགྲན་རྒོལ་བྱེད་པའི་བྱ་སྤྱོད་གཞན་དག་བཅས་སོ།།

5. 对信仰宗教的党员怎么处理？

༥.ཆོས་ལ་དད་པ་བྱེད་མཁན་གྱི་ཏང་ཡོན་ལ་ཐག་གཅོད་གང་འདྲ་བྱེད་དགོས་སམ།

对信仰宗教的党员，应当加强思想教育，经党组织帮助教育仍没有转变的，应当劝其退党；劝而不退的，予以除名；参与利用宗教搞煽动活动的，给予开除党籍处分。

ཆོས་ལ་དད་པ་བྱེད་མཁན་གྱི་ཏང་ཡོན་ལ་བསམ་བློའི་སློབ་གསོ་རྒྱག་པ་དང་། ཏང་རྩ་འཛུགས་ཀྱིས་རོགས་རམ་སློབ་གསོ་བརྒྱབ་ཀྱང་འགྱུར་ལྡོག་མ་བཏང་ཚེ། ཁོ་པར་ཏང་གི་སྲིད་ཕྱུག་ནས་དོན་རྒྱུར་ཁ་ཏ་བྱ་དགོས། ཁ་ཏ་བྱས་ཀྱང་མ་དོན་ན་ཏང་ཡོན་གྱི་མིང་མེད་པར་བཟོ་བ་དང་། ཆོས་ལུགས་བེད་སྤྱོད་དེ་ངན་སྐུལ་གྱི་བྱེད་སྒོར་ཞུགས་ཡོད་ཚེ། ཏང་གི་སྲིད་ཕྱུག་ནས་ཕྱིར་འབུད་བྱ་དགོས།

6. 党员干部需要具备什么样的条件？

༦.ཏང་ཡོན་ལས་བྱེད་པར་ཆ་རྐྱེན་གང་འདྲ་ཞིག་ལྡན་དགོས་སམ།

党的各级领导干部必须信念坚定、为民服务、勤政务实、敢于担当、清正廉洁，模范地履行党员的各项义务，并且必须具备以下的基本条件：

དེ་འང་ཏང་གི་རིམ་ཁག་འགོ་ཁྲིད་ལས་བྱེད་པར་ངེས་པར་དུ་དད་སེམས་བརྟན་པོ་དགོས་པ་དང་། མི་དམངས་ལ་ཞབས་འདེགས་དང་སྲིད་བརྩོན་དངོས་གཉེར། འགན་འཁུར་ཕོད་པ། གཞུང་དྲང་སྒྲུབ་གཙང་། མིག་དཔེ་སྟོན་ནས་ཏང་ཡོན་གྱི་འོས་འགན་ཁག་སྒྲུབ་དགོས་པ་བཅས་མ་ཟད། ངེས་པར་དུ་གཤམ་གསལ་གྱི་གཞི་རྩའི་ཆ་རྐྱེན་ཁག་ལྡན་དགོས་པ་སྟེ།

（1）具有履行职责所需要的马克思列宁主义、毛泽东思想、邓小平理论、“三个代表”重要思想、科学发展观的水平，带头贯彻落实习近平新时代中国特色社会主义思想，努力用马克思主义的立场、观点、方法分析和解决实际问题，坚持讲学习、讲政治、讲正气，经得起各种风浪的考验。

（༡）འགན་འཁྲི་ལག་བསྟར་བྱ་རྒྱུར་མཁོ་བའི་མ་ཁེ་སི་ལེ་ཉིན་རིང་ལུགས་དང་མའོ་ཙེ་ཏུང་གི་དགོངས་པ། ཏིང་ཞའོ་ཕིང་གི་རིགས་པའི་གཞུང་ལུགས། “མཚོན་བྱེད་གསུམ”གྱི་གལ་ཆེའི་དགོངས་པ། ཚན་རིག་དང་མཐུན་པའི་གོང་འཕེལ་ལྟ་བ་བཅས་ཀྱི་ཆུ་ཚད་ལྡན་པ། ཞི་ཅིན་ཕིང་གི་དུས་རབས་གསར་པའི་ཀྲུང་གོའི་ཁྱད་ཆོས་ལྡན་པའི་སྤྱི་ཚོགས་རིང་ལུགས་ཀྱི་དགོངས་པ་སྣེ་ཁྲིད་ནས་ལག་བསྟར་དོན་འཁྱོལ་བྱེད་པ། འབད་བརྩོན་ཆེན་པོས་མ་ཁེ་སི་རིང་ལུགས་ཀྱི་ལངས་ཕྱོགས་དང་ལྟ་བ། བྱ་ཐབས་བཅས་ལ་བརྟེན་ནས་དོན་དངོས་ཀྱི་གནད་དོན་ལ་དབྱེ་ཞིབ་དང་དེ་ཐག་གཅོད་བྱེད་པ། སློབ་སྦྱོང་ལ་སྣང་ཆེན་དང་ཆབ་སྲིད་ལ་སྣང་ཆེན། སྤྱོད་བཟང་ལ་སྣང་ཆེན་བཅས་བྱ་རྒྱུ་རྒྱུན་འཁྱོངས་བྱས་ནས་དཀའ་ངལ་སྣ་ཚོགས་བཟོད་པར་བྱ་དགོས།

（2）具有共产主义远大理想和中国特色社会主义坚定信念，坚决执行党的基本路线和各项方针、政策，立志改革开放，献身现代化事业，在社会主义建设中艰苦创业，树立正确政绩观，做出经得起实践、人民、历史检验的实绩。

（༢）གུང་ཁྲན་རིང་ལུགས་ཀྱི་རྒྱང་རིང་ཕུགས་བསམ་དང་ཀྲུང་གོའི་ཁྱད་ཆོས་ལྡན་པའི་སྤྱི་ཚོགས་རིང་ལུགས་ཀྱི་དད་སེམས་བརྟན་པོ་ལྡན་པ། ཏང་གི་གཞི་རྩའི་ལམ་ཕྱོགས་དང་བྱེད་ཕྱོགས། སྲིད་ཇུས་བཅས་ལག་ལེན་མཐའ་གཅིག་ཏུ་བསྟར་ནས་བསྒྱུར་བཅོས་སྒོ་

དཔེའི་བློ་སྟོབས་ལྡན་དགོས་པ། དེང་རབས་ཅན་གྱི་བྱ་གཞག་ལ་ལེགས་སྐྱེས་འབུལ་བ། སྤྱི་ཚོགས་རིང་ལུགས་ཀྱི་འཛུགས་སྐྲུན་ནང་དཀའ་སྤྱད་ལས་གཏོད་བྱེད་པ། ཡང་དག་པའི་ཆབ་སྲིད་ཀྱི་བྱས་རྗེས་ལྟ་བ་འཛུགས་པ། ལག་ལེན་དང་མི་དམངས། ལོ་རྒྱུས་བཅས་ཀྱི་བརྟག་བཤེར་ཐེག་པའི་གྲུབ་འབྲས་དངོས་འཇོག་དགོས།

（3）坚持解放思想，实事求是，与时俱进，开拓创新，认真调查研究，能够把党的方针、政策同本地区、本部门的实际相结合，卓有成效地开展工作，讲实话，办实事，求实效。

（༣）བསམ་བློར་བཅིངས་འགྲོལ་དང་དངོས་ཐོག་བདེན་འཚོལ། དུས་བསྟུན་མཉམ་སྐྱོད། གསར་གཏོད་གསར་སྤྲུན། ནན་ཏན་དང་བརྟག་དཔྱད་ཞིབ་འཇུག་བྱ་རྒྱུ་བཅས་རྒྱུན་འཛིན་བྱས་ཐོག ཏང་གི་བྱེད་ཕྱོགས་དང་སྲིད་ཇུས་དག་ས་ཁུལ་དེ་ག་དང་སྡེ་ཁག་དེ་གའི་དོན་དངོས་གནས་ཚུལ་དང་ཟུང་འབྲེལ་ཐུབ་པ་བྱས་ནས་གྲུབ་འབྲས་གཟེངས་སུ་ཐོན་པའི་ངང་ལས་ཀ་བྱེད་པ་དང་སྐད་ཆ་དྲང་པོ་ཤོད་པ། དོན་དག་དངོས་སྒྲུབ་པ། ཕན་འབྲས་དངོས་ཐོན་པ་བཅས་བྱ་དགོས།

（4）有强烈的革命事业心和政治责任感，有实践经验，有胜任领导工作的组织能力、文化水平和专业知识。

（༤）གསར་བརྗེའི་བྱ་གཞག་གི་བསམ་བློ་དང་ཆབ་སྲིད་ཀྱི་འགན་སེམས་ཆེན་པོ་ཡོད་པ། ལག་ལེན་གྱི་ཉམས་མྱོང་ཡོད་པ། འགོ་ཁྲིད་ཀྱི་འགན་འཁྲི་འཕྱུར་ཐུབ་པའི་སྒྲིག་འཛུགས་ཀྱི་ནུས་པ་ཡོད་པ། རིག་གནས་ཚད་དང་ཆེད་ལས་ཤེས་བྱ་ལྡན་པ་བཅས་དགོས།

（5）正确行使人民赋予的权力，坚持原则，依法办事，清正廉洁，勤政为民，以身作则，艰苦朴素，密切联系群众，坚持党的群众路线，自觉地接受党和群众的批评和监督，加强道德修养，讲党性、重品行、作表率，做到自重、自省、自警、自励，反对形式主义、官僚主义、享乐主义和奢靡之风，反对任何滥用职权、谋求私利的行为。

（༥）མི་དམངས་ཀྱིས་སྤྲད་པའི་དབང་ཆ་ལག་བསྟར་ཡང་དག་པ་བྱེད་པ་དང་། རྩ་དོན་བརྒྱུན་འཛིན་བྱེད་པ། ཁྲིམས་ལྟར་དོན་དག་སྒྲུབ་པ། གཞུང་དྲང་སྤྱོད་གཙང་། དམངས་ཆེད་སྲིད་བརྩོན། རང་དཔེ་གཞན་སྟོན། དཀའ་སྤྱད་བབ་ཆགས། མང་ཚོགས་དང་འབྲེལ་བ་ཟབ་པ། ཏང་གི་མང་ཚོགས་ལམ་ཕྱོགས་རྒྱུན་འཛིན་བྱེད་པ། རང་རྟོགས་ངང་ཏང་དང་མང་ཚོགས་ཀྱི་སྐྱོན་བརྗོད་དང་ལྟ་སྐུལ་དང་ལེན་བྱེད་པ། ཀུན་སྤྱོད་བྱང་ཚད་ལ་ཤུགས་སྣོན་རྒྱག་པ། ཏང་གཤིས་ལ་སྣང་ཆེན་དང་གཤིས་སྤྱོད་ལ་དོ་སྣང་། མིག་དཔེ་སྟོན་པ། རང་བཀུར་དང་རང་ཞིབ། རང་ཟོན། རང་སྐུལ་བཅས་བྱེད་པ་དང་། ཕྱི་ཚུལ་རིང་ལུགས་དང་དཔོན་ཉམས་རིང་ལུགས། སྐྱིད་འདོད་རིང་ལུགས། དེ་བཞིན་བག་མེད་ཀྱི་སྤྱོལ་ངན་བཅས་ལ་ངོ་རྒོལ་བྱེད་པ། འགན་དབང་གང་བྱུང་དུ་སྤྱད་ནས་སྒེར་ཕན་སྒྲུབ་པའི་བྱ་སྤྱོད་མཐའ་དག་ལ་ངོ་རྒོལ་བྱ་དགོས།

（6）坚持和维护党的民主集中制，有民主作风，有全局观念，善于团结同志，包括团结同自己有不同意见的同志一道工作。

（༦）ཏང་གི་དམངས་གཙོ་གཅིག་བསྡུས་ལམ་ལུགས་རྒྱུན་འཛིན་དང་སྲུང་སྐྱོང་བྱས་ཐོག དམངས་གཙོའི་སྤྱོད་ཚུལ་ལྡན་པ་དང་ཁྱོན་ཡོངས་ཀྱི་འདུ་ཤེས་ལྡན་པ། བློ་མཐུན་

ནང་ཁུལ་མཐུན་སྒྲིལ་བྱེད་མཁས་པ། རང་ཉིད་དང་བསམ་འཆར་མི་མཐུན་པའི་བློ་མཐུན་ལའང་མཐུན་སྒྲིལ་བྱས་ཏེ་མཉམ་དུ་ལས་ཀ་བྱ་དགོས།

7. 什么是“约法十章”？

༧."སྲུང་བྱ་རྣམ་བཅུ"གང་ཡིན་ནམ།

按照中央政治局八项规定，结合实际、从严要求，西藏自治区党委常委会班子要进一步加强作风建设，做到“约法十章”。

ཀྲུང་དབྱང་ཆབ་སྲིད་ཅུས་ཀྱི་གཏན་འབེབས་དོན་ཚན་བརྒྱད་ལ་གཞིགས་པ་དང་། དོན་དངོས་དང་ཟུང་འབྲེལ་གྱིས་རེ་བ་ནན་པོ་བྱེད་པ། བོད་རང་སྐྱོང་ལྗོངས་ཏང་ཨུད་རྒྱུན་ལས་ཨུ་ལྷན་གྱི་ཚན་པས་སྤྱོད་ཚུལ་འཛུགས་སྐྲུན་ལ་ཤུགས་སྣོན་བརྒྱབ་སྟེ"སྲུང་བྱ་རྣམ་བཅུ"སྲུང་ཐུབ་པ་བྱ་དགོས།

一要改进调查研究。深入基层、深入群众，了解真实情况，总结经验、研究问题、解决困难、指导工作，坚决杜绝“走马观花”、“蜻蜓点水”；要轻车简从、减少陪同、简化接待。

གཅིག་ནས་བརྟག་དཔྱད་ཞིབ་འཇུག་བྱེད་སྟངས་ལེགས་བཅོས་བྱ་དགོས་པ་སྟེ། གཞི་རིམ་དང་མང་ཚོགས་ཁྲོད་ཟབ་སྙོད་བྱས་ནས་གནས་ཚུལ་དོ་མ་ཤེས་རྟོགས་བྱེད་པ་དང་། ཉམས་མྱོང་ཕྱོགས་བསྡོམས་དང་གནད་དོན་ལ་ཞིབ་འཇུག དཀའ་ངལ་ཐག་གཅོད། ལས་ཀར་མཛུབ་ཁྲིད་བཅས་བྱེད་པ། ཕྱི་ཚུལ་ཙམ་དང་ཆེ་ལོང་ཙམ་གྱི་བྱེད་སྟངས་བཀག་འགོག་མཐའ་གཅིག་ཏུ་བྱེད་པ། འགྲོ་སྟབས་གང་བདེ་དང་འགྲོ་རོགས་གང་ཉུང་། སྣེ་ལེན་སྟབས་གང་བདེ་བཅས་བྱ་དགོས།

二要精简各类会议。少开会、开短会，严格控制会议规格、数量和时间，从严掌握以自治区党委、政府名义召开的会议，尽可能通过电视电话会议或视频会议部署工作，减少集中开会和层层开会。

གཉིས་ནས་ཚོགས་འདུ་འཚོགས་རྒྱུ་ཉུང་དུ་གཏོང་དགོས་པ་སྟེ། ཚོགས་འདུ་ཉུང་ཙམ་འཚོགས་པ་དང་འཚོགས་ཡུན་ཐུང་དུ་གཏོང་བ། ཚོགས་འདུའི་རིམ་པ་དང་གྲངས་ཚད། དུས་ཚོད་བཅས་ལ་ཚོད་འཛིན་ནན་པོ་བྱེད་པ། རང་སྐྱོང་ལྗོངས་ཏང་ཨུད་དང་སྲིད་གཞུང་གི་མིང་ཐོག་ནས་འཚོགས་པའི་གྲོས་ཚོགས་ཞིབ་རྟོགས་ནན་པོ་བྱེད་པ་དང་། ཅི་ནས་ཀྱང་བརྟན་མཐོང་དང་ཁ་པར་གྱི་གྲོས་ཚོགས་བརྒྱུད་ལས་དོན་བཀོད་སྒྲིག་བྱེད་པ་ལས་གཅིག་བསྡུས་ཀྱི་ཚོགས་འདུ་དང་རིམ་པ་སྟར་ཆགས་ཀྱི་ཚོགས་འདུ་ཉུང་དུ་གཏོང་དགོས།

三要精简文件材料。少发文、发短文，减少文件数量，压缩文件篇幅，提高文件质量，注重文件实效，没有实质内容、可发可不发的文件一律不发。

གསུམ་ནས་ཡིག་ཆ་དང་དཔྱད་ཡིག་ཁྱུ་བསྡུ་བྱེད་དགོས་པ་སྟེ། ཡིག་ཆ་ཉུང་ཙམ་སྤེལ་བ་དང་ཡིག་ཆ་ཐུང་ཙམ་སྤེལ་ནས་ཡིག་ཆའི་གྲངས་འབོར་ཉུང་དུ་གཏོང་བ། ཡིག་ཚོགས་ཉུང་དུ་གཏོང་བ། ཡིག་ཆའི་སྤུས་ཚད་མཐོ་རུ་གཏོང་བ། ཡིག་ཆའི་ཕན་ནུས་ལ་བརྩི་མཐོང་བྱེད་པ། དོན་སྙིང་ཆེན་པོ་མེད་པ་དང་གཤམ་སྤེལ་བྱས་ན་ཆོག་ལ་མ་བྱས་ན་ཡང་ཆོག་པའི་ཡིག་ཆ་མཐའ་དག་གཤམ་སྤེལ་བྱེད་མི་རུང་།

四要严控事务活动。除自治区党委统一安排的重要活动外，未经区党委常委会批准不得参加各类剪彩、奠基、首发式、庆典等活动，不得参加地方和部门举办的庆祝会、表彰会、纪念会、博览会、联谊会、研讨会及各类论坛。

བཞི་ནས་ལས་དོན་གྱི་བྱེད་སྒོར་ཚོད་འཛིན་ནན་པོ་བྱེད་དགོས་པ་སྟེ། རང་སྐྱོང་ལྗོངས་ཏང་ཨུད་ནས་གཅིག་གྱུར་གྱིས་བཀོད་སྒྲིག་བྱས་པའི་བྱེད་སྒོ་གལ་ཆེ་རིགས་ཕུད། ལྗོངས་ཏང་ཨུད་རྒྱུན་ལས་ཨུ་ལྷན་གྱི་ཚོག་མཆན་མ་བརྒྱུད་པར་རིགས་ཁག་གི་དར་ཚོན་བྲེགས་པ་དང་རྨང་རྡོ་འདིང་བ། ཐོག་མའི་འགྲེམས་སྤེལ་མཛད་སྒོ་སོགས་ཀྱི་བྱེད་སྒོར་ཞུགས་མི་རུང་བ་དང་། ས་གནས་དང་སྡེ་ཁག་གིས་གཉེར་བའི་རྟེན་འབྲེལ་ཚོགས་འདུ་དང་གཟེངས་བསྟོད་ཚོགས་འདུ། དྲན་གསོའི་ཚོགས་འདུ། དངོས་མང་འགྲེམས་ཚོགས། མཛའ་འབྲེལ་སྒྲོ་ཚོགས། ཞིབ་བསྡུར་ཚོགས་འདུ། དེ་བཞིན་རིགས་སྣ་ཚོགས་ཀྱི་གླེང་སྟེགས་བཅས་ལ་ཞུགས་མི་རུང་།

五要规范出区出访。严格控制出国访问、合理安排出区考察学习活动，严格控制经费支出、严格控制随行人员，严格按照规定乘坐交通工具，不送行、不迎接。

ལྔ་ནས་ས་ཁུལ་དེ་ག་ནས་ཕྱིར་སྐྱོད་དང་འཚམ་འདྲིར་སྐྱོད་ཚུལ་གཅིག་གྱུར་བཟོ་དགོས་པ་སྟེ། ཕྱི་རྒྱལ་ལ་འཚམ་འདྲིར་བསྐྱོད་རྒྱ་དང་ས་ཁུལ་དེ་ག་ནས་གཞན་དུ་རྟོག་ཞིབ་དང་སློབ་སྦྱོང་ལ་འགྲོ་རྒྱུ་ལུགས་མཐུན་བཀོད་སྒྲིག་བྱེད་པར་ཚོད་འཛིན་ནན་པོ་བྱེད་དགོས་པ་དང་། འགྲོ་གྲོན་ཐད་ཚོད་འཛིན་ནན་པོ་བྱེད་དགོས་པ། སྐྱོད་རོགས་ཀྱི་མི་སྣ་ཚོད་འཛིན་ནན་པོ་བྱེད་དགོས་པ། གཏན་འབེབས་ལ་ནན་པོར་གཞིགས་ཏེ་འགྲིམ་འགྲུལ་ཡོ་བྱད་སྤྱོད་པ་དང་བསུ་སྐྱེལ་བྱེད་མི་ཉུང་བ།

六要改进警卫工作。严格执行警卫制度，规范使用警用车辆，减少交通管制，非重大活动、未经批准不得用警车开道，不得封路、不清场闭馆。

དྲུག་ནས་སྲུ་སྲུང་ལས་ཀར་བསྒྱུར་བཅོས་བྱེད་དགོས་པ་སྟེ། སྲུ་སྲུང་ལམ་ལུགས་ལག་བསྟར་ནན་པོ་བྱེད་པ་དང་། ཉེན་རྟོག་ཧྲང་ས་འཁོར་བེད་སྤྱོད་བྱེད་སྟངས་གཅིག་གྱུར་བཟོ་དགོས་པ། འགྲིམ་འགྲུལ་གྱི་དོ་དམ་བཀག་རྒྱ་ཉུང་དུ་གཏོང་དགོས་པ། བྱེད་སྒོ་གལ་ཆེན་མིན་ཚེ་ཆོག་མཆན་མ་བརྒྱུད་པར་ཉེན་རྟོག་ཧྲང་ས་འཁོར་བཀོལ་སྤྱོད་བྱེད་མི་ཉུང་བ་དང་། གཞུང་ལམ་བཀག་མི་ཉུང་བ། ཚོགས་ར་དང་ཁང་རིགས་གཙང་བཤེར་དང་སྒོ་བརྒྱབ་མི་ཆོག

七要改进新闻报道。自治区党委常委出席会议和活动应根据工作需要、新闻价值、社会效果决定是否报道，进一步压缩报道的数量、字数、时长。

བདུན་ནས་གསར་འགྱུར་གཏོང་སྤེལ་ལ་བསྒྱུར་བཅོས་བྱེད་དགོས་པ་སྟེ། རང་སྐྱོང་ལྗོངས་ཏང་ཨུད་དང་རྒྱུན་ཨུད་གྲོས་ཚོགས་དང་བྱེད་སྒོར་ཞུགས་སྐབས། ལས་ཀའི་དགོས་མཁོ་དང་གསར་འགྱུར་གྱི་རིན་ཐང་། སྤྱི་ཚོགས་ཀྱི་ཕན་ནུས་བཅས་ལ་གཞིགས་ནས་གནས་ཚུལ་སྤེལ་དང་

མ་སྲིལ་ཐག་གཅོད་དགོས་པ་དང་། གནས་ཚུལ་སྤྲིལ་གཏོང་འགོར་ཚད་དང་ཡིག་ཚོགས། དུས་ཚོད་བཅས་སྔར་བས་ཉུང་དུ་གཏོང་དགོས།

八要严格文稿发表。除自治区党委统一安排或实际工作需要外，自治区党委常委个人一般不公开出版著作，不发贺信、贺电，不题词、题字，不为他人著作写序。

བརྒྱད་ནས་ཡིག་ཐོག་གི་གནས་ཚུལ་སྤྲིལ་རྒྱུར་དོ་དམ་ནན་པོ་བྱེད་དགོས་པ་སྟེ། ལྗོངས་ཏང་ཨུད་ཀྱི་གཅིག་གྱུར་བཀོད་སྒྲིག་དང་། ཡང་ན་དོན་དངོས་ཀྱི་ལས་ཀའི་དགོས་མཁོ་ཕུད། རང་སྐྱོང་ལྗོངས་ཏང་ཨུད་ཀྱི་རྒྱུན་ཨུད་མི་སྒེར་གྱིས་སྤྱིར་མངོན་གསལ་ཐོག་རྩོམ་དེབ་དཔེ་སྐྲུན་བྱེད་མི་རུང་བ་དང་། རྟེན་འབྲེལ་འཕྲིན་ཡིག་དང་རྟེན་འབྲེལ་གློག་འཕྲིན་བསྐུར་མི་རུང་བ། ཞིས་ཚིག་དང་ཡི་གེ་འབྲི་མི་རུང་བ། མི་གཞན་གྱི་རྩོམ་དེབ་ལ་གླེང་གཞི་འབྲི་མི་རུང་།

九要厉行勤俭节约。反对讲排场、比阔气、大手大脚、铺张浪费，严格执行公务用车、办公用房、外出考察、公务接待等规定。

དགུ་ནས་གྲོན་ཆུང་བསྲི་ཚགས་བྱེད་དགོས་པ་སྟེ། རྒྱས་གཤོམ་དང་ཡོད་ཉམས། ཕངས་མེད། རྒྱས་སྤྲོས་ཆུད་ཟོས་བཅས་བྱེད་པར་ངོ་རྒོལ་བྱེད་པ་དང་། གཞུང་དོན་གྱི་ཆེད་དུ་རླངས་འཁོར་བེད་སྤྱོད་པ་དང་གཞུང་དོན་གྱི་ཆེད་དུ་ཁང་པ་བེད་སྤྱོད་པ། གཞུང་དོན་གྱི་ཆེད་དུ་ནྱེ་ལེན་ཞུ་རྒྱུ་སོགས་སྐོར་གྱི་གཏན་འབེབས་ལག་བསྟར་ནན་པོ་བྱ་དགོས།

十要坚持廉洁自律。严格执行党风廉政建设责任制和廉洁从政若干准则，自觉履行“一岗双责”，管好自己、管好亲属、管好身边工作人员、管好分管系统和部门的党风廉政建设，严格执行有关工作和生活待遇规定，自觉接受组织和群众的监督。

བཅུ་ནས་སྤྱོད་གཙང་རང་གཅུན་རྒྱུན་འཛུགས་བྱེད་དགོས་པ་སྟེ། ཏང་སྲོལ་སྲིད་གཙང་འཛུགས་སྐྲུན་གྱི་འགན་འཁྲིའི་ལམ་ལུགས་དང་སྤྱོད་གཙང་སྲིད་སྐྱོང་གི་རྩ་འཛིན་ཁག་ལག་བསྟར་ནན་པོ་བྱེད་དགོས་པ། རང་རྟོགས་ངང་“ལས་གནས་གཅིག་ལ་འགན་འཁྲི་གཉིས”ལག་

བསྐྱར་གྱིས་རང་ཉིད་ལ་དོ་དམ་ཡག་པོ་བྱེད་པ་དང་སྤུན་མཆེད་ལ་དོ་དམ་ཡག་པོ་བྱེད་པ། ཉེ་འཁོར་གྱི་ལས་དོན་མི་སྣར་དོ་དམ་ཡག་པོ་བྱེད་པ། མངའ་འོག་ཚན་པ་དང་སྡེ་ཁག་གི་ཏང་སྒྲོལ་སྲིད་གཙང་འཛུགས་སྐྱོང་ལ་དོ་དམ་ཡག་པོ་བྱེད་པ། འབྲེལ་ཡོད་ལས་ཀ་དང་འཚོ་བའི་ཐོབ་ཐང་གི་གཏན་འབེབས་ལག་བསྟར་ནན་པོ་བྱེད་པ། རང་རྟོགས་དང་རྩ་འཛུགས་དང་མང་ཚོགས་ཀྱི་ལྟ་སྐུལ་དང་ལེན་བྱ་བ་བཅས་སོ།།

8. 在建党 100 周年重要讲话中，习近平代表党中央向全体中国共产党员发出了什么号召？

༨.ཏང་བཙུགས་ནས་ལོ་༡༠༠འཁོར་བའི་གསུང་བཤད་གལ་ཆེན་ནང་། ཞི་ཅིན་ཕིང་གིས་ཏང་ཀྲུང་དབྱང་གི་ཚབ་གནང་ནས་ཀྲུང་གོ་གུང་ཁྲན་ཏང་ཡོན་ཡོངས་ལ་འབོད་སྐུལ་གང་གནང་ཡོད་དམ།

风雨同舟、同甘共苦

全体中国共产党员！党中央号召你们，牢记初心使命，坚定理想信念，践行党的宗旨，永远保持同人民群众的血肉联系，始终同人民想在一起、干在一起，风雨同舟、同甘共苦，继续为实现人民对美好生活的向往不懈努力，努力为党和人民争取更大光荣。

དེའང་ཀྲུང་གོ་གུང་ཁྲན་ཏང་གི་ཏང་ཡོན་ཡོངས་ལ། ཏང་ཀྲུང་དབྱང་གིས་ཁྱེད་ཚོར་འབོད་སྐུལ་བྱ་རྒྱུར། ཐོག་མའི་བསམ་འདུན་དང་འགན་འཁྲི་བློ་ལ་བརྟན་པོར་ངེས་ནས་ཕུགས་འདུན་གྱི་དད་སེམས་བརྟན་པོའི་ཐོག ཏང་གི་རྩ་འཛིན་ལག་བསྟར་བཅས་བྱེད་པ་དང་། ནམ་ཡང་མི་དམངས་མང་ཚོགས་དབར་གྱི་ཤ་རུས་འབྲེལ་བ་རྒྱུན་འཁྱོངས་བྱེད་པ། སྔ་བར་ཕྱི་གསུམ་དུ་མི་དམངས་དང་བསམ་བློ་མཉམ་གཏོང་དང་ལས་ཀ་མཉམ་བྱེད། དཀའ་རྐྱེན་མཉམ་སེལ། དཀའ་སྡུག་མཉམ་སྤྱོད་བཅས་བྱས་ཏེ། མུ་མཐུད་མི་དམངས་ཀྱི་མཛེས་སྡུག་ལྡན་པའི་འཚོ་བའི་བསམ་འདུན་མངོན་འགྱུར་ཡོང་ཆེད་འབད་བརྩོན་ལྷོད་མེད་བྱེད་པ་དང་། འབད་བརྩོན་ཆེན་པོས་ཏང་དང་མི་དམངས་ལ་སྔར་ལས་ལྷག་པའི་གཟི་བརྗིད་བརྩོན་ལེན་བྱེད་དགོས་ཞེས་གསུངས་ཡོད།

九、防范电信网络诈骗

དགུ་པ། གློག་འཕྲིན་དྲ་རྒྱའི་མགོ་སྐོར་ལ་ངོགས་འཛིན་བྱ་དགོས།

1. 什么是电信诈骗？

༡.གང་འདྲ་ཞིག་ལ་གློག་འཕྲིན་གྱི་མགོ་སྐོར་བཏང་བ་ཟེར་རམ།

电信诈骗是指通过电话、网络和短信方式，编造虚假信息，设置骗局，对受害人实施远程、非接触式诈骗，诱使受害人打款或转账的犯罪行为，通常犯罪嫌疑人以冒充他人及仿冒、伪造各种合法外衣和形式的方式达到欺骗的目的，如冒充公检法、商家公司厂家、国家机关工作人员、银行工作人员等各类机构工作人员，伪造和冒充招工、婚恋、贷款、中奖、手机定位和招嫖等形式进行诈骗。

གློག་འཕྲིན་གྱི་མགོ་སྐོར་ཞེས་པ་ནི་ཁ་པར་དང་དྲ་རྒྱ། འཕྲིན་ཐུང་བཅས་ཀྱི་ཐབས་ལམ་བརྒྱུད། ཆ་འཕྲིན་རྫུན་མ་བཟོ་བ་དང་གཡོ་ཐབས་བཀོད་ནས་གནོད་འཚེ་ཐོག་མཁན་ལ་ཐག་རིང་ནས་ངོ་གཏུག་བྱེད་མ་དགོས་པའི་ཐོག་མགོ་སྐོར་བཏང་སྟེ། གནོད་འཚེ་ཐོག་མཁན་ནས་དངུལ་བསྐུར་རྒྱ་དང་ཡང་ན་དངུལ་གྱི་རྩིས་ཐོ་བསྒྱུར་རྒྱུར་བསླུ་བྲིད་བྱེད་པའི་ཉེས་གསོག་བྱ་སྤྱོད་ཅིག་ཡིན། དོགས་ཡོད་ཉེས་ཅན་པས་རྟག་ཏུ་མི་གཞན་ཡིན་ཁུལ་དང་ལད་ཟློས་བྱེད་པ། ཁྲིམས་མཐུན་གྱི་རྫུན་རྣམ་སྣ་ཚོགས་ཐོག་ནས་མགོ་སྐོར་གཏོང་རྒྱུའི་དམིགས་ཡུལ་སྒྲུབ་ཐབས་བྱེད་པ་ཡིན། དཔེར་ན་སྤྱི་བདེ་དང་ཞིབ་དཔྱོད། ཁྲིམས་ཁང་། ཚོང་དུད་ཀུང་སིའི་བཟོ་གྲྭ། རྒྱལ་ཁབ་ལས་ཁུངས་ཀྱི་ལས་དོན་མི་སྣ། དངུལ་ཁང་གི་ལས་དོན་མི་སྣ་སོགས་ལས་ཁུངས་སྣ་ཚོགས་ཀྱི་ལས་དོན་མི་སྣ་ཡིན་ཁུལ་བྱས་ཐོག ལས་མི་བསྡུ་རྒྱུ་དང་གཉེན་སྒྲིག་དང་དགའ་རོགས་སྒྲིག་རྒྱུ། དངུལ་བུན་གཡར་རྒྱུ། རྒྱན་ཤོག་བྱ་དགའ་ཐོབ་ཚུལ། ལག་ཐོགས་ཁ་པར་གྱི་གནས་ཐིག་གཏན་འཁེལ། འཆལ་པོ་འགུག་ཐབས་སོགས་ཀྱི་རྣམ་པའི་ཐོག་ནས་མགོ་སྐོར་གཏོང་གི་ཡོད།

2. 常见的诈骗手法有哪些？

༢.རྒྱུན་མཐོང་གི་མགོ་སྐོར་གཏོང་ཐབས་གང་དག་ཡོད་དམ།

谨记“十个凡是”：

“ཡིན་ཚྱིན་བཅུ”སེམས་ལ་ངེས་དགོས་པ་སྟེ།

（1）凡是自称公检法要求汇款的；

（༡）རང་ཉིད་སྤྱི་བདེ་དང་ཞིབ་དཔྱོད་ཁྲིམས་ཁང་བཅས་ལས་ཁུངས་གང་རུང་ནས་ཡིན་ཚུལ་དང་དངུལ་བསྐུར་དགོས་ཟེར་མཁན་ཡིན་ཕྱིན།

（2）凡是叫你汇款到“安全账户”的；

（༢）རང་ལ་དངུལ་“བདེ་འཇགས་ཀྱི་རྩིས་ཐོར་”བསྐུར་དགོས་པའི་བཛ་ཐོ་གཏོང་མཁན་ཡིན་ཕྱིན།

（3）凡是通知中奖、领取补贴要你先交钱的；

（༣）རྒྱན་ཤོག་བྱུ་དགའ་ཐོབ་པ་དང་ཁ་གསབ་དངུལ་ལེན་རྒྱུ་ཡོད་པས་སྔོན་ལ་དངུལ་གང་ཙམ་སྤྲོད་དགོས་པའི་བཛ་ཐོ་གཏོང་མཁན་ཡིན་ཕྱིན།

（4）凡是通知“家属”出事要先汇款的；

（༤）“ཁྱིམ་”དུ་གནས་ཚུལ་བྱུང་ནས་དངུལ་བསྐུར་དགོས་པའི་བཛ་ཐོ་གཏོང་མཁན་ཡིན་ཕྱིན།

（5）凡是索要个人和银行卡信息及短信验证码的；

（༥）མི་སྒེར་དང་དངུལ་ཁང་བྱང་བུའི་ཆ་འཕྲིན་དང་འཕྲིན་ཐུང་གི་ར་སྤྲོད་ཨང་གྲངས་དགོས་ཞེར་མཁན་ཡིན་ཕྱིན།

（6）凡是让你开通网银接受检查的；

（༦）དྲ་དངུལ་བཙུགས་ནས་བརྟག་དཔྱད་བྱེད་དགོས་རེད་ཞེར་མཁན་ཡིན་ཕྱིན།

（7）凡是叫你宾馆开房接受调查的；

（༧）མགྲོན་ཁང་དུ་སྡོད་སྐབས་བརྟག་དཔྱད་དང་ལེན་བྱ་དགོས་ཞེར་མཁན་ཡིན་ཕྱིན།

（8）凡是叫你登陆网站查看通缉令的；

（༨）དྲ་ཚིགས་སུ་ཞུགས་བཙུག་ནས་འཛུ་བཟུང་བཀའ་རྒྱ་ལྟོས་ཞེར་མཁན་ཡིན་ཕྱིན།

（9）凡是自称领导（老板）要求打款的；

（༩）འགོ་ཁྲིད་དམ་(སྦྱིན་བདག་)ཡིན་ཁུལ་གྱིས་དངུལ་བསྐུར་དགོས་ཞེར་མཁན་ཡིན་ཕྱིན།

（10）凡是陌生网站（链接）要登记银行卡信息的。

（༡༠）རྒྱུས་མེད་ཀྱི་དྲ་ཚིགས་ཀྱིས་དངུལ་ཁང་བྱང་བུའི་ཆ་འཕྲིན་ཐོ་འགོད་བྱེད་དགོས་ཞེར་མཁན་ཡིན་ཕྱིན་བཅས་སོ།།

冒充儿子发短信 诈骗2万元

བུ་ཡིན་ཁུལ་གྱིས་འཕྲིན་ཐུང་བསྐུར་ནས་སྒོར་ཁྲི་༢མགོ་སྐོར་བཏང་བ།

案情：

རྒྱུད་གཞིའི་གནས་ཚུལ།

2020年，西藏自治区某乡村民拉某报案称，有人冒充其儿子发短信，称在拉萨把人打伤，对方要4万元私了。拉某给对方汇去2万元后，与儿子通话后发现被骗。

སྤྱི་ལོ་༢༠༢༠ལོར་བོད་རང་སྐྱོང་ལྗོངས་ཀྱི་གྲོང་གསེབ་ཅིག་གི་གྲོང་མི་ལྷག་ཚེ་གེ་མོས་ཀྲོད་དོན་སྙན་སེང་ཞུས་པར། མི་ཞིག་གིས་ངའི་བུ་ཡིན་ཁུལ་གྱིས་འཕྲིན་ཐུང་བསྐུར་ནས་བུས་ལྷ་སར་མི་ཉེས་རྡུང་བཏང་སྟེ་རྨས་སྐྱོན་བཟོས་འདུག སྐོར་ཁྲི་༢སྤྲོད་ན་ནང་མོལ་བྱས་ཆོག་ཟེར། ལྷག་ཚེ་གེ་མོས་ཁོ་པར་སྐོར་ཁྲི་༢བསྐུར་རྗེས་བུར་ཁ་པར་བརྒྱབ་སྟེ་འབྲེལ་བ་བྱས་རྗེས་གཞི་ནས་མགོ་སྐོར་ཐེབས་པ་ཤེས་རྟོགས་བྱུང་ཞེས་བཤད།

接警后，在有关部门配合下，通过数据分析，及时锁定犯罪嫌疑人扎某。警方于次日在高速口将扎某抓获。

ཉེན་བརྡ་སྦྱོར་རྗེས་འབྲེལ་ཡོད་སྡེ་ཁག་གི་གཞོགས་འདེགས་འོག གྲངས་གཞིར་དབྱེ་ཞིབ་བྱས་པ་བརྒྱུད། དུས་ཐོག་ལ་ཉེས་གསོག་དོགས་ཡོད་མི་སྣ་ནི་བཀྲ་ཚེ་གེ་མོ་ཡིན་པ་གཏན་འཁེལ་བྱས་པ་དང་། ཕྱི་ཉིན་ཉེན་རྟོག་པས་མགྱོགས་ལམ་གྱི་མདོ་རུ་བཀྲ་ཚེ་གེ་མོ་འཛུ་བཟུང་བྱས་པ་རེད།

经讯问，扎某对诈骗拉某2万元的犯罪事实供认不讳，同时还供认了其他3起诈骗案件。

འདྲི་རྩད་བྱས་རྗེས་བཀྲ་ཚེ་གེ་མོས་ལྷག་ཚེ་གེ་མོའི་སྐོར་ཁྲི་༢མགོ་སྐོར་བཏང་བའི་དོན་དངོས་ཁས་ལེན་བྱས་པ་དང་། དུས་མཚུངས་ད་དུང་མགོ་སྐོར་བཏང་བའི་ཀྲོད་གཞི་གཞན་དག་གསུམ་ཁས་བླངས་པ་རེད།

分析:

དབྱེ་ཞིབ།

如遇到自称熟人通过短信、微信、QQ等渠道联系你或添加好友，并要求转账汇款时一定要提高警惕。

གལ་སྲིད་རང་ཉིད་ཀྱི་ངོ་ཤེས་པ་ཡིན་ཞེས་འཕྲིན་ཐུང་དང་སྐད་འཕྲིན། ཁྱིའུ་ཁྱིའུ་སོགས་ཀྱི་ཐོག་ནས་ཁྱོད་རང་དང་འབྲེལ་བ་བྱེད་པའམ་ཡང་ན་འཕྲིན་གྲོགས་ནང་བཅུག་པ་མ་ཟད། དངུལ་བསྒྱུར་སྤྲོད་དང་ཡང་ན་དངུལ་གཡར་རྒྱུའི་རེ་བ་འདོན་སྐབས། ངེས་པར་དུ་དོགས་ཟོན་ཆེན་པོ་བྱ་དགོས།

切记:凡接到熟人要求转账汇款或借钱的要求时，务必通过电话或当面核实确认后再进行操作。

ཡིན་གཅིག་ངེས་དགོས་པ་ཞིག་ལ། ངོ་ཤེས་པ་ཡིན་ཟེར་མཁན་གྱིས་དངུལ་བསྒྱུར་སྤྲོད་དང་ཡང་ན་དངུལ་གཡར་རྒྱུའི་རེ་བ་འདོན་སྐབས་ངེས་པར་དུ་ཁ་པར་རམ་ཡང་ན་མི་དངོས་སུ་ཐུག་ནས་ངོ་ཤེས་ཡིན་པ་གཏན་འཁེལ་བྱུང་རྗེས་གཞི་ནས་ཡ་ལན་བྱ་དགོས།

3. 冒充公检法机关拨打电话要求将钱款转入安全账号或转账汇款时，一定要牢记的 3 个“绝对不会”指哪些?

༣.སྤྱི་བདེ་དང་ཞིབ་དཔྱོད། ཁྲིམས་ཁང་བཅས་ཀྱི་ལས་ཁུངས་ཡིན་ཁུལ་གྱིས་ཁ་པར་བརྒྱབ་ནས་དངུལ་སྨར་བདེ་འཛུགས་ཀྱི་རྩིས་ཐོའམ་ཡང་ན་དངུལ་ཁོངས་བསྒྱུར་ནས་གཏོང་དགོས་ཟེར་སྐབས། ངེས་པར་དུ“གཏན་ནས་ཡིན་མི་སྲིད་པ”གསུམ་ངེས་དགོས་པ་གང་དག་ཡིན་ནམ།

(1) 公检法机关绝对不会通过打电话的方式开展案件侦查工作，通知你涉嫌犯罪、洗黑钱、贩毒等，也不会通过网络或传真给你下达“法院传票”等法律手续。

(༡) སྤྱི་བདེ་དང་ཞིབ་དཔྱོད། ཁྲིམས་ཁང་བཅས་ལས་ཁུངས་ཀྱིས་ཁ་པར་ཐོག་ནས་གྱོད་དོན་སྨྱུལ་ཞིབ་ཀྱི་ལས་དོན་སྤེལ་ཏེ་ཁྱོད་རང་ལ་ཉེས་གསོག་དང་དངུལ་བཀྲུ་འཁྱེར། དུག་ཚོང་སོགས་ཀྱི་དོགས་གཞི་ཡོད་པའི་བརྡ་ཐོ་གཏན་ནས་གཏོང་མི་སྲིད་ལ། དྲ་རྒྱ་དང་ཡང་ན་བརྙན་སྐྱེལ་བརྒྱུད་དེ་ཁྱོད་ལ“ཁྲིམས་ཁང་གི་འགུག་བརྡ”སོགས་བཅའ་ཁྲིམས་ཀྱི་འགྲོ་ལུགས་ཀྱང་གཏན་ནས་བརྒྱུད་དུ་འཇུག་མི་སྲིད།

(2) 公检法机关绝对不会打电话要求群众转账汇款。

(༢) སྤྱི་བདེ་དང་ཞིབ་དཔྱོད། ཁྲིམས་ཁང་བཅས་ལས་ཁུངས་ཀྱིས་ཁ་པར་ཐོག་ནས་མང་ཚོགས་ལ་དངུལ་བསྒྱུར་སྤྲོད་བྱེད་དུ་གཏན་ནས་འཇུག་མི་སྲིད།

（3）公检法机关绝对不会设立所谓的“国家安全账户”。

（༣）སྤྱི་བདེ་དང་ཞིབ་དཔྱོད། ཁྲིམས་ཁང་བཅས་ལས་ཁུངས་ནས་རྒྱལ་ཁབ་ཀྱི་བདེ་འཇགས་རྩིས་ཐོ་ཟེར་བ་གཏན་ནས་འཛུགས་མི་སྲིད།

4. 什么是“杀猪盘”？

༤.“ཕག་གསོད་སྡེར་མ”ཟེར་བ་དེ་གང་ཡིན་ནམ།

杀猪盘，网络流行词，是指诈骗分子利用网络交友，诱导受害人投资赌博的一种电信诈骗方式。“杀猪盘”是“从业者们”（诈骗团伙）自己起的名字，是指放长线“养猪”诈骗，养得越久，诈骗得越狠。

དེ་ནི་དྲ་རྒྱའི་ཐོག་དར་ཁྱབ་ཆེ་བའི་ཚིག་ཅིག་ཡིན། དེའི་གོ་དོན་ནི་མགོ་སྐོར་གཏོང་མཁན་གྱིས་དྲ་རྒྱ་བརྒྱུད་དེ་གྲོགས་པོ་སྒྲིག་ནས་གནོད་འཚེ་ཕོག་མཁན་ནས་མ་དངུལ་བཏང་སྟེ་རྒྱན་འཛུགས་བྱ་རྒྱུར་བསླུ་ཁྲིད་བྱེད་པའི་གློག་འཕྲིན་གྱི་མགོ་སྐོར་གཡོག་སྟངས་ཤིག་ཡིན། “ཕག་གསོད་སྡེར་མ”ཟེར་བ་དེ་ཡང་མགོ་སྐོར་གཏོང་མཁན་ཚོས་རང་ཉིད་ལ་བཏགས་པའི་མིང་ཞིག་རེད། དེ་ནི་གཏོང་ཐོད་ཆེ་ཙམ་གྱིས་ཕག་པ་གསོས་ཏེ་མགོ་སྐོར་བཏང་བའི་དོན་ཡིན་པ་དང་། གསོ་ཡུན་ག་ཚོད་རིང་ན་དེ་ཙམ་གྱིས་མགོ་སྐོར་གཏོང་ཤུགས་ཆེ་བ་ཡོད།

5. “杀猪盘”的常见套路分几步?

༥.“ཕག་གསོད་སྡེར་མ”ཟེར་བའི་རྒྱུན་མཐོང་གི་ཐབས་ལམ་ལ་གོམ་སྟབས་ག་ཚོད་ཡོད་དམ།

（1）网上热聊，萌生情意

诈骗分子在社交平台上将自己包装成“高富帅”“白富美”与受害人接触。在社交平台相聊甚欢，透出进一步发展的意思，多次接触后产生朦胧的网络情愫。

（༡）ད་ཐོག་ལ་ཚ་ཚ་འུར་འུར་གྱི་གླེང་མོལ་བྱས་ནས་བརྩེ་དུང་སློབས་པར་བྱེད་པ།

དེ་འདྲ་མགོ་སྐོར་གཏོང་མཁན་གྱིས་སྤྱི་ཚོགས་འབྲེལ་སྣེགས་ཐོག་རང་ཉིད་"རིང་ཕྱུག་རྫིག་གསུམ་"དང་། "དཀར་ཕྱུག་མཛེས་གསུམ་"གྱི་རྣམ་པ་བསྟན་ནས་གནོད་འཚེ་ཕོག་མཁན་དང་འབྲེལ་གཏུག་བྱེད་པ་ཡིན། སྤྱི་ཚོགས་འབྲེལ་སྣེགས་ཐོག་ཕན་ཚུན་གླེང་མོལ་གྱི་དབྱིངས་ལ་ཚུད་པའི་སྐབས་སུ་མུ་མཐུད་འབྲེལ་བ་ཟབ་ཏུ་གཏོང་རྒྱུའི་རྣམ་པ་སྟོན་པ་དང་། འབྲེལ་གཏུག་ཐེངས་ཁ་ཤས་བྱས་རྗེས་ད་ཐོག་གི་བརྩེ་དུང་སློབས་པར་བྱེད་པ་ཡིན།

（2）动之以情，晓之以“利”

在甜言蜜语中聊感情时，诈骗分子对受害人透露自己在某平台赚得盆满钵满，并声称知道漏洞，或者亲戚朋友是网站工作人员，大肆鼓吹投资/博彩的高额回报，诱使受害人参与。

（༢）བརྩེ་དུང་གིས་སེམས་ཁུག་པར་བྱེད་པ་དང་གནས་ལུགས་ཀྱིས་ཁེ་བཟང་ཐོབ་པར་སེམས་པ།

སྐད་ཆ་སྙན་ཞིང་འཇམ་པའི་ཁྲོད་བརྩེ་དུང་སྐོར་གླེང་སྐབས། མགོ་སྐོར་གཏོང་མཁན་གྱིས་རང་ཉིད་ལ་སྣེགས་བུ་ཞིག་གི་ཐོག་ནས་འབབ་སྒོ་ཏ་ཅང་ཆེན་པོ་ཡོད་ཚུལ་ཤོད་པ་མ་ཟད། དེའི་རྒྱུ་རྐྱེན་དུ་གྱུར་པའི་མི་འདང་བའི་ཆ་ཤེས་ཀྱི་ཡོད་ཚུལ། ཡང་ན་རང་གི་སྤུན་མཆེད་དང་གྲོགས་པོ་དྲ་ཐོག་གི་ལས་དོན་པ་ཡིན་ཚུལ་ཤོད་པ། མ་འཛོག་དང་རྒྱན་ཤོག་ཐད་ནས་ཁེ་བཟང་ཆེན་པོ་ཡོད་ཚུལ་འུད་སྒྲོག་གིས་གནོད་འཚེ་ཕོག་མཁན་དེར་ཞུགས་རྒྱུར་བསླུ་ཁྲིད་བྱེད་པ་ཡིན།

（3）深信不疑，终致悲剧

在前几次小额投入顺利回本后，受害人尝到甜头逐步放松警惕，对此“致富方式”深信不疑。投入资金从几千元到几万元，甚至几十万元，直到用尽所有积蓄，骗子便会指引受害人贷款投入。随着受害人投资速度放缓，骗子认为“收网”的时候到了，此时“平台客服”也会失联，受害人的爱情小船也就此沉没。

（༣）ཡིད་ཡོངས་སུ་ཆེས་ནས་མཐར་ཆག་སྒོ་འཕྲད་པ།

གོང་དུ་ཐེངས་ཁ་ཤས་ནང་མ་དངུལ་ཅུང་ཟད་བཏང་བར་མ་གནས་བདེ་བླག་ངང་ཕྱིར་ལྡོག་རྗེས། གནོད་འཚེ་ཕོག་མཁན་ལ་ཁེ་བཟང་གི་བློ་བ་ཅུང་ཆེད་ནས་རིམ་བཞིན་དོགས་ཟོན་མེད་པར་གྱུར་པ་དང་། དེས་ན"ཕྱུག་པོ་ཆགས་ཐབས"དེར་ཡིད་ཡོངས་སུ་ཆེས་ནས། མ་རྩ་སྐོར་སྟོང་ཕྲག་ཁ་ཤས་ནས་ཁྲི་ཁ་ཤས་དང་། ཐ་ན་སྐོར་ཁྲི་བཅུ་གྲངས་གཏོང་བར་བྱེད། མཐར་གསོག་དངུལ་ཡོད་ཚད་རྫོགས་པའི་སྐབས་སུ་མགོ་སྐོར་གཏོང་མཁན་གྱིས་གནོད་འཚེ་ཕོག་མཁན་ལ་དངུལ་བུན་གཡར་ནས་མ་རྩ་འཛོག་རྒྱུར་ཁྲིད་སྟོན་བྱེད་པ་དང་། གནོད་འཚེ་ཕོག་མཁན་གྱི་མ་འཛོག་ཐུང་དུ་འགྲོ་བ་དང་བསྟུན་ནས་གནོད་འཚེ་གཏོང་མཁན་གྱིས་མགོ་སྐོར་གཏོང་མཚམས་འཛོག་པ་དང་། དེའི་སྐབས་སུ་སྙིགས་བུའི་ཐོག་གི་ཞབས་ཞུ་བའི་དབར་གྱི་འབྲེལ་ཐག་ཀྱང་ཆད་ཅིང་། གནོད་འཚེ་ཕོག་མཁན་གྱི་བརྩེ་དུང་གི་འབྲེལ་ཐག་ཀྱང་དེ་ནས་ཡོངས་སུ་ཆད་པ་ཡིན།

6. 什么是“杀鱼盘”？

༦.གང་འདྲ་ཞིག་ལ"ཉ་གསོད་སྡེར་མ"ཟེར་རམ།

“杀鱼盘”主要是以交手续费、借贷提额为名义实施的诈骗。骗子一般在网上发布提额信息或二手产品吸引受害者联系，随后通过发布虚假链接诱骗受害者付款。

"ཉ་གསོད་སྡེར་མ"ཟེར་བ་ནི་གཙོ་བོ་འགྲོ་ལུགས་བརྒྱུད་བྱེད་ཀྱི་འགྲོ་གྲོན་དང་བུན་གཡར་དངུལ་གྱི་འཐེན་གྲངས་ལ་མིང་བཏགས་ནས་མགོ་སྐོར་གཏོང་བར་ཟེར། མགོ་སྐོར་གཏོང་མཁན་གྱིས་སྤྱིར་བཏང་དྲ་ཐོག་ལ་འཐེན་གྲངས་ཀྱི་ཆ་འཕྲིན་སྤེལ་བའམ། ཡང་ན་ལག་བརྒྱུད་ཐོན་རྫས་ལ་བརྟེན་ནས་གནོད་འཚེ་ཕོག་མཁན་དང་འབྲེལ་གཏུག་བྱེད་པ་དང་། དེ་རྗེས་སྦྲེལ་བྱེད་རྫུན་མ་ཁྱབ་སྤེལ་བྱས་ཏེ་གནོད་འཚེ་ཕོག་མཁན་ལ་དངུལ་སྤྲོད་རྒྱུར་བསླུ་བྲིད་བྱེད་པ་ཡིན།

骗子把受害者叫做“鱼”，称自己为“钓鱼手”，另外还需要专业技术人员“链接手”。

མགོ་སྐོར་གཏོང་མཁན་གྱིས་གནོད་འཚེ་ཕོག་མཁན་ལ་“ཉ་”ཞེས་འབོད་པ་དང་རང་ཉིད་ལ་“ཉ་འཛིན་མཁས་པ་”ཞེས་འབོད། གཞན་ཡང་ད་དུང་ཆེད་ལས་ལག་རྩལ་པའི་“སྒྲིལ་མཐུད་མཁས་པ་”དགོས་ཀྱི་ཡོད།

7. “杀鱼盘”的常见作案手法?

༧.“ཉ་གསོད་སྡེར་མ་”ཞེས་པའི་རྒྱུན་མཐོང་གི་གྱོད་དོན་བཟོ་ཐབས་གང་འདྲ་ཡིན་ནམ།

（1）撒鱼饵

“杀鱼盘”要求受害人以交服务费、手续费的名义转账汇款，或者发送网址链接，以验证受害人的还款能力或者银行卡资金为由，盗刷受害人的银行卡资金，完成诈骗。

（༡）ཉ་གཟན་གཏོར་བ།

“ཉ་གསོད་སྡེར་མས་”གནོད་འཚེ་ཕོག་མཁན་ལ་ཞབས་ཞུའི་རིན་པ་དང་འགྲོ་ལུགས་བརྒྱུད་པའི་རིན་པ་སྤྲོད་རྒྱུར་ཁ་གཡར་ཏེ། དངུལ་བསྒྱུར་སྤྲོད་བྱེད་དགོས་ཟེར་བ་དང་། ཡང་ན་དྲ་གནས་ཀྱི་སྦྲེལ་བྱེད་བསྐུར་བ་དང་། གནོད་འཚེ་ཕོག་མཁན་གྱི་བུན་འཇལ་ནུས་པ་དང་ཡང་ན་དངུལ་ཁང་བྱང་བུའི་མ་དངུལ་ར་སྤྲོད་བྱེད་རྒྱུར་ཁ་གཡར་ནས་གནོད་འཚེ་ཕོག་མཁན་གྱི་དངུལ་ཁང་བྱང་བུའི་ནང་གི་མ་དངུལ་འཐེན་འཁྱེར་བྱེད། དེའི་ཚེ་མགོ་སྐོར་བཏང་ཚར་བ་ཡིན།

（2）钓鱼

“鱼”一旦动心，钓鱼手就开始试探。有的利用二手平台下套，诱骗买家线下购买，实施诈骗；有的利用借贷提额引诱，多次支付中以失败为由，需支付手续费、服务费等，让“鱼”完善几笔交易流水。

（༢）ཉ་བཟུང་བ།

“ཉ”ཡི་སེམས་ལ་གཡོ་འགྱུལ་ཐེབས་ཙ་ན། ཉ་པས་ཉམས་ཚོད་ལེན་འགོ་ཚུགས། རེ་འགས་ལག་བརྒྱུད་སྣེ་གས་བུ་བེད་སྤྱད་དེ་གཤམ་སྤྱོད་ཀྱིས་ཉོ་མཁན་དེ་ཉིད་ངོ་གཏུག་ཐོག་ཉོ་རྒྱུར་བསླུ་བྲིད་བྱས་ནས་མགོ་སྐོར་གཏོང་བ་དང་། རེ་འགས་བུན་གཡར་གྱི་འཕྲིན་གྲངས་ལ་བརྟེན་ནས་བསླུ་བྲིད་བྱས་ཐོག ཐེངས་མང་གཏོང་སྤྱོད་བྱེད་པའི་ནང་སྒྲོང་གུན་ཕོག་པ་རྒྱུ་མཚན་དུ་བྱས་ནས་འགྲོ་ལུགས་བརྒྱུད་པའི་འགྲོ་སྒྲོན་དང་ཞབས་ཞུའི་འགྲོ་སྒྲོན་སོགས་དགོས་ཟེར་ནས་“ཉ”ཡི་ཉོ་ཚོང་བྱེད་ཐེངས་ཁ་ཤས་སྒྲོང་གུན་ཕོག་འཇུག་གི་ཡོད།

（3）杀鱼

“杀鱼手”找“链接手”根据“鱼”支付额度量身打造付款链接。通过一些失败程序让“鱼”放松警惕。“杀鱼手”发虚假链接让鱼支付，最后把“鱼”成功支付的订单套现出来，最后拉黑。

（༣）ཉ་གསོད་པ།

“ཉ་གསོད་མཁན་”གྱིས“སྦྲེལ་བྱེད་པ་”བཙལ་ནས“ཉ་”ཡི་མ་དངུལ་མང་ཉུང་ལ་བལྟས་ནས་དངུལ་སྤྲོད་ཀྱི་སྦྲེལ་བྱེད་བཟོ་བ་དང་། ཕོ་མི་ཆོད་པའི་གོ་རིམ་བརྒྱུད་“ཉ་”ཡི་དོགས་འཆར་མེད་པ་བཟོ་བ། “ཉ་གསོད་མཁན་”གྱིས་སྦྲེལ་བྱེད་རྫུན་མ་དེ་སྤྲད་ནས་“ཉ་”ལ་དངུལ་སྤྲོད་དུ་བཅུག་པ་དང་། མཐར་“ཉས་”བདེ་ བླག་ངང་སྤྲད་པའི་མངག་ཐོ་ཕྱིར་བཏོན་རྗེས་དྲ་ཐོག་ནས་ནག་བསྡུབ་གཏོང་གི་ཡོད།

8. 实施电信诈骗将受到哪些惩处?

༨.གློག་འཕྲིན་ཐོག་མགོ་སྐོར་གཏོང་མཁན་ལ་ཆད་པ་གང་དག་ཐོག་གམ།

根据《中华人民共和国刑法》规定，犯电信诈骗的，处三年以下有期徒刑、拘役或者管制，并处或单处罚金；数额巨大或有其他严重情节的，处三年以上十年以下有期徒刑并处罚金；数额特别巨大或者有其他特别严重情节的，处十年以上有期徒刑或无期徒刑，并处罚金或者没收财产。

《ཀྲུང་ཧྭ་མི་དམངས་སྤྱི་མཐུན་རྒྱལ་ཁབ་ཀྱི་ཉེས་དོན་བཅའ་ཁྲིམས་》ཀྱི་གཏན་འབེབས་ལྟར་ན། གློག་འཕྲིན་ཐོག་གི་ཉེས་པ་བསགས་ཚེ། ལོ་གསུམ་མན་ཆད་ཀྱི་དུས་བཀག་བཙོན་འཇུག་དང་བཀག་ཉར་རམ་ཡང་ན་དོ་དམ་བྱ་རྒྱུ་མ་ཟད། ཆད་གཙོད་དམ་ཡང་ན་དངུལ་ཆད་རྐྱང་པ་གཙོད་རྒྱུ། གྲངས་འབོར་ཧ་ཅང་ཆེ་བ་དང་། ཡང་ན་གནས་ཚུལ་ཚབས་ཆེན་རིགས་གཞན་དག་ཡོད་ཚེ། ལོ་གསུམ་ཡན་དང་ལོ་བཅུ་མན་གྱི་དུས་བཀག་བཙོན་འཇུག་གམ་ཡང་ན་

ཚེ་བཙོན་དུ་འཇུག་རྒྱུ་དང་ཆབས་ཅིག་དངུལ་ཆད་གཅོད་པའམ་ཡང་ན་རྒྱ་ནོར་གཞུང་བཞེས་གཏོང་རྒྱུ་རེད།

9. 如何防范电信网络诈骗?

༩.གློག་འཕྲིན་ཐོག་མགོ་སྐོར་གཏོང་བར་འགོག་ཟོན་གང་འདྲ་བྱེད་དགོས་སམ།

（1）寄钱转账需提防谨慎。保持冷静的思考，提高防范意识，不要轻易相信别人，避免受骗的事情发生。

（༡）དངུལ་བསྐུར་བ་དང་བསྒྱུར་སྤྲོད་བྱེད་སྐབས་ངོགས་ཟོན་དང་ཡིད་གཟབ་བྱེད་དགོས་པ་སྟེ། བསམ་ཞིབ་གནད་སྨིན་བྱེད་པ་དང་ཉེན་ཟོན་གྱི་འདུ་ཤེས་ཟབ་ཏུ་གཏོང་བ། རང་དགར་མི་གཞན་ལ་ཡིད་ཆེས་མི་བྱེད་པ་བཅས་བྱས་ནས་མགོ་སྐོར་འོག་ཚུད་པའི་གནས་ཚུལ་མི་ལྡག་པ་བྱ་དགོས།

（2）确认联系方式真实性。对于联络方式，可以拨打 114 核实对方地址的真实性。

（༢）འབྲེལ་གཏུག་བྱ་ཐབས་དངོས་འབྲེལ་ཡིན་མིན་གཏན་འཁེལ་བྱེད་དགོས་པ་སྟེ། འབྲེལ་གཏུག་བྱ་ཐབས་ཐད་༡༡༤ལ་ཁ་པར་བརྒྱབ་ནས་ཕ་རོལ་པོའི་སྡོད་གནས་དངོས་ཡིན་མིན་ཞིབ་དཔྱད་བྱ་དགོས།

（3）确认网站网页的真实性。

（༣）དྲ་ཚིགས་ཀྱི་དྲ་ངོས་དངོས་འབྲེལ་ཡིན་མིན་གཏན་འཁེལ་བྱ་དགོས།

（4）在浏览正规网页时，不要搭理自动弹出的网页或网站。

（༤）དངོས་གཞིའི་དྲ་ངོས་ལ་ལྟ་སྐབས། རང་འགུལ་ངང་ངོན་པའི་དྲ་ངོས་དང་དྲ་ཚིགས་ལ་ཁ་ཡ་བྱེད་མི་རུང་།

10. 遇到电信诈骗怎么办？

༡༠.གློག་འཕྲིན་ཐོག་ནས་མགོ་སྐོར་གཏོང་མཁན་འཕྲད་ན་གང་འདྲ་བྱེད་དགོས་སམ།

应及时联系银行办理银行卡挂失、网上银行和手机银行密码修改等，防止可能的损失进一步扩大。同时，应尽可能及时记下诈骗犯罪份子的电话号码、电子邮件地址、QQ 号、微信码等及银行卡账号，并记住犯罪分子的口音、语言特征和诈骗的手段经过，及时向公安机关报案，积极配合公安机关开展侦查破案和追缴被骗款等工作。

འཕྲལ་མར་དངུལ་ཁང་དང་འབྲེལ་བ་བྱས་ནས་དངུལ་ཁང་བྱང་བུ་བརླག་པའི་ཐོ་འགོད་པ་དང་། དྲ་ཐོག་དངུལ་ཁང་དང་ལག་ཐོགས་དངུལ་ཁང་གི་གསང་རྟགས་བཟོ་བཅོས་རྒྱག་པ་སོགས་བྱས་ནས་མུ་མཐུད་གྱོང་གུན་མི་ཕོག་པ་བྱ་དགོས། དེ་དང་དུས་མཚུངས་འཕྲལ་མར་མགོ་སྐོར་གཏོང་མཁན་གྱི་ཁ་པར་ཨང་གྲངས་དང་གློག་རྡུལ་སྦྲག་བསྐུར་ས་ཆ། ཁྱིའུ་ཁྱིའུ་ཨང་རྟགས། སྐད་འཕྲིན་སོགས་དང་དངུལ་ཁང་བྱང་བུའི་རྩིས་ཨང་བཅས་ངེས་བཀྲ་བྱེད་དགོས་པ་དང་ཆབས་ཅིག་ཉེས་ཅན་པའི་སྐད་གདངས་དང་སྐད་ཆ་ཤོད་སྟངས། མགོ་སྐོར་གཏོང་སྟངས་ཀྱི་བརྒྱུད་རིམ་བཅས་སེམས་ལ་ངེས་པ་བྱས་ནས་དུས་ཐོག་ལ་གྱོད་དོན་སྙན་སེང་ཞུ་བ་དང་། སྤྱི་བདེ་ལས་ཁུངས་ཀྱིས་སྨྱུལ་ཞིབ་དང་གྱོད་གཞི་ཐག་གཅོད། མགོ་སྐོར་ཐེབས་པའི་དངུལ་ཕྱིར་ལེན་རྒྱུ་སོགས་ཀྱི་ལས་ཀར་གཞོགས་འདེགས་བྱ་དགོས།

བོད་རང་སྐྱོང་ལྗོངས་ཀྱི"ལོ་ལྔ་ཚན་བརྒྱད་པའི"ཁྲིམས་ལུགས་ཁྱབ་གདལ་བསླབ་གཞི།

རྩོམ་སྒྲིག་པ། བོད་རང་སྐྱོང་ལྗོངས་སྲིད་ཁྲིམས་ཐིང་དང་བོད་རང་སྐྱོང་ལྗོངས་ཁྲིམས་ལུགས་ཁྱབ་གདལ་གཞུང་ལས་ཁང་།

རྩོམ་སྒྲིག་འགན་འཁུར་བ། ཅེང་ཧེང་། དོན་གྲུབ་ཕུན་ཚོགས།

ཡིག་སྒྱུར། བཀྲ་ཤིས་དབང་ཕྱུག

དཔེ་སྐྲུན། བོད་ལྗོངས་བོད་ཡིག་དཔེ་རྙིང་དཔེ་སྐྲུན་ཁང་། སྦྲག་ཨང་850000

པར་གཞི་རྒྱ་སྤྱོད་ལ་ཧྲུང་ཛེག་གཏོང་། 0891-6930339

པར་འདེབས་ཚན་པ། བོད་ལྗོངས་ཕན་བདེ་པར་འདེབས་བཟོ་གྲྭ།

བརྒྱུད་འཚོང་། རྒྱལ་ཡོངས་ཤིན་ཧྭ་དཔེ་ཚོང་ཁང་།

དེབ་ཚད། 710mm×1 000mm 1/16

པར་ཤོག 77.5 (ཁྱོན་དེབ་7)

པར་གྲངས། 1-1, 000

ཡིག་གྲངས། ཁྲི་45

པར་གཞི། 2021ལོའི་ཟླ་11པར་པར་གཞི་དང་པོ་བསྒྲིགས།

པར་ཐེངས། 2021ལོའི་ཟླ་11པར་པར་ཐེངས་དང་པོ་བཏབ།

དཔེ་རྟགས། ISBN 978-7-5700-0619-9

རིན་གོང་། སྒོར་198.00 (ཁྱོན་དེབ་7)

西藏自治区“八五”普法教材

བོད་རང་སྐྱོང་ལྗོངས་ཀྱི་“ལོ་ལྔ་ཚན་བརྒྱད་པའི་”ཁྲིམས་ལུགས་ཁྱབ་གདལ་བསླབ་གཞི།

企业与职工法律知识读本

ཁེ་ལས་དང་ལས་བཟོ་བའི་བཅའ་ཁྲིམས་ཤེས་བྱའི་ཀློག་དེབ།

西藏自治区司法厅　西藏自治区普法办　编

བོད་རང་སྐྱོང་ལྗོངས་སྲིད་ཁྲིམས་ཐིང་དང་བོད་རང་སྐྱོང་ལྗོངས་
ཁྲིམས་ལུགས་ཁྱབ་གདལ་གཞུང་ལས་ཁང་གིས་བསྒྲིགས།

བོད་ལྗོངས་བོད་ཡིག་དཔེ་རྙིང་དཔེ་སྐྲུན་ཁང་།

西藏藏文古籍出版社

图书在版编目（CIP）数据

西藏自治区“八五”普法教材 ： 汉文、藏文 / 西藏自治区司法厅，西藏自治区普法办编 .-- 拉萨 ： 西藏藏文古籍出版社，2021.11

ISBN 978-7-5700-0619-9

Ⅰ. ①西… Ⅱ. ①西… ②西… Ⅲ. ①法律－中国－教材－汉、藏 Ⅳ. ① D920.5

中国版本图书馆 CIP 数据核字（2021）第 218626 号

西藏自治区“八五”普法教材

编　　者	西藏自治区司法厅　西藏自治区普法办
责任编辑	曾恒　顿珠平措
翻　　译	扎西旺久
出　　版	西藏藏文古籍出版社　邮政编码：850000
	打击盗版：0891-6930339
印　　刷	西藏福利印刷厂
经　　销	全国新华书店
开　　本	16 开（710×1 000）
印　　张	77.5（共 7 册）
印　　数	1-1,000
字　　数	450 千字
版　　次	2021 年 11 月第 1 版
印　　次	2021 年 11 月第 1 次印刷
标准书号	ISBN 978-7-5700-0619-9
定　　价	198.00 元（共 7 册）

目　录

དཀར་ཆག

一、总　论

དང་པོ། སྤྱི་བཤད།

1. 习近平新时代中国特色社会主义思想的主要内容是什么?

༡.ཞི་ཅིན་ཕིང་གི་དུས་རབས་གསར་པའི་ཀྲུང་གོའི་ཁྱད་ཆོས་ལྡན་པའི་སྤྱི་ཚོགས་རིང་ལུགས་ཀྱི་དགོངས་པའི་ནང་དོན་གཙོ་བོ་གང་ཡིན་ནམ།

即“八个明确”:

明确坚持和发展中国特色社会主义,总任务是实现社会主义现代化和中华民族伟大复兴,在全面建成小康社会的基础上,分两步走在本世纪中叶建成富强民主文明和谐美丽的社会主义现代化强国;

དེ་འདང་“གསལ་སྟོན་བརྒྱད་”དེ།

ཀྲུང་གོའི་ཁྱད་ཆོས་ལྡན་པའི་སྤྱི་ཚོགས་རིང་ལུགས་རྒྱུན་འཛིན་དང་འཕེལ་རྒྱས་གཏོང་དགོས་པ་དང་། སྤྱིའི་ལས་འགན་ནི་སྤྱི་ཚོགས་རིང་ལུགས་དེང་རབས་ཅན་དང་ཀྲུང་ཧྭ་མི་རིགས་ཀྱི་ལྡབས་ཆེའི་བསྐྱར་དར་མངོན་འགྱུར་ཡོང་བ་བྱ་རྒྱུ་དེ་ཡིན། དེ་འདང་ཁྱོན་ཡོངས་ནས་

འགྱུར་འབྱིན་སྤྱི་ཚོགས་བསྐྱན་ཚར་བའི་རྩང་གཞིའི་ཐོག་གོམ་སྟབས་གཉིས་ལ་དབྱེ་ནས་དུས་རབས་འདིའི་དུས་དཀྱིལ་ལ་སླེབས་དུས་སྟོབས་འགྱུར་དང་དམངས་གཙོ། ཤེས་དཔལ། ཞི་མཐུན། མཛེས་སྡུག་བཅས་ལྡན་པའི་སྤྱི་ཚོགས་རིང་ལུགས་དེང་རབས་ཅན་གྱི་སྟོབས་ཆེའི་རྒྱལ་ཁབ་ཅིག་བསྐྲུན་གྲུབ་པ་བྱ་དགོས་པ་གསལ་བཏོན་གནང་བ།

明确新时代我国社会主要矛盾是人民日益增长的美好生活需要和不平衡不充分的发展之间的矛盾，必须坚持以人民为中心的发展思想，不断促进人的全面发展、全体人民共同富裕；

དུས་རབས་གསར་པར་རང་རྒྱལ་སྤྱི་ཚོགས་ཀྱི་འགལ་ཟླ་གཙོ་བོ་ནི་མི་དམངས་ཀྱི་ཉིན་རེ་བཞིན་ཇེ་ལེགས་སུ་འགྲོ་བའི་བདེ་སྐྱིད་ཀྱི་འཚོ་བའི་དགོས་མཁོ་དང་དོ་མི་མཉམ་པ་དང་འཐུས་སྒོ་མི་ཚང་བའི་འཕེལ་རྒྱས་དབར་གྱི་འགལ་ཟླ་ཡིན་ཕྱིར། ངེས་པར་དུ་མི་དམངས་ལྟེ་བར་འཛིན་པའི་འཕེལ་རྒྱས་ཀྱི་བསམ་བློ་རྒྱུན་འཛིན་དང་། དམངས་ཡོངས་ཐུན་མོང་ཐོག་འགྱུར་ཕྱུག་ལྡན་པ་ཡོང་རྒྱུར་སྐུལ་འདེད་ཟམ་མི་ཆད་པ་གཏོང་དགོས་པ་གསལ་བཏོན་གནང་བ།

明确中国特色社会主义事业总体布局是“五位一体”、战略布局是“四个全面”，强调坚定道路自信、理论自信、制度自信、文化自信；

ཀྲུང་གོའི་ཁྱད་ཆོས་ལྡན་པའི་སྤྱི་ཚོགས་རིང་ལུགས་བྱ་གཞག་གི་སྤྱིའི་གྲུབ་སྟངས་ནི“ཕྱོགས་ལྔ་གཞི་གཅིག”ཡིན་པ་དང་། འཐབ་ཇུས་ཀྱི་གྲུབ་སྟངས་ནི“ཁྱོན་ཡོངས་བཞི”ཡིན་པ་གསལ་བཏོན་གནང་ཞིང་། ལམ་ཕྱོགས་ཀྱི་གདེང་ཚོད་དང་རིག་པའི་གཞུང་ལུགས་ཀྱི་གདེང་ཚོད། ལམ་ལུགས་ཀྱི་གདེང་ཚོད། རིག་གནས་ཀྱི་གདེང་ཚོད་བཅས་བརྟན་དུ་གཏོང་རྒྱུ་ནན་བཤད་བྱ་དགོས་པ་གསལ་བཏོན་གནང་བ།

明确全面深化改革总目标是完善和发展中国特色社会主义制度、推进国家治理体系和治理能力现代化；

ཁྱོན་ཡོངས་ནས་བསྒྱུར་བཅོས་གཏིང་ཟབ་ཏུ་གཏོང་བའི་སྤྱིའི་དམིགས་འབེན་ནི་ཀྲུང་གོའི་ཁྱད་ཆོས་ལྡན་པའི་སྤྱི་ཚོགས་རིང་ལུགས་ཀྱི་ལམ་ལུགས་འཐུས་ཚང་དང་འཕེལ་རྒྱས་གཏོང་རྒྱུ་

དང་། རྒྱལ་ཁབ་ཀྱི་བཅོས་སྒྲིག་མ་ལག་དང་བཅོས་སྒྲིག་ནུས་པ་དེང་རབས་ཅན་ལ་འགྱུར་རྒྱུར་སྐུལ་འདེད་གཏོང་དགོས་པ་གསལ་བཏོན་གནང་བ།

明确全面推进依法治国总目标是建设中国特色社会主义法治体系、建设社会主义法治国家；

ཁྲིམས་ལྟར་རྒྱལ་ཁབ་སྐྱོང་རྒྱུར་ཁྱོན་ཡོངས་ནས་སྐུལ་སྐྱོད་གཏོང་བའི་སྤྱིའི་དམིགས་འབེན་ནི་ཀྲུང་གོའི་ཁྱད་ཆོས་ལྡན་པའི་སྤྱི་ཚོགས་རིང་ལུགས་ཀྱི་ཁྲིམས་སྐྱོང་མ་ལག་འཛུགས་རྒྱུ་དང་། སྤྱི་ཚོགས་རིང་ལུགས་ཀྱི་ཁྲིམས་སྐྱོང་རྒྱལ་ཁབ་འཛུགས་རྒྱུ་དེ་ཡིན་པ་གསལ་བཏོན་གནང་བ།

明确党在新时代的强军目标是建设一支听党指挥、能打胜仗、作风优良的人民军队，把人民军队建设成为世界一流军队；

ཏང་གི་དུས་རབས་གསར་པའི་དམག་དཔུང་སྟོབས་ཆེར་གཏོང་བའི་སྤྱིའི་དམིགས་འབེན་ནི་ཏང་གི་བཀོད་འདོམས་ལ་ཉན་པ་དང་རྒྱལ་ཁ་ཐོབ་པའི་དམག་འཐབ་བྱེད་ཐུབ་ལ། ཀུན་སྤྱོད་ལེགས་པའི་མི་དམངས་དཔུང་སྡེ་ཞིག་འཛུགས་ཐུབ་པ་དང་། མི་དམངས་དཔུང་སྡེ་དེ་ཡང་འཛམ་གླིང་ཐོག་གི་དཔུང་སྡེ་རྩེ་གྲ་ཞིག་ཏུ་འགྱུར་བ་བྱ་དགོས་པ་གསལ་བཏོན་གནང་བ།

明确中国特色大国外交要推动构建新型国际关系，推动构建人类命运共同体；

ཀྲུང་གོའི་ཁྱད་ཆོས་ལྡན་པའི་རྒྱལ་ཁབ་ཆེན་པོའི་ཕྱི་འབྲེལ་ཐད་ནས་རྒྱལ་སྤྱིའི་འབྲེལ་བ་དཔེ་གསར་ཞིག་འཛུགས་རྒྱུར་སྐུལ་འདེད་དང་། མིའི་རིགས་ཀྱི་ལས་དབང་གཅིག་མཐུན་ཚོགས་པ་གཏོད་རྒྱུར་སྐུལ་འདེད་གཏོང་དགོས་པ་གསལ་བཏོན་གནང་བ།

明确中国特色社会主义最本质的特征是中国共产党领导，中国特色社会主义制度的最大优势是中国共产党领导，党是最高政治领导力量，提出新时代党的建设总要求，突出政治建设在党的建设中的重要地位。

ཀྲུང་གོའི་ཁྱད་ཆོས་ལྡན་པའི་སྤྱི་ཚོགས་རིང་ལུགས་ཀྱི་ཆེས་རྩ་བའི་ཁྱད་ཆོས་ནི་ཀྲུང་གོ་གུང་ཁྲན་ཏང་གི་འགོ་ཁྲིད་ཡིན་ལ། ཀྲུང་གོའི་ཁྱད་ཆོས་ལྡན་པའི་སྤྱི་ཚོགས་རིང་ལུགས་ལམ་

ལུགས་ཀྱི་དགེ་མཚན་ཆེ་ཤོས་ཀྱང་ཀྱང་པོ་གུང་ཁྲན་ཏང་གི་འགོ་ཁྲིད་ཡིན་པ་དང་། ཏང་ནི་ཆེས་མཐོའི་ཆབ་སྲིད་ཀྱི་འགོ་ཁྲིད་སྟོབས་ཤུགས་ཡིན་པ། དུས་རབས་གསར་པའི་ཏང་འཛུགས་སྐྱོང་གི་སྤྱིའི་ལྷད་བྱ་བཏོན་ཐོག ཆབ་སྲིད་འཛུགས་སྐྱོང་བྱ་རྒྱུ་དེས་ཏང་འཛུགས་སྐྱོང་ཁྲིད་པོ་བབ་གལ་ཆེན་བཟུང་བ་འབྱུར་དུ་མངོན་པར་བྱ་དགོས་པ་གསལ་བཏོན་གནང་ཡོད།

2. 新时代坚持和发展中国特色社会主义的基本方略是什么？

༢.དུས་རབས་གསར་པར་ཀྲུང་གོའི་ཁྱད་ཆོས་ལྡན་པའི་སྤྱི་ཚོགས་རིང་ལུགས་རྒྱུན་འཛིན་དང་འཕེལ་རྒྱས་གཏོང་བའི་གཞི་རྩའི་ཐབས་གཞི་གང་ཡིན་ནམ།

即“十四个坚持”：

坚持党对一切工作的领导；坚持以人民为中心；坚持全面深化改革；坚持新发展理念；坚持人民当家作主；坚持全面依法治国；坚持社会主义核心价值体系；坚持在发展中保障和改善民生；坚持人与自然和谐共生；坚持总体国家安全观；坚持党对人民军队的绝对领导；坚持“一国两制”和推进祖国统一；坚持推动构建人类命运共同体；坚持全面从严治党。

དེའང“རྒྱུན་འཛིན་བྱ་དགོས་པ་བཅུ་བཞི”སྟེ།

ཏང་གིས་ལས་དོན་མཐའ་དག་ལ་འགོ་ཁྲིད་བྱ་རྒྱུ་རྒྱུན་འཛིན་དང་། མི་དམངས་ལྟེ་བར་འཛིན་རྒྱུ་རྒྱུན་འཛིན། ཁྱོན་ཡོངས་ནས་བསྒྱུར་བཅོས་གཏིང་ཟབ་བྱ་རྒྱུ་རྒྱུན་འཛིན། གོང་འཕེལ་གྱི་འདུ་ཤེས་གསར་པ་རྒྱུན་འཛིན། མི་དམངས་ཀྱིས་རང་ཁྱིམ་རང་བདག་བྱ་རྒྱུ་རྒྱུན་འཛིན། ཁྲིན་ཡོངས་ནས་ཁྲིམས་ལྟར་རྒྱལ་ཁབ་སྐྱོང་རྒྱུ་རྒྱུན་འཛིན། སྤྱི་ཚོགས་རིང་ལུགས་ཀྱི་ལྟེ་བའི་རིན་ཐང་མ་ལག་རྒྱུན་འཛིན། འཕེལ་རྒྱས་གཏོང་བའི་ཁྲོད་དམངས་ཀྱི་འཚོ་བ་འགན་སྲུང་དང་ལེགས་བཅོས་བྱ་རྒྱུ་རྒྱུན་འཛིན། མི་དང་རང་བྱུང་ཁམས་ཞི་མཐུན་མཉམ་གནས་བྱ་རྒྱུ་རྒྱུན་འཛིན། སྤྱི་ཡོངས་ཀྱི་རྒྱལ་ཁབ་བདེ་འཇགས་ལྟ་བ་རྒྱུན་འཛིན། ཏང་གིས་མི་དམངས་དམག་དཔུང་ལ་མཐའ་གཅིག་ཏུ་འགོ་ཁྲིད་བྱ་རྒྱུ་རྒྱུན་འཛིན། “རྒྱལ་ཁབ་གཅིག་ལ་ལམ་ལུགས་གཉིས”ལག་བསྟར་དང་མེས་རྒྱལ་གོང་དུ་གཅིག་གྱུར་བྱ་རྒྱུར་སྐུལ་འདེད་གཏོང་རྒྱུ་རྒྱུན་

འགྲོངས། མིའི་རིགས་ཀྱི་ལས་དབང་གཅིག་མཐུན་ཚོགས་པ་གཏོད་རྒྱུར་སྐུལ་འདེད་གཏོང་རྒྱུ་དང་ཕྱོགས་ཡོངས་ནས་ཏང་ནན་སྐྱོང་བྱ་རྒྱུ་རྒྱུན་འགྲོངས་བྱེད་དགོས་པ་བཅས་རེད།

3. 习近平新时代中国特色社会主义思想的重大意义是什么？

༣.ཞི་ཅིན་ཕིང་གི་དུས་རབས་གསར་པའི་ཀྲུང་གོའི་ཁྱད་ཆོས་ལྡན་པའི་སྤྱི་ཚོགས་རིང་ལུགས་ཀྱི་དགོངས་པའི་གལ་འགངས་ཆེ་བའི་དོན་སྙིང་གཙོ་བོ་གང་ཡིན་ནམ།

从马克思主义发展史的角度来说，开辟了马克思主义中国化的新境界；从中华民族复兴史的角度来说，是全党全国人民为实现中华民族伟大复兴而奋斗的行动指南；从人类文明进步史的角度来看，为解决人类面临的共同难题贡献了中国智慧，提供了中国方案。

མ་ཁེ་སི་རིང་ལུགས་གོང་འཕེལ་ལོ་རྒྱུས་ནས་བཤད་ན། མ་ཁེ་སི་རིང་ལུགས་ཀྲུང་གོ་ཅན་དུ་འགྱུར་བ་བྱེད་པའི་འཕེལ་ཚད་གསར་པ་གཏོད་པ་དང་། དེའང་ཀྲུང་ཧྭ་མི་རིགས་བསྐྱར་དར་འབྱུང་ཐབས་ཀྱི་ལོ་རྒྱུས་ཐོག་ནས་བཤད་ན། ཏང་ཡོངས་དང་རྒྱལ་ཡོངས་མི་དམངས་ཀྱིས་ཀྲུང་ཧྭ་མི་རིགས་ཀྱི་རླབས་ཆེའི་བསྐྱར་དར་མངོན་འགྱུར་ཡོང་བའི་འབད་འཐབ་བྱ་སྤྱོད་ཀྱི་ཁྲིད་སྟོན་ཞིག་ཡིན་ལ། མིའི་རིགས་ཀྱི་ཤེས་དཔལ་འཕེལ་རྒྱས་གཏོང་བའི་ལོ་རྒྱུས་ཐོག་ནས་བལྟས་ནའང་དེས་མིའི་རིགས་ལ་འཕྲད་པའི་ཐུན་མོང་གི་དཀའ་གནད་ཐག་གཅོད་བྱ་ཕྱིར་ཀྲུང་གོའི་བློ་གྲོས་ལེགས་སྐྱེས་དང་ཀྲུང་གོའི་ཇུས་གཞི་མཁོ་འདོན་བྱས་ཡོད།

4. 习近平法治思想的核心要义是什么？

༤.ཞི་ཅིན་ཕིང་གི་ཁྲིམས་སྐྱོང་དགོངས་པའི་དོན་སྙིང་གཙོ་བོ་གང་ཡིན་ནམ།

即“十一个坚持”：

坚持党对全面依法治国的领导，是中国特色社会主义法治的本质特征和内在要求。

དེའང་“རྒྱུན་འཁྱོངས་བྱ་དགོས་པ་བཅུ་གཅིག”སྟེ།

ཏང་གིས་ཁྲིད་ཡོངས་ནས་ཁྲིམས་ལྟར་རྒྱལ་ཁབ་སྐྱོང་རྒྱུར་འགོ་ཁྲིད་བྱ་རྒྱུ་རྒྱུན་འཁྱོངས་བྱ་དགོས་ཤིང་། དེ་ནི་ཀྲུང་གོའི་ཁྱད་ཆོས་ལྡན་པའི་སྤྱི་ཚོགས་རིང་ལུགས་ཁྲིམས་སྐྱོང་གི་རྩ་བའི་ཁྱད་ཆོས་དང་རང་གྲུབ་ཀྱི་དགོས་མཁོ་ཡིན།

坚持以人民为中心，是全面推进依法治国的力量源泉。

མི་དམངས་ལྟེ་བར་འཛིན་རྒྱུ་རྒྱུན་འཁྱོངས་བྱ་དགོས་ཤིང་། དེ་ནི་ཁྲིམས་ལྟར་རྒྱལ་ཁབ་སྐྱོང་རྒྱུར་ཁྱོན་ཡོངས་ནས་སྐུལ་འདེད་གཏོང་བའི་སྟོབས་ཤུགས་ཀྱི་འབྱུང་རྩ་ཡིན།

坚持中国特色社会主义法治道路，是全面推进依法治国的发展道路和正确方向。

ཀྲུང་གོའི་ཁྱད་ཆོས་ལྡན་པའི་སྤྱི་ཚོགས་རིང་ལུགས་ཀྱི་ཁྲིམས་སྐྱོང་ལམ་བུ་རྒྱུན་འཁྱོངས་བྱ་དགོས་ཤིང་། དེ་ནི་ཁྲིམས་ལྟར་རྒྱལ་ཁབ་སྐྱོང་རྒྱུར་ཁྱོན་ཡོངས་ནས་སྐུལ་འདེད་གཏོང་བའི་འཕེལ་རྒྱས་ཀྱི་ལམ་བུ་དང་ཡང་དག་པའི་ཁ་ཕྱོགས་ཡིན།

坚持依宪治国、依宪执政，是全面推进依法治国的工作重点。

རྩ་ཁྲིམས་ལྟར་རྒྱལ་ཁབ་སྐྱོང་རྒྱུ་དང་རྩ་ཁྲིམས་ལྟར་སྲིད་འཛིན་རྒྱུ་རྒྱུན་འཁྱོངས་བྱ་དགོས་ཤིང་། དེ་ནི་ཁྲིམས་ལྟར་རྒྱལ་ཁབ་སྐྱོང་རྒྱུར་ཁྱོན་ཡོངས་ནས་སྐུལ་འདེད་གཏོང་བའི་ལས་དོན་གྱི་གཙོ་གནད་ཡིན།

坚持在法治轨道上推进国家治理体系和治理能力现代化，是实现良法善治的必由之路。

ཁྲིམས་སྐྱོང་གི་ལམ་བུའི་ཐོག་རྒྱལ་ཁབ་ཀྱི་བཅོས་སྐྱོང་མ་ལག་དང་བཅོས་སྐྱོང་ནུས་པ་དེང་རབས་ཅན་དུ་འགྱུར་རྒྱུར་སྐུལ་འདེད་གཏོང་རྒྱུ་རྒྱུན་འཁྱོངས་བྱ་དགོས་ཤིང་། དེ་ནི་ཁྲིམས་བཟང་ལེགས་སྐྱོང་ཡོང་ཐུབ་རྒྱུར་བརྒྱུད་དགོས་ངེས་ཀྱི་ཐབས་ལམ་ཞིག་ཡིན།

坚持建设中国特色社会主义法治体系，是全面推进依法治国的发展目标和总抓手。

ཀྲུང་གོའི་ཁྱད་ཆོས་ལྡན་པའི་སྤྱི་ཚོགས་རིང་ལུགས་ཀྱི་ཁྲིམས་སྐྱོང་མ་ལག་འཛུགས་རྒྱུ་

རྒྱུན་འཁྱོངས་བྱ་དགོས་ཤིང་། དེ་ནི་ཁྲིམས་ལྟར་རྒྱལ་ཁབ་སྐྱོང་རྒྱུར་ཁྱོན་ཡོངས་ནས་སྐུལ་འདེད་གཏོང་བའི་གོང་འཕེལ་གྱི་དམིགས་འབེན་དང་སྤྱི་ཡོངས་ཀྱི་དམ་འཛིན་བྱེད་ས་ཞིག་ཡིན།

坚持依法治国、依法执政、依法行政共同推进，法治国家、法治政府、法治社会一体建设，是全面推进依法治国的战略布局。

ཁྲིམས་ལྟར་རྒྱལ་ཁབ་སྐྱོང་རྒྱུ་དང་ཁྲིམས་ལྟར་སྲིད་སྐྱོང་རྒྱུ། ཁྲིམས་ལྟར་སྲིད་དབང་ལག་བསྟར་བྱ་རྒྱུ་ཐུན་མོང་ཐོག་སྐུལ་འདེད་བཏང་ཐོག ཁྲིམས་སྐྱོང་རྒྱལ་ཁབ་དང་ཁྲིམས་སྐྱོང་སྲིད་གཞུང་། ཁྲིམས་སྐྱོང་སྤྱི་ཚོགས་བཅས་གཞི་གཅིག་ཏུ་འཛུགས་སྐྲུན་བྱ་རྒྱུ་རྒྱུན་འཁྱོངས་བྱ་དགོས་ཤིང་། དེ་ནི་ཁྲིམས་ལྟར་རྒྱལ་ཁབ་སྐྱོང་རྒྱུར་ཁྱོན་ཡོངས་ནས་སྐུལ་འདེད་གཏོང་བའི་འཐབ་ཇུས་ཀྱི་བཀོད་སྒྲིག་ཅིག་ཡིན།

坚持全面推进科学立法、严格执法、公正司法、全民守法，是新时代法治建设的“十六字”方针。

ཚན་རིག་དང་མཐུན་པའི་ཁྲིམས་འཛུགས་དང་ཁྲིམས་ལག་བསྟར་ནན་པོ། ཁྲིམས་འཛིན་གཞུང་དྲང་། དམངས་ཡོངས་ནས་ཁྲིམས་སྲུང་བ་བཅས་ལ་ཁྱོན་ཡོངས་ནས་སྐུལ་འདེད་གཏོང་རྒྱུ་རྒྱུན་འཁྱོངས་བྱ་དགོས་ཤིང་། དེ་ནི་དུས་རབས་གསར་པའི་ཁྲིམས་སྐྱོང་འཛུགས་སྐྲུན་བྱེད་ཕྱོགས་ཀྱི“ཚིག་དོན་བཞི”ཡིན།

坚持统筹推进国内法治和涉外法治，是建设法治强国的必然要求。

རྒྱལ་ནང་གི་ཁྲིམས་སྐྱོང་དང་ཕྱི་འབྲེལ་གྱི་ཁྲིམས་སྐྱོང་གཉིས་གཅིག་སྒྱུར་འཆར་འགོད་ཐོག་སྐུལ་འདེད་གཏོང་དགོས་ཤིང་། དེ་ནི་ཁྲིམས་སྐྱོང་གི་རྒྱལ་ཁབ་སྟོབས་ལྡན་འཛུགས་སྐྲུན་བྱེད་པའི་དགོས་ངེས་ཀྱི་བླང་བྱ་ཡིན།

坚持建设德才兼备的高素质法治工作队伍，是全面推进依法治国的组织保障。

སྤྱོད་ཡོན་གཉིས་ལྡན་གྱི་བྱང་ཚད་མཐོ་བའི་ཁྲིམས་སྐྱོང་ལས་དོན་དཔུང་ཁག་འཛུགས་སྐྲུན་བྱ་རྒྱུ་རྒྱུན་འཁྱོངས་བྱ་དགོས་ཤིང་། དེ་ནི་ཁྲིམས་ལྟར་རྒྱལ་ཁབ་སྐྱོང་རྒྱུར་ཁྱོན་ཡོངས་ནས་སྐུལ་འདེད་གཏོང་བའི་རྩ་འཛུགས་ཀྱི་འགན་སྲུང་ཡིན།

坚持抓住领导干部这个“关键少数”，是全面推进依法治国的关键问题。

འགོ་ཁྲིད་ལས་བྱེད་པའི་“འགག་རྩའི་ཉུང་ཤས་”འདིར་དམ་འཛིན་བྱ་རྒྱུ་རྒྱུན་འཁྱོངས་བྱ་དགོས་ཤིང་། དེ་ནི་ཁྲིམས་ལྟར་རྒྱལ་ཁབ་སྐྱོང་རྒྱུར་ཁྱོན་ཡོངས་ནས་སྐུལ་འདེད་གཏོང་བའི་འགག་རྩའི་གནད་དོན་ཡིན།

5. 习近平法治思想有什么重大意义？

५.ཞི་ཅིན་ཕིང་གི་ཁྲིམས་སྐྱོང་དགོངས་པར་དོན་སྙིང་གལ་ཆེན་གང་འདྲ་ལྡན་ཡོད་དམ།

习近平法治思想是顺应实现中华民族伟大复兴时代要求应运而生的重大理论创新成果，是马克思主义法治理论中国化最新成果，是习近平新时代中国特色社会主义思想的重要组成部分，是全面依法治国的根本遵循和行动指南。

དེ་འདང་ཞི་ཅིན་ཕིང་གི་ཁྲིམས་སྐྱོང་དགོངས་པ་ནི་ཀྲུང་ཧྭ་མི་རིགས་ཀྱི་ཆབས་ཆེའི་བསྐྱར་དར་མངོན་འགྱུར་ཡོང་བར་བྱེད་པའི་དུས་རབས་ཀྱི་དགོས་མཁོར་གཞིགས་ཏེ་ཐོན་པའི་རིགས་པའི་གཞུང་ལུགས་ཀྱི་གསར་གཏོད་གྲུབ་འབྲས་གལ་ཆེན་ཞིག་ཡིན་པ་དང་། མ་ཁེ་སི་རིང་ལུགས་ཀྱི་ཁྲིམས་སྐྱོང་རིགས་པའི་གཞུང་ལུགས་དག་ཀྲུང་གོ་ཅན་དུ་འགྱུར་བའི་གྲུབ་འབྲས་གསར་ཤོས་ཤིག་ཡིན་པ། ཞི་ཅིན་ཕིང་གི་དུས་རབས་གསར་པའི་ཀྲུང་གོའི་ཁྱད་ཆོས་ལྡན་པའི་སྤྱི་ཚོགས་རིང་ལུགས་དགོངས་པའི་གྲུབ་ཆ་གལ་ཆེན་ཞིག་ཡིན་པ། ཁྱོན་ཡོངས་ནས་ཁྲིམས་ལྟར་རྒྱལ་ཁབ་སྐྱོང་རྒྱུའི་རྩ་བའི་གཞི་འཛིན་ས་དང་བྱ་སྤྱོད་ཀྱི་ཕྱོགས་སྟོན་ཡིན།

6. 如何理解习近平总书记在庆祝中国共产党成立100周年大会上的重要讲话？

༦.སྤྱི་ཁྱབ་རྩུའུ་ཅི་ཞི་ཅིན་ཕིང་གིས་ཀྲུང་གོ་གུང་ཁྲན་ཏང་དབུ་བརྙེས་ནས་ལོ་ངོ་༡༠༠འཁོར་བའི་ཚོགས་ཆེན་ཐོག་གནང་བའི་གསུང་བཤད་གལ་ཆེན་ལ་གོ་བ་གང་འདྲ་ལེན་དགོས་སམ།

习近平总书记在庆祝中国共产党成立100周年大会上的重要讲话，全面回顾一百年来我们党围绕实现中华民族伟大复兴，团结带领中国人民开辟的伟大道路、创造的伟大事业、取得的伟大成就，庄严宣告我们实现了第一个百年奋斗目标，在中华大地上全面建成了小康社会，深刻总结了伟大建党精神，系统阐述了以史为鉴、开创未来的“九个必须”，是一篇马克思主义的纲领性文献，为全党全国各族人民向第二个百年奋斗目标迈进指明了前进方向、提供了根本遵循。

དེ་འདང་སྤྱི་ཁྱབ་རྩུའུ་ཅི་ཞི་ཅིན་ཕིང་གིས་ཀྲུང་གོ་གུང་ཁྲན་ཏང་དབུ་བརྙེས་ནས་ལོ་ངོ་༡༠༠འཁོར་བའི་ཚོགས་ཆེན་ཐོག་གནང་བའི་གསུང་བཤད་གལ་ཆེན་ནང་། ལོ་ངོ་བརྒྱ་སོང་ཚུན་དུ་རང་རེའི་ཏང་གིས་ཀྲུང་ཧྭ་མི་རིགས་ཀྱི་ཆབས་ཆེའི་བསྐྱར་དར་མངོན་འགྱུར་ཡོང་བ་བྱ་རྒྱུར་གཞིགས་ནས་ཀྲུང་གོ་མི་དམངས་ལ་མཐུན་སྒྲིལ་སྣེ་ཁྲིད་ཀྱིས་གསར་གཏོད་བྱས་པའི་ཆབས་ཆེའི་ལམ་བུ་དང་། གསར་གཏོད

བྱས་པའི་རླབས་ཆེའི་བྱ་གཞག དེ་བཞིན་ཐོབ་ཟིན་པའི་རླབས་ཆེའི་གྲུབ་འབྲས་བཅས་ལ་ཁྱོན་ཡོངས་ནས་རྗེས་དྲན་གནང་བ་དང་། བརྗོད་ཉམས་ལྡན་པའི་ངང་ང་ཚོའི་ལོ་བརྒྱ་བྱས་པ་དང་པོའི་འབད་འཐབ་དམིགས་ཚད་མངོན་གྱུར་བྱུང་ཞིང་། ཀྲུང་ཧྭ་ཡི་ས་གཞི་ཆེན་པོའི་ཐོག་ཁྱོན་ཡོངས་ནས་འབྱོར་འབྲིང་སྤྱི་ཚོགས་བསྐྲུན་གྲུབ་པ་ཁྱབ་བསྒྲགས་གནང་བ་དང་། རླབས་ཆེའི་ཏང་འཛུགས་ཀྱི་སྙིང་སྟོབས་ལ་ཕྱོགས་བསྡོམས་གཏིང་ཟབ་གནང་བ། ལོ་རྒྱུས་མི་ལོང་དུ་འཛིན་ཏེ་འབྱུང་འགྱུར་གསར་གཏོད་བྱ་རྒྱུའི་"དགོས་ངེས་དགུ"རྒྱུས་བཤད་ཞིབ་ཕྲ་གནང་ཡོད་པས་དེ་ནི་མ་ཁེ་སི་རིང་ལུགས་ཀྱི་རྩ་འཛིན་རང་བཞིན་གྱི་ཡིག་ཆ་ཡིན་གཤིས། དེས་ཏང་ཡོངས་དང་རྒྱལ་ཡོངས་མི་རིགས་ཁག་གི་མི་དམངས་ལོ་བརྒྱ་བྱས་པ་གཉིས་པའི་འབད་འཐབ་དམིགས་འབེན་གྱི་ཕྱོགས་སུ་བསྐྱོད་རྒྱུར་མདུན་སྐྱོད་ཀྱི་ཁ་ཕྱོགས་གསལ་པོ་བསྟན་པ་དང་། རྩ་བའི་གཞི་འཛིན་ས་མགོ་འདོན་བྱས་ཡོད།

7. 习近平总书记在西藏和平解放 70 周年之际考察西藏时有何重要指示?

༧.སྤྱི་ཁྱབ་ཧྲུའུ་ཅི་ཞི་ཅིན་ཕིང་གིས་བོད་ཞི་བས་བཅིངས་འགྲོལ་བཏང་ནས་ལོ་ཟེ་༧༠འཁོར་བའི་སྐབས་བོད་ལྗོངས་ལ་གཟིགས་ཞིབ་གནང་སྐབས་མཇུབ་སྟོན་གལ་ཆེན་གང་དག་གནང་ཡོད་དམ།

在庆祝西藏和平解放 70 周年之际，中共中央总书记、国家主席、中央军委主席习近平来到西藏，祝贺西藏和平解放 70 周年，看望慰问西藏各族干部群众，给各族干部群众送去党中央的关怀。习近平作为中共中央总书记、国家主席、中央军委主席到西藏庆祝西藏和平解放，在党和国家历史上是第一次，充分表达了党中央对西藏工作的支持、对西藏各族干部群众的关怀。

དེའང་བོད་ཞི་བས་བཅིངས་འགྲོལ་བཏང་ནས་ལོ་༧༠འཁོར་བར་རྟེན་འབྲེལ་ཞུ་བའི་སྐབས་སུ། ཀྲུང་གུང་ཀྲུང་དབྱང་གི་སྤྱི་ཁྱབ་ཧྲུའུ་ཅི། རྒྱལ་ཁབ་ཀྱི་ཀྲུའུ་ཞི། ཀྲུང་དབྱང་དམག་ཨུད་ཀྱི་ཀྲུའུ་ཞི་ཞི་ཅིན་ཕིང་མཆོག་བོད་དུ་ཕེབས་ཏེ་བོད་ཞི་བས་བཅིངས་འགྲོལ་བཏང་ནས་ལོ་༧༠འཁོར་བར་བཀྲ་ཤིས་རྟེན་འབྲེལ་ཞུས་གནང་བ་དང་། བོད་ལྗོངས་མི་རིགས་ཁག་གི་ལས་

བྱེད་མང་ཚོགས་ལ་གཟིགས་ཞིབ་དང་འཚམ་འདྲི་གནང་ནས་མི་རིགས་ཁག་གི་ལས་བྱེད་མང་ཚོགས་ལ་ཏང་ཀྲུང་དབྱང་གིས་ཐུགས་ཁུར་གནང་ཚུལ་མཚོན་པར་གནང་ཡོད། ཞི་ཅིན་ཕིང་གང་ཉིད་ཀྲུང་གུང་ཀྲུང་དབྱང་གི་སྤྱི་ཁྱབ་རྩའུ་ཅི་དང་རྒྱལ་ཁབ་ཀྱི་ཀྲུའུ་ཞི། ཀྲུང་དབྱང་དམག་ཨུད་ཀྱི་ཀྲུའུ་ཞི་བཅས་ཡིན་པའི་ངོས་ནས་བོད་ཞི་བས་བཅིངས་འགྲོལ་བཏང་ནས་ལོ་༧༠འཁོར་བར་རྟེན་འབྲེལ་ཞུ་བར་ཕེབས་པ་དེ་ཡང་ཏང་དང་རྒྱལ་ཁབ་ཀྱི་ལོ་རྒྱུས་ཐོག་ཐེངས་དང་པོ་ཡིན། དེའི་ཐོག་ནས་ཏང་ཀྲུང་དབྱང་གིས་བོད་ལྗོངས་ཀྱི་ལས་དོན་ལ་རྒྱབ་སྐྱོར་དང་། བོད་ལྗོངས་མི་རིགས་ཁག་གི་ལས་བྱེད་མང་ཚོགས་ལ་ཐུགས་ཁུར་གང་ལེགས་གནང་བ་མཚོན་གྱི་ཡོད།

习近平强调，要全面贯彻新时代党的治藏方略，坚持稳中求进工作总基调，立足新发展阶段，完整、准确、全面贯彻新发展理念，服务和融入新发展格局，推动高质量发展，加强边境地区建设，抓好稳定、发展、生态、强边四件大事，在推动青藏高原生态保护和可持续发展上不断取得新成就，奋力谱写雪域高原长治久安和高质量发展新篇章。

ཞི་ཅིན་ཕིང་གིས་ནན་བརྗོད་གནང་བར། དུས་རབས་གསར་པའི་ཏང་གི་བོད་སྐྱོང་ཇུས་གཞི་ཁྱོན་ཡོངས་ནས་ལག་བསྟར་དང་བརྟན་པོའི་ཁྲོད་ཡར་རྒྱས་ཡོང་བ་བྱེད་པའི་ལས་དོན་གྱི་སྤྱིའི་བྱེད་ཕྱོགས་རྒྱུན་འཁྱོངས་བྱེད་དགོས་པ་དང་། གོང་འཕེལ་གྱི་དུས་མཚམས་གསར་པར་ཀྲང་པ་བཙུགས་ཐོག གོང་འཕེལ་གྱི་འདུ་ཤེས་གསར་པ་འཛུམས་ཚང་དང་གནད་འཕིགས། ཁྱོན་ཡོངས་བཅས་ཀྱི་སྒོ་ནས་ལག་བསྟར་དང་། གོང་འཕེལ་གྱི་གནས་བབས་གསར་པར་ཞབས་ཞུ་དང་འབྲེལ་འདྲིས་ཡོང་བ་བྱེད་པ། སྤུས་ཚད་མཐོ་བའི་གོང་འཕེལ་ལ་སྐུལ་འདེད་དང་མཐའ་མཚམས་ས་ཁུལ་གྱི་འཛུགས་སྐྲུན་ལ་ཤུགས་སྣོན་རྒྱག་པ། བརྟན་ལྷིང་དང་འཕེལ་རྒྱས། སྐྱེ་ཁམས། མཐའ་མཚམས་སྲོབས་ཆེར་གཏོང་རྒྱུ་བཅས་དོན་ཆེན་བཞིར་དམ་འཛིན་ཡག་པོ་བྱེད་པ། མཚོ་བོད་ས་མཐོའི་སྐྱེ་ཁམས་ཁོར་ཡུག་སྲུང་སྐྱོང་དང་རྒྱུན་མཐུད་གོང་འཕེལ་ཡོང་བ་བྱེད་པའི་ཐད་གྲུབ་འབྲས་གསར་པ་ཟམ་མི་ཆད་པ་ཐོབ་པ་བཅས་བྱས་མཐར། གངས་ལྗོངས་ས་མཐོར་ཡུན་རིང་དུས་བདེ་དང་སྤུས་ཚད་མཐོ་བའི་འཕེལ་རྒྱས་ཀྱི་ལེའུ་གསར་པ་ཞིག་བརྩམ་དགོས།

要坚持保护优先，坚持山水林田湖草沙冰一体化保护和系统治理，加强重要江河流域生态环境保护和修复，统筹水资源合理开发利用和保护，守护好这里的生灵草木、万水千山。

སྔོན་ལ་སྲུང་སྐྱོང་བྱ་རྒྱུ་རྒྱུན་འཁྱོངས་དང་། རི་ཆུ་ནགས་ཞིང་དང་མཚོའུ་རྩྭ་ཐང་། བྱེ་ས་འཁྱགས་ས་བཅས་ཚང་མ་མཉམ་དུ་སྲུང་སྐྱོང་དང་ཆ་ལག་ཚང་བའི་བཅོས་སྐྱོང་བྱ་རྒྱུ་རྒྱུན་འཁྱོངས་བྱ་དགོས་པ་དང་། གལ་གནད་ཆེ་བའི་གཙང་པོ་དང་ཆུ་བོ་རྒྱུག་ཁུལ་གྱི་སྐྱེ་ཁམས་ཁོར་ཡུག་སྲུང་སྐྱོང་དང་སླར་གསོ་བྱ་རྒྱུར་ཤུགས་སྣོན་རྒྱག་དགོས་པ། ཆུའི་ཐོན་ཁུངས་ལུགས་མཐུན་ངང་གསར་སྤེལ་དང་བེད་སྤྱོད། སྲུང་སྐྱོབ་བཅས་བྱ་རྒྱུ་གཅིག་སྒྱུར་འཆར་འགོད་བྱས་ནས་གནས་དེ་གའི་སྲོག་ཆགས་དང་རྩི་ཤིང་། རི་ཀླུང་ཚང་མ་སྲུང་སྐྱོང་ཡག་པོ་བྱ་དགོས།

要坚持以人为本，不断完善城市功能，提高群众生活品质。

མི་རྩ་བར་འཛིན་རྒྱུ་རྒྱུན་འཁྱོངས་བྱས་ཐོག གྲོང་ཁྱེར་གྱི་ནུས་པ་ཟམ་མི་ཆད་པར་འཐུས་ཚང་དུ་གཏོང་བ་དང་། མང་ཚོགས་ཀྱི་འཚོ་བའི་སྤུས་ཚད་མཐོ་རུ་གཏོང་དགོས།

要全面贯彻党的宗教工作基本方针，尊重群众的宗教信仰，坚持独立自主自办原则，依法管理宗教事务，积极引导藏传佛教与社会主义社会相适应，促进宗教和顺、社会和谐、民族和睦，在推动社会发展进步中发挥积极作用。

ཏང་གི་ཆོས་ལུགས་ལས་དོན་གྱི་གཞི་རྩའི་བྱེད་ཕྱོགས་ཁྱོན་ཡོངས་ནས་ལག་བསྟར་བྱས་ཏེ། མང་ཚོགས་ཀྱི་ཆོས་དད་ལ་བརྩི་འཇོག་དང་རང་ཚུགས་རང་བདག རང་གཉེར་བཅས་ཀྱི་རྩ་དོན་རྒྱུན་འཁྱོངས་བྱེད་དགོས་པ། ཁྲིམས་ལྟར་ཆོས་ལུགས་ལས་དོན་དོ་དམ་བྱས་ཐོག བོད་བརྒྱུད་ནང་བསྟན་དེ་སྤྱི་ཚོགས་རིང་ལུགས་ཀྱི་སྤྱི་ཚོགས་དང་འཚམ་མཐུན་ཡོང་བ་བྱེད་པ་དང་། ཆོས་ལུགས་འཚམ་མཐུན་དང་སྤྱི་ཚོགས་ཞི་མཐུན། མི་རིགས་མཛའ་མཐུན་ཡོང་བ་བཅས་བྱས་ནས་སྤྱི་ཚོགས་འཕེལ་རྒྱས་དང་ཡར་ཐོན་ཡོང་བ་བྱེད་པའི་ཐད་དགེ་མཚན་ལྡན་པའི་ནུས་པ་འདོན་སྤེལ་བྱ་དགོས།

要准确把握西藏工作的阶段性特征，扎实做好群众工作，提高社会治理水平，确保国家安全、社会稳定、人民幸福。

བོད་ལྗོངས་ལས་ཀའི་དུས་མཚམས་རང་བཞིན་གྱི་ཁྱད་ཆོས་ཡང་དག་པའི་ངང་ཁོང་དུ་ཆུད་པ་བྱས་ཏེ། མང་ཚོགས་ལས་དོན་ཏན་ཏིག་དང་ཡག་པོ་སྒྲུབ་པ་དང་། སྤྱི་ཚོགས་བཙོས་སྐྱོང་གི་ཆུ་ཚད་མཐོ་རུ་བཏང་ནས་རྒྱལ་ཁབ་ཀྱི་བདེ་འཇགས་དང་སྤྱི་ཚོགས་ཀྱི་བརྟན་ལྷིང་། མི་དམངས་ཀྱི་བདེ་སྐྱིད་བཅས་འགན་ སྲུང་བྱ་དགོས།

要坚持把民族团结进步宣传教育与社会主义核心价值观教育、爱国主义教育、反分裂斗争教育、新旧西藏对比教育和马克思主义国家观、历史观、民族观、文化观、宗教观教育结合起来，多谋长久之策，多行固本之举。

མི་རིགས་མཐུན་སྒྲིལ་དང་ཡར་ཐོན་གྱི་དྲིལ་བསྒྲགས་སློབ་གསོ་བྱ་རྒྱུ་དེ་སྤྱི་ཚོགས་རིང་ལུགས་ཀྱི་ལྟེ་བའི་རིན་ཐང་ལྟ་བའི་སློབ་གསོ་དང་རྒྱལ་གཅེས་རིང་ལུགས་ཀྱི་སློབ་གསོ། ཁ་འབྲལ་ལ་ངོ་རྒོལ་གྱི་འཐབ་རྩོད་བྱ་རྒྱུའི་སློབ་གསོ། བོད་ལྗོངས་གསར་རྙིང་བསྡུར་བ་བྱེད་པའི་སློབ་གསོ། མ་ཁེ་སི་རིང་ལུགས་ཀྱི་རྒྱལ་ཁབ་ལྟ་བ་དང་ལོ་རྒྱུས་ལྟ་བ། མི་རིགས་ལྟ་བ། རིག་གནས་ལྟ་བ། ཆོས་ལུགས་ལྟ་བ་བཅས་ཀྱི་སློབ་གསོ་དང་ཟུང་འབྲེལ་བྱས་ནས་ཕུགས་ཕན་གྱི་ཐབས་ཇུས་མང་ཙམ་འདོན་པ་དང་རྩ་བརྟན་གྱི་བྱ་སྤྱོད་མང་ཙམ་བཟུང་དགོས།

要加强民族交往交流交融，不断增强各族群众对伟大祖国、中华民族、中华文化、中国共产党、中国特色社会主义的认同，打牢民族团结的思想基础。

མི་རིགས་དབར་གྱི་འགྲོ་འོང་དང་སྤེལ་རེས། འབྲེལ་འདྲིས་བཅས་ལ་ཤུགས་སྣོན་བརྒྱབ་སྟེ། མི་རིགས་ཁག་གི་མང་ཚོགས་ཀྱིས་རླབས་ཆེན་གྱི་མེས་རྒྱལ་དང་ཀྲུང་ཧྭ་མི་རིགས། ཀྲུང་ཧྭའི་རིག་གནས། ཀྲུང་གོའི་ཁྲུང་ཚོས་ལྡན་པའི་སྤྱི་ཚོགས་རིང་ལུགས་བཅས་ལ་ངོས་འཛིན་གཅིག་མཐུན་ཡོང་རྒྱུར་ཤུགས་སྣོན་ཟམ་མི་ཆད་པ་བརྒྱབ་ནས་མི་རིགས་མཐུན་སྒྲིལ་གྱི་བསམ་བློའི་རྨང་གཞི་སྲ་བརྟན་ཡོང་བ་བྱ་དགོས།

要坚持以人民为中心的发展思想，推动巩固拓展脱贫攻坚成果同全面推进乡村振兴有效衔接，更加聚焦群众普遍关注的民生问题，办好就业、教育、社保、医疗、养老、托幼、住房等民生实事，一件一件抓落实，让各族群众的获得感成色更足、幸福感更可持续、安全感更有保障。

མི་དམངས་ལྟེ་བར་འཛིན་པའི་གོང་འཕེལ་གྱི་བསམ་བློ་རྒྱུན་འཁྱོངས་བྱས་ཐོག དབུལ་འཕྲོལ་འགག་གཏོར་གྱི་གྲུབ་འབྲས་སྲ་བརྟན་དང་ཇེ་ཆེར་གཏོང་རྒྱུ་དང་ཁྲོན་ཡོངས་ནས་ཤར་ཕྱོགས་དར་རྒྱས་ལ་སྐྱུལ་འདེད་གཏོང་རྒྱུ་གཉིས་ནུས་ཡོད་དང་འབྲེལ་མཐུད་བྱེད་པ་དང་། མང་ཚོགས་ནས་ཡོངས་ཁྱབ་དང་དོ་ཁུར་བྱེད་པའི་དམངས་འཚོའི་གནད་དོན་སྟར་བས་གཙོ་ཆེར་བཟུང་ནས་ལས་ཞུགས་དང་སློབ་གསོ། སྤྱི་ཚོགས་འགན་བཅོལ། སྨན་བཅོས། རྒན་གསོ། བུ་བཅོལ། སྡོད་ཁང་སོགས་དམངས་འཚོའི་དོན་དག་དངོས་ཡག་པོ་སྒྲུབ་པ་དང་། དོན་དགང་རེ་བཞིན་དོན་འཁྱོལ་ཡོང་བར་དམ་འཛིན་གྱིས་མི་རིགས་ཁག་གི་མང་ཚོགས་ཀྱི་ཐོབ་ཚོར་སྟར་བས་ཆེ་རུ་གཏོང་བ་དང་བདེ་སྐྱིད་ཀྱི་ཚོར་སྣང་སྟར་བས་རྒྱུན་མཐུད་ཡོང་བ། བདེ་འཇགས་ཀྱི་ཚོར་སྣང་སྟར་བས་འགན་སྲུང་ཐུབ་པ་བཅས་བྱ་དགོས།

要加强边境基础设施建设，鼓励各族群众扎根边陲、守护国土、建设家乡。

མཐའ་མཚམས་ཀྱི་རྨང་གཞིའི་སྒྲིག་བཀོད་འཛུགས་སྐྲུན་བྱེད་ཤུགས་ཆེ་རུ་བཏང་ནས་མི་རིགས་ཁག་གི་མང་ཚོགས་མཐའ་མཚམས་ལ་རྩ་བ་འཛུགས་རྒྱུ་དང་རྒྱལ་ཁོངས་ས་ཆ་ལྟ་སྲུང་བྱ་རྒྱུ། ཕ་ཡུལ་འཛུགས་སྐྲུན་བྱ་རྒྱུ་བཅས་ལ་སྐུལ་མ་གཏོང་དགོས།

学史力行是党史学习教育的落脚点，要把学史明理、学史增信、学史崇德的成果转化为改造主观世界和客观世界的实际行动。要在锤炼党性上力行，要在为民服务上力行，要在推动发展上力行。

ལོ་རྒྱུས་སློབ་སྦྱོང་བྱས་ཏེ་ལག་ལེན་དུ་འཁྱོལ་བ་བྱ་རྒྱུ་ནི་ཏང་གི་ལོ་རྒྱུས་སློབ་སྦྱོང་སློབ་གསོའི་རྐང་པ་འཛུགས་ས་དེ་ཡིན་ཞིང་། ལོ་རྒྱུས་སློབ་སྦྱོང་བྱས་ཏེ་གནས་ལུགས་གསལ་པོ་ཤེས་པ་དང་ལོ་རྒྱུས་སློབ་སྦྱོང་བྱས་ཏེ་བློ་སྤོབས་ཆེ་རུ་བཏང་བ། ལོ་རྒྱུས་སློབ་སྦྱོང་བྱས་ཏེ་ཀུན་སྤྱོད་གཙིགས་ཆེར་འཛིན་པའི་གྲུབ་འབྲས་རང་སྣང་གི་འཇིག་རྟེན་ལྟ་བ་དང་ཕྱི་རོལ་གྱི་འཇིག་རྟེན་ལྟ་བར་འགྱུར་ལྡོག་གཏོང་བའི་བྱ་སྤྱོད་དངོས་ལ་འགྱུར་བ་བྱ་དགོས་པ་དང་། ཏང་གཤིས་སྦྱོང་བརྡར་བྱེད་པའི་ཐད་ལག་ལེན་བསྟར་དགོས་པ། མི་དམངས་ལ་ཞབས་འདེགས་ཞུ་བའི་ཐད་ལག་ལེན་བསྟར་དགོས་པ། འཕེལ་རྒྱས་ལ་སྐུལ་འདེད་གཏོང་བའི་ཐད་ལག་ལེན་བསྟར་དགོས།

8. 建设中国特色社会主义法治体系的内容包括哪些？

༨.ཀྲུང་གོའི་ཁྱད་ཆོས་ལྡན་པའི་སྤྱི་ཚོགས་རིང་ལུགས་ཁྲིམས་སྐྱོང་མ་ལག་འཛུགས་སྐྲུན་གྱི་ནང་དོན་གྲས་སུ་གང་དག་ཚུད་ཡོད་དམ།

建设中国特色社会主义法治体系，就是在中国共产党领导下，坚持中国特色社会主义制度，贯彻中国特色社会主义法治理论，形成完备的法律规范体系、高效的法治实施体系、严密的法治监督体系、有力的法治保障体系，形成完善的党内法规体系，坚持依法治国、依法执政、依法行政共同推进，坚持法治国家、法治政府、法治社会一体建设，实现科学立法、严格执法、公正司法、全民守法，促进国家治理体系和治理能力现代化。

དེ་འདང་ཀྲུང་གོའི་ཁྱད་ཆོས་ལྡན་པའི་སྤྱི་ཚོགས་རིང་ལུགས་ཀྱི་ཁྲིམས་སྐྱོང་མ་ལག་འཛུགས་རྒྱུ་ནི་ཀྲུང་གོ་གུང་ཁྲན་ཏང་གི་འགོ་ཁྲིད་འོག ཀྲུང་གོའི་ཁྱད་ཆོས་ལྡན་པའི་སྤྱི་ཚོགས་རིང་ལུགས་ཀྱི་ལམ་ལུགས་རྒྱུན་འཛིན་བྱས་ཐོག ཀྲུང་གོའི་ཁྱད་ཆོས་ལྡན་པའི་སྤྱི་ཚོགས་རིང་ལུགས་ཀྱི་

ཁྲིམས་སྲུང་གཞུང་ལུགས་ལག་ལེན་མཐར་ཕྱིན་བྱས་ནས། འཐུས་སྒོ་ཚང་བའི་བཅའ་ཁྲིམས་ཀྱི་གཅིག་གྱུར་མ་ལག་དང་ཕན་ནུས་ཆེ་བའི་ཁྲིམས་སྲུང་ལག་བསྟར་མ་ལག ནོ་ནན་གྱི་ཁྲིམས་སྲུང་ལྟ་སྐྱོང་མ་ལག ནུས་ཡོད་ཀྱི་ཁྲིམས་སྲུང་འགན་སྲུང་མ་ལག་བཅས་ཆགས་པ་བྱ་རྒྱུ་དང་། འཐུས་སྒོ་ཚང་བའི་ཏང་ནང་ཁྲུལ་གྱི་ཁྲིམས་སྲོལ་མ་ལག་ཆགས་པ་བྱ་དགོས། ཁྲིམས་ལྟར་རྒྱལ་ཁབ་སྐྱོང་རྒྱུ་དང་ཁྲིམས་ལྟར་སྲིད་འཛིན་རྒྱུ། ཁྲིམས་ལྟར་སྲིད་དབང་ལག་བསྟར་བྱ་རྒྱུ་བཅས་མཉམ་དུ་སྐུལ་སྤེལ་གཏོང་རྒྱུ་རྒྱུན་འཁྱོངས་དང་ཁྲིམས་སྲུང་རྒྱལ་ཁབ་དང་ཁྲིམས་སྲུང་སྲིད་གཞུང་། ཁྲིམས་སྲུང་སྤྱི་ཚོགས་བཅས་གཞི་གཅིག་ཏུ་འཛུགས་སྐྱོང་བྱ་རྒྱུ་རྒྱུན་འཁྱོངས་བྱས་ཏེ། ཚན་རིག་དང་མཐུན་པའི་ཁྲིམས་འཛུགས་དང་ཁྲིམས་ལག་བསྟར་ནན་པོ། ཁྲིམས་འཛིན་གཞུང་དྲང་། དམངས་ཡོངས་ནས་ཁྲིམས་ལུགས་སྲུང་བ་བཅས་བྱས་མཐར། རྒྱལ་ཁབ་ཀྱི་ཁྲིམས་སྲུང་མ་ལག་དང་བཅོས་སྐྱོང་མ་ལག་གི་ནུས་པ་དེང་རབས་ཅན་དུ་འགྱུར་རྒྱུར་སྐུལ་འདེད་གཏོང་དགོས།

9. “四个意识”是指什么？

༩.“འདུ་ཤེས་བཞི”གང་དག་ཡིན་ནམ།

“四个意识”是指政治意识、大局意识、核心意识、看齐意识。

“འདུ་ཤེས་བཞི”ནི་ཆབ་སྲིད་ཀྱི་འདུ་ཤེས་དང་ཁྱོན་ཡོངས་ཀྱི་འདུ་ཤེས། སྙིང་ཤིང་གི་འདུ་ཤེས། མིག་ལྟོས་ཀྱི་འདུ་ཤེས་བཅས་ཡིན།

10. “四个自信”是指什么？

༡༠.“གདེང་ཚོད་བཞི”གང་དག་ཡིན་ནམ།

“四个自信”即中国特色社会主义道路自信、理论自信、制度自信、文化自信。

“གདེང་ཚོད་བཞི”ནི་ཀྲུང་གོའི་ཁྱད་ཆོས་ལྡན་པའི་སྤྱི་ཚོགས་རིང་ལུགས་ཀྱི་ལམ་བུར་གདེང་ཚོད་ཡོད་པ་དང་། རིགས་པའི་གཞུང་ལུགས་ལ་གདེང་ཚོད་ཡོད་པ། ལམ་ལུགས་ལ་གདེང་ཚོད་ཡོད་པ། རིག་གནས་ལ་གདེང་ཚོད་ཡོད་པ་བཅས་རེད།

11. “两个维护”是指什么？

༡༡.“སྲུང་སྐྱོང་གཉིས་”གང་དག་ཡིན་ནམ།

“两个维护”是指坚决维护习近平总书记党中央的核心、全党的核心地位，坚决维护党中央权威和集中统一领导。

“སྲུང་སྐྱོང་གཉིས་”ནི་སྤྱི་ཁྱབ་རྩའུ་ཅི་ཤི་ཅིན་ཕིང་ནི་ཏང་ཀྲུང་དབྱང་གི་སྙིང་ཤིང་ཡིན་པ་དང་ཏང་ཡོངས་ཀྱི་སྙིང་ཤིང་ཡིན་པའི་གོ་བབ་སྲུང་སྐྱོང་མཐའ་གཅིག་ཏུ་བྱ་རྒྱུ་དང་། ཏང་ཀྲུང་དབྱང་གི་དབང་གྲགས་དང་གཅིག་བསྡུད་གཅིག་གྱུར་གྱི་འགོ་ཁྲིད་སྲུང་སྐྱོང་མཐའ་གཅིག་ཏུ་བྱ་རྒྱུ་གཉིས་ཡིན།

12. 社会主义核心价值观的基本内容是什么？

༡༢.སྤྱི་ཚོགས་རིང་ལུགས་ཀྱི་སྙིང་པོའི་རིན་ཐང་ལྟ་བའི་གཞི་རྩའི་ནང་དོན་གང་ཡིན་ནམ།

富强、民主、文明、和谐，自由、平等、公正、法治，爱国、敬业、诚信、友善。

འབྱོར་ཕྱུག་དང་དམངས་གཙོ། ཤེས་དཔལ། ཞི་མཐུན། རང་དབང་། འདྲ་མཉམ། དྲང་གཞག ཁྲིམས་སྐྱོང་། རྒྱལ་གཅེས། ལས་བཀུར། ཡིད་རྟོན། མཛའ་མཐུན་བཅས་རེད།

13. 什么是“五个认同”？

༡༣.“གཅིག་མཐུན་གྱི་ངོས་འཛིན་ལྔ”གང་དག་ཡིན་ནམ།

“五个认同”是指对伟大祖国的认同、对中华民族的认同、对中华文化的认同、对中国共产党的认同、对中国特色社会主义的认同。

“གཅིག་མཐུན་གྱི་ངོས་འཛིན་ལྔ”ནི་རླབས་ཆེན་གྱི་མེས་རྒྱལ་ལ་ངོས་འཛིན་གཅིག་མཐུན་དང་། ཀྲུང་ཧྭ་མི་རིགས་ལ་ངོས་འཛིན་གཅིག་མཐུན། ཀྲུང་ཧྭའི་རིག་གནས་ལ་ངོས་འཛིན་གཅིག་མཐུན། ཀྲུང་གོ་གུང་ཁྲན་ཏང་ལ་ངོས་འཛིན་གཅིག་མཐུན། ཀྲུང་གོའི་ཁྱད་ཆོས་ལྡན་པའི་སྤྱི་ཚོགས་རིང་ལུགས་ལ་ངོས་འཛིན་གཅིག་མཐུན་བྱ་རྒྱུ་བཅས་རེད།

14. “三个离不开”指什么？

༡༤.“ཁ་འབྲལ་ཐབས་མེད་པ་གསུམ”གང་དག་ཡིན་ནམ།

汉族离不开少数民族，少数民族离不开汉族，各少数民族之间也相互离不开。

རྒྱ་རིགས་ནི་གྲངས་ཉུང་མི་རིགས་དང་ཁ་འབྲལ་ཐབས་མེད་པ་དང་གྲངས་ཉུང་མི་རིགས་ནི་རྒྱ་རིགས་དང་ཁ་འབྲལ་ཐབས་མེད་པ། གྲངས་ཉུང་མི་རིགས་ཁག་ཀྱང་ཕན་ཚུན་ཁ་འབྲལ་ཐབས་མེད་པ་བཅས་རེད།

15. 西藏工作的着眼点和着力点是什么？

༡༥.བོད་ལྗོངས་ལས་དོན་གྱི་དམིགས་ས་གཙོ་བོ་དང་ཤུགས་རྒྱག་ས་གཙོ་བོ་གང་ཡིན་ནམ།

西藏工作必须坚持以维护祖国统一、加强民族团结为着眼点和着力点。

བོད་ལྗོངས་ལས་དོན་གྱི་དམིགས་ས་གཙོ་བོ་དང་ཤུགས་རྒྱག་ས་གཙོ་བོ་ནི་བོད་ལྗོངས་ལས་དོན་ཁྲིད་ངེས་པར་དུ་རྒྱུན་མཐུད་དང་མེས་རྒྱལ་གོང་བུ་གཅིག་གྱུར་ལ་སྲུང་སྐྱོང་དང་། མི་རིགས་མཐུན་སྒྲིལ་ལ་ཤུགས་སྣོན་རྒྱག་དགོས་པ་དེ་ཡིན།

16. 新时代党的治藏方略是什么？

༡༦.དུས་རབས་གསར་པའི་བོད་སྐྱོང་གི་ཇུས་གཞི་གང་ཡིན་ནམ།

在中央第七次西藏工作座谈会上，习近平总书记进一步丰富和发展了新时代党的治藏方略，并用“十个必须”高度概括，即：

དེ་འཇང་ཀྲུང་དབྱང་གི་བོད་ལྗོངས་ལས་དོན་སྐོར་གྱི་བཞུགས་མོལ་ཚོགས་འདུ་ཐེངས་བདུན་པའི་ཐོག སྤྱི་ཁྱབ་རྩ་འཛུ་ཅི་ཞི་ཅིན་ཕིང་གིས་དུས་རབས་གསར་པའི་ཏང་གི་བོད་སྐྱོང་ཇུས་གཞི་སྔར་བས་ཕུན་སུམ་ཛེ་ཚོགས་དང་འཕེལ་རྒྱས་བཏང་ཡོད་པ་མ་ཟད། “ངེས་པར་དུ་བཅུ”ཞེས་པའི་ནང་ཚན་མཐོའི་ཕྱོགས་བསྡུས་གནང་ཡོད་པ་དེ་ཡང་།

必须坚持中国共产党领导、中国特色社会主义制度、民族区域自治制度；

ངེས་པར་དུ་ཀྲུང་གོ་གུང་ཁྲན་ཏང་གི་འགོ་ཁྲིད་དང་ཀྲུང་གོའི་ཁྱད་ཆོས་ལྡན་པའི་སྤྱི་ཚོགས་རིང་ལུགས་ཀྱི་ལམ་ལུགས། མི་རིགས་ས་ཁོངས་རང་སྐྱོང་ལམ་ལུགས་བཅས་བརྟན་འཛིན་བྱ་དགོས་པ།

必须坚持治国必治边，治边先稳藏的战略思想；

ངེས་པར་དུ་རྒྱལ་ཁབ་སྐྱོང་བར་ཡིན་གཅིག་གིས་མཐའ་མཚམས་སྐྱོང་དགོས་པ་དང་། མཐའ་མཚམས་སྐྱོང་བར་དང་ཐོག་བོད་བརྟན་ལྷིང་ཡོང་བ་བྱ་རྒྱུའི་འཐབ་ཇུས་བསམ་བློ་བརྟན་འཛིན་བྱ་དགོས་པ།

必须把维护祖国统一、加强民族团结作为西藏工作的着眼点和着力点；

ངེས་པར་དུ་མེས་རྒྱལ་གོང་བུ་གཅིག་གྱུར་ལ་སྲུང་སྐྱོང་དང་མི་རིགས་མཐུན་སྒྲིལ་ལ་ཤུགས་སྣོན་རྒྱག་རྒྱུ་དེ་བོད་ལྗོངས་ལས་དོན་གྱི་དམིགས་ས་གཙོ་བོ་དང་ཤུགས་རྒྱག་ས་གཙོ་བོར་འཛུག་དགོས་པ།

必须坚持依法治藏、富民兴藏、长期建藏、凝聚人心、夯实基础的重要原则；

ངེས་པར་དུ་ཁྲིམས་ལྟར་བོད་བདག་སྐྱོང་བྱེད་པ་དང་དམངས་ཕྱུག་བོད་དར་ཡོང་རྒྱུ། ཡུན་རིང་ནང་བོད་ལྗོངས་འཛུགས་སྐྲུན་བྱེད་རྒྱུ། མི་སེམས་གོང་བུ་གཅིག་ཏུ་བསྒྲིལ་རྒྱུ། རྨང་གཞི་

བརྟན་དུ་གཏོང་རྒྱུ་བཅས་ཀྱི་ཚ་དོན་གལ་ཆེན་རྒྱུན་འཁྱོངས་བྱ་དགོས་པ།

必须统筹国内国际两个大局；

ངེས་པར་དུ་རྒྱལ་ཕྱི་རྒྱལ་ནང་གཉིས་ཀྱི་ཁྱོན་ཡོངས་གནས་བབས་གཅིག་སྒྱུར་ཐོག་འཆར་འགོད་བྱ་དགོས་པ།

必须把改善民生、凝聚人心作为经济社会发展的出发点和落脚点；

ངེས་པར་དུ་དམངས་འཚོ་ལེགས་བཅོས་དང་མི་སེམས་གཅིག་ཏུ་འགུག་རྒྱུ་དེ་དཔལ་འབྱོར་དང་སྤྱི་ཚོགས་གོང་འཕེལ་གྱི་འགོ་བརྩམ་ས་དང་གཞི་རྩ་གས་སར་འཛུག་དགོས་པ།

必须促进各民族交往交流交融；

ངེས་པར་དུ་མི་རིགས་ཁག་དབར་འགྲོ་འོང་དང་སྤེལ་རེས། འབྲེལ་འདྲིས་བཅས་བྱ་རྒྱུར་སྐུལ་འདེད་གཏོང་དགོས་པ།

必须坚持我国宗教中国化方向、依法管理宗教事务；

ངེས་པར་དུ་རང་རྒྱལ་གྱི་ཆོས་ལུགས་དེ་ཀྲུང་གོ་ཅན་གྱི་ཁ་ཕྱོགས་སུ་འགྱུར་རྒྱུ་དང་ཁྲིམས་ལྟར་ཆོས་ཕྱོགས་ལས་དོན་ལ་དོ་དམ་བྱ་རྒྱུ་རྒྱུན་འཁྱོངས་བྱ་དགོས་པ།

必须坚持生态保护第一；

ངེས་པར་དུ་སྐྱེ་ཁམས་སྲུང་སྐྱོང་བྱ་རྒྱུ་ཨང་དང་པོར་འཛུག་དགོས་པ།

必须加强党的建设特别是政治建设。

ངེས་པར་དུ་ཏང་འཛུགས་སྐྲུན་དང་ལྷག་པར་དུ་ཆབ་སྲིད་འཛུགས་སྐྲུན་ལ་ཤུགས་སྣོན་རྒྱག་དགོས་པ་བཅས་རེད།

17. 维护民族团结的思想基础是什么？

༡༧.མི་རིགས་མཐུན་སྒྲིལ་སྲུང་སྐྱོང་བྱེད་པའི་བསམ་བློའི་རྨང་གཞི་གང་ཡིན་ནམ།

坚持铸牢中华民族共同体意识是维护民族团结的思想基础。习近平总书记强调，“加强民族团结，基础在于搞好民族团结进步教育，建设各民族共有精神家园。要深入践行守望相助理念，深化民族团结进步教育，铸牢中华民族共同体意识，促进各民族像石榴籽一样紧紧抱在一起”。

དེ་འང་ཀྲུང་ཧྭ་མི་རིགས་གཅིག་མཐུན་ཚོགས་པའི་འདུ་ཤེས་རྒྱུན་མཐུད་དང་སྲ་བརྟན་གཏོང་རྒྱུ་ནི་མི་རིགས་མཐུན་སྒྲིལ་སྲུང་སྐྱོང་བྱེད་པའི་བསམ་བློའི་རྨང་གཞི་ཡིན། སྤྱི་ཁྱབ་ཧྲུའུ་ཅི་ཞི་ཅིན་ཕིང་གིས“མི་རིགས་མཐུན་སྒྲིལ་ལ་ཤུགས་སྣོན་རྒྱག་རྒྱུའི་རྨང་གཞི་ནི་མི་རིགས་མཐུན་སྒྲིལ་དང་ཡར་ཐོན་གྱི་སློབ་གསོ་ཡག་པོ་བརྒྱབ་སྟེ། མི་རིགས་ཁག་ལ་ཐུན་མོང་གི་བསམ་པའི་ཁྱིམ་གཞིས་འཛུགས་དགོས་པ་དང་། ཕན་ཚུན་ལྟ་སྐྱོང་དང་རོགས་རེས་ཀྱི་འདུ་ཤེས་སྐྱོང་རོལ་གཏིང་ཟབ་ཡོང་བ་དང་མི་རིགས་མཐུན་སྒྲིལ་དང་ཡར་ཐོན་གྱི་སློབ་གསོ་གཏིང་ཟབ་ཐེབས་པ། ཀྲུང་ཧྭ་མི་རིགས་གཅིག་མཐུན་ཚོགས་པའི་འདུ་ཤེས་བརྟན་པོ་ཡོང་བ་བཅས་བྱས་ནས་མི་རིགས་ཁག་སེ་འབྲུ་དང་འདྲ་བར་ཇོག་ཇ་གཅིག་ཏུ་བསྒྲིལ་རྒྱུར་སྐུལ་འདེད་གཏོང་དགོས”ཞེས་ནན་བརྗོད་གནང་ཡོད།

18. 西藏自治区针对民族团结出台的地方性法规是什么？

༡༨.བོད་རང་སྐྱོང་ལྗོངས་ཀྱིས་མི་རིགས་མཐུན་སྒྲིལ་ལ་དམིགས་ཏེ་བཏོན་པའི་ས་གནས་རང་བཞིན་གྱི་ཁྲིམས་སྲོལ་གང་ཡིན་ནམ།

2020年1月11日，西藏自治区第十一届人民代表大会第三次会议通过了《西藏自治区民族团结进步模范区创建条例》，《条例》指出：西藏自古以来就是伟大祖国不可分割的一部分，各民族都是中华民族大家庭的重要成员。民族团结是各族人民的生命线，维护祖国统一、加强民族团结，旗帜鲜明反对分裂，是各族人民的共同责任和义务。

དེ་འང་སྤྱི་ལོ་༢༠༢༠ལོའི་ཟླ་༡ཚེས་༡༡ཉིན། བོད་རང་སྐྱོང་ལྗོངས་སྐབས་བཅུ་གཅིག་པའི་མི་དམངས་འཐུས་མི་ཚོགས་ཆེན་ཐེངས་གསུམ་པའི་ཐོག《བོད་རང་སྐྱོང་ལྗོངས་མི་རིགས་མཐུན་སྒྲིལ་ཡར་ཐོན་དཔེ་སྟོན་ཁུལ་འཛུགས་རྒྱུའི་སྒྲོལ་ཡིག་》ལ་གྲོས་འཆམ་བྱུང་ཞིང་།《སྒྲོལ་ཡིག་》ནང་། བོད་ནི་གནའ་ནས་བཟུང་རླབས་ཆེན་མེས་རྒྱལ་གྱི་ཁ་འབྲལ་དུ་མེད་པའི་མངའ་ཁོངས་ཀྱི་ཆ་ཤས་ཤིག་ཡིན་པ་དང་། མི་རིགས་ཁག་ཚང་མ་ཀྲུང་ཧྭ་མི་རིགས་ཁྱིམ་ཚང་ཆེན་པོའི་ནང་གི

ཁོངས་གཏོགས་གལ་ཆེན་ཞིག་ཡིན་པ། མི་རིགས་མཐུན་སྒྲིལ་ནི་མི་རིགས་ཁག་གི་མི་དམངས་ཀྱི་སྲོག་རྩ་ཡིན་པ། མེས་རྒྱལ་གོང་དུ་གཅིག་གྱུར་ལ་སྲུང་སྐྱོང་བྱ་རྒྱུ་དང་མི་རིགས་མཐུན་སྒྲིལ་ལ་ཤུགས་སྣོན་རྒྱག་རྒྱུ། དར་ཆ་གསལ་སྟོན་ཐོག་ཁ་བྲལ་ལ་ངོ་རྒོལ་བྱ་རྒྱུ་བཅས་ནི་མི་རིགས་ཁག་གི་མི་དམངས་ཀྱི་ཐུན་མོང་གི་འགན་འཁྲི་དང་འོས་འགན་ཡིན་ཞེས་བསྟན་ཡོད།

19. 西藏自治区民族团结进步模范区创建的总体要求是什么？

༡༩.བོད་རང་སྐྱོང་ལྗོངས་ཀྱི་མི་རིགས་མཐུན་སྒྲིལ་ཡར་ཐོན་དཔེ་སྟོན་ཁུལ་འཛུགས་རྒྱུའི་སྤྱིའི་བླང་བྱ་གང་ཡིན་ནམ།

《西藏自治区民族团结进步模范区创建条例》指出：民族团结进步模范区创建，以“中华民族一家亲、同心共筑中国梦”为总目标，以共同团结奋斗、共同繁荣发展为主题，以铸牢中华民族共同体意识为主线，以社会主义核心价值观为引领，以加强各民族交往交流交融为根本途径，增强对伟大祖国、中华民族、中华文化、中国共产党、中国特色社会主义的认同，促进各民族和睦相处、和衷共济、和谐发展，充分展现中国精神、中国价值、中国力量。

《བོད་རང་སྐྱོང་ལྗོངས་ཀྱི་མི་རིགས་མཐུན་སྒྲིལ་ཡར་ཐོན་དཔེ་སྟོན་ཁུལ་འཛུགས་རྒྱུའི་སྒྲིག་ཡིག》ནང་བསྟན་དོན། མི་རིགས་མཐུན་སྒྲིལ་ཡར་ཐོན་དཔེ་སྟོན་ཁུལ་འཛུགས་སྐབས། “ཀྲུང་ཧྭ་མི་རིགས་ཁྱིམ་ཚང་གཅིག་ལྟར་འཆམ་མཐུན་དང་བློ་སེམས་གཅིག་ཏུ་བསྒྲིལ་ནས་ཀྲུང་གོའི་ཕུགས་འདུན་བསྒྲུབ་རྒྱུ”སྤྱིའི་དམིགས་ཡུལ་དུ་བཟུང་བ་དང་། མཉམ་དུ་མཐུན་སྒྲིལ་འབད་འཐབ་དང་མཉམ་དུ་དར་རྒྱས་གོང་འཕེལ་ཡོང་བ་བྱ་རྒྱུ་བརྗོད་དོན་གཙོ་བོར་བཟུང་བ། ཀྲུང་ཧྭ་མི་རིགས་གཅིག་མཐུན་ཚོགས་པའི་འདུ་ཤེས་བརྟན་པོ་འཛུགས་རྒྱུ་གཙོ་ཐིག་ཏུ་བཟུང་བ། སྤྱི་ཚོགས་རིང་ལུགས་ཀྱི་ལྟེ་བའི་རིན་ཐང་ལྟ་བས་ཁྲིད་སྟོན་བྱེད་པ། མི་རིགས་དབར་འགྲོ་འོང་དང་སྤེལ་རེས། འབྲེལ་འདྲིས་བྱ་རྒྱུ་གཞི་རྩའི་ཐབས་ལམ་དུ་བཟུང་བ་བཅས་བྱས་ཐོག ཆབས་ཆེན་ཟ་མེས་རྒྱལ་དང་ཀྲུང་ཧྭ་མི་རིགས། ཀྲུང་ཧྭའི་རིག་གནས། ཀྲུང་གོ་གུང་ཁྲན་ཏང་། ཀྲུང་གོའི་ཁྱད་ཆོས་ལྡན་པའི་སྤྱི་ཚོགས་རིང་ལུགས་བཅས་ལ་ངོས་འཛིན་གཅིག་མཐུན་བྱ་རྒྱུར་ཤུགས་སྣོན་རྒྱག

པ་དང་། མི་རིགས་ཁག་འཆམ་མཐུན་མཉམ་གནས་དང་ཕྱུར་བ་གྲུ་འདྲིགས། ཞི་མཐུན་འཕེལ་རྒྱས་ཡོང་བ་བཅས་ལ་སྐྱུལ་འདྲེད་ཀྱིས་ཀྲུང་གོའི་སྙིང་སྟོབས་དང་ཀྲུང་གོའི་རིན་ཐང་། ཀྲུང་གོའི་སྟོབས་ཤུགས་བཅས་གང་ལེགས་མངོན་པར་བྱ་དགོས་ཞེས་འཁོད་ཡོད།

20. 西藏自治区针对环境保护出台的地方性法规是什么？

༢༠.བོད་རང་སྐྱོང་ལྗོངས་ཀྱིས་ཁོར་ཡུག་སྲུང་སྐྱོང་ལ་དམིགས་ཏེ་བཏོན་པའི་ས་གནས་རང་བཞིན་གྱི་ཁྲིམས་སྲོལ་གང་ཡིན་ནམ།

2021 年 1 月 24 日，由西藏自治区第十一届人民代表大会第四次会议审议通过了《西藏自治区国家生态文明高地建设条例》，《条例》指出：西藏是青藏高原的主体，是重要的国家生态安全屏障。保护好青藏高原生态事关中华民族生存和长远发展，事关铸牢中华民族共同体意识，事关西藏长治久安和高质量发展，事关全区各族人民的民生福祉。

དེ་འང་སྤྱི་ལོ་༢༠༢༡ལོའི་ཟླ་༡ཚེས་༢༤ཉིན། བོད་རང་སྐྱོང་ལྗོངས་སྐབས་བཅུ་གཅིག་པའི་མི་དམངས་འཐུས་མི་ཚོགས་ཆེན་ཐེངས་བཞི་པའི་ཐོག《བོད་རང་སྐྱོང་ལྗོངས་རྒྱལ་ཁབ་སྐྱེ་ཁམས་ཤེས་དཔལ་གྱི་མཐོ་ས་བསྐྲུན་རྒྱུའི་སྲོལ་ཡིག》ལ་གྲོས་ཞིབ་དང་གྲོས་འཆམ་བྱུང་ཞིང་། 《སྲོལ་

ཡིག་》ནང་བསྟན་དོན། བོད་ལྗོངས་ནི་མཚོ་བོད་ས་མཐོའི་གཞི་རྐང་ཡིན་ལ། རྒྱལ་ཁབ་སྐྱེ་ཁམས་བདེ་འཇགས་ཀྱི་གྱང་ར་གལ་ཆེན་ཞིག་ཀྱང་ཡིན། མཚོ་བོད་ས་མཐོའི་སྐྱེ་ཁམས་སྲུང་སྐྱོང་ཡག་པོ་བྱ་རྒྱུ་དེ་ཀྲུང་ཧྭ་མི་རིགས་ཀྱི་འཚོ་གནས་དང་ཡུན་རིང་གི་འཕེལ་རྒྱས་དང་འབྲེལ་བ་ཡོད་པ་དང་། ཀྲུང་ཧྭ་མི་རིགས་གཅིག་མཐུན་ཚོགས་པའི་འདུ་ཤེས་བརྟན་པོ་འཛུགས་རྒྱུ་དང་འབྲེལ་བ་ཡོད་པ། བོད་ལྗོངས་ཡུན་རིང་དུས་བདེ་དང་སྤུས་ཚད་མཐོ་བའི་གོང་འཕེལ་ཡོང་རྒྱུ་དང་འབྲེལ་བ་ཡོད་པ། ལྗོངས་ཡོངས་མི་རིགས་ཁག་གི་མི་དམངས་ཀྱི་དམངས་འཚོའི་བདེ་སྐྱིད་དང་འབྲེལ་བ་ཡོད་པ་བཅས་ཡིན་ཞེས་འཁོད་ཡོད།

21. 党的宗教工作基本方针是什么？

༢༡.ཏང་གི་ཆོས་ལུགས་ལས་དོན་གྱི་གཞི་རྩའི་བྱེད་ཐབས་གང་ཡིན་ནམ།

全面贯彻党的宗教信仰自由政策，依法管理宗教事务，坚持独立自主自办的原则，积极引导宗教与社会主义社会相适应。

ཏང་གི་ཆོས་དད་རང་མོས་སྲིད་ཇུས་ཁྱོན་ཡོངས་ནས་ལག་ལེན་མཐར་ཕྱིན་པ་བསྟར་དགོས་པ་དང་ཁྲིམས་ལྟར་ཆོས་ཕྱོགས་ལས་དོན་ལ་དོ་དམ་བྱ་དགོས་པ། རང་ཚུགས་རང་བདག་དང་རང་གཉེར་བཅས་ཀྱི་རྩ་དོན་བརྒྱུན་འཛིངས་བྱ་དགོས་པ། ཆོས་ལུགས་དེ་སྤྱི་ཚོགས་རིང་ལུགས་དང་མཐུན་ཚུན་འཆམ་མཐུན་ཡོང་བར་ཁྲིད་སྟོན་ཧུར་ཐག་བྱ་དགོས་པ་བཅས་ཡིན།

22. 西藏社会的特殊矛盾是什么？

༢༢.བོད་ལྗོངས་སྤྱི་ཚོགས་ཀྱི་དམིགས་བསལ་འགལ་ཟླ་གང་ཡིན་ནམ།

西藏社会的特殊矛盾依然是各族人民同以达赖集团为代表的分裂势力之间的矛盾。

བོད་ལྗོངས་སྤྱི་ཚོགས་ཀྱི་དམིགས་བསལ་འགལ་ཟླ་ནི་སྔར་བཞིན་མི་རིགས་ཁག་གི་མི་དམངས་དང་ཏཱ་ལའི་རུ་ཚོགས་ཀྱིས་འཐུས་ཚབ་བྱས་པའི་ཁ་བྲལ་སྟོབས་ཤུགས་དབར་གྱི་འགལ་ཟླ་དེ་ཡིན།

23. 怎么看待各族人民与达赖集团的斗争？

༢༣.མི་རིགས་ཁག་གི་མི་དམངས་དང་ཏཱ་ལའི་རུ་ཚོགས་དབར་གྱི་འཐབ་རྩོད་ལ་ལྟ་སྟངས་གང་འདྲ་འཛིན་དགོས་སམ།

十四世达赖是图谋“西藏独立”的分裂主义政治集团的总头子，是国际反华势力的忠实工具，是在西藏制造社会动乱的总根源，是阻挠藏传佛教建立正常秩序的最大障碍，是披着宗教外衣祸藏乱教的政客。达赖集团“中间道路”的本质是分裂祖国，我们同达赖集团及支持他们的西方敌对势力的斗争，是中华民族反对帝国主义、殖民主义斗争的继续，是西藏各族人民同政教合一封建农奴主阶级残余势力斗争的继续，是关系国家统一、民族团结的重大政治斗争，对十四世达赖集团斗争始终是西藏工作的重中之重。

དེའང་ཧྲུ་ལ་སྐྱེ་ཕྲེང་བཅུ་བཞི་པ་ནི“བོད་རང་བཙན”གྱི་རི་ངན་འཆང་མཁན་ཁ་བྲལ་རིང་ལུགས་ཆབ་སྲིད་སྟོབས་ཤུགས་ཀྱི་སྤྱིའི་འགོ་གཙོ་ཡིན་པ་དང་། རྒྱལ་སྤྱིའི་ཐོག་ཀྲུང་གོར་ངོ་རྒོལ་བྱེད་མཁན་སྟོབས་ཤུགས་ཀྱི་ལག་ཆ་འཁྲུལ་མེད་ཅིག་ཡིན་པ། བོད་ལྗོངས་ཀྱི་སྤྱི་ཚོགས་ཟང་ཟིང་བཟོ་བའི་རྩ་བའི་འབྱུང་རྩ་ཡིན་པ། བོད་བརྒྱུད་ནང་བསྟན་གྱི་རྒྱུན་གཏན་སྒྲིག་ལམ་འཛུགས་རྒྱུའི་འགོག་རྐྱེན་ཆེ་ཤོས་ཡིན་པ། ཆོས་ལུགས་ཀྱི་ཕྱི་གོས་གྱོན་ནས་བོད་ལ་ཆག་སྒོ་དང་ཆོས་ལུགས་ལ་འཁྲུག་རྐྱེན་སློང་བའི་ཆབ་སྲིད་ཀྱི་མི་སྣ་བཅས་ཡིན། ཧྲུ་ལའི་ཚོགས་པའི“དབུ་མའི་ལམ”གྱི་ངོ་བོ་ནི་མེས་རྒྱལ་ཁ་བྲལ་གཏོང་རྒྱུ་དེ་རེད། ང་ཚོ་དང་ཧྲུ་ལའི་ཉ་ཚོགས་དང་ཁོ་ཚོར་རྒྱབ་སྐྱོར་བྱེད་མཁན་ནུབ་ཕྱོགས་དགྲ་འཛིན་སྟོབས་ཤུགས་དབར་གྱི་འཐབ་རྩོད་ནི་ཀྲུང་ཧྭ་མི་རིགས་ཀྱིས་བཙན་རྒྱལ་རིང་ལུགས་ལ་ངོ་རྒོལ་དང་མི་སེར་སྤྱེལ་བའི་རིང་ལུགས་ལ་ངོ་རྒོལ་བྱེད་པའི་འཐབ་རྩོད་ཀྱི་རྒྱུན་མཐུད་ཅིག་ཡིན་པ་དང་། བོད་ལྗོངས་མི་རིགས་ཁག་གི་མི་དམངས་ཀྱིས་ཆོས་སྲིད་ཟུང་འབྲེལ་བཀས་བཀོད་རྒྱུད་འཛིན་ཞིང་བྲན་བདག་པོའི་གྲལ་རིམ་གྱི་ངན་པའི་ཤུགས་ལྷག་དབར་འཐབ་རྩོད་བྱེད་པའི་རྒྱུན་མཐུད་ཅིག་ཡིན་པ། ཧྲུ་ལ་སྐྱེ་ཕྲེང་བཅུ་བཞི་པའི་ཕྱོགས་གཏོགས་དང་འཐབ་རྩོད་བྱ་རྒྱུ་དེ་ནི་སྔ་ཕྱི་བར་གསུམ་དུ་བོད་ལྗོངས་ལས་དོན་གྱི་གལ་འགངས་ཆེ་ཤོས་དེ་ཡིན།

二、宪法及基本常识

གཉིས་པ།　རྩ་ཁྲིམས་དང་གཞི་རྩའི་རྒྱུན་ཤེས།

1. 宪法的地位是什么?

༡.རྩ་ཁྲིམས་ཀྱི་གོ་གནས་གང་ཡིན་ནམ།

《中华人民共和国宪法》是中华人民共和国的根本大法，规定拥有最高法律效力。一切法律、行政法规和地方性法规都不得同宪法相抵触。一切国家机关和武装力量、各政党和各社会团体、各企业事业组织都必须遵守宪法和法律。一切违反宪法和法律的行为，必须予以追究。任何组织或者个人都不得有超越宪法和法律的特权。

《ཀྲུང་ཧྭ་མི་དམངས་སྤྱི་མཐུན་རྒྱལ་ཁབ་ཀྱི་རྩ་ཁྲིམས་》ནི་ཀྲུང་ཧྭ་མི་དམངས་སྤྱི་མཐུན་རྒྱལ་ཁབ་ཀྱི་གཞི་རྩའི་ཁྲིམས་ཆེན་ཞིག་ཡིན་ཞིང་། དེར་ཆེས་མཐོའི་བཅའ་ཁྲིམས་ཀྱི་ནུས་པ་ལྡན་པ་གཏན་འབེབས་བྱས་ཡོད། ཁྲིམས་ལུགས་མཐའ་དག་དང་སྲིད་འཛིན་ཁྲིམས་སྲོལ། ས་གནས་རང་བཞིན་གྱི་ཁྲིམས་སྲོལ་བཅས་ཚང་མ་རྩ་ཁྲིམས་དང་རྒྱབ་འགལ་བྱེད་མི་ཆོག རྒྱལ་ཁབ་ཀྱི་ལས་ཁུངས་མཐའ་དག་དང་དྲག་ཆས་སྟོབས་ཤུགས། སྲིད་ཏང་ཁག་དང་སྤྱི་ཚོགས་ཚོགས་པ་ཁག ཁེ་ལས་བྱ་གཞག་རྩ་འཛུགས་ཁག་བཅས་ཚང་མས་ངེས་པར་དུ་རྩ་ཁྲིམས་དང་བཅའ་ཁྲིམས་ལ་བརྩི་སྲུང་ཞུ་དགོས། རྩ་ཁྲིམས་དང་བཅའ་ཁྲིམས་ལས་འགལ་བའི་བྱ་སྤྱོད་མཐའ་དག་ངེས་པར་དུ་རྩད་གཅོད་བྱ་དགོས་པ་དང་། རྩ་འཛུགས་དང་མི་སྒེར་གང་འདྲ་ཞིག་ཡིན་རུང་ཚང་མར་རྩ་ཁྲིམས་དང་བཅའ་ཁྲིམས་ལས་བརྒལ་བའི་དམིགས་བསལ་དབང་ཆ་ཡོད་མི་རུང་།

2. 我国的国家性质是什么?

༢.རང་རྒྱལ་གྱི་རྒྱལ་ཁབ་ཀྱི་ངོ་བོ་གང་ཡིན་ནམ།

中华人民共和国是工人阶级领导的、以工农联盟为基础的人民民主专政的社会主义国家。

དེའང་ཀྲུང་ཧྭ་མི་དམངས་སྤྱི་མཐུན་རྒྱལ་ཁབ་ནི་བཟོ་པའི་གྲལ་རིམ་གྱིས་འགོ་ཁྲིད་བྱས་པ་དང་བཟོ་ཞིང་མནའ་འབྲེལ་གྱིས་རྨང་གཞི་བྱས་པའི་མི་དམངས་དམངས་གཙོའི་སྲིད་དབང་སྒེར་འཛིན་གྱི་སྤྱི་ཚོགས་རིང་ལུགས་ཀྱི་རྒྱལ་ཁབ་ཅིག་ཡིན།

3. 我国的根本制度是什么?

༣.རང་རྒྱལ་གྱི་གཞི་རྩའི་ལམ་ལུགས་གང་ཡིན་ནམ།

社会主义制度是中华人民共和国的根本制度。

དེའང་སྤྱི་ཚོགས་རིང་ལུགས་ནི་ཀྲུང་ཧྭ་མི་དམངས་སྤྱི་མཐུན་རྒྱལ་ཁབ་ཀྱི་གཞི་རྩའི་ལམ་ལུགས་ཤིག་ཡིན།

4. 我国的国家权力属于谁?

༤.རང་རྒྱལ་གྱི་རྒྱལ་ཁབ་དབང་ཆ་སུ་ཞིག་གི་ལག་ཏུ་བཟུང་ཡོད་དམ།

中华人民共和国的一切权力属于人民。

དེའང་ཀྲུང་ཧྭ་མི་དམངས་སྤྱི་མཐུན་རྒྱལ་ཁབ་ཀྱི་དབང་ཆ་མཐའ་དག་མི་དམངས་ལ་བདག་པ་ཡིན།

5. 我国的政体是什么？

༥.རང་རྒྱལ་སྲིད་དབང་གི་སྲིག་སྲོལ་གང་འདྲ་ཡིན་ནམ།

我国的政体是人民代表大会制度。

རང་རྒྱལ་སྲིད་དབང་གི་སྲིག་སྲོལ་ནི་མི་དམངས་འཐུས་མི་ཚོགས་ཆེན་གྱི་ལམ་ལུགས་ཡིན།

6.《中华人民共和国宪法》对民族关系是如何规定的？

༦.《ཀྲུང་ཧྭ་མི་དམངས་སྤྱི་མཐུན་རྒྱལ་ཁབ་ཀྱི་རྩ་ཁྲིམས་》ནང་མི་རིགས་ཀྱི་འབྲེལ་བར་དམིགས་ནས་གཏན་འབེབས་གང་འདྲ་བྱས་ཡོད་དམ།

中华人民共和国各民族一律平等。国家保障各少数民族的合法的权利和利益，维护和发展各民族的平等团结互助和谐关系。禁止对任何民族的歧视和压迫，禁止破坏民族团结和制造民族分裂的行为。

དེའང་ཀྲུང་ཧྭ་མི་དམངས་སྤྱི་མཐུན་རྒྱལ་ཁབ་ནང་གི་མི་རིགས་ཁག་ཚང་མ་འདྲ་མཉམ་ཡིན། རྒྱལ་ཁབ་ནས་གྲངས་ཉུང་མི་རིགས་ཁག་གི་ཁྲིམས་མཐུན་དབང་ཆ་དང་ཁེ་ཕན་འགན་ལེན་བྱེད་པ་དང་། མི་རིགས་ཁག་གི་འདྲ་མཉམ་དང་མཐུན་སྒྲིལ་རོགས་རེས། ཞི་མཐུན་བཅས་ཀྱི་འབྲེལ་བ་སྲུང་སྐྱོང་དང་འཕེལ་རྒྱས་གཏོང་བ། མི་རིགས་གང་རུང་ཞིག་ལ་ཡང་སྨད་ཆུང་དང་གཉའ་གནོན་བྱེད་མི་རུང་བ་དང་མི་རིགས་མཐུན་སྒྲིལ་ལ་གཏོར་བཤིག་དང་མི་རིགས་ཁ་བྲལ་གཏོང་བའི་བྱ་སྤྱོད་སྲིལ་མི་ཆོག

7. 关于国家安全，《中华人民共和国宪法》有哪些规定？

༧.རྒྱལ་ཁབ་ཀྱི་བདེ་འཇགས་སྐོར་ལ་《ཀྲུང་ཧྭ་མི་དམངས་སྤྱི་མཐུན་རྒྱལ་ཁབ་ཀྱི་རྩ་ཁྲིམས་》ནང་གཏན་འབེབས་གང་དག་བྱས་ཡོད་དམ།

国家维护社会秩序，镇压叛国和其他危害国家安全的犯罪活动，制裁危害社会治安、破坏社会主义经济和其他犯罪的活动，惩办和改造犯罪分

子。中华人民共和国公民有维护祖国的安全、荣誉和利益的义务，不得有危害祖国的安全、荣誉和利益的行为。保卫祖国、抵抗侵略是中华人民共和国每一个公民的神圣职责。

དེའང་རྒྱལ་ཁབ་ཀྱིས་སྤྱི་ཚོགས་ཀྱི་སྲིད་ལམ་སྲུང་སྐྱོང་དང་རྒྱལ་ཁབ་ལ་ངོ་ལོག་དང་རྒྱལ་ཁབ་ཀྱི་བདེ་འཇགས་ལ་གནོད་པའི་ཉེས་གསོག་བྱེད་སྒོ་གཞན་དག་ལ་དྲག་གནོན་བྱེད་རྒྱུ། སྤྱི་ཚོགས་ཀྱི་བདེ་འཇགས་ལ་གནོད་འཚེ་དང་སྤྱི་ཚོགས་རིང་ལུགས་ཀྱི་དཔལ་འབྱོར་ལ་གཏོར་བཤིག་གཏོང་མཁན་དང་ཉེས་གསོག་གི་བྱེད་སྒོ་གཞན་དག་ལ་བཀག་སྡོམ་བྱ་རྒྱུ། ཉེས་ཅན་པར་ཆད་གཅོད་དང་བསྒྱུར་བཅོས་བྱེད་རྒྱུ། ཀྲུང་ཧྭ་མི་དམངས་སྤྱི་མཐུན་རྒྱལ་ཁབ་ཀྱི་སྤྱི་དམངས་ལ་མེས་རྒྱལ་གྱི་བདེ་འཇགས་དང་གཟི་བརྗིད་མཚན་སྙན། ཁེ་ཕན་བཅས་སྲུང་སྐྱོང་བྱ་རྒྱུའི་འོས་འགན་ཡོད་པ། མེས་རྒྱལ་གྱི་བདེ་འཇགས་དང་གཟི་བརྗིད་མཚན་སྙན། ཁེ་ཕན་བཅས་ལ་གནོད་པའི་བྱ་སྤྱོད་སྤེལ་མི་ཆོག་པ། མེས་རྒྱལ་སྲུང་སྐྱོབ་དང་བཙན་འཛུལ་ལ་འགོག་རྒོལ་བྱེད་རྒྱུ་ནི་ཀྲུང་ཧྭ་མི་དམངས་སྤྱི་མཐུན་རྒྱལ་ཁབ་ཀྱི་སྤྱི་དམངས་མི་རེ་ངོ་རེའི་བླ་ན་མེད་པའི་འགན་འཁྲི་ཡིན།

8. 什么是国家象征？

༨.རྒྱལ་ཁབ་ཀྱི་མཚོན་བྱེད་གང་ཞིག་ཡིན་ནམ།

国家象征是一个主权国家的代表和标志，主要包括国旗、国徽、国歌、首都等。

རྒྱལ་ཁབ་ཀྱི་མཚོན་བྱེད་ནི་བདག་དབང་ཡོད་པའི་རྒྱལ་ཁབ་ཅིག་གི་ཚབ་བྱེད་དང་མཚོན་རྟགས་ཡིན། དེའི་ནང་གཙོ་བོ་རྒྱལ་དར་དང་རྒྱལ་རྟགས། རྒྱལ་གླུ། རྒྱལ་ས་སོགས་ཚུད་ཡོད།

9. 公民的基本权利有哪些？

༩.སྤྱི་དམངས་ལ་གཞི་རྩའི་དབང་ཆ་གང་དག་ཡོད་དམ།

（1）法律面前一律平等；

（༡）བཅའ་ཁྲིམས་ཀྱི་མདུན་དུ་ཚང་མ་འདྲ་མཉམ་ཡིན་པ།

（2）政治权利和自由，包括选举权和被选举权，言论、出版、集会、结社、游行、示威的自由；

（༢）ཆབ་སྲིད་ཀྱི་དབང་ཆ་དང་རང་དབང་གི་ཐད་གདམ་བྱ་དང་འདེམས་བྱེད་ཀྱི་དབང་ཆ་དང་གཏམ་བརྗོད། པར་སྐྲུན། འདུ་འཛོམས། ཚོགས་པ་འཛུགས་པ། ཁྲོམ་སྐོར། ཟམ་སྟོན་བཅས་ཀྱི་རང་དབང་ཡོད།

（3）宗教信仰自由；

（༣）ཆོས་དད་རང་མོས་ཡིན་པ།

（4）人身与人格权，包括人身自由不受侵犯，人格尊严不受侵犯，住宅不受侵犯，通信自由和通信秘密受法律保护；

（༤）མི་ལུས་དང་མི་གཤིའི་དབང་ཆའི་ཐད། མི་ལུས་རང་དབང་ལ་བཙན་གནོད་བྱེད་མི་རུང་བ་དང་མི་གཤིའི་ལ་རྒྱར་བཙན་གནོད་བྱེད་མི་རུང་བ། སྡོད་ཁང་ལ་བཙན་གནོད་བྱེད་མི་རུང་བ། འཕྲིན་གཏོང་རང་དབང་དང་འཕྲིན་གཏོང་གསང་བའི་ཐད་བཅའ་ཁྲིམས་ཀྱི་སྲུང་སྐྱོང་ཐོབ་ཀྱི་ཡོད།

（5）监督权，包括对国家机关及其工作人员有批评、建议、申诉、控告、检举并依法取得赔偿的权利；

（༥）ལྟ་སྐུལ་དབང་ཆའི་ཐད། རྒྱལ་ཁབ་ཀྱི་ལས་ཁུངས་དང་དེའི་ལས་དོན་མི་སྣར་སྐྱོན་བརྗོད་དང་གྲོས་འགོ་འདོན་པ། རྒྱ་མཚན་ཞུ་བ། ཞུ་གཏུག སྐྱོན་འདོན། དེ་བཞིན་ཁྲིམས་ལྟར་གུན་གསབ་ལེན་པ་བཅས་ཀྱི་དབང་ཆ་ཡོད།

（6）社会经济权利，包括劳动权利，劳动者休息权利，退休人员生活保障权利，因年老、疾病、残疾或丧失劳动能力时从国家和社会获得社会保障与物质帮助的权利；

（༦）དཔལ་འབྱོར་སྤྱི་ཚོགས་ཀྱི་དབང་ཆའི་ཐད། ངལ་རྩོལ་གྱི་དབང་ཆ་དང་ངལ་རྩོལ་པའི་ངལ་གསོའི་དབང་ཆ། ལས་འབུད་ངལ་གསོ་བྱེད་མཁན་མི་སྣའི་འཚོ་བ་འགན་སྲུང་དབང་ཆ། ལོ་རྒས་པ་དང་ནད་ཕོག་པ། དབང་པོ་སྐྱོན་ཅན་ནམ་ངལ་རྩོལ་གྱི་ནུས་པ་ཤོར་བ་བཅས་ཀྱི་

སྐབས་སུ་རྒྱལ་ཁབ་དང་སྤྱི་ཚོགས་ཐོག་ནས་སྤྱི་ཚོགས་འགན་སྲུང་དང་དངོས་པོའི་རོགས་སྐྱོར་ཐོབ་པའི་དབང་ཆ་ཡོད།

（7）社会文化权利和自由，包括受教育权利，进行科研、文艺创作和其他文化活动的自由；

（༧）སྤྱི་ཚོགས་རིག་གནས་ཀྱི་དབང་ཆ་དང་རང་དབང་ཐད། སློབ་གསོ་ཐོབ་པའི་དབང་ཆ་དང་ཚན་རིག་ཞིབ་འཇུག རིག་གནས་སྒྱུ་རྩལ་གསར་རྩོམ། དེ་བཞིན་རིག་གནས་ཀྱི་བྱེད་སྒོ་གཞན་དག་སྤེལ་བའི་དབང་ཆ་ཡོད།

（8）妇女保护权，妇女在政治、经济、文化、社会和家庭生活等方面享有同男子同等的权利；

（༨）བུད་མེད་སྲུང་སྐྱོང་དབང་ཆའི་ཐད། བུད་མེད་ལ་ཆབ་སྲིད་དང་དཔལ་འབྱོར། རིག་གནས། སྤྱི་ཚོགས། དེ་བཞིན་ཁྱིམ་ཚང་འཚོ་བ་སོགས་ཀྱི་ཐད་སྐྱེས་པ་དང་འདྲ་མཉམ་གྱི་དབང་ཆ་ཡོད།

（9）婚姻、家庭、母亲和儿童受国家的保护；

（༩）གཉེན་སྒྲིག་དང་ཁྱིམ་ཚང་། མ་དང་བྱིས་པ་བཅས་ལ་རྒྱལ་ཁབ་ནས་སྲུང་སྐྱོང་ཐོབ་པ་ཡིན།

（10）华侨、归侨和侨眷的正当权利和利益受国家保护。

（༡༠）ཕྱི་སྡོད་སྤྱུན་ཟླ་དང་ཕྱིར་ལོག་སྤྱུན་ཟླ། ཕྱི་སྡོད་རང་མིའི་ཁྱིམ་མི་བཅས་ཀྱི་ལུགས་མཐུན་ཁེ་དབང་ལ་རྒྱལ་ཁབ་ནས་སྲུང་སྐྱོང་ཐོབ་པ་བཅས་ཡིན།

10. 公民的基本义务有哪些？

༡༠.སྤྱི་དམངས་ཀྱི་གཞི་རྩའི་འོས་འགན་གང་དག་ཡིན་ནམ།

（1）维护国家的统一和全国各民族的团结；

（༡）རྒྱལ་ཁབ་ཀྱི་གཅིག་གྱུར་དང་རྒྱལ་ཡོངས་མི་རིགས་ཁག་གི་མཐུན་སྒྲིལ་ལ་སྲུང་སྐྱོང་བྱ་དགོས་པ།

（2）遵守宪法和法律，保守国家秘密，爱护公共财产，遵守劳动纪律，遵守公共秩序，尊重社会公德；

（༢）རྩ་ཁྲིམས་དང་བཅའ་ཁྲིམས་ལ་བརྩི་སྲུང་དང་རྒྱལ་ཁབ་ཀྱི་གསང་བ་སྲུང་རྒྱུ། སྤྱི་པའི་རྒྱུ་ནོར་ལ་གཅེས་འཛིན། ངལ་རྩོལ་སྒྲིག་ཁྲིམས་ལ་བརྩི་སྲུང་། སྤྱི་པའི་སྒྲིག་ལམ་ལ་བརྩི་སྲུང་། སྤྱི་ཚོགས་ཀྱི་སྤྱོད་བཟང་ལ་བརྩི་འཇོག་བཅས་བྱ་དགོས་པ།

（3）维护国家的安全、荣誉和利益；

（༣）རྒྱལ་ཁབ་ཀྱི་བདེ་འཇགས་དང་གཟི་བརྗིད་མཚན་སྙན། ཁེ་ཕན་བཅས་ལ་སྲུང་སྐྱོང་བྱ་དགོས་པ།

（4）保卫祖国，抵抗侵略，依照法律服兵役和参加民兵组织；

（༤）མེས་རྒྱལ་སྲུང་སྐྱོང་དང་བཙན་འཛུལ་ལ་འགོག་རྒོལ། བཅའ་ཁྲིམས་ལ་གཞིགས་ནས་དམག་ཞབས་ཞུ་དགོས་པ་དང་ཡུལ་དམག་རྩ་འཛུགས་ནང་ཞུགས་དགོས་པ།

（5）依照法律纳税；

（༥）བཅའ་ཁྲིམས་ལ་གཞིགས་ནས་དཔྱ་ཁྲལ་འཇལ་དགོས་པ།

（6）其他义务。

（༦）ད་དུང་འོས་འགན་གཞན་དག་སྒྲུབ་དགོས་པ།

11. 我国实行什么样的分配制度？

༡༡.རང་རྒྱལ་གྱིས་བགོ་འགྲེམས་ལམ་ལུགས་གང་འདྲ་ཞིག་ལག་བསྟར་བྱེད་ཀྱི་ཡོད་དམ།

我国在社会主义初级阶段，坚持公有制为主体、多种所有制经济共同发展的基本经济制度，坚持按劳分配为主体、多种分配方式并存的分配制度。

རང་རྒྱལ་གྱིས་སྤྱི་ཚོགས་རིང་ལུགས་ཀྱི་ཐོག་མའི་དུས་མཚམས་སུ་གཞུང་ལ་དབང་བའི་ལམ་ལུགས་གཞི་རྐང་དུ་བཟུང་ཐོག དབང་བའི་ལམ་ལུགས་སྣ་ཚོགས་ཀྱི་དཔལ་འབྱོར་མཉམ་དུ་འཕེལ་རྒྱས་གཏོང་རྒྱུའི་གཞི་རྩའི་དཔལ་འབྱོར་ལམ་ལུགས་མཐའ་འཁྱོངས་བྱེད་པ་དང་། རྩོལ་བསྟུན་ཐོབ་སྤྲོད་ཀྱི་བགོ་འགྲེམས་གཞི་རྐང་དུ་བཟུང་ཐོག བགོ་འགྲེམས་བྱེད་སྟངས་སྣ་ཚོགས་མཉམ་དུ་གནས་པའི་བགོ་འགྲེམས་ལམ་ལུགས་མཐའ་འཁྱོངས་བྱེད་ཀྱི་ཡོད།

12. 国家关于非公有制经济的性质、地位以及对非公有制经济政策有何规定？

༡༢.རྒྱལ་ཁབ་ཀྱིས་གཞུང་ལ་དབང་བ་མ་ཡིན་པའི་ལམ་ལུགས་ཀྱི་དཔལ་འབྱོར་ངོ་བོ་དང་གོ་གནས། དེ་བཞིན་གཞུང་ལ་དབང་བ་མ་ཡིན་པའི་ལམ་ལུགས་ཀྱི་དཔལ་འབྱོར་སྲིད་ཇུས་སྐོར་ལ་གཏན་འབེབས་གང་འདྲ་བྱས་ཡོད་དམ།

在法律规定范围内的个体经济、私营经济等非公有制经济，是社会主义市场经济的重要组成部分。

བཅའ་ཁྲིམས་ཀྱི་གཏན་འབེབས་ཁྱབ་ཁོངས་ནང་གི་ཁེར་རྐྱང་དཔལ་འབྱོར་དང་སྒེར་གཉེར་དཔལ་འབྱོར་སོགས་གཞུང་ལ་དབང་བ་མ་ཡིན་པའི་ལམ་ལུགས་ཀྱི་དཔལ་འབྱོར་ནི། སྤྱི་ཚོགས་རིང་ལུགས་ཁྲིམ་རའི་དཔལ་འབྱོར་གྱི་གྲུབ་ཆ་གལ་ཆེན་ཞིག་ཡིན་པ།

国家保护个体经济、私营经济等非公有制经济的合法的权利和利益。

རྒྱལ་ཁབ་ཀྱིས་ཁེར་རྐྱང་དཔལ་འབྱོར་དང་སྒེར་གཉེར་དཔལ་འབྱོར་སོགས་གཞུང་ལ་དབང་བ་མ་ཡིན་པའི་ལམ་ལུགས་ཀྱི་དཔལ་འབྱོར་ཐད་ཀྱི་ཁྲིམས་མཐུན་དབང་ཆ་དང་ཁེ་ཕན་ལ་སྲུང་སྐྱོབ་བྱེད་ཀྱི་ཡོད་པ།

国家鼓励、支持和引导非公有制经济的发展，并对非公有制经济依法实行监督和管理。

རྒྱལ་ཁབ་ཀྱིས་གཞུང་ལ་དབང་བ་མ་ཡིན་པའི་ལམ་ལུགས་ཀྱི་དཔལ་འབྱོར་འཕེལ་རྒྱས་གཏོང་རྒྱུར་སྐུལ་འདེད་དང་རྒྱབ་སྐྱོར། ཁྲིད་སྟོན་བཅས་བྱེད་པ་མ་ཟད། གཞུང་ལ་དབང་བ་མ་ཡིན་པའི་ལམ་ལུགས་ཀྱི་དཔལ་འབྱོར་ཐད་ཁྲིམས་ལྟར་ལྟ་སྐུལ་དང་དོ་དམ་བྱེད་ཀྱི་ཡོད།

三、国旗法、国徽法、国歌法

གསུམ་པ། རྒྱལ་དར་གྱི་བཅའ་ཁྲིམས་དང་རྒྱལ་རྟགས་ཀྱི་བཅའ་ཁྲིམས། རྒྱལ་གླུའི་བཅའ་ཁྲིམས།

1. 五星红旗的构成及其内涵是什么？

༡.སྐར་ལྔའི་དར་དམར་གྱི་གྲུབ་ཆ་དང་དེའི་གོ་དོན་གང་ཡིན་ནམ།

五星红旗的旗面为红色，象征着革命。左上方缀有五颗黄色五角星，四颗小五角星环拱在一颗大星的右面。大五角星代表中国共产党，四颗小五角星代表工人、农民、小资产阶级和民族资产阶级。每颗小五角星各有一个尖角正对大五角星中心点，象征着中华儿女一心向党。

སྐར་ལྔའི་དར་དམར་གྱི་ཆོས་གཞི་ནི་དམར་པོ་ཡིན་པ་དང་། དེ་ནི་གསར་བརྗེའི་མཚོན་རྟགས་ཡིན། གཡོན་སྟེང་དུ་སེར་མདོག་ཅན་གྱི་ཟུར་ལྔའི་སྐར་མ་ལྔ་ཡོད་པ་དེའང་ཟུར་ལྔའི་སྐར་མ་ཆུང་བ་བཞིས་ཟུར་ལྔའི་སྐར་མ་ཆེ་བ་གཅིག་ལ་གཡས་ངོས་ནས་ཕྱེད་སྒོར་གྱི་ཚུལ་དུ་བསྐོར་ནས་ཡོད། ཟུར་ལྔའི་སྐར་མ་ཆེ་བ་ནི་ཀྲུང་གོ་གུང་ཁྲན་ཏང་གི་མཚོན་རྟགས་དང་ཟུར་ལྔའི་སྐར་མ་ཆུང་བ་བཞི་ནི་བཟོ་པ་དང་ཞིང་པ། འབྱོར་ལྡན་གྲལ་རིམ་ཆུང་གྲས་དང་མི་རིགས་འབྱོར་ལྡན་གྲལ་རིམ་གྱི་མཚོན་རྟགས་ཡིན། ཟུར་ལྔའི་སྐར་མ་ཆུང་བ་དེ་དག་གི་ཟུར་རྩེ་གཅིག་ང་ནི་ཟུར་ལྔའི་སྐར་མ་ཆེ་བ་དེའི་ལྟེ་བར་ཁ་གཏད་ཡོད་ཅིང་། དེས་ཀྲུང་ཧྭའི་བུ་ཕྲུག་རྣམས་སེམས་རྩེ་གཅིག་གིས་ཏང་ལ་ཁ་ཕྱོགས་པ་མཚོན་གྱི་ཡོད།

2.《中华人民共和国国旗法》对升挂国旗有什么要求？

༢.《ཀྲུང་ཧྭ་མི་དམངས་སྤྱི་མཐུན་རྒྱལ་ཁབ་ཀྱི་རྒྱལ་དར་བཅའ་ཁྲིམས་》ནང་རྒྱལ་དར་འགེལ་བའི་སྐབས་ལྷང་བྱ་གང་ཡོད་དམ།

（1）不得升挂或者使用破损、污损、褪色或者不合规格的国旗，不得倒挂、倒插或者以其他有损国旗尊严的方式升挂、使用国旗。

（༡）དར་དོས་རལ་བ་དང་བཙོག་སྐྱོན་ཡོད་པ། ཚོས་གཞི་བུད་པའམ་ཡང་ན་ཚད་གཞི་དང་མི་མཐུན་པའི་རྒྱལ་དར་འགེལ་བའམ་བེད་སྤྱོད་བྱེད་མི་ཆོག་པ། རྒྱལ་དར་མགོ་མཇུག་སློག་ནས་འགེལ་བའམ་འཛུགས་པ། དེ་བཞིན་རྒྱལ་དར་གྱི་གཟི་རྗམ་ལ་གནོད་པའི་ཐབས་ནས་འགེལ་བ་དང་བེད་སྤྱོད་བྱེད་མི་ཆོག

(2)升挂国旗时，可以举行升旗仪式。举行升旗仪式时，应当奏唱国歌。在国旗升起的过程中，在场人员应当面向国旗肃立，行注目礼或者按照规定要求敬礼，不得有损害国旗尊严的行为。

（༢）རྒྱལ་དར་འགེལ་བའི་སྐབས་རྒྱལ་དར་སྒྲེང་བའི་མཛད་སྒོ་སྤེལ་ཆོག རྒྱལ་དར་སྒྲེང་བའི་མཛད་སྒོ་སྤེལ་སྐབས་རྒྱལ་གླུ་གཏོང་དགོས། རྒྱལ་དར་སྒྲེང་བའི་བརྒྱུད་རིམ་ནང་སྒྲེང་སར་ཡོད་པའི་མི་རྣམས་རྒྱལ་དར་ལ་ཁ་ཕྱོགས་ནས་ཀྲོང་ངེར་ལངས་ཐོག མོས་གུས་ཀྱིས་མིག་རྒྱལ་དར་ལ་བལྟ་བའམ་ཡང་ན་གཏན་འབེབས་ཀྱི་བླང་བྱ་ལྟར་གུས་བཀུར་ཞུ་དགོས་པ་ལས་རྒྱལ་དར་གྱི་གཟི་ཟིལ་ལ་གནོད་པའི་བཟོ་ལྟ་སྟོན་མི་ཆོག

3. 不得使用国旗及其图案的情形有哪些？

༣.རྒྱལ་དར་དང་རྒྱལ་དར་གྱི་དཔེ་རིས་གང་ཟྱང་དུ་བེད་སྤྱོད་བྱེད་མི་ཆོག་པ་གང་དག་ཡིན་ནམ།

国旗及其图案不得用作商标、授予专利权的外观设计和商业广告，不得用于私人丧事活动等不适宜的情形。

དེའང་རྒྱལ་དར་དང་རྒྱལ་དར་གྱི་དཔེ་རིས་ཚོང་རྟགས་དང་གཅིག་བདག་ཁེ་དབང་ཐོབ་པའི་ཕྱི་ངོས་ཀྱི་ཇུས་འགོད་དང་ཚོང་ལས་འགྲེམས་བསྒྲགས་ཐད་བེད་སྤྱོད་བྱེད་མི་ཆོག་པ་དང་། མི་སྒེར་གྱི་འདས་འཇུག་བྱེད་སྒོ་སོགས་འོས་མིན་གྱི་རྣམ་པའི་ཐད་བེད་སྤྱོད་བྱེད་མི་ཆོག

4. 国徽的内容和含义是什么？

༤.རྒྱལ་རྟགས་ཀྱི་དཔེ་རིས་དང་དེའི་གོ་དོན་གང་ཡིན་ནམ།

国徽的内容为国旗、天安门、齿轮和麦稻穗，象征中国人民自“五四”运动以来的新民主主义革命斗争和工人阶级领导的以工农联盟为基础的人民民主专政的新中国的诞生。

རྒྱལ་རྟགས་ཀྱི་དཔེ་རིས་གྲས་སུ་རྒྱལ་དར་དང་གནམ་བདེ་སྒོ་མོ། འཁོར་ལོ་སོ་ཅན། གྲོའི་

སྙེ་མ་བཅས་ཡོད་ཅིང་། དེས་ཀྱང་ཀྲུང་གོ་མི་དམངས་ཀྱིས“ལྔ་བཞིའི”ལས་འགུལ་སྤེལ་ཚུན་དུ་མི་དམངས་དམངས་གཙོའི་གསར་བརྗེའི་འཐབ་རྩོད་བྱས་མཐར། བཟོ་པའི་གྲལ་རིམ་གྱིས་འགོ་ཁྲིད་བྱས་པ་དང་བཟོ་ཞིང་མཐུན་འབྲེལ་གྱིས་རྨང་གཞི་བྱས་པའི་མི་དམངས་དམངས་གཙོའི་སྲིད་དབང་སྐྱེར་འཛིན་གྱི་ཀྲུང་གོ་གསར་པ་དབུ་བརྙེས་པ་མཚོན་གྱི་ཡོད།

5. 不得使用国徽及其图案的情形有哪些？

༥.རྒྱལ་རྟགས་དང་རྒྱལ་རྟགས་ཀྱི་དཔེ་རིས་གང་ཟུང་དུ་བེད་སྤྱོད་བྱེད་མི་ཆོག་པ་གང་དག་ཡིན་ནམ།

（1）商标、授予专利权的外观设计、商业广告；

（༡）ཚོང་རྟགས་དང་གཅིག་བདག་ཁེ་དབང་ཐོབ་པའི་ཕྱི་དོས་རྣམ་འགོད། ཚོང་ལས་འགྲེམས་བསྒྲགས།

（2） 日常用品、日常生活的陈设布置；

（༢） རྒྱུན་སྤྱོད་དངོས་ཟོག་དང་རྣམ་ཀུན་འཚོ་བའི་ཐད་ཀྱི་བཀོད་སྒྲིག

（3） 私人庆吊活动；

（༣） མི་སྒེར་གྱི་རྟེན་འབྲེལ་དང་སྐྱ་རེན་གྱི་བྱེད་སྒོ།

（4） 国务院办公厅规定不得使用国徽及其图案的其他场合。

（༤） རྒྱལ་སྲིད་སྤྱི་ཁྱབ་གཞུང་ལས་ཁང་ནས་རྒྱལ་རྟགས་དང་དེའི་དཔེ་རིས་ཚོགས་ར་གཞན་དག་ལ་བེད་སྤྱོད་བྱེད་མི་ཆོག་པའི་གཏན་འབེབས་བྱས་ཡོད།

6. 侮辱中华人民共和国国旗、国徽的，应当承担什么责任？

༦.ཀྲུང་ཧྭ་མི་དམངས་སྤྱི་མཐུན་རྒྱལ་ཁབ་ཀྱི་རྒྱལ་དར་དང་རྒྱལ་རྟགས་ལ་སྨད་འདོགས་བྱས་ཚེ། འགན་འཁྲི་གང་ཞིག་འཁུར་དགོས་སམ།

在公共场合故意以焚烧、毁损、涂划、玷污、践踏等方式侮辱中华人民共和国国旗、国徽的，依法追究刑事责任；情节较轻的，由公安机关处以十五日以下拘留。

དེ་འདང་སྤྱི་པའི་ཚོགས་རར་ཆང་བཙུགས་ནས་མེར་བསྲེགས་གཏོང་བ་དང་རྒྱུལ་པོར་གཏོང་བ། རི་མོ་འབྲི་བ། ནག་ནོག་བྱུག་པ། རྡོག་བརྫིས་གཏོང་བ་སོགས་ཀྱི་རྣམ་པའི་ཐོག་ནས་ཀྲུང་ཧྭ་མི་དམངས་སྤྱི་མཐུན་རྒྱལ་ཁབ་ཀྱི་རྒྱལ་དར་དང་རྒྱལ་རྟགས་ལ་སྨད་འདོགས་བྱས་ཚེ། ཁྲིམས་ལྟར་འགན་འཁྲི་ཅད་གཅོད་བྱ་རྒྱུ་ཡིན་ཞིང་། གནས་ཚུལ་ཚབས་ཆུང་ཆུང་བའི་རིགས་སྤྱི་བདེ་ལས་ཁུངས་ནས་ཉིན་བཅོ་ལྔ་མན་བཀག་ཉར་བྱ་རྒྱུ་རེད།

禁止用国旗、国徽进行商业广告

རྒྱལ་དར་དང་རྒྱལ་རྟགས་ཚོང་ལས་བརྡ་ཁྱབ་ཐད་བེད་སྤྱོད་བྱེད་མི་ཆོག་པ།

案情:

རྒྱུད་གཞིའི་གནས་ཚུལ།

2019 年 5 月，拉萨市市场监督管理局执法大队查获某银行员工在其微信朋友圈内发布理财产品广告，在该广告中印有数字“70”和天安门图案，将数字“70”中的“0”改成国徽图案，并在广告中宣传该银行的一种理财产品。

སྤྱི་ལོ་༢༠༡༩ལོའི་ཟླ་༥པར། ལྷ་ས་གྲོང་ཁྱེར་ཁྲོམ་ར་ལྟ་སྐྱུལ་དོ་དམ་ཅུས་ཀྱི་ཁྲིམས་འཛིན་རུ་ཆེན་གྱིས་དངུལ་ཁང་གི་ལས་མི་ཞིག་གི་སྐད་འཕྲིན་གྲོགས་ཚོམས་ནང་རྒྱ་ནོར་བདག་གཉེར་གྱི་བརྡ་ཁྱབ་བཏང་བ་ཟིན་བཤེར་ཐུབ་ཅིང་། བརྡ་ཁྱབ་དེའི་ནང་གྲངས་ཀ“༧༠”དང་གནམ་བདེ་སྒོ་མོའི་དཔེ་རིས་བཀོད་ཡོད་པ་དང་། གྲངས་ཀ“༧༠”ནང་གི“༠”དེ་རྒྱལ་རྟགས་ཀྱི་དཔེ་རིས་ལ་བསྒྱུར་བ་མ་ཟད། བརྡ་ཁྱབ་ནང་དངུལ་ཁང་དེའི་ཐོན་རྫས་བདག་གཉེར་བྱེད་སྟངས་དྲིལ་བསྒྲགས་བྱས་ཡོད།

2019 年 6 月，拉萨市市场监督管理局执法大队在检查中发现某汽贸公司在其销售大厅门外摆放两幅写真广告，内容有“XX 汽贸喜迎国庆 建国 70 周年大促销 1. 进店免费领取精美礼品一份；2. 购车赠送万元豪华大礼包……”，在该幅广告左上角印有国旗图案。

སྤྱི་ལོ་༢༠༡༩ལོའི་ཟླ་༦པར་ལྷ་ས་གྲོང་ཁྱེར་ཁྲོམ་ར་ལྟ་སྐྱུལ་ཅུས་ཀྱི་ཁྲིམས་འཛིན་རུ་ཆེན་གྱིས་བརྟག་དཔྱད་བྱེད་སྐབས། རླངས་འཁོར་ཀུང་སི་ཞིག་གིས་ཁོ་ཚོའི་བྲིན་ཚོང་ཁང་ཆེན་གྱི་སྒོའི་ཕྱི་རོལ་དུ་དངོས་བྲིས་བརྡ་ཁྱབ་གཉིས་སྒྲིག་འཛུགས་བྱས་ཡོད་པ་དེའི་ནང་དོན་དུ“རླངས་འཁོར་ཉོ་ཚོང་ཀུང་སི་ཀ་ཀེ་མོས་རྒྱལ་སྟོན་ལ་བསུ་བ་ཞུ། རྒྱལ་ཁབ་དབུ་བརྙེས་ནས་ལོ་ངོ་༧༠འཁོར་བའི་བྲིན་ཚོང་ཆེན་མོ་སྟེ། ༡.ཚོང་ཁང་ནང་འཛུལ་ན་རིན་མེད་ཐོག་ལག་རྟགས་སྤུས་

ལེགས་གཅིག་ལེན་ཆོག་པ། ༢.ལྷངས་འཕོར་ཉོས་ན་རིན་ཐང་སྒོར་ཁྲི་ཟིན་པའི་མཛེས་ཉམས་ལྡན་པའི་ལག་རྟགས་ཆེན་པོ་སྤྲོད་པ་”ཞེས་བྲིས་ཡོད་པ་དང་། བཟོ་ཁྱབ་དེའི་གཡོན་ངོས་ཀྱི་ཟུར་སྟེང་དུ་རྒྱལ་དར་གྱི་དཔེ་རིས་ཀྱང་བྲིས་ཡོད།

分析:

དབྱེ་ཞིབ།

国旗和国徽都是中华人民共和国的庄严象征。国旗和国徽都严禁用于商标及商业广告的设计。商家在进行商业广告的同时，要格外注意。

རྒྱལ་དར་དང་རྒྱལ་རྟགས་ནི་ཀྲུང་ཧྭ་མི་དམངས་སྤྱི་མཐུན་རྒྱལ་ཁབ་ཀྱི་བཛིད་ཉམས་ལྡན་པའི་མཚོན་རྟགས་ཡིན་པས། ཚོང་རྟགས་དང་ཚོང་ལས་ཀྱི་བརྡ་ཁྱབ་ཐོག་བེད་སྤྱོད་གཏན་ནས་གཏོང་མི་རུང་ཞིང་། ཚོང་པས་ཚོང་ལས་ཀྱི་བརྡ་ཁྱབ་གཏོང་སྐབས་དེའི་ཐད་ཡིད་གཟབ་ནན་པོ་བྱེད་དགོས་པ་ཡིན།

7.《中华人民共和国国歌法》对奏唱国歌有什么要求?

༧.《ཀྲུང་ཧྭ་མི་དམངས་སྤྱི་མཐུན་རྒྱལ་ཁབ་ཀྱི་རྒྱལ་གླུའི་བཅའ་ཁྲིམས་》ནང་རྒྱལ་གླུ་དཀྲོལ་གཏོང་བཏང་གླེང་བྱ་གང་བཏོན་ཡོད་དམ།

奏唱国歌，应当按照标准的国歌的歌词和曲谱，不得采取有损国歌尊严的奏唱形式。奏唱国歌时，在场人员应当肃立，举止庄重，不得有不尊重国歌的行为。

རྒྱལ་གླུ་གཏོང་སྐབས་ཚད་ལྡན་གྱི་རྒྱལ་གླུའི་གླུ་ཚིག་དང་གཞས་གདངས་ལ་གཞིགས་དགོས་པ་ལས་རྒྱལ་གླུའི་གཟི་རྗམ་ལ་གནོད་པའི་དཀྲོལ་གཏོང་རིགས་བྱེད་མི་ཆོག རྒྱལ་གླུ་དཀྲོལ་གཏོང་བྱེད་སྐབས་ཚོགས་ར་དེ་གར་ཡོད་པའི་མི་རྣམས་ཀྱིས་དེར་ལངས་པ་དང་སྐམ་བསྙེང་གི་ཚུལ་སྟོན་དགོས་པ་ལས་རྒྱལ་གླུར་བརྩི་འཇོག་མེད་པའི་ཚུལ་སྤྱོད་བཟུང་མི་རུང་།

8. 不得使用国歌的情形有哪些？

༨.རྒྱལ་གླུ་བེད་སྤྱོད་བྱེད་མི་ཆོག་པའི་ཆ་གང་དག་ཡིན་ནམ།

国歌不得用于或者变相用于商标、商业广告，不得在私人丧事活动等不适宜的场合使用，不得作为公共场所的背景音乐等。

དེའང་རྒྱལ་གླུ་ནི་ཚོང་རྟགས་དང་ཚོང་ལས་འགྲེམས་བསྒྲགས་ཐད་དངོས་སུ་བེད་སྤྱོད་དམ་ཡང་ན་རྣམ་པ་འགྱུར་བའི་ཐོག་ནས་བེད་སྤྱོད་བྱེད་མི་རུང་བ་དང་། མི་སྒེར་གྱི་འདས་འཇུག་བྱེད་སྒོ་སོགས་འོས་མིན་གྱི་ཚོགས་རར་བེད་སྤྱོད་བྱེད་མི་རུང་བ། སྤྱི་པའི་ཚོགས་རར་རྒྱབ་ལྗོངས་ཀྱི་རོལ་དབྱངས་སུ་བྱས་ནས་བེད་སྤྱོད་བྱེད་མི་རུང་བ་སོགས་སོ།།

9. 侮辱中华人民共和国国歌的，应当承担什么责任？

༩.ཀྲུང་ཧྭ་མི་དམངས་སྤྱི་མཐུན་རྒྱལ་ཁབ་ཀྱི་རྒྱལ་གླུར་སྨད་འདོགས་བྱས་ཚེ། འགན་འཁྲི་གང་ཞིག་འཁུར་དགོས་སམ།

在公共场合，故意篡改国歌歌词、曲谱，以歪曲、贬损方式奏唱国歌，或者以其他方式侮辱国歌的，由公安机关处以警告或者十五日以下拘留；构成犯罪的，依法追究刑事责任。

དེའང་སྤྱི་པའི་ཚོགས་རར་ཆེད་བཙུགས་ནས་རྒྱལ་གླུའི་གཞས་ཚིག་ལ་བཟོ་བཅོས་དང་གཞས་གདངས་གསར་བཟོ། དེ་བཞིན་གཞས་གདངས་འཁྱོག་བཅོས་དང་དམའ་འབེབས་ཀྱི་རྣམ་པའི་ཐོག་ནས་རྒྱལ་གླུ་དཀྲོལ་གཏོང་དང་། ཡང་ན་རྣམ་པ་གཞན་དག་ཐོག་ནས་རྒྱལ་གླུར་སྨད་འདོགས་བྱས་ཚེ་སྤྱི་བདེ་ལས་ཁུངས་ནས་ཐ་ཚིག་གཏོང་བའམ་ཡང་ན་ཉིན་བཅོ་ལྔ་མན་བཀག་འཛུག་བྱ་རྒྱུ་དང་། ཉེས་གསོག་གི་ཚད་ལ་སླེབས་ཡོད་ཚེ་ཉེས་དོན་འགན་འཁྲི་རྩད་གཅོད་བྱ་རྒྱུ་རེད།

四、民法典

བཞི་པ། དམངས་དོན་ཁྲིམས་གཞུང་།

1.《中华人民共和国民法典》颁布的时间及意义？

༡.《ཀྲུང་ཧྭ་མི་དམངས་སྤྱི་མཐུན་རྒྱལ་ཁབ་ཀྱི་དམངས་དོན་ཁྲིམས་གཞུང་》ཡོངས་བསྒྲགས་བྱས་པའི་དུས་ཚོད་དང་དེའི་དོན་སྙིང་གང་ཡིན་ནམ།

《中华人民共和国民法典》由中华人民共和国第十三届全国人民大会第三次会议于2020年5月28日通过，自2021年1月1日起实行。民法典是新中国第一部以“典”命名的法律，关于民法典的定位，习近平总书记指出，“民法典在中国特色社会主义法律体系中具有重要地位，是一部固根本、稳预期、利长远的基础性法律”。民法典颁布的重要意义体现在坚持和完善中国特色社会主义制度的现实需要，是推进全面依法治国，推进国家治理体系和治理能力现代化的一个重大举措，让社会主义核心价值观通过法治建设更加深入人心。

《ཀྲུང་ཧྭ་མི་དམངས་སྤྱི་མཐུན་རྒྱལ་ཁབ་ཀྱི་དམངས་དོན་ཁྲིམས་གཞུང་》ནི་ཀྲུང་ཧྭ་མི་དམངས་སྤྱི་མཐུན་རྒྱལ་ཁབ་ཀྱི་སྐབས་བཅུ་གསུམ་པའི་རྒྱལ་ཡོངས་མི་དམངས་འཐུས་མི་ཚོགས་ཆེན་ཐེངས་གསུམ་པའི་ཐོག་སྟེ། སྤྱི་ལོ་༢༠༢༠ལོའི་ཟླ་༥པའི་ཚེས་༢༨ཉིན་གྲོས་འཆམ་བྱུང་བ་དང་། སྤྱི་ལོ་༢༠༢༡ལོའི་ཟླ་༡ཚེས་༡ཉིན་ནས་བཟུང་ལག་བསྟར་བྱེད་འགོ་ཚུགས་ཡོད། དམངས་དོན་ཁྲིམས་གཞུང་ནི་ཀྲུང་གོ་གསར་པའི་མིང་དུ“གཞུང་”ཞེས་ཐོགས་པའི་ཁྲིམས་གཞུང་ཨང་དང་པོ་དེ་ཡིན། དམངས་དོན་ཁྲིམས་གཞུང་གི་གོ་བབ་སྐོར་ལ་སྤྱི་ཁྱབ་ཧྲུའུ་ཅི་ཞི་ཅིན་ཕིང་གིས“དམངས་དོན་ཁྲིམས་གཞུང་གིས་ཀྲུང་གོའི་ཁྱད་ཆོས་ལྡན་པའི་སྤྱི་ཚོགས་རིང་ལུགས་ཀྱི་བཅའ་ཁྲིམས་མ་ལག་ཁྲོད་གནས་བབ་གལ་ཆེན་བཟུང་ཡོད་ཅིང་། དེ་ནི་འབྱུང་རྩ་སྲ་ལ་སྟོན་དཔག་བརྟན་པ། ཕུགས་ལ་ཕན་པ་བཅས་རྨང་གཞིའི་རང་བཞིན་གྱི་བཅའ་ཁྲིམས་ཤིག་ཡིན”ཞེས་བསྟན་ཡོད། དམངས་དོན་ཁྲིམས་གཞུང་ཡོངས་བསྒྲགས་བྱས་པའི་གལ་ཆེའི་དོན་སྙིང་ནི་ཀྲུང་གོའི་ཁྱད་ཆོས་ལྡན་པའི་སྤྱི་ཚོགས་རིང་ལུགས་ཀྱི་ལམ་ལུགས་རྒྱུན་འཁྱོངས་དང་འཛུགས་ཚང་དུ་བཏང་བའི་དོན་དངོས་ཀྱི་དགོས་མཁོའི་ཐོག་ནས་མངོན་གྱི་ཡོད་ཅིང་། དེའང་ཁྱོན་ཡོངས་ནས་ཁྲིམས་ལྟར་རྒྱལ་ཁབ་སྐྱོང་རྒྱུར་སྐུལ་འདེད་དང་རྒྱལ་ཁབ་ཀྱི་བཅོས་སྐྱོང་མ་ལག་དང་བཅོས་སྐྱོང་ནུས་པ་དེང་རབས་ཅན་དུ

འགྱུར་བ་བྱེད་པའི་བྱ་སྤྱོད་གལ་ཆེན་ཞིག་ཡིན་པས་སྤྱི་ཚོགས་རིང་ལུགས་ཀྱི་ལྟེ་བའི་རིན་ཐང་ལྟ་བ་དག་ཁྲིམས་སྐྱོང་འཛུགས་སྐྱོང་བརྒྱུད་མི་རྣམས་ཀྱི་སེམས་ལ་གཏིང་ཟབ་ཟུག་རྒྱུ་རེད།

2.《中华人民共和国民法典》的立法目的是什么？

༢.《ཀྲུང་ཧྭ་མི་དམངས་སྤྱི་མཐུན་རྒྱལ་ཁབ་ཀྱི་དམངས་དོན་ཁྲིམས་གཞུང་》འཛུགས་པའི་དམིགས་ཡུལ་གང་ཡིན་ནམ།

为了保护民事主体的合法权益，调整民事关系，维护社会和经济秩序，适应中国特色社会主义发展要求，弘扬社会主义核心价值观。

དེ་འང་དམངས་དོན་བྱེད་པོའི་ཁྲིམས་མཐུན་ཁེ་དབང་སྲུང་སྐྱོང་དང་དམངས་དོན་འབྲེལ་བ་སྙོམས་སྒྲིག སྤྱི་ཚོགས་དང་དཔལ་འབྱོར་སྒྲིག་ལམ་སྲུང་སྐྱོང་། དེ་བཞིན་ཀྲུང་གོའི་ཁྱད་ཆོས་ལྡན་པའི་སྤྱི་ཚོགས་རིང་ལུགས་གོང་འཕེལ་གྱི་དགོས་མཁོ་དང་འཚམ་པ། སྤྱི་ཚོགས་རིང་ལུགས་ཀྱི་ལྟེ་བའི་རིན་ཐང་ལྟ་བ་དར་སྤེལ་གཏོང་རྒྱུ་བཅས་ཀྱི་ཆེད་དུ་གཏན་འབེབས་བྱས་པ་ཞིག་ཡིན།

3.《中华人民共和国民法典》与我们有什么关系？

༣.《ཀྲུང་ཧྭ་མི་དམངས་སྤྱི་མཐུན་རྒྱལ་ཁབ་ཀྱི་དམངས་དོན་ཁྲིམས་གཞུང་》དེ་ཉིད་ང་ཚོ་དང་འབྲེལ་བ་གང་ཡོད་དམ།

《中华人民共和国民法典》被誉为“社会生活的百科全书”和“保障民事权利的宣言书”，分为总则、物权、合同、人格权、婚姻家庭、继承、侵权责任七编和附则，共84章、1260条，是迄今为止我国条文数最多的一部法律。它不仅在我国法治进程中具有划时代的历史意义，而且真正照顾到人们日常生活的方方面面。从生老病死到衣食住行，从婚姻家庭到生产生活，从物权、继承，到合同、侵权责任……可谓包罗社会万象，与每个人息息相关。

《ཀྲུང་ཧྭ་མི་དམངས་སྤྱི་མཐུན་རྒྱལ་ཁབ་ཀྱི་དམངས་དོན་ཁྲིམས་གཞུང་》ལ་“སྤྱི་ཚོགས་འཚོ་བའི་ཤེས་བྱ་ཀུན་བཏུས་”དང་། “དམངས་དོན་ཁེ་དབང་འགན་སྲུང་བྱེད་པའི་བསྒྲགས་གཏམ་ཡི་གེ་”ཞེས་འབོད་ཅིང་། དེར་སྤྱིའི་རྩ་དོན་དང་དངོས་དབང་། གན་རྒྱ། མི་གཞིའི་དབང་ཆ། གཉེན་སྒྲིག་གི་ཁྱིམ་ཚང་། རྒྱུན་འཛིན། ཤུལ་ནོར་དབང་གནོད་འགན་འཁྲི་བཅས་ལེ་ཚན་བདུན་དང་ཞར་བྱུང་དོན་ཚན་བཅས་སུ་དབྱེ་བ་དང་། དེར་ཁྱོན་ལེའུ་༨༤དང་དོན་ཚན་༡༢༦༠ཡོད་པས་ད་བར་རང་རྒྱལ་གྱི་དོན་ཚན་འབོར་གྲངས་མང་ཤོས་ཀྱི་བཅའ་ཁྲིམས་ཤིག་ཡིན། དེར་རང་རྒྱལ་གྱི་ཁྲིམས་སྐྱོང་འཕེལ་རིམ་ཁྲོད་དུས་རབས་དབྱེ་བའི་ལོ་རྒྱུས་ཀྱི་དོན་སྙིང་ལྡན་པ་མ་ཟད། དོན་དམ་པའི་ཐོག་ནས་མི་རྣམས་ཀྱི་རྒྱུན་གཏན་འཚོ་བའི་ཕྱོགས་གང་སར་ལྟ་རྟོག་བྱས་ཡོད། སྐྱེ་ཀ་ན་འཆི་ནས་ཟས་གོས་འགྲོ་སོང་བར་དང་། གཉེན་སྒྲིག་གི་ཁྱིམ་ཚང་ནས་ཐོན་སྐྱེད་འཚོ་བའི་བར། དངོས་དབང་དང་རྒྱུན་འཛིན་ནས་གན་རྒྱ་དང་དབང་གནོད་འགན་འཁྲིའི་བར་བཅས་སྤྱི་ཚོགས་ཀྱི་སྣང་ཚུལ་སྣ་ཚོགས་ཚུད་ཡོད་པས་མི་མི་རེ་རེ་དང་འབྲེལ་བ་ཆེན་པོ་ཡོད།

4.《中华人民共和国民法典》中的平等原则指什么？

༤.《ཀྲུང་ཧྭ་མི་དམངས་སྤྱི་མཐུན་རྒྱལ་ཁབ་ཀྱི་དམངས་དོན་ཁྲིམས་གཞུང་》ནང་འདྲ་མཉམ་གྱི་རྩ་དོན་ཞེས་པ་དེ་གང་ལ་ཟེར་རམ།

民事主体在民事活动中的法律地位一律平等。

དམངས་དོན་བྱེད་པོས་དམངས་དོན་བྱེད་སྒོའི་ནང་བཟུང་བའི་བཅའ་ཁྲིམས་ཀྱི་གོ་བབ་ཚང་མ་འདྲ་མཉམ་ཡིན་པ།

自然人的民事权利能力一律平等。

རང་བྱུང་མིའི་དམངས་དོན་ཁེ་དབང་གི་ནུས་པ་ཚང་མ་འདྲ་མཉམ་ཡིན་པ།

民事主体的财产权利受法律平等保护。

དམངས་དོན་བྱེད་པོའི་རྒྱུ་ནོར་དབང་ཆར་བཅའ་ཁྲིམས་ཀྱི་སྲུང་སྐྱོང་ཐོབ་པ།

夫妻在婚姻家庭中地位平等。

བཟའ་ཚང་གཉིས་གཉེན་སྒྲིག་གི་ཁྱིམ་ཚང་ནང་གོ་བབ་འདྲ་མཉམ་ཡིན་པ།

继承权男女平等。

རྒྱུན་འཛིན་བྱེད་དབང་ཐད་ཕོ་མོ་འདྲ་མཉམ་ཡིན་པ་བཅས་ལ་ཟེར།

5.《中华人民共和国民法典》中的诚信原则指什么？

༥.《ཀྲུང་ཧྭ་མི་དམངས་སྤྱི་མཐུན་རྒྱལ་ཁབ་ཀྱི་དམངས་དོན་ཁྲིམས་གཞུང་》ནང་གི་ཡིད་རྟོན་གྱི་རྩ་དོན་ཞེས་པ་གང་ལ་ཟེར་རམ།

《中华人民共和国民法典》第七条规定，民事主体从事民事活动，应当遵循诚信原则，秉持诚实，恪守承诺。第五百条规定，当事人在订立合同过程中有下列情形之一，造成对方损失的，应当承担赔偿责任：（1）假借订立合同，恶意进行磋商；（2）故意隐瞒与订立合同有关的重要事实或者提供虚假情况；（3）有其他违背诚信原则的行为。第五百零九条规定：当事人应当遵循诚信原则，根据合同的性质、目的和交易习惯履行通知、协助、保密等义务。

དེའང་《ཀྲུང་ཧྭ་མི་དམངས་སྤྱི་མཐུན་རྒྱལ་ཁབ་ཀྱི་དམངས་དོན་ཁྲིམས་གཞུང་》གི་དོན་ཚན་བདུན་པའི་ནང་། དམངས་དོན་བྱེད་པོས་དམངས་དོན་བྱེད་སྒོ་སྤེལ་སྐབས་ཡིད་རྟོན་གྱི་རྩ་དོན་ལ་བརྩི་སྲུང་བྱས་ཐོག གཞུང་དྲང་དང་ཁས་ལེན་ལག་བསྟར་བྱ་དགོས་པ་གཏན་འཁེལ་བྱས་ཡོད་པ་དང་། དོན་ཚན་ཨང་ལྔ་བརྒྱའི་ནང་དོ་བདག་གིས་གན་རྒྱ་འཛོག་པའི་བརྒྱུད་རིམ་ནང་གཤམ་གསལ་གྱི་གནས་ཚུལ་རིགས་བྱུང་ནས་ཕ་རོལ་ལ་གྱོང་གུན་བཟོས་ཚེ་གྱོང་གུན་གསབ་སྤྲོད་ཀྱི་འགན་འཁྲི་འཁུར་དགོས་པ་དེའང་（༡）གན་རྒྱ་འཛོག་པར་ཁ་གཡར་ནས་ཧང་བཙུགས་ཏེ་གྲོས་བསྡུར་བྱས་པ། （༢）གན་རྒྱ་འཛོག་རྒྱུ་དང་འབྲེལ་བ་ཡོད་པའི་དོན་དངོས་གལ་ཆེན་ཧང་བཙུགས་ནས་གསང་བ་བྱས་པའམ་ཡང་ན་གནས་ཚུལ་རྫུན་མ་མགོ་འདོན་བྱས་པ།（༣）ཡིད་རྟོན་གྱི་རྩ་དོན་ལས་འགལ་བའི་བྱ་སྤྱོད་གཞན་དག་ཡོད་པ་བཅས་ཡིན། དོན་ཚན་ཨང་ལྔ་བརྒྱ་བཅུ་མེད་དགུའི་ནང་། དོ་བདག་གིས་ཡིད་རྟོན་འཕེར་བའི་རྩ་དོན་བརྩི་སྲུང་བྱེད་དགོས་ཤིང་། གན་རྒྱའི་ངོ་བོ་དང་དམིགས་ཡུལ། ཉོ་ཚོང་གི་གོམས་སྲོལ་བཅས་དང་བསྟུན་ནས་བརྡ་གཏོང་བ་དང་། རམ་འདེགས་བྱེད་པ། གསང་དོན་སྲུང་བ་སོགས་ཀྱི་འོས་འགན་སྒྲུབ་དགོས་པ་གཏན་འཁེལ་བྱས་ཡོད།

6.《中华人民共和国民法典》中的守法与公序良俗原则指什么？

༦.《ཀྲུང་ཧྭ་མི་དམངས་སྤྱི་མཐུན་རྒྱལ་ཁབ་ཀྱི་དམངས་དོན་ཁྲིམས་གཞུང་》ནང་གི་ཁྲིམས་སྲུང་དང་སྤྱི་སྒྲིག་སྲོལ་བཟང་གི་རྩ་དོན་ཞེས་པ་གང་ལ་ཟེར་རམ།

民事主体从事民事活动，不得违反法律，不得违背公序良俗。

དམངས་དོན་བྱེད་པོས་དམངས་དོན་བྱེད་སྒོ་སྤེལ་སྐབས་བཅའ་ཁྲིམས་ལས་འགལ་མི་རུང་བ་དང་སྤྱི་པའི་སྒྲིག་སྲོལ་བཟང་པོ་ལས་འགལ་མི་རུང་བ།

违反法律、行政法规的强制性规定的民事法律行为无效。但是，该强制性规定不导致该民事法律行为无效的除外。

བཅའ་ཁྲིམས་དང་སྲིད་འཛིན་ཁྲིམས་སྲོལ་ལས་འགལ་ཏེ་བཙན་ཐབས་རང་བཞིན་གྱིས་གཏན་འཁེལ་བྱས་པའི་དམངས་དོན་ཁྲིམས་ལུགས་ཡོད་རིགས་གོ་ཆོད་དུ་མེད། འོན་ཀྱང་

བཙན་ཐབས་རང་བཞིན་གྱི་གཏན་འབེབས་དེ་རིགས་ཀྱིས་དམངས་དོན་བཅའ་ཁྲིམས་དེར་ནུས་པ་མི་ཐོན་པའི་རིགས་འདིའི་ཁོངས་སུ་རྩིས་མེད།

违背公序良俗的民事法律行为无效。

སྤྱི་སྒྲིག་སྲོལ་བཟང་དང་འགལ་བའི་དམངས་དོན་བཅའ་ཁྲིམས་ཀྱི་རིགས་གོ་ཆོད་དུ་མེད།

7.《中华人民共和国民法典》中的绿色原则指什么？

༧.《ཀྲུང་ཧྭ་མི་དམངས་སྤྱི་མཐུན་རྒྱལ་ཁབ་ཀྱི་དམངས་དོན་ཁྲིམས་གཞུང་》ནང་གི་ལྗང་མདོག་རྩ་དོན་ཞེས་པ་གང་ལ་ཟེར་རམ།

民事主体从事民事活动，应当有利于节约资源、保护生态环境。

དམངས་དོན་བྱེད་པོས་དམངས་དོན་བྱེད་སྒོ་སྤེལ་སྐབས་ཐོན་ཁུངས་གྲོན་ཆུང་དང་ཁོར་ཡུག་སྲུང་སྐྱོང་ལ་ཕན་ཐོགས་ཡོད་པ་བྱ་དགོས།

不动产权利人不得违反国家规定弃置固体废物，排放大气污染物、水污染物、土壤污染物、噪声、光辐射、电磁辐射等有害物质。

བརྟན་ནོར་ཐད་བདག་དབང་ཡོད་མཁན་གྱིས་རྒྱལ་ཁབ་ཀྱི་གཏན་འབེབས་ལས་འགལ་ཏེ་སྲ་གཟུགས་ཟྭག་རོ་བསྐྱུར་འཛུག་དང་རླུང་ཁམས་ལ་སྦགས་བཙོག་དང་ཆུ་ལ་སྦགས་བཙོག་ས་རྒྱུར་སྦགས་བཙོག་བཟོ་བའི་དངོས་པོ་འབུད་བཤངས་བྱེད་མི་ཆོག་པ་དང་། འཛེར་སྐད་དང་འོད་རྣབས་འཕྲོ་གྱེས། གློག་རྣབས་འཕྲོ་གྱེས་སོགས་གནོད་ཡོད་རིགས་འབུད་མི་ཆོག་པ།

当事人在履行合同过程中，应当避免浪费资源、污染环境和破坏生态。

དོ་བདག་གིས་གན་རྒྱ་ལག་བསྟར་བྱེད་པའི་བརྒྱུད་རིམ་ནང་ཐོན་ཁུངས་འཕྲོ་བརླག་མི་འགྲོ་བ་དང་ཁོར་ཡུག་ལ་སྦགས་བཙོག་མི་བཟོ་བ། སྐྱེ་ཁམས་ལ་གནོད་སྐྱོན་མི་ཐོག་པ་བྱ་དགོས།

侵权人违反法律规定故意污染环境、破坏生态造成严重后果的，被侵权人有权请求相应的惩罚性赔偿。

དབང་ཆར་གནོད་སྐྱོན་བཟོ་མཁན་གྱིས་བཅའ་ཁྲིམས་ཀྱི་གཏན་འབེབས་ལས་འགལ་ཏེ་ཁང་བཙུགས་ནས་ཁོར་ཡུག་ལ་སྦགས་བཙོག་བཟོས་པ་དང་སྐྱེ་ཁམས་ལ་གཏོར་བཤིག་བཏང་

སྤྱི་མཐུག་འབྲས་ཚབས་ཆེན་བཟོས་ཆེ། གནོད་སྐྱོན་ཕོག་ཡུལ་གྱིས་འོས་འཚམ་གྱི་ཆད་གཅོད་དང་གུན་གསབ་སྤྲོད་པའི་རེ་ཞུ་བྱེད་དབང་ཡོད།

8.《中华人民共和国民法典》主要有哪些新增亮点和变化?

༨.《ཀྲུང་ཧྭ་མི་དམངས་སྤྱི་མཐུན་རྒྱལ་ཁབ་ཀྱི་དམངས་དོན་ཁྲིམས་གཞུང་》ནང་བསྣན་པའི་གནད་ཆེ་བ་དང་འགྱུར་ལྡོག་གསར་པ་གཙོ་བོ་གང་དག་ཡོད་དམ།

（1）见义勇为免责

因保护他人民事权益使自己受到损害的，由侵权人承担民事责任，受益人可以给予适当补偿。没有侵权人、侵权人逃逸或者无力承担民事责任，受害人请求补偿的，受益人应当给予适当补偿。因自愿实施紧急救助行为造成受助人损害的，救助人不承担民事责任。

（༡）བདེན་པའི་རྒྱབ་ལངས་ལ་འགན་འཁྲི་མེད་པ།

དེའང་མི་གཞན་གྱི་དམངས་དོན་ཁེ་དབང་སྲུང་སྐྱོང་བྱ་ཕྱིར་རང་ཉིད་ལ་གནོད་སྐྱོན་ཕོག་ཆེ། དབང་གནོད་གཏོང་མཁན་གྱིས་དམངས་དོན་འགན་འཁྲི་འཁུར་དགོས་པ་དང་། ཁེ་ཕན་ཐོབ་མཁན་གྱིས་ཀྱོང་གསབ་འོས་འཚམ་སྤྲོད་དགོས་པ། དབང་གནོད་གཏོང་མཁན་མཐོང་དུ་མེད་པ་དང་བྲོས་བྱོལ་ལ་སོང་བའམ་ཡང་ན་དམངས་དོན་འགན་འཁྲི་འཁུར་ནུས་མེད་དུས། གནོད་སྐྱོན་ཕོག་མཁན་གྱིས་གུན་གསབ་རེ་བ་བཏོན་ན། ཁེ་ཕན་ཐོབ་མཁན་གྱིས་གུན་གསབ་འོས་འཚམ་སྤྲོད་དགོས། རང་མོས་དང་ཁ་ཚ་དགོས་གཏུག་གི་རོགས་སྐྱོར་བྱས་ཏེ་རོགས་སྐྱོར་བྱ་ཡུལ་ལ་གནོད་འཚེ་བཟོས་ཆེ། རོགས་སྐྱོར་བྱེད་མཁན་གྱིས་དམངས་དོན་འགན་འཁྲི་འཁུར་མི་དགོས།

（2）小区共有场所收入归业主

建设单位、物业服务企业或者其他管理人等利用业主的共有部分产生的收入，在扣除合理成本之后，属于业主共有。

（༢）སྡེ་ཁུལ་གྱི་ཐུན་མོང་ལ་དབང་བའི་ས་ཆ་དང་ཚོགས་རའི་ཡོང་འབབ་རྣམས་སྡེ་བདག་ལ་ཐོབ་པ།

དེའང་འཛུགས་སྐྲུན་ཚན་པ་དང་སྡེ་ལས་ཞབས་ཞུའི་ཁེ་ལས་སམ་ཡང་ན་དོ་དམ་བྱེད་མི་གཞན་དག་སོགས་ཀྱིས་སྡེ་བདག་གི་ཐུན་མོང་ཆ་ནས་བྱུང་བའི་ཡོང་འབབ་ལས་ལུགས་མཐུན་མ་གནས་འཐེན་གཅོག་བྱས་རྗེས་དེ་བྱིངས་ཚང་མ་སྡེ་བདག་ཐུན་མོང་ལ་དབང་བ་ཡིན།

（3）禁止高利放贷

禁止高利放贷，借款的利率不得违反国家有关规定。借款合同对支付利息没有约定的，视为没有利息。借款合同对支付利息约定不明确，当事人不能达成补充协议的，按照当地或者当事人的交易方式、交易习惯、市场利率等因素确定利息；自然人之间借款的，视为没有利息。

（༣）སྐྱེད་ཀ་མཐོ་བའི་དངུལ་བུན་བཏང་མི་ཆོག་པ།

དེའང་སྐྱེད་ཀ་མཐོ་བའི་དངུལ་བུན་བཏང་མི་ཆོག་པ་དང་། དངུལ་བུན་གྱི་སྐྱེད་ཀའི་ཚད་གཞི་རྒྱལ་ཁབ་ཀྱི་འབྲེལ་ཡོད་གཏན་འབེབས་ལས་འགལ་མི་རུང་། དངུལ་གཡར་གན་རྒྱའི་ནང་སྐྱེད་ཀ་འཇལ་རྒྱུའི་ཐད་ཁ་དན་མེད་ཚེ། སྐྱེད་ཀ་མེད་པར་བརྩི་རྒྱུ་ཡིན། དངུལ་གཡར་གན་རྒྱའི་ནང་སྐྱེད་ཀ་འཇལ་རྒྱུའི་ཐད་ཁ་དན་གསལ་པོ་མེད་ཚེ། དོ་བདག་གིས་ཁ་གསབ་གྲོས་མཐུན་བཞག་མི་རུང་བར་ས་གནས་དེ་གའམ་ཡང་ན་དོ་བདག་གི་བརྗེ་ཚོང་བྱ་ཐབས་དང་བརྗེ་ཚོང་གོམས་གཤིས། ཁྲོམ་རའི་སྐྱེད་ཚད་སོགས་རྒྱུ་རྐྱེན་ལ་གཞིགས་ཏེ་སྐྱེད་ཀ་གཏན་འཁེལ་བྱ་དགོས། རང་བྱུང་མིའི་དབར་དངུལ་བུན་གཏོང་རེས་བྱས་ན་སྐྱེད་ཀ་མེད་པར་བརྩི་བ་ཡིན།

（4）界定夫妻共同债务

夫妻双方共同签字或者夫妻一方事后追认等共同意思表示所负的债务，以及夫妻一方在婚姻关系存续期间以个人名义为家庭日常生活需要所负的债务，属于夫妻共同债务。

（༤）བཟའ་ཚང་ཐུན་མོང་གི་བུ་ལོན་དབྱེ་མཚམས།

དེའང་བཟའ་ཚང་གཉིས་ཀས་མཉམ་དུ་མཚན་འགོད་བྱས་པའམ་ཡང་ན་བཟའ་ཚང་ཕྱོགས་གཅིག་གིས་གནས་ཚུལ་ཐོན་པའི་རྗེས་སུ་ཁས་བླངས་པ་སོགས་ཐུན་མོང་ནས་འཇལ་རྒྱུའི་རྣམ་པ་བསྟན་པའི་བུ་ལོན་དང་། དེ་བཞིན་བཟའ་ཚང་ཕྱོགས་གཅིག་གིས་གཉེན་སྒྲིག

འབྲེལ་བ་གནས་སྐབས་ཡིན་པའི་སྐབས་སུ་རང་སྒེར་གྱི་མིང་ཐོག་ནས་ཁྱིམ་ཚང་དེ་གའི་རྣམ་ཀུན་འཚོ་བའི་དགོས་མཁོར་བརྟེན་ནས་གཡར་བའི་བུ་ལོན་ནི་བཟའ་ཚང་གཉིས་ནས་མཉམ་དུ་འཇལ་དགོས།

夫妻一方在婚姻关系存续期间以个人名义超出家庭日常生活需要所负的债务，不属于夫妻共同债务；但是，债权人能够证明该债务用于夫妻共同生活、共同生产经营或者基于夫妻双方共同意思表示的除外。

བཟའ་ཚང་ཕྱོགས་གཅིག་གིས་གཉེན་སྒྲིག་གི་འབྲེལ་བ་གནས་སྐབས་སུ་རང་སྒེར་གྱི་མིང་ཐོག་ནས་ཁྱིམ་ཚང་གི་རྣམ་ཀུན་འཚོ་བའི་དགོས་མཁོ་ལས་བརྒལ་ཏེ་གཡར་བའི་བུ་ལོན་ནི་བཟའ་ཚང་ཐུན་མོང་གི་བུ་ལོན་དུ་བརྩི་མི་རུང་། འོན་ཀྱང་བུན་བདག་གིས་བུ་ལོན་དེ་བཟའ་ཚང་ཐུན་མོང་གི་འཚོ་བ་དང་ཐུན་མོང་གི་ཐོན་སྐྱེད་ཁེ་གཉེར་རམ་ཡང་ན་བཟའ་ཚང་ཐུན་མོང་གི་བསམ་ཚུལ་བཅས་ཀྱི་ཆེད་དུ་བེད་སྤྱོད་བྱས་པ་ར་སྤྲོད་བྱེད་ཐུབ་ན་བུ་ལོན་དེ་བཟའ་ཚང་ཐུན་མོང་གིས་འཇལ་དགོས་པ་ཡིན།

（5）设立离婚冷静期

自婚姻登记机关收到离婚登记申请之日起三十日内，任何一方不愿意离婚的，可以向婚姻登记机关撤回离婚登记申请。前款规定期限届满后三十日内，双方应当亲自到婚姻登记机关申请发给离婚证；未申请的，视为撤回离婚登记申请。

（༥）གཉེན་འབྲོར་བསམ་གཞིག་དུས་བཀག

དེའང་གཉེན་སྒྲིག་ཐོ་འགོད་ལས་ཁུངས་ལ་བཟའ་ཚང་ཁ་བྲལ་གྱི་ཐོ་འགོད་རེ་ཞུ་འབྱོར་བ་ནས་བཟུང་ཉིན་སུམ་ཅུའི་ནང་ཁ་འབྲལ་འདོད་མེད་པའི་ཕྱོགས་གང་རུང་ཞིག་གིས་གཉེན་སྒྲིག་ཐོ་འགོད་ལས་ཁུངས་ནས་བཟའ་ཚང་ཁ་བྲལ་གྱི་ཐོ་འགོད་རེ་ཞུ་ཕྱིར་འཐེན་བྱས་ཆོག དོན་ཚན་གོང་མའི་གཏན་འབེབས་དུས་བཀག་ཡོལ་ནས་ཉིན་སུམ་ཅུ་སོང་ན་བཟའ་ཚང་གཉིས་ཀ་དངོས་སུ་གཉེན་སྒྲིག་ཐོ་འགོད་ལས་ཁུངས་ལ་བཟའ་ཚང་ཁ་བྲལ་གྱི་ལག་ཁྱེར་སྤྲོད་རྒྱུའི་རེ་ཞུ་བྱེད་པར་ཡོང་དགོས། རེ་ཞུ་མ་བྱས་ཚེ་བཟའ་ཚང་ཁ་བྲལ་གྱི་ཐོ་འགོད་རེ་ཞུ་རང་ཤུགས་ཀྱིས་ཕྱིར་འཐེན་བྱས་པར་བརྩི་བ་ཡིན།

（6）侄子、外甥也可以继承财产

将代位继承扩大至被继承人的兄弟姐妹先于被继承人死亡的情形，使得被继承人的侄、甥获得第二顺位法定继承人资格，突破了原先晚辈直系血亲的限制。

（༦）ཕོ་རྒྱུད་ཚ་བོ་དང་མོ་རྒྱུད་ཚ་བོས་ཀྱང་ཤུལ་ནོར་རྒྱུན་འཛིན་བྱས་ཆོག་པ།

དེའང་ཚབ་བྱེད་རྒྱུན་འཛིན་བྱེད་སྟངས་རྒྱ་ཆེར་བཏང་བ་སྟེ། ཤུལ་ནོར་བདག་པོའི་གཅེན་གཅུང་མིང་སྲིང་སྔོན་ནས་གྲོངས་པ་ཡིན་ཚེ་ཤུལ་ནོར་བདག་པོའི་ཕོ་རྒྱུད་ཚ་བོ་དང་མོ་རྒྱུད་ཚ་བོར་ཤུལ་ནོར་རྒྱུན་འཛིན་པ་ཨང་གཉིས་པའི་ཐོབ་ཐང་ཡོད་ཅིང་། དེ་སྔའི་མི་རབས་རྗེས་མའི་ཐད་ཀའི་སྤུན་མཆེད་ཀྱི་ཚད་བཀག་ལས་བརྒལ་ཡོད།

（7）增加遗嘱形式

打印遗嘱应当有两个以上见证人在场见证。遗嘱人和见证人应当在遗嘱每一页签名，注明年、月、日。

（༧）ཁ་ཆེམས་འཛུག་སྟངས་ཁ་སྣོན་བྱས་པ།

ཁ་ཆེམས་པར་དུ་འདེབས་སྐབས་གཞོགས་ལ་དཔང་མི་གཉིས་ཡན་ཡོད་དགོས། ཁ་ཆེམས་འཛུག་མཁན་དང་དཔང་མི་གཉིས་ཀ་ནས་ཁ་ཆེམས་ཡི་གེའི་ཤོག་ལྷེ་ཚང་མའི་ཐོག་མིང་རྟགས་འགོད་པ་དང་མིང་རྟགས་འགོད་པའི་ལོ་དང་ཟླ་བ། ཚེས་པ་བཅས་དུས་ཚོད་གསལ་པོ་འབྲི་དགོས།

（8）守护“头顶上的安全”

禁止高空抛物。从建筑物中抛掷物品或者从建筑物上坠落的物品造成他人损害的，由侵权人依法承担侵权责任；经调查难以确定具体侵权人的，除能够证明自己不是侵权人的外，由可能加害的建筑物使用人给予补偿。可能加害的建筑物使用人补偿后，有权向侵权人追偿。

（༨）“མགོ་ཐོག་གི་བདེ་འཇགས”སྲུང་སྐྱོབ་བྱ་ཐབས།

དེའང་མཐོ་ས་ནས་དངོས་པོ་གཡུག་མི་རུང་བ་སྟེ། ཁང་ཁྲིམ་སོགས་མཐོ་ས་ནས་དངོས་པོ་དབྱུག་པའམ་ཡང་ན་ཁང་ཁྲིམ་སོགས་མཐོ་ས་ནས་དངོས་པོ་ལྷུང་སྟེ་མི་གཞན་ལ་གནོད་འཚེ་

བཟོས་ཚེ། དབང་གནོད་གཏོང་མཁན་གྱིས་ཁྲིམས་ལྟར་དབང་གནོད་འགན་འཁྲི་འཁུར་དགོས། བརྟག་དཔྱད་བྱས་ཀྱང་དབང་གནོད་གཏོང་མཁན་ཡང་སྙིང་སུ་ཡིན་མི་ཤེས་པ་དང་། རང་ཉིད་དབང་གནོད་གཏོང་མཁན་མིན་པ་ར་སྤྲོད་བྱེད་ཐུབ་པ་ཕུད། གནོད་སྐྱོན་བཟོ་སྲིད་པའི་ཁང་ཁྱིམ་སོགས་བེད་སྤྱོད་བྱེད་མཁན་ནས་ཁ་གསབ་སྤྲོད་དགོས། གནོད་སྐྱོན་བཟོ་སྲིད་པའི་ཁང་ཁྱིམ་སོགས་བེད་སྤྱོད་བྱེད་མཁན་གྱིས་གུན་གསབ་སྤྲད་རྗེས་སླར་དབང་གནོད་གཏོང་མཁན་ཕྱོགས་ནས་གུན་གསབ་ཀྱི་སྐྱིན་པ་ལེན་དབང་ཡོད།

（9）肖像权侵权不再看“是否以营利为目的了”

任何组织或者个人不得以丑化、污损，或者利用信息技术手段伪造等方式侵害他人的肖像权。未经肖像权人同意，不得制作、使用、公开肖像权人的肖像，但是法律另有规定的除外。

（༩）འདྲ་བརྙན་ཁེ་དབང་གི་དབང་གནོད་ཐད་ཕྱིས་འབྱུང་“ཁེ་བོགས་དམིགས་ཡུལ་དུ་འཛིན་པ་ཡིན་མིན་”ལ་མི་བལྟ་བ།

དེའང་རྩ་འཛུགས་སམ་མི་སྒེར་གང་འདྲ་ཞིག་ཡིན་རུང་། དམའ་འབེབས་དང་བཙོག་སྐྱོན་བཏང་བ། ཡང་ན་ཆ་འཕྲིན་ལག་རྩལ་གྱི་ཐབས་ལ་བརྟེན་ནས་རྫུན་བཟོ་སོགས་བྱས་ཏེ་མི་གཞན་གྱི་འདྲ་བརྙན་ཁེ་དབང་ལ་གནོད་སྐྱོན་གཏོང་མི་ཆོག བཅའ་ཁྲིམས་ཀྱི་གཏན་འབེབས་ནང་ཚུད་པ་ཕུད། འདྲ་བརྙན་བདག་པོའི་མོས་མཐུན་མ་ཐོབ་པར་འདྲ་བརྙན་བཟོ་བཞེངས་དང་བེད་སྤྱོད། ཡོངས་བསྒྲགས་བཅས་བྱེད་མི་ཆོག

（10）“熊孩子”给主播打赏，可以要求对方退还

八周岁以上的未成年人为限制民事行为能力人，实施民事法律行为由其法定代理人代理或者经其法定代理人同意、追认；但是，可以独立实施纯获利益的民事法律行为或者与其年龄、智力相适应的民事法律行为。

（༡༠）“ཕྲུ་གུ་འཚུབ་པོ་”ཡིས་བརྙན་སྟོན་པར་བྱ་དགའི་དངུལ་སྤྲད་ན་ཕྱིར་སྤྲོད་བྱ་རྒྱུའི་རེ་བ་འདོན་ཆོག་པ།

རང་ལོ་བརྒྱད་ཡན་གྱི་ནར་མ་སོན་པའི་མི་ནི་དམངས་དོན་བྱ་སྤྱོད་ཀྱི་ནུས་པར་ཚད་

བཀག་ཡོད་པའི་མི་ཡིན། དམངས་དོན་བཅའ་ཁྲིམས་ཀྱི་དོན་དག་གཙོད་སྐབས། མི་དེའི་ཁྲིམས་བཀོད་ཚབ་བྱེད་མི་སྣས་ཚབ་བྱེད་པའམ་ཡང་ན་དེའི་ཁྲིམས་བཀོད་ཚབ་བྱེད་མི་སྣའི་མོས་མཐུན་དང་རྗེས་སུ་ཁས་ལེན་ཐོབ་པ་བྱ་དགོས། འོན་ཀྱང་ཁེ་བཟང་རྐྱང་རྐྱང་ཐོབ་པའི་དམངས་དོན་བཅའ་ཁྲིམས་བྱ་སྤྱོད་དམ་ཡང་ན་མི་དེའི་ལོ་ཚོད་དང་རིག་སྟོབས་དང་འཚམ་པའི་དམངས་དོན་བཅའ་ཁྲིམས་བྱ་སྤྱོད་ཁེར་རྐྱང་ཐོག་ལག་བསྟར་བྱས་ཆོག

（11）男性可以要求不“被性骚扰”了

违背他人意愿，以言语、文字、图像、肢体行为等方式对他人实施性骚扰的，受害人有权依法请求行为人承担民事责任。

（༡༡）སྐྱེས་པས་“ཆགས་རྩེད་ཞེ་བསུན་”མི་བཟོ་བའི་རེ་བ་འདོན་ཆོག་པ།

མི་གཞན་གྱི་འདོད་མོས་དང་འགལ་ནས་སྐད་ཆ་དང་ཡི་གེ པར་རིས། ཡན་ལག་བྱ་སྤྱོད་སོགས་ཀྱི་བྱེད་སྟངས་ཐོག་ནས་མི་གཞན་ལ་“ཆགས་རྩེད་ཞེ་བསུན་”བཟོས་ཚེ། གནོད་འཚེ་ཕོག་མཁན་གྱིས་ཁྲིམས་ལྟར་བྱ་སྤྱོད་སྤེལ་མཁན་ལ་དམངས་དོན་འགན་འཁྲི་འཁུར་དགོས་པའི་རེ་ཞུ་བྱེད་དབང་ཡོད།

（12）人肉他人信息的，准备好承担责任

自然人享有隐私权。任何组织或者个人不得以刺探、侵扰、泄露、公开等方式侵害他人的隐私权。处理个人信息的，应当遵循合法、正当、必要原则，不得过度处理，并符合下列条件：（一）征得该自然人或者其监护人同意，但是法律、行政法规另有规定的除外；（二）公开处理信息的规则；（三）明示处理信息的目的、方式和范围；（四）不违反法律、行政法规的规定和双方的约定。个人信息的处理包括个人信息的收集、存储、使用、加工、传输、提供、公开等。

（༡༢）མི་གཞན་གྱི་ཆ་འཕྲིན་དྲ་ཐོག་དམར་འཚོལ་བྱས་རིགས་ལ་འགན་འཁྲི་འཁུར་རྒྱུའི་གྲ་སྒྲིག་བྱ་དགོས།

རང་བྱུང་མིར་སྒེར་གྱི་གསང་བའི་དབང་ཆ་ཡོད། རྩ་འཛུགས་སམ་མི་སྒེར་གང་འདྲ་ཞིག་ཡིན་རུང་ཉམས་ཚོད་དང་བསུན་གཙེས། ཕྱིར་རྟོལ། ཡོངས་བསྒྲགས་སོགས་ཀྱི་བྱ་ཐབས་ཐོག

ནས་མི་གཞན་གྱི་སྒེར་གྱི་གསང་བའི་དབང་ཆར་གནོད་སྐྱོན་གཏོང་མི་ཆོག མི་སྒེར་གྱི་ཆ་འཕྲིན་ཐག་གཅོད་བྱེད་སྐབས། ཁྲིམས་མཐུན་དང་ལུགས་མཐུན། དགོས་ངེས་ཀྱི་རྩ་དོན་བཅས་ལ་བརྩི་འཛོག་བྱེད་དགོས་པ་ལས་ཐལ་དྲགས་པའི་ཐག་གཅོད་བྱེད་མི་རུང་བ་དང་གཤམ་གསལ་གྱི་དོན་ཚན་ཁག་དང་མཐུན་པ་བྱེད་དགོས་པ་སྟེ། གཅིག རང་བྱུང་གི་མི་དེ་རང་ངམ་ཡང་ན་ལྟ་སྐྱོང་པའི་མོས་མཐུན་ཐོབ་པ་བྱ་དགོས། འོན་ཀྱང་ཁྲིམས་ལུགས་དང་སྲིད་འཛིན་ཁྲིམས་སྲོལ་ནང་གཏན་འབེབས་གཞན་དག་ཡོད་པ་དེར་ཚུད་མེད། གཉིས། ཆ་འཕྲིན་ཐག་གཅོད་བྱེད་པའི་རྩ་དོན་ཡོངས་བསྒྲགས་བྱེད་དགོས་པ། གསུམ། ཆ་འཕྲིན་ཐག་གཅོད་བྱེད་པའི་དམིགས་ཡུལ་དང་བྱ་ཐབས། ཁྱབ་ཁོངས་བཅས་གསལ་སྟོན་བྱ་དགོས་པ། བཞི། བཅའ་ཁྲིམས་དང་སྲིད་འཛིན་ཁྲིམས་སྲོལ་གྱི་གཏན་འབེབས་དང་ཕྱོགས་གཉིས་པོའི་ཁ་ཆད་ལས་མ་འགལ་བ་བྱེད་དགོས་པ། མི་སྒེར་གྱི་ཆ་འཕྲིན་ཐག་གཅོད་བྱེད་པའི་ནང་མི་སྒེར་གྱི་ཆ་འཕྲིན་བསྡུ་རུབ་དང་ཉར་འཛོག བེད་སྤྱོད། ཁ་སྟོན། བརྒྱུད་གཏོང་། མཁོ་འདོན། ཡོངས་བསྒྲགས་སོགས་ཚུད་ཡོད།

9. 企业拖欠物业费，物业服务人员以停水、停电等方式催交物业费合法吗？

༩.ཁེ་ལས་ཀྱིས་སྡེ་ལས་འགྲོ་གྲོན་ཆད་འཇུང་བྱས་པ་དང་སྡེ་ལས་ཀྱི་ཞབས་ཞུའི་མི་སྣས་ཆུ་དང་གློག་མི་གཏོང་བ་སོགས་ཀྱི་བྱ་ཐབས་ལ་བརྟེན་ནས་སྡེ་ལས་ཀྱི་གླ་རིན་སྤྲོད་རྒྱུར་སྐུལ་འདེད་བཏང་བ་དེ་ཁྲིམས་མཐུན་ཡིན་ནམ།

不合法。根据《中华人民共和国民法典》规定，物业服务人员不得采取停止供电、供水、供热、供燃气等方式催交物业费。

དེ་ནི་ཁྲིམས་མཐུན་མ་ཡིན་ཏེ། 《ཀྲུང་ཧྭ་མི་དམངས་སྤྱི་མཐུན་རྒྱལ་ཁབ་ཀྱི་དམངས་དོན་ཁྲིམས་གཞུང་》གི་གཏན་འབེབས་ལྟར་ན། སྡེ་ལས་ཞབས་ཞུ་མི་སྣས་གློག་དང་ཆུ། ཚ་རླངས། འབར་རླངས་སོགས་མི་གཏོང་བའི་བྱ་ཐབས་ལ་བརྟེན་ནས་སྡེ་ལས་ཀྱི་གླ་རིན་སྤྲོད་རྒྱུར་སྐུལ་མ་གཏོང་མི་རུང་།

五、劳动关系与劳动合同

ལྔ་པ། ངལ་རྩོལ་གྱི་འབྲེལ་བ་དང་ངལ་རྩོལ་གན་རྒྱ།

1. 劳动者有哪些权利?

༡.ངལ་རྩོལ་པར་དབང་ཆ་གང་དག་ཡོད་དམ།

根据《中华人民共和国劳动法》规定，劳动者享有平等就业和选择职业的权利、取得劳动报酬的权利、休息休假的权利、获得劳动安全卫生保护的权利、接受职业技能培训的权利、享受社会保险和福利的权利、提请劳动争议处理的权利以及法律规定的其他劳动权利。

《ཀྲུང་ཧྭ་མི་དམངས་སྤྱི་མཐུན་རྒྱལ་ཁབ་ཀྱི་ངལ་རྩོལ་བཅའ་ཁྲིམས་》ཀྱི་གཏན་འབེབས་ལྟར་ན། ངལ་རྩོལ་པར་འདྲ་མཉམ་གྱིས་ལས་ཞུགས་དང་ལས་རིགས་འདེམས་པའི་དབང་ཆ་དང་ངལ་རྩོལ་སྙ་ཆ་ལེན་པའི་དབང་ཆ། ངལ་གསོ་དང་གུང་གསེང་གི་དབང་ཆ། ངལ་རྩོལ་བདེ་འཇགས་དང་འཕྲོད་བསྟེན་ཐད་སྲུང་སྐྱོབ་ཐོབ་པའི་དབང་ཆ། ལས་རིགས་རྩལ་ནུས་ཐད་གསོ

སྲུང་དང་ལེན་བྱེད་པའི་དབང་ཆ། སྤྱི་ཚོགས་འགན་བཅོལ་དང་ཕན་བདེ་ལོངས་སྤྱོད་བྱེད་པའི་དབང་ཆ། ངལ་རྩོལ་རྩོད་གཞི་ཐག་གཅོད་བྱ་རྒྱུར་རེ་ཞུ་བྱེད་པའི་དབང་ཆ། དེ་བཞིན་བཅའ་ཁྲིམས་ཐོག་གཏན་འབེབས་བྱས་པའི་ངལ་རྩོལ་གྱི་དབང་ཆ་གཞན་དག་བཅས་ཡོད།

2. 劳动者有哪些义务?

༢.ངལ་རྩོལ་པར་འོས་འགན་གང་དག་ཡོད་དམ།

根据《中华人民共和国劳动法》规定，劳动者应当完成劳动任务，提高职业技能，执行劳动安全卫生规程，遵守劳动纪律和职业道德。

《ཀྲུང་ཧྭ་མི་དམངས་སྤྱི་མཐུན་རྒྱལ་ཁབ་ཀྱི་ངལ་རྩོལ་བཅའ་ཁྲིམས་》ཀྱི་གཏན་འབེབས་ལྟར་ན། ངལ་རྩོལ་པས་ངལ་རྩོལ་གྱི་ལས་འགན་ལེགས་འགྲུབ་དང་ལས་རིགས་ཀྱི་རྩལ་ནུས་མཐོར་གཏོང་། ངལ་རྩོལ་གྱི་བདེ་འཇགས་དང་འཕྲོད་བསྟེན་སྒྲིག་སྲོལ་ལག་བསྟར། ངལ་རྩོལ་གྱི་སྒྲིག་ཁྲིམས་དང་ལས་རིགས་ཀུན་སྤྱོད་ལ་བརྩི་སྲུང་བཅས་བྱ་དགོས།

3. 用人单位有哪些权利?

༣.ལས་མི་བཀོལ་སྤྱོད་ཚན་པར་དབང་ཆ་གང་དག་ཡོད་དམ།

根据《中华人民共和国劳动法》规定，用人单位享有录用职工方面的权利、劳动组织方面的权利、劳动报酬分配方面的权利、劳动纪律方面的权利、决定劳动法律关系存续方面的权利。

《ཀྲུང་ཧྭ་མི་དམངས་སྤྱི་མཐུན་རྒྱལ་ཁབ་ཀྱི་ངལ་རྩོལ་བཅའ་ཁྲིམས་》ཀྱི་གཏན་འབེབས་ལྟར་ན། ལས་མི་བཀོལ་སྤྱོད་ཚན་པར་ལས་བཟོ་བ་བསྡུ་སྤྱོད་བྱེད་པའི་ཐད་ཀྱི་དབང་ཆ་དང་། ངལ་རྩོལ་སྒྲིག་འཛུགས་བྱེད་པའི་ཐད་ཀྱི་དབང་ཆ། ངལ་རྩོལ་ཐོབ་ཆ་བགོ་འགྲེམས་བྱེད་པའི་ཐད་ཀྱི་དབང་ཆ། ངལ་རྩོལ་སྒྲིག་ཁྲིམས་ཐད་ཀྱི་དབང་ཆ། ངལ་རྩོལ་བཅའ་ཁྲིམས་ཀྱི་འབྲེལ་བ་རྒྱུན་མཐུད་ཐད་ཀྱི་དབང་ཆ་བཅས་ཡོད།

4. 用人单位有哪些义务？

༤.ལས་མི་བཀོལ་སྤྱོད་ཚན་པར་འོས་འགན་གང་དག་ཡོད་དམ།

根据《中华人民共和国劳动法》规定，用人单位有支付劳动报酬的义务，保护职工的义务，帮助职工的义务，合理使用职工的义务，培训职工的义务，必须执行劳动法规、劳动政策和劳动标准的义务，接受国家劳动计划的指导，服从劳动行政部门以及其他有关国家机关的管理和监督的义务。

《ཀྲུང་ཧྭ་མི་དམངས་སྤྱི་མཐུན་རྒྱལ་ཁབ་ཀྱི་ངལ་རྩོལ་བཅའ་ཁྲིམས་》ཀྱི་གཏན་འབེབས་ལྟར་ན། ལས་མི་བཀོལ་སྤྱོད་ཚན་པར་ངལ་རྩོལ་གྱི་སྙ་ཆ་སྤྲོད་པའི་འོས་འགན་དང་ལས་བཟོ་བར་སྲུང་སྐྱོབ་བྱེད་པའི་འོས་འགན། ལས་བཟོ་བར་རོགས་སྐྱོར་བྱེད་པའི་འོས་འགན། ལུགས་མཐུན་དང་ལས་བཟོ་བ་བཀོལ་སྤྱོད་བྱེད་པའི་འོས་འགན། ལས་བཟོ་བ་གསོ་སྦྱོང་བྱེད་པའི་འོས་འགན་བཅས་ཡོད་པ་མ་ཟད། ད་དུང་ངེས་པར་དུ་ངལ་རྩོལ་གྱི་ཁྲིམས་སྲོལ་དང་ངལ་རྩོལ་གྱི་སྲིད་ཇུས། ངལ་རྩོལ་གྱི་ཚད་གཞི་བཅས་ལག་བསྟར་བྱེད་པའི་འོས་འགན་དང་རྒྱལ་ཁབ་ཀྱི་ངལ་རྩོལ་འཆར་གཞིའི་མཛུབ་ཁྲིད་དང་ལེན་དང་། ངལ་རྩོལ་སྲིད་འཛིན་སྡེ་ཁག་དང་དེ་བཞིན་རྒྱལ་ཁབ་འབྲེལ་ཡོད་ལས་ཁུངས་ཀྱི་དོ་དམ་དང་ལྟ་སྐུལ་ལ་བརྩི་སྲུང་བྱེད་པའི་འོས་འགན་ཡོད།

5. 用人单位在招聘启事上标明民族限制的做法合理吗？

༥.ལས་མི་བཀོལ་སྤྱོད་ཚན་པས་ལས་མི་བསྡུ་བའི་བརྡ་འཕྲིན་ཐོག་མི་རིགས་ཀྱི་ཚད་བཀག་བཟོ་བའི་བྱེད་སྟངས་དེ་ལུགས་མཐུན་ཡིན་ནམ།

不合理。根据《中华人民共和国劳动法》规定，劳动者就业，不因民族、种族、性别、宗教信仰不同而受歧视。

དེ་ནི་ལུགས་མཐུན་མ་ཡིན་ཏེ།《ཀྲུང་ཧྭ་མི་དམངས་སྤྱི་མཐུན་རྒྱལ་ཁབ་ཀྱི་ངལ་རྩོལ་བཅའ་ཁྲིམས་》ཀྱི་གཏན་འབེབས་ལྟར་ན། ངལ་རྩོལ་པ་ལས་ཞུགས་བྱེད་པར་མི་རིགས་དང་རིགས་རྒྱུད། ཕོ་མོ། ཆོས་དད་མི་འདྲ་བ་བཅས་ཀྱི་རྐྱེན་པས་མཐོང་ཆུང་ཐོག་མི་དུང་།

6. 用人单位能不能招聘未满 16 周岁的未成年？

༦.ལས་མི་བཀོལ་སྤྱོད་ཚན་པས་ལོ་ན་༡༦མ་ཟིན་པའི་མི་བསྡུ་སྤྱོད་བྱས་ཆོག་གམ།

根据《中华人民共和国劳动法》规定，禁止用人单位招用未满十六周岁的未成年人。文艺、体育和特种工艺单位招用未满十六周岁的未成年人，必须遵守国家有关规定，并保障其接受义务教育的权利。

《ཀྲུང་ཧྭ་མི་དམངས་སྤྱི་མཐུན་རྒྱལ་ཁབ་ཀྱི་ངལ་རྩོལ་བཅའ་ཁྲིམས་》ཀྱི་གཏན་འབེབས་ལྟར་ན། ལས་མི་བཀོལ་སྤྱོད་ཚན་པས་ལོ་བཅུ་དྲུག་མ་ཟིན་པའི་ནར་མ་སོན་པའི་མི་བསྡུ་སྤྱོད་བྱེད་མི་རུང་། རིག་གནས་སྒྱུ་རྩལ་དང་ལུས་རྩལ། དམིགས་བསལ་རིགས་ཀྱི་བཟོ་རྩལ་ཚན་པས་ལོ་བཅུ་དྲུག་མ་ཟིན་པའི་ནར་མ་སོན་པའི་མི་བསྡུ་སྤྱོད་བྱས་ཚེ། ངེས་པར་དུ་རྒྱལ་ཁབ་ཀྱི་འབྲེལ་ཡོད་གཏན་འབེབས་ལ་བརྩི་སྲུང་ཞུ་དགོས་པ་མ་ཟད། དེས་འོས་འགན་སློབ་གསོ་དང་ལེན་བྱེད་པའི་དབང་ཆ་ཡང་འགན་སྲུང་བྱ་དགོས།

7. 订立劳动合同应该遵循什么原则？

༧.ངལ་རྩོལ་གན་རྒྱ་འཛུགས་སྐབས་རྩ་དོན་གང་ཞིག་ལ་བརྩི་སྲུང་ཞུ་དགོས་སམ།

订立劳动合同，应当遵循合法、公平、平等自愿、协商一致、诚实信用的原则。依法订立的劳动合同具有约束力，用人单位与劳动者应当履行劳动合同约定的义务。合同不仅可以维护用人单位的合法权益，还可以保护劳动者依法应当享有的各项权利。

དེ་འདང་ངལ་རྩོལ་གན་རྒྱ་འཛུགས་སྐབས། ཁྲིམས་མཐུན་དང་གཞུང་དྲང་། འདྲ་མཉམ་རང་མོས། གྲོས་མོལ་གཅིག་མཐུན། ཟོལ་མེད་ཡིད་རྟོན་བཅས་ཀྱི་རྩ་དོན་ལ་བརྩི་སྲུང་ཞུ་དགོས། ཁྲིམས་ལྟར་ངལ་རྩོལ་གན་རྒྱ་བཞག་རྗེས་དེར་ཚོད་འཛིན་གྱི་ནུས་པ་ཡོད་ཅིང་། ལས་མི་བཀོལ་སྤྱོད་ཚན་པ་དང་ངལ་རྩོལ་པར་ངལ་རྩོལ་གན་རྒྱའི་ཁ་ཆད་ལག་བསྟར་བྱེད་པའི་འོས་འགན་ཡོད། གན་རྒྱས་ལས་མི་བཀོལ་སྤྱོད་ཚན་པའི་ཁྲིམས་མཐུན་ཁེ་དབང་སྲུང་སྐྱོང་བྱས་ཆོག་པ་མ

ཟད། ད་དུང་ངལ་རྩོལ་པར་ཁྲིམས་ལྟར་དབང་ཆ་ཁག་ལོངས་སྤྱོད་བྱ་རྒྱུ་ཡོད་པར་སྲུང་སྐྱོབ་བྱེད་པ་ཡིན།

8. 建立劳动关系时，是否应当签订劳动合同？

༨.ངལ་རྩོལ་འབྲེལ་བ་འཛུགས་སྐབས་ངལ་རྩོལ་གན་རྒྱ་ངེས་པར་དུ་འཇོག་དགོས་སམ།

根据《中华人民共和国劳动合同法》规定，建立劳动关系，应当订立书面劳动合同。

《ཀྲུང་ཧྭ་མི་དམངས་སྤྱི་མཐུན་རྒྱལ་ཁབ་ཀྱི་ངལ་རྩོལ་བཅའ་ཁྲིམས་》ཀྱི་གཏན་འབེབས་ལྟར་ན། ངལ་རྩོལ་འབྲེལ་བ་འཛུགས་སྐབས་ངེས་པར་དུ་ཡིག་ཐོག་ནས་ངལ་རྩོལ་གན་རྒྱ་འཇོག་དགོས་པའི་གཏན་འབེབས་བྱས་ཡོད།

已建立劳动关系，未同时订立书面劳动合同的，应当自用工之日起一个月内订立书面劳动合同。

ངལ་རྩོལ་འབྲེལ་བ་བཙུགས་ཟིན་པ་དང་། དུས་མཚུངས་སུ་ཡིག་ཐོག་གི་ངལ་རྩོལ་གན་རྒྱ་བཞག་མེད་ཚེ། ལས་ཀ་བྱེད་འགོ་ཚུགས་པའི་ཉིན་མོ་ནས་བཟུང་ཟླ་བ་གཅིག་གི་ནང་ཚུན་དུ་ཡིག་ཐོག་གི་ངལ་རྩོལ་གན་རྒྱ་འཛོག་དགོས།

用人单位与劳动者在用工前订立劳动合同的，劳动关系自用工之日起建立。

ལས་མི་བཀོལ་སྤྱོད་ཅན་པ་དང་ངལ་རྩོལ་པས་ལས་ཀ་མ་བསྐྱལ་གོང་ངལ་རྩོལ་གན་རྒྱ་བཞག་ཡོད་ཚེ། ངལ་རྩོལ་གྱི་འབྲེལ་བ་དེ་ལས་ཀ་བསྐྱལ་པའི་ཉིན་མོ་ནས་བཟུང་ནུས་པ་ཐོན་འགོ་ཚུགས་པ་ཡིན།

应聘须签订劳动合同

གདན་ཞུ་བྱས་ན་ངེས་པར་དུ་ངལ་རྩོལ་གན་རྒྱ་འཛོག་དགོས་པ།

案情：

གྲོད་གཞིའི་གནས་ཚུལ།

赤列在柳梧一个工地上当门卫，但是没有和企业签订书面劳动合同。2021 年 1 月，赤列突然被辞退，且没有结算工资。赤列多次找老板理论未果，因此只得向有关部门投诉。

འཕྲིན་ལས་ནི་སྣེའུ་ཡི་ལས་གྲྭ་ཞིག་གི་སྒོ་སྲུང་མཁན་ཡིན། ཡིན་ནའང་ཁེ་ལས་དང་ཡིག་ཐོག་གི་ངལ་རྩོལ་གན་རྒྱ་བཞག་མེད། སྤྱི་ལོ་༢༠༢༡ལོའི་ཟླ་༡པོར་འཕྲིན་ལས་ཀྱིས་གློ་བུར་དུ་ལས་ཀ་ནས་ཕྱིར་འཐེན་བྱས་པ་དང་། ཁེ་ལས་ཀྱིས་ཁོ་པའི་གླ་ཆ་མ་སྤྲད། འཕྲིན་ལས་ཀྱིས་སྤྱིན་བདག་ཐེངས་མང་བཙལ་ནའང་མཇུག་འབྲས་མ་བྱུང་སྟབས། འབྲེལ་ཡོད་སྡེ་ཁག་ལ་ཞུ་གཏུག་མི་བྱེད་ཀ་མེད་ཐུག

劳动监察部门对此事进行了调查，但企业矢口否认赤列在工地上工作过，赤列也拿不出劳动合同和其他书面证据证明他与该企业存在劳动关系。

最后，赤列对申诉结果不满意。

ངལ་རྩོལ་ལྷ་ཞིབ་སྔེ་ཁག་གིས་དོན་དེར་བརྟག་དཔྱད་བྱས། འོན་ཀྱང་ཁེ་ལས་ཀྱིས་འཕྲིན་ལས་ལས་གྲྭ་དེར་ལས་ཀ་བྱེད་སྒྲུང་ཡོད་པ་ཁས་གཏན་ནས་མི་ལེན་པ་དང་། འཕྲིན་ལས་ལ་ཡང་སྔར་ཁོ་པ་ཁེ་ལས་དེ་དང་ངལ་རྩོལ་འབྲེལ་བ་ཡོད་པའི་ངལ་རྩོལ་གན་རྒྱ་དང་ཡིག་ཐོག་གི་དཔང་རྟགས་གཞན་དག་སྟོན་རྒྱུ་མེད། མཐར་འཕྲིན་ལས་ཀྱིས་རྒྱུ་མཚན་ཞུ་འབུལ་བྱས་པའི་མཇུག་འབྲས་ལ་བློ་ཡིད་མ་ཚིམ།

分析：

དཔྱད་ཞིབ།

按照《中华人民共和国劳动合同法》的规定，用人单位与劳动者应当自用工之日起一个月内订立书面劳动合同。如果不能证明存在劳动关系，则其各种劳动保障权益将难以得到保护。而且，如果没有劳动合同，劳动者难以证明双方有关工资等事项的口头约定。

《ཀྲུང་ཧྭ་མི་དམངས་སྤྱི་མཐུན་རྒྱལ་ཁབ་ཀྱི་ངལ་རྩོལ་བཅའ་ཁྲིམས་》ཀྱི་གཏན་འབེབས་ལྟར་ན། ལས་མི་བཀོལ་སྤྱོད་ཚན་པ་དང་ངལ་རྩོལ་པས་ལས་ཀ་བྱེད་འགོ་ཚུགས་པའི་ཉིན་མོ་ནས་བཟུང་ཟླ་བ་གཅིག་གི་ནང་ཚུན་དུ་ཡིག་ཐོག་གི་གན་རྒྱ་འཛུགས་དགོས། གལ་སྲིད་ངལ་རྩོལ་གྱི་འབྲེལ་བ་ཡོད་པ་ར་སྤྲོད་བྱེད་མི་ཐུབ་ཚེ། ངལ་རྩོལ་པ་དེའི་ངལ་རྩོལ་གྱི་འགན་སྲུང་ཁེ་དབང་སྣ་ཚོགས་སྲུང་སྐྱོབ་བྱེད་ཁག་པོ་ཡིན། དེས་མ་ཚད་གལ་སྲིད་ངལ་རྩོལ་གན་རྒྱ་མེད་ཚེ། ངལ་རྩོལ་པས་ཕྱོགས་གཉིས་དབར་སྒླ་སོགས་འབྲེལ་ཡོད་དོན་དག་ཐད་ཁ་ཆད་བྱས་ཡོད་པ་ར་སྤྲོད་བྱེད་ཁག་པོ་ཡིན།

9. 劳动合同应该包含哪些内容？

༩.ངལ་རྩོལ་གན་རྒྱར་ནང་དོན་གང་དག་ཚུད་དགོས་རེས་ཡིན་ནམ།

根据《中华人民共和国劳动合同法》规定，劳动合同应当具备以下条款：

《ཀྲུང་ཧྭ་མི་དམངས་སྤྱི་མཐུན་རྒྱལ་ཁབ་ཀྱི་ངལ་རྩོལ་བཅའ་ཁྲིམས་》ཀྱི་གཏན་འབེབས་ལྟར་ན། ངལ་རྩོལ་གན་རྒྱའི་ནང་གཤམ་གསལ་གྱི་དོན་ཚན་ཁག་ཚུད་དགོས་པ་སྟེ།

（1）用人单位的名称、住所和法定代表人或者主要负责人；

（༡）ལས་མི་བཀོལ་སྤྱོད་ཚན་པའི་མིང་དང་སྡོད་གནས། ཁྲིམས་མིའི་འཐུས་མིའམ་ཡང་ན་འགན་ཁུར་པ་གཙོ་བོ།

（2）劳动者的姓名、住址和居民身份证或者其他有效身份证件号码；

（༢）ངལ་རྩོལ་པའི་མིང་དང་སྡོད་གནས། གྲོང་མིའི་ཐོབ་ཐང་ལག་ཁྱེར་རམ་ཡང་ན་གོ་ཆོད་ཀྱི་ལག་ཁྱེར་གཞན་དག

（3）劳动合同期限；

（༣）ངལ་རྩོལ་གན་རྒྱའི་དུས་བཀག

（4）工作内容和工作地点；

（༤）ལས་ཀའི་ནང་དོན་དང་ལས་ཀ་བྱེད་ཡུལ།

（5）工作时间和休息休假；

（༥）ལས་ཀའི་དུས་ཚོད་དང་ངལ་གསོ་གུང་གསེང་།

（6）劳动报酬；

（༦）ངལ་རྩོལ་ཐོབ་ཆ།

（7）社会保险；

（༧）སྤྱི་ཚོགས་འགན་བཅོལ།

（8）劳动保护、劳动条件和职业危害防护；

（༨）ངལ་རྩོལ་འགན་སྲུང་དང་ངལ་རྩོལ་ཆ་རྐྱེན། ལས་རིགས་ཀྱི་གནོད་འཚེ་འགོག་སྲུང་།

（9）法律、法规规定应当纳入劳动合同的其他事项。

（༩）དེ་བཞིན་བཅའ་ཁྲིམས་དང་ཁྲིམས་སྲོལ་གྱི་གཏན་འབེབས་ལྟར་ངལ་རྩོལ་གན་རྒྱའི་ནང་འཇུག་དགོས་ངེས་ཀྱི་དོན་དག་གཞན་དག་བཅས་སོ།།

劳动合同除前款规定的必备条款外，用人单位与劳动者可以约定试用期、培训、保守秘密、补充保险和福利待遇等其他事项。

ངལ་རྩོལ་གན་རྒྱ་འཛུགས་སྐབས། དོན་ཚན་གོང་མའི་དགོས་ངེས་ཀྱི་དོན་ཚན་ཕུད། ལས་མི་བཀོལ་སྤྱོད་ཚན་པས་ད་དུང་ཚོད་ལྟའི་བཀོལ་སྤྱོད་དུས་ཚོད་དང་གསོ་སྦྱོང་། གསང་བ་འགན་སྲུང་། ཁ་གསབ་འགན་བཅོལ། ཕན་བདེའི་ཐོབ་ཐང་སོགས་དོན་དག་གཞན་གྱི་ཐད་ཁ་དན་བཞག་ཆོག

10. 劳动合同无效的情形有哪些？

༡༠.གོ་མི་ཆོད་པའི་ངལ་རྩོལ་གན་རྒྱའི་རིགས་ལ་གང་དག་ཡོད་དམ།

根据《中华人民共和国劳动合同法》规定，下列劳动合同无效：

《ཀྲུང་ཧྭ་མི་དམངས་སྤྱི་མཐུན་རྒྱལ་ཁབ་ཀྱི་ངལ་རྩོལ་བཅའ་ཁྲིམས་》ཀྱི་གཏན་འབེབས་ལྟར་ན། གཤམ་གསལ་གྱི་གན་རྒྱའི་རིགས་གོ་མི་ཆོད་པ་སྟེ།

（1）违反法律、行政法规的劳动合同；

（༡）བཅའ་ཁྲིམས་དང་སྲིད་འཛིན་ཁྲིམས་སྲོལ་ལས་འགལ་བའི་གན་རྒྱ།

（2）采取欺诈、威胁等手段订立的劳动合同。

（༢）མགོ་སྐོར་བཏང་བ་དང་འཇིགས་སྐུལ་སོགས་ཀྱི་བྱ་ཐབས་ལ་བརྟེན་ནས་བཞག་པའི་གན་རྒྱ།

无效的劳动合同，从订立的时候起，就没有法律约束力。确认劳动合同部分无效的，如果不影响其余部分的效力，其余部分仍然有效。

གོ་མི་ཆོད་པའི་གན་རྒྱ་འཛོག་པའི་སྐབས་ནས་བཟུང་བཅའ་ཁྲིམས་ཀྱི་ཆོད་འཛིན་ནུས་པ་མེད་ཅིང་། ངལ་རྩོལ་གན་རྒྱའི་ནང་ནས་ཁག་གཅིག་གོ་མི་ཆོད་པར་ངེས་ན་ཡང་། གལ་སྲིད་དེས་དེ་བྱིངས་ཁག་གཅིག་གི་ནུས་པར་ཤུགས་རྐྱེན་མ་ཐེབས་ན། དེ་བྱིངས་ཀྱི་ཁག་གཅིག་དེས་སྔར་བཞིན་ནུས་པ་ཐོན་གྱི་ཡོད།

11. 用人单位能向员工收取培训费或者扣押身份证作为抵押吗？

༡༡.ལས་མི་བཀོལ་སྤྱོད་ཚན་པས་ལས་མིའི་ལག་ནས་གསོ་སྦྱོང་གི་རིན་པ་བསྡུ་བའམ་ཡང་ན་ཐོབ་ཐང་ལག་ཁྱེར་གཏའ་མར་བཙན་ཉར་བྱས་ན་འགྲིག་གམ།

根据《中华人民共和国劳动合同法》规定，用人单位招用劳动者，不得扣押劳动者的居民身份证和其他证件，不得要求劳动者提供担保或者以其他名义向劳动者收取财物。用人单位不得在招工条件中规定个人缴费内容，劳动行政部门要加强对用人单位招工启事、简章的审查，对违反规定的，应给予警告，并责令其改正。

《ཀྲུང་ཧྭ་མི་དམངས་སྤྱི་མཐུན་རྒྱལ་ཁབ་ཀྱི་ངལ་རྩོལ་བཅའ་ཁྲིམས་》ཀྱི་གཏན་འབེབས་ལྟར་ན། ལས་མི་བཀོལ་སྤྱོད་ཚན་པས་ངལ་རྩོལ་པ་བསྡུ་སྒྲིག་བྱེད་སྐབས། ངལ་རྩོལ་པའི་གྲོང་མིའི་ཐོབ་ཐང་ལག་ཁྱེར་དང་ལག་ཁྱེར་གཞན་དག་བཙན་ཉར་བྱེད་མི་ཆོག་པ་དང་། ངལ་རྩོལ་པར་ཁག་ཐེག་མགོ་འདོན་བྱེད་དུ་འཇུག་པའམ་ཡང་ན་མིང་གཞན་དག་གི་ཐོག་ནས་ངལ་རྩོལ་པའི་ལག་ནས་རྒྱུ་ནོར་ལེན་མི་ཆོག་པ། ལས་མི་བཀོལ་སྤྱོད་ཚན་པས་ལས་མི་བསྡུ་བའི་ཆ་རྐྱེན་ནང་། མི་སྒེར་གྱིས་སྤྲོད་དགོས་པའི་འགྲོ་གྲོན་གང་ཡང་གཏན་འབེབས་བྱེད་མི་ཆོག་པ། ངལ་རྩོལ་སྲིད་འཛིན་སྡེ་ཁག་གིས་ལས་མི་བཀོལ་སྤྱོད་ཚན་པའི་ལས་མི་བསྡུ་བའི་བརྡ་འཕྲིན་དང་སྒྲིག་ཡིག་མདོར་བསྡུས་ལ་ཞིབ་བཤེར་བྱེད་རྒྱུར་ཤུགས་སྣོན་རྒྱག་དགོས་པ་དང་། གཏན་འབེབས་ལས་འགལ་ཡོད་ཚེ། ཐ་ཚིག་གཏོང་བ་དང་ཆབས་ཅིག་བསྒྱུར་བཅོས་བྱ་རྒྱུའི་བཀའ་འབེབས་དགོས།

12. 什么是固定期限劳动合同和无固定期限劳动合同？

༡༢.གང་འདྲ་ཞིག་ལ་དུས་མཚམས་གཏན་འཇགས་ཀྱི་ངལ་རྩོལ་གན་རྒྱ་དང་། དུས་མཚམས་གཏན་འཇགས་མ་ཡིན་པའི་ངལ་རྩོལ་གན་རྒྱ་ཟེར་རམ།

根据《中华人民共和国劳动合同法》规定，固定期限劳动合同是指用人单位与劳动者约定合同终止时间的劳动合同，无固定期限劳动合同是指用人单位与劳动者约定无确定终止时间的劳动合同。

《ཀྲུང་ཧྭ་མི་དམངས་སྤྱི་མཐུན་རྒྱལ་ཁབ་ཀྱི་ངལ་རྩོལ་བཅའ་ཁྲིམས་》ཀྱི་གཏན་འབེབས་ལྟར་ན། དུས་མཚམས་གཏན་འཇགས་ཀྱི་ངལ་རྩོལ་གན་རྒྱ་ཞེས་པ་ནི་ལས་མི་བཀོལ་སྤྱོད་ཚན་པ་དང་ངལ་རྩོལ་པའི་དབར་བཞག་པའི་གན་རྒྱའི་གོ་ཆོད་དུས་ཡུན་མཇུག་སྒྲིལ་དུ་ཡོད་པའི་གན་རྒྱར་ཟེར་བ་དང་། དུས་མཚམས་གཏན་འཇགས་མ་ཡིན་པའི་གན་རྒྱ་ཞེས་པ་ནི་ལས་མི་བཀོལ་སྤྱོད་ཚན་པ་དང་ངལ་རྩོལ་པའི་དབར་བཞག་པའི་གན་རྒྱའི་གོ་ཆོད་དུས་ཡུན་གཏན་འཁེལ་མ་བྱས་པའི་ངལ་རྩོལ་གན་རྒྱར་ཟེར་བ་ཡིན།

13. 无固定期限的劳动合同的订立条件是什么？

༡༣.དུས་མཚམས་གཏན་འཇགས་ཀྱི་ངལ་རྩོལ་གན་རྒྱ་འཛུགས་པའི་ཆ་རྐྱེན་གང་ཡིན་ནམ།

根据《中华人民共和国劳动合同法》规定，劳动者在同一用人单位连续工作满十年以上，当事人双方同意续延劳动合同的，如果劳动者提出订立无固定期限的劳动合同，应当订立无固定期限的劳动合同。

《ཀྲུང་ཧྭ་མི་དམངས་སྤྱི་མཐུན་རྒྱལ་ཁབ་ཀྱི་ངལ་རྩོལ་བཅའ་ཁྲིམས་》ཀྱི་གཏན་འབེབས་ལྟར་ན། ངལ་རྩོལ་པས་ལས་མི་བཀོལ་སྤྱོད་ཚན་པ་གཅིག་ལ་བསྟུད་མར་ལས་ཀ་བྱས་ནས་ལོ་བཅུ་ཡན་ཕྱིན་པ་དང་། དོ་བདག་ཕྱོགས་གཉིས་ཀ་ནས་ངལ་རྩོལ་གན་རྒྱ་ནར་འགྱང་གཏོང་རྒྱུར་མོས་མཐུན་ཡོད་ཚེ། གལ་སྲིད་ངལ་རྩོལ་པས་དུས་མཚམས་གཏན་འཇགས་མ་ཡིན་པའི་གན་རྒྱ་འཛུགས་རྒྱུའི་རེ་བ་བཏོན་ན། དུས་མཚམས་གཏན་འཇགས་མ་ཡིན་པའི་ངལ་རྩོལ་གན་རྒྱ་འཛུགས་དགོས།

14. 劳动者单方解除劳动合同的情形有哪些？

༡༤.ངལ་རྩོལ་པ་ཕྱོགས་རྐང་པས་ངལ་རྩོལ་གན་རྒྱ་ཕྱིར་འཐེན་བྱས་ཆོག་པའི་རིགས་སུ་གང་དག་ཡོད་དམ།

根据《中华人民共和国劳动合同法》规定，用人单位有下列情形之一的，劳动者可以解除劳动合同：

《ཀྲུང་ཧྭ་མི་དམངས་སྤྱི་མཐུན་རྒྱལ་ཁབ་ཀྱི་ངལ་རྩོལ་བཅའ་ཁྲིམས་》ཀྱི་གཏན་འབེབས་ལྟར་ན། ལས་མི་བཀོལ་སྤྱོད་ཚན་པར་གཤམ་གསལ་གྱི་གནས་ཚུལ་རིགས་ཡོད་ཚེ། ངལ་རྩོལ་པས་ངལ་རྩོལ་གན་རྒྱ་ཕྱིར་འཐེན་བྱས་ཆོག་པ་སྟེ།

（1）未按照劳动合同约定提供劳动保护或者劳动条件的；

（༡）ངལ་རྩོལ་གན་རྒྱའི་ཁ་ཆད་ལྟར་ངལ་རྩོལ་སྲུང་སྐྱོབ་དང་ངལ་རྩོལ་གན་རྒྱའི་ཆ་རྐྱེན་མཁོ་འདོན་མ་བྱས་པ།

（2）未及时足额支付劳动报酬的；

（༢）དུས་ཐོག་ཏུ་ངལ་རྩོལ་གྱི་ཐོབ་ཆ་འདང་ངེས་མ་སྤྲད་པ།

（3）未依法为劳动者缴纳社会保险费的；

（༣）ཁྲིམས་ལྟར་ངལ་རྩོལ་པའི་སྤྱི་ཚོགས་འགན་བཅོལ་གྱི་འགྲོ་སྒྲོན་མ་སྤྲད་པ།

（4）用人单位的规章制度违反法律、法规的规定，损害劳动者权益的；

（༤）ལས་མི་བཀོལ་སྤྱོད་ཚན་པའི་སྒྲིག་སྲོལ་ལམ་ལུགས་བཅའ་ཁྲིམས་དང་ཁྲིམས་སྲོལ་གྱི་གཏན་འབེབས་ལས་འགལ་བ། ངལ་རྩོལ་པའི་ཁེ་དབང་ལ་གནོད་སྐྱོན་བཏང་བ།

（5）法律规定的情形致使劳动合同无效的；

（༥）བཅའ་ཁྲིམས་ཀྱི་གཏན་འབེབས་དང་མ་མཐུན་པས་ངལ་རྩོལ་གན་རྒྱ་གོ་མི་ཆོད་པར་གྱུར་པ།

（6）法律、行政法规规定劳动者可以解除劳动合同的其他情形。

（༦）བཅའ་ཁྲིམས་དང་ཁྲིམས་སྲོལ་གྱི་གཏན་འབེབས་ལྟར་ངལ་རྩོལ་པས་ངལ་རྩོལ་གན་རྒྱ་ཕྱིར་འཐེན་བྱས་ཆོག་པའི་གནས་ཚུལ་གཞན་དག་གི་རིགས།

（7）用人单位以暴力、威胁或者非法限制人身自由的手段强迫劳动者劳动的，或者用人单位违章指挥、强令冒险作业危及劳动者人身安全的，劳动者可以立即解除劳动合同，不需事先告知用人单位。

（༧）ལས་མི་བཀོལ་སྤྱོད་ཚན་པས་དྲག་ཤུགས་དང་འཇིགས་སྐུལ། ཡང་ན་ཁྲིམས་འགལ་གྱི་ཐོག་ནས་མི་ལུས་ཀྱི་རང་དབང་ལ་ཚོད་འཛིན་བྱེད་པའི་བྱ་ཐབས་སྤྱད་དེ་ངལ་རྩོལ་པར་ངལ་རྩོལ་བཙན་སྐུལ་བྱེད་པ་དང་། ཡང་ན་ལས་མི་བཀོལ་སྤྱོད་ཚན་པས་སྒྲིག་སྲོལ་ལས་འགལ་ཏེ་ཉེན་ཁ་ཆེ་བའི་ལས་ཀ་བཙན་སྐུལ་བྱས་ནས་ངལ་རྩོལ་པའི་མི་ལུས་བདེ་འཇགས་ལ་གནོད་པའི་ཉེན་ཁ་བཟོས་ཚེ། ངལ་རྩོལ་པས་འཕྲལ་མར་ངལ་རྩོལ་གན་རྒྱ་ཕྱིར་འཐེན་བྱས་ཆོག་ཅིང་། སྔོན་ནས་ལས་མི་བཀོལ་སྤྱོད་ཚན་པར་གསལ་བཤད་བྱེད་དགོས་དོན་མེད།

15. 用人单位单方解除劳动合同的情形有哪些？

༡༥. ལས་མི་བཀོལ་སྤྱོད་ཚན་པ་ཕྱོགས་རྐྱང་པས་ངལ་རྩོལ་གན་རྒྱ་ཕྱིར་འཐེན་བྱས་ཆོག་པའི་གནས་ཚུལ་གྱི་རིགས་སུ་གང་དག་ཡོད་དམ།

根据《中华人民共和国劳动合同法》规定，劳动者有下列情形之一的，用人单位可以解除劳动合同：

《ཀྲུང་ཧྭ་མི་དམངས་སྤྱི་མཐུན་རྒྱལ་ཁབ་ཀྱི་ངལ་རྩོལ་བཅའ་ཁྲིམས་》ཀྱི་གཏན་འབེབས་ལྟར་ན། ངལ་རྩོལ་པར་གཤམ་གསལ་གྱི་གནས་ཚུལ་རིགས་ཡོད་ཚེ། ལས་མི་བཀོལ་སྤྱོད་ཚན་པས་ངལ་རྩོལ་གན་རྒྱ་ཕྱིར་འཐེན་བྱས་ཆོག་པ་སྟེ།

（1）在试用期间被证明不符合录用条件的；

（༡）ཚོད་ལྟའི་བཀོལ་སྤྱོད་བྱེད་རིང་མི་བསྡུ་རྒྱུའི་ཆ་རྐྱེན་དང་མི་འཚམ་པ་ར་འཕྲོད་བྱུང་བ།

（2）严重违反用人单位的规章制度的；

（༢）ལས་མི་བཀོལ་སྤྱོད་ཚན་པའི་སྒྲིག་སྲོལ་ལམ་ལུགས་ལས་ཚབས་ཆེན་འགལ་བ།

（3）严重失职，营私舞弊，给用人单位造成重大损害的；

（༣）ལས་འཛོལ་ཚབས་ཆེན་བྱུང་བ་དང་། རང་ཁེ་གཡོ་སྤྱབ་བྱས་ནས་ལས་མི་བཀོལ་སྤྱོད་ཚན་པར་གནོད་སྐྱོན་ཚབས་ཆེན་བཟོས་པ།

（4）劳动者同时与其他用人单位建立劳动关系，对完成本单位的工作任务造成严重影响，或者经用人单位提出，拒不改正的；

（༤）ངལ་རྩོལ་པས་ལས་མི་བཀོལ་སྤྱོད་ཚན་པ་གཞན་དག་དང་དུས་མཉམ་དུ་ངལ་རྩོལ་གན་རྒྱ་བཞག་རྐྱེན་ཚན་པ་འདི་གའི་ལས་འགན་ལེགས་འགྲུབ་བྱ་རྒྱུར་ཤུགས་རྐྱེན་ཚབས་ཆེན་བཟོས་པ་དང་། ཡང་ན་ལས་མི་བཀོལ་སྤྱོད་ཚན་པས་བསྒྱུར་བཅོས་བྱ་དགོས་ཚུལ་བཤད་ན་ཡང་། བསྒྱུར་བཅོས་མི་བྱེད་པ།

（5）法律规定的情形致使劳动合同无效的；

（༥）བཅའ་ཁྲིམས་ཀྱི་གཏན་འབེབས་དང་མི་མཐུན་པས་ངལ་རྩོལ་གན་རྒྱ་གོ་མི་ཆོད་པར་གྱུར་པ།

（6）被依法追究刑事责任的。

（༦）ཁྲིམས་ལྟར་ཉེས་དོན་གྱི་འགན་འཁྲི་རྩད་གཅོད་བྱས་མྱོང་བ་བཅས་སོ། །

16. 用人单位不得随意解除合同的情形有哪些？

༡༦.ལས་མི་བཀོལ་སྤྱོད་ཚན་པས་ངལ་རྩོལ་གན་རྒྱ་རང་དགར་ཕྱིར་འཐེན་བྱེད་མི་རུང་བའི་གནས་ཚུལ་གྱི་རིགས་སུ་གང་དག་ཡོད་དམ།

根据《中华人民共和国劳动合同法》规定，劳动者有下列情形之一的，用人单位不得解除劳动合同：

《ཀྲུང་ཧྭ་མི་དམངས་སྤྱི་མཐུན་རྒྱལ་ཁབ་ཀྱི་ངལ་རྩོལ་བཅའ་ཁྲིམས་》ཀྱི་གཏན་འབེབས་ལྟར་ན། ངལ་རྩོལ་པར་གཤམ་གསལ་གྱི་གནས་ཚུལ་རིགས་ཡོད་ཚེ། ལས་མི་བཀོལ་སྤྱོད་ཚན་པས་ངལ་རྩོལ་གན་རྒྱ་ཕྱིར་འཐེན་བྱེད་མི་ཆོག་པ་སྟེ།

（1）患职业病或者因工负伤并被确认丧失或者部分丧失劳动能力的；

（༡）ལས་རིགས་ཀྱི་ནད་ཡོག་པ་དང་ཡང་ན་ལས་ཀའི་དོན་དུ་རྨས་སྐྱོན་ཕོག་སྟེ། ངལ་རྩོལ་གྱི་ནུས་པ་ཤོར་བར་གཏན་འཁེལ་བའི་ལས་མི།

（2）患病或者负伤，在规定的医疗期内的；

（༢）ནད་ཡོག་པའམ་ཡང་ན་རྨས་སྐྱོན་ཕོག་སྟེ་གཏན་འབེབས་ཀྱི་སྨན་བཅོས་བྱེད་པའི་དུས་ཡུན་ནང་།

（3）女职工在孕期、产期、哺乳期内的；

（༣）བུད་མེད་ལས་བཟོ་བར་སྦྲུ་གུ་འཁོར་རིང་དང་སྦྲུ་གུ་བཙའ་དུས། ོ་དུས་ཀྱི་སྐབས།

（4）法律、行政法规规定的其他情形。

（༤）དེ་བཞིན་ཚ་ཁྲིམས་དང་སྲིད་འཛིན་ཁྲིམས་སྲོལ་ནང་གཏན་འབེབས་བྱས་པའི་གནས་ཚུལ་གཞན་དག་བཅས་སོ།།

17. 竞业限制条款主要是针对哪些员工的？

༡༧.ལས་རིགས་འགྲན་རྩོད་ཚོད་འཛིན་སྒྲོལ་ཡིག་གི་དམིགས་ས་གཙོ་བོ་ལས་མི་གང་དག་གི་རིགས་ལ་ཡིན་ནམ།

所谓竞业限制，是指用人单位对一些特殊岗位的劳动者，在劳动合同中或者单独的竞业限制协议中约定，劳动者在终止或者解除劳动合同后的一定期限内不得在同类行业或有其他竞争关系的用人单位任职，也不得自己从事该类行业。用人单位可以与劳动者约定竞业限制条款，但并非所有的劳动者都受该条款的约束。根据我国《中华人民共和国民法典》的规定，竞业限制的人员限于用人单位的高级管理人员、高级技术人员和其他负有保密义务的人员。

ལས་རིགས་འགྲན་རྩོད་ཚོད་འཛིན་ཞེས་པ་ནི་ལས་མི་བཀོལ་སྤྱོད་ཚན་པས་དམིགས་བསལ་ལས་གནས་ཐོག་གི་ངལ་རྩོལ་པར་ངལ་རྩོལ་གན་རྒྱའི་ནང་དང་། ཡང་ན་ཁེར་རྐྱང་ཐོག

བཞག་པའི་ལས་རིགས་འགྲན་རྩོད་ཚོད་འཛིན་གྱི་གྲོས་མཐུན་ནང་། ངལ་རྩོལ་པས་ངལ་རྩོལ་གན་རྒྱ་མཇུག་སྒྲིལ་བ་དང་ཡང་ན་ངལ་རྩོལ་གན་རྒྱ་ཕྱིར་འཐེན་བྱས་རྗེས་ཀྱི་དུས་མཚམས་ངེས་ཅན་ཞིག་གི་ནང་ལས་རིགས་གཅིག་པའམ་ཡང་ན་འགྲན་རྩོད་ཀྱི་འབྲེལ་བ་ཡོད་པའི་ལས་མི་བཀོལ་སྤྱོད་ཚན་པ་གཞན་དག་ལ་ལས་ཀ་གཅིག་ལྷུགས་བྱེད་མི་ཆོག་ལ། རང་ཉིད་ཀྱིས་ཀྱང་ལས་ཀ་དེ་རིགས་བྱེད་མི་ཆོག་པའི་ཁ་ཆད་བཞག་པར་ཟེར་བ་ཡིན། ལས་མི་བཀོལ་སྤྱོད་ཚན་པས་ངལ་རྩོལ་པ་དང་ལས་རིགས་འགྲན་རྩོད་ཚོད་འཛིན་སྲོལ་ཡིག་བཞག་ཆོག་མོད། འོན་ཀྱང་ངལ་རྩོལ་པ་ཡོད་ཚད་ལ་སྲོལ་ཡིག་དེའི་ཚོད་འཛིན་ཐོག་པ་ཞིག་མ་ཡིན། རང་རྒྱལ་གྱི《ཀྲུང་ཧྭ་མི་དམངས་སྤྱི་མཐུན་རྒྱལ་ཁབ་ཀྱི་ངལ་རྩོལ་བཅའ་ཁྲིམས》ཀྱི་གཏན་འབེབས་ལྟར་ན། ལས་རིགས་འགྲན་རྩོད་ཀྱི་ཚོད་འཛིན་ཐོག་པའི་མི་སྣ་ནི་ལས་མི་བཀོལ་སྤྱོད་ཚན་པའི་མཐོ་རིམ་དོ་དམ་གྱི་མི་སྣ་དང་མཐོ་རིམ་ལག་རྩལ་མི་སྣ། དེ་བཞིན་གསང་བ་བསྲུང་རྒྱུའི་འོས་འགན་ཡོད་པའི་མི་སྣ་གཞན་དག་བཅས་ཡིན།

18. 什么是非全日制用工？

༡༨.གང་འདྲ་ཞིག་ལ་ཉིན་ཧྲིལ་པོའི་ལམ་ལུགས་མིན་པའི་ལས་མི་བཀོལ་སྤྱོད་ཟེར་རམ།

非全日制用工，是指以小时计酬为主，劳动者在同一用人单位一般平均每日工作时间不超过四小时，每周工作时间累计不超过二十四小时的用工形式。

ཉིན་ཧྲིལ་པོའི་ལམ་ལུགས་མིན་པའི་ལས་མི་བཀོལ་སྤྱོད་ཅེས་པ་ནི། ཆུ་ཚོད་རེའི་སྒླ་ཆ་རྩིས་རྒྱག་རྒྱུ་གཙོ་བོར་འཛིན་ཐོག ངལ་རྩོལ་པས་ལས་མི་བཀོལ་སྤྱོད་ཚན་པ་གཅིག་གི་ནང་སྤྱིར་ཆ་སྙོམས་ཉིན་རེར་ལས་ཀའི་དུས་ཚོད་ཆུ་ཚོད་བཞི་ལས་བརྒལ་མི་རུང་བ་དང་། གཟའ་འཁོར་རེའི་ལས་ཀའི་དུས་ཚོད་རིམ་རྩིས་བྱས་ན་ཆུ་ཚོད་ཉི་ཤུ་རྩ་བཞི་ལས་བརྒལ་མི་རུང་བའི་ལས་མི་བཀོལ་སྤྱོད་བྱ་ཐབས་ལ་ཟེར་བ་ཡིན།

19. 非全日制劳动者可以同时和两家用人单位签订劳动合同吗？

༡༩.ཉིན་ཧྲིལ་པོའི་ལམ་ལུགས་མིན་པའི་ལས་མིས་དུས་མཉམ་དུ་ཚན་པ་གཉིས་ལ་ངལ་རྩོལ་གྱི་གན་རྒྱ་བཞག་ན་འགྲིག་གམ།

从事非全日制用工的劳动者可以与一个或者一个以上用人单位订立劳动合同；但是，后订立的劳动合同不得影响先订立的劳动合同的履行。

ཉིན་ཧྲིལ་པོའི་ལམ་ལུགས་མ་ཡིན་པའི་ལས་ཀ་བྱེད་མཁན་གྱི་ངལ་རྩོལ་པས་ལས་མི་བཀོལ་སྤྱོད་ཚན་པ་གཅིག་གམ་གཅིག་ཡན་དང་ངལ་རྩོལ་གན་རྒྱ་བཞག་ཆོག འོན་ཀྱང་རྗེས་ལ་བཞག་པའི་ངལ་རྩོལ་གན་རྒྱ་དེས་སྔོན་ལ་བཞག་པའི་ངལ་རྩོལ་གན་རྒྱ་ལག་བསྟར་བྱེད་པར་ཤུགས་རྐྱེན་ཐེབས་མི་རུང་།

20. 劳动合同到期后劳动者继续在用人单位工作的，劳动关系受法律保护吗？

༢༠.ངལ་རྩོལ་གན་རྒྱའི་དུས་ཚོད་ཐིམ་རྗེས་ངལ་རྩོལ་པས་མུ་མཐུད་ལས་མི་བཀོལ་སྤྱོད་ཚན་པར་ལས་ཀ་བྱས་ཆེ། ངལ་རྩོལ་འབྲེལ་བར་བཅའ་ཁྲིམས་ཀྱི་སྲུང་སྐྱོབ་ཐོབ་བམ།

劳动合同期限届满，用人单位可以选择与劳动者终止合同或者续签合同。如果用人单位愿意与劳动者继续维持劳动关系，就应该改续签合同。但实践中，经常会出现劳动合同期满，用人单位和劳动者没有续签合同，但劳动者仍继续在该单位工作，用人单位的工资待遇也正常发放的情况。根据《最高人民法院关于审理劳动争议案件试用法律若干问题的解释》的规定，劳动合同期满后，劳动者仍在原用人单位工作，用人单位未表示异议的，视为双方同意以原条件继续履行劳动合同。

ངལ་རྩོལ་གན་རྒྱའི་དུས་བཀག་ཐིམ་རྗེས་ལས་མི་བཀོལ་སྤྱོད་ཚན་པས་ངལ་རྩོལ་པ་དང་གན་རྒྱ་མཚམས་འཇོག་བྱེད་པའམ་ཡང་ན་མུ་མཐུད་གན་རྒྱ་འཇོག་རྒྱུ་གདམ་ཁ་བྱས་ཆོག གལ་སྲིད་ལས་མི་བཀོལ་སྤྱོད་ཚན་པས་ངལ་རྩོལ་པ་དང་ངལ་རྩོལ་གྱི་འབྲེལ་བ་རྒྱུན་མཐུད་བྱེད་འདོད་ཡོད་ཆེ། མུ་མཐུད་གན་རྒྱ་བཞག་ཆོག འོན་ཀྱང་ལག་བསྟར་བྱེད་པའི་སྐབས། རྟག་ཏུ་གན་རྒྱའི་དུས་བཀག་ཐིམ་རྗེས། ལས་མི་བཀོལ་སྤྱོད་ཚན་པ་དང་ངལ་རྩོལ་པའི་དབར་མུ་མཐུད་གན་རྒྱ་མ་བཞག་ནའང་ངལ་རྩོལ་པས་སྔར་བཞིན་ཚན་པ་དེར་ལས་ཀ་བྱེད་པ་དང་། ལས་མི་བཀོལ་སྤྱོད་ཚན་པས་ཀྱང་གླ་ཆ་དང་ཐོབ་ཐང་རྒྱུན་གཏན་ལྟར་སྤྲོད་པའི་སྣང་ཚུལ་ཐོན་གྱི་ཡོད། 《ཆེས་མཐོའི་མི་དམངས་ཁྲིམས་ཁང་གི་ངལ་རྩོལ་རྩོད་གཞིའི་གྱོད་དོན་འདྲི་ཞིབ་ཐག་བཅད་ཁྲིམས་ཚོད་ལྟའི་བེད་སྤྱོད་བྱ་ཐབས་ཀྱི་གནད་དོན་འགའ་ཞིག་སྐོར་གྱི་འགྲེལ་བཤད་》ཀྱི་གཏན་འབེབས་ལྟར་ན། ངལ་རྩོལ་གན་རྒྱའི་དུས་བཀག་ཐིམ་རྗེས་ངལ་རྩོལ་པས་སྔར་བཞིན་དེ་སྔའི་ཚན་པར་མུ་མཐུད་ལས་ཀ་བྱེད་པ་དང་། ལས་མི་བཀོལ་སྤྱོད་ཚན་པས་ཀྱང་དེར་བསམ་འཆར་མེད་ན། ཕྱོགས་གཉིས་པོས་སྔར་གྱི་ཆ་རྐྱེན་ལྟར་མུ་མཐུད་ངལ་རྩོལ་གན་རྒྱ་ལག་བསྟར་བྱེད་འདོད་ཡོད་པར་བརྩི་ཡི་ཡོད།

21. 用人单位提出裁员需要提前多少天通知被裁职工？

༢༡.ལས་མི་བཀོལ་སྤྱོད་ཚན་པས་ལས་མི་ཉུང་འཕྲི་བྱེད་སྐབས། ཉུང་འཕྲི་བྱ་རྒྱུའི་ལས་བཟོ་བར་ཉིན་ག་ཚོད་ཀྱི་སྔོན་དུ་བརྡ་ཐོ་གཏོང་དགོས་སམ།

根据《中华人民共和国劳动法》规定，用人单位濒临破产进行法定整顿期间或者生产经营状况发生严重困难，确需裁减人员的，应当提前三十日向工会或者全体职工说明情况，听取工会或者职工的意见，经向劳动行政部门报告后，可以裁减人员。

《ཀྲུང་ཧྭ་མི་དམངས་སྤྱི་མཐུན་རྒྱལ་ཁབ་ཀྱི་ངལ་རྩོལ་བཅའ་ཁྲིམས་》ཀྱི་གཏན་འབེབས་ལྟར་ན། ལས་མི་བཀོལ་སྤྱོད་ཚན་པ་མ་རྩ་སྟོངས་ཉེར་ཐུག་ནས་ཁྲིམས་བཀོད་བཅོས་སྒྲིག་བྱེད་རིང་ངམ། ཡང་ན་ཐོན་སྐྱེད་ཁེ་གཉེར་ཐད་དཀའ་ངལ་ཧ་ཅང་ཆེན་པོ་འཕྲད་དེ་ལས་མི་ཉུང་འཕྲི་བྱེད་དགོས་བྱུང་བའི་ཚེ། ཉིན་སུམ་ཅུའི་སྔོན་དུ་བཟོ་ཚོགས་སམ་ཡང་ན་ལས་བཟོ་བ་ཡོངས་ལ་གནས་ཚུལ་གསལ་བཤད་བྱས་ནས། བཟོ་ཚོགས་དང་ལས་བཟོ་བའི་བསམ་འཆར་ཉན་པ་དང་། དེ་ནས་ངལ་རྩོལ་སྲིད་འཛིན་སྡེ་ཁག་ལ་སྙན་སེང་ཞུས་རྗེས་གཞི་ནས་ལས་མི་ཉུང་འཕྲི་བྱས་ཆོག

22. 宣告失踪、宣告死亡的人重新出现时，如仍在原劳动合同期限内，劳动合同是否继续履行？

༢༢.གར་སོང་ཆ་མེད་དུ་གྱུར་པའམ་ཡང་ན་ཤི་ལས་འདས་པར་ཁྱབ་བསྒྲགས་བྱས་ཟིན་པའི་མི་དེ་བསྐྱར་དུ་ཐོན་ཚེ། གལ་སྲིད་དེ་སྔའི་ངལ་རྩོལ་གན་རྒྱའི་དུས་བཀག་ཁྲིམ་མེད་ན། ངལ་རྩོལ་གན་རྒྱ་དེ་མུ་མཐུད་ལག་བསྟར་བྱས་ཆོག་གམ།

劳动合同终止不再恢复履行。根据《中华人民共和国民法典》规定，自然人有下列情形之一的，利害关系人可以向人民法院申请宣告该自然人死亡：

གནས་ཚུལ་དེ་འདྲའི་འོག་ངལ་རྩོལ་གན་རྒྱ་མཚམས་འཇོག་བྱེད་པ་ལས་ལག་བསྟར་བྱ་རྒྱུ་སླར་གསོ་བྱེད་མི་རུང་། 《ཀྲུང་ཧྭ་མི་དམངས་སྤྱི་མཐུན་རྒྱལ་ཁབ་ཀྱི་དམངས་དོན་ཁྲིམས་གཞུང་》

གི་གཏན་འབེབས་ལྟར་ན། རང་བྱུང་མིར་གཤམ་གསལ་གྱི་གནས་ཚུལ་རིགས་ཡོད་ཚེ། ཁེ་གྱོང་གི་འབྲེལ་བ་ཡོད་པའི་མིས་མི་དམངས་ཁྲིམས་ཁང་ལ་རང་བྱུང་མི་དེ་ཚེ་ལས་འདས་པ་ཁྲབ་བསྒྲགས་བྱ་རྒྱུའི་རེ་ཞུ་བྱས་ཆོག་སྟེ།

（1）下落不明满四年；

（༡）གར་སོང་ཆ་མེད་དུ་གྱུར་ནས་ལོ་བཞི་སོང་ཟིན་པ་དང་།

（2）因意外事件，下落不明满二年。

（༢）བསམ་ཡུལ་ལས་འདས་པའི་དོན་རྐྱེན་བྱུང་སྟེ་གར་སོང་ཆ་མེད་དུ་གྱུར་ནས་ལོ་གཉིས་ཟིན་པ།

因意外事件下落不明，经有关机关证明该自然人不可能生存的，申请宣告死亡不受二年时间的限制。失踪人重新出现，经本人或者利害关系人申请，人民法院应当撤销失踪宣告。被宣告死亡的人重新出现，经本人或者利害关系人申请，人民法院应当撤销死亡宣告。

བསམ་ཡུལ་ལས་འདས་པའི་དོན་རྐྱེན་བྱུང་ནས་གར་སོང་ཆ་མེད་དུ་གྱུར་པ་དང་། འབྲེལ་ཡོད་ལས་ཁུངས་ནས་རང་བྱུང་མི་དེ་གསོན་པོར་གནས་ཐུབ་བཟོ་མེད་པའི་ར་སྤྲོད་བྱས་ཚེ། ཚེ་ལས་འདས་པ་རེ་ཞུ་བྱེད་པར་ལོ་གཉིས་ཀྱི་དུས་ཚོད་ཀྱིས་ཚོད་འཛིན་མི་ཐེབས། གར་སོང་ཆ་མེད་དུ་གྱུར་པའི་མི་དེ་བསྐྱར་དུ་ཐོན་ཚེ། རང་ཉིད་དང་ཡང་ན་ཁེ་གྱོང་གི་འབྲེལ་བ་ཡོད་པའི་མི་སྣས་རེ་ཞུ་བྱས་རྗེས་མི་དམངས་ཁྲིམས་ཁང་ནས་གར་སོང་ཆ་མེད་དུ་གྱུར་པའི་བརྡ་ཁྲབ་མེད་པ་བཟོས་ཆོག ཚེ་ལས་འདས་པ་ཁྲབ་བསྒྲགས་བྱས་ཟིན་པའི་མི་དེ་བསྐྱར་དུ་ཐོན་ཚེ། རང་ཉིད་དང་ཡང་ན་ཁེ་གྱོང་གི་འབྲེལ་བ་ཡོད་པའི་མི་སྣས་རེ་ཞུ་བྱས་རྗེས་མི་དམངས་ཁྲིམས་ཁང་ནས་ཚེ་ལས་འདས་པའི་བརྡ་ཁྲབ་མེད་པ་བཟོས་ཆོག

23. 什么原因导致法人终止或解散，而致使劳动合同终止？

༢༣. རྒྱུ་རྐྱེན་གང་འདྲ་ཞིག་གི་འོག་ཁྲིམས་མི་བྱེད་མཚམས་འཇོག་པའམ། ཡང་ན་མི་དགོས་པ་བཟོས་ཏེ་ངལ་རྩོལ་གན་རྒྱ་མཚམས་འཇོག་བྱེད་པ་ཡིན་ནམ།

根据《中华人民共和国民法典》规定，有下列原因之一并依法完成清算、注销登记的，法人终止：

《ཀྲུང་ཧྭ་མི་དམངས་སྤྱི་མཐུན་རྒྱལ་ཁབ་ཀྱི་དམངས་དོན་ཁྲིམས་གཞུང་》གི་གཏན་འབེབས་ལྟར་ན། གཤམ་གསལ་གྱི་རྒྱུ་རྐྱེན་རིགས་ཡོད་པ་དང་ཆབས་ཅིག་ཁྲིམས་ལྟར་མཇུག་རྩིས་བརྒྱབ་ཟིན་པ་དང་ཐོ་འགོད་མེད་པ་བཟོས་ཚེ། ཁྲིམས་མི་བྱེད་མཚམས་འཇོག་རྒྱུ་སྟེ།

（1）法人解散；

（༡）ཁྲིམས་མི་ཁ་གཏོར་བ།

（2）法人被宣告破产；

（༢）ཁྲིམས་མི་མ་རྩ་སྟོངས་པ་ཁྱབ་བསྒྲགས་བྱས་པ།

（3）法律规定的其他原因。

（༣）ཁྲིམས་བཀོད་ཀྱི་རྒྱུ་རྐྱེན་གཞན་དག་བཅས་སོ།།

有下列情形之一的，法人解散：

གཤམ་གསལ་གྱི་གནས་ཚུལ་རིགས་ཡོད་ཚེ། ཁྲིམས་མི་ཁ་གཏོར་ཆོག་པ་སྟེ།

（1）法人章程规定的存续期间届满或者法人章程规定的其他解散事由出现；

（༡）ཁྲིམས་མིའི་སྒྲིག་ཡིག་ནང་གཏན་འབེབས་བྱས་པའི་དུས་བཀག་ཐིམ་པའམ། ཡང་ན་ཁྲིམས་མིའི་སྒྲིག་ཡིག་ནང་གཏན་འབེབས་བྱས་པའི་ཁ་གཏོར་རྒྱུའི་རྒྱུ་མཚན་གཞན་དག་ཡོད་པ།

（2）法人的权力机构决议解散；

（༢）ཁྲིམས་མིའི་དབང་ཆའི་ལས་ཁུངས་ཀྱིས་ཁ་གཏོར་བྱེད་པའི་གྲོས་ཐག་བཅད་པ།

（3）因法人合并或者分立需要解散；

（༣）ཁྲིམས་མི་རྣམ་སྒྲིལ་བཏང་བའམ་ཡང་ཁ་གྲེས་པའི་རྐྱེན་གྱིས་ཁ་གཏོར་བ།

（4）法人依法被吊销营业执照、登记证书，被责令关闭或者被撤销；

（༤）ཁྲིམས་མིའི་ཁེ་གཉེར་ལག་ཁྱེར་དང་ཐོ་འགོད་ལག་ཁྱེར་ཁྲིམས་ལྟར་མེད་པ་བཟོས་ཏེ་སྒོ་བརྒྱབ་པའམ་ཡང་ན་ཕྱིར་འཐེན་བྱས་པ།

（5）法律规定的其他情形。

（༥）དེ་དུང་བཅའ་ཁྲིམས་ནང་གཏན་འབེབས་བྱས་པའི་གནས་ཚུལ་གཞན་དག་བཅས་སོ།།

因用人单位主体资格消失，劳动合同终止。

ལས་མི་བཀོལ་སྤྱོད་ཚན་པའི་གཞི་རྐང་གི་ཐོབ་ཐང་མེད་པ་ཆགས་རྐྱེན་ངལ་རྩོལ་གན་རྒྱ་མཚམས་འཇོག་རྒྱུ།

24. 用人单位变更名称、法定代表人、主要负责人或者投资人等事项，影响劳动合同的履行吗？

༢༤.ལས་མི་བཀོལ་སྤྱོད་ཚན་པས་མིང་དང་ཁྲིམས་བཀོད་འཐུས་ཚབ་པ། འགན་ཁུར་པ་གཙོ་བོའམ་ཡང་ན་མ་འཇོག་བྱེད་མཁན་སོགས་ཀྱི་མིང་བསྒྱུར་ཚེ། ངལ་རྩོལ་གན་རྒྱ་ལག་བསྟར་བྱེད་པར་ཤུགས་རྐྱེན་ཐེབས་སྲིད་དམ།

根据《中华人民共和国民法典》规定，合同生效后，当事人不得因姓名、名称的变更或者法定代表人、负责人、承办人的变动而不履行合同义务。

《ཀྲུང་ཧྭ་མི་དམངས་སྤྱི་མཐུན་རྒྱལ་ཁབ་ཀྱི་དམངས་དོན་ཁྲིམས་གཞུང་》གི་གཏན་འབེབས་ལྟར་ན། གན་རྒྱའི་ནུས་པ་ཐོན་རྗེས་དོ་བདག་གིས་རུས་མིང་དང་མིང་བསྒྱུར་བའམ་ཡང་ན་ཁྲིམས་བཀོད་འཐུས་ཚབ་པ་དང་འགན་ཁུར་པ། འགན་གཉེར་པ་བཅས་ལ་འགྱུར་བ་བྱུང་བའི་རྐྱེན་གྱིས་གན་རྒྱའི་འོས་འགན་ལག་བསྟར་མ་བྱས་ན་མི་འགྲིག

六、企业权益

དྲུག་པ།　ཁེ་ལས་ཀྱི་ཁེ་དབང་།

1. 用人单位是否有权自主确定本单位的工资分配方式和工资水平？

༡.ལས་མི་བཀོལ་སྤྱོད་ཚན་པར་རང་བདག་དང་ཚན་པ་དེ་གའི་གླ་ཆ་བགོ་འགྲེམས་བྱ་ཐབས་དང་གླ་ཆའི་ཚད་གཞི་གཏན་འཁེལ་བྱེད་དབང་ཡོད་དམ།

根据《中华人民共和国劳动法》规定，用人单位有权从本企业生产经营特点和经济利益出发，依法自主确定本单位的工资分配方式和工资水平。

《ཀྲུང་ཧྭ་མི་དམངས་སྤྱི་མཐུན་རྒྱལ་ཁབ་ཀྱི་ངལ་རྩོལ་བཅའ་ཁྲིམས་》ཀྱི་གཏན་འབེབས་ལྟར་ན། ལས་མི་བཀོལ་སྤྱོད་ཚན་པར་ཁེ་ལས་དེ་གའི་ཐོན་སྐྱེད་ཁེ་གཉེར་གྱི་ཁྱད་ཆོས་དང་དཔལ་འབྱོར་གྱི་ཁེ་ཕན་ལ་གཞིགས་ནས། ཁྲིམས་ལྟར་རང་བདག་དང་ཚན་པ་དེ་གའི་གླ་ཆ་བགོ་འགྲེམས་བྱ་ཐབས་དང་གླ་ཆའི་ཚད་གཞི་གཏན་འཁེལ་བྱེད་པའི་དབང་ཆ་ཡོད།

2. 若用人单位聘用尚未与原用人单位解除劳动合同的劳动者，而给原用人单位造成经济损失的，原用人单位是否有权要求现用人单位赔偿损失？

༢.གལ་སྲིད་ལས་མི་བཀོལ་སྤྱོད་ཚན་པས་དེ་སྔའི་ལས་མི་བཀོལ་སྤྱོད་ཚན་པ་དང་ངལ་རྩོལ་གན་རྒྱ་ལག་བསྟར་བྱེད་མཇུག་མ་འཁྲིལ་བའི་ངལ་རྩོལ་པ་གདན་ཞུ་བཀོལ་སྤྱོད་བྱས་ཏེ། དེ་སྔའི་ལས་མི་བཀོལ་སྤྱོད་ཚན་པར་དཔལ་འབྱོར་ཐད་ཀྱི་གྱོང་གུན་བཟོས་ཚེ། དེ་སྔའི་ལས་མི་བཀོལ་སྤྱོད་ཚན་པར་ད་ལྟའི་ལས་མི་བཀོལ་སྤྱོད་ཚན་པ་དེས་གྱོང་གུན་ཁ་གསབ་བྱ་རྒྱུའི་རེ་བ་འདོན་དབང་ཡོད་དམ།

根据《中华人民共和国劳动法》规定，用人单位招用尚未解除劳动合同的劳动者，对原用人单位造成经济损失的，该用人单位应当依法承担正常赔偿责任。

《ཀྲུང་ཧྭ་མི་དམངས་སྤྱི་མཐུན་རྒྱལ་ཁབ་ཀྱི་ངལ་རྩོལ་བཅའ་ཁྲིམས་》ཀྱི་གཏན་འབེབས་ལྟར་ན། ལས་མི་བཀོལ་སྤྱོད་ཚན་པས་ངལ་རྩོལ་གྱི་གན་རྒྱ་ལག་བསྟར་བྱེད་མཇུག་མ་སྒྲིལ་བའི་ངལ་རྩོལ་པ་བསྡུ་སྡུད་བྱས་ཏེ། དེ་སྔའི་ལས་མི་བཀོལ་སྤྱོད་ཚན་པར་དཔལ་འབྱོར་ཐད་གྱོང་གུན་བཟོས་ཚེ། ད་ལྟའི་ལས་མི་བཀོལ་སྤྱོད་ཚན་པ་དེས་ཁྲིམས་ལྟར་རྒྱུན་གཏན་གྱི་གུན་གསབ་འགན་འཁྲི་འཁུར་དགོས།

3. 劳动者非法解除劳动合同和不遵守保密义务，给用人单位造成经济损失的，用人单位是否有权要求劳动者进行赔偿？

༣.ངལ་རྩོལ་པས་ཁྲིམས་འགལ་དང་ངལ་རྩོལ་གན་རྒྱ་ལག་བསྐྱར་བྱེད་མཚམས་བཞག་པ་དང་། གསང་བ་སྲུང་བའི་འོས་འགན་མ་འཁུར་བའི་རྐྱེན་གྱིས་ལས་མི་བཀོལ་སྤྱོད་ཚན་པར་དཔལ་འབྱོར་ཐད་གྱོང་གུན་བཟོས་ཚེ། ལས་མི་བཀོལ་སྤྱོད་ཚན་པར་ངལ་རྩོལ་པས་གུན་གསབ་སྤྲོད་རྒྱུའི་རེ་བ་འདོན་དབང་ཡོད་དམ།

根据《中华人民共和国劳动法》规定，劳动者非法解除劳动合同和不遵守保密义务，给用人单位造成经济损失的，应当承担赔偿责任。

《ཀྲུང་ཧྭ་མི་དམངས་སྤྱི་མཐུན་རྒྱལ་ཁབ་ཀྱི་ངལ་རྩོལ་བཅའ་ཁྲིམས་》ཀྱི་གཏན་འབེབས་ལྟར་ན། ངལ་རྩོལ་པས་ཁྲིམས་འགལ་དང་ངལ་རྩོལ་གན་རྒྱ་ལག་བསྟར་བྱེད་མཚམས་བཞག་པ་དང་། གསང་བ་སྲུང་བའི་འོས་འགན་མ་འཁུར་བའི་རྐྱེན་གྱིས་ལས་མི་བཀོལ་སྤྱོད་ཚན་པར་དཔལ་འབྱོར་ཐད་གྱོང་གུན་བཟོས་ཚེ། གུན་གསབ་ཀྱི་འགན་འཁྲི་འཁུར་དགོས།

4. 用人单位可否在试用期与劳动者接解除动合同？若公司效益不好，可否裁减人员？

༤.ལས་མི་བཀོལ་སྤྱོད་ཚན་པས་ཚོད་ལྟའི་བཀོལ་སྤྱོད་བྱེད་རིང་ངལ་རྩོལ་པ་དང་ངལ་རྩོལ་གན་རྒྱ་མཚམས་འཇོག་བྱས་ན་འགྲིག་གམ། གལ་སྲིད་ཀུང་སིའི་ཁེ་གཉེར་བྱས་འབྲས་ཡག་པོ་མེད་ན་ལས་མི་ཉུང་འཕྲི་བྱས་ན་འགྲིག་གམ།

根据《中华人民共和国劳动法》规定，用人单位可与劳动者约定试用期，可在法律规定的一定情况下解除劳动合同，还可在困难时期经法定程序后裁减人员等。

《ཀྲུང་ཧྭ་མི་དམངས་སྤྱི་མཐུན་རྒྱལ་ཁབ་ཀྱི་ངལ་རྩོལ་བཅའ་ཁྲིམས་》ཀྱི་གཏན་འབེབས་ལྟར་ན། ལས་མི་བཀོལ་སྤྱོད་ཚན་པས་ངལ་རྩོལ་པ་དང་ཁ་ཆད་ལྟར་ཚོད་ལྟའི་བཀོལ་སྤྱོད་བྱེད་

རིང་། ཁྲིམས་ལུགས་ཀྱིས་གཏན་འབེབས་བྱས་པའི་གནས་ཚུལ་ངེས་ཅན་ཞིག་གི་འོག་ངལ་རྩོལ་གན་རྒྱ་མཚམས་འཇོག་བྱས་ཆོག་པ་དང་། ད་དུང་དཀའ་ངལ་འཕྲད་པའི་སྐབས་སུ་ཁྲིམས་བཀོད་གོ་རིམ་བརྒྱུད་དེ་ལས་མི་ཉུང་འཕྲི་སོགས་བྱས་ཆོག

5. 什么是用工自主权？

༥.གང་འདྲ་ཞིག་ལ་ལས་མི་བཀོལ་སྤྱོད་ཀྱི་རང་བདག་དབང་ཆ་ཟེར་རམ།

根据《中华人民共和国劳动法》规定，用人单位有针对劳动者的用工自主权，即包括招聘和解雇、劳动管理等企业的权利。

《ཀྲུང་ཧྭ་མི་དམངས་སྤྱི་མཐུན་རྒྱལ་ཁབ་ཀྱི་ངལ་རྩོལ་བཅའ་ཁྲིམས་》ཀྱི་གཏན་འབེབས་ལྟར་ན། ལས་མི་བཀོལ་སྤྱོད་བྱེད་མཁན་ཚན་པར་ངལ་རྩོལ་པ་བཀོལ་སྤྱོད་བྱ་རྒྱུར་དམིགས་པའི་རང་བདག་དབང་ཆ་ཡོད་ཅེས་པའི་ནང་། ལས་མི་གདན་ཞུ་དང་སྒྲོ་བ། ངལ་རྩོལ་དོ་དམ་སོགས་ཁེ་ལས་ཀྱི་དབང་ཆ་ཚུད་ཡོད།

6. 用人单位要求公司员工签订保密协议的行为合法吗？

༦.ལས་མི་བཀོལ་སྤྱོད་ཚན་པས་ཀུང་སིའི་ལས་མི་དང་གསང་བ་བསྲུང་རྒྱུའི་གྲོས་མཐུན་འཛོག་པ་དེ་ཁྲིམས་མཐུན་ཡིན་ནམ།

合法。根据《中华人民共和国劳动法》规定，用人单位可要求公司员工签订保密协议，维护公司利益，并有权要求违反协议的劳动者赔偿公司损失。

དེ་ནི་ཁྲིམས་མཐུན་ཡིན་ཏེ། 《ཀྲུང་ཧྭ་མི་དམངས་སྤྱི་མཐུན་རྒྱལ་ཁབ་ཀྱི་ངལ་རྩོལ་བཅའ་ཁྲིམས་》ཀྱི་གཏན་འབེབས་ལྟར་ན། ལས་མི་བཀོལ་སྤྱོད་ཚན་པས་ཀུང་སིའི་ལས་མིར་གསང་བ་བསྲུང་རྒྱུའི་གྲོས་མཐུན་འཛོག་པའི་རེ་བ་འདོན་ཆོག ཀུང་སིའི་ཁེ་ཕན་སྲུང་སྐྱོང་བྱ་རྒྱུའི་བླང་བྱ་འདོན་ཆོག་པ་མ་ཟད། གྲོས་མཐུན་ལས་འགལ་བའི་ངལ་རྩོལ་པར་ཀུང་སིའི་གྱོང་གུན་གསབ་སྤྲོད་བྱ་རྒྱུའི་བླང་བྱ་འདོན་དབང་ཡོད།

7. 用人单位经民主程序制定和公示内容合法的规章制度是否具有法律效力？

༧.ལས་མི་བཀོལ་སྤྱོད་ཚན་པས་དམངས་གཙོའི་གོ་རིམ་བརྒྱུད་དེ་གཏན་འབེབས་དང་། ཁྱབ་བསྒྲགས་བྱས་པའི་ནང་དོན་ཁྲིམས་དང་མཐུན་པའི་སྒྲིག་སྲོལ་ལམ་ལུགས་ལ་བཅའ་ཁྲིམས་ཀྱི་ནུས་པ་ཡོད་དམ།

有法律效力。根据《中华人民共和国劳动法》规定，用人单位有权在不违反法律法规的情况下制定规章制度（如《员工工作行为规范》），用人单位经民主程序制定和公示内容合法的规章制度具有法律效力，可作为用人单位解除劳动关系的依据，也可作为法院审理劳动争议案件的依据。

བཅའ་ཁྲིམས་ཀྱི་ནུས་པ་ཡོད་དེ། 《ཀྲུང་ཧྭ་མི་དམངས་སྤྱི་མཐུན་རྒྱལ་ཁབ་ཀྱི་ངལ་རྩོལ་བཅའ་ཁྲིམས་》ཀྱི་གཏན་འབེབས་ལྟར་ན། ལས་མི་བཀོལ་སྤྱོད་ཚན་པས་བཅའ་ཁྲིམས་དང་

ཁྲིམས་སྲོལ་ལས་མ་འགལ་བའི་གནས་ཚུལ་འོག་སྒྲིག་སྲོལ་ལམ་ལུགས་གཏན་འབེབས་བྱས་ཆོག་སྟེ། （དཔེར་ན་《ལས་མིའི་ལས་ཀའི་སྤྱོད་ཚུལ་ཚད་ལྡན་བཟོ་བ་》）ལས་མི་བཀོལ་སྤྱོད་ཚན་པས་དམངས་གཙོའི་གོ་རིམ་བརྒྱུད་དེ་གཏན་འབེབས་དང་ཁྱབ་བསྒྲགས་བྱས་པའི་ནང་དོན་ཁྲིམས་དང་མཐུན་པའི་སྒྲིག་སྲོལ་སྒྲིག་ལམ་ལ་བཅའ་ཁྲིམས་ཀྱི་ནུས་པ་ལྡན་པ་མ་ཟད། ལས་མི་བཀོལ་སྤྱོད་ཚན་པས་ངལ་རྩོལ་གྱི་འབྲེལ་བ་མེད་པར་བཟོ་བའི་ཐད་གཞི་འཛིན་ས་བྱས་ཆོག་ལ། ཁྲིམས་ཁང་གིས་ངལ་རྩོལ་རྩོད་གཞིའི་གྱོད་དོན་ལ་འདྲི་ཞིབ་བྱེད་སྐབས་གཞི་འཛིན་ས་བྱས་ཆོག

此外，《中华人民共和国劳动法》通过规定劳动者必须遵守的一切工作制度和各种操作规程，及各种奖惩制度，使职工加强遵守劳动纪律的自觉性，从而使企业建立起良好的生产和工作秩序，使职工的录用、调动、辞退等制度化、法律化，有利于巩固和加强企业的管理。

གཞན་ཡང་《ཀྲུང་ཧྭ་མི་དམངས་སྤྱི་མཐུན་རྒྱལ་ཁབ་ཀྱི་ངལ་རྩོལ་བཅའ་ཁྲིམས་》ནང་ངལ་རྩོལ་པས་ངེས་པར་དུ་བརྩི་སྲུང་ཞུ་དགོས་པའི་ངལ་རྩོལ་ལམ་ལུགས་ཐ་དག་དང་བཀོལ་སྤྱོད་བྱ་ཐབས་ཀྱི་སྒྲིག་སྲོལ་སྣ་ཚོགས། དེ་བཞིན་བྱ་དགའ་ཆད་གཅོད་ཀྱི་ལམ་ལུགས་སྣ་ཚོགས་གཏན་འབེབས་བྱས་པ་བརྒྱུད། ལས་བཟོ་བས་ངལ་རྩོལ་སྒྲིག་ཁྲིམས་ལ་བརྩི་སྲུང་ཞུ་བའི་རང་རྟོགས་རང་བཞིན་ཆེ་རུ་འགྲོ་བ། དེ་ལ་བརྟེན་ནས་ཁེ་ལས་ཀྱིས་ཐོན་སྐྱེད་དང་ལས་ཀའི་སྒྲིག་ལམ་ཡག་པོ་ཞིག་འཛུགས་ཐུབ་པ་དང་། ལས་བཟོ་བ་བཙུ་སྤྱོད་དང་བསྒྱུར་གཏོང་། ལས་གནས་ནས་ཕྱིར་འཐེན་བྱེད་པ་སོགས་ལམ་ལུགས་ཅན་དང་བཅའ་ཁྲིམས་ཅན་དུ་འགྱུར་ཐུབ་པས་ཁེ་ལས་ཀྱི་དོ་དམ་སྲ་བརྟན་དང་དེར་ཤུགས་སྣོན་རྒྱག་རྒྱུར་ཕན་ཐོགས་ཡོད།

七、职工权益

བདུན་པ། ལས་བཟོ་བའི་ཁེ་དབང་།

1. 劳动合同可以约定试用期吗？

༡.ངལ་རྩོལ་གན་རྒྱའི་ནང་ཚོད་ལྟའི་བཀོལ་སྤྱོད་དུས་བཀག་ཐད་ཁ་ཆད་བྱས་ན་འགྲིག་གམ།

根据《中华人民共和国劳动法》规定，劳动合同可以约定试用期。同一用人单位与同一劳动者只能约定一次试用期。试用期包含在劳动合同期限内。劳动合同仅约定试用期的，试用期不成立，该期限为劳动合同期限。

《ཀྲུང་ཧྭ་མི་དམངས་སྤྱི་མཐུན་རྒྱལ་ཁབ་ཀྱི་ངལ་རྩོལ་བཅའ་ཁྲིམས་》ཀྱི་གཏན་འབེབས་ལྟར་ན། ངལ་རྩོལ་གན་རྒྱ་འཛོག་སྐབས་ཚོད་ལྟའི་བཀོལ་སྤྱོད་ཀྱི་དུས་བཀག་ཁ་ཆད་བྱས་ཆོག ལས་མི་བཀོལ་སྤྱོད་ཚན་པ་གཅིག་གིས་ངལ་རྩོལ་པ་གཅིག་ལ་ཚོད་ལྟའི་བཀོལ་སྤྱོད་དུས་བཀག་ཐེངས་གཅིག་ཁ་ཆད་བྱས་ཆོག ཚོད་ལྟའི་བཀོལ་སྤྱོད་དུས་བཀག་དེ་ངལ་རྩོལ་གན་རྒྱའི་དུས་བཀག་ནང་ཚུད་ཡོད། ངལ་རྩོལ་གན་རྒྱའི་ནང་ཚོད་ལྟའི་བཀོལ་སྤྱོད་ཀྱི་དུས་བཀག་ཁོ་ན་ལས་ཁ་ཆད་བྱས་མེད་ཚེ། དེ་ནི་ཚོད་ལྟའི་དུས་བཀག་ལ་བརྩི་མི་རུང་། དུས་བཀག་དེ་ནི་ངལ་རྩོལ་གན་རྒྱའི་དུས་བཀག་ཡིན།

2. 劳动合同法对试用期的期限是怎么规定的？

༢.ངལ་རྩོལ་གན་རྒྱའི་བཅའ་ཁྲིམས་ནང་ཚོད་ལྟའི་བཀོལ་སྤྱོད་དུས་བཀག་ཐད་གཏན་འབེབས་གང་འདྲ་བྱས་ཡོད་དམ།

根据《中华人民共和国劳动合同法》规定，劳动合同期限三个月以上不满一年的，试用期不得超过一个月；劳动合同期限一年以上不满三年的，试用期不得超过两个月；三年以上固定期限和无固定期限的劳动合同，试用期不得超过六个月。

《ཀྲུང་ཧྭ་མི་དམངས་སྤྱི་མཐུན་རྒྱལ་ཁབ་ཀྱི་ངལ་རྩོལ་བཅའ་ཁྲིམས་》ཀྱི་གཏན་འབེབས་ལྟར་ན། ངལ་རྩོལ་གན་རྒྱའི་དུས་བཀག་ནི་ཟླ་བ་གསུམ་ཡན་ནས་ལོ་གཅིག་མ་ཟིན་ཙམ་ཡིན་ན། ཚོད་ལྟའི་བཀོལ་སྤྱོད་དུས་བཀག་ཟླ་བ་གཅིག་ལས་བརྒལ་མི་རུང་། ངལ་རྩོལ་གན་རྒྱའི་དུས་

བཀག་ལོ་གཅིག་ཡན་ནས་ལོ་གསུམ་མ་ཟིན་ཙམ་ཡིན་ཚེ། ཚོད་ལྟའི་བཀོལ་སྤྱོད་དུས་བཀག་ཟླ་བ་གཉིས་ལས་བརྒལ་མི་རུང་། ལོ་གསུམ་ཡན་གྱི་གཏན་འཛུགས་དུས་བཀག་དང་དུས་བཀག་ངེས་གཏན་མེད་པའི་ངལ་རྩོལ་གན་རྒྱའི་ནང་། ཚོད་ལྟའི་བཀོལ་སྤྱོད་དུས་བཀག་ཟླ་བ་དྲུག་ལས་བརྒལ་མི་རུང་།

3. 试用期内的工资标准是多少？

༣.ཚོད་ལྟའི་བཀོལ་སྤྱོད་དུས་བཀག་ནང་གི་གླ་ཆའི་ཚད་གཞི་གང་འདྲ་ཡིན་នམ།

根据《中华人民共和国劳动合同法》规定，劳动者在试用期的工资不得低于本单位相同岗位最低档工资或者劳动合同约定工资的百分之八十，并不得低于用人单位所在地的最低工资标准。

《ཀྲུང་ཧྭ་མི་དམངས་སྤྱི་མཐུན་རྒྱལ་ཁབ་ཀྱི་ངལ་རྩོལ་བཅའ་ཁྲིམས་》ཀྱི་གཏན་འབེབས་ལྟར་ན། ངལ་རྩོལ་པའི་ཚོད་ལྟའི་བཀོལ་སྤྱོད་དུས་མཚམས་ཀྱི་གླ་ཆ་ཚན་པ་དེ་གཞི་ལས་གནས་གཅིག་པའི་རིམ་པ་དམའ་ཤོས་ཀྱི་གླ་ཆའམ་ཡང་ན་ངལ་རྩོལ་གན་རྒྱའི་ནང་ཁ་ཆད་བྱས་པའི་གླ་

ཆའི་བརྒྱ་ཆ་བརྒྱད་ཅུ་ལས་དམའ་བ་བྱས་མི་ཆོག་པ་མ་ཟད། ལས་མི་བཀོལ་སྤྱོད་ཚན་པ་གནས་སའི་ས་ཁུལ་གྱི་མ་མཐའི་སྣ་ཕོགས་ཀྱི་ཚད་གཞི་ལས་དམའ་བ་བྱས་མི་ཆོག

4. 用人单位规定每两周休息一天的做法合理吗?

༤.ལས་མི་བཀོལ་སྤྱོད་ཚན་པས་གཟའ་འཁོར་གཉིས་རེའི་ཐོག་ངལ་གསོ་ཉིན་གཅིག་འཇོག་པའི་གཏན་འབེབས་བྱས་པ་དེ་ལུགས་མཐུན་ཡིན་ནམ།

不合理。根据《中华人民共和国劳动法》规定，国家实行劳动者每日工作时间不超过八小时、平均每周工作时间不超过四十四小时的工时制度。用人单位应当保证劳动者每周至少休息一日。

དེ་ནི་ལུགས་མཐུན་མ་ཡིན་ཏེ། 《ཀྲུང་ཧྭ་མི་དམངས་སྤྱི་མཐུན་རྒྱལ་ཁབ་ཀྱི་ངལ་རྩོལ་བཅའ་ཁྲིམས》ཀྱི་གཏན་འབེབས་ལྟར་ན། རྒྱལ་ཁབ་ཀྱིས་ངལ་རྩོལ་པའི་ཉིན་རེའི་ལས་ཀའི་དུས་ཚོད་དེ་ཆུ་ཚོད་བརྒྱད་ལས་བརྒལ་མི་ཆོག་པ་དང་། ཆ་སྙོམས་གཟའ་འཁོར་རེའི་ལས་ཀའི་དུས་ཚོད་དེ་ཆུ་ཚོད་བཞི་བཅུ་ཞེ་བཞི་ལས་བརྒལ་མི་ཆོག་པའི་ལས་ཀའི་དུས་ཚོད་ཀྱི་ལམ་ལུགས་ལག་བསྟར་བྱེད་ཀྱི་ཡོད། ལས་མི་བཀོལ་སྤྱོད་ཚན་པས་ངལ་རྩོལ་པར་གཟའ་འཁོར་རེར་ཉུང་མཐར་ཡང་ངལ་གསོ་ཉིན་1བཀྱབ་རྒྱུ་ཡོད་པ་འགན་སྲུང་བྱ་དགོས།

5. 用人单位因生产经营需要延长工作时间的，应该怎么做?

༥.ལས་མི་བཀོལ་སྤྱོད་ཚན་པས་ཐོན་སྐྱེད་དང་ཁེ་གཉེར་གྱིས་རྐྱེན་པས་ལས་ཀའི་དུས་ཚོད་རིང་དུ་གཏོང་དགོས་ཚེ། གང་འདྲ་བྱེད་དགོས་སམ།

根据《中华人民共和国劳动法》规定，用人单位由于生产经营需要，经与工会和劳动者协商后可以延长工作时间，一般每日不得超过一小时；因特殊原因需要延长工作时间的，在保障劳动者身体健康的条件下延长工作时间，每日不得超过三小时，但是每月不得超过三十六小时。

《ཀྲུང་ཧྭ་མི་དམངས་སྤྱི་མཐུན་རྒྱལ་ཁབ་ཀྱི་ངལ་རྩོལ་བཅའ་ཁྲིམས་》ཀྱི་གཏན་འབེབས་ལྟར་ན། ལས་མི་བཀོལ་སྤྱོད་ཚན་པས་ཐོན་སྐྱེད་དང་ཁེ་གཉེར་གྱི་དགོས་མཁོས་རྐྱེན་པས་བཟོ་ཚོགས་དང་ངལ་རྩོལ་པར་གྲོས་མོལ་བྱས་རྗེས་ལས་ཀའི་དུས་ཚོད་རིང་དུ་བཏང་ཆོག སྤྱིར་ཉིན་རེར་ཆུ་ཚོད་གཅིག་ལས་བརྒལ་མི་རུང་། དམིགས་བསལ་གྱི་རྒྱུ་རྐྱེན་ལ་བརྟེན་ནས་ལས་ཀའི་དུས་ཚོད་རིང་དུ་གཏོང་དགོས་ཀྱང་། ངལ་རྩོལ་པའི་ལུས་པོའི་བདེ་ཐང་འགན་སྲུང་ཐུབ་པའི་ཆ་རྐྱེན་འོག་ལས་ཀའི་དུས་ཚོད་ཉིན་རེར་ཆུ་ཚོད་གསུམ་ལས་རིང་དུ་བཏང་མི་ཆོག འོན་ཀྱང་ཟླ་བ་རེར་ཆུ་ཚོད་སུམ་ཅུ་སོ་དྲུག་ལས་བརྒལ་མི་ཆོག

6. 用人单位能不能随便更改规定工作时间？

༦.ལས་མི་བཀོལ་སྤྱོད་ཚན་པས་ལས་ཀའི་དུས་ཚོད་གང་བྱུང་བསྒྱུར་ན་འགྲིག་གམ།

不能。根据《中华人民共和国劳动合同法》规定，用人单位应当依法建立和完善劳动规章制度，保障劳动者享有劳动权利、履行劳动义务。

དེ་ནི་མི་འགྲིག་སྟེ། 《ཀྲུང་ཧྭ་མི་དམངས་སྤྱི་མཐུན་རྒྱལ་ཁབ་ཀྱི་ངལ་རྩོལ་བཅའ་ཁྲིམས་》ཀྱི་གཏན་འབེབས་ལྟར་ན། ལས་མི་བཀོལ་སྤྱོད་ཚན་པས་ཁྲིམས་ལྟར་ངལ་རྩོལ་འགན་སྲུང་ལམ་ལུགས་འཛུགས་པ་དང་། འཐུས་སྒོ་ཚང་དུ་བཏང་ནས་ངལ་རྩོལ་པར་ངལ་རྩོལ་དབང་ཆ་ཡོད་པ་དང་ངལ་རྩོལ་གྱི་འོས་འགན་ལག་བསྟར་བྱ་རྒྱུ་འགན་སྲུང་བྱ་དགོས།

用人单位在制定、修改或者决定有关劳动报酬、工作时间、休息休假、劳动安全卫生、保险福利、职工培训、劳动纪律以及劳动定额管理等直接涉及劳动者切身利益的规章制度或者重大事项时，应当经职工代表大会或者全体职工讨论，提出方案和意见，与工会或者职工代表平等协商确定。

ལས་མི་བཀོལ་སྤྱོད་ཚན་པས་འབྲེལ་ཡོད་ངལ་རྩོལ་གྱི་སྙ་ཆ་དང་ལས་ཀའི་དུས་ཚོད། ངལ་གསོ་དང་གུང་གསེང་། ངལ་རྩོལ་བདེ་འཇགས་དང་འཕྲོད་བསྟེན། འགན་བཅོལ་ཕན་བདེ། ལས་བཟོ་བ་གསོ་སྦྱོང་། ངལ་རྩོལ་སྒྲིག་ཁྲིམས། དེ་བཞིན་ངལ་རྩོལ་གྲངས་བཅད་དོ་དམ་སོགས་ངལ་རྩོལ་པའི་ཁེ་ཕན་དངོས་དང་ཐད་ཀར་འབྲེལ་བ་ཡོད་པའི་སྒྲིག་སྲོལ་ལམ་ལུགས་སམ་ཡང་ན་དོན་དག་གལ་ཆེ་རིགས་གཏན་འབེབས་བྱེད་པ་དང་བཟོ་བཅོས་བྱེད་པ། ཡང་ན་ཐག་གཅོད་བྱེད་སྐབས། ལས་བཟོ་བའི་འཐུས་མི་ཚོགས་ཆེན་ནམ་ཡང་ན་ལས་བཟོ་བ་ཡོངས་ཀྱིས་གྲོས་བསྡུར་བྱས་ཏེ། ཇུས་གཞི་དང་བསམ་འཆར་འདོན་པ་དང་། བཟོ་ཚོགས་སམ་ཡང་ན་ལས་བཟོ་བའི་འཐུས་མི་དང་འདྲ་མཉམ་ཐོག་གྲོས་མོལ་བྱས་ཏེ་གཏན་འཁེལ་བྱ་དགོས།

在规章制度和重大事项决定实施过程中，工会或者职工认为不适当的，有权向用人单位提出，通过协商予以修改完善。

སྒྲིག་སྲོལ་ལམ་ལུགས་དང་དོན་དག་གལ་ཆེ་རིགས་གཏན་འབེབས་དང་ལག་བསྟར་བྱེད་པའི་བརྒྱུད་རིམ་ནང་། བཟོ་ཚོགས་སམ་ཡང་ན་ལས་བཟོ་བས་དེ་འདྲ་བྱས་ན་འཚམ་པོ་མེད་པར་ངོས་འཛིན་བྱས་ཚེ། ལས་མི་བཀོལ་སྤྱོད་ཚན་པར་བསམ་འཆར་འདོན་པའི་དབང་ཆ་ཡོད་པ་དང་། གྲོས་མོལ་བྱས་རྗེས་བཟོ་བཅོས་དང་འཐུས་ཚང་དུ་གཏོང་དགོས།

7. 用人单位安排劳动者加班，不支付劳动者加班费合理吗？

༧.ལས་མི་བཀོལ་སྤྱོད་ཆན་པས་ངལ་རྩོལ་པར་ལས་ཀ་འཕར་མ་བྱེད་འཇུག་པ་ལས། ངལ་རྩོལ་པར་ལས་ཀ་འཕར་མ་བྱས་པའི་གླ་ཆ་མ་སྤྲད་ན་ལུགས་མཐུན་ཡིན་ནམ།

不合理。根据《中华人民共和国劳动合同法》规定，用人单位应当严格执行劳动定额标准，不得强迫或者变相强迫劳动者加班。用人单位安排加班的，应当按照国家有关规定向劳动者支付加班费。

དེ་ནི་ལུགས་མཐུན་མིན་ཏེ།《ཀྲུང་ཧྭ་མི་དམངས་སྤྱི་མཐུན་རྒྱལ་ཁབ་ཀྱི་ངལ་རྩོལ་བཅའ་ཁྲིམས་》ཀྱི་གཏན་འབེབས་ལྟར་ན། ལས་མི་བཀོལ་སྤྱོད་ཚན་པས་ངལ་རྩོལ་གྲངས་བཅད་ཀྱི་ཚད་གཞི་ལག་བསྟར་ནན་པོ་བྱེད་དགོས་པ་ལས་ངལ་རྩོལ་པར་བཙན་ཐབས་དང་རྣམ་པ་འགྱུར་བའི་བཙན་ཐབས་ལ་བརྟེན་ནས་ལས་ཀ་འཕར་མ་བྱེད་དུ་འཇུག་མི་རུང་། ལས་མི་བཀོལ་སྤྱོད་ཚན་པས་ལས་ཀ་འཕར་མ་བཀོད་སྒྲིག་བྱས་ཚེ། རྒྱལ་ཁབ་ཀྱི་འབྲེལ་ཡོད་གཏན་འབེབས་ལྟར་ངལ་རྩོལ་པར་ལས་ཀ་འཕར་མ་བྱས་པའི་གླ་ཆ་སྤྲོད་དགོས།

8. 哪些情形用人单位需要支付高于劳动者正常工作时间的工资报酬？

༨.གནས་ཚུལ་གང་དག་གི་འོག་ལས་མི་བཀོལ་སྤྱོད་ཆན་པས་ངལ་རྩོལ་པའི་རྒྱུན་གཏན་གྱི་ལས་ཀའི་དུས་ཚོད་ཀྱི་གླ་ཆ་ལས་མཐོ་བའི་ཐོབ་ཆ་སྤྲོད་དགོས་སམ།

根据《中华人民共和国劳动法》规定，有下列情形之一的，用人单位应当按照下列标准支付高于劳动者正常工作时间工资的工资报酬：

《ཀྲུང་ཧྭ་མི་དམངས་སྤྱི་མཐུན་རྒྱལ་ཁབ་ཀྱི་ངལ་རྩོལ་བཅའ་ཁྲིམས་》ཀྱི་གཏན་འབེབས་ལྟར་ན། གཤམ་གསལ་གྱི་གནས་ཚུལ་རིགས་ཡོད་ཚེ། ལས་མི་བཀོལ་སྤྱོད་ཚན་པས་གཤམ་འོག་གི་ཚད་གཞི་ལྟར་ངལ་རྩོལ་པའི་རྒྱུན་གཏན་གྱི་ལས་ཀའི་དུས་ཚོད་ཀྱི་གླ་ཆ་ལས་མཐོ་བའི་ཐོབ་ཆ་སྤྲོད་དགོས།

（1）安排劳动者延长工作时间的，支付不低于工资的百分之一百五十的工资报酬；

（༡）ངལ་རྩོལ་པའི་ལས་ཀའི་དུས་ཚོད་ནར་འགྱངས་བཏང་ཚེ། གླ་ཆའི་བརྒྱ་ཆ་བརྒྱ་དང་ལྔ་བཅུ་ལས་མི་དམའ་བའི་ཐོབ་ཆ་སྤྲོད་དགོས་པ།

（2）休息日安排劳动者工作又不能安排补休的，支付不低于工资的百分之二百的工资报酬；

（༢）ངལ་གསོའི་ཉིན་མོར་ངལ་རྩོལ་པར་ལས་ཀ་སྐྱལ་བ་དང་ངལ་གསོ་ཁ་གསབ་བཀོད་སྒྲིག་བྱ་ཐབས་མེད་ཚེ། གླ་ཆའི་བརྒྱ་ཆ་ཉིས་བརྒྱ་ལས་མི་དམའ་བའི་ཐོབ་ཆ་སྤྲོད་དགོས་པ།

（3）法定休假日安排劳动者工作的，支付不低于工资的百分之三百的工资报酬。

（༣）ཁྲིམས་བཀོད་ངལ་གསོའི་ཉིན་མོར་ངལ་རྩོལ་པར་ལས་ཀ་བཀོད་སྒྲིག་བྱས་ཚེ། གླ་ཆའི་བརྒྱ་ཆ་སུམ་བརྒྱ་ལས་མི་དམའ་བའི་ཐོབ་ཆ་སྤྲོད་དགོས་པ་བཅས་སོ།།

9. 用人单位能以实物代替货币支付员工工资吗？

༩.ལས་མི་བཀོལ་སྤྱོད་ཚན་པས་དངོས་རྫས་ཀྱིས་དངུལ་གྱི་ཚབ་བྱས་ཏེ་ལས་མིའི་གླ་ཆར་སྤྲད་ན་འགྲིག་གམ།

根据《中华人民共和国劳动法》规定，工资应当以货币形式按月支付给劳动者本人。不得克扣或者无故拖欠劳动者的工资。

《ཀྲུང་ཧྲ་མི་དམངས་སྤྱི་མཐུན་རྒྱལ་ཁབ་ཀྱི་ངལ་རྩོལ་བཅའ་ཁྲིམས་》ཀྱི་གཏན་འབེབས་ལྟར་ན། གླ་ཆ་ནི་དངུལ་ལོར་གྱི་རྣམ་པའི་ཐོག་ནས་ཟླ་རེར་གཞིགས་ཏེ་ངལ་རྩོལ་པ་པོ་རང་ལ་སྤྲོད་དགོས་པ་ལས་ངལ་རྩོལ་པའི་གླ་ཆ་འཐེན་གཅོག་དང་རྒྱུ་མཚན་མེད་པར་ཆད་འཇུག་བྱེད་མི་རུང་།

10. 用人单位不按照合同约定支付工资，劳动者应该怎样维权？

༡༠.ལས་མི་བཀོལ་སྤྱོད་ཚན་པས་གན་རྒྱར་མ་གཞིགས་པར་གླ་ཆ་སྤྲད་ཚེ། ངལ་རྩོལ་པས་དབང་ཆ་སྲུང་སྐྱོང་གང་འདྲ་བྱེད་དགོས་སམ།

根据《中华人民共和国劳动合同法》规定，用人单位应当按照劳动合同约定和国家规定，向劳动者及时足额支付劳动报酬。

《ཀྲུང་ཧྭ་མི་དམངས་སྤྱི་མཐུན་རྒྱལ་ཁབ་ཀྱི་ངལ་རྩོལ་བཅའ་ཁྲིམས་》ཀྱི་གཏན་འབེབས་ལྟར་ན། ལས་མི་བཀོལ་སྤྱོད་ཚན་པས་ངལ་རྩོལ་གན་རྒྱའི་ཁ་ཆད་དང་རྒྱལ་ཁབ་ཀྱི་གཏན་འབེབས་ལ་གཞིགས་ནས་ངལ་རྩོལ་པར་དུས་ཐོག་ལ་ངལ་རྩོལ་ཐོབ་ཆ་འདང་ངེས་སྤྲོད་དགོས།

用人单位拖欠或者未足额支付劳动报酬的，劳动者可以依法向当地人民法院申请支付令，人民法院应当依法发出支付令。

ལས་མི་བཀོལ་སྤྱོད་ཚན་པས་ངལ་རྩོལ་པའི་གླ་ཆ་ཆད་འགྱུར་བྱས་པའམ་ཡང་ན་འདང་ངེས་མ་སྤྲད་ཚེ། ངལ་རྩོལ་པས་ཁྲིམས་ལྟར་ས་གནས་དེ་གའི་མི་དམངས་ཁྲིམས་ཁང་ལ་གླ་ཆ་སྤྲོད་རྒྱུའི་བཀའ་འབེབས་རྒྱུའི་རེ་ཞུ་བྱས་ཆོག་པ་དང་། མི་དམངས་ཁྲིམས་ཁང་ནས་ཁྲིམས་ལྟར་གླ་ཆ་སྤྲོད་དགོས་པའི་བཀའ་བཏང་ཆོག

11. 劳动者有权要求拖欠工资的用人单位进行赔偿吗？

༡༡.ངལ་རྩོལ་པར་གླ་ཆ་ཆད་འགྱུར་བྱེད་མཁན་ལས་མི་བཀོལ་སྤྱོད་ཚན་པར་གུན་གསབ་ཀྱི་རེ་བ་འདོན་པའི་དབང་ཆ་ཡོད་དམ།

根据《中华人民共和国劳动合同法》规定，用人单位有下列情形之一的，由劳动行政部门责令限期支付劳动报酬、加班费或者经济补偿；劳动报酬低于当地最低工资标准的，应当支付其差额部分；逾期不支付的，责令用人单位按应付金额百分之五十以上百分之一百以下的标准向劳动者加付赔偿金：

《ཀྲུང་ཧྭ་མི་དམངས་སྤྱི་མཐུན་རྒྱལ་ཁབ་ཀྱི་ངལ་རྩོལ་བཅའ་ཁྲིམས་》ཀྱི་གཏན་འབེབས་ལྟར་ན། ལས་མི་བཀོལ་སྤྱོད་ཚན་པར་གཤམ་གསལ་གྱི་གནས་ཚུལ་རིགས་ཡོད་ཚེ། ངལ་རྩོལ་སྲིད་འཛིན་སྡེ་ཁག་གིས་དུས་བཀག་ནང་ངལ་རྩོལ་གླ་ཆ་དང་ལས་ཀ་འཕར་མ་བྱས་པའི་ཐོབ་ཆ། ཡང་ན་དཔལ་འབྱོར་གུན་གསབ་བཅས་སྤྲོད་དགོས་པའི་བཀའ་འབེབས་དགོས། ངལ་རྩོལ་གླ་ཆ་ས་གནས་དེ་གའི་མ་མཐའི་གླ་ཕོགས་ཀྱི་ཚད་གཞི་ལས་དམའ་བ་ཡོད་ཚེ། དེའི་ཧེ་བག་གི་ཆ་རྣམས་སྤྲོད་དགོས། དུས་བཀག་ནང་མ་སྤྲད་ཚེ། ལས་མི་བཀོལ་སྤྱོད་ཚན་པར་སྤྲོད་དགོས་ངེས་ཀྱི་དངུལ་གྲངས་ཀྱི་བརྒྱ་ཆ་ལྔ་བཅུ་ཡན་ནས་བརྒྱ་ཆ་བརྒྱ་མན་ཆད་ཀྱི་ཚད་གཞིར་གཞིགས་ཏེ་ངལ་རྩོལ་པར་གུན་གསབ་དངུལ་སྣོན་སྤྲོད་དགོས་པའི་བཀའ་འབེབས་དགོས་ཏེ།

（1）未按照劳动合同的约定或者国家规定及时足额支付劳动者劳动报酬的；

（༡）ངལ་རྩོལ་གན་རྒྱའི་ཁ་ཆད་དམ་ཡང་ན་རྒྱལ་ཁབ་ཀྱི་གཏན་འབེབས་ལྟར་ངལ་རྩོལ་པའི་ངལ་རྩོལ་གླ་ཆ་དུས་ཐོག་དང་འདང་ངེས་མ་སྤྲད་པ།

（2）低于当地最低工资标准支付劳动者工资的；

（༢）ངལ་རྩོལ་པའི་གླ་ཆ་ས་གནས་དེ་གའི་མ་མཐའི་གླ་ཕོགས་ཀྱི་ཚད་གཞི་ལས་དམའ་བ་སྤྲད་པ།

（3）安排加班不支付加班费的；

（༣）ལས་ཀ་འཕར་མ་བཀོད་སྒྲིག་བྱས་ཏེ་ལས་ཀ་འཕར་མའི་ཐོབ་ཆ་མ་སྤྲད་པ།

（4）解除或者终止劳动合同，未依照法律规定向劳动者支付经济补偿的。

（༤）ངལ་རྩོལ་གན་རྒྱ་མེད་པ་བཟོས་པའམ་ཡང་ན་མཚམས་འཇོག་བྱས་ཏེ། བཅའ་ཁྲིམས་ཀྱི་གཏན་འབེབས་ལྟར་ངལ་རྩོལ་པར་དཔལ་འབྱོར་གྱི་གྱོང་གུན་གསབ་སྤྲོད་མ་བྱས་པ།

12. 带薪年休假的条件有哪些？

༡༢.གླ་ཕོགས་ཡོད་མུས་ཐོག་གུང་གསེང་སྟོད་པར་ཆ་རྐྱེན་གང་དག་དགོས་སམ།

根据《职工带薪年休假条例》规定，机关、团体、企业、事业单位、民办非企业单位、有雇工的个体工商户等单位的职工连续工作1年以上的，享受带薪年休假。职工在年休假期间享受与正常工作期间相同的工资收入。

《ལས་བཟོ་བ་གླ་ཕོགས་ཡོད་མུས་ཐོག་ལོ་འཁོར་གུང་གསེང་སྟོད་ཐབས་ཀྱི་སྲོལ་ཡིག་》གི་གཏན་འབེབས་ལྟར་ན། ལས་ཁུངས་དང་ཚོགས་པ། ཁེ་ལས། བྱ་གཞག་ཚན་པ། དམངས་གཉེར་གྱི་ཁེ་ལས་མ་ཡིན་པའི་ཚན་པ། གླ་པ་ཡོད་པའི་ཁེར་རྐྱང་བཟོ་ཚོང་དུད་ཚང་སོགས་ཚན་པའི་ལས་བཟོ་བས་བསྟུད་མར་ལོ་༡ཡན་ལས་ཀ་བྱས་ཡོད་ཚེ། གླ་ཕོགས་ཡོད་མུས་ཐོག་ལོ་འཁོར་གུང་གསེང་བསྟད་ཆོག ལས་བཟོ་བ་ལོ་འཁོར་གུང་གསེང་སྟོད་རིང་རྒྱུན་གཏན་གྱི་ལས་ཀ་བྱེད་པའི་སྐབས་དང་འདྲ་བར་གླ་ཆའི་ཡོང་འབབ་ལོངས་སྤྱོད་བྱ་རྒྱུ་ཡོད།

13. 年休假的期限是怎么规定的？

༡༣.ལོ་འཁོར་གུང་གསེང་གི་དུས་ཡུན་གཏན་འབེབས་གང་འདྲ་བྱས་པ་ཡིན་ནམ།

根据《职工带薪年休假条例》规定，职工累计工作已满1年不满10年的，年休假5天；已满10年不满20年的，年休假10天；已满20年的，年休假15天。

《ལས་བཟོ་བ་གླ་ཕོགས་ཡོད་མུས་ཐོག་ལོ་འཁོར་གུང་གསེང་སྤྲོད་ཐབས་ཀྱི་སྒྲིག་ཡིག་》གི་གཏན་འབེབས་ལྟར་ན། རིམ་རྩིས་བྱས་རྗེས་ལས་བཟོ་བས་ལོ་༡ཡན་ནས་ལོ་༡༠མན་གྱི་ལས་ཀ་བྱས་ཡོད་ཚེ། ལོ་འཁོར་གུང་གསེང་ཉིན་༥ཡིན་པ་དང་། ལོ་༡༠ཡན་ནས་ལོ་༢༠མན་ལས་ཀ་བྱས་ཡོད་ཚེ། ལོ་འཁོར་གུང་གསེང་ཉིན་༡༠ཡིན་པ། ལས་ཀ་བྱས་ནས་ལོ་༢༠ལོན་ཡོད་ཚེ། ལོ་འཁོར་གུང་གསེང་ཉིན་༡༥བཅས་ཡིན།

14. 哪些情形职工不能享受当年的年休假？

༡༤.གནས་ཚུལ་གང་དག་གི་འོག་ལས་བཟོ་བས་ལོ་འཁོར་གུང་གསེང་བསྐྱོད་མི་ཐུབ་ངམ།

根据《职工带薪年休假条例》规定，职工有下列情形之一的，不享受当年的年休假：

《ལས་བཟོ་བ་གླ་ཕོགས་ཡོད་ཤུས་ཐོག་ལོ་འཁོར་གུང་གསེང་སྐྱོད་ཐབས་ཀྱི་སྒྲིག་ཡིག》གི་གཏན་འབེབས་ལྟར་ན། ལས་བཟོ་བར་གཤམ་གསལ་གྱི་གནས་ཚུལ་རིགས་ཡོད་ཚེ། ལོ་དེ་གའི་ལོ་འཁོར་གུང་གསེང་བསྐྱོད་མི་ཐུབ་སྟེ།

（1）职工依法享受寒暑假，其休假天数多于年休假天数的；

（༡）ལས་བཟོ་བས་ཁྲིམས་ལྟར་དགུན་ཁ་དང་དབྱར་ཁའི་གུང་གསེང་སྐྱོད་སྐབས། གུང་གསེང་གི་ཉིན་གྲངས་ལོ་འཁོར་གུང་གསེང་གི་ཉིན་གྲངས་ལས་མང་བ་བསྐྱོད་པ།

（2）职工请事假累计 20 天以上且单位按照规定不扣工资的；

（༢）ལས་བཟོ་བས་དོན་དག་གི་ཆེད་དུ་དགོངས་པ་ཞུས་པའི་ཉིན་གྲངས་རིམ་སྡེབ་བྱས་ན་ཉིན་༢༠ཡན་ཟིན་པ་མ་ཟད། ལས་ཁུངས་ནས་ཁྲིམས་ཀྱི་གཏན་འབེབས་ལྟར་གླ་ཕོགས་འཐེན་གཅོག་བྱས་མེད་པ།

（3）累计工作满 1 年不满 10 年的职工，请病假累计 2 个月以上的；

（༣）རིམ་སྡེབ་བྱས་ན་ལས་ཀ་བྱས་ནས་ལོ་༡ཡན་ནས་ལོ་༡༠མན་ཟིན་པའི་ལས་བཟོ་བས་ནད་གཞིས་རྐྱེན་པས་ངལ་གསོ་ཁྱོན་ཟླ་བ་༢ཡན་བརྒྱབ་པ།

（4）累计工作满 10 年不满 20 年的职工，请病假累计 3 个月以上的；

（༤）རིམ་སྡེབ་བྱས་ན་ལས་ཀ་བྱས་ནས་ལོ་༡༠ཡན་ནས་ལོ་༢༠མན་ཟིན་པའི་ལས་བཟོ་བས་ནད་གཞིས་རྐྱེན་པས་ཁྱོན་ངལ་གསོ་ཟླ་བ་༣ཡན་བརྒྱབ་པ།

（5）累计工作满 20 年以上的职工，请病假累计 4 个月以上的。

（༥）རིམ་སྡེབ་བྱས་ན་ལས་ཀ་བྱས་ནས་ལོ་༢༠ཡན་ཟིན་པའི་ལས་བཟོ་བས་ནད་གཞིས་རྐྱེན་པས་ངལ་གསོ་ཟླ་བ་༤ཡན་བརྒྱབ་པ་བཅས་སོ། །

15. 用人单位有必要为劳动者提供劳动防护用品吗？

༡༥. ལས་མི་བཀོལ་སྤྱོད་ཚན་པས་ངལ་རྩོལ་པར་ངལ་རྩོལ་འགོག་སྲུང་གི་མཁོ་རྫས་མཁོ་འདོན་བྱེད་པའི་དགོས་མཁོ་ཡོད་དམ།

根据《中华人民共和国劳动法》规定，用人单位必须为劳动者提供符合国家规定的劳动安全卫生条件和必要的劳动防护用品，对从事有职业危害作业的劳动者应当定期进行健康检查。

《ཀྲུང་ཧྭ་མི་དམངས་སྤྱི་མཐུན་རྒྱལ་ཁབ་ཀྱི་ངལ་རྩོལ་བཅའ་ཁྲིམས་》གཏན་འབེབས་ལྟར་ན། ལས་མི་བཀོལ་སྤྱོད་ཚན་པས་ངེས་པར་དུ་ངལ་རྩོལ་པར་རྒྱལ་ཁབ་ཀྱི་གཏན་འབེབས་དང་འཚམ་པའི་ངལ་རྩོལ་བདེ་འཇགས་ཀྱི་འཕྲོད་བསྟེན་ཆ་རྐྱེན་དང་དགོས་ངེས་ཀྱི་ངལ་རྩོལ་འགོག་སྲུང་མཁོ་ཆས་མཁོ་འདོན་བྱས་ཏེ། ལས་རིགས་ཀྱི་གནོད་འཚེའི་ཉེན་ཁ་ཡོད་པའི་ངལ་རྩོལ་བྱེད་མཁན་ལ་དུས་བཀག་ཐོག་བདེ་ཐང་གི་བརྟག་དཔྱད་བྱ་དགོས།

八、社会保险

བརྒྱད་པ། སྤྱི་ཚོགས་འགན་བཅོལ།

1. 五险是指什么？

༡.འགན་བཅོལ་ལྔ་གང་དག་ཡིན་ནམ།

基本养老保险、基本医疗保险、工伤保险、失业保险、生育保险。

གཞི་རྩའི་རྒན་གསོའི་འགན་བཅོལ་དང་གཞི་རྩའི་སྨན་བཅོས་འགན་བཅོལ། ལས་ཀའི་རྨས་སྐྱོན་འགན་བཅོལ། ལས་ཤོར་འགན་བཅོལ། བུ་བཙའི་འགན་བཅོལ་བཅས་ཡིན།

2. 基本养老金受哪些因素的影响？

༢.གཞི་རྩའི་རྒན་གསོའི་དངུལ་གྱི་ཐད་རྒྱུ་རྐྱེན་གང་དག་གི་ཤུགས་རྐྱེན་ཐེབས་སམ།

根据《中华人民共和国社会保险法》规定，基本养老金根据个人累计缴费年限、缴费工资、当地职工平均工资、个人账户金额、城镇人口平均预期寿命等因素确定。

《ཀྲུང་ཧྭ་མི་དམངས་སྤྱི་མཐུན་རྒྱལ་ཁབ་ཀྱི་སྤྱི་ཚོགས་འགན་བཅོལ་བཅའ་ཁྲིམས་》ཀྱི་གཏན་འབེབས་ལྟར་ན། གཞི་རྩའི་རྒན་གསོའི་དངུལ་ནི་མི་སྒེར་གྱིས་འགན་བཅོལ་གྲོན་དངུལ་བསྒྱུལ་བའི་རིམ་རྩིས་ལོ་ཚད་དང་དངུལ་སྤྲོད་ཟླ་ཕོགས། ས་གནས་དེ་གའི་ལས་བཟོ་བའི་ཚ་སྙོམས་ཟླ་ཕོགས། མི་སྒེར་གྱི་རྩིས་ཐོའི་ནང་གི་དངུལ་གྲངས། གྲོང་ཁྱེར་དང་གྲོང་རྡལ་མི་འབོར་གྱི་ཚ་སྙོམས་སྔོན་དཔག་ཚེ་ཚད་ལ་སོགས་པའི་རྒྱུ་རྐྱེན་གྱིས་ཐག་གཅོད་པ་ཡིན།

3. 领取基本养老金的条件有哪些?

༣.གཞི་རྩའི་རྒན་གསོའི་དངུལ་ལེན་པར་ཆ་རྐྱེན་གང་དག་དགོས་སམ།

根据《中华人民共和国社会保险法》规定，参加基本养老保险的个人，达到法定退休年龄时累计缴费满十五年的，按月领取基本养老金。

《ཀྲུང་ཧྭ་མི་དམངས་སྤྱི་མཐུན་རྒྱལ་ཁབ་ཀྱི་སྤྱི་ཚོགས་འགན་བཅོལ་བཅའ་ཁྲིམས་》ཀྱི་གཏན་འབེབས་ལྟར་ན། གཞི་རྩའི་རྒན་གསོ་འགན་བཅོལ་ནང་ཞུགས་མཁན་གྱི་མི་དེ་ཉིད། ཁྲིམས་བཀོད་ལས་འཁྱུར་ངལ་གསོ་རྒྱག་པའི་ལོ་ཚད་ལ་སླེབས་སྐབས། འགན་བཅོལ་གྲོན་དངུལ་བསྒྱུལ་ནས་ཁྱོན་ལོ་བཅོ་ལྔ་ཟིན་ཡོད་ཚེ། ཟླ་བར་གཞིགས་ནས་གཞི་རྩའི་རྒན་གསོའི་དངུལ་ལེན་རྒྱུ་ཡོད།

4. 参加基本养老保险的个人，退休时没有缴费满十五年应该怎么办?

༤.གཞི་རྩའི་རྒན་གསོ་འགན་བཅོལ་ནང་ཞུགས་མཁན་གྱི་མི་དེ་ཉིད་ལས་འཁྱུར་ངལ་གསོ་རྒྱག་པའི་ལོ་ཚད་ལ་སླེབས་སྐབས། འགན་བཅོལ་གྲོན་དངུལ་བསྒྱུལ་ནས་ལོ་བཅོ་ལྔ་ཟིན་མེད་ན་གང་འདྲ་བྱེད་དགོས་སམ།

根据《中华人民共和国社会保险法》规定，参加基本养老保险的个人，达到法定退休年龄时累计缴费不足十五年的，可以缴费至满十五年，按月领取基本养老金；也可以转入新型农村社会养老保险或者城镇居民社会养老保险，按照国务院规定享受相应的养老保险待遇。

《ཀྲུང་ཧྭ་མི་དམངས་སྤྱི་མཐུན་རྒྱལ་ཁབ་ཀྱི་སྤྱི་ཚོགས་འགན་བཅོལ་བཅའ་ཁྲིམས་》ཀྱི་གཏན་འབེབས་ལྟར་ན། གཞི་རྩའི་རྒན་གསོ་འགན་བཅོལ་ནང་ཞུགས་མཁན་མི་སྒེར་གྱིས་ཁྲིམས་བཀོད་ལས་འཁྱུར་ངལ་གསོ་རྒྱག་པའི་ལོ་ཚད་ལ་སླེབས་སྐབས་འགན་བཅོལ་གྲོན་དངུལ་བསྐྱལ་ནས་ཁྱོན་ལོ་བཅོ་ལྔ་ཟིན་མེད་ཚེ། ལོ་བཅོ་ལྔ་བར་གྱི་གྲོན་དངུལ་གསབ་སྤྲོད་བྱས་ན། ཟླ་བར་གཞིགས་ནས་གཞི་རྩའི་རྒན་གསོའི་དངུལ་ལེན་ཆོག་ཡོད་ལ། དཔེ་གསར་གྱི་གྲོང་གསེབ་སྤྱི་ཚོགས་འགན་གསོ་འགན་བཅོལ་ལམ་ཡང་ན་གྲོང་ཁྱེར་དང་གྲོང་རྡལ་གྱི་གྲོང་མིའི་སྤྱི་ཚོགས་རྒན་གསོ་འགན་བཅོལ་ནང་བསྒྱུར་ཞུགས་བྱས་ཆོག རྒྱལ་སྲིད་སྤྱི་ཁྱབ་ཁང་གི་གཏན་འབེབས་ལྟར་དེ་མཚུངས་ཀྱི་རྒན་གསོ་འགན་བཅོལ་གྱི་ཐོབ་ཐང་ལོངས་སྤྱོད་བྱ་རྒྱུ་ཡོད།

不缴社保损害自身利益

སྤྱི་ཚོགས་འགན་བཅོལ་གྱི་འགྲོ་གྲོན་མ་བསྐྱལ་ཆེ་རང་ཉིད་ཀྱི་ཁེ་ཕན་ལ་གནོད་སྐྱོན་ཡོད།

案情：

གྱོད་གཞིའི་གནས་ཚུལ།

格桑在一家私营企业打工，企业与其约定每个月将本应该由单位缴纳的社会保险费直接付给他本人。格桑想这样每月能多拿一些钱，就同意了。

སྐལ་བཟང་ནི་སྒེར་གྱི་ཁེ་ལས་ཤིག་ལ་གླ་པ་བྱེད་ཀྱི་ཡོད། ཁེ་ལས་དང་ཁོ་པའི་དབར་གྲོས་བྱས་ཏེ་ཟླ་རེར་ཚན་པ་ནས་བསྐྱལ་རྒྱུའི་སྤྱི་ཚོགས་འགན་བཅོལ་གྲོན་དངུལ་དག་ཐད་ཀར་ཁོ་རང་ལ་སྤྲོད་རྒྱུའི་ཁ་ཆད་བྱས། སྐལ་བཟང་གི་བསམ་པར་དེ་འདྲ་བྱས་ན་ཁོ་རང་ལ་ཟླ་རེར་དངུལ་འཕོལ་པ་གང་ཙམ་ཡོང་གི་ཡོད་པས་དེར་མོས་མཐུན་བྱས།

不久，格桑因生病花费了不少医疗费用，于是便拿着发票要求单位报销，但企业答复他：由于她没参加医疗保险，因此医疗费要个人全额负担。

མི་རིང་བར་སྐལ་བཟང་ལ་ནད་ཕོག་སྟེ་སྨན་རིན་གྱི་འགྲོ་སྒྲོན་མི་ཉུང་བ་ཞིག་ཤོར། དེས་ན་སྐལ་བཟང་གིས་སྨན་རིན་གྱི་ཐྲ་སེ་ཁྱེར་ནས་ཚན་པར་རྩིས་ཞུ་བྱེད་པར་ཕྱིན། འོན་ཀྱང་ཁེ་ལས་ཀྱིས་ཁོ་པར་ཁྱོད་རང་སྨན་བཅོས་འགན་བཅོལ་ནང་ཞུགས་མེད་པས་སྨན་བཅོས་ཀྱི་སྒྲོན་དངུལ་ཚང་མ་རང་གིས་གཏོང་དགོས་ཞེས་བཤད།

分析:

དབྱེ་ཞིབ།

社会保险包括养老保险、医疗保险、失业保险、生育保险和工伤保险。一般情况下，劳动者都可以参加这五项保险。其中，劳动者本人需要缴纳社会保险费的是养老保险、医疗保险，生育、工伤、失业保险由用人单位缴费。

སྤྱི་ཚོགས་འགན་བཅོལ་ནང་། རྒན་གསོའི་འགན་བཅོལ་དང་སྨན་བཅོས་འགན་བཅོལ། ལས་ཤོར་འགན་བཅོལ། བུ་བཙའི་འགན་བཅོལ། ལས་རྨས་འགན་བཅོལ་བཅས་ཚུད་ཡོད། སྤྱིར་བཏང་གི་གནས་ཚུལ་འོག་ངལ་རྩོལ་པ་ཚང་མ་འགན་བཅོལ་ཁག་ལྔ་པོ་དེ་དག་ནང་ཞུགས་ཆོག་པ་ཡིན། དེའི་ཁྲོད་རྒན་གསོའི་འགན་བཅོལ་དང་། སྨན་བཅོས་འགན་བཅོལ་གྱི་གྲོན་དངུལ་ནི་རང་ཉིད་ནས་བསྒྲུབ་དགོས་ཤིང་། བུ་བཙའ་དང་། ལས་རྨས། ལས་ཤོར་འགན་བཅོལ་གྱི་གྲོན་དངུལ་དག་ལས་མི་བཀོལ་སྤྱོད་ཚན་པ་ནས་བསྒྲུབ་དགོས།

如果单位拒缴社会保险，劳动者可向当地人力资源和社会保障部门举报或投诉。

གལ་སྲིད་ལས་མི་བཀོལ་སྤྱོད་ཚན་པས་སྤྱི་ཚོགས་འགན་བཅོལ་གྱི་གྲོན་དངུལ་སྤྲོད་རྒྱ་ཁས་མ་བླངས་ཚེ། ངལ་རྩོལ་པས་ས་གནས་དེ་གའི་མི་ཤུགས་ཐོན་ཁུངས་དང་སྤྱི་ཚོགས་འགན་བཅོལ་སྡེ་ཁག་ལ་ཐེར་འདོན་དང་ཞུ་གཏུག་བྱས་ཆོག

5. 参加基本养老保险的个人死亡的，家属可以领取其养老保险金吗？

༥.གཞི་རྩའི་རྒན་གསོའི་འགན་བཅོལ་ནང་ཞུགས་མཁན་མི་དེ་འདས་གྲོངས་སོང་ན་ཁོ་པའི་རྒན་གསོ་འགན་བཅོལ་གྱི་དངུལ་ཁྲིམ་མིས་བླངས་ན་འགྲིག་གམ།

根据《中华人民共和国社会保险法》规定，参加基本养老保险的个人，因病或者非因工死亡的，其遗属可以领取丧葬补助金和抚恤金；在未达到法定退休年龄时因病或者非因工致残完全丧失劳动能力的，本人可以领取病残津贴。

《ཀྲུང་ཧྭ་མི་དམངས་སྤྱི་མཐུན་རྒྱལ་ཁབ་ཀྱི་སྤྱི་ཚོགས་འགན་བཅོལ་བཅའ་ཁྲིམས་》ཀྱི་གཏན་འབེབས་ལྟར་ན། གཞི་རྩའི་རྒན་གསོའི་འགན་བཅོལ་ནང་ཞུགས་མཁན་མི་དེ་ན་བའམ་ཡང་ན་ལས་ཀའི་རྐྱེན་མ་ཡིན་པར་ཚེ་ལས་འདས་ཚེ། དེའི་ཁྲིམ་མིས་འདས་འཇུག་ཁ་གསབ་འགྲོ་གྲོན་དང་འཚི་གོད་ཀུན་གསབ་དངུལ་ལེན་ཆོག ཁྲིམས་བཀོད་ལས་འཁྱུར་ངལ་གསོའི་ལོ་ཚད་

མ་ཟིན་པའི་སྐབས་ཚེ་ལས་འདས་པའམ་ཡང་ན་ལས་ཀའི་རྐྱེན་མ་ཡིན་པར་དབང་པོ་སྐྱོན་ཅན་ཆགས་ནས་ངལ་རྩོལ་བྱེད་ནུས་གཏན་ནས་མེད་པ་ཆགས་ཚེ་ནད་པ་དང་དབང་པོ་སྐྱོན་ཅན་གྱི་ཁ་གསབ་རོགས་དངུལ་བླངས་ཆོག

6. 劳动者可以同时申报工伤保险和医疗保险吗？

༦.ངལ་རྩོལ་པས་ལས་རྨས་འགན་བཅོལ་དང་སྨན་བཅོས་འགན་བཅོལ་དུས་གཅིག་ཏུ་ལེན་ཆོག་གམ།

根据《工伤保险条例》规定，劳动者在工作时间、工作地点，因工作原因受伤后，依法应当享受工伤保险待遇，但是工伤保险基金的支付范围和内容必须严格按照法律规定予以报销。

《ལས་རྨས་འགན་བཅོལ་སྲོལ་ཡིག་》གི་གནད་འབེབས་ལྟར་ན། ངལ་རྩོལ་པར་ལས་ཀའི་དུས་ཚོད་ནང་ལས་ཀ་བྱེད་སར་ལས་ཀའི་རྐྱེན་གྱིས་རྨས་སྐྱོན་བྱུང་ཚེ། ཁྲིམས་ལྟར་ལས་རྨས་འགན་བཅོལ་གྱི་ཐོབ་ཐང་ལོངས་སྤྱོད་བྱ་རྒྱུ་ཡོད། འོན་ཀྱང་ལས་རྨས་ཀྱི་འགན་བཅོལ་དངུལ་རྩའི་གཏོང་སྒྲོད་ཁྱབ་ཁོངས་དང་ནང་དོན་ནི་ངེས་པར་དུ་བཅའ་ཁྲིམས་ཀྱི་གནད་འབེབས་ལ་ནན་པོར་གཞིགས་ནས་རྩིས་ཞུ་བྱ་དགོས།

我国《中华人民共和国社会保险法》规定："下列医疗费用不纳入基本医疗保险基金支付范围：

རང་རྒྱལ་གྱི་《ཀྲུང་ཧྭ་མི་དམངས་སྤྱི་མཐུན་རྒྱལ་ཁབ་ཀྱི་སྤྱི་ཚོགས་འགན་བཅོལ་བཅའ་ཁྲིམས་》ཀྱི་གནད་འབེབས་ལྟར་ན། གཤམ་གསལ་གྱི་སྨན་བཅོས་འགྲོ་སྒྲོན་དག་གཞི་རྩའི་སྨན་བཅོས་འགན་བཅོལ་གྱི་དངུལ་རྩའི་གཏོང་སྒྲོད་ཁྱབ་ཁོངས་ནང་ཚུད་ཀྱི་མེད་པ་སྟེ།

（1）治疗工伤的医疗费用和康复费用；

（༡）ལས་རྨས་སྨན་བཅོས་འགྲོ་སྒྲོན་དང་བདེ་ཐང་སླར་གསོའི་འགྲོ་སྒྲོན།

（2）住院伙食补助费；

（༢）སྨན་ཁང་ལ་སྡོད་རིང་གི་ལྟོ་ཆས་ཁ་གསབ་འགྲོ་སྒྲོན།

（3）到统筹地区以外就医的交通食宿费；

（༣）གཅིག་གྱུར་གྲབས་གསོག་ས་ཁུལ་མ་ཡིན་པའི་ས་ཆར་སྨན་བཅོས་བྱེད་པར་ཕྱིན་པའི་འགྲིམ་འགྲུལ་དང་ཟས་སྡོད་ཀྱི་འགྲོ་སྒྲོན།

（4）安装配置伤残辅助器具所需费用；

（༤）རྨས་སྐྱོན་རམ་འདེགས་ཡོ་བྱད་བསྒར་བའི་འགྲོ་སྒྲོན།

（5）生活不能自理的，经劳动能力鉴定委员会确认的生活护理费；

（༥）འཚོ་བའི་རང་སྐྱ་མི་འཁྱེར་ཚེ། ངལ་རྩོལ་ནུས་པ་གསལ་འབྱེད་ཨུ་ཡོན་ལྷན་ཁང་ནས་ཁས་བླངས་པའི་འཚོ་བའི་གཡོག་བྱེད་ཀྱི་འགྲོ་སྒྲོན།

（6）一次性伤残补助金和一至四级伤残职工按月领取的伤残津贴；

（༦）སྤྱོད་ཐེངས་གཅིག་གི་རྨས་སྐྱོན་ཁ་གསབ་རོགས་དངུལ་དང་། རྨས་སྐྱོན་རིམ་པ་དང་པོ་ནས་བཞི་པ་བར་གྱི་ལས་བཟོ་བས་ཟླ་རེར་བླངས་པའི་རྨས་སྐྱོན་ཁ་གསབ་རོགས་དངུལ།

（7）终止或者解除劳动合同时，应当享受的一次性医疗补助金；

（༧）ངལ་རྩོལ་གན་རྒྱ་མཚམས་འཇོག་བྱས་པའམ་ཡང་ན་མེད་པ་བཟོས་པ་དང་དུས་མཚུངས་ལོངས་སྤྱོད་བྱ་རྒྱུ་ཡོད་པའི་སྤྱོད་ཐེངས་གཅིག་གི་སྨན་བཅོས་ཁ་གསབ་རོགས་དངུལ།

（8）因工死亡的，其遗属领取的丧葬补助金、供养亲属抚恤金和因工死亡补助金；

（༨）ལས་ཀའི་ཆེད་དུ་འདས་གྲོངས་སོང་རྗེས། དེའི་ཁྱིམ་བདག་གིས་བླངས་པའི་འདས་འཇུག་ཁ་གསབ་རོགས་དངུལ་དང་གཉེན་ཉེའི་བསྐྱེན་བཀུར་འཚོ་གོད་གུན་གསབ་གྲོན་དངུལ། ལས་ཀའི་རྐྱེན་གྱིས་འདས་པའི་ཁ་གསབ་རོགས་དངུལ།

（9）劳动能力鉴定费。

（༩）ངལ་རྩོལ་ནུས་པ་གསལ་འབྱེད་བྱས་པའི་འགྲོ་གྲོན་བཅས་སོ།།

7. 用人单位没有为员工缴纳工伤保险，但员工发生了工伤怎么办？

༧.ལས་མི་བཀོལ་སྤྱོད་ཚན་པས་ལས་མིའི་ལས་རྨས་འགན་བཙོལ་གྲོན་དངུལ་སྤྲད་མེད་པའི་ལས་མིར་རྨས་སྐྱོན་བྱུང་ཚེ་གང་འདྲ་བྱེད་དགོས་སམ།

根据《中华人民共和国社会保险法》规定，职工所在用人单位未依法缴纳工伤保险费，发生工伤事故的，由用人单位支付工伤保险待遇。用人单位不支付的，从工伤保险基金中先行支付。

《ཀྲུང་ཧྭ་མི་དམངས་སྤྱི་མཐུན་རྒྱལ་ཁབ་ཀྱི་སྤྱི་ཚོགས་འགན་བཙོལ་བཅའ་ཁྲིམས་》ཀྱི་གཏན་འབེབས་ལྟར་ན། ལས་བཟོ་བ་ལས་ཀ་བྱེད་སའི་ཚན་པས་ཁྲིམས་ལྟར་ལས་རྨས་འགན་བཙོལ་གྲོན་དངུལ་བསྐྱལ་མེད་པ་དང་། ལས་མིར་ལས་རྨས་ཆག་སྐྱོ་བྱུང་ན། ལས་མི་བཀོལ་སྤྱོད་ཚན་པས་ལས་རྨས་འགན་བཙོལ་གྱི་ཐོབ་ཐང་སྤྲོད་དགོས། གལ་ཏེ་ལས་མི་བཀོལ་སྤྱོད་ཚན་པས་མ་སྤྲད་ཚེ། ལས་རྨས་འགན་བཙོལ་ཐེབས་རྩའི་ནང་ནས་སྔོན་ལ་སྤྲོད་དགོས།

8. 哪些人可以领取失业保险？

༨.མི་གང་དག་གིས་ལས་ཤོར་འགན་བཅོལ་དངུལ་ལེན་ཆོག་གམ།

根据《失业保险条例》规定，失业人员符合下列条件的，从失业保险基金中领取失业保险金：

《ལས་ཤོར་འགན་བཅོལ་སྒྲིག་ཡིག་》གི་གཏན་འབེབས་ལྟར་ན། ལས་ཤོར་མི་སྣ་དག་གཤམ་གསལ་གྱི་ཆ་རྐྱེན་དང་མཐུན་ན། ལས་ཤོར་འགན་བཅོལ་གྱི་ཐེབས་རྩའི་ནང་ནས་ལས་ཤོར་འགན་བཅོལ་གྱི་སྒྲོན་དངུལ་ལེན་ཆོག་པ་སྟེ།

（1）失业前用人单位和本人已经缴纳失业保险费满一年的；

（༡）ལས་ཀ་མ་ཤོར་གོང་ལས་མི་བཀོལ་སྤྱོད་ཚན་པ་དང་ལས་མི་རང་ཉིད་ནས་ལས་ཤོར་འགན་བཅོལ་གྱི་སྒྲོན་དངུལ་བསྩལ་ནས་ལོ་གཅིག་ཟིན་པ།

（2）非因本人意愿中断就业的；

（༢）ལས་མི་རང་ཉིད་ཀྱི་འདོད་བློའི་རྐྱེན་མ་ཡིན་པར་ལས་ཀར་ཞུགས་མཚམས་ཆད་པ།

（3）已经进行失业登记，并有求职要求的。

（༣）ལས་ཤོར་གྱི་ཐོ་འགོད་བྱས་པ་མ་ཟད། ལས་ཀ་འཚོལ་རྒྱུའི་རེ་བ་ཡོད་པ་བཅས་སོ།།

9. 领取失业保险金的期限有什么规定？

༩.ལས་ཤོར་འགན་བཅོལ་གྱི་དངུལ་ལེན་པའི་དུས་བཀག་ཐད་གཏན་འབེབས་གང་དག་ཡོད་དམ།

根据《失业保险条例》规定，失业人员失业前用人单位和本人累计缴费满一年不足五年的，领取失业保险金的期限最长为十二个月；累计缴费满五年不足十年的，领取失业保险金的期限最长为十八个月；累计缴费十年以上的，领取失业保险金的期限最长为二十四个月。重新就业后，再次失业的，缴费时间重新计算，领取失业保险金的期限与前次失业应当领取而尚未领取的失业保险金的期限合并计算，最长不超过二十四个月。

《ལས་ཤོར་འགན་བཅོལ་སྲོལ་ཡིག་》གི་གཏན་འབེབས་ལྟར་ན། ལས་ཤོར་མི་སྣས་ལས་ཀ་མ་ཤོར་གོང་ལས་མི་བཀོལ་སྤྱོད་ཚན་པ་དང་རང་སྐེར་གྱིས་འགན་བཅོལ་གྲོན་དངུལ་བསྒྲུལ་ནས་ཁྱོན་ལོ་གཅིག་ལས་ལོ་ལྔ་ཟིན་མེད་ཚེ། ལས་ཤོར་འགན་བཅོལ་གྱི་གྲོན་དངུལ་ལེན་པའི་དུས་བཀག་རིང་ཤོས་ལ་ཟླ་བ་བཅུ་གཉིས་ཡིན། འགན་བཅོལ་གྱི་གྲོན་དངུལ་བསྒྲུལ་ནས་ཁྱོན་ལོ་ལྔ་ལས་ལོ་བཅུ་ཟིན་མེད་ཚེ། ལས་ཤོར་གྱི་འགན་བཅོལ་དངུལ་ལེན་པའི་དུས་བཀག་རིང་ཤོས་ཟླ་བ་བཅོ་བརྒྱད་ཡིན། འགན་བཅོལ་གྱི་གྲོན་དངུལ་བསྒྲུལ་ནས་ཁྱོན་ལོ་བཅུ་ཡན་ཟིན་ཚེ། ལས་ཤོར་གྱི་འགན་བཅོལ་དངུལ་ལེན་པའི་དུས་བཀག་རིང་ཤོས་ཟླ་བ་ཉི་ཤུ་རྩ་བཞི་ཡིན། བསྐྱར་དུ་ལས་ཞུགས་བྱས་རྗེས་སླར་ཡང་ལས་ཀ་ཤོར་ཚེ། འགན་བཅོལ་གྲོན་དངུལ་བསྒྲུལ་བའི་དུས་ཚོད་བསྐྱར་དུ་བརྩི་དགོས། འགན་བཅོལ་གྱི་གྲོན་དངུལ་ལེན་པའི་དུས་བཀག་དང་དེའི་གོང་དུ་ལས་ཀ་ཐེངས་གཉིས་ཤོར་རིང་ལེན་དགོས་ངེས་ཡིན་ཀྱང་བླངས་མེད་པའི་ལས་ཤོར་འགན་བཅོལ་དངུལ་གྱི་དུས་བཀག་གཉིས་བསྡོམས་ན། དུས་བཀག་རིང་ཤོས་ཟླ་བ་ཉི་ཤུ་རྩ་བཞི་ཡིན།

10. 哪些情形劳动者可以按照国家规定享受生育津贴？

༡༠.གནས་ཚུལ་གང་དག་གི་འོག་ངལ་རྩོལ་པས་རྒྱལ་ཁབ་ཀྱི་གཏན་འབེབས་ལྟར་བྱ་བཙའི་ཕོགས་སྣོན་ལོངས་སྤྱོད་བྱ་རྒྱུ་ཡོད་དམ།

根据《中华人民共和国社会保险法》规定，职工有下列情形之一的，可以按照国家规定享受生育津贴：

《ཀྲུང་ཧྭ་མི་དམངས་སྤྱི་མཐུན་རྒྱལ་ཁབ་ཀྱི་སྤྱི་ཚོགས་འགན་བཅོལ་བཅའ་ཁྲིམས་》ཀྱི་གཏན་འབེབས་ལྟར་ན། ལས་བཟོ་བར་གཤམ་གསལ་གྱི་གནས་ཚུལ་རིགས་ཡོད་ཚེ་རྒྱལ་ཁབ་ཀྱི་གཏན་འབེབས་ལྟར་བྱ་བཙའི་ཕོགས་སྣོན་ལོངས་སྤྱོད་བྱ་རྒྱུ་ཡོད་དེ།

（1）女职工生育享受产假；

（༡）བུད་མེད་ལས་བཟོ་བར་སྦྲུ་གུ་བཙའ་དུས་ངལ་གསོ་བརྒྱབ་ཆོག་པ།

（2）享受计划生育手术休假；

（༢）འཆར་ལྡན་བྱ་བཙའི་གཤག་བཅོས་བྱས་ན་ངལ་གསོ་བརྒྱབ་ཆོག་པ།

（3）法律、法规规定的其他情形

（༣）ད་དུང་བཅའ་ཁྲིམས་དང་ཁྲིམས་སྲོལ་གྱི་གཏན་འབེབས་གཞན་དག་བཅས་སོ།།

11. 用人单位不办理社会保险登记的，将会受到什么样的处罚？

༡༡.ལས་མི་བཀོལ་སྤྱོད་ཚན་པས་སྤྱི་ཚོགས་འགན་བཅོལ་ཐོ་འགོད་མ་བྱས་ཚེ། ཁྲིམས་ཆད་གང་འདྲ་ཕོག་སྲིད་དམ།

根据《中华人民共和国社会保险法》规定，用人单位不办理社会保险登记的，由社会保险行政部门责令限期改正；逾期不改正的，对用人单位处应缴社会保险费数额一倍以上三倍以下的罚款，对其直接负责的主管人员和其他直接责任人员处五百元以上三千元以下的罚款。

《ཀྲུང་ཧྭ་མི་དམངས་སྤྱི་མཐུན་རྒྱལ་ཁབ་ཀྱི་སྤྱི་ཚོགས་འགན་བཅོལ་བཅའ་ཁྲིམས་》ཀྱི་གཏན་འབེབས་ལྟར་ན། ལས་མི་བཀོལ་སྤྱོད་ཚན་པས་སྤྱི་ཚོགས་འགན་བཅོལ་གྱི་ཐོ་འགོད་མ་

བྱས་ཆོ། སྤྱི་ཚོགས་འགན་བཅོལ་སྲིད་འཛིན་སྡེ་ཁག་ནས་བཀའ་པབ་སྟེ། དུས་བཀག་ནང་ཡོ་བསྲང་བྱེད་དུ་འཇུག་རྒྱུ་དང་། དུས་བཀག་ནང་ཡོ་བསྲང་མ་བྱས་ན། ལས་མི་བཀོལ་སྤྱོད་ཚན་པར་སྤྱི་ཚོགས་འགན་བཅོལ་གྲོན་དངུལ་གྲངས་འབོར་གྱི་ལྷབ་གཅིག་ཡན་ནས་ལྷབ་གསུམ་མན་གྱི་དངུལ་ཆད་གཅོད་རྒྱུ། དེར་ཐད་ཀའི་འགན་འཁྲི་ཡོད་པའི་གཙོ་གཉེར་མི་སྣ་དང་ཐད་ཀའི་འགན་འཁྲི་ཡོད་པའི་མི་གཞན་དག་ལ་སྒོར་ལྔ་བརྒྱ་ཡན་ནས་སྒོར་གསུམ་སྟོང་མན་གྱི་དངུལ་ཆད་གཅོད་རྒྱུ།

12. 单位能让劳动者个人缴纳工伤保险费吗？

༡༢.ཚན་པས་ངལ་རྩོལ་པ་སྒེར་ལ་ལས་རྨས་འགན་བཅོལ་གྲོན་དངུལ་བསྡུལ་དུ་བཅུག་ན་འགྲིག་གམ།

根据《工伤保险条例》规定，单位是不能让职工个人缴纳工伤保险费用的。我国法律明确规定，用人单位应当按时缴纳工伤保险费，职工个人不缴纳工伤保险费用。

དེ་ནི་མི་འགྲིག་སྟེ། 《ལས་རྨས་འགན་བཅོལ་སྲོལ་ཡིག་》ཀྱི་གཏན་འབེབས་ལྟར་ན། ཚན་པས་ལས་བཟོ་བ་མི་སྒེར་ལ་ལས་རྨས་འགན་བཅོལ་གྱི་འགྲོ་གྲོན་བསྡུལ་དུ་འཇུག་མི་ཉུང་། རང་རྒྱལ་གྱི་བཅའ་ཁྲིམས་ནང་ལས་མི་བཀོལ་སྤྱོད་ཚན་པས་ལས་རྨས་འགན་བཅོལ་གྱི་གྲོན་དངུལ་དུས་ཐོག་ལ་བསྡུལ་དགོས་པ་དང་། ལས་བཟོ་བ་སྒེར་གྱིས་ལས་རྨས་འགན་བཅོལ་གྱི་གྲོན་དངུལ་བསྡུལ་མི་དགོས་པའི་གཏན་འབེབས་གསལ་པོ་བྱས་ཡོད།

九、女职工的特别保护

དགུ་པ། བུད་མེད་ལས་བཟོ་བར་དམིགས་བསལ་གྱི་སྲུང་སྐྱོབ་བྱ་ཐབས།

1. 用人单位在招聘启事上标明不招女性的做法对吗？

༡.ལས་མི་བཀོལ་སྤྱོད་ཚན་པས་ལས་མི་བརྙ་བའི་བརྡ་ཡིག་ཐོག་བུད་མེད་མི་བརྙ་ཞེས་གསལ་པོ་བྲིས་པའི་བྱེད་སྟངས་དེ་འགྲིག་པ་ཡིན་ནམ།

不对。根据《中华人民共和国劳动法》规定，妇女享有与男子平等的就业权利。在录用职工时，除国家规定的不适合妇女的工种或者岗位外，不得以性别为由拒绝录用妇女或者提高对妇女的录用标准。

དེ་ནི་མི་འགྲིག་སྟེ། 《ཀྲུང་ཧྭ་མི་དམངས་སྤྱི་མཐུན་རྒྱལ་ཁབ་ཀྱི་ངལ་རྩོལ་བཅའ་ཁྲིམས་》ཀྱི་གཏན་འབེབས་ལྟར་ན། བུད་མེད་ལ་སྐྱེས་པ་དང་འདྲ་མཉམ་གྱི་ལས་ཞུགས་དབང་ཆ་ཡོད། ལས་བཟོ་བ་བརྙ་སྤྱོད་བྱེད་སྐབས། རྒྱལ་ཁབ་ཀྱི་གཏན་འབེབས་ལྟར་བུད་མེད་ཀྱིས་བྱ་རྒྱུར་མི་འཚམ་པའི་ལས་རིགས་སམ་ཡང་ན་ལས་གནས་ཕུད། ཕོ་མོའི་དབྱེ་བ་རྒྱུ་མཚན་དུ་བྱས་ནས་བུད་མེད་བརྙ་སྤྱོད་མི་བྱེད་པའམ་ཡང་ན་བུད་མེད་ལ་བརྙ་སྤྱོད་ཀྱི་ཚད་གཞི་སྤོར་མི་རུང་།

2. 用人单位可不可以在女职工生育期间降低其工资?

༢.ལས་མི་བཀོལ་སྤྱོད་ཚན་པས་བུད་མེད་ལས་བཟོ་བ་ཕྲུ་གུ་སྐྱེ་བའི་སྐབས་གླ་ཕོགས་བཅག་ན་འགྲིག་གམ།

不可以。根据《女职工劳动保护特别规定》，用人单位不得因女职工怀孕、生育、哺乳而降低其工资、予以辞退、与其解除劳动或者聘用合同。

དེ་ནི་མི་འགྲིག་སྟེ།《བུད་མེད་ལས་བཟོ་བའི་ངལ་རྩོལ་སྲུང་སྐྱོབ་ཀྱི་དམིགས་བསལ་གཏན་འབེབས་》ལྟར་ན། ལས་མི་བཀོལ་སྤྱོད་ཚན་པས་བུད་མེད་ལས་བཟོ་བར་ཕྲུ་གུ་འཕོར་བ་དང་སྐྱེས་པ། འོ་དུས་བཅས་ཀྱི་རྐྱེན་པས་ཁོ་མོའི་གླ་ཆ་གཅོག་པ་དང་ལས་གནས་ཕྱིར་འཐེན་བྱེད་པ། ཁོ་མོ་དང་ངལ་རྩོལ་གན་རྒྱ་དང་ཡང་ན་གདན་ཞུའི་གན་རྒྱ་མེད་པ་བཟོ་མི་རུང་།

3. 产检所花的时间算工时吗?

༣.ཕྲུ་གུ་མ་སྐྱེས་གོང་བརྟག་དཔྱད་བྱེད་རིང་གི་དུས་ཚོད་དེ་ལས་ཀའི་དུས་ཚོད་ལ་བརྩི་དགོས་སམ།

根据《女职工劳动保护特别规定》，怀孕女职工在劳动时间内进行产前检查，所需时间计入劳动时间。

《བུད་མེད་ལས་བཟོ་བའི་ངལ་རྩོལ་སྲུང་སྐྱོབ་ཀྱི་དམིགས་བསལ་གཏན་འབེབས་》ལྟར་ན། ཕྲུ་གུ་འཕོར་བའི་བུད་མེད་ལས་བཟོ་བས་ངལ་རྩོལ་གྱི་དུས་ཚོད་ནང་ཕྲུ་གུ་མ་སྐྱེས་གོང་གི་བརྟག་དཔྱད་བྱ་རྒྱུར་མཁོ་བའི་དུས་ཚོད་དེ་ངལ་རྩོལ་དུས་ཚོད་ལ་བརྩི་བ་ཡིན།

4. 卓玛的孩子半岁了，用人单位安排卓玛经常上夜班合理吗?

༤.སྒྲོལ་མའི་ཕྲུ་གུ་ལོ་ཕྱེད་ལས་ཟིན་མེད། ལས་མི་བཀོལ་སྤྱོད་ཚན་པས་སྒྲོལ་མར་རྟག་ཏུ་མཚན་ལས་བསྐྱལ་ན་ལུགས་མཐུན་ཡིན་ནམ།

不合理。根据《女职工劳动保护特别规定》，对哺乳未满 1 周岁婴儿的女职工，用人单位不得延长劳动时间或者安排夜班劳动。

དེ་ནི་ཞུགས་མཐུན་མིན། 《བུད་མེད་ལས་བཟོ་བའི་ངལ་རྩོལ་སྲུང་སྐྱོབ་ཀྱི་དམིགས་བསལ་གཏན་འབེབས་》ལྟར་ན། བུད་མེད་ལས་བཟོ་བའི་ལོ་དུས་ཀྱི་ཁྱིམ་པ་ལོ་གཅིག་ལོན་མེད་ན། ལས་མི་བཀོལ་སྤྱོད་ཚན་པས་ངལ་རྩོལ་གྱི་དུས་ཚོད་ནར་འགྱང་གཏོང་བའམ་ཡང་ན་མཚན་ལས་བཀོད་སྒྲིག་བྱས་མི་ཆོག

5. 关于产假，是怎么规定的？

༥.བུ་བཙའི་ངལ་གསོའི་སྐོར་ལ་གཏན་འབེབས་གང་འདྲ་བྱས་ཡོད་དམ།

根据《女职工劳动保护特别规定》，女职工生育享受98天产假，其中产前可以休假15天；难产的，应增加产假15天；生育多胞胎的，每多生育1个婴儿，可增加产假15天。

《བུད་མེད་ལས་བཟོ་བའི་ངལ་རྩོལ་སྲུང་སྐྱོབ་ཀྱི་དམིགས་བསལ་གཏན་འབེབས་》ལྟར་ན། བུད་མེད་ལས་བཟོ་བར་ཕྲུ་གུ་སྐྱེས་ན་བུ་བཙའི་ངལ་གསོ་ཉིན་༩༨ལོངས་སྤྱོད་བྱ་རྒྱུ་ཡོད་ཅིང་།

དེའི་ཁྲོད་ཟླ་གྲུ་མ་སླེས་གོང་གི་ངལ་གསོ་ཉིན་༡༥དང་། སྐྱེ་ཁག་པོ་བྱུང་ཚེ་ཉིན་༡༥འཐོལ་པ་བསྣན་ཆོག་པ། ཟླ་གྲུ་མཆེ་མ་སླེས་ན་ཟླ་གྲུ་གཅིག་ལ་ངལ་གསོ་ཉིན་༡༥རེ་འཐོལ་པ་བསྣན་ཆོག

女职工怀孕未满4个月流产的，享受15天产假；怀孕满4个月流产的，享受42天产假。

བུད་མེད་ལས་བཟོ་བར་ཟླ་གྲུ་འཁོར་ནས་ཟླ་བ་བཞི་མ་སོང་བར་ཟླ་གྲུ་ཤོར་བ་ཡིན་ཚེ། བུ་བཙའི་ངལ་གསོ་ཉིན་༡༥བསྣད་ཆོག་པ་དང་། ཟླ་གྲུ་འཁོར་ནས་ཟླ་བ་བཞི་ཟིན་རྗེས་ཟླ་གྲུ་ཤོར་བ་ཡིན་ཚེ། བུ་བཙའི་ངལ་གསོ་ཉིན་༤༢བསྣད་ཆོག

6. 哪些是女职工禁忌从事的工作？

༦.ལས་ཀ་གང་དག་བུད་མེད་ལས་བཟོ་བས་བྱེད་མི་རུང་བའི་ལས་ཀ་ཡིན་ནམ།

根据《女职工劳动保护特别规定》，女职工禁忌从事的劳动范围：

《བུད་མེད་ལས་བཟོ་བའི་ངལ་རྩོལ་སྲུང་སྐྱོབ་ཀྱི་དམིགས་བསལ་གཏན་འབེབས་》ལྟར་ན། བུད་མེད་ལས་བཟོ་བས་བྱེད་མི་རུང་བའི་ལས་ཀའི་ཁྱབ་ཁོངས་ནི།

（1）矿山井下作业；

（༡）གཏེར་ཁུང་ནང་གི་ལས་ཀ།

（2）体力劳动强度分级标准中规定的第四级体力劳动强度的作业；

（༢）ལུས་ཤུགས་ཀྱི་ངལ་རྩོལ་ལྡིད་ཚད་ལ་རིམ་པ་མི་འདྲ་བའི་ཚད་གཞི་ཡོད་པ་ལས་རིམ་པ་བཞི་པའི་ལུས་ཤུགས་ངལ་རྩོལ།

（3）每小时负重6次以上、每次负重超过20公斤的作业，或者间断负重、每次负重超过25公斤的作业。

（༣）ཆུ་ཚོད་རེར་ལས་ཐེངས་༦ཡན་དང་། ལས་ཐེངས་རེར་ལྗིད་ཚད་སྤྱི་ཀྲ་༢༠བརྒལ་བའི་ཁུར་པོའམ་ཡང་ན་བར་མཚམས་ཀྱི་ཁུར་པོ་ལྗིད་པོ་དང་། ཐེངས་རེར་ལྗིད་ཚད་སྤྱི་ཀྲ་༢༥ལས་བརྒལ་བའི་ཁུར་པོ་ཁུར་བའི་ལས་ཀ་བཅས་སོ། །

十、职业病与工伤

བཅུ་པ། ལས་རིགས་ཀྱི་ནད་དང་ལས་རྨས།

1. 什么是职业病?

༡.གང་འདྲ་ཞིག་ལ་ལས་རིགས་ཀྱི་ནད་ཟེར་རམ།

职业病，是指企业、事业单位和个体经济组织等用人单位的劳动者在职业活动中，因接触粉尘、放射性物质和其他有毒、有害因素而引起的疾病。

ལས་རིགས་ཀྱི་ནད་ཅེས་པ་ནི་ཁེ་ལས་དང་བྱ་གཞག་ཚན་པ། ཁེར་རྐྱང་གི་དཔལ་འབྱོར་རྩ་འཛུགས་སོགས་ལས་མི་བཀོལ་སྤྱོད་ཚན་པའི་ལས་བཟོ་བས་ལས་རིགས་བྱེད་སྐབས་ཀྱི་ནང་ཐལ་རྡུལ་དང་འཕྲོ་འོད་རང་བཞིན་གྱི་དངོས་པོ། དུག་ཤས་ཆེ་བའི་དངོས་པོ། དེ་བཞིན་གནོད་འཚེའི་རྒྱུ་རྐྱེན་ཡོད་པའི་རིགས་དང་རེག་ཐུག་བྱུས་རྐྱེན་ཐོག་པའི་ནད་ལ་ཟེར་བ་ཡིན།

2. 防治职业病应坚持什么原则?

༢.ལས་རིགས་ཀྱི་ནད་འགོག་བཅོས་བྱེད་སྐབས་རྩ་དོན་གང་ཞིག་རྒྱུན་འཁྱོངས་བྱེད་དགོས་སམ།

职业病防治工作坚持预防为主、防治结合的方针，建立用人单位负责、行政机关监管、行业自律、职工参与和社会监督的机制，实行分类管理、综合治理。

ལས་རིགས་ནད་འགོག་བཅོས་ཀྱི་ལས་ཀ་བྱེད་སྐབས་སྔོན་འགོག་གཙོ་བོར་བཟུང་རྒྱུ་དང་འགོག་བཅོས་ཟུང་འབྲེལ་བྱ་རྒྱུའི་བྱེད་ཐབས་རྒྱུན་འཁྱོངས་བྱས་ཐོག ལས་མི་བཀོལ་སྤྱོད་ཚན་པས་འགན་འཁུར་རྒྱུ་དང་སྲིད་འཛིན་ལས་ཁུངས་ཀྱིས་ལྟ་སྐུལ་དོ་དམ་བྱ་རྒྱུ། ལས་རིགས་ཀྱི་རང་གཅུན་བྱ་རྒྱུ། ལས་བཟོ་བས་ཐེ་ཞུགས་དང་སྤྱི་ཚོགས་ཀྱིས་ལྟ་སྐུལ་བྱ་རྒྱུ་བཅས་ཀྱི་ལམ་ལུགས་འཛུགས་དགོས་པ་དང་། རིགས་དབྱེ་ནས་དོ་དམ་དང་ཐབས་བསྡུས་བཅོས་སྐྱོང་བྱ་རྒྱུ་ལག་བསྟར་བྱ་དགོས།

3. 易产生职业病危害的用人单位的设立有什么特殊要求？

༣.ལས་རིགས་ནད་ཀྱི་གནོད་འཚེ་འབྱུང་སླ་བའི་ལས་མི་བཀོལ་སྤྱོད་ཚན་པ་འཛུགས་པར་དམིགས་བསལ་གྱི་བླང་བྱ་གང་ཡོད་དམ།

产生职业病危害的用人单位的设立除应当符合法律、行政法规规定的设立条件外，其工作场所还应当符合下列职业卫生要求：

ལས་རིགས་ནད་ཀྱི་གནོད་འཚེ་འབྱུང་སླ་བའི་ལས་མི་བཀོལ་སྤྱོད་ཚན་པ་འཛུགས་པར་བཅའ་ཁྲིམས་དང་ཁྲིམས་སྲོལ་གྱིས་གཏན་འབེབས་བྱས་པའི་གསར་འཛུགས་ཆ་རྐྱེན་དང་མཐུན་དགོས་པ་ཕུད། དེའི་ལས་ཡུལ་ལའང་ད་དུང་གཤམ་གྱི་ལས་རིགས་འཕྲོད་བསྟེན་གྱི་བླང་བྱ་དང་མཐུན་དགོས་པ་སྟེ།

（1）职业病危害因素的强度或者浓度符合国家职业卫生标准；

（༡）ལས་རིགས་ནད་ཀྱི་གནོད་འཚེའི་རྒྱུ་རྐྱེན་གྱི་ཤུགས་ཚད་དང་གར་ཚད་དེ་རྒྱལ་ཁབ་ཀྱི་ལས་རིགས་འཕྲོད་བསྟེན་གྱི་ཚད་གཞི་དང་མཐུན་པ་བྱ་དགོས་པ།

（2）有与职业病危害防护相适应的设施；

（༢）ལས་རིགས་ནད་ཀྱི་གནོད་འཚེ་འགོག་སྲུང་བྱ་རྒྱུར་འཚམ་པའི་སྒྲིག་ཆས་ཡོད་དགོས་པ།

（3）生产布局合理，符合有害与无害作业分开的原则；

（༣）ཐོན་སྐྱེད་བྱེད་སྟངས་བཀོད་སྒྲིག་ལུགས་མཐུན་གྱིས་གནོད་ཡོད་དང་གནོད་མེད་ཀྱི་ལས་ཀ་གཉིས་ལོགས་སུ་དབྱེ་རྒྱུའི་རྩ་དོན་དང་མཐུན་པ་བྱ་དགོས་པ།

（4）有配套的更衣间、洗浴间、孕妇休息间等卫生设施；

（༤）ཆ་སྒྱུར་གྱི་གྱོན་ཆས་བརྗེ་ས་དང་གཟུགས་པོ་འཁྲུ་ས། སྦྲུམ་མ་ངལ་གསོ་རྒྱག་ས་སོགས་ཀྱི་སྒྲིག་བཀོད་ཚང་དགོས་པ།

（5）设备、工具、用具等设施符合保护劳动者生理、心理健康的要求；

（༥）སྒྲིག་ཆས་དང་ལག་ཆ། ཡོ་བྱད་སོགས་ངལ་རྩོལ་པའི་ལུས་ཁམས་དང་སེམས་ཁམས་བདེ་ཐང་སྲུང་སྐྱོབ་བྱ་རྒྱུའི་བླང་བྱ་དང་མཐུན་པ་བྱ་དགོས་པ།

（6）法律、行政法规和国务院卫生行政部门关于保护劳动者健康的其他要求。

（༦）བཅའ་ཁྲིམས་དང་ཁྲིམས་སྲོལ་གྱི་གཏན་འབེབས། རྒྱལ་སྲིད་སྤྱི་ཁྱབ་ཁང་འཕྲོད་བསྟེན་སྲི་ཁག་གི་ངལ་རྩོལ་པའི་བདེ་ཐང་སྲུང་སྐྱོབ་བྱ་རྒྱུའི་སྐོར་གྱི་བླང་བྱ་གཞན་དག་བཅས་སོ།།

4. 劳动者应在被诊断为职业病后多长时间内提出工伤认定申请？

༤.ངལ་རྩོལ་པས་བརྟག་དཔྱད་བྱས་པ་བརྒྱུད་རང་ཉིད་ལ་ལས་རིགས་ཀྱི་ནད་ཐོག་པ་ཤེས་རྗེས་དུས་ཡུན་ཊི་ཙམ་ནང་ལས་རྨས་ཁས་ལེན་གྱི་རེ་ཞུ་བྱེད་དགོས་སམ།

职业病病人享有工伤保险待遇，但需要职工所在单位向统筹地区社会保险行政部门提出工伤认定申请。职工所在单位应该当自事故伤害发生之日或者被诊断、鉴定为职业病之日起30日内，向统筹地区社会保险行政部门提出工伤认定申请。遇有特殊情况，经报社会保险行政部门同意，申请时限可以适当延长。

ལས་རིགས་ཀྱི་ནད་ཕོག་པའི་ནད་པར་ལས་རྨས་འགན་བཅོལ་གྱི་ཐོབ་ཐང་ལོངས་སྤྱོད་བྱ་རྒྱུ་ཡོད། འོན་ཀྱང་ལས་ཀ་བྱེད་སའི་ཚན་པས་གཅིག་གྱུར་གྲབས་གསོག་བྱེད་སའི་ས་ཁུལ་གྱི་སྤྱི་ཚོགས་འགན་བཅོལ་སྲིད་འཛིན་སྡེ་ཁག་ལ་ལས་རྨས་ཁས་ལེན་གྱི་རེ་ཞུ་བྱ་དགོས། ལས་བཟོ་བ་ལས་ཀ་བྱེད་སའི་ཚན་པས་དོན་འཇོན་གྱི་གནོད་འཚེ་ཐོན་པའི་ཉིན་མོའམ་ཡང་ན་ལས་རིགས་ཀྱི་ནད་ཕོག་པའི་བརྟག་དཔྱད་བྱས་འབྲས་ཐོན་པའི་ཉིན་མོ་དང་གསལ་འབྱེད་བྱས་པའི་ཉིན་མོ་ནས་བཟུང་ཉིན་༣༠ནང་གཅིག་གྱུར་གྲབས་གསོག་བྱེད་སའི་ས་ཁུལ་གྱི་སྤྱི་ཚོགས་འགན་བཅོལ་སྲིད་འཛིན་སྡེ་ཁག་ལ་ལས་རྨས་ཁས་ལེན་གྱི་རེ་ཞུ་བྱ་དགོས། དམིགས་བསལ་གྱི་གནས་ཚུལ་འཕྲད་ཚེ། སྤྱི་ཚོགས་འགན་བཅོལ་སྲིད་འཛིན་སྡེ་ཁག་ནས་མོས་མཐུན་བྱས་པ་བརྒྱུད། རེ་ཞུ་བྱེད་པའི་དུས་བཀག་འོས་འཚམ་གྱིས་ནར་འགྱངས་བཏང་ཆོག

5. 申请工伤认定需要提交哪些材料？

༥.ལས་རྨས་ཁས་ལེན་གྱི་རེ་ཞུ་བྱེད་པར་ཡིག་ཆ་གང་དག་འབུལ་དགོས་སམ།

提出工伤认定申请应当填写《工伤认定申请表》，并提交下列材料：

ལས་རྨས་ཁས་ལེན་གྱི་རེ་ཞུ་བྱེད་སྐབས《ལས་རྨས་ཁས་ལེན་རེ་ཞུའི་རེའུ་མིག་》འབྲི་དགོས་པ་དང་ཆབས་ཅིག་གཤམ་གསལ་གྱི་ཡིག་ཆ་གོང་འབུལ་ཞུ་དགོས་ཏེ།

（1）劳动、聘用合同文本复印件或者与用人单位存在劳动关系（包括事实劳动关系）、人事关系的其他证明材料；

（༡）ངལ་རྩོལ་དང་གདན་ཞུའི་གན་རྒྱའི་མ་ཡིག་དང་བསྐྱར་པར་ཡིག་ཆའམ་ཡང་ན་ལས་མི་བཀོལ་སྤྱོད་ཚན་པ་དང་ངལ་རྩོལ་འབྲེལ་བ་（དོན་དངོས་ཀྱི་ངལ་རྩོལ་འབྲེལ་བ་ཡོད་པ་ཚུད་ཡོད།）ཡོད་པ་དང་མི་དོན་འབྲེལ་བ་ཡོད་པའི་ར་སྤྲོད་ཡི་གེ་གཞན་དག

（2）医疗机构出具的受伤后诊断证明书或者职业病诊断证明书（或者职业病诊断鉴定书）。

（༢）སྨན་བཅོས་ལས་ཁུངས་ནས་སྤྲད་པའི་རྨས་སྐྱོན་བྱུང་རྗེས་ནད་ངོས་བཟུང་བའི་ར་སྤྲོད་ཡི་གེའམ་ཡང་ན་ལས་རིགས་ཀྱི་ནད་དུ་ངོས་བཟུང་བའི་ར་སྤྲོད་ཡི་གེ（ཡང་ན་ལས་

རིགས་ཀྱི་ནད་ཡིན་པར་ངོས་བཟུང་གསལ་འབྱེད་བྱས་འབྲས་ཀྱི་ཡི་གེ་)

６. 职工发生了工伤，用人单位拒不承认的，职工应该怎么做？

༦.ལས་བཟོ་བར་ལས་ཀའི་རྨས་སུ་རྨས་སྐྱོན་བྱུང་རྗེས། ལས་མི་བཀོལ་སྤྱོད་ཚན་པས་ཁས་མ་བླངས་ཚེ། ལས་བཟོ་བས་གང་འདྲ་བྱེད་དགོས་སམ།

受害职工或者其近亲属认为是工伤，用人单位不认为是工伤的，由该用人单位承担举证责任。用人单位拒不举证的，社会保险行政部门可以根据受伤害职工提供的证据或者调查取得的证据，依法作出工伤认定决定。

གནོད་འཚེ་ཐོག་པའི་ལས་བཟོ་བའམ་ཡང་ན་དེའི་གཉེན་ཉེ་ལས་ཀའི་རྨས་སུ་རྨས་པར་ངོས་འཛིན་བྱས་ཀྱང་ལས་མི་བཀོལ་སྤྱོད་ཚན་པས་ལས་ཀའི་རྨས་སུ་རྨས་པར་ཁས་མ་བླངས་ཚེ། ལས་མི་བཀོལ་སྤྱོད་ཚན་པ་དེས་དཔང་རྟགས་འདོན་རྒྱུའི་འགན་འཁྲི་འཁུར་དགོས། ལས་མི་བཀོལ་སྤྱོད་ཚན་པས་དཔང་རྟགས་འདོན་རྒྱུ་ཡང་ཁས་མ་བླངས་ཚེ། སྤྱི་ཚོགས་འགན་བཅོལ་སྲིད་འཛིན་སྡེ་ཁག་གིས་རྨས་སྐྱོན་ཐོག་པའི་ལས་བཟོ་བས་མཁོ་འདོན་བྱས་པའི་དཔང་རྟགས་དང་ཡང་ན་བརྟག་དཔྱད་བྱས་འབྲས་ཀྱི་དཔང་རྟགས་ལ་གཞིགས་ནས་ཁྲིམས་ལྟར་ལས་ཀའི་རྨས་སུ་རྨས་སྐྱོན་བྱུང་བར་ཐག་བཅད་ཆོག

７. 职工可以被认定为工伤的情形有哪些？

༧.ལས་བཟོ་བ་དེ་ཉིད་ལས་ཀའི་རྨས་སུ་རྨས་སྐྱོན་བྱུང་བར་ཐག་བཅད་ཆོག་པའི་གནས་ཚུལ་གྱི་རིགས་ལ་གང་དག་ཡོད་དམ།

职工有下列情形之一的，应当认定为工伤：

ལས་བཟོ་བར་གཤམ་གསལ་གྱི་གནས་ཚུལ་ཐོན་རིགས་དག་ལས་ཀའི་རྨས་སུ་རྨས་སྐྱོན་བྱུང་བར་ཐག་བཅད་ཆོག་སྟེ།

（1）在工作时间和工作场所内，因工作原因受到事故伤害的；

(༡) ལས་ཀ་བྱེད་པའི་སྐབས་དང་ལས་ཀ་བྱེད་སར་ལས་ཀས་རྐྱེན་པས་ལས་འཛོལ་གྱི་གནོད་འཚེ་ཕོག་པ།

(2) 工作时间前后在工作场所内，从事与工作有关的预备性或者收尾性工作受到事故伤害的；

(༢) ལས་ཀའི་དུས་ཚོད་ཀྱི་སྔ་རྗེས་སུ་ལས་ཀ་བྱེད་སར་ལས་ཀ་དང་འབྲེལ་བ་ཡོད་པའི་གྲ་སྒྲིག་རང་བཞིན་ནམ་ཡང་ན་ལས་མཇུག་བསྡུ་བའི་ལས་ཀ་བྱེད་སྐབས་ལས་འཛོལ་གྱི་རྨས་སྐྱོན་བྱུང་བ།

(3) 在工作时间和工作场所内，因履行工作职责受到暴力等意外伤害的；

(༣) ལས་ཀ་བྱེད་པའི་དུས་ཚོད་དང་ལས་ཀ་བྱེད་སར་ལས་ཀའི་འགན་འཁྲི་འཁུར་བར་དྲག་ཤུགས་སོགས་བསམ་ཡུལ་ལས་འདས་པའི་རྨས་སྐྱོན་བྱུང་བ།

（4）患职业病的；

（༤）ལས་རིགས་ཀྱི་ནད་ཐོག་པ།

（5）因工外出期间，由于工作原因受到伤害或者发生事故下落不明的；

（༥）ལས་ཀའི་དོན་དུ་ཕྱིར་སྐྱོད་སྐབས་ལས་ཀའི་རྐྱེན་གྱིས་གནོད་འཚེ་ཐོག་པའམ་ཡང་ན་ཆག་སྒོ་བྱུང་ནས་གར་སོང་ཆ་མེད་དུ་གྱུར་པ།

（6）在上下班途中，受到非本人主要责任的交通事故或者城市轨道交通、客运轮渡、火车事故伤害的；

（༦）ལས་ཀར་འགྲོ་བ་དང་ལས་མཚམས་བཞག་སྟེ་ལོག་པའི་ལམ་བར་དུ་འགན་འཁྲི་གཙོ་བོ་རང་ཉིད་ལ་མེད་ནའང་འགྲིམ་འགྲུལ་གྱི་ཆག་སྐྱོན་འམ་ཡང་ན་གྲོང་ཁྱེར་གྱི་ལྕགས་ལམ་འགྲིམ་འགྲུལ་དང་འགྲུལ་སྐྱེལ་གྲུ་གཟིངས། མེ་འཁོར་ལ་ཆག་སྒོ་བྱུང་ནས་རྨས་སྐྱོན་ཐོག་པ།

（7）法律、行政法规规定应当认定为工伤的其他情形。

（༧）བཅའ་ཁྲིམས་དང་ཁྲིམས་སྲོལ་གྱི་གཏན་འབེབས་ལྟར་ལས་ཀའི་དོན་དུ་རྨས་པར་ཐག་བཅད་ཆོག་པའི་གནས་ཚུལ་གཞན་དག་གི་རིགས་བཅས་སོ།།

8. 视同为工伤的情形有哪些？

༨.ལས་རྨས་དང་གཅིག་མཚུངས་ཡིན་པར་རྩིས་ཆོག་པའི་གནས་ཚུལ་གྱི་རིགས་སུ་གང་དག་ཡོད་དམ།

职工有下列情形之一的，视同工伤：

ལས་བཟོ་བར་གཤམ་གསལ་གྱི་གནས་ཚུལ་རིགས་ཡོད་ཚེ། ལས་རྨས་དང་གཅིག་མཚུངས་ཡིན་པར་བརྩི་ཆོག་པ་སྟེ།

（1）在工作时间和工作岗位，突发疾病死亡或者在48小时之内经抢救无效死亡的；

（༡）ལས་ཀའི་དུས་ཚོད་དང་ལས་གནས་ཐོག་གློ་བུར་དུ་ན་ནས་གྲོངས་པའམ་ཡང་ན་ཆུ་ཚོད་༤༨ནང་མྱུར་སྐྱོབ་བྱས་ཀྱང་ཕན་འབྲས་མ་བྱུང་བར་གྲོངས་པ།

（2）在抢险救灾等维护国家利益、公共利益活动中受到伤害的；

（༢）ཉེན་སྐྱོབ་གནོད་སེལ་སོགས་རྒྱལ་ཁབ་ཀྱི་ཁེ་ཕན་དང་སྤྱི་པའི་ཁེ་ཕན་སྲུང་སྐྱོབ་བྱེད་པའི་སྐབས་རྨས་སྐྱོན་བྱུང་བ།

（3）职工原在军队服役，因战、因公负伤致残，已取得革命伤残军人证，到用人单位后旧伤复发的。

（༣）ལས་བཟོ་བ་དེ་ཉིད་སྔར་དམག་སྡེའི་ནང་དམག་ཞབས་ཞུ་སྐབས་དམག་འཐབ་དང་གཞུང་དོན་གྱི་ཆེད་དུ་རྨས་ཏེ་དབང་པོ་སྐྱོན་ཅན་དུ་གྱུར་པ་དང་། གསར་བརྗེའི་རྨས་མ་དང་དབང་པོ་སྐྱོན་ཅན་གྱི་དམག་མིའི་ལག་ཁྱེར་ཡོད་ཅིང་། ལས་མི་བཀོལ་སྤྱོད་ཚན་པར་སླེབས་རྗེས་རྨས་སྐྱོན་ནད་ལོག་བརྒྱབ་པ་བཅས་སོ།།

9. 怎么理解工伤认定中的“上下班途中”？

༩.ལས་རྨས་ངོས་འཛིན་བྱེད་སྐབས“ལས་ཀར་འགྲོ་བ་དང་ལས་མཚམས་བཞག་སྟེ་ལོག་པའི་ལམ་བར”ཞེས་པར་གོ་བ་གང་འདྲ་ལེན་དགོས་སམ།

根据《最高人民法院关于审理工伤保险行政案件若干问题的规定》的规定，下列情形应认定为上下班途中：

《ཆེས་མཐོའི་མི་དམངས་ཁྲིམས་ཁང་གི་ལས་རྨས་འགན་བཅོལ་སྲིད་འཛིན་གྱོད་གཞིར་འདྲི་ཞིབ་བྱ་ཐབས་ཀྱི་གནད་དོན་འགའ་ཞིག་སྐོར་གྱི་གཏན་འབེབས》ལྟར་ན། གཤམ་གསལ་གྱི་གནས་ཚུལ་རིགས་ཡོད་ཚེ། ལས་ཀར་འགྲོ་བ་དང་ལས་མཚམས་བཞག་སྟེ་ལོག་པའི་ལམ་བར་ཞེས་པར་ངོས་འཛིན་བྱས་ཆོག་པ་སྟེ།

在合理的时间内往返于工作地与住所地、经常居住地、单位宿舍的合理路线的上下班途中；

ལུགས་མཐུན་གྱི་དུས་ཚོད་ནང་ལས་ཀ་བྱེད་ས་དང་སྡོད་གནས། རྟག་པར་གནས་སྡོད་བྱེད་ས། ཚན་པའི་ཉལ་ཁང་བཅས་བར་ཕར་འགྲོ་ཚུར་འོང་བྱེད་སའི་ལུགས་མཐུན་གྱི་ལམ་ཐིག་ཐོག་ལས་ཀར་འགྲོ་བ་དང་ལས་མཚམས་བཞག་སྟེ་ལོག་པའི་ལམ་བར།

在合理时间内往返于工作地与配偶、父母、子女居住地的合理路线的上下班途中；

ལུགས་མཐུན་གྱི་དུས་ཚོད་ནང་ལས་ཀ་བྱེད་ས་དང་བཟའ་ཟླ་དང་ཕ་མ། བུ་ཕྲུག་བཅས་སྡོད་སར་ཕར་འགྲོ་ཚུར་འོང་བྱེད་སའི་ལུགས་མཐུན་གྱི་ལམ་ཐིག་ཐོག་ལས་ཀར་འགྲོ་བ་དང་ལས་མཚམས་བཞག་སྐབས་ལོག་པའི་ལམ་བར།

从事属于日常工作生活所需要的活动，且在合理时间和合理路线的上下班途中；

རྒྱུན་གཏན་གྱི་ལས་ཀ་དང་འཚོ་བའི་དགོས་མཁོར་གཏོགས་པའི་ལས་ཀ་བྱེད་པ་མ་ཟད། ལུགས་མཐུན་གྱི་དུས་ཚོད་དང་ལུགས་མཐུན་གྱི་ལམ་ཐིག་ཐོག་ལས་ཀར་འགྲོ་བ་དང་ལས་མཚམས་བཞག་སྐབས་ལོག་པའི་ལམ་བར།

在合理时间内其他合理路线的上下班途中。

ལུགས་མཐུན་གྱི་དུས་ཚོད་ནང་ལུགས་མཐུན་གྱི་ལམ་ཐིག་གཞན་བརྒྱུད་དེ་ལས་ཀར་འགྲོ་བ་དང་ལས་མཚམས་བཞག་སྐབས་ལོག་པའི་ལམ་བར་བཅས་སོ།།

“下班途中”的工伤认定

“ལས་མཚམས་བཞག་པའི་ལམ་བར་”ལས་ཀའི་རྨས་སྐྱོན་ངོས་འཛིན།

案情:

རྒྱུད་གཞིའི་གནས་ཚུལ།

小王系拉萨某公司的员工，该公司由于规模较小，没有自己的食堂，但正好马路对面有家快餐店，公司就安排员工中午到这家快餐店就餐。一天中午，小王和同事照常从公司大门出来到快餐店吃午饭，不料在穿马路的时候被一辆疾驰而过的小轿车撞到，造成了小王多处骨折。经公安局交通警察支队认定，小王需负事故的主要责任。

ཞའོ་ཕང་ནི་ལྷ་སའི་ཀུང་སི་ཞིག་གི་ལས་མི་ཡིན། ཀུང་སི་དེ་གཞི་ཁྲོན་ཚུང་ཚུང་ཡིན་པས་སོ་སོའི་ཟ་ཁང་མེད། འོན་ཀྱང་གཞུང་ལམ་གྱི་ཕར་ངོགས་ལ་མགྱོགས་ཟས་ཟ་ཁང་ཞིག་ཡོད། ཀུང་སིས་ལས་མི་རྣམས་ཉིན་གུང་གི་ལྟོ་ཆས་ཟ་ཁང་དེར་བཟའ་བར་འགྲོ་རྒྱུ་བཀོད་སྒྲིག་བྱས་ཡོད། ཉིན་ཞིག་གི་ཉིན་གུང་། ཞའོ་ཕང་དང་ལས་རོགས་རྒྱུན་གཏན་ལྟར་ཀུང་སིའི་རྒྱལ་སྒོ་ནས་མགྱོགས་ཟས་ཟ་ཁང་དེར་ལྟོ་བཟའ་བར་ཕྱིན། སྐབས་མི་ལེགས་པར་གཞུང་ལམ་སྒྲོལ་བཞིན་པའི་སྐབས་ཏ་ཅང་མགྱོགས་པོར་ཡོང་བའི་རླངས་འཁོར་ཚུང་གྲས་ཤིག་གིས་ཞའོ་ཕང་ལ་བརྡུངས་ཏེ་ལུས་པོའི་ག་ས་ག་ལ་རྨས་ཆག་བཟོས། སྤྱི་བདེ་ཅུས་འགྲིམ་འགྲུལ་ཉེན་རྟོག་ཡན་ལག་ཏུ་ཁག་གིས་ཆག་སྒོ་དེའི་འགན་འཁྲི་གཙོ་བོ་ནི་ཞའོ་ཕང་ལ་ཡོད་པར་ཐག་བཅད།

发生事故后小王的家属找到公司，要求公司为小王申请工伤认定。但单位认为小王受伤不属于工伤，不愿意为其申请工伤认定。

ཆག་སྒོ་ཐོན་རྗེས་ཞའོ་ཕང་གི་ཁྱིམ་མིས་ཀུང་སིས་ཞའོ་ཕང་ལ་ལས་ཀའི་དོན་དུ་རྨས་པར་ངོས་འཛིན་བྱ་རྒྱུའི་རེ་ཞུ་འདོན་རོགས་ཞེས་བཤད། འོན་ཀྱང་ཀུང་སིས་ཞའོ་ཕང་ལ་སྐྱོན་ཆག་བྱུང་བ་དེ་ནི་ལས་རྨས་མ་ཡིན་པར་ངོས་འཛིན་བྱས་ཏེ་ཁོ་པར་ལས་རྨས་ཀྱི་རེ་ཞུ་བྱེད་འདོད་མི་བྱེད།

小王无奈委托律师到人力资源和社会保障局提出工伤认定申请，该局予以受理。人社局作出工伤认定结论，依据《工伤保险条例》第十四条的规定，作出小王受到的伤害属于工伤的认定结论。该公司对该工伤认定不服，起诉至法院，要求该局撤销上述工伤认定。

ཞའོ་ཕང་ཐབས་ཤེས་མེད་པར་དག་འབུད་ཁྲིམས་རྩོད་པར་མངགས་ནས་མི་ཤུགས་ཐོན་ཁུངས་དང་སྤྱི་ཚོགས་འགན་སྲུང་ཅུས་ལ་ལས་རྨས་ངོས་འཛིན་གྱི་རེ་ཞུ་བྱས་པ་དང་། མི་ཤུགས་ཐོན་ཁུངས་དང་སྤྱི་ཚོགས་འགན་སྲུང་ཅུས་ཀྱིས་བདག་སྐྱོང་བྱས་པ་མ་ཟད། «ལས་རྨས་འགན་བཅོལ་སྒྲིལ་ཡིག» གི་དོན་ཚན་བཅུ་བཞི་པའི་གཏན་འབེབས་ལ་གཞིགས་ནས། ཞའོ་ཕང་ལ་གནོད་སྐྱོན་ཕོག་པ་དེ་ནི་ལས་རྨས་ཀྱི་ཁོངས་སུ་གཏོགས་པར་ཐག་བཅད། ཀུང་སི་དེས་ལས་རྨས་ལ་ངོས་འཛིན་བྱས་པ་དེ་ཁས་མ་བླངས་པར་ཁྲིམས་ཁང་ལ་གཏུག་བཤེར་བྱས་ཏེ་ཅུས་དེ་

ནས་གོང་གསལ་ལས་རྨས་ལ་ངོས་འཛིན་བྱས་པ་དེ་རྩིས་མེད་གཏོང་རྒྱུའི་རེ་བ་བཏོན།

人力资源和社会保障局认为，该局依法进行了事实调查，工伤认定事实清楚，小王是由于到单位指定的就餐地就餐的途中受到的事故伤害，该就餐行为视为工作时间、工作场所和工作原因的延展，故应当按照《工伤保险条例》第十四条的规定认定为工伤。

མི་ཤུགས་ཐོན་ཁུངས་དང་སྤྱི་ཚོགས་འགན་སྲུང་ཅུས་ཀྱིས་ཁྲིམས་ལྟར་དོན་དངོས་ལ་བརྟག་དཔྱད་བྱས་རྗེས་ལས་རྨས་ཡིན་པར་ཐག་བཅད་པའི་དོན་དངོས་ཁ་གསལ་ཡིན་པ་དང་། ཞའོ་ཝང་ནི་ཚན་པས་དམིགས་འཛུགས་བྱས་པའི་ཟ་ཁང་ལ་ལྟོ་བཟའ་བར་འགྲོ་བའི་ལམ་བར་ལ་ཆག་སྒོའི་གནོད་སྐྱོན་ཕོག་པས། ལྟོ་བཟའ་བར་འགྲོ་བའི་བྱ་སྤྱོད་དེ་ནི་ལས་ཀའི་དུས་ཚོད་དང་། ལས་ཀ་བྱེད་ས་དང་ལས་ཀའི་རྒྱུ་བཅས་ཡིན་པ་ལ་གཞིགས་ཏེ། 《ལས་རྨས་འགན་བཅོལ་སྲོལ་ཡིག》གི་དོན་ཚན་བཅུ་བཞི་པའི་གཏན་འབེབས་ལྟར་ལས་ཀའི་དོན་དུ་རྨས་པར་ཐག་བཅད་ཚོག་པར་ངོས་འཛིན་བྱས།

分析：

དབྱེ་ཞིབ།

法院经过审理后认为，根据《工伤保险条例》第五条第二款的规定，该区人社局依法具有作出工伤认定的主体资格。该局受理后进行调查取证，作出认定结论，程序符合法律规定。法院遂判决，维持人社局作出工伤认定的具体行政行为。

ཁྲིམས་ཁང་ནས་འདྲི་ཞིབ་བྱས་རྗེས《ལས་རྨས་འགན་བཅོལ་སྲོལ་ཡིག》གི་དོན་ཚན་ལྔ་པའི་ནང་ཚན་གཉིས་པའི་གཏན་འབེབས་ལྟར་ན། ཁུལ་དེའི་མི་ཤུགས་ཐོན་ཁུངས་དང་སྤྱི་ཚོགས་འགན་སྲུང་ཅུས་ལ་ཁྲིམས་ལྟར་ལས་རྨས་ཡིན་པར་ཐག་གཅོད་པའི་གཞི་རྩའི་ཐོབ་ཐང་ཡོད་པ་དང་། ཅུས་དེས་བདག་སྐྱོང་བྱས་རྗེས་བརྟག་དཔྱད་དཔང་ལེན་བྱས་ཏེ་ངོས་འཛིན་གྱི་ཚོད་འདོམས་བྱས་པ། དེའི་གོ་རིམ་བཅའ་ཁྲིམས་ཀྱི་གཏན་འབེབས་དང་མཐུན་པ་བཅས་ཡིན་པར་ངོས་འཛིན་

བྱས་པ་དང་། ཁྲིམས་ཁང་ནས་མི་ཤུགས་ཐོན་ཁུངས་དང་སྤྱི་ཚོགས་འགན་སྲུང་ཅུས་ཀྱིས་ལས་རྨས་ཡིན་པར་ཐག་བཅད་པའི་ཞིབ་ཕྲའི་སྲིད་འཛིན་བྱ་སྤྱོད་རྒྱུན་འཁྱོངས་བྱ་རྒྱུར་ཁྲིམས་ཐག་བཅད།

10. 工伤的例外情形有哪些？

༡༠.ལས་རྨས་ཀྱི་དམིགས་བསལ་གནས་ཚུལ་རིགས་ལ་གང་དག་ཡོད་དམ།

我国《工伤保险条例》虽然规定，工作时间和工作场所内，因工作原因受到事故伤害的应认定为工伤，但同时规定了工伤的例外情形。

རང་རྒྱལ་གྱི་《ལས་རྨས་འགན་བཅོལ་སྲོལ་ཡིག་》ནང་མ་གཞི་ལས་ཀའི་དུས་ཚོད་དང་ལས་ཀ་བྱེད་སར་ལས་ཀའི་རྐྱེན་གྱིས་ཆག་སྐྱོའི་གནོད་འཚེ་ཐོག་ཚེ་ལས་རྨས་ཡིན་པར་ངོས་འཛིན་བྱས་ཆོག་པའི་གཏན་འབེབས་བྱས་ཡོད་ནའང་། དུས་མཚུངས་ལས་རྨས་ཀྱི་དམིགས་བསལ་གནས་ཚུལ་གཞན་དག་ཐད་ལ་ཡང་གཏན་འབེབས་བྱས་ཡོད་པ་སྟེ།

故意犯罪的、醉酒或者吸毒的、自残或者自杀的，有上述情形之一的，都不能认定为工伤或者视同工伤。

ཁང་བཙུགས་ནས་ཉེས་པ་བསགས་པ་དང་ར་བཟི་བའམ་ཡང་ན་དུག་རྫས་འཐེན་པ། རང་གིས་རང་ལ་རྨས་སྐྱོན་བཟོས་པ། རང་སྲོག་གཅོད་པ་བཅས་གོང་གསལ་གྱི་གནས་ཚུལ་རིགས་

ཡོད་ཚེ། ཚང་མ་ལས་རྣས་ཡིན་པར་ཐག་གཅོད་མི་རུང་བའམ་ཡང་ན་ལས་རྣས་དང་གཅིག་མཚུངས་ཡིན་པར་བརྩི་མི་རུང་བའི་གཏན་འབེབས་བྱས་ཡོད།

11. 骗取工伤保险的后果是什么?

༡༡.ལས་རྨས་འགན་བཅོལ་དངུལ་གཡོ་ལེན་བྱས་པའི་མཇུག་འབྲས་གང་འདྲ་ཡིན་ནམ།

根据《工伤职工劳动能力鉴定管理办法》规定，以欺诈、伪造证明材料或者其他手段骗取鉴定结论、领取工伤保险待遇的。按照《中华人民共和国社会保险法》的规定，有人力资源社会保障行政部门责令退回骗取的社会保险金，处骗取金额2倍以上5倍以下的罚款。

《ལས་རྨས་ལས་བཟོ་བའི་ངལ་རྩོལ་ནུས་པ་གསལ་འབྱེད་ཀྱི་དོ་དམ་བྱ་ཐབས་》ཀྱི་གཏན་འབེབས་ལྟར་ན། མགོ་སྐོར་གཡོ་ལེན་དང་དཔང་རྟགས་རྫུན་མ་བཟོས་པའམ་ཡང་ན་བྱེད་ཐབས་གཞན་དག་སྤྱད་དེ་གསལ་འབྱེད་སྒོམ་ཚིག་དང་ལས་རྨས་འགན་བཅོལ་གྱི་ཐོབ་ཐང་གཡོ་ལེན་བྱས་ན། 《ཀྲུང་ཧྭ་མི་དམངས་སྤྱི་མཐུན་རྒྱལ་ཁབ་ཀྱི་སྤྱི་ཚོགས་འགན་བཅོལ་བཅའ་ཁྲིམས་》ཀྱི་གཏན་འབེབས་ལྟར་མི་ཤུགས་ཐོན་ཁུངས་དང་སྤྱི་ཚོགས་འགན་སྲུང་སྲིད་འཛིན་སྡེ་ཁག་གིས་གཡོ་ལེན་བྱས་པའི་སྤྱི་ཚོགས་འགན་བཅོལ་གྱི་དངུལ་ཕྱིར་སློག་བྱ་རྒྱུའི་བཀའ་བེབས་དང་། གཡོ་ལེན་བྱས་པའི་དངུལ་འབོར་གྱི་ལྡབ་གཉིས་ནས་ལྡབ་ལྔ་མན་གྱི་ཆད་པ་གཅོད་རྒྱུ་རེད།

十一、安全生产与环境保护

བཅུ་གཅིག བདེ་འཛགས་ཐོན་སྐྱེད་དང་ཁོར་ཡུག་སྲུང་སྐྱོང་།

1. 生产经营单位主要负责人对本单位安全生产有哪些职责？

༡.ཐོན་སྐྱེད་ཁེ་གཉེར་བྱེད་མཁན་སྡེ་ཚན་གྱི་འགན་ཁུར་པ་གཙོ་བོར་སྡེ་ཚན་དེ་གའི་བདེ་འཛུགས་ཐོན་སྐྱེད་ཐད་འགན་འཁྲི་གང་དག་ཡོད་དམ།

根据《中华人民共和国安全生产法》规定，生产经营单位的主要负责人对本单位安全生产工作负有下列职责：

《ཀྲུང་ཧྭ་མི་དམངས་སྤྱི་མཐུན་རྒྱལ་ཁབ་ཀྱི་བདེ་འཛུགས་ཐོན་སྐྱེད་བཅའ་ཁྲིམས་》ཀྱི་གཏན་འབེབས་ལྟར་ན། ཐོན་སྐྱེད་དང་ཁེ་གཉེར་སྡེ་ཚན་གྱི་འགན་ཁུར་པ་གཙོ་བོས་སྡེ་ཚན་དེ་གའི་བདེ་འཛུགས་ཐོན་སྐྱེད་ཀྱི་ལས་ཀའི་ཐད་གཤམ་གསལ་གྱི་འགན་འཁྲི་ཁག་འཁུར་དགོས་པ་སྟེ།

（1）建立、健全本单位安全生产责任制；

（༡）སྡེ་ཚན་དེ་གའི་བདེ་འཛུགས་ཐོན་སྐྱེད་ཀྱི་འགན་འཁྲིའི་ལམ་ལུགས་འཛུགས་པ་དང་འཐུས་ཚང་དུ་གཏོང་དགོས་པ།

（2）组织制定本单位安全生产规章制度和操作规程；

（༢）སྡེ་ཚན་དེ་གའི་བདེ་འཇགས་ཐོན་སྐྱེད་ཀྱི་སྒྲིག་སྲོལ་སྒྲིག་ལམ་དང་བཀོལ་སྤྱོད་ཀྱི་སྒྲིག་སྲོལ་སྒྲིག་འཛུགས་གཏན་འཁེལ་བྱེད་དགོས་པ།

（3）组织制定并实施本单位安全生产教育和培训计划；

（༣）སྡེ་ཚན་དེ་གའི་བདེ་འཇགས་ཐོན་སྐྱེད་ཐད་ཀྱི་སློབ་གསོ་དང་གསོ་སྦྱོང་འཆར་གཞི་སྒྲིག་འཛུགས་གཏན་འཁེལ་བྱེད་པ་མ་ཟད་ལག་བསྟར་བྱེད་དགོས་པ།

（4）保证本单位安全生产投入的有效实施；

（༤）སྡེ་ཚན་དེ་གའི་བདེ་འཇགས་ཐོན་སྐྱེད་ཐད་བཏང་བའི་མ་དངུལ་སོགས་ཕན་ནུས་ལྡན་པའི་ངང་དོན་འཁྱོལ་ཐུབ་རྒྱུ་འགན་སྲུང་བྱེད་དགོས་པ།

（5）督促、检查本单位的安全生产工作，及时消除生产安全事故隐患；

（༥）སྡེ་ཚན་དེ་གའི་བདེ་འཇགས་ཐོན་སྐྱེད་ཀྱི་ལས་ཀར་ལྟ་སྐུལ་དང་ཞིབ་བཤེར་བྱས་ནས་ཐོན་སྐྱེད་བདེ་འཇགས་ཀྱི་ལས་འཛོལ་རྐྱེན་ངན་དུས་ཐོག་ལ་མེད་པ་བཟོ་དགོས་པ།

（6）组织制定并实施本单位的生产安全事故应急救援预案；

（༦）སྡེ་ཚན་དེ་གའི་ཐོན་སྐྱེད་བདེ་འཇགས་ཀྱི་ལས་འཛོལ་སྐབས་འཕྲལ་ཐག་གཅོད་བྱེད་པའི་སྔོན་རྩིས་སྒྲིག་འཛུགས་གཏན་འཁེལ་བྱེད་དགོས་པ།

（7）及时、如实报告生产安全事故。

（༧）ཐོན་སྐྱེད་བདེ་འཇགས་ཀྱི་ལས་འཛོལ་དག་དུས་ཐོག་དང་ཇི་མ་ཇི་བཞིན་སྙན་སེང་ཞུ་དགོས་པ་བཅས་སོ།།

2. 未掌握安全操作技能的从业人员，能上岗作业吗？

༢.བདེ་འཇགས་བཀོལ་སྤྱོད་ཀྱི་རྩལ་ནུས་ཁོང་དུ་མ་ཆུད་པའི་ལས་གཉེར་མི་སྣས་ལས་གནས་ཐོག་ལས་ཀ་བྱས་ན་འགྲིག་གམ།

根据《中华人民共和国安全生产法》规定，生产经营单位应当对从业人员进行安全生产教育和培训，保证从业人员具备必要的安全生产知识，熟悉有关的安全生产规章制度和安全操作规程，掌握本岗位的安全操作技能，了解事故应急处理措施，知悉自身在安全生产方面的权利和义务。未经安全生产教育和培训合格的从业人员，不得上岗作业。

《ཀྲུང་ཧྭ་མི་དམངས་སྤྱི་མཐུན་རྒྱལ་ཁབ་ཀྱི་བདེ་འཇགས་ཐོན་སྐྱེད་བཅའ་ཁྲིམས་》ཀྱི་གཏན་འབེབས་ལྟར་ན། ཐོན་སྐྱེད་ཁེ་གཉེར་བྱེད་མཁན་སྡེ་ཚན་གྱིས་ལས་གཉེར་མི་སྣར་བདེ་འཇགས་ཐོན་སྐྱེད་ཀྱི་སློབ་གསོ་རྒྱག་པ་དང་གསོ་སྦྱོང་བྱས་ཏེ། ལས་གཉེར་མི་སྣར་དགོས་ངེས་ཀྱི་བདེ་འཇགས་ཐོན་སྐྱེད་ཀྱི་ཤེས་བྱ་ལྡན་པ་དང་། འབྲེལ་ཡོད་བདེ་འཇགས་ཐོན་སྐྱེད་ཀྱི་སྒྲིག་སྲོལ་ལམ་ལུགས་དང་བདེ་འཇགས་ཐོན་སྐྱེད་ཀྱི་བཀོལ་སྤྱོད་སྒྲིག་སྲོལ་ཆ་རྒྱུས་ཡོད་པ། ལས་གནས་དེ་གའི་བདེ་འཇགས་བཀོལ་སྤྱོད་ཀྱི་རྩལ་ནུས་ཁོང་དུ་ཆུད་པ། ལས་འཛོལ་སྐབས་འཕྲལ་ཐོག་ཐག་གཅོད་བྱ་ཐབས་ཤེས་རྟོགས་ཐུབ་པ། རང་ངོས་ཀྱི་བདེ་འཇགས་ཐད་ཀྱི་དབང་ཆ་དང་འོས་འགན་ཤེས་རྟོགས་ཐུབ་པ་བཅས་འགན་སྲུང་བྱ་དགོས། བདེ་འཇགས་ཐོན་སྐྱེད་ཀྱི་སློབ་གསོ་དང་གསོ་སྦྱོང་གི་ཚད་གཞི་མ་ལོན་པའི་ལས་གཉེར་མི་སྣ་ལས་གནས་ཐོག་ལས་ཀ་བྱེད་དུ་འཇུག་མི་རུང་།

3. 矿山建设项目外包施工管理有怎样的规范？

༣.གཏེར་རི་འཛུགས་སྐྲུན་ལས་གཞི་འགན་གཙང་དུ་སྤྲད་རྗེས་ཡར་ལས་དོ་དམ་གྱི་ཚད་གཞི་གང་འདྲ་ཡོད་དམ།

根据《中华人民共和国安全生产法》规定，矿山、金属冶炼建设项目和用于生产、储存、装卸危险物品的建设项目的施工单位应当加强对施工项目的安全管理，不得倒卖、出租、出借、挂靠或者以其他形式非法转让施工资质，不得将其承包的全部建设工程转包给第三人或者将其承包的全部建设工程支解以后以分包的名义分别转包给第三人，不得将工程分包给不具备相应资质条件的单位。

《ཀྲུང་ཧྭ་མི་དམངས་སྤྱི་མཐུན་རྒྱལ་ཁབ་ཀྱི་བདེ་འཇགས་ཐོན་སྐྱེད་བཅའ་ཁྲིམས་》ཀྱི་གཏན་འབེབས་ལྟར་ན། གཏེར་རི་དང་ལྕགས་རིགས་བཞུ་བཙོ་སྦྱངས་འཛུགས་སྐྲུན་གྱི་ལས་གཞི་དང་

ཉེན་ཁ་ཡོད་པའི་དངོས་རྫས་ཐོན་སྐྱེད་དང་གསོག་འཇོག འཇུག་འདོན་བཅས་བྱེད་མཁན་འཛུགས་སྐྲུན་ལས་གཞིའི་ཨར་ལས་སྡེ་ཚན་གྱིས་ཨར་ལས་ལས་གཞིའི་བདེ་འཇགས་དོ་དམ་ལ་ཞུགས་སྔོན་རྒྱུག་དགོས། ཨར་ལས་ཀྱི་ཐོབ་ཐང་བར་ཚོང་དང་བོགས་གཏོང་། གཡར་བ། ཟུར་རྟེན་ནམ་ཡང་ན་རྣམ་པ་གཞན་དག་གི་ཐོག་ནས་བཤུག་སྤྱོད་བྱེད་མི་རུང་བ་དང་། རང་གིས་འགན་གཙང་བླངས་པའི་འཛུགས་སྐྲུན་ལས་གཞི་ཡོངས་རྫོགས་མི་གཞན་ལ་འགན་གཙང་སྤྲད་མི་ཆོག་པ། ཡང་ན་རང་གིས་འགན་གཙང་བླངས་པའི་འཛུགས་སྐྲུན་ལས་གྲྭ་ཡོངས་རྫོགས་ཁག་ཆ་བགོས་ཐོག་འགན་གཙང་ལེན་པའི་མིང་ཐོག་ནས་ཁག་སོ་སོར་མི་གཞན་ལ་འགན་གཙང་སྤྲད་མི་ཆོག་པ། ལས་གྲྭ་དག་དེ་མཚུངས་ཀྱི་ཐོབ་ཐང་ཆ་རྐྱེན་མེད་པའི་སྡེ་ཚན་ལ་ཁག་བགོས་ནས་འགན་གཙང་དུ་སྤྲད་མི་ཆོག

4. 新修改的《中华人民共和国安全生产法》，对生产经营单位及其负责人违法处罚力度上有何变化？

༤.གསར་དུ་བཟོ་བཅོས་བྱས་པའི་《ཀྲུང་ཧྭ་མི་དམངས་སྤྱི་མཐུན་རྒྱལ་ཁབ་ཀྱི་བདེ་འཇགས་ཐོན་སྐྱེད་བཅའ་ཁྲིམས་》ཀྱིས་ཐོན་སྐྱེད་དང་ཁེ་གཉེར་བྱེད་མཁན་སྡེ་ཚན་དང་དེའི་འགན་ཁུར་པར་ཁྲིམས་འགལ་ཆད་གཅོད་བྱེད་ཤུགས་ཐད་འགྱུར་ལྡོག་གང་དག་བྱུང་ཡོད་དམ།

一是罚款金额更高，对特别重大事故的罚款，最高可以达到 1 亿元；二是处罚方式更严，违法行为一经发现，即责令整改并处罚款，拒不整改的，责令停产停业整改整顿，并且可以按日连续计罚；三是惩戒力度更大，采取联合惩戒方式，最严重的要进行行业或者职业禁入等联合惩戒。

གཅིག་ནས་དངུལ་ཆད་ཀྱི་གྲངས་འབོར་སྔར་བས་མཐོ་བ་ཡོད་པ་སྟེ། ཚབས་ཧ་ཅང་ཆེ་བའི་ལས་འཛོལ་གྱི་ཆད་དངུལ་མཐོ་ཤོས་སུ་སྒོར་དུང་ཕྱུར་1ཟིན་པ། གཉིས་ནས་ཆད་གཅོད་བྱེད་ཐབས་སྔར་བས་ནན་པ་ཡོད་པ་སྟེ། ཁྲིམས་འགལ་གྱི་བྱ་སྤྱོད་ཤེས་རྟོགས་བྱུང་མ་ཐག་བཅོས་སྒྲིག་བྱ་རྒྱུའི་བཀའ་གཏོང་བ་དང་ཆབས་ཅིག་དངུལ་ཆད་གཅོད་པ། བཅོས་སྒྲིག་མ་བྱས་ན

ཐོན་སྐྱེད་བྱེད་མཚམས་བཞག་ནས་བཅོས་སྒྲིག་བྱེད་དགོས་པའི་བཀའ་གཏོང་བ་མ་ཟད། ཉེན་གྲངས་ལ་གཞིགས་ནས་བསྡུད་མར་ཆད་པ་བཅད་ཆོག་པ་ཡིན། གསུམ་ནས་ཆད་གཅོད་བསླབ་འདོམས་བྱེད་ཤུགས་སྟར་བས་ཆེ་བ་སྟེ། མཉམ་འབྲེལ་ཐོག་ཆད་གཅོད་བསླབ་འདོམས་བྱེད་པའི་བྱ་ཐབས་བཟུང་ནས་ཚབས་ཆེ་ཉོས་དག་ལས་རིགས་དང་ཡང་ན་ཆེད་ལས་ནང་ཞུགས་མི་ཆོག་པ་སོགས་ཀྱི་མཉམ་འབྲེལ་ཆད་གཅོད་ཀྱི་བསླབ་འདོམས་བྱེད་པ་ཡིན།

5. 工作岗位存在危险因素，劳动者是否有权知悉？

༥.ལས་གནས་ཐོག་ཉེན་ཁའི་རྒྱུ་རྐྱེན་གནས་ཡོད་ཚེ། ངལ་རྩོལ་པར་དེ་ཤེས་རྟོགས་བྱེད་པའི་དབང་ཆ་ཡོད་དམ།

根据《中华人民共和国安全生产法》规定，生产经营单位的从业人员有权了解其作业场所和工作岗位存在的危险因素、防范措施及事故应急措施，有权对本单位的安全生产工作提出建议。

《ཀྲུང་ཧྭ་མི་དམངས་སྤྱི་མཐུན་རྒྱལ་ཁབ་ཀྱི་བདེ་འཇགས་ཐོན་སྐྱེད་བཅའ་ཁྲིམས་》ཀྱི་གཏན་འབེབས་ལྟར་ན། ཐོན་སྐྱེད་དང་ཁེ་གཉེར་བྱེད་མཁན་སྡེ་ཚན་གྱི་ལས་གཉེར་མི་སྣར་ཁོ་ཚོའི་ལས་ཀ་བྱེད་ས་དང་ལས་གནས་ཐོག་གནས་པའི་ཉེན་ཁའི་རྒྱུ་རྐྱེན་དང་སྔོན་འགོག་བྱེད་ཐབས། དེ་བཞིན་ལས་འཛོལ་ལ་སྐབས་འཕྲལ་ཁ་གཏད་གཅོག་ཐབས་བཅས་ཤེས་རྟོགས་བྱེད་པའི་དབང་ཆ་ཡོད་པ་དང་། སྡེ་ཚན་དེ་གའི་བདེ་འཇགས་ཐོན་སྐྱེད་ལས་ཀར་གྲོས་འགོ་འདོན་པའི་དབང་ཆའང་ཡོད།

6. 用人单位能不能把员工宿舍和车间设立在一起？

༦.ལས་མི་བཀོལ་སྤྱོད་ཚན་པས་ལས་མིའི་ཉལ་ཁང་དང་འཁོར་ཁང་མཉམ་དུ་བཀོད་སྒྲིག་བྱས་ན་འགྲིག་གམ།

不能。根据《中华人民共和国安全生产法》规定，生产、经营、储存、使用危险物品的车间、商店、仓库不得与员工宿舍在同一座建筑物内，并应当与员工宿舍保持安全距离。

མི་འགྲིག 《ཀྲུང་ཧྭ་མི་དམངས་སྤྱི་མཐུན་རྒྱལ་ཁབ་ཀྱི་བདེ་འཇགས་ཐོན་སྐྱེད་བཅའ་ཁྲིམས་》ཀྱི་གཏན་འབེབས་ལྟར་ན། ཉེན་ཁ་ཡོད་པའི་དངོས་ཟོག་ཐོན་སྐྱེད་དང་ཁེ་གཉེར། གསོག་འཇོག བེད་སྤྱོད་བཅས་བྱེད་སའི་འཁོར་ཁང་དང་ཚོང་ཁང་། མཛོད་ཁང་བཅས་དང་ལས་མིའི་ཉལ་ཁང་མཉམ་དུ་བཀོད་སྒྲིག་བྱེད་མི་རུང་བ་མ་ཟད། ལས་མིའི་ཉལ་ཁང་དང་བདེ་འཇགས་ཀྱི་བར་ཐག་འཛོག་དགོས།

7. 没拿到排污许可的企业可以随意排污吗？

༧.སྦགས་བཙོག་འབུད་བཏངས་ཀྱི་འཐུས་མཆན་རག་མེད་པའི་ཁེ་ལས་ཀྱིས་སྦགས་བཙོག་གང་བྱུང་དུ་བཏངས་ན་འགྲིག་གམ།

不能。根据《中华人民共和国环境保护法》规定，实行排污许可管理的企业事业单位和其他生产经营者应当按照排污许可证的要求排放污染物；未取得排污许可证的，不得排放污染物。

དེ་ནི་མི་འགྲིག་སྟེ། 《ཀྲུང་ཧྭ་མི་དམངས་སྤྱི་མཐུན་རྒྱལ་ཁབ་ཀྱི་ཁོར་ཡུག་སྲུང་སྐྱོབ་བཅའ་ཁྲིམས་》ཀྱི་གནད་འཕེབས་ལྟར་ན། སྦགས་བཙོག་འབུད་བཤངས་ཀྱི་འཛུགས་མཆན་ལག་ཁྱེར་ཐོབ་པའི་ཁེ་ལས་དང་བྱ་གཞག་ཚན་པ། དེ་བཞིན་ཐོན་སྐྱེད་ཁེ་གཉེར་བྱེད་མཁན་གཞན་དག་ཚང་མས་སྦགས་བཙོག་འབུད་བཤངས་ཀྱི་འཛུགས་མཆན་ལག་ཁྱེར་ནང་གི་བླང་བྱ་ལྟར་སྦགས་བཙོག་དངོས་པོ་འབུད་བཤངས་བྱ་དགོས། སྦགས་བཙོག་འབུད་བཤངས་ཀྱི་འཛུགས་མཆན་ལག་ཁྱེར་ཐོབ་མེད་ཚེ། སྦགས་བཙོག་དངོས་པོ་འབུད་བཤངས་བྱེད་མི་ཆོག

8. 西藏自治区对资源高消耗的产业引进有何规定？

༨.བོད་རང་སྐྱོང་ལྗོངས་ཀྱིས་ཐོན་ཁུངས་ཟད་གྲོན་ཆེ་བའི་ཁེ་ལས་ནང་འདྲེན་བྱེད་པའི་ཐད་གཏན་འཁེལ་གང་འདྲ་བྱས་ཡོད་དམ།

《西藏自治区国家生态文明高地建设条例》规定：各级人民政府应当推动循环经济和清洁生产，禁止引进资源高消耗、能源高消费、污染高排放的产业项目和不符合生态环境保护要求的技术、设备、工艺，支持新型环保建材、装配式建筑等产业发展，鼓励天然饮用水等生态资源开发；推动数字经济和生态经济深度融合，减少资源能源消耗，促进绿色经济发展。

《བོད་རང་སྐྱོང་ལྗོངས་རྒྱལ་ཁབ་སྐྱེ་ཁམས་ཞིས་དཔལ་གྱི་མཐོ་ས་བསྐྲུན་རྒྱུའི་སྒྲོལ་ཡིག་》ནང་། རིམ་ཁག་མི་དམངས་སྲིད་གཞུང་གིས་འཕོར་རྒྱུག་དཔལ་འབྱོར་དང་དྭངས་གཙང་གི་ཐོན་སྐྱེད་ལ་སྐྱེལ་འདེད་བཏང་སྟེ། ཐོན་ཁུངས་ཟད་གྲོན་ཆེ་བ་དང་ནུས་ཁུངས་ཟད་གྲོན་ཆེ་བ། སྦགས་བཙོག་འབུད་བཤངས་ཚབས་ཆེ་བ་བཅས་ཀྱི་ཐོན་ལས་རྣམ་གྲངས་དང་། སྐྱེ་ཁམས་ཁོར་ཡུག་སྲུང་སྐྱོང་གི་བླང་བྱ་དང་མི་འཚམ་པའི་ལག་རྩལ་དང་སྒྲིག་ཆས། བཟོ་རྩལ་བཅས་ནང་འདྲེན་བྱེད་མི་རུང་བ་དང་། ཁོར་ཡུག་སྲུང་སྐྱོང་ལ་མི་གནོད་པའི་ཨར་སྐྲུན་རྒྱུ་ཆ་གསར་རིགས་དང་སྒྲིག་སྦྱོར་རང་བཞིན་གྱི་ཨར་སྐྲུན་སོགས་ཀྱི་ཐོན་ལས་འཕེལ་རྒྱས་གཏོང་རྒྱུར་རྒྱབ་སྐྱོར་བྱེད་པ། རང་བྱུང་གི་འཐུང་ཆུ་སོགས་སྐྱེ་ཁམས་ཐོན་ཁུངས་གསར་སྤེལ་བྱེད་པར་སྐུལ་འདེད་གཏོང་བ། གྲངས་གཞིའི་དཔལ་འབྱོར་དང་སྐྱེ་ཁམས་དཔལ་འབྱོར་མཉམ་འདྲེས་གཏིང་ཟབ་བྱེད་པ་དང་། ཐོན་ཁུངས་ནུས་རྒྱུ་ཟད་ཚད་ཉུང་དུ་གཏོང་བ། སྔོ་ལྗང་གི་དཔལ་འབྱོར་འཕེལ་རྒྱས་གཏོང་བ་བཅས་ལ་སྐུལ་འདེད་གཏོང་དགོས་པའི་གཏན་འབེབས་བྱས་ཡོད།

9. 西藏自治区对矿产资源勘查有何规定？

༩.བོད་རང་སྐྱོང་ལྗོངས་ཀྱིས་གཏེར་ཁའི་ཐོན་ཁུངས་རྩད་ཞིབ་བྱེ་ཐབས་ཐད་གཏན་འབེབས་གང་འདྲ་བྱས་ཡོད་དམ།

自治区人民政府及其自然资源、生态环境等相关部门应当开展矿产资源勘查和地质调查，在严格保护生态环境前提下开展战略性矿产资源的开发。建立自然保护地矿业权退出机制，严格矿山勘查开发审批制度，提高矿产资源开发利用和保护水平。

བོད་རང་སྐྱོང་ལྗོངས་སྲིད་གཞུང་དང་དེའི་རང་བྱུང་ཐོན་ཁུངས་དང་སྐྱེ་ཁམས་ཁོར་ཡུག་སོགས་འབྲེལ་ཡོད་སྡེ་ཁག་གིས་གཏེར་ཁའི་ཐོན་ཁུངས་རྩད་ཞིབ་དང་ས་གཤིས་བརྟག་དཔྱད་

བྱས་ནས། སྐྱེ་ཁམས་ཁོར་ཡུག་སྲུང་སྐྱོབ་ནན་པོ་བྱེད་པའི་སྔོན་འགྲོའི་ཆ་རྐྱེན་འོག་འཐབ་རྩུས་རང་བཞིན་ལྡན་པའི་གཏེར་ཁའི་ཐོན་ཁུངས་གསར་སྤེལ་བྱ་དགོས། རང་བྱུང་སྲུང་སྐྱོབ་ཁུལ་གྱི་གཏེར་ལས་དབང་ཆ་ཕྱིར་འཐེན་བྱེད་པའི་ལམ་ལུགས་བཙུགས་ཐོག གཏེར་རི་རྩད་ཞིབ་དང་གསར་སྤེལ། ཞིབ་མཆན་འགོད་རྒྱུའི་ལམ་ལུགས་ནན་པོ་བཟོ་བ་དང་། གཏེར་ཁའི་ཐོན་ཁུངས་གསར་སྤེལ་བེད་སྤྱོད་དང་སྲུང་སྐྱོབ་བྱེད་པའི་ཚད་གོང་མཐོར་གཏོང་དགོས།

各级人民政府应当推进绿色矿山建设，加强矿山生态环境保护和矿山废弃地生态修复。

རིམ་ཁག་མི་དམངས་སྲིད་གཞུང་གིས་སྔོ་ལྗང་གི་གཏེར་རིའི་འཛུགས་སྐྲུན་ལ་སྐུལ་འདེད་བཏང་ནས་གཏེར་རིའི་སྐྱེ་ཁམས་ཁོར་ཡུག་སྲུང་སྐྱོབ་དང་གཏེར་བསྔོག་ཤུལ་གྱི་ས་ཆའི་སྐྱེ་ཁམས་སླར་གསོ་ཡོང་རྒྱུར་ཤུགས་སྣོན་རྒྱག་དགོས།

十二、劳动争议与劳动监督

བཅུ་གཉིས། ངལ་རྩོལ་རྩོད་གཞི་དང་ངལ་རྩོལ་ལྟ་སྐྱོལ།

1. 劳动争议具体包括哪些行为？

༡.ངལ་རྩོལ་རྩོད་གཞིར་ཞིབ་ཕྲའི་འབྱུང་ཚུལ་གང་དག་ཡོད་དམ།

根据《中华人民共和国劳动争议调解仲裁法》规定，劳动争议具体包括下列行为：

《ཀྲུང་ཧྭ་མི་དམངས་སྤྱི་མཐུན་རྒྱལ་ཁབ་ཀྱི་ངལ་རྩོལ་རྩོད་གཞི་འདུམ་འགྲིག་འདུམ་གཅོད་བཅའ་ཁྲིམས་》ཀྱི་གཏན་འབེབས་ལྟར་ན། ངལ་རྩོལ་རྩོད་གཞིའི་ཞིབ་ཕྲའི་འབྱུང་ཚུལ་ཁ་ཤས་ཡོད་པ་གཤམ་གསལ་ཏེ།

（1）因确认劳动关系发生的争议；

（༡）ངལ་རྩོལ་འབྲེལ་བ་གཏན་འཁེལ་བྱས་པའི་རྐྱེན་ལས་ཐོན་པའི་རྩོད་གཞི།

（2）因订立、履行、变更、解除和终止劳动合同发生的争议；

（༢）ངལ་རྩོལ་གན་རྒྱ་བཞག་པ་དང་ལག་བསྟར་བྱས་པ། འགྱུར་ལྡོག་བཏང་བ། མེད་པ་བཟོས་པ། མཚམས་འཇོག་བྱས་པ་བཅས་ཀྱིས་རྐྱེན་ལས་ཐོན་པའི་རྩོད་གཞི།

（3）因除名、辞退和辞职、离职发生的争议；

（༣）མིང་མེད་པ་བཟོས་པ་དང་ལས་གནས་ནས་ཕྱིར་འཐེན་དང་དགོངས་པ་ཞུས་པ། ལས་གནས་ནས་ཁ་བྲལ་བ་བཅས་ཀྱི་རྐྱེན་ལས་ཐོན་པའི་རྩོད་གཞི།

（4）因工作时间、休息休假、社会保险、福利、培训以及劳动保护发生的争议；

（༤）ལས་ཀའི་དུས་ཚོད་དང་ངལ་གསོ་དང་གུང་གསེང་། སྤྱི་ཚོགས་འགན་བཅོལ། ཕན་བདེ། གསོ་སྦྱོང་བཅས་དང་། དེ་བཞིན་ངལ་རྩོལ་སྲུང་སྐྱོབ་བཅས་ལས་ཐོན་པའི་རྩོད་གཞི།

（5）因劳动报酬、工伤医疗费、经济补偿或者赔偿金等发生的争议；

（༥）ངལ་རྩོལ་ཐོབ་ཆ་དང་ལས་རྨས་སྨན་བཅོས་འགྲོ་གྲོན། དཔལ་འབྱོར་ཁ་གསབ་བམ་ཡང་ན་གུན་གསབ་དངུལ་སོགས་ཀྱི་རྐྱེན་ལས་ཐོན་པའི་རྩོད་གཞི།

（6）法律、法规规定的其他劳动争议。

（༦）བཅའ་ཁྲིམས་དང་ཁྲིམས་སྲོལ་གྱིས་གཏན་ལ་ཕབ་པའི་ངལ་རྩོལ་རྩོད་གཞི་གཞན་དག་བཅས་སོ།།

2. 劳动争议的处理方式有哪些？

༢.ངལ་རྩོལ་རྩོད་གཞི་ཐག་གཅོད་བྱེ་ཐབས་གང་དག་ཡོད་དམ།

根据《中华人民共和国劳动争议调解仲裁法》规定，发生劳动争议，劳动者可以与用人单位协商，也可以请工会或者第三方共同与用人单位协商，达成和解协议。

《ཀྲུང་ཧྭ་མི་དམངས་སྤྱི་མཐུན་རྒྱལ་ཁབ་ཀྱི་ངལ་རྩོལ་རྩོད་གཞི་འདུམ་འགྲིག་འདུམ་གཅོད་བཅའ་ཁྲིམས》ཀྱི་གཏན་འབེབས་ལྟར་ན། ངལ་རྩོལ་གྱི་རྩོད་གཞི་བྱུང་ཚེ། ངལ་རྩོལ་པས་ལས་མི་བཀོལ་སྤྱོད་ཚན་པ་དང་གྲོས་མོལ་བྱས་ཆོག་ལ། བཟོ་ཚོགས་སམ་ཡང་ན་ཕྱོགས་གསུམ་པ་སྐད་བཏང་ནས་མཉམ་དུ་ལས་མི་བཀོལ་སྤྱོད་ཚན་པ་དང་གྲོས་མོལ་གྱིས་མཐུན་འགྲིག་གི་གྲོས་ཆོད་བཞག་ཀྱང་ཆོག

3. 发生劳动争议，当事人不愿意协商的应该怎么办理？

༣.ངལ་རྩོལ་རྩོད་གཞི་ཐོན་སྐབས། དོ་བདག་གིས་གྲོས་མོལ་བྱེད་འདོད་མེད་ན་ཐག་གཅོད་གང་འདྲ་བྱེད་དགོས་སམ།

根据《中华人民共和国劳动争议调解仲裁法》规定，发生劳动争议，当事人不愿协商、协商不成或者达成和解协议后不履行的，可以向调解组织申请调解；不愿调解、调解不成或者达成调解协议后不履行的，可以向劳动争议仲裁委员会申请仲裁；对仲裁裁决不服的，除本法另有规定的外，可以向人民法院提起诉讼。

《ཀྲུང་ཧྭ་མི་དམངས་སྤྱི་མཐུན་རྒྱལ་ཁབ་ཀྱི་ངལ་རྩོལ་རྩོད་གཞི་འདུམ་འགྲིག་འདུམ་གཅོད་བཅའ་ཁྲིམས་》ཀྱི་གནད་འབེབས་ལྟར་ན། ངལ་རྩོལ་རྩོད་གཞི་ཐོན་རྗེས་དོ་བདག་གིས་གྲོས་མོལ་བྱེད་འདོད་མེད་པ་དང་གྲོས་མོལ་བྱས་ཀྱང་གཅིག་མཐུན་མ་བྱུང་བ། དེ་བཞིན་གྲོས་མཐུན་བཞག་རྗེས་ལག་བསྟར་མི་བྱེད་པ་བཅས་ཀྱི་སྐབས་སུ། འདུམ་འགྲིག་རྩ་འཛུགས་ལ་འདུམ་འགྲིག་བྱ་རྒྱུའི་རེ་ཞུ་བྱས་ཆོག འདུམ་འགྲིག་བྱེད་འདོད་མེད་པ་དང་འདུམ་འགྲིག་བྱས་ཀྱང་གཅིག་མཐུན་མ་བྱུང་བའམ་ཡང་ན་འདུམ་འགྲིག་བྱས་ཏེ་གྲོས་མཐུན་བཞག་རྗེས་ལག་བསྟར་མི་བྱེད་པའི་བྱ་སྤྱོད་ཀྱི་རིགས་བཅས་ངལ་རྩོལ་རྩོད་གཞི་འདུམ་གཅོད་ཨུ་ཡོན་ལྷན་ཁང་ལ་འདུམ་གཅོད་བྱ་རྒྱུར་རེ་ཞུ་བྱས་ཆོག གལ་ཏེ་འདུམ་གཅོད་བྱས་ཏེ་ཁྲུན་ཐག་བཅད་པ་དང་ལེན་མ་བྱས་ཚེ། བཅའ་ཁྲིམས་འདི་གའི་ནང་གནད་འབེབས་གཞན་དག་ཡོད་པ་སྤུད། མི་དམངས་ཁྲིམས་ཁང་ལ་གཏུག་བཤེར་བྱས་ཆོག

4. 发生劳动争议，当事人可以到哪些组织申请调解？

༤.ངལ་རྩོལ་རྩོད་གཞི་ཐོན་སྐབས། དོ་བདག་གིས་རྩ་འཛུགས་གང་དག་ལ་འདུམ་འགྲིག་བྱ་རྒྱུའི་རེ་ཞུ་བྱས་ཆོག་གམ།

根据《中华人民共和国劳动争议调解仲裁法》规定，发生劳动争议，当事人可以到下列调解组织申请调解：

《ཀྲུང་ཧྭ་མི་དམངས་སྤྱི་མཐུན་རྒྱལ་ཁབ་ཀྱི་ངལ་རྩོལ་རྩོད་གཞི་འདུམ་འགྲིག་འདུམ་གཙོད་བཅའ་ཁྲིམས་》ཀྱི་གཏན་འབེབས་ལྟར་ན། ངལ་རྩོལ་རྩོད་གཞི་ཐོན་སྐབས། ངོ་བདག་གིས་གཤམ་གསལ་གྱི་འདུམ་འགྲིག་ཚ་འཛུགས་ལ་འདུམ་འགྲིག་བྱ་རྒྱུའི་རེ་ཞུ་བྱས་ཆོག་པ་སྟེ།

（1）企业劳动争议调解委员会；

（༡）ཁེ་ལས་ཀྱི་ངལ་རྩོལ་རྩོད་གཞི་འདུམ་འགྲིག་ཨུ་ཡོན་ལྷན་ཁང་།

（2）依法设立的基层人民调解组织；

（༢）ཁྲིམས་ལྟར་བཙུགས་པའི་གཞི་རིམ་མི་དམངས་འདུམ་འགྲིག་ཚ་འཛུགས།

（3）在乡镇、街道设立的具有劳动争议调解职能的组织。

（༣）ཤང་དང་གྲོང་རྡལ། ཁྲོམ་གཞུང་བཅས་སུ་བཙུགས་པའི་ངལ་རྩོལ་རྩོད་གཞི་འདུམ་འགྲིག་བྱེད་ནུས་ཡོད་པའི་ཚ་འཛུགས་བཅས་སོ། །

5. 劳动争议申请仲裁的时效为多久？

༥.ངལ་རྩོལ་རྩོད་གཞི་འདུམ་གཙོད་བྱ་རྒྱུར་རེ་ཞུ་བྱས་ཆོག་པའི་དུས་ཡུན་ག་ཚོད་དགོས་པ་ཡིན་ནམ།

根据《中华人民共和国劳动争议调解仲裁法》规定，劳动争议申请仲裁的时效期间为一年。仲裁时效期间从当事人知道或者应当知道其权利被侵害之日起计算。

《ཀྲུང་ཧྭ་མི་དམངས་སྤྱི་མཐུན་རྒྱལ་ཁབ་ཀྱི་ངལ་རྩོལ་རྩོད་གཞི་འདུམ་འགྲིག་འདུམ་གཙོད་བཅའ་ཁྲིམས་》ཀྱི་གཏན་འབེབས་ལྟར་ན། ངལ་རྩོལ་རྩོད་གཞི་འདུམ་འགྲིག་བྱ་རྒྱུར་རེ་ཞུ་བྱས་ཆོག་པའི་དུས་ཡུན་ནི་ལོ་གཅིག་ཡིན། འདུམ་འགྲིག་བྱས་ཆོག་པའི་དུས་ཡུན་ནི་དོ་བདག་གིས་རང་གི་ཁེ་དབང་ལ་གནོད་འཚེ་ཐོག་པ་ཤེས་པའམ་ཡང་ན་ཤེས་ངེས་ཡིན་པའི་ཉིན་ནས་བཟུང་བརྩི་བ་ཡིན།

6. 什么是劳动保障监察？

༦.གང་འདྲ་ཞིག་ལ་ངལ་རྩོལ་འགན་སྲུང་ལྟ་ཞིབ་ཟེར་རམ།

劳动保障监察，是人力资源社会保障行政机关依法对用人单位遵守劳动保障法规的情况进行监督监察，发现和纠正违法行为，并对违法行为依法进行行政处罚的行政执法活动。劳动保障监察对于促进劳动保障法律法规贯彻实施、监控劳动力市场秩序、维护劳动关系双方合法权益以及推动劳动保障部门依法整形都具有十分重要的意义。

ངལ་རྩོལ་འགན་སྲུང་ལྟ་ཞིབ་ཅེས་པ་ནི། མི་ཤུགས་ཐོན་ཁུངས་དང་སྤྱི་ཚོགས་འགན་སྲུང་སྲིད་འཛིན་ལས་ཁུངས་ཀྱིས་ཁྲིམས་ལྟར་ལས་མི་བཀོལ་སྤྱོད་ཚན་པས་ངལ་རྩོལ་འགན་སྲུང་ཁྲིམས་སྲོལ་ལ་བརྩི་སྲུང་གང་འདྲ་ཞུ་རྩལ་ཐད་ལྟ་སྐུལ་དང་ལྟ་ཞིབ་བྱེད་པ་དང་། ཁྲིམས་འགལ་གྱི་བྱ་སྤྱོད་ཤེས་རྟོགས་དང་ཡོ་བསྲང་བྱེད་པ་མ་ཟད། ཁྲིམས་འགལ་གྱི་བྱ་སྤྱོད་ལ་ཁྲིམས་ལྟར་སྲིད་འཛིན་གྱི་ཆད་པ་གཅོད་པའི་སྲིད་འཛིན་ཁྲིམས་འཛིན་གྱི་བྱེད་སྒོར་ཟེར་བ་ཡིན། ངལ་རྩོལ་

འགན་སྲུང་ལྟ་ཞིབ་བྱེད་པ་དེས་ངལ་རྩོལ་འགན་སྲུང་གི་བཅའ་ཁྲིམས་དང་ཁྲིམས་སྲོལ་ལག་བསྟར་དོན་འཁྱོལ་བྱེད་རྒྱུར་སྐུལ་འདེད་གཏོང་རྒྱུ་དང་། ངལ་རྩོལ་ཁྲོམ་རའི་སྒྲིག་ལམ་ལ་ལྟ་སྐུལ་ཚོད་འཛིན་བྱ་རྒྱུ། ངལ་རྩོལ་འབྲེལ་བ་ཡོད་པའི་ཕྱོགས་གཉིས་ཀྱི་ཁྲིམས་མཐུན་ཁེ་དབང་སྲུང་སྐྱོབ་བྱ་རྒྱུ། དེ་བཞིན་ངལ་རྩོལ་འགན་སྲུང་སྡེ་ཁག་ནས་ཁྲིམས་ལྟར་བཅོས་སྒྲིག་བྱེད་རྒྱུར་སྐུལ་འདེད་གཏོང་རྒྱུ་བཅས་ཚང་མར་དོན་སྙིང་གལ་ཆེན་ལྡན་ཡོད།

7. 哪些情形可以找劳动保障监察机构?

༧.གནས་ཚུལ་གང་དག་གི་འོག་ངལ་རྩོལ་འགན་སྲུང་ལྟ་ཞིབ་ལས་ཁུངས་འཚོལ་དགོས་སམ།

根据《中华人民共和国劳动争议调解仲裁法》规定:

《ཀྲུང་ཧྭ་མི་དམངས་སྤྱི་མཐུན་རྒྱལ་ཁབ་ཀྱི་ངལ་རྩོལ་རྩོད་གཞི་འདུམ་འགྲིག་འདུམ་གཅོད་བཅའ་ཁྲིམས་》ཀྱི་གཏན་འབེབས་ལྟར་ན།

(1) 用人单位违反录用和招聘职工规定的。如招用童工，与劳动者订立劳动合同时向劳动者收取抵押物等。

(༡) ལས་མི་བཀོལ་སྤྱོད་ཚན་པས་ལས་བཟོ་བ་བསྡུ་སྤྱོད་དང་གདན་ཞུའི་གཏན་འབེབས་ལས་འགལ་བ་སྟེ། དཔེར་ན་བྱིས་པ་ལས་མི་བསྡུས་པ་དང་ངལ་རྩོལ་པ་དང་ངལ་རྩོལ་གན་རྒྱ་འཛུག་སྐབས་ངལ་རྩོལ་པའི་ལག་ནས་གཏའ་མ་བླངས་པ་སོགས་ལྟ་བུ།

(2) 用人单位违反有关劳动合同规定的。如拒不签订劳动合同，违法解除劳动合同，解除劳动合同后不按国家的规定支付经济补偿金，国有企业终止劳动合同后不按规定支付生活补助等。

(༢) ལས་མི་བཀོལ་སྤྱོད་ཚན་པས་འབྲེལ་ཡོད་ངལ་རྩོལ་གན་རྒྱའི་གཏན་འབེབས་ལས་འགལ་བ་སྟེ། དཔེར་ན་ངལ་རྩོལ་གན་རྒྱ་འཛུག་རྒྱུ་ཁས་མི་ལེན་པ་དང་ངལ་རྩོལ་གན་རྒྱ་མེད་པ་བཟོས་རྗེས་རྒྱལ་ཁབ་ཀྱི་གཏན་འབེབས་ལྟར་དཔལ་འབྱོར་ཁ་གསབ་ཀྱི་དངུལ་མ་སྤྲད་པ། གཞུང་ཁོངས་ཁེ་ལས་ཀྱིས་གན་རྒྱ་མཚམས་འཛོག་བྱས་རྗེས་རྒྱལ་ཁབ་ཀྱི་གཏན་འབེབས་ལྟར་

འཚོ་བའི་ཁ་གསབ་རྒྱགས་དངུལ་སོགས་མ་སྤྲད་པ་ལྟ་བུ།

（3）用人单位不遵守女职工和未成年工特殊劳动保护规定的。如安排女职工从事国家规定的禁忌劳动，未对未成年工进行健康检查。

（༣）ལས་མི་བཀོལ་སྤྱོད་ཚན་པས་བུད་མེད་ལས་བཟོ་བ་དང་ནར་མ་སོན་པའི་ལས་མིར་དམིགས་བསལ་གྱི་ངལ་རྩོལ་སྲུང་སྐྱོབ་བྱ་རྒྱུའི་གཏན་འབེབས་ལ་བརྩི་སྲུང་མི་ཞུ་བ་སྟེ། དཔེར་ན་བུད་མེད་ལས་བཟོ་བར་རྒྱལ་ཁབ་ཀྱི་གཏན་འབེབས་ནང་སྐྱུལ་མི་ཆོག་པའི་ལས་ཀ་བྱེད་དུ་བཅུག་པ་དང་། ནར་མ་སོན་པའི་ལས་མིར་གཟུགས་གཞི་བདེ་ཐང་གི་བརྟག་དཔྱད་མ་བྱས་པ་ལྟ་བུ།

（4）用人单位违反工作时间和休息、休假规定的。如超时加班、不依法安排劳动者休假等。

（༤）ལས་མི་བཀོལ་སྤྱོད་ཚན་པས་ལས་ཀའི་དུས་ཚོད་དང་ངལ་གསོ། གུང་གསེང་བཅས་ཀྱི་གཏན་འབེབས་ལས་འགལ་བ་སྟེ། དཔེར་ན་དུས་ཚོད་ལས་བརྒལ་ཏེ་ལས་ཀ་འཕར་མ་བསྐྱལ་བ་དང་ལས་མིར་ཁྲིམས་ལྟར་གུང་གསེང་བཀོད་སྒྲིག་མི་བྱེད་པ།

（5）用人单位违反工资支付规定的。如克扣或无故拖欠工资，拒不支付加班工资等。

（༥）ལས་མི་བཀོལ་སྤྱོད་ཚན་པས་གླ་ཕོགས་སྤྲོད་ཐབས་ཀྱི་གཏན་འབེབས་ལས་འགལ་བ་སྟེ། དཔེར་ན་ཁང་བཙུགས་ནས་གླ་ཆ་འཐེན་འཕྲི་བྱས་པའམ་ཡང་ན་ཆད་འགྱང་བྱས་པ་དང་། ལས་ཀ་འཕར་མ་བསྐྱལ་བའི་ཐོབ་ཆ་མ་སྤྲད་པ་ལྟ་བུ།

（6）用人单位规定的劳动规章制度违反法律、法规规定的。

（༦）ལས་མི་བཀོལ་སྤྱོད་ཚན་པས་བཟོས་པའི་ངལ་རྩོལ་སྒྲིག་སྲོལ་ལམ་ལུགས་དེ་བཅའ་ཁྲིམས་དང་ཁྲིམས་སྲོལ་གྱི་གཏན་འབེབས་ལས་འགལ་བ།

（7）用人单位违反社会保险规定的。如不依法为劳动者参加社会保险，不依法支付工伤保险费用。

（༧）ལས་མི་བཀོལ་སྤྱོད་ཚན་པས་སྐྱི་ཚོགས་འགན་བཅོལ་གྱི་གནད་འབེབས་ལས་འགལ་བ་སྟེ། དཔེར་ན་ཁྲིམས་ལྟར་ངལ་རྩོལ་པ་སྐྱི་ཚོགས་འགན་བཅོལ་ནང་ཞུགས་མི་འཇུག་པ་དང་། ཁྲིམས་ལྟར་ལས་རྣས་འགན་བཅོལ་གྱི་གྲོན་དངུལ་མ་སྤྲད་པ་ལྟ་བུ།

（8）未经市场监督管理部门登记的非法用工主体违反法律法规、侵害劳动者合法权益的。

（༨）ཁྲོམ་ར་ལྟ་སྐུལ་དོ་དམ་སྡེ་ཁག་ལ་ཐོ་འགོད་མ་བྱས་པར་ལས་མི་བཀོལ་སྤྱོད་ཚན་པས་བཅའ་ཁྲིམས་དང་ཁྲིམས་སྲོལ་ལས་འགལ་ཏེ་ངལ་རྩོལ་པའི་ཁྲིམས་མཐུན་ཁེ་དབང་ལ་གནོད་སྐྱོན་བཏང་བ།

（9）职业中介机构违反职业中介有关规定的。如提供虚假信息，骗取劳动者钱财等。

（༩）ལས་རིགས་མཚམས་སྦྱོར་ལས་ཁུངས་ཀྱིས་ལས་རིགས་མཚམས་སྦྱོར་གྱི་འབྲེལ་ཡོད་གནད་འབེབས་ལས་འགལ་བ་སྟེ། དཔེར་ན་ཆ་འཕྲིན་རྫུན་མ་མཁོ་འདོན་བྱས་པ་དང་ངལ་རྩོལ་པའི་རྒྱུ་དངུལ་གཡོ་ཞེན་བྱས་པ་སོགས་ལྟ་བུ།

（10）法律、法规、规章规定的劳动保障监察机构应当受理的其他事项。

（༡༠）བཅའ་ཁྲིམས་དང་ཁྲིམས་སྲོལ། སྒྲིག་སྲོལ་ནང་གནད་འབེབས་བྱས་པའི་ངལ་རྩོལ་འགན་སྲུང་ལྟ་ཞིབ་ལས་ཁུངས་ཀྱིས་བདག་སྤྲོད་བྱེད་འོས་པའི་ལས་དོན་གཞན་དག་བཅས་སོ།།

8. 工会的性质是什么？

༨.བཟོ་ཚོགས་ཀྱི་ངོ་བོ་གང་ཡིན་ནམ།

根据《中华人民共和国工会法》规定：工会是职工自愿结合的工人阶级的群众组织。《中国工会章程》又对我国工会的性质作了进一步的规定：中国工会是中国共产党领导的职工自愿结合的工人阶级群众组织，是党联系职工群众的桥梁和纽带，是国家政权的重要社会支柱，是会员和职工利益的代表。

《ཀྲུང་ཧྭ་མི་དམངས་སྤྱི་མཐུན་རྒྱལ་ཁབ་ཀྱི་བཟོ་ཚོགས་བཅའ་ཁྲིམས་》ཀྱི་གཏན་འབེབས་ལྟར་ན། བཟོ་ཚོགས་ནི་ལས་བཟོ་བས་རང་མོས་དང་མཉམ་བསྡུས་བྱས་པའི་བཟོ་པའི་གྲལ་རིམ་གྱི་མང་ཚོགས་རྩ་འཛུགས་ཤིག་ཡིན། 《ཀྲུང་གོའི་བཟོ་ཚོགས་ཀྱི་སྒྲིག་ཡིག་》ནང་ལའང་རང་རྒྱལ་བཟོ་ཚོགས་ཀྱི་ངོ་བོའི་ཐད་གཏན་འབེབས་སྟར་ལས་གསལ་བ་བྱས་ཡོད་པ་སྟེ། ཀྲུང་གོའི་བཟོ་ཚོགས་ནི་ཀྲུང་གོ་གུང་ཁྲན་ཏང་གི་འགོ་ཁྲིད་འོག་ལས་བཟོ་བས་རང་མོས་དང་མཉམ་བསྡུས་བྱས་པའི་བཟོ་པའི་གྲལ་རིམ་གྱི་མང་ཚོགས་རྩ་འཛུགས་ཤིག་ཡིན་པ་དང་། ཏང་གིས་ལས་བཟོ་མང་ཚོགས་དང་འབྲེལ་བ་བྱེད་པའི་ཟམ་པ་དང་འབྲེལ་ཐག་ལྟ་བུ་ཡིན་པ། རྒྱལ་ཁབ་སྲིད་དབང་གི་སྤྱི་ཚོགས་ཀ་རྟེན་གལ་ཆེན་ཞིག་ཡིན་པ། ཚོགས་མི་དང་ལས་བཟོ་བའི་ཁེ་དབང་གི་འཐུས་ཚབ་ཡིན་ཞེས་འཁོད་ཡོད།

9. 工会的职责是什么?

༩.བཟོ་ཚོགས་ཀྱི་འགན་འཁྲི་གང་ཡིན་ནམ།

维护职工合法权益是工会的基本职责。工会在维护全国人民总体利益的同时，代表和维护职工的合法权益。

ལས་བཟོ་བའི་ཁྲིམས་མཐུན་ཁེ་དབང་སྲུང་སྐྱོབ་བྱ་རྒྱུ་ནི་བཟོ་ཚོགས་ཀྱི་གཞི་རྩའི་འགན་འཁྲི་ཡིན། བཟོ་ཚོགས་ཀྱིས་རྒྱལ་ཡོངས་མི་དམངས་སྤྱི་ཡོངས་ཀྱི་ཁེ་ཕན་སྲུང་སྐྱོབ་བྱེད་པ་དང་དུས་མཚུངས། ལས་བཟོ་བའི་ཁྲིམས་མཐུན་ཁེ་དབང་གི་ཚབ་བྱེད་པ་དང་སྲུང་སྐྱོབ་བྱེད་ཀྱི་ཡོད།

工会通过平等协商和集体合同制度，协调劳动关系，维护企业职工劳动权益。

བཟོ་ཚོགས་ཀྱིས་འདྲ་མཉམ་གྱི་གྲོས་མོལ་དང་མཉམ་སྡེབ་ཀྱི་གན་རྒྱའི་ལམ་ལུགས་བརྒྱུད། ངལ་རྩོལ་འབྲེལ་བ་མཐུན་སྒྲོར་བྱེད་པ་དང་ཁེ་ལས་ཀྱི་ལས་བཟོ་བའི་ངལ་རྩོལ་ཁེ་དབང་སྲུང་སྐྱོབ་བྱེད་ཀྱི་ཡོད།

工会依照法律规定通过职工代表大会或者其他形式，组织职工参与本单位的民主决策、民主管理和民主监督。

བཟོ་ཚོགས་ཀྱིས་ཁྲིམས་ལུགས་ཀྱི་གཏན་འབེབས་ལ་གཞིགས་ནས་ལས་བཟོ་བའི་འཐུས་མི་ཚོགས་ཆེན་ནམ་ཡང་ན་རྣམ་པ་གཞན་དག་བརྒྱུད་ལས་བཟོ་བ་སྒྲིག་འཛུགས་བྱས་ནས་ཚན་པ་དེ་གའི་དམངས་གཙོའི་བཀོད་ཐུས་དང་དམངས་གཙོའི་དོ་དམ། དམངས་གཙོའི་ལྟ་སྐུལ་བཅས་ཀྱི་ནང་ཞེ་ཞུགས་བྱེད་ཀྱི་ཡོད།

工会必须密切联系职工，听取和反映职工的意见和要求，关心职工的生活，帮助职工解决困难，全心全意为职工服务。

བཟོ་ཚོགས་ཀྱིས་ངེས་པར་དུ་ལས་བཟོ་བར་འབྲེལ་བ་དམ་ཟབ་བྱས་ཏེ། ལས་བཟོ་བའི་བསམ་འཆར་དང་རེ་འདུན་ཉན་འཛིན་དང་གོང་རིམ་ལ་སྙན་སེང་ཞུ་དགོས་པ་དང་། ལས་བཟོ་བའི་འཚོ་བར་སེམས་ཁུར་དང་ལས་བཟོ་བའི་དཀའ་ངལ་ཐག་གཅོད་བྱེད་རོགས་བྱས་ཏེ། བློ་གཅིག་སེམས་གཅིག་ངང་ལས་བཟོ་བར་ཞབས་འདེགས་ཞུ་དགོས་ཀྱི་ཡོད།

10. 工会的主要任务是什么？

༡༠.བཟོ་ཚོགས་ཀྱི་ལས་འགན་གཙོ་བོ་གང་ཡིན་ནམ།

工会的主要任务是：推动科学发展，以创建“工人先锋号”为载体，广泛开展职工建功立业活动，大力实施职工素质建设工程，更加充分地发挥工人阶级主力军作用；促进社会和谐，以创建劳动关系和谐企业为手段，大力发展和谐劳动关系，维护职工队伍和社会稳定；推动共建共享，以劳动就业、收入分配、社会保障和劳动安全卫生为重点，健全完善维权机制，不断增强维权实效；加强民主管理和基层民主建设，以职代会为基本制度，扩大有序参与，维护职工民主政治权利；激发组织活力，以加强基层工会建设为着力点，提高领导机关服务基层、服务职工的水平，增强工会组织吸引力、凝聚力。

བཟོ་ཚོགས་ཀྱི་ལས་འགན་གཙོ་བོ་ནི། ཚན་རིག་དང་མཐུན་པའི་གོང་འཕེལ་ལ་སྐུལ་འདེད་དང་། “བཟོ་པའི་གདོང་ལེན་པ་”བཙུགས་ཏེ་རྒྱ་ཁྱབ་ངང་ལས་བཟོ་བས་བྱས་རྗེས་འཛོག་པའི་བྱེད་སྒོ་སྤེལ་བ་དང་ལས་བཟོ་བའི་བྱང་ཚད་འཛུགས་སྐྲུན་གྱི་ལས་གྲྭ་ལག་བསྟར་ཤུགས་ཆེར་གཏོང་བ། བཟོ་པའི་གྲལ་རིམ་གྱི་གཙོ་ཤུགས་དཔུང་ཁག་ནུས་པ་འདོན་སྤེལ་སྔར་ལས་ལྷག་པ་བྱེད་དགོས་པ། སྤྱི་ཚོགས་ཞི་མཐུན་ལ་སྐུལ་འདེད་དང་ངལ་རྩོལ་ཞི་མཐུན་ཅན་གྱི་ཁེ་ལས་འཛུགས་པའི་ཐབས་ལ་བརྟེན་ནས་ཞི་མཐུན་གྱི་ངལ་རྩོལ་འབྲེལ་བ་འཕེལ་རྒྱས་ཤུགས་ཆེར་གཏོང་བ་དང་། ལས་བཟོ་བའི་དཔུང་ཁག་དང་སྤྱི་ཚོགས་བརྟན་ལྷིང་སྲུང་སྐྱོང་བྱེད་དགོས་པ། མཉམ་སྐྲུན་མཉམ་སྤྱོད་ལ་སྐུལ་འདེད་ཀྱིས་ངལ་རྩོལ་ལས་ཞུགས་དང་ཡོང་འབབ་བགོ་འགྲེམ། སྤྱི་ཚོགས་འགན་སྲུང་། ངལ་རྩོལ་བདེ་འཇགས་འཕྲོད་བསྟེན་བཅས་གཙོ་གནད་དུ་བཟུང་ནས་ཁེ་དབང་སྲུང་སྐྱོང་སྒྲིག་གཞི་འཐུས་ཚང་དང་ཇེ་ལེགས་སུ་བཏང་མཐར། ཁེ་དབང་སྲུང་སྐྱོང་གི་ཕན་འབྲས་དངོས་ཟམ་མི་ཆད་པར་ཆེ་རུ་གཏོང་དགོས་པ། དམངས་གཙོའི་དོ་དམ་དང་གཞི་རིམ་དམངས་གཙོ་འཛུགས་སྐྲུན་ལ་ཤུགས་སྣོན་བརྒྱབ་སྟེ། ལས་བཟོ་བའི་འཐུས་མི་ཚོགས་ཆེན་དེ་གཞི་རྩའི་ལམ་ལུགས་སུ་བྱས་ནས་གོ་རིམ་ལྡན་པའི་ངང་ཐེ་

ཞུགས་བྱེད་རྒྱུ་རྒྱ་ཆེར་གཏོང་བ་དང་། ལས་བཟོ་བའི་དམངས་གཙོ་ཆབ་སྲིད་ཀྱི་ཁེ་དབང་སྲུང་སྐྱོང་བྱེད་དགོས་པ། རྩ་འཛུགས་ཀྱི་གསོན་ཤུགས་འཕེལ་བ་བྱེད་པ་དང་གཞི་རིམ་བཟོ་ཚོགས་འཛུགས་སྐྱོང་བྱེད་ཤུགས་ཆེ་རུ་གཏོང་རྒྱུ་གཙོ་གནད་དུ་བཟུང་ནས། འགོ་ཁྲིད་ལས་ཁུངས་ཀྱིས་གཞི་རིམ་ལ་ཞབས་འདེགས་ཞུ་བ་དང་ལས་བཟོ་བར་ཞབས་འདེགས་ཞུ་བའི་ཆུ་ཚད་གོང་མཐོར་གཏོང་བ་དང་། བཟོ་ཚོགས་རྩ་འཛུགས་ཀྱི་ཡིད་འགུགས་ནུས་པ་དང་གོང་བུ་སྒྲིལ་ཤུགས་ཆེ་རུ་གཏོང་དགོས་པ་བཅས་རེད།

11. 用人单位的哪些问题工会可以干预?

༡༡.ལས་མི་བཀོལ་སྤྱོད་ཚན་པའི་གནད་དོན་གང་དག་གི་ཐད་བཟོ་ཚོགས་ཀྱིས་ཐེ་ཇུས་བྱས་ཆོག་གམ།

企业、事业单位违反劳动法律、法规规定，有下列侵犯职工劳动权益情形，工会应当代表职工与企业、事业单位交涉，要求企业、事业单位采取措施予以改正；企业、事业单位应当予以研究处理，并向工会作出答复；企业、事业单位拒不改正的，工会可以请求当地人民政府依法作出处理：

ཁེ་ལས་དང་བྱ་གཞག་ཚན་པས་ངལ་རྩོལ་བཅའ་ཁྲིམས་དང་ཁྲིམས་སྲོལ་གྱི་གཏན་འབེབས་ལས་འགལ་ཏེ། གཤམ་གསལ་གྱི་ལས་བཟོ་བའི་ངལ་རྩོལ་ཁེ་དབང་ལ་གནོད་པའི་གནས་ཚུལ་རིགས་ཡོད་ཚེ། བཟོ་ཚོགས་ཀྱིས་ལས་བཟོ་བའི་འཐུས་ཚབ་ངོས་ནས་ཁེ་ལས་དང་བྱ་གཞག་ཚན་པར་འབྲེལ་གཏུག་བྱས་ཏེ་ཁེ་ལས་དང་བྱ་གཞག་ཚན་པར་བྱ་ཐབས་བཟུང་ནས་བསྒྱུར་བཅོས་བྱ་དགོས་པའི་བླང་བྱ་འདོན་དགོས་པ་དང་། ཁེ་ལས་དང་བྱ་གཞག་ཚན་པས་ཞིབ་འཇུག་བྱས་ཏེ་ཐག་གཅོད་བྱེད་དགོས་པ་མ་ཟད། བཟོ་ཚོགས་ལ་ལན་འདེབས་དགོས། ཁེ་ལས་དང་བྱ་གཞག་ཚན་པས་བསྒྱུར་བཅོས་མ་བྱས་ཚེ། བཟོ་ཚོགས་ཀྱིས་ས་གནས་དེ་གའི་མི་དམངས་ཁྲིམས་ཁང་ལ་ཁྲིམས་ལྟར་ཐག་གཅོད་བྱ་རྒྱུའི་རེ་བ་འདོན་ཆོག་སྟེ།

（1）克扣职工工资的；

（༡）ལས་བཟོ་བའི་གླ་ཆ་འཛིན་འཕྲི་བྱས་པ།

（2）不提供劳动安全卫生条件的；

（༢）ངལ་རྩོལ་བདེ་འཇགས་ཀྱི་འཕྲོད་བསྟེན་ཆ་རྐྱེན་མཁོ་འདོན་མ་བྱས་པ།

（3）随意延长劳动时间的；

（༣）རང་དགར་ངལ་རྩོལ་གྱི་དུས་ཚོད་ནར་འགྱང་བཏང་བ།

（4）侵犯女职工和未成年工特殊权益的；

（༤）བུད་མེད་ལས་བཟོ་བ་དང་ནར་མ་སོན་པའི་ལས་མིའི་དམིགས་བསལ་ཁེ་དབང་ལ་གནོད་སྐྱོན་བཏང་བ།

（5）其他严重侵犯职工劳动权益的。

（༥）ད་དུང་ལས་བཟོ་བའི་ཁེ་དབང་ལ་གནོད་འཚེ་ཚབས་ཆེན་བཏང་བའི་སྣང་ཚུལ་གཞན་དག་བཅས་སོ།།

十三、依法纳税

བཅུ་གསུམ། ཁྲིམས་ལྟར་དཔྱ་ཁྲལ་འཇལ་དགོས་པ།

1. 为什么说依法纳税是公民的基本义务?

༡.ཁྲིམས་ལྟར་དཔྱ་ཁྲལ་འཇལ་རྒྱུ་ནི་སྤྱི་དམངས་ཀྱི་གཞི་རྩའི་འོས་འགན་ཡིན་ཞེས་པའི་རྒྱུ་མཚན་གང་ཡིན་ནམ།

依法纳税的必要性可从三个方面来把握:

དེ་འདང་ཁྲིམས་ལྟར་དཔྱ་ཁྲལ་འཇལ་རྒྱུའི་དགོས་ངེས་རང་བཞིན་དེ་ཕྱོགས་གསུམ་གྱི་ཐོག་ནས་ཤེས་རྟོགས་ཐུབ་པ་བྱེད་དགོས་པ་སྟེ།

(1)由我国税收的性质决定。在我国,税收取之于民,用之于民,国家、集体、个人利益在根本上是一致的;

(༡) རང་རྒྱལ་གྱི་ཁྲལ་བསྡུའི་ལམ་ལུགས་ཀྱི་ངོ་བོས་ཐག་བཅད་པ་ཡིན། རང་རྒྱལ་གྱི་དཔྱ་ཁྲལ་ཡོང་འབབ་ནི་དམངས་ལ་བརྟེན་ནས་བྱུང་བ་ཡིན་ལ་དམངས་ཀྱི་ཆེད་དུ་བེད་སྤྱོད་

བྱེད་དགོས་པས་རྒྱལ་ཁབ་དང་མཉམ་སྡེབ། མི་སྒེར་བཅས་ཀྱི་ཁེ་ཕན་གཞི་རྩའི་ཆ་ནས་གཅིག་གྱུར་ཡིན་པ།

（2）是实现国家职能的要求。国家的兴旺发达、繁荣富强与每个公民息息相关，国家各项职能的实现，必须以税收作为物质基础；

（༢）དེ་ནི་རྒྱལ་ཁབ་ཀྱི་འགན་ནུས་དོན་འཁྱོལ་ཡོང་བ་བྱེད་པའི་བླང་བྱ་ཡིན་ཏེ། རྒྱལ་ཁབ་དར་རྒྱས་དང་སྟོབས་འབྱོར་ལྡན་པ་བྱ་རྒྱུ་དེ་སྤྱི་དམངས་མི་རེ་ངོ་རེ་དང་འབྲེལ་བ་ཟབ་མོ་ཡོད། རྒྱལ་ཁབ་ཀྱི་འགན་ནུས་ཁག་ཚང་མ་དོན་འཁྱོལ་ཡོང་བ་བྱེད་པར་ངེས་པར་དུ་དཔྱ་ཁྲལ་གྱི་ཡོང་འབབ་དེ་དངོས་པོའི་རྨང་གཞིར་འཛུག་དགོས་པ།

（3）是权利义务统一的要求。每个公民在享受国家提供的各种服务的同时，必须承担义务，自觉诚信纳税。

因此说，依法纳税是公民的基本义务。

（༣）དེ་ནི་དབང་ཆའི་འོས་འགན་གཅིག་གྱུར་ཡོང་བ་བྱེད་པའི་བླང་བྱ་ཡིན་ཏེ། སྤྱི་དམངས་མི་རེ་ངོ་རེས་རྒྱལ་ཁབ་ཀྱིས་མཁོ་འདོན་བྱས་པའི་ཞབས་ཞུ་སྣ་ཚོགས་ལོངས་སྤྱོད་བྱེད་པ་དང་དུས་མཚུངས། ངེས་པར་དུ་འོས་འགན་ཁུར་ནས་རང་འགུལ་དང་ཡིད་རྟོན་ཅན་གྱིས་དཔྱ་ཁྲལ་འཇལ་དགོས་པ་ཡིན།

དེར་བརྟེན་ཁྲིམས་ལྟར་དཔྱ་ཁྲལ་འཇལ་རྒྱུ་དེ་ནི་སྤྱི་དམངས་ཀྱི་གཞི་རྩའི་འོས་འགན་ཡིན།

2. 个人所得税的纳税主体有哪些？

༢.མི་སྒེར་གྱི་ཐོབ་ཁྲལ་འཇལ་མཁན་ཕྱོགས་གང་དག་ཡོད་དམ།

根据《中华人民共和国个人所得税法》规定，在中国境内有住所，或者无住所而一个纳税年度内在中国境内居住累计满一百八十三天的个人，为居民个人。居民个人从中国境内和境外取得的所得，依照法律规定缴纳个人所得税。

《ཀྲུང་ཧྭ་མི་དམངས་སྤྱི་མཐུན་རྒྱལ་ཁབ་ཀྱི་མི་སྒེར་གྱི་ཐོབ་ཁྲལ་བཅའ་ཁྲིམས་》ཀྱི་གཏན་

འཐེབས་ལྟར་ན། ཀྲུང་གོའི་རྒྱལ་ཁོངས་ནང་སྡོད་ཁང་ཡོད་པའམ་ཡང་ན་སྡོད་ཁང་མེད་ཀྱང་ཁྲལ་འཇལ་ལོ་འཁོར་གྱི་ནང་། ཀྲུང་གོའི་མངའ་ཁོངས་ལ་བསྡད་ནས་འབྱོན་ཉིན་གྲངས་བརྒྱ་དང་བརྒྱད་ཅུ་གསུམ་ཕྱིན་པའི་མི་སྒེར་ནི་གྲོང་མི་མི་སྒེར་ལ་བརྩི་བ་ཡིན། གྲོང་མི་སྒེར་གྱིས་རྒྱལ་ཁོངས་ཕྱི་ནང་ནས་བྱུང་བའི་ཐོབ་ཆའི་རིགས་ལ་བཅའ་ཁྲིམས་ཀྱི་གཏན་འཐེབས་ལྟར་མི་སྒེར་གྱི་ཐོབ་ཁྲལ་འཇལ་དགོས།

在中国境内无住所又不居住，或者无住所而一个纳税年度内在中国境内居住累计不满一百八十三天的个人，为非居民个人。非居民个人从中国境内取得的所得，依照法律规定缴纳个人所得税。

ཀྲུང་གོའི་མངའ་ཁོངས་སུ་བསྡད་མེད་ལ་སྡོད་ཁང་ཡང་མེད་པ་དང་། ཡང་ན་ཁྲལ་འཇལ་ལོ་འཁོར་གྱི་ནང་། ཀྲུང་གོའི་མངའ་ཁོངས་ལ་བསྡད་ནས་འབྱོན་བྱས་ན་ཉིན་གྲངས་བརྒྱ་དང་བརྒྱད་ཅུ་གསུམ་མ་ཟིན་པའི་མི་སྒེར་ནི་གྲོང་མི་མ་ཡིན་པའི་མི་སྒེར་ཡིན། གྲོང་མི་མ་ཡིན་པའི་མི་སྒེར་གྱིས་ཀྲུང་གོའི་མངའ་ཁོངས་ནས་བྱུང་བའི་ཐོབ་ཆའི་རིགས་ལ་ཁྲིམས་ལྟར་མི་སྒེར་གྱི་ཐོབ་ཁྲལ་འཇལ་དགོས།

3. 哪些个人所得需要纳税？

༣.མི་སྒེར་གྱི་ཐོབ་ཆ་གང་དག་ལ་དཔྱ་ཁྲལ་འཇལ་དགོས་སམ།

根据《中华人民共和国个人所得税法》规定，下列各项个人所得，应当缴纳个人所得税：

《ཀྲུང་ཧྭ་མི་དམངས་སྤྱི་མཐུན་རྒྱལ་ཁབ་ཀྱི་མི་སྒེར་གྱི་ཐོབ་ཁྲལ་བཅའ་ཁྲིམས་》ཀྱི་གཏན་འཐེབས་ལྟར་ན། གཤམ་གསལ་མི་སྒེར་ལ་བྱུང་བའི་ཐོབ་ཆའི་རིགས་ལ་མི་སྒེར་གྱི་ཐོབ་ཁྲལ་འཇལ་དགོས་པ་སྟེ།

（1）工资、薪金所得；

（༡）གླ་ཆ་དང་ཕོགས་ཐོབ་ཀྱི་ཐོབ་ཆ།

（2）劳务报酬所得；

（༣）ངལ་རྩོལ་ཐོབ་ཆ།

（3）稿酬所得；

（༣）རྩོམ་ཡོན།

（4）特许权使用费所得；

（༤）དམིགས་བསལ་གྱི་སྤྱོད་དབང་ཡོད་པའི་གླ་རིན་གྱི་ཐོབ་ཆ།

（5）经营所得；

（༥）ཁེ་གཉེར་ཐོབ་ཆ།

（6）利息、股息、红利所得；

（༦）སྐྱེད་ཀ་དང་མ་ཀྲང་སྐྱེད་ཀ ཁེ་བཟང་གི་ཐོབ་ཆ།

（7）财产租赁所得；

（༧）རྒྱུ་ནོར་བོགས་གཏོང་གི་ཐོབ་ཆ།

（8）财产转让所得；

（༨）རྒྱུ་ནོར་བརྗུག་སྤྲོད་ཀྱི་ཐོབ་ཆ།

（9）偶然所得。

（༩）སྟེས་དབང་གི་ཐོབ་ཆ་བཅས་སོ། །

4. 加班费属不属于个人所得税缴纳范围吗？

༤.ལས་ཀ་འཕར་མ་བྱས་པའི་ཐོབ་ཆ་དེ་མི་སྒེར་གྱི་ཐོབ་ཁྲལ་འཇལ་བའི་ཁྱབ་ཁོངས་ལ་ཚུད་ཀྱི་ཡོད་དམ།

属于。《中华人民共和国个人所得税法实施条例》第六条规定了个人所得的范围：工资、薪金所得，是指个人因任职或者受雇取得的工资、薪金、奖金、年终加薪、劳动分红、津贴、补贴以及与任职或者受雇有关的其他所得。

ཚུད་ཀྱི་ཡོད་དེ། 《ཀྲུང་ཧྭ་མི་དམངས་སྤྱི་མཐུན་རྒྱལ་ཁབ་ཀྱི་མི་སྒེར་གྱི་ཐོབ་ཁྲལ་བཅའ་

ཁྲིམས་》ཀྱི་དོན་ཚན་དྲུག་པར། མི་སྒེར་གྱི་ཐོབ་ཆའི་ཁྱབ་ཁོངས་གཏན་འབེབས་བྱས་ཡོད་པ་སྟེ། གླ་ཆ་དང་ཕོགས་ཐོབ་ཅེས་པ་ནི་རང་ཉིད་ཀྱིས་འགན་གནས་འཁུར་བ་དང་ཡང་ན་གླ་པ་བྱས་ཏེ་ཐོབ་པའི་གླ་ཆ་དང་ཕོགས་ཐོབ། བྱ་དགའ། ལོ་མཇུག་གི་ཕོགས་སྣོན། ངལ་རྩོལ་གྱི་བགོ་བཤའ། ཐོབ་སྣོན། ཁ་གསབ་བཅས་དང་། དེ་བཞིན་འགན་གནས་འཁུར་བ་དང་ཡང་ན་གླ་པ་བྱས་པའི་འབྲེལ་ཡོད་ཀྱི་ཐོབ་ཆ་གཞན་དག་བཅས་ལ་ཟེར་བ་ཡིན།

5. 哪些情形可以减征个人所得税？

༥.གནས་ཚུལ་གང་དག་གི་འོག་མི་སྒེར་གྱི་ཐོབ་ཁྲལ་ཉུང་དུ་བཏང་ཆོག་གམ།

根据《中华人民共和国个人所得税法》规定，有下列情形之一的，可以减征个人所得税：

《ཀྲུང་ཧྭ་མི་དམངས་སྤྱི་མཐུན་རྒྱལ་ཁབ་ཀྱི་མི་སྒེར་གྱི་ཐོབ་ཁྲལ་བཅའ་ཁྲིམས་》ཀྱི་གཏན་འབེབས་ལྟར་ན། གཤམ་གསལ་གྱི་གནས་ཚུལ་རིགས་ཡོད་ཚེ། མི་སྒེར་གྱི་ཐོབ་ཁྲལ་ཉུང་དུ་བཏང་ཆོག་པ་སྟེ།

（1）残疾、孤老人员和烈属的所得；

（༡）དབང་པོ་སྐྱོན་ཅན་དང་དྭ་ཕྲུག་རྒན་རྐོན། སྟོན་གཤིགས་དཔའ་བོའི་ཁྱིམ་མིའི་ཐོབ་ཆ།

（2）因自然灾害遭受重大损失的；

（༢）རང་བྱུང་གནོད་འཚེས་རྐྱེན་པས་གྱོང་གུན་ཚབས་ཆེན་ཕོག་པ།

（3）国务院可以规定其他减税情形。

（༣）དེ་བཞིན་རྒྱལ་སྲིད་སྤྱི་ཁྱབ་ཁང་ནས་དཔྱ་ཁྲལ་ཉུང་དུ་གཏོང་རྒྱུར་གཏན་འབེབས་བྱས་ཆོག་པའི་གནས་ཚུལ་གཞན་དག་བཅས་སོ།།

6. 企业纳税所得额怎么计算？

༦.ཁེ་ལས་ཀྱི་ཐོབ་ཁྲལ་དངུལ་གྲངས་བརྩི་སྟངས་གང་འདྲ་ཡིན་ནམ།

根据《中华人民共和国个人所得税法》规定，企业每一纳税年度的收入总额，减除不征税收入、免税收入、各项扣除以及允许弥补的以前年度亏损后的余额，为应纳税所得额。

《ཀྲུང་ཧྭ་མི་དམངས་སྤྱི་མཐུན་རྒྱལ་ཁབ་ཀྱི་མི་སྒེར་གྱི་ཐོབ་ཁྲལ་བཅའ་ཁྲིམས་》ཀྱི་གནད་འབེབས་ལྟར་ན། ཁེ་ལས་ཀྱིས་ཁྲལ་འཇལ་ལོ་འཁོར་རེའི་ཡོང་འབབ་ཀྱི་བསྡོམས་འབོར་ནང་ནས་དཔྱ་ཁྲལ་བསྡུ་མི་དགོས་པའི་ཡོང་འབབ་དང་དཔྱ་ཁྲལ་ཡ་ཆག་བཏང་བའི་ཡོང་འབབ། འཐེན་གཅོག་བྱས་པའི་རྣམ་གྲངས་ཁག དེ་བཞིན་ཁ་གསབ་བྱས་ཆོག་པའི་ལོ་གོང་མར་གྱོང་གུན་ཐོག་རྫེས་ཀྱི་དངུལ་ལྷག་མ་བཅས་ཕུད། དེ་བྱིངས་ནི་དཔྱ་ཁྲལ་འཇལ་དགོས་པའི་ཐོབ་གྲངས་ཡིན།

7. 企业的收入总额包括哪些？

༧.ཁེ་ལས་ཀྱི་ཡོང་འབབ་བསྡོམས་འབོར་གང་དག་ཚུད་ཡོད་དམ།

企业以货币形式和非货币形式从各种来源取得的收入，为收入总额。包括：

ཁེ་ལས་ཀྱི་དངུལ་ལོར་གྱི་རྣམ་པ་དང་དངུལ་ལོར་མ་ཡིན་པའི་རྣམ་པ་སོགས་ཡོང་ཁུངས་སྣ་ཚོགས་ནས་བྱུང་བའི་ཡོང་འབབ་ལ་ཡོང་འབབ་ཀྱི་བསྡོམས་འབོར་ཟེར་གྱི་ཡོད། དེའི་ནང་འདི་དག་ཚུད་ཡོད་དེ།

（1）销售货物收入；

（༡）ཚོང་ཟོག་བཙོངས་པའི་ཡོང་འབབ།

（2）提供劳务收入；

（༢）ངལ་རྩོལ་བྱས་པའི་ཡོང་འབབ།

（3）转让财产收入；

（༣）རྒྱུ་ནོར་བརྒྱུག་སྤྲོད་བྱས་པའི་ཡོང་འབབ།

（4）股息、红利等权益性投资收益；

（༤）མ་རྐང་གི་སྐྱེད་ཀ་དང་ཁེ་བཟང་སོགས་ཁེ་དབང་རང་བཞིན་གྱི་མ་འཛོག་ཡོང་འབབ།

（5）利息收入；

(༥) སྐྱེད་ཀའི་ཡོང་འབབ།

(6) 租金收入；

(༦) བོགས་གཏོང་ཡོང་འབབ།

(7) 特许权使用费收入；

(༧) དམིགས་བསལ་གྱི་སྤྱོད་དབང་ཡོད་པའི་གླ་རིན་ཡོང་འབབ།

(8) 接受捐赠收入；

(༨) ཞལ་འདེབས་དང་ལེན་བྱས་པའི་ཡོང་འབབ།

(9) 其他收入。

(༩) དེ་བཞིན་ཡོང་འབབ་གཞན་དག་བཅས་སོ།།

8. 违反税法的行为主要有哪些？

༨.དཔྱ་ཁྲལ་གྱི་བཅའ་ཁྲིམས་དང་འགལ་བའི་བྱ་སྤྱོད་ཀྱི་རིགས་ལ་གཙོ་བོ་གང་དག་ཡོད་དམ།

根据《中华人民共和国个人所得税法》规定，违反税法的行为主要有偷税、欠税、骗税、抗税。

《ཀྲུང་ཧྭ་མི་དམངས་སྤྱི་མཐུན་རྒྱལ་ཁབ་ཀྱི་མི་སྒེར་གྱི་ཐོབ་ཁྲལ་བཅའ་ཁྲིམས་》ཀྱི་གཏན་འབེབས་ལྟར་ན། དཔྱ་ཁྲལ་གྱི་བཅའ་ཁྲིམས་ལས་འགལ་བའི་བྱ་སྤྱོད་ཀྱི་རིགས་སུ་གཙོ་བོ་དཔྱ་ཁྲལ་སྐུང་པ་དང་དཔྱ་ཁྲལ་ཆད་འཀྱང་། དཔྱ་ཁྲལ་མགོ་སྐོར་བཏང་བ། དཔྱ་ཁྲལ་འཇལ་རྒྱུ་ཁས་མི་ལེན་པ་བཅས་ཡོད།

9. 我国对偷税、欠税、骗税、抗税行为分别有哪些处罚？

༩.རང་རྒྱལ་གྱིས་དཔྱ་ཁྲལ་སྐུང་པ་དང་དཔྱ་ཁྲལ་ཆད་འཀྱང་། དཔྱ་ཁྲལ་མགོ་སྐོར་བཏང་བ། དཔྱ་ཁྲལ་འཇལ་རྒྱུ་ཁས་མི་ལེན་པ་བཅས་ཀྱི་བྱ་སྤྱོད་ཐད་ཁག་སོ་སོར་ཆད་གཅོད་བྱ་ཐབས་གང་དག་ཡོད་དམ།

《中华人民共和国刑法》：【骗取出口退税罪、偷税罪】以假报出口或者其他欺骗手段，骗取国家出口退税款，数额较大的，处五年以下有期徒刑或者拘役，并处骗取税款一倍以上五倍以下罚金；数额巨大或者有其他严重情节的，处五年以上十年以下有期徒刑，并处骗取税款一倍以上五倍以下罚金；数额特别巨大或者有其他特别严重情节的，处十年以上有期徒刑或者无期徒刑，并处骗取税款一倍以上五倍以下罚金或者没收财产。

《ཀྲུང་ཧྭ་མི་དམངས་སྤྱི་མཐུན་རྒྱལ་ཁབ་ཀྱི་ཉེས་དོན་བཅའ་ཁྲིམས་》ནང་【ཕྱིར་གཏོང་གི་སློག་ཁྲལ་གཡོ་ལེན་བྱས་པའི་ཉེས་པ་དང་ཁྲལ་སྐུང་ཉེས་པ་】སྟེ། ཕྱིར་གཏོང་བྱ་རྒྱུ་རྫུན་ཞུ་བྱས་པའམ་ཡང་ན་མགོ་སྐོར་གཏོང་ཐབས་གཞན་དག་ཐོག་ནས་རྒྱལ་ཁབ་ཀྱི་ཕྱིར་གཏོང་ཐད་ཕྱིར་སློག་བྱས་པའི་ཁྲལ་དངུལ་གཡོ་ལེན་བྱས་པ་དང་། གྲངས་འབོར་ཅུང་ཆེན་པོ་ཡིན་ཚེ། ལོ་ལྔ་མན་གྱི་དུས་བཀག་བཙོན་འཇུག་བྱ་རྒྱུ་དང་ཡང་ན་བཀག་འཇུག་བྱ་རྒྱུ་མ་ཟད། ཁྲལ་དངུལ་གཡོ་ལེན་བྱས་པའི་དངུལ་འབོར་གྱི་ལྡབ་གཅིག་ཡན་ནས་ལྡབ་ལྔ་མན་གྱི་དངུལ་ཆད་གཅོད་རྒྱུ། གྲངས་འབོར་ཆེན་པོ་ཟིན་པ་དང་ཡང་ན་ཚབས་ཆེ་བའི་གནས་ཚུལ་གཞན་དག་ཡོད་ཚེ། ལོ་

ལྔ་ཡན་ནས་ལོ་བཅུ་མན་གྱི་དུས་བཀག་བཙོན་འཇུག་བྱ་རྒྱུ་མ་ཟད། ཁྲལ་དངུལ་གཡོ་ཟོལ་བྱས་པའི་གྲངས་འབོར་གྱི་ལྡབ་གཅིག་ཡན་ནས་ལྡབ་ལྔ་མན་གྱི་དངུལ་ཆད་གཅོད་རྒྱུ། གྲངས་འབོར་ཧ་ཅང་ཆེ་བ་དང་ཡང་ན་ཚབས་ཧ་ཅང་ཆེ་བའི་གནས་ཚུལ་གཞན་དག་ཡོད་ཚེ། ལོ་བཅུ་ཡན་གྱི་དུས་བཀག་བཙོན་འཇུག་བྱ་རྒྱུ་དང་ཡང་ན་ཚེ་བཙོན་དུ་འཇུག་རྒྱུ་མ་ཟད། གཡོ་ཟོལ་བྱས་པའི་ཁྲལ་དངུལ་གྱི་ལྡབ་གཅིག་ཡན་ནས་ལྡབ་ལྔ་མན་གྱི་དངུལ་ཆད་གཅོད་རྒྱུ་དང་ཡང་ན་རྒྱུ་ནོར་གཞུང་བཞེས་གཏོང་རྒྱུ་རེད།

《中华人民共和国刑法》：【逃避追缴欠税罪】纳税人欠缴应纳税款，采取转移或者隐匿财产的手段，致使税务机关无法追缴欠缴的税款，数额在一万元以上不满十万元的，处三年以下有期徒刑或者拘役，并处或者单处欠缴税款一倍以上五倍以下罚金；数额在十万元以上的，处三年以上七年以下有期徒刑，并处欠缴税款一倍以上五倍以下罚金。

《ཀྲུང་ཧྭ་མི་དམངས་སྤྱི་མཐུན་རྒྱལ་ཁབ་ཀྱི་ཉེས་དོན་བཅའ་ཁྲིམས་》ནང་། 【ཆད་ཁྲལ་རྗེས་འདེད་ལས་གཡོལ་བའི་ཉེས་པ་】སྟེ། ཁྲལ་འཇལ་མཁན་གྱིས་འཇལ་དགོས་ངེས་ཀྱི་ཁྲལ་དངུལ་ཆད་ཅིང་། རྒྱུ་ནོར་སྤོ་བསྒྱུར་རམ་སྦས་སྐུང་བྱས་པའི་དབང་གིས་ཁྲལ་དོན་ལས་ཁུངས་ཀྱིས་ཁྲལ་འཇལ་རྒྱུའི་བདའ་འདེད་གཏོང་ཐབས་བྲལ་ཞིང་། གྲངས་འབོར་སྒོར་ཁྲི་གཅིག་ཡན་ནས་སྒོར་ཁྲི་བཅུ་མན་ཟིན་ཚེ། ལོ་གསུམ་མན་གྱི་དུས་བཀག་བཙོན་འཇུག་བྱ་རྒྱུ་དང་ཡང་ན་བཀག་ཉར་བྱ་རྒྱུ་མ་ཟད། ཟུར་དུ་ཆད་འགྲུང་བྱས་པའི་དངུལ་འབོར་གྱི་ལྡབ་གཅིག་ཡན་ནས་ལྡབ་ལྔ་མན་གྱི་དངུལ་ཆད་གཅོད་རྒྱུ། དངུལ་འབོར་སྒོར་ཁྲི་བཅུ་ཡན་ཟིན་ཚེ། ལོ་གསུམ་ཡན་ནས་ལོ་བདུན་མན་གྱི་དུས་བཀག་བཙོན་འཇུག་བྱ་རྒྱུ་མ་ཟད། ཆད་དངུལ་གྱི་གྲངས་འབོར་གྱི་ལྡབ་གཅིག་ཡན་ནས་ལྡབ་ལྔ་མན་གྱི་དངུལ་ཆད་གཅོད་རྒྱུ་རེད།

《中华人民共和国刑法》：【抗税罪】以暴力、威胁方法拒不缴纳税款的，处三年以下有期徒刑或者拘役，并处拒缴税款一倍以上五倍以下罚金；情节严重的，处三年以上七年以下有期徒刑，并处拒缴税款一倍以上五倍以下罚金。

《ཀྲུང་ཧྭ་མི་དམངས་སྤྱི་མཐུན་རྒྱལ་ཁབ་ཀྱི་ཉེས་དོན་བཅའ་ཁྲིམས》ནང་། 【དཔྱ་ཁྲལ་འཇལ་རྒྱུ་ཁས་མི་ལེན་པའི་ཉེས་པ་】སྡེ། དྲག་ཤུགས་དང་འཇིགས་སྐུལ་གྱི་ཐབས་ལ་བརྟེན་ནས་དཔྱ་ཁྲལ་མ་འཇལ་ཚེ། ལོ་གསུམ་མན་གྱི་དུས་བཀག་བཙོན་འཇུག་བྱ་རྒྱུ་དང་། ཡང་ན་བཀག་ཉར་བྱ་རྒྱུ་མ་ཟད། དཔྱ་ཁྲལ་མ་འཇལ་བའི་དངུལ་གྲངས་ཀྱི་ལྡབ་གཅིག་ཡན་ནས་ལྡབ་ལྔ་མན་གྱི་དངུལ་ཆད་གཅོད་རྒྱུ། གནས་ཚུལ་ཚབས་ཆེན་པོ་ཡིན་ཚེ། ལོ་གསུམ་ཡན་ནས་ལོ་བདུན་མན་གྱི་དུས་བཀག་བཙོན་འཇུག་བྱ་རྒྱུ་དང་ཆབས་ཅིག་དཔྱ་ཁྲལ་མ་འཇལ་བའི་དངུལ་གྲངས་ཀྱི་ལྡབ་གཅིག་ཡན་ནས་ལྡབ་ལྔ་མན་གྱི་དངུལ་ཆད་གཅོད་རྒྱུ་རེད།

十四、防范电信网络诈骗

བཅུ་བཞི།　གློག་འཕྲིན་དྲ་རྒྱའི་མགོ་སྐོར་ལ་ཛོགས་ཟོན་བྱ་དགོས།

1. 什么是电信诈骗?

༡.གང་འདྲ་ཞིག་ལ་གློག་འཕྲིན་གྱི་མགོ་སྐོར་བཏང་བ་ཟེར་རམ།

电信诈骗是指通过电话、网络和短信方式，编造虚假信息，设置骗局，对受害人实施远程、非接触式诈骗，诱使受害人打款或转账的犯罪行为，通常犯罪嫌疑人以冒充他人及仿冒、伪造各种合法外衣和形式的方式达到欺骗的目的，如冒充公检法、商家公司厂家、国家机关工作人员、银行工作人员等各类机构工作人员，伪造和冒充招工、婚恋、贷款、中奖、手机定位和招嫖等形式进行诈骗。

གློག་འཕྲིན་གྱི་མགོ་སྐོར་ཞེས་པ་ནི་ཁ་པར་དང་དྲ་རྒྱ། འཕྲིན་ཐུང་བཅས་ཀྱི་ཐབས་ལམ་བརྒྱུད། ཆ་འཕྲིན་རྫུན་མ་བཟོ་བ་དང་གཡོ་ཧྲུས་བཀྲིང་ནས་གནོད་འཚེ་ཕོག་མཁན་ལ་ཐག་རིང་ནས་ངོ་གཏུག་བྱེད་མ་དགོས་པའི་ཐོག་མགོ་སྐོར་བཏང་སྟེ། གནོད་འཚེ་ཕོག་མཁན་ནས་དངུལ་བསྐུར་རྒྱུ་དང་ཡང་ན་དངུལ་གྱི་རྩིས་ཐོ་བསྒྱུར་རྒྱུར་བསླུ་ཁྲིད་བྱེད་པའི་ཉེས་གསོག་བྱ་སྤྱོད་

ཅིག་ཡིན། ངོགས་ཡོད་ཉེས་ཅན་པས་རྟག་ཏུ་མི་གཞན་ཡིན་ཁུལ་དང་ལད་ཟློས་བྱེད་པ། ཁྲིམས་མཐུན་གྱི་རྫུན་རྣམ་སྣ་ཚོགས་ཐོག་ནས་མགོ་སྐོར་གཏོང་རྒྱུའི་དམིགས་ཡུལ་སྒྲུབ་ཐབས་བྱེད་པ་ཡིན། དཔེར་ན་སྤྱི་བདེ་དང་ཞིབ་དཔྱོད། ཁྲིམས་ཁང་། ཚོང་དུད་ཀུང་སིའི་བཟོ་གྲྭ། རྒྱལ་ཁབ་ལས་ཁུངས་ཀྱི་ལས་དོན་མི་སྣ། དངུལ་ཁང་གི་ལས་དོན་མི་སྣ་སོགས་ལས་ཁུངས་སྣ་ཚོགས་ཀྱི་ལས་དོན་མི་སྣ་ཡིན་ཁུལ་བྱས་ཐོག ལས་མི་བསྡུ་རྒྱུ་དང་གཉེན་སྒྲིག་དང་དགའ་རོགས་སྒྲིག་རྒྱུ། དངུལ་བུན་གཡར་རྒྱུ། རྒྱུན་ཤོག་བྱ་དགའ་ཐོབ་ཚུལ། ལག་ཐོགས་ཁ་པར་གྱི་གནས་ཐིག་གཏན་འཁེལ། འཚལ་པོ་འགྲུག་ཐབས་སོགས་ཀྱི་རྣམ་པའི་ཐོག་ནས་མགོ་སྐོར་གཏོང་གི་ཡོད།

2. 常见的诈骗手法有哪些?

༢.རྒྱུན་མཐོང་གི་མགོ་སྐོར་གཏོང་ཐབས་གང་དག་ཡོད་དམ།

谨记“十个凡是”:

“ཡིན་ཕྱིན་བཅུ”སེམས་ལ་ངེས་དགོས་པ་སྟེ།

(1)凡是自称公检法要求汇款的;

(༡)རང་ཉིད་སྤྱི་བདེ་དང་ཞིབ་དཔྱོད་ཁྲིམས་ཁང་བཅས་ལས་ཁུངས་གང་རུང་ནས་ཡིན་ཚུལ་དང་དངུལ་བསྐུར་དགོས་ཟེར་མཁན་ཡིན་ཕྱིན།

(2)凡是叫你汇款到“安全账户”的;

(༢)རང་ལ་དངུལ“བདེ་འཛགས་ཀྱི་རྩིས་ཐོར”བསྐུར་དགོས་པའི་བཟ་ཐོ་གཏོང་མཁན་ཡིན་ཕྱིན།

(3)凡是通知中奖、领取补贴要你先交钱的;

(༣)རྒྱན་ཤོག་བྱ་དགའ་ཐོབ་པ་དང་ཁ་གསབ་དངུལ་ལེན་རྒྱུ་ཡོད་པས་སྔོན་ལ་དངུལ་གང་ཙམ་སྤྲོད་དགོས་པའི་བཟ་ཐོ་གཏོང་མཁན་ཡིན་ཕྱིན།

(4)凡是通知“家属”出事要先汇款的;

(༤)“ཁྱིམ་”དུ་གནས་ཚུལ་བྱུང་ནས་དངུལ་བསྐུར་དགོས་པའི་བཟ་ཐོ་གཏོང་མཁན་ཡིན་ཕྱིན།

（5）凡是索要个人和银行卡信息及短信验证码的；

（༥）མི་སྒེར་དང་དངུལ་ཁང་བྱང་བུའི་ཆ་འཕྲིན་དང་འཕྲིན་ཐུང་གི་ར་སྤྲོད་ཨང་གྲངས་དགོས་ཟེར་མཁན་ཡིན་ཕྱིན།

（6）凡是让你开通网银接受检查的；

（༦）ཁྱོ་དངུལ་བཙུགས་ནས་བརྟག་དཔྱད་བྱེད་དགོས་རེད་ཟེར་མཁན་ཡིན་ཕྱིན།

（7）凡是叫你宾馆开房接受调查的；

（༧）མགྲོན་ཁང་དུ་སྡོད་སྐབས་བརྟག་དཔྱད་དང་ལེན་བྱ་དགོས་ཟེར་མཁན་ཡིན་ཕྱིན།

（8）凡是叫你登陆网站查看通缉令的；

（༨）ཁྱོ་ཚོགས་སུ་ཞུགས་བཙུག་ནས་འཛུ་བཟུང་བཀའ་རྒྱ་ལྟོས་ཟེར་མཁན་ཡིན་ཕྱིན།

（9）凡是自称领导（老板）要求打款的；

（༩）འགོ་ཁྲིད་དམ(སྦྱིན་བདག་)ཡིན་ཁུལ་གྱིས་དངུལ་བསྐུར་དགོས་ཟེར་མཁན་ཡིན་ཕྱིན།

（10）凡是陌生网站（链接）要登记银行卡信息的。

（༡༠）རྒྱུས་མེད་ཀྱི་དྲ་ཚིགས་ཀྱིས་དངུལ་ཁང་བྱང་བུའི་ཆ་འཕྲིན་ཐོ་འགོད་བྱེད་དགོས་ཟེར་མཁན་ཡིན་ཕྱིན་བཅས་སོ།།

3. 冒充公检法机关拨打电话要求将钱款转入安全账号或转账汇款时，一定要牢记的 3 个“绝对不会”指哪些？

༣.སྤྱི་བདེ་དང་ཞིབ་དཔྱོད། ཁྲིམས་ཁང་བཅས་ཀྱི་ལས་ཁུངས་ཡིན་ཁུལ་གྱིས་ཁ་པར་བརྒྱབ་ནས་དངུལ་སྨར་བདེ་འཛུགས་ཀྱི་རྩིས་ཐོའམ་ཡང་ན་དངུལ་ཁོངས་བསྒྱུར་ནས་གཏོང་དགོས་ཟེར་སྐབས། ངེས་པར་དུ“གཏན་ནས་ཡིན་མི་སྲིད་པ”གསུམ་ངེས་དགོས་པ་གང་དག་ཡིན་ནམ།

（1）公检法机关绝对不会通过打电话的方式开展案件侦查工作，通知你涉嫌犯罪、洗黑钱、贩毒等，也不会通过网络或传真给你下达“法院传票”等法律手续。

(༡) སྤྱི་བདེ་དང་ཞིབ་དཔྱོད། ཁྲིམས་ཁང་བཅས་ལས་ཁུངས་ཀྱིས་ཁ་པར་ཐོག་ནས་ཁྱོད་དོན་སྐྱུལ་ཞིབ་ཀྱི་ལས་དོན་སྤེལ་ཏེ་ཁྱོད་རང་ལ་ཉེས་གསོག་དང་དངུལ་བཀུ་འཁྱེར། དུག་ཚོང་སོགས་ཀྱི་དོགས་གཞི་ཡོད་པའི་བརྡ་ཐོ་གཏན་ནས་གཏོང་མི་སྲིད་ལ། དྲ་རྒྱ་དང་ཡང་ན་བརྙན་སྐྱེལ་བརྒྱུད་དེ་ཁྱོད་ལ་"ཁྲིམས་ཁང་གི་འགུག་བརྡ"སོགས་བཅའ་ཁྲིམས་ཀྱི་འགྲོ་ལུགས་ཀྱང་གཏན་ནས་བརྒྱུད་དུ་འཇུག་མི་སྲིད།

（2）公检法机关绝对不会打电话要求群众转账汇款。

(༢) སྤྱི་བདེ་དང་ཞིབ་དཔྱོད། ཁྲིམས་ཁང་བཅས་ལས་ཁུངས་ཀྱིས་ཁ་པར་ཐོག་ནས་མང་ཚོགས་ལ་དངུལ་བསྒྱུར་སྤྲོད་བྱེད་དུ་གཏན་ནས་འཇུག་མི་སྲིད།

（3）公检法机关绝对不会设立所谓的“国家安全账户”。

(༣) སྤྱི་བདེ་དང་ཞིབ་དཔྱོད། ཁྲིམས་ཁང་བཅས་ལས་ཁུངས་ནས་རྒྱལ་ཁབ་ཀྱི་བདེ་འཇགས་རྩིས་ཐོ་ཟེར་བ་གཏན་ནས་འཛུགས་མི་སྲིད།

4. 什么是“杀猪盘”？

༤."ཕག་གསོད་སྡེར་མ"ཟེར་བ་དེ་གང་ཡིན་ནམ།

杀猪盘，网络流行词，是指诈骗分子利用网络交友，诱导受害人投资赌博的一种电信诈骗方式。“杀猪盘”是“从业者们”（诈骗团伙）自己起的名字，是指放长线“养猪”诈骗，养得越久，诈骗得越狠。

དེ་ནི་དྲ་རྒྱའི་ཐོག་དར་ཁྱབ་ཆེ་བའི་ཚིག་ཅིག་ཡིན། དེའི་གོ་དོན་ནི་མགོ་སྐོར་གཏོང་མཁན་གྱིས་དྲ་རྒྱ་བརྒྱུད་དེ་གྲོགས་པོ་སྒྲིག་ནས་གནོད་འཚེ་ཕོག་མཁན་ནས་མ་དངུལ་བཏང་སྟེ་རྒྱན་འཛུགས་བྱ་རྒྱུར་བསླུ་ཁྲིད་བྱེད་པའི་གློག་འཕྲིན་གྱི་མགོ་སྐོར་གཡོག་སྟངས་ཤིག་ཡིན། "ཕག་གསོད་སྡེར་མ"ཟེར་བ་དེ་ཡང་མགོ་སྐོར་གཏོང་མཁན་ཚོས་རང་ཉིད་ལ་བཏགས་པའི་མིང་ཞིག་རེད། དེ་ནི་གཏོང་ཕོད་ཆེ་ཙམ་གྱིས་ཕག་པ་གསོས་ཏེ་མགོ་སྐོར་བཏང་བའི་དོན་ཡིན་པ་དང་། གསོ་ཡུན་ག་ཚོད་རིང་ན་དེ་ཙམ་གྱིས་མགོ་སྐོར་གཏོང་ཤུགས་ཆེ་བ་ཡོད།

5."杀猪盘"的常见套路分几步？

༥."ཕག་གསོད་སྡེར་མ"ཟེར་བའི་རྒྱུན་མཐོང་གི་ཐབས་ལམ་ལ་གོམ་སྟབས་ག་ཚོད་ཡོད་དམ།

（1）网上热聊，萌生情意

诈骗分子在社交平台上将自己包装成"高富帅""白富美"与受害人接触。在社交平台相聊甚欢，透出进一步发展的意思，多次接触后产生朦胧的网络情愫。

（༡）དྲ་ཐོག་ལ་ཚ་ཚ་འུར་འུར་གྱི་གླེང་མོལ་བྱས་ནས་བརྩེ་དུང་སློབས་པར་བྱེད་པ།

དེ་འདང་མགོ་སྐོར་གཏོང་མཁན་གྱིས་སྤྱི་ཚོགས་འབྲེལ་སྟེགས་ཐོག་རང་ཉིད་"རིང་ཕྱུག་ཛེག་གསུམ"དང་། "དཀར་ཕྱུག་མཛེས་གསུམ"གྱི་རྣམ་པ་བསྟན་ནས་གནོད་འཚེ་ཕོག་མཁན་དང་འབྲེལ་གཏུག་བྱེད་པ་ཡིན། སྤྱི་ཚོགས་འབྲེལ་སྟེགས་ཐོག་ཕན་ཚུན་གླེང་མོལ་གྱི་དབྱིངས་ལ་ཚུད་པའི་སྐབས་སུ་མུ་མཐུད་འབྲེལ་བ་ཟབ་ཏུ་གཏོང་རྒྱུའི་རྣམ་པ་སྟོན་པ་དང་། འབྲེལ་གཏུག་ཐེངས་ཁ་ཤས་བྱས་རྗེས་དྲ་ཐོག་གི་བརྩེ་དུང་སློབས་པར་བྱེད་པ་ཡིན།

（2）动之以情，晓之以"利"

在甜言蜜语中聊感情时，诈骗分子对受害人透露自己在某平台赚得盆满钵满，并声称知道漏洞，或者亲戚朋友是网站工作人员，大肆鼓吹投资/博彩的高额回报，诱使受害人参与。

（༢）བརྩེ་དུང་གིས་སེམས་ཁུག་པར་བྱེད་པ་དང་གནས་ལུགས་ཀྱིས་ཁེ་བཟང་ཐོབ་པར་སེམས་པ།

སྐད་ཆ་སྙན་ཞིང་འཇམ་པའི་ཁྲོད་བརྩེ་དུང་སྐོར་གླེང་སྐབས། མགོ་སྐོར་གཏོང་མཁན་གྱིས་རང་ཉིད་ལ་སྟེགས་བུ་ཞིག་གི་ཐོག་ནས་འབབ་སྒོ་ཧ་ཅང་ཆེན་པོ་ཡོད་ཚུལ་ཤོད་པ་མ་ཟད། དེའི་རྒྱུ་རྐྱེན་དུ་གྱུར་པའི་སྐྱོན་འདང་བའི་ཆ་ཤེས་ཀྱི་ཡོད་ཚུལ། ཡང་ན་རང་གི་སྤུན་མཆེད་དང་གྲོགས་པོ་དྲ་ཐོག་གི་ལས་དོན་པ་ཡིན་ཚུལ་ཤོད་པ། མ་འཛོག་དང་རྒྱན་ཤོག་ཐད་ནས་ཁེ་བཟང་ཆེན་པོ་ཡོད་ཚུལ་འུད་སྒྲོག་གིས་གནོད་འཚེ་ཕོག་མཁན་དེར་ཞུགས་རྒྱུར་བསླུ་བྲིད་བྱེད་པ་ཡིན།

（3）深信不疑，终致悲剧

在前几次小额投入顺利回本后，受害人尝到甜头逐步放松警惕，对此“致富方式”深信不疑。投入资金从几千元到几万元，甚至几十万元，直到用尽所有积蓄，骗子便会指引受害人贷款投入。随着受害人投资速度放缓，骗子认为“收网”的时候到了，此时“平台客服”也会失联，受害人的爱情小船也就此沉没。

（༣）ཡིད་ཡོངས་སུ་ཆེས་ནས་མཐར་ཆག་སྒོ་འཕྲད་པ།

གོང་དུ་ཐེངས་ཁ་ཤས་ནང་མ་དངུལ་ཉུང་ཟད་བཏང་བར་མ་གནས་བདེ་བླག་ངང་ཕྱིར་ལྷོག་ཐེཊ། གནོད་འཚེ་ཕོག་མཁན་ལ་ཁེ་བཟང་གི་བྲོ་བ་ཉུང་ཙམ་ནས་རིམ་བཞིན་ངོགས་འཛིན་མེད་པར་གྱུར་པ་དང་། དེས་ན་“ཕྱུག་པོ་ཆགས་ཐབས”དེར་ཡིད་ཡོངས་སུ་ཆེས་ནས། མ་རྩ་སྐོར་སྟོང་ཕྲག་ཁ་ཤས་ནས་ཁྲི་ཁ་ཤས་དང་། ཐ་ན་སྐོར་ཁྲི་བཅུ་གྲངས་གཏོང་བར་བྱེད། མཐར་གསོག་དངུལ་ཡོད་ཚད་ཛོགས་པའི་སྐབས་སུ་མགོ་སྐོར་གཏོང་མཁན་གྱིས་གནོད་འཚེ་ཕོག་མཁན་ལ་དངུལ་བུན་གཡར་ནས་མ་རྩ་འཛུག་རྒྱུར་ཁྲིད་སྟོན་བྱེད་པ་དང་། གནོད་འཚེ་ཕོག་མཁན་གྱི་མ་འཛུག་ཤུགས་དུ་འགྲོ་བ་དང་བསྟུན་ནས་གནོད་འཚེ་གཏོང་མཁན་གྱིས་མགོ་སྐོར་གཏོང་མཚམས་འཛུག་པ་དང་། དེའི་སྐབས་སུ་སྟེགས་བུའི་ཐོག་གི་ཞབས་ཞུ་བའི་དཔར་གྱི་འབྲེལ་ཐག་ཀྱང་ཆད་ཅིང་། གནོད་འཚེ་ཕོག་མཁན་གྱི་བརྩེ་དུང་གི་འབྲེལ་ཐག་ཀྱང་དེ་ནས་ཡོངས་སུ་ཆད་པ་ཡིན།

6. 什么是“杀鱼盘”？

༦.གང་འདྲ་ཞིག་ལ་“ཉ་གསོད་སྡེར་མ”ཟེར་རམ།

“杀鱼盘”主要是以交手续费、借贷提额为名义实施的诈骗。骗子一般在网上发布提额信息或二手产品吸引受害者联系，随后通过发布虚假链接诱骗受害者付款。

“ཉ་གསོད་སྡེར་མ་”ཟེར་བ་ནི་གཙོ་བོ་འགྲོ་ལུགས་བརྒྱུད་བྱེད་ཀྱི་འགྲོ་གྲོན་དང་བུན་གཡར་དངུལ་གྱི་འཐེན་གྲངས་ལ་མིང་བཏགས་ནས་མགོ་སྐོར་གཏོང་བར་ཟེར། མགོ་སྐོར་གཏོང་

མཁན་གྱིས་སྒྲིར་བཏང་དྲ་ཐོག་ལ་འཛིན་གྲངས་ཀྱི་ཆ་འཕྲིན་སྤེལ་བའམ། ཡང་ན་ལག་བརྒྱུད་ཐོན་རྫས་ལ་བརྟེན་ནས་གནོད་འཚེ་ཕོག་མཁན་དང་འབྲེལ་གཏུག་བྱེད་པ་དང་། དེ་རྗེས་སྦྲེལ་བྱེད་རྫུན་མ་ཁྱབ་སྤེལ་བྱས་ཏེ་གནོད་འཚེ་ཕོག་མཁན་ལ་དངུལ་སྤྲོད་རྒྱུར་བསླུ་བྲིད་བྱེད་པ་ཡིན།

骗子把受害者叫做“鱼”，称自己为“钓鱼手”，另外还需要专业技术人员“链接手”。

མགོ་སྐོར་གཏོང་མཁན་གྱིས་གནོད་འཚེ་ཕོག་མཁན་ལ“ཉ”ཞེས་འབོད་པ་དང་རང་ཉིད་ལ“ཉ་འཛིན་མཁས་པ”ཞེས་འབོད། གཞན་ཡང་ད་དུང་ཆེད་ལས་ལག་རྩལ་པའི“སྦྲེལ་མཐུད་མཁས་པ”དགོས་ཀྱི་ཡོད།

7.“杀鱼盘”的常见作案手法?

༧.“ཉ་གསོད་སྡེར་མ”ཞེས་པའི་རྒྱུན་མཐོང་གི་གྱོད་དོན་བཟོ་ཐབས་གང་འདྲ་ཡིན་ནམ།

(1)撒鱼饵

“杀鱼盘”要求受害人以交服务费、手续费的名义转账汇款，或者发送网址链接，以验证受害人的还款能力或者银行卡资金为由，盗刷受害人的银行卡资金，完成诈骗。

(༡) ཉ་གཟན་གཏོར་བ།

“ཉ་གསོད་སྡེར་མས”གནོད་འཚེ་ཕོག་མཁན་ལ་ཞབས་ཞུའི་རིན་པ་དང་འགྲོ་ལུགས་བརྒྱུད་པའི་རིན་པ་སྤྲོད་རྒྱུར་ཁ་གཡར་ཏེ། དངུལ་བསྒྱུར་སྤྲོད་བྱེད་དགོས་ཟེར་བ་དང་། ཡང་ན་དྲ་གནས་ཀྱི་སྦྲེལ་བྱེད་བསྐུར་བ་དང་། གནོད་འཚེ་ཕོག་མཁན་གྱི་བུན་འཇལ་ནུས་པ་དང་ཡང་ན་དངུལ་ཁང་བྱང་བུའི་མ་དངུལ་ར་སྤྲོད་བྱེད་རྒྱུར་ཁ་གཡར་ནས་གནོད་འཚེ་ཕོག་མཁན་གྱི་དངུལ་ཁང་བྱང་བུའི་ནང་གི་མ་དངུལ་འཛིན་འཕྲོར་བྱེད། དེའི་ཆེ་མགོ་སྐོར་བཏང་ཚར་བ་ཡིན།

(2)钓鱼

“鱼”一旦动心，钓鱼手就开始试探。有的利用二手平台下套，诱骗买家线下购买，实施诈骗；有的利用借贷提额引诱，多次支付中以失败为由，需支付手续费、服务费等，让“鱼”完善几笔交易流水。

（༢）ཉ་བཟུང་བ།

“ཉ”ཡི་སེམས་ལ་གཡོ་འགུལ་ཐེབས་ཙ་ན། ཉ་པས་ཉམས་ཚོད་ལེན་འགོ་ཚུགས། རེ་འགས་ལག་བརྒྱུད་སྟེགས་བུ་བེད་སྤྱད་དེ་གཉམ་སྤྲོད་ཀྱིས་ཉོ་མཁན་དེ་ཉིད་ངོ་གདུག་ཐོག་ཉོ་རྒྱུར་བསླུ་ཁྲིད་བྱས་ནས་མགོ་སྐོར་གཏོང་བ་དང་། རེ་འགས་བུན་གཡར་གྱི་འཐེན་གྲངས་ལ་བརྟེན་ནས་བསླུ་ཁྲིད་བྱས་ཐོག ཐེངས་མང་གཏོང་སྤྲོད་བྱེད་པའི་ནང་ཕྱོང་གྲུབ་ཕོག་པ་རྒྱུ་མཚན་དུ་བྱས་ནས་འགྲོ་ལུགས་བརྒྱུད་པའི་འགྲོ་གྲོན་དང་ཞབས་ཞུའི་འགྲོ་གྲོན་སོགས་དགོས་ཟེར་ནས་“ཉ”ཡི་ཉོ་ཚོང་བྱེད་ཐེངས་ཁ་ཤས་ཕྱོང་གྲུབ་ཕོག་འཇུག་གི་ཡོད།

（3）杀鱼

“杀鱼手”找“链接手”根据“鱼”支付额度量身打造付款链接。通过一些失败程序让“鱼”放松警惕。“杀鱼手”发虚假链接让鱼支付，最后把“鱼”成功支付的订单套现出来，最后拉黑。

（༣）ཉ་གསོད་པ།

“ཉ་གསོད་མཁན”གྱིས“སྦྲེལ་བྱེད་པ”བཙལ་ནས“ཉ”ཡི་མ་དངུལ་མང་ཉུང་ལ་བལྟས་ནས་དངུལ་སྤྲོད་ཀྱི་སྦྲེལ་བྱེད་བཟོ་བ་དང་། ཕོ་མི་ཆོད་པའི་གོ་རིམ་བརྒྱུད“ཉ”ཡི་ངོགས་འཆར་མེད་པ་བཟོ་བ། “ཉ་གསོད་མཁན”གྱིས་སྦྲེལ་བྱེད་རྫུན་མ་དེ་སྤྲད་ནས“ཉ”ལ་དངུལ་སྤྲོད་དུ་བཅུག་པ་དང་། མཐར“ཉས”བདེ་བླག་ངང་སྤྲད་པའི་མངག་ཐོ་ཕྱིར་བཏོན་རྗེས་དྲ་ཐོག་ནས་ནག་བསྒུབ་གཏོང་གི་ཡོད།

8. 实施电信诈骗将受到哪些惩处？

༨.གློག་འཕྲིན་ཐོག་མགོ་སྐོར་གཏོང་མཁན་ལ་ཆད་པ་གང་དག་ཐོག་གམ།

根据《中华人民共和国刑法》规定，犯电信诈骗的，处三年以下有期徒刑、拘役或者管制，并处或单处罚金；数额巨大或有其他严重情节的，处三年以上十年以下有期徒刑并处罚金；数额特别巨大或者有其他特别严重情节的，处十年以上有期徒刑或无期徒刑，并处罚金或者没收财产。

《ཀྲུང་ཧྭ་མི་དམངས་སྤྱི་མཐུན་རྒྱལ་ཁབ་ཀྱི་ཉེས་དོན་བཅའ་ཁྲིམས་》ཀྱི་གནད་འབེབས་ལྟར་ན། སློག་འཕྲིན་ཐོག་གི་ཉེས་པ་བསགས་ཚེ། ལོ་གསུམ་མན་ཆད་ཀྱི་དུས་བཀག་བཙོན་འཇུག་དང་བཀག་ཉར་རམ་ཡང་ན་དོ་དམ་བྱ་རྒྱུ་མ་ཟད། ཆད་གཅོད་དམ་ཡང་ན་དངུལ་ཆད་རྐྱང་པ་གཅོད་རྒྱུ། གྲངས་འབོར་ཏ་ཅང་ཆེ་བ་དང་། ཡང་ན་གནས་ཚུལ་ཚབས་ཆེན་རིགས་གཞན་དག་ཡོད་ཚེ། ལོ་གསུམ་ཡན་དང་ལོ་བཅུ་མན་གྱི་དུས་བཀག་བཙོན་འཇུག་གམ་ཡང་ན་ཚེ་བཙོན་དུ་འཇུག་རྒྱུ་དང་ཆབས་ཅིག་དངུལ་ཆད་གཅོད་པའམ་ཡང་ན་རྒྱུ་ནོར་གཞུང་བཞེས་གཏོང་རྒྱུ་རེད།

9. 如何防范电信网络诈骗？

༩.སློག་འཕྲིན་ཐོག་མགོ་སྐོར་གཏོང་བར་འགོག་ཐབས་གང་འདྲ་བྱེད་དགོས་སམ།

（1）寄钱转账需提防谨慎。保持冷静的思考，提高防范意识，不要轻易相信别人，避免受骗的事情发生。

（༡）དངུལ་བསྐུར་བ་དང་བསྒྱུར་སྤྲོད་བྱེད་སྐབས་ངོགས་ཟོན་དང་ཡིད་གཟབ་བྱེད་དགོས་པ་སྟེ། བསམ་ཞིབ་གནད་སྨིན་བྱེད་པ་དང་ཉེན་ཟོན་གྱི་འདུ་ཤེས་ཟབ་ཏུ་གཏོང་བ། རང་དགར་མི་གཞན་ལ་ཡིད་ཆེས་མི་བྱེད་པ་བཅས་བྱས་ནས་མགོ་སྐོར་འོག་ཚུད་པའི་གནས་ཚུལ་མི་ལྡོག་པ་བྱ་དགོས།

（2）确认联系方式真实性。对于联络方式，可以拨打 114 核实对方地址的真实性。

（༢）འབྲེལ་གཏུག་བྱ་ཐབས་དངོས་འབྲེལ་ཡིན་མིན་གཏན་འཁེལ་བྱེད་དགོས་པ་སྟེ། འབྲེལ་གཏུག་བྱ་ཐབས་ཐད་༡༡༤ལ་ཁ་པར་བརྒྱབ་ནས་ཕ་རོལ་པོའི་སྡོད་གནས་དངོས་ཡིན་མིན་ཞིབ་དཔྱད་བྱ་དགོས།

（3）确认网站网页的真实性。

（༣）དྲ་ཚིགས་ཀྱི་དྲ་ངོས་དངོས་འབྲེལ་ཡིན་མིན་གཏན་འཁེལ་བྱ་དགོས།

（4）在浏览正规网页时，不要搭理自动弹出的网页或网站。

（༤）དངོས་གཞིའི་དྲ་ངོས་ལ་ལྟ་སྐབས། རང་འགུལ་ངང་དོན་པའི་དྲ་ངོས་དང་དྲ་ཚིགས་ལ་ཁ་ཡ་བྱེད་མི་རུང་།

10. 遇到电信诈骗怎么办？

༡༠.སྒྲོག་འཕྲིན་ཐོག་ནས་མགོ་སྐོར་གཏོང་མཁན་འཕྲད་ན་གང་འདྲ་བྱེད་དགོས་སམ།

应及时联系银行办理银行卡挂失、网上银行和手机银行密码修改等，防止可能的损失进一步扩大。同时，应尽可能及时记下诈骗犯罪份子的电话号码、电子邮件地址、QQ 号、微信码等及银行卡账号，并记住犯罪分子的口音、语言特征和诈骗的手段经过，及时向公安机关报案，积极配合公安机关开展侦查破案和追缴被骗款等工作。

འཕྲུལ་མར་དངུལ་ཁང་དང་འབྲེལ་བ་བྱས་ནས་དངུལ་ཁང་བྱང་བུ་བརྣག་པའི་ཐོ་འགོད་པ་དང་། དྲ་ཐོག་དངུལ་ཁང་དང་ལག་ཐོགས་དངུལ་ཁང་གི་གསང་རྟགས་བཟོ་བཅོས་རྒྱག་པ་སོགས་བྱས་ནས་ལྷུ་མཐུད་གྱོང་གུན་མི་ཕོག་པ་བྱ་དགོས། དེ་དང་དུས་མཚུངས་འཕྲུལ་མར་མགོ་སྐོར་གཏོང་མཁན་གྱི་ཁ་པར་ཨང་གྲངས་དང་གློག་རྡུལ་སྦྲག་བསྐུར་ས་ཚ། ཁྱིའུ་ཁྱིའུ་ཨང་རྟགས། སྐད་འཕྲིན་སོགས་དང་དངུལ་ཁང་བྱང་བུའི་རྩིས་ཨང་བཅས་ངེས་བཟུང་བྱེད་དགོས་པ་དང་ཆབས་ཅིག་ཉེས་ཅན་པའི་སྐད་གདངས་དང་སྐད་ཆ་ཤོད་སྟངས། མགོ་སྐོར་གཏོང་སྟངས་ཀྱི་བརྒྱུད་རིམ་བཅས་སེམས་ལ་ངེས་པ་བྱས་ནས་དུས་ཐོག་ལ་གྱོད་དོན་སྙན་སེང་ཞུ་བ་དང་། སྤྱི་བདེ་ལས་ཁུངས་ཀྱིས་སྐྱུལ་ཞིབ་དང་གྱོད་གཞི་རྩད་གཅོད། མགོ་སྐོར་ཐེབས་པའི་དངུལ་ཕྱིར་ལེན་རྒྱུ་སོགས་ཀྱི་ལས་ཀར་གཞོགས་འདེགས་བྱ་དགོས།

བོད་རང་སྐྱོང་ལྗོངས་ཀྱི“ལོ་ལྔ་ཆ་ཚན་བརྒྱད་པའི”ཁྲིམས་ལུགས་ཁྱབ་གདལ་བསླབ་གཞི།

རྩོམ་སྒྲིག་པ། བོད་རང་སྐྱོང་ལྗོངས་སྲིད་ཁྲིམས་ཐིང་དང་བོད་རང་སྐྱོང་ལྗོངས་
ཁྲིམས་ལུགས་ཁྱབ་གདལ་གཞུང་ལས་ཁང་།

རྩོམ་སྒྲིག་འགན་འཁུར་བ། ཚེང་ཧེང་། དོན་གྲུབ་ཕུན་ཚོགས།

ཡིག་སྐྲུར། བཀྲ་ཤིས་དབང་ཕྱུག

དཔེ་སྐྲུན། བོད་ལྗོངས་བོད་ཡིག་དཔེ་སྙིང་དཔེ་སྐྲུན་ཁང་། སྦྲག་ཨང་850000
པར་གཞི་རྐུ་སྤྱོད་ལ་རྟུང་རྗེག་གཏོང་། 0891-6930339

པར་འདེབས་ཚན་པ། བོད་ལྗོངས་ཕན་བདེ་པར་འདེབས་བཟོ་གྲྭ།

བརྒྱུད་འཚོང་། རྒྱལ་ཡོངས་ཞིན་ཧྭ་དཔེ་ཚོང་ཁང་།

རེབ་ཚད། 710mm×1 000mm 1/16

པར་ཤོག 77.5 (ཁྱོན་དེབ་7)

པར་གྲངས། 1-1, 000

ཡིག་གྲངས། ཁྲི་45

པར་གཞི། 2021ལོའི་ཟླ་11པར་པར་གཞི་དང་པོ་བསྒྲིགས།

པར་ཐེངས། 2021ལོའི་ཟླ་11པར་པར་ཐེངས་དང་པོ་བཏབ།

དཔེ་རྟགས། ISBN 978-7-5700-0619-9

རིན་གོང་། སྒོར་198.00 (ཁྱོན་དེབ་7)

西藏自治区“八五”普法教材

བོད་རང་སྐྱོང་ལྗོངས་ཀྱི་“ལོ་ལྔ་ཚན་བརྒྱད་པའི་”ཁྲིམས་ལུགས་ཁྱབ་གདལ་བསླབ་གཞི།

城乡居民法律知识读本

གྲོང་ཁྱེར་དང་གྲོང་གསེབ་སྡོད་དམངས་ཀྱི་བཅའ་ཁྲིམས་ཤེས་བྱའི་ཀློག་དེབ།

西藏自治区司法厅　西藏自治区普法办　编

བོད་རང་སྐྱོང་ལྗོངས་སྲིད་ཁྲིམས་ཐིང་དང་བོད་རང་སྐྱོང་ལྗོངས་
ཁྲིམས་ལུགས་ཁྱབ་གདལ་གཞུང་ལས་ཁང་གིས་བསྒྲིགས།

བོད་ལྗོངས་བོད་ཡིག་དཔེ་རྙིང་དཔེ་སྐྲུན་ཁང་།

西藏藏文古籍出版社

图书在版编目（CIP）数据

西藏自治区“八五”普法教材 ： 汉文、藏文 / 西藏自治区司法厅，西藏自治区普法办编 .-- 拉萨 ： 西藏藏文古籍出版社，2021.11

ISBN 978-7-5700-0619-9

Ⅰ . ①西… Ⅱ . ①西… ②西… Ⅲ . ①法律－中国－教材－汉、藏 Ⅳ . ① D920.5

中国版本图书馆 CIP 数据核字（2021）第 218626 号

西藏自治区“八五”普法教材

编　　者	西藏自治区司法厅　西藏自治区普法办
责任编辑	曾恒　顿珠平措
翻　　译	扎西旺久
出　　版	西藏藏文古籍出版社　邮政编码：850000
	打击盗版：0891-6930339
印　　刷	西藏福利印刷厂
经　　销	全国新华书店
开　　本	16 开（710×1 000）
印　　张	77.5（共 7 册）
印　　数	1-1,000
字　　数	450 千字
版　　次	2021 年 11 月第 1 版
印　　次	2021 年 11 月第 1 次印刷
标准书号	ISBN 978-7-5700-0619-9
定　　价	198.00 元（共 7 册）

目　录

དཀར་ཆག

一、总　论

དང་པོ། སྤྱི་བཤད།

1. 习近平新时代中国特色社会主义思想的主要内容是什么？

༡.ཞི་ཅིན་ཕིང་གི་དུས་རབས་གསར་པའི་ཀྲུང་གོའི་ཁྱད་ཆོས་ལྡན་པའི་སྤྱི་ཚོགས་རིང་ལུགས་ཀྱི་དགོངས་པའི་ནང་དོན་གཙོ་བོ་གང་ཡིན་ནམ།

即“八个明确”：

明确坚持和发展中国特色社会主义，总任务是实现社会主义现代化和中华民族伟大复兴，在全面建成小康社会的基础上，分两步走在本世纪中叶建成富强民主文明和谐美丽的社会主义现代化强国；

དེའང་“གསལ་སྟོན་བརྒྱད་”དེ།

ཀྲུང་གོའི་ཁྱད་ཆོས་ལྡན་པའི་སྤྱི་ཚོགས་རིང་ལུགས་རྒྱུན་འཛིངས་དང་འཕེལ་རྒྱས་གཏོང་དགོས་པ་དང་། སྤྱིའི་ལས་འགན་ནི་སྤྱི་ཚོགས་རིང་ལུགས་དེང་རབས་ཅན་དང་ཀྲུང་ཧྭ་མི་རིགས་ཀྱི་རླབས་ཆེའི་བསྐྱར་དར་མངོན་འགྱུར་ཡོང་བ་བྱ་རྒྱུ་དེ་ཡིན། དེའང་ཁྱོན་ཡོངས་ནས་འབྱོར་འབྲིང་སྤྱི་ཚོགས་བསྐྲུན་ཚར་བའི་རྨང་གཞིའི་ཐོག་གོམ་སྟབས་གཉིས་ལ་དབྱེ་ནས་དུས་རབས་འདིའི་དུས་དཀྱིལ་ལ་སླེབས་དུས་སྟོབས་འབྱོར་དང་དམངས་གཙོ། ཤེས་དཔལ། ཞི་མཐུན། མཛེས་སྡུག་བཅས་ལྡན་པའི་སྤྱི་ཚོགས་རིང་ལུགས་དེང་རབས་ཅན་གྱི་སྟོབས་ཆེའི་རྒྱལ་ཁབ་ཅིག་བསྐྲུན་ཐུབ་པ་བྱ་དགོས་པ་གསལ་བཏོན་གནང་བ།

明确新时代我国社会主要矛盾是人民日益增长的美好生活需要和不平衡不充分的发展之间的矛盾，必须坚持以人民为中心的发展思想，不断促进人的全面发展、全体人民共同富裕；

དུས་རབས་གསར་པར་རང་རྒྱལ་སྤྱི་ཚོགས་ཀྱི་འགལ་ཟླ་གཙོ་བོ་ནི་མི་དམངས་ཀྱི་ཉིན་རེ་བཞིན་ཇེ་ལེགས་སུ་འགྲོ་བའི་བདེ་སྐྱིད་ཀྱི་འཚོ་བའི་དགོས་མཁོ་དང་དོ་མི་མཉམ་པ་དང་འཐུས་སྒོ་མི་ཚང་བའི་འཕེལ་རྒྱས་དབར་གྱི་འགལ་ཟླ་ཡིན་ཕྱིར། ངེས་པར་དུ་མི་དམངས་ལྟེ་བར་འཛིན་པའི་འཕེལ་རྒྱས་ཀྱི་བསམ་བློ་རྒྱུན་འཛིངས་ཀྱིས་མི་རྣམས་ཁྱོན་ཡོངས་ནས་ཡར་རྒྱས་ཡོང་རྒྱུ་དང་། དམངས་ཡོངས་ཐུན་མོང་ཐོག་འབྱོར་ཕྱུག་ལྡན་པ་ཡོང་རྒྱུར་སྐུལ་འདེད་ཟམ་མི་ཆད་པ་གཏོང་དགོས་པ་གསལ་བཏོན་གནང་བ།

明确中国特色社会主义事业总体布局是“五位一体”、战略布局是“四个全面”，强调坚定道路自信、理论自信、制度自信、文化自信；

ཀྲུང་གོའི་ཁྱད་ཆོས་ལྡན་པའི་སྤྱི་ཚོགས་རིང་ལུགས་བྱ་གཞག་གི་སྤྱིའི་གྲུབ་སྟངས་ནི“ཕྱོགས་ལྔ་གཞི་གཅིག”ཡིན་པ་དང་། འཐབ་ཇུས་ཀྱི་གྲུབ་སྟངས་ནི“ཁྱོན་ཡོངས་བཞི”ཡིན་པ་གསལ་བཏོན་གནང་ཞིང་། ལམ་ཕྱོགས་ཀྱི་གདེང་ཚོད་དང་རིག་པའི་གཞུང་ལུགས་ཀྱི་གདེང་ཚོད། ལམ་ལུགས་ཀྱི་གདེང་ཚོད། རིག་གནས་ཀྱི་གདེང་ཚོད་བཅས་བརྟན་དུ་གཏོང་རྒྱུ་ནན་བཤད་བྱ་དགོས་པ་གསལ་བཏོན་གནང་བ།

明确全面深化改革总目标是完善和发展中国特色社会主义制度、推进国家治理体系和治理能力现代化；

ཁྱོན་ཡོངས་ནས་བསྒྱུར་བཅོས་གཏིང་ཟབ་ཏུ་གཏོང་བའི་སྤྱིའི་དམིགས་འབེན་ནི་ཀྲུང་གོའི་ཁྱད་ཆོས་ལྡན་པའི་སྤྱི་ཚོགས་རིང་ལུགས་ཀྱི་ལམ་ལུགས་འཐུས་ཚང་དང་འཕེལ་རྒྱས་གཏོང་རྒྱུ་དང་། རྒྱལ་ཁབ་ཀྱི་བཅོས་སྐྱོང་མ་ལག་དང་བཅོས་སྐྱོང་ནུས་པ་དེང་རབས་ཅན་ལ་འགྱུར་རྒྱུར་སྐུལ་འདེད་གཏོང་དགོས་པ་གསལ་བཏོན་གནང་བ།

明确全面推进依法治国总目标是建设中国特色社会主义法治体系、建设社会主义法治国家；

ཁྲིམས་ལྟར་རྒྱལ་ཁབ་སྐྱོང་རྒྱུར་ཁྱོན་ཡོངས་ནས་སྐུལ་སློང་གཏོང་བའི་སྤྱིའི་དམིགས་འབེན་ནི་ཀྲུང་གོའི་ཁྱད་ཆོས་ལྡན་པའི་སྤྱི་ཚོགས་རིང་ལུགས་ཀྱི་ཁྲིམས་སྐྱོང་མ་ལག་འཛུགས་རྒྱུ་དང་། སྤྱི་ཚོགས་རིང་ལུགས་ཀྱི་ཁྲིམས་སྐྱོང་རྒྱལ་ཁབ་འཛུགས་རྒྱུ་དེ་ཡིན་པ་གསལ་བཏོན་གནང་བ།

明确党在新时代的强军目标是建设一支听党指挥、能打胜仗、作风优良的人民军队，把人民军队建设成为世界一流军队；

ཏང་གི་དུས་རབས་གསར་པའི་དམག་དཔུང་སྟོབས་ཆེར་གཏོང་བའི་སྤྱིའི་དམིགས་འབེན་ནི་ཏང་གི་བཀོད་འདོམས་ལ་ཉན་པ་དང་རྒྱལ་ཁ་ཐོབ་པའི་དམག་འཐབ་ཐུབ་ལ། ཀུན་སྤྱོད་ལེགས་པའི་མི་དམངས་དཔུང་སྡེ་ཞིག་འཛུགས་ཐུབ་པ་དང་། མི་དམངས་དཔུང་སྡེ་དེ་ཡང་འཛམ་གླིང་ཐོག་གི་དཔུང་སྡེ་རྩེ་གྲ་ཞིག་ཏུ་འགྱུར་བ་བྱ་དགོས་པ་གསལ་བཏོན་གནང་བ།

明确中国特色大国外交要推动构建新型国际关系，推动构建人类命运共同体；

ཀྲུང་གོའི་ཁྱད་ཆོས་ལྡན་པའི་རྒྱལ་ཁབ་ཆེན་པོའི་ཕྱི་འབྲེལ་ཐད་ནས་རྒྱལ་སྤྱིའི་འབྲེལ་བ་དཔེ་གསར་ཞིག་འཛུགས་སྐྲུན་སྐུལ་འདེད་དང་། མིའི་རིགས་ཀྱི་ལས་དབང་གཅིག་མཐུན་ཚོགས་པ་གཏོད་སྐྲུན་སྐུལ་འདེད་གཏོང་དགོས་པ་གསལ་བཏོན་གནང་བ།

明确中国特色社会主义最本质的特征是中国共产党领导，中国特色社会主义制度的最大优势是中国共产党领导，党是最高政治领导力量，提出新时代党的建设总要求，突出政治建设在党的建设中的重要地位。

ཀྲུང་གོའི་ཁྱད་ཆོས་ལྡན་པའི་སྤྱི་ཚོགས་རིང་ལུགས་ཀྱི་ཆེས་རྩ་བའི་ཁྱད་ཆོས་ནི་ཀྲུང་གོ་གུང་ཁྲན་ཏང་གི་འགོ་ཁྲིད་ཡིན་ལ། ཀྲུང་གོའི་ཁྱད་ཆོས་ལྡན་པའི་སྤྱི་ཚོགས་རིང་ལུགས་ལམ་ལུགས་ཀྱི་དགེ་མཚན་ཆེ་ཤོས་ཀྲུང་ཀྲུང་གོ་གུང་ཁྲན་ཏང་གི་འགོ་ཁྲིད་ཡིན་པ་དང་། ཏང་ནི་ཆེས་མཐོའི་ཆབ་སྲིད་ཀྱི་འགོ་ཁྲིད་སྟོབས་ཤུགས་ཡིན་པ། དུས་རབས་གསར་པའི་ཏང་འཛུགས་སྐྲུན་གྱི་སྤྱིའི་བླང་བྱ་བཏོན་ཐོག ཆབ་སྲིད་འཛུགས་སྐྲུན་བྱ་རྒྱུ་དེས་ཏང་འཛུགས་སྐྲུན་ཁྲོད་གོ་བབ་གལ་ཆེན་བཟུང་བ་འབུར་དུ་མངོན་པར་བྱ་དགོས་པ་གསལ་བཏོན་གནང་ཡོད།

2. 新时代坚持和发展中国特色社会主义的基本方略是什么？

༢.དུས་རབས་གསར་པར་ཀྲུང་གོའི་ཁྱད་ཆོས་ལྡན་པའི་སྤྱི་ཚོགས་རིང་ལུགས་རྒྱུན་འཁྱོངས་དང་འཕེལ་རྒྱས་གཏོང་བའི་གཞི་རྩའི་ཇུས་གཞི་གང་ཡིན་ནམ།

即“十四个坚持”：

坚持党对一切工作的领导；坚持以人民为中心；坚持全面深化改革；坚持新发展理念；坚持人民当家作主；坚持全面依法治国；坚持社会主义核心价值体系；坚持在发展中保障和改善民生；坚持人与自然和谐共生；坚持总体国家安全观；坚持党对人民军队的绝对领导；坚持“一国两制”和推进祖国统一；坚持推动构建人类命运共同体；坚持全面从严治党。

དེའང་"རྒྱུན་འཁྱོངས་བྱ་དགོས་པ་བཅུ་བཞི"སྟེ།

ཏང་གིས་ལས་དོན་མཐའ་དག་ལ་འགོ་ཁྲིད་བྱ་རྒྱུ་རྒྱུན་འཁྱོངས་དང་། མི་དམངས་ལྟེ་བར་འཛིན་རྒྱུ་རྒྱུན་འཁྱོངས། ཁྱོན་ཡོངས་ནས་བསྐྱར་བཅོས་གཏིང་ཟབ་བྱ་རྒྱུ་རྒྱུན་འཁྱོངས། གོང་འཕེལ་གྱི་འདུ་ཤེས་གསར་པ་རྒྱུན་འཁྱོངས། མི་དམངས་ཀྱིས་རང་ཁྱིམ་རང་བདག་བྱ་རྒྱུ་རྒྱུན་འཁྱོངས། ཁྱོན་ཡོངས་ནས་ཁྲིམས་ལྟར་རྒྱལ་ཁབ་སྐྱོང་རྒྱུ་རྒྱུན་འཁྱོངས། སྤྱི་ཚོགས་རིང་ལུགས་ཀྱི་ལྟེ་བའི་རིན་ཐང་མ་ལག་རྒྱུན་འཁྱོངས། འཕེལ་རྒྱས་གཏོང་བའི་ཁྲོད་དམངས་ཀྱི་འཚོ་བ་འགན་སྲུང་དང་ལེགས་བཅོས་བྱ་རྒྱུ་རྒྱུན་འཁྱོངས། མི་དང་རང་བྱུང་ཁམས་ཞི་མཐུན་མཉམ་གནས་བྱ་རྒྱུ་རྒྱུན་འཁྱོངས། སྤྱི་ཡོངས་ཀྱི་རྒྱལ་ཁབ་བདེ་འཇགས་ལྟ་བ་རྒྱུན་འཁྱོངས། ཏང་གིས་མི་དམངས་དམག་དཔུང་ལ་མཐའ་གཅིག་ཏུ་འགོ་ཁྲིད་བྱ་རྒྱུ་རྒྱུན་འཁྱོངས། "རྒྱལ་ཁབ་གཅིག་ལ་ལམ་ལུགས་གཉིས"ལག་བསྟར་དང་མེས་རྒྱལ་གོང་བུ་གཅིག་གྱུར་བྱ་རྒྱུར་སྐུལ་འདེད་གཏོང་རྒྱུ་རྒྱུན་འཁྱོངས། མིའི་རིགས་ཀྱི་ལས་དབང་གཅིག་མཐུན་ཚོགས་པ་གཏོད་རྒྱུར་

སྐྱིལ་འདེད་གཏོང་རྒྱུ་དང་ཕྱོགས་ཡོང་འ་ནས་ཏང་ནན་སྐྱོང་བྱ་རྒྱུ་རྒྱུན་འཁྱོངས་བྱེད་དགོས་པ་བཅས་རེད།

3. 习近平新时代中国特色社会主义思想的重大意义是什么？

༣.ཞི་ཅིན་ཕིང་གི་དུས་རབས་གསར་པའི་ཀྲུང་གོའི་ཁྱད་ཆོས་ལྡན་པའི་སྤྱི་ཚོགས་རིང་ལུགས་ཀྱི་དགོངས་པའི་གལ་འགངས་ཆེ་བའི་དོན་སྙིང་གཙོ་བོ་གང་ཡིན་ནམ།

从马克思主义发展史的角度来说，开辟了马克思主义中国化的新境界；从中华民族复兴史的角度来说，是全党全国人民为实现中华民族伟大复兴而奋斗的行动指南；从人类文明进步史的角度来看，为解决人类面临的共同难题贡献了中国智慧，提供了中国方案。

མ་ཁེ་སི་རིང་ལུགས་གོང་འཕེལ་ལོ་རྒྱུས་ནས་བཤད་ན། མ་ཁེ་སི་རིང་ལུགས་ཀྲུང་གོ་ཅན་དུ་འགྱུར་བ་བྱེད་པའི་འཕེལ་ཚད་གསར་པ་གཏོད་པ་དང་། དེའང་ཀྲུང་ཧྭ་མི་རིགས་བསྐྱར་དར་འབྱུང་ཐབས་ཀྱི་ལོ་རྒྱུས་ཐོག་ནས་བཤད་ན། ཏང་ཡོངས་དང་རྒྱལ་ཡོངས་མི་དམངས་ཀྱིས་ཀྲུང་ཧྭ་མི་རིགས་ཀྱི་ རླབས་ཆེའི་བསྐྱར་དར་མངོན་འགྱུར་ཡོང་བའི་འབད་འཐབ་བྱ་སྤྱོད་ཀྱི་ཁྲིད་སྟོན་ཞིག་ཡིན་ལ། མིའི་རིགས་ཀྱི་ཤེས་དཔལ་འཕེལ་རྒྱས་གཏོང་བའི་ལོ་རྒྱུས་ཐོག་ནས་བལྟས་ན་འང་དེས་མིའི་རིགས་ལ་འཕྲད་པའི་ཐུན་མོང་གི་དཀའ་གནད་ཐག་གཅོད་བྱ་ཕྱིར་ཀྲུང་གོའི་བློ་གྲོས་ལེགས་སྐྱེས་དང་ཀྲུང་གོའི་ཐུས་གཞི་མགོ་འདོན་བྱས་ཡོད།

4. 习近平法治思想的核心要义是什么？

༤.ཞི་ཅིན་ཕིང་གི་ཁྲིམས་སྐྱོང་དགོངས་པའི་དོན་སྙིང་གཙོ་བོ་གང་ཡིན་ནམ།

即“十一个坚持”：

坚持党对全面依法治国的领导，是中国特色社会主义法治的本质特征和内在要求。

དེའང་“རྒྱུན་འཁྱོངས་བྱ་དགོས་པ་བཅུ་གཅིག”སྟེ།

ཏང་གིས་ཁྲིད་ཡོངས་ནས་ཁྲིམས་ལྟར་རྒྱལ་ཁབ་སྐྱོང་རྒྱུར་འགོ་ཁྲིད་བྱ་རྒྱུ་རྒྱུན་འཁྱོངས་བྱ་དགོས་ཤིང་། དེ་ནི་ཀྲུང་གོའི་ཁྱད་ཆོས་ལྡན་པའི་སྤྱི་ཚོགས་རིང་ལུགས་ཁྲིམས་སྐྱོང་གི་རྩ་བའི་ཁྱད་ཆོས་དང་རང་གྲུབ་ཀྱི་དགོས་མཁོ་ཡིན།

坚持以人民为中心，是全面推进依法治国的力量源泉。

མི་དམངས་ལྟེ་བར་འཛིན་རྒྱུ་རྒྱུན་འཁྱོངས་བྱ་དགོས་ཤིང་། དེ་ནི་ཁྲིམས་ལྟར་རྒྱལ་ཁབ་སྐྱོང་རྒྱུར་ཁྱོན་ཡོངས་ནས་སྐུལ་འདེད་གཏོང་བའི་སྟོབས་ཤུགས་ཀྱི་འབྱུང་ཁུངས་ཡིན།

坚持中国特色社会主义法治道路，是全面推进依法治国的发展道路和正确方向。

ཀྲུང་གོའི་ཁྱད་ཆོས་ལྡན་པའི་སྤྱི་ཚོགས་རིང་ལུགས་ཀྱི་ཁྲིམས་སྐྱོང་ལམ་བུ་རྒྱུན་འཁྱོངས་བྱ་དགོས་ཤིང་། དེ་ནི་ཁྲིམས་ལྟར་རྒྱལ་ཁབ་སྐྱོང་རྒྱུར་ཁྱོན་ཡོངས་ནས་སྐུལ་འདེད་གཏོང་བའི་འཕེལ་རྒྱས་ཀྱི་ལམ་བུ་དང་ཡང་དག་པའི་ཁ་ཕྱོགས་ཡིན།

坚持依宪治国、依宪执政，是全面推进依法治国的工作重点。

རྩ་ཁྲིམས་ལྟར་རྒྱལ་ཁབ་སྐྱོང་རྒྱུ་དང་རྩ་ཁྲིམས་ལྟར་སྲིད་འཛིན་རྒྱུ་རྒྱུན་འཁྱོངས་བྱ་དགོས་ཤིང་། དེ་ནི་ཁྲིམས་ལྟར་རྒྱལ་ཁབ་སྐྱོང་རྒྱུར་ཁྱོན་ཡོངས་ནས་སྐུལ་འདེད་གཏོང་བའི་ལས་དོན་གྱི་གཙོ་གནད་ཡིན།

坚持在法治轨道上推进国家治理体系和治理能力现代化，是实现良法善治的必由之路。

ཁྲིམས་སྐྱོང་གི་ལམ་བུའི་ཐོག་རྒྱལ་ཁབ་ཀྱི་བཅོས་སྐྱོང་མ་ལག་དང་བཅོས་སྐྱོང་ནུས་པ་དེང་རབས་ཅན་དུ་འགྱུར་རྒྱུར་སྐུལ་འདེད་གཏོང་རྒྱུ་རྒྱུན་འཁྱོངས་བྱ་དགོས་ཤིང་། དེ་ནི་ཁྲིམས་བཟང་ལེགས་སྐྱོང་ཡོང་ཐུབ་རྒྱུར་བརྒྱུད་དགོས་ངེས་ཀྱི་ཐབས་ལམ་ཞིག་ཡིན།

坚持建设中国特色社会主义法治体系，是全面推进依法治国的发展目标和总抓手。

ཀྲུང་གོའི་ཁྱད་ཆོས་ལྡན་པའི་སྤྱི་ཚོགས་རིང་ལུགས་ཀྱི་ཁྲིམས་སྐྱོང་མ་ལག་འཛུགས་རྒྱུ་

རྒྱུན་འཁྱོངས་བྱ་དགོས་ཤིང་། དེ་ནི་ཁྲིམས་ལྟར་རྒྱལ་ཁབ་སྐྱོང་རྒྱུར་ཁྱོན་ཡོངས་ནས་སྐུལ་འདེད་གཏོང་བའི་གོང་འཕེལ་གྱི་དམིགས་འབེན་དང་སྤྱི་ཡོངས་ཀྱི་དམ་འཛིན་བྱེད་ས་ཞིག་ཡིན།

坚持依法治国、依法执政、依法行政共同推进，法治国家、法治政府、法治社会一体建设，是全面推进依法治国的战略布局。

ཁྲིམས་ལྟར་རྒྱལ་ཁབ་སྐྱོང་རྒྱུ་དང་ཁྲིམས་ལྟར་སྲིད་སྐྱོང་རྒྱུ། ཁྲིམས་ལྟར་སྲིད་དབང་ལག་བསྟར་བྱ་རྒྱུ་བཅས་མཉམ་ཐོག་སྐུལ་འདེད་བཏང་ཐོག ཁྲིམས་སྐྱོང་རྒྱལ་ཁབ་དང་ཁྲིམས་སྐྱོང་སྲིད་གཞུང་། ཁྲིམས་སྐྱོང་སྤྱི་ཚོགས་བཅས་གཞི་གཅིག་ཏུ་འཛུགས་སྐྱོང་བྱ་རྒྱུ་རྒྱུན་འཁྱོངས་བྱ་དགོས་ཤིང་། དེ་ནི་ཁྲིམས་ལྟར་རྒྱལ་ཁབ་སྐྱོང་རྒྱུར་ཁྱོན་ཡོངས་ནས་སྐུལ་འདེད་གཏོང་བའི་འཐབ་ཇུས་ཀྱི་བཀོད་སྒྲིག་ཅིག་ཡིན།

坚持全面推进科学立法、严格执法、公正司法、全民守法，是新时代法治建设的“十六字”方针。

ཚན་རིག་དང་མཐུན་པའི་ཁྲིམས་འཛུགས་དང་ཁྲིམས་ལག་བསྟར་ནན་པོ། ཁྲིམས་འཛིན་གཞུང་དྲང་། དམངས་ཡོངས་ནས་ཁྲིམས་སྲུང་བ་བཅས་ལ་ཁྱོན་ཡོངས་ནས་སྐུལ་འདེད་གཏོང་རྒྱུ་རྒྱུན་འཁྱོངས་བྱ་དགོས་ཤིང་། དེ་ནི་དུས་རབས་གསར་པའི་ཁྲིམས་སྐྱོང་འཛུགས་སྐྲུན་བྱེད་ཕྱོགས་ཀྱི“ཚིག་འབྲུ་བཅུ་དྲུག”ཡིན།

坚持统筹推进国内法治和涉外法治，是建设法治强国的必然要求。

རྒྱལ་ནང་གི་ཁྲིམས་སྐྱོང་དང་ཕྱི་འབྲེལ་གྱི་ཁྲིམས་སྐྱོང་གཉིས་གཅིག་སྒྱུར་འཆར་འགོད་ཐོག་སྐུལ་འདེད་གཏོང་དགོས་ཤིང་། དེ་ནི་ཁྲིམས་སྐྱོང་གི་རྒྱལ་ཁབ་སྟོབས་ལྡན་འཛུགས་སྐྲུན་བྱེད་པའི་དགོས་ངེས་ཀྱི་བླང་བྱ་ཡིན།

坚持建设德才兼备的高素质法治工作队伍，是全面推进依法治国的组织保障。

སྤྱོད་ཡོན་གཉིས་ལྡན་གྱི་བྱང་ཚད་མཐོ་བའི་ཁྲིམས་སྐྱོང་ལས་དོན་དཔུང་ཁག་འཛུགས་སྐྲུན་བྱ་རྒྱུ་རྒྱུན་འཁྱོངས་བྱ་དགོས་ཤིང་། དེ་ནི་ཁྲིམས་ལྟར་རྒྱལ་ཁབ་སྐྱོང་རྒྱུར་ཁྱོན་ཡོངས་ནས་སྐུལ་འདེད་གཏོང་བའི་རྩ་འཛུགས་ཀྱི་འགན་སྲུང་ཡིན།

坚持抓住领导干部这个“关键少数”，是全面推进依法治国的关键问题。

འགོ་ཁྲིད་ལས་བྱེད་པའི“འགག་རྩའི་ཉུང་ཤས”འདིར་དམ་འཛིན་བྱ་རྒྱུ་རྒྱུན་འཁྱོངས་བྱ་དགོས་ཤིང་། དེ་ནི་ཁྲིམས་ལྟར་རྒྱལ་ཁབ་སྐྱོང་རྒྱུར་ཁྱོན་ཡོངས་ནས་སྐུལ་འདེད་གཏོང་བའི་འགག་རྩའི་གནད་དོན་ཡིན།

5. 习近平法治思想有什么重大意义?

༥.ཞི་ཅིན་ཕིང་གི་ཁྲིམས་སྐྱོང་དགོངས་པར་དོན་སྙིང་གལ་ཆེན་གང་འདྲ་ལྡན་ཡོད་དམ།

习近平法治思想是顺应实现中华民族伟大复兴时代要求应运而生的重大理论创新成果，是马克思主义法治理论中国化最新成果，是习近平新时代中国特色社会主义思想的重要组成部分，是全面依法治国的根本遵循和行动指南。

དེ་འང་ཞི་ཅིན་ཕིང་གི་ཁྲིམས་སྐྱོང་དགོངས་པ་ནི་ཀྲུང་ཧྭ་མི་རིགས་ཀྱི་རླབས་ཆེའི་བསྐྱར་དར་མངོན་གྱུར་ཡོང་བར་བྱེད་པའི་དུས་རབས་ཀྱི་དགོས་མཁོར་གཞིགས་ཏེ་ཐོན་པའི་རིགས་པའི་གཞུང་ལུགས་ཀྱི་གསར་གཏོད་གྲུབ་འབྲས་གལ་ཆེན་ཞིག་ཡིན་པ་དང་། མ་ལེ་སི་རིང་ལུགས་ཀྱི་ཁྲིམས་སྐྱོང་རིགས་པའི་གཞུང་ལུགས་དག་ཀྲུང་གོ་ཅན་དུ་གྱུར་པའི་གྲུབ་འབྲས་གསར་ཤོས་ཤིག་ཡིན་པ། ཞི་ཅིན་ཕིང་གི་དུས་རབས་གསར་པའི་ཀྲུང་གོའི་ཁྱད་ཆོས་ལྡན་པའི་སྤྱི་ཚོགས་རིང་ལུགས་དགོངས་པའི་གྲུབ་ཆ་གལ་ཆེན་ཞིག་ཡིན་པ། ཁྱོན་ཡོངས་ནས་ཁྲིམས་ལྟར་རྒྱལ་ཁབ་སྐྱོང་རྒྱུའི་རྩ་བའི་གཞི་འཛིན་ས་དང་བྱ་སྤྱོད་ཀྱི་ཕྱོགས་སྟོན་ཡིན།

6. 如何理解习近平总书记在庆祝中国共产党成立 100 周年大会上的重要讲话?

༦.སྤྱི་ཁྱབ་རྫུའུ་ཅི་ཞི་ཅིན་ཕིང་གིས་ཀྲུང་གོ་གུང་ཁྲན་ཏང་དབུ་བརྙེས་ནས་ལོ་ངོ་༡༠༠འཁོར་བའི་ཚོགས་ཆེན་ཐོག་གནང་བའི་གསུང་བཤད་གལ་ཆེན་ལ་གོ་བ་གང་འདྲ་ལེན་དགོས་སམ།

习近平总书记在庆祝中国共产党成立 100 周年大会上的重要讲话，全面回顾一百年来我们党围绕实现中华民族伟大复兴，团结带领中国人民开辟的伟大道路、创造的伟大事业、取得的伟大成就，庄严宣告我们实现了第一个百年奋斗目标，在中华大地上全面建成了小康社会，深刻总结了伟大建党精神，系统阐述了以史为鉴、开创未来的“九个必须”，是一篇马克思主义的纲领性文献，为全党全国各族人民向第二个百年奋斗目标迈进指明了前进方向、提供了根本遵循。

དེ་འང་སྤྱི་ཁྱབ་རྫུའུ་ཅི་ཞི་ཅིན་ཕིང་གིས་ཀྲུང་གོ་གུང་ཁྲན་ཏང་དབུ་བརྙེས་ནས་ལོ་ངོ་༡༠༠འཁོར་བའི་ཚོགས་ཆེན་ཐོག་གནང་བའི་གསུང་བཤད་གལ་ཆེན་ནང་། ལོ་ངོ་བརྒྱ་སོང་ཙམ་དུ་རང་རེའི་ཏང་གིས་ཀྲུང་ཧྭ་མི་རིགས་ཀྱི་རླབས་ཆེའི་བསྐྱར་དར་མངོན་གྱུར་ཡོང་བ་བྱ་རྒྱུར་གཞིགས་ནས་ཀྲུང་གོ་མི་

དམངས་ལ་མཐུན་སྒྲིལ་སྡེ་ཁྲིད་ཀྱིས་གསར་གཏོད་བྱས་པའི་རླབས་ཆེའི་ལམ་བུ་དང་། གསར་གཏོད་བྱས་པའི་རླབས་ཆེའི་བྱ་གཞག དེ་བཞིན་ཐོབ་ཟིན་པའི་རླབས་ཆེའི་གྲུབ་འབྲས་བཅས་ལ་ཁྱོན་ཡོངས་ནས་རྗེས་དྲན་གནང་བ་དང་། བརྗོད་ཉམས་ལྡན་པའི་ངང་ང་ཚོའི་ལོ་བརྒྱ་བྱས་པ་དང་པོའི་འབད་འཐབ་དམིགས་ཚད་མངོན་འགྱུར་བྱུང་ཞིང་། ཀྲུང་ཧྭ་ཡི་ས་གཞི་ཆེན་པོའི་ཐོག་ཁྱོན་ཡོངས་ནས་འབྱོར་འབྲིང་སྤྱི་ཚོགས་བསྐྲུན་གྲུབ་པ་ཁྲབ་བསྒྲགས་གནང་བ་དང་། རླབས་ཆེའི་ཧང་འཇུགས་ཀྱི་སྙིང་སྟོབས་ལ་ཕྱོགས་བསྡོམས་གཏིང་ཟབ་གནང་བ། ལོ་རྒྱུས་མི་ལོང་དུ་འཛིན་ཏེ་འབྱུང་འགྱུར་གསར་གཏོད་བྱ་རྒྱུའི་“དགོས་ངེས་དགུ”རྒྱས་བཤད་ཞིབ་ཕྲ་གནང་ཡོད་པས་དེ་ནི་མ་ལེ་སི་རིང་ལུགས་ཀྱི་རྩ་འཛིན་རང་བཞིན་གྱི་ཡིག་ཆ་ཡིན་གཤིས། དེས་ཧང་ཡོངས་དང་རྒྱལ་ཡོངས་མི་རིགས་ཁག་གི་མི་དམངས་ལོ་བརྒྱ་བྱས་པ་གཉིས་པའི་འབད་འཐབ་དམིགས་འབེན་གྱི་ཕྱོགས་སུ་བསྐྱོད་རྒྱུར་མདུན་སྐྱོད་ཀྱི་ཁ་ཕྱོགས་གསལ་པོ་བསྟན་པ་དང་། རྩ་བའི་གཞི་འཛིན་ས་མགོ་འདོན་བྱས་ཡོད།

7. 习近平总书记在西藏和平解放 70 周年之际考察西藏时有何重要指示？

༧.སྤྱི་ཁྲབ་ཤུའུ་ཅི་ཞི་ཅིན་ཕིང་གིས་བོད་ཞི་བས་བཅིངས་འགྲོལ་བཏང་ནས་ལོ་ངོ་༧༠འཁོར་བའི་སྐབས་བོད་ལྗོངས་ལ་གཟིགས་ཞིབ་གནང་སྐབས་མཛུབ་སྟོན་གལ་ཆེན་གང་དག་གནང་ཡོད་དམ།

在庆祝西藏和平解放70周年之际，中共中央总书记、国家主席、中央军委主席习近平来到西藏，祝贺西藏和平解放70周年，看望慰问西藏各族干部群众，给各族干部群众送去党中央的关怀。习近平作为中共中央总书记、国家主席、中央军委主席到西藏庆祝西藏和平解放，在党和国家历史上是第一次，充分表达了党中央对西藏工作的支持、对西藏各族干部群众的关怀。

དེ་འདང་བོད་ཞི་བས་བཅིངས་འགྲོལ་བཏང་ནས་ལོ་༧༠འཁོར་བར་རྗེས་འབྲེལ་ཞུ་བའི་སྐབས་སུ། ཀྲུང་གུང་ཀྲུང་དབྱང་གི་སྤྱི་ཁྱབ་ཧྲུའུ་ཅི། རྒྱལ་ཁབ་ཀྱི་ཀྲུའུ་ཞི། ཀྲུང་དབྱང་དམག་ཨུད་ཀྱི་ཀྲུའུ་ཞི་ཞི་ཅིན་ཕིང་མཆོག་བོད་དུ་ཕེབས་ཏེ་བོད་ཞི་བས་བཅིངས་འགྲོལ་བཏང་ནས་ལོ་༧༠འཁོར་བར་བཀྲ་ཤིས་རྗེས་འབྲེལ་ཞུས་གནང་བ་དང་། བོད་ལྗོངས་མི་རིགས་ཁག་གི་ལས་བྱེད་མང་ཚོགས་ལ་གཟིགས་ཞིབ་དང་འཚམ་འདྲི་གནང་ནས་མི་རིགས་ཁག་གི་ལས་བྱེད་མང་ཚོགས་ལ་ཏང་ཀྲུང་དབྱང་གིས་ཐུགས་ཁུར་གནང་ཚུལ་མཚོན་པར་གནང་ཡོད། ཞི་ཅིན་ཕིང་གང་ཉིད་ཀྲུང་གུང་ཀྲུང་དབྱང་གི་སྤྱི་ཁྱབ་ཧྲུའུ་ཅི་དང་རྒྱལ་ཁབ་ཀྱི་ཀྲུའུ་ཞི། ཀྲུང་དབྱང་དམག་ཨུད་ཀྱི་ཀྲུའུ་ཞི་བཅས་ཡིན་པའི་ངོས་ནས་བོད་ཞི་བས་བཅིངས་འགྲོལ་བཏང་ནས་ལོ་༧༠འཁོར་བར་རྗེས་འབྲེལ་ཞུ་བར་ཕེབས་པ་དེ་ཡང་ཏང་དང་རྒྱལ་ཁབ་ཀྱི་ལོ་རྒྱུས་ཐོག་ཐེངས་དང་པོ་ཡིན། དེའི་ཐོག་ནས་ཏང་ཀྲུང་དབྱང་གིས་བོད་ལྗོངས་ཀྱི་ལས་དོན་ལ་རྒྱབ་སྐྱོར་དང་། བོད་ལྗོངས་མི་རིགས་ཁག་གི་ལས་བྱེད་མང་ཚོགས་ལ་ཐུགས་ཁུར་གང་ལེགས་གནང་བ་མཚོན་གྱི་ཡོད།

习近平强调，要全面贯彻新时代党的治藏方略，坚持稳中求进工作总基调，立足新发展阶段，完整、准确、全面贯彻新发展理念，服务和融入新发展格局，推动高质量发展，加强边境地区建设，抓好稳定、发展、生态、强边四件大事，在推动青藏高原生态保护和可持续发展上不断取得新成就，奋力谱写雪域高原长治久安和高质量发展新篇章。

ཞི་ཅིན་ཕིང་གིས་ནན་བརྗོད་གནང་བར། དུས་རབས་གསར་པའི་ཏང་གི་བོད་སྐྱོང་ཇུས་གཞི་ཁྱོན་ཡོངས་ནས་ལག་བསྟར་དང་བརྟན་པོའི་ཁྲོད་ཡར་རྒྱས་ཡོང་བ་བྱེད་པའི་ལས་དོན་གྱི་སྤྱིའི་བྱེད་ཕྱོགས་རྒྱུན་འཁྱོངས་བྱེད་དགོས་པ་དང་། གོང་འཕེལ་གྱི་དུས་མཚམས་གསར་པར་རྐང་པ་བཙུགས་ཐོག གོང་འཕེལ་གྱི་འདུ་ཤེས་གསར་པ་འཐུས་ཚང་དང་གནད་འཕིགས། ཁྱོན་ཡོངས་བཅས་ཀྱི་སྒོ་ནས་ལག་བསྟར་དང་། གོང་འཕེལ་གྱི་གནས་བབས་གསར་པར་ཞབས་ཞུ་དང་འབྲེལ་འདྲིས་ཡོང་བ་བྱེད་པ། སྤུས་ཚད་མཐོ་བའི་གོང་འཕེལ་ལ་སྐུལ་འདེད་དང་མཐའ་མཚམས་ས་ཁུལ་གྱི་འཛུགས་སྐྲུན་ལ་ཤུགས་སྣོན་རྒྱག་པ། བརྟན་ལྷིང་དང་འཕེལ་རྒྱས། སྐྱེ་ཁམས།

མཐའ་མཚམས་སྟོབས་ཆེར་གཏོང་རྒྱ་བཅས་དོན་ཆེན་བཞིར་དམ་འཛིན་ཡག་པོ་བྱེད་པ། མཚོ་བོད་ས་མཐོའི་སྐྱེ་ཁམས་ཁོར་ཡུག་སྲུང་སྐྱོང་དང་རྒྱུན་མཐུད་གོང་འཕེལ་ཡོང་བ་བྱེད་པའི་ཐད་གྲུབ་འབྲས་གསར་པ་ཟམ་མི་ཆད་པ་ཐོབ་པ་བཅས་བྱས་མཐར། གངས་ལྗོངས་ས་མཐོར་ཡུན་རིང་དུས་བདེ་དང་སྤུས་ཚད་མཐོ་བའི་འཕེལ་རྒྱས་ཀྱི་ལེའུ་གསར་པ་ཞིག་བརྩམ་དགོས།

要坚持保护优先，坚持山水林田湖草沙冰一体化保护和系统治理，加强重要江河流域生态环境保护和修复，统筹水资源合理开发利用和保护，守护好这里的生灵草木、万水千山。

སྔོན་ལ་སྲུང་སྐྱོང་བྱ་རྒྱུ་རྒྱུན་འཁྱོངས་དང་། རི་ཆུ་ནགས་ཞིང་དང་མཚོའུ་རྩྭ་ཐང་། བྱེ་ས་འཁྱགས་ས་བཅས་ཚང་མ་མཉམ་དུ་སྲུང་སྐྱོང་དང་ཆ་ལག་ཚང་བའི་བཅོས་སྐྱོང་བྱ་རྒྱུ་རྒྱུན་འཁྱོངས་བྱ་དགོས་པ་དང་། གལ་གནད་ཆེ་བའི་གཙང་པོ་དང་ཆུ་བོ་རྒྱུག་ཁུལ་གྱི་སྐྱེ་ཁམས་ཁོར་ཡུག་སྲུང་སྐྱོང་དང་སླར་གསོ་བྱ་རྒྱུར་ཤུགས་སྣོན་རྒྱག་དགོས་པ། ཆུའི་ཐོན་ཁུངས་ལུགས་མཐུན་ངང་གསར་སྤེལ་དང་བེད་སྤྱོད། སྲུང་སྐྱོབ་བཅས་བྱ་རྒྱུ་གཅིག་གྱུར་འཆར་འགོད་བྱས་ནས་གནས་དེ་གའི་སྲོག་ཆགས་དང་རྩི་ཤིང་། རི་ཀླུང་ཚང་མ་སྲུང་སྐྱོང་ཡག་པོ་བྱ་དགོས།

要坚持以人为本，不断完善城市功能，提高群众生活品质。

མི་རྩ་བར་འཛིན་རྒྱུ་རྒྱུན་འཁྱོངས་བྱས་ཐོག གྲོང་ཁྱེར་གྱི་ནུས་པ་ཟམ་མི་ཆད་པར་འཕྲུས་ཚང་དུ་གཏོང་བ་དང་། མང་ཚོགས་ཀྱི་འཚོ་བའི་སྤུས་ཚད་མཐོ་རུ་གཏོང་དགོས།

要全面贯彻党的宗教工作基本方针，尊重群众的宗教信仰，坚持独立自主自办原则，依法管理宗教事务，积极引导藏传佛教与社会主义社会相适应，促进宗教和顺、社会和谐、民族和睦，在推动社会发展进步中发挥积极作用。

ཏང་གི་ཆོས་ལུགས་ལས་དོན་གྱི་གཞི་རྩའི་བྱེད་ཕྱོགས་ཁྱོན་ཡོངས་ནས་ལག་བསྟར་བྱས་ཏེ། མང་ཚོགས་ཀྱི་ཆོས་དད་ལ་བརྩི་འཇོག་དང་རང་ཚུགས་རང་བདག རང་གཉེར་བཅས་ཀྱི་རྩ་དོན་རྒྱུན་འཁྱོངས་བྱེད་དགོས་པ། ཁྲིམས་ལྟར་ཆོས་ལུགས་ལས་དོན་དོ་དམ་བྱས་ཐོག བོད་བརྒྱུད་ནང་

བསྟན་དེ་སྤྱི་ཚོགས་རིང་ལུགས་ཀྱི་སྤྱི་ཚོགས་དང་འཚམ་མཐུན་ཡོང་བ་བྱེད་པ་དང་། ཆོས་ལུགས་འཚམ་མཐུན་དང་སྤྱི་ཚོགས་ཞི་མཐུན། མི་རིགས་མཛའ་མཐུན་ཡོང་བ་བཅས་བྱས་ནས་སྤྱི་ཚོགས་འཕེལ་རྒྱས་དང་ཡར་ཐོན་ཡོང་བ་བྱེད་པའི་ཐད་དགེ་མཚན་ལྡན་པའི་ནུས་པ་འདོན་སྤེལ་བྱ་དགོས།

要准确把握西藏工作的阶段性特征，扎实做好群众工作，提高社会治理水平，确保国家安全、社会稳定、人民幸福。

བོད་ལྗོངས་ལས་ཀའི་དུས་མཚམས་རང་བཞིན་གྱི་ཁྱད་ཆོས་ཡང་དག་པའི་ངང་ཁོང་དུ་ཆུད་པ་བྱས་ཏེ། མང་ཚོགས་ལས་དོན་ཏན་ཏིག་དང་ཡག་པོ་སྒྲུབ་པ་དང་། སྤྱི་ཚོགས་བཅོས་སྐྱོང་གི་ཆུ་ཚད་མཐོ་རུ་བཏང་ནས་རྒྱལ་ཁབ་ཀྱི་བདེ་འཇགས་དང་སྤྱི་ཚོགས་ཀྱི་བརྟན་ལྷིང་། མི་དམངས་ཀྱི་བདེ་སྐྱིད་བཅས་འགན་སྲུང་བྱ་དགོས།

要坚持把民族团结进步宣传教育与社会主义核心价值观教育、爱国主义教育、反分裂斗争教育、新旧西藏对比教育和马克思主义国家观、历史观、民族观、文化观、宗教观教育结合起来，多谋长久之策，多行固本之举。

མི་རིགས་མཐུན་སྒྲིལ་དང་ཡར་ཐོན་གྱི་དྲིལ་བསྒྲགས་སློབ་གསོ་བྱ་རྒྱུ་དེ་སྤྱི་ཚོགས་རིང་ལུགས་ཀྱི་ལྟེ་བའི་རིན་ཐང་ལྟ་བའི་སློབ་གསོ་དང་རྒྱལ་གཅེས་རིང་ལུགས་ཀྱི་སློབ་གསོ། ཁ་འཐྲལ་ལ་ངོ་རྒོལ་གྱི་འཐབ་རྩོད་བྱ་རྒྱུའི་སློབ་གསོ། བོད་ལྗོངས་གསར་རྙིང་བསྡུར་བ་བྱེད་པའི་སློབ་གསོ། མ་ཁེ་སི་རིང་ལུགས་ཀྱི་རྒྱལ་ཁབ་ལྟ་བ་དང་ལོ་རྒྱུས་ལྟ་བ། མི་རིགས་ལྟ་བ། རིག་གནས་ལྟ་བ། ཆོས་ལུགས་ལྟ་བ་བཅས་ཀྱི་སློབ་གསོ་དང་ཟུང་འབྲེལ་བྱས་ནས་ཕུགས་ཕན་གྱི་ཐབས་ཇུས་མང་ཙམ་འདོན་པ་དང་རྩ་བརྟན་གྱི་བྱ་སྤྱོད་མང་ཙམ་བཟུང་དགོས།

要加强民族交往交流交融，不断增强各族群众对伟大祖国、中华民族、中华文化、中国共产党、中国特色社会主义的认同，打牢民族团结的思想基础。

མི་རིགས་དབར་གྱི་འགྲོ་འོང་དང་སྤེལ་རེས། འབྲེལ་འདྲིས་བཅས་ལ་ཤུགས་སྣོན་བརྒྱབ་སྟེ། མི་རིགས་ཁག་གི་མང་ཚོགས་ཀྱིས་སྟབས་ཆེན་གྱི་མེས་རྒྱལ་དང་ཀྲུང་ཧྭ་མི་རིགས། ཀྲུང་ཧྭའི་རིག་གནས། ཀྲུང་གོའི་ཁྱད་ཆོས་ལྡན་པའི་སྤྱི་ཚོགས་རིང་ལུགས་བཅས་ལ་ངོས་འཛིན་གཅིག་

མཐུན་ཡོང་རྒྱུར་ཤུགས་སྣོན་ཟམ་མི་ཆད་པ་བརྒྱབ་ནས་མི་རིགས་མཐུན་སྒྲིལ་གྱི་བསམ་བློའི་རྨང་གཞི་སྲ་བརྟན་ཡོང་བ་བྱ་དགོས།

要坚持以人民为中心的发展思想，推动巩固拓展脱贫攻坚成果同全面推进乡村振兴有效衔接，更加聚焦群众普遍关注的民生问题，办好就业、教育、社保、医疗、养老、托幼、住房等民生实事，一件一件抓落实，让各族群众的获得感成色更足、幸福感更可持续、安全感更有保障。

མི་དམངས་ལྟེ་བར་འཛིན་པའི་གོང་འཕེལ་གྱི་བསམ་བློ་རྒྱུན་འཁྱོངས་བྱས་ཐོག དབུལ་འཐོལ་འགག་གཏོར་གྱི་གྲུབ་འབྲས་སྲ་བརྟན་དང་ཇེ་ཆེར་གཏོང་རྒྱུ་དང་ཁྱོན་ཡོངས་ནས་ཞང་གྲོང་དར་རྒྱས་ལ་སྐུལ་འདེད་གཏོང་རྒྱུ་གཉིས་ནུས་ཡོད་དང་འབྲེལ་མཐུད་བྱེད་པ་དང་། མང་ཚོགས་ནས་ཡོངས་ཁྱབ་དང་དོ་ཁུར་བྱེད་པའི་དམངས་འཚོའི་གནད་དོན་སྟེང་བས་གཙོ་ཆེར་བཟུང་ནས་ལས་ཞུགས་དང་སློབ་གསོ། སྤྱི་ཚོགས་འགན་བཅོལ། སྨན་བཅོས། རྒན་གསོ། བུ་བཅོལ། སྡོད་ཁང་སོགས་དམངས་འཚོའི་དོན་དག་དངོས་ཡག་པོ་སྒྲུབ་པ་དང་། དོན་དག་རེ་བཞིན་དོན་འཁྱོལ་ཡོང་བར་དམ་འཛིན་གྱིས་མི་རིགས་ཁག་གི་མང་ཚོགས་ཀྱི་ཐོབ་ཚོར་སྔར་བས་ཆེ་རུ་གཏོང་བ་དང་བདེ་སྐྱིད་ཀྱི་ཚོར་སྣང་སྔར་བས་རྒྱུན་མཐུད་ཡོང་བ། བདེ་འཇགས་ཀྱི་ཚོར་སྣང་སྔར་བས་འགན་སྲུང་ཐུབ་པ་བཅས་བྱ་དགོས།

要加强边境基础设施建设，鼓励各族群众扎根边陲、守护国土、建设家乡。

མཐའ་མཚམས་ཀྱི་རྨང་གཞིའི་སྒྲིག་བཀོད་འཛུགས་སྐྲུན་བྱེད་ཤུགས་ཆེ་རུ་བཏང་ནས་མི་རིགས་ཁག་གི་མང་ཚོགས་མཐའ་མཚམས་ལ་རྩ་བ་འཛུགས་རྒྱུ་དང་རྒྱལ་ཁོངས་ས་ཆ་ལྟ་སྲུང་བྱ་རྒྱུ། ཕ་ཡུལ་འཛུགས་སྐྲུན་བྱ་རྒྱུ་བཅས་ལ་སྐུལ་མ་གཏོང་དགོས།

学史力行是党史学习教育的落脚点，要把学史明理、学史增信、学史崇德的成果转化为改造主观世界和客观世界的实际行动。要在锤炼党性上力行，要在为民服务上力行，要在推动发展上力行。

ལོ་རྒྱུས་སློབ་སྦྱོང་བྱས་ཏེ་ལག་ལེན་དུ་འཁྱོལ་བ་བྱ་རྒྱུ་ནི་ཏང་གི་ལོ་རྒྱུས་སློབ་སྦྱོང་སློབ་གསོའི་ཀ་ཆང་པ་འཛུགས་ས་དེ་ཡིན་ཞིང་། ལོ་རྒྱུས་སློབ་སྦྱོང་བྱས་ཏེ་གནས་ལུགས་གསལ་པོ་ཤེས་པ་དང་ལོ་རྒྱུས་སློབ་སྦྱོང་བྱས་ཏེ་བློ་སྤོབས་ཆེ་རུ་བཏང་བ། ལོ་རྒྱུས་སློབ་སྦྱོང་བྱས་ཏེ་ཀུན་སྤྱོད་གཙིགས་ཆེར་འཛིན་པའི་གྲུབ་འབྲས་རང་སྣང་གི་འཇིགས་རྐྱེན་ལྡ་བ་དང་ཕྱི་རོལ་གྱི་འཇིགས་རྐྱེན་ལྡ་བར་འགྱུར་ཉོག་གཏོང་བའི་བྱ་སྤྱོད་དངོས་ལ་འགྱུར་བ་བྱ་དགོས་པ་དང་། ཏང་གཞིས་སྦྱོང་བརྟར་བྱེད་པའི་ཐད་ལག་ལེན་བསྟར་དགོས་པ། མི་དམངས་ལ་ཞབས་འདེགས་ཞུ་བའི་ཐད་ལག་ལེན་བསྟར་དགོས་པ། འཕེལ་རྒྱས་ལ་སྐུལ་འདེད་གཏོང་བའི་ཐད་ལག་ལེན་བསྟར་དགོས།

8. 建设中国特色社会主义法治体系的内容包括哪些？

༨.ཀྲུང་གོའི་ཁྱད་ཆོས་ལྡན་པའི་སྤྱི་ཚོགས་རིང་ལུགས་ཁྲིམས་སྐྱོང་མ་ལག་འཛུགས་སྐྱོང་གི་ནང་དོན་གྲས་སུ་གང་དག་ཚུད་ཡོད་དམ།

建设中国特色社会主义法治体系，就是在中国共产党领导下，坚持中国特色社会主义制度，贯彻中国特色社会主义法治理论，形成完备的法律规范体系、高效的法治实施体系、严密的法治监督体系、有力的法治保障体系，形成完善的党内法规体系，坚持依法治国、依法执政、依法行政共同推进，坚持法治国家、法治政府、法治社会一体建设，实现科学立法、严格执法、公正司法、全民守法，促进国家治理体系和治理能力现代化。

དེ་འང་ཀྲུང་གོའི་ཁྱད་ཆོས་ལྡན་པའི་སྤྱི་ཚོགས་རིང་ལུགས་ཀྱི་ཁྲིམས་སྐྱོང་མ་ལག་འཛུགས་རྒྱུ་ནི་ཀྲུང་གོ་གུང་ཁྲན་ཏང་གི་འགོ་ཁྲིད་འོག ཀྲུང་གོའི་ཁྱད་ཆོས་ལྡན་པའི་སྤྱི་ཚོགས་རིང་ལུགས་ཀྱི་ལམ་ལུགས་རྒྱུན་འཁྱོངས་བྱས་ཐོག ཀྲུང་གོའི་ཁྱད་ཆོས་ལྡན་པའི་སྤྱི་ཚོགས་རིང་ལུགས་ཀྱི་ཁྲིམས་སྐྱོང་གཞུང་ལུགས་ལག་ལེན་མཐར་ཕྱིན་བྱས་ནས། འཛུམ་སྒྲ་ཚང་བའི་བཅའ་ཁྲིམས་ཀྱི་གཙིག་གྱུར་མ་ལག་དང་ཕན་ནུས་ཆེ་བའི་ཁྲིམས་སྐྱོང་ལག་བསྟར་མ་ལག ངོ་ནན་གྱི་ཁྲིམས་སྐྱོང་ལྟ་སྐུལ་མ་ལག ནུས་ཡོད་ཀྱི་ཁྲིམས་སྐྱོང་འགན་སྲུང་མ་ལག་བཅས་ཆགས་པ་བྱ་རྒྱུ་དང་། འཛུམ་སྒྲ་ཚང་བའི་ཏང་ནང་ཁུལ་གྱི་ཁྲིམས་སྲོལ་མ་ལག་ཆགས་པ་བྱ་དགོས། ཁྲིམས་ལྟར་རྒྱལ་ཁབ་

སྐྱོང་རྒྱུ་དང་ཁྲིམས་ལྟར་སྲིད་འཛིན་རྒྱུ། ཁྲིམས་ལྟར་སྲིད་དབང་ལག་བསྟར་བྱ་རྒྱུ་བཅས་མཉམ་དུ་སྐུལ་སྤེལ་གཏོང་རྒྱུ་རྒྱུན་འཁྱོངས་དང་ཁྲིམས་སྐྱོང་རྒྱལ་ཁབ་དང་ཁྲིམས་སྐྱོང་སྲིད་གཞུང་། ཁྲིམས་སྐྱོང་སྤྱི་ཚོགས་བཅས་གཞི་གཅིག་ཏུ་འཛུགས་སྐྱོང་བྱ་རྒྱུ་རྒྱུན་འཁྱོངས་བྱས་ཏེ། ཚན་རིག་དང་མཐུན་པའི་ཁྲིམས་འཛུགས་དང་ཁྲིམས་ལག་བསྟར་ནན་པོ། ཁྲིམས་འཛིན་གཞུང་དྲང་། དམངས་ཡོངས་ནས་ཁྲིམས་ལུགས་སྲུང་བ་བཅས་བྱས་མཐར། རྒྱལ་ཁབ་ཀྱི་ཁྲིམས་སྐྱོང་མ་ལག་དང་བཅོས་སྐྱོང་མ་ལག་གི་ནུས་པ་དེང་རབས་ཅན་དུ་འགྱུར་རྒྱུར་སྐུལ་འདེད་གཏོང་དགོས།

9. "四个意识"是指什么?

༩."འདུ་ཤེས་བཞི"གང་དག་ཡིན་ནམ།

"四个意识"是指政治意识、大局意识、核心意识、看齐意识。

"འདུ་ཤེས་བཞི"ནི་ཆབ་སྲིད་ཀྱི་འདུ་ཤེས་དང་ཁྱོན་ཡོངས་ཀྱི་འདུ་ཤེས། སྙིང་ཤིང་གི་འདུ་ཤེས། མིག་ལྟོས་ཀྱི་འདུ་ཤེས་བཅས་ཡིན།

10. “四个自信”是指什么？

༡༠.“གདེང་ཚོད་བཞི”གང་དག་ཡིན་ནམ།

“四个自信”即中国特色社会主义道路自信、理论自信、制度自信、文化自信。

“གདེང་ཚོད་བཞི”ནི་ཀྲུང་གོའི་ཁྱད་ཆོས་ལྡན་པའི་སྤྱི་ཚོགས་རིང་ལུགས་ཀྱི་ལམ་བུར་གདེང་ཚོད་ཡོད་པ་དང་། རིགས་པའི་གཞུང་ལུགས་ལ་གདེང་ཚོད་ཡོད་པ། ལམ་ལུགས་ལ་གདེང་ཚོད་ཡོད་པ། རིག་གནས་ལ་གདེང་ཚོད་ཡོད་པ་བཅས་རེད།

11. “两个维护”是指什么？

༡༡.“སྲུང་སྐྱོང་གཉིས”གང་དག་ཡིན་ནམ།

“两个维护”是指坚决维护习近平总书记党中央的核心、全党的核心地位，坚决维护党中央权威和集中统一领导。

“སྲུང་སྐྱོང་གཉིས”ནི་སྤྱི་ཁྱབ་རྩྭའུ་ཅི་ཞི་ཅིན་ཕིང་ནི་ཏང་ཀྲུང་དབྱང་གི་སྙོམ་ཤིང་ཡིན་པ་དང་ཏང་ཡོངས་ཀྱི་སྙོམ་ཤིང་ཡིན་པའི་གོ་བབ་སྲུང་སྐྱོང་མཐའ་གཅིག་ཏུ་བྱ་རྒྱུ་དང་། ཏང་ཀྲུང་དབྱང་གི་དབང་གྲགས་དང་གཅིག་བསྡུད་གཅིག་གྱུར་གྱི་འགོ་ཁྲིད་སྲུང་སྐྱོང་མཐའ་གཅིག་ཏུ་བྱ་རྒྱུ་གཉིས་ཡིན།

12. 社会主义核心价值观的基本内容是什么？

༡༢.སྤྱི་ཚོགས་རིང་ལུགས་ཀྱི་སྙིང་བའི་རིན་ཐང་ལྟ་བའི་གཞི་རྩའི་ནང་དོན་གང་ཡིན་ནམ།

富强、民主、文明、和谐，自由、平等、公正、法治，爱国、敬业、诚信、友善。

འབྱོར་ཕྱུག་དང་དམངས་གཙོ། ཤེས་དཔལ། ཞི་མཐུན། རང་དབང་། འདྲ་མཉམ། དྲང་གཞག ཁྲིམས་སྐྱོང་། རྒྱལ་གཅེས། ལས་བཀུར། ཡིད་རྟོན། མཛའ་མཐུན་བཅས་རེད།

13. 什么是“五个认同”？

༡༣.“གཅིག་མཐུན་གྱི་ངོས་འཛིན་ལྔ”གང་དག་ཡིན་ནམ།

“五个认同”是指对伟大祖国的认同、对中华民族的认同、对中华文化的认同、对中国共产党的认同、对中国特色社会主义的认同。

“གཅིག་མཐུན་གྱི་ངོས་འཛིན་ལྔ”ནི་སྟོབས་ཆེན་གྱི་མེས་རྒྱལ་ལ་ངོས་འཛིན་གཅིག་མཐུན་དང་། ཀྲུང་ཧྭ་མི་རིགས་ལ་ངོས་འཛིན་གཅིག་མཐུན། ཀྲུང་ཧྭའི་རིག་གནས་ལ་ངོས་འཛིན་གཅིག་མཐུན། ཀྲུང་གོ་གུང་ཁྲན་ཏང་ལ་ངོས་འཛིན་གཅིག་མཐུན། ཀྲུང་གོའི་ཁྱད་ཆོས་ལྡན་པའི་སྤྱི་ཚོགས་རིང་ལུགས་ལ་ངོས་འཛིན་གཅིག་མཐུན་བཅས་རེད།

14. “三个离不开”指什么？

༡༤."ཁ་འབྲལ་ཐབས་མེད་པ་གསུམ"གང་དག་ཡིན་ནམ།

汉族离不开少数民族，少数民族离不开汉族，各少数民族之间也相互离不开。

རྒྱ་རིགས་ནི་གྲངས་ཉུང་མི་རིགས་དང་ཁ་འབྲལ་ཐབས་མེད་པ་དང་གྲངས་ཉུང་མི་རིགས་ནི་རྒྱ་རིགས་དང་ཁ་འབྲལ་ཐབས་མེད་པ། གྲངས་ཉུང་མི་རིགས་ཁག་ཀྱང་ཕན་ཚུན་ཁ་འབྲལ་ཐབས་མེད་པ་བཅས་རེད།

15. 西藏工作的着眼点和着力点是什么？

༡༥.བོད་ལྗོངས་ལས་དོན་གྱི་དམིགས་ས་གཙོ་བོ་དང་ཤུགས་རྒྱག་ས་གཙོ་བོ་གང་ཡིན་ནམ།

西藏工作必须坚持以维护祖国统一、加强民族团结为着眼点和着力点。

བོད་ལྗོངས་ལས་དོན་གྱི་དམིགས་ས་གཙོ་བོ་དང་ཤུགས་རྒྱག་ས་གཙོ་བོ་ནི་བོད་ལྗོངས་ལས་དོན་ཁྲིད་ངེས་པར་དུ་རྒྱུན་མཐུད་དང་མེས་རྒྱལ་གོང་བུ་གཅིག་གྱུར་ལ་སྲུང་སྐྱོང་དང་། མི་རིགས་མཐུན་སྒྲིལ་ལ་ཤུགས་སྣོན་རྒྱག་དགོས་པ་དེ་ཡིན།

16. 新时代党的治藏方略是什么？

༡༦.དུས་རབས་གསར་པའི་བོད་སྐྱོང་གི་ཐུས་གཞི་གང་ཡིན་ནམ།

在中央第七次西藏工作座谈会上，习近平总书记进一步丰富和发展了新时代党的治藏方略，并用“十个必须”高度概括，即：

དེའང་ཀྲུང་དབྱང་གི་བོད་ལྗོངས་ལས་དོན་སྐོར་གྱི་བཞུགས་མོལ་ཚོགས་འདུ་ཐེངས་བདུན་པའི་ཐོག སྤྱི་ཁྲབ་ཧྲུའུ་ཅི་ཞི་ཅིན་ཕིང་གིས་དུས་རབས་གསར་པའི་ཏང་གི་བོད་སྐྱོང་ཐུས་གཞི་

སྔར་བས་ཕུན་སུམ་ཚོགས་དང་འཕེལ་རྒྱས་བཏང་ཡོད་པ་མ་ཟད། "ངེས་པར་དུ་བཙུ"ཞེས་པའི་ནང་ཚན་མཐོའི་ཕྱོགས་བསྡུས་གནང་ཡོད་པ་དེ་ཡང་།

必须坚持中国共产党领导、中国特色社会主义制度、民族区域自治制度；

ངེས་པར་དུ་ཀྲུང་གོ་གུང་ཁྲན་ཏང་གི་འགོ་ཁྲིད་དང་ཀྲུང་གོའི་ཁྱད་ཆོས་ལྡན་པའི་སྤྱི་ཚོགས་རིང་ལུགས་ཀྱི་ལམ་ལུགས། མི་རིགས་ས་ཁོངས་རང་སྐྱོང་ལམ་ལུགས་བཅས་རྒྱུན་འཁྱོངས་བྱ་དགོས་པ།

必须坚持治国必治边、治边先稳藏的战略思想；

ངེས་པར་དུ་རྒྱལ་ཁབ་སྐྱོང་བར་ཡིན་གཅིག་གིས་མཐའ་མཚམས་སྐྱོང་དགོས་པ་དང་། མཐའ་མཚམས་སྐྱོང་བར་དང་ཐོག་བོད་བརྟན་ལྷིང་ཡོང་བ་བྱ་རྒྱུའི་འཐབ་ཇུས་བསམ་བློ་རྒྱུན་འཁྱོངས་བྱ་དགོས་པ།

必须把维护祖国统一、加强民族团结作为西藏工作的着眼点和着力点；

ངེས་པར་དུ་མེས་རྒྱལ་གཅིག་གྱུར་ལ་སྲུང་སྐྱོང་དང་མི་རིགས་མཐུན་སྒྲིལ་ལ་ཤུགས་སྣོན་རྒྱག་རྒྱུ་དེ་བོད་ལྗོངས་ལས་དོན་གྱི་དམིགས་ས་གཙོ་བོ་དང་ཤུགས་རྒྱག་ས་གཙོ་བོར་འཛིན་དགོས་པ།

必须坚持依法治藏、富民兴藏、长期建藏、凝聚人心、夯实基础的重要原则；

ངེས་པར་དུ་ཁྲིམས་ལྟར་བོད་བདག་སྐྱོང་བྱེད་པ་དང་དམངས་ཕྱུག་བོད་དར་ཡོང་རྒྱུ། ཡུན་རིང་ནང་བོད་ལྗོངས་འཛུགས་སྐྲུན་བྱེད་རྒྱུ། མི་སེམས་གོང་བུ་གཅིག་ཏུ་བསྒྲིལ་རྒྱུ། རྨང་གཞི་བརྟན་དུ་གཏོང་རྒྱུ་བཅས་ཀྱི་རྩ་དོན་གལ་ཆེན་རྒྱུན་འཁྱོངས་བྱ་དགོས་པ།

必须统筹国内国际两个大局；

ངེས་པར་དུ་རྒྱལ་ཕྱི་རྒྱལ་ནང་གཉིས་ཀྱི་ཁྱོན་ཡོངས་གནས་བབས་གཅིག་གྱུར་ཐོག་འཆར་འགོད་བྱ་དགོས་པ།

必须把改善民生、凝聚人心作为经济社会发展的出发点和落脚点；

ངེས་པར་དུ་དམངས་འཚོ་ལེགས་བཅོས་དང་མི་སེམས་གཅིག་ཏུ་འགུག་རྒྱུ་དེ་དཔལ་འབྱོར་དང་སྤྱི་ཚོགས་གོང་འཕེལ་གྱི་འགོ་བཙམ་ས་དང་གཞི་ཚུགས་སར་འཛོག་དགོས་པ།

必须促进各民族交往交流交融；

ངེས་པར་དུ་མི་རིགས་ཁག་དབར་འགྲོ་འོང་དང་སྤེལ་རེས། འདྲེལ་འདྲིས་བཅས་བྱ་རྒྱུར་སྐུལ་འདེད་གཏོང་དགོས་པ།

必须坚持我国宗教中国化方向、依法管理宗教事务；

ངེས་པར་དུ་རང་རྒྱལ་གྱི་ཆོས་ལུགས་དེ་ཀྲུང་གོ་ཅན་གྱི་ཁ་ཕྱོགས་སུ་འགྱུར་རྒྱུ་དང་ཁྲིམས་ལྟར་ཆོས་ཕྱོགས་ལས་དོན་ལ་དོ་དམ་བྱ་རྒྱུ་རྒྱུན་འཁྱོངས་བྱ་དགོས་པ།

必须坚持生态保护第一；

ངེས་པར་དུ་སྐྱེ་ཁམས་སྲུང་སྐྱོང་བྱ་རྒྱུ་ཨང་དང་པོར་འཛོག་དགོས་པ།

必须加强党的建设特别是政治建设。

ངེས་པར་དུ་ཏང་འཛུགས་སྐྲུན་དང་ལྷག་པར་དུ་ཆབ་སྲིད་འཛུགས་སྐྲུན་ལ་ཤུགས་སྣོན་རྒྱག་དགོས་པ་བཅས་རེད།

17. 维护民族团结的思想基础是什么？

༡༧.མི་རིགས་མཐུན་སྒྲིལ་སྲུང་སྐྱོང་བྱེད་པའི་བསམ་བློའི་རྨང་གཞི་གང་ཡིན་ནམ།

坚持铸牢中华民族共同体意识是维护民族团结的思想基础。习近平总书记强调，“加强民族团结，基础在于搞好民族团结进步教育，建设各民族共有精神家园。要深入践行守望相助理念，深化民族团结进步教育，铸牢中华民族共同体意识，促进各民族像石榴籽一样紧紧抱在一起”。

དེ་འང་ཀྲུང་ཧྭ་མི་རིགས་གཅིག་མཐུན་ཚོགས་པའི་འདུ་ཤེས་རྒྱུན་མཐུད་དང་སྲ་བརྟན་གཏོང་རྒྱུ་ནི་མི་རིགས་མཐུན་སྒྲིལ་སྲུང་སྐྱོང་བྱེད་པའི་བསམ་བློའི་རྨང་གཞི་ཡིན། སྤྱི་ཁྱབ་ཧྲུའུ་ཅི་ཞི་ཅིན་ཕིང་གིས“མི་རིགས་མཐུན་སྒྲིལ་ལ་ཤུགས་སྣོན་རྒྱག་རྒྱུའི་རྨང་གཞི་ནི་མི་རིགས་མཐུན་སྒྲིལ་དང་ཡར་ཐོན་གྱི་སློབ་གསོ་ཡག་པོ་བརྒྱབ་སྟེ། མི་རིགས་ཁག་ལ་ཐུན་མོང་གི་བསམ་པའི་

ཁྲིམས་གཞིས་འཛུགས་དགོས་པ་དང་། ཕན་ཚུན་ལྟ་སྐྱོང་དང་རོགས་རེས་ཀྱི་འདུ་ཤེས་སྐྱོང་རོལ་གཏིང་ཟབ་ཡོང་བ་དང་མི་རིགས་མཐུན་སྒྲིལ་དང་ཡར་ཐོན་གྱི་སློབ་གསོ་གཏིང་ཟབ་ཐེབས་པ། ཀྲུང་ཧྭ་མི་རིགས་གཅིག་མཐུན་ཚོགས་པའི་འདུ་ཤེས་བརྟན་པོ་ཡོང་བ་བཅས་བྱས་ནས་མི་རིགས་ཁག་སེ་འབྲུ་དང་འདྲ་བར་རྡོག་རྩ་གཅིག་ཏུ་བསྒྲིལ་རྒྱུར་སྐུལ་འདེད་གཏོང་དགོས་”ཞེས་ནན་བརྗོད་གནང་ཡོད།

中华民族一家亲

18. 西藏自治区针对民族团结出台的地方性法规是什么？

༡༨.བོད་རང་སྐྱོང་ལྗོངས་ཀྱིས་མི་རིགས་མཐུན་སྒྲིལ་ལ་དམིགས་ཏེ་བཏོན་པའི་ས་གནས་རང་བཞིན་གྱི་ཁྲིམས་སྲོལ་གང་ཡིན་ནམ།

2020 年 1 月 11 日，西藏自治区第十一届人民代表大会第三次会议通过了《西藏自治区民族团结进步模范区创建条例》，《条例》指出：西藏自古以来就是伟大祖国不可分割的一部分，各民族都是中华民族大家庭的重要成员。民族团结是各族人民的生命线，维护祖国统一、加强民族团结，旗帜鲜明反对分裂，是各族人民的共同责任和义务。

དེའང་སྤྱི་ལོ་༢༠༢༠ལོའི་ཟླ་༡ཚེས་༡༡ཉིན། བོད་རང་སྐྱོང་ལྗོངས་སྐབས་བཅུ་གཅིག་པའི་མི་དམངས་འཐུས་མི་ཚོགས་ཆེན་ཐེངས་གསུམ་པའི་ཐོག《བོད་རང་སྐྱོང་ལྗོངས་མི་རིགས་མཐུན་སྒྲིལ་ཡར་ཐོན་དཔེ་སྟོན་ཁུལ་འཛུགས་རྒྱུའི་སྲོལ་ཡིག་》ལ་གྲོས་འཆམ་བྱུང་ཞིང་།《སྲོལ་ཡིག་》ནང་། བོད་ནི་གནའ་ནས་བཟུང་རླབས་ཆེན་མེས་རྒྱལ་གྱི་ཁ་འབྲལ་དུ་མེད་པའི་མངའ་ཁོངས་ཀྱི་ཆ་ཤས་ཤིག་ཡིན་པ་དང་། མི་རིགས་ཁག་ཚང་མ་ཀྲུང་ཧྭ་མི་རིགས་ཁྱིམ་ཚང་ཆེན་པོའི་ནང་གི་ཁོངས་གཏོགས་གལ་ཆེན་ཤ་སྟག་ཡིན་པ། མི་རིགས་མཐུན་སྒྲིལ་ནི་མི་རིགས་ཁག་གི་མི་དམངས་ཀྱི་སྲོག་རྩ་ཡིན་པ། མེས་རྒྱལ་གོང་བུ་གཅིག་གྱུར་ལ་སྲུང་སྐྱོང་བྱ་རྒྱུ་དང་མི་རིགས་མཐུན་སྒྲིལ་ལ་ཤུགས་སྣོན་རྒྱག་རྒྱུ། དར་ཆ་གསལ་སྟོན་ཐོག་ཁ་བྲལ་ལ་ངོ་རྒོལ་བྱ་རྒྱུ་བཅས་ནི་མི་རིགས་ཁག་གི་མི་དམངས་ཀྱི་ཐུན་མོང་གི་འགན་འཁྲི་དང་འོས་འགན་ཡིན་ཞེས་བསྟན་ཡོད།

19. 西藏自治区民族团结进步模范区创建的总体要求是什么？

༡༩.བོད་རང་སྐྱོང་ལྗོངས་ཀྱི་མི་རིགས་མཐུན་སྒྲིལ་ཡར་ཐོན་དཔེ་སྟོན་ཁུལ་འཛུགས་རྒྱུའི་སྤྱིའི་བླང་བྱ་གང་ཡིན་ནམ།

《西藏自治区民族团结进步模范区创建条例》指出：民族团结进步模范区创建，以“中华民族一家亲、同心共筑中国梦”为总目标，以共同团结奋斗、共同繁荣发展为主题，以铸牢中华民族共同体意识为主线，以社会主义核心价值观为引领，以加强各民族交往交流交融为根本途径，增强对伟大祖国、中华民族、中华文化、中国共产党、中国特色社会主义的认同，促进各民族和睦相处、和衷共济、和谐发展，充分展现中国精神、中国价值、中国力量。

《བོད་རང་སྐྱོང་ལྗོངས་ཀྱི་མི་རིགས་མཐུན་སྒྲིལ་ཡར་ཐོན་དཔེ་སྟོན་ཁུལ་འཛུགས་རྒྱུའི་སྲོལ་ཡིག་》ནང་བསྟན་དོན། མི་རིགས་མཐུན་སྒྲིལ་ཡར་ཐོན་དཔེ་སྟོན་ཁུལ་འཛུགས་སྐབས། "ཀྲུང་ཧྭ་མི་རིགས་ཁྱིམ་ཚང་གཅིག་ལྟར་འཆམ་མཐུན་དང་བློ་སེམས་གཅིག་ཏུ་བསྒྲིལ་ནས་ཀྲུང་གོའི་ཕུགས་འདུན་བསྒྲུབ་རྒྱུ"སྤྱིའི་དམིགས་ཡུལ་དུ་བཟུང་བ་དང་། མཉམ་དུ་མཐུན་སྒྲིལ་འབད་འཐབ་དང་མཉམ་དུ་དར་རྒྱས་གོང་འཕེལ་ཡོང་བ་བྱ་རྒྱུ་བརྗོད་དོན་གཙོ་བོར་བཟུང་བ། ཀྲུང་ཧྭ་མི་རིགས་གཅིག་མཐུན་ཚོགས་པའི་འདུ་ཤེས་བརྟན་པོ་འཛུགས་རྒྱུ་གཙོ་ཐིག་ཏུ་བཟུང་བ། སྤྱི་ཚོགས་རིང་ལུགས་ཀྱི་ལྟེ་བའི་རིན་ཐང་ལྟ་བས་ཁྲིད་སྟོན་བྱེད་པ། མི་རིགས་དབར་འགྲོ་འོང་དང་སྤེལ་རེས། འབྲེལ་འདྲིས་བྱ་རྒྱུ་གཞི་རྩའི་ཐབས་ལམ་དུ་བཟུང་བ་བཅས་བྱས་ཐོག རླབས་ཆེན་གྱི་མེས་རྒྱལ་དང་ཀྲུང་ཧྭ་མི་རིགས། ཀྲུང་ཧྭའི་རིག་གནས། ཀྲུང་གོ་གུང་ཁྲན་ཏང་། ཀྲུང་གོའི་ཁྱད་ཆོས་ལྡན་པའི་སྤྱི་ཚོགས་རིང་ལུགས་བཅས་ལ་ངོས་འཛིན་གཅིག་མཐུན་བྱ་རྒྱུར་ཤུགས་སྣོན་རྒྱག་པ་དང་། མི་རིགས་ཁག་འཆམ་མཐུན་མཉམ་གནས་དང་ཕྱུར་བ་གྲུ་འདེགས། ཞི་མཐུན་འཕེལ་རྒྱས་ཡོང་བ་བཅས་ལ་སྐུལ་འདེད་ཀྱིས་ཀྲུང་གོའི་སྙིང་སྟོབས་དང་ཀྲུང་གོའི་རིན་ཐང་། ཀྲུང་གོའི་སྟོབས་ཤུགས་བཅས་གང་ལེགས་མངོན་པར་བྱ་དགོས་ཞེས་འཁོད་ཡོད།

20. 西藏自治区针对环境保护出台的地方性法规是什么？

༢༠.བོད་རང་སྐྱོང་ལྗོངས་ཀྱིས་ཁོར་ཡུག་སྲུང་སྐྱོང་ལ་དམིགས་ཏེ་བཏོན་པའི་ས་གནས་རང་བཞིན་གྱི་ཁྲིམས་སྲོལ་གང་ཡིན་ནམ།

2021 年 1 月 24 日，西藏自治区第十一届人民代表大会第四次会议审议通过了《西藏自治区国家生态文明高地建设条例》，《条例》指出：西藏是青藏高原的主体，是重要的国家生态安全屏障。保护好青藏高原生态事关中华民族生存和长远发展，事关铸牢中华民族共同体意识，事关西藏长治久安和高质量发展，事关全区各族人民的民生福祉。

དེ་འང་སྤྱི་ལོ་༢༠༢༡ལོའི་ཟླ་༡ཚེས་༢༨ཉིན། བོད་རང་སྐྱོང་ལྗོངས་སྐབས་བཅུ་གཅིག་པའི་མི་དམངས་འཐུས་མི་ཚོགས་ཆེན་ཐེངས་བཞི་པའི་ཐོག《བོད་རང་སྐྱོང་ལྗོངས་རྒྱལ་ཁབ་སྐྱེ་ཁམས་ཤིས་དཔལ་གྱི་མཐོ་ས་བསྐྲུན་རྒྱུའི་སྒྲོལ་ཡིག》ལ་གྲོས་ཞིབ་དང་གྲོས་འཆམ་བྱུང་ཞིང་།《སྒྲོལ་ཡིག》ནང་བསྟན་དོན། བོད་ལྗོངས་ནི་མཚོ་བོད་ས་མཐོའི་གཞི་རྐང་ཡིན་ལ། རྒྱལ་ཁབ་སྐྱེ་ཁམས་བདེ་འཇགས་ཀྱི་གྱང་ར་གལ་ཆེན་ཞིག་ཀྱང་ཡིན། མཚོ་བོད་ས་མཐོའི་སྐྱེ་ཁམས་སྲུང་སྐྱོང་ཡག་པོ་བྱ་རྒྱུ་དེ་ཀྲུང་ཧྭ་མི་རིགས་ཀྱི་འཚོ་གནས་དང་ཡུན་རིང་གི་འཕེལ་རྒྱས་དང་འབྲེལ་བ་ཡོད་པ་དང་། ཀྲུང་ཧྭ་མི་རིགས་གཅིག་མཐུན་ཚོགས་པའི་འདུ་ཤེས་བརྟན་པོ་འཛུགས་རྒྱུ་དང་འབྲེལ་བ་ཡོད་པ། བོད་ལྗོངས་ཡུན་རིང་དུས་བདེ་དང་སྤུས་ཚད་མཐོ་བའི་གོང་འཕེལ་ཡོང་རྒྱུ་དང་འབྲེལ་བ་ཡོད་པ། ལྗོངས་ཡོངས་མི་རིགས་ཁག་གི་མི་དམངས་ཀྱི་དམངས་འཚོའི་བདེ་སྐྱིད་དང་འབྲེལ་བ་ཡོད་པ་བཅས་ཡིན་ཞེས་འཁོད་ཡོད།

21. 党的宗教工作基本方针是什么？

༢༡.ཏང་གི་ཆོས་ལུགས་ལས་དོན་གྱི་གཞི་རྩའི་བྱེད་ཕྱོགས་གང་ཡིན་ནམ།

全面贯彻党的宗教信仰自由政策，依法管理宗教事务，坚持独立自主自办的原则，积极引导宗教与社会主义社会相适应。

ཏང་གི་ཆོས་དད་རང་མོས་སྲིད་ཇུས་ཁྱོན་ཡོངས་ནས་ལག་ལེན་མཐར་ཕྱིན་པ་བསྟར་དགོས་པ་དང་ཁྲིམས་ལྟར་ཆོས་ཕྱོགས་ལས་དོན་ལ་དོ་དམ་བྱ་དགོས་པ། རང་ཚུགས་རང་བདག་དང་རང་གཉེར་བཅས་ཀྱི་རྩ་དོན་བརྟན་འཛིན་བྱ་དགོས་པ། ཆོས་ལུགས་དེ་སྤྱི་ཚོགས་རིང་ལུགས་དང་ཕན་ཚུན་འཚམ་མཐུན་ཡོང་བར་ཁྲིད་སྟོན་ཧུར་ཐག་བྱ་དགོས་པ་བཅས་ཡིན།

22. 西藏社会的特殊矛盾是什么？

༢༢.བོད་ལྗོངས་སྤྱི་ཚོགས་ཀྱི་དམིགས་བསལ་འགལ་ཟླ་གང་ཡིན་ནམ།

西藏社会的特殊矛盾依然是各族人民同以达赖集团为代表的分裂势力之间的矛盾。

བོད་ལྗོངས་སྤྱི་ཚོགས་ཀྱི་དམིགས་བསལ་འགལ་ཟླ་ནི་སྔར་བཞིན་མི་རིགས་ཁག་གི་མི་དམངས་དང་ཏཱ་ལའི་རུ་ཚོགས་ཀྱིས་འཐུས་ཚབ་བྱས་པའི་ཁ་བྲལ་སྟོབས་ཤུགས་དབར་གྱི་འགལ་ཟླ་དེ་ཡིན།

23. 怎么看待各族人民与达赖集团的斗争?

༢༣.མི་རིགས་ཁག་གི་མི་དམངས་དང་ཏཱ་ལའི་རུ་ཚོགས་དབར་གྱི་འཐབ་རྩོད་ལ་ལྟ་སྟངས་གང་འདྲ་འཛིན་དགོས་སམ།

十四世达赖是图谋“西藏独立”的分裂主义政治集团的总头子，是国际反华势力的忠实工具，是在西藏制造社会动乱的总根源，是阻挠藏传佛教建立正常秩序的最大障碍，是披着宗教外衣祸藏乱教的政客。达赖集团“中间道路”的本质是分裂祖国，我们同达赖集团及支持他们的西方敌对势力的斗争，是中华民族反对帝国主义、殖民主义斗争的继续，是西藏各族人民同政教合一封建农奴主阶级残余势力斗争的继续，是关系国家统一、民族团结的重大政治斗争，对十四世达赖集团斗争始终是西藏工作的重中之重。

དེ་འང་ཏཱ་ལ་སྐྱེ་ཕྲེང་བཅུ་བཞི་པ་ནི“བོད་རང་བཙན”གྱི་རེ་ངན་འཆང་མཁན་ཁ་བྲལ་རིང་ལུགས་ཆབ་སྲིད་སྟོབས་ཤུགས་ཀྱི་སྤྱིའི་འགོ་གཙོ་ཡིན་པ་དང་། རྒྱལ་སྤྱིའི་ཐོག་ཀྲུང་གོར་ངོ་རྒོལ་བྱེད་མཁན་སྟོབས་ཤུགས་ཀྱི་ལག་ཆ་འཁྲུལ་མེད་ཅིག་ཡིན་པ། བོད་ལྗོངས་ཀྱི་སྤྱི་ཚོགས་ཟང་ཟིང་བཟོ་བའི་རྩ་བའི་འབྱུང་རྩ་ཡིན་པ། བོད་བརྒྱུད་ནང་བསྟན་གྱི་རྒྱུན་གཏན་སྒྲིག་ལམ་འཛུགས་རྒྱུའི་འགོག་རྐྱེན་ཆེ་ཤོས་ཡིན་པ། ཆོས་ལུགས་ཀྱི་ཕྱི་གོས་གྱོན་ནས་བོད་ལ་ཆག་སྒོ་དང་ཆོས་ལུགས་ལ་འཁྲུག་རྐྱེན་སློང་བའི་ཆབ་སྲིད་ཀྱི་མི་སྣ་བཅས་ཡིན། ཏཱ་ལའི་ཚོགས་པའི“དབུ་མའི་ལམ”གྱི་ངོ་བོ་ནི་མེས་རྒྱལ་ཁ་བྲལ་གཏོང་རྒྱུ་དེ་རེད། ང་ཚོ་དང་ཏཱ་ལའི་རུ་ཚོགས་དང་ཁོ་ཚོར་རྒྱབ་སྐྱོར་བྱེད་མཁན་ནུབ་ཕྱོགས་དགྲ་འཛིན་སྟོབས་ཤུགས་དབར་གྱི་འཐབ་རྩོད་ནི་ཀྲུང་ཧྭ་མི་རིགས་ཀྱིས་བཙན་རྒྱལ་རིང་ལུགས་ལ་ངོ་རྒོལ་དང་མི་སེར་སྤྱིལ་བའི་རིང་ལུགས་ལ་ངོ་རྒོལ་བྱེད་པའི་འཐབ་རྩོད་ཀྱི་རྒྱུན་མཐུད་ཅིག་ཡིན་པ་དང་། བོད་ལྗོངས་མི་རིགས་ཁག་གི་མི་དམངས་ཀྱིས་ཆོས་སྲིད་ཟུང་འབྲེལ་བཀས་བཀོད་རྒྱུད་འཛིན་ཞིང་བྲན་བདག་པོའི་གྲལ་རིམ་གྱི་ངན་པའི་ཤུགས་ལྷག་དབར་འཐབ་རྩོད་བྱེད་པའི་རྒྱུན་མཐུད་ཅིག་ཡིན་པ། ཏཱ་ལ་སྐྱེ་ཕྲེང་

བཅུ་བཞི་པའི་ཕྱོགས་གཏོགས་དང་འཐབ་རྩོད་བྱེ་རྒྱུ་དེ་ནི་སྔ་ཕྱི་བར་གསུམ་དུ་བོད་ལྗོངས་ལས་དོན་གྱི་གལ་འགངས་ཆེ་ཤོས་དེ་ཡིན།

二、宪法及基本常识

གཉིས་པ། ཆ་ཁྲིམས་དང་གཞི་ཆའི་རྒྱུན་ཤེས།

1. 宪法的地位是什么？

༡.རྩ་ཁྲིམས་ཀྱི་གོ་གནས་གང་ཡིན་ནམ།

《中华人民共和国宪法》是中华人民共和国的根本大法，规定拥有最高法律效力。一切法律、行政法规和地方性法规都不得同宪法相抵触。一切国家机关和武装力量、各政党和各社会团体、各企业事业组织都必须遵守宪法和法律。一切违反宪法和法律的行为，必须予以追究。任何组织或者个人都不得有超越宪法和法律的特权。

《ཀྲུང་ཧྭ་མི་དམངས་སྤྱི་མཐུན་རྒྱལ་ཁབ་ཀྱི་རྩ་ཁྲིམས་》ནི་ཀྲུང་ཧྭ་མི་དམངས་སྤྱི་མཐུན་རྒྱལ་ཁབ་ཀྱི་གཞི་རྩའི་ཁྲིམས་ཆེན་ཞིག་ཡིན་ཞིང་། དེར་ཆེས་མཐོའི་བཅའ་ཁྲིམས་ཀྱི་ནུས་པ་ལྡན་པ་གཏན་འབེབས་བྱས་ཡོད། ཁྲིམས་ལུགས་མཐའ་དག་དང་སྲིད་འཛིན་ཁྲིམས་སྲོལ། ས་གནས་རང་བཞིན་གྱི་ཁྲིམས་སྲོལ་བཅས་ཚང་མ་རྩ་ཁྲིམས་དང་རྒྱབ་འགལ་བྱེད་མི་ཆོག རྒྱལ་ཁབ་ཀྱི་ལས་ཁུངས་མཐའ་དག་དང་དྲག་ཆས་སྟོབས་ཤུགས། སྲིད་ཇང་ཁག་དང་སྤྱི་ཚོགས་ཚོགས་པ་ཁག་ཁེ་ལས་བྱ་གཞག་རྩ་འཛུགས་ཁག་བཅས་ཚང་མས་ངེས་པར་དུ་རྩ་ཁྲིམས་དང་བཅའ་ཁྲིམས་ལ་བརྩི་སྲུང་ཞུ་དགོས། རྩ་ཁྲིམས་དང་བཅའ་ཁྲིམས་ལས་འགལ་བའི་བྱ་སྤྱོད་མཐའ་དག་ངེས་པར་དུ་རྩད་གཅོད་བྱ་དགོས་པ་དང་། རྩ་འཛུགས་དང་མི་སྒེར་གང་འདྲ་ཞིག་ཡིན་རུང་ཚང་མར་རྩ་ཁྲིམས་དང་བཅའ་ཁྲིམས་ལས་བརྒལ་བའི་དམིགས་བསལ་དབང་ཆ་ཡོད་མི་རུང་།

2. 我国的国家性质是什么?

༢.རང་རྒྱལ་གྱི་རྒྱལ་ཁབ་ཀྱི་ངོ་བོ་གང་ཡིན་ནམ།

中华人民共和国是工人阶级领导的、以工农联盟为基础的人民民主专政的社会主义国家。

དེའང་ཀྲུང་ཧྭ་མི་དམངས་སྤྱི་མཐུན་རྒྱལ་ཁབ་ནི་བཟོ་པའི་གྲལ་རིམ་གྱིས་འགོ་ཁྲིད་བྱས་པ་དང་བཟོ་ཞིང་མནའ་འབྲེལ་གྱིས་རྨང་གཞི་བྱས་པའི་མི་དམངས་དམངས་གཙོའི་སྲིད་དབང་སྐྱོར་འཛིན་གྱི་སྤྱི་ཚོགས་རིང་ལུགས་ཀྱི་རྒྱལ་ཁབ་ཅིག་ཡིན།

3. 我国的根本制度是什么?

༣.རང་རྒྱལ་གྱི་གཞི་རྩའི་ལམ་ལུགས་གང་ཡིན་ནམ།

社会主义制度是中华人民共和国的根本制度。

དེའང་སྤྱི་ཚོགས་རིང་ལུགས་ནི་ཀྲུང་ཧྭ་མི་དམངས་སྤྱི་མཐུན་རྒྱལ་ཁབ་ཀྱི་གཞི་རྩའི་ལམ་ལུགས་ཤིག་ཡིན།

4. 我国的国家权力属于谁?

༤.རང་རྒྱལ་གྱི་རྒྱལ་ཁབ་དབང་ཆ་སུ་ཞིག་གི་ལག་ཏུ་བཟུང་ཡོད་དམ།

中华人民共和国的一切权力属于人民。

དེ་འང་ཀྲུང་ཧྭ་མི་དམངས་སྤྱི་མཐུན་རྒྱལ་ཁབ་ཀྱི་དབང་ཆ་མཐའ་དག་མི་དམངས་ལ་བདག་པ་ཡིན།

5. 我国的政体是什么?

༥.རང་རྒྱལ་སྲིད་དབང་གི་སྒྲིག་སྲོལ་གང་འདྲ་ཡིན་ནམ།

我国的政体是人民代表大会制度。

རང་རྒྱལ་སྲིད་དབང་གི་སྒྲིག་སྲོལ་ནི་མི་དམངས་འཐུས་མི་ཚོགས་ཆེན་གྱི་ལམ་ལུགས་ཡིན།

6.《中华人民共和国宪法》针对民族关系有何规定?

༦.《ཀྲུང་ཧྭ་མི་དམངས་སྤྱི་མཐུན་རྒྱལ་ཁབ་ཀྱི་རྩ་ཁྲིམས་》ནང་མི་རིགས་ཀྱི་འབྲེལ་བར་དམིགས་ནས་གཏན་འབེབས་གང་འདྲ་བྱས་ཡོད་དམ།

中华人民共和国各民族一律平等。国家保障各少数民族的合法的权利和利益，维护和发展各民族的平等团结互助和谐关系。禁止对任何民族的歧视和压迫，禁止破坏民族团结和制造民族分裂的行为。

དེ་འང་ཀྲུང་ཧྭ་མི་དམངས་སྤྱི་མཐུན་རྒྱལ་ཁབ་ནང་གི་མི་རིགས་ཁག་ཚང་མ་འདྲ་མཉམ་ཡིན། རྒྱལ་ཁབ་ནས་གྲངས་ཉུང་མི་རིགས་ཁག་གི་ཁྲིམས་མཐུན་དབང་ཆ་དང་ཁེ་ཕན་འགན་ལེན་བྱེད་པ་དང་། མི་རིགས་ཁག་གི་འདྲ་མཉམ་དང་མཐུན་སྒྲིལ་རོགས་རེས། ཞི་མཐུན་བཅས་ཀྱི་འབྲེལ་བ་སྲུང་སྐྱོང་དང་འཕེལ་རྒྱས་གཏོང་བ། མི་རིགས་གང་རུང་ཞིག་ལ་ཡང་སྨད་ཚུང་དང་གཉའ་གནོན་བྱེད་མི་རུང་བ་དང་མི་རིགས་མཐུན་སྒྲིལ་ལ་གཏོར་བཤིག་དང་མི་རིགས་ཁ་བྲལ་གཏོང་བའི་བྱ་སྤྱོད་སྤེལ་མི་ཆོག

7. 关于国家安全，《中华人民共和国宪法》有哪些规定？

༧.རྒྱལ་ཁབ་ཀྱི་བདེ་འཇགས་སྐོར་ལ་《ཀྲུང་ཧྭ་མི་དམངས་སྤྱི་མཐུན་རྒྱལ་ཁབ་ཀྱི་ཆ་ཁྲིམས་》ནང་གཏན་འབེབས་གང་དག་བྱས་ཡོད་དམ།

国家维护社会秩序，镇压叛国和其他危害国家安全的犯罪活动，制裁危害社会治安、破坏社会主义经济和其他犯罪的活动，惩办和改造犯罪分子。中华人民共和国公民有维护祖国的安全、荣誉和利益的义务，不得有危害祖国的安全、荣誉和利益的行为。保卫祖国、抵抗侵略是中华人民共和国每一个公民的神圣职责。

དེ་འང་རྒྱལ་ཁབ་ཀྱིས་སྤྱི་ཚོགས་ཀྱི་སྒྲིག་ལམ་སྲུང་སྐྱོང་དང་རྒྱལ་ཁབ་ལ་ངོ་ལོག་དང་རྒྱལ་ཁབ་ཀྱི་བདེ་འཇགས་ལ་གནོད་པའི་ཉེས་གསོག་བྱེད་སྒོ་གཞན་དག་ལ་དྲག་གནོན་བྱེད་རྒྱུ། སྤྱི་ཚོགས་ཀྱི་བདེ་འཇགས་ལ་གནོད་འཚེ་དང་སྤྱི་ཚོགས་རིང་ལུགས་ཀྱི་དཔལ་འབྱོར་ལ་གཏོར་བཤིག་གཏོང་མཁན་དང་ཉེས་གསོག་གི་བྱེད་སྒོ་གཞན་དག་ལ་བཀག་སྡོམ་བྱ་རྒྱུ། ཉེས་ཅན་པར་ཆད་གཅོད་དང་བསྒྱུར་བཅོས་བྱ་རྒྱུ། ཀྲུང་ཧྭ་མི་དམངས་སྤྱི་མཐུན་རྒྱལ་ཁབ་ཀྱི་སྤྱི་དམངས་ལ་མེས་རྒྱལ་གྱི་བདེ་འཇགས་དང་གཟི་བརྗིད་མཚན་སྙན། ཁེ་ཕན་བཅས་སྲུང་སྐྱོང་བྱ་རྒྱུའི་འོས་འགན་ཡོད་པ། མེས་རྒྱལ་གྱི་བདེ་འཇགས་དང་གཟི་བརྗིད་མཚན་སྙན། ཁེ་ཕན་བཅས་ལ་གནོད་པའི་བྱ་སྤྱོད་སྤེལ་མི་ཆོག་པ། མེས་རྒྱལ་སྲུང་སྐྱོབ་དང་བཙན་འཛུལ་ལ་འགོག་རྒོལ་བྱེད་རྒྱུ་ནི་ཀྲུང་ཧྭ་མི་དམངས་སྤྱི་མཐུན་རྒྱལ་ཁབ་ཀྱི་སྤྱི་དམངས་མི་རེ་ངོ་རེའི་བླ་ན་མེད་པའི་འགན་འཁྲི་ཡིན།

8. 什么是国家象征？

༨.རྒྱལ་ཁབ་ཀྱི་མཚོན་བྱེད་གང་ཞིག་ཡིན་ནམ།

国家象征是一个主权国家的代表和标志，主要包括国旗、国徽、国歌、首都等。

རྒྱལ་ཁབ་ཀྱི་མཚོན་བྱེད་ནི་བདག་དབང་ཡོད་པའི་རྒྱལ་ཁབ་ཅིག་གི་ཚབ་བྱེད་དང་མཚོན་རྟགས་ཡིན། དེའི་ནང་གཙོ་བོ་རྒྱལ་དར་དང་རྒྱལ་རྟགས། རྒྱལ་གླུ། རྒྱལ་ས་སོགས་ཚུད་ཡོད།

9. 公民的基本权利有哪些?

༩.སྤྱི་དམངས་ལ་གཞི་རྩའི་དབང་ཆ་གང་དག་ཡོད་དམ།

（1）法律面前一律平等；

（༡）བཅའ་ཁྲིམས་ཀྱི་མདུན་དུ་ཚང་མ་འདྲ་མཉམ་ཡིན་པ།

（2）政治权利和自由，包括选举权和被选举权，言论、出版、集会、结社、游行、示威的自由；

（༢）ཆབ་སྲིད་ཀྱི་དབང་ཆ་དང་རང་དབང་གི་ཐད་གདམ་བྱ་དང་འདེམས་བྱེད་ཀྱི་དབང་ཆ་དང་གཏམ་བརྗོད། པར་སྐྲུན། འདུ་འཛོམས། ཚོགས་པ་འཛུགས་པ། ཁྲོམ་སྐོར། ཊམ་སྟོན་བཅས་ཀྱི་རང་དབང་ཡོད།

（3）宗教信仰自由；

（༣）ཆོས་དད་རང་མོས་ཡིན་པ།

（4）人身与人格权，包括人身自由不受侵犯，人格尊严不受侵犯，住宅不受侵犯，通信自由和通信秘密受法律保护；

(༤) མི་ལུས་དང་མི་གཞིའི་དབང་ཆའི་ཐད། མི་ལུས་རང་དབང་ལ་བཙན་གནོད་བྱེད་མི་རུང་བ་དང་མི་གཞིའི་ལ་རྒྱར་བཙན་གནོད་བྱེད་མི་རུང་བ། སྡོད་ཁང་ལ་བཙན་གནོད་བྱེད་མི་རུང་བ། འཕྲིན་གཏོང་རང་དབང་དང་འཕྲིན་གཏོང་གསང་བའི་ཐད་བཅའ་ཁྲིམས་ཀྱི་སྲུང་སྐྱོང་ཐོབ་ཀྱི་ཡོད།

(5)监督权，包括对国家机关及其工作人员有批评、建议、申诉、控告、检举并依法取得赔偿的权利；

(༥) ལྟ་སྐྱུལ་དབང་ཆའི་ཐད། རྒྱལ་ཁབ་ཀྱི་ལས་ཁུངས་དང་དེའི་ལས་དོན་མི་སྣར་སྐྱོན་བརྗོད་དང་གྲོས་འགོ་འདོན་པ། རྒྱུ་མཚན་ཞུ་བ། ཞུ་གཏུག སྐྱོན་འདོན། དེ་བཞིན་ཁྲིམས་ལྟར་གུན་གསབ་ལེན་པ་བཅས་ཀྱི་དབང་ཆ་ཡོད།

(6) 社会经济权利，包括劳动权利，劳动者休息权利，退休人员生活保障权利，因年老、疾病、残疾或丧失劳动能力时从国家和社会获得社会保障与物质帮助的权利；

(༦) དཔལ་འབྱོར་སྤྱི་ཚོགས་ཀྱི་དབང་ཆའི་ཐད། ངལ་རྩོལ་གྱི་དབང་ཆ་དང་ངལ་རྩོལ་པའི་ངལ་གསོའི་དབང་ཆ། ལས་འཁྱུར་ངལ་གསོ་བྱེད་མཁན་མི་སྣའི་འཚོ་བ་འགན་སྲུང་དབང་ཆ། ལོ་རྒས་པ་དང་ནད་ཐོག་པ། དབང་པོ་སྐྱོན་ཅན་ནམ་ངལ་རྩོལ་གྱི་ནུས་པ་ཤོར་བ་བཅས་ཀྱི་སྐབས་སུ་རྒྱལ་ཁབ་དང་སྤྱི་ཚོགས་ཐོག་ནས་སྤྱི་ཚོགས་འགན་སྲུང་དང་དངོས་པོའི་རོགས་སྐྱོར་ཐོབ་པའི་དབང་ཆ་ཡོད།

(7) 社会文化权利和自由，包括受教育权利，进行科研、文艺创作和其他文化活动的自由；

(༧) སྤྱི་ཚོགས་རིག་གནས་ཀྱི་དབང་ཆ་དང་རང་དབང་ཐད། སློབ་གསོ་ཐོབ་པའི་དབང་ཆ་དང་ཚན་རིག་ཞིབ་འཇུག རིག་གནས་སྒྱུ་རྩལ་གསར་རྩོམ། དེ་བཞིན་རིག་གནས་ཀྱི་བྱེད་སྒོ་གཞན་དག་སྤེལ་བའི་དབང་ཆ་ཡོད།

(8) 妇女保护权，妇女在政治、经济、文化、社会和家庭生活等方面享有同男子同等的权利；

(༨) བུད་མེད་སྲུང་སྐྱོང་དབང་ཆའི་ཐད། བུད་མེད་ལ་ཆབ་སྲིད་དང་དཔལ་འབྱོར། རིག་གནས། སྤྱི་ཚོགས། དེ་བཞིན་ཁྱིམ་ཚང་འཚོ་བ་སོགས་ཀྱི་ཐད་སྐྱེས་པ་དང་འདྲ་མཉམ་གྱི་དབང་ཆ་ཡོད།

(9) 婚姻、家庭、母亲和儿童受国家的保护；

(༩) གཉེན་སྒྲིག་དང་ཁྱིམ་ཚང་། མ་དང་བྱིས་པ་བཅས་ལ་རྒྱལ་ཁབ་ནས་སྲུང་སྐྱོང་ཐོབ་པ་ཡིན།

(10) 华侨、归侨和侨眷的正当权利和利益受国家保护。

(༡༠) ཕྱི་སྡོད་སྤུན་ཟླ་དང་ཕྱིར་ལོག་སྤུན་ཟླ། ཕྱི་སྡོད་རང་མིའི་ཁྱིམ་མི་བཅས་ཀྱི་ལུགས་མཐུན་ཁེ་དབང་ལ་རྒྱལ་ཁབ་ནས་སྲུང་སྐྱོང་ཐོབ་པ་བཅས་ཡིན།

10. 公民的基本义务有哪些？

༡༠.སྤྱི་དམངས་ཀྱི་གཞི་རྩའི་འོས་འགན་གང་དག་ཡིན་ནམ།

(1) 维护国家的统一和全国各民族的团结；

(༡) རྒྱལ་ཁབ་ཀྱི་གཅིག་གྱུར་དང་རྒྱལ་ཡོངས་མི་རིགས་ཁག་གི་མཐུན་སྒྲིལ་ལ་སྲུང་སྐྱོང་བྱ་དགོས་པ།

(2) 遵守宪法和法律，保守国家秘密，爱护公共财产，遵守劳动纪律，遵守公共秩序，尊重社会公德；

(༢) རྩ་ཁྲིམས་དང་བཅའ་ཁྲིམས་ལ་བརྩི་སྲུང་དང་རྒྱལ་ཁབ་ཀྱི་གསང་བ་སྲུང་རྒྱ། སྤྱི་པའི་རྒྱུ་ནོར་ལ་གཅེས་འཛིན། ངལ་རྩོལ་སྒྲིག་ཁྲིམས་ལ་བརྩི་སྲུང་། སྤྱི་པའི་སྒྲིག་ལམ་ལ་བརྩི་སྲུང་། སྤྱི་ཚོགས་ཀྱི་སྤྱོད་བཟང་ལ་བརྩི་འཇོག་བཅས་བྱ་དགོས་པ།

(3) 维护国家的安全、荣誉和利益；

(༣) རྒྱལ་ཁབ་ཀྱི་བདེ་འཇགས་དང་གཟི་བརྗིད་མཚན་སྙན། ཁེ་ཕན་བཅས་ལ་སྲུང་སྐྱོང་བྱ་དགོས་པ།

（4）保卫祖国，抵抗侵略，依照法律服兵役和参加民兵组织；

（༤）མེས་རྒྱལ་སྲུང་སྐྱོང་དང་བཙན་འཛུལ་ལ་འགོག་རྒོལ། བཅའ་ཁྲིམས་ལ་གཞིགས་ནས་དམག་ཞབས་ཞུ་དགོས་པ་དང་ཡུལ་དམག་ཚ་འཛུགས་ནང་ཞུགས་དགོས་པ།

（5）依照法律纳税；

（༥）བཅའ་ཁྲིམས་ལ་གཞིགས་ནས་དཔྱ་ཁྲལ་འཇལ་དགོས་པ།

（6）其他义务。

（༦）ད་དུང་འོས་འགན་གཞན་དག་སྒྲུབ་དགོས་པ།

三、国旗法、国徽法、国歌法

གསུམ་པ། རྒྱལ་དར་གྱི་བཅའ་ཁྲིམས་དང་རྒྱལ་རྟགས་ཀྱི་བཅའ་ཁྲིམས། རྒྱལ་གླུའི་བཅའ་ཁྲིམས།

1. 五星红旗的构成及其内涵是什么？

༡.སྐར་ལྔའི་དར་དམར་གྱི་གྲུབ་ཆ་དང་དེའི་གོ་དོན་གང་ཡིན་ནམ།

五星红旗的旗面为红色，象征着革命。左上方缀有五颗黄色五角星，四颗小五角星环拱在一颗大星的右面。大五角星代表中国共产党，四颗小五角星代表工人、农民、小资产阶级和民族资产阶级。每颗小五角星各有一个尖角正对大五角星中心点，象征着中华儿女一心向党。

སྐར་ལྔའི་དར་དམར་གྱི་ཆོས་གཞི་ནི་དམར་པོ་ཡིན་པ་དང་། དེ་ནི་གསར་བརྗེའི་མཚོན་རྟགས་ཡིན། གཡོན་སྟེང་དུ་སེར་མདོག་ཅན་གྱི་ཟུར་ལྔའི་སྐར་མ་ལྔ་ཡོད་པ་དེའང་ཟུར་ལྔའི་སྐར་མ་ཆུང་བ་བཞིས་ཟུར་ལྔའི་སྐར་མ་ཆེ་བ་གཅིག་ལ་གཡས་ངོས་ནས་ཕྱེད་སྐོར་གྱི་ཚུལ་དུ་བསྐོར་ནས་ཡོད། ཟུར་ལྔའི་སྐར་མ་ཆེ་བ་ནི་ཀྲུང་གོ་གུང་ཁྲན་ཏང་གི་མཚོན་རྟགས་དང་ཟུར་ལྔའི་སྐར་མ་ཆུང་བ་བཞི་ནི་བཟོ་པ་དང་ཞིང་པ། འབྱོར་ལྡན་གྲལ་རིམ་ཆུང་གྲས་དང་མི་རིགས་འབྱོར་ལྡན་གྲལ་རིམ་གྱི་མཚོན་རྟགས་ཡིན། ཟུར་ལྔའི་སྐར་མ་ཆུང་བ་དེ་དག་གི་ཟུར་རྩེ་གཅིག་ང་ནི་ཟུར་ལྔའི་སྐར་མ་ཆེ་བ་དེའི་ལྟེ་བར་ཁ་གཏད་ཡོད་ཅིང་། དེས་ཀྲུང་ཧྭའི་བུ་ཕྲུག་རྣམས་སེམས་རྩེ་གཅིག་གིས་ཏང་ལ་ཁ་ཕྱོགས་པ་མཚོན་གྱི་ཡོད།

2.《中华人民共和国国旗法》对升挂国旗有什么要求？

༢.《ཀྲུང་ཧྭ་མི་དམངས་སྤྱི་མཐུན་རྒྱལ་ཁབ་ཀྱི་རྒྱལ་དར་བཅའ་ཁྲིམས་》ནང་རྒྱལ་དར་འགེལ་བའི་སྐབས་བླང་བྱ་གང་ཡོད་དམ།

（1）不得升挂或者使用破损、污损、褪色或者不合规格的国旗，不得倒挂、倒插或者以其他有损国旗尊严的方式升挂、使用国旗。

（༡）དར་ངོས་རལ་བ་དང་བཙོག་སྐྱོན་ཡོད་པ། ཆོས་གཞི་བུད་པའམ་ཡང་ན་ཚད་གཞི་དང་མི་མཐུན་པའི་རྒྱལ་དར་འགེལ་བའམ་བེད་སྤྱོད་བྱེད་མི་ཆོག་པ། རྒྱལ་དར་མགོ་མཇུག་ལྡོག་ནས་འགེལ་བའམ་འཛུགས་པ། དེ་བཞིན་རྒྱལ་དར་གྱི་གཟི་རྗམ་ལ་གནོད་པའི་ཐབས་ནས་འགེལ་བ་དང་བེད་སྤྱོད་བྱེད་མི་ཆོག

（2）升挂国旗时，可以举行升旗仪式。举行升旗仪式时，应当奏唱国歌。在国旗升起的过程中，在场人员应当面向国旗肃立，行注目礼或者按照规定要求敬礼，不得有损害国旗尊严的行为。

（༢）རྒྱལ་དར་འགེལ་བའི་སྐབས་རྒྱལ་དར་སྒྲེང་བའི་མཛད་སྒོ་སྤེལ་ཆོག རྒྱལ་དར་སྒྲེང་བའི་མཛད་སྒོ་སྤེལ་སྐབས་རྒྱལ་གླུ་གཏོང་དགོས། རྒྱལ་དར་སྒྲེང་བའི་བརྒྱུད་རིམ་ནང་སྒྲེང་སར་ཡོད་པའི་མི་རྣམས་རྒྱལ་དར་ལ་ཁ་ཕྱོགས་ནས་ཀྲོང་ངེར་ལངས་ཐོག མིག་གུས་ཀྱིས་མིག་རྒྱལ་དར་ལ་བལྟ་བའམ་ཡང་ན་གཏན་འབེབས་ཀྱི་བླང་བྱ་ལྟར་གུས་བཏུད་ཞུ་དགོས་པ་ལས་རྒྱལ་དར་གྱི་གཟི་རྗམ་ལ་གནོད་པའི་བཟོ་ལྟ་སྟོན་མི་ཆོག

3. 不得使用国旗及其图案的情形有哪些？

༣.རྒྱལ་དར་དང་རྒྱལ་དར་གྱི་དཔེ་རིས་གང་ཟུང་དུ་བེད་སྤྱོད་བྱེད་མི་ཆོག་པ་གང་དག་ཡིན་ནམ།

国旗及其图案不得用作商标、授予专利权的外观设计和商业广告，不得用于私人丧事活动等不适宜的情形。

དེའང་རྒྱལ་དར་དང་རྒྱལ་དར་གྱི་དཔེ་རིས་ཚོང་རྟགས་དང་གཅིག་བདག་ཁེ་དབང་ཐོབ་པའི་ཕྱི་ངོས་ཀྱི་རྟུས་འགོད་དང་ཚོང་ལས་འགྲེམས་བསྒྲགས་ཐད་བེད་སྤྱོད་བྱེད་མི་ཆོག་པ་དང་། མི་སྒེར་གྱི་འདས་འཇུག་བྱེད་སྒོ་སོགས་འོས་མིན་གྱི་རྣམ་པའི་ཐད་བེད་སྤྱོད་བྱེད་མི་ཆོག

4. 国徽的内容和含义是什么?

༤.རྒྱལ་རྟགས་ཀྱི་དཔེ་རིས་དང་དེའི་གོ་དོན་གང་ཡིན་ནམ།

国徽的内容为国旗、天安门、齿轮和麦稻穗，象征中国人民自“五四”运动以来的新民主主义革命斗争和工人阶级领导的以工农联盟为基础的人民民主专政的新中国的诞生。

རྒྱལ་རྟགས་ཀྱི་དཔེ་རིས་གྲས་སུ་རྒྱལ་དར་དང་གནམ་བདེ་སྒོ་མོ། འཁོར་ལོ་སོ་ཅན། གྲོའི་སྙེ་མ་བཅས་ཡོད་ཅིང་། དེས་ཀྲུང་གོ་མི་དམངས་ཀྱིས“ལྔ་བཞིའི”ལས་འགུལ་སྤེལ་ཚུན་དུ་མི་དམངས་དམངས་གཙོའི་གསར་བརྗེའི་འཐབ་རྩོད་བྱས་མཐར། བཟོ་པའི་གྲལ་རིམ་གྱིས་འགོ་ཁྲིད་བྱས་པ་དང་བཟོ་ཞིང་མནའ་འབྲེལ་གྱིས་རྨང་གཞི་བྱས་པའི་མི་དམངས་དམངས་གཙོའི་སྲིད་དབང་སྒེར་འཛིན་གྱི་ཀྲུང་གོ་གསར་པ་དབུ་བརྙེས་པ་མཚོན་གྱི་ཡོད།

5. 不得使用国徽及其图案的情形有哪些?

༥.རྒྱལ་རྟགས་དང་རྒྱལ་རྟགས་ཀྱི་དཔེ་རིས་གང་ཟུང་དུ་བེད་སྤྱོད་བྱེད་མི་ཆོག་པ་གང་དག་ཡིན་ནམ།

（1） 商标、授予专利权的外观设计、商业广告;

（༡）ཚོང་རྟགས་དང་གཅིག་བདག་ཁེ་དབང་ཐོབ་པའི་ཕྱི་ངོས་རྟུས་འགོད། ཚོང་ལས་འགྲེམས་བསྒྲགས།

（2） 日常用品、日常生活的陈设布置;

（༢）རྒྱུན་སྤྱོད་དངོས་ཟོག་དང་རྣམ་ཀུན་འཚོ་བའི་ཐད་ཀྱི་བཀོད་སྒྲིག

（3） 私人庆吊活动;

（༣）མི་སྒེར་གྱི་རྟེན་འབྲེལ་དང་མྱ་ངན་གྱི་བྱེད་སྒོ།

（4）国务院办公厅规定不得使用国徽及其图案的其他场合。

（༤）རྒྱལ་སྲིད་སྤྱི་ཁྱབ་གཞུང་ལས་ཁང་ནས་རྒྱལ་རྟགས་དང་དེའི་དཔེ་རིས་ཚོགས་ར་གཞན་དག་ལ་བེད་སྤྱོད་བྱེད་མི་ཆོག་པའི་གཏན་འབེབས་བྱས་ཡོད།

6. 侮辱中华人民共和国国旗、国徽的，应当承担什么责任？

༦.ཀྲུང་ཧྭ་མི་དམངས་སྤྱི་མཐུན་རྒྱལ་ཁབ་ཀྱི་རྒྱལ་དར་དང་རྒྱལ་རྟགས་ལ་སྐྱད་འདོགས་བྱས་ཚེ། འགན་འཁྲི་གང་ཞིག་འཁུར་དགོས་སམ།

在公共场合故意以焚烧、毁损、涂划、玷污、践踏等方式侮辱中华人民共和国国旗、国徽的，依法追究刑事责任；情节较轻的，由公安机关处以十五日以下拘留。

དེ་འདང་སྤྱི་པའི་ཚོགས་རར་ཁང་བཙུགས་ནས་མེར་བསྲེགས་གཏོང་བ་དང་རྡུལ་པོར་གཏོང་བ། རི་མོ་འབྲི་བ། ནག་ནོག་བྱུག་པ། རྫིག་བརྫིས་གཏོང་བ་སོགས་ཀྱི་རྣམ་པའི་ཐོག་ནས་ཀྲུང་ཧྭ་མི་དམངས་སྤྱི་མཐུན་རྒྱལ་ཁབ་ཀྱི་རྒྱལ་དར་དང་རྒྱལ་རྟགས་ལ་སྐྱད་འདོགས་བྱས་ཚེ། ཁྲིམས་ལྟར་འགན་འཁྲི་རྩད་གཅོད་བྱ་རྒྱུ་ཡིན་ཞིང་། གནས་ཚུལ་ཚབས་ཆུང་ཆུང་བའི་རིགས་སྤྱི་བདེ་ལས་ཁུངས་ནས་ཉིན་བཅོ་ལྔ་མན་བཀག་ཉར་བྱ་རྒྱུ་རེད།

7.《中华人民共和国国歌法》对奏唱国歌有什么要求？

༧.《ཀྲུང་ཧྭ་མི་དམངས་སྤྱི་མཐུན་རྒྱལ་ཁབ་ཀྱི་རྒྱལ་གླུའི་བཅའ་ཁྲིམས་》ནང་རྒྱལ་གླུ་དཀྲོལ་གཏོང་བྱེད་སྐབས་བྱ་གང་བརྗོད་ཡོད་དམ།

奏唱国歌，应当按照标准的国歌的歌词和曲谱，不得采取有损国歌尊严的奏唱形式。奏唱国歌时，在场人员应当肃立，举止庄重，不得有不尊重国歌的行为。

རྒྱལ་གླུ་གཏོང་སྐབས་ཚད་ལྡན་གྱི་རྒྱལ་གླུའི་གླུ་ཚིག་དང་གཞས་གདངས་ལ་གཞིགས་

དགོས་པ་ལས་རྒྱལ་གླུའི་གཟི་རྗམ་ལ་གནོད་པའི་དཀྱིལ་གཏོང་རིགས་བྱེད་མི་ཆོག རྒྱལ་གླུ་དཀྱིལ་གཏོང་བྱེད་སྐབས་ཚོགས་ར་དེ་གར་ཡོད་པའི་མི་རྣམས་ཀྱིང་ངེར་ལངས་པ་དང་སྙམ་བརྙིང་གི་ཚུལ་སྟོན་དགོས་པ་ལས་རྒྱལ་གླུར་བརྩི་འཇོག་མེད་པའི་ཚུལ་སྤྱོད་བཟུང་མི་རུང་།

8. 不得使用国歌的情形有哪些？

༨.རྒྱལ་གླུ་བེད་སྤྱོད་བྱེད་མི་ཆོག་པའི་ཆ་གང་དག་ཡིན་ནམ།

国歌不得用于或者变相用于商标、商业广告，不得在私人丧事活动等不适宜的场合使用，不得作为公共场所的背景音乐等。

དེའང་རྒྱལ་གླུ་ནི་ཚོང་རྟགས་དང་ཚོང་ལས་འགྲེམས་བསྒྲགས་ཐད་དངོས་སུ་བེད་སྤྱོད་དམ་ཡང་ན་རྣམ་པ་འགྱུར་བའི་ཐོག་ནས་བེད་སྤྱོད་བྱེད་མི་རུང་བ་དང་། མི་སྒེར་གྱི་འདས་འཇུག་བྱེད་སྒོ་སོགས་འོས་མིན་གྱི་ཚོགས་རར་བེད་སྤྱོད་བྱེད་མི་རུང་བ། སྤྱི་པའི་ཚོགས་རར་རྒྱབ་ལྗོངས་ཀྱི་རོལ་དབྱངས་སུ་བྱས་ནས་བེད་སྤྱོད་བྱེད་མི་རུང་བ་སོགས་སོ།།

9. 侮辱中华人民共和国国歌的，应当承担什么责任？

༩.ཀྲུང་ཧྭ་མི་དམངས་སྤྱི་མཐུན་རྒྱལ་ཁབ་ཀྱི་རྒྱལ་གླུར་སྨད་འདོགས་བྱས་ཚེ། འགན་འཁྲི་གང་ཞིག་འཁུར་དགོས་སམ།

在公共场合，故意篡改国歌歌词、曲谱，以歪曲、贬损方式奏唱国歌，或者以其他方式侮辱国歌的，由公安机关处以警告或者十五日以下拘留；构成犯罪的，依法追究刑事责任。

དེའང་སྤྱི་པའི་ཚོགས་རར་ཕང་བཙུགས་ནས་རྒྱལ་གླུའི་གཞས་ཚིག་ལ་བཟོ་བཅོས་དང་གཞས་གདངས་གསར་བཟོ། དེ་བཞིན་གཞས་གདངས་འཁྱོག་བཅོས་དང་དམའ་འབེབས་ཀྱི་རྣམ་པའི་ཐོག་ནས་རྒྱལ་གླུ་དཀྱིལ་གཏོང་དང་། ཡང་ན་རྣམ་པ་གཞན་དག་ཐོག་ནས་རྒྱལ་གླུར་སྨད་འདོགས་བྱས་ཚེ་སྤྱི་བདེ་ལས་ཁུངས་ནས་ཐ་ཚིག་གཏོང་བའམ་ཡང་ན་ཉིན་བཅོ་ལྔ་མན་བཀག་འཇུག་བྱ་རྒྱུ་དང་། ཉེས་གསོག་གི་ཚད་ལ་སླེབས་ཡོད་ཚེ་ཉེས་དོན་འགན་འཁྲི་ཞིབ་གཅོད་བྱ་རྒྱུ་རེད།

四、民法典

བཞི་པ།　དམངས་དོན་ཁྲིམས་གཞུང་།

1.《中华人民共和国民法典》颁布的时间及意义？

༡.《ཀྲུང་ཧྭ་མི་དམངས་སྤྱི་མཐུན་རྒྱལ་ཁབ་ཀྱི་དམངས་དོན་ཁྲིམས་གཞུང་》ཡོངས་བསྒྲགས་བྱས་པའི་དུས་ཚོད་དང་དེའི་དོན་སྙིང་གང་ཡིན་ནམ།

《中华人民共和国民法典》由中华人民共和国第十三届全国人民大会第三次会议于2020年5月28日通过，自2021年1月1日起实行。民法典是新中国第一部以“典”命名的法律，关于民法典的定位，习近平总书记指出，“民法典在中国特色社会主义法律体系中具有重要地位，是一部固根本、稳预期、利长远的基础性法律”。民法典颁布的重要意义体现在坚持和完善中国特色社会主义制度的现实需要，是推进全面依法治国，推进国家治理体系和治理能力现代化的一个重大举措，让社会主义核心价值观通过法治建设更加深入人心。

《ཀྲུང་ཧྭ་མི་དམངས་སྤྱི་མཐུན་རྒྱལ་ཁབ་ཀྱི་དམངས་དོན་ཁྲིམས་གཞུང་》ནི་ཀྲུང་ཧྭ་མི་དམངས་སྤྱི་མཐུན་རྒྱལ་ཁབ་ཀྱི་སྐབས་བཅུ་གསུམ་པའི་རྒྱལ་ཡོངས་མི་དམངས་འཐུས་མི་ཚོགས་ཆེན་ཐེངས་གསུམ་པའི་ཐོག་སྟེ། སྤྱི་ལོ་༢༠༢༠ལོའི་ཟླ་༥པའི་ཚེས་༢༨ཉིན་གྲོས་འཆམ་བྱུང་བ་དང་། སྤྱི་ལོ་༢༠༢༡ལོའི་ཟླ་༡ཚེས་༡ཉིན་ནས་བཟུང་ལག་བསྟར་བྱེད་འགོ་ཚུགས་ཡོད། དམངས་དོན་ཁྲིམས་གཞུང་ནི་ཀྲུང་གོ་གསར་པའི་མིང་དུ“གཞུང་”ཞེས་ཐོགས་པའི་ཁྲིམས་གཞུང་ཨང་དང་པོ་དེ་ཡིན། དམངས་དོན་ཁྲིམས་གཞུང་གི་གོ་བབ་སྐོར་ལ་སྤྱི་ཁྱབ་སྲུའུ་ཅི་ཞི་ཅིན་ཕིང་གིས“དམངས་དོན་ཁྲིམས་གཞུང་གིས་ཀྲུང་གོའི་ཁྱད་ཆོས་ལྡན་པའི་སྤྱི་ཚོགས་རིང་ལུགས་ཀྱི་བཅའ་ཁྲིམས་མ་ལག་ཁྲོད་གནས་བབ་གལ་ཆེན་བཟུང་ཡོད་ཅིང་། དེ་ནི་འབྱུང་རྩ་སྲ་ལ་སྔོན་དཔག་བརྟན་པ། ཕུགས་ལ་ཕན་པ་བཅས་རྨང་གཞིའི་རང་བཞིན་གྱི་བཅའ་ཁྲིམས་ཤིག་ཡིན”ཞེས་བསྟན་ཡོད། དམངས་དོན་ཁྲིམས་གཞུང་ཡོངས་བསྒྲགས་བྱས་པའི་གལ་ཆེའི་དོན་སྙིང་ནི་ཀྲུང་གོའི་ཁྱད་ཆོས་ལྡན་པའི་སྤྱི་ཚོགས་རིང་ལུགས་ཀྱི་ལམ་ལུགས་རྒྱུན་འཛིན་དང་འཕྲིན་ཚང་དུ་བཏང་བའི་དོན་དངོས་ཀྱི་དགོས་མཁོའི་ཐོག་ནས་མངོན་གྱི་ཡོད་ཅིང་། དེའང་ཁྲིམས་ཡོངས་ནས་ཁྲིམས་ལྟར་རྒྱལ་ཁབ་སྐྱོང་རྒྱུར་སྐུལ་འདེད་དང་རྒྱལ་ཁབ་ཀྱི་བཅོས་སྐྱོང་མ་ལག་དང་བཅོས་སྐྱོང་ནུས་པ་དེང་རབས་ཅན་དུ

འགྱུར་བ་བྱེད་པའི་བྱ་སྤྱོད་གལ་ཆེན་ཞིག་ཡིན་པས་སྤྱི་ཚོགས་རིང་ལུགས་ཀྱི་ལྟེ་བའི་རིན་ཐང་ལྟ་བ་དག་ཁྲིམས་སྐྱོང་འཛུགས་སྐྱོང་བརྒྱུད་མི་རྣམས་ཀྱི་སེམས་ལ་གཏིང་ཟབ་ཟུག་རྒྱུ་རེད།

2.《中华人民共和国民法典》的立法目的是什么？

༢.《ཀྲུང་ཧྭ་མི་དམངས་སྤྱི་མཐུན་རྒྱལ་ཁབ་ཀྱི་དམངས་དོན་ཁྲིམས་གཞུང་》འཛུགས་པའི་དམིགས་ཡུལ་གང་ཡིན་ནམ།

为了保护民事主体的合法权益，调整民事关系，维护社会和经济秩序，适应中国特色社会主义发展要求，弘扬社会主义核心价值观。

དེའང་དམངས་དོན་བྱེད་པོའི་ཁྲིམས་མཐུན་ཁེ་དབང་སྲུང་སྐྱོང་དང་དམངས་དོན་འབྲེལ་བ་སྙོམས་སྒྲིག སྤྱི་ཚོགས་དང་དཔལ་འབྱོར་སྒྲིག་ལམ་སྲུང་སྐྱོང་། དེ་བཞིན་ཀྲུང་གོའི་ཁྱད་ཆོས་ལྡན་པའི་སྤྱི་ཚོགས་རིང་ལུགས་གོང་འཕེལ་གྱི་དགོས་མཁོ་དང་འཚམ་པ། སྤྱི་ཚོགས་རིང་ལུགས་ཀྱི་ལྟེ་བའི་རིན་ཐང་ལྟ་བ་དར་སྤེལ་གཏོང་རྒྱུ་བཅས་ཀྱི་ཆེད་དུ་གཏན་འབེབས་བྱས་པ་ཞིག་ཡིན།

3.《中华人民共和国民法典》与我们有什么关系？

༣.《ཀྲུང་ཧྭ་མི་དམངས་སྤྱི་མཐུན་རྒྱལ་ཁབ་ཀྱི་དམངས་དོན་ཁྲིམས་གཞུང་》དེ་ཉིད་ང་ཚོ་དང་འབྲེལ་བ་གང་ཡོད་དམ།

《中华人民共和国民法典》被誉为“社会生活的百科全书”和“保障民事权利的宣言书”，分为总则、物权、合同、人格权、婚姻家庭、继承、侵权责任七编和附则，共 84 章、1260 条，是迄今为止我国条文数最多的一部法律。它不仅在我国法治进程中具有划时代的历史意义，而且真正照顾到人们日常生活的方方面面。从生老病死到衣食住行，从婚姻家庭到生产生活，从物权、继承，到合同、侵权责任……可谓包罗社会万象，与每个人息息相关。

《ཀྲུང་ཧྭ་མི་དམངས་སྤྱི་མཐུན་རྒྱལ་ཁབ་ཀྱི་དམངས་དོན་ཁྲིམས་གཞུང་》ལ་“སྤྱི་ཚོགས་འཚོ་བའི་ཤེས་བྱ་ཀུན་བཏུས”དང་། “དམངས་དོན་ཁེ་དབང་འགན་སྲུང་བྱེད་པའི་བསྒྲགས་གཏམ་ཡི་གེ”ཞེས་འབོད་ཅིང་། དེར་སྤྱིའི་རྩ་དོན་དང་དངོས་དབང་། གན་རྒྱ། མི་གཤིའི་དབང་ཆ། གཉེན་སྒྲིག་གི་ཁྱིམ་ཚང་། རྒྱུན་འཛིན། ཤུལ་ནོར་དབང་གནོད་འགན་འཁྲི་བཅས་ལེ་ཚན་བདུན་དང་ཞར་བྱུང་དོན་ཚན་བཅས་སུ་དབྱེ་བ་དང་། དེར་ཁྱོན་ལེའུ་༨༤དང་དོན་ཚན་༡༢༦༠ཡོད་པས་ད་བར་རང་རྒྱལ་གྱི་དོན་ཚན་འབོར་གྲངས་མང་ཤོས་ཀྱི་བཅའ་ཁྲིམས་ཤིག་ཡིན། དེར་རང་རྒྱལ་གྱི་ཁྲིམས་སྐྱོང་འཕེལ་རིམ་ཁྲོད་དུས་རབས་དབྱེ་བའི་ལོ་རྒྱུས་ཀྱི་དོན་སྙིང་ལྡན་པ་མ་ཟད། དོན་དམ་པའི་ཐོག་ནས་མི་རྣམས་ཀྱི་རྒྱུན་གཏན་འཚོ་བའི་ཕྱོགས་གང་སར་ལྟ་རྟོག་བྱས་ཡོད། སྐྱེ་རྒ་ན་འཆི་ནས་ཟས་གོས་འགྲོ་སྡོད་བར་དང་། གཉེན་སྒྲིག་གི་ཁྱིམ་ཚང་ནས་ཐོན་སྐྱེད་འཚོ་བའི་བར། དངོས་དབང་དང་རྒྱུན་འཛིན་ནས་གན་རྒྱ་དང་དབང་གནོད་འགན་འཁྲིའི་བར་བཅས་སྤྱི་ཚོགས་ཀྱི་སྣང་ཚུལ་སྣ་ཚོགས་ཚུད་ཡོད་པས་མི་མི་རེ་རེ་དང་འབྲེལ་བ་ཆེན་པོ་ཡོད།

4.《中华人民共和国民法典》中的平等原则指什么？

༤.《ཀྲུང་ཧྭ་མི་དམངས་སྤྱི་མཐུན་རྒྱལ་ཁབ་ཀྱི་དམངས་ཇོན་ཁྲིམས་གཞུང་》ནང་འདྲ་མཉམ་གྱི་རྩ་དོན་ཞེས་པ་དེ་གང་ལ་ཟེར་རམ།

民事主体在民事活动中的法律地位一律平等。

དམངས་ཇོན་བྱེད་པོས་དམངས་ཇོན་བྱེད་སྒོའི་ནང་བཟུང་བའི་བཅའ་ཁྲིམས་ཀྱི་གོ་གནས་ཚང་མ་འདྲ་མཉམ་ཡིན་པ།

自然人的民事权利能力一律平等。

རང་བྱུང་མིའི་དམངས་ཇོན་ཁེ་དབང་གི་ནུས་པ་ཚང་མ་འདྲ་མཉམ་ཡིན་པ།

民事主体的财产权利受法律平等保护。

དམངས་ཇོན་བྱེད་པོའི་རྒྱུ་ནོར་དབང་ཆར་བཅའ་ཁྲིམས་ཀྱི་སྲུང་སྐྱོང་ཐོབ་པ།

夫妻在婚姻家庭中地位平等。

བཟའ་ཚང་གཉིས་གཉེན་སྒྲིག་གི་ཁྱིམ་ཚང་ནང་གོ་གནས་འདྲ་མཉམ་ཡིན་པ།

继承权男女平等。

རྒྱུན་འཛིན་བྱེད་དབང་ཐད་ཕོ་མོ་འདྲ་མཉམ་ཡིན་པ་བཅས་ལ་ཟེར།

5.《中华人民共和国民法典》中的诚信原则指什么？

༥.《ཀྲུང་ཧྭ་མི་དམངས་སྤྱི་མཐུན་རྒྱལ་ཁབ་ཀྱི་དམངས་ཇོན་ཁྲིམས་གཞུང་》ནང་གི་ཡིད་རྟོན་གྱི་རྩ་དོན་ཞེས་པ་གང་ལ་ཟེར་རམ།

《中华人民共和国民法典》第七条规定，民事主体从事民事活动，应当遵循诚信原则，秉持诚实，恪守承诺。第五百条规定，当事人在订立合同过程中有下列情形之一，造成对方损失的，应当承担赔偿责任：（1）假借订立合同，恶意进行磋商；（2）故意隐瞒与订立合同有关的重要事实或者提供虚假情况；（3）有其他违背诚信原则的行为。第五百零九条规定：当事人应当遵循诚信原则，根据合同的性质、目的和交易习惯履行通知、协助、保密等义务。

དེའང་《ཀྲུང་ཧྭ་མི་དམངས་སྤྱི་མཐུན་རྒྱལ་ཁབ་ཀྱི་དམངས་དོན་ཁྲིམས་གཞུང་》གི་དོན་ཚན་བདུན་པའི་ནང་། དམངས་དོན་བྱེད་པོས་དམངས་དོན་བྱེད་སྒོ་སྤེལ་སྐབས་ཡིད་རྟོན་གྱི་རྩ་དོན་ལ་བརྩི་སྲུང་བྱས་ཐོག གཞུང་དྲང་དང་ཁས་ལེན་ལག་བསྟར་བྱ་དགོས་པ་གཏན་འབེབས་བྱས་ཡོད་པ་དང་། དོན་ཚན་ཨང་ལྔ་བརྒྱའི་ནང་དོ་བདག་གིས་གན་རྒྱ་འཛོག་པའི་བརྒྱུད་རིམ་ནང་གཤམ་གསལ་གྱི་གནས་ཚུལ་རིགས་བྱུང་ནས་ཕ་རོལ་ལ་གྱོང་གུན་བཟོས་ཚེ་གྱོང་གུན་གསབ་སྤྲོད་ཀྱི་འགན་འཁྲི་འཁུར་དགོས་པ་དེའང་（༡）གན་རྒྱ་འཛོག་པར་ཁ་གཡར་ནས་ཕང་བཙུགས་ཏེ་གྲོས་བསྡུར་བྱས་པ། （༢）གན་རྒྱ་འཛོག་རྒྱུ་དང་འབྲེལ་བ་ཡོད་པའི་དོན་དངོས་གལ་ཆེན་ཕང་བཙུགས་ནས་གསང་བ་བྱས་པའམ་ཡང་ན་གནས་ཚུལ་རྫུན་མ་མཁོ་འདོན་བྱས་པ། (༣) ཡིད་རྟོན་གྱི་རྩ་དོན་ལས་འགལ་བའི་བྱ་སྤྱོད་གཞན་དག་ཡོད་པ་བཅས་ཡིན། དོན་ཚན་ཨང་ལྔ་བརྒྱ་བཅུ་མེད་དགུའི་ནང་། དོ་བདག་གིས་ཡིད་རྟོན་འཕེར་བའི་རྩ་དོན་བརྩི་སྲུང་བྱེད་དགོས་ཤིང་། གན་རྒྱའི་ངོ་བོ་དང་དམིགས་ཡུལ། ཉོ་ཚོང་གི་གོམས་སྲོལ་བཅས་དང་བསྟུན་ནས་བརྡ་གཏོང་བ་དང་། རམ་འདེགས་བྱེད་པ། གསང་དོན་སྲུང་བ་སོགས་ཀྱི་འོས་འགན་སྒྲུབ་དགོས་པ་གཏན་འབེབས་བྱས་ཡོད།

6.《中华人民共和国民法典》中的守法与公序良俗原则指什么？

༦.《ཀྲུང་ཧྭ་མི་དམངས་སྤྱི་མཐུན་རྒྱལ་ཁབ་ཀྱི་དམངས་དོན་ཁྲིམས་གཞུང་》ནང་གི་ཁྲིམས་སྲུང་དང་སྤྱི་སྒྲིག་སྲོལ་བཟང་གི་རྩ་དོན་ཞེས་པ་གང་ལ་ཟེར་རམ།

民事主体从事民事活动，不得违反法律，不得违背公序良俗。

དམངས་དོན་བྱེད་པོས་དམངས་དོན་བྱེད་སྒོ་སྤེལ་སྐབས་བཅའ་ཁྲིམས་ལས་འགལ་མི་ཉུང་བ་དང་སྤྱི་པའི་སྒྲིག་སྲོལ་བཟང་པོ་ལས་འགལ་མི་ཉུང་བ།

违反法律、行政法规的强制性规定的民事法律行为无效。但是，该强制性规定不导致该民事法律行为无效的除外。

བཅའ་ཁྲིམས་དང་སྲིད་འཛིན་ཁྲིམས་སྲོལ་ལས་འགལ་ཏེ་བཙན་ཐབས་རང་བཞིན་གྱིས་གཏན་འབེབས་བྱས་པའི་དམངས་དོན་ཁྲིམས་ལུགས་ཡོད་རིགས་གོ་ཆོད་དུ་མེད། འོན་ཀྱང་བཙན་ཐབས་རང་བཞིན་གྱི་གཏན་འབེབས་དེ་རིགས་ཀྱིས་དམངས་དོན་བཅའ་ཁྲིམས་དེར་ནུས་པ་མི་ཐོན་པའི་རིགས་འདིའི་ཁོངས་སུ་ཚུད་མེད།

违背公序良俗的民事法律行为无效。

སྤྱི་སྒྲིག་སྲོལ་བཟང་དང་འགལ་བའི་དམངས་དོན་བཅའ་ཁྲིམས་ཀྱི་རིགས་གོ་ཆོད་དུ་མེད།

7.《中华人民共和国民法典》中的绿色原则指什么?

༧.《ཀྲུང་ཧྭ་མི་དམངས་སྤྱི་མཐུན་རྒྱལ་ཁབ་ཀྱི་དམངས་དོན་ཁྲིམས་གཞུང་》ནང་གི་ལྗང་མདོག་རྩ་དོན་ཞེས་པ་གང་ལ་ཟེར་རམ།

民事主体从事民事活动，应当有利于节约资源、保护生态环境。

དམངས་དོན་བྱེད་པོས་དམངས་དོན་བྱེད་སྒོ་སྤེལ་སྐབས་ཐོན་ཁུངས་གྲོན་ཆུང་དང་ཁོར་ཡུག་སྲུང་སྐྱོང་ལ་ཕན་ཐོགས་ཡོད་པ་བྱ་དགོས།

不动产权利人不得违反国家规定弃置固体废物，排放大气污染物、水污染物、土壤污染物、噪声、光辐射、电磁辐射等有害物质。

བརྟན་ནོར་ཐད་བདག་དབང་ཡོད་མཁན་གྱིས་རྒྱལ་ཁབ་ཀྱི་གཏན་འབེབས་ལས་འགལ་ཏེ་སྲ་གཟུགས་ཟྭག་རོ་བསྐྱུར་འདོར་དང་རླུང་ཁམས་ལ་སྦགས་བཙོག་དང་ཆུ་ལ་སྦགས་བཙོག ས་རྒྱུར་སྦགས་བཙོག་བཟོ་བའི་དངོས་པོ་འབུད་བཤང་བྱེད་མི་ཆོག་པ་དང་། འཛེར་སྐད་དང་འོད་རླབས་འཕྲོ་གྱིས། གློག་རླབས་འཕྲོ་གྱིས་སོགས་གནོད་ཡོད་རིགས་འབུད་མི་ཆོག་པ།

当事人在履行合同过程中，应当避免浪费资源、污染环境和破坏生态。

ངོ་བདག་གིས་གན་རྒྱ་ལག་བསྟར་བྱེད་པའི་བརྒྱུད་རིམ་ནང་ཐོན་ཁུངས་འཕྲོ་བརླག་མི་འགྲོ་བ་དང་ཁོར་ཡུག་ལ་སྦགས་བཙོག་མི་བཟོ་བ། སྐྱེ་ཁམས་ལ་གནོད་སྐྱོན་མི་ཐོག་པ་བྱ་དགོས།

侵权人违反法律规定故意污染环境、破坏生态造成严重后果的，被侵权人有权请求相应的惩罚性赔偿。

དབང་ཆ་གནོད་སྐྱོན་བཟོ་མཁན་གྱིས་བཅའ་ཁྲིམས་ཀྱི་གཏན་འབེབས་ལས་འགལ་ཏེ་ཧང་བཙུགས་ནས་ཁོར་ཡུག་ལ་སྦགས་བཙོག་བཟོས་པ་དང་སྐྱེ་ཁམས་ལ་གཏོར་བཤིག་བཏང་སྟེ་མཇུག་འབྲས་ཚབས་ཆེན་བཟོས་ཚེ། གནོད་སྐྱོན་ཐོག་ཡུལ་གྱིས་འོས་འཚམ་གྱི་ཆད་གཅོད་དང་གུན་གསབ་སྤྲོད་པའི་རེ་ཞུ་བྱེད་དབང་ཡོད།

8.《中华人民共和国民法典》主要有哪些新增亮点和变化？

༨.《ཀྲུང་ཧྭ་མི་དམངས་སྤྱི་མཐུན་རྒྱལ་ཁབ་ཀྱི་དམངས་དོན་ཁྲིམས་གཞུང་》ནང་བསྣན་པའི་གནད་ཆེ་བ་དང་འགྱུར་ལྡོག་གསར་པ་གཙོ་བོ་གང་དག་ཡོད་དམ།

（1）见义勇为免责

因保护他人民事权益使自己受到损害的，由侵权人承担民事责任，受益人可以给予适当补偿。没有侵权人、侵权人逃逸或者无力承担民事责任，受害人请求补偿的，受益人应当给予适当补偿。因自愿实施紧急救助行为造成受助人损害的，救助人不承担民事责任。

（༡）བདེན་པའི་རྒྱབ་ལྟངས་ལ་འགན་འཁྲི་མེད་པ།

དེའང་མི་གཞན་གྱི་དམངས་དོན་ཁེ་དབང་སྲུང་སྐྱོང་བྱ་ཕྱིར་རང་ཉིད་ལ་གནོད་སྐྱོན་ཕོག་ཚེ། དབང་གནོད་གཏོང་མཁན་གྱིས་དམངས་དོན་འགན་འཁྲི་འཁུར་དགོས་པ་དང་། ཁེ་ཕན་ཐོབ་མཁན་གྱིས་གྱོང་གསབ་འོས་འཚམ་སྤྲོད་དགོས་པ། དབང་གནོད་གཏོང་མཁན་མཐོང་དུ་མེད་པ་དང་བྲོས་བྱོལ་ལ་སོང་བའམ་ཡང་ན་དམངས་དོན་འགན་འཁྲི་འཁུར་ནུས་མེད་དུས། གནོད་སྐྱོན་ཕོག་མཁན་གྱིས་གུན་གསབ་རེ་བ་བཏོན་ན། ཁེ་ཕན་ཐོབ་མཁན་གྱིས་གུན་གསབ་འོས་འཚམ་སྤྲོད་དགོས། རང་མོས་དང་ཁ་ཚ་དགོས་གཏུག་གི་རོགས་སྐྱོར་བྱས་ཏེ་རོགས་སྐྱོར་བྱ་ཡུལ་ལ་གནོད་འཚེ་བཟོས་ཚེ། རོགས་སྐྱོར་བྱེད་མཁན་གྱིས་དམངས་དོན་འགན་འཁྲི་འཁུར་མི་དགོས།

（2）小区共有场所收入归业主

建设单位、物业服务企业或者其他管理人等利用业主的共有部分产生的收入，在扣除合理成本之后，属于业主共有。

（༢）སྡེ་ཁུལ་གྱི་ཐུན་མོང་ལ་དབང་བའི་ས་ཆ་དང་ཚོགས་རའི་ཡོང་འབབ་རྣམས་སྡེ་བདག་ལ་ཐོབ་པ།

དེའང་འཇུགས་སྐྱུན་ཚན་པ་དང་སྡེ་ལས་ཞབས་ཞུའི་ཁེ་ལས་སམ་ཡང་ན་དོ་དམ་བྱེད་མི་གཞན་དག་སོགས་ཀྱིས་སྡེ་བདག་གི་ཐུན་མོང་ཆ་ནས་བྱུང་བའི་ཡོང་འབབ་ལས་ལུགས་མཐུན་མ་གནས་འཛིན་གཙོག་བྱས་རྗེས་དེ་ཁྱིངས་ཚང་མ་སྡེ་བདག་ཐུན་མོང་ལ་དབང་བ་ཡིན།

（3）禁止高利放贷

禁止高利放贷，借款的利率不得违反国家有关规定。借款合同对支付利息没有约定的，视为没有利息。借款合同对支付利息约定不明确，当事人不能达成补充协议的，按照当地或者当事人的交易方式、交易习惯、市场利率等因素确定利息；自然人之间借款的，视为没有利息。

（༣）སྐྱེད་ཀ་མཐོ་བའི་དངུལ་བུན་བཏང་མི་ཆོག་པ།

དེའང་སྐྱེད་ཀ་མཐོ་བའི་དངུལ་བུན་བཏང་མི་ཆོག་པ་དང་། དངུལ་བུན་གྱི་སྐྱེད་ཀའི་ཚད་གཞི་རྒྱལ་ཁབ་ཀྱི་འབྲེལ་ཡོད་གཏན་འབེབས་ལས་འགལ་མི་རུང་། དངུལ་གཡར་གན་རྒྱའི་ནང་སྐྱེད་ཀ་འཇལ་རྒྱུའི་ཐད་ཁ་དན་མེད་ཚེ། སྐྱེད་ཀ་མེད་པར་བརྩི་རྒྱུ་ཡིན། དངུལ་གཡར་གན་རྒྱའི་ནང་སྐྱེད་ཀ་འཇལ་རྒྱུའི་ཐད་ཁ་དན་གསལ་པོ་མེད་ཚེ། དོ་བདག་གིས་ཁ་གསབ་གྲོས་མཐུན་བཞག་མི་རུང་བར་ས་གནས་དེ་གའམ་ཡང་ན་དོ་བདག་གི་བརྗེ་ཚོང་བྱ་ཐབས་དང་བརྗེ་ཚོང་གོམས་གཤིས། ཁྲོམ་རའི་སྐྱེད་ཚད་སོགས་རྒྱུ་རྐྱེན་ལ་གཞིགས་ཏེ་སྐྱེད་ཀ་གཏན་འཁེལ་བྱ་དགོས། རང་བྱུང་མིའི་དབར་དངུལ་བུན་གཏོང་རེས་བྱས་ན་སྐྱེད་ཀ་མེད་པར་བརྩི་བ་ཡིན།

（4）界定夫妻共同债务

夫妻双方共同签字或者夫妻一方事后追认等共同意思表示所负的债务，以及夫妻一方在婚姻关系存续期间以个人名义为家庭日常生活需要所负的债务，属于夫妻共同债务。

（༤）བཟའ་ཚང་ཐུན་མོང་གི་བུ་ལོན་དབྱེ་མཚམས།

དེའང་བཟའ་ཚང་གཉིས་ཀས་མཉམ་དུ་མཚན་འགོད་བྱས་པའམ་ཡང་ན་བཟའ་ཚང་ཕྱོགས་གཅིག་གིས་གནས་ཚུལ་ཐོན་པའི་རྗེས་སུ་ཁས་བླངས་པ་སོགས་ཐུན་མོང་ནས་འཇལ་རྒྱུའི་རྣམ་པ་བསྟན་པའི་བུ་ལོན་དང་། དེ་བཞིན་བཟའ་ཚང་ཕྱོགས་གཅིག་གིས་གཉེན་སྒྲིག་འབྲེལ་བ

གནས་ལུས་ཡིན་པའི་སྐབས་སུ་རང་སྒེར་གྱི་མིང་ཐོག་ནས་ཁྱིམ་ཚང་དེ་གའི་རྣམ་ཀུན་འཚོ་བའི་དགོས་མཁོར་བརྟེན་ནས་གཡར་བའི་བུ་ལོན་ནི་བཟའ་ཚང་གཉིས་ནས་མཉམ་དུ་འཇལ་དགོས།

夫妻一方在婚姻关系存续期间以个人名义超出家庭日常生活需要所负的债务，不属于夫妻共同债务；但是，债权人能够证明该债务用于夫妻共同生活、共同生产经营或者基于夫妻双方共同意思表示的除外。

བཟའ་ཚང་ཕྱོགས་གཅིག་གིས་གཉེན་སྒྲིག་གི་འབྲེལ་བ་གནས་ལུས་སྐབས་སུ་རང་སྒེར་གྱི་མིང་ཐོག་ནས་ཁྱིམ་ཚང་གི་རྣམ་ཀུན་འཚོ་བའི་དགོས་མཁོ་ལས་བརྒལ་ཏེ་གཡར་བའི་བུ་ལོན་ནི་བཟའ་ཚང་ཐུན་མོང་གི་བུ་ལོན་དུ་བརྩི་མི་རུང་། འོན་ཀྱང་བུན་བདག་གིས་བུ་ལོན་དེ་བཟའ་ཚང་ཐུན་མོང་གི་འཚོ་བ་དང་ཐུན་མོང་གི་ཐོན་སྐྱེད་ཁེ་གཉེར་རམ་ཡང་ན་བཟའ་ཚང་ཐུན་མོང་གི་བསམ་ཚུལ་བཅས་ཀྱི་ཆེད་དུ་བེད་སྤྱོད་བྱས་པ་ར་སྤྲོད་བྱེད་ཐུབ་ན་བུ་ལོན་དེ་བཟའ་ཚང་ཐུན་མོང་གིས་འཇལ་དགོས་པ་ཡིན།

（5）设立离婚冷静期

自婚姻登记机关收到离婚登记申请之日起三十日内，任何一方不愿意离婚的，可以向婚姻登记机关撤回离婚登记申请。前款规定期限届满后三十日内，双方应当亲自到婚姻登记机关申请发给离婚证；未申请的，视为撤回离婚登记申请。

（༥）གཉེན་འཐོར་བསམ་གཞིག་དུས་བཀག

དེའང་གཉེན་སྒྲིག་ཐོ་འགོད་ལས་ཁུངས་ལ་བཟའ་ཚང་ཁ་བྲལ་གྱི་ཐོ་འགོད་རེ་ཞུ་འབྱོར་བ་ནས་བཟུང་ཉིན་སུམ་ཅུའི་ནང་ཁ་འབྲལ་འདོད་མེད་པའི་ཕྱོགས་གང་རུང་ཞིག་གིས་གཉེན་སྒྲིག་ཐོ་འགོད་ལས་ཁུངས་ནས་བཟའ་ཚང་ཁ་བྲལ་གྱི་ཐོ་འགོད་རེ་ཞུ་ཕྱིར་འཐེན་བྱས་ཆོག དོན་ཚན་གོང་མའི་གཏན་འབེབས་དུས་བཀག་ཡོལ་ནས་ཉིན་སུམ་ཅུ་སོང་ན་བཟའ་ཚང་གཉིས་ཀ་དངོས་སུ་གཉེན་སྒྲིག་ཐོ་འགོད་ལས་ཁུངས་ལ་བཟའ་ཚང་ཁ་བྲལ་གྱི་ལག་ཁྱེར་སྤྲོད་རྒྱུའི་རེ་ཞུ་བྱེད་པར་ཡོང་དགོས། རེ་ཞུ་མ་བྱས་ཚེ་བཟའ་ཚང་ཁ་བྲལ་གྱི་ཐོ་འགོད་རེ་ཞུ་རང་ཤུགས་ཀྱིས་ཕྱིར་འཐེན་བྱས་པར་བརྩི་བ་ཡིན།

（6）侄子、外甥也可以继承财产

将代位继承扩大至被继承人的兄弟姐妹先于被继承人死亡的情形，使得被继承人的侄、甥获得第二顺位法定继承人资格，突破了原先晚辈直系血亲的限制。

（༦）ཕོ་རྒྱུད་ཚ་བོ་དང་མོ་རྒྱུད་ཚ་བོས་ཀྱང་ཤུལ་ནོར་རྒྱུན་འཛིན་བྱས་ཆོག་པ།

དེའང་ཚབ་བྱེད་རྒྱུན་འཛིན་བྱེད་སྟངས་རྒྱ་ཆེར་བཏང་བ་སྟེ། ཤུལ་ནོར་བདག་པོའི་གཅེན་གཅུང་མིང་སྲིང་སྔོན་ནས་གྲོངས་པ་ཡིན་ཚེ་ཤུལ་ནོར་བདག་པོའི་ཕོ་རྒྱུད་ཚ་བོ་དང་མོ་རྒྱུད་ཚ་བོར་ཤུལ་ནོར་རྒྱུན་འཛིན་པ་ཨང་གཉིས་པའི་ཐོབ་ཐང་ཡོད་ཅིང་། དེ་སྔའི་མི་རབས་རྗེས་མའི་ཐད་ཀའི་སྨྲུན་མཆེད་ཀྱི་ཚད་བཀག་ལས་བརྒལ་ཡོད།

（7）增加遗嘱形式

打印遗嘱应当有两个以上见证人在场见证。遗嘱人和见证人应当在遗嘱每一页签名，注明年、月、日。

（༧）ཁ་ཆེམས་འཇོག་སྟངས་ཁ་སྣོན་བྱས་པ།

ཁ་ཆེམས་པར་དུ་འདེབས་སྐབས་གཞོགས་ལ་དཔང་མི་གཉིས་ཡན་ཡོད་དགོས། ཁ་ཆེམས་འཇོག་མཁན་དང་དཔང་མི་གཉིས་ཀ་ནས་ཁ་ཆེམས་ཡི་གེའི་ཤོག་ལྷེ་ཚང་མའི་ཐོག་མིང་རྟགས་འགོད་པ་དང་མིང་རྟགས་འགོད་པའི་ལོ་དང་ཟླ་བ། ཚེས་པ་བཅས་དུས་ཚོད་གསལ་པོ་འབྲི་དགོས།

（8）守护"头顶上的安全"

禁止高空抛物。从建筑物中抛掷物品或者从建筑物上坠落的物品造成他人损害的，由侵权人依法承担侵权责任；经调查难以确定具体侵权人的，除能够证明自己不是侵权人的外，由可能加害的建筑物使用人给予补偿。可能加害的建筑物使用人补偿后，有权向侵权人追偿。

（༨）"མགོ་ཐོག་གི་བདེ་འཇགས"སྲུང་སྐྱོབ་བྱ་ཐབས།

དེའང་མཐོ་ས་ནས་དངོས་པོ་གཡུག་མི་རུང་བ་སྟེ། ཁང་ཁྲིམ་སོགས་མཐོ་ས་ནས་དངོས་པོ་

དབྱུག་པའམ་ཡང་ན་ཁང་ཁྱིམ་སོགས་མཐོ་ས་ནས་དངོས་པོ་ལྷུང་སྟེ་མི་གཞན་ལ་གནོད་འཚེ་བཟོས་ཚེ། དབང་གནོད་གཏོང་མཁན་གྱིས་ཁྲིམས་ལྟར་དབང་གནོད་འགན་འཁྲི་འཁུར་དགོས། བརྟག་དཔྱད་བྱས་ཀྱང་དབང་གནོད་གཏོང་མཁན་ཡང་སྙིང་སུ་ཡིན་མི་ཤེས་པ་དང་། རང་ཉིད་དབང་གནོད་གཏོང་མཁན་མིན་པ་ར་སྤྲོད་བྱེད་ཐུབ་པ་ཕུད། གནོད་སྐྱོན་བཟོ་སྲིད་པའི་ཁང་ཁྱིམ་སོགས་བེད་སྤྱོད་བྱེད་མཁན་ནས་ཁ་གསབ་སྤྲོད་དགོས། གནོད་སྐྱོན་བཟོ་སྲིད་པའི་ཁང་ཁྱིམ་སོགས་བེད་སྤྱོད་བྱེད་མཁན་གྱིས་གུན་གསབ་སྤྲད་རྗེས་སླར་དབང་གནོད་གཏོང་མཁན་ཕྱོགས་ནས་གུན་གསབ་ཀྱི་སྙིན་པ་ལེན་དབང་ཡོད།

（9）肖像权侵权不再看“是否以营利为目的了”

任何组织或者个人不得以丑化、污损，或者利用信息技术手段伪造等方式侵害他人的肖像权。未经肖像权人同意，不得制作、使用、公开肖像权人的肖像，但是法律另有规定的除外。

（༩）འདྲ་བརྙན་ཁེ་དབང་གི་དབང་གནོད་ཐད་ཕྱིས་འབྱུང་“ཁེ་ཕོགས་དམིགས་ཡུལ་དུ་འཛིན་པ་ཡིན་མིན”ལ་མི་བལྟ་བ།

དེའང་རྩ་འཛུགས་སམ་མི་སྒེར་གང་འདྲ་ཞིག་ཡིན་རུང་། དམའ་འབེབས་དང་བཙོག་སྐྱོན་བཏང་བ། ཡང་ན་ཆ་འཕྲིན་ལག་རྩལ་གྱི་ཐབས་ལ་བརྟེན་ནས་རྫུན་བཟོ་སོགས་བྱས་ཏེ་མི་གཞན་གྱི་འདྲ་བརྙན་ཁེ་དབང་ལ་གནོད་སྐྱོན་གཏོང་མི་ཆོག བཅའ་ཁྲིམས་ཀྱི་གཏན་འབེབས་ནང་ཚུད་པ་ཕུད། འདྲ་བརྙན་བདག་པོའི་མོས་མཐུན་མ་ཐོབ་པར་འདྲ་བརྙན་བཟོ་བཞེངས་དང་བེད་སྤྱོད། ཡོངས་བསྒྲགས་བཅས་བྱེད་མི་ཆོག

（10）“熊孩子”给主播打赏，可以要求对方退还

八周岁以上的未成年人为限制民事行为能力人，实施民事法律行为由其法定代理人代理或者经其法定代理人同意、追认；但是，可以独立实施纯获利益的民事法律行为或者与其年龄、智力相适应的民事法律行为。

（༡༠）“ཕྲུ་གུ་འཚུབ་པོ”ཡིས་བརྙན་སྤྲོན་པར་བྱ་དགའི་དངུལ་སྤྲད་ན་ཕྱིར་སྤྲོད་བྱ་རྒྱུའི་རེ་བ་འདོན་ཆོག་པ།

རང་ལོ་བརྒྱད་ཡན་གྱི་ནར་མ་སོན་པའི་མི་ནི་དམངས་དོན་བྱ་སྤྱོད་ཀྱི་ནུས་པར་ཚད་བཀག་ཡོད་པའི་མི་ཡིན། དམངས་དོན་བཅའ་ཁྲིམས་ཀྱི་དོན་དག་གཅོད་སྐབས། མི་དེའི་ཁྲིམས་བཀོད་ཚབ་བྱེད་མི་སྣས་ཚབ་བྱེད་པའམ་ཡང་ན་དེའི་ཁྲིམས་བཀོད་ཚབ་བྱེད་མི་སྣའི་མོས་མཐུན་དང་རྗེས་སུ་ཁས་ལེན་ཐོབ་པ་བྱ་དགོས། འོན་ཀྱང་ཁེ་བཟང་རྐྱང་རྐྱང་ཐོབ་པའི་དམངས་དོན་བཅའ་ཁྲིམས་བྱ་སྤྱོད་དམ་ཡང་ན་མི་དེའི་ལོ་ཚོད་དང་རིག་སྟོབས་དང་འཚམ་པའི་དམངས་དོན་བཅའ་ཁྲིམས་བྱ་སྤྱོད་ཁེར་རྐྱང་ཐོག་ལག་བསྟར་བྱས་ཆོག

（11）男性可以要求不“被性骚扰”了

违背他人意愿，以言语、文字、图像、肢体行为等方式对他人实施性骚扰的，受害人有权依法请求行为人承担民事责任。

（༡༡）སྐྱེས་པས་“ཆགས་རྩོད་ཞེ་བསྙུན”མི་བཟོ་བའི་རེ་བ་འདོན་ཆོག་པ།

མི་གཞན་གྱི་འདོད་མོས་དང་འགལ་ནས་སྐད་ཆ་དང་ཡི་གེ པར་རིས། ཡན་ལག་བྱ་སྤྱོད་སོགས་ཀྱི་བྱེད་སྟངས་ཐོག་ནས་མི་གཞན་ལ་“ཆགས་རྩོད་ཞེ་བསྙུན”བཟོས་ཚེ། གནོད་འཚེ་ཐོག་མཁན་གྱིས་ཁྲིམས་ལྟར་བྱ་སྤྱོད་སྤེལ་མཁན་ལ་དམངས་དོན་འགན་འཁྲི་འཁུར་དགོས་པའི་རེ་ཞུ་བྱེད་དབང་ཡོད།

（12）人肉他人信息的，准备好承担责任

自然人享有隐私权。任何组织或者个人不得以刺探、侵扰、泄露、公开等方式侵害他人的隐私权。处理个人信息的，应当遵循合法、正当、必要原则，不得过度处理，并符合下列条件：（一）征得该自然人或者其监护人同意，但是法律、行政法规另有规定的除外；（二）公开处理信息的规则；（三）明示处理信息的目的、方式和范围；（四）不违反法律、行政法规的规定和双方的约定。个人信息的处理包括个人信息的收集、存储、使用、加工、传输、提供、公开等。

（༡༢）མི་གཞན་གྱི་ཆ་འཕྲིན་དུ་ཐོག་དམར་འཚོལ་བྱས་རིགས་ལ་འགན་འཁྲི་འཁུར་རྒྱུའི་གྲ་སྒྲིག་བྱ་དགོས།

རང་བྱུང་མིར་སྒེར་གྱི་གསང་བའི་དབང་ཆ་ཡོད། རྩ་འཛུགས་སམ་མི་སྒེར་གང་འདྲ་ཞིག་ཡིན་རུང་ཉམས་ཚོད་དང་བསྣུན་གཅེས། ཕྱིར་རྫོལ། ཡོངས་བསྒྲགས་སོགས་ཀྱི་བྱ་ཐབས་ཐོག་ནས་མི་གཞན་གྱི་སྒེར་གྱི་གསང་བའི་དབང་ཆར་གནོད་སྐྱོན་གཏོང་མི་ཆོག མི་སྒེར་གྱི་ཆ་འཕྲིན་ཐག་གཅོད་བྱེད་སྐབས། ཁྲིམས་མཐུན་དང་ལུགས་མཐུན། དགོས་ངེས་ཀྱི་རྩ་དོན་བཅས་ལ་བརྩི་འཛོག་བྱེད་དགོས་པ་ལས་ཐལ་དྲགས་པའི་ཐག་གཅོད་བྱེད་མི་རུང་བ་དང་གཤམ་གསལ་གྱི་དོན་ཚན་ཁག་དང་མཐུན་པ་བྱེད་དགོས་པ་སྟེ། གཅིག རང་བྱུང་གི་མི་དེ་རང་ངམ་ཡང་ན་ལྟ་སྐྱོང་པའི་མོས་མཐུན་ཐོབ་པ་བྱ་དགོས། འོན་ཀྱང་ཁྲིམས་ལུགས་དང་སྲིད་འཛིན་ཁྲིམས་སྲོལ་ནང་གཏན་འབེབས་གཞན་དག་ཡོད་པ་དེར་ཚུད་མེད། གཉིས། ཆ་འཕྲིན་ཐག་གཅོད་བྱེད་པའི་རྩ་དོན་ཡོངས་བསྒྲགས་བྱེད་དགོས་པ། གསུམ། ཆ་འཕྲིན་ཐག་གཅོད་བྱེད་པའི་དམིགས་ཡུལ་དང་བྱ་ཐབས། ཁྱབ་ཁོངས་བཅས་གསལ་སྟོན་བྱ་དགོས་པ། བཞི། བཅའ་ཁྲིམས་དང་སྲིད་འཛིན་ཁྲིམས་སྲོལ་གྱི་གཏན་འབེབས་དང་ཕྱོགས་གཉིས་པོའི་ཁ་ཆད་ལས་མ་འགལ་བ་བྱེད་དགོས་པ། མི་སྒེར་གྱི་ཆ་འཕྲིན་ཐག་གཅོད་བྱེད་པའི་ནང་མི་སྒེར་གྱི་ཆ་འཕྲིན་བསྡུ་རུབ་དང་ཉར་འཛོག་བེད་སྤྱོད། ཁ་སྤོན། བརྒྱུད་གཏོང་། མཁོ་འདོན། ཡོངས་བསྒྲགས་སོགས་ཚུད་ཡོད།

五、婚姻家庭

ལྔ་པ།　གཉེན་སྒྲིག་གི་ཁྱིམ་ཚང་།

1. 如何建立和谐的婚姻家庭关系？

༡.ཞི་མཐུན་གྱི་གཉེན་སྒྲིག་ཁྱིམ་ཚང་གི་འབྲེལ་བ་ཇི་ལྟར་འཛུགས་དགོས་སམ།

家庭应当树立优良家风，弘扬家庭美德，重视家庭文明建设。

ཁྱིམ་ཚང་གིས་ཁྱིམ་སྲོལ་བཟང་པོ་འཛུགས་པ་དང་ཁྱིམ་ཚང་གི་སྤྱོད་བཟང་དར་སྤེལ་གཏོང་བ། ཁྱིམ་ཚང་གི་ཡ་རབས་འཛུགས་སྐྲུན་ཐད་མཐོང་ཆེན་བཅས་བྱ་དགོས།

夫妻应当互相忠实、互相尊重、互相关爱；家庭成员应当敬老爱幼，互相帮助，维护平等、和睦、文明的婚姻家庭关系。

བཟའ་ཚང་ཕན་ཚུན་ལྷག་བསམ་རྣམ་དག་དང་ཕན་ཚུན་བརྩི་འཇོག ཕན་ཚུན་གཅེས་སྐྱོང་བཅས་བྱེད་པ། ཁྱིམ་ཚང་གི་ཁོངས་མིས་རྒན་བཀུར་གཞོན་གཅེས་དང་ཕན་ཚུན་རོགས་རམ། འདྲ་མཉམ་དང་འཆམ་མཐུན། ཡ་རབས་བཅས་ཀྱི་གཉེན་སྒྲིག་ཁྱིམ་ཚང་གི་འབྲེལ་བར་སྲུང་སྐྱོང་བྱ་དགོས།

2. 父母与子女之间的义务有哪些？

༢.ཕ་མ་དང་བུ་ཕྲུག་དབར་འོས་འགན་གང་དག་ཡོད་དམ།

父母对未成年子女负有抚养、教育和保护的义务。

ཕ་མར་ནར་མ་སོན་པའི་བུ་ཕྲུག་གསོ་སྐྱོང་དང་སློབ་གསོ། སྲུང་སྐྱོང་བཅས་བྱེད་པའི་འོས་འགན་ཡོད།

成年子女对父母负有赡养、扶助和保护的义务。

ནར་སོན་པའི་བུ་ཕྲུག་གིས་ཕ་མར་ལྟ་སྐྱོང་དང་རོགས་སྐྱོར། སྲུང་སྐྱོང་བཅས་བྱེད་པའི་འོས་འགན་ཡོད།

3. 我国的婚姻制度是什么？

༣.རང་རྒྱལ་གྱི་གཉེན་སྒྲིག་ལམ་ལུགས་གང་ཡིན་ནམ།

婚姻家庭受国家保护。我国实行婚姻自由、一夫一妻、男女平等的婚姻制度，保护妇女、未成年人、老年人、残疾人的合法权益。

གཉེན་སྒྲིག་གི་ཁྱིམ་ཚང་ལ་རྒྱལ་ཁབ་ནས་སྲུང་སྐྱོང་ཐོབ་པ་ཡིན། རང་རྒྱལ་གྱིས་གཉེན་སྒྲིག་རང་མོས་དང་ཁྱོ་གཅིག་ཤུག་གཅིག ཕོ་མོ་འདྲ་མཉམ་བཅས་ཀྱི་གཉེན་སྒྲིག་ལམ་ལུགས་ལག་བསྟར་བྱེད་པ་དང་། བུད་མེད་དང་ནར་མ་སོན་པའི་མི། རྒན་གོན། དབང་པོ་སྐྱོན་ཅན་བཅས་ཀྱི་ཁྲིམས་མཐུན་ཁེ་དབང་ལ་སྲུང་སྐྱོང་བྱེད་ཀྱི་ཡོད།

4. 结婚的法定年龄是多少？

༤.གཉེན་སྒྲིག་བྱེད་པའི་ཁྲིམས་བཀོད་ལོ་ཚད་ག་ཚོད་ཡིན་ནམ།

根据《中华人民共和国民法典》规定，男不得早于二十二周岁，女不得早于二十周岁。

《ཀྲུང་ཧྭ་མི་དམངས་སྤྱི་མཐུན་རྒྱལ་ཁབ་ཀྱི་དམངས་དོན་ཁྲིམས་གཞུང་》གི་གཏན་འབེབས་ལྟར་ན། སྐྱེས་པ་ལོ་ཉེར་གཉིས་མ་លོན་པ་དང་བུད་མེད་ལོ་ཉི་ཤུ་མ་លོན་པར་གཉེན་སྒྲིག་བྱེད་མི་ཆོག

5. 禁止结婚的有哪些情形？

༥.གཉེན་སྒྲིག་བྱེད་མི་ཆོག་པའི་གནས་ཚུལ་གང་དག་ཡོད་དམ།

根据《中华人民共和国民法典》规定，有下列情形之一的，禁止结婚：（1）直系血亲。（2）三代以内的旁系血亲。

《ཀྲུང་ཧྭ་མི་དམངས་སྤྱི་མཐུན་རྒྱལ་ཁབ་ཀྱི་དམངས་དོན་ཁྲིམས་གཞུང་》ལྟར་ན། གཤམ་གསལ་གྱི་གནས་ཚུལ་དེ་རིགས་ཡོད་ཚེ། གཉེན་སྒྲིག་བྱེད་མི་ཆོག་སྟེ།

（༡）ཐད་ཀའི་སྤུན་མཆེད། （༢）མི་རབས་གསུམ་ནང་ཚུད་ཀྱི་རྒྱུད་འབྲེལ་གཉེན་ཚན།

6. 婚姻无效的情形有哪些？

༦.གཉེན་སྒྲིག་རྩིས་མེད་ཀྱི་གནས་ཚུལ་གྲས་སུ་གང་དག་ཡོད་དམ།

根据《中华人民共和国民法典》规定，有下列情形之一的，婚姻无效：

《ཀྲུང་ཧྭ་མི་དམངས་སྤྱི་མཐུན་རྒྱལ་ཁབ་ཀྱི་དམངས་དོན་ཁྲིམས་གཞུང་》ལྟར་ན། གཤམ་གསལ་གྱི་གནས་ཚུལ་དེ་རིགས་ཡོད་ཚེ། གཉེན་སྒྲིག་རྩིས་མེད་ཡིན་ཏེ།

（1）重婚；

（༡）བཟའ་ཟླ་ཡོད་བཞིན་དུ་གཉེན་སྒྲིག་བྱས་པ།

（2）有禁止结婚的亲属关系；

（༢）གཉེན་སྒྲིག་བྱེད་མི་རུང་བའི་སྤུན་མཆེད་ཀྱི་འབྲེལ་བ་ཡོད་པ།

（3）未到法定婚龄。

（༣）ཁྲིམས་བཀོད་གཉེན་སྒྲིག་གི་ལོ་ཚད་མ་ལོན་པ།

7. 只办了婚礼，未登记领取结婚证，可以认定婚姻关系吗？

༧.གཉེན་སྒྲིག་གི་རྗེན་འབྲེལ་བྱས་ཟིན་ཀྱང་གཉེན་སྒྲིག་ལག་ཁྱེར་བླངས་མེད་ཆེ། གཉེན་སྒྲིག་གི་འབྲེལ་བར་བརྩི་རུང་ངམ།

不可以。男女双方只有办理了结婚登记，领取了结婚证，才算确立夫妻关系，这样的婚姻才能够受到法律的认可和保护。

བརྩི་མི་རུང་སྟེ། ཕོ་མོ་ཕྱོགས་གཉིས་པོས་གཉེན་སྒྲིག་གི་ཐོ་འགོད་བྱས་ཏེ་གཉེན་སྒྲིག་ལག་ཁྱེར་བླངས་ན། གཞི་ནས་བཟའ་ཚང་གི་འབྲེལ་བ་ཡིན་པར་གཏན་འཁེལ་ཞིང་། བཅའ་ཁྲིམས་ཀྱི་ཁས་ལེན་དང་སྲུང་སྐྱོང་ཐོབ་ཀྱི་ཡོད།

8. 父母不抚养非婚生子女（私生子女）的行为合法吗？

༨.ཕ་མས་སྤྱི་ཚར་གྱི་བུ་ཕྲུག་གསོ་སྐྱོང་མི་བྱེད་པའི་བྱ་སྤྱོད་དེ་ཁྲིམས་མཐུན་ཡིན་ནམ།

不合法。根据《中华人民共和国民法典》规定，非婚生子女享有与婚生子女同等的权利，任何人不得加以危害和歧视。不直接抚养非婚生子女的生父或生母,应当负担子女的生活费和教育费。直至子女能独立生活为止。

དེ་ནི་ཁྲིམས་མཐུན་མ་ཡིན་ཏེ། 《ཀྲུང་ཧྭ་མི་དམངས་སྤྱི་མཐུན་རྒྱལ་ཁབ་ཀྱི་དམངས་དོན་ཁྲིམས་གཞུང་》གི་གཏན་འབེབས་ལྟར་ན། སྤྱི་ཚར་གྱི་བུ་ཕྲུག་ལ་གཉེན་སྒྲིག་བྱས་ནས་སྐྱེས་པའི་བུ་ཕྲུག་དང་འདྲ་མཉམ་གྱི་དབང་ཆ་ལྡན་ཞིང་། མི་སུ་འདྲ་ཞིག་གིས་ཀྱང་སྤྱི་ཚར་གྱི་བུ་ཕྲུག་ལ་གནོད་འཚེ་དང་མཐོང་ཆུང་བྱེད་མི་ཆོག སྤྱི་ཚར་གྱི་བུ་ཕྲུག་ཐད་ཀར་གསོ་སྐྱོང་མི་བྱེད་པའི་ཕ་མས་བུ་ཕྲུག་དག་འཚོ་བའི་རང་སྐྱ་མ་འཕེར་བར་དུ་བུ་ཕྲུག་གི་འཚོ་བའི་འགྲོ་སྒྲོན་དང་སློབ་གསོའི་འགྲོ་སྒྲོན་གྱི་འགན་འཁུར་དགོས།

9. 在婚姻关系存续期间，卓玛不幸患上重病，可老公不愿意拿钱给其治疗，卓玛有权分割夫妻共同财产吗？

༩.གཉེན་སྒྲིག་གི་འབྲེལ་བ་གནས་སྡུས་ཀྱི་སྐབས་སུ། སྐབས་མ་ལེགས་པར་སྒྲོལ་མར་ནད་གཞི་ཕྱིད་པོ་ཕོག་ཀྱང་། ཁྱོ་གས་སྨན་བཅོས་བྱ་རྒྱུའི་འགྲོ་གྲོན་གཏོང་འདོད་མི་བྱེད་པས། སྒྲོལ་མར་བཟའ་ཚང་ཐུན་མོང་གི་རྒྱུ་ནོར་བགོ་བཤའ་རྒྱག་པའི་དབང་ཆ་ཡོད་དམ།

有权分割。婚姻关系存续期间，有下列情形之一的，夫妻一方可以向人民法院请求分割共同财产：

བགོ་བཤའ་རྒྱག་པའི་དབང་ཆ་ཡོད་དེ། དེའང་གཉེན་སྒྲིག་གི་འབྲེལ་བ་གནས་སྡུས་ཡིན་པའི་སྐབས། གཤམ་གསལ་གྱི་གནས་ཚུལ་རིགས་ཡོད་ཚེ། བཟའ་ཚང་གཉིས་ནས་ཕྱོགས་གཅིག་གིས་མི་དམངས་ཁྲིམས་ཁང་ལ་ཐུན་མོང་གི་རྒྱུ་ནོར་བགོ་བཤའ་རྒྱག་རྒྱུའི་རེ་ཞུ་བྱས་ཆོག་པ་སྟེ།

一方有隐藏、转移、变卖、毁损、挥霍夫妻共同财产或者伪造夫妻共同债务等严重损害夫妻共同财产利益的行为；

ཕྱོགས་གཅིག་གིས་བཟའ་ཚང་ཐུན་མོང་གི་རྒྱུ་ནོར་སྦས་གསང་དང་སྤོ་འགྱུར། འཚོང་སྒྱུར། གཏོར་སྐྱོན། བག་མེད་ལོངས་སྤྱོད་བཅས་བྱས་པ་དང་། ཡང་ན་བཟའ་ཟླ་ཐུན་མོང་གི་བུ་ལོན་རྫུན་བཟོ་བྱས་པ་སོགས་བཟའ་ཟླ་ཐུན་མོང་གི་རྒྱུ་ནོར་ཁེ་ཕན་ལ་གནོད་འཚེ་ཚབས་ཆེན་བཟོས་པའི་བྱ་སྤྱོད།

一方负有法定抚养义务的人患重大疾病需要医治，另一方不同意支付相关医疗费用。

ཕྱོགས་གཅིག་གི་ཁྲིམས་བཀོད་གསོ་སྐྱོང་འོས་འགན་ཡོད་པའི་མི་ལ་ནད་གཞི་ལྕིད་པོ་ཐོག་སྨན་བཅོས་བྱེད་དགོས་ནའང་། ཕྱོགས་གཞན་དེས་འབྲེལ་ཡོད་སྨན་བཅོས་འགྲོ་སྒོན་གཏོང་འདོད་མི་བྱེད་པ།

10. 婚姻存续期间，哪些收入是夫妻共同财产？

༡༠.གཉེན་སྒྲིག་གི་འབྲེལ་བ་གནས་མུས་ཡིན་པའི་སྐབས་ཡོང་འབབ་གང་དག་བཟའ་ཚང་ཐུན་མོང་གི་རྒྱུ་ནོར་ཡིན་ནམ།

根据《中华人民共和国民法典》规定，夫妻在婚姻关系存续期间所得的下列财产，为夫妻的共同财产，归夫妻共同所有：

《ཀྲུང་ཧྭ་མི་དམངས་སྤྱི་མཐུན་རྒྱལ་ཁབ་ཀྱི་དམངས་དོན་ཁྲིམས་གཞུང་》གི་གཏན་འབེབས་ལྟར་ན། བཟའ་ཚང་གི་འབྲེལ་བ་གནས་མུས་སྐབས་བྱུང་བའི་གཤམ་གསལ་རྒྱུ་ནོར་དག་བཟའ་ཚང་ཐུན་མོང་གི་རྒྱུ་ནོར་ཡིན་ཞིང་བཟའ་ཚང་ཐུན་མོང་ལ་དབང་བ་སྟེ།

（1）工资、奖金、劳务报酬；

（༡）གླ་ཆ་དང་བྱ་དགའི་དངུལ། ངལ་རྩོལ་ཐོབ་ཆ།

（2）生产、经营、投资的收益；

（༢）ཐོན་སྐྱེད་དང་ཁེ་གཉེར། མ་འཛུགས་བཅས་བྱས་པའི་ཡོང་འབབ།

（3）知识产权的收益；

（༣）ཤེས་བྱའི་ཐོན་དབང་གི་ཡོང་འབབ།

（4）继承或者受赠的财产，但是本法第一千零六十三条第三项规定的除外；

（༤）བཅའ་ཁྲིམས་འདི་གཞིའི་དོན་ཚན་ཆིག་སྟོང་བརྒྱ་མེད་དྲུག་ཅུ་རེ་གསུམ་གྱི་ནང་ཚན་གསུམ་པའི་གཏན་འབེབས་ཕུད། རྒྱུན་འཛིན་དང་ཡང་ན་གཞན་གྱིས་སྩེར་བའི་རྒྱུ་ནོར།

（5）其他应当归共同所有的财产。

（༥）ད་དུང་ཐུན་མོང་ལ་དབང་དེས་ཀྱི་རྒྱུ་ནོར་གཞན་དག་བཅས་སོ།།

11.离婚时，此前为家庭付出更多的一方是否有权利请求补偿？

༡༡.བཟའ་ཚང་ཁ་བྲལ་སྐབས་རྨ་ཀུན་ཁྲིམ་ཚང་གི་ཆེད་དུ་དཀའ་ལས་ཆེ་བ་རྒྱག་མཁན་གྱི་ཕྱོགས་དེས་ཁ་གསབ་སྤྲོད་རྒྱུའི་རེ་བ་འདོན་དབང་ཡོད་དམ།

夫妻一方因抚育子女、照料老人、协助另一方工作等负担较多义务的，离婚时有权向另一方请求补偿，另一方应当给予补偿。具体办法由双方协议；协议不成的，由人民法院判决。

བཟའ་ཚང་ཕྱོགས་གཅིག་ནས་བུ་ཕྲུག་གསོ་སྐྱོང་དང་རྒན་རྐོན་ལ་ལྟ་རྟོག་བྱ་རྒྱུ། ཕྱོགས་གཞན་དེའི་ལས་ཀར་རོགས་རམ་བྱ་རྒྱུ་སོགས་འོས་འགན་ཅུང་མང་བ་འཁུར་ཡོད་ཚེ། ཁ་བྲལ་སྐབས་ཕྱོགས་གཞན་དེར་ཁ་གསབ་སྤྲོད་རྒྱུའི་རེ་བ་འདོན་དབང་ཡོད་ལ། ཕྱོགས་གཞན་དེས་ཀྱང་ཁ་གསབ་སྤྲོད་དགོས། ཞིབ་ཕྲའི་བྱ་ཐབས་ནི་ཕྱོགས་གཉིས་པོས་གྲོས་མོལ་བྱེད་དགོས་ཤིང་། གལ་ཏེ་གྲོས་མཐུན་མ་བྱུང་ཚེ་མི་དམངས་ཁྲིམས་ཁང་ནས་ཁྲིམས་ཐག་གཅོད་རྒྱུའོ།།

12. 对亲子关系有异议能否寻求司法救济？

༡༢.ཕ་མ་དང་བུ་ཕྲུག་གི་འབྲེལ་བར་རྩོད་གཞི་ཡོད་ཚེ་ཁྲིམས་འཛིན་ཐད་ནས་ཐག་གཅོད་བྱེད་རོགས་ཞུ་རྒྱུའི་རེ་བ་འདོན་ཆོག་གམ།

对亲子关系有异议且有正当理由的，父亲或者母亲可以向人民法院提起诉讼，请求确认或者否认亲子关系。

ཕ་མ་དང་བུ་ཕྲུག་གི་འབྲེལ་བའི་ཐད་རྩོད་གཞི་ཡོད་པ་མ་ཟད། ལུགས་མཐུན་གྱི་རྒྱུ་མཚན་ཡོད་ཚེ། ཕའམ་མས་མི་དམངས་ཁྲིམས་ཁང་ལ་རྒྱུ་མཚན་ཞུ་འབུལ་གྱིས་ཕ་མ་དང་བུ་ཕྲུག་གི་འབྲེལ་བ་ཁས་ལེན་པའམ་ཡང་ན་མི་ལེན་པའི་རེ་བ་འདོན་ཆོག

对亲子关系有异议且有正当理由的，成年子女可以向人民法院提起诉讼，请求确认亲子关系。

ཕ་མ་དང་བུ་ཕྲུག་གི་འབྲེལ་བར་རྩོད་གཞི་ཡོད་པ་མ་ཟད། ལུགས་མཐུན་གྱི་རྒྱུ་མཚན་ཡོད་ཚེ། ནར་སོན་པའི་བུ་ཕྲུག་གིས་མི་དམངས་ཁྲིམས་ཁང་ལ་རྒྱུ་མཚན་ཞུ་འབུལ་གྱིས་ཕ་མ་དང་བུ་ཕྲུག་གི་འབྲེལ་བ་གཏན་འཁེལ་བྱ་རྒྱུར་རེ་བ་འདོན་ཆོག

13. 什么是离婚冷静期？

༡༣.གང་འདྲ་ཞིག་ལ་གཉེན་འབྲོར་མཚོ་བསམ་དུས་བཀག་ཟེར་རམ།

《中华人民共和国民法典》规定了为期三十天的离婚冷静期。自婚姻登记机关收到离婚登记申请之日起三十日内，任何一方不愿意离婚的，可以向婚姻登记机关撤回离婚登记申请。

《ཀྲུང་ཧྭ་མི་དམངས་སྤྱི་མཐུན་རྒྱལ་ཁབ་ཀྱི་དམངས་དོན་ཁྲིམས་གཞུང་》གི་གཏན་འབེབས་ལྟར་ན། ཁ་འབྲལ་རྒྱུར་མཚོ་བསམ་གཏོང་བར་དུས་ཡུན་ཉིན་སུམ་ཅུའི་ཚད་བཀག་ཡོད་ཅིང་། གཉེན་སྒྲིག་ཐོ་འགོད་ལས་ཁུངས་ལ་བཟའ་ཚང་ཁ་འབྲལ་རྒྱུའི་རེ་ཞུ་འབྱོར་བའི་ཉིན་ནས་བཟུང་ཉིན་སུམ་ཅུའི་ནང་ཕྱོགས་གང་རུང་ཞིག་ཁག་ཁག་བྱེད་འདོད་མེད་ཚེ། གཉེན་སྒྲིག་ཐོ་འགོད་ལས་ཁུངས་ལ་ཕྱིན་ནས་བཟང་ཚང་ཁ་བྲལ་ཐོ་འགོད་ཀྱི་རེ་ཞུ་ཕྱིར་འཐེན་བྱས་ཆོག

前款规定期限届满后三十日内，双方应当亲自到婚姻登记机关申请发给离婚证；未申请的，视为撤回离婚登记申请。

གོང་དུ་གཏན་འཁེལ་བྱས་པའི་དུས་བཀག་ཡོལ་རྗེས་ཀྱི་ཉིན་སུམ་ཅུའི་ནང་བཟའ་ཚང་གཉིས་ཀ་དངོས་སུ་གཉེན་སྒྲིག་ཐོ་འགོད་ལས་ཁུངས་ལ་ཕྱིན་ནས་བཟའ་ཚང་ཁ་བྲལ་གྱི་ལག་ཁྱེར་སྤྲོད་རྒྱུའི་རེ་ཞུ་བྱེད་དགོས་པ་དང་། རེ་ཞུ་བྱས་མེད་ཚེ་བཟའ་ཚང་ཁ་འབྲལ་རྒྱུའི་ཐོ་འགོད་ཀྱི་རེ་བ་ཕྱིར་འཐེན་བྱས་པར་བརྩི་བ་ཡིན།

14. 对于婚前隐瞒疾病史的任意一方，婚后可以请求法院撤销婚姻吗？

༡༤.གཉེན་སྒྲིག་མ་བྱས་གོང་རང་གི་ནད་གཞིའི་ལོ་རྒྱུས་སྦ་གསང་བྱེད་མཁན་གྱི་ཕྱོགས་གང་རུང་ལ། གཉེན་སྒྲིག་བྱས་རྗེས་ཁྲིམས་ཁང་ལ་ཁ་འབྲལ་རྒྱུའི་རེ་བ་འདོན་ཆོག་གམ།

可以。一方患有重大疾病的，应当在结婚登记前如实告知另一方；不如实告知的，另一方可以向人民法院请求撤销婚姻。

ཆོག་སྟེ། ཕྱོགས་གཅིག་ལ་ནད་གཞི་ཚབས་ཆེན་རིགས་ཡོད་ཚེ། གཉེན་སྒྲིག་ཐོ་འགོད་མ་བྱས་གོང་ཕྱོགས་གཞན་དེར་སྨྲས་གསང་མེད་པར་ཤོད་དགོས། གལ་སྲིད་སྨྲས་གསང་བྱས་ཚེ། ཕྱོགས་གཞན་དེས་མི་དམངས་ཁྲིམས་ཁང་ལ་གཉེན་སྒྲིག་གི་འབྲེལ་ཐག་གཅོད་རྒྱུའི་རེ་བ་འདོན་ཆོག

请求撤销婚姻的，应当自知道或者应当知道撤销事由之日起一年内提出。

ཁ་འབྲལ་རྒྱུའི་རེ་བ་འདོན་མཁན་གྱིས་ཁ་བྲལ་བའི་རྒྱུ་མཚན་ཤེས་པའམ་ཡང་ན་ཤེས་དགོས་ངེས་ཀྱི་ཉིན་མོ་དེ་ནས་བཟུང་ལོ་གཅིག་གི་ནང་རེ་བ་འདོན་དགོས།

15. 对于已经有子女的夫妻，可以再收养孩子吗？

༡༥.བུ་ཕྲུག་ཡོད་པའི་བཟའ་ཚང་གིས་ད་དུང་ཕྲུ་གུ་གསོ་ཉར་བྱས་ཆོག་གམ།

可以。收养人应当同时具备下列条件：

ཆོག་སྟེ། དེའང་གསོ་ཉར་བྱེད་མཁན་ལ་དུས་མཚུངས་གཤམ་གྱི་ཆ་རྐྱེན་ཁག་ལྡན་དགོས་ཏེ།

（1）无子女或者只有一名子女；

（༡）བུ་ཕྲུག་མེད་པའམ་ཡང་ན་བུ་ཕྲུག་གཅིག་ལས་མེད་པ།

（2）有抚养、教育和保护被收养人的能力；

（༢）བུ་ཕྲུག་གསོ་སྐྱོང་དང་སློབ་གསོ། སྲུང་སྐྱོང་བྱ་རྒྱུའི་ནུས་པ་ཡོད་པ།

（3）未患有在医学上认为不应当收养子女的疾病；

（༣）གསོ་རིག་ཐོག་ནས་བུ་ཕྲུག་གསོ་ཉར་བྱེད་མི་རུང་བར་ངོས་འཛིན་པའི་ནད་གཞི་མེད་པ།

（4）无不利于被收养人健康成长的违法犯罪记录；

（༤）གསོ་ཉར་བྱ་ཡུལ་བདེ་ཐང་དང་འཚར་ལོངས་ཡོང་རྒྱུར་མི་འཚམ་པའི་ཁྲིམས་འགལ་གྱི་ཉེས་བསགས་ཟིན་ཐོ་མེད་པ།

（5）年满三十周岁。

（༥）བཟའ་ཚོ་གཉིས་ཀ་ལོ་སུམ་ཅུ་ཟིན་པ་བཅས་དགོས།

16. 在调解无效的情况下，法律准予离婚的情形有哪些？

༡༦.འདུམ་འགྲིག་བྱས་ཀྱང་ཕན་འབྲས་མ་ཐོན་ཚེ། བཅའ་ཁྲིམས་ཐོག་ནས་ཁ་བྲལ་ཆོག་པའི་གནས་ཚུལ་གང་དག་ཡོད་དམ།

（1）重婚或者与他人同居；

（༡）བཟའ་ཟླ་ཡོད་བཞིན་དུ་གཉེན་སྒྲིག་བྱེད་པ་དང་མི་གཞན་དང་འགྲོགས་མཐུན་མཉམ་སྡོད་བྱེད་པ།

（2）实施家庭暴力或者虐待、遗弃家庭成员；

（༢）ཁྱིམ་ཚང་ནང་གདུག་རྩུབ་སྤྱོད་དང་མནར་གཅོད་བྱེད་པ། དེ་བཞིན་ཁྱིམ་མི་བསྐྱུར་བ།

（3）有赌博、吸毒等恶习屡教不改；

（༣）རྒྱན་འཛུགས་དང་དུག་འཐེན་པ་སོགས་གོམས་གཤིས་ངན་པ་སྤོང་དགོས་པའི་ཁ་ཏ་ཡང་ཡང་བྱས་ཀྱང་མི་ཉན་པ།

（4）因感情不和分居满二年；

（༤）བརྩེ་དུང་གི་རྐྱེན་གྱིས་མ་འཆམ་པར་ལོགས་སུ་བསྡད་ནས་ལོ་གཉིས་ཁྱིན་པ།

（5）其他导致夫妻感情破裂的情形。

（༥）ད་དུང་བཟའ་ཚང་གི་བརྩེ་དུང་མེད་པར་ཆགས་པའི་གནས་ཚུལ་གཞན་དག་བཅས་སོ། །

17. 遭遇了家庭暴力应该怎么办？

༡༧.ཁྱིམ་ཚང་གི་གདུག་སྤྱོད་ཐོག་ཚེ་ཡང་སྙིང་གང་འདྲ་བྱེད་དགོས་སམ།

受到家庭暴力伤害的受害人可以寻求当地的村委会或者居委会的帮助，村委会或者居委会应当介入进行调解，对于那些正在实施家暴的行为应当立即阻止。若无力调解的，可以寻求人民法院的帮助。

ཁྱིམ་ཚང་གཅུམ་སྤྱོད་ཀྱི་གནོད་འཚེ་ཕོག་མཁན་དེས་ས་གནས་དེ་གའི་གྲོང་ཚོ་ཨུ་ལྷན་དང་ཡང་ན་གྲོང་མི་ཨུ་ལྷན་ནས་རོགས་རམ་བྱ་རྒྱུའི་རེ་བ་འདོན་དགོས་པ་དང་། གྲོང་ཚོ་ཨུ་ལྷན་ནམ་ཡང་ན་གྲོང་མི་ཨུ་ལྷན་ནས་དེར་འདུམ་འགྲིག་བྱས་ཐོག ཁྱིམ་ཚང་གཅུམ་སྤྱོད་ཀྱི་བྱ་སྤྱོད་དེ་དག་འཕྲལ་དུ་བཀག་འགོག་བྱ་དགོས། གལ་སྲིད་འདུམ་འགྲིག་བྱ་མ་ཐུབ་ཚེ། མི་དམངས་ཁྲིམས་ཁང་ནས་རོགས་སྐྱོར་བྱ་རྒྱུའི་རེ་བ་ཞུས་ཆོག

六、遗产继承

དྲུག་པ། ཤུལ་ནོར་རྒྱུན་འཛིན།

1. 亲属、近亲属和家庭成员的范围是如何界定的？

༡.སྤུན་མཆེད་དང་ཉེ་སྤུན། ཁྱིམ་ཚང་གི་ཁོངས་མི་བཅས་དབྱེ་བ་ཇི་ལྟར་འབྱེད་དགོས་སམ།

《中华人民共和国民法典》规定，亲属包括配偶、血亲和姻亲。

《ཀྲུང་ཧྭ་མི་དམངས་སྤྱི་མཐུན་རྒྱལ་ཁབ་ཀྱི་དམངས་དོན་ཁྲིམས་གཞུང་》གི་གཏན་འབེབས་ལྟར་ན། སྤུན་མཆེད་ཀྱི་ཁོངས་སུ་བཟའ་ཟླ་དང་རྒྱུད་འབྲེལ་སྤུན་མཆེད། གཉེན་སྒྲིག་སྤུན་མཆེད་བཅས་ཚུད་ཡོད།

配偶、父母、子女、兄弟姐妹、祖父母、外祖父母、孙子女、外孙子女为近亲属。

དེའང་བཟའ་ཟླ་དང་ཕ་མ། བུ་ཕྲུག གཅེན་གཅུང་། སྤོ་བོ་རྨོ་བོ། ཚ་བོའི་བུ་ཕྲུག་སོགས་ནི་ཉེ་སྤུན་ཡིན།

配偶、父母、子女和其他共同生活的近亲属为家庭成员。

བཟའ་ཟླ་དང་ཕ་མ། བུ་ཕྲུག དེ་བཞིན་མཉམ་དུ་འཚོ་བ་སྐྱེལ་མཁན་གྱི་ཉེ་སྐྱེན་ཚང་མ་ཁྱིམ་ཚང་གི་ཁོངས་མི་ཡིན།

2. 未出生的胎儿有哪些权利?

༢.མངལ་ཕྲུག་ལ་དབང་ཆ་གང་དག་ཡོད་དམ།

涉及遗产继承，接受赠与胎儿利益保护的，胎儿视为具有民事权利能力。但是，胎儿娩出时为死体的，其民事权利能力自始不存在。

དེའང་ཤུལ་ནོར་རྒྱུན་འཛིན་དང་འབྲེལ་ཞིང་མངལ་ཕྲུག་ལ་ཤུལ་ནོར་སྟེར་བའི་ཁེ་ཕན་སྲུང་སྐྱོང་དང་ལེན་བྱེད་དགོས་ཚེ། མངལ་ཕྲུག་ལ་དམངས་དོན་དབང་ཆའི་ནུས་པ་ཡོད་པར་བརྩི་བ་ཡིན། འོན་ཀྱང་མངལ་ཕྲུག་སྐྱེ་དུས་ནས་ཚེ་ལས་འདས་ཟིན་ན། དེའི་དམངས་དོན་དབང་ཆ་དེ་དུས་ནས་མེད་པར་ཆགས་པ་ཡིན།

3. 次仁还没有继承父母遗产就不幸去世了，请问次仁应当继承的遗产可以转给其继承人吗?

༣.ཚེ་རིང་སྐབས་མི་ལེགས་པར་ཕ་མའི་ཤུལ་ནོར་རྒྱུན་འཛིན་མ་བྱས་གོང་ནས་ཚེ་ལས་འདས་ན། ཚེ་རིང་གིས་རྒྱུན་འཛིན་བྱ་དགོས་ངེས་ཀྱི་ཤུལ་ནོར་དག་ཤུལ་འཛིན་པ་གཞན་ལ་སྤྲད་ན་འགྲིག་གམ།

可以。继承开始后，继承人于遗产分割前死亡，并没有放弃继承的，该继承人应当继承的遗产转给其继承人，但是遗嘱另有安排的除外。

འགྲིག་སྟེ། རྒྱུན་འཛིན་བྱེད་འགོ་ཚུགས་རྗེས། རྒྱུན་འཛིན་བྱེད་མཁན་དེ་ཤུལ་ནོར་བགོ་བཤའ་མ་བརྒྱབ་གོང་ཚེ་ལས་འདས་ནའང་རྒྱུན་འཛིན་བྱ་རྒྱུ་འདོར་མེད་ཚེ། རྒྱུན་འཛིན་བྱེད་མཁན་མི་དེའི་ཤུལ་ནོར་དག་ཁོ་པའི་ཤུལ་འཛིན་པར་སྤྲད་ཆོག འོན་ཀྱང་ཁ་ཆེམས་ནང་བཀོད་སྒྲིག་གཞན་དག་ཡོད་ཚེ་དེའི་ཁོངས་སུ་མི་གཏོགས།

4. 在法定继承、遗嘱、遗赠扶养协议并存的情况下，哪个法律效力优先？

༤.ཁྲིམས་བཀོད་རྒྱུན་འཛིན་པ་དང་སྨྲུན་མཆིད་འདས་པོའི་ཁ་ཆེམས། དེ་བཞིན་ཤུལ་ནོར་སྩེར་མཁན་གསོ་སྐྱོང་པའི་གྲོས་མཐུན་བཅས་མཉམ་དུ་ཐུག་པའི་གནས་ཚུལ་ཡོད་ཆེ། བཅའ་ཁྲིམས་གང་ཞིག་གི་ནུས་པ་གཙོ་བོར་བཟི་དགོས་སམ།

继承开始后，按照法定继承办理；有遗嘱的，按照遗嘱继承或者遗赠办理；有遗赠扶养协议的，按照协议办理。

རྒྱུན་འཛིན་བྱེད་འགོ་ཚུགས་རྗེས་ཁྲིམས་བཀོད་རྒྱུན་འཛིན་བྱ་ཐབས་ལྟར་ཐག་གཅོད་བྱ་དགོས་ཤིང་། ཁ་ཆེམས་ཡོད་ཚེ། ཁ་ཆེམས་ལྟར་རྒྱུན་འཛིན་ནམ་ཡང་ན་སྩེར་དགོས། ཤུལ་ནོར་སྩེར་རྒྱུ་དང་གསོ་སྐྱོང་བྱ་རྒྱུའི་གྲོས་མཐུན་ཡོད་ཚེ། གྲོས་མཐུན་ལྟར་ཐག་གཅོད་བྱ་དགོས།

5. 小王因父亲过世接管了公司，变更了法人，母亲要求分割一半财产，小王不同意，说公司是属于自己的，此说法对吗？

༥.ཞའོ་ཝང་གི་ཕ་གྲོངས་རྗེན་ཀུང་སིའི་ངོ་དམ་བྱས་ཏེ་ཁྲིམས་མི་བརྗེ་འགྱུར་བྱས། དེའི་ཆེ་མ་ཡིས་རྒྱུ་ནོར་ཕྱེད་ཀ་བགོ་བཤའ་རྒྱག་རྒྱུའི་རེ་བ་བཏོན་ཡང་། ཞའོ་ཝང་གིས་མོས་མཐུན་མ་བྱས་པར་ཀུང་སི་དེ་རང་ཉིད་ལ་བདག་པ་ཡིན་ཞེས་བཤད། ཐོད་སྣངས་དེ་འགྲིག་པ་ཡིན་ནམ།

不对。夫妻共同所有的财产，除有约定的外，遗产分割时，应当先将共同所有的财产的一半分出为配偶所有，其余的为被继承人的遗产。

བཟའ་ཚང་ཐུན་མོང་ལ་དབང་བའི་རྒྱུ་ནོར་ནི། སྔོན་ནས་ཁ་དན་བྱས་ཡོད་པ་ཕུད། ཤུལ་ནོར་བགོ་བཤའ་རྒྱག་སྐབས། སྔོན་ལ་ཐུན་མོང་དུ་དབང་བའི་རྒྱུ་ནོར་གྱི་ཕྱེད་ཀ་བཟའ་ཟླར་དབང་བ་དང་། དེ་འཕྲོས་ནི་རྒྱུན་འཛིན་བྱེད་མཁན་ལ་དབང་བ་ཡིན།

遗产在家庭共有财产之中的，遗产分割时，应当先分出他人的财产。

ཤུལ་ནོར་དག་ཁྱིམ་ཚང་རྒྱུ་ནོར་གྱི་ཁྲོད་དུ་ཚུད་ཡོད་ཚེ། བགོ་བཤའ་རྒྱག་སྐབས་སྔོན་ལ་མི་གཞན་གྱི་རྒྱུ་ནོར་ཕར་ཕུད་དགོས།

6. 在遗嘱形式方面，打印遗嘱是有效的遗嘱方式吗？

༦.ཁ་ཆེམས་ཀྱི་རྣམ་པའི་ཐད། པར་དུ་བཏབ་པའི་ཁ་ཆེམས་དག་ནུས་ལྡན་གྱི་ཁ་ཆེམས་འཇོག་སྟངས་ཡིན་ནམ།

打印遗嘱应当有两个以上见证人在场见证。遗嘱人和见证人应当在遗嘱每一页签名，注明年、月、日。

པར་འདེབས་ཁ་ཆེམས་འཇོག་སྐབས་ངེས་པར་དུ་དཔང་མི་གཉིས་ཡན་གྱིས་གཞོགས་སུ་བསྡད་ནས་ར་སྤྲོད་བྱ་དགོས། ཁ་ཆེམས་འཇོག་མཁན་དང་དཔང་མིས་ཁ་ཆེམས་ཀྱི་ཤོག་ངོས་ཚང་མའི་ཐོག་མིང་རྟགས་དང་ལོ་ཟླ། དེ་བཞིན་ཚེས་གྲངས་བཅས་ཁ་གསལ་འགོད་དགོས།

以录音录像形式立的遗嘱，应当有两个以上见证人在场见证。遗嘱人和见证人应当在录音录像中记录其姓名或者肖像，以及年、月、日。

སྒྲ་ཕབ་དང་བརྙན་ཕབ་ཀྱི་རྣམ་པའི་ཐོག་ནས་ཁ་ཆེམས་འཇོག་སྐབས། ངེས་པར་དུ་དཔང་མི་གཉིས་ཡན་གྱིས་གཞོགས་སུ་བསྡད་དེ་ར་སྤྲོད་བྱ་དགོས། ཁ་ཆེམས་འཇོག་མཁན་དང་དཔང་མིས་སྒྲ་ཕབ་དང་བརྙན་ཕབ་ནང་སོ་སོའི་མིང་དང་འདྲ་པར། དེ་བཞིན་ལོ་ཟླ་ཚེས་གྲངས་བཅས་ཕབ་འཇུག་བྱ་དགོས།

7. 对于膝下无子女的老年夫妻，该如何养老？

༧.བུ་ཕྲུག་འཁྲིས་ལ་མེད་པའི་རྒན་རྒོན་བཟའ་ཚོ་གཉིས་ཀྱིས་རྒན་གསོ་ཇི་ལྟར་བྱ་དགོས་སམ།

自然人可以与继承人以外的组织或者个人签订遗赠扶养协议。按照协议，该组织或者个人承担该自然人生养死葬的义务，享有受遗赠的权利。

རང་བྱུང་མིས་རྒྱུད་འཛིན་པ་མ་ཡིན་པའི་རུ་འཛུགས་དང་ཡང་ན་མི་སྒེར་གྱི་བར་ཤུལ་ནོར་སྤྲེར་རྒྱུ་དང་གསོ་སྐྱོང་བྱ་རྒྱུའི་གྲོས་མཐུན་བཞག་ན་འགྲིག གྲོས་མཐུན་ལྟར་རུ་འཛུགས་སམ་ཡང་ན་མི་སྒེར་གྱིས་རང་བྱུང་མི་དེའི་གསོ་སྐྱོང་དང་རྗེས་འཇུག་གི་འགན་འཁུར་དགོས་ལ། སྤྲེར་ནོར་དང་ལེན་བྱེད་པའི་དབང་ཆ་ཡང་ཡོད།

8. 张女士生前先后立了多分遗嘱，内容不同，应该以哪份遗嘱为准？

༨.མཁྱེན་ལྷན་མ་ཀྲང་ལགས་ཀྱིས་སྔ་ཕྱིར་ཁ་ཆེམས་ཁག་ཁ་ཤས་ཤིག་བཞག་ཡོད་ཅིང་། དེ་དག་གི་ནང་དོན་གཅིག་པ་མིན་པས་ཁ་ཆེམས་གང་ཞིག་ཚད་གཞིར་འཛིན་དགོས་སམ།

遗嘱人可以撤回、变更自己所立的遗嘱。

ཁ་ཆེམས་འཇོག་མཁན་གྱིས་རང་གི་ཁ་ཆེམས་ཕྱིར་འཐེན་དང་། རང་གིས་བཞག་ཟིན་པའི་ཁ་ཆེམས་ལ་འགྱུར་བ་བཏང་ཆོག

立遗嘱后，遗嘱人实施与遗嘱内容相反的民事法律行为的，视为对遗嘱相关内容的撤回。

ཁ་ཆེམས་མང་དག་ཅིག་བཞག་པ་དང་། ཁ་ཆེམས་འཇོག་མཁན་གྱིས་ཁ་ཆེམས་ཀྱི་ནང་དོན་དང་རྒྱབ་འགལ་གྱི་དམངས་དོན་བཅའ་ཁྲིམས་ཀྱི་བྱ་སྤྱོད་བཟུང་ཚེ། དེ་ནི་ཁ་ཆེམས་ཀྱི་འབྲེལ་ཡོད་ནང་དོན་ཕྱིར་འཐེན་བྱས་པར་བརྩིས་ཆོག

立有数份遗嘱，内容相抵触的，以最后的遗嘱为准。

ཁ་ཆེམས་བཞག་རྗེས་ནང་དོན་གཅིག་པ་མིན་ཚེ། མཐའ་མཇུག་ལ་བཞག་པའི་ཁ་ཆེམས་དེ་ཚད་གཞིར་འཛིན་དགོས།

9. 哪些人员不能作为遗嘱见证人？

༩.ཁ་ཆེམས་འཇོག་སྐབས་དཔང་མི་བྱེད་མི་ཆོག་པའི་མི་གང་དག་ཡོད་དམ།

（1）无民事行为能力人、限制民事行为能力人以及其他不具有见证能力的人；

（༡）དམངས་དོན་བྱ་སྤྱོད་ཀྱི་ནུས་པ་མེད་པའི་མི་དང་དམངས་དོན་བྱ་སྤྱོད་ཀྱི་ནུས་པར་ཚད་བཀག་ཐོག་པའི་མི། དེ་བཞིན་དཔང་མི་བྱེད་ནུས་མེད་པའི་མི་གཞན།

（2）继承人、受遗赠人；

（༢）རྒྱུན་འཛིན་མཁན་དང་ཤུལ་ནོར་སྣེར་ཡུལ།

（3）与继承人、受遗赠人有利害关系的人。

（༣）རྒྱུན་འཛིན་མཁན་དང་ཤུལ་ནོར་སྣེར་ཡུལ་ལ་ཁེ་གྱོང་གི་འབྲེལ་བ་ཡོད་མི་བཅས་སོ།།

七、宗教信仰

བདུན་པ། ཆོས་དད།

1. 什么是宗教信仰自由？

༡.གང་འདྲ་ཞིག་ལ་ཆོས་དད་རང་མོས་ཟེར་རམ།

根据《中华人民共和国宪法》规定，中华人民共和国公民有宗教信仰自由。任何国家机关、社会团体和个人不得强制公民信仰宗教或者不信仰宗教，不得歧视信仰宗教的公民和不信仰宗教的公民。国家保护正常的宗教活动。任何人不得利用宗教进行破坏社会秩序、损害公民身体健康、妨碍国家教育制度的活动。宗教团体和宗教事务不受外国势力的支配。

དེའང《ཀྲུང་ཧྭ་མི་དམངས་སྤྱི་མཐུན་རྒྱལ་ཁབ་ཀྱི་རྩ་ཁྲིམས་》ཀྱི་གཏན་འབེབས་ལྟར་ན། ཀྲུང་ཧྭ་མི་དམངས་སྤྱི་མཐུན་རྒྱལ་ཁབ་ཀྱི་སྤྱི་དམངས་ལ་ཆོས་དད་རང་དབང་ཡོད། རྒྱལ་ཁབ་ལས་ཁུངས་དང་སྤྱི་ཚོགས་ཚོགས་པ། མི་སྒེར་བཅས་གང་རུང་གིས་བཙན་ཤེད་ཀྱིས་སྤྱི་དམངས་ཆོས་ལ་དད་པ་བྱེད་དུ་འཇུག་པའམ་ཆོས་ལ་དད་པ་བྱེད་དུ་མི་འཇུག་པ་བྱེད་མི་ཆོག ཆོས་ལ་དད་པ་ཡོད་པའི་སྤྱི་དམངས་དང་ཆོས་ལ་དད་པ་མེད་པའི་སྤྱི་དམངས་སུ་ལའང་མཐོང་ཆུང་བྱེད་མི་ཆོག རྒྱལ་ཁབ་ཀྱིས་རྒྱུན་གཏན་གྱི་ཆོས་ལུགས་བྱེད་སྒོར་སྲུང་སྐྱོང་བྱེད་པ་ཡིན། མི་སུ་ཞིག་ཡིན་རུང་ཆོས་ལུགས་ལ་བརྟེན་ནས་སྤྱི་ཚོགས་ཀྱི་སྒྲིག་ལམ་ལ་གཏོར་བཤིག་གཏོང་བ་དང་སྤྱི་དམངས་ཀྱི་ལུས་ཁམས་བདེ་ཐང་ལ་གནོད་འཚེ་གཏོང་བ། རྒྱལ་ཁབ་ཀྱི་སློབ་གསོའི་ལམ་ལུགས་ལ་འགལ་རྐྱེན་བཟོ་བ་བཅས་ཀྱི་བྱ་བ་བསྒྲུབ་མི་ཆོག ཆོས་ལུགས་ཚོགས་པ་དང་ཆོས་ལུགས་ཀྱི་ལས་དོན་ཐད་ཕྱི་རྒྱལ་གྱི་སྟོབས་ཤུགས་ཀྱིས་ཁ་ལོ་བསྒྱུར་མི་ཆོག

2. 老百姓应该怎么信教？

༢.མང་ཚོགས་ཀྱིས་ཆོས་ལ་དད་པ་ཇི་ལྟར་བྱེད་དགོས་སམ།

根据《宗教事务条例》规定，要遵守宪法、法律、法规和规章，践行社会主义核心价值观，维护国家统一、民族团结、宗教和睦和社会稳定。依法信教，不得利用宗教进行危害国家安全、破坏社会秩序、损害公民身体健康、妨碍国家教育制度以及其他损害国家利益、社会公共利益和公民合法权益等违法活动。同时将信教活动和正常的生产生活合理调配好，积极过好今生幸福生活。

དེའང་《ཆོས་ལུགས་ལས་དོན་སྲོལ་ཡིག་》གི་གཏན་འབེབས་ལྟར་ན། རྩ་ཁྲིམས་དང་བཅའ་ཁྲིམས། ཁྲིམས་སྲོལ། སྒྲིག་སྲོལ་བཅས་ལ་བརྩི་སྲུང་ཞུས་ཐོག སྤྱི་ཚོགས་རིང་ལུགས་ཀྱི་ལྟེ་བའི་རིན་ཐང་ལྟ་བ་ལག་ལེན་དང་། རྒྱལ་ཁབ་གཅིག་གྱུར་དང་མི་རིགས་མཐུན་སྒྲིལ། ཆོས་ལུགས་ཞི་མཐུན་དང་སྤྱི་ཚོགས་བརྟན་ལྷིང་ལ་སྲུང་སྐྱོང་གིས་ཁྲིམས་ལྟར་ཆོས་ལ་དད་པ་བྱ་དགོས་ཤིང་། ཆོས་ལུགས་ལ་བརྟེན་ནས་རྒྱལ་ཁབ་ཀྱི་བདེ་འཇགས་ལ་གནོད་འཚེ་དང་སྤྱི་ཚོགས་ཀྱི་སྒྲིག་ལམ་གཏོར་བཤིག་གཏོང་བ། སྤྱི་དམངས་ཀྱི་ལུས་ཁམས་བདེ་ཐང་ལ་གནོད་འཚེ་གཏོང་བ། རྒྱལ་ཁབ་ཀྱི་སློབ་གསོའི་ལམ་ལུགས་ལ་འགོག་རྐྱེན་བཟོ་བ། དེ་བཞིན་རྒྱལ་ཁབ་ཀྱི་ཁེ་ཕན་དང་སྤྱི་ཚོགས་ཀྱི་སྤྱི་པའི་ཁེ་ཕན། སྤྱི་དམངས་ཀྱི་ཁྲིམས་མཐུན་ཁེ་དབང་བཅས་ལ་གནོད་པའི་ཁྲིམས་འགལ་གྱི་བྱེད་སྒོ་སྤེལ་མི་ཆོག དུས་མཚུངས་སུ་ཆོས་ལུགས་བྱེད་སྒོ་དང་རྒྱུན་གཏན་གྱི་ཐོན་སྐྱེད་འཚོ་བ་གཉིས་བཀོད་སྒྲིག་ལུགས་མཐུན་བྱས་ནས་ཚེ་འདིར་བདེ་སྐྱིད་དང་ལྡན་པའི་འཚོ་བ་ཞིག་སྐྱེལ་དགོས།

3. 能够在小区里设立宗教活动场所吗？

༣.སྡེ་ཁུལ་ནང་ཆོས་ལུགས་ཀྱི་བྱེད་སྒོ་སྤེལ་ས་འཛུགས་ཆོག་གམ།

《宗教事务条例》第二十条规定，设立宗教活动场所，应当具备下列条件：

《ཆོས་ལུགས་ལས་དོན་སྲོལ་ཡིག་》གི་དོན་ཚན་ཉི་ཤུ་པའི་གཏན་འབེབས་ལྟར་ན། ཆོས་ལུགས་ཀྱི་བྱེད་སྒོ་སྤེལ་ས་འཛུགས་དགོས་ཚེ་གཤམ་གསལ་གྱི་ཆ་རྐྱེན་དག་ཚང་དགོས་ཏེ།

（1）设立宗旨不违背《宗教事务条例》相关的规定；

（༡）འཛུགས་པའི་དམིགས་ཡུལ་དེ་《ཆོས་ལུགས་ལས་དོན་སྲོལ་ཡིག་》གི་འབྲེལ་ཡོད་གཏན་འབེབས་དང་མི་འགལ་བ།

（2）当地信教公民有经常进行集体宗教活动的需要；

（༢）ས་གནས་དེ་གའི་ཆོས་དད་མང་ཚོགས་རྣམས་ལ་རྟག་ཏུ་མཉམ་སྡེབ་ཀྱི་ཆོས་ལུགས་བྱེད་སྒོ་སྤེལ་རྒྱུའི་དགོས་མཁོ་ཡོད་པ།

（3）有拟主持宗教活动的宗教教职人员或者符合本宗教规定的其他人员；

（༣）ཆོས་ལུགས་བྱེད་སྒོ་གཙོ་སྐྱོང་བྱེད་མཁན་གྱི་ཆོས་ཕྱོགས་ལས་དོན་མི་སྣ་དང་ཡང་ན་ཆོས་ལུགས་འདི་གའི་གཏན་འབེབས་དང་མཐུན་པའི་མི་སྣ་གཞན་དག་ཡོད་དགོས་པ།

（4）有必要的资金，资金来源渠道合法；

（༤）དགོས་ངེས་ཀྱི་མ་དངུལ་ཡོད་དགོས་པ་དང་མ་དངུལ་གྱི་ཡོངས་ཁུངས་ཁྲིམས་མཐུན་ཡིན་དགོས་པ།

（5）布局合理，符合城乡规划要求，不妨碍周围单位和居民的正常生产、生活。

（༥）བཀོད་སྒྲིག་ལུགས་མཐུན་དང་གྲོང་ཁྱེར་དང་གྲོང་གསེབ་ཀྱི་འཆར་འགོད་རེ་བ་དང་མཐུན་པ། ཉེ་འཁོར་གྱི་ཚན་པ་དང་གྲོང་མིའི་རྒྱུན་གཏན་གྱི་ཐོན་སྐྱེད་དང་འཚོ་བར་འགོག་རྐྱེན་མི་བཟོ་བ་བཅས་སོ།།

4. 什么是邪教？

༤.གང་འདྲ་ཞིག་ལ་ཆོས་ལོག་ཟེར་རམ།

邪教是指冒用宗教、气功或者其它名义建立，神化首要分子，利用制造、散布歪理邪说等手段蛊惑、蒙骗他人，发展、控制成员，危害社会的非法组织。邪教大多是以传播宗教教义、拯救人类为幌子，散布谣言，且通常有一个自称开悟的具有超自然力量的教主，以秘密结社的组织形式控制群众，一般以不择手段地敛取钱财为主要目的。

ཆོས་ལོག་ཅེས་པ་ནི་ཆོས་ལུགས་དང་རླུང་སྒོམ། ཡང་ན་མིང་གཞན་དག་ལ་བརྟེན་ཏེ་བཙུགས་ཤིང་འགོ་གཙོ་ལྷ་རུ་བཟོ་བ་དང་། དཀྲིག་གཏམ་བཟོ་བ་དང་ཁྱབ་སྤེལ་གཏོང་བ་ལ་

སོགས་པའི་བྱ་ཐབས་ལ་བརྟེན་ནས་མི་གཞན་བསླུ་བྲིད་དང་མགོ་སྐོར་གཏོང་བ། ཁོངས་མི་མང་དུ་གཏོང་བ་དང་ཚོད་འཛིན་བྱེད་པ། སྤྱི་ཚོགས་ལ་གནོད་འཚེ་གཏོང་བའི་ཁྲིམས་འགལ་གྱི་སྒྲིག་འཛུགས་ཤིག་ཡིན། ཆོས་ལོག་མང་ཆེ་བས་ཆོས་ཀྱི་ལྷ་གྲུབ་ཁྲབ་སྤྱིལ་དང་མིའི་རིགས་སྐྱོབ་རྒྱུར་ཁ་གཡར་ནས་དཀྲོག་གཏམ་སྤེལ་བ་མ་ཟད། རྟག་ཏུ་རྟོག་པ་སེལ་མཁན་གྱི་རང་བྱུང་ཁམས་ལས་འདས་པའི་མཐུ་ནུས་ཅན་གྱི་ཆོས་དཔོན་ཡིན་ཟེར་མཁན་ཞིག་གིས་གསང་བའི་ངང་ཚོགས་པ་བཙུགས་པའི་རྩ་འཛུགས་ཀྱི་རྣམ་པའི་ཐོག་ནས་མང་ཚོགས་ཚོད་འཛིན་བྱེད་ཅིང་། སྤྱིར་བཏང་ཐབས་ངན་གང་ཡོད་སྤྱད་དེ་རྒྱུ་དངུལ་བསྡུ་རྒྱུ་དམིགས་ཡུལ་དུ་བྱེད་པ་ཞིག་ཡིན།

5. 信教群众煨桑时有哪些注意事项？

༥.དད་ལྡན་མང་ཚོགས་ཀྱིས་བསང་གཏོང་སྐབས་དོ་སྣང་བྱ་དགོས་པ་གང་དག་ཡོད་དམ།

在规定时间到规定地点进行煨桑。为避免火灾、保护环境，不要私自焚烧松柏枝；不乱砍伐爬地柏和小叶杜鹃等植物。

དེའང་གཏན་འཁེལ་གྱི་དུས་ཚོད་དང་གཏན་འཁེལ་གྱི་གནས་སུ་བསང་གཏོང་དགོས་ཤིང་། མེ་སྐྱོན་མི་ཡོང་བ་དང་ཁོར་ཡུག་ལ་སྲུང་སྐྱོང་ཐུབ་ཆེད་རང་འཚམ་དང་སུ་ལུ་མེར་བསྲེགས་མི་རུང་བ་དང་། སྤ་མ་དང་བ་ལུ་སོགས་རྩི་ཤིང་གང་བྱུང་དུ་འཐུ་མི་རུང་།

合理确定自己煨桑的次数和时间，把更多的时间和精力用在子女和家庭等方面。

རང་སོ་སོས་བསང་གཏོང་བའི་ཐེངས་གྲངས་དང་དུས་ཚོད་བཀོད་སྒྲིག་ལུགས་མཐུན་བྱས་ཐོག དེ་ལས་མང་བའི་དུས་ཚོད་དང་ནུས་ཤུགས་བུ་ཕྲུག་དང་ཁྱིམ་ཚང་སྐྱོང་བའི་ཐད་བེད་སྤྱོད་གཏོང་དགོས།

八、就业与社会救助

བརྒྱད་པ། ལས་ཞུགས་དང་སྤྱི་ཚོགས་རོགས་སྐྱོབ།

1. 用人单位在招聘启事上标明只限男性的做法合法吗？

༡.ལས་མི་བཀོལ་སྤྱོད་ཚན་པས་ལས་མི་བསྡུ་བའི་བརྡ་ཁྱབ་ཐོག་སྐྱེས་པ་ཁོ་ན་བསྡུ་བའི་གསལ་བརྗོད་གཏོང་སྟངས་དེ་ལུགས་མཐུན་ཡིན་ནམ།

不合法。劳动者就业，不因民族、种族、性别、宗教信仰不同而受歧视。

དེ་ནི་ལུགས་དང་མི་མཐུན་ཏེ། ངལ་རྩོལ་པ་ལས་ཀར་ཞུགས་སྐབས་མི་རིགས་དང་རིགས་རྒྱུད། ཕོ་མོ། ཆོས་ལུགས་ཀྱི་དད་མོས་བཅས་མི་འདྲ་བའི་དབང་གིས་མཐོང་ཆུང་བྱེད་མི་རུང་།

2. 用人单位与劳动者不签订劳动合同的做法对吗？

༢.ལས་མི་བཀོལ་སྤྱོད་ཚན་པ་དང་ངལ་རྩོལ་པའི་དབར་ངལ་རྩོལ་གན་རྒྱ་མི་འཛོག་པའི་བྱེད་སྟངས་དེ་འགྲིག་གམ།

不对。建立劳动关系，应当订立书面劳动合同。已建立劳动关系，未同时订立书面劳动合同的，应当自用工之日起一个月内订立书面劳动合同。

དེ་ནི་མི་འགྲིག་སྟེ། ངལ་རྩོལ་འབྲེལ་བ་འཛུགས་སྐབས། ཡིག་ཐོག་གི་ངལ་རྩོལ་གན་རྒྱ

འཛོག་དགོས། ངལ་རྩོལ་འབྲེལ་བ་བཙུགས་ཟིན་ཀྱང་ཡིག་ཐོག་གི་ངལ་རྩོལ་གན་རྒྱ་བཞག་མེད་ན། ལས་ཀ་བསྐྱལ་པའི་ཉིན་མོ་དེ་ནས་བཟུང་ཟླ་བ་གཅིག་གི་ནང་ཡིག་ཐོག་གི་ངལ་རྩོལ་གན་རྒྱ་འཛོག་དགོས།

3. 劳动合同到期后劳动者继续在用人单位工作的，劳动关系受法律保护吗？

༣.ངལ་རྩོལ་གན་རྒྱའི་དུས་བཀག་གཙང་རྗེས་ངལ་རྩོལ་པས་ལས་ཁུངས་དེ་གར་མུ་མཐུད་ལས་ཀ་བྱས་ཚེ། ངལ་རྩོལ་འབྲེལ་བར་བཅའ་ཁྲིམས་ཀྱི་སྲུང་སྐྱོང་ཐོབ་བམ།

根据《最高人民法院关于审理劳动争议案件试用法律若干问题的解释》的规定，劳动合同期满后，劳动者仍在原用人单位工作，用人单位未表示异议的，视为双方同意以原条件继续履行劳动合同。也就是说，如果劳动合同期满，虽然双方没有续签劳动合同，但双方对仍按原劳动合同履行，彼此没有任何异议，则认定为双方默认按照原劳动合同的约定继续履行，原来的劳动合同对用人单位和劳动者双方继续具有约束力。

དེའང《ཆེས་མཐོའི་མི་དམངས་ཁྲིམས་ཁང་གི་ངལ་རྩོལ་རྩོད་གཞིའི་གྱོད་དོན་ལ་འདྲི་ཞིབ་བྱེད་པའི་ཚོད་ལྟའི་བཅའ་ཁྲིམས་ཀྱི་གནད་དོན་འགའ་ཞིག་སྐོར་གྱི་འགྲེལ་བཤད》ལྟར་ན། ངལ་རྩོལ་གན་རྒྱའི་དུས་བཀག་གཙང་རྗེས་ངལ་རྩོལ་པས་སྔར་བཞིན་ལས་ཁུངས་དེ་གར་ལས་ཀ་བྱེད་པ་དང་། ལས་ཁུངས་དེར་ཡང་བསམ་འཆར་མི་མཐུན་པ་མེད་ཚེ་ཕྱོགས་གཉིས་པོས་སྔོན་གྱི་ཆ་རྐྱེན་ལྟར་མུ་མཐུད་ངལ་རྩོལ་གན་རྒྱ་ལག་བསྟར་བྱེད་རྒྱུར་མོས་མཐུན་བྱས་པར་བརྩི་དགོས། དེ་ཡང་གསལ་པོ་བཤད་ན། གལ་སྲིད་ངལ་རྩོལ་གན་རྒྱའི་དུས་བཀག་གཙང་རྗེས་མ་གཞི་ཕྱོགས་གཉིས་པོས་མུ་མཐུད་ངལ་རྩོལ་གན་རྒྱ་བཞག་མེད་ནའང་ཕྱོགས་གཉིས་པོས་སྔར་བཞིན་དེ་སྔའི་ངལ་རྩོལ་གན་རྒྱར་གཞིགས་པ་དང་ཕན་ཚུན་བསམ་འཆར་མི་མཐུན་པ་མེད་ཚེ། ཕྱོགས་གཉིས་པོས་སྔར་གྱི་ངལ་རྩོལ་གན་རྒྱའི་ཁ་དན་མུ་མཐུད་ལག་བསྟར་བྱེད་འདོད་ཡོད་

པར་ངོས་འཛིན་བྱས་ཆོག་ཅིང་། དེ་སྔའི་ངལ་རྩོལ་གན་རྒྱ་དེས་ལས་མི་བཀོལ་སྤྱོད་ཚན་པ་དང་ངལ་རྩོལ་པ་ཕྱོགས་གཉིས་ཀར་ལུ་མཐུད་ཆོད་འཛིན་གྱི་བྱེད་ནུས་ལྡན་པ་ཡིན།

4. 哪些对象能够申请公租房？

༤.སྤྱི་པའི་བོགས་གཏོང་ཁང་པ་རེ་ཞུ་བྱེད་ཆོག་མཁན་གང་དག་ཡོད་དམ།

公租房享受对象为城镇中等偏下收入家庭和进城务工人员住房困难家庭。同时，还需要具备三个条件：一是具有当地城镇户口，或持有当地公安部门发放的居住证明，并在当地实际居住 1 年以上，具有稳定收入并有缴纳租金能力的人员；二是家庭成员年收入或月收入低于当地公布的城镇居民家庭人均可支配收入标准；三是在当地无住房或人均住房建筑面积低于 15 平方米，同时没有享受其他住房保障政策的人员。

སྤྱི་པའི་ཐོགས་གཏོང་ཁང་པ་ཡོངས་སྤྱོད་བྱེད་ཉུང་མཁན་ནི་གྲོང་ཁྱེར་དང་གྲོང་རྡལ་གྱི་ཡོང་འབབ་དམའ་འབྲིང་གི་ཁྱིམ་ཚང་དང་། གྲོང་ཁྱེར་ནང་ལས་ཀ་བྱེད་པར་སླེབས་ཤིང་སྡོད་ཁང་ཐད་དཀའ་ངལ་ཡོད་པའི་ཁྱིམ་ཚང་ཡིན། དེ་དང་དུས་མཚུངས་ད་དུང་ཆ་རྐྱེན་གསུམ་ཚང་དགོས་ཏེ། གཅིག་ནས་ས་གནས་དེ་གའི་གྲོང་ཁྱེར་དང་གྲོང་རྡལ་གྱི་ཐེམ་ཐོ་ཡོད་པའམ་ཡང་ན་ས་གནས་དེ་གའི་སྤྱི་བདེ་སྡེ་ཁག་གིས་སྤྲད་པའི་གནས་སྡོད་དཔང་ཡིག་ཡོད་པ་མ་ཟད། ས་གནས་དེ་གར་དངོས་སུ་བསྡད་ནས་ལོ་༡ཡན་ཟིན་ཞིང་གཏན་འཇགས་ཀྱི་ཡོང་འབབ་ཡོད་ཁར་ཁང་གླ་སྤྲོད་ནུས་ཡོད་པའི་མི་སྣ་ཡིན་དགོས་པ། གཉིས་ནས་ཁྱིམ་ཚང་གི་ཁོངས་མིའི་ལོ་དེའི་ཡོང་འབབ་བམ་ཟླ་རེའི་ཡོང་འབབ་དེ་ས་གནས་དེ་གས་ཁྱབ་བསྒྲགས་བྱས་པའི་གྲོང་ཁྱེར་དང་གྲོང་རྡལ་གྱི་གྲོང་མིའི་ཁྱིམ་ཚང་གི་མི་རེའི་ཆ་སྙོམས་བེད་སྤྱོད་བྱེད་ཆོག་པའི་ཡོང་འབབ་ཀྱི་ཚད་གཞི་ལས་དམའ་བ་ཡོད་པ། གསུམ་ནས་ས་གནས་དེ་གར་སྡོད་ཁང་མེད་པའམ་ཡང་ན་མི་རེའི་ཆ་སྙོམས་སྡོད་ཁང་འཛུགས་སྐྲུན་གྱི་རྒྱ་ཁྱོན་སྨིད་ངོས་གྲུ་མ་༡༥མི་ཟིན་པ། དུས་མཚུངས་སྡོད་ཁང་འགན་སྲུང་གི་སྲིད་ཇུས་གཞན་དག་ལོངས་སྤྱོད་བྱས་མེད་པའི་མི་སྣ་བཅས་ཡིན།

5. 低收入住房困难户能否将承租的廉租住房转租？

༥.ཡོང་འབབ་དམའ་ཞིང་སྡོད་ཁང་ཐད་དཀའ་ངལ་ཡོད་པའི་ཁྱིམ་ཚང་གིས་གླས་ཟིན་པའི་ཁང་གླ་ཁེ་བའི་སྡོད་ཁང་གཞན་ལ་གཡར་ཆོག་གམ།

根据《廉租住房保障办法》规定，城市低收入住房困难家庭不得将所承租的廉租住房转借、转租或者改变用途。城市低收入住房困难家庭违反相关规定的，应当按照合同约定退回廉租住房。廉租住房，是指政府为保障低收入家庭的居住需求，以租金补贴或者实物配租的方式，向符合城镇居民最低生活保障标准且住房困难的家庭提供社会保障性质的住房。如果承租人将廉租房转借、转租或者改变用途就违背了国家设立该项制度的初衷，从一定程度上也可以证明承租人不再符合申请廉租住房的条件，因此，应当按照约定将廉租房退回政府，交由那些真正居住困难需要廉租住房的居民。

དེ་འདང་《ཁང་སླ་ཁེ་བའི་རོགས་ཁང་འགན་སྲུང་བཅའ་ཁྲིམས་》ཀྱི་གཏན་འབེབས་ལྟར་ན། ཡོང་འབབ་དམའ་ལ་སྡོད་ཁང་ཐད་དཀའ་ངལ་ཡོད་པའི་ཁྱིམ་ཚང་གིས་སླས་ཟིན་པའི་ཁང་སླ་ཁེ་བའི་སྡོད་ཁང་གཞན་ལ་གཡར་བ་དང་རོགས་མར་གཏོང་བ། ཡང་ན་སྤྱོད་སྒོ་བསྒྱུར་བ་བཅས་བྱེད་མི་རུང་། གྲོང་ཁྱེར་གྱི་ཡོང་འབབ་དམའ་ལ་སྡོད་ཁང་ཐད་དཀའ་ངལ་ཡོད་པའི་ཁྱིམ་ཚང་གིས་འབྲེལ་ཡོད་གཏན་འབེབས་དང་འགལ་ཚེ། གན་རྒྱའི་ཁ་དན་ལྟར་ཁང་སླ་ཁེ་བའི་སྡོད་ཁང་ཕྱིར་སློག་བྱ་དགོས། ཁང་སླ་ཁེ་བའི་སྡོད་ཁང་ཞེས་པ་ནི་སྲིད་གཞུང་ནས་ཡོང་འབབ་དམའ་བའི་ཁྱིམ་ཚང་གི་སྡོད་གནས་དགོས་མཁོ་འགན་སྲུང་བྱེད་ཆེད། སླ་རིན་ཁ་གསབ་དང་ཡང་ན་དངོས་པོ་རོགས་གཏོང་གི་བྱ་ཐབས་ལ་བརྟེན་ནས་གྲོང་ཁྱེར་དང་གྲོང་རྡལ་གྱི་གྲོང་མིའི་འཚོ་བའི་འགན་སྲུང་ཚད་གཞི་དམའ་ཤོས་དང་མཐུན་ཞིང་སྡོད་ཁང་ཐད་དཀའ་ངལ་ཡོད་པའི་ཁྱིམ་ཚང་ལ་སྤྱི་ཚོགས་ཀྱི་འགན་སྲུང་རང་བཞིན་ལྡན་པའི་སྡོད་ཁང་མཁོ་འདོན་བྱེད་པར་ཟེར་གྱི་ཡོད། གལ་སྲིད་རོགས་མར་ལེན་མཁན་གྱིས་ཁང་སླ་ཁེ་བའི་སྡོད་ཁང་གཞན་ལ་གཡར་བ་དང་། ཁང་སླར་གཏོང་བ། ཡང་ན་བེད་སྤྱོད་བྱེད་སྟངས་བསྒྱུར་ཚེ། རྒྱལ་ཁབ་ཀྱིས་རྣམ་གྲངས་དེའི་ལམ་ལུགས་བཙུགས་པའི་ཐོག་མའི་དམིགས་ཡུལ་དང་འགལ་ཞིང་། ཚད་ངེས་ཅན་ཞིག་གི་ཐོག་ནས་བཤད་ན་རོགས་མར་ལེན་མཁན་དེ་ད་ནས་བཟུང་ཁང་སླ་ཁེ་བའི་སྡོད་ཁང་རེ་ཞུ་བྱེད་པའི་ཆ་རྐྱེན་དང་མི་འཚམ་པའི་ར་སྤྲོད་ཐུབ་པ་ཡིན། དེར་བརྟེན་ཁ་དན་ལྟར་ཁང་སླ་ཁེ་བའི་སྡོད་ཁང་སྲིད་གཞུང་ལ་ཕྱིར་སྤྲོད་བྱ་དགོས་པ་དང་། དངོས་འབྲེལ་གནས་སྡོད་ཐད་དཀའ་ངལ་ཆེ་ཞིང་ཁང་སླ་ཁེ་བའི་སྡོད་ཁང་དགོས་ངེས་ཀྱི་གྲོང་མིར་སྤྲོད་དགོས་པ་ཡིན།

6. 最低生活保障适用于哪些群体？

༦.མ་མཐའི་འཚོ་བའི་འགན་སྲུང་དེ་མི་ཚོགས་གང་དག་ལ་བེད་སྤྱད་ན་འཚམ་མམ།

关于低保的试用人群，《社会救助暂行办法》规定：国家对共同生活的家庭成员人均收入低于当地最低生活保障标准，且符合当地最低生活保障家庭财产状况规定的家庭，给予最低生活保障。

མ་མཐའི་འགན་སྲུང་བྱ་ཡུལ་གྱི་མི་ཚོགས་སྐོར་ལ་《སྤྱི་ཚོགས་རོགས་སྐྱོབ་ཀྱི་གནས་སྐབས་ལག་བསྟར་བྱ་ཐབས་》ཀྱི་གཏན་འབེབས་ལྟར་ན། རྒྱལ་ཁབ་ནས་ཐུན་མོང་ཐོག་འཚོ་བ་སྐྱེལ་མཁན་ཁྱིམ་ཚང་གི་ཁོངས་མིའི་མི་རེའི་ཆ་སྙོམས་ཡོང་འབབ་དེ་ས་གནས་དེ་གའི་མ་མཐའི་འཚོ་བའི་འགན་སྲུང་གི་ཚད་གཞི་ལས་དམའ་བ་དང་། ས་གནས་དེ་གའི་མ་མཐའི་འཚོ་བའི་འགན་སྲུང་ཁྱིམ་ཚང་གི་རྒྱུ་ནོར་གནས་བབས་སྐོར་གྱི་གཏན་འབེབས་དང་མཐུན་པའི་ཁྱིམ་ཚང་ལ་མ་མཐའི་འཚོ་བའི་འགན་སྲུང་ཐོབ་པ་ཡིན།

7. 户籍性质会影响申请低保的类型吗？

༧.ཐེམ་ཐོའི་ངོ་བོས་མ་མཐའི་འགན་སྲུང་གི་རིགས་རེ་ཞུ་བྱེད་པར་ཤུགས་རྐྱེན་ཐེབས་སྲིད་དམ།

目前，我国仍存在农业户口和非农业户口的区别，这一区别具体到低保制度中就表现为，户籍类型会影响低保的类型。持有非农业户口的居民们可以申请城市低保。持有农业户口的居民，可以申请农村低保。

མིག་སྔར་རང་རྒྱལ་ལ་སྔར་བཞིན་ཞིང་པའི་ཐེམ་ཐོ་དང་ཞིང་པ་མ་ཡིན་པའི་ཐེམ་ཐོའི་ཁྱད་པར་གནས་མུས་ཡིན་ཞིང་། ཞིབ་ཕྲའི་ཁྱད་པར་ནི་མ་མཐའི་འགན་སྲུང་ལམ་ལུགས་ཁྲོད་ནས་མངོན་པ་སྟེ། ཐེམ་ཐོའི་རིགས་མི་འདྲ་བས་མ་མཐའི་འགན་སྲུང་གི་རིགས་ལ་ཤུགས་རྐྱེན་ཐེབས་པ་དང་། ཞིང་པའི་ཐེམ་ཐོ་མིན་པའི་གྲོང་མི་ཚོས་གྲོང་ཁྱེར་གྱི་མ་མཐའི་འགན་སྲུང་གི་ཐོབ་ཐང་རེ་ཞུ་བྱས་ཆོག ཞིང་པའི་ཐེམ་ཐོ་ཡིན་པའི་གྲོང་མིས་གྲོང་གསེབ་ཀྱི་མ་མཐའི་འགན་སྲུང་གི་ཐོབ་ཐང་རེ་ཞུ་བྱས་ཆོག

8. 单独申请低保需要符合什么条件？

༨.ཟུར་དུ་མ་མཐའི་འགན་སྲུང་ཐོབ་ཐང་རེ་ཞུ་བྱེད་པར་ཆ་རྐྱེན་གང་དག་ཚང་དགོས་སམ།

申请人有下列情况之一的，可以单独提出申请：

རེ་ཞུ་བྱེད་མཁན་ལ་གཤམ་གསལ་གྱི་གནས་ཚུལ་རིགས་ཡོད་ཚེ་ཟུར་དུ་རེ་ཞུ་བྱས་ཆོག་སྟེ།

（1）困难家庭中丧失劳动能力且单独立户的成年重度残疾人；

（༡）དཀའ་ངལ་ཡོད་པའི་ཁྱིམ་ཚང་ནང་ངལ་རྩོལ་ནུས་ཤུགས་ཤོར་བ་མ་ཟད། ཐེམ་ཐོ་ལོགས་སུ་བཟོས་པའི་ནར་སོན་པའི་དབང་པོ་སྐྱོན་ཅན་ཚབས་ཆེན་རིགས།

（2）脱离家庭、在宗教场所居住三年以上（含三年）的生活困难的宗教教职人员。

(༣) ཁྱིམ་ཚང་ནས་ཁ་བྲལ་ཞིང་ཆོས་གྲྭ་སོགས་ལ་ལོ་གསུམ་ཡན་（ལོ་གསུམ་ཚུད་པ་）གནས་སྡོད་བྱས་པའི་འཚོ་བར་དཀའ་ངལ་ཡོད་པའི་ཆོས་ལུགས་ལས་དོན་མི་སྣ་བཅས་སོ། །

9. 申请过低保后，还可以申请医疗救助吗？

༩.མ་མཐའི་འཚོ་བའི་འགན་སྲུང་ཐོབ་ཐང་རེ་ཞུ་བྱས་རྗེས་ད་དུང་སྨན་བཅོས་རོགས་སྐྱོབ་ཀྱི་རེ་ཞུ་བྱས་ཆོག་གམ།

可以。下列人员可以申请相关医疗救助：

གཤམ་གསལ་གྱི་མི་སྣའི་རིགས་ཀྱིས་འབྲེལ་ཡོད་སྨན་བཅོས་རོགས་སྐྱོབ་ཀྱི་རེ་ཞུ་བྱས་ཆོག་སྟེ།

（1）最低生活保障家庭成员；

(༡) མ་མཐའི་འཚོ་བའི་འགན་སྲུང་ཁྱིམ་ཚང་གི་ཁོངས་མི།

（2）特困供养人员；

(༢) དམིགས་བསལ་གྱི་དཀའ་ངལ་ཡོད་ཅིང་ལྟ་སྐྱོང་བྱེད་དགོས་པའི་མི་སྣ།

（3）县级以上人民政府规定的其他特殊困难人员。

(༣) རྫོང་རིམ་པ་ཡན་གྱི་མི་དམངས་སྲིད་གཞུང་གིས་གཏན་འབེབས་བྱས་པའི་དམིགས་བསལ་གྱི་དཀའ་ངལ་ཡོད་པའི་མི་སྣ་བཅས་སོ། །

10. 怎么办理暂住证？

༡༠.གནས་སྡོད་ལག་ཁྱེར་ཇི་ལྟར་ལེན་དགོས་སམ།

（1）申请人带上二代身份证至属地社区居委会警务室或派出所；

(༡) རེ་ཞུ་བྱེད་མཁན་གྱིས་ཐོན་གཉིས་པའི་ཐོབ་ཐང་ལག་ཁྱེར་ཁྱེར་ནས་ས་གནས་དེ་གའི་སྡེ་ཁུལ་གྲོང་མི་ཨུ་ལྷན་གྱི་ཉེན་རྟོག་ལས་དོན་ཁང་ངམ་ཡང་ན་མངགས་གཏོང་ཁང་ལ་འགྲོ་དགོས།

（2）填写一张《流动人口办理暂住证登记审批表》；

（༢）《འགྲོ་འོང་མི་འབོར་གྱི་གནས་སྡོད་ལག་ཁྱེར་ཐོ་འགོད་རེ་ཞུའི་རེའུ་མིག་》བཀང་དགོས།

（3）民警核对身份信息，采集照片，最后打印暂住证就完成了。

（༣）མི་དམངས་ཉེན་རྟོག་པས་ཐོབ་ཐང་ཆ་འཕྲིན་ཞིབ་བསྡུར་དང་ཕྱིད་པར་བརྒྱབ་རྗེས་གནས་སྡོད་ལག་ཁྱེར་པར་འདེབས་བྱས་ན་འགྲིག་པ་ཡིན།

九、权益保护

དགུ་པ། ཁེ་དབང་སྲུང་སྐྱོབ།

1. 侵害他人造成人身损害的，应当赔偿哪些费用呢？

༡.མི་གཞན་ལ་བཙན་གནོད་བྱས་ཏེ་མི་ལུས་ལ་གནོད་སྐྱོན་བཟོས་ཚེ། འགྲོ་གྲོན་གང་དག་གསབ་སྤྲོད་བྱེད་དགོས་སམ།

侵害他人造成人身损害的，应当赔偿医疗费、护理费、交通费、营养费、住院伙食补助费等为治疗和康复支出的合理费用，以及因误工减少的收入。造成残疾的，还应当赔偿辅助器具费和残疾赔偿金；造成死亡的，还应当赔偿丧葬费和死亡赔偿金。

མི་གཞན་ལ་བཙན་གནོད་བྱས་ཏེ་མི་ལུས་ལ་གནོད་སྐྱོན་བཟོས་ཚེ། སྨན་རིན་དང་ལྟ་སྐྱོང་འགྲོ་གྲོན། འགྲིམ་འགྲུལ་འགྲོ་གྲོན། འཚོ་བཅུད་འགྲོ་གྲོན། སྨན་ཁང་ལ་སྡོད་རིང་གི་བཟའ་བཅའི་ཁ་གསབ་འགྲོ་གྲོན་སོགས་སྨན་བཅོས་དང་བདེ་ཐང་སླར་གསོའི་ཐད་བཏང་བའི་ལུགས་མཐུན་གྱི་འགྲོ་གྲོན་དང་། དེ་བཞིན་ལས་ཀར་འཕྲུས་ཤོར་བྱུང་རྐྱེན་ཤོར་བའི་ཡོང་འབབ་བཅས་གུན་གསབ་བྱེད་དགོས་ཤིང་། དབང་པོ་སྐྱོན་ཅན་ཆགས་ཚེ། རམ་འདེགས་ཡོ་བྱད་ཀྱི་འགྲོ་གྲོན་དང་དབང་པོ་སྐྱོན་ཅན་བཟོས་པའི་གུན་གསབ་དངུལ་སྤྲོད་དགོས་ཤིང་། མི་གྲོངས་ཚེ་འདས་འཇུག་གི་འགྲོ་གྲོན་དང་མི་རིན་གུན་གསབ་ཀྱི་དངུལ་བཅས་སྤྲོད་དགོས།

2. 个人信息受法律保护吗？

༢.མི་སྒེར་གྱི་ཆ་འཕྲིན་ལ་བཅའ་ཁྲིམས་ཀྱི་སྲུང་སྐྱོབ་ཐོབ་བམ།

自然人的个人信息受法律保护。任何组织或者个人需要获取他人个人信息的，应当依法取得并确保信息安全，不得非法收集、使用、加工、传输他人个人信息，不得非法买卖、提供或者公开他人个人信息。

དེའང་རང་བྱུང་མི་སྒེར་གྱི་ཆ་འཕྲིན་ལ་བཅའ་ཁྲིམས་ཀྱི་སྲུང་སྐྱོབ་ཐོབ་པ་ཡིན། རྩ་འཛུགས་སམ་མི་སྒེར་གང་རུང་གིས་མི་གཞན་གྱི་སྒེར་གྱི་ཆ་འཕྲིན་རག་པ་བྱེད་དགོས་ཚེ། ཁྲིམས་ལྟར་རག་ཐབས་བྱེད་དགོས་པ་མ་ཟད། ཆ་འཕྲིན་གྱི་བདེ་འཇགས་འགན་སྲུང་བྱ་དགོས། དེ་མིན་མི་གཞན་གྱི་སྒེར་གྱི་ཆ་འཕྲིན་ཁྲིམས་འགལ་དང་བསྡུ་རུབ་དང་བེད་སྤྱོད། བཟོ་བཅོས།

བརྒྱུད་གཏོང་བཅས་བྱེད་མི་ཆོག་ལ། མི་གཞན་གྱི་སྒེར་གྱི་ཆ་འཕྲིན་ཉོ་ཚོང་དང་མགོ་འདོན། ཡང་ན་ཡོངས་ཁྲགས་བཅས་བྱེད་མི་ཆོག

个人信息中的私密信息，适用有关隐私权的规定；没有规定的，适用有关个人信息保护的规定。

མི་སྒེར་གྱི་ཆ་འཕྲིན་ནང་གི་གསང་བའི་ཆ་འཕྲིན་ཐད། སྒེར་དོན་གསང་བའི་དབང་ཆའི་འབྲེལ་ཡོད་གཏན་འབེབས་ལག་བསྟར་བྱེད་དགོས་པ་དང་། འབྲེལ་ཡོད་གཏན་འབེབས་མེད་ཚེ་མི་སྒེར་གྱི་ཆ་འཕྲིན་སྲུང་སྐྱོབ་ཀྱི་གཏན་འབེབས་ལག་བསྟར་བྱ་དགོས།

3. 个人信息包含哪些信息？

༣.མི་སྒེར་གྱི་ཆ་འཕྲིན་ནང་ཆ་འཕྲིན་གང་དག་ཚུད་ཡོད་དམ།

个人信息是以电子或者其他方式记录的能够单独或者与其他信息结合识别特定自然人的各种信息，包括自然人的姓名、出生日期、身份证件号码、生物识别信息、地址、电话号码、电子邮件、健康信息、行踪信息等。

མི་སྒེར་གྱི་ཆ་འཕྲིན་ཞེས་པ་ནི་གློག་རྡུལ་དང་ཡང་ན་རྣམ་པ་གཞན་གྱི་ཐོག་ནས་ཟིན་ཐོར་འགོད་ཅིང་། ཁེར་རྐྱང་ངམ་ཡང་ན་ཆ་འཕྲིན་གཞན་དག་དང་ཟུང་འབྲེལ་བྱས་ཏེ་དམིགས་བསལ་གྱི་རང་བྱུང་མི་སྒེར་ཤན་འབྱེད་ཐུབ་པའི་ཆ་འཕྲིན་སྣ་ཚོགས་ལ་ཟེར་བ་ཡིན། དེའི་ནང་རང་བྱུང་མི་སྒེར་གྱི་རུས་མིང་དང་སྐྱེས་ལོ་སྐྱེས་ཚེས། ཐོབ་ཐང་ལག་ཁྱེར་གྱི་ཨང་གྲངས། སྐྱེ་དངོས་ཀྱི་ཤན་འབྱེད་ཆ་འཕྲིན། སྡོད་གནས། ཁ་པར་ཨང་གྲངས། གློག་རྡུལ་ཡིག་ཟམ། བདེ་ཐང་གི་ཆ་འཕྲིན། འགྲོ་འདུག་གི་ཆ་འཕྲིན་སོགས་ཚུད་ཡོད།

4. 受害人和行为人对损害的发生都没有过错的，损失应由谁来承担？

༤.གནོད་འཚེ་ཕོག་མཁན་དང་གནོད་འཚེ་གཏོང་མཁན་ཕྱོགས་གཉིས་ཀར་གནོད་སྐྱོན་བྱུང་བར་ནོར་འཁྲུལ་མེད་ཚེ་གྱོང་གུན་དེ་སུ་ཡིས་འགན་འཁུར་དགོས་སམ།

受害人和行为人对损害的发生都没有过错的，依法律的规定由双方分担损失。

དེའང་གནོད་འཚེ་ཕོག་མཁན་དང་གནོད་འཚེ་གཏོང་མཁན་ཕྱོགས་གཉིས་ཀར་གནོད་སྐྱོན་བྱུང་བར་ནོར་འཁྲུལ་མེད་ཚེ་བཅའ་ཁྲིམས་ཀྱི་གཏན་འབེབས་ལྟར་ཕྱོགས་གཉིས་ཀས་འགན་ཆ་བགོས་བྱས་ཏེ་འཁུར་དགོས།

损害发生后，当事人可以协商赔偿费用的支付方式。协商不一致的，赔偿费用应当一次性支付；一次性支付确有困难的，可以分期支付，但是被侵权人有权请求提供相应的担保。

གནོད་སྐྱོན་བཟོས་རྗེས་དོ་བདག་གིས་འགྲོ་གྲོན་གསབ་སྤྲོད་བྱ་ཐབས་ཐད་གྲོས་མོལ་བྱེད་ཆོག གྲོས་མོལ་གཅིག་མཐུན་མ་བྱུང་ཚེ། གུན་གསབ་ཀྱི་འགྲོ་གྲོན་ཚང་མ་ཐེངས་གཅིག་ལ་སྤྲོད་དགོས་པ་དང་། ཐེངས་གཅིག་ལ་སྤྲོད་པར་དཀའ་ངལ་ཡོད་ཚེ། དུས་མཚམས་དབྱེ་ནས་སྤྲད་ཆོག འོན་ཀྱང་དབང་ཆར་གནོད་འཚེ་ཕོག་མཁན་གྱིས་དེ་མཚུངས་ཀྱི་ཁག་ཐེག་བྱ་རྒྱུའི་རེ་བ་འདོན་ཆོག

5. 哪些情形，签订的合同无效？

༥.གནས་ཚུལ་གང་དག་གི་འོག་བཞག་པའི་གན་རྒྱར་ནུས་པ་མེད་དམ།

有下列情形之一的，合同无效：

གཤམ་གསལ་གྱི་གནས་ཚུལ་རིགས་ཡོད་ན་གན་རྒྱར་ནུས་པ་མེད་དེ།

（1）一方以欺诈、胁迫的手段订立合同，损害国家利益；

（༡）ཕྱོགས་གཅིག་གིས་མགོ་སྐོར་གཏོང་བའམ་བཙན་ཤེད་ཀྱི་ཐབས་ལ་བརྟེན་ནས་གན་རྒྱ་བཞག་པ་དང་རྒྱལ་ཁབ་ཀྱི་ཁེ་ཕན་ལ་གནོད་སྐྱོན་བཟོས་པ།

（2）恶意串通，损害国家、集体或者第三人利益；

（༢）ཁང་བཙུགས་ནས་ངན་འབྲེལ་བྱས་ཏེ་རྒྱལ་ཁབ་དང་མཉམ་སྡེབ། ཡང་ན་མི་སྒེར་བཅས་ཀྱི་ཁེ་ཕན་ལ་གནོད་སྐྱོན་བཟོས་པ།

（3）以合法形式掩盖非法目的；

（༣）ཁྲིམས་མཐུན་གྱི་རྣམ་པའི་ཐོག་ནས་ཁྲིམས་འགལ་གྱི་དམིགས་ཡུལ་སྦ་གསང་བྱས་པ།

（4）损害社会公共利益；

（༤）སྤྱི་ཚོགས་ཀྱི་ཐུན་མོང་ཁེ་ཕན་ལ་གནོད་སྐྱོན་བཟོས་པ།

（5）违反法律、行政法规的强制性规定。

（༥）བཅའ་ཁྲིམས་དང་སྲིད་འཛིན་ཁྲིམས་སྲོལ་ལས་འགལ་བའི་བཙན་ཐབས་རང་བཞིན་གྱི་གཏན་འབེབས་བཅས་སོ།།

6. 民法典中对高利贷是怎么规定的？

༦.དམངས་དོན་ཁྲིམས་གཞུང་ནང་སྐྱེད་ཀ་མཐོ་བའི་དངུལ་བུན་ཐད་གཏན་འབེབས་གང་འདྲ་བྱས་ཡོད་དམ།

《中华人民共和国民法典》规定，禁止高利放贷，借款的利率不得违反国家有关规定。借款合同对支付利息没有约定的，视为没有利息。借款合同对支付利息约定不明确，当事人不能达成补充协议的，按照当地或者当事人的交易方式、交易习惯、市场利率等因素确定利息；自然人之间借款的，视为没有利息。

དེའང་《ཀྲུང་ཧྭ་མི་དམངས་སྤྱི་མཐུན་རྒྱལ་ཁབ་ཀྱི་དམངས་དོན་ཁྲིམས་གཞུང་》གི་གཏན་འབེབས་ལྟར་ན། སྐྱེད་ཀ་མཐོ་བའི་དངུལ་བུན་བཏང་མི་ཆོག་པ་དང་། དངུལ་བུན་གྱི་སྐྱེད་ཀའི་ཚད་གཞི་རྒྱལ་ཁབ་ཀྱི་འབྲེལ་ཡོད་གཏན་འབེབས་ལས་བརྒལ་མི་ཆོག དངུལ་གཡར་གན་རྒྱའི་ནང་སྐྱེད་ཀ་སྤྲོད་རྒྱུའི་ཐད་ཁ་དན་མེད་ན། སྐྱེད་ཀ་མེད་པར་བརྩི་རྒྱུ། དངུལ་གཡར་གན་རྒྱའི་ནང་སྐྱེད་ཀ་སྤྲོད་ཐབས་ཐད་ཁ་དན་གསལ་པོ་མེད་པ། དོ་བདག་གིས་ཁ་གསབ་གྲོས་མཐུན་འཛོག་མ་ཐུབ་ཚེ། ས་གནས་དེ་ག་དང་ཡང་ན་དོ་བདག་གིས་ཉོ་ཚོང་བྱ་ཐབས་དང་ཉོ་ཚོང་གི་གོམས་གཤིས། ཁྲོམ་རའི་སྐྱེད་ཚད་སོགས་ལ་གཞིགས་ནས་སྐྱེད་ཀའི་ཚད་གཞི་གཏན་འཁེལ་བྱ་དགོས་པ་དང་། རང་བྱུང་མིའི་དབར་དངུལ་གཡར་ན་སྐྱེད་ཀ་མེད་པར་བརྩི་དགོས།

7. 合同终止后，除了遵循诚信原则，根据交易习惯当事人还需要履行哪些义务？

༧.གན་རྒྱ་མཇུག་འགྲིལ་རྗེས་ཁ་དན་ཚིག་གནས་ཀྱི་རྩ་དོན་ལ་བརྩི་སྲུང་ཞུ་དགོས་པ་ཕུད། ཉོ་ཚོང་གི་གོམས་སྲོལ་ལྟར་ན་དེ་བདག་གིས་ད་དུང་འོས་འགན་གང་དག་སྒྲུབ་དགོས་སམ།

债权债务终止后，当事人应当遵循诚信等原则，根据交易习惯履行通知、协助、保密、旧物回收等义务。

བུན་དབང་བུ་ལོན་གྱི་དུས་བཀག་ཐིམ་རྗེས་དོ་བདག་གིས་ཁ་དན་ཚིག་གནས་སོགས་རྩ་དོན་ལ་བརྩི་སྲུང་དང་ཉོ་ཚོང་གི་གོམས་སྲོལ་ལྟར་ན་བརྡ་གཏོང་རྒྱུ་དང་། རམ་འདེགས་བྱ་རྒྱུ། གསང་བ་བྱ་རྒྱུ། ཅ་དངོས་རྙིང་པ་ཚུར་བསྡུ་སོགས་ཀྱི་འོས་འགན་སྒྲུབ་དགོས།

8. 消费者在商品活动中具有哪些权益？

༨.འཛད་སྤྱོད་པར་ཚོང་ཟོག་བྱེད་སྒོའི་ནང་ཁེ་དབང་གང་དག་ཡོད་དམ།

（1）消费者在购买、使用商品和接受服务时享有人身、财产安全不受损害的权利；

（༡）འཛད་སྤྱོད་པར་ཚོང་ཟོག་ཉོ་སྒྲུབ་དང་བེད་སྤྱོད་བྱེད་པ། ཞབས་ཞུ་དང་ལེན་བྱེད་པའི་སྐབས་མི་ལུས་དང་རྒྱུ་ནོར་བདེ་འཇགས་ལ་གནོད་སྐྱོན་མི་ཐོག་པ་བྱེད་པའི་དབང་ཆ་ཡོད།

（2）消费者享有知悉其购买、使用的商品或者接受的服务的真实情况的权利；

（༢）འཛད་སྤྱོད་པར་ཚོང་ཟོག་ཉོ་སྒྲུབ་དང་། བེད་སྤྱོད་དམ་ཡང་ན་ཞབས་ཞུ་དང་ལེན་བྱ་ཐབས་ཀྱི་གནས་ཚུལ་དངོས་ཤེས་རྟོགས་བྱེད་པའི་དབང་ཆ་ཡོད།

（3）消费者享有自主选择商品或者服务的权利；

（༣）འཛད་སྤྱོད་པར་རང་བདག་གི་སྒོ་ནས་ཚོང་ཟོག་དང་ཡང་ན་ཞབས་ཞུ་གདམ་ཁ་བྱེད་པའི་དབང་ཆ་ཡོད།

（4）消费者享有公平交易的权利；

（༤）འཛད་སྤྱོད་པར་འདྲ་མཉམ་ཐོག་ནེ་ཚོང་བྱེད་པའི་དབང་ཆ་ཡོད།

（5）消费者因购买、使用商品或者接受服务受到人身、财产损害的，享有依法获得赔偿的权利；

（༥）འཛད་སྤྱོད་པས་ཚོང་ཟོག་ཉོ་སྒྲུབ་དང་བེད་སྤྱོད། ཡང་ན་ཞབས་ཞུ་དང་ལེན་བྱེད་སྐབས་མི་ལུས་དང་རྒྱུ་ནོར་བའི་འཛགས་ལ་གནོད་སྐྱོན་ཕོག་ཚེ་ཁྲིམས་ལྟར་གུན་གསབ་ལེན་པའི་དབང་ཆ་ཡོད།

（6）消费者享有依法成立维护自身合法权益的社会组织的权利；

（༦）འཛད་སྤྱོད་པར་ཁྲིམས་ལྟར་རང་ཉིད་ཀྱི་ཁྲིམས་མཐུན་ཁེ་དབང་སྲུང་སྐྱོང་བྱེད་པའི་སྤྱི་ཚོགས་རུ་འཛུགས་འཛུགས་རྒྱུའི་དབང་ཆ་ཡོད།

（7）消费者享有获得有关消费和消费者权益保护方面的知识的权利；

（༧）འཛད་སྤྱོད་པར་འཛད་སྤྱོད་དང་འཛད་སྤྱོད་པའི་ཁེ་དབང་སྲུང་སྐྱོབ་ཐད་ཀྱི་འབྲེལ་ཡོད་ཤེས་བྱ་ཐོབ་པར་བྱེད་པའི་དབང་ཆ་ཡོད།

（8）消费者在购买、使用商品和接受服务时，享有人格尊严、民族风俗习惯得到尊重的权利，享有个人信息依法得到保护的权利；

（༨）འཛད་སྤྱོད་པས་ཚོང་ཟོག་ཉོ་སྒྲུབ་དང་བེད་སྤྱོད། ཞབས་ཞུ་དང་ལེན་བཅས་བྱེད་པའི་སྐབས། མི་གཤིའི་ལ་རྒྱ་དང་མི་རིགས་ཀྱི་ཡུལ་སྲོལ་གོམས་གཤིས་ཐད་བརྩི་འཇོག་ཐོབ་པའི་དབང་ཆ་ཡོད་ལ། མི་སྒེར་གྱི་ཆ་འཕྲིན་ལ་ཁྲིམས་བཞིན་སྲུང་སྐྱོབ་ཐོབ་པའི་དབང་ཆ་ཡོད།

（9）消费者享有对商品和服务以及保护消费者权益工作进行监督的权利。

（༩）འཛད་སྤྱོད་པར་ཚོང་ཟོག་དང་ཞབས་ཞུ། དེ་བཞིན་འཛད་སྤྱོད་པའི་ཁེ་དབང་སྲུང་སྐྱོབ་བྱེད་པའི་ལས་དོན་ཐད་ལྟ་སྐུལ་བྱེད་པའི་དབང་ཆ་ཡོད།

9. 购买的商品是否可以无理由退换？

༩.ཉོས་ཟིན་པའི་ཚོང་ཟོག་རྒྱུ་མཚན་མེད་པར་ཕྱིར་སློག་བྱས་ཆོག་གམ།

经营者采用网络、电视、电话、邮购等方式销售商品，消费者有权自收到商品之日起七日内退货，且无需说明理由，但下列商品除外：

དེ་འདང་ཚོང་གཉེར་བྱེད་མཁན་གྱིས་དྲ་རྒྱ་དང་བརྙན་འཕྲིན། ཁ་པར། སྦྲག་ཐོག་སོགས་བརྒྱུད་དེ་ཚོང་ཟོག་བཙོངས་ཚེ། འཛད་སྤྱོད་པར་ཚོང་ཟོག་འབྱོར་པའི་ཉིན་མོ་ནས་བཟུང་ཉིན་བདུན་གྱི་ནང་ཚུན་དུ་ཕྱིར་སློག་བྱེད་པའི་དབང་ཆ་ཡོད་ཅིང་། དེར་རྒྱུ་མཚན་གསལ་བཤད་བྱེད་མི་དགོས། འོན་ཀྱང་གཤམ་གསལ་གྱི་ཚོང་ཟོག་རིགས་དེའི་གྲས་སུ་མི་ཚུད་དེ།

（1）消费者定作的；

（༡）འཛད་སྤྱོད་པས་ཆེད་དུ་མངགས་བཟོ་བྱས་པའི་རིགས།

（2）鲜活易腐的；

（༢）སོས་པ་ཡིན་ཞིང་རུལ་སླ་བའི་རིགས།

（3）在线下载或者消费者拆封的音像制品、计算机软件等数字化商品;

（༣）དྲ་ཐོག་ནས་ཕབ་ལེན་བྱས་པའམ་ཡང་ན་འཛད་སྤྱོད་པས་ཁ་བཤིག་པའི་སྒྲ་བརྙན་ཐོན་རྫས་དང་རྩིས་འཁོར་གྱི་མཉེན་ཆས་སོགས་གྲངས་འཛིན་ཅན་གྱི་ཚོང་ཟོག

（4）交付的报纸、期刊。

（༤）སྤྲད་ཟིན་པའི་ཚགས་པར་དང་དུས་དེབ་བཅས་ཡིན།

除前款所列商品外，其他根据商品性质并经消费者在购买时确认不宜退货的商品，不适用无理由退货。

གོང་དུ་བཤད་པའི་ཚོང་ཟོག་ཕུད། གཞན་དག་ནི་ཚོང་ཟོག་གི་ངོ་བོར་གཞིགས་པ་དང་འཛད་སྤྱོད་པས་ཉོ་སྒྲུབ་བྱེད་སྐབས་ཕྱིར་སློག་རྒྱུ་མིན་པར་གཏན་འཁེལ་བའི་ཚོང་ཟོག་རྒྱུ་མཚན་མེད་པར་ཕྱིར་སློག་བྱེད་མི་རུང་།

消费者退货的商品应当完好。经营者应当自收到退回商品之日起七日内返还消费者支付的商品价款。退回商品的运费由消费者承担；经营者和消费者另有约定的，按照约定。

འཛད་སྤྱོད་པས་ཕྱིར་སློག་པའི་ཚོང་ཟོག་སྐྱོན་མེད་འཕྱུས་ཚང་ཡིན་དགོས་པ། ཚོང་གཉེར་པས་ཕྱིར་སློག་བྱས་པའི་ཚོང་ཟོག་འབྱོར་བའི་ཉིན་ནས་བཟུང་ཉིན་བདུན་གྱི་ནང་འཛད་སྤྱོད་པས་སྤྲད་པའི་ཚོང་ཟོག་གི་རིན་པ་ཕྱིར་སྤྲོད་བྱ་དགོས། ཚོང་ཟོག་ཕྱིར་སྤྲོད་བྱེད་སྐབས་སྐྱེལ་འདྲེན་གྱི་རིན་པ་ནི་འཛད་སྤྱོད་པས་སྤྲོད་དགོས་པ་དང་། ཚོང་གཉེར་པ་དང་འཛད་སྤྱོད་པའི་དབར་ཁ་དན་གཞན་དག་ཡོད་ཚེ། ཁ་དན་ལ་གཞིགས་དགོས།

10. 消费者权益投诉电话是多少?

༡༠.འཛད་སྤྱོད་པའི་ཁེ་དབང་ཐད་ཀྱི་ཞུ་གཏུག་ཁ་པར་ཨང་གྲངས་ག་ཚོད་ཡིན་ནམ།

12315。

༡༢༣༡༥ཡིན།

11. 超市工作人员怀疑消费者偷盗，有权进行搜身吗？

༡༡.སྒོ་ཚིས་ཚོང་ཁང་གི་ལས་མིར་འཛད་སྤྱོད་པས་བརྐུ་འཕྲོར་བྱས་པའི་དོགས་གཞི་ཡོད་ཙེ། ལུས་བཤེར་བྱེད་དབང་ཡོད་དམ།

《消费者权益保护法》规定，经营者不得对消费者进行侮辱、诽谤，不得搜查消费者的身体及其携带的物品，不得侵犯消费者的人身自由。因此，法律明确禁止经营者搜查消费者的身体及其携带的物品，严禁侵犯、限制消费者的人身自由。在无相关证据的情况下，经营者无权认定顾客是否具有偷窃行为，如果超市方真的认为被盗，应当由公安机关负责查处。

《འཛད་སྤྱོད་པའི་ཁེ་དབང་སྲུང་སྐྱོབ་བཅའ་ཁྲིམས་》ཀྱི་གཏན་འབེབས་ལྟར་ན། ཚོང་གཉེར་བྱེད་མཁན་གྱིས་འཛད་སྤྱོད་པར་དམའ་འབེབས་དང་སྐུར་འདེབས་བྱེད་མི་ཆོག་ལ། འཛད་སྤྱོད་པའི་ལུས་ཐོག་དང་འཁྱེར་བའི་དངོས་པོར་སྟོག་བཤེར་བྱེད་མི་ཆོག་པ་དང་། འཛད་སྤྱོད་པའི་མི་ལུས་རང་དབང་ལ་བཙན་གནོད་བྱེད་མི་ཆོག་པ་བཅས་ཀྱི་གཏན་འབེབས་བྱས་ཡོད། དེར་བརྟེན་བཅའ་ཁྲིམས་ནང་ཚོང་གཉེར་བྱེད་མཁན་གྱིས་འཛད་སྤྱོད་པའི་ལུས་ཐོག་དང་འཁྱེར་བའི་དངོས་པོར་སྟོག་བཤེར་བྱེད་མི་ཆོག་པ་དང་། འཛད་སྤྱོད་པའི་མི་ལུས་རང་དབང་ལ་བཙན་གནོད་གཏན་ནས་བྱེད་མི་རུང་བ་གསལ་པོར་བསྟན་ཡོད། འབྲེལ་ཡོད་དཔང་རྟགས་མེད་པའི་གནས་ཚུལ་འོག་ཚོང་གཉེར་བྱེད་མཁན་གྱིས་འཛད་སྤྱོད་པས་བརྐུ་འཕྲོར་བྱས་མིན་ལ་ཐག་གཅོད་བྱེད་དབང་མེད། གལ་སྲིད་སྒོ་ཚིས་ཚོང་ཁང་གི་ཕྱོགས་ནས་དངོས་གནས་འཛད་སྤྱོད་པས་བརྐུ་འཕྲོར་བྱས་པར་ངེས་འཛིན་ན། སྤྱི་བདེ་ལས་ཁུངས་ནས་ཞིབ་བཤེར་ཐག་གཅོད་བྱ་དགོས།

12. 消费者和经营商发生权益纠纷时，可以通过哪些途径解决？

༡༢.འཛད་སྤྱོད་པ་དང་ཚོང་གཉེར་པའི་དབར་ཁེ་དབང་ཐད་རྩོད་གཞི་བྱུང་ཚེ། ཐབས་ལམ་གང་དག་བརྒྱུད་དེ་ཐག་གཅོད་བྱེད་དགོས་སམ།

消费者和经营者发生消费者权益争议的，可以通过下列途径解决：

འཛད་སྤྱོད་པ་དང་ཚོང་གཉེར་པའི་དབར་ཁེ་དབང་ཐད་རྩོད་གཞི་བྱུང་ཚེ་གཤམ་གསལ་གྱི་ཐབས་ལམ་བརྒྱུད་ནས་ཐག་གཅོད་བྱེད་དགོས་ཏེ།

（1）与经营者协商和解；

（༡）ཚོང་གཉེར་པ་དང་གྲོས་མོལ་བྱས་ཏེ་ཞི་མཐུན་ཡོང་བར་བྱེད་པ།

（2）请求消费者协会或者依法成立的其他调解组织调解；

（༢）འཛད་སྤྱོད་པའི་མཐུན་ཚོགས་ལ་རེ་བ་ཞུ་བའམ་ཡང་ན་ཁྲིམས་ལྟར་འདུམ་འགྲིག་བྱེད་མཁན་ཚ་འཛུགས་གཞན་དག་བརྒྱུད་ནས་ཐག་གཅོད་བྱེད་པ།

（3）向有关行政部门投诉；

（༣）འབྲེལ་ཡོད་སྲིད་འཛིན་སྡེ་ཁག་ལ་ཞུ་གཏུག་རྒྱག་པ།

（4）根据与经营者达成的仲裁协议提请仲裁机构仲裁；

（༤）ཚོང་གཉེར་བྱེད་མཁན་དབར་བཞག་པའི་འདུམ་གཅོད་གྲོས་མཐུན་ལ་གཞིགས་ནས་འདུམ་གཅོད་ལས་ཁུངས་ལ་འདུམ་གཅོད་བྱ་རྒྱུའི་རེ་བ་འདོན་པ།

（5）向人民法院提起诉讼。

（༥）མི་དམངས་ཁྲིམས་ཁང་ལ་གཏུག་བཤེར་བཙས་བྱ་དགོས།

13. 购物为什么要留发票?

༡༣.ཅ་དངོས་ཉོ་སྐབས་འཛིན་ཤོག་ཉར་དགོས་པའི་རྒྱུ་མཚན་གང་ཡིན་ནམ།

因产品质量损害消费者权益的事时有发生，一旦发生电器伤害、食物中毒的诉诸法律，举证时发票是重要的证据，有着不可替代的作用，因而万万不可以掉以轻心。

ཐོན་རྫས་ཀྱི་སྤུས་ཚད་ཀྱི་རྐྱེན་པས་འཛད་སྤྱོད་པའི་ཁེ་དབང་ལ་གནོད་སྐྱོན་ཐོག་པའི་གནས་ཚུལ་ཡང་ཡང་ཐོན་གྱི་ཡོད་པས། གློག་ཆས་ཀྱི་གནོད་འཚེ་དང་ཟས་དུག་ཐོག་སྐྱེ་བཅའ་ཁྲིམས་ལ་གཏུག་བཤེར་དང་ར་སྤྲོད་བྱེད་དགོས་བྱུང་ཚེ། འཛིན་ཤོག་ནི་དཔང་རྟགས་གལ་ཆེན་ཞིག་ཡིན་ཞིང་། དེས་ཚབ་བྱེད་ཐབས་མེད་པའི་ནུས་པ་ཐོན་གྱི་ཡོད། དེར་བརྟེན་དེའི་ཐད་སྣང་ཆུང་གཏན་ནས་བྱེད་མི་རུང་།

14. 饭店“谢绝自带酒水”的做法对吗？

༡༤.གསོལ་མགྲོན་ཁང་གིས“རང་ཁྱེར་ཆང་རག་འགོག་པའི”བྱེད་སྟངས་དེ་འགྲིག་པ་ཡིན་ནམ།

我们去吃饭时，经常能看到有的饭店“谢绝自带酒水”，这种做法是错误的，不但侵犯了消费者的自主选择权和公平交易权，也是强迫消费者接受商品或服务，属于“霸王条款”，是一种无效的、违法的行为。我国《消费者权益保护法》规定，消费者有权自主决定购买或者不购买任何一种商品、接受或者不接受任何一项服务；消费者享有公平交易的权利，有权拒绝强制交易行为。

ང་ཚོ་ལྟོ་ཆས་ཟ་བར་འགྲོ་སྐབས། གསོལ་མགྲོན་ཁང་རེ་འགས“རང་ཁྱེར་ཆང་རག་འགོག་པའི”སྣང་ཚུལ་རྟག་ཏུ་མཐོང་རྒྱུ་ཡོད་ཅིང་། བྱེད་སྟངས་དེ་ནི་ནོར་འཁྲུལ་ཞིག་རེད། དེ་ནི་འཛད་སྤྱོད་པའི་རང་ཐག་རང་གཅོད་ཀྱི་གདམ་ཁ་བྱེད་དབང་དང་འདྲ་མཉམ་ཐོག་ཉོ་ཚོང་བྱེད་པའི་དབང་ཆར་བཙན་གནོད་བྱས་པ་ཞིག་ཡིན་ལ། འཛད་སྤྱོད་པར་བཙན་ཤེད་ཀྱིས་ཚོང་ཟོག་གམ་ཞབས་ཞུ་དང་ལེན་བྱེད་དུ་འཇུག་པ་ཞིག་ཀྱང་ཡིན་པས“བཙན་བདག་དོན་ཚན”གྱི་ཁོངས་སུ་གཏོགས་པའི་གོ་མི་ཆོད་ཅིང་ཁྲིམས་འགལ་གྱི་བྱ་སྤྱོད་ཅིག་ཡིན། རང་རྒྱལ་གྱི《འཛད་སྤྱོད་པའི་ཁེ་དབང་སྲུང་སྐྱོང་བཅའ་ཁྲིམས》ཀྱི་གཏན་འབེབས་ལྟར་ན། འཛད་སྤྱོད་པར་ཚོང་ཟོག་གང་རུང་ཞིག་ཉོ་དང་མི་ཉོ། ཞབས་ཞུ་གང་རུང་ཞིག་དང་ལེན་བྱེད་དང་མི་བྱེད་པའི་རང་ཐག་གཅོད་དབང་ཡོད་ལ། འཛད་སྤྱོད་པར་འདྲ་མཉམ་ཐོག་ཉོ་ཚོང་བྱེད་པའི་དབང་ཆ་དང་བཙན་ཤེད་ཀྱི་ཉོ་ཚོང་བྱ་སྤྱོད་ཁས་མི་ལེན་པའི་དབང་ཆའང་ཡོད།

15. 商品房预售需要满足什么条件？

༡༥. ཚོང་ཟོག་ཁང་པ་སྔོན་འཚོང་བྱེད་སྐབས་ཆ་རྐྱེན་གང་དག་ཚང་དགོས་སམ།

商品房预售应当符合下列条件：

ཚོང་ཟོག་ཁང་པ་སྔོན་འཚོང་བྱེད་སྐབས་གཤམ་གསལ་གྱི་ཆ་རྐྱེན་ཁག་ཚང་དགོས་ཏེ།

（1）已交付全部土地使用权出让金，取得土地使用权证书；

（༡）ས་ཞིང་བེད་སྤྱོད་བྱེད་དབང་བཟུག་སྤྲོད་བྱས་པའི་དངུལ་ཚང་མ་སྤྲད་ཟིན་པ་དང་། ས་ཞིང་བེད་སྤྱོད་བྱེད་དབང་གི་ལག་ཁྱེར་ཐོབ་དགོས་པ།

（2）持有建设工程规划许可证和施工许可证；

（༢）འཛུགས་སྐྲུན་ལས་གྲྭའི་འཆར་འགོད་ཀྱི་འཐུས་མཆན་ལག་ཁྱེར་དང་ཨར་ལས་ཀྱི་འཐུས་མཆན་ལག་ཁྱེར་ཡོད་དགོས་པ།

（3）按提供预售的商品房计算，投入开发建设的资金达到工程建设总投资的25%以上，并已经确定施工进度和竣工交付日期。

（༣）སྔོན་འཚོང་བྱས་པའི་ཚོང་ཟོག་ཁང་པའི་མ་གནས་ལ་གཞིགས་ཏེ་གསར་སྤེལ་འཛུགས་སྐྲུན་ཐད་བཏང་བའི་མ་དངུལ་དེ་ལས་གྲྭའི་འཛུགས་སྐྲུན་གྱི་སྤྱིའི་མ་འཛོག་གི་༢༥%ཡན་ཟིན་དགོས་པ་མ་ཟད། ཨར་ལས་ཀྱི་མྱུར་ཚད་དང་ལས་གྲྭ་མཇུག་འགྲིལ་ཏེ་རྩིས་སྤྲོད་བྱེད་པའི་དུས་ཚོད་གཏན་འཁེལ་བྱ་དགོས་པ་བཅས་སོ།།

16. 购买的房屋实际面积与购房合同注明的面积不一致怎么办？

༡༦. ཉོས་ཟིན་པའི་ཁང་པའི་དངོས་ཡོད་རྒྱ་ཁྱོན་དང་ཁང་ཉོའི་གན་རྒྱའི་ཐོག་འཁོད་པའི་རྒྱ་ཁྱོན་གཉིས་གཅིག་མཚུངས་མིན་ཚེ་གང་འདྲ་བྱ་དགོས་སམ།

出卖人交付使用的房屋套内建筑面积或者建筑面积与商品房买卖合同约定面积不符，合同有约定的，按照约定处理；合同没有约定或者约定不明确的，可以要求房地产公司按误差率为3%的原价退款及超过3%部分的房价款双倍返还。

ཚོང་མཁན་གྱིས་བེད་སྤྱོད་བྱ་རྒྱུར་སྤྲད་པའི་ཁང་པའི་ནང་ལོགས་ཀྱི་རྒྱ་ཁྱོན་ནམ་ཡང་ན་འཛུགས་སྐྲུན་གྱི་རྒྱ་ཁྱོན་དང་ཚོང་ཟོག་ཁང་པ་ཉོ་ཚོང་གི་གན་རྒྱའི་ཐོག་འཁོད་པའི་རྒྱ་ཁྱོན་མ་མཚུངས་ཚེ། གན་རྒྱའི་ཁ་དན་ཡོད་ན་ཁ་དན་ལྟར་ཐག་གཅོད་བྱེད་དགོས་པ་དང་། གན་རྒྱའི་ནང་ཁ་དན་མེད་པའམ་ཡང་ན་ཁ་དན་གསལ་པོ་མེད་ན། ས་ཁང་ཐོན་ལས་ཀུང་སིས་ཏེ་བག

ཤོར་ཚད་ལ་གཞིགས་ནས་ཐོག་མའི་རིན་གོང་གི་༣%ཕྱིར་སློག་བྱེད་དགོས་པ་དང་། ༣%ལས་བརྒལ་ཚེ་ཁང་པའི་རིན་གོང་གི་ལྷབ་གཉིས་ཕྱིར་སློག་བྱ་རྒྱུའི་རེ་བ་འདོན་ཆོག

17. 房产证在合同约定期限届满时仍未取得，买受人应该如何维权？

༡༧.ཁང་པའི་བདག་དབང་ལག་ཁྱེར་དེ་གན་རྒྱའི་དུས་བཀག་ཐིམ་ཡང་མ་རག་ཚེ་ཁང་པ་ཉོ་མཁན་གྱིས་ཁེ་དབང་སྲུང་སྐྱོབ་གང་འདྲ་བྱེད་དགོས་སམ།

当出现这种情况时，可以要求开发商退房退款，并赔偿其损失。

གནས་ཚུལ་དེ་རིགས་ཐོན་སྐབས། གསར་སྤེལ་ཚོང་པར་ཁང་པ་ཕྱིར་སློག་དང་ཁང་རིན་ཕྱིར་སྤྲོད་བྱ་རྒྱུ་དང་། དེའི་ཐད་ཀྱི་གྱོང་གུན་གསབ་སྤྲོད་བྱ་རྒྱུའི་རེ་བ་འདོན་ཆོག

由于出卖人的原因，买受人在下列期限届满未能取得房屋权属证书的，除当事人有特殊约定外，出卖人应当承担违约责任：

ཚོང་མཁན་གྱིས་རྒྱུ་རྐྱེན་པས་ཉོ་མཁན་ལ་གཤམ་གསལ་གྱི་དུས་བཀག་ཧྲིལ་ཡང་ཁང་པའི་བདག་དབང་ལག་ཁྱེར་མ་རག་ཚེ་དོ་བདག་དབར་དམིགས་བསལ་གྱི་ཁ་དན་ཡོད་པ་ཕུད། ཚོང་མཁན་གྱིས་ཁ་དན་ལས་བརྒལ་བའི་འགན་འཁྲི་འཁུར་དགོས་ཏེ།

（1）商品房买卖合同约定的办理房屋所有权登记的期限；

（༡）ཚོང་ཟོག་ཁང་པའི་ཉོ་ཚོང་གན་རྒྱའི་ཁ་དན་ལྟར་ཁང་པའི་བདག་དབང་ཐོ་འགོད་བྱེད་པའི་དུས་བཀག

（2）商品房买卖合同的标的物为尚未建成房屋的，自房屋交付使用之日起 90 日；

（༢）ཚོང་ཟོག་ཁང་པའི་ཉོ་ཚོང་གན་རྒྱར་འཁོད་པའི་དམིགས་བྱའི་དངོས་པོ་དེ་ད་དུང་འཛུགས་སྐྲུན་བྱས་མེད་པའི་ཁང་པ་ཡིན་ན། ཁང་པ་རྩིས་སྤྲད་དེ་བེད་སྤྱོད་བྱས་པའི་ཉིན་མོ་ནས་བཟུང་དུས་བཀག་ཉིན་༩༠ཡིན།

（3）商品房买卖合同的标的物为已竣工房屋的，自合同订立之日起 90 日。

（༣）ཚོང་ཟོག་ཁང་པའི་ཉོ་ཚོང་གན་རྒྱར་འཁོད་པའི་དམིགས་བྱའི་དངོས་པོ་དེ་འཛུགས་སྐྲུན་གྲུབ་པའི་ཁང་པ་ཡིན་ན། གན་རྒྱ་བཞག་པའི་ཉིན་མོ་ནས་བཟུང་དུས་བཀག་ཉིན་༩༠ཡིན།

合同没有约定违约金或者损失数额难以确定的，可以按照已付购房款总额，参照中国人民银行规定的金融机构计收逾期贷款利息的标准计算。

གན་རྒྱར་ཁ་དན་ལས་འགལ་བའི་དངུལ་ཆད་དམ་ཡང་ན་གྱོང་གུན་གྱི་གྲངས་ཚད་གཏན་འཁེལ་བྱེད་ཁག་པོ་ཡོད་ཚེ། སྤྲད་ཟིན་པའི་ཁང་རིན་གྱི་སྤྱིའི་གྲངས་ཚད་ལྟར་ཀྲུང་གོ་མི་དམངས་དངུལ་ཁང་གིས་གཏན་འབེབས་བྱས་པའི་དངུལ་རྩའི་ལས་ཁུངས་ཀྱིས་དུས་བརྒལ་བུན་དངུལ་གྱི་སྐྱེད་ཀའི་ཚད་གཞིར་གཞིགས་ནས་རྩིས་རྒྱག་དགོས།

18. 小区物业服务人都有哪些职责？

༡༨.སྡེ་ཁུལ་གྱི་གཞིས་ལས་ཞབས་ཞུའི་མི་སྣར་འགན་འཁྲི་གང་དག་ཡོད་དམ།

物业服务人应当按照约定和物业的使用性质，妥善维修、养护、清洁、绿化和经营管理物业服务区域内的业主共有部分，维护物业服务区域内的基本秩序，采取合理措施保护业主的人身、财产安全。

གཞིས་ལས་ཞབས་ཞུའི་མི་སྣས་ཁ་དན་དང་གཞིས་ལས་ཀྱི་བཀོལ་སྤྱོད་བྱེད་པའི་ངོ་བོར་གཞིགས་ཏེ། གཞིས་ལས་ཞབས་ཞུའི་ས་ཁོངས་ནང་གི་སྡེ་བདག་ཐུན་མོང་ལ་དབང་བའི་ཆ་དག་ལ་འོས་འཚམ་གྱིས་ཉམས་བཟོ་དང་གཉེར་སྐྱོང་། གཙང་སྦྲ། སྔོ་ལྗང་། བདག་གཉེར་བཅས་ཀྱི་ལས་ཀ་བྱེད་དགོས་པ་དང་། གཞིས་ལས་ཞབས་ཞུའི་ས་ཁོངས་ནང་གི་གཞི་རྩའི་སྒྲིག་ལམ་སྲུང་སྐྱོང་དང་ལུགས་མཐུན་གྱི་བྱ་ཐབས་བཟུང་ནས་སྡེ་བདག་གི་མི་ལུས་དང་རྒྱུ་ནོར་བདེ་འཇགས་ལ་སྲུང་སྐྱོབ་བྱ་དགོས།

对物业服务区域内违反有关治安、环保、消防等法律法规的行为，物业服务人应当及时采取合理措施制止、向有关行政主管部门报告并协助处理。

གཞིས་ལས་ཞབས་ཞུའི་ཁྱབ་ཁོངས་ནང་བདེ་འཇགས་དང་ཁོར་ཡུག་སྲུང་སྐྱོབ། མེ་ཙོན་སོགས་ཀྱི་འབྲེལ་ཡོད་བཅའ་ཁྲིམས་དང་ཁྲིམས་སྲོལ་ལས་འགལ་བའི་བྱ་སྤྱོད་ལ་གཞིས་ལས་མི་སྣས་དུས་ཐོག་ཏུ་ལུགས་མཐུན་གྱི་བྱ་ཐབས་བཟུང་ནས་བཀག་འགོག་བྱེད་པ་དང་། འབྲེལ་ཡོད་སྲིད་འཛིན་སྡེ་ཁག་ལ་སྙན་སེང་ཞུ་བ་དང་འབྲེལ་གཞོགས་འདེགས་ཐག་གཅོད་བྱ་དགོས།

19. 建筑区划内车位、车库的归属有何规定？

༡༩.ཡར་སྒྲུན་ཁུལ་གྱི་རླངས་འཁོར་འཛོག་ས་དང་རླངས་འཁོར་འཇུག་སའི་བདག་དབང་ཐད་གཏན་འབེབས་གང་འདྲ་བྱས་ཡོད་དམ།

建筑区划内，规划用于停放汽车的车位、车库的归属，由当事人通过出售、附赠或者出租等方式约定。

ཨར་སྐྲུན་ཁུལ་གྱི་རླངས་འཁོར་འཇོག་ས་དང་རླངས་འཁོར་འཇུག་སའི་བདག་ཁོངས་ནི་དོ་བདག་གིས་བཙོངས་པ་དང་སྤྲེར་བའམ་ཡང་ན་བོགས་གཏོང་སོགས་བྱ་ཐབས་བརྒྱུད་ཁ་ཆད་བྱེད་དགོས།

占用业主共有的道路或者其他场地用于停放汽车的车位，属于业主共有。

སྡེ་བདག་ཐུན་མོང་ལ་དབང་བའི་ལམ་དང་ཡང་ན་ས་ཆ་གཞན་དག་བཟུང་ནས་རླངས་འཁོར་འཇོག་ས་བྱས་ཚེ་དེ་ནི་སྡེ་བདག་ཐུན་མོང་ལ་བདག་པ་ཡིན།

建筑区划内，规划用于停放汽车的车位、车库应当首先满足业主的需要。

ཨར་སྐྲུན་ཁུལ་དུ་རླངས་འཁོར་འཇོག་ས་དང་རླངས་འཁོར་འཇུག་སའི་འཆར་འགོད་ཡོད་ཚེ་དང་ཐོག་སྡེ་བདག་གི་དགོས་མཁོ་སྐོང་དགོས།

20. 相邻关系人利用相邻土地是如何规定的？

༢༠.ཁྱིམ་མཚེས་ཀྱི་འབྲེལ་བ་ཡོད་པའི་མིས་ཁྱིམ་མཚེས་ཀྱི་ས་ཆ་བེད་སྤྱོད་བྱེད་པའི་ཐད་གཏན་འབེབས་གང་འདྲ་བྱས་ཡོད་དམ།

不动产权利人因建造、修缮建筑物以及铺设电线、电缆、水管、暖气和燃气管线等必须利用邻居土地、建筑物的，该土地、建筑物的权利人应当提供必须要的便利。

དེའང་བརྟན་ནོར་ཐད་དབང་ཆ་ཡོད་པའི་མིས་ཁང་ཁྱིམ་སོགས་བསྐྲུན་པ་དང་བཟོ་བཅོས་བྱེད་པ། དེ་བཞིན་གློག་སྐུད་དང་གློག་ཐག་ཁྲིད་པ། ཆུ་འདྲེན་སྦུ་གུ་དང་དྲོད་རླངས། རང་བྱུང་སོལ་རླངས་ཀྱི་སྦུ་གུ་སོགས་ཁྲིད་སྐབས་ངེས་པར་དུ་ས་ཆ་དང་ཨར་སྐྲུན་དངོས་པོ་བེད་སྤྱོད་གཏོང་དགོས་བྱུང་ཚེ་ས་ཆ་དང་འཛུགས་སྐྲུན་དངོས་པོའི་དབང་ཆ་ཡོད་མཁན་གྱིས་དགོས་ངེས་ཀྱི་སྟབས་བདེ་བསྐྲུན་དགོས།

21. 在小区居民楼外墙或围墙上悬挂广告牌受益算谁的?

༢༡.སྡེ་ཁུལ་གྱི་གྲོང་མིའི་ཐོག་བརྩེགས་ཁང་གི་ཕྱིའི་རྩིག་ངོས་དང་། ཡང་ན་ཕྱིའི་ར་སོགས་ལ་འགྲེམས་བརྡ་བཀལ་བའི་ཡོང་འབབ་སུ་ལ་ཐོབ་བམ།

业主对建筑物内的住宅、经营性用房等专有部分享有所有权，对专有部分以外的共有部分享有共有和共同管理的权利。

སྡེ་བདག་ལ་སྡེ་ཁུལ་ནང་ལོགས་ཀྱི་སྡོད་ཁང་དང་ཚོང་གཉེར་རང་བཞིན་དུ་སྤྱོད་པ་སོགས་ཆེད་སྤྱོད་ཀྱི་ཁང་པའི་བདག་དབང་ཡོད་པ་དང་། གཅིག་པུར་དབང་བའི་ཆ་ཤས། ཐུན་མོང་གི་ཆ་དག་ཐུན་མོང་ལ་དབང་ཞིང་ཐུན་མོང་ལ་དོ་དམ་བྱེད་དབང་ཡོད།

业主对其建筑物专有部分享有占有、使用、受益和处分的权利。业主行使权利不得危及建筑物的安全，不得损害其他业主的合法权益。

སྡེ་བདག་ལ་ཨར་སྐྲུན་དངོས་པོ་གཅིག་པུར་དབང་བའི་དབང་ཆ་ཡོད་པ་དང་བེད་སྤྱོད། དེའི་ཕན་ཆ་དང་ཆད་པ་བཅས་ཐོབ་པའི་དབང་ཆའང་ཡོད། སྡེ་བདག་གིས་དབང་ཆ་སྤྱོད་སྐབས་ཨར་སྐྲུན་དངོས་པོའི་བདེ་འཇགས་ལ་ཉེན་ཁ་བཟོ་མི་རུང་བ་དང་། སྡེ་བདག་གཞན་གྱི་ཁྲིམས་མཐུན་ཁེ་དབང་ལ་གནོད་སྐྱོན་གཏོང་མི་རུང་།

22. 房屋租赁合同中需要规定哪些条款?

༢༢.ཐོགས་ཁང་གཡར་རྒྱའི་ཐོག་དོན་ཚན་གང་དག་གཏན་འཁེལ་བྱེད་དགོས་སམ།

房屋租赁当事人应当依法订立租赁合同。房屋租赁合同的内容由当事人双方约定，一般应当包括以下内容:

ཁང་པ་ཐོགས་མར་གཏོང་ལེན་བྱེད་མཁན་གྱི་དོ་བདག་མི་སྣས་ཁྲིམས་ལྟར་ཐོགས་གཏོང་གན་རྒྱ་འཛོག་དགོས། ཐོགས་ཁང་གན་རྒྱའི་ནང་དོན་ནི་དོ་བདག་ཕྱོགས་གཉིས་པོས་ཁ་ཆད་བྱེད་དགོས་ཤིང་། སྤྱིར་བཏང་གཤམ་གསལ་གྱི་ནང་དོན་དག་ཚུད་དགོས་ཏེ།

（1）房屋租赁当事人的姓名（名称）和住所;

（༡）ཐོགས་ཁང་དོ་བདག་གི་རུས་མིང་（མིང་།）དང་སྡོད་གནས།

（2）房屋的坐落、面积、结构、附属设施，家具和家电等室内设施状况；

（༢）ཁང་པའི་གནས་ས་དང་རྒྱ་ཁྱོན། གྲུབ་ཆ། ཞོར་གཏོགས་སྒྲིག་ཆས། ཁྱིམ་ཆས། གློག་ཆས་སོགས་ཁང་པའི་ནང་གི་སྒྲིག་བཀོད་གནས་ཚུལ།

（3）租金和押金数额、支付方式；

（༣）ཁང་གླ་དང་གཏའ་མའི་དངུལ་གྲངས་དང་དངུལ་སྤྲོད་སྟངས།

（4）租赁用途和房屋使用要求；

（༤）ཐོགས་ཁང་བེད་སྤྱོད་གཏོང་སྟངས་དང་ཁང་པ་བེད་སྤྱོད་བྱེད་སྟངས་ཐད་ཀྱི་བླང་བྱ།

（5）房屋和室内设施的安全性能；

（༥）ཁང་པ་དང་ཁང་པའི་ནང་གི་སྒྲིག་ཆས་ཀྱི་བདེ་འཇགས་རང་བཞིན།

（6）租赁期限；

（༦）ཐོགས་གཏོང་དུས་བཀག

（7）房屋维修责任；

（༧）ཁང་པ་ཉམས་བཟོའི་འགན་འཁྲི།

（8）物业服务、水、电、燃气等相关费用的缴纳；

（༨）གཞིས་ལས་ཞབས་ཞུ་དང་ཆུ། གློག རང་བྱུང་སོལ་རླངས་སོགས་འབྲེལ་ཡོད་ཀྱི་འགྲོ་སྒྲོན་གཏོང་སྟངས།

（9）争议解决办法和违约责任；

（༩）རྩོད་གཞི་ཐག་གཅོད་བྱ་ཐབས་དང་ཁ་དན་ལས་འགལ་བའི་འགན་འཁྲི།

（10）其他约定。

（༡༠）ད་དུང་ཁ་དན་གཞན་དག་བཅས་སོ། །

23. 租房合同可以约定的租期最长为多久？

༢༣.ངོགས་ཁང་གན་རྒྱའི་ཁ་དན་གྱི་དུས་ཡུན་རིང་ཤོས་ག་ཚོད་ཡིན་ནམ།

租赁期限不得超过二十年，超过二十年的，超过部分无效。租赁期限届满，当事人可以续订租赁合同，但约定的租赁期限自续订之日起不得超过二十年。

ངོགས་གཏོང་གི་དུས་བཀག་རིང་ཤོས་ལོ་ཉི་ཤུ་ལས་བརྒལ་མི་རུང་། ལོ་ཉི་ཤུ་བརྒལ་ཆེ་བརྒལ་བའི་ཆ་དེ་རྩིས་མེད་ཡིན། ངོགས་གཏོང་གི་དུས་བཀག་ཐིམ་རྗེས་དོ་བདག་གིས་ངོགས་གཏོང་གི་གན་རྒྱ་མུ་མཐུད་བཞག་ཆོག འོན་ཀྱང་ཁ་དན་གྱི་ངོགས་གཏོང་དུས་བཀག་མུ་མཐུད་གན་རྒྱ་བཞག་པའི་ཉིན་མོ་ནས་བཟུང་ལོ་ཉི་ཤུ་བརྒལ་མི་རུང་།

24. 房屋出租人可以不履行维修义务吗？

༢༤.ངོགས་ཁང་དོ་བདག་གིས་ཁང་པ་ཉམས་བཟོའི་འོས་འགན་འཁུར་མི་དགོས་པ་ཡིན་ནམ།

除当事人另有约定外，出租人应当履行租赁物的维修义务。承租人一般只是占有和使用租赁物，出租人享有租赁物的所有权和租金，是租赁物的最终受益人，根据公平原则，一般情况下应当由出租人承担租赁物的维修义务。因此，承租人在租赁物需要维修时可以要求出租人在合理期限内维修。出租人未履行维修义务的，承租人可以自行维修，维修费用由出租人承担。因维修租赁物影响承租人使用的，应当相应减少租金或延长租期。

དོ་བདག་དབར་ཁ་དན་གཞན་དག་ཡོད་པ་ཕུད། བོགས་མར་གཏོང་མཁན་ལ་བོགས་གཏོང་དངོས་པོར་ཉམས་བཟོ་བྱེད་པའི་འོས་འགན་ཡོད། ཁང་པ་སྒྲ་མཁན་གྱིས་སྤྱིར་བོགས་གཏོང་ཁང་པ་བཟུང་བ་དང་བེད་སྤྱོད་བྱེད་རྒྱུ་ཙམ་ཡིན། བོགས་ཁང་བདག་པོར་བོགས་གཏོང་དངོས་པོའི་བདག་དབང་དང་ཁང་སྒྲ་ལོངས་སྤྱོད་བྱ་རྒྱུ་ཡོད་པས་བོགས་གཏོང་དངོས་པོའི་མཐར་ཐུག་གི་ཕན་པ་ཐོབ་མཁན་དེ་ཡིན། གཞུང་དྲང་གི་རྩ་དོན་ལ་གཞིགས་ནས་སྤྱིར་བཏང་གི་གནས་ཚུལ་འོག་བོགས་ཁང་གཏོང་མཁན་ལ་བོགས་གཏོང་དངོས་པོ་ཉམས་བཟོ་བྱེད་པའི་འོས་འགན་ཡོད། དེར་བརྟེན་བོགས་མར་ལེན་མཁན་གྱིས་བོགས་གཏོང་དངོས་པོར་ཉམས་བཟོ་བྱེད་དགོས་པའི་སྐབས་བོགས་ཁང་བདག་པོར་ལུགས་མཐུན་གྱི་དུས་བཀག་ནང་ཉམས་བཟོ་བྱ་རྒྱུའི་རེ་བ་འདོན་ཆོག བོགས་མར་གཏོང་མཁན་གྱིས་ཉམས་བཟོ་མ་བྱས་ཚེ། བོགས་མར་ལེན་མཁན་གྱིས་རང་འདོད་ལྟར་ཉམས་བཟོ་བྱེད་ཆོག་པ་དང་། ཉམས་བཟོའི་འགྲོ་གྲོན་བོགས་ཁང་བདག་པོས་འདོན་དགོས། བོགས་གཏོང་དངོས་པོར་ཉམས་བཟོ་བྱས་རྐྱེན་བོགས་མར་ལེན་མཁན་གྱི་བེད་སྤྱོད་ཐད་ཤུགས་རྐྱེན་ཐེབས་སྲིད་པས་ཁང་སྒྲ་འོས་འཚམ་གྱིས་གཅོག་པའམ་ཡང་ན་བོགས་གཏོང་གི་དུས་བཀག་ནར་འགྱངས་བྱ་དགོས།

25. 租房期间，房东把房子卖了，原租户与原房东的租赁合同还有效吗？

༢༥.ཁང་སྒྲ་གཏོང་བཞིན་པའི་སྐབས་ཁང་བདག་གིས་ཁང་པ་བཙོངས་ན་ཁང་པ་སྒྲ་མཁན་དང་ཁང་བདག་དབར་གྱི་བོགས་གཏོང་གན་རྒྱར་ད་དུང་ནུས་པ་ཡོད་དམ།

有效。租赁物在承租人按照租赁合同占有期限内发生所有权变动的，不影响租赁合同的效力。

ནུས་པ་ཡོད་དེ། བོགས་གཏོང་དངོས་པོ་དག་བོགས་མར་ལེན་མཁན་གྱིས་བོགས་གཏོང་གན་རྒྱ་ལྟར་བཟུང་སྤྱོད་བྱེད་པའི་དུས་བཀག་ནང་བདག་དབང་ལ་འགྱུར་བ་བྱུང་ནའང་། བོགས་གཏོང་གན་རྒྱའི་ནུས་པར་ཤུགས་རྐྱེན་ཐེབས་མི་སྲིད།

26. 租赁的房子合同到期后还想继续租，但房东想租给别人，这时原租户有什么权利？

༢༦.བོགས་ཁང་གན་རྒྱའི་དུས་བཀག་ཐིམ་རྗེས་མུ་མཐུད་བོགས་ཁང་སྒྲ་འདོད་ཡོད་ཀྱང་། བོགས་ཁང་བདག་པོས་མི་གཞན་ལ་བོགས་མར་གཏོང་འདོད་བྱེད་ན། དེ་སྐབས་བོགས་མ་ལེན་མཁན་དུད་ཚང་ལ་དབང་ཆ་གང་ཡོད་དམ།

租赁期限届满，承租人继续使用租赁物，出租人没有提出异议的，原租赁合同继续有效，但是租赁期限为不定期。

བོགས་ཁང་གི་གན་རྒྱའི་དུས་བཀག་ཐིམ་རྗེས་བོགས་མ་ལེན་མཁན་གྱིས་བོགས་ཁང་དུ་དུང་བེད་སྤྱོད་བྱས་ཚེ། བོགས་ཁང་བདག་པོར་བསམ་འཆར་མེད་ན་དེ་སྔའི་བོགས་གཏོང་གན་རྒྱས་མུ་མཐུད་ནུས་པ་ཐོན་པ་ཡིན། འོན་ཀྱང་བོགས་གཏོང་གི་དུས་ཚོད་ལ་ཚད་བཀག་མེད།

租赁期限届满，房屋承租人享有以同等条件优先承租的权利。

བོགས་གཏོང་གི་དུས་བཀག་ཐིམ་ཚེ། བོགས་མ་ལེན་མཁན་ལ་ཆ་རྐྱེན་འདྲ་མཉམ་གྱི་ཐོག་ནས་སྔོན་ལ་ལེན་པའི་དབང་ཆ་ཡོད།

十、交通安全

བཅུ་པ།　འགྲིམ་འགྲུལ་བདེ་འཇགས།

1. 可以占用公交车专用车道吗？

༡.སྤྱི་སྤྱོད་རླངས་འཁོར་གྱི་ཆེད་སྤྱོད་འཁོར་ལམ་བཟུང་སྤྱོད་བྱས་ཆོག་གམ།

不可以。《中华人民共和国道路交通安全法》规定：道路划设专用车道的，在专用车道内，只准许规定的车辆通行，其他车辆不得进入专用车道内行驶。

དེ་ནི་མི་འགྲིག་སྟེ། 《ཀྲུང་ཧྭ་མི་དམངས་སྤྱི་མཐུན་རྒྱལ་ཁབ་ཀྱི་གཞུང་ལམ་འགྲིམ་འགྲུལ་བདེ་འཇགས་བཅའ་ཁྲིམས་》ཀྱི་གཏན་འབེབས་ལྟར་ན། གཞུང་ལམ་ཐོག་ཆེད་སྤྱོད་ལམ་ཐིག་བཀྱབ་ཡོད་ན། ཆེད་སྤྱོད་ལམ་ཐིག་ཐོག་གཏན་འབེབས་བྱས་པའི་འཁོར་རིགས་འགྲོ་བ་མ་གཏོགས་འཁོར་རིགས་གཞན་དག་ཆེད་སྤྱོད་ལམ་ཐིག་དེའི་ཐོག་བསྐྱོད་མི་ཆོག

2. 机动车遇到行人应该怎么办？

༢.འཕྲུལ་སྐྱོད་འཁོར་རིགས་གཏོང་སྐབས་རྐྱ་ལམ་གྲོལ་མི་འཕྲད་ན་གང་འདྲ་བྱེད་དགོས་སམ།

机动车行经人行横道时，应当减速行驶；遇行人正在通过人行横道，应当停车让行。机动车行经没有交通信号的道路时，遇行人横过道路，应当避让。

འཕྲུལ་སྣུལ་འཁོར་རིགས་མི་བགྲོད་འཕྲེད་ལམ་བརྒྱུད་སྐབས་དལ་གྱིས་བསྐྱོད་དགོས་ཤིང་། ལམ་འགྲོ་བ་མི་བགྲོད་འཕྲེད་ལམ་ལས་གྱོལ་བཞིན་པའི་སྐབས་དང་འཕེལ་ཚེ། ཁ་བཀག་ནས་དེ་དག་འགྲོ་རུ་འཇུག་དགོས། འཕྲུལ་སྣུལ་འཁོར་རིགས་སྐྱོད་བཞིན་པའི་སྐབས་འགྲིམ་འགྲུལ་གྱི་བརྡ་གཏོང་སྒློག་སྒྲོན་མེད་ན། འཕྲེད་ལམ་གྱོལ་མི་འཕྲད་ཚེ་གཟུར་གཡོལ་བྱ་དགོས།

3. 骑电动车不戴头盔对不对？

༣.གློག་སྣུལ་འཁོར་རིགས་བཞོན་མཁན་གྱིས་སྲུང་ཞྭ་མ་གྱོན་ན་འགྲིག་གམ།

不对。机动车行驶时，驾驶人、乘坐人员应当按规定使用安全带，摩托车驾驶人及乘坐人员应当按规定戴安全头盔。

དེ་ནི་མི་འགྲིག་སྟེ། འཕྲུལ་སྣུལ་འཁོར་ལོ་གཏོང་སྐབས་ཁ་ལོ་བ་དང་མཉམ་དུ་སྡོད་མཁན་གྱིས་གཏན་འབེབས་ལྟར་བདེ་འཇགས་ཐག་པ་འཆིང་དགོས་ཤིང་། སྣག་སྣག་གཏོང་མཁན་དང་དེའི་ཐོག་བསྐྱོན་པའི་མི་སྣས་གཏན་འབེབས་ལྟར་བདེ་འཇགས་ཀྱི་སྲུང་ཞྭ་གྱོན་དགོས།

4. 遇到救护车应该怎么办？

༤.སྨན་སྐྱོབ་རླངས་འཁོར་དང་འཕྲད་ན་གང་འདྲ་བྱེད་དགོས་སམ།

警车、消防车、救护车、工程救险车执行紧急任务时，可以使用警报器、标志灯具；在确保安全的前提下，不受行驶路线、行驶方向、行驶速度和信号灯的限制，其他车辆和行人应当让行。

ཉེན་རྟོག་རླངས་འཁོར་དང་མེ་གསོད་རླངས་འཁོར། སྨན་སྐྱོབ་རླངས་འཁོར། ལས་གྲྭའི་ཉེན་སྐྱོབ་རླངས་འཁོར་སོགས་ཛ་དྲག་གི་ལས་འགན་སྒྲུབ་པར་འགྲོ་སྐབས། ཉེན་བརྡའི་ཡོ་ཆས་དང་མཚོན་རྟགས་སྒློག་ཆས་བེད་སྤྱོད་བྱས་ཆོག་པ་དང་། བདེ་འཇགས་འགན་སྲུང་བྱེད་པའི་

སྡོན་འགོག་འགྲོའི་ཆ་རྐྱེན་འོག འགྲོ་སྐྱོད་ལམ་ཐིག་དང་འགྲོ་སྐྱོད་ཁ་ཕྱོགས། འགྲོ་སྐྱོད་མྱུར་ཚད། བརྡ་རྟགས་གློག་སྒྲོན་བཅས་ལ་ཚད་བཀག་མེད་ཅིང་། འཁོར་རིགས་གཞན་དག་དང་ལམ་འགྲོ་བས་ངེས་པར་དུ་གཟབ་གཡོལ་བྱ་དགོས།

5. 骑电动车能不能在机动车道上行驶?

༥.གློག་སྒུལ་འཁོར་རིགས་འཛུལ་སྒྲུལ་འཁོར་ལོའི་ལམ་ཐོག་ཏུ་བསྐྱོད་ཆོག་གམ།

驾驶非机动车在道路上行驶应当遵守有关交通安全的规定。非机动车应当在非机动车道内行驶;在没有非机动车道的道路上,应当靠车行道的右侧行驶。

འཕྲུལ་སྒུལ་འཁོར་ལོ་མ་ཡིན་པའི་འཁོར་རིགས་གཞུང་ལམ་ཐོག་སྐྱོད་སྐབས། འབྲེལ་ཡོད་འགྲིམ་འགྲུལ་བདེ་འཇགས་ཀྱི་གཏན་འབེབས་ལ་བརྩི་སྲུང་ཞུ་དགོས། འཕྲུལ་སྒུལ་འཁོར་ལོ་མ་ཡིན་པའི་འཁོར་རིགས་ཀྱི་འཁོར་ལམ་ཐོག་བསྐྱོད་དགོས་ཤིང་། འཕྲུལ་སྒུལ་འཁོར་ལོ་མ་ཡིན་པའི་ཆེད་སྤྱོད་གཞུང་ལམ་མེད་ཚེ་ཐང་ངས་འཁོར་འགྲོ་ལམ་གྱི་གཡས་ངོས་ནས་སྐྱོད་དགོས།

6. 行人通过马路时应该注意什么?

༦.ལམ་འགྲོ་བས་གཞུང་ལམ་བརྒྱལ་སྐབས་ངེས་པར་དུ་དོ་སྣང་བྱེད་དགོས་པ་གང་ཡོད།

行人通过路口或者横过道路,应当走人行横道或者过街设施;通过有交通信号灯的人行横道,应当按照交通信号灯指示通行;通过没有交通信号灯、人行横道的路口,或者在没有过街设施的路段横过道路,应当在确认安全后通过。

ལམ་འགྲོ་བས་ལམ་ཁའམ་ཡང་ན་འཕྲེད་ལམ་བརྒྱལ་སྐབས། མི་བགྲོད་ལམ་མམ་ཡང་ན་ལམ་སྒྲོལ་ཟམ་པ་སོགས་བརྒྱུད་ནས་འགྲོ་དགོས། འགྲིམ་འགྲུལ་བརྡ་རྟགས་གློག་སྒྲོན་ཡོད་པའི་

མི་བགྲོད་འཕྲེད་ལམ་བརྒྱུད་སྐབས། འཁྲིམ་འགྲུལ་བརྡ་རྟགས་གློག་སྒྲོན་ལ་བལྟས་ནས་འགྲོ་དགོས། བརྡ་རྟགས་གློག་སྒྲོན་མེད་ས་དང་མི་བགྲོད་འཕྲེད་ལམ་གྱི་ལམ་ཁ། ཡང་ན་ལམ་སྒྲོལ་ཟམ་པ་སོགས་བརྒྱུད་ནས་འགྲོ་སྐབས། བདེ་འཇགས་ཐད་ཉེན་ཁ་མེད་པ་གསལ་པོར་ཤེས་རྗེས་གཞི་ནས་འགྲོ་དགོས།

7. 发生了交通事故该怎么办？

༧.འཁྲིམ་འགྲུལ་ལས་འཛོལ་ཐོན་ཆེ་གང་འདྲ་བྱ་དགོས་སམ།

在道路上发生了交通事故，车辆驾驶人应当立即停车，保护现场；造成人身伤亡的，车辆驾驶人应当立即抢救受伤人员，并迅速报告执勤的交通警察或者公安机关交通管理部门。因抢救受伤人员变动现场的，应当标明位置。乘车人、过往车辆驾驶人、过往行人应当予以协助。

གཞུང་ལམ་ཐོག་འཁྲིམ་འགྲུལ་ལས་འཛོལ་ཐོན་ཆེ། འཁོར་རིགས་གཏོང་མཁན་གྱིས་འཕྲལ་དུ་འཁོར་རིགས་ཁ་བཀག་ནས་ལས་འཛོལ་གྱི་ས་ཡུལ་དངོས་སྲུང་དགོས་པ་དང་། མི་ཤི་རྨས་བྱུང་ཆེ་འཁོར་རིགས་གཏོང་མཁན་གྱིས་འཕྲལ་མར་རྨས་མ་མྱུར་སྐྱོབ་བྱེད་དགོས་པ་མ་ཟད། ལམ་སེང་ལས་རེས་ཀྱི་འཁྲིམ་འགྲུལ་ཉེན་རྟོག་པ་དང་ཡང་ན་སྤྱི་བདེ་ལས་ཁུངས་ཀྱི་འཁྲིམ་འགྲུལ་སྡེ་ཁག་ལ་སྙན་སེང་ཞུ་དགོས། རྨས་མ་སྐྱོབ་པའི་སྐབས་ལས་ཡུལ་དངོས་ལ་འགྱུར་བ་བྱུང་ཆེ། དེ་ཙ་རྟགས་རྒྱག་དགོས་ལ་ཞྭངས་འཁོར་ནང་གི་འགྲུལ་པ་དང་། ལམ་དུ་འགྲོ་མི་རྣམས་ཀྱིས་རོགས་རམ་བྱ་དགོས།

在道路上发生了交通事故，未造成人身伤亡，当事人对事实及成因无争议的，可以即行撤离现场，恢复交通，自行协商处理损害赔偿事宜；不即行撤离现场的，应当迅速报告执勤的交通警察或者公安机关交通管理部门。

གཞུང་ལམ་ཐོག་ཐོན་པའི་འགྲིམ་འགྲུལ་ལས་འཛོལ་ནང་མི་ཤི་རྨས་མ་བྱུང་ཞིང་། དོ་བདག་དབར་དོན་དངོས་དང་འབྱུང་རྐྱེན་ཐད་རྩོད་གཞི་མེད་ཚེ། འཕྲུལ་མར་ལས་འཛོལ་གྱི་ས་ཡུལ་དངོས་ནས་ཁ་བྲལ་ཏེ་འགྲུལ་བཞུད་སླར་གསོ་དང་། རང་འཚམ་གྱིས་གནོད་སྐྱོན་ཁ་གསབ་སྒྲོད་སྟངས་ཐད་གྲོས་བསྡུར་བྱས་ཆོག ལས་འཛོལ་གྱི་ས་ཡུལ་དངོས་ནས་ལམ་སེང་ཁ་མ་བྲལ་ཚེ། འཕྲུལ་མར་ལས་རེས་ཀྱི་འགྲིམ་འགྲུལ་ཉེན་རྟོག་པ་དང་། ཡང་ན་སྤྱི་བདེ་འགྲིམ་འགྲུལ་གྱི་དོ་དམ་སྡེ་ཁག་ལ་སྙན་སེང་ཞུ་དགོས།

在道路上发生交通事故，仅造成轻微财产损失，并且基本事实清楚的，当事人应当先撤离现场再进行协商处理。

གཞུང་ལམ་ཐོག་ཐོན་པའི་ལས་འཛོལ་ནང་། རྒྱ་ནོར་ཐད་གྱོང་གུན་ཕྲན་བུ་ལས་བཟོས་མེད་པ་དང་། གཞི་རྩའི་གནས་ཚུལ་དངོས་ཁ་གསལ་བྱུང་ཚེ། དོ་བདག་ཕྱོགས་གཉིས་ཀ་ལས་འཛོལ་གྱི་ས་ཡུལ་དངོས་ནས་ཁ་བྲལ་ཏེ་སླར་ཐག་གཅོད་བྱ་ཐབས་ཐད་གྲོས་མོལ་བྱས་ཆོག

8. 关于酒驾，有何处罚？

༨.ཆང་རག་བཏུངས་ནས་རླངས་འཁོར་བཏང་ཚེ་ཆད་པ་གང་ཐོག་གམ།

饮酒后驾驶机动车的，处暂扣六个月机动车驾驶证，并处一千元以上二千元以下罚款。因饮酒后驾驶机动车被处罚，再次饮酒后驾驶机动车的，处十日以下拘留，并处一千元以上二千元以下罚款，吊销机动车驾驶证。

ཆང་རག་བཏུངས་རྗེས་འཕྲུལ་སྒུལ་འཁོར་ལོ་བཏང་ཚེ། ཟླ་བ་དྲུག་རིང་འཕྲུལ་སྒུལ་འཁོར་ལོའི་ཁ་ལོ་བའི་ལག་ཁྱེར་འཛིན་ཉར་བྱེད་རྒྱུ་མ་ཟད། སྒོར་ཆིག་སྟོང་ཡན་ནས་ཉིས་སྟོང་མན་གྱི་དངུལ་ཆད་གཅོད་རྒྱུ། ཆང་རག་བཏུངས་ནས་འཕྲུལ་སྒུལ་འཁོར་ལོ་བཏང་སྟེ་ཆད་པ་ཐེངས་གཅིག་ཕོག་ཟིན་པའི་ཁར། སླར་ཡང་ཆང་རག་བཏུངས་ནས་འཕྲུལ་སྒུལ་འཁོར་ལོ་བཏང་ཚེ། ཉིན་བཅུ་མན་བཀག་ཉར་བྱ་རྒྱུ་མ་ཟད། སྒོར་ཆིག་སྟོང་ཡན་ནས་ཉིས་སྟོང་མན་གྱི་དངུལ་ཆད་གཅོད་རྒྱུ་དང་། ཁ་ལོ་བའི་ལག་ཁྱེར་མེད་པ་བཟོ་རྒྱུའོ། །

饮酒后驾驶营运机动车的，处十五日拘留，并处五千元罚款，吊销机动车驾驶证，五年内不得重新取得机动车驾驶证。

ཆང་རག་བཏུངས་རྗེས་སྐྱེལ་འདྲེན་རླངས་འཁོར་བཏང་ཚེ། ཉིན་བཅོ་ལྔ་བཀག་ཉར་བྱ་རྒྱུ་དང་། སྒོར་ལྔ་སྟོང་གི་དངུལ་ཆད་གཅོད་རྒྱུ། ཁ་ལོ་བའི་ལག་ཁྱེར་མེད་པ་བཟོ་རྒྱུ། ལོ་ལྔའི་ནང་བསྐྱར་དུ་ཁ་ལོ་བའི་ལག་ཁྱེར་ལེན་མི་ཆོག་པའོ། །

9. 关于醉驾，有何处罚？

༩.ར་བཟི་ནས་རླངས་འཁོར་བཏང་ཚེ་ཆད་པ་གང་ཡོག་གམ།

醉酒驾驶机动车的，由公安机关交通管理部门约束至酒醒，吊销机动车驾驶证，依法追究刑事责任；五年内不得重新取得机动车驾驶证。

ར་བཟི་བཞིན་དུ་འཕྲུལ་སྐྱོལ་འཁོར་ལོ་བཏང་ཚེ། སྤྱི་བདེ་ལས་ཁུངས་འགྲིམ་འགྲུལ་སྡེ་ཁག་ནས་ར་མ་དྭངས་བར་གཅུན་འདོམས་བྱ་རྒྱུ་དང་། ཁ་ལོ་བའི་ལག་ཁྱེར་མེད་པ་བཟོ་རྒྱུ། ཉེས་དོན་

འགན་འཁྲི་ཅད་གཅོད་བྱ་རྒྱུ། ལོ་ལྔའི་ནང་བསྐྱར་དུ་ཁ་ལོ་བའི་ལག་ཁྱེར་ལེན་མི་ཆོག་པའོ།།

醉酒驾驶营运机动车的，由公安机关交通管理部门约束至酒醒，吊销机动车驾驶证，依法追究刑事责任；十年内不得重新取得机动车驾驶证，重新取得机动车驾驶证后，不得驾驶营运机动车。

ར་བཟི་ནས་སྐྱེལ་འདྲེན་རླངས་འཁོར་བཏང་ཚེ། སྤྱི་བདེ་ལས་ཁུངས་ཀྱི་འགྲིམ་འགྲུལ་དོ་ཁག་ནས་གཅུན་འདོམས་བྱ་རྒྱུ་དང་ཁ་ལོ་བའི་ལག་ཁྱེར་མེད་པ་བཟོ་རྒྱུ། ཁྲིམས་ལྟར་ཉེས་དོན་འགན་འཁྲི་ཅད་གཅོད་བྱ་རྒྱུ། ལོ་བཅུའི་ནང་འཕྲུལ་སྣུལ་འཁོར་རིགས་གཏོང་བའི་ལག་ཁྱེར་ལེན་མི་ཆོག་པ་དང་། འཕྲུལ་སྣུལ་འཁོར་ལོའི་ཁ་ལོ་བའི་ལག་ཁྱེར་བསྐྱར་དུ་ཐོབ་རྗེས་སྐྱེལ་འདྲེན་རླངས་འཁོར་གཏོང་མི་ཆོག་པའོ།།

10. 外出旅游时，搭乘顺风车出了事故，这个损害该由谁承担？

༡༠.ཕྱི་ཕྱོགས་ལ་ཡུལ་སྐོར་དུ་འགྲོ་སྐབས། ལམ་ཞོར་དུ་མི་ བླུགས་ནས་འགྲིམ་འགྲུལ་ལས་འཛོལ་ཐོན་ཚེ། འགན་སུས་ཁུར་དགོས་སམ།

非营运机动车发生交通事故造成无偿搭乘人损害，属于该机动车一方责任，应当减轻其赔偿责任，但是机动车使用人有故意或者重大过失的除外。

དེའང་སྐྱེལ་འདྲེན་རླངས་འཁོར་མ་ཡིན་པའི་རླངས་འཁོར་ལ་འགྲིམ་འགྲུལ་ལས་འཛོལ་ཐོན་ནས་རྔལ་སྒླ་མེད་པར་བླུགས་པའི་མིར་གནོད་སྐྱོན་བྱུང་ཚེ། དེའི་འགན་འཁྲི་ནི་རླངས་འཁོར་གཏོང་མཁན་ནས་འཁུར་དགོས་པ་དང་། གུན་གསབ་ཀྱི་འགན་འཁྲི་ཡང་དུ་གཏོང་དགོས། འོན་ཀྱང་འཕྲུལ་སྣུལ་འཁོར་ལོ་གཏོང་མཁན་གྱིས་ཧ་ཅང་བརྩུགས་ནས་བཟོས་པའམ། ཡང་ན་ལས་འཛོལ་ཚབས་ཆེན་བྱུང་བའི་རིགས་དེའི་ནང་ཚུད་མེད།

喝酒不开车，开车不喝酒

ཆང་རག་བཏུངས་ནས་རླངས་འཁོར་མི་གཏོང་བ་དང་རླངས་འཁོར་བཏང་ཚེ་ཆང་རག་མི་འཐུང་བ།

案情：

རྒྱུད་གཞིའི་གནས་ཚུལ།

2020 年 8 月，措某醉酒驾驶小型轿车，沿拉萨市城关区当热路由西向东行驶，当行驶至当热路川韵小厨前路段时，与该路段由东向西行驶的旦某醉酒驾驶的二轮摩托车发生碰撞，致两车受损，旦某当场死亡。经对双方当事人进行血液中的乙醇含量检验，措某血液中的乙醇含量为 198.05mg/100ml, 旦某血液中的乙醇含量为 174.69mg/100ml。

སྤྱི་ལོ་༢༠༢༠ལོའི་ཟླ་༨པར། མཚོ་ཆེ་གེ་མོས་ཆང་རག་བཏུངས་ནས་རླངས་འཁོར་ཆུང་གྲུས་བཏང་སྟེ་ལྷ་ས་གྲོང་ཁྱེར་ཁྲིང་ཀོན་ཆུས་འདམ་ར་ལམ་རྒྱུད་ཀྱི་ནུབ་ངོས་ནས་ཤར་ཕྱོགས་སུ་བསྐྱོད་པ་དང་། འདམ་ར་ལམ་ཁྲོན་གཡུན་ཟ་ཁང་གི་ལམ་རྒྱུད་ལ་སླེབས་སྐབས། ར་བཟི་ནས་སྟག་སྟག་བཞོན་ཏེ་ཤར་ངོས་ནས་ནུབ་ཕྱོགས་སུ་ཡོང་མཁན་གྱི་བསྟན་ཆེ་གེ་མོ་དང་རྡུང་ཁ་བརྒྱབ་སྟེ། རླངས་འཁོར་དང་སྟག་སྟག་གཉིས་ཀར་སྐྱོན་ཤོར་ཞིང་། བསྟན་ཆེ་གེ་མོ་རང་སར་གྲོངས། ཕྱོགས་གཉིས་པོའི་དོ་བདག་གི་ཁྲག་ལ་བརྟག་དཔྱད་བྱེད་སྐབས་མཚོ་ཆེ་གེ་མོའི་ཁྲག་གི་ནང་ཨ་རག་ཉིང་ཁུའི་འདུས་ཚད་༡༩༨.༠༥ mg /༡༠༠ml ཟིན་པ་དང་། བསྟན་ཆེ་གེ་མོའི་ཁྲག་གི་ནང་ཨ་རག་ཉིང་ཁུའི་འདུས་ཚད་༡༧༤.༦༩ mg /༡༠༠ml ཟིན་གྱི་ཡོད་པ་རེད།

分析:

དབྱེ་ཞིབ།

当事人旦某未依法取得机动车驾驶证，未佩戴安全头盔，醉酒驾驶二轮摩托车，行驶至事发路段未靠右侧通行的过错行为是造成此事故的主要原因。当事人措某醉酒驾驶小型轿车，沿事发路段超速行驶的过错行为是造成此事故的次要原因。

བསྟན་ཆེ་གེ་མོར་ཁྲིམས་མཐུན་གྱི་འཕྲུལ་སྐྱུལ་འཁོར་ལོའི་ཁ་ལོ་བའི་ལག་ཁྱེར་མེད་པ་དང་བདེ་འཇགས་ཀྱི་སྲུང་ཞྭ་གྱོན་མེད་པ། དེའི་ཁར་ར་བཟི་ནས་སྤག་སྤག་ལས་འཛོལ་བྱུང་སའི་ལམ་རྒྱུད་ཀྱི་གཞོགས་གཡོན་ནས་བཏང་བའི་ནོར་འཁྲུལ་ནི་ལས་འཛོལ་ཐོན་པའི་རྒྱུ་རྐྱེན་གཙོ་བོ་ཡིན་པ་དང་། མཚོ་ཆེ་གེ་མོས་ར་བཟི་བཞིན་དུ་རླངས་འཁོར་ཆུང་གྲས་ལས་འཛོལ་བྱུང་སའི་ལམ་རྒྱུད་དུ་མྱུར་ཚད་ལས་བརྒལ་ཏེ་བཏང་བའི་ནོར་འཁྲུལ་ནི་ལས་འཛོལ་ཐོན་པའི་རྒྱུ་རྐྱེན་ཕལ་པ་ཡིན།

依据《道路交通事故处理程序规定》第六十条规定，对此事故认定如下:

《གཞུང་ལམ་གྱི་འགྲིམ་འགྲུལ་ལས་འཛོལ་ཐག་གཅོད་བྱེད་པའི་གོ་རིམ་གཏན་འབེབས་》ཀྱི་དོན་ཚན་༦༠པའི་གཏན་འབེབས་ལ་གཞིགས་ནས་ལས་འཛོལ་དེ་ཐག་གཅོད་བྱས་པ་གཤམ་གསལ།

当事人旦某的行为违反了《中华人民共和国道路交通安全法》第十九条第一款“驾驶机动车，应当依法取得机动车驾驶证。”第二十二条第二款“饮酒、服用国家管制的精神药品或者麻醉药品，或者患有妨碍安全驾驶机动车的疾病，或者过度疲劳影响安全驾驶的，不得驾驶机动车。”第三十五条“机动车、非机动车实行右侧通行。”第五十一条“机动车行驶时，驾驶人、乘坐人员应当按规定使用安全带，摩托车驾驶人及乘坐人员应当按规定戴安全头盔。”之规定，对此事故负主要责任。

བསྟན་ཚེ་གེ་མོས《ཀྲུང་ཧྭ་མི་དམངས་སྤྱི་མཐུན་རྒྱལ་ཁབ་ཀྱི་གཞུང་ལམ་འགྲིམ་འགྲུལ་བདེ་འཇགས་བཅའ་ཁྲིམས་》ཀྱི་དོན་ཚན་བཅུ་དགུ་པའི་ནང་གསེས་དང་པོའི་"འཕྲུལ་སྐྱུལ་འཁོར་ལོའི་ཁ་ལོ་བར་ཁྲིམས་ལྟར་འཕྲུལ་སྐྱུལ་འཁོར་ལོའི་ཁ་ལོ་བའི་ལག་ཁྱེར་ཡོད་དགོས་པ"དང་། དོན་ཚན་ཉེར་གཉིས་ཀྱི་ནང་གསེས་གཉིས་པའི་"ཆང་རག་བཏུངས་པ་དང་རྒྱལ་ཁབ་ཀྱིས་དོ་དམ་ཚོད་འཛིན་བྱེད་པའི་ཀླད་རྩའི་སྨན་རྫས་སམ་སྦྲིད་སྨན་བཟས་པ། ཡང་ན་རླངས་འཁོར་བདེ་འཇགས་ངང་གཏོང་རྒྱུར་འགོག་རྐྱེན་བཟོ་བའི་ནད་གཞི་ཡོད་པ། ཡང་ན་ངལ་དུབ་ཆེ་དྲགས་པས་རླངས་འཁོར་བདེ་འཇགས་ངང་གཏོང་རྒྱུར་ཤུགས་རྐྱེན་ཐེབས་པ་བཅས་ཡིན་ཕྱིན། རླངས་འཁོར་གཏོང་མི་ཆོག་པའི་"གཏན་འབེབས་ལས་འགལ་བ། དེ་བཞིན་དོན་ཚན་སོ་ལྔ་པའི་"འཕྲུལ་སྐྱུལ་འཁོར་ལོ་དང་འཕྲུལ་སྐྱུལ་འཁོར་ལོ་མ་ཡིན་པ་གཡས་ངོས་ནས་སྐྱོད་དགོས་པ།" དོན་ཚན་ང་གཅིག་པའི་"འཕྲུལ་སྐྱུལ་འཁོར་རིགས་གཏོང་སྐབས། རླངས་འཁོར་གྱི་ཁ་ལོ་བ་དང་དེའི་ནང་སྡོད་མཁན་གྱིས་བདེ་འཇགས་ཐག་པ་འཆིང་དགོས་པ་དང་། སྟག་སྟག་གཏོང་མཁན་དང་དེར་བཞོན་མཁན་གྱིས་གཏན་འབེབས་ལྟར་བདེ་འཇགས་ཀྱི་སྲུང་ཞྭ་གྱོན་དགོས་པ"བཅས་ཀྱི་གཏན་འབེབས་ལས་འགལ་ཡོད་སྟབས་ད་ཐེངས་ལས་འཛོལ་གྱི་འགན་འཁྲི་གཙོ་བོ་འཁུར་དགོས་ཀྱི་ཡོད།

当事人措某的行为违反了《中华人民共和国道路交通安全法》第二十二条第二款"饮酒、服用国家管制的精神药品或者麻醉药品，或者患有妨碍安全驾驶机动车的疾病，或者过度疲劳影响安全驾驶的，不得驾驶机动车。"第四十二条第一款"机动车上道路行驶，不得超过限速标志标明的最高时速。在没有限速标志的路段，应当保持安全车速。"之规定，对此事故负次要责任。

མཚོ་ཆེ་གེ་མོས《ཀྲུང་ཧྭ་མི་དམངས་སྤྱི་མཐུན་རྒྱལ་ཁབ་ཀྱི་གཞུང་ལམ་འགྲིམ་འགྲུལ་བདེ་འཇགས་བཅའ་ཁྲིམས་》ཀྱི་དོན་ཚན་ཉེར་གཉིས་ཀྱི་ནང་གསེས་གཉིས་པ་སྟེ་"ཆང་རག་བཏུངས་པ་དང་རྒྱལ་ཁབ་ཀྱིས་དོ་དམ་ཚོད་འཛིན་བྱེད་པའི་ཀླད་རྩའི་སྨན་རྫས་སམ་སྦྲིད་སྨན་

བཟས་པ། ཡང་ན་རླངས་འཁོར་བདེ་འཇགས་དང་གཏོང་རྒྱུར་འགོག་རྐྱེན་བཟོ་བའི་ནད་གཞི་ཡོད་པ། ངལ་དུབ་ཆེ་དྲགས་པས་རླངས་འཁོར་བདེ་འཇགས་དང་གཏོང་རྒྱུར་ཤུགས་རྐྱེན་ཐེབས་པ་བཅས་ཡིན་ཕྱིན། རླངས་འཁོར་གཏོང་མི་ཚོག་པའི”གནད་འབེབས་ལས་འགལ་བ་དང་། དོན་ཚན་ཞི་གཉིས་ཀྱི་ནང་གསེས་དང་པོ་སྟེ། “འཕྲུལ་སྐྱལ་འཁོར་ལོ་གཞུང་ལམ་ཐོག་གཏོང་སྐབས་མྱུར་ཚད་དེ་ཚད་གཞི་མགྱོགས་ཤོས་ལས་བརྒལ་མི་རུང་བ་དང་། མྱུར་ཚད་ཚད་གཞིའི་མཚོན་རྟགས་མེད་སའི་ལམ་རྒྱུད་ལ་བདེ་འཇགས་ཀྱི་མྱུར་ཚད་བཞིན་གཏོང་རྒྱུའི”གནད་འབེབས་ལས་འགལ་བ་བཅས་ཀྱིས་རྐྱེན་པས་ལས་འཛོལ་དེའི་ནང་འགན་འཁྲི་ཐལ་པ་འཁུར་དགོས་པ་ཡིན།

交警提醒：请广大市民引以为戒，提高交通安全意识，自觉遵守交通法律法规，杜绝交通违法行为，安全文明出行。

འགྲིམ་འགྲུལ་ཉེན་རྟོག་པས་རྒྱ་ཆེའི་གྲོང་མིར་བསླབ་བྱ་དང་ལེན་གྱིས་འགྲིམ་འགྲུལ་བདེ་འཇགས་ཀྱི་འདུ་ཤེས་ཟབ་ཏུ་གཏོང་བ་དང་། རང་འགུལ་དང་འགྲིམ་འགྲུལ་གྱི་བཅའ་ཁྲིམས་སྲིག་སྲོལ་ལ་བརྩི་སྲུང་ཞུས་ཏེ་འགྲིམ་འགྲུལ་ཁྲིམས་འགལ་གྱི་བྱ་སྤྱོད་གཏན་འགོག་གིས་བདེ་འཇགས་དང་ཡ་རབས་དང་འགྲོ་སྐྱོད་བྱེད་དགོས་པའི་དྲན་སྐུལ་བྱས་ཡོད།

十一、文明城市与法律援助

བཅུ་གཅིག　ཤེས་དཔལ་ལྡན་པའི་གྲོང་ཁྱེར་དང་བཅའ་ཁྲིམས་ཀྱི་རོགས་སྐྱོར།

1. 什么是危害公共安全罪？

༡.གང་འདྲ་ཞིག་ལ་སྤྱི་པའི་བདེ་འཇགས་ལ་གནོད་སྐྱོན་བཏང་བའི་ཉེས་པ་ཟེར་རམ།

危害公共安全罪是指故意或者过失地实施危害或者足以危害不特定多人的生命、健康或者重大公私财产安全的行为，是一种严重的刑事犯罪。其中包括：放火罪、决水罪、爆炸罪、投毒罪、破坏交通工具罪，组织、领导、参加恐怖活动组织罪、非法制造、买卖、运输、储存枪支弹药、爆炸物罪，重大责任事故罪等。

སྤྱི་པའི་བདེ་འཇགས་ལ་གནོད་སྐྱོན་བཏང་བའི་ཉེས་པ་ཞེས་པ་ནི་ཀང་བཙུགས་ནས་སམ། ནོར་འཛོལ་དབང་གིས་གནོད་སྐྱོན་བཏང་བའམ། ངེས་གཏན་མེད་པའི་མིའི་ཚེ་སྲོག་དང་བདེ་ཐང་ལ་གནོད་འཚེ་བཟོ་ངེས་དང་། ཡང་ན་གཞུང་སྒེར་གྱི་རྒྱུ་ནོར་བདེ་འཇགས་ལ་གནོད་སྐྱོན་ཚབས་ཆེན་བཟོས་པའི་བྱ་སྤྱོད་ལ་ཟེར་ཞིང་། དེ་ནི་ཉེས་དོན་ཉེས་གསོག་གི་བྱ་སྤྱོད་ཚབས་ཆེན་ཞིག་ཡིན་ཏེ། དེའི་ནང་མེ་བརྒྱབ་པའི་ཉེས་པ་དང་ཆུ་རགས་བཤིག་ནས་ཆུ་གློད་པའི་ཉེས་པ། འབར་གཏོར་གྱི་ཉེས་པ། དུག་རྫས་བཏབ་པའི་ཉེས་པ། འགྲིམ་འགྲུལ་ཡོ་བྱད་གཏོར་བཤིག་བཏང་བའི་ཉེས་པ། འཇིགས་སྐུལ་གྱི་བྱེད་སྒོ་སྒྲིག་འཛུགས་དང་འགོ་ཁྲིད། ཡང་ན་དེར་ཞུགས་བྱས་པའི་ཉེས་པ། ཁྲིམས་འགལ་ངང་མེ་མདའ་དང་རྫས་མདེལ། འབར་རྫས་དངོས་པོ་བཟོས་པ་དང་ཉོ་ཚོང་། སྐྱེལ་འདྲེན། ཉར་འཛོག་བཅས་བྱས་པའི་ཉེས་པ། དེ་བཞིན་འགན་འཁྲིའི་ལས་འཛོལ་ཚབས་ཆེན་བཟོས་པའི་ཉེས་པ་སོགས་ཚུད་ཡོད།

2. 醉酒的人犯罪是否应当负刑事责任？

༢.ར་བཟི་བས་ཉེས་པ་བསགས་ན་ཉེས་དོན་འགན་འཁྲི་འཁུར་དགོས་སམ།

《中华人民共和国刑法》明确规定，醉酒的人犯罪，应当负刑事责任。

《ཀྲུང་ཧྭ་མི་དམངས་སྤྱི་མཐུན་རྒྱལ་ཁབ་ཀྱི་ཉེས་དོན་བཅའ་ཁྲིམས་》ནང་། ར་བཟི་བས་ཉེས་པ་བསགས་ན་ཉེས་དོན་འགན་འཁྲི་འཁུར་དགོས་པ་གཏན་འབེབས་གསལ་པོ་བྱས་ཡོད།

3. 教唆他人犯罪的，应如何处罚？

༣.མི་གཞན་ལ་ཉེས་པ་གསོག་རྒྱུར་ངན་སློབ་བྱས་ཚེ། ཆད་པ་གང་འདྲ་གཅོད་དམ།

《中华人民共和国刑法》规定，教唆他人犯罪的，应当按照他共同犯罪中所起的作用处罚。教唆不满十八周岁的人犯罪的，应当从重处罚。如果被教唆的人没有犯被教唆的罪，对于教唆犯，可以从轻或者减轻处罚。

《ཀྲུང་ཧྭ་མི་དམངས་སྤྱི་མཐུན་རྒྱལ་ཁབ་ཀྱི་ཉེས་དོན་བཅའ་ཁྲིམས་》ནང་། མི་གཞན་ལ་ཉེས་པ་གསོག་རྒྱུར་ངན་སློབ་བྱས་ན། མི་དེ་གཉིས་ཀྱིས་མཉམ་དུ་བསགས་པའི་ཉེས་པའི་ཁྲོད་ཐོན་པའི་ནུས་པ་ཆེ་ཆུང་ལ་གཞིགས་ནས་ཆད་པ་གཅོད་དགོས་པ་དང་། ལོ་བཅོ་བརྒྱད་ལ་མ་སོན་པའི་མིར་ཉེས་པ་གསོག་རྒྱུར་ངན་སློབ་བྱས་ན། ཆད་པ་ལྗིད་པོ་གཅོད་རྒྱུ། གལ་ཏེ་ངན་སློབ་བྱ་ཡུལ་གྱིས་ཉེས་པ་བསགས་མེད་ན། ངན་སློབ་བྱེད་མཁན་ལ་ཆད་པ་ཡང་བ་གཅོད་རྒྱུ་དང་། ཡང་ན་ཉེས་ཆད་ཆུང་དུ་གཏོང་རྒྱུ་བཅས་ཀྱི་གཏན་འབེབས་བྱས་ཡོད།

4. 什么是违反治安管理的行为？

༤.གང་འདྲ་ཞིག་ལ་བདེ་འཇགས་དོ་དམ་ལས་འགལ་བའི་བྱ་སྤྱོད་ཟེར་རམ།

扰乱社会秩序、妨害公共安全、侵犯公民人身权利、侵犯公私财产，情节轻微，尚不够刑事处罚，应当给予治安管理处罚的行为。

སྤྱི་ཚོགས་ཀྱི་སྒྲིག་ལམ་ལ་གཏོར་བཤིག་བཏང་བ་དང་། སྤྱི་པའི་བདེ་འཇགས་ལ་འགོག་རྐྱེན་བཟོས་པ། སྤྱི་དམངས་ཀྱི་མི་ལུས་དབང་ཆར་བཙན་གནོད་བྱས་པ། གཞུང་སྒེར་གྱི་རྒྱུ་ནོར་ལ་བཙན་གནོད་བྱས་པ་བཅས་ལ་ཟེར་ཞིང་། གནས་ཚུལ་ཆུང་ཆུང་ཡིན་པ་དང་ཉེས་དོན་གྱི་ཆད་པ་གཅོད་རྒྱུའི་ཚད་ལ་སླེབས་མེད་ཀྱི། བདེ་འཇགས་དོ་དམ་གྱི་ཆད་པ་གཅོད་རྒྱུའོ།།

5. 对违反治安管理行为的处罚分为哪几种？

༥.བདེ་འཇགས་དོ་དམ་ལས་འགལ་བའི་བྱ་སྤྱོད་ཐད་ཀྱི་ཆད་གཅོད་ལ་རིགས་གང་དག་ཡོད་དམ།

对违反治安管理行为的处罚分为下列三种：

བདེ་འཇགས་དོ་དམ་ལས་འགལ་བའི་བྱ་སྤྱོད་ཐད་ཀྱི་ཆད་གཅོད་ལ་གཤམ་གསལ་གྱི་རིགས་གསུམ་ཡོད་དེ།

（1）警告；

（༡）ཉེན་བརྡ་གཏོང་བ།

（2）罚款。一元以上，二百元以下。对法律另有规定的行为，如卖淫、嫖娼、赌博等，最高可并处五千元以下罚款；

（༢）དངུལ་ཆད་གཅོད་པ་སྟེ། སྒོར་གཅིག་ཡན་དང་སྒོར་ཉིས་བརྒྱ་མན་གྱི་ཆད་པ་གཅོད་རྒྱུ། བཅའ་ཁྲིམས་ནང་གཏན་འབེབས་གཞན་དག་ཡོད་པའི་བྱ་སྤྱོད་དཔེར་ན། སྨད་འཚོང་དང་འཆལ་པོ་རྒྱག་པ། རྒྱན་འཛུགས་སོགས་ལ་མཐོ་ཤོས་སུ་སྒོར་ལྔ་སྟོང་མན་གྱི་དངུལ་ཆད་གཅོད་རྒྱུ།

（3）拘留。一日以上，十五日以下。

（༣）བཀག་ཉར་བྱ་རྒྱུ་སྟེ། ཉིན་གཅིག་ཡན་ནས་ཉིན་བཅོ་ལྔ་མན་བཀག་ཉར་བྱ་རྒྱུ་བཅས་སོ།།

6. 对违反治安管理行为的哪些情形要从重处罚？

༦.བདེ་འཇགས་ངོ་དམ་ལས་འགལ་བའི་བྱ་སྤྱོད་རིགས་གང་དག་ལ་ཆད་པ་ནན་པོ་གཅོད་དམ།

违反治安管理有下列情形之一的，可以从重处罚：

བདེ་འཇགས་ངོ་དམ་ལས་འགལ་བའི་བྱ་སྤྱོད་ཐད་གཤམ་གསལ་གྱི་རིགས་ཡོད་ཚེ། ཆད་པ་ནན་པོ་གཅོད་རྒྱུ་སྟེ།

（1）有较严重后果的；

（༡）མཇུག་འབྲས་ཚབས་ཆེན་བཟོས་པ།

（2）胁迫、诱骗他人或者教唆不满十八岁的人违反治安管理的；

（༢）མི་གཞན་དང་ཡང་ན་ལོ་བཅོ་བརྒྱད་མ་ཟིན་པའི་མིར་བཙན་སྐུལ་དང་བསླུ་ཁྲིད་བྱས་ནས་བདེ་འཇགས་ངོ་དམ་ལས་འགལ་བ།

（3）对检举人、证人打击报复的；

（༣）ཐེར་འདོན་བྱེད་མཁན་དང་དཔང་མིར་འཁོན་ལན་སློག་པ།

（4）屡犯不改的。

（༤）ཉེས་པ་ཡང་ཡང་གསོག་པ་ལས་བསྒྱུར་བཅོས་མི་བྱེད་པ་བཅས་ལའོ།།

7. 城市怎么样做到文明养犬？

༧.གྲོང་ཁྱེར་ནང་གང་འདྲ་བྱས་ཏེ་ཡ་རབས་ངང་ཁྱི་གསོ་དགོས་སམ།

（1）城市内实行拴养或圈养，不得放养；

（༡）གྲོང་ཁྱེར་ནང་ཁྱི་འདོགས་པའམ་བཅུག་ནས་གསོ་དགོས་པ་ལས་གློད་མི་ཆོག

（2）犬只在公共场所产生的粪便，养犬人应当立即清除；

（༢）ཁྱི་ཡིས་མི་མང་འཛོམས་སར་ཁྱི་སྐྱག་བཏང་ན། ཁྱིའི་བདག་པོས་འཕྲལ་མར་གཙང་སེལ་བྱ་དགོས།

（3）有过伤人记录的犬只不得在市区内饲养。

（༣）མི་ལ་སོ་བརྒྱབ་པའི་ཟིན་ཐོ་ཡོད་པའི་ཁྱི་དེ་རིགས་གྲོང་ཁྱེར་དུ་གསོ་ཉར་བྱེད་མི་ཆོག

8. 公民捡到物品应如何处理？

༨.སྤྱི་དམངས་ལ་དངོས་པོ་རྙེད་ན་ཐག་གཅོད་གང་འདྲ་བྱེད་དགོས་སམ།

所有人不明的埋葬物、隐藏物，归国家所有。接受单位应当对上缴的单位或者个人，给予表扬或者物质奖励。

དེའང་བདག་པོ་སུ་ཡིན་མི་ཤེས་པའི་སྦས་པའི་དངོས་པོ་དང་འགེབས་ལུས་ཀྱི་དངོས་པོ་ནི་རྒྱལ་ཁབ་ལ་བདག་པ་ཡིན། དངོས་པོ་རྩིས་ལེན་ཚན་པས་གོང་འབུལ་ཞུ་མཁན་ཚན་པའམ་མི་སྒེར་ལ་བསྔགས་བརྗོད་དང་ཡང་ན་དངོས་པོའི་བྱ་དགའ་སྤྲོད་དགོས།

拾得遗失物、漂流物或者失散的饲养动物。应当归还失主，因此而支出的费用由失主偿还。

པོར་བརླག་ཤོར་བའི་དངོས་པོ་དང་ཆུས་ཁྱེར་བའི་དངོས་པོ། ཡང་ན་ཁ་ཐོར་བའི་གཅེས་ཉར་སྒོག་ཆགས་རིགས་བདག་པོར་ཕྱིར་སྤྲོད་བྱ་དགོས། དེའི་ཐད་བཏང་བའི་འགྲོ་གྲོན་ནི་པོར་བརླག་ཤོར་མཁན་གྱིས་སྤྲོད་དགོས།

9. 市民在接触互联网时应该注意什么？

༩.གྲོང་མིས་དྲ་སྦྲེལ་སྤྱོད་སྐབས་དོ་སྣང་གང་དག་བྱ་དགོས་སམ།

根据《西藏自治区网络通信活动管理规定》，现将西藏自治区网络通信领域活动禁止性行为集中通告如下：

《བོད་རང་སྐྱོང་ལྗོངས་ཀྱི་དྲ་རྒྱའི་ཆ་འཕྲིན་བྱེད་སྒོའི་དོ་དམ་གཏན་འབེབས་》ལ་གཞིགས་ན། བོད་རང་སྐྱོང་ལྗོངས་ཀྱི་དྲ་རྒྱའི་ཆ་འཕྲིན་ཁྱབ་ཁོངས་བྱེད་སྒོའི་ནང་བཀག་འགོག་བྱ་དགོས་པའི་རང་བཞིན་གྱི་བྱ་སྤྱོད་རིགས་གཅིག་སྡུད་ཐོག་ཁྱབ་བསྒྲགས་བྱ་རྒྱུ་གཤམ་གསལ།

（1）严禁利用网络通信工具组织、参与、煽动颠覆国家、破坏国家统一、推翻社会主义制度的活动；

（༡）དྲ་རྒྱའི་ཆ་འཕྲིན་ལག་ཆ་བེད་སྤྱད་དེ་རྒྱལ་ཁབ་རྩ་སློག་རྒྱུ་གཏོང་རྒྱུ་དང་རྒྱལ་ཁབ་ཀྱི་གཅིག་གྱུར་ལ་གཏོར་བཤིག སྤྱི་ཚོགས་རིང་ལུགས་ཀྱི་ལམ་ལུགས་རྩ་བརླག་གཏོང་རྒྱུ་སྒྲིག་འཛུགས་དང་དེར་ཐེ་ཞུགས། ངན་སྐུལ་བཅས་བྱེད་པའི་བྱེད་སྒོ་བཀག་འགོག་ནན་པོ་བྱ་རྒྱུ།

（2）严禁利用网络通信工具侮辱、诽谤他人；

（༢）དྲ་རྒྱའི་ཆ་འཕྲིན་གྱི་ལག་ཆ་བེད་སྤྱད་དེ་མི་གཞན་ལ་དམའ་འབེབས་དང་ངན་སྨོད་བྱེད་པ་བཀག་འགོག་ནན་པོ་བྱ་རྒྱུ།

（3）严禁利用网络通信工具组织、参与、煽动宗教极端、暴力恐怖、诈骗犯罪等非法活动；

（༣）དྲ་རྒྱའི་ཆ་འཕྲིན་གྱི་ལག་ཆ་བེད་སྤྱད་དེ་ཆོས་ལུགས་ཐལ་དྲགས་དང་གཏུམ་སྤྱོད་ཀྱི་འཇིགས་སྐུལ། མགོ་སྐོར་གཏོང་བའི་ཉེས་གསོག་སོགས་སྒྲིག་འཛུགས་དང་དེར་ཐེ་ཞུགས། ངན་སྐུལ་བཅས་བྱེད་པའི་ཁྲིམས་འགལ་གྱི་བྱེད་སྒོ་བཀག་འགོག་ནན་པོ་བྱ་རྒྱུ།

（4）严禁利用网络通信工具向境内外组织、机构、个人非法提供国家未公开的信息；

（༤）དྲ་རྒྱའི་ཆ་འཕྲིན་གྱི་ལག་ཆ་བེད་སྤྱད་དེ་རྒྱལ་ཁབ་ཕྱི་ནང་གི་རྩ་འཛུགས་དང་ལས་ཁུངས། མི་སྒེར་བཅས་ལ་ཁྲིམས་འགལ་ངང་རྒྱལ་ཁབ་ཀྱིས་ཡོངས་བསྒྲགས་མ་བྱས་པའི་ཆ་འཕྲིན་མཁོ་འདོན་བྱེད་པར་བཀག་འགོག་ནན་པོ་བྱ་རྒྱུ།

（5）严禁利用网络通信工具搜集、制作、下载、存储、发布、传播、宣扬颠覆国家、破坏国家统一、推翻社会主义制度的信息；

（༥）དྲ་རྒྱའི་ཆ་འཕྲིན་གྱི་ལག་ཆ་བེད་སྤྱད་དེ་རྒྱལ་ཁབ་རྩ་སློག་གཏོང་རྒྱུ་དང་རྒྱལ་ཁབ་ཀྱི་གཅིག་གྱུར་ལ་གཏོར་བཤིག སྤྱི་ཚོགས་རིང་ལུགས་ཀྱི་ལམ་ལུགས་རྩ་བརླག་གཏོང་རྒྱུའི་ཆ་འཕྲིན་འཚོལ་བསྡུ་དང་འབྲི་བཟོ། ཕབ་ལེན། ཉར་འཛོག ཡོངས་བསྒྲགས། ཁྱབ་སྤེལ། དྲིལ་སྒྲོག་བཅས་བྱེད་པར་བཀག་འགོག་ནན་པོ་བྱ་རྒྱུ།

（6）严禁利用网络通信工具搜集、制作、下载、存储、发布、传播、宣扬宗教极端思想、暴力恐怖、诱骗诈骗等信息；

（༦）དྲ་རྒྱའི་ཆ་འཕྲིན་གྱི་ལག་ཆ་བེད་སྤྱོད་དེ་ཆོས་ལུགས་ཐལ་དྲགས་ཀྱི་བསམ་བློ་དང་དྲག་ཤུགས་ཀྱི་འཇིགས་སྐུལ། བསླུ་བྲིད་ཀྱིས་མགོ་སྐོར་གཏོང་བ་སོགས་ཀྱི་ཆ་འཕྲིན་འཚོལ་བསྡུ་དང་འབྲི་བཟོ། ཕབ་ལེན། ཉར་འཛོག ཡོངས་བསྒྲགས། ཁྱབ་སྤེལ། དྲིལ་སྒྲོག་བཅས་བྱེད་པར་བཀག་འགོག་ནན་པོ་བྱ་རྒྱུ།

（7）严禁利用网络通信工具为颠覆国家政权、分裂国家、暴力恐怖、宗教极端活动提供资金、场所、人员、交通、通信等帮助或便利；

（༧）དྲ་རྒྱའི་ཆ་འཕྲིན་གྱི་ལག་ཆ་བེད་སྤྱོད་དེ་རྒྱལ་ཁབ་ཀྱི་སྲིད་དབང་རྩ་སློག་དང་རྒྱལ་ཁབ་ཁ་བྲལ། དྲག་ཤུགས་ཀྱི་འཇིགས་སྐུལ། ཆོས་ལུགས་ཐལ་དྲགས་བྱེད་སྒོ་བཅས་ལ་མ་དངུལ་དང་ཚོགས་ར། མི་སྣ། འགྲིམ་འགྲུལ། ཆ་འཕྲིན་སོགས་ཀྱི་ཐད་ནས་རམ་འདེགས་དང་ཡང་ན་སྟབས་བདེ་བསྐྲུན་རྒྱུ་བཀག་འགོག་ནན་པོ་བྱ་རྒྱུ།

（8）严禁利用网络通信工具编造、散布挑拨民族关系、制造民族矛盾、煽动民族仇恨等信息；

（༨）དྲ་རྒྱའི་ཆ་འཕྲིན་གྱི་ལག་ཆ་བེད་སྤྱོད་དེ་མི་རིགས་ཀྱི་འབྲེལ་བར་དཀྲུག་ཤིང་དང་མི་རིགས་དབར་འགལ་ཟླ་བཟོ་བ། མི་རིགས་ཀྱི་འཁོན་འཛིན་ཐད་ངན་སྐུལ་བྱེད་པ་སོགས་ཀྱི་ཆ་འཕྲིན་རྫུན་བཟོ་དང་སྒྲོག་སྤེལ་བྱེད་པར་བཀག་འགོག་ནན་པོ་བྱ་རྒྱུ།

（9）严禁利用网络通信工具组织、利用会道门等邪教组织破坏法律实施；

（༩）དྲ་རྒྱའི་ཆ་འཕྲིན་གྱི་ལག་ཆ་བེད་སྤྱོད་དེ་སྒྲོངས་དད་ཚོགས་པའམ་ཆོས་ལོག་རྩ་འཛུགས་སྒྲིག་འཛུགས་ཀྱིས་བཅའ་ཁྲིམས་ལག་བསྟར་བྱེད་པར་འགོག་རྐྱེན་བཟོ་བར་བཀག་འགོག་ནན་པོ་བྱ་རྒྱུ།

（10）严禁利用网络通信工具煽动暴力抗拒法律实施、聚众扰乱社会秩序；

(༡༠) དྲ་རྒྱའི་ཆ་འཕྲིན་གྱི་ལག་ཆ་བེད་སྤྱད་དེ་དྲག་ཤུགས་ཀྱིས་བཅའ་ཁྲིམས་ལག་བསྟར་བྱེད་པར་འགོག་རྐོལ་དང་མི་ཚོགས་འདུས་ནས་སྤྱི་ཚོགས་ཀྱི་སྒྲིག་ལམ་ཟང་ཟིང་བཟོ་རྒྱུར་ངན་སྐུལ་བྱེད་པ་བཀག་འགོག་ནན་པོ་བྱ་རྒྱུ།

(11) 严禁利用网络通信工具组织、参与非法集会、游行、示威;

(༡༡) དྲ་རྒྱའི་ཆ་འཕྲིན་གྱི་ལག་ཆ་བེད་སྤྱད་དེ་ཁྲིམས་འགལ་དང་འདུ་ཚོགས་དང་ཁྲོམ་སྐོར། ཐམ་སྟོན་བཅས་སྒྲིག་འཛུགས་དང་དེར་ཞེ་ཞུགས་བྱེད་པ་བཀག་འགོག་ནན་པོ་བྱ་རྒྱུ།

(12)严禁利用网络通信工具为实施违法犯罪活动而接受境内外组织、机构或个人资助;

(༡༢) དྲ་རྒྱའི་ཆ་འཕྲིན་གྱི་ལག་ཆ་བེད་སྤྱད་དེ་ཁྲིམས་འགལ་གྱི་ཉེས་གསོག་བྱེད་སྒོ་སྤེལ་ཕྱིར་རྒྱལ་ཁབ་ཕྱི་ནང་གི་ཚ་འཛུགས་དང་ལས་ཁུངས། ཡང་ན་མི་སྒེར་བཅས་ཀྱི་རོགས་དཔུལ་དང་ལེན་བྱེད་པ་བཀག་འགོག་ནན་པོ་བྱ་རྒྱུ།

(13)严禁利用网络通信工具成立、参加非法组织，进行非法金融活动;

(༡༣) དྲ་རྒྱའི་ཆ་འཕྲིན་གྱི་ལག་ཆ་བེད་སྤྱད་དེ་ཁྲིམས་འགལ་གྱི་ཚ་འཛུགས་བཙུགས་པ་དང་། དེར་ཞེ་ཞུགས་བྱས་ནས་ཁྲིམས་འགལ་གྱི་དངུལ་རྩའི་བྱེད་སྒོ་སྤེལ་བར་བཀག་འགོག་ནན་པོ་བྱ་རྒྱུ།

(14)严禁利用网络通信工具编造、散布虚假或不实险情、疫情、灾情、警情等信息;

(༡༤) དྲ་རྒྱའི་ཆ་འཕྲིན་གྱི་ལག་ཆ་བེད་སྤྱད་དེ་རྫུན་བཟོ་བྱས་པའམ་ཡང་ན་ཉེན་ཁའི་གནས་ཚུལ་དངོས་མིན་པ། རིམས་ནད། གནོད་འཚེའི་གནས་ཚུལ། ཉེན་བརྡའི་གནས་ཚུལ་སོགས་ཀྱི་ཆ་འཕྲིན་རྫུན་སྒྲིག་དང་ཁྱབ་སྤེལ་གཏོང་བར་བཀག་འགོག་ནན་པོ་བྱ་རྒྱུ།

(15) 严禁未经许可经营国际联网业务，擅自建立、使用非法定信道进行国际联网;

(༡༥) འཐུས་མཆན་མ་བརྒྱུད་པར་རྒྱལ་སྤྱིའི་དྲ་རྒྱའི་ལས་སྒོ་གཉེར་ཏེ། རང་འཚམ་དང་ཁྲིམས་མཐུན་མ་ཡིན་པའི་འཕྲིན་ལམ་བེད་སྤྱད་ནས་རྒྱལ་སྤྱིའི་དྲ་རྒྱའི་ལས་ཀ་བྱེད་པར་བཀག་འགོག་ནན་པོ་བྱ་རྒྱུ།

(16)严禁利用网络通信工具非法获取、出售、提供、利用公民个人信息;

(༡༦) དྲ་རྒྱའི་ཆ་འཕྲིན་གྱི་ལག་ཆ་བེད་སྤྱད་དེ་ཁྲིམས་འགལ་དང་སྤྱི་དམངས་མི་སྒེར་གྱི་ཆ་འཕྲིན་རག་ཐབས་དང་འཚོང་བ། མཁོ་འདོན། བེད་སྤྱོད་བཅས་བྱེད་པར་བཀག་འགོག་ནན་པོ་བྱ་རྒྱུ།

(17)严禁利用网络通信工具实施黑客攻击破坏、盗窃、诈骗、编造或故意传播虚假信息等行为;

(༡༧) དྲ་རྒྱའི་ཆ་འཕྲིན་གྱི་ལག་ཆ་བེད་སྤྱད་དེ་མགྲོན་ནག་གིས་རྙོལ་ནས་གཏོར་བཤིག་གཏོང་བ་དང་བརྐུ་འཕྲོག་བྱེད་པ། མགོ་སྐོར་གཏོང་བ། རྫུན་བཟོ་བྱེད་པའམ་ཡང་ན་ཀང་བརྩུགས་ནས་ཆ་འཕྲིན་རྫུན་མ་དྲིལ་སྒྲོག་བྱེད་པ་སོགས་ཀྱི་བྱ་སྤྱོད་བཀག་འགོག་ནན་པོ་བྱ་རྒྱུ།

(18)严禁利用网络通信工具参与、诱骗公民进行涉枪支弹药,易燃、易爆、易制毒、放射性等危险品,淫秽色情,赌博,毒品犯罪活动;

(༡༨) དྲ་རྒྱའི་ཆ་འཕྲིན་གྱི་ལག་ཆ་བེད་སྤྱད་དེ་སྤྱི་དམངས་ཀྱིས་མེ་མདའ་དང་རྫས་མདེལ། འབར་སླ་བ་དང་གས་སླ་བ། དུག་རྫས་བཟོ་སླ་བ། འཕྲོ་འགྱེད་རང་བཞིན་སོགས་ཉེན་ཁའི་དངོས་རྫས་དང་། དེ་བཞིན་སྨད་ཚོང་ཆགས་སྤྱོད་དང་རྒྱན་འཛུགས། དུག་རྫས་སོགས་ཉེས་གསོག་བྱེད་སྒོར་ཞུགས་རྒྱུའི་བསླུ་བྲིད་བྱེད་པར་བཀག་འགོག་ནན་པོ་བྱ་རྒྱུ།

(19)严禁利用网络通信工具向网络犯罪活动提供互联网接入、服务器托管、网络存储、通信传输等技术支持或广告推广、支付结算等帮助;

(༡༩) དྲ་རྒྱའི་ཆ་འཕྲིན་གྱི་ལག་ཆ་བེད་སྤྱད་དེ་དྲ་རྒྱའི་ཐོག་གི་ཉེས་གསོག་བྱེད་སྒོར་དྲ་རྒྱའི་མཐུད་ཞུགས་དང་ཞབས་ཞུའི་སྒྲིག་ཆས་ཚབ་ཉར། དྲ་ཐོག་ཉར་གསོག ཆ་འཕྲིན་བརྒྱུད་སྤེལ་སོགས་ཀྱི་ལག་རྩལ་རོགས་སྐྱོར་རམ་ཡང་ན་བརྡ་ཁྱབ་སྒྲོག་སྤེལ་དང་གཏོང་སྤྲོད་ཀྱི་མཇུག་རྩིས་སོགས་ཀྱི་ཐད་རོགས་སྐྱོར་བྱེད་པར་བཀག་འགོག་ནན་པོ་བྱ་རྒྱུ།

(20)严禁利用网络通信工具设立用于实施犯罪活动的网站、通讯群组或者发布违法犯罪信息,或利用网络通信工具加入此类网站、通讯群组浏览、接收、发布信息,或利用网络通信工具破坏网络通信公共设施。

(༡༠) དྲ་རྒྱའི་ཚ་འཕྲིན་གྱི་ལག་ཆ་བེད་སྤྱོད་དེ་ཉེས་གསོག་གི་བྱེད་སྒོ་སྤེལ་བར་བེད་སྤྱོད་བྱ་རྒྱུའི་དྲ་ཚིགས་དང་འཕྲིན་སྤེལ་ཚོགས་ཚུང་བཙུགས་པ་དང་། ཁྲིམས་འགལ་ཉེས་གསོག་གི་ཚ་འཕྲིན་ཁྱབ་བསྒྲགས་བྱེད་པ། ཡང་ན་དྲ་རྒྱའི་ཚ་འཕྲིན་གྱི་ལག་ཆ་བེད་སྤྱོད་དེ་དེ་ལྟ་བུའི་དྲ་ཚིགས་དང་འཕྲིན་སྤེལ་ཚོགས་ཚུང་གི་ཚ་འཕྲིན་ལྟ་བཤེར་དང་བརྟུ་ལེན། ཁྱབ་སྤེལ་བྱེད་པ་འམ། དྲ་རྒྱའི་ཚ་འཕྲིན་གྱི་ལག་ཆ་བེད་སྤྱོད་དེ་དྲ་རྒྱའི་འཕྲིན་གཏོང་གི་སྤྱི་པའི་སྒྲིག་ཆས་ལ་གཏོར་བཤིག་གཏོང་བ་བཅས་བཀག་འགོག་ནན་པོ་བྱ་རྒྱུ།

10. 哪些法律需求可以申请法律援助?

༡༠.བཅའ་ཁྲིམས་གང་དག་གི་ཐད་བཅའ་ཁྲིམས་ཀྱི་རོགས་སྐྱོར་བྱ་རྒྱུའི་རེ་བ་འདོན་ཆོག་གམ།

公民对下列需要代理的事项，因经济困难没有委托代理人的，可以向法律援助机构申请法律援助：

སྤྱི་དམངས་ཀྱི་གཤམ་གསལ་ངོ་ཚབ་ཡོད་དགོས་པའི་ལས་དོན་ཐད། དཔལ་འབྱོར་ལ་དཀའ་ངལ་ཡོད་པའི་རྐྱེན་གྱིས་མངག་བཅོལ་ངོ་ཚབ་མེད་ན། བཅའ་ཁྲིམས་ཀྱི་རོགས་སྐྱོར་ལས་ཁུངས་ནས་བཅའ་ཁྲིམས་ཀྱི་རོགས་སྐྱོར་བྱ་རྒྱུའི་རེ་བ་འདོན་ཆོག་སྟེ།

（1）依法请求国家赔偿的；

(༡) ཁྲིམས་ལྟར་རྒྱལ་ཁབ་ནས་གུན་གསབ་སྤྲོད་རྒྱུའི་རེ་བ་འདོན་ཆོག་པ།

（2）请求给予社会保险待遇或者最低生活保障待遇的；

(༢) སྤྱི་ཚོགས་འགན་བཅོལ་གྱི་ཐོབ་ཐང་ངམ་ཡང་ན་མ་མཐའི་འཚོ་བའི་འགན་སྲུང་ཐོབ་ཐང་སྤྲོད་རྒྱུའི་རེ་བ་འདོན་ཆོག་པ།

（3）请求发给抚恤金、救济金的；

(༣) འཆི་གོད་གུན་གསབ་རོགས་དངུལ་དང་སྐྱབ་གསོའི་རོགས་དངུལ་སྤྲོད་རྒྱུའི་རེ་བ་འདོན་ཆོག་པ།

（4）请求给付赡养费、抚养费、扶养费的；

（༤）ཞབས་ཏོག་འགྲོ་གྲོན་དང་འཚོ་སྐྱོང་འགྲོ་གྲོན། ལྟ་སྐྱོང་འགྲོ་གྲོན་བཅས་སྤྲོད་རྒྱུའི་རེ་བ་འདོན་ཚོག་པ།

（5）请求支付劳动报酬的；

（༥）ངལ་རྩོལ་གླ་ཆ་སྤྲོད་རྒྱུའི་རེ་བ་འདོན་ཚོག་པ།

（6）主张因见义勇为行为产生的民事权益的。

（༦）བདེན་པའི་རྒྱབ་ལྔངས་ཀྱི་བྱ་སྤྱོད་ལས་ཐོན་པའི་དམངས་དོན་ཁེ་དབང་ལ་ངོས་འཛིན་པ་བཅས་སོ།།

11. 公民申请法律援助需要提供哪些材料？

༡༡.སྤྱི་དམངས་ནས་བཅའ་ཁྲིམས་རོགས་སྐྱོར་གྱི་རེ་ཞུ་བྱེད་སྐབས་དཔྱད་ཡིག་གང་དག་མཁོ་འདོན་བྱེད་དགོས་སམ།

公民申请代理、刑事辩护的法律援助应当提交下列证件、证明材料：

སྤྱི་དམངས་ཀྱིས་ངོ་ཚབ་དང་ཉེས་དོན་ཁྲིམས་རྩོད་ཀྱི་བཅའ་ཁྲིམས་རོགས་སྐྱོར་རེ་ཞུ་བྱེད་སྐབས། གཤམ་གསལ་གྱི་ལག་ཁྱེར་དང་དཔང་རྟགས་དཔྱད་ཡིག་སོང་འབུལ་ཞུ་དགོས་ཏེ།

（1）身份证或者其他有效的身份证明，代理申请人还应当提交有代理权的证明；

（༡）ཐོབ་ཐང་ལག་ཁྱེར་རམ་ཡང་ན་གོ་ཆོད་པའི་ཐོབ་ཐང་དཔང་ཡིག་གཞན་དག དེ་བཞིན་ངོ་ཚབ་རེ་ཞུ་བྱེད་མཁན་གྱིས་ད་དུང་ངོ་ཚབ་བྱེད་དབང་ཡོད་པའི་དཔང་ཡིག་བཅས་འབུལ་དགོས།

（2）经济困难的证明；

（༢）དཔལ་འབྱོར་ཐད་དཀའ་ངལ་ཡོད་པའི་དཔང་ཡིག

（3）与所申请法律援助事项有关的案件材料。

（༣）བཅའ་ཁྲིམས་ཀྱི་རོགས་སྐྱོར་བྱ་རྒྱུར་རེ་ཞུ་བྱེད་པའི་ལས་དོན་གྱི་འབྲེལ་ཡོད་གྱོད་དོན་ཡིག་ཆ་བཅས་སོ།།

申请应当采用书面形式，填写申请表；以书面形式提出申请确有困难的，可以口头申请，由法律援助机构工作人员或者代为转交申请的有关机构工作人员作书面记录。

རེ་ཞུ་ནི་ཡིག་ཐོག་གི་རྣམ་པའི་ཐོག་ནས་རེ་ཞུའི་རེའུ་མིག་འབྲི་དགོས་ཤིང་། གལ་ཏེ་ཡིག་ཐོག་གི་རྣམ་པའི་ཐོག་ནས་རེ་ཞུ་བྱེད་པར་དཀའ་ངལ་དངོས་འབྲེལ་ཡོད་ཚེ། བཅའ་ཁྲིམས་རོགས་སྐྱོར་ལས་ཁུངས་ཀྱི་ལས་དོན་མི་སྣ་འམ་ཡང་ན་རེ་ཞུ་བརྒྱུད་སྤྲོད་ཀྱི་ཚབ་བྱེད་མཁན་འབྲེལ་ཡོད་ལས་ཁུངས་ཀྱི་ལས་དོན་པས་ཡིག་ཐོག་གི་ཟིན་ཐོ་འགོད་དགོས།

12. 法律援助热线是什么？

༡༢.བཅའ་ཁྲིམས་རོགས་སྐྱོར་གྱི་ཐད་སྤྲེལ་ཁ་པར་གང་ཡིན་ནམ།

12348 是为方便群众咨询法律知识，解决与法律相关的有关事项专门设立的由法律工作者提供相关法律服务的专线电话。

༡༢༣༤༨ནི་མང་ཚོགས་ནས་བཅའ་ཁྲིམས་ཤེས་བྱ་འདྲི་རྩད་བྱེད་བདེ་པོ་ཡོང་ཆེད་དང་བཅའ་ཁྲིམས་ཀྱི་འབྲེལ་ཡོད་ལས་དོན་ཐག་གཅོད་བྱ་ཕྱིར་ཆེད་མངགས་བཙུགས་པ་ཞིག་ཡིན་ཞིང་། དེ་ནི་བཅའ་ཁྲིམས་ལས་དོན་པས་འབྲེལ་ཡོད་བཅའ་ཁྲིམས་ཀྱི་ཞབས་ཞུ་མཁོ་འདོན་བྱེད་པའི་ཆེད་སྤྱོད་ཁ་པར་ཡིན།

十二、防范电信网络诈骗

བཅུ་གཉིས། གློག་འཕྲིན་དྲ་རྒྱའི་མགོ་སྐོར་ལ་ངོགས་ཟློན་བྱ་དགོས།

1. 什么是电信诈骗？

༡.གང་འདྲ་ཞིག་ལ་གློག་འཕྲིན་གྱི་མགོ་སྐོར་བཏང་བ་ཟེར་རམ།

电信诈骗是指通过电话、网络和短信方式，编造虚假信息，设置骗局，对受害人实施远程、非接触式诈骗，诱使受害人打款或转账的犯罪行为，通常犯罪嫌疑人以冒充他人及仿冒、伪造各种合法外衣和形式的方式达到欺骗的目的，如冒充公检法、商家公司厂家、国家机关工作人员、银行工作人员等各类机构工作人员，伪造和冒充招工、婚恋、贷款、中奖、手机定位和招嫖等形式进行诈骗。

གློག་འཕྲིན་གྱི་མགོ་སྐོར་ཞེས་པ་ནི་ཁ་པར་དང་དྲ་རྒྱ། འཕྲིན་ཐུང་བཅས་ཀྱི་ཐབས་ལམ་བརྒྱུད། ཆ་འཕྲིན་རྫུན་མ་བཟོ་བ་དང་གཡོ་ཧྲུས་བཀོད་ནས་གནོད་འཚེ་ཕོག་མཁན་ལ་ཐག་རིང་ནས་ངོ་གཏུག་བྱེད་མ་དགོས་པའི་ཐོག་མགོ་སྐོར་བཏང་སྟེ། གནོད་འཚེ་ཕོག་མཁན་ནས་དངུལ་བསྐུར་རྒྱུ་དང་ཡང་ན་དངུལ་གྱི་རྩིས་ཐོ་བསྒྱུར་རྒྱུར་བསླུ་ཁྲིད་བྱེད་པའི་ཉེས་གསོག་བྱ་སྤྱོད་

ཅིག་ཡིན། ངོགས་ཡོད་ཉེས་ཅན་པས་རྟག་ཏུ་མི་གཞན་ཡིན་ཁུལ་དང་ལད་ཟློས་བྱེད་པ། ཁྲིམས་མཐུན་གྱི་ཇུན་རྣམ་སྣ་ཚོགས་ཐོག་ནས་མགོ་སྐོར་གཏོང་རྒྱུའི་དམིགས་ཡུལ་སྒྲུབ་ཐབས་བྱེད་པ་ཡིན། དཔེར་ན་སྤྱི་བདེ་དང་ཞིབ་དཔྱོད། ཁྲིམས་ཁང་། ཚོང་དུད་ཀུང་སིའི་བཟོ་གྲྭ། རྒྱལ་ཁབ་ལས་ཁུངས་ཀྱི་ལས་དོན་མི་སྣ། དངུལ་ཁང་གི་ལས་དོན་མི་སྣ་སོགས་ལས་ཁུངས་སྣ་ཚོགས་ཀྱི་ལས་དོན་མི་སྣ་ཡིན་ཁུལ་བྱས་ཐོག ལས་མི་བསྡུ་རྒྱུ་དང་གཉེན་སྒྲིག་དང་དགའ་རོགས་སྒྲིག་རྒྱུ། དངུལ་བུན་གཡར་རྒྱུ། རྒྱན་ཤོག་བྱ་དགའ་ཐོབ་ཚུལ། ལག་ཐོགས་ཁ་པར་གྱི་གནས་ཐིག་གཏན་འཁེལ། འཚལ་པོ་འགྲུག་ཐབས་སོགས་ཀྱི་རྣམ་པའི་ཐོག་ནས་མགོ་སྐོར་གཏོང་གི་ཡོད།

2. 常见的诈骗手法有哪些？

༢.རྒྱུན་མཐོང་གི་མགོ་སྐོར་གཏོང་ཐབས་གང་དག་ཡོད་དམ།

谨记“十个凡是”：

“ཡིན་ཕྱིན་བཅུ”སེམས་ལ་ངེས་དགོས་པ་སྟེ།

（1）凡是自称公检法要求汇款的；

（༡）རང་ཉིད་སྤྱི་བདེ་དང་ཞིབ་དཔྱོད་ཁྲིམས་ཁང་བཅས་ལས་ཁུངས་གང་རུང་ནས་ཡིན་ཚུལ་དང་དངུལ་བསྐུར་དགོས་ཟེར་མཁན་ཡིན་ཕྱིན།

（2）凡是叫你汇款到“安全账户”的；

（༢）རང་ལ་དངུལ“བདེ་འཇགས་ཀྱི་རྩིས་ཐོར”བསྐུར་དགོས་པའི་བརྒ་ཐོ་གཏོང་མཁན་ཡིན་ཕྱིན།

（3）凡是通知中奖、领取补贴要你先交钱的；

（༣）རྒྱན་ཤོག་བྱ་དགའ་ཐོབ་པ་དང་ཁ་གསབ་དངུལ་ལེན་རྒྱུ་ཡོད་པས་སྔོན་ལ་དངུལ་གང་ཙམ་སྤྲོད་དགོས་པའི་བརྒ་ཐོ་གཏོང་མཁན་ཡིན་ཕྱིན།

（4）凡是通知“家属”出事要先汇款的；

（༤）“ཁྱིམ་”དུ་གནས་ཚུལ་བྱུང་ནས་དངུལ་བསྐུར་དགོས་པའི་བརྒ་ཐོ་གཏོང་མཁན་ཡིན་ཕྱིན།

（5）凡是索要个人和银行卡信息及短信验证码的；

（༥）མི་སྒེར་དང་དངུལ་ཁང་བྱང་བུའི་ཆ་འཕྲིན་དང་འཕྲིན་ཐུང་གི་ར་སྤྲོད་ཨང་གྲངས་དགོས་ཟེར་མཁན་ཡིན་ཕྱིན།

（6）凡是让你开通网银接受检查的；

（༦）དྲ་དངུལ་བཙུགས་ནས་བརྟག་དཔྱད་བྱེད་དགོས་རེད་ཟེར་མཁན་ཡིན་ཕྱིན།

（7）凡是叫你宾馆开房接受调查的；

（༧）མགྲོན་ཁང་དུ་སྡོད་སྐབས་བརྟག་དཔྱད་དང་ལེན་བྱ་དགོས་ཟེར་མཁན་ཡིན་ཕྱིན།

（8）凡是叫你登陆网站查看通缉令的；

（༨）དྲ་ཚིགས་སུ་ཞུགས་བཅུག་ནས་འཛུ་བཟུང་བཀའ་རྒྱ་ལྟོས་ཟེར་མཁན་ཡིན་ཕྱིན།

（9）凡是自称领导（老板）要求打款的；

（༩）འགོ་ཁྲིད་དམ་(སྦྱིན་བདག་)ཡིན་ཁུལ་གྱིས་དངུལ་བསྐུར་དགོས་ཟེར་མཁན་ཡིན་ཕྱིན།

（10）凡是陌生网站（链接）要登记银行卡信息的。

（༡༠）རྒྱུས་མེད་ཀྱི་དྲ་ཚིགས་ཀྱིས་དངུལ་ཁང་བྱང་བུའི་ཆ་འཕྲིན་ཐོ་འགོད་བྱེད་དགོས་ཟེར་མཁན་ཡིན་ཕྱིན་བཅས་སོ།།

3. 冒充公检法机关拨打电话要求将钱款转入安全账号或转账汇款时，一定要牢记的 3 个“绝对不会”指哪些？

༣.སྤྱི་བདེ་དང་ཞིབ་དཔྱོད། ཁྲིམས་ཁང་བཅས་ཀྱི་ལས་ཁུངས་ཡིན་ཁུལ་གྱིས་ཁ་པར་བརྒྱབ་ནས་དངུལ་སྒར་བདེ་འཇགས་ཀྱི་རྩིས་ཐོའམ་ཡང་ན་དངུལ་ཁོངས་བསྒྱུར་ནས་གཏོང་དགོས་ཟེར་སྐབས། ངེས་པར་དུ“གཏན་ནས་ཡིན་མི་སྲིད་པ”གསུམ་ངེས་དགོས་པ་གང་དག་ཡིན་ནམ།

（1）公检法机关绝对不会通过打电话的方式开展案件侦查工作，通知你涉嫌犯罪、洗黑钱、贩毒等，也不会通过网络或传真给你下达“法院传票”等法律手续。

（༡）སྤྱི་བདེ་དང་ཞིབ་དཔྱོད། ཁྲིམས་ཁང་བཅས་ལས་ཁུངས་ཀྱིས་ཁ་པར་ཐོག་ནས་སྐྱོད་དོན་སྒྲུབ་ཞིབ་ཀྱི་ལས་དོན་སྤེལ་ཏེ་ཁྱོད་རང་ལ་ཉེས་གསོག་དང་དངུལ་བཀུ་འཕྱིར། དུག་ཚོང་སོགས་ཀྱི་དོགས་གཞི་ཡོད་པའི་བརྫ་ཐོ་གཏན་ནས་གཏོང་མི་སྲིད་ལ། དྲ་རྒྱ་དང་ཡང་ན་བརྙན་སྐྱེལ་བརྒྱུད་དེ་ཁྱོད་ལ་“ཁྲིམས་ཁང་གི་འགྲུག་བརྫ”སོགས་བཅའ་ཁྲིམས་ཀྱི་འགྲོ་ལུགས་ཀྱང་གཏན་ནས་བརྒྱུད་དུ་འཛུག་མི་སྲིད།

（2）公检法机关绝对不会打电话要求群众转账汇款。

（༢）སྤྱི་བདེ་དང་ཞིབ་དཔྱོད། ཁྲིམས་ཁང་བཅས་ལས་ཁུངས་ཀྱིས་ཁ་པར་ཐོག་ནས་མང་ཚོགས་ལ་དངུལ་བསྒྱུར་སྤྲོད་བྱེད་དུ་གཏན་ནས་འཇུག་མི་སྲིད།

（3）公检法机关绝对不会设立所谓的“国家安全账户”。

（༣）སྤྱི་བདེ་དང་ཞིབ་དཔྱོད། ཁྲིམས་ཁང་བཅས་ལས་ཁུངས་ནས་རྒྱལ་ཁབ་ཀྱི་བདེ་འཇགས་རྩིས་ཐོ་ཟེར་བ་གཏན་ནས་འཛུགས་མི་སྲིད།

4. 什么是“杀猪盘”？

༤.“ཕག་གསོད་སྡེར་མ”ཟེར་བ་དེ་གང་ཡིན་ནམ།

杀猪盘，网络流行词，是指诈骗分子利用网络交友，诱导受害人投资赌博的一种电信诈骗方式。“杀猪盘”是“从业者们”（诈骗团伙）自己起的名字，是指放长线“养猪”诈骗，养得越久，诈骗得越狠。

དེ་ནི་དྲ་རྒྱའི་ཐོག་དར་ཁྱབ་ཆེ་བའི་ཚིག་ཅིག་ཡིན། དེའི་གོ་དོན་ནི་མགོ་སྐོར་གཏོང་མཁན་གྱིས་དྲ་རྒྱ་བརྒྱུད་དེ་གྲོགས་པོ་སྒྲིག་ནས་གནོད་འཚེ་ཕོག་མཁན་ནས་མ་དངུལ་བཏང་སྟེ་རྒྱན་འཛུགས་བྱ་རྒྱུར་བསླུ་ཁྲིད་བྱེད་པའི་གློག་འཕྲིན་གྱི་མགོ་སྐོར་གཡོག་སྟངས་ཤིག་ཡིན། “ཕག་གསོད་སྡེར་མ”ཟེར་བ་དེ་ཡང་མགོ་སྐོར་གཏོང་མཁན་ཚོས་རང་ཉིད་ལ་བཏགས་པའི་མིང་ཞིག་རེད། དེ་ནི་གཏོང་ཕོད་ཆེ་ཙམ་གྱིས་ཕག་པ་གསོས་ཏེ་མགོ་སྐོར་བཏང་བའི་དོན་ཡིན་པ་དང་། གསོ་ཡུན་ག་ཚོད་རིང་ན་དེ་ཙམ་གྱིས་མགོ་སྐོར་གཏོང་ཤུགས་ཆེ་བ་ཡོད།

5. “杀猪盘”的常见套路分几步？

༥.“ཕག་གསོད་སྡེར་མ་”ཟེར་བའི་རྒྱུན་མཐོང་གི་ཐབས་ལམ་ལ་གོམ་སྟབས་ག་ཚོད་ཡོད་དམ།

（1）网上热聊，萌生情意

诈骗分子在社交平台上将自己包装成“高富帅”“白富美”与受害人接触。在社交平台相聊甚欢，透出进一步发展的意思，多次接触后产生朦胧的网络情愫。

（༡）དྲ་ཐོག་ལ་ཚ་ཚ་ཞུར་ཞུར་གྱི་གླེང་མོལ་བྱས་ནས་བརྩེ་དུང་སློབས་པར་བྱེད་པ།

དེའང་མགོ་སྐོར་གཏོང་མཁན་གྱིས་སྤྱི་ཚོགས་འབྲེལ་སྡེབ་ཐོག་རང་ཉིད་“རིང་ཕྱུག་ཟེག་གསུམ་”དང་། “དཀར་ཕྱུག་མཛེས་གསུམ་”གྱི་རྣམ་པ་བསྟན་ནས་གནོད་འཚེ་ཕོག་མཁན་དང་འབྲེལ་གཏུག་བྱེད་པ་ཡིན། སྤྱི་ཚོགས་འབྲེལ་སྡེབ་ཐོག་ཕན་ཚུན་གླེང་མོལ་གྱི་དབྱིངས་ལ་ཚུད་པའི་སྐབས་སུ་ཅུ་མཐུད་འབྲེལ་བ་ཟབ་ཏུ་གཏོང་རྒྱུའི་རྣམ་པ་སྟོན་པ་དང་། འབྲེལ་གཏུག་ཐེངས་ཁ་ཤས་བྱས་རྗེས་དྲ་ཐོག་གི་བརྩེ་དུང་སློབས་པར་བྱེད་པ་ཡིན།

（2）动之以情，晓之以“利”

在甜言蜜语中聊感情时，诈骗分子对受害人透露自己在某平台赚得盆满钵满，并声称知道漏洞，或者亲戚朋友是网站工作人员，大肆鼓吹投资/博彩的高额回报，诱使受害人参与。

（༢）བརྩེ་དུང་གིས་སེམས་ཁུག་པར་བྱེད་པ་དང་གནས་ལུགས་ཀྱིས་ཁེ་བཟང་ཐོབ་པར་སེམས་པ།

སྐད་ཆ་སྙན་ཞིང་འཇམ་པའི་ཁྲོད་བརྩེ་དུང་སྐོར་གླེང་སྐབས། མགོ་སྐོར་གཏོང་མཁན་གྱིས་རང་ཉིད་ལ་སྡེབས་བུ་ཞིག་གི་ཐོག་ནས་འབབ་སྒོ་ཏ་ཅང་ཆེན་པོ་ཡོད་ཚུལ་ཤོད་པ་མ་ཟད། དེའི་རྒྱུ་རྐྱེན་དུ་གྱུར་པའི་སི་འདང་བའི་ཆ་ཤེས་ཀྱི་ཡོད་ཚུལ། ཡང་ན་རང་གི་སྤུན་མཆེད་དང་གྲོགས་པོ་དྲ་ཐོག་གི་ལས་དོན་པ་ཡིན་ཚུལ་ཤོད་པ། མ་འཛུགས་དང་རྒྱན་ཤོག་ཐད་ནས་ཁེ་བཟང་ཆེན་པོ་ཡོད་ཚུལ་ཞུད་སྒྲོག་གིས་གནོད་འཚེ་ཕོག་མཁན་དེར་ཞུགས་རྒྱུར་བསླུ་ཁྲིད་བྱེད་པ་ཡིན།

（3）深信不疑，终致悲剧

在前几次小额投入顺利回本后，受害人尝到甜头逐步放松警惕，对此“致富方式”深信不疑。投入资金从几千元到几万元，甚至几十万元，直到用尽所有积蓄，骗子便会指引受害人贷款投入。随着受害人投资速度放缓，骗子认为“收网”的时候到了，此时“平台客服”也会失联，受害人的爱情小船也就此沉没。

（༣）ཡིད་ཡོངས་སུ་ཆེས་ནས་མཐར་ཆག་སྐྱོ་འཕྲད་པ།

གོང་དུ་ཐེངས་ཁ་ཤས་ནང་མ་དངུལ་ཉུང་ཟད་བཏང་བར་མ་གནས་བདེ་བླག་ངང་ཕྱིར་ལྡོག་རྗེས། གནོད་འཚེ་ཕོག་མཁན་ལ་ཁེ་བཟང་གི་བྲོ་བ་ཉུང་སྙེད་ནས་རིམ་བཞིན་དོགས་ཟོན་མེད་པར་གྱུར་པ་དང་། དེས་ན་“ཕྱུག་པོ་ཆགས་ཐབས་”དེར་ཡིད་ཡོངས་སུ་ཆེས་ནས། མ་རྩ་སྒོར་སྟོང་ཕྲག་ཁ་ཤས་ནས་ཁྲི་ཁ་ཤས་དང་། ཐ་ན་སྒོར་ཁྲི་བཅུ་གྲངས་གཏོང་བར་བྱེད། མཐར་གསོག་

དངུལ་ཡོད་ཚད་རྫོགས་པའི་སྐབས་སུ་མགོ་སྐོར་གཏོང་མཁན་གྱིས་གནོད་འཚེ་ཕོག་མཁན་ལ་དངུལ་བུན་གཡར་ནས་མ་རྩ་འཇོག་རྒྱུར་ཁྲིད་སྟོན་བྱེད་པ་དང་། གནོད་འཚེ་ཕོག་མཁན་གྱི་མ་འཇོག་ཉུང་དུ་འགྲོ་བ་དང་བསྟུན་ནས་གནོད་འཚེ་གཏོང་མཁན་གྱིས་མགོ་སྐོར་གཏོང་མཚམས་འཇོག་པ་དང་། དེའི་སྐབས་སུ་སྟེགས་བུའི་ཐོག་གི་ཞབས་ཞུ་བའི་དབར་གྱི་འབྲེལ་ཐག་ཀྱང་ཆད་ཅིང་། གནོད་འཚེ་ཕོག་མཁན་གྱི་བརྩེ་དུང་གི་འབྲེལ་ཐག་ཀྱང་དེ་ནས་ཡོངས་སུ་ཆད་པ་ཡིན།

6. 什么是“杀鱼盘”？

༦.གང་འདྲ་ཞིག་ལ“ཉ་གསོད་སྡེར་མ”ཟེར་རམ།

“杀鱼盘”主要是以交手续费、借贷提额为名义实施的诈骗。骗子一般在网上发布提额信息或二手产品吸引受害者联系，随后通过发布虚假链接诱骗受害者付款。

“ཉ་གསོད་སྡེར་མ”ཟེར་བ་ནི་གཙོ་བོ་འགྲོ་ལུགས་བརྒྱུད་བྱེད་ཀྱི་འགྲོ་གྲོན་དང་བུན་གཡར་དངུལ་གྱི་འཛིན་གྲངས་ལ་མིང་བཏགས་ནས་མགོ་སྐོར་གཏོང་བར་ཟེར། མགོ་སྐོར་གཏོང་མཁན་གྱིས་དྲྱིར་བཏང་དྲ་ཐོག་ལ་འཛིན་གྲངས་ཀྱི་ཆ་འཕྲིན་སྤེལ་བའམ། ཡང་ན་ལག་བརྒྱུད་ཐོན་རྫས་ལ་བརྟེན་ནས་གནོད་འཚེ་ཕོག་མཁན་དང་འབྲེལ་གཏུག་བྱེད་པ་དང་། དེ་རྗེས་སྦྲེལ་བྱེད་རྫུན་མ་ཁྱབ་སྤེལ་བྱས་ཏེ་གནོད་འཚེ་ཕོག་མཁན་ལ་དངུལ་སྤྲོད་རྒྱུར་བསླུ་བྲིད་བྱེད་པ་ཡིན།

骗子把受害者叫做“鱼”，称自己为“钓鱼手”，另外还需要专业技术人员“链接手”。

མགོ་སྐོར་གཏོང་མཁན་གྱིས་གནོད་འཚེ་ཕོག་མཁན་ལ“ཉ”ཞེས་འབོད་པ་དང་རང་ཉིད་ལ“ཉ་འཛིན་མཁས་པ”ཞེས་འབོད། གཞན་ཡང་ད་དུང་ཆེད་ལས་ལག་རྩལ་པའི“སྦྲེལ་མཐུད་མཁས་པ”དགོས་ཀྱི་ཡོད།

7. “杀鱼盘”的常见作案手法?

༧."ཉ་གསོད་སྡེར་མ"ཞེས་པའི་རྒྱུན་མཐོང་གི་གྱོད་དོན་བཟོ་ཐབས་གང་འདྲ་ཡིན་ནམ།

(1) 撒鱼饵

“杀鱼盘”要求受害人以交服务费、手续费的名义转账汇款，或者发送网址链接，以验证受害人的还款能力或者银行卡资金为由，盗刷受害人的银行卡资金，完成诈骗。

(༡) ཉ་གཟན་གཏོར་བ།

"ཉ་གསོད་སྡེར་མས"གནོད་འཚེ་ཕོག་མཁན་ལ་ཞབས་ཞུའི་རིན་པ་དང་འགྲོ་ལུགས་བརྒྱུད་པའི་རིན་པ་སྤྲོད་རྒྱུར་ཁ་གཡར་ཏེ། དངུལ་བསྒྱུར་སྤྲོད་བྱེད་དགོས་ཟེར་བ་དང་། ཡང་ན་དྲ་གནས་ཀྱི་སྦྲེལ་བྱེད་བསྐུར་བ་དང་། གནོད་འཚེ་ཕོག་མཁན་གྱི་བུན་འཇལ་ནུས་པ་དང་ཡང་ན་དངུལ་ཁང་བྱང་བུའི་མ་དངུལ་ར་སྤྲོད་བྱེད་རྒྱུར་ཁ་གཡར་ནས་གནོད་འཚེ་ཕོག་མཁན་གྱི་དངུལ་ཁང་བྱང་བུའི་ནང་གི་མ་དངུལ་འཐེན་འཁྱེར་བྱེད། དེའི་ཚེ་མགོ་སྐོར་བཏང་ཚར་བ་ཡིན།

(2) 钓鱼

“鱼”一旦动心，钓鱼手就开始试探。有的利用二手平台下套，诱骗买家线下购买，实施诈骗；有的利用借贷提额引诱，多次支付中以失败为由，需支付手续费、服务费等，让“鱼”完善几笔交易流水。

(༢) ཉ་བཟུང་བ།

"ཉ"ཡི་སེམས་ལ་གཡོ་འགུལ་ཐེབས་ཙ་ན། ཉ་པས་ཉམས་ཚོད་ལེན་འགོ་ཚུགས། རེ་འགས་ལག་བརྒྱུད་སྡེགས་བུ་བེད་སྤྱོད་དེ་གཉམ་སྤྲོད་ཀྱིས་ཉོ་མཁན་དེ་ཉིད་ངོ་གཏུག་ཐོག་ཉོ་རྒྱུར་བསླུ་བྲིད་བྱས་ནས་མགོ་སྐོར་གཏོང་བ་དང་། རེ་འགས་བུན་གཡར་གྱི་འཐེན་གྲངས་ལ་བརྟེན་ནས་བསླུ་བྲིད་བྱས་ཐོག ཐེངས་མང་གཏོང་སྤྲོད་བྱེད་པའི་ནང་ཕྱོང་གྲུབ་ཕོག་པ་རྒྱུ་མཚན་དུ་བྱས་

ནས་འགྲོ་ལུགས་བརྒྱུད་པའི་འགྲོ་སྒྲོན་དང་ཞབས་ཞུའི་འགྲོ་སྒྲོན་སོགས་དགོས་ཟེར་ནས་“ཉ”ཡི་ཉོ་ཚོང་བྱེད་ཐེངས་ཁ་ཤས་སྐྱོང་གུན་ཕོག་འཇུག་གི་ཡོད།

（3）杀鱼

“杀鱼手”找“链接手”根据“鱼”支付额度量身打造付款链接。通过一些失败程序让“鱼”放松警惕。“杀鱼手”发虚假链接让鱼支付，最后把“鱼”成功支付的订单套现出来，最后拉黑。

（༣）ཉ་གསོད་པ།

“ཉ་གསོད་མཁན”གྱིས“སྦྲེལ་བྱེད་པ”བཙལ་ནས་“ཉ”ཡི་མ་དངུལ་མང་ཉུང་ལ་བལྟས་ནས་དངུལ་སྤྲོད་ཀྱི་སྦྲེལ་བྱེད་བཟོ་བ་དང་། ཕོ་སི་ཆོད་པའི་གོ་རིམ་བརྒྱུད“ཉ”ཡི་དོགས་འཆར་མེད་པ་བཟོ་བ། “ཉ་གསོད་མཁན”གྱིས་སྦྲེལ་བྱེད་རྫུན་མ་དེ་སྤྲད་ནས་“ཉ”ལ་དངུལ་སྤྲོད་དུ་བཅུག་པ་དང་། མཐར་“ཉས”བདེ་བླག་ངང་སྤྲད་པའི་མངག་ཐོ་ཕྱིར་བཏོན་རྗེས་དྲ་ཐོག་ནས་ནག་བསྲུབ་གཏོང་གི་ཡོད།

8. 实施电信诈骗将受到哪些惩处?

༨.གློག་འཕྲིན་ཐོག་མགོ་སྐོར་གཏོང་མཁན་ལ་ཆད་པ་གང་དག་ཐོག་གམ།

根据《中华人民共和国刑法》规定，犯电信诈骗的，处三年以下有期徒刑、拘役或者管制，并处或单处罚金；数额巨大或有其他严重情节的，处三年以上十年以下有期徒刑并处罚金；数额特别巨大或者有其他特别严重情节的，处十年以上有期徒刑或无期徒刑，并处罚金或者没收财产。

《ཀྲུང་ཧྭ་མི་དམངས་སྤྱི་མཐུན་རྒྱལ་ཁབ་ཀྱི་ཉེས་དོན་བཅའ་ཁྲིམས》ཀྱི་གཏན་འབེབས་ལྟར་ན། གློག་འཕྲིན་ཐོག་གི་ཉེས་པ་བསགས་ཚེ། ལོ་གསུམ་མན་ཆད་ཀྱི་དུས་བཀག་བཙོན་འཇུག་དང་བཀག་ཉར་རམ་ཡང་ན་དོ་དམ་བྱ་རྒྱུ་མ་ཟད། ཆད་གཅོད་དམ་ཡང་ན་དངུལ་ཆད་རྐྱང་པ་གཅོད་རྒྱུ། གྲངས་འབོར་ཧ་ཅང་ཆེ་བ་དང་། ཡང་ན་གནས་ཚུལ་ཚབས་ཆེན་རིགས་གཞན་དག་

ཡོད་ཚེ། ལོ་གསུམ་ཡན་དང་ལོ་བཅུ་མན་གྱི་དུས་བཀག་བཙོན་འཇུག་གམ་ཡང་ན་ཚེ་བཙོན་དུ་འཇུག་རྒྱུ་དང་ཆབས་ཅིག་དངུལ་ཆད་གཅོད་པའམ་ཡང་ན་རྒྱུ་ནོར་གཞུང་བཞེས་གཏོང་རྒྱུ་རེད།

༩. 如何防范电信网络诈骗?

༩.གློག་འཕྲིན་ཟོག་མགོ་སྐོར་གཏོང་བར་འགོག་ཟོན་གང་འདྲ་བྱེད་དགོས་སམ།

（1）寄钱转账需提防谨慎。保持冷静的思考，提高防范意识，不要轻易相信别人，避免受骗的事情发生。

（༡）དངུལ་བསྐུར་བ་དང་བསྒྱུར་སྤྲོད་བྱེད་སྐབས་ངོགས་ཟོན་དང་ཡིད་གཟབ་བྱེད་དགོས་པ་སྟེ། བསམ་ཞིབ་གནད་སྨིན་བྱེད་པ་དང་ཉེན་ཟོན་གྱི་འདུ་ཤེས་ཟབ་ཏུ་གཏོང་བ། རང་དགར་མི་གཞན་ལ་ཡིད་ཆེས་མི་བྱེད་པ་བཅས་བྱས་ནས་མགོ་སྐོར་འོག་ཚུད་པའི་གནས་ཚུལ་མི་ལྡག་པ་བྱ་དགོས།

（2）确认联系方式真实性。对于联络方式，可以拨打114核实对方地址的真实性。

（༢）འབྲེལ་གཏུག་བྱ་ཐབས་དངོས་འབྲེལ་ཡིན་མིན་གཏན་འཁེལ་བྱེད་དགོས་པ་སྟེ། འབྲེལ་གཏུག་བྱ་ཐབས་ཐད་༡༡༤ལ་ཁ་པར་བརྒྱབ་ནས་ཕ་རོལ་པོའི་སྡོད་གནས་དངོས་ཡིན་མིན་ཞིབ་དཔྱད་བྱ་དགོས།

（3）确认网站网页的真实性。

（༣）དྲ་ཚིགས་ཀྱི་དྲ་ངོས་དངོས་འབྲེལ་ཡིན་མིན་གཏན་འཁེལ་བྱ་དགོས།

（4）在浏览正规网页时，不要搭理自动弹出的网页或网站。

（༤）དངོས་གཞིའི་དྲ་ངོས་ལ་ལྟ་སྐབས། རང་འགུལ་ངང་ནོན་པའི་དྲ་ངོས་དང་དྲ་ཚིགས་ལ་ཁ་ཡ་བྱེད་མི་རུང་།

10. 遇到电信诈骗怎么办？

༡༠.གློག་འཕྲིན་བརྒྱུད་ནས་མགོ་སྐོར་གཏོང་མཁན་འཕྲད་ན་གང་འདྲ་བྱེད་དགོས་སམ།

应及时联系银行办理银行卡挂失、网上银行和手机银行密码修改等，防止可能的损失进一步扩大。同时，应尽可能及时记下诈骗犯罪份子的电话号码、电子邮件地址、QQ号、微信码等及银行卡账号，并记住犯罪分子的口音、语言特征和诈骗的手段经过，及时向公安机关报案，积极配合公安机关开展侦查破案和追缴被骗款等工作。

འཕྲལ་མར་དངུལ་ཁང་དང་འབྲེལ་བ་བྱས་ནས་དངུལ་ཁང་བྱང་བུ་བརླག་པའི་ཐོ་འགོད་པ་དང་། དྲ་ཐོག་དངུལ་ཁང་དང་ལག་ཐོགས་དངུལ་ཁང་གི་གསང་རྟགས་བཟོ་བཅོས་རྒྱག་པ་སོགས་བྱས་ནས་མུ་མཐུད་གྱོང་གུན་མི་ཕོག་པ་བྱ་དགོས། དེ་དང་དུས་མཚུངས་འཕྲལ་མར་མགོ་སྐོར་གཏོང་མཁན་གྱི་ཁ་པར་ཨང་གྲངས་དང་གློག་རྡུལ་སྦྲག་བསྐུར་ས་ཆ། ཁྱིའུ་ཁྱིའུ་ཨང་རྟགས། སྐད་འཕྲིན་སོགས་དང་དངུལ་ཁང་བྱང་བུའི་རྩིས་ཨང་བཅས་ངེས་བཟུ་བྱེད་དགོས་པ་དང་ཆབས་ཅིག་ཉེས་ཅན་པའི་སྐད་གདངས་དང་སྐད་ཆ་ཤོད་སྟངས། མགོ་སྐོར་གཏོང་སྟངས་ཀྱི་བརྒྱུད་རིམ་བཅས་སེམས་ལ་ངེས་པ་བྱས་ནས་དུས་ཐོག་ལ་གྱོད་དོན་སྙན་སེང་ཞུ་བ་དང་། སྤྱི་བདེ་ལས་ཁུངས་ཀྱིས་མྱུལ་ཞིབ་དང་གྱོད་གཞི་རྩད་གཅོད། མགོ་སྐོར་ཐེབས་པའི་དངུལ་ཕྱིར་ལེན་རྒྱུ་སོགས་ཀྱི་ལས་ཀར་གཤོགས་འདེགས་བྱ་དགོས།

བོད་རང་སྐྱོང་ལྗོངས་ཀྱི"ལོ་ལྔ་ཆར་བརྒྱད་པའི"ཁྲིམས་ལུགས་ཁྱབ་གདལ་བསྒྲུབ་གཞི།

རྩོམ་སྒྲིག་པ། བོད་རང་སྐྱོང་ལྗོངས་སྲིད་ཁྲིམས་ཐིང་དང་བོད་རང་སྐྱོང་ལྗོངས་
ཁྲིམས་ལུགས་ཁྱབ་གདལ་གཞུང་ལས་ཁང་།

རྩོམ་སྒྲིག་འགན་འཁུར་བ། ཅིང་ཧེང་། དོན་གྲུབ་ཕུན་ཚོགས།

ཡིག་སྐྱོར། བཀྲ་ཤིས་དབང་ཕྱུག

དཔེ་སྐྲུན། བོད་ལྗོངས་བོད་ཡིག་དཔེ་རྙིང་དཔེ་སྐྲུན་ཁང་། སྦྲག་ཨང་850000
པར་གཞི་རྐུ་སྐྱོད་ལ་རྟུང་རྗེག་གཏོང་། 0891-6930339

པར་འདེབས་ཚན་པ། བོད་ལྗོངས་ཕན་བདེ་པར་འདེབས་བཟོ་གྲྭ།

བརྒྱུད་འཚོང་། རྒྱལ་ཡོངས་ཞིན་ཧྭ་དཔེ་ཚོང་ཁང་།

དེབ་ཚད། 710mm×1 000mm 1/16

པར་ཤོག 77.5 (ཕྱིན་དེབ་7)

པར་གྲངས། 1-1, 000

ཡིག་གྲངས། ཁྲི་45

པར་གཞི། 2021ལོའི་ཟླ་11པར་པར་གཞི་དང་པོ་བསྒྲིགས།

པར་ཐེངས། 2021ལོའི་ཟླ་11པར་པར་ཐེངས་དང་པོ་བཏབ།

དཔེ་རྟགས། ISBN 978-7-5700-0619-9

རིན་གོང་། སྒོར་198.00 (ཕྱིན་དེབ་7)

西藏自治区“八五”普法教材
བོད་རང་སྐྱོང་ལྗོངས་ཀྱི་“ལོ་ལྔ་ཚན་བརྒྱད་པའི་”ཁྲིམས་ལུགས་ཁྱབ་གདལ་བསླབ་གཞི།

农牧民法律知识读本
ཞིང་འབྲོག་པའི་བཅའ་ཁྲིམས་ཤེས་བྱའི་སློག་དེབ།

西藏自治区司法厅　西藏自治区普法办　编
བོད་རང་སྐྱོང་ལྗོངས་སྲིད་ཁྲིམས་ཐིང་དང་བོད་རང་སྐྱོང་ལྗོངས་
ཁྲིམས་ལུགས་ཁྱབ་གདལ་གཞུང་ལས་ཁང་གིས་བསྒྲིགས།

བོད་ལྗོངས་བོད་ཡིག་དཔེ་རྙིང་དཔེ་སྐྲུན་ཁང་།
西藏藏文古籍出版社

图书在版编目（CIP）数据

西藏自治区“八五”普法教材 : 汉文、藏文 / 西藏自治区司法厅，西藏自治区普法办编 .-- 拉萨 : 西藏藏文古籍出版社，2021.11

ISBN 978-7-5700-0619-9

Ⅰ. ①西… Ⅱ. ①西… ②西… Ⅲ. ①法律一中国一教材一汉、藏 Ⅳ. ① D920.5

中国版本图书馆 CIP 数据核字 (2021) 第 218626 号

西藏自治区“八五”普法教材

编　　者	西藏自治区司法厅　西藏自治区普法办
责任编辑	曾恒　顿珠平措
翻　　译	扎西旺久
出　　版	西藏藏文古籍出版社　邮政编码：850000
	打击盗版：0891-6930339
印　　刷	西藏福利印刷厂
经　　销	全国新华书店
开　　本	16 开（710×1 000）
印　　张	77.5（共 7 册）
印　　数	1-1,000
字　　数	450 千字
版　　次	2021 年 11 月第 1 版
印　　次	2021 年 11 月第 1 次印刷
标准书号	ISBN 978-7-5700-0619-9
定　　价	198.00 元（共 7 册）

目　　录

དཀར་ཆག

一、总　　论

དང་པོ། སྤྱི་བཤད།

1.习近平新时代中国特色社会主义思想的主要内容是什么？

༡.ཞི་ཅིན་ཕིང་གི་དུས་རབས་གསར་པའི་ཀྲུང་གོའི་ཁྱད་ཆོས་ལྡན་པའི་སྤྱི་ཚོགས་རིང་ལུགས་ཀྱི་དགོངས་པའི་ནང་དོན་གཙོ་བོ་གང་ཡིན་ནམ།

即“八个明确”：

明确坚持和发展中国特色社会主义，总任务是实现社会主义现代化和中华民族伟大复兴，在全面建成小康社会的基础上，分两步走在本世纪中叶建成富强民主文明和谐美丽的社会主义现代化强国；

དེའང་“གསལ་སྟོན་བརྒྱད་”དེ།

ཀྲུང་གོའི་ཁྱད་ཆོས་ལྡན་པའི་སྤྱི་ཚོགས་རིང་ལུགས་རྒྱུན་འཁྱོངས་དང་འཕེལ་རྒྱས་གཏོང་དགོས་པ་དང་། སྤྱིའི་ལས་འགན་ནི་སྤྱི་ཚོགས་རིང་ལུགས་དེང་རབས་ཅན་དང་ཀྲུང་ཧྭ་མི་རིགས་ཀྱི་ལྷབས་ཆེའི་བསྐྱར་དར་མངོན་འགྱུར་ཡོང་བ་བྱ་རྒྱུ་དེ་ཡིན། དེའང་ཁྱོན་ཡོངས་ནས་འབྱོར་འབྲིང་སྤྱི་ཚོགས་བསྐྲུན་ཚར་བའི་རྨང་གཞིའི་ཐོག་གོམ་སྟབས་གཉིས་ལ་དབྱེ་ནས་དུས་རབས་འདིའི་དུས་དཀྱིལ་ལ་སླེབས་དུས་སྟོབས་འབྱོར་དང་དམངས་གཙོ། ཤེས་དཔལ། ཞི་མཐུན། མཛེས་སྡུག་བཅས་ལྡན་པའི་སྤྱི་ཚོགས་རིང་ལུགས་དེང་རབས་ཅན་གྱི་སྟོབས་ཆེའི་རྒྱལ་ཁབ་ཅིག་བསྐྲུན་ཐུབ་པ་བྱ་དགོས་པ་གསལ་བཏོན་གནང་བ།

明确新时代我国社会主要矛盾是人民日益增长的美好生活需要和不平衡不充分的发展之间的矛盾，必须坚持以人民为中心的发展思想，不断促进人的全面发展、全体人民共同富裕；

དུས་རབས་གསར་པར་རང་རྒྱལ་སྤྱི་ཚོགས་ཀྱི་འགལ་ཟླ་གཙོ་བོ་ནི་མི་དམངས་ཀྱི་ཉིན་རེ་བཞིན་ཇེ་ལེགས་སུ་འགྲོ་བའི་བདེ་སྐྱིད་ཀྱི་འཚོ་བའི་དགོས་མཁོ་དང་དོ་མི་མཉམ་པ་དང་འཐུས་སྒོ་མི་ཚང་བའི་འཕེལ་རྒྱས་དབར་གྱི་འགལ་ཟླ་ཡིན་ཕྱིར། ངེས་པར་དུ་མི་དམངས་ལྟེ་བར་འཛིན་པའི་འཕེལ་རྒྱས་ཀྱི་བསམ་བློ་རྒྱུན་འཁྱོངས་ཀྱིས་མི་རྣམས་ཁྱོན་ཡོངས་ནས་ཡར་རྒྱས་ཡོང་རྒྱུ་དང་། དམངས་ཡོངས་ཐུན་མོང་ཐོག་འབྱོར་ཕྱུག་ལྡན་པ་ཡོང་རྒྱུར་སྐུལ་འདེད་ཟམ་མི་ཆད་པ་གཏོང་དགོས་པ་གསལ་བཏོན་གནང་བ།

明确中国特色社会主义事业总体布局是“五位一体”、战略布局是“四个全面”，强调坚定道路自信、理论自信、制度自信、文化自信；

ཀྲུང་གོའི་ཁྱད་ཆོས་ལྡན་པའི་སྤྱི་ཚོགས་རིང་ལུགས་བྱ་གཞག་གི་སྤྱིའི་སྒྲུབ་སྟངས་ནི“ཕྱོགས་ལྔ་གཞི་གཅིག”ཡིན་པ་དང་། འཐབ་ཇུས་ཀྱི་སྒྲུབ་སྟངས་ནི“ཁྱོན་ཡོངས་བཞི”ཡིན་པ་གསལ་བཀོད་གནང་ཞིང་། ལམ་ཕྱོགས་ཀྱི་གདེང་ཚོད་དང་རིག་པའི་གཞུང་ལུགས་ཀྱི་གདེང་ཚོད། ལམ་ལུགས་ཀྱི་གདེང་ཚོད། རིག་གནས་ཀྱི་གདེང་ཚོད་བཅས་བརྟན་དུ་གཏོང་རྒྱུ་ནན་བཤད་བྱ་དགོས་པ་གསལ་བཀོད་གནང་བ།

明确全面深化改革总目标是完善和发展中国特色社会主义制度、推进国家治理体系和治理能力现代化；

ཁྱོན་ཡོངས་ནས་བསྒྱུར་བཅོས་གཏིང་ཟབ་ཏུ་གཏོང་བའི་སྤྱིའི་དམིགས་འབེན་ནི་ཀྲུང་གོའི་ཁྱད་ཆོས་ལྡན་པའི་སྤྱི་ཚོགས་རིང་ལུགས་ཀྱི་ལམ་ལུགས་འཛུགས་ཚང་དང་འཕེལ་རྒྱས་གཏོང་རྒྱུ་དང་། རྒྱལ་ཁབ་ཀྱི་བཅོས་སྐྱོང་མ་ལག་དང་བཅོས་སྐྱོང་ནུས་པ་དེང་རབས་ཅན་ལ་འགྱུར་རྒྱུར་སྐུལ་འདེད་གཏོང་དགོས་པ་གསལ་བཀོད་གནང་བ།

明确全面推进依法治国总目标是建设中国特色社会主义法治体系、建设社会主义法治国家；

ཁྲིམས་ལྟར་རྒྱལ་ཁབ་སྐྱོང་རྒྱུར་ཁྱོན་ཡོངས་ནས་སྐུལ་སློང་གཏོང་བའི་སྤྱིའི་དམིགས་འབེན་ནི་ཀྲུང་གོའི་ཁྱད་ཆོས་ལྡན་པའི་སྤྱི་ཚོགས་རིང་ལུགས་ཀྱི་ཁྲིམས་སྐྱོང་མ་ལག་འཛུགས་རྒྱུ་དང་། སྤྱི་ཚོགས་རིང་ལུགས་ཀྱི་ཁྲིམས་སྐྱོང་རྒྱལ་ཁབ་འཛུགས་རྒྱུ་དེ་ཡིན་པ་གསལ་བཀོད་གནང་བ།

明确党在新时代的强军目标是建设一支听党指挥、能打胜仗、作风优良的人民军队，把人民军队建设成为世界一流军队；

ཏང་གི་དུས་རབས་གསར་པའི་དམག་དཔུང་སྟོབས་ཆེར་གཏོང་བའི་སྤྱིའི་དམིགས་འབེན་ནི་ཏང་གི་བཀོད་འདོམས་ལ་ཉན་པ་དང་རྒྱལ་ཁ་ཐོབ་པའི་དམག་འཐབ་བྱེད་ཐུབ་ལ། ཀུན་སྤྱོད་ལེགས་པའི་མི་དམངས་དཔུང་སྡེ་ཞིག་འཛུགས་ཐུབ་པ་དང་། མི་དམངས་དཔུང་སྡེ་དེ་ཡང་འཛམ་གླིང་ཐོག་གི་དཔུང་སྡེ་རྩེ་གྲ་ཞིག་ཏུ་འགྱུར་བ་བྱ་དགོས་པ་གསལ་བཀོད་གནང་བ།

明确中国特色大国外交要推动构建新型国际关系，推动构建人类命运共同体；

ཀྲུང་གོའི་ཁྱད་ཆོས་ལྡན་པའི་རྒྱལ་ཁབ་ཆེན་པོའི་ཕྱི་འབྲེལ་ཐད་ནས་རྒྱལ་སྤྱིའི་འབྲེལ་བ་དཔེ་གསར་ཞིག་འཛུགས་རྒྱུར་སྐུལ་འདེད་དང་། མིའི་རིགས་ཀྱི་ལས་དབང་གཅིག་མཐུན་ཚོགས་པ་གཏོད་རྒྱུར་སྐུལ་འདེད་གཏོང་དགོས་པ་གསལ་བཏོན་གནང་བ།

明确中国特色社会主义最本质的特征是中国共产党领导，中国特色社会主义制度的最大优势是中国共产党领导，党是最高政治领导力量，提出新时代党的建设总要求，突出政治建设在党的建设中的重要地位。

ཀྲུང་གོའི་ཁྱད་ཆོས་ལྡན་པའི་སྤྱི་ཚོགས་རིང་ལུགས་ཀྱི་ཆེས་རྩ་བའི་ཁྱད་ཆོས་ནི་ཀྲུང་གོ་གུང་ཁྲན་ཏང་གི་འགོ་ཁྲིད་ཡིན་ལ། ཀྲུང་གོའི་ཁྱད་ཆོས་ལྡན་པའི་སྤྱི་ཚོགས་རིང་ལུགས་ལམ་ལུགས་ཀྱི་དགེ་མཚན་ཆེ་ཤོས་ཀྲུང་ཀྲུང་གོ་གུང་ཁྲན་ཏང་གི་འགོ་ཁྲིད་ཡིན་པ་དང་། ཏང་ནི་ཆེས་མཐོའི་ཆབ་སྲིད་ཀྱི་འགོ་ཁྲིད་སྟོབས་ཤུགས་ཡིན་པ། དུས་རབས་གསར་པའི་ཏང་འཛུགས་སྐྱོང་གི་སྤྱིའི་བླང་བྱ་བཏོན་ཐོག ཆབ་སྲིད་འཛུགས་སྐྱོང་བྱ་རྒྱུ་དེས་ཏང་འཛུགས་སྐྱོང་ཁྲོད་གོ་བབ་གལ་ཆེན་བཟུང་བ་འགྱུར་དུ་མངོན་པར་བྱ་དགོས་པ་གསལ་བཏོན་གནང་ཡོད།

2. 新时代坚持和发展中国特色社会主义的基本方略是什么？

༢.དུས་རབས་གསར་པར་ཀྲུང་གོའི་ཁྱད་ཆོས་ལྡན་པའི་སྤྱི་ཚོགས་རིང་ལུགས་རྒྱུན་འཁྱོངས་དང་འཕེལ་རྒྱས་གཏོང་བའི་གཞི་རྩའི་ཐབས་གཞི་གང་ཡིན་ནམ།

即“十四个坚持”：

坚持党对一切工作的领导；坚持以人民为中心；坚持全面深化改革；坚持新发展理念；坚持人民当家作主；坚持全面依法治国；坚持社会主义核心价值体系；坚持在发展中保障和改善民生；坚持人与自然和谐共生；坚持总体国家安全观；坚持党对人民军队的绝对领导；坚持“一国两制”和推进祖国统一；坚持推动构建人类命运共同体；坚持全面从严治党。

དེའང་“རྒྱུན་འཁྱོངས་བྱ་དགོས་པ་བཅུ་བཞི”སྟེ།

ཏང་གིས་ལས་དོན་མཐའ་དག་ལ་འགོ་ཁྲིད་བྱ་རྒྱུ་རྒྱུན་འཁྱོངས་དང་། མི་དམངས་ལྟེ་བར་འཛིན་རྒྱུ་རྒྱུན་འཁྱོངས། ཁྱོན་ཡོངས་ནས་བསྒྱུར་བཅོས་གཏིང་ཟབ་བྱ་རྒྱུ་རྒྱུན་འཁྱོངས། གོང་འཕེལ་གྱི་འདུ་ཤེས་གསར་པ་རྒྱུན་འཁྱོངས། མི་དམངས་ཀྱིས་རང་ཁྲིམ་རང་བདག་བྱ་རྒྱུ་རྒྱུན་འཁྱོངས། ཁྱོན་ཡོངས་ནས་ཁྲིམས་ལྟར་རྒྱལ་ཁབ་སྐྱོང་རྒྱུ་རྒྱུན་འཁྱོངས། སྤྱི་ཚོགས་རིང་ལུགས་ཀྱི་ལྟེ་བའི་རིན་ཐང་མ་ལག་རྒྱུན་འཁྱོངས། འཕེལ་རྒྱས་གཏོང་བའི་ཁྲོད་དམངས་ཀྱི་འཚོ་བ་འགན་སྲུང་དང་ལེགས་བཅོས་བྱ་རྒྱུ་རྒྱུན་འཁྱོངས། མི་དང་རང་བྱུང་ཁམས་ཞི་མཐུན་མཉམ་གནས་བྱ་རྒྱུ་རྒྱུན་འཁྱོངས། སྤྱི་ཡོངས་ཀྱི་རྒྱལ་ཁབ་བདེ་འཇགས་ལྟ་བ་རྒྱུན་འཁྱོངས། ཏང་གིས་མི་དམངས་དམག་དཔུང་ལ་མཐའ་གཅིག་ཏུ་འགོ་ཁྲིད་བྱ་རྒྱུ་རྒྱུན་འཁྱོངས། “རྒྱལ་ཁབ་གཅིག་ལ་ལམ་ལུགས་གཉིས”ལག་བསྟར་དང་མེས་རྒྱལ་གོང་དུ་གཅིག་གྱུར་བྱ་རྒྱུར་སྐུལ་འདེད་གཏོང་རྒྱུ་རྒྱུན་འཁྱོངས། མིའི་རིགས་ཀྱི་ལས་དབང་གཅིག་མཐུན་ཚོགས་པ་གཏོད་རྒྱུར་སྐུལ་འདེད་གཏོང་རྒྱུ་དང་ཕྱོགས་ཡོངས་ནས་ཏང་ནན་སྐྱོང་བྱ་རྒྱུ་རྒྱུན་འཁྱོངས་བྱེད་དགོས་པ་བཅས་རེད།

3. 习近平新时代中国特色社会主义思想的重大意义是什么？

༣.ཞི་ཅིན་ཕིང་གི་དུས་རབས་གསར་པའི་ཀྲུང་གོའི་ཁྱད་ཆོས་ལྡན་པའི་སྤྱི་ཚོགས་རིང་ལུགས་ཀྱི་དགོངས་པའི་གལ་འགངས་ཆེ་བའི་དོན་སྙིང་གཙོ་བོ་གང་ཡིན་ནམ།

从马克思主义发展史的角度来说，开辟了马克思主义中国化的新境界；从中华民族复兴史的角度来说，是全党全国人民为实现中华民族伟大复兴而奋斗的行动指南；从人类文明进步史的角度来看，为解决人类面临的共同难题贡献了中国智慧，提供了中国方案。

མ་ཁེ་སི་རིང་ལུགས་གོང་འཕེལ་ལོ་རྒྱུས་ནས་བཤད་ན། མ་ཁེ་སི་རིང་ལུགས་ཀྲུང་གོ་ཅན་དུ་འགྱུར་བ་བྱེད་པའི་འཕེལ་ཚད་གསར་པ་གཏོད་པ་དང་། དེའང་ཀྲུང་ཧྭ་མི་རིགས་བསྐྱར་དར་འབྱུང་ཐབས་ཀྱི་ལོ་རྒྱུས་ཐོག་ནས་བཤད་ན། ཏང་ཡོངས་དང་རྒྱལ་ཡོངས་མི་དམངས་ཀྱིས་ཀྲུང་ཧྭ་མི་རིགས་ཀྱི་རླབས་ཆེའི་བསྐྱར་དར་མངོན་འགྱུར་ཡོང་བའི་འབད་འཐབ་བྱ་སྤྱོད་ཀྱི་ཁྲིད་སྟོན་ཞིག་ཡིན་ལ། མིའི་རིགས་ཀྱི་ཤེས་དཔལ་འཕེལ་རྒྱས་གཏོང་བའི་ལོ་རྒྱུས་ཐོག་ནས་བལྟས་ན་འང་དེས་མིའི་རིགས་ལ་འཕྲད་པའི་ཐུན་མོང་གི་དཀའ་གནད་ཐག་གཅོད་བྱ་ཕྱིར་ཀྲུང་གོའི་བློ་གྲོས་ལེགས་སྐྱེས་དང་ཀྲུང་གོའི་ཇུས་གཞི་མཁོ་འདོན་བྱས་ཡོད།

4. 习近平法治思想的核心要义是什么？

༤.ཞི་ཅིན་ཕིང་གི་ཁྲིམས་སྲུང་དགོངས་པའི་དོན་སྙིང་གཙོ་བོ་གང་ཡིན་ནམ།

即“十一个坚持”：

坚持党对全面依法治国的领导，是中国特色社会主义法治的本质特征和内在要求。

དེའང“རྒྱུན་འཛིན་བྱ་དགོས་པ་བཅུ་གཅིག”སྟེ།

ཏང་གིས་ཁྱོན་ཡོངས་ནས་ཁྲིམས་ལྟར་རྒྱལ་ཁབ་སྐྱོང་རྒྱུར་འགོ་ཁྲིད་བྱ་རྒྱུ་རྒྱུན་འཛིན་

བྱ་དགོས་ཤིང་། དེ་ནི་ཀྲུང་གོའི་ཁྱད་ཆོས་ལྡན་པའི་སྤྱི་ཚོགས་རིང་ལུགས་ཁྲིམས་སྐྱོང་གི་རྩ་བའི་ཁྱད་ཆོས་དང་རང་གྲུབ་ཀྱི་དགོས་མཁོ་ཡིན།

坚持以人民为中心，是全面推进依法治国的力量源泉。

མི་དམངས་ལྟེ་བར་འཛིན་རྒྱུ་རྒྱུན་འཁྱོངས་བྱ་དགོས་ཤིང་། དེ་ནི་ཁྲིམས་ལྟར་རྒྱལ་ཁབ་སྐྱོང་རྒྱུར་ཁྱོན་ཡོངས་ནས་སྐུལ་འདེད་གཏོང་བའི་སྟོབས་ཤུགས་ཀྱི་འབྱུང་རྩ་ཡིན།

坚持中国特色社会主义法治道路，是全面推进依法治国的发展道路和正确方向。

ཀྲུང་གོའི་ཁྱད་ཆོས་ལྡན་པའི་སྤྱི་ཚོགས་རིང་ལུགས་ཀྱི་ཁྲིམས་སྐྱོང་ལམ་ལུ་རྒྱུན་འཁྱོངས་བྱ་དགོས་ཤིང་། དེ་ནི་ཁྲིམས་ལྟར་རྒྱལ་ཁབ་སྐྱོང་རྒྱུར་ཁྱོན་ཡོངས་ནས་སྐུལ་འདེད་གཏོང་བའི་འཕེལ་རྒྱས་ཀྱི་ལམ་ལུ་དང་ཡང་དག་པའི་ཁ་ཕྱོགས་ཡིན།

坚持依宪治国、依宪执政，是全面推进依法治国的工作重点。

རྩ་ཁྲིམས་ལྟར་རྒྱལ་ཁབ་སྐྱོང་རྒྱུ་དང་རྩ་ཁྲིམས་ལྟར་སྲིད་འཛིན་རྒྱུ་རྒྱུན་འཁྱོངས་བྱ་དགོས་ཤིང་། དེ་ནི་ཁྲིམས་ལྟར་རྒྱལ་ཁབ་སྐྱོང་རྒྱུར་ཁྱོན་ཡོངས་ནས་སྐུལ་འདེད་གཏོང་བའི་ལས་དོན་གྱི་གཙོ་གནད་ཡིན།

坚持在法治轨道上推进国家治理体系和治理能力现代化，是实现良法善治的必由之路。

ཁྲིམས་སྐྱོང་གི་ལམ་ལུའི་ཐོག་རྒྱལ་ཁབ་ཀྱི་བཅོས་སྐྱོང་མ་ལག་དང་བཅོས་སྐྱོང་ནུས་པ་དེང་རབས་ཅན་དུ་འགྱུར་རྒྱུར་སྐུལ་འདེད་གཏོང་རྒྱུ་རྒྱུན་འཁྱོངས་བྱ་དགོས་ཤིང་། དེ་ནི་ཁྲིམས་བཟང་ལེགས་སྐྱོང་ཡོང་ཐུབ་རྒྱུར་བརྒྱུད་དགོས་ངེས་ཀྱི་ཐབས་ལམ་ཞིག་ཡིན།

坚持建设中国特色社会主义法治体系，是全面推进依法治国的发展目标和总抓手。

ཀྲུང་གོའི་ཁྱད་ཆོས་ལྡན་པའི་སྤྱི་ཚོགས་རིང་ལུགས་ཀྱི་ཁྲིམས་སྐྱོང་མ་ལག་འཛུགས་རྒྱུ་རྒྱུན་འཁྱོངས་བྱ་དགོས་ཤིང་། དེ་ནི་ཁྲིམས་ལྟར་རྒྱལ་ཁབ་སྐྱོང་རྒྱུར་ཁྱོན་ཡོངས་ནས་སྐུལ་འདེད་གཏོང་བའི་གོང་འཕེལ་གྱི་དམིགས་འབེན་དང་སྤྱི་ཡོངས་ཀྱི་དམ་འཛིན་བྱེད་ས་ཞིག་ཡིན།

坚持依法治国、依法执政、依法行政共同推进，法治国家、法治政府、法治社会一体建设，是全面推进依法治国的战略布局。

ཁྲིམས་ལྟར་རྒྱལ་ཁབ་སྐྱོང་རྒྱུ་དང་ཁྲིམས་ལྟར་སྲིད་སྐྱོང་རྒྱུ། ཁྲིམས་ལྟར་སྲིད་དབང་ལག་བསྟར་བྱ་རྒྱུ་བཅས་མཉམ་དུ་སྐུལ་འདེད་བཏང་ཐོག ཁྲིམས་སྐྱོང་རྒྱལ་ཁབ་དང་ཁྲིམས་སྐྱོང་སྲིད་གཞུང་། ཁྲིམས་སྐྱོང་སྤྱི་ཚོགས་བཅས་གཞི་གཅིག་ཏུ་འཛུགས་སྐྲུན་བྱ་རྒྱུ་རྒྱུན་འཁྱོངས་བྱ་དགོས་ཤིང་། དེ་ནི་ཁྲིམས་ལྟར་རྒྱལ་ཁབ་སྐྱོང་རྒྱུར་ཁྱོན་ཡོངས་ནས་སྐུལ་འདེད་གཏོང་བའི་འཐབ་ཇུས་ཀྱི་བཀོད་སྒྲིག་ཅིག་ཡིན།

坚持全面推进科学立法、严格执法、公正司法、全民守法，是新时代法治建设的“十六字”方针。

ཚན་རིག་དང་མཐུན་པའི་ཁྲིམས་འཛུགས་དང་ཁྲིམས་ལག་བསྟར་ནན་པོ། ཁྲིམས་འཛིན་གཞུང་དྲང་། དམངས་ཡོངས་ནས་ཁྲིམས་སྲུང་བ་བཅས་ལ་ཁྱོན་ཡོངས་ནས་སྐུལ་འདེད་གཏོང་རྒྱུ་རྒྱུན་འཁྱོངས་བྱ་དགོས་ཤིང་། དེ་ནི་དུས་རབས་གསར་པའི་ཁྲིམས་སྐྱོང་འཛུགས་སྐྲུན་བྱེད་ཕྱོགས་ཀྱི“ཚ་དོན་བཞི”ཡིན།

坚持统筹推进国内法治和涉外法治，是建设法治强国的必然要求。

རྒྱལ་ནང་གི་ཁྲིམས་སྐྱོང་དང་ཕྱི་འབྲེལ་གྱི་ཁྲིམས་སྐྱོང་གཉིས་གཅིག་སྒྱུར་འཆར་འགོད་ཐོག་སྐུལ་འདེད་གཏོང་དགོས་ཤིང་། དེ་ནི་ཁྲིམས་སྐྱོང་གི་རྒྱལ་ཁབ་སྟོབས་ལྡན་འཛུགས་སྐྲུན་བྱེད་པའི་དགོས་ངེས་ཀྱི་བླང་བྱ་ཡིན།

坚持建设德才兼备的高素质法治工作队伍，是全面推进依法治国的组织保障。

སྤྱོད་ཡོན་གཉིས་ལྡན་གྱི་བྱང་ཚད་མཐོ་བའི་ཁྲིམས་སྐྱོང་ལས་དོན་དཔུང་ཁག་འཛུགས་སྐྲུན་བྱ་རྒྱུ་རྒྱུན་འཁྱོངས་བྱ་དགོས་ཤིང་། དེ་ནི་ཁྲིམས་ལྟར་རྒྱལ་ཁབ་སྐྱོང་རྒྱུར་ཁྱོན་ཡོངས་ནས་སྐུལ་འདེད་གཏོང་བའི་རྩ་འཛུགས་ཀྱི་འགན་སྲུང་ཡིན།

坚持抓住领导干部这个“关键少数”，是全面推进依法治国的关键问题。

འགོ་ཁྲིད་ལས་བྱེད་པའི་“འགག་རྩའི་ཉུང་ཤས”འདིར་དམ་འཛིན་བྱ་རྒྱུ་རྒྱུན་འཁྱོངས་བྱ་དགོས་ཤིང་། དེ་ནི་ཁྲིམས་ལྟར་རྒྱལ་ཁབ་སྐྱོང་རྒྱུར་ཁྲིད་ཡོངས་ནས་སྐུལ་འདེད་གཏོང་བའི་འགག་རྩའི་གནད་དོན་ཡིན།

5. 习近平法治思想有什么重大意义？

༥.ཞི་ཅིན་ཕིང་གི་ཁྲིམས་སྐྱོང་དགོངས་པར་དོན་སྙིང་གལ་ཆེན་གང་འདྲ་ལྡན་ཡོད་དམ།

习近平法治思想是顺应实现中华民族伟大复兴时代要求应运而生的重大理论创新成果，是马克思主义法治理论中国化最新成果，是习近平新时代中国特色社会主义思想的重要组成部分，是全面依法治国的根本遵循和行动指南。

དེའང་ཞི་ཅིན་ཕིང་གི་ཁྲིམས་སྐྱོང་དགོངས་པ་ནི་ཀྲུང་ཧྭ་མི་རིགས་ཀྱི་རླབས་ཆེའི་བསྐྱར་དར་མངོན་འགྱུར་ཡོང་བར་བྱེད་པའི་དུས་རབས་ཀྱི་དགོས་མཁོར་གཞིགས་ཏེ་ཐོན་པའི་རིགས་པའི་གཞུང་ལུགས་ཀྱི་གསར་གཏོད་གྲུབ་འབྲས་གལ་ཆེན་ཞིག་ཡིན་པ་དང་། མ་ཁེ་སི་རིང་ལུགས་ཀྱི་ཁྲིམས་སྐྱོང་རིགས་པའི་གཞུང་ལུགས་དག་ཀྲུང་གོ་ཅན་དུ་གྱུར་པའི་གྲུབ་འབྲས་གསར་ཤོས་ཤིག་ཡིན་པ། ཞི་ཅིན་ཕིང་གི་དུས་རབས་གསར་པའི་ཀྲུང་གོའི་ཁྱད་ཆོས་ལྡན་པའི་སྤྱི་ཚོགས་རིང་ལུགས་དགོངས་པའི་གྲུབ་ཆ་གལ་ཆེན་ཞིག་ཡིན་པ། ཁྱོན་ཡོངས་ནས་ཁྲིམས་ལྟར་རྒྱལ་ཁབ་སྐྱོང་རྒྱུའི་རྩ་བའི་གཞི་འཛིན་ས་དང་བྱ་སྤྱོད་ཀྱི་ཕྱོགས་སྟོན་ཡིན།

6. 如何理解习近平总书记在庆祝中国共产党成立100周年大会上的重要讲话？

༦.སྤྱི་ཁྱབ་ཧྲུའུ་ཅི་ཞི་ཅིན་ཕིང་གིས་ཀྲུང་གོ་གུང་ཁྲན་ཏང་དབུ་བརྙེས་ནས་ལོ་ངོ་༡༠༠འཁོར་བའི་ཚོགས་ཆེན་ཐོག་གནང་བའི་གསུང་བཤད་གལ་ཆེན་ལ་གོ་བ་གང་འདྲ་ལེན་དགོས་སམ།

习近平总书记在庆祝中国共产党成立100周年大会上的重要讲话，全面回顾一百年来我们党围绕实现中华民族伟大复兴，团结带领中国人民开辟的伟大道路、创造的伟大事业、取得的伟大成就，庄严宣告我们实现了第一个百年奋斗目标，在中华大地上全面建成了小康社会，深刻总结了伟大建党精神，系统阐述了以史为鉴、开创未来的“九个必须”，是一篇马克思主义的纲领性文献，为全党全国各族人民向第二个百年奋斗目标迈进指明了前进方向、提供了根本遵循。

དེ་འདང་སྤྱི་ཁྱབ་རྒྱུའུ་ཅི་ཞི་ཅིན་ཕིང་གིས་ཀྲུང་གོ་གུང་ཁྲན་ཏང་དབུ་བརྙེས་ནས་ལོ་ངོ་༡༠༠འཁོར་བའི་ཚོགས་ཆེན་ཐོག་གནང་བའི་གསུང་བཤད་གལ་ཆེན་ནང་། ལོ་ངོ་བརྒྱ་སོང་ཚུན་དུ་རང་རེའི་ཏང་གིས་ཀྲུང་ཧྭ་མི་རིགས་ཀྱི་རླབས་ཆེའི་བསྐྱར་དར་མངོན་གྱུར་ཡོང་བ་བྱ་རྒྱུར་གཞིགས་ནས་ཀྲུང་གོ་མི་དམངས་ལ་མཐུན་སྒྲིལ་སྣེ་ཁྲིད་ཀྱིས་གསར་གཏོད་བྱས་པའི་རླབས་ཆེའི་ལམ་བུ་དང་། གསར་གཏོད་བྱས་པའི་རླབས་ཆེའི་བྱ་གཞག དེ་བཞིན་ཐོབ་ཟིན་པའི་རླབས་ཆེའི་གྲུབ་འབྲས་བཅས་ལ་ཁྲོན་ཡོངས་ནས་རྗེས་དྲན་གནང་བ་དང་། བརྗིད་ཉམས་ལྡན་པའི་དང་ང་ཚོའི་ལོ་བརྒྱ་བྱས་པ་དང་པོའི་འབད་འཐབ་དམིགས་ཚད་མངོན་གྱུར་བྱུང་ཞིང་། ཀྲུང་ཧྭ་ཡི་ས་གཞི་ཆེན་པོའི་ཐོག་ཁྱོན་ཡོངས་ནས་འབྱོར་འབྲིང་སྤྱི་ཚོགས་བསྐྲུན་གྲུབ་པ་ཁྱབ་བསྒྲགས་གནང་བ་དང་། རླབས་ཆེའི་ཏང་འཛུགས་ཀྱི་སྙིང་སྟོབས་ལ་ཕྱོགས་བསྡོམས་གཏིང་ཟབ་གནང་བ། ལོ་རྒྱུས་མེ་ལོང་དུ་འཛིན་ཏེ་འབྱུང་འགྱུར་གསར་གཏོད་བྱ་རྒྱུའི་“དགོས་ངེས་དགུ”རྒྱུས་བཤད་ཞིབ་ཕྲ་གནང་ཡོད་པས་དེ་ནི་མ་ཁེ་སི་རིང་ལུགས་ཀྱི་རྩ་འཛིན་རང་བཞིན་གྱི་ཡིག་ཆ་ཡིན་གཤིས། དེས་ཏང་ཡོངས་དང་རྒྱལ་ཡོངས་མི་རིགས་ཁག་གི་མི་དམངས་ལོ་བརྒྱ་བྱས་པ་གཉིས་པའི་འབད་འཐབ་དམིགས་འབེན་གྱི་ཕྱོགས་སུ་བསྐྱོད་རྒྱུར་མདུན་སྐྱོད་ཀྱི་ཁ་ཕྱོགས་གསལ་པོ་བསྟན་པ་དང་། རྩ་བའི་གཞི་འཛིན་ས་མགོ་འདོན་བྱས་ཡོད།

7．习近平总书记在西藏和平解放70周年之际考察西藏时有何重要指示？

༧.སྤྱི་ཁྱབ་རྒྱུའུ་ཅི་ཞི་ཅིན་ཕིང་གིས་བོད་ཞི་བས་བཅིངས་འགྲོལ་བཏང་ནས་ལོ་ངོ་༧༠འཁོར་བའི་སྐབས་བོད་ལྗོངས་ལ་གཟིགས་ཞིབ་གནང་སྐབས་མཇུབ་སྟོན་གལ་ཆེན་གང་དག་གནང་ཡོད་དམ།

在庆祝西藏和平解放70周年之际，中共中央总书记、国家主席、中央军委主席习近平来到西藏，祝贺西藏和平解放70周年，看望慰问西藏各族干部群众，给各族干部群众送去党中央的关怀。习近平作为中共中央总书记、国家主席、中央军委主席到西藏庆祝西藏和平解放，在党和国家历史上是第一次，充分表达了党中央对西藏工作的支持、对西藏各族干部群众的关怀。

དེའང་བོད་ཞི་བས་བཅིངས་འགྲོལ་བཏང་ནས་ལོ་༧༠འཁོར་བར་རྟེན་འབྲེལ་ཞུ་བའི་སྐབས་སུ། ཀྲུང་གུང་ཀྲུང་དབྱང་གི་སྤྱི་ཁྲབ་རྒྱུའུ་ཅི། རྒྱལ་ཁབ་ཀྱི་ཀྲུའུ་ཞི། ཀྲུང་དབྱང་དམག་ཨུད་ཀྱི་ཀྲུའུ་ཞི་ཞི་ཅིན་ཕིང་མཆོག་བོད་དུ་ཕེབས་ཏེ་བོད་ཞི་བས་བཅིངས་འགྲོལ་བཏང་ནས་ལོ་༧༠འཁོར་བར་བཀྲ་ཤིས་རྟེན་འབྲེལ་ཞུས་གནང་བ་དང་། བོད་ལྗོངས་མི་རིགས་ཁག་གི་ལས་བྱེད་མང་ཚོགས་ལ་གཟིགས་ཞིབ་དང་འཚམ་འདྲི་གནང་ནས་མི་རིགས་ཁག་གི་ལས་བྱེད་མང་ཚོགས་ལ་ཏང་ཀྲུང་དབྱང་གིས་ཐུགས་ཁུར་གནང་ཚུལ་མཚོན་པར་གནང་ཡོད། ཞི་ཅིན་ཕིང་གང་ཉིད་ཀྲུང་གུང་ཀྲུང་དབྱང་གི་སྤྱི་ཁྲབ་རྒྱུའུ་ཅི་དང་རྒྱལ་ཁབ་ཀྱི་ཀྲུའུ་ཞི། ཀྲུང་དབྱང་དམག་ཨུད་ཀྱི་ཀྲུའུ་ཞི་བཅས་ཡིན་པའི་ངོས་ནས་བོད་ཞི་བས་བཅིངས་འགྲོལ་བཏང་ནས་ལོ་༧༠འཁོར་བར་རྟེན་འབྲེལ་ཞུ་བར་ཕེབས་པ་དེ་ཡང་ཏང་དང་རྒྱལ་ཁབ་ཀྱི་ལོ་རྒྱུས་ཐོག་ཐེངས་དང་པོ་ཡིན། དེའི་ཐོག་ནས་ཏང་ཀྲུང་དབྱང་གིས་བོད་ལྗོངས་ཀྱི་ལས་དོན་ལ་རྒྱབ་སྐྱོར་དང་། བོད་ལྗོངས་མི་རིགས་ཁག་གི་ལས་བྱེད་མང་ཚོགས་ལ་ཐུགས་ཁུར་གང་ལེགས་གནང་བ་མཚོན་གྱི་ཡོད།

习近平强调，要全面贯彻新时代党的治藏方略，坚持稳中求进工作总基调，立足新发展阶段，完整、准确、全面贯彻新发展理念，服务和融入新发展格局，推动高质量发展，加强边境地区建设，抓好稳定、发展、生态、强边四件大事，在推动青藏高原生态保护和可持续发展上不断取得新成就，奋力谱写雪域高原长治久安和高质量发展新篇章。

ཞི་ཅིན་ཕིང་གིས་ནན་བརྗོད་གནང་བར། དུས་རབས་གསར་པའི་ཏང་གི་བོད་སྐྱོང་ཇུས་གཞི་ཁྱོན་ཡོངས་ནས་ལག་བསྟར་དང་བརྟན་པོའི་ཁྲོད་ཡར་རྒྱས་ཡོང་བ་བྱེད་པའི་ལས་དོན་གྱི་སྤྱིའི་བྱེད་ཕྱོགས་རྒྱུན་འཁྱོངས་བྱེད་དགོས་པ་དང་། གོང་འཕེལ་གྱི་དུས་མཚམས་གསར་པར་ཁང་པ་བཙུགས་ཐོག གོང་འཕེལ་གྱི་འདུ་ཤེས་གསར་པ་འཁྱུས་ཚང་དང་གནད་འཕིགས། ཁྱོན་ཡོངས་བཅས་ཀྱི་སྒོ་ནས་ལག་བསྟར་དང་། གོང་འཕེལ་གྱི་གནས་བབས་གསར་པར་ཞབས་ཞུ་དང་འབྲེལ་འདྲིས་ཡོང་བ་བྱེད་པ། སྤུས་ཚད་མཐོ་བའི་གོང་འཕེལ་ལ་སྐུལ་འདེད་དང་མཐའ་

མཚམས་ས་ཁུལ་གྱི་འཛུགས་སྐྲུན་ལ་ཤུགས་སྣོན་རྒྱག་པ། བརྟན་ལྷིང་དང་འཕེལ་རྒྱས། སྐྱེ་ཁམས། མཐའ་མཚམས་སྲུབས་ཆེར་གཏོང་རྒྱུ་བཅས་དོན་ཆེན་བཞིར་དམ་འཛིན་ཡག་པོ་བྱེད་པ། མཚོ་བོད་ས་མཐོའི་སྐྱེ་ཁམས་ཁོར་ཡུག་སྲུང་སྐྱོང་དང་རྒྱུན་མཐུད་གོང་འཕེལ་ཡོང་བ་བྱེད་པའི་ཐད་གྲུབ་འབྲས་གསར་པ་ཟམ་མི་ཆད་པ་ཐོབ་པ་བཅས་བྱས་མཐར། གངས་ལྗོངས་ས་མཐོར་ཡུན་རིང་དུས་བདེ་དང་སྤུས་ཚད་མཐོ་བའི་འཕེལ་རྒྱས་ཀྱི་ལེའུ་གསར་པ་ཞིག་བརྩམ་དགོས།

要坚持保护优先，坚持山水林田湖草沙冰一体化保护和系统治理，加强重要江河流域生态环境保护和修复，统筹水资源合理开发利用和保护，守护好这里的生灵草木、万水千山。

སྔོན་ལ་སྲུང་སྐྱོང་བྱ་རྒྱུ་རྒྱུན་འཁྱོངས་དང་། རི་ཆུ་ནགས་ཞིང་དང་མཚོ་རྩྭ་ཐང་། བྱེ་ས་འཁྱགས་ས་བཅས་ཚང་མ་མཉམ་དུ་སྲུང་སྐྱོང་དང་ཆ་ལག་ཚང་བའི་བཅོས་སྐྱོང་བྱ་རྒྱུ་རྒྱུན་འཁྱོངས་བྱ་དགོས་པ་དང་། གལ་གནད་ཆེ་བའི་གཙང་པོ་དང་ཆུ་བོ་རྒྱུག་ཁུལ་གྱི་སྐྱེ་ཁམས་ཁོར་ཡུག་སྲུང་སྐྱོང་དང་སླར་གསོ་བྱ་རྒྱུར་ཤུགས་སྣོན་རྒྱག་དགོས་པ། ཆུའི་ཐོན་ཁུངས་ལུགས་མཐུན་ངང་གསར་སྤེལ་དང་བེད་སྤྱོད། སྲུང་སྐྱོབ་བཅས་བྱ་རྒྱུ་གཅིག་གྱུར་འཆར་འགོད་བྱས་ནས་གནས་དེ་གའི་སྲོག་ཆགས་དང་རྩི་ཤིང་། རི་ཀླུང་ཚང་མ་སྲུང་སྐྱོང་ཡག་པོ་བྱ་དགོས།

要坚持以人为本，不断完善城市功能，提高群众生活品质。

མི་རྩ་བར་འཛིན་རྒྱུ་རྒྱུན་འཁྱོངས་བྱས་ཐོག　གྲོང་ཁྱེར་གྱི་ནུས་པ་ཟམ་མི་ཆད་པར་འཐུས་ཚང་དུ་གཏོང་བ་དང་། མང་ཚོགས་ཀྱི་འཚོ་བའི་སྤུས་ཚད་མཐོ་རུ་གཏོང་དགོས།

要全面贯彻党的宗教工作基本方针，尊重群众的宗教信仰，坚持独立自主自办原则，依法管理宗教事务，积极引导藏传佛教与社会主义社会相适应，促进宗教和顺、社会和谐、民族和睦，在推动社会发展进步中发挥积极作用。

ཏང་གི་ཆོས་ལུགས་ལས་དོན་གྱི་གཞི་རྩའི་བྱེད་ཐབས་ཁྱོན་ཡོངས་ནས་ལག་བསྟར་བྱས་ཏེ། མང་ཚོགས་ཀྱི་ཆོས་དད་ལ་བརྩི་འཛིན་དང་རང་ཚུགས་རང་བདག　རང་གཉེར་བཅས་ཀྱི་རྩ་དོན་རྒྱུན་འཁྱོངས་བྱེད་དགོས་པ། ཁྲིམས་ལྟར་ཆོས་ལུགས་ལས་དོན་དོ་དམ་བྱས་ཐོག　བོད་བརྒྱུད་ནང་

བསྟན་དེ་སྤྱི་ཚོགས་རིང་ལུགས་ཀྱི་སྤྱི་ཚོགས་དང་འཚམ་མཐུན་ཡོང་བ་བྱེད་པ་དང་། ཆོས་ལུགས་འཚམ་མཐུན་དང་སྤྱི་ཚོགས་ཞི་མཐུན། མི་རིགས་མཛའ་མཐུན་ཡོང་བ་བཅས་བྱས་ནས་སྤྱི་ཚོགས་འཕེལ་རྒྱས་དང་ཡར་ཐོན་ཡོང་བ་བྱེད་པའི་ཐད་དགེ་མཚན་ལྡན་པའི་ནུས་པ་འདོན་སྤེལ་བྱ་དགོས།

要准确把握西藏工作的阶段性特征，扎实做好群众工作，提高社会治理水平，确保国家安全、社会稳定、人民幸福。

བོད་ལྗོངས་ལས་ཀའི་དུས་མཚམས་རང་བཞིན་གྱི་ཁྱད་ཆོས་ཡང་དག་པའི་ངང་ཁོང་དུ་ཆུད་པ་བྱས་ཏེ། མང་ཚོགས་ལས་དོན་ཏན་ཏིག་ངང་ཡག་པོ་སྒྲུབ་པ་དང་། སྤྱི་ཚོགས་བཅོས་སྐྱོང་གི་ཆུ་ཚད་མཐོ་རུ་བཏང་ནས་རྒྱལ་ཁབ་ཀྱི་བདེ་འཇགས་དང་སྤྱི་ཚོགས་ཀྱི་བརྟན་ལྷིང་། མི་དམངས་ཀྱི་བདེ་སྐྱིད་བཅས་འགན་སྲུང་བྱ་དགོས།

要坚持把民族团结进步宣传教育与社会主义核心价值观教育、爱国主义教育、反分裂斗争教育、新旧西藏对比教育和马克思主义国家观、历史观、民族观、文化观、宗教观教育结合起来，多谋长久之策，多行固本之举。

མི་རིགས་མཐུན་སྒྲིལ་དང་ཡར་ཐོན་གྱི་དྲིལ་བསྒྲགས་སློབ་གསོ་བྱ་རྒྱུ་དེ་སྤྱི་ཚོགས་རིང་ལུགས་ཀྱི་ལྟེ་བའི་རིན་ཐང་ལྟ་བའི་སློབ་གསོ་དང་རྒྱལ་གཅེས་རིང་ལུགས་ཀྱི་སློབ་གསོ། ཁ་འབྱལ་ལ་ངོ་རྒོལ་གྱི་འཐབ་རྩོད་བྱ་རྒྱུའི་སློབ་གསོ། བོད་ལྗོངས་གསར་རྙིང་བསྡུར་བ་བྱེད་པའི་སློབ་གསོ། མ་ཁེ་སི་རིང་ལུགས་ཀྱི་རྒྱལ་ཁབ་ལྟ་བ་དང་ལོ་རྒྱུས་ལྟ་བ། མི་རིགས་ལྟ་བ། རིག་གནས་ལྟ་བ། ཆོས་ལུགས་ལྟ་བ་བཅས་ཀྱི་སློབ་གསོ་དང་ཟུང་འབྲེལ་བྱས་ནས་ཕུགས་ཕན་གྱི་ཐབས་ཇུས་མང་ཙམ་འདོན་པ་དང་རྩ་བརྟན་གྱི་བྱ་སྤྱོད་མང་ཙམ་བཟུང་དགོས།

要加强民族交往交流交融，不断增强各族群众对伟大祖国、中华民族、中华文化、中国共产党、中国特色社会主义的认同，打牢民族团结的思想基础。

མི་རིགས་དབར་གྱི་འགྲོ་འོང་དང་སྤེལ་རེས། འབྲེལ་འདྲིས་བཅས་ལ་ཤུགས་སྣོན་བརྒྱབ་སྟེ། མི་རིགས་ཁག་གི་མང་ཚོགས་ཀྱིས་རླབས་ཆེན་གྱི་མེས་རྒྱལ་དང་ཀྲུང་ཧྭ་མི་རིགས། ཀྲུང་ཧྭའི་རིག་གནས། ཀྲུང་གོའི་ཁྱད་ཆོས་ལྡན་པའི་སྤྱི་ཚོགས་རིང་ལུགས་བཅས་ལ་ངོས་འཛིན་གཅིག་

མཐུན་ཡོང་རྒྱུར་ཤུགས་སྣོན་ཟམ་མི་ཆད་པ་བརྒྱབ་ནས་མི་རིགས་མཐུན་སྒྲིལ་གྱི་བསམ་བློའི་རྨང་གཞི་སྲ་བརྟན་ཡོང་བ་བྱ་དགོས།

要坚持以人民为中心的发展思想，推动巩固拓展脱贫攻坚成果同全面推进乡村振兴有效衔接，更加聚焦群众普遍关注的民生问题，办好就业、教育、社保、医疗、养老、托幼、住房等民生实事，一件一件抓落实，让各族群众的获得感成色更足、幸福感更可持续、安全感更有保障。

མི་དམངས་ལྟེ་བར་འཛིན་པའི་གོང་འཕེལ་གྱི་བསམ་བློ་རྒྱུན་འཁྱོངས་བྱས་ཐོག　དབུལ་འཐོལ་འགག་གཏོར་གྱི་གྲུབ་འབྲས་སྲ་བརྟན་དང་ཇེ་ཆེར་གཏོང་རྒྱུ་དང་ཁྱོན་ཡོངས་ནས་ཤང་གྲོང་དར་རྒྱས་ལ་སྐུལ་འདེད་གཏོང་རྒྱུ་གཉིས་ནུས་ཡོད་དང་འབྲེལ་མཐུད་བྱེད་པ་དང་། མང་ཚོགས་ནས་ཡོངས་ཁྱབ་དང་དོ་ཁུར་བྱེད་པའི་དམངས་འཚོའི་གནད་དོན་སྟེང་བས་གཙོ་ཆེར་བཟུང་ནས་ལས་ཞུགས་དང་སློབ་གསོ། སྤྱི་ཚོགས་འགན་བཅོལ། སྨན་བཅོས། རྒན་གསོ། བུ་བཅོལ། སྡོད་ཁང་སོགས་དམངས་འཚོའི་དོན་དག་དངོས་ཡག་པོ་སྒྲུབ་པ་དང་། དོན་དག་རེ་རེ་བཞིན་དོན་འཁྱོལ་ཡོང་བར་དམ་འཛིན་གྱིས་མི་རིགས་ཁག་གི་མང་ཚོགས་ཀྱི་ཐོབ་ཚོར་སྔར་བས་ཆེ་རུ་གཏོང་བ་དང་བདེ་སྐྱིད་ཀྱི་ཚོར་སྣང་སྔར་བས་རྒྱུན་མཐུད་ཡོང་བ། བདེ་འཇགས་ཀྱི་ཚོར་སྣང་སྔར་བས་འགན་སྲུང་ཐུབ་པ་བཅས་བྱ་དགོས།

要加强边境基础设施建设，鼓励各族群众扎根边陲、守护国土、建设家乡。

མཐའ་མཚམས་ཀྱི་རྨང་གཞིའི་སྒྲིག་བཀོད་འཛུགས་སྐྲུན་བྱེད་ཤུགས་ཆེ་རུ་བཏང་ནས་མི་རིགས་ཁག་གི་མང་ཚོགས་མཐའ་མཚམས་ལ་རྩ་བ་འཛུགས་རྒྱུ་དང་རྒྱལ་ཁོངས་ས་ཆ་ལྟ་སྲུང་བྱ་རྒྱུ། ཕ་ཡུལ་འཛུགས་སྐྲུན་བྱ་རྒྱུ་བཅས་ལ་སྐུལ་མ་གཏོང་དགོས།

学史力行是党史学习教育的落脚点，要把学史明理、学史增信、学史崇德的成果转化为改造主观世界和客观世界的实际行动。要在锤炼党性上力行，要在为民服务上力行，要在推动发展上力行。

ལོ་རྒྱུས་སློབ་སྦྱོང་བྱས་ཏེ་ལག་ལེན་དུ་འཁྱོལ་བ་བྱ་རྒྱུ་ནི་ཏང་གི་ལོ་རྒྱུས་སློབ་སྦྱོང་སློབ་

གསོའི་ཆ་ཁང་པ་འཛུགས་ས་དེ་ཡིན་ཞིང་། ལོ་རྒྱུས་སློབ་སྦྱོང་བྱས་ཏེ་གནས་ལུགས་གསལ་པོ་ཤེས་པ་དང་ལོ་རྒྱུས་སློབ་སྦྱོང་བྱས་ཏེ་བློ་སྤོབས་ཆེ་རུ་བཏང་བ། ལོ་རྒྱུས་སློབ་སྦྱོང་བྱས་ཏེ་ཀུན་སྤྱོད་གཙིགས་ཆེར་འཛིན་པའི་གྲུབ་འབྲས་རང་སྣང་གི་འཇིག་རྟེན་ལྟ་བ་དང་ཕྱི་རོལ་གྱི་འཇིག་རྟེན་ལྟ་བར་འགྱུར་ལྡོག་གཏོང་བའི་བྱ་སྤྱོད་དངོས་ལ་འགྱུར་བ་བྱ་དགོས་པ་དང་། ཏང་གཤིས་སྦྱོང་བརྟར་བྱེད་པའི་ཐད་ལག་ལེན་བསྟར་དགོས་པ། མི་དམངས་ལ་ཞབས་འདེགས་ཞུ་བའི་ཐད་ལག་ལེན་བསྟར་དགོས་པ། འཕེལ་རྒྱས་ལ་སྐུལ་འདེད་གཏོང་བའི་ཐད་ལག་ལེན་བསྟར་དགོས།

8.建设中国特色社会主义法治体系的内容包括哪些?

༨.ཀྲུང་གོའི་ཁྱད་ཆོས་ལྡན་པའི་སྤྱི་ཚོགས་རིང་ལུགས་ཁྲིམས་སྐྱོང་མ་ལག་འཛུགས་སྐྲུན་གྱི་ནང་དོན་གྲས་སུ་གང་དག་ཚུད་ཡོད་དམ།

建设中国特色社会主义法治体系，就是在中国共产党领导下，坚持中国特色社会主义制度，贯彻中国特色社会主义法治理论，形成完备的法律规范体系、高效的法治实施体系、严密的法治监督体系、有力的法治保障体系，形成完善的党内法规体系，坚持依法治国、依法执政、依法行政共同推进，坚持法治国家、法治政府、法治社会一体建设，实现科学立法、严格执法、公正司法、全民守法，促进国家治理体系和治理能力现代化。

དེའང་ཀྲུང་གོའི་ཁྱད་ཆོས་ལྡན་པའི་སྤྱི་ཚོགས་རིང་ལུགས་ཀྱི་ཁྲིམས་སྐྱོང་མ་ལག་འཛུགས་རྒྱུ་ནི་ཀྲུང་གོ་གུང་ཁྲན་ཏང་གི་འགོ་ཁྲིད་འོག ཀྲུང་གོའི་ཁྱད་ཆོས་ལྡན་པའི་སྤྱི་ཚོགས་རིང་ལུགས་ཀྱི་ལམ་ལུགས་རྒྱུན་འཛིན་བྱས་ཐོག ཀྲུང་གོའི་ཁྱད་ཆོས་ལྡན་པའི་སྤྱི་ཚོགས་རིང་ལུགས་ཀྱི་ཁྲིམས་སྐྱོང་གཞུང་ལུགས་ལག་ལེན་མཐར་ཕྱིན་བྱས་ནས། འཐུས་སྒོ་ཚང་བའི་བཅའ་ཁྲིམས་ཀྱི་གཞི་གྲུར་མ་ལག་དང་ཕན་ནུས་ཆེ་བའི་ཁྲིམས་སྐྱོང་ལག་བསྟར་མ་ལག དོ་ནན་གྱི་ཁྲིམས་སྐྱོང་ལྟ་སྐུལ་མ་ལག ནུས་ཡོད་ཀྱི་ཁྲིམས་སྐྱོང་འགན་སྲུང་མ་ལག་བཅས་ཆགས་པ་བྱ་རྒྱུ་དང་། འཐུས་སྒོ་ཚང་བའི་ཏང་ནང་ཁུལ་གྱི་ཁྲིམས་སྲོལ་མ་ལག་ཆགས་པ་བྱ་དགོས། ཁྲིམས་ལྟར་རྒྱལ་ཁབ་སྐྱོང་རྒྱུ་དང་ཁྲིམས་ལྟར་སྲིད་འཛིན་རྒྱུ། ཁྲིམས་ལྟར་སྲིད་དབང་ལག་བསྟར་བྱ་རྒྱུ་བཅས་མཉམ

དུ་སྐུལ་སྤེལ་གཏོང་རྒྱུ་རྒྱུན་འཁྱོངས་དང་ཁྲིམས་སྐྱོང་རྒྱལ་ཁབ་དང་ཁྲིམས་སྐྱོང་སྲིད་གཞུང་། ཁྲིམས་སྐྱོང་སྤྱི་ཚོགས་བཅས་གཞི་གཅིག་ཏུ་འཛུགས་སྐྱོང་བྱ་རྒྱུ་རྒྱུན་འཁྱོངས་བྱས་ཏེ། ཚན་རིག་དང་མཐུན་པའི་ཁྲིམས་འཛུགས་དང་ཁྲིམས་ལག་བསྟར་ནན་པོ། ཁྲིམས་འཛིན་གཞུང་དྲང་། དམངས་ཡོངས་ནས་ཁྲིམས་ལུགས་སྲུང་བ་བཅས་བྱས་མཐར། རྒྱལ་ཁབ་ཀྱི་ཁྲིམས་སྐྱོང་མ་ལག་དང་བཅོས་སྐྱོང་མ་ལག་གི་ནུས་པ་དེང་རབས་ཅན་དུ་འགྱུར་རྒྱུར་སྐུལ་འདེད་གཏོང་དགོས།

9．“四个意识”是指什么？

༩.“འདུ་ཤེས་བཞི”གང་དག་ཡིན་ནམ།

“四个意识”是指政治意识、大局意识、核心意识、看齐意识。

“འདུ་ཤེས་བཞི”ནི་ཆབ་སྲིད་ཀྱི་འདུ་ཤེས་དང་ཁྱོན་ཡོངས་ཀྱི་འདུ་ཤེས། སྙིང་ཤིང་གི་འདུ་ཤེས། མིག་སྟོས་ཀྱི་འདུ་ཤེས་བཅས་ཡིན།

10．“四个自信”是指什么？

༡༠.“གདེང་ཚོད་བཞི”གང་དག་ཡིན་ནམ།

“四个自信”即中国特色社会主义道路自信、理论自信、制度自信、文化自信。

“གདེང་ཚོད་བཞི”ནི་ཀྲུང་གོའི་ཁྱད་ཆོས་ལྡན་པའི་སྤྱི་ཚོགས་རིང་ལུགས་ཀྱི་ལམ་བུར་གདེང་ཚོད་ཡོད་པ་དང་། རིགས་པའི་གཞུང་ལུགས་ལ་གདེང་ཚོད་ཡོད་པ། ལམ་ལུགས་ལ་གདེང་ཚོད་ཡོད་པ། རིག་གནས་ལ་གདེང་ཚོད་ཡོད་པ་བཅས་རེད།

11．“两个维护”是指什么？

༡༡.“སྲུང་སྐྱོང་གཉིས”གང་དག་ཡིན་ནམ།

“两个维护”是指坚决维护习近平总书记党中央的核心、全党的核心地位，坚决维护党中央权威和集中统一领导。

“སྲུང་སྐྱོང་གཉིས”ནི་སྤྱི་ཁྱབ་ཧྲུའུ་ཅི་ཞི་ཅིན་ཕིང་ནི་ཏང་ཀྲུང་དབྱང་གི་སྙོག་ཤིང་ཡིན་པ་དང་ཏང་ཡོངས་ཀྱི་སྙོག་ཤིང་ཡིན་པའི་གོ་བབ་སྲུང་སྐྱོང་མཐའ་གཅིག་ཏུ་བྱ་རྒྱུ་དང་། ཏང་ཀྲུང་དབྱང་གི་དབང་གྲགས་དང་གཅིག་བསྡུད་གཅིག་གྱུར་གྱི་འགོ་ཁྲིད་སྲུང་སྐྱོང་མཐའ་གཅིག་ཏུ་བྱ་རྒྱུ་གཉིས་ཡིན།

12.社会主义核心价值观的基本内容是什么？

༡༢.སྤྱི་ཚོགས་རིང་ལུགས་ཀྱི་ལྟེ་བའི་རིན་ཐང་ལྟ་བའི་གཞི་རྩའི་ནང་དོན་གང་ཡིན་ནམ།

富强、民主、文明、和谐，自由、平等、公正、法治，爱国、敬业、诚信、友善。

འཁོར་སྐྱུག་དང་དམངས་གཙོ། ཤེས་དཔལ། ཞི་མཐུན། རང་དབང་། འདྲ་མཉམ། དྲང་གཞག་ཁྲིམས་སྲུང་། རྒྱལ་གཅེས། ལས་བཀུར། ཡིད་རྟོན། མཛའ་མཐུན་བཅས་རེད།

13.什么是“五个认同”？

༡༣. “གཅིག་མཐུན་གྱི་ངོས་འཛིན་ལྔ”གང་དག་ཡིན་ནམ།

“五个认同”是指对伟大祖国的认同、对中华民族的认同、对中华文化的认同、对中国共产党的认同、对中国特色社会主义的认同。

“གཅིག་མཐུན་གྱི་ངོས་འཛིན་ལྔ”ནི་རླབས་ཆེན་གྱི་མེས་རྒྱལ་ལ་ངོས་འཛིན་གཅིག་མཐུན་དང་། ཀྲུང་ཧྭ་མི་རིགས་ལ་ངོས་འཛིན་གཅིག་མཐུན། ཀྲུང་ཧྭའི་རིག་གནས་ལ་ངོས་འཛིན་གཅིག་མཐུན། ཀྲུང་གོ་གུང་ཁྲན་ཏང་ལ་ངོས་འཛིན་གཅིག་མཐུན། ཀྲུང་གོའི་ཁྱད་ཆོས་ལྡན་པའི་སྤྱི་ཚོགས་རིང་ལུགས་ལ་ངོས་འཛིན་གཅིག་མཐུན་བཅུ་རྒྱུ་བཅས་རེད།

14. “三个离不开”指什么？

༡༤."ཁ་འབྲལ་ཐབས་མེད་པ་གསུམ་"གང་དག་ཡིན་ནམ།

汉族离不开少数民族，少数民族离不开汉族，各少数民族之间也相互离不开。

རྒྱ་རིགས་ནི་གྲངས་ཉུང་མི་རིགས་དང་ཁ་འབྲལ་ཐབས་མེད་པ་དང་གྲངས་ཉུང་མི་རིགས་ནི་རྒྱ་རིགས་དང་ཁ་འབྲལ་ཐབས་མེད་པ། གྲངས་ཉུང་མི་རིགས་ཁག་ཀྱང་ཕན་ཚུན་ཁ་འབྲལ་ཐབས་མེད་པ་བཅས་རེད།

15.西藏工作的着眼点和着力点是什么？

༡༥.བོད་ལྗོངས་ལས་དོན་གྱི་དམིགས་ས་གཙོ་བོ་དང་ཤུགས་རྒྱག་ས་གཙོ་བོ་གང་ཡིན་ནམ།

西藏工作必须坚持以维护祖国统一、加强民族团结为着眼点和着力点。

བོད་ལྗོངས་ལས་དོན་གྱི་དམིགས་ས་གཙོ་བོ་དང་ཤུགས་རྒྱག་ས་གཙོ་བོ་ནི་བོད་ལྗོངས་ལས་དོན་ཁྲོད་ངེས་པར་དུ་རྒྱུན་མཐུད་དང་མེས་རྒྱལ་གཅིག་གྱུར་ལ་སྲུང་སྐྱོང་དང་། མི་རིགས་མཐུན་སྒྲིལ་ལ་ཤུགས་སྣོན་རྒྱག་དགོས་པ་དེ་ཡིན།

16.新时代党的治藏方略是什么？

༡༦.དུས་རབས་གསར་པའི་བོད་སྐྱོང་གི་ཐུས་གཞི་གང་ཡིན་ནམ།

在中央第七次西藏工作座谈会上，习近平总书记进一步丰富和发展了新时代党的治藏方略，并用“十个必须”高度概括，即：

དེའང་ཀྲུང་དབྱང་གི་བོད་ལྗོངས་ལས་དོན་སྐོར་གྱི་བཞུགས་མོལ་ཚོགས་འདུ་ཐེངས་བདུན་པའི་ཐོག སྤྱི་ཁྲིམ་ཧྲུའུ་ཅི་ཞི་ཅིན་ཕིང་གིས་དུས་རབས་གསར་པའི་ཏང་གི་བོད་སྐྱོང་ཐུས་གཞི

སྔར་བས་ཕུན་སུམ་ཚོགས་དང་འཕེལ་རྒྱས་བཏང་ཡོད་པ་མ་ཟད། "ངེས་པར་དུ་བཅུ"ཞེས་པའི་ནང་ཚན་མཐོང་ཕྱོགས་བསྡུས་གནང་ཡོད་པ་དེ་ཡང་།

必须坚持中国共产党领导、中国特色社会主义制度、民族区域自治制度；

ངེས་པར་དུ་ཀྲུང་གོ་གུང་ཁྲན་ཏང་གི་འགོ་ཁྲིད་དང་ཀྲུང་གོའི་ཁྱད་ཆོས་ལྡན་པའི་སྤྱི་ཚོགས་རིང་ལུགས་ཀྱི་ལམ་ལུགས། མི་རིགས་ས་ཁོངས་རང་སྐྱོང་ལམ་ལུགས་བཅས་རྒྱུན་འཁྱོངས་བྱ་དགོས་པ།

必须坚持治国必治边、治边先稳藏的战略思想；

ངེས་པར་དུ་རྒྱལ་ཁབ་སྐྱོང་བར་ཡིན་གཅིག་གིས་མཐའ་མཚམས་སྐྱོང་དགོས་པ་དང་། མཐའ་མཚམས་སྐྱོང་བར་དང་ཐོག་བོད་བརྟན་ལྷིང་ཡོང་བ་བྱ་རྒྱུའི་འཐབ་ཇུས་བསམ་བློ་རྒྱུན་འཁྱོངས་བྱ་དགོས་པ།

必须把维护祖国统一、加强民族团结作为西藏工作的着眼点和着力点；

ངེས་པར་དུ་མེས་རྒྱལ་གོང་བུ་གཅིག་གྱུར་ལ་སྲུང་སྐྱོང་དང་མི་རིགས་མཐུན་སྒྲིལ་ལ་ཤུགས་སྣོན་རྒྱག་རྒྱུ་དེ་བོད་ལྗོངས་ལས་དོན་གྱི་དམིགས་ས་གཙོ་བོ་དང་ཤུགས་རྒྱག་ས་གཙོ་བོར་འཛུག་དགོས་པ།

必须坚持依法治藏、富民兴藏、长期建藏、凝聚人心、夯实基础的重要原则；

ངེས་པར་དུ་ཁྲིམས་ལྟར་བོད་བདག་སྐྱོང་བྱེད་པ་དང་དམངས་ཕྱུག་བོད་དར་ཡོང་རྒྱུ། ཡུན་རིང་ནང་བོད་ལྗོངས་འཛུགས་སྐྲུན་བྱེད་རྒྱུ། མི་སེམས་གོང་བུ་གཅིག་ཏུ་བསྒྲིལ་རྒྱུ། རྨང་གཞི་བརྟན་དུ་གཏོང་རྒྱུ་བཅས་ཀྱི་ཛ་དྲག་གལ་ཆེན་རྒྱུན་འཁྱོངས་བྱ་དགོས་པ།

必须统筹国内国际两个大局；

ངེས་པར་དུ་རྒྱལ་ཕྱི་རྒྱལ་ནང་གཉིས་ཀྱི་ཁྱོན་ཡོངས་གནས་བབས་གཅིག་གྱུར་ཐོག་འཆར་འགོད་བྱ་དགོས་པ།

必须把改善民生、凝聚人心作为经济社会发展的出发点和落脚点；

ངེས་པར་དུ་དམངས་འཚོ་ལེགས་བཅོས་དང་མི་སེམས་གཅིག་ཏུ་འགུག་རྒྱུ་དེ་དཔལ་འབྱོར་དང་སྤྱི་ཚོགས་གོང་འཕེལ་གྱི་འགོ་བཙམ་ས་དང་གཞི་ཚུགས་སར་འཛུགས་དགོས་པ།

必须促进各民族交往交流交融；

ངེས་པར་དུ་མི་རིགས་ཁག་དབར་འགྲོ་འོང་དང་སྤེལ་རེས།　འབྲེལ་འདྲིས་བཅས་བྱ་རྒྱུར་སྐུལ་འདེད་གཏོང་དགོས་པ།

必须坚持我国宗教中国化方向、依法管理宗教事务；

ངེས་པར་དུ་རང་རྒྱལ་གྱི་ཆོས་ལུགས་དེ་ཀྲུང་གོ་ཅན་གྱི་ཁ་ཕྱོགས་སུ་འགྱུར་རྒྱུ་དང་ཁྲིམས་ལྟར་ཆོས་ཕྱོགས་ལས་དོན་ལ་དོ་དམ་བྱ་རྒྱུ་རྒྱུན་འཁྱོངས་བྱ་དགོས་པ།

必须坚持生态保护第一；

ངེས་པར་དུ་སྐྱེ་ཁམས་སྲུང་སྐྱོང་བྱ་རྒྱུ་ཨང་དང་པོར་འཛུགས་དགོས་པ།

必须加强党的建设特别是政治建设。

ངེས་པར་དུ་ཏང་འཛུགས་སྐྱོང་དང་ལྷག་པར་དུ་ཆབ་སྲིད་འཛུགས་སྐྱོང་ལ་ཤུགས་སྣོན་རྒྱག་དགོས་པ་བཅས་རེད།

17.维护民族团结的思想基础是什么？

༡༧.མི་རིགས་མཐུན་སྒྲིལ་སྲུང་སྐྱོང་བྱེད་པའི་བསམ་བློའི་རྨང་གཞི་གང་ཡིན་ནམ།

坚持铸牢中华民族共同体意识是维护民族团结的思想基础。习近平总书记强调，“加强民族团结，基础在于搞好民族团结进步教育，建设各民族共有精神家园。要深入践行守望相助理念，深化民族团结进步教育，铸牢中华民族共同体意识，促进各民族像石榴籽一样紧紧抱在一起”。

དེའང་ཀྲུང་ཧྭ་མི་རིགས་གཅིག་མཐུན་ཚོགས་པའི་འདུ་ཤེས་རྒྱུན་མཐུད་དང་སྲ་བརྟན་གཏོང་རྒྱུ་ནི་མི་རིགས་མཐུན་སྒྲིལ་སྲུང་སྐྱོང་བྱེད་པའི་བསམ་བློའི་རྨང་གཞི་ཡིན།　སྤྱི་ཁྲབ་ཞི་ཅིན་ཕིང་གིས་

中华民族一家亲

ཕྱིང་གིས“མི་རིགས་མཐུན་སྒྲིལ་ལ་ཤུགས་སྣོན་རྒྱག་རྒྱུའི་རྩ་བ་གཞི་ནི་མི་རིགས་མཐུན་སྒྲིལ་དང་ཡར་ཐོན་གྱི་སློབ་གསོ་ཡག་པོ་བརྒྱབ་སྟེ། མི་རིགས་ཁག་ལ་ཐུན་མོང་གི་བསམ་པའི་ཁྲིམ་གཞིས་འཛུགས་དགོས་པ་དང་། ཕན་ཚུན་ལྷ་སྐྱོང་དང་རོགས་རེས་ཀྱི་འདུ་ཤེས་སྤྱོང་རོལ་གཏིང་ཟབ་ཡོང་བ་དང་མི་རིགས་མཐུན་སྒྲིལ་དང་ཡར་ཐོན་གྱི་སློབ་གསོ་གཏིང་ཟབ་ཐེབས་པ། ཀྲུང་ཧྭ་མི་རིགས་གཅིག་མཐུན་ཚོགས་པའི་འདུ་ཤེས་བརྟན་པོ་ཡོང་བ་བཅས་བྱས་ནས་མི་རིགས་ཁག་སོ་འབྲུ་དང་འདྲ་བར་ཇོག་ཆ་གཅིག་ཏུ་བསྒྲིལ་རྒྱུར་སྐུལ་འདེད་གཏོང་དགོས”ཞེས་ནན་བརྗོད་གནང་ཡོད།

18.西藏自治区针对民族团结出台的地方性法规是什么？

༡༨.བོད་རང་སྐྱོང་ལྗོངས་ཀྱིས་མི་རིགས་མཐུན་སྒྲིལ་ལ་དམིགས་ཏེ་བཏོན་པའི་ས་གནས་རང་བཞིན་གྱི་ཁྲིམས་སྲོལ་གང་ཡིན་ནམ།

2020年1月11日，西藏自治区第十一届人民代表大会第三次会议通过了《西藏自治区民族团结进步模范区创建条例》，《条例》指出：西藏自古以来就是伟大祖国不可分割的一部分，各民族都是中华民族大家庭的重要成员。民族团结是各族人民的生命线，维护祖国统一、加强民族团结，旗帜鲜明反对分裂，是各族人民的共同责任和义务。

དེའང་སྤྱི་ལོ་༢༠༢༠ལོའི་ཟླ་༡ཚེས་༡༡ཉིན། བོད་རང་སྐྱོང་ལྗོངས་སྐབས་བཅུ་གཅིག་པའི་མི་དམངས་འདུས་མི་ཚོགས་ཆེན་ཐེངས་གསུམ་པའི་ཐོག 《བོད་རང་སྐྱོང་ལྗོངས་མི་རིགས་མཐུན་སྒྲིལ་ཡར་ཐོན་དཔེ་སྟོན་ཁུལ་འཛུགས་སྐྲུན་སྒྲིག་ཡིག་》ལ་གྲོས་འཆམ་བྱུང་ཞིང་། 《སྒྲིག་ཡིག་》ནང་། བོད་ནི་གནའ་ནས་བཟུང་རྒྱབས་ཆེན་མེས་རྒྱལ་གྱི་ཁ་འབྲལ་དུ་མེད་པའི་མངའ་ཁོངས་ཀྱི་ཆ་ཤས་ཤིག་ཡིན་པ་དང་། མི་རིགས་ཁག་ཚང་མ་ཀྲུང་ཧྭ་མི་རིགས་ཁྱིམ་ཚང་ཆེན་པོའི་ནང་གི་ཁོངས་གཏོགས་གལ་ཆེན་ཤ་སྟག་ཡིན་པ། མི་རིགས་མཐུན་སྒྲིལ་ནི་མི་རིགས་ཁག་གི་མི་དམངས་ཀྱི་སྲོག་རྩ་ཡིན་པ། མེས་རྒྱལ་གཅིག་གྱུར་ལ་སྲུང་སྐྱོང་བྱ་རྒྱུ་དང་མི་རིགས་མཐུན་སྒྲིལ་ལ་ཤུགས་སྣོན་རྒྱག་རྒྱུ། དར་ཆ་གསལ་སྟོན་ཐོག་ཁ་བྲལ་ལ་ངོ་རྒོལ་བྱ་རྒྱུ་བཅས་ནི་མི་རིགས་ཁག་གི་མི་དམངས་ཀྱི་ཐུན་མོང་འགན་འཁྲི་དང་འོས་འགན་ཡིན་ཞེས་བསྟན་ཡོད།

19.西藏自治区民族团结进步模范区创建的总体要求是什么？

༡༩.བོད་རང་སྐྱོང་ལྗོངས་ཀྱི་མི་རིགས་མཐུན་སྒྲིལ་ཡར་ཐོན་དཔེ་སྟོན་ཁུལ་འཛུགས་རྒྱུའི་སྤྱིའི་བླང་བྱ་གང་ཡིན་ནམ།

《西藏自治区民族团结进步模范区创建条例》指出：民族团结进步模范区创建，以“中华民族一家亲、同心共筑中国梦”为总目标，以共同团结奋斗、共同繁荣发展为主题，以铸牢中华民族共同体意识为主线，以社会主义核心价值观为引领，以加强各民族交往交流交融为根本途径，增强对伟大祖国、中华民族、中华文化、中国共产党、中国特色社会主义的认同，促进各民族和睦相处、和衷共济、和谐发展，充分展现中国精神、中国价值、中国力量。

《བོད་རང་སྐྱོང་ལྗོངས་ཀྱི་མི་རིགས་མཐུན་སྒྲིལ་ཡར་ཐོན་དཔེ་སྟོན་ཁུལ་འཛུགས་སྐྲུན་སྲོལ་ཡིག་》ནང་བསྟན་དོན། མི་རིགས་མཐུན་སྒྲིལ་ཡར་ཐོན་དཔེ་སྟོན་ཁུལ་འཛུགས་སྐབས། "ཀྲུང་ཧྭ་མི་རིགས་ཁྱིམ་ཚང་གཅིག་ལྟར་འཆམ་མཐུན་དང་བློ་སེམས་གཅིག་ཏུ་བསྒྲིལ་ནས་ཀྲུང་གོའི་ཕྱུགས་འདུན་བསྒྲུབ་རྒྱུ"སྤྱིའི་དམིགས་ཡུལ་དུ་བཟུང་བ་དང་། མཉམ་དུ་མཐུན་སྒྲིལ་འབད་འཐབ་དང་མཉམ་དུ་དར་རྒྱས་གོང་འཕེལ་ཡོང་བ་བྱ་རྒྱུ་བརྗོད་དོན་གཙོ་བོར་བཟུང་བ། ཀྲུང་ཧྭ་མི་རིགས་གཅིག་མཐུན་ཚོགས་པའི་འདུ་ཤེས་བརྟན་པོ་འཛུགས་རྒྱུ་གཙོ་ཐིག་ཏུ་བཟུང་བ། སྤྱི་ཚོགས་རིང་ལུགས་ཀྱི་ལྟེ་བའི་རིན་ཐང་ལྟ་བས་ཁྲིད་སྟོན་བྱེད་པ། མི་རིགས་དབར་འགྲོ་འོང་དང་སྤེལ་རེས། འབྲེལ་འདྲིས་བྱ་རྒྱུ་གཞི་རྩའི་ཐབས་ལམ་དུ་བཟུང་བ་བཅས་བྱས་ཐོག ལྷབས་ཆེའི་སེམས་རྒྱལ་དང་ཀྲུང་ཧྭ་མི་རིགས། ཀྲུང་ཧྭའི་རིག་གནས། ཀྲུང་གོ་གུང་ཁྲན་ཏང་། ཀྲུང་གོའི་ཁྱད་ཆོས་ལྡན་པའི་སྤྱི་ཚོགས་རིང་ལུགས་བཅས་ལ་ངོས་འཛིན་གཅིག་མཐུན་བྱ་རྒྱུར་ཤུགས་སྣོན་རྒྱག་པ་དང་། མི་རིགས་ཁག་འཆམ་མཐུན་མཉམ་གནས་དང་ཕྱུར་བ་གྲུ་འདྲིགས། ཞི་མཐུན་འཕེལ་རྒྱས་ཡོང་བ་བཅས་ལ་སྐུལ་འདེད་ཀྱིས་ཀྲུང་གོའི་སྙིང་སྟོབས་དང་ཀྲུང་གོའི་རིན་ཐང་། ཀྲུང་གོའི་སྟོབས་ཤུགས་བཅས་གང་ལེགས་མངོན་པར་བྱ་དགོས་ཞེས་འཁོད་ཡོད།

20.西藏自治区针对环境保护出台的地方性法规是什么？

༢༠.བོད་རང་སྐྱོང་ལྗོངས་ཀྱིས་ཁོར་ཡུག་སྲུང་སྐྱོང་ལ་དམིགས་ཏེ་བཏོན་པའི་ས་གནས་རང་བཞིན་གྱི་ཁྲིམས་སྲོལ་གང་ཡིན་ནམ།

2021年1月24日，西藏自治区第十一届人民代表大会第四次会议审议通过了《西藏自治区国家生态文明高地建设条例》，《条例》指出：西藏是青藏高原的主体，是重要的国家生态安全屏障。保护好青藏高原生态事关中华民族生存和长远发展，事关铸牢中华民族共同体意识，事关西藏长治久安和高质量发展，事关全区各族人民的民生福祉。

དེའང་སྤྱི་ལོ་༢༠༢༡ལོའི་ཟླ་༡ཚེས་༢༨ཉིན། བོད་རང་སྐྱོང་ལྗོངས་སྐབས་བཅུ་གཅིག་པའི་མི་དམངས་འཐུས་མི་ཚོགས་ཆེན་ཐེངས་བཞི་པའི་ཐོག《བོད་རང་སྐྱོང་ལྗོངས་རྒྱལ་ཁབ་སྐྱེ་ཁམས་ཞིབ་དཔལ་གྱི་མཐོ་ས་བསྐྲུན་རྒྱུའི་སྲོལ་ཡིག་》ལ་གྲོས་ཞིབ་དང་གྲོས་འཆམ་བྱུང་ཞིང་།《སྲོལ་ཡིག་》ནང་བསྟན་དོན། བོད་ལྗོངས་ནི་མཚོ་བོད་ས་མཐོའི་གཞི་རྐང་ཡིན་ལ། རྒྱལ་ཁབ་སྐྱེ་ཁམས་བདེ་འཇགས་ཀྱི་གྱང་ར་གལ་ཆེན་ཞིག་ཀྱང་ཡིན། མཚོ་བོད་ས་མཐོའི་སྐྱེ་ཁམས་སྲུང་སྐྱོང་ལག་ལེན་བྱ་རྒྱུ་དེ་ཀྲུང་ཧྭ་མི་རིགས་ཀྱི་འཚོ་གནས་དང་ཡུན་རིང་གི་འཕེལ་རྒྱས་དང་འབྲེལ་བ་ཡོད་པ་དང་། ཀྲུང་ཧྭ་མི་རིགས་གཅིག་མཐུན་ཚོགས་པའི་འདུ་ཤེས་བརྟན་པོ་འཛུགས་རྒྱུ་དང་འབྲེལ་བ་ཡོད་པ། བོད་ལྗོངས་ཡུན་རིང་དུས་བདེ་དང་སྤུས་ཚད་མཐོ་བའི་གོང་འཕེལ་ཡོང་རྒྱུ་དང་འབྲེལ་བ་ཡོད་པ། ལྗོངས་ཡོངས་མི་རིགས་ཁག་གི་མི་དམངས་ཀྱི་དམངས་འཚོའི་བདེ་སྐྱིད་དང་འབྲེལ་བ་ཡོད་པ་བཅས་ཡིན་ཞེས་འཁོད་ཡོད།

21.党的宗教工作基本方针是什么？

༢༡.ང་ང་གི་ཆོས་ལུགས་ལས་དོན་གྱི་གཞི་རྩའི་ཐབས་ཇུས་ག་རེ་ཡིན་ནམ།

全面贯彻党的宗教信仰自由政策，依法管理宗教事务，坚持独立自主自办的原则，积极引导宗教与社会主义社会相适应。

ཏང་གི་ཆོས་དད་རང་མོས་སྲིད་ཇུས་ཁྱོན་ཡོངས་ནས་ལག་ལེན་མཐར་ཕྱིན་པ་བསྟར་དགོས་པ་དང་ཁྲིམས་ལྟར་ཆོས་ཕྱོགས་ལས་དོན་ལ་དོ་དམ་བྱ་དགོས་པ། རང་ཚུགས་རང་བདག་དང་རང་གཉེར་བཅས་ཀྱི་རྩ་དོན་རྒྱུན་འཁྱོངས་བྱ་དགོས་པ། ཆོས་ལུགས་དེ་སྤྱི་ཚོགས་རིང་ལུགས་དང་ཕན་ཚུན་འཚམ་མཐུན་ཡོང་བར་ཁྲིད་སྟོན་ཧུར་ཐག་བྱ་དགོས་པ་བཅས་ཡིན།

22.西藏社会的特殊矛盾是什么？

༢༢.བོད་ལྗོངས་སྤྱི་ཚོགས་ཀྱི་དམིགས་བསལ་འགལ་ཟླ་གང་ཡིན་ནམ།

西藏社会的特殊矛盾依然是各族人民同以达赖集团为代表的分裂势力之间的矛盾。

བོད་ལྗོངས་སྤྱི་ཚོགས་ཀྱི་དམིགས་བསལ་འགལ་ཟླ་ནི་སྔར་བཞིན་མི་རིགས་ཁག་གི་མི་དམངས་དང་ཏཱ་ལའི་རུ་ཚོགས་ཀྱིས་འཐུས་ཚབ་བྱས་པའི་ཁ་བྲལ་སྟོབས་ཤུགས་དབར་གྱི་འགལ་ཟླ་དེ་ཡིན།

23.怎么看待各族人民与达赖集团的斗争？

༢༣.མི་རིགས་ཁག་གི་མི་དམངས་དང་ཏཱ་ལའི་རུ་ཚོགས་དབར་གྱི་འཐབ་རྩོད་ལ་ལྟ་སྟངས་གང་འདྲ་འཛིན་དགོས་སམ།

十四世达赖是图谋“西藏独立”的分裂主义政治集团的总头子，是国际反华势力的忠实工具，是在西藏制造社会动乱的总根源，是阻挠藏传佛教建立正常秩序的最大障碍，是披着宗教外衣祸藏乱教的政客。达赖集团“中间道路”的本质是分裂祖国，我们同达赖集团及支持他们的西方敌对势力的斗争，是中华民族反对帝国主义、殖民主义斗争的继续，是西藏

各族人民同政教合一封建农奴主阶级残余势力斗争的继续，是关系国家统一、民族团结的重大政治斗争，对十四世达赖集团斗争始终是西藏工作的重中之重。

དེའང་ཏཱ་ལ་སྐྱེ་ཕྲེང་བཅུ་བཞི་པ་ནི“བོད་རང་བཙན”གྱི་རེ་ངན་འཆང་མཁན་ཁ་བྲལ་རིང་ལུགས་ཚབ་སྲིད་སྟོབས་ཤུགས་ཀྱི་སྤྱིའི་འགོ་གཙོ་ཡིན་པ་དང་། རྒྱལ་སྤྱིའི་ཐོག་ཀྱང་གོར་ངོ་རྒོལ་བྱེད་མཁན་སྟོབས་ཤུགས་ཀྱི་ལག་ཆ་འཁྲུལ་མེད་ཅིག་ཡིན་པ། བོད་ལྗོངས་ཀྱི་སྤྱི་ཚོགས་ཟང་ཟིང་བཟོ་བའི་རྩ་བའི་འབྱུང་རྩ་ཡིན་པ། བོད་བརྒྱུད་ནང་བསྟན་གྱི་རྒྱུན་གཏན་སྒྲིག་ལམ་འཛུགས་རྒྱུའི་འགོག་རྐྱེན་ཆེ་ཤོས་ཡིན་པ། ཆོས་ལུགས་ཀྱི་ཕྱི་གོས་གྱོན་ནས་བོད་ལ་ཆག་སྒོ་དང་ཆོས་ལུགས་ལ་འཁྲུག་རྐྱེན་སློང་བའི་ཚབ་སྲིད་ཀྱི་མི་སྣ་བཅས་ཡིན། ཏཱ་ལའི་ཚོགས་པའི“དབུ་མའི་ལམ”གྱི་ངོ་བོ་ནི་མེས་རྒྱལ་ཁ་བྲལ་གཏོང་རྒྱུ་དེ་རེད། ང་ཚོ་དང་ཏཱ་ལའི་རུ་ཚོགས་དང་ཁོ་ཚོར་རྒྱབ་སྐྱོར་བྱེད་མཁན་ནུབ་ཕྱོགས་དགྲ་འཛིན་སྟོབས་ཤུགས་དབར་གྱི་འཐབ་རྩོད་ནི་ཀྲུང་ཧྭ་མི་རིགས་ཀྱིས་བཙན་རྒྱལ་རིང་ལུགས་ལ་ངོ་རྒོལ་དང་མི་སེར་སྤྱིལ་བའི་རིང་ལུགས་ལ་ངོ་རྒོལ་བྱེད་པའི་འཐབ་རྩོད་ཀྱི་རྒྱུན་མཐུད་ཅིག་ཡིན་པ་དང་། བོད་ལྗོངས་མི་རིགས་ཁག་གི་མི་དམངས་ཀྱིས་ཆོས་སྲིད་ཟུང་འབྲེལ་བཀས་བཀོད་རྒྱུད་འཛིན་ཞིང་བྲན་བདག་པོའི་གྲལ་རིམ་གྱི་ངན་པའི་ཤུགས་ལྷག་དབར་འཐབ་རྩོད་བྱེད་པའི་རྒྱུན་མཐུད་ཅིག་ཡིན་པ། ཏཱ་ལ་སྐྱེ་ཕྲེང་བཅུ་བཞི་པའི་ཕྱོགས་གཏོགས་དང་འཐབ་རྩོད་བྱ་རྒྱུ་དེ་ནི་སྔ་ཕྱི་བར་གསུམ་དུ་བོད་ལྗོངས་ལས་དོན་གྱི་གལ་འགངས་ཆེ་ཤོས་དེ་ཡིན།

二、宪法及基本常识

གཉིས་པ། ཆ་ཁྲིམས་དང་གཞི་རྩའི་རྒྱུན་ཤེས།

1．宪法的地位是什么？

༡.རྩ་ཁྲིམས་ཀྱི་གོ་གནས་གང་ཡིན་ནམ།

《中华人民共和国宪法》是中华人民共和国的根本大法，规定拥有最高法律效力。一切法律、行政法规和地方性法规都不得同宪法相抵触。一切国家机关和武装力量、各政党和各社会团体、各企业事业组织都必须遵守宪法和法律。一切违反宪法和法律的行为，必须予以追究。任何组织或者个人都不得有超越宪法和法律的特权。

《ཀྲུང་ཧྭ་མི་དམངས་སྤྱི་མཐུན་རྒྱལ་ཁབ་ཀྱི་རྩ་ཁྲིམས་》ནི་ཀྲུང་ཧྭ་མི་དམངས་སྤྱི་མཐུན་རྒྱལ་ཁབ་ཀྱི་གཞི་རྩའི་ཁྲིམས་ཆེན་ཞིག་ཡིན་ཞིང་། དེར་ཆེས་མཐོའི་བཅའ་ཁྲིམས་ཀྱི་ནུས་པ་ལྡན་པ་གཏན་འབེབས་བྱས་ཡོད། ཁྲིམས་ལུགས་མཐའ་དག་དང་སྲིད་འཛིན་ཁྲིམས་སྲོལ། ས་གནས་རང་བཞིན་གྱི་ཁྲིམས་སྲོལ་བཅས་ཚང་མ་རྩ་ཁྲིམས་དང་རྒྱབ་འགལ་བྱེད་མི་ཆོག རྒྱལ་ཁབ་ཀྱི་ལས་ཁུངས་མཐའ་དག་དང་དྲག་ཆས་སྟོབས་ཤུགས། སྲིད་ཇང་ཁག་དང་སྤྱི་ཚོགས་ཚོགས་པ་ཁག ཁེ་ལས་བྱ་གཞག་རྩ་འཛུགས་ཁག་བཅས་ཚང་མས་ངེས་པར་དུ་རྩ་ཁྲིམས་དང་བཅའ་ཁྲིམས་ལ་བསྲི་སྲུང་ཞུ་དགོས་དང་། རྩ་ཁྲིམས་དང་བཅའ་ཁྲིམས་ལས་འགལ་བའི་བྱ་སྤྱོད་མཐའ་དག་ངེས་པར་དུ་རྩད་གཅོད་བྱ་དགོས་པ་དང་། རྩ་འཛུགས་དང་མི་སྒེར་གང་འདྲ་ཞིག་ཡིན་རུང་ཚང་མར་རྩ་ཁྲིམས་དང་བཅའ་ཁྲིམས་ལས་བརྒལ་བའི་དམིགས་བསལ་དབང་ཆ་ཡོད་མི་རུང་།

2．我国的国家性质是什么？

༢.རང་རྒྱལ་གྱི་རྒྱལ་ཁབ་ཀྱི་ངོ་བོ་གང་ཡིན་ནམ།

中华人民共和国是工人阶级领导的、以工农联盟为基础的人民民主专政的社会主义国家。

དེའང་ཀྲུང་ཧྭ་མི་དམངས་སྤྱི་མཐུན་རྒྱལ་ཁབ་ནི་བཟོ་པའི་གྲལ་རིམ་གྱིས་འགོ་ཁྲིད་བྱས་པ་དང་བཟོ་ཞིང་མནའ་འབྲེལ་གྱིས་རྨང་གཞི་བྱས་པའི་མི་དམངས་དམངས་གཙོའི་སྲིད་དབང་སྐྱོར་འཛིན་གྱི་སྤྱི་ཚོགས་རིང་ལུགས་ཀྱི་རྒྱལ་ཁབ་ཅིག་ཡིན།

3.我国的根本制度是什么？

༣.རང་རྒྱལ་གྱི་གཞི་རྩའི་ལམ་ལུགས་གང་ཡིན་ནམ།

社会主义制度是中华人民共和国的根本制度。

དེའང་སྤྱི་ཚོགས་རིང་ལུགས་ནི་ཀྲུང་ཧྭ་མི་དམངས་སྤྱི་མཐུན་རྒྱལ་ཁབ་ཀྱི་གཞི་རྩའི་ལམ་ལུགས་ཞིག་ཡིན།

4.我国的国家权力属于谁？

༤.རང་རྒྱལ་གྱི་རྒྱལ་ཁབ་དབང་ཆ་སུ་ཞིག་གི་ལག་ཏུ་བཟུང་ཡོད་དམ།

中华人民共和国的一切权力属于人民。

དེའང་ཀྲུང་ཧྭ་མི་དམངས་སྤྱི་མཐུན་རྒྱལ་ཁབ་ཀྱི་དབང་ཆ་མཐའ་དག་མི་དམངས་ལ་བདག་པ་ཡིན།

5.我国的政体是什么？

༥.རང་རྒྱལ་སྲིད་དབང་གི་སྒྲིག་སྲོལ་གང་འདྲ་ཡིན་ནམ།

我国的政体是人民代表大会制度。

རང་རྒྱལ་སྲིད་དབང་གི་སྒྲིག་སྲོལ་ནི་མི་དམངས་འཐུས་མི་ཚོགས་ཆེན་གྱི་ལམ་ལུགས་ཡིན།

6.《中华人民共和国宪法》针对民族关系由何规定？

༦.《ཀྲུང་ཧྭ་མི་དམངས་སྤྱི་མཐུན་རྒྱལ་ཁབ་ཀྱི་རྩ་ཁྲིམས་》ནང་མི་རིགས་ཀྱི་འབྲེལ་བར་དམིགས་ནས་གཏན་འབེབས་གང་འདྲ་བྱས་ཡོད་དམ།

中华人民共和国各民族一律平等。国家保障各少数民族的合法的权利和利益，维护和发展各民族的平等团结互助和谐关系。禁止对任何民族的歧视和压迫，禁止破坏民族团结和制造民族分裂的行为。

དེའང་ཀྲུང་ཧྭ་མི་དམངས་སྤྱི་མཐུན་རྒྱལ་ཁབ་ནང་གི་མི་རིགས་ཁག་ཚང་མ་འདྲ་མཉམ་ཡིན། རྒྱལ་ཁབ་ནས་གྲངས་ཉུང་མི་རིགས་ཁག་གི་ཁྲིམས་མཐུན་དབང་ཆ་དང་ཁེ་ཕན་འགན་ལེན་བྱེད་པ་དང་། མི་རིགས་ཁག་གི་འདྲ་མཉམ་དང་མཐུན་སྒྲིལ་རོགས་རེས། ཞི་མཐུན་བཅས་ཀྱི་འབྲེལ་བ་སྲུང་སྐྱོང་དང་འཕེལ་རྒྱས་གཏོང་བ། མི་རིགས་གང་རུང་ཞིག་ལ་ཡང་སྨད་ཆུང་དང་གནའ་གནོན་བྱེད་མི་རུང་བ་དང་མི་རིགས་མཐུན་སྒྲིལ་ལ་གཏོར་བཤིག་དང་མི་རིགས་ཁ་བྲལ་གཏོང་བའི་བྱ་སྤྱོད་སྤེལ་མི་ཆོག

7.关于国家安全，《中华人民共和国宪法》有哪些规定？

༧.རྒྱལ་ཁབ་ཀྱི་བདེ་འཇགས་སྐོར་ལ《ཀྲུང་ཧྭ་མི་དམངས་སྤྱི་མཐུན་རྒྱལ་ཁབ་ཀྱི་རྩ་ཁྲིམས་》ནང་གཏན་འབེབས་གང་དག་བྱས་ཡོད་དམ།

国家维护社会秩序，镇压叛国和其他危害国家安全的犯罪活动，制裁危害社会治安、破坏社会主义经济和其他犯罪的活动，惩办和改造犯罪分子。中华人民共和国公民有维护祖国的安全、荣誉和利益的义务，不得有

危害祖国的安全、荣誉和利益的行为。保卫祖国、抵抗侵略是中华人民共和国每一个公民的神圣职责。

དེའང་རྒྱལ་ཁབ་ཀྱིས་སྤྱི་ཚོགས་ཀྱི་སྒྲིག་ལམ་སྲུང་སྐྱོང་དང་རྒྱལ་ཁབ་ལ་ངོ་ལོག་དང་རྒྱལ་ཁབ་ཀྱི་བདེ་འཇགས་ལ་གནོད་པའི་ཉེས་གསོག་བྱེད་སྒོ་གཞན་དག་ལ་དྲག་གནོན་བྱེད་རྒྱུ། སྤྱི་ཚོགས་ཀྱི་བདེ་འཇགས་ལ་གནོད་འཚེ་དང་སྤྱི་ཚོགས་རིང་ལུགས་ཀྱི་དཔལ་འབྱོར་ལ་གཏོར་བཤིག་གཏོང་མཁན་དང་ཉེས་གསོག་གི་བྱེད་སྒོ་གཞན་དག་ལ་བཀག་སྡོམ་བྱ་རྒྱུ། ཉེས་ཅན་པར་ཆད་གཅོད་དང་བསྒྱུར་བཅོས་བྱེད་རྒྱུ། ཀྲུང་ཧྭ་མི་དམངས་སྤྱི་མཐུན་རྒྱལ་ཁབ་ཀྱི་སྤྱི་དམངས་ལ་མེས་རྒྱལ་གྱི་བདེ་འཇགས་དང་གཟི་བརྗིད་མཚན་སྙན། ཁེ་ཕན་བཅས་སྲུང་སྐྱོང་བྱ་རྒྱུའི་འོས་འགན་ཡོད་པ། མེས་རྒྱལ་གྱི་བདེ་འཇགས་དང་གཟི་བརྗིད་མཚན་སྙན། ཁེ་ཕན་བཅས་ལ་གནོད་པའི་བྱ་སྤྱོད་སྤེལ་མི་ཆོག་པ། མེས་རྒྱལ་སྲུང་སྐྱོབ་དང་བཙན་འཛུལ་ལ་འགོག་རྒོལ་བྱེད་རྒྱུ་ནི་ཀྲུང་ཧྭ་མི་དམངས་སྤྱི་མཐུན་རྒྱལ་ཁབ་ཀྱི་སྤྱི་དམངས་མི་རེ་ངོ་རེའི་ལྷ་ན་མེད་པའི་འགན་འཁྲི་ཡིན།

8. 什么是国家象征?

༨.རྒྱལ་ཁབ་ཀྱི་མཚོན་བྱེད་གང་ཞིག་ཡིན་នམ།

国家象征是一个主权国家的代表和标志，主要包括国旗、国徽、国歌、首都等。

རྒྱལ་ཁབ་ཀྱི་མཚོན་བྱེད་ནི་བདག་དབང་ཡོད་པའི་རྒྱལ་ཁབ་ཅིག་གི་ཚབ་བྱེད་དང་མཚོན་རྟགས་ཡིན། དེའི་ནང་གཙོ་བོ་རྒྱལ་དར་དང་རྒྱལ་རྟགས། རྒྱལ་གླུ། རྒྱལ་ས་སོགས་ཚུད་ཡོད།

9. 公民的基本权利有哪些?

༩.སྤྱི་དམངས་ལ་གཞི་རྩའི་དབང་ཆ་གང་དག་ཡོད་དམ།

（1）法律面前一律平等；

（༡）བཅའ་ཁྲིམས་ཀྱི་མདུན་དུ་ཚང་མ་འདྲ་མཉམ་ཡིན་པ།

（2）政治权利和自由，包括选举权和被选举权，言论、出版、集会、结社、游行、示威的自由；

（༢）ཆབ་སྲིད་ཀྱི་དབང་ཆ་དང་རང་དབང་གི་ཐད་གདམ་བྱ་དང་འདེམས་བྱེད་ཀྱི་དབང་ཆ་དང་གཏམ་བརྗོད། པར་སྐྲུན། འདུ་འཛོམས། ཚོགས་པ་འཛུགས་པ། ཁྲོམ་སྐོར། ཐམ་སྟོན་བཅས་ཀྱི་རང་དབང་ཡོད།

（3）宗教信仰自由；

（༣）ཆོས་དད་རང་མོས་ཡིན་པ།

（4）人身与人格权，包括人身自由不受侵犯，人格尊严不受侵犯，住宅不受侵犯，通信自由和通信秘密受法律保护；

（༤）མི་ལུས་དང་མི་གཞིའི་དབང་ཆའི་ཐད། མི་ལུས་རང་དབང་ལ་བཙན་གནོད་བྱེད་མི་རུང་བ་དང་མི་གཞིའི་ལ་རྒྱར་བཙན་གནོད་བྱེད་མི་རུང་བ། སྡོད་ཁང་ལ་བཙན་གནོད་བྱེད་མི་རུང་བ། འཕྲིན་གཏོང་རང་དབང་དང་འཕྲིན་གཏོང་གསང་བའི་ཐད་བཅའ་ཁྲིམས་ཀྱི་སྲུང་སྐྱོང་ཐོབ་ཀྱི་ཡོད།

（5）监督权，包括对国家机关及其工作人员有批评、建议、申诉、控告、检举并依法取得赔偿的权利；

（༥）ལྟ་སྐྱུལ་དབང་ཆའི་ཐད། རྒྱལ་ཁབ་ཀྱི་ལས་ཁུངས་དང་དེའི་ལས་དོན་མི་སྣར་སྐྱོན་བརྗོད་དང་གྲོས་འགོ་འདོན་པ། རྒྱུ་མཚན་ཞུ་བ། ཞུ་གཏུག སྐྱོན་འདོན། དེ་བཞིན་ཁྲིམས་ལྟར་གུན་གསབ་ལེན་པ་བཅས་ཀྱི་དབང་ཆ་ཡོད།

（6）社会经济权利，包括劳动权利，劳动者休息权利，退休人员生活保障权利，因年老、疾病、残疾或丧失劳动能力时从国家和社会获得社会保障与物质帮助的权利；

（༦）དཔལ་འབྱོར་སྤྱི་ཚོགས་ཀྱི་དབང་ཆའི་ཐད། ངལ་རྩོལ་གྱི་དབང་ཆ་དང་ངལ་རྩོལ་པའི་ངལ་གསོའི་དབང་ཆ། ལས་འགྲུར་ངལ་གསོ་བྱེད་མཁན་མི་སྣའི་འཚོ་བ་འགན་སྲུང་དབང་ཆ། ལོ་རྒས་པ་དང་ནད་ཐོག་པ། དབང་པོ་སྐྱོན་ཅན་ནམ་ངལ་རྩོལ་གྱི་ནུས་པ་ཤོར་བ་བཅས་ཀྱི་སྐབས་སུ་རྒྱལ་ཁབ་དང་སྤྱི་ཚོགས་ཐོག་ནས་སྤྱི་ཚོགས་འགན་སྲུང་དང་དངོས་པོའི་རོགས་སྐྱོར་ཐོབ་པའི་དབང་ཆ་ཡོད།

（7）社会文化权利和自由，包括受教育权利，进行科研、文艺创作和其他文化活动的自由；

（༧）སྤྱི་ཚོགས་རིག་གནས་ཀྱི་དབང་ཆ་དང་རང་དབང་ཐད། སློབ་གསོ་ཐོབ་པའི་དབང་ཆ་དང་ཚན་རིག་ཞིབ་འཇུག རིག་གནས་སྒྱུ་རྩལ་གསར་རྩོམ། དེ་བཞིན་རིག་གནས་ཀྱི་བྱེད་སྒོ་གཞན་དག་སྤེལ་བའི་དབང་ཆ་ཡོད།

（8）妇女保护权，妇女在政治、经济、文化、社会和家庭生活等方面享有同男子同等的权利；

（༨）བུད་མེད་སྲུང་སྐྱོང་དབང་ཆའི་ཐད། བུད་མེད་ལ་ཆབ་སྲིད་དང་དཔལ་འབྱོར། རིག་གནས། སྤྱི་ཚོགས། དེ་བཞིན་ཁྱིམ་ཚང་འཚོ་བ་སོགས་ཀྱི་ཐད་སྐྱེས་པ་དང་འདྲ་མཉམ་གྱི་དབང་ཆ་ཡོད།

（9）婚姻、家庭、母亲和儿童受国家的保护；

（༩）གཉེན་སྒྲིག་དང་ཁྱིམ་ཚང་། མ་དང་བྱིས་པ་བཅས་ལ་རྒྱལ་ཁབ་ནས་སྲུང་སྐྱོང་ཐོབ་པ་ཡིན།

（10）华侨、归侨和侨眷的正当权利和利益受国家保护。

（༡༠）ཕྱི་སྡོད་སྤུན་ཟླ་དང་ཕྱིར་ལོག་སྤུན་ཟླ། ཕྱི་སྡོད་རང་མིའི་ཁྱིམ་མི་བཅས་ཀྱི་ལུགས་མཐུན་ཁེ་དབང་ལ་རྒྱལ་ཁབ་ནས་སྲུང་སྐྱོང་ཐོབ་པ་བཅས་ཡིན།

10.公民的基本义务有哪些？

༡༠.སྤྱི་དམངས་ཀྱི་གཞི་རྩའི་འོས་འགན་གང་དག་ཡིན་ནམ།

（1）维护国家的统一和全国各民族的团结；

（༡）རྒྱལ་ཁབ་ཀྱི་གཅིག་གྱུར་དང་རྒྱལ་ཡོངས་མི་རིགས་ཁག་གི་མཐུན་སྒྲིལ་ལ་སྲུང་སྐྱོང་བྱ་དགོས་པ།

（2）遵守宪法和法律，保守国家秘密，爱护公共财产，遵守劳动纪律，遵守公共秩序，尊重社会公德；

（༢）རྩ་ཁྲིམས་དང་བཅའ་ཁྲིམས་ལ་བརྩི་སྲུང་དང་རྒྱལ་ཁབ་ཀྱི་གསང་བ་སྲུང་རྒྱ། སྤྱི་པའི་རྒྱུ་ནོར་ལ་གཅེས་འཛིན། ངལ་རྩོལ་སྒྲིག་ཁྲིམས་ལ་བརྩི་སྲུང་། སྤྱི་པའི་སྒྲིག་ལམ་ལ་བརྩི་སྲུང་། སྤྱི་ཚོགས་ཀྱི་སྤྱོད་བཟང་ལ་བརྩི་འཇོག་བཅས་བྱ་དགོས་པ།

（3）维护国家的安全、荣誉和利益；

（༣）རྒྱལ་ཁབ་ཀྱི་བདེ་འཇགས་དང་གཟི་བརྗིད་མཚན་སྙན། ཁེ་ཕན་བཅས་ལ་སྲུང་སྐྱོང་བྱ་དགོས་པ།

（4）保卫祖国，抵抗侵略，依照法律服兵役和参加民兵组织；

（༤）མེས་རྒྱལ་སྲུང་སྐྱོང་དང་བཙན་འཛུལ་ལ་འགོག་རྒོལ། བཅའ་ཁྲིམས་ལ་གཞིགས་ནས་དམག་ཞབས་ཞུ་དགོས་པ་དང་ཡུལ་དམག་རུ་འཛུགས་ནང་ཞུགས་དགོས་པ།

（5）依照法律纳税；

（༥）བཅའ་ཁྲིམས་ལ་གཞིགས་ནས་དཔྱ་ཁྲལ་འཇལ་དགོས་པ།

（6）其他义务。

（༦）ད་དུང་འོས་འགན་གཞན་དག་སྒྲུབ་དགོས་པ།

三、国旗法、国徽法、国歌法

གསུམ་པ། རྒྱལ་དར་གྱི་བཅའ་ཁྲིམས་དང་རྒྱལ་རྟགས་ཀྱི་བཅའ་ཁྲིམས། རྒྱལ་གླུའི་བཅའ་ཁྲིམས།

1. 五星红旗的构成及其内涵是什么？

༡.སྐར་ལྔའི་དར་དམར་གྱི་གྲུབ་ཆ་དང་དེའི་གོ་དོན་གང་ཡིན་ནམ།

五星红旗的旗面为红色，象征着革命。左上方缀有五颗黄色五角星，四颗小五角星环拱在一颗大星的右面。大五角星代表中国共产党，四颗小五角星代表工人、农民、小资产阶级和民族资产阶级。每颗小五角星各有一个尖角正对大五角星中心点，象征着中华儿女一心向党。

སྐར་ལྔའི་དར་དམར་གྱི་ཚོས་གཞི་ནི་དམར་པོ་ཡིན་པ་དང་། དེ་ནི་གསར་བརྗེའི་མཚོན་རྟགས་ཡིན། གཡོན་སྟེང་དུ་སེར་མདོག་ཅན་གྱི་ཟུར་ལྔའི་སྐར་མ་ལྔ་ཡོད་པ་དེའང་ཟུར་ལྔའི་སྐར་མ་ཆུང་བ་བཞིས་ཟུར་ལྔའི་སྐར་མ་ཆེ་བ་གཅིག་ལ་གཡས་ངོས་ནས་ཟླུམ་སྐོར་གྱི་ཚུལ་དུ་བསྐོར་ནས་ཡོད། ཟུར་ལྔའི་སྐར་མ་ཆེ་བ་ནི་ཀྲུང་གོ་གུང་ཁྲན་ཏང་གི་མཚོན་རྟགས་དང་ཟུར་ལྔའི་སྐར་མ་ཆུང་བ་བཞི་ནི་བཟོ་པ་དང་ཞིང་པ། འབྱོར་ལྡན་གྲལ་རིམ་ཆུང་གྲས་དང་མི་རིགས་འབྱོར་ལྡན་གྲལ་རིམ་གྱི་མཚོན་རྟགས་ཡིན། ཟུར་ལྔའི་སྐར་མ་ཆུང་བ་དེ་དག་གི་ཟུར་རྩེ་གཅིག་རེ་ནི་ཟུར་ལྔའི་སྐར་མ་ཆེ་བ་དེའི་ལྟེ་བར་ཁ་གཏད་ཡོད་ཅིང་། དེས་ཀྲུང་ཧྭའི་བུ་ཕྲུག་རྣམས་སེམས་རྩེ་གཅིག་གིས་ཏང་ལ་ཁ་ཕྱོགས་པ་མཚོན་གྱི་ཡོད།

2.《中华人民共和国国旗法》对升挂国旗有什么要求？

༢.《ཀྲུང་ཧྭ་མི་དམངས་སྤྱི་མཐུན་རྒྱལ་ཁབ་ཀྱི་རྒྱལ་དར་བཅའ་ཁྲིམས་》ནང་རྒྱལ་དར་འགེལ་བའི་སྐབས་བླང་བྱ་གང་ཡོད་དམ།

（1）不得升挂或者使用破损、污损、褪色或者不合规格的国旗，不得倒挂、倒插或者以其他有损国旗尊严的方式升挂、使用国旗。

（༡）དར་རྡོས་རལ་བ་དང་བཙོག་སྐྱོན་ཡོད་པ། ཚོས་གཞི་ཐུད་པའམ་ཡང་ན་ཚད་གཞི་དང་མི་མཐུན་པའི་རྒྱལ་དར་འགེལ་བའམ་བེད་སྤྱོད་བྱེད་མི་ཆོག་པ། རྒྱལ་དར་མགོ་མཇུག་ལྡོག་ནས་འགེལ་བའམ་འཛུགས་པ། དེ་བཞིན་རྒྱལ་དར་གྱི་གཟི་རྗིད་ལ་གནོད་པའི་ཐབས་ནས་འགེལ་བ་དང་བེད་སྤྱོད་བྱེད་མི་ཆོག

（2）升挂国旗时，可以举行升旗仪式。举行升旗仪式时，应当奏唱国歌。在国旗升起的过程中，在场人员应当面向国旗肃立，行注目礼或者按照规定要求敬礼，不得有损害国旗尊严的行为。

（༢）རྒྱལ་དར་འགེལ་བའི་སྐབས་རྒྱལ་དར་སྒྲེང་བའི་མཛད་སྒོ་སྤེལ་ཆོག རྒྱལ་དར་སྒྲེང་བའི་མཛད་སྒོ་སྤེལ་སྐབས་རྒྱལ་གླུ་གཏོང་དགོས། རྒྱལ་དར་སྒྲེང་བའི་བརྒྱུད་རིམ་ནང་སྒྲེང་སར་ཡོད་པའི་མི་རྣམས་རྒྱལ་དར་ལ་ཁ་ཕྱོགས་ནས་ཀྱོང་ངེར་ལངས་ཐོག མིག་གིས་མིག་རྒྱལ་དར་ལ་བལྟ་བའམ་ཡང་ན་གཏན་འབེབས་ཀྱི་བླང་བྱ་ལྟར་གུས་བཏུད་ཞུ་དགོས་པ་ལས་རྒྱལ་དར་གྱི་གཟི་རྗམ་ལ་གནོད་པའི་བཟོ་ལྟ་སྟོན་མི་ཆོག

3. 不得使用国旗及其图案的情形有哪些？

༣.རྒྱལ་དར་དང་རྒྱལ་དར་གྱི་དཔེ་རིས་གང་ཟུང་དུ་བེད་སྤྱོད་བྱེད་མི་ཆོག་པ་གང་དག་ཡིན་ནམ།

国旗及其图案不得用作商标、授予专利权的外观设计和商业广告，不得用于私人丧事活动等不适宜的情形。

དེའང་རྒྱལ་དར་དང་རྒྱལ་དར་གྱི་དཔེ་རིས་ཚོང་རྟགས་དང་གཅིག་བདག་ཁེ་དབང་ཐོབ་པའི་ཕྱི་ངོས་ཀྱི་རྩིས་འགོད་དང་ཚོང་ལས་འགྲེམས་བསྒྲགས་ཐད་བེད་སྤྱོད་བྱེད་མི་ཆོག་པ་དང་། མི་སྒེར་གྱི་འདས་འཇུག་བྱེད་སྒོ་སོགས་འོས་མིན་གྱི་རྣམ་པའི་ཐད་བེད་སྤྱོད་བྱེད་མི་ཆོག

4. 国徽的内容和含义是什么？

༤.རྒྱལ་རྟགས་ཀྱི་དཔེ་རིས་དང་དེའི་གོ་དོན་གང་ཡིན་ནམ།

国徽的内容为国旗、天安门、齿轮和麦稻穗，象征中国人民自“五四”运动以来的新民主主义革命斗争和工人阶级领导的以工农联盟为基础的人民民主专政的新中国的诞生。

རྒྱལ་རྟགས་ཀྱི་དཔེ་རིས་གྲས་སུ་རྒྱལ་དར་དང་གནམ་བདེ་སྒོ་མོ། འཁོར་ལོ་སོ་ཅན། གྲོའི་སྙེ་མ་བཅས་ཡོད་ཅིང་། དེས་ཀྲུང་གོ་མི་དམངས་ཀྱིས་"ལྔ་བཞིའི་"ལས་འགུལ་སྤེལ་ཚུན་དུ་མི་དམངས་དམངས་གཙོའི་གསར་བརྗེའི་འཐབ་རྩོད་བྱས་མཐར། བཟོ་པའི་གྲལ་རིམ་གྱིས་འགོ་ཁྲིད་བྱས་པ་དང་བཟོ་ཞིང་མནའ་འབྲེལ་གྱིས་རྨང་གཞི་བྱས་པའི་མི་དམངས་དམངས་གཙོའི་སྲིད་དབང་སྐྲེར་འཛིན་གྱི་ཀྲུང་གོ་གསར་པ་དབུ་བརྙེས་པ་མཚོན་གྱི་ཡོད།

5. 不得使用国徽及其图案的情形有哪些？

༥.རྒྱལ་རྟགས་དང་རྒྱལ་རྟགས་ཀྱི་དཔེ་རིས་གང་ཟུང་དུ་བེད་སྤྱོད་བྱེད་མི་ཆོག་པ་གང་དག་ཡིན་ནམ།

（1） 商标、授予专利权的外观设计、商业广告；

（༡）ཚོང་རྟགས་དང་གཅིག་བདག་ཁེ་དབང་ཐོབ་པའི་ཕྱི་ངོས་རྣམ་འགོད། ཚོང་ལས་འགྲེམས་བསྒྲགས།

（2） 日常用品、日常生活的陈设布置；

（༢）རྒྱུན་སྤྱོད་དངོས་ཟོག་དང་རྣམ་ཀུན་འཚོ་བའི་ཐད་ཀྱི་བཀོད་སྒྲིག

（3） 私人庆吊活动；

（༣）མི་སྒེར་གྱི་རྟེན་འབྲེལ་དང་མྱ་ངན་གྱི་བྱེད་སྒོ།

（4） 国务院办公厅规定不得使用国徽及其图案的其他场合。

（༤）རྒྱལ་སྲིད་སྲི་ཁྲབ་གཞུང་ལས་ཁང་ནས་རྒྱལ་རྟགས་དང་དེའི་དཔེ་རིས་ཚོགས་ར་གཞན་དག་ལ་བེད་སྤྱོད་བྱེད་མི་ཆོག་པའི་གཏན་འབེབས་བྱས་ཡོད།

6. 侮辱中华人民共和国国旗、国徽的，应当承担什么责任？

༦.ཀྲུང་ཧྭ་མི་དམངས་སྤྱི་མཐུན་རྒྱལ་ཁབ་ཀྱི་རྒྱལ་དར་དང་རྒྱལ་རྟགས་ལ་སྨད་འཛོགས་བྱས་ཚེ། འགན་འཁྲི་གང་ཞིག་འཁུར་དགོས་སམ།

在公共场合故意以焚烧、毁损、涂划、玷污、践踏等方式侮辱中华人民共和国国旗、国徽的，依法追究刑事责任；情节较轻的，由公安机关处以十五日以下拘留。

དེའང་སྤྱི་པའི་ཚོགས་རར་རྐང་བཙུགས་ནས་མེར་བསྲེགས་གཏོང་བ་དང་རྡུལ་པོར་གཏོང་བ། རི་མོ་འབྲི་བ། ནག་ནོག་བྱུག་པ། རྗོག་བརྫིས་གཏོང་བ་སོགས་ཀྱི་རྣམ་པའི་ཐོག་ནས་ཀྲུང་ཧྭ་མི་དམངས་སྤྱི་མཐུན་རྒྱལ་ཁབ་ཀྱི་རྒྱལ་དར་དང་རྒྱལ་རྟགས་ལ་སྨད་འདོགས་བྱས་ཚེ། ཁྲིམས་ལྟར་འགན་འཁྲི་ཆད་གཅོད་བྱ་རྒྱུ་ཡིན་ཞིང་། གནས་ཚུལ་ཚབས་ཆུང་ཆུང་བའི་རིགས་སྤྱི་བདེ་ལས་ཁུངས་ནས་ཉིན་བཅོ་ལྔ་མན་བཀག་ཉར་བྱ་རྒྱུ་རེད།

违反宪法规定之侮辱国旗

ཆ་ཁྲིམས་ཀྱི་གཏན་འབེབས་ལས་འགལ་ཏེ་རྒྱལ་དར་ལ་སྨད་འདོགས་བྱས་པ།

案情:

རྒྱུད་གཞིའི་གནས་ཚུལ།

2018年2月6日，西藏自治区某村村民因诉求得不到满足，前往该村村委会闹事。被告人丹某、洛某、达某、仓某等4人爬上村委会办公室二楼，丹某将国旗旗杆拉向自己，与洛某、达某、仓某一起将国旗从旗杆上扯下后撕烂，扔到村委会院内。2月24日，丹某主动到公安机关投案自首，如实供述所犯罪行。检察机关提起公诉，控诉丹某等4人犯侮辱国旗罪。

སྤྱི་ལོ་༢༠༡༨ལོའི་ཟླ་༢པའི་ཚེས་༦ཉིན། བོད་རང་སྐྱོང་ལྗོངས་ཀྱི་གྲོང་ཚོ་ཞིག་གི་གྲོང་མིས་རེ་ཞུ་བྱས་པར་བློ་ཡིད་མ་ཚིམ་སྐབས། གྲོང་ཚོ་དེ་གའི་གྲོང་མི་ཨུ་ཡོན་ལྷན་ཁང་ལ་ཟིང་ཆ་སློང་བར་ཕྱིན། ཞུ་སྐྱོར་ཕྱི་མ་བསྟན་ཚེ་གེ་མོ་དང་བློ་ཚེ་གེ་མོ། ཟླ་ཚེ་གེ་མོ། མཚམས་ཚེ་གེ་མོ་སོགས་མི་བཞིས་གྲོང་མི་ཨུ་ཡོན་ལྷན་ཁང་གཞུང་ལས་ཁང་གི་ཐོག་སོ་གཉིས་པར་འཛེགས། བསྟན་ཚེ་གེ་མོས་རྒྱལ་དར་གྱི་དར་ཤིང་ཚུར་འཐེན་ནས་བློ་ཚེ་གེ་མོ་དང་ཟླ་ཚེ་གེ་མོ། མཚམས་ཚེ་གེ་མོ་བཅས་དང་མཉམ་དུ་རྒྱལ་དར་དར་ཤིང་ཐོག་ནས་ཕབ་སྟེ་དྲལ་རྗེས་གྲོང་མི་ཨུ་ཡོན་ལྷན་ཁང་

གི་སྒོ་རའི་ནང་བསྒྲུར་པ་རེད། ཟླ་༢པའི་ཚེས་༢༥ཉིན་བསྟན་ཆེ་གེ་མོས་རང་འགྲུལ་དང་སྤྱི་བདེ་ལས་ཁུངས་ལ་རང་ཉེས་ངོས་ལེན་ཞུས་པ་དང་། ཉེས་གསོག་བྱ་སྤྱོད་ཚང་མ་དྲང་པོར་བཤད་པ་རེད། ཞིབ་དཔྱོད་ལས་ཁུངས་ནས་གཞུང་གཏུག་བྱས་ཏེ་བསྟན་ཆེ་གེ་མོ་སོགས་མི་བཞིས་རྒྱལ་དར་ལ་སྨད་འདོགས་བྱས་པའི་ཉེས་པར་ཞུ་གཏུག་བྱས་པ་རེད།

法院经过审理，判决如下：

ཁྲིམས་ཁང་ནས་འདྲི་ཞིབ་བྱས་པ་བརྒྱུད་ཁྲིམས་ཐག་བཅད་པ་གཤམ་གསལ།

据《中华人民共和国刑法》第二百九十九条：侮辱国旗、国徽罪是指在公共场合，故意以焚烧、毁损、涂划、玷污、践踏等方式侮辱中华人民共和国国旗、国徽的，处三年以下有期徒刑、拘役、管制或者剥夺政治权利；《中华人民共和国国旗法》第二十三条：在公共场合故意以焚烧、毁损、涂划、玷污、践踏等方式侮辱中华人民共和国国旗的，依法追究刑事责任；情节较轻的，由公安机关处以十五日以下拘留。

《ཀྲུང་ཧྭ་མི་དམངས་སྤྱི་མཐུན་རྒྱལ་ཁབ་ཀྱི་ཉེས་དོན་བཅའ་ཁྲིམས་》ཀྱི་དོན་ཚན་ཉིས་བརྒྱ་དགུ་བཅུ་གོ་དགུ་པར་གཞིགས་ན། རྒྱལ་དར་དང་རྒྱལ་རྟགས་ལ་སྨད་འདོགས་བྱས་པའི་ཉེས་པ་ཞེས་པ་ནི། སྤྱི་པའི་ཚོགས་རར་ཕང་བཙུགས་ནས་མེར་བསྲེགས་དང་གཏོར་སྐྱོན། རི་མོ་འབྲི་བ། ནག་ནོག་བཟོ་བ། རྗོག་བརྫིས་གཏོང་བ་སོགས་ཀྱི་བྱ་ཐབས་སྤྱད་དེ་ཀྲུང་ཧྭ་མི་དམངས་སྤྱི་མཐུན་རྒྱལ་ཁབ་ཀྱི་རྒྱལ་དར་ལ་སྨད་འདོགས་བྱས་ཚེ། ཁྲིམས་ལྟར་ཉེས་དོན་འགན་འཁྲི་ཆད་གཅོད་བྱ་རྒྱུ་དང་། གནས་ཚུལ་ཚབས་ཆེན་པོ་མེད་ཚེ། སྤྱི་བདེ་ལས་ཁུངས་ནས་ཉིན་ལྔ་མན་གྱི་བཀག་ཉར་བྱ་རྒྱུའི་ཆད་པ་གཅོད་རྒྱུ་རེད།

法院审理认定：4名被告人构成侮辱国旗罪，且不属于情节较轻。判处洛某、达某、仓某有期徒刑9个月，丹某有自首情节，判处有期徒刑8个月。

ཁྲིམས་ཁང་ནས་འདྲི་ཞིབ་བྱས་རྗེས་ཞུ་སྐྱོར་ཕྱི་མ་བཞིས་རྒྱལ་དར་ལ་སྨད་འདོགས་བྱས་པའི་ཉེས་པ་བསགས་པ་མ་ཟད། ཉེས་པ་དེ་ཙམ་ཆུང་ཆུང་མ་ཡིན་པར་ངོས་འཛིན་བྱས་མཐར། ལྷོ་ཆེ་གེ་མོ་དང་ཟླ་ཆེ་གེ་མོ། མཚམས་ཆེ་གེ་མོ་བཅས་དུས་བཀག་བཙོན་འཇུག་ཟླ་བ་དགུ་བྱ་རྒྱུ་དང་། བསྟན་ཆེ་གེ་མོས་རང་ཉེས་ངོས་ལེན་ཞུས་པས་དུས་བཀག་བཙོན་འཇུག་ཟླ་བ་བརྒྱད་བྱ་རྒྱུའི་ཁྲིམས་ཐག་བཅད་པ་རེད།

分析:

དཔྱད་ཞིབ།

国旗作为国家的象征和标志，是神圣而庄严的；国旗是国家主权和民族尊严的最高标志之一，是民族精神、爱国主义精神的集中体现。尊重和爱护国旗，正确使用国旗，是每个公民的法定义务。4名被告人在公众场合故意以损毁的方式，侮辱中华人民共和国国旗，其行为均已触犯法律，构成侮辱国旗罪，理应受到法律的制裁。

རྒྱལ་དར་ནི་རྒྱལ་ཁབ་ཀྱི་མཚོན་བྱེད་དང་མཚོན་རྟགས་ཡིན་པ་དང་། ལྷ་ན་མེད་ལ་བརྗིད་ཆགས་ཤིག་ཡིན་པ། རྒྱལ་ཁབ་ཀྱི་བདག་དབང་དང་མི་རིགས་ཀྱི་ལ་རྒྱའི་ཆེས་མཐོའི་མཚོན་རྟགས་ཤིག་ཡིན་པ། མི་རིགས་ཀྱི་སྙིང་སྟོབས་དང་རྒྱལ་གཅེས་རིང་ལུགས་ཀྱི་སྙིང་སྟོབས་བཅས་ཀྱི་གཅིག་བསྡུས་མངོན་ཚུལ་ཞིག་ཡིན། རྒྱལ་དར་ལ་བརྩི་འཇོག་དང་གཅེས་འཛིན་བྱ་རྒྱུ་དང་། རྒྱལ་དར་བེད་སྤྱོད་ཡང་དག་པ་བྱ་རྒྱུ་ནི་སྤྱི་དམངས་མི་རེ་ངོ་རེའི་འོས་འགན་ཡིན། ཞུ་སྐྱོར་ཕྱི་མ་བཞིས་སྤྱི་དམངས་ཀྱི་ཚོགས་རར་རང་བཙུགས་ནས་གཏོར་སྐྱོན་གཏོང་བའི་ཐབས་ལ་བརྟེན་ནས་ཀྲུང་ཧྭ་མི་དམངས་སྤྱི་མཐུན་རྒྱལ་ཁབ་ཀྱི་རྒྱལ་དར་ལ་སྨད་འདོགས་བྱས་པའི་བྱ་སྤྱོད་དེས་བཅའ་ཁྲིམས་ལས་འགལ་ཞིང་། རྒྱལ་དར་ལ་སྨད་འདོགས་བྱས་པའི་ཉེས་པ་བསགས་པས་བཅའ་ཁྲིམས་ཀྱི་ཆད་པ་ཕོག་དགོས་ངེས་ཡིན།

7.《中华人民共和国国歌法》对奏唱国歌有什么要求？

༧.《ཀྲུང་ཧྭ་མི་དམངས་སྤྱི་མཐུན་རྒྱལ་ཁབ་ཀྱི་རྒྱལ་གླུའི་བཅའ་ཁྲིམས་》ནང་རྒྱལ་གླུ་དཀྲོལ་གཏོང་ཐད་བླང་བྱ་གང་བཏོན་ཡོད་དམ།

奏唱国歌，应当按照标准的国歌的歌词和曲谱，不得采取有损国歌尊严的奏唱形式。奏唱国歌时，在场人员应当肃立，举止庄重，不得有不尊重国歌的行为。

རྒྱལ་གླུ་གཏོང་སྐབས་ཚད་ལྡན་གྱི་རྒྱལ་གླུའི་གླུ་ཚིག་དང་གཞས་གདངས་ལ་གཞིགས་དགོས་པ་ལས་རྒྱལ་གླུའི་གཟི་རྗམ་ལ་གནོད་པའི་དཀྲོལ་གཏོང་རིགས་བྱེད་མི་ཆོག　རྒྱལ་གླུ་དཀྲོལ་གཏོང་བྱེད་སྐབས་ཚོགས་ར་དེ་གར་ཡོད་པའི་མི་རྣམས་ཀྱིང་དེར་ལངས་པ་དང་སྤྱམ་བརྙིང་གི་ཚུལ་སྟོན་དགོས་པ་ལས་རྒྱལ་གླུར་བརྩི་འཇོག་མེད་པའི་ཚུལ་སྤྱོད་བཟུང་མི་རུང་།

8. 不得使用国歌的情形有哪些？

༨.རྒྱལ་གླུ་བེད་སྤྱོད་བྱེད་མི་ཆོག་པའི་ཆ་གང་དག་ཡིན་ནམ།

国歌不得用于或者变相用于商标、商业广告，不得在私人丧事活动等不适宜的场合使用，不得作为公共场所的背景音乐等。

དེའང་རྒྱལ་གླུ་ནི་ཚོང་རྟགས་དང་ཚོང་ལས་འགྲེམས་བསྒྲགས་ཐད་དངོས་སུ་བེད་སྤྱོད་དམ་ཡང་ན་རྣམ་པ་འགྱུར་བའི་ཐོག་ནས་བེད་སྤྱོད་བྱེད་མི་རུང་བ་དང་། མི་སྒེར་གྱི་འདས་འཇུག་བྱེད་སྒོ་སོགས་འོས་མིན་གྱི་ཚོགས་རར་བེད་སྤྱོད་བྱེད་མི་རུང་བ། སྤྱི་པའི་ཚོགས་རར་རྒྱབ་ལྗོངས་ཀྱི་རོལ་དབྱངས་སུ་བྱས་ནས་བེད་སྤྱོད་བྱེད་མི་རུང་བ་སོགས་སོ།།

9. 侮辱中华人民共和国国歌的，应当承担什么责任？

༩.ཀྲུང་ཧྭ་མི་དམངས་སྤྱི་མཐུན་རྒྱལ་ཁབ་ཀྱི་རྒྱལ་གླུར་སྨད་འདོགས་བྱས་ཚེ། འགན་འཁྲི་གང་ཞིག་འཁུར་དགོས་སམ།

在公共场合,故意篡改国歌歌词、曲谱,以歪曲、贬损方式奏唱国歌，或者以其他方式侮辱国歌的，由公安机关处以警告或者十五日以下拘留；构成犯罪的，依法追究刑事责任。

དེའང་སྤྱི་པའི་ཚོགས་རར་ཁང་བཙུགས་ནས་རྒྱལ་གླུའི་གཞས་ཚིག་ལ་བཟོ་བཅོས་དང་གཞས་གདངས་གསར་བཟོ། དེ་བཞིན་གཞས་གདངས་འཁྱོག་བཅོས་དང་དམའ་འབེབས་ཀྱི་རྣམ་པའི་ཐོག་ནས་རྒྱལ་གླུ་དཀྲོལ་གཏོང་དང་། ཡང་ན་རྣམ་པ་གཞན་དག་ཐོག་ནས་རྒྱལ་གླུར་སྨད་འདོགས་བྱས་ཚེ་སྤྱི་བདེ་ལས་ཁུངས་ནས་ཐ་ཚིག་གཏོང་བའམ་ཡང་ན་ཉིན་བཅོ་ལྔ་མན་བཀག་འཛུག་བྱ་རྒྱུ་དང་། ཉེས་གསོག་གི་ཚད་ལ་སླེབས་ཡོད་ཚེ་ཉེས་དོན་འགན་འཁྲི་ཐད་གཅོད་བྱ་རྒྱུ་རེད།

四、民法典

བཞི་པ། དམངས་དོན་ཁྲིམས་གཞུང་།

1.《中华人民共和国民法典》颁布的时间及意义？

༡.《ཀྲུང་ཧྭ་མི་དམངས་སྤྱི་མཐུན་རྒྱལ་ཁབ་ཀྱི་དམངས་དོན་ཁྲིམས་གཞུང་》ཡོངས་བསྒྲགས་བྱས་པའི་དུས་ཚོད་དང་དེའི་དོན་སྙིང་གང་ཡིན་ནམ།

《中华人民共和国民法典》由中华人民共和国第十三届全国人民大会第三次会议于2020年5月28日通过，自2021年1月1日起实行。民法典是新中国第一部以“典”命名的法律，关于民法典的定位，习近平总书记指出，“民法典在中国特色社会主义法律体系中具有重要地位，是一部固根本、稳预期、利长远的基础性法律”。民法典颁布的重要意义体现在坚持和完善中国特色社会主义制度的现实需要，是推进全面依法治国，推进国家治理体系和治理能力现代化的一个重大举措，让社会主义核心价值观通过法治建设更加深入人心。

《ཀྲུང་ཧྭ་མི་དམངས་སྤྱི་མཐུན་རྒྱལ་ཁབ་ཀྱི་དམངས་དོན་ཁྲིམས་གཞུང་》ནི་ཀྲུང་ཧྭ་མི་དམངས་སྤྱི་མཐུན་རྒྱལ་ཁབ་ཀྱི་སྐབས་བཅུ་གསུམ་པའི་རྒྱལ་ཡོངས་མི་དམངས་འཐུས་མི་ཚོགས་ཆེན་ཐེངས་གསུམ་པའི་ཐོག་སྟེ། སྤྱི་ལོ་༢༠༢༠ལོའི་ཟླ་༥པའི་ཚེས་༢༨ཉིན་གྲོས་འཆམ་བྱུང་བ་དང་། སྤྱི་ལོ་༢༠༢༡ལོའི་ཟླ་༡ཚེས་༡ཉིན་ནས་བཟུང་ལག་བསྟར་བྱེད་འགོ་ཚུགས་ཡོད། དམངས་དོན་ཁྲིམས་གཞུང་ནི་ཀྲུང་གོ་གསར་པའི་མིང་དུ“གཞུང་”ཞེས་ཐོགས་པའི་ཁྲིམས་གཞུང་ཨང་དང་པོ་དེ་ཡིན། དམངས་དོན་ཁྲིམས་གཞུང་གི་གོ་བབ་སྐོར་ལ་སྤྱི་ཁྱབ་ཧྲུའུ་ཅི་ཞི་ཅིན་ཕིང་གིས“དམངས་དོན་ཁྲིམས་གཞུང་གིས་ཀྲུང་གོའི་ཁྱད་ཆོས་ལྡན་པའི་སྤྱི་ཚོགས་རིང་ལུགས་ཀྱི་བཅའ་ཁྲིམས་མ་ལག་ཁྲོད་གནས་བབ་གལ་ཆེན་བཟུང་ཡོད་ཅིང་། དེ་ནི་འབྱུང་རྩ་སྲ་ལ་སྟོན་དཔག་བརྟན་པ། ཕུགས་ལ་ཕན་པ་བཅས་རྨང་གཞིའི་རང་བཞིན་གྱི་བཅའ་ཁྲིམས་ཤིག་ཡིན”ཞེས་བསྟན་ཡོད། དམངས་དོན་ཁྲིམས་གཞུང་ཡོངས་བསྒྲགས་བྱས་པའི་གལ་ཆེའི་དོན་སྙིང་ནི་ཀྲུང་གོའི་ཁྱད་ཆོས་ལྡན་པའི་སྤྱི་ཚོགས་རིང་ལུགས་ཀྱི་ལམ་ལུགས་རྒྱུན་འཛིན་དང་འཕྲུལ་ཚང་དུ་བཏང་བའི་དོན་དངོས་ཀྱི་དགོས་མཁོའི་ཐོག་ནས་མངོན་གྱི་ཡོད་ཅིང་། དེའང་ཁྱོན་ཡོངས་ནས་ཁྲིམས་ལྟར་རྒྱལ་ཁབ་སྐྱོང་རྒྱུར་སྐུལ་འདེད་དང་རྒྱལ་ཁབ་ཀྱི་བཅོས་སྐྱོང་མ་ལག་དང་བཅོས་སྐྱོང་ནུས་པ་དེང་

རབས་ཅན་དུ་འགྱུར་བ་བྱེད་པའི་བྱ་སྤྱོད་གལ་ཆེན་ཞིག་ཡིན་པས་སྤྱི་ཚོགས་རིང་ལུགས་ཀྱི་ལྟེ་བའི་རིན་ཐང་ལྟ་བ་དག་ཁྲིམས་སྐྱོང་འཛུགས་སྐྱོང་བརྒྱུད་མི་རྣམས་ཀྱི་སེམས་ལ་གཏིང་ཟབ་ཟུག་རྒྱུ་རེད།

2.《中华人民共和国民法典》的立法目的是什么？

༢.《ཀྲུང་ཧྭ་མི་དམངས་སྤྱི་མཐུན་རྒྱལ་ཁབ་ཀྱི་དམངས་དོན་ཁྲིམས་གཞུང་》འཛུགས་པའི་དམིགས་ཡུལ་གང་ཡིན་ནམ།

为了保护民事主体的合法权益，调整民事关系，维护社会和经济秩序，适应中国特色社会主义发展要求，弘扬社会主义核心价值观。

དེའང་དམངས་དོན་བྱེད་པོའི་ཁྲིམས་མཐུན་ཁེ་དབང་སྲུང་སྐྱོང་དང་དམངས་དོན་འབྲེལ་བ་སྙོམས་སྒྲིག སྤྱི་ཚོགས་དང་དཔལ་འབྱོར་སྒྲིག་ལམ་སྲུང་སྐྱོང་། དེ་བཞིན་ཀྲུང་གོའི་ཁྱད་ཆོས་ལྡན་པའི་སྤྱི་ཚོགས་རིང་ལུགས་གོང་འཕེལ་གྱི་དགོས་མཁོ་དང་འཚམ་པ། སྤྱི་ཚོགས་རིང་ལུགས་ཀྱི་ལྟེ་བའི་རིན་ཐང་ལྟ་བ་དར་སྤེལ་གཏོང་རྒྱུ་བཅས་ཀྱི་ཆེད་དུ་གཏན་འབེབས་བྱས་པ་ཞིག་ཡིན།

3.《中华人民共和国民法典》与我们有什么关系？

༣.《ཀྲུང་ཧྭ་མི་དམངས་སྤྱི་མཐུན་རྒྱལ་ཁབ་ཀྱི་དམངས་དོན་ཁྲིམས་གཞུང་》དེ་ཉིད་ང་ཚོ་དང་འབྲེལ་བ་གང་ཡོད་དམ།

《中华人民共和国民法典》被誉为“社会生活的百科全书”和“保障民事权利的宣言书”，分为总则、物权、合同、人格权、婚姻家庭、继承、侵权责任七编和附则，共84章、1260条，是迄今为止我国条文数最多的一部法律。它不仅在我国法治进程中具有划时代的历史意义，而且真正照顾到人们日常生活的方方面面。从生老病死到衣食住行，从婚姻家庭到生产生活，从物权、继承，到合同、侵权责任……可谓包罗社会万象，与每个人息息相关。

《ཀྲུང་ཧྭ་མི་དམངས་སྤྱི་མཐུན་རྒྱལ་ཁབ་ཀྱི་དམངས་དོན་ཁྲིམས་གཞུང་》ལ་"སྤྱི་ཚོགས་འཚོ་བའི་ཤེས་བྱ་ཀུན་བཏུས"དང་། "དམངས་དོན་ཁེ་དབང་འགན་སྲུང་བྱེད་པའི་བསྒྲགས་གཏམ་ཡི་གེ"ཞེས་འབོད་ཅིང་། དེར་སྤྱིའི་རྩ་དོན་དང་དངོས་དབང་། གན་རྒྱ། མི་གཞིའི་དབང་ཆ། གཉེན་སྒྲིག་གི་ཁྱིམ་ཚང་། རྒྱུན་འཛིན། ཤུལ་ནོར་དབང་གནོད་འགན་འཁྲི་བཅས་ལེ་ཚན་བདུན་དང་ཞར་བྱུང་དོན་ཚན་བཅས་སུ་དབྱེ་བ་དང་། དེར་ཁྲོན་ལེའུ་༡༠དང་དོན་ཚན་༡༢༦༠ཡོད་པས་ད་བར་རང་རྒྱལ་གྱི་དོན་ཚན་འབོར་གྲངས་མང་ཤོས་ཀྱི་བཅའ་ཁྲིམས་ཤིག་ཡིན། དེར་རང་རྒྱལ་གྱི་ཁྲིམས་སྐྱོང་འཕེལ་རིམ་ཁྲོད་དུས་རབས་དབྱེ་བའི་ལོ་རྒྱུས་ཀྱི་དོན་སྙིང་ལྡན་པ་མ་ཟད། དོན་དམ་པའི་ཐོག་ནས་མི་རྣམས་ཀྱི་རྒྱུན་གཏན་འཚོ་བའི་ཕྱོགས་གང་སར་ལྟ་རྟོག་བྱས་ཡོད། སྐྱེ་ཀ་ན་འཆི་ནས་ཟས་གོས་འགྲོ་སོང་བར་དང་། གཉེན་སྒྲིག་གི་ཁྱིམ་ཚང་ནས་ཐོན་སྐྱེད་འཚོ་བའི་བར། དངོས་དབང་དང་རྒྱུན་འཛིན་ནས་གན་རྒྱ་དང་དབང་གནོད་འགན་འཁྲིའི་བར་བཅས་སྤྱི་ཚོགས་ཀྱི་སྣང་ཚུལ་སྣ་ཚོགས་ཚུད་ཡོད་པས་མི་མི་རེ་ངོ་རེ་དང་འབྲེལ་བ་ཆེན་པོ་ཡོད།

4.《中华人民共和国民法典》中的平等原则指什么？

༤.《ཀྲུང་ཧྭ་མི་དམངས་སྤྱི་མཐུན་རྒྱལ་ཁབ་ཀྱི་དམངས་དོན་ཁྲིམས་གཞུང་》ནང་འདྲ་མཉམ་གྱི་རྩ་དོན་ཞེས་པ་དེ་གང་ལ་ཟེར་རམ།

民事主体在民事活动中的法律地位一律平等。

དམངས་དོན་བྱེད་པོས་དམངས་དོན་བྱེད་སྒོའི་ནང་བཟུང་བའི་བཅའ་ཁྲིམས་ཀྱི་གོ་གནས་ཚང་མ་འདྲ་མཉམ་ཡིན་པ།

自然人的民事权利能力一律平等。

རང་བྱུང་མིའི་དམངས་དོན་ཁེ་དབང་གི་ནུས་པ་ཚང་མ་འདྲ་མཉམ་ཡིན་པ།

民事主体的财产权利受法律平等保护。

དམངས་དོན་བྱེད་པོའི་རྒྱུ་ནོར་དབང་ཆར་བཅའ་ཁྲིམས་ཀྱི་སྲུང་སྐྱོང་ཐོབ་པ།

夫妻在婚姻家庭中地位平等。

བཟའ་ཚང་གཉིས་གཉེན་སྒྲིག་གི་ཁྱིམ་ཚང་ནང་གོ་བབ་འདྲ་མཉམ་ཡིན་པ།

继承权男女平等。

རྒྱུན་འཛིན་བྱེད་དབང་ཐད་ཕོ་མོ་འདྲ་མཉམ་ཡིན་པ་བཅས་ལ་ཟེར།

5.《中华人民共和国民法典》中的诚信原则指什么？

༥.《ཀྲུང་ཧྭ་མི་དམངས་སྤྱི་མཐུན་རྒྱལ་ཁབ་ཀྱི་དམངས་དོན་ཁྲིམས་གཞུང་》ནང་གི་ཡིད་རྟོན་གྱི་རྩ་དོན་ཞེས་པ་གང་ལ་ཟེར་རམ།

《中华人民共和国民法典》第七条规定，民事主体从事民事活动，应当遵循诚信原则，秉持诚实，恪守承诺。第五百条规定，当事人在订立合同过程中有下列情形之一，造成对方损失的，应当承担赔偿责任：（1）假借订立合同，恶意进行磋商；（2）故意隐瞒与订立合同有关的重要事实或者提供虚假情况；（3）有其他违背诚信原则的行为。第五百零九条规定：当事人应当遵循诚信原则，根据合同的性质、目的和交易习惯履行通知、协助、保密等义务。

དེའང་《ཀྲུང་ཧྭ་མི་དམངས་སྤྱི་མཐུན་རྒྱལ་ཁབ་ཀྱི་དམངས་དོན་ཁྲིམས་གཞུང་》གི་དོན་ཚན་བདུན་པའི་ནང་། དམངས་དོན་བྱེད་པོས་དམངས་དོན་བྱེད་སྒོ་སྤེལ་སྐབས་ཡིད་རྟོན་གྱི་རྩ་དོན་ལ་བརྩི་སྲུང་བྱས་ཐོག གཞུང་དྲང་དང་ཁས་ལེན་ལག་བསྟར་བྱ་དགོས་པ་གཏན་འབེབས་བྱས་ཡོད་པ་དང་། དོན་ཚན་ཡང་ལྔ་བརྒྱའི་ནང་དོ་བདག་གིས་གན་རྒྱ་འཛོག་པའི་བརྒྱུད་རིམ་ནང་གཤམ་གསལ་གྱི་གནས་ཚུལ་རིགས་བྱུང་ནས་ཕ་རོལ་ལ་གྱོང་གུན་བཟོས་ཚེ་གྱོང་གུན་གསབ་སྤྲོད་ཀྱི་འགན་འཁྲི་འཁུར་དགོས་པ་དེའང་（༡）གན་རྒྱ་འཛོག་པར་ཁ་གཡར་ནས་རྐང་བཙུགས་ཏེ་གྲོས་བསྡུར་བྱས་པ། （༢）གན་རྒྱ་འཛོག་རྒྱུ་དང་འབྲེལ་བ་ཡོད་པའི་དོན་དངོས་གལ་ཆེན་རྐང་བཙུགས་ནས་གསང་བ་བྱས་པའམ་ཡང་ན་གནས་ཚུལ་རྫུན་མ་མགོ་འདོན་བྱས་པ། （༣）ཡིད་རྟོན་གྱི་རྩ་དོན་ལས་འགལ་བའི་བྱ་སྤྱོད་གཞན་དག་ཡོད་པ་བཅས་ཡིན། དོན་ཚན་ཡང་ལྔ་བརྒྱ་བཅུ་མེད་དགུའི་ནང་། དོ་བདག་གིས་ཡིད་རྟོན་འཕེར་བའི་རྩ་དོན་བརྩི་སྲུང་བྱེད་དགོས་ཤིང་། གན་རྒྱའི་ངོ་བོ་དང་དམིགས་ཡུལ། ཉོ་ཚོང་གི་གོམས་སྲོལ་བཅས་དང་བསྟུན་ནས་བརྡ་གཏོང་བ་དང་། རམ་འདེགས་བྱེད་པ། གསང་དོན་སྲུང་བ་སོགས་ཀྱི་འོས་འགན་སྒྲུབ་དགོས་པ་གཏན་འབེབས་བྱས་ཡོད།

6.《中华人民共和国民法典》中的守法与公序良俗原则指什么？

༦.《ཀྲུང་ཧྭ་མི་དམངས་སྤྱི་མཐུན་རྒྱལ་ཁབ་ཀྱི་དམངས་དོན་ཁྲིམས་གཞུང་》ནང་གི་ཁྲིམས་སྲུང་དང་སྤྱི་སྒྲིག་སྲོལ་བཟང་གི་རྩ་དོན་ཞེས་པ་གང་ལ་ཟེར་རམ།

民事主体从事民事活动，不得违反法律，不得违背公序良俗。

དམངས་དོན་བྱེད་པོས་དམངས་དོན་བྱེད་སྒོ་སྤེལ་སྐབས་བཅའ་ཁྲིམས་ལས་འགལ་མི་ཉན་པ་དང་སྤྱི་པའི་སྒྲིག་སྲོལ་བཟང་པོ་ལས་འགལ་མི་ཉན་པ།

违反法律、行政法规的强制性规定的民事法律行为无效。但是，该强制性规定不导致该民事法律行为无效的除外。

བཅའ་ཁྲིམས་དང་སྲིད་འཛིན་ཁྲིམས་སྲོལ་ལས་འགལ་ཏེ་བཙན་ཐབས་རང་བཞིན་གྱིས་གཏན་འབེབས་བྱས་པའི་དམངས་དོན་ཁྲིམས་ལུགས་ཡོད་རིགས་གོ་ཆོད་དུ་མེད། འོན་ཀྱང་བཙན་ཐབས་རང་བཞིན་གྱི་གཏན་འབེབས་དེ་རིགས་ཀྱིས་དམངས་དོན་བཅའ་ཁྲིམས་དེར་ནུས་པ་མི་ཐོན་པའི་རིགས་འདིའི་ཁོངས་སུ་ཚུད་མེད།

违背公序良俗的民事法律行为无效。

སྤྱི་སྒྲིག་སྲོལ་བཟང་དང་འགལ་བའི་དམངས་དོན་བཅའ་ཁྲིམས་ཀྱི་རིགས་གོ་ཆོད་དུ་མེད།

7.《中华人民共和国民法典》中的绿色原则指什么？

༧.《ཀྲུང་ཧྭ་མི་དམངས་སྤྱི་མཐུན་རྒྱལ་ཁབ་ཀྱི་དམངས་དོན་ཁྲིམས་གཞུང་》ནང་གི་ལྗང་མདོག་རྩ་དོན་ཞེས་པ་གང་ལ་ཟེར་རམ།

民事主体从事民事活动，应当有利于节约资源、保护生态环境。

དམངས་དོན་བྱེད་པོས་དམངས་དོན་བྱེད་སྒོ་སྤེལ་སྐབས་ཐོན་ཁུངས་གྲོན་ཆུང་དང་ཁོར་ཡུག་སྲུང་སྐྱོང་ལ་ཕན་ཐོགས་ཡོད་པ་བྱ་དགོས།

不动产权利人不得违反国家规定弃置固体废物，排放大气污染物、水污染物、土壤污染物、噪声、光辐射、电磁辐射等有害物质。

བརྟན་ནོར་ཐད་བདག་དབང་ཡོད་མཁན་གྱིས་རྒྱལ་ཁབ་ཀྱི་གཏན་འབེབས་ལས་འགལ་ཏེ་སྲ་གཟུགས་ཟོག་རོ་བསྐྱུར་འཛུག་དང་རླུང་ཁམས་ལ་སྦགས་བཙོག་དང་ཆུ་ལ་སྦགས་བཙོག་ས་རྒྱུར་སྦགས་བཙོག་བཟོ་བའི་དངོས་པོ་འབུད་བཤངས་བྱེད་མི་ཆོག་པ་དང་། འཛེར་སྐད་དང་འོད་རླབས་འཕྲོ་གྱེས། གློག་རླབས་འཕྲོ་གྱེས་སོགས་གནོད་ཡོད་རིགས་འབུད་མི་ཆོག་པ།

当事人在履行合同过程中，应当避免浪费资源、污染环境和破坏生态。

དོ་བདག་གིས་གན་རྒྱ་ལག་བསྟར་བྱེད་པའི་བརྒྱུད་རིམ་ནང་ཐོན་ཁུངས་འཕྲོ་བརླག་མི་འགྲོ་བ་དང་ཁོར་ཡུག་ལ་སྦགས་བཙོག་མི་བཟོ་བ། སྐྱེ་ཁམས་ལ་གནོད་སྐྱོན་མི་ཐེབ་པ་བྱེད་དགོས།

侵权人违反法律规定故意污染环境、破坏生态造成严重后果的，被侵权人有权请求相应的惩罚性赔偿。

དབང་ཆར་གནོད་སྐྱོན་བཟོ་མཁན་གྱིས་བཅའ་ཁྲིམས་ཀྱི་གཏན་འབེབས་ལས་འགལ་ཏེ་ཧང་བཙུགས་ནས་ཁོར་ཡུག་ལ་སྦགས་བཙོག་བཟོས་པ་དང་སྐྱེ་ཁམས་ལ་གཏོར་བཤིག་བཏང་སྟེ་མཇུག་འབྲས་ཚབས་ཆེན་བཟོས་ཚེ། གནོད་སྐྱོན་ཕོག་ཡུལ་གྱིས་འོས་འཚམ་གྱི་ཆད་གཅོད་དང་གུན་གསབ་སྤྲོད་པའི་རེ་ཞུ་བྱེད་དབང་ཡོད།

8.《中华人民共和国民法典》主要有哪些新增亮点和变化？

༨.《ཀྲུང་ཧྭ་མི་དམངས་སྤྱི་མཐུན་རྒྱལ་ཁབ་ཀྱི་དམངས་དོན་ཁྲིམས་གཞུང་》ནང་བསྟན་པའི་གནད་ཆེ་བ་དང་འགྱུར་ལྡོག་གསར་པ་གཙོ་བོ་གང་དག་ཡོད་དམ།

（1）见义勇为免责

因保护他人民事权益使自己受到损害的，由侵权人承担民事责任，受益人可以给予适当补偿。没有侵权人、侵权人逃逸或者无力承担民事责任，受害人请求补偿的，受益人应当给予适当补偿。因自愿实施紧急救助行为造成受助人损害的，救助人不承担民事责任。

（༡）བདེན་པའི་རྒྱབ་ལྡངས་ལ་འགན་འཁྲི་མེད་པ།

དེ་འདང་མི་གཞན་གྱི་དམངས་དོན་ཁེ་དབང་སྲུང་སྐྱོང་བྱ་ཕྱིར་རང་ཉིད་ལ་གནོད་སྐྱོན་ཕོག་ཚེ། དབང་གནོད་གཏོང་མཁན་གྱིས་དམངས་དོན་འགན་འཁྲི་འཁུར་དགོས་པ་དང་། ཁེ་ཕན་ཐོབ་མཁན་གྱིས་ཀྱང་གསབ་འོས་འཚམ་སྤྲོད་དགོས་པ། དབང་གནོད་གཏོང་མཁན་མཐོང་དུ་མེད་པ་དང་བྲོས་བྱོལ་ལ་སོང་བའམ་ཡང་ན་དམངས་དོན་འགན་འཁྲི་འཁུར་ནུས་མེད་དུས། གནོད་སྐྱོན་ཕོག་མཁན་གྱིས་གུན་གསབ་རེ་བ་བཏོན་ན། ཁེ་ཕན་ཐོབ་མཁན་གྱིས་གུན་གསབ་འོས་འཚམ་སྤྲོད་དགོས། རང་མོས་ངང་ཁ་ཚ་དགོས་གཏུག་གི་རོགས་སྐྱོར་བྱས་ཏེ་རོགས་སྐྱོར་བྱ་ཡུལ་ལ་གནོད་འཚེ་བཟོས་ཚེ། རོགས་སྐྱོར་བྱེད་མཁན་གྱིས་དམངས་དོན་འགན་འཁྲི་འཁུར་མི་དགོས།

（2）小区共有场所收入归业主

建设单位、物业服务企业或者其他管理人等利用业主的共有部分产生的收入，在扣除合理成本之后，属于业主共有。

（༢）སྡེ་ཁུལ་གྱི་ཐུན་མོང་ལ་དབང་བའི་ས་ཆ་དང་ཚོགས་རའི་ཡོང་འབབ་རྣམས་སྡེ་བདག་ལ་ཐོབ་པ།

དེའང་འཛུགས་སྐྲུན་ཚན་པ་དང་སྡེ་ལས་ཞབས་ཞུའི་ཁེ་ལས་སམ་ཡང་ན་དོ་དམ་བྱེད་མི་གཞན་དག་སོགས་ཀྱིས་སྡེ་བདག་གི་ཐུན་མོང་ཆ་ནས་བྱུང་བའི་ཡོང་འབབ་ལས་ལུགས་མཐུན་མ་གནས་འཛིན་གཙོག་བྱས་རྗེས་དེ་བྱིངས་ཚང་མ་སྡེ་བདག་ཐུན་མོང་ལ་དབང་བ་ཡིན།

（3）禁止高利放贷

禁止高利放贷，借款的利率不得违反国家有关规定。借款合同对支付利息没有约定的，视为没有利息。借款合同对支付利息约定不明确，当事人不能达成补充协议的，按照当地或者当事人的交易方式、交易习惯、市场利率等因素确定利息；自然人之间借款的，视为没有利息。

（༣）སྐྱེད་ཀ་མཐོ་བའི་དངུལ་བུན་བཏང་མི་ཆོག་པ།

དེའང་སྐྱེད་ཀ་མཐོ་བའི་དངུལ་བུན་བཏང་མི་ཆོག་པ་དང་། དངུལ་བུན་གྱི་སྐྱེད་ཀའི་ཚད་གཞི་རྒྱལ་ཁབ་ཀྱི་འབྲེལ་ཡོད་གཏན་འབེབས་ལས་འགལ་མི་རུང་། དངུལ་གཡར་གན་རྒྱའི་ནང་སྐྱེད་ཀ་འཇལ་རྒྱུའི་ཐད་ཁ་དན་མེད་ཚེ། སྐྱེད་ཀ་མེད་པར་བརྩི་རྒྱུ་ཡིན། དངུལ་གཡར་གན་རྒྱའི་ནང་སྐྱེད་ཀ་འཇལ་ ་རྒྱུའི་ཐད་ཁ་དན་གསལ་པོ་མེད་ཚེ། དོ་བདག་གིས་ཁ་གསབ་གྲོས་མཐུན་བཞག་མི་ཐུབ་པར་ས་གནས་དེ་གའམ་ཡང་ན་དོ་བདག་གི་བརྗེ་ཚོང་བྱ་ཐབས་དང་བརྗེ་ཚོང་གོམས་གཤིས། ཁྲོམ་རའི་སྐྱེད་ཚད་སོགས་རྒྱུ་རྐྱེན་ལ་གཞིགས་ཏེ་སྐྱེད་ཀ་གཏན་འཁེལ་བྱེད་དགོས། རང་བྱུང་མིའི་དབར་དངུལ་བུན་གཏོང་རེས་བྱས་ན་སྐྱེད་ཀ་མེད་པར་བརྩི་བ་ཡིན།

（4）界定夫妻共同债务

夫妻双方共同签字或者夫妻一方事后追认等共同意思表示所负的债务，以及夫妻一方在婚姻关系存续期间以个人名义为家庭日常生活需要所负的债务，属于夫妻共同债务。

（༤）བཟའ་ཚང་ཐུན་མོང་གི་བུ་ལོན་དབྱེ་མཚམས།

དེའང་བཟའ་ཚང་གཉིས་ཀས་མཉམ་དུ་མཆན་འགོད་བྱས་པའམ་ཡང་ན་བཟའ་ཚང་ཕྱོགས་གཅིག་གིས་གནས་ཚུལ་ཐོན་པའི་རྗེས་སུ་ཁས་བླངས་པ་སོགས་ཐུན་མོང་ནས་འཇལ་རྒྱུའི་རྣམ་པ་བསྟན་པའི་བུ་ལོན་དང་། དེ་བཞིན་བཟའ་ཚང་ཕྱོགས་གཅིག་གིས་གཉེན་སྒྲིག་འབྲེལ་བ་གནས་ཡུན་ཡིན་པའི་སྐབས་སུ་རང་སྐེར་གྱི་མིང་ཐོག་ནས་ཁྱིམ་ཚང་དེ་གའི་རྣམ་ཀུན་འཚོ་བའི་དགོས་མཁོར་བརྟེན་ནས་གཡར་བའི་བུ་ལོན་ནི་བཟའ་ཚང་གཉིས་ནས་མཉམ་དུ་འཇལ་དགོས།

夫妻一方在婚姻关系存续期间以个人名义超出家庭日常生活需要所负的债务，不属于夫妻共同债务；但是，债权人能够证明该债务用于夫妻共同生活、共同生产经营或者基于夫妻双方共同意思表示的除外。

བཟའ་ཚང་ཕྱོགས་གཅིག་གིས་གཉེན་སྒྲིག་གི་འབྲེལ་བ་གནས་ཡུན་སྐབས་སུ་རང་སྐེར་གྱི་མིང་ཐོག་ནས་ཁྱིམ་ཚང་གི་རྣམ་ཀུན་འཚོ་བའི་དགོས་མཁོ་ལས་བརྒལ་ཏེ་གཡར་བའི་བུ་ལོན་ནི་བཟའ་ཚང་ཐུན་མོང་གི་བུ་ལོན་དུ་བརྩི་མི་རུང་། འོན་ཀྱང་བུན་བདག་གིས་བུ་ལོན་དེ་བཟའ་ཚང་ཐུན་མོང་གི་འཚོ་བ་དང་ཐུན་མོང་གི་ཐོན་སྐྱེད་ཁེ་གཉེར་རམ་ཡང་ན་བཟའ་ཚང་ཐུན་མོང་གི་བསམ་ཚུལ་བཅས་ཀྱི་ཆེད་དུ་བེད་སྤྱོད་བྱས་པ་ར་སྤྲོད་བྱེད་ཐུབ་ན་བུ་ལོན་དེ་བཟའ་ཚང་ཐུན་མོང་གིས་འཇལ་དགོས་པ་ཡིན།

（5）设立离婚冷静期

自婚姻登记机关收到离婚登记申请之日起三十日内，任何一方不愿意离婚的，可以向婚姻登记机关撤回离婚登记申请。前款规定期限届满后三十日内，双方应当亲自到婚姻登记机关申请发给离婚证；未申请的，视为撤回离婚登记申请。

（༥）གཉེན་འབྲོར་བསམ་གཞིག་དུས་བཀག

དེའང་གཉེན་སྒྲིག་ཐོ་འགོད་ལས་ཁུངས་ལ་བཟའ་ཚང་ཁ་བྲལ་གྱི་ཐོ་འགོད་རེ་ཞུ་འབྱོར་བ་ནས་བཟུང་ཉིན་སུམ་ཅུའི་ནང་ཁ་འབྲལ་འདོད་མེད་པའི་ཕྱོགས་གང་རུང་ཞིག་གིས་གཉེན་སྒྲིག

ཐོ་འགོད་ལས་ཁུངས་ནས་བཟའ་ཚང་ཁ་བྲལ་གྱི་ཐོ་འགོད་རེ་ཞུ་ཕྱིར་འཐེན་བྱས་ཆོག དོན་ཚན་གོང་མའི་གཏན་འབེབས་དུས་བཀག་ཡོལ་ནས་ཉིན་སུམ་ཅུ་སོང་ན་བཟའ་ཚང་གཉིས་ཀ་དངོས་སུ་གཉེན་སྒྲིག་ཐོ་འགོད་ལས་ཁུངས་ལ་བཟའ་ཚང་ཁ་བྲལ་གྱི་ལག་ཁྱེར་སྤྲོད་རྒྱུའི་རེ་ཞུ་བྱེད་པར་ཡོང་དགོས། རེ་ཞུ་མ་བྱས་ཚེ་བཟའ་ཚང་ཁ་བྲལ་གྱི་ཐོ་འགོད་རེ་ཞུ་རང་ཤུགས་ཀྱིས་ཕྱིར་འཐེན་བྱས་པར་བརྩི་བ་ཡིན།

（6）侄子、外甥也可以继承财产

将代位继承扩大至被继承人的兄弟姐妹先于被继承人死亡的情形，使得被继承人的侄、甥获得第二顺位法定继承人资格，突破了原先晚辈直系血亲的限制。

（༦）ཕོ་རྒྱུད་ཚ་བོ་དང་མོ་རྒྱུད་ཚ་བོས་ཀྱང་ཤུལ་ནོར་རྒྱུན་འཛིན་བྱས་ཆོག་པ།

དེའང་ཚབ་བྱེད་རྒྱུན་འཛིན་བྱེད་སྟངས་རྒྱ་ཆེར་བཏང་བ་སྟེ། ཤུལ་ནོར་བདག་པོའི་གཅེན་གཅུང་མིང་སྲིང་སྔོན་ནས་གྲོངས་པ་ཡིན་ཚེ་ཤུལ་ནོར་བདག་པོའི་ཕོ་རྒྱུད་ཚ་བོ་དང་མོ་རྒྱུད་ཚ་བོར་ཤུལ་ནོར་རྒྱུན་འཛིན་པ་ཨང་གཉིས་པའི་ཐོབ་ཐང་ཡོད་ཅིང་། དེ་སྔའི་མི་རབས་རྗེས་མའི་ཐད་ཀའི་སྤུན་མཆེད་ཀྱི་ཚད་བཀག་ལས་བརྒལ་ཡོད།

（7）增加遗嘱形式

打印遗嘱应当有两个以上见证人在场见证。遗嘱人和见证人应当在遗嘱每一页签名，注明年、月、日。

（༧）ཁ་ཆེམས་འཇོག་སྟངས་ཁ་སྣོན་བྱས་པ།

ཁ་ཆེམས་པར་དུ་འདེབས་སྐབས་གཞོགས་ལ་དཔང་མི་གཉིས་ཡན་ཡོད་དགོས། ཁ་ཆེམས་འཇོག་མཁན་དང་དཔང་མི་གཉིས་ཀ་ནས་ཁ་ཆེམས་ཡི་གེའི་ཤོག་ལྷེ་ཚང་མའི་ཐོག་མིང་རྟགས་འགོད་པ་དང་མིང་རྟགས་འགོད་པའི་ལོ་དང་ཟླ་བ། ཚེས་པ་བཅས་དུས་ཚོད་གསལ་པོ་འབྲི་དགོས།

（8）守护“头顶上的安全”

禁止高空抛物。从建筑物中抛掷物品或者从建筑物上坠落的物品造成他人损害的，由侵权人依法承担侵权责任；经调查难以确定具体侵权人的，除能够证明自己不是侵权人的外，由可能加害的建筑物使用人给予补偿。可能加害的建筑物使用人补偿后，有权向侵权人追偿。

（༨）“མགོ་ཐོག་གི་བདེ་འཇགས”སྲུང་སྐྱོབ་བྱ་ཐབས།

དེའང་མཐོ་ས་ནས་དངོས་པོ་གཡུག་མི་རུང་བ་སྟེ། ཁང་ཁྱིམ་སོགས་མཐོ་ས་ནས་དངོས་པོ་དབྱུག་པའམ་ཡང་ན་ཁང་ཁྱིམ་སོགས་མཐོ་ས་ནས་དངོས་པོ་ལྷུང་སྟེ་མི་གཞན་ལ་གནོད་འཚེ་བཟོས་ཚེ། དབང་གནོད་གཏོང་མཁན་གྱིས་ཁྲིམས་ལྟར་དབང་གནོད་འགན་འཁྲི་འཁུར་དགོས། བརྟག་དཔྱད་བྱས་ཀྱང་དབང་གནོད་གཏོང་མཁན་ཡང་སྐྱིང་སུ་ཡིན་མི་ཤེས་པ་དང་། རང་ཉིད་དབང་གནོད་གཏོང་མཁན་མིན་པ་ར་སྤྲོད་བྱེད་ཐུབ་པ་ფུད། གནོད་སྐྱོན་བཟོ་སྲིད་པའི་ཁང་ཁྱིམ་སོགས་བེད་སྤྱོད་བྱེད་མཁན་ནས་ཁ་གསབ་སྤྲོད་དགོས། གནོད་སྐྱོན་བཟོ་སྲིད་པའི་ཁང་ཁྱིམ་སོགས་བེད་སྤྱོད་བྱེད་མཁན་གྱིས་གུན་གསབ་སྤྲད་རྗེས་སླར་དབང་གནོད་གཏོང་མཁན་ཕྱོགས་ནས་གུན་གསབ་ཀྱི་སྐྱིན་པ་ལེན་དབང་ཡོད།

（9）肖像权侵权不再看“是否以营利为目的了”

任何组织或者个人不得以丑化、污损，或者利用信息技术手段伪造等方式侵害他人的肖像权。未经肖像权人同意，不得制作、使用、公开肖像权人的肖像，但是法律另有规定的除外。

（༩）འདྲ་བརྙན་ཁེ་དབང་གི་དབང་གནོད་ཐད་ཕྱིས་འབྱུང་“ཁེ་ཕོགས་དམིགས་ཡུལ་དུ་འཛིན་པ་ཡིན་མིན”ལ་མི་བལྟ་བ།

དེའང་རྩ་འཛུགས་སམ་མི་སྒེར་གང་འདྲ་ཞིག་ཡིན་རུང་། དམའ་འབེབས་དང་བཙོག་སྐྱོན་བཏང་བ། ཡང་ན་ཆ་འཕྲིན་ལག་རྩལ་གྱི་ཐབས་ལ་བརྟེན་ནས་རྫུན་བཟོ་སོགས་བྱས་ཏེ་མི་གཞན་གྱི་འདྲ་བརྙན་ཁེ་དབང་ལ་གནོད་སྐྱོན་གཏོང་མི་ཆོག བཅའ་ཁྲིམས་ཀྱི་གཏན་འབེབས་ནང་ཚུད་པ་ཕུད། འདྲ་བརྙན་བདག་པོའི་མོས་མཐུན་མ་ཐོབ་པར་འདྲ་བརྙན་བཟོ་བཞེངས་དང་བེད་སྤྱོད། ཡོངས་བསྒྲགས་བཅས་བྱེད་མི་ཆོག

（10）“熊孩子”给主播打赏，可以要求对方退还

八周岁以上的未成年人为限制民事行为能力人，实施民事法律行为由其法定代理人代理或者经其法定代理人同意、追认；但是，可以独立实施纯获利益的民事法律行为或者与其年龄、智力相适应的民事法律行为。

（༡༠）“ཕྲུ་གུ་འཚུབ་པོ་”ཡིས་བརྙན་སྒྲོན་པར་བྱ་དགའི་དངུལ་སྤྲད་ན་ཕྱིར་སྤྲོད་བྱ་རྒྱུའི་རེ་བ་འདོན་ཆོག་པ།

རང་ལོ་བརྒྱད་ཡན་གྱི་ནར་མ་སོན་པའི་མི་ནི་དམངས་དོན་བྱ་སྤྱོད་ཀྱི་ནུས་པར་ཚོད་བཀག་ཡོད་པའི་མི་ཡིན། དམངས་དོན་བཅའ་ཁྲིམས་ཀྱི་དོན་དག་གཙོད་སྐབས། མི་དེའི་ཁྲིམས་བཀོད་ཚབ་བྱེད་མི་སྣས་ཚབ་བྱེད་པའམ་ཡང་ན་དེའི་ཁྲིམས་བཀོད་ཚབ་བྱེད་མི་སྣའི་མོས་མཐུན་དང་རྗེས་སུ་ཁས་ལེན་ཐོབ་པ་བྱ་དགོས། འོན་ཀྱང་ཁེ་བཟང་རྐྱང་རྐྱང་ཐོབ་པའི་དམངས་དོན་བཅའ་ཁྲིམས་བྱ་སྤྱོད་དམ་ཡང་ན་མི་དེའི་ལོ་ཚོད་དང་རིག་སྟོབས་དང་འཚམ་པའི་དམངས་དོན་བཅའ་ཁྲིམས་བྱ་སྤྱོད་ཁེར་རྐྱང་ཐོག་ལག་བསྟར་བྱས་ཆོག

（11）男性可以要求不“被性骚扰”了

违背他人意愿，以言语、文字、图像、肢体行为等方式对他人实施性骚扰的，受害人有权依法请求行为人承担民事责任。

（༡༡）སྐྱེས་པས“ཆགས་རྩེད་ཞེ་བསུན”མི་བཟོ་བའི་རེ་བ་འདོན་ཆོག་པ།

མི་གཞན་གྱི་འདོད་མོས་དང་འགལ་ནས་སྐད་ཆ་དང་ཡི་གེ པར་རིས། ཡན་ལག་བྱ་སྤྱོད་སོགས་ཀྱི་བྱེད་སྟངས་ཐོག་ནས་མི་གཞན་ལ“ཆགས་རྩེད་ཞེ་བསུན”བཟོས་ཚེ། གནོད་འཚེ་ཐོག་མཁན་གྱིས་ཁྲིམས་ལྟར་བྱ་སྤྱོད་སྤེལ་མཁན་ལ་དམངས་དོན་འགན་འཁྲི་འཁུར་དགོས་པའི་རེ་ཞུ་བྱེད་དབང་ཡོད།

（12）人肉他人信息的，准备好承担责任

自然人享有隐私权。任何组织或者个人不得以刺探、侵扰、泄露、公开等方式侵害他人的隐私权。处理个人信息的，应当遵循合法、正当、必要原则，不得过度处理，并符合下列条件：（一）征得该自然人或者其监护人同意，但是法律、行政法规另有规定的除外；（二）公开处理信息的规则；（三）明示处理信息的目的、方式和范围；（四）不违反法律、行政法规的规定和双方的约定。个人信息的处理包括个人信息的收集、存储、使用、加工、传输、提供、公开等。

（༡༢）མི་གཞན་གྱི་ཆ་འཕྲིན་དྲ་ཐོག་དམར་འཚོལ་བྱས་རིགས་ལ་འགན་འཁྲི་འཁུར་རྒྱུའི་གྲ་སྒྲིག་བྱེད་དགོས།

རང་བྱུང་མིར་སྒེར་གྱི་གསང་བའི་དབང་ཆ་ཡོད། རྩ་འཛུགས་སམ་མི་སྒེར་གང་འདྲ་ཞིག་ཡིན་རུང་ཉམས་ཚོད་དང་བསུན་གཙེས། ཕྱིར་རྟོལ། ཡོངས་བསྒྲགས་སོགས་ཀྱི་བྱ་ཐབས་ཐོག་ནས་མི་གཞན་གྱི་སྒེར་གྱི་གསང་བའི་དབང་ཆར་གནོད་སྐྱོན་གཏོང་མི་ཆོག མི་སྒེར་གྱི་ཆ་འཕྲིན་ཐག་གཅོད་བྱེད་སྐབས། ཁྲིམས་མཐུན་དང་ལུགས་མཐུན། དགོས་ངེས་ཀྱི་རྩ་དོན་བཅས་ལ་བརྩི་འཛིན་བྱེད་དགོས་པ་ལས་ཐལ་དྲགས་པའི་ཐག་གཅོད་བྱེད་མི་རུང་བ་དང་

གཉམ་གསལ་གྱི་དོན་ཚན་ཁག་དང་མཐུན་པ་བྱེད་དགོས་པ་སྟེ། གཅིག རང་བྱུང་གི་མི་དེ་རང་ངམ་ཡང་ན་ལྟ་སྐྱོང་པའི་མོས་མཐུན་ཐོབ་པ་བྱེད་དགོས། འོན་ཀྱང་ཁྲིམས་ལུགས་དང་སྲིད་འཛིན་ཁྲིམས་སྲོལ་ནང་གནད་འབེབས་གཞན་དག་ཡོད་པ་དེར་ཚུད་མེད། གཉིས། ཆ་འཕྲིན་ཐག་གཅོད་བྱེད་པའི་རྩ་དོན་ཡོངས་བསྒྲགས་བྱེད་དགོས་པ། གསུམ། ཆ་འཕྲིན་ཐག་གཅོད་བྱེད་པའི་དམིགས་ཡུལ་དང་བྱ་ཐབས། ཁྱབ་ཁོངས་བཅས་གསལ་སྟོན་བྱ་དགོས་པ། བཞི། བཅའ་ཁྲིམས་དང་སྲིད་འཛིན་ཁྲིམས་སྲོལ་གྱི་གནད་འབེབས་དང་ཕྱོགས་གཉིས་པོའི་ཁ་ཆད་ལས་མ་འགལ་བ་བྱེད་དགོས་པ། མི་སྒེར་གྱི་ཆ་འཕྲིན་ཐག་གཅོད་བྱེད་པའི་ནང་མི་སྒེར་གྱི་ཆ་འཕྲིན་བསྡུ་རུབ་དང་ཉར་འཛོག་བེད་སྤྱོད། ཁ་སྣོན། བརྒྱུད་གཏོང་། མཐོ་འདོན། ཡོངས་བསྒྲགས་སོགས་ཚུད་ཡོད།

五、国家安全

ལྔ་པ། རྒྱལ་ཁབ་ཀྱི་བདེ་འཇགས།

1 .哪些是危害国家安全行为？

༡. རྒྱལ་ཁབ་ཀྱི་བདེ་འཇགས་ལ་གནོད་པའི་བྱ་སྤྱོད་གང་དག་ཡིན་ནམ།

《中华人民共和国国家安全法》及《实施细则》对危害国家安全的行为进行界定:

《ཀྲུང་ཧྭ་མི་དམངས་སྤྱི་མཐུན་རྒྱལ་ཁབ་ཀྱི་བདེ་འཇགས་བཅའ་ཁྲིམས་》དང་《ལག་བསྟར་ཞིབ་སྒྲོལ་》ནང་རྒྱལ་ཁབ་ཀྱི་བདེ་འཇགས་ལ་གནོད་པའི་བྱ་སྤྱོད་ཐད་དབྱེ་མཚམས་འདི་ལྟར་འབྱེད་པ་སྟེ།

（1）阴谋颠覆政府，分裂国家，推翻社会主义制度的行为。

（༡）སྲིད་གཞུང་མགོ་རྫིང་སློག་རྒྱུའི་གསོག་གཡོ་དང་། རྒྱལ་ཁབ་ཁ་བྲལ། སྤྱི་ཚོགས་རིང་ལུགས་ཀྱི་ལམ་ལུགས་རྩ་སློག་གཏོང་རྒྱུ་བཅས་ཀྱི་བྱ་སྤྱོད།

（2）参加境外各种间谍组织，或者接受间谍组织或代理人的任务的行为。

（༢）རྒྱལ་ཁོངས་ཕྱི་རོལ་གྱི་རིགས་སྣ་ཚོགས་ཀྱི་གསང་སྐྱུལ་རྩ་འཛུགས་ལ་ཐེ་ཞུགས་དང་། ཡང་ན་གསང་སྐྱུལ་རྩ་འཛུགས་སམ་ཚབ་བྱེད་མི་སྣའི་ལས་འགན་སྒྲུབ་རྒྱུ་དང་ལེན་བྱས་པའི་བྱ་སྤྱོད།

（3）窃取、刺探、收买、非法提供国家秘密的行为。

（༣）རྒྱལ་ཁབ་ཀྱི་གསང་བ་རྐུ་འཕྲོར་དང་སྐྱུལ་ཞིབ། བསླུ་ཉོ། ཁྲིམས་འགལ་ངང་མཁོ་འདོན་བཅས་བྱས་པའི་བྱ་སྤྱོད།

（4）策动、勾引、收买国家工作人员叛变或者将防地设施、武器装备交付他国或敌方的行为。

（༤）རྒྱལ་ཁབ་ཀྱི་ལས་དོན་མི་སྣས་ངོ་ལོག་བྱ་རྒྱུར་སྐུལ་སློང་དང་བསླུ་ཁྲིད། བསླུ་ཉོ་བྱས་པ་དང་། ཡང་ན་འགོག་སྲུང་ས་ཆའི་སྒྲིག་ཆས་དང་གོ་མཚོན་སྒྲིག་ཆས་རྒྱལ་ཁབ་གཞན་དག་གམ་ཡང་ན་དགྲ་ཕྱོགས་ལ་རྩིས་སྤྲད་པའི་བྱ་སྤྱོད།

（5）进行危害国家安全的其它破坏活动的行为。

（༥）དེ་བཞིན་རྒྱལ་ཁབ་ཀྱི་བདེ་འཛགས་ལ་གནོད་པའི་གཏོར་བཤིག་གི་བྱ་སྤྱོད་གཞན་དག་བཅས་སོ།།

罗某煽动分裂国家罪

བློ་ཚེ་གེ་མོས་རྒྱལ་ཁབ་ཁ་བྲལ་གཏོང་རྒྱུར་ངན་སྐུལ་བྱས་པའི་ཉེས་པ་བསགས་པ།

案情:

རྐྱེན་གཞིའི་གནས་ཚུལ།

罗某在小学任教期间认识了泽某。某年，罗某在泽某处借阅了从境外带回的书籍，并将书中宣扬藏独、分裂祖国的有关内容摘抄下来，后罗某利用其职务的便利，将其摘抄的部分宣扬藏独的言论复制了20余份，分别向寺院人员党某、华某、托某等人散发，要求他们散发并以诵经的形式天天念，以祈求实现达赖分裂国家的“心愿”。后来，罗某又在泽某处借来3本涉及民族分裂、实现藏族独立等反动内容的书籍阅读。

བློ་ཚེ་ གེ་མོ་སློབ་ཆུང་གི་དགེ་རྒན་བྱེད་རིང་། ཚེ་ཚེ་གེ་མོ་ངོ་ཤེས། ལོ་ཞིག་ལ་བློ་ཚེ་གེ་མོས་ཚེ་ཚེ་གེ་མོའི་ལག་ནས་ཕྱི་རྒྱལ་ནས་འཁྱེར་བའི་དཔེ་དེབ་ཅིག་གཡར་བ་དང་། དཔེ་དེབ་ནང་བོད་རང་བཙན་དང་མེས་རྒྱལ་ཁ་བྲལ་སྐོར་གྱི་ནང་དོན་ཡོད་པ་གནད་བཤུས་བྱས། དེ་རྗེས་བློ་ཚེ་གེ་མོས་རང་གི་ལས་གནས་མཐུན་རྐྱེན་ལ་བརྟེན་ནས་གནད་བཤུས་བྱས་པའི་བོད་རང་བཙན་དྲིལ་བསྒྲགས་བྱེད་པའི་གླེང་གཏམ་ཁག་གཅིག་འདྲ་བཤུ་གྲངས་༢༠ལྷག་ཙམ་བྱས་ཐོག རེ་རེ་བྱས་ཏེ་དགོན་སྡེའི་མི་སྣ་ཏང་ཚེ་གེ་མོ་དང་། དཔལ་ཚེ་གེ་མོ། ཐོ་ཚེ་གེ་མོ་སོགས་ལ་སྤྲད་པ་མ་ཟད། ཁོ་ཚོར་མི་གཞན་ལ་བཀྲམ་དགོས་པ་དང་ཆབས་ཅིག་འདོན་པ་སྐྱོར་བའི་རྣམ་པའི་ཐོག་ནས་ཉིན་ལྟར་གློག་སྙེ་ཏླ་ལའི་མེས་རྒྱལ་ཁ་བྲལ་གྱི“བསམ་འདུན་འགྲུབ་པའི”བསྔོ་སྨོན་འདེབས་དགོས་པ་བཅས་ཀྱི་གླང་བྱ་བཏོན། དེ་རྗེས་བློ་ཚེ་གེ་མོས་སླར་ཡང་ཚེ་ཚེ་གེ་མོའི་ལག་ནས་མི་རིགས་ཁ་བྲལ་དང་བོད་རང་བཙན་ཡོང་ཐབས་སོགས་ངོ་ལོག་གི་ནང་དོན་དང་འབྲེལ་བ་ཡོད་པའི་དཔེ་དེབ་གསུམ་གཡར་ནས་བལྟས།

分析：

དབྱེ་ཞིབ།

依照《中华人民共和国刑法》第一百零三条第二款、第五十六条第一款之规定，判决如下：被告人罗某犯煽动分裂国家罪，判处有期徒刑五年，剥夺政治权利三年。

《ཀྲུང་ཧྭ་མི་དམངས་སྤྱི་མཐུན་རྒྱལ་ཁབ་ཀྱི་ཉེས་དོན་བཅའ་ཁྲིམས་》ཀྱི་དོན་ཚན་བརྒྱ་དང་བཅུ་མེད་གསུམ་གྱི་ནང་གསེས་དོན་ཚན་གཉིས་པ། དོན་ཚན་ལྔ་བཅུ་ང་དྲུག་པའི་ནང་གསེས་དོན་ཚན་དང་པོ་བཅས་ཀྱི་གཏན་འབེབས་ལྟར་ཁྲིམ་ཐག་བཅད་པ་གཤམ་གསལ། ཉེ་སྐྱོར་ཕྱི་མ་བློ་ཚེ་གེ་མོས་རྒྱལ་ཁབ་ཁ་བྲལ་གཏོང་རྒྱུར་དན་སྐུལ་བྱས་པའི་ཉེས་པའི་ཐོག་ནས་དུས་བཀག་བཙོན་འཛུག་ལོ་ལྔ་བྱ་རྒྱུ་དང་ཆབ་སྲིད་ཀྱི་དབང་ཆ་ལོ་གསུམ་འཕྲོག་རྒྱུའོ།།

罗某在阅读了宣扬分裂国家言论的书籍接受了藏独思想后，将其中宣传藏族独立、分裂国家的言论摘抄油印成册散发给多人，其主观上有宣扬藏独思想的意愿，客观上实施了宣传煽动的行为，已构成煽动分裂国家罪，应依法惩处。被告人泽某将有关达赖喇嘛和西藏独立的书籍借给罗某阅读，导致罗某犯罪。但鉴于没有充分的证据证明泽某具有煽动分裂国家的故意，故对其诉称“没有煽动分裂国家的故意”的理由应予采纳，对泽某定罪证据不足，对其进行了思想教育并没收相关书籍。

བློ་ཚེ་གེ་མོས་མེས་རྒྱལ་ཁ་བྲལ་གྱི་གླེང་གཏམ་དྲིལ་བསྒྲགས་བྱེད་པའི་དཔེ་དེབ་བལྟས་ནས་བོད་རང་བཙན་གྱི་བསམ་བློ་དང་ལེན་བྱས་རྗེས་དེ་དག་ཁྲོད་ཀྱི་བོད་རང་བཙན་དང་མེས་རྒྱལ་ཁ་བྲལ་གཏོང་རྒྱུའི་གླེང་གཏམ་སྣུམ་པར་དུ་བཏབ་ནས་མི་མང་པོར་བཀྲམ་ཞིང་། ཁོ་པའི་བསམ་བློའི་ནང་བོད་རང་བཙན་གྱི་དྲིལ་བསྒྲགས་བྱེད་འདོད་ཡོད་པ་དང་། དོན་དངོས་ཐོག་དྲིལ་བསྒྲགས་དང་ངན་སྐུལ་གྱི་བྱ་སྤྱོད་སྤེལ་ཡོད་པས་རྒྱལ་ཁབ་ཁ་བྲལ་གཏོང་རྒྱུར་ངན་སྐུལ་བྱས་པའི་ཉེས་པ་གྲུབ་པ་དང་ཁྲིམས་ལྟར་ཆད་པ་བཅད་ཡོད། ཞུ་སྐྱོར་ཕྱི་མ་ཚེ་ཆེ་གེ་མོས་ཏཱ་ལའི་བླ་མ་དང་བོད་རང་བཙན་སྐོར་གྱི་དཔེ་དེབ་བློ་ཆེ་གེ་མོར་ལྟ་ཀློག་བྱ་རྒྱུར་གཡར་བ་དེས་བློ་ཆེ་གེ་མོ་ཉེས་ཅན་པར་གྱུར་ཡོད་མོད། འོན་ཀྱང་ཚེ་ཆེ་གེ་མོས་ཁང་བཙུགས་ནས་མེས་རྒྱལ་ཁ་བྲལ་ལ་ངན་སྐུལ་བྱས་པའི་དཔང་རྟགས་ཁུངས་བཙན་མེད། དེར་བརྟེན་ཁོ་པའི་ཞུ་གཏུག་ཡི་གེའི་ནང་“ཁང་བཙུགས་ནས་རྒྱལ་ཁབ་ཁ་བྲལ་གཏོང་རྒྱུར་ངན་སྐུལ་བྱས་མེད་པའི”རྒྱུ་མཚན་ལ་བརྟེན་ནས་ཚེ་ཆེ་གེ་མོར་ཉེས་པ་ཡོད་པ་གཏན་འཁེལ་བྱེད་པའི་དཔང་རྟགས་འདང་གི་མེད་ཅེས་འཁོད་ཡོད། ཁོ་པར་བསམ་བློའི་སློབ་གསོ་བརྒྱབ་ཅིང་འབྲེལ་ཡོད་ཀྱི་དཔེ་དེབ་གཞུང་བཞེས་བཏང་།

2.为维护网络通信领域安全，自治区有什么规定？

༢.དྲ་རྒྱའི་འཕྲིན་གཏོང་ཁྱབ་ཁོངས་ཀྱི་བདེ་འཇགས་སྲུང་སྐྱོང་བྱེད་ཆེད་རང་སྐྱོང་ལྗོངས་ཀྱིས་གཏན་འབེབས་གང་འདྲ་བྱས་ཡོད་དམ།

根据《西藏自治区网络通信活动管理规定》，现将西藏自治区网络通信领域活动禁止性行为集中通告如下：

《བོད་རང་སྐྱོང་ལྗོངས་དྲ་རྒྱའི་འཕྲིན་གཏོང་བྱེད་སྒོའི་དོ་དམ་བཅའ་ཁྲིམས་གཏན་འབེབས》ལྟར། བོད་རང་སྐྱོང་ལྗོངས་དྲ་རྒྱའི་འཕྲིན་གཏོང་ཁྱབ་ཁོངས་ཀྱི་བྱེད་སྒོའི་བཀག་སྡོམ་བྱ་རྒྱའི་བྱ་སྤྱོད་ཐད་བརྡ་ཐོ་བཏང་བ་གཤམ་གསལ།

（1）严禁利用网络通信工具组织、参与、煽动颠覆国家、破坏国家统一、推翻社会主义制度的活动。

（༡）དྲ་རྒྱའི་འཕྲིན་གཏོང་ལག་ཆ་བེད་སྤྱོད་དེ་རྒྱལ་ཁབ་ཙ་སློག་གཏོང་རྒྱུ་དང་རྒྱལ་ཁབ་ཀྱི་གཅིག་གྱུར་ལ་གཏོར་བཤིག་གཏོང་རྒྱུ། སྤྱི་ཚོགས་རིང་ལུགས་ཀྱི་ལམ་ལུགས་མགོ་རྗེང་སློག་རྒྱུ་བཅས་ཀྱི་བྱེད་སྒོ་སྒྲིག་འཛུགས་དང་དེར་ཐེ་ཞུགས། ངན་སྐུལ་བཅས་བྱེད་པ་བཀག་སྡོམ་ནན་པོ་བྱ་རྒྱུ།

（2）严禁利用网络通信工具侮辱、诽谤他人。

（༢）དྲ་རྒྱའི་འཕྲིན་གཏོང་ལག་ཆ་བེད་སྤྱོད་དེ་མི་གཞན་ལ་བརྙས་བཅོས་དང་སྐུར་འདེབས་བྱེད་པ་བཀག་འགོག་ནན་པོ་བྱ་རྒྱུ།

（3）严禁利用网络通信工具组织、参与、煽动宗教极端、暴力恐怖、诈骗犯罪等非法活动。

（༣）དྲ་རྒྱའི་འཕྲིན་གཏོང་ལག་ཆ་བེད་སྤྱོད་དེ་ཆོས་ལུགས་ཐལ་དྲགས་དང་དྲག་ཤུགས་ཀྱི་འཇིགས་སྐུལ། མགོ་སྐོར་ཉེས་གསོག་སོགས་ཁྲིམས་འགལ་བྱེད་སྒོ་སྒྲིག་འཛུགས་དང་དེར་ཐེ་ཞུགས། ངན་སྐུལ་བཅས་བྱེད་པ་བཀག་སྡོམ་ནན་པོ་བྱ་རྒྱུ།

（4）严禁利用网络通信工具向境内外组织、机构、个人非法提供国家未公开的信息。

（༤）དྲ་རྒྱའི་འཕྲིན་གཏོང་ལག་ཆ་བེད་སྤྱད་དེ་རྒྱལ་ཁབ་ཕྱི་ནང་གི་རྩ་འཛུགས་དང་ལས་ཁུངས། མི་སྒེར་བཅས་ལ་ཁྲིམས་འགལ་ངང་རྒྱལ་ཁབ་ཀྱིས་ཡོངས་བསྒྲགས་མ་བྱས་པའི་ཆ་འཕྲིན་མཁོ་འདོན་བྱེད་པ་བཀག་སྡོམ་ནན་པོ་བྱ་རྒྱུ།

（5）严禁利用网络通信工具搜集、制作、下载、存储、发布、传播、宣扬颠覆国家、破坏国家统一、推翻社会主义制度的信息。

（༥）དྲ་རྒྱའི་འཕྲིན་གཏོང་ལག་ཆ་བེད་སྤྱད་དེ་རྒྱལ་ཁབ་རྩ་སློག་དང་རྒྱལ་ཁབ་ཀྱི་གཅིག་གྱུར་ལ་གཏོར་བཤིག སྤྱི་ཚོགས་རིང་ལུགས་ཀྱི་ལམ་ལུགས་མགོ་རྟིང་སློག་རྒྱུའི་སྐོར་གྱི་ཆ་འཕྲིན་འཚོལ་བསྡུ་དང་སྒྲིག་བཟོ། ཕབ་ལེན། ཉར་གསོག ཁྱབ་སྤེལ། བརྒྱུད་སྤེལ། དྲིལ་བསྒྲགས་བཅས་བྱེད་པ་བཀག་སྡོམ་ནན་པོ་བྱ་རྒྱུ།

（6）严禁利用网络通信工具搜集、制作、下载、存储、发布、传播、宣扬宗教极端思想、暴力恐怖、诱骗诈骗等信息。

（༦）དྲ་རྒྱའི་འཕྲིན་གཏོང་ལག་ཆ་བེད་སྤྱད་དེ་ཆོས་ལུགས་ཐལ་དྲགས་བསམ་བློ་དང་དྲག་ཤུགས་ཀྱི་འཇིགས་སྐུལ། བསླུ་ བྲིད་དང་མགོ་སྐོར་གཏོང་བ་སོགས་ཀྱི་ཆ་འཕྲིན་འཚོལ་བསྡུ་དང་སྒྲིག་བཟོ། ཕབ་ལེན། ཉར་གསོག ཁྱབ་སྤེལ། བརྒྱུད་སྤེལ། དྲིལ་བསྒྲགས་བཅས་བྱེད་པ་བཀག་སྡོམ་ནན་པོ་བྱ་རྒྱུ།

（7）严禁利用网络通信工具为颠覆国家政权、分裂国家、暴力恐怖、宗教极端活动提供资金、场所、人员、交通、通信等帮助或便利。

（༧）དྲ་རྒྱའི་འཕྲིན་གཏོང་ལག་ཆ་བེད་སྤྱད་དེ་རྒྱལ་ཁབ་ཀྱི་སྲིད་དབང་མགོ་རྟིང་སློག་རྒྱུ་དང་རྒྱལ་ཁབ་ཁ་བྲལ་གཏོང་རྒྱུ། དྲག་ཤུགས་ཀྱི་འཇིགས་སྐུལ། ཆོས་ལུགས་ཐལ་དྲགས་ཀྱི་བྱེད་སྒོར་མ་དངུལ་དང་ཚོགས་ར། མི་སྣ། འགྲིམ་འགྲུལ། འཕྲིན་སྤེལ་སོགས་ཀྱི་ཐད་རོགས་སྐྱོར་བྱེད་པའམ་ཡང་ན་མཐུན་རྐྱེན་བསྐྲུན་ཚུལ་བཀག་སྡོམ་ནན་པོ་བྱ་རྒྱུ།

（8）严禁利用网络通信工具编造、散布挑拨民族关系、制造民族矛盾、煽动民族仇恨等信息。

（༨）དྲ་རྒྱའི་འཕྲིན་གཏོང་ལག་ཆ་བེད་སྤྱད་དེ་མི་རིགས་འབྲེལ་བར་དཀྲུག་ཤིང་བཀྱབ་པ་དང་མི་རིགས་དབར་འགལ་ཟླ་བཟོ་བ། མི་རིགས་ཀྱི་འཁོན་འཛིན་ཐད་རྡན་སྐུལ་བྱེད་པ་བཅས་བཀག་སྡོམ་ནན་པོ་བྱ་རྒྱུ།

（9）严禁利用网络通信工具组织、利用会道门等邪教组织破坏法律实施。

（༩）དྲ་རྒྱའི་འཕྲིན་གཏོང་ལག་ཆ་བེད་སྤྱད་དེ་རྫོངས་དད་ཚོགས་པ་སོགས་ཆོས་ལོག་ཚ་འཛུགས་སྒྲིག་འཛུགས་དང་བེད་སྤྱད་ནས་བཅའ་ཁྲིམས་ལག་བསྟར་བྱེད་རྒྱུར་གཏོར་བཤིག་གཏོང་བ་བཀག་སྡོམ་ནན་པོ་བྱ་རྒྱུ།

（10）严禁利用网络通信工具煽动暴力抗拒法律实施、聚众扰乱社会秩序。

（༡༠）དྲ་རྒྱའི་འཕྲིན་གཏོང་ལག་ཆ་བེད་སྤྱད་དེ་དྲག་ཤུགས་ལ་བརྟེན་ནས་བཅའ་ཁྲིམས་ལག་བསྟར་བྱེད་པར་འགོག་རྐྱལ་དང་མི་ཚོགས་འདུས་ནས་སྤྱི་ཚོགས་ཀྱི་སྒྲིག་ལམ་ཟང་ཟིང་བཟོ་བ་བཀག་སྡོམ་ནན་པོ་བྱ་རྒྱུ།

（11）严禁利用网络通信工具组织、参与非法集会、游行、示威。

（༡༡）དྲ་རྒྱའི་འཕྲིན་གཏོང་ལག་ཆ་བེད་སྤྱད་དེ་ཁྲིམས་འགལ་གྱི་འདུ་ཚོགས་དང་ཁྲོམ་སྐོར། ངོམ་སྟོན་བཅས་བྱེད་པ་བཀག་སྡོམ་ནན་པོ་བྱ་རྒྱུ།

（12）严禁利用网络通信工具为实施违法犯罪活动而接受境内外组织、机构或个人资助。

（༡༢）དྲ་རྒྱའི་འཕྲིན་གཏོང་ལག་ཆ་བེད་སྤྱད་དེ་ཁྲིམས་འགལ་ཉེས་གསོག་གི་བྱེད་སྒོ་སྤེལ་ཕྱིར་རྒྱལ་ཁབ་ཕྱི་ནང་གི་ཚ་འཛུགས་དང་ལས་ཁུངས།　ཡང་ན་མི་སྒེར་བཅས་ནས་རོགས་དངུལ་དང་ལེན་བྱེད་པ་བཀག་སྡོམ་ནན་པོ་བྱ་རྒྱུ།

（13）严禁利用网络通信工具成立、参加非法组织，进行非法金融活动。

（༡༣）དྲ་རྒྱའི་འཕྲིན་གཏོང་ལག་ཆ་བེད་སྤྱད་དེ་ཁྲིམས་འགལ་གྱི་ཚ་འཛུགས་ནང་ཞུགས་པ་དང་ཁྲིམས་འགལ་གྱི་དངུལ་རྩའི་བྱེད་སྒོ་སྤེལ་བ་བཀག་སྡོམ་ནན་པོ་བྱ་རྒྱུ།

（14）严禁利用网络通信工具编造、散布虚假或不实险情、疫情、灾情、警情等信息。

（༡༤）དྲ་རྒྱའི་འཕྲིན་གཏོང་ལག་ཆ་བེད་སྤྱད་དེ་རྫུན་མའམ་དོན་དངོས་མ་ཡིན་པའི་ཉེན་ཁའི་གནས་ཚུལ་དང་རིམས་ནད་གནས་ཚུལ། གནོད་འཚེའི་གནས་ཚུལ། ཉེན་རྟོགས་གནས་ཚུལ་སོགས་རྫུན་བཟོ་དང་ཁྱབ་སྤེལ་གཏོང་བ་བཀག་སྡོམ་ནན་པོ་བྱ་རྒྱུ།

（15）严禁未经许可经营国际联网业务，擅自建立、使用非法定信道进行国际联网。

（༡༥）རྒྱལ་སྤྱིའི་དྲ་རྒྱའི་ལས་སྒོ་གཉེར་རྒྱུའི་འཐུས་མཆན་མ་ཐོབ་པར་རང་འཚམ་དང་ཁྲིམས་འགལ་གྱི་གཏན་འཕེལ་འཕྲིན་ལམ་བཙུགས་པ་དང་བེད་སྤྱོད་བྱས་ནས་རྒྱལ་སྤྱིའི་དྲ་རྒྱའི་ལས་སྒོ་གཉེར་བ་བཀག་སྡོམ་ནན་པོ་བྱ་རྒྱུ།

（16）严禁利用网络通信工具非法获取、出售、提供、利用公民个人信息。

（༡༦）དྲ་རྒྱའི་འཕྲིན་གཏོང་ལག་ཆ་བེད་སྤྱད་དེ་སྤྱི་དམངས་མི་སྒེར་གྱི་ཆ་འཕྲིན་ཁྲིམས་འགལ་དང་ཐོབ་ལེན་དང་འཚོང་བ། མཁོ་འདོན་བྱེད་པ། བེད་སྤྱོད་བཅས་བྱེད་པ་བཀག་སྡོམ་ནན་པོ་བྱ་རྒྱུ།

（17）严禁利用网络通信工具实施黑客攻击破坏、盗窃、诈骗、编造或故意传播虚假信息等行为。

（༡༧）དྲ་རྒྱའི་འཕྲིན་གཏོང་ལག་ཆ་བེད་སྤྱད་དེ་མགྱོན་ནག་གི་གནོད་སྐྱོན་དང་གཏོར་བཤིག་གཏོང་བ་དང་། ཀུ་རྒྱག་པ། མགོ་སྐོར་གཏོང་བ། རྫུན་བཟོ་བྱེད་པ་བཅས་དང་། ཡང་ན་ཁང་བཙུགས་ནས་ཆ་འཕྲིན་རྫུན་མ་ཁྱབ་སྤེལ་བྱེད་པ་བཀག་སྡོམ་ནན་པོ་བྱ་རྒྱུ།

（18）严禁利用网络通信工具参与、诱骗公民进行涉枪支弹药，易燃、易爆、易制毒、放射性等危险品，淫秽色情，赌博，毒品犯罪活动。

（༡༨）དྲ་རྒྱའི་འཕྲིན་གཏོང་ལག་ཆ་བེད་སྤྱད་དེ་སྤྱི་དམངས་ལ་མེ་མདའ་དང་རྫས་མདེལ། འབར་སླ་བ། གས་སླ་བ། དུག་རྫས་བཟོ་སླ་བ། འཕྲོ་འོད་རང་བཞིན་སོགས་ཀྱི་ཉེན་ཁ་ཆེ་བའི་དངོས་རྫས་དང་། དེ་བཞིན་གཡེམ་སྤྱོར་འདོད་སྲེད་དང་རྒྱན་འཛུགས། དུག་རྫས་ཉེས་གསོག་སོགས་ཀྱི་བྱེད་སྒོར་ཐེ་ཞུགས་བྱེད་དུ་འཇུག་པ་དང་བསླུ་ཁྲིད་བྱེད་པ་བཀག་སྡོམ་ནན་པོ་བྱ་རྒྱུ།

（19）严禁利用网络通信工具向网络犯罪活动提供互联网接入、服务器托管、网络存储、通信传输等技术支持或广告推广、支付结算等帮助。

（༡༩）དྲ་རྒྱའི་འཕྲིན་གཏོང་ལག་ཆ་བེད་སྤྱད་དེ་དྲ་རྒྱའི་ཉེས་གསོག་བྱེད་སྒོར་དྲ་སྦྲེལ་མཐུད་ཞུགས་དང་ཞབས་ཞུའི་ཡོ་བྱད་མངགས་བཙོལ་དོ་དམ་བྱེད་པ། དྲ་ཐོག་ལ་ཉར་གསོག་བྱེད་པ་འཕྲིན་གཏོང་བརྒྱུད་སྤེལ་སོགས་ལག་རྩལ་གྱི་རོགས་སྐྱོར་བྱེད་པའམ་ཡང་ན་བརྡ་ཁྱབ་གཏོང་སྤེལ་དང་མཇུག་རྩིས་བརྒྱག་རྒྱུ་སོགས་ཀྱི་ཐད་རོགས་སྐྱོར་བྱེད་པ་བཀག་སྡོམ་ནན་པོ་བྱ་རྒྱུ།

（20）严禁利用网络通信工具设立用于实施犯罪活动的网站、通讯群组或者发布违法犯罪信息，或利用网络通信工具加入此类网站、通讯群组浏览、接收、发布信息，或利用网络通信工具破坏网络通信公共设施。

（༢༠）དྲ་རྒྱའི་འཕྲིན་གཏོང་ལག་ཆ་བེད་སྤྱད་དེ་ཉེས་གསོག་བྱེད་སྒོར་སྤྱོད་བྱེད་ཀྱི་དྲ་ཚིགས་དང་འཕྲིན་སྤེལ་ཚོགས་ཆུང་བཙུགས་པ་དང་བེད་སྤྱོད་བྱེད་པ། ཡང་ན་ཁྲིམས་འགལ་གྱི་ཉེས་གསོག་ཆ་འཕྲིན་སྤེལ་བ། ཡང་ན་དྲ་རྒྱའི་འཕྲིན་གཏོང་ལག་ཆ་བེད་སྤྱད་ནས་དེ་དང་འདྲ་བའི་དྲ་ཚིགས་དང་འཕྲིན་གཏོང་ཚོགས་ཆུང་ནང་ཞུགས་ཏེ་ཆ་འཕྲིན་ལྟ་བ་དང་བསྡུ་ལེན། ཁྱབ་སྤེལ་བཅས་བྱེད་པ་དང་། ཡང་ན་དྲ་རྒྱའི་འཕྲིན་གཏོང་གི་ལག་ཆ་བེད་སྤྱད་ནས་དྲ་རྒྱའི་འཕྲིན་གཏོང་གི་སྤྱི་པའི་སྒྲིག་ཆས་ལ་གཏོར་བཤིག་གཏོང་བ་བཅས་བཀག་སྡོམ་ནན་པོ་བྱ་རྒྱུ།

3. 当有人向你打听当地的国防电缆和电站等位置时，你应该怎么做？

༣.མི་གཞན་གྱིས་ཁྱོད་རང་ལ་ས་གནས་དེ་གའི་རྒྱལ་སྲུང་གློག་ཐག་དང་གློག་ཁང་སོགས་ཀྱི་གནས་ས་དྲིས་ཚེ། ཁྱོད་རང་གིས་གང་འདྲ་བྱེད་དམ།

向当地安全部门，如派出所、村(居）委会、驻村民警、驻村工作队等单位反映，或者拨打国家安全举报电话12339。

ས་གནས་དེ་གའི་སྤྱི་བདེ་སྲེ་ཁག་སྟེ། དཔེར་ན་མངག་གཏོང་ཁང་དང་གྲོང་ཚོ་ཨུ་ཡོན་ལྷན་ཁང་། གྲོང་མི་ཨུ་ཡོན་ལྷན་ཁང་། གྲོང་ཚོར་བཅའ་སྡོད་མི་དམངས་ཉེན་རྟོག གྲོང་ཚོར་བཅའ་སྡོད་ལས་དོན་ཏུ་ཁག་ལ་སོགས་པའི་ཚན་པར་སྙན་སེང་ཞུ་བའམ་ཡང་ན་རྒྱལ་ཁབ་བདེ་འཇགས་ཐེར་འདོན་ཁ་པར་༡༢༣༣༩ལ་རྒྱག་དགོས།

六、婚姻家庭

དྲུག་པ། གཉེན་སྒྲིག་གི་ཁྱིམ་ཚང་།

1. 什么叫事实婚姻？

༡. གང་འདྲ་ཞིག་ལ་དོན་དངོས་ཀྱི་གཉེན་སྒྲིག་ཟེར་རམ།

《中华人民共和国民法典》第一千零四十九条规定：要求结婚的男女双方应当亲自到婚姻登记机关申请结婚登记。符合本法规定的，予以登记，发给结婚证。完成结婚登记，即确立婚姻关系。未办理结婚登记的，应当补办登记。进行结婚登记后，则构成事实婚姻。

དེའང《ཀྲུང་ཧྭ་མི་དམངས་སྤྱི་མཐུན་རྒྱལ་ཁབ་ཀྱི་དམངས་དོན་ཁྲིམས་གཞུང་》གི་དོན་ཚན་ཆིག་སྟོང་བརྒྱ་མེད་བཞི་བཅུ་ཞེ་དགུའི་གནད་འབེབས་ནང་། གཉེན་སྒྲིག་བྱེད་མཁན་ཕོ་མོ་ཕྱོགས་གཉིས་ཀ་གཉེན་སྒྲིག་ཐོ་འགོད་ལས་ཁུངས་ལ་ཕྱིན་ནས་གཉེན་སྒྲིག་ཐོ་འགོད་ཀྱི་རེ་ཞུ་བྱེད་དགོས་པ་དང་། བཅའ་ཁྲིམས་འདིའི་གནད་འབེབས་དང་མཐུན་ན། ཐོ་འགོད་བྱས་ཆོག་པ་དང་གཉེན་སྒྲིག་གི་ལག་ཁྱེར་སྤྲད་ཆོག གཉེན་སྒྲིག་ཐོ་འགོད་བྱས་རྗེས་གཉེན་སྒྲིག་གི་འབྲེལ་བ་གཏན་འཁེལ་བ། གཉེན་སྒྲིག་གི་ཐོ་འགོད་བྱས་མེད་ཚེ། ཐོ་འགོད་ཁ་གསབ་བྱེད་དགོས་པ། གཉེན་སྒྲིག་ཐོ་འགོད་བྱས་རྗེས་དོན་དངོས་ཀྱི་གཉེན་སྒྲིག་གི་འབྲེལ་བ་ཆགས་པ་ཡིན།

2. 禁止结婚的法定情形是什么？

༢. གཉེན་སྒྲིག་བྱེད་མི་རུང་བའི་བཅའ་ཁྲིམས་ཀྱི་གནད་འབེབས་གང་འདྲ་ཡིན་ནམ།

《中华人民共和国民法典》第一千零四十八条中规定禁止结婚的情形有：

དེའང《ཀྲུང་ཧྭ་མི་དམངས་སྤྱི་མཐུན་རྒྱལ་ཁབ་ཀྱི་དམངས་དོན་ཁྲིམས་གཞུང་》གི་དོན་ཚན་ཆིག་སྟོང་བརྒྱ་མེད་བཞི་བཅུ་ཞེ་བརྒྱད་ནང་གནད་འབེབས་བྱས་པའི་གཉེན་སྒྲིག་བྱེད་མི་ཆོག་པའི་རིགས་གཤམ་གསལ།

（1）直系血亲，是指所有的直系血亲，有世代的限制，均不得结婚。

（༡）ཐད་ཀའི་སྤུན་མཆེད་དེ། ཐད་ཀའི་སྤུན་མཆེད་ཡོད་ཚད་ལ་ཟེར་བ་དང་། མི་རབས་ཀྱི་ཚད་བཀག་ཡོད་རིགས་ཚང་མ་གཉེན་སྒྲིག་བྱས་མི་ཆོག

（2）三代以内的旁系血亲主要指出于同一祖先，有血缘关系的亲属，即自然血亲（含同父异母、同母异父的兄弟姊妹；不同辈的叔、伯、姑、舅、姨与侄（女）、甥（女））；也包括法律拟制的血亲，即虽无血缘联系，但法律确认其与自然血亲有同等的权利义务的亲属。

（༢）མི་རབས་གསུམ་ནང་ཚུན་གྱི་རྒྱུད་འབྲེལ་གཉེན་ཚན། དེའང་གཙོ་བོ་མེས་པོ་གཅིག་ཡིན་པ་དང་ཁྲག་རྒྱུད་ཀྱི་འབྲེལ་བ་ཡོད་པའི་གཉེན་ཚན་ཏེ། རང་བྱུང་གི་ཁྲག་རྒྱུད་གཉེན་ཚན（དེའི་ནང་ཕ་གཅིག་ཡིན་ལ་མ་གཅིག་མ་ཡིན་པ་དང་མ་གཅིག་ཡིན་ལ་ཕ་གཅིག་མ་ཡིན་པའི་གཅེན་གཅུང་། མི་རབས་གཅིག་པ་མ་ཡིན་པའི་ཨ་ཁུ་དང་ཨ་ནེ། ཞང་པོ་དང་སྲུ་མོ། ཚ་བོ་ཚ་མོ་སོགས་ཚུད་ཡོད་）དང་ད་དུང་བཅའ་ཁྲིམས་ནང་གཏན་འཁེལ་བའི་རྒྱུད་འབྲེལ་གཉེན་ཚན་ཏེ། ཁྲག་རྒྱུད་ཀྱི་འབྲེལ་བ་མེད་ན་ཡང་བཅའ་ཁྲིམས་ནང་ངོས་བཟུང་བའི་མི་དེ་དང་རང་བྱུང་གི་གཉེན་ཚན་དང་འདྲ་མཉམ་གྱི་དབང་ཆ་དང་འོས་འགན་ཡོད་པའི་གཉེན་ཚན།

3. 父母强迫我嫁给一个我不喜欢的男人，我可以拒绝吗？

༣.ཕ་མས་བཙན་ཐབས་ཀྱིས་རང་ཉིད་དགའ་པོ་མེད་པའི་མི་དང་གཉེན་སྒྲིག་བྱེད་དུ་འཇུག་ན། རང་ཉིད་ནས་ཁས་མ་ལེན་ན་འགྲིག་གམ།

可以。干涉婚姻自由是违法行为，《中华人民共和国民法典》第一千零四十二条中规定：禁止包办、买卖婚姻和其他干涉婚姻自由的行为。禁止借婚姻索取财物。

དེ་ནི་འགྲིག་སྟེ། གཉེན་སྒྲིག་གི་རང་མོས་ལ་ཐེ་ཇུས་བྱེད་པ་ནི་ཁྲིམས་དང་འགལ་བ་ཡིན། 《ཀྲུང་ཧྭ་མི་དམངས་སྤྱི་མཐུན་རྒྱལ་ཁབ་ཀྱི་དམངས་དོན་ཁྲིམས་གཞུང་》གི་དོན་ཚན་ཆིག་སྟོང་བརྒྱ་མེད་བཞི་བཅུ་ཞེ་གཉིས་པའི་ནང་། བཙན་ཤེད་གཉེན་སྒྲིག་དང་ཉོ་ཚོང་གཉེན་སྒྲིག དེ་བཞིན་གཉེན་སྒྲིག་རང་མོས་ལ་ཐེ་ཇུས་བྱེད་པའི་བྱ་སྤྱོད་གཞན་དག་བཀག་འགོག་བྱེད་དགོས་པ་དང་། གཉེན་སྒྲིག་ལ་ཁ་གཡར་ནས་རྒྱུ་དངོས་ལེན་པ་བཀག་འགོག་བྱེད་དགོས་པའི་གཏན་འབེབས་བྱས་ཡོད།

4. 非婚生子女的抚养和教育责任谁来承担?

༤.ལྷ་ཚར་བུ་ཕྲུག་གསོ་སྐྱོང་དང་སློབ་གསོ་ཐོབ་པར་བྱེད་པའི་འགན་འཁྲི་སུས་འཁུར་དགོས་སམ།

《中华人民共和国民法典》第一千零七十一条中规定：非婚生子女享有与婚生子女同等的权利，任何组织或者个人不得加以危害和歧视。不直接抚养非婚生子女的生父或生母，应当负担未成年子女或者不能独立生活的成年子女的抚养费。

དེའང་《ཀྲུང་ཧྭ་མི་དམངས་སྤྱི་མཐུན་རྒྱལ་ཁབ་ཀྱི་དམངས་དོན་ཁྲིམས་གཞུང་》གི་དོན་ཚན་ཆིག་སྟོང་བརྒྱ་མེད་བདུན་བཅུ་དོན་གཅིག་པའི་ནང་། ལྷ་ཚར་བུ་ཕྲུག་ལ་བུ་ཕྲུག་ངོ་མ་དང་འདྲ་མཉམ་གྱི་དབང་ཆ་ཡོད་ཅིང་། ཚ་འཛུགས་དང་མི་སྒེར་གང་རུང་གིས་ཀྱང་གནོད་འཚེ་དང་མཐོང་ཆུང་བྱེད་མི་རུང་བ། ཐད་ཀར་གསོ་སྐྱོང་བྱས་མེད་པའི་ལྷ་ཚར་བུ་ཕྲུག་གི་ཕ་མ་ངོ་མས་ནར་མ་སོན་པའི་བུ་ཕྲུག་གམ་འཚོ་བའི་རང་མགོ་མ་ཐོན་པའི་ནར་སོན་པའི་བུ་ཕྲུག་གི་གསོ་རྩེན་འགྲོ་སྒྲོན་གཏོང་རྒྱུའི་འགན་འཁྲི་ཡོད་པ་གཏན་འབེབས་བྱས་ཡོད།

非婚生子女抚养问题案
སྨ་ཚར་བུ་ཕྲུག་གསོ་སྐྱོང་གནད་དོན་གྱི་གྱོད་གཞི།

案情:
གྱོད་གཞིའི་གནས་ཚུལ།

“打狗婚俗”是走婚的一种。确某是普兰县人，一直未婚，确某在32岁时确认怀孕，在怀孕之前，确某一直和久某、嘉某、贡某、曲某四名男子保持着“打狗”关系。孩子出世后，确某一直独立抚养儿子，一直到儿子4岁时，确诊患有心脏病。住院费需一大笔钱，确某也找过这4个和她有过“打狗”关系的男子。没有人愿意承担孩子的医药费。

“ཁྱི་རྡུང་གཉེན་སྒྲིག་གི་ལུགས་སྲོལ”ནི་གཉེན་སྒྲིག་རིགས་ཤིག་ཡིན། ཆོས་ཆེ་གེ་མོ་ནི་སྤུ་ཧྲེང་གི་མི་ཡིན་ཞིང་ད་བར་ཆང་ས་བརྒྱབ་མེད་པ་དང་། ལོ་སུམ་ཅུ་སོ་གཉིས་ལ་སླེབས་སྐབས་སྦྲུ་གུ་འཁོར་ཡོད། སྦྲུ་གུ་མ་འཁོར་གོང་ཆོས་ཆེ་གེ་མོས་སྐྱེས་པ་བཞི་དང“ཁྱི་རྡུང”གི་འབྲེལ་བ་བྱས་ཡོད། སྦྲུ་གུ་སྐྱེས་རྗེས་ཆོས་ཆེ་གེ་མོས་རྟག་ཏུ་རང་གཅིག་པུས་སྦྲུ་གུ་བུ་དེ་གསོ་སྐྱོང་བྱེད་བཞིན་ཡོད། བུ་དེ་ལོ་བཞིར་སོན་སྐབས་སྙིང་ནད་ཕོག་པ་དང་། སྨན་ཁང་ལ་བསྡད་པའི་སྨན་རིན་ཆེན་པོ་ཕྱིན། ཁོ་མོས་རང་ཉིད་དང་ཁྱི་རྡུང་གི་འབྲེལ་བ་ཡོད་པའི་སྐྱེས་པ་བཞི་བཙལ་ནའང་ཁོ་ཚོས་སྦྲུ་གུའི་སྨན་རིན་གཏོང་རྒྱུ་ཁས་མ་བླངས།

孩子一出院，确某就把4个人全部告上了法庭，请求法院做亲子鉴定，让孩子的亲生父亲承担相应的医疗费和抚养费。

སྦྲུ་གུ་སྨན་ཁང་ནས་དོན་རྗེས་ཆོས་ཆེ་གེ་མོས་སྐྱེས་པ་བཞི་པོ་དེ་དག་ཚང་མ་ཁྲིམས་ལ་སྦྲར་ནས་ཁྲིམས་ཁང་གིས་སྦྲུ་གུ་སུའི་ཡིན་མིན་གསལ་འབྱེད་དང་། སྦྲུ་གུ་དེའི་ཕ་ངོ་མས་སྨན་བཅོས་ཀྱི་འགྲོ་སྒྲོན་དང་གསོ་སྐྱོང་འགྲོ་སྒྲོན་འོས་འཚམ་ཞིག་གཏོང་དགོས་རྒྱུའི་ཁྲུན་ཐག་གཅོད་རོགས་ཞུས།

分析:

དབྱེ་ཞིབ།

亲子鉴定结果显示，孩子确定为曲某的孩子。根据《中华人民共和国民法典》第一千零六十八条的规定：父母有教育、保护未成年子女的权利和义务。法院判决孩子此次医药费由孩子父母共同承担，并每月向孩子母亲支付抚养费800元。若孩子后期发生重大疾病或事故，由父母双方共同承担费用。

ཕྲུ་གུ་སུའི་ཡིན་མིན་གསལ་འབྱེད་བྱས་རྗེས། ཕྲུ་གུ་ནི་སྐྱེས་པ་བཞིའི་ནང་ནས་ཆོས་ཆེ་གེ་མོའི་ཡིན་པ་གཏན་འཁེལ་བྱུང་། 《ཀྲུང་ཧྭ་མི་དམངས་སྤྱི་མཐུན་རྒྱལ་ཁབ་ཀྱི་དམངས་དོན་ཁྲིམས་གཞུང་》གི་དོན་ཚན་ཆིག་སྟོང་བརྒྱ་མེད་དྲུག་ཅུ་རེ་བརྒྱད་ཀྱི་གཏན་འབེབས་ལ་གཞིགས་ན། ཕ་མར་ནར་མ་སོན་པའི་བུ་ཕྲུག་ལ་སློབ་གསོ་དང་། སྲུང་སྐྱོབ་བྱེད་པའི་འོས་འགན་ཡོད། ཁྲིམས་ཁང་ནས་ཕྲུ་གུའི་ད་ཐེངས་ཀྱི་སྨན་རིན་དག་ཕྲུ་གུའི་ཕ་མ་གཉིས་ནས་མཉམ་དུ་འགན་འཁུར་དགོས་པ་དང་། ཟླ་བ་རེར་ཕྲུ་གུའི་ཨ་མར་གསོ་སྐྱོང་གི་འགྲོ་གྲོན་སྒོར་༨༠༠སྤྲོད་དགོས་པ། གལ་ཏེ་ཕྲུ་གུར་ཕྱིས་འབྱུང་ནད་གཞི་ཚབས་ཆེན་པོག་པའམ་ཡང་ན་ཆག་སྒོ་བྱུང་ཚེ། ཕ་མ་ཕྱོགས་གཉིས་ཀ་ནས་འགྲོ་གྲོན་གཏོང་དགོས་པ་བཅས་ཀྱི་ཁྲིམས་ཐག་བཅད།

法律对非婚生子女和婚生子女一视同仁，但并不意味着法律鼓励、提倡未婚生育。非婚生子女在户口登记中可能面临相对繁琐的程序，甚至影响以后顺利入学，无法充分享受教育资源。因此，除非做好万全的准备或有特殊情况，尽量不要选择未婚生育。

བཅའ་ཁྲིམས་ཀྱིས་སྦ་ཚར་བུ་ཕྲུག་དང་བུ་ཕྲུག་ངོ་མར་ལྟ་སྟངས་གཅིག་པ་འཛིན་གྱི་ཡོད་མོད། འོན་ཀྱང་དེའི་ཐོག་ནས་བཅའ་ཁྲིམས་ཀྱིས་གཉེན་སྒྲིག་མ་བྱས་གོང་ཕྲུ་གུ་སྐྱེ་རྒྱུར་སྐུལ་མ་གཏོང་བ་མཚོན་མེད། སྦ་ཚར་བུ་ཕྲུག་ཐེམ་ཐོར་ཐོ་འགོད་བྱེད་སྐབས་ལྟོས་བཅས་ཀྱིས་རྙོག་དྲ་ཆེ་བའི་གོ་རིམ་བརྒྱུད་དགོས་བཟོ་ཡོད་པ་དང་། ཐ་ན་ཕྱིས་འབྱུང་སློབ་ཞུགས་ཐད་ལའང་ཤུགས་རྐྱེན་ཐེབས་ནས་སློབ་གསོའི་མཐུན་རྐྱེན་ལོངས་སྤྱོད་བྱེད་ཐབས་མེད་པ་ཆགས་སྲིད། དེར་བརྟེན་

གྲ་སྒྲིག་ཚགས་སུ་ཚུད་པ་བྱས་པའམ་ཡང་ན་དམིགས་བསལ་གྱི་གནས་ཚུལ་ཡོད་ན་མ་གཏོགས། གཉེན་སྒྲིག་མ་བྱས་གོང་ཅི་ནས་ཀྱང་ཕྲུ་གུ་སྐྱེ་མི་རུང་།

5. 已经结婚了还能和其他人同居吗？

༥.གཉེན་སྒྲིག་བྱས་ཆར་བའི་རྗེས་ད་དུང་མི་གཞན་དང་འགབ་མཐུན་མཉམ་སྡོད་བྱས་ན་འགྲིག་གམ།

不能，夫妻相互之间有忠实义务。《中华人民共和国民法典》第一千零四十二条明确规定：禁止有配偶者与他人同居。如果是以夫妻名义与他人同居的则构成重婚罪。

དེ་ནི་མི་འགྲིག་སྟེ། བཟའ་ཟླ་གཉིས་ནས་ཕན་ཚུན་ལྷག་བསམ་རྣམ་དག་བྱེད་པའི་འོས་འགན་ཡོད། 《ཀྲུང་ཧྭ་མི་དམངས་སྤྱི་མཐུན་རྒྱལ་ཁབ་ཀྱི་དམངས་དོན་ཁྲིམས་གཞུང་》གི་དོན་

ཚན་ཆིག་སྟོང་བརྒྱ་མེད་བཞི་བཅུ་ཞེ་གཉིས་ནང་། བཟའ་ཟླ་ཡོད་མཁན་ཡིན་ཚེ། མི་གཞན་དང་འགབ་མཐུན་མཉམ་སྡོད་བྱེད་མི་རུང་བ་དང་། གལ་སྲིད་བཟའ་ཟླ་ཡིན་པའི་མིང་ཐོག་ནས་མི་གཞན་དང་འགབ་མཐུན་མཉམ་སྡོད་བྱས་ཚེ་གཉེན་སྒྲིག་ཉེས་བརྩེགས་ཀྱི་ཉེས་པ་བསགས་པ་གཏན་འབེབས་ཁ་གསལ་བྱས་ཡོད།

6. 非婚生子女能够继承生父（母）的财产吗？

༦. སྒོ་ཚར་བུ་ཕྲུག་གིས་པའམ་མ་ངོ་མའི་རྒྱ་ནོར་རྒྱུན་འཛིན་བྱས་ཆོག་གམ།

《中华人民共和国民法典》第一千一百二十七条中规定：配偶、子女、父母是第一顺位法定继承人，子女包括婚生子女、非婚生子女、养子女和有抚养关系的继子女。

《ཀྲུང་ཧྭ་མི་དམངས་སྤྱི་མཐུན་རྒྱལ་ཁབ་ཀྱི་དམངས་དོན་ཁྲིམས་གཞུང་》གི་དོན་ཚན་ཆིག་སྟོང་བརྒྱ་དང་ཉི་ཤུ་རྩ་བདུན་ནང་། བཟའ་ཟླ་དང་བུ་ཕྲུག ཕ་མ་བཅས་ནི་ཁྲིམས་བཀོད་རྒྱུན་འཛིན་པ་དང་པོ་དེ་ཡིན་པ་དང་། བུ་ཕྲུག་ནང་གཉེན་སྒྲིག་བྱས་ཏེ་སྐྱེས་པའི་བུ་ཕྲུག་དང་སྒོ་ཚར་བུ་ཕྲུག ཡང་ན་གསོ་ཉར་དང་གསོ་སྐྱོང་གི་འབྲེལ་བ་ཡོད་པའི་བུ་ཕྲུག་བཅས་ཚུད་ཡོད་པ་གཏན་འབེབས་བྱས་ཡོད།

7. 结婚后，别人赠与的钱财也是夫妻共同财产吗？

༧. གཉེན་སྒྲིག་བྱས་རྗེས་མི་གཞན་གྱིས་སྩེར་བའི་རྒྱ་དངུལ་དག་བཟའ་ཚོ་ཐུན་མོང་གི་རྒྱ་ནོར་ཡིན་ནམ།

夫妻之间没有对夫妻关系存续期间的财产问题进行书面约定的，或者约定不明确的。此种情况下，应按照《中华人民共和国民法典》第一千零六十二条、第一千零六十三条的规定进行确认。被继承人和赠与人没有明确说明只归夫妻一方的，为夫妻共同财产；被继承人和赠与人明确说明只归一方的，属于夫妻一方的个人财产，另一方不能因此而主张权利。

བཟའ་ཚང་དབར་བཟའ་ཚང་གི་འབྲེལ་བ་གནས་ཡུན་སྐབས་ཀྱི་རྒྱུ་ནོར་གནད་དོན་ཐད་ཡིག་ཐོག་གི་ཁ་ཆད་མེད་པ་དང་། ཡང་ན་ཁ་ཆད་གསལ་པོ་བྱས་མེད་ཚེ། 《ཀྲུང་ཧྭ་མི་དམངས་སྤྱི་མཐུན་རྒྱལ་ཁབ་ཀྱི་དམངས་དོན་ཁྲིམས་གཞུང་》གི་དོན་ཚན་ཆིག་སྟོང་བརྒྱ་མེད་དྲུག་ཅུ་རེ་གཉིས་པར་གཞིགས་ནས་གཏན་འཁེལ་བྱེད་དགོས། རྒྱུན་འཛིན་བྱེད་མཁན་དང་སྦྱིར་མཁན་གཉིས་ཀྱི་དབར་བཟའ་ཟླ་ཕྱོགས་གང་རུང་གཅིག་ལ་བདག་པ་གསལ་བཤད་བྱས་མེད་ཚེ། དེ་ནི་བཟའ་ཚང་ཐུན་མོང་གི་རྒྱུ་ནོར་ཡིན། རྒྱུན་འཛིན་བྱེད་མཁན་དང་སྦྱིར་མཁན་དབར་ཕྱོགས་གང་རུང་ཞིག་ལ་བདག་པའི་གསལ་བཤད་བྱས་ཡོད་ཚེ། དེ་ནི་བཟའ་ཟླ་ཕྱོགས་གཅིག་སྟེ་མི་སྒེར་གྱི་རྒྱུ་ནོར་ཡིན། ཕྱོགས་གཞན་དེས་དེའི་ཐད་བདག་དབང་ཡོད་པའི་འདོད་ཚུལ་འཛིན་མི་རུང་།

夫妻之间对夫妻关系存续期间所得的财产归属有书面约定，且约定明确有效的。在这种情况下，夫妻一方因继承或接受赠与所得的财产应该按照夫妻之间的财产约定来确定权属。《中华人民共和国民法典》第一千零六十五条明确规定：夫妻对婚姻关系存续期间所得的财产以及婚前财产的约定，对双方具有约束力。未经对方同意，一方不能单方面违反约定。

བཟའ་ཚང་དབར་བཟའ་ཚང་གི་འབྲེལ་བ་གནས་ཡུན་སྐབས་ལ་ཐོབ་པའི་རྒྱུ་ནོར་བདག་ཁོངས་ཐད་ཡིག་ཐོག་གི་ཁ་ཆད་ཡོད་པ་མ་ཟད། ཁ་ཆད་གསལ་པོ་ཡོད་ཚེ་དེ་ནི་གོ་ཆོད་ཀྱི་ནུས་པ་ལྡན་པ་ཞིག་ཡིན། གནས་ཚུལ་དེ་རིགས་འོག བཟའ་ཚང་ཕྱོགས་གཅིག་གིས་རྒྱུན་འཛིན་དང་སྦྱིར་བ་དང་ལེན་བྱས་ཏེ་ཐོབ་པའི་རྒྱུ་ནོར་ནི། བཟའ་ཚང་དབར་གྱི་རྒྱུ་ནོར་ཁ་ཆད་ལ་གཞིགས་ནས་བདག་ཁོངས་གཏན་འཁེལ་བྱེད་དགོས། 《ཀྲུང་ཧྭ་མི་དམངས་སྤྱི་མཐུན་རྒྱལ་ཁབ་ཀྱི་དམངས་དོན་ཁྲིམས་གཞུང་》གི་དོན་ཚན་ཆིག་སྟོང་བརྒྱ་མེད་དྲུག་ཅུ་རེ་ལྔ་པར་བཟའ་ཚང་གཉིས་ཀྱིས་བཟའ་ཚང་གི་འབྲེལ་བ་གནས་ཡུན་ཡིན་པའི་སྐབས་བྱུང་བའི་རྒྱུ་ནོར་དང་། དེ་བཞིན་གཉེན་སྒྲིག་མ་བྱས་གོང་གི་རྒྱུ་ནོར་ཐད་ཁ་ཆད་བཞག་ཡོད་ཚེ། དེས་བཟའ་ཚང་ཕྱོགས་གཉིས་ཀར་ཚོད་འཛིན་གྱི་ནུས་པ་ལྡན་པ་ཡིན། ཕྱོགས་གཅིག་གིས་མོས་མཐུན་མ་བྱས་པར་

ཕྱོགས་གཞན་དེས་རང་དགར་ཁ་ཆད་ལས་འགལ་མི་རུང་བ་བཅས་ཀྱི་གཏན་འབེབས་གསལ་པོ་བྱས་ཡོད།

8.什么是离婚冷静期?

༨. གང་འདྲ་ཞིག་ལ་གཉེན་སྒྲིག་བབ་བརླིང་གི་དུས་མཚམས་ཟེར་རམ།

《中华人民共和国民法典》第一千零七十七条规定了为期三十天的离婚冷静期。自婚姻登记机关收到离婚登记申请之日起三十日内，任何一方不愿意离婚的，可以向婚姻登记机关撤回离婚登记申请。前款规定期限届满后三十日内，双方应当亲自到婚姻登记机关申请发给离婚证；未申请的，视为撤回离婚登记申请。

《ཀྲུང་ཧྭ་མི་དམངས་སྤྱི་མཐུན་རྒྱལ་ཁབ་ཀྱི་དམངས་དོན་ཁྲིམས་གཞུང་》གི་དོན་ཚན་ཆིག་སྟོང་བརྒྱ་མེད་བདུན་ཅུ་དོན་བདུན་པའི་ནང་། ཉིན་སུམ་ཅུའི་རིང་གི་གཉེན་སྒྲིག་བབ་བརླིང་གི་དུས་མཚམས་གཏན་འཕེལ་བྱས་ཡོད། གཉེན་སྒྲིག་ཐོ་འགོད་ལས་ཁུངས་ལ་བཟའ་ཚང་ཁ་བྲལ་གྱི་ཐོ་འགོད་རེ་ཞུ་འབུལ་ཚུན་གྱི་ཉིན་སུམ་ཅུའི་ནང་། ཕྱོགས་གང་རུང་ཞིག་གིས་ཁ་འབྲལ་འདོད་མེད་ཚེ། གཉེན་སྒྲིག་ཐོ་འགོད་ལས་ཁུངས་ནས་ཁ་བྲལ་ཐོ་འགོད་ཀྱི་རེ་ཞུ་ཕྱིར་འཐེན་བྱས་ཆོག གོང་གསལ་གཏན་འབེབས་ཀྱི་དུས་བཀག་ཡོལ་ནས་ཉིན་སུམ་ཅུ་ཕྱིན་ཚེ། བཟའ་ཚང་གཉིས་ཀ་གཉེན་སྒྲིག་ཐོ་འགོད་ལས་ཁུངས་ལ་དངོས་སུ་ཕྱིན་ནས་ཁ་བྲལ་གྱི་ལག་ཁྱེར་སྤྲོད་རྒྱུའི་རེ་ཞུ་བྱེད་དགོས། རེ་ཞུ་མ་བྱས་ཚེ། ཁ་བྲལ་ཐོ་འགོད་ཀྱི་རེ་ཞུ་ཕྱིར་འཐེན་བྱས་པར་བརྩི་བ་ཡིན།

9.哪些情况算重婚?

༩. གནས་ཚུལ་གང་དག་གཉེན་སྒྲིག་ཉིས་བརྩེགས་ལ་བརྩི་བ་ཡིན་ནམ།

《中华人民共和国民法典》第一千零四十二条第二款中规定：禁止重婚。以下形式为重婚的表现：

《ཀྲུང་ཧྭ་མི་དམངས་སྤྱི་མཐུན་རྒྱལ་ཁབ་ཀྱི་དམངས་དོན་ཁྲིམས་གཞུང་》གི་དོན་ཚན་ཆིག་སྟོང་བརྒྱ་མེད་བཞི་བཅུ་ཞེ་གཉིས་པའི་དོན་ཚན་གཉིས་པར་གཉེན་སྒྲིག་ཉིས་བརྩེགས་བྱེད་མི་ཉུང་བའི་གཏན་འབེབས་བྱས་ཡོད་ཅིང་། གཤམ་གསལ་གྱི་གནས་ཚུལ་རིགས་ཡོད་ཚེ་གཉེན་སྒྲིག་ཉིས་བརྩེགས་ལ་བརྩི་བ་སྟེ།

（1）有配偶者再次结婚；

（༡）བཟའ་ཟླ་ཡོད་བཞིན་དུ་གཉེན་སྒྲིག་བྱེད་པ།

（2）有配偶者与他人以夫妻名义同居，且周围群众认为他们是夫妻；

（༢）བཟའ་ཟླ་ཡོད་བཞིན་དུ་མི་གཞན་དང་བཟའ་ཚང་གི་མིང་ཐོག་ནས་འགབ་མཐུན་མཉམ་སྡོད་བྱེད་པ་མ་ཟད། ཉེ་འཁོར་གྱི་མིས་ཁོ་གཉིས་བཟའ་ཟླ་ཡིན་པར་ངོས་འཛིན་བྱེད་པ།

（3）明知他人有配偶仍与之结婚；

（༣）མི་གཞན་ལ་བཟའ་ཟླ་ཡོད་པ་གསལ་པོ་ཤེས་བཞིན་དུ་དེ་དང་གཉེན་སྒྲིག་བྱེད་པ།

（4）明知他人有配偶仍以夫妻名义与之同居，且周围邻居认为他们是夫妻关系。

（༤）མི་གཞན་ལ་བཟའ་ཟླ་ཡོད་པ་གསལ་པོ་ཤེས་བཞིན་དུ་བཟའ་ཚང་གི་མིང་ཐོག་ནས་འགབ་མཐུན་མཉམ་སྡོད་བྱེད་པ་མ་ཟད། ཉེ་འཁོར་གྱི་མིས་ཁོ་གཉིས་ནི་བཟའ་ཟླའི་འབྲེལ་བ་ཡིན་པར་ངོས་འཛིན་བྱེད་པ།

10.我的老公在婚前就患有糖尿病，但却未如实告知我，我可以要求撤销婚姻吗？

༡༠.ངའི་ཁྱོ་ག་ར་གཉེན་སྒྲིག་མ་བྱས་གོང་ནས་གཅིན་པ་མངར་འགྱུར་གྱི་ནད་ཡོད་ན་ཡང་། ངར་གནས་ཚུལ་ངོ་མ་བཤད་མ་ཐུབ་ངས་ཁ་འབྲལ་རྒྱུའི་རེ་བ་བཏོན་ན་འགྲིག་གམ།

《中华人民共和国民法典》第一千零五十三条规定：一方患有重大疾病的，应当在结婚登记前如实告知另一方；不如实告知的，另一方可以向人民法院请求撤销婚姻。请求撤销婚姻的，应当自知道或者应当知道撤销事由之日起一年内提出。

《ཀྲུང་ཧྭ་མི་དམངས་སྤྱི་མཐུན་རྒྱལ་ཁབ་ཀྱི་དམངས་དོན་ཁྲིམས་གཞུང་》གི་དོན་ཚན་ཆིག་སྟོང་བརྒྱ་མེད་ལྔ་བཅུ་ང་གསུམ་ནང་། ཕྱོགས་གཅིག་ལ་ནད་གཞི་ཚབས་ཆེན་ཡོད་ཚེ། གཉེན་སྒྲིག་ཐོ་འགོད་མ་བྱས་གོང་ཕྱོགས་གཞན་དེར་གནས་ཚུལ་དྲང་པོར་ཤོད་དགོས། གནས་ཚུལ་དྲང་པོར་མ་བཤད་ཚེ། ཕྱོགས་གཞན་དེས་མི་དམངས་ཁྲིམས་ཁང་ལ་བཟའ་ཚང་ཁ་འབྲལ་རྒྱུའི་རེ་ཞུ་བྱེད་ཆོག ཁ་འབྲལ་རྒྱུའི་རེ་བ་འདོན་མཁན་དེས་གནས་ཚུལ་དེ་ཤེས་པའམ་ཤེས་དགོས་ངེས་ཀྱི་སྐབས་ནས་བཟུང་ལོ་གཅིག་གི་ནང་རེ་བ་དེ་འདོན་དགོས།

11.在什么情况下，男方不得提出离婚？

༡༡.གནས་ཚུལ་གང་འདྲ་ཞིག་གི་འོག་སྐྱེས་པས་གཉེན་སྒྲིག་ཁ་བྲལ་གྱི་རེ་བ་འདོན་མི་ཆོག་གམ།

《中华人民共和国民法典》第一千零八十二条规定：女方在怀孕期间、分娩后一年内或者终止妊娠后六个月内，男方不得提出离婚；但是，女方提出离婚或者人民法院认为确有必要受理男方离婚请求的除外。

《ཀྲུང་ཧྭ་མི་དམངས་སྤྱི་མཐུན་རྒྱལ་ཁབ་ཀྱི་དམངས་དོན་ཁྲིམས་གཞུང་》གི་དོན་ཚན་ཆིག་སྟོང་བརྒྱ་མེད་བརྒྱད་བཅུ་གྱ་གཉིས་པར། བུད་མེད་ལ་མངལ་འཁོར་རིང་དང་། ཕྲུ་གུ་སྐྱེས་ནས་ལོ་གཅིག་ལས་མ་སོང་བའམ། ཡང་ན་མངལ་ཆགས་ནས་ཟླ་བ་དྲུག་ལས་མ་སོང་བའི་ནང་སྐྱེས་པས་བཟའ་ཚང་ཁ་འབྲལ་རྒྱུའི་རེ་བ་འདོན་མི་ཆོག་པའི་གཏན་འབེབས་བྱས་ཡོད། འོན་ཀྱང་བུད་མེད་ཕྱོགས་ནས་ཁ་འབྲལ་རྒྱུའི་རེ་བ་བཏོན་པ་དང་། ཡང་ན་མི་དམངས་ཁྲིམས་ཁང་ནས་སྐྱེས་པས་བཏོན་པའི་ཁ་འབྲལ་རྒྱུའི་རེ་ཞུ་བདག་སྐྱོང་བྱ་རྒྱུའི་དགོས་པ་དངོས་འབྲེལ་ཡོད་ཚེ་དེའི་ནང་མི་ཚུད།

12.我被家暴了，我该怎么办？

༡༢.ཁྱིམ་ཚང་གི་གདུམ་སྤྱོད་ཐོག་ན་གང་འདྲ་བྱེད་དགོས་སམ།

《中华人民共和国民法典》第一千零四十二条中规定：禁止家庭暴力。禁止家庭成员间的虐待和遗弃。妇女若遭遇家庭暴力，可采取以下措施：

《ཀྲུང་ཧྭ་མི་དམངས་སྤྱི་མཐུན་རྒྱལ་ཁབ་ཀྱི་དམངས་དོན་ཁྲིམས་གཞུང་》གི་དོན་ཚན་ཆིག་སྟོང་བརྒྱ་མེད་བཞི་བཅུ་ཞེ་གཉིས་པར། ཁྱིམ་ཚང་གི་གདུམ་སྤྱོད་བཟུང་མི་ཆོག་པ་དང་། ཁྱིམ་ཚང་གི་ཁོངས་མིའི་དབར་མནར་གཅོད་དང་བསྐྱུར་བ་སོགས་བྱེད་མི་རུང་བའི་གཏན་འབེབས་བྱས་ཡོད། བུད་མེད་ལ་གལ་སྲིད་ཁྱིམ་ཚང་གི་གདུམ་སྤྱོད་ཐོག་ཚེ། གཤམ་གསལ་གྱི་བྱ་ཐབས་ཁག་བཟུང་ཆོག་པ་སྟེ།

（1）依据刑事诉讼法的有关规定向人民法院上诉；

（༡）ཉེས་དོན་ཞུ་གཏུག་བཅའ་ཁྲིམས་ཀྱི་འབྲེལ་ཡོད་གཏན་འབེབས་ལྟར་ཞུ་གཏུག་བྱས་ཆོག

（2）对于暴力致受害妇女重伤、死亡的，受害妇女或其近亲属可以向公安机关报案，向人民法院应当依法提起公诉；

（༢）གདུག་རྩུབ་ཀྱིས་གནོད་འཚེ་ཕོག་པའི་བུད་མེད་ལ་རྨས་སྐྱོན་ཚབས་ཆེན་བཟོས་པ་དང་། ཡང་ན་གྲོངས་ཚེ། སྤྱི་བདེ་ལས་ཁུངས་ལ་ཀྲོད་དོན་སྙན་སེང་ཞུས་ཆོག་པ་དང་། མི་དམངས་ཁྲིམས་ཁང་ལ་ཁྲིམས་ལྟར་གཞུང་གཏུག་བྱས་ཆོག

（3）行为轻微的，可向当地居委会(村委会)请求处理；

（༣）གནས་ཚུལ་ཚབས་ཆེན་མེད་ཚེ། ས་གནས་དེ་གའི་གྲོང་མི་ཨུ་ཡོན་ལྷན་ཁང་（གྲོང་ཚོ་ཨུ་ཡོན་ལྷན་ཁང་）ལ་ཐག་གཅོད་བྱེད་རོགས་ཞུས་ཆོག

（4）可以向妇女组织投诉，妇女组织应当要求有关部门或单位查处。

（༤）བུད་མེད་རྩ་འཛུགས་ལ་ཞུ་གཏུག་བྱས་ཆོག་པ་དང་། བུད་མེད་རྩ་འཛུགས་ནས་འབྲེལ་ཡོད་སྡེ་ཁག་དང་ཡང་ན་ཚན་པར་ཐག་གཅོད་བྱ་རྒྱུའི་རེ་བ་བཏོན་ཆོག

13.夫妻双方诉讼离婚要符合哪些条件？

༡༣.བཟའ་ཚང་ཕྱོགས་གཉིས་ཟོས་ཁ་འབྲལ་རྒྱུའི་ཞུ་གཏུག་བྱས་ཚེ། ཆ་རྐྱེན་གང་དང་མཐུན་དགོས་སམ།

《中华人民共和国民法典》第一千零七十九条规定：夫妻一方要求离婚的，可以由有关组织进行调解或者直接向人民法院提起离婚诉讼。

《ཀྲུང་ཧྭ་མི་དམངས་སྤྱི་མཐུན་རྒྱལ་ཁབ་ཀྱི་དམངས་དོན་ཁྲིམས་གཞུང་》གི་དོན་ཚན་ཆིག་སྟོང་བརྒྱ་མེད་བདུན་ཅུ་དོན་དགུ་པར། བཟའ་ཚང་གཉིས་ནས་ཕྱོགས་གཅིག་གིས་ཁ་འབྲལ་རྒྱུའི་རེ་བ་བཏོན་ཚེ། འབྲེལ་ཡོད་རྩ་འཛུགས་ཀྱིས་འདུམ་འགྲིག་བྱེད་པའམ་ཡང་ན་ཐད་ཀར་མི་དམངས་ཁྲིམས་ཁང་ལ་ཁ་འབྲལ་རྒྱུའི་ཞུ་གཏུག་བྱས་ཆོག

有下列情形之一，调解无效的，应当准予离婚:

གཤམ་གསལ་གྱི་གནས་ཚུལ་རིགས་ཡོད་པའི་དབང་གིས། འདུམ་འགྲིག་བྱས་ཀྱང་ཕན་ཐོགས་མེད་ཚེ། ཁ་བྲལ་དུ་འཇུག་དགོས་པ་སྟེ།

（1）重婚或者与他人同居；

（༡）གཉེན་སྒྲིག་ཉིས་བརྩེགས་སམ་ཡང་ན་མི་གཞན་དང་འགྲོགས་མཐུན་མཉམ་སྡོད་བྱས་པ།

（2）实施家庭暴力或者虐待、遗弃家庭成员；

（༢）ཁྱིམ་ཚང་གི་གདུག་སྤྱོད་དང་མནར་གཅོད་ཐོག་པ། ཁྱིམ་ཚང་གི་ཁོངས་མི་བསྐྱུར་བ།

（3）有赌博、吸毒等恶习屡教不改；

（༣）རྒྱན་འཛུགས་དང་དུག་འཐེན་པ་སོགས་གོམས་གཤིས་ངན་པ་ཡོད་པར་བསླབ་བྱ་ཡང་ཡང་བྱས་ཀྱང་བསྒྱུར་བཅོས་མི་བྱེད་པ།

（4）因感情不和分居满二年；

（༤）བརྩེ་དུང་ཐད་མ་མཐུན་རྐྱེན་ལོགས་བཀར་བསྡད་ནས་ལོ་གཉིས་ཟིན་པ།

（5）其他导致夫妻感情破裂的情形。

（༥）ད་དུང་བཟའ་ཚང་གི་བརྩེ་དུང་མེད་པར་ཆགས་པའི་གནས་ཚུལ་གཞན་དག

14.我远嫁在外地，家中还有哥哥，父母的遗产我能继承吗？

༡༤. ང་ས་གནས་གཞན་ལ་བག་མར་སྐྱེར་ཟིན་ཞིང་། ཁྱིམ་དུ་ད་དུང་གཅེན་པོ་དང་ཕ་མའི་ཤུལ་རྫས་ཡོད་པས་ངས་རྒྱུན་འཛིན་བྱས་ཆོག་གམ།

能。《中华人民共和国民法典》第一千一百二十六条规定：继承权男女平等。出嫁的女儿同样有继承权，该继承权并不因其是否出嫁而丧失。

རྒྱུན་འཛིན་བྱས་ཆོག་སྟེ། 《ཀྲུང་ཧྭ་མི་དམངས་སྤྱི་མཐུན་རྒྱལ་ཁབ་ཀྱི་དམངས་དོན་ཁྲིམས་གཞུང་》གི་དོན་ཚན་ཆིག་སྟོང་བརྒྱ་དང་ཉི་ཤུ་རྩ་དྲུག་པར། ཤུལ་འཛིན་བྱེད་དབང་ནི་ཕོ་མོ་འདྲ་མཉམ་ཡིན་ཞིང་། བག་མར་སྐྱེར་བའི་བུ་མོར་ཤུལ་འཛིན་བྱེད་པའི་དབང་ཆ་གཅིག་མཚུངས་ཡོད། ཤུལ་འཛིན་བྱེད་དབང་དེ་བག་མར་སྐྱེར་ཟིན་པའི་རྐྱེན་གྱིས་མེད་པར་འགྱུར་མེད།

15.家里实在太困难，可以不让小孩上学吗？

༧༥. ཁྱིམ་ཚང་ལ་དཀའ་ངལ་ཆེ་བས་ཕྲུ་གུ་སློབ་གྲྭར་མ་བཏང་ན་འགྲིག་གམ།

不可以。根据《中华人民共和国未成年人保护法》规定：父母或者其他监护人应当尊重未成年人接受教育的权利，必须使适龄未成年人按照规定接受义务教育，不得使在校接受义务教育的未成年人辍学。

དེ་ནི་མི་འགྲིག་སྟེ། 《ཀྲུང་ཧྭ་མི་དམངས་སྤྱི་མཐུན་རྒྱལ་ཁབ་ཀྱི་ནར་མ་སོན་པའི་མིའི་སྲུང་སྐྱོང་བཅའ་ཁྲིམས་》ཀྱི་གཏན་འབེབས་ལ་གཞིགས་ན། ཕ་མ་དང་ཡང་ན་ལྟ་སྐྱོང་པས་ནར་མ་སོན་པའི་མིའི་སློབ་གསོ་དང་ལེན་བྱེད་པའི་དབང་ཆར་བརྩི་འཇོག་བྱས་ཐོག ངེས་པར་དུ་སློབ་ལོ་ལོན་ཞིང་ནར་མ་སོན་པའི་མིར་གཏན་འབེབས་ལྟར་འོས་འགན་སློབ་གསོ་དང་ལེན་བྱེད་དུ་འཇུག་དགོས་པ་ལས། འོས་འགན་སློབ་གསོ་དང་ལེན་བྱེད་བཞིན་པའི་ནར་མ་སོན་པའི་མི་སློབ་གྲྭར་འགྲོ་མཚམས་ཆད་མི་རུང་།

16.我年纪大了，可以要求我的子女给我赡养费吗？

༡༦.ང་ལོ་ཆེན་པོར་སླེབས་པས་ངའི་བུ་ཕྲུག་ལ་ངར་ཞབས་ཏོག་འགྲོ་གྲོན་སྤྲོད་རྒྱུའི་རེ་བ་བཏོན་ན་འགྲིག་གམ།

可以。《中华人民共和国民法典》第一千零六十七条中规定：成年子女不履行赡养义务的，缺乏劳动能力或者生活困难的父母，有要求成年子女给付赡养费的权利。

དེ་ནི་འགྲིག་པ་ཡིན་ཏེ། 《ཀྲུང་ཧྭ་མི་དམངས་སྤྱི་མཐུན་རྒྱལ་ཁབ་ཀྱི་དམངས་དོན་ཁྲིམས་གཞུང་》གི་དོན་ཚན་ཆིག་སྟོང་བརྒྱ་མེད་དྲུག་ཅུ་རེ་བདུན་པར། ནར་སོན་པའི་བུ་ཕྲུག་གིས་ཞབས་ཏོག་གི་འོས་འགན་མ་སྒྲུབ་ཚེ། ངལ་རྩོལ་གྱི་ནུས་པ་མེད་པ་དང་། ཡང་ན་འཚོ་བའི་ཐད་དཀའ་ངལ་ཡོད་པའི་ཕ་མས་ནར་སོན་པའི་བུ་ཕྲུག་ལ་ཞབས་ཏོག་གི་འགྲོ་གྲོན་སྤྲོད་རྒྱུའི་རེ་བ་འདོན་པའི་དབང་ཆ་ཡོད་པ་གཏན་འབེབས་བྱས་ཡོད།

七、农民工权益

བདུན་པ། ཞིང་པ་གླ་པའི་ཁེ་དབང་།

1 .我进城打工，用人单位不签劳动合同怎么办？

༡.ང་གྲོང་ཁྱེར་ནང་གླ་པར་འགྲོ་སྐབས་ལས་མི་བཀོལ་སྤྱོད་ཚན་པས་ངལ་རྩོལ་གན་རྒྱ་མ་བཞག་ན་ག་ང་འདྲ་བྱེད་དགོས་སམ།

《中华人民共和国劳动法》第十六条规定：建立劳动关系应当订立劳动合同。用人单位招收农民工同样要与农民工签订劳动合同。若用人单位未签订劳动合同，可采取以下措施：

དེའང་《ཀྲུང་ཧྭ་མི་དམངས་སྤྱི་མཐུན་རྒྱལ་ཁབ་ཀྱི་ངལ་རྩོལ་བཅའ་ཁྲིམས་》ཀྱི་དོན་ཚན་བཅུ་དྲུག་པའི་ནང་ངལ་རྩོལ་གྱི་འབྲེལ་བ་འཛུགས་སྐབས། ངལ་རྩོལ་གྱི་གན་རྒྱ་འཛོག་དགོས་པ། ལས་མི་བཀོལ་སྤྱོད་ཚན་པས་ཞིང་པ་གླ་པ་བསྡུ་སྐབས། དེ་དང་འདྲ་བར་ཞིང་པ་གླ་པ་དང་ངལ་རྩོལ་གན་རྒྱ་འཛོག་དགོས་པའི་གཏན་འབེབས་བྱས་ཡོད། གལ་སྲིད་ལས་མི་བཀོལ་སྤྱོད་ཚན་པས་ངལ་རྩོལ་གན་རྒྱ་མ་བཞག་ཚེ་གཤམ་གསལ་གྱི་བྱ་ཐབས་ཁག་བཟུང་ཆོག་པ་སྟེ།

（1）直接向用人单位提出签订劳动合同的要求；

（༡）ལས་མི་བཀོལ་སྤྱོད་ཚན་པར་ཐད་ཀར་ངལ་རྩོལ་གན་རྒྱ་འཛོག་རྒྱུའི་རེ་བ་འདོན་ཆོག

（2）如果用人单位有工会组织，就业者也可以向工会反映情况，请工会出面向用人单位提出要求；

（༢）གལ་སྲིད་ལས་མི་བཀོལ་སྤྱོད་ཚན་པར་བཟོ་ཚོགས་རྩ་འཛུགས་ཡོད་ན། ལས་ཞུགས་བྱེད་མཁན་གྱིས་བཟོ་ཚོགས་ལ་ཡང་གནས་ཚུལ་བཤད་ཆོག་ཆོག བཟོ་ཚོགས་ནས་ལས་མི་བཀོལ་སྤྱོད་ཚན་པར་རེ་བ་འདོན་ཆོག

（3）如果用人单位执意不肯签订劳动合同，就业者可以向用人单位所在地区的劳动行政部门反映情况，由劳动行政部门督促用人单位与就业者签订劳动合同。

（༣）གལ་སྲིད་ལས་མི་བཀོལ་སྤྱོད་ཚན་པས་ཁང་བཙུགས་ནས་ངལ་རྩོལ་གན་རྒྱ་མ་བཞག་ཚེ། ལས་ཞུགས་པས་ལས་མི་བཀོལ་སྤྱོད་ཚན་པ་གནས་སའི་ས་ཁུལ་གྱི་ངལ་རྩོལ་སྲིད་འཛིན་སྡེ་ཁག་ལ་གནས་ཚུལ་དེ་བཤད་ཆོག ངལ་རྩོལ་སྲིད་འཛིན་སྡེ་ཁག་ནས་ལས་མི་བཀོལ་སྤྱོད་ཚན་པར་ལས་ཞུགས་དང་ངལ་རྩོལ་གན་རྒྱ་འཛོག་རྒྱུར་སྐུལ་མ་བཏང་ཆོག

2.劳动合同必备的条款有哪些呢？

༢. ངལ་རྩོལ་གན་རྒྱར་དགོས་ངེས་ཀྱི་དོན་ཚན་གང་དག་ཡོད་དམ།

（1）劳动合同期限；

（༡）ངལ་རྩོལ་གན་རྒྱའི་དུས་བཀག

（2）工作内容；

（༢）ལས་ཀའི་ནང་དོན།

（3）劳动保护和劳动条件；

（༣）ངལ་རྩོལ་སྲུང་སྐྱོབ་དང་ངལ་རྩོལ་ཆ་རྐྱེན།

（4）劳动报酬；

（༤）ངལ་རྩོལ་སྒྲིག་ཁྲིམས།

（5）劳动纪律；

（༥）ངལ་རྩོལ་སྒྲིག་ཁྲིམས།

（6）劳动合同终止的条件；

（༦）ངལ་རྩོལ་གན་རྒྱ་མཇུག་བསྒྲིལ་བའི་ཆ་རྐྱེན།

（7）违反劳动合同的责任。

（༧）ངལ་རྩོལ་གན་རྒྱ་ལས་འགལ་བའི་འགན་འཁྲི།

（8）劳动合同除上述规定的必备条款外，当事人可以协商约定其他内容。

（༨）ངལ་རྩོལ་གན་རྒྱར་གོང་གསལ་གཏན་འབེབས་ཀྱི་དགོས་ངེས་ནང་ཚན་ཕུད། དོ་བདག་མི་སྣས་གྲོས་མོལ་བྱས་ནས་ནང་དོན་གཞན་དག་ཁ་ཆད་བྱས་ཆོག

3.我和用人单位签署了劳动合同，现在我不想干了，我可以随时走吗？

༣.ང་དང་ལས་མི་བཀོལ་སྤྱོད་ཚན་པའི་དབར་ངལ་རྩོལ་གན་རྒྱ་བཞག་ཡོད། ད་ཆ་ང་ལས་ཀ་དེ་བྱེད་འདོད་མི་འདུག་པས་ག་དུས་འདོན་ནའང་འགྲིག་གམ།

《中华人民共和国劳动法》第三十一、三十二条规定：劳动者解除劳动合同，应当提前30日以书面形式通知用人单位。有下列情形之一的，可以随时通知用人单位解除劳动合同：

《ཀྲུང་ཧྭ་མི་དམངས་སྤྱི་མཐུན་རྒྱལ་ཁབ་ཀྱི་ངལ་རྩོལ་བཅའ་ཁྲིམས་》ཀྱི་དོན་ཚན་སུམ་ཅུ་སོ་གཅིག་དང་སོ་གཉིས་པར། ངལ་རྩོལ་པས་ངལ་རྩོལ་གྱི་གན་རྒྱ་མེད་པ་བཟོ་རྩིས་ཡོད་ཚེ། ཉིན་སུམ་ཅུའི་སྔ་ནུར་དུ་ཡིག་ཐོག་ནས་ལས་མི་བཀོལ་སྤྱོད་ཚན་པར་བརྡ་སྤྲོད་དགོས། གཤམ་གསལ་གྱི་གནས་ཚུལ་རིགས་ཡོད་ཚེ། ལས་མི་བཀོལ་སྤྱོད་ཚན་པར་ག་དུས་ཡིན་ནའང་ངལ་རྩོལ་གན་རྒྱ་མེད་པ་བཟོ་རྒྱུའི་བརྡ་བཏང་ཆོག་པ་སྟེ།

（1）在试用期内；

（༡）ཚོད་ལྟའི་བཀོལ་སྤྱོད་བྱེད་པའི་དུས་མཚམས་ནང་།

（2）用人单位以暴力、威胁或者非法限制人身自由的手段强迫劳动的；

（༢）ལས་མི་བཀོལ་སྤྱོད་ཚན་པས་དྲག་ཤུགས་དང་འཇིགས་སྐུལ། ཡང་ན་ཁྲིམས་འགལ་ངང་མི་ལུས་རང་དབང་ལ་ཚོད་འཛིན་བྱེད་པ་བཅས་ཀྱི་ཐབས་ཇུས་བོག་ནས་བཙན་ཤེད་ཀྱིས་ངལ་རྩོལ་བྱེད་དུ་འཇུག་པ།

（3）用人单位未按照合同约定支付劳动报酬或者提供劳动条件的。

（༣）ལས་མི་བཀོལ་སྤྱོད་ཚན་པས་ངལ་རྩོལ་གན་རྒྱའི་ཁ་ཆད་ལྟར་ངལ་རྩོལ་གླ་ཆ་མ་སྤྲོད་པ་དང་། ཡང་ན་ངལ་རྩོལ་གྱི་ཆ་རྐྱེན་བསྟན་པ།

4.我在工作当中受伤了，公司便把我开除，这合法吗？

༤.ང་ལས་ཀ་བྱེད་སྐབས་རྨས་སྐྱོན་ཐོག་རྗེས་ཀུང་སིས་ཕྱིར་འབུད་བྱས་བྱུང་བས་དེ་ནི་ཁྲིམས་མཐུན་ཡིན་ནམ།

不合法。根据《中华人民共和国劳动法》第二十九条的规定：劳动者患职业病或者因工负伤并被确认丧失或者部分丧失劳动能力的，用人单位不得解除劳动合同。

དེ་ནི་ཁྲིམས་མཐུན་མ་ཡིན་ཏེ། 《ཀྲུང་ཧྭ་མི་དམངས་སྤྱི་མཐུན་རྒྱལ་ཁབ་ཀྱི་ངལ་རྩོལ་བཅའ་ཁྲིམས་》ནང་གི་དོན་ཚན་ཉི་ཤུ་རྩ་དགུ་པར། ངལ་རྩོལ་པར་ལས་རིགས་ཀྱི་ནད་ཐོག་པ་དང་ཡང་ན་ལས་ཀའི་རྐྱེན་གྱིས་རྨས་སྐྱོན་ཐོག་པ་མ་ཟད། ངལ་རྩོལ་ནུས་པ་མེད་པར་ཆགས་པའམ་ཆ་ཤས་མེད་པ་ཆགས་ཚེ། ལས་མི་བཀོལ་སྤྱོད་ཚན་པས་ཁོ་པའི་ངལ་རྩོལ་གྱི་གན་རྒྱ་མེད་པ་བཟོ་མི་ཏུང་བའི་གཏན་འབེབས་བྱས་ཡོད།

5. 我在上班的时候因工作把腰扭伤了，算工伤吗？

༥.ང་རང་ལས་ཐོག་ཏུ་ལས་ཀའི་རྐྱེན་གྱིས་སྐེད་པ་འཆུས་སོང་བས་དེ་ལས་ཀའི་རྨས་སུ་རྩིས་པར་བརྩི་ཡི་རེད་དམ།

算。根据《中华人民共和国工伤保险条例》第十四条中规定：以下情况可以被认定为工伤：

དེ་ནི་བརྩི་བ་ཡིན་ཏེ། 《ཀྲུང་ཧྭ་མི་དམངས་སྤྱི་མཐུན་རྒྱལ་ཁབ་ཀྱི་ལས་ཀའི་རྨས་སྐྱོན་འགན་བཅོལ་སྲོལ་ཡིག》གི་དོན་ཚན་བཅུ་བཞི་པའི་ནང་། གཤམ་གསལ་གྱི་གནས་ཚུལ་རིགས་ཡོད་ཚེ་ལས་ཀའི་ཆེད་རྨས་པར་བརྩིས་ཆོག་པའི་གཏན་འབེབས་བྱས་ཡོད་པ་སྟེ།

（1）在工作时间和工作场所内，因工作原因受到事故伤害的；

（༡）ལས་ཀ་བྱེད་སྐབས་དང་ལས་ཀ་བྱེད་སར་ལས་ཀས་རྐྱེན་པས་ཆག་སྒོ་བྱུང་སྟེ་རྨས་སྐྱོན་ཐོག་པ།

（2）工作时间前后在工作场所内，从事与工作有关的预备性或者收尾性工作受到事故伤害的；

（༢）ལས་ཀ་བྱེད་པའི་དུས་ཚོད་ཀྱི་སྔ་ཕྱིར་ལས་ཀ་བྱེད་སར་ལས་ཀའི་འབྲེལ་ཡོད་གྲ་སྒྲིག་བྱེད་པ་དང་། ཡང་ན་ལས་མཇུག་བསྡུ་བའི་ལས་ཀ་བྱེད་སྐབས་ཆག་སྒོ་བྱུང་སྟེ་རྨས་སྐྱོན་ཐོག་པ།

（3）在工作时间和工作场所内，因履行工作职责受到暴力等意外伤害的；

（༣）ལས་ཀ་བྱེད་སྐབས་དང་ཡང་ན་ལས་ཀ་བྱེད་སར་ལས་ཀའི་འགན་འཁྲི་སྒྲུབ་པའི་རྐྱེན་གྱིས་དྲག་ཤུགས་སོགས་ཀྱི་སྟེས་དབང་གི་རྨས་སྐྱོན་ཐོག་པ།

（4）患职业病的；

（༤）ལས་རིགས་ཀྱི་ནད་ཐོག་པ།

（5）因工外出期间，由于工作原因受到伤害或者发生事故下落不明的；

（༥）ལས་ཀའི་ཆེད་དུ་ཕྱི་ཕྱོགས་ལ་ཐོན་སྐབས་ལས་ཀའི་རྐྱེན་གྱིས་རྨས་སྐྱོན་ཐོག་པ་དང་། ཡང་ན་དོན་འཛོལ་བྱུང་སྟེ་གར་སོང་ཆ་མེད་དུ་གྱུར་པ།

（6）在上下班途中，受到机动车事故伤害的；

（༦）ལས་ཀར་འགྲོ་བའམ་ལས་ཀ་ནས་ལོག་ཡོང་བའི་ལམ་བར་ལ་འཕྲུལ་སྣུལ་འཁོར་རིགས་ཀྱི་དོན་འཛོལ་བྱུང་ནས་རྨས་སྐྱོན་ཐོག་པ།

（7）法律、行政法规规定应当认定为工伤的其他情形。

（༧）བཅའ་ཁྲིམས་དང་སྲིད་འཛིན་ཁྲིམས་སྲོལ་གྱི་གཏན་འབེབས་ནང་ལས་ཀའི་ཆེད་དུ་རྨས་སྐྱོན་བྱུང་བར་ངོས་འཛིན་པའི་གནས་ཚུལ་གཞན་དག་བཅས་སོ། །

6.用人单位老是拖欠工资，我该怎么办？

༦.ལས་མི་བཀོལ་སྤྱོད་ཚན་པས་ཀ་དུས་ཡིན་དུང་སྣ་ཆ་ཆད་འགྱང་བྱས་ཚེ་ གང་འདྲ་བྱེད་དགོས་སམ།

（1）收集拖欠工资的证据。如招聘手册，记录和劳动合同；员工名册，出勤记录；上岗证，工作证（品牌），通行证，餐券，加班记录，押金收据，工资欠条，同事的证词等；

（༡）སྣ་ཆ་ཆད་འགྱང་བྱས་པའི་དཔང་རྟགས་བསྡུ་རུབ་བྱེད་དགོས། དཔེར་ན་གདན་ཞུའི་ལག་དེབ་དང་ཟིན་ཐོ། ངལ་རྩོལ་གན་རྒྱ། ལས་མིའི་མིང་ཐོ། ལས་ཀར་སླེབས་པའི་ཟིན་ཐོ། ལས་གནས་ཆོག་འཐུས་ལག་ཁྱེར། ལས་ཀའི་ལག་ཁྱེར། འགྲོ་འོང་ཆོག་འཐུས་ལག་ཁྱེར། ཟ་ཆས་ཀྱི་

སྲུ་སེ། ལས་ཀ་འཕར་མ་བྱས་པའི་ཟིན་ཐོ། གཏའ་དངུལ་བྱུང་འཛིན། གླ་ཆ་ཆད་འགྱང་གི་འཛིན་ཤོག ལས་རོགས་ཀྱི་དཔང་ཚིག་སོགས།

（2）向相关劳动部门提起仲裁，如果对仲裁不服，也可以到人民法院起诉；

（༢）འབྲེལ་ཡོད་ཀྱི་ངལ་རྩོལ་སྡེ་ཁག་ལ་འདུམ་གཙོད་བྱེད་རོགས་ཞུས་ཏེ། འདུམ་གཙོད་བྱས་པར་སེམས་མཐུན་མེད་ཚེ། མི་དམངས་ཁྲིམས་ཁང་ལ་ཞུ་གཏུག་བྱས་ཆོག

（3）申请免费的法律援助。可以向其所在单位的法律援助机构申请法律援助。申请时，必须提交：①身份证明； ②经济困难证明； ③法律援助申请书。

（༣）རིན་མེད་ཀྱི་བཅའ་ཁྲིམས་རོགས་སྐྱོར་རེ་ཞུ་བྱས་ཆོག་པ་སྟེ། ཚན་པ་དེ་གའི་བཅའ་ཁྲིམས་རོགས་སྐྱོར་ལས་ཁུངས་ལ་བཅའ་ཁྲིམས་རོགས་སྐྱོར་གྱི་རེ་ཞུ་བྱས་ཆོག རེ་ཞུ་བྱེད་སྐབས་ངེས་པར་དུ་ཐོབ་ཐང་ལག་ཁྱེར་དང་དཔལ་འབྱོར་ཐད་དཀའ་ངལ་ཡོད་པའི་ར་སྤྲོད་ཡི་གེ བཅའ་ཁྲིམས་རོགས་སྐྱོར་གྱི་རེ་ཞུའི་ཡི་གེ་བཅས་མཁོ་འདོན་བྱེད་དགོས་པ་བཅས་སོ།།

八、社会权益

བརྒྱད་པ། སྤྱི་ཚོགས་ཀྱི་ཁེ་དབང་།

1. 农牧民享受哪些医疗待遇？

༡.ཞིང་འབྲོག་པར་ལོངས་སྤྱོད་བྱས་ཆོག་པའི་སྨན་བཅོས་ཀྱི་ཐོབ་ཐང་གང་དག་ཡོད་དམ།

享受国家和自治区免费医疗及新型农村合作医疗补助；享受基本的医疗保健服务；按规定享受医疗费用报销补偿。

དེའང་རྒྱལ་ཁབ་དང་རང་སྐྱོང་ལྗོངས་ཀྱི་རིན་པ་མི་དགོས་པའི་སྨན་བཅོས་དང་གྲོང་གསེབ་ཀྱི་མཉམ་ལས་སྨན་བཅོས་བྱ་ཐབས་གསར་པའི་སྨན་བཅོས་ཁ་གསབ་རོགས་དངུལ་ལོངས་སྤྱོད་བྱ་རྒྱུ་ཡོད་པ་དང་། གཞི་རྩའི་སྨན་བཅོས་བདེ་སྲུང་ཞབས་ཞུ་ལོངས་སྤྱོད་བྱ་རྒྱུ་ཡོད། གཏན་འབེབས་ལྟར་སྨན་བཅོས་འགྲོ་སྒྲོན་རྩིས་ཞུའི་ཁ་གསབ་ལོངས་སྤྱོད་བྱ་རྒྱུ་ཡོད།

2. 农牧民在各级定点医疗机构就医所发生的住院费用如何报销？

༢.ཞིང་འབྲོག་པས་རིམ་པ་ཁག་གི་དམིགས་འཛུགས་སྨན་ཁང་ལ་བསྟད་དེ་སྨན་བཅོས་བྱས་པའི་འགྲོ་སྒྲོན་རྩིས་ཞུ་གང་འདྲ་བྱེད་དགོས་སམ།

农牧民在各级定点医疗机构就医所发生的住院费用，凭《家庭医疗账户本》和医疗费用有效票据，按下列比例在其大病统筹基金中核销或报销。

ཞིང་འབྲོག་པས་རིམ་པ་ཁག་གི་དམིགས་འཛུགས་སྨན་བཅོས་ཁང་ལ་བསྡད་དེ་སྨན་བཅོས་བྱས་པའི་འགྲོ་སྒྲོན་ནི། 《ཁྱིམ་ཚང་གི་སྨན་བཅོས་ཐོ་དེབ་》དང་སྨན་བཅོས་འགྲོ་སྒྲོན་གྱི་ནུས་ལྡན་ཐྲ་སེ་བསྟན་ནས་གཤམ་གསལ་གྱི་བསྡུར་ཚད་ལྟར་ཚབས་ཆེ་རིགས་ཀྱི་གཅིག་སྒྱུར་གྲབས་གསོག་མ་དངུལ་ནང་ཞིབ་བསྡུར་རམ་རྩིས་ཞུ་བྱས་ཆོག་པ་སྟེ།

（1）在乡(镇)定点医疗机构就医所发生的住院费用，交纳个人筹资的免收90%；未交纳个人筹资的免收70%。

（༡）ཤང་གྲོང་གི་དམིགས་འཛུགས་སྨན་བཅོས་ཁང་ལ་བསྡད་དེ་སྨན་བཅོས་བྱས་པའི་འགྲོ་སྒྲོན་ལ། རང་སྒེར་གྱི་གྲབས་གསོག་མ་དངུལ་སྤྲད་ཡོད་ཚེ་སྨན་རིན་༩༠%རྩིས་ཞུ་བྱས་ཆོག

པ་དང་། རང་སྐྱེར་གྱི་གྲབས་གསོག་མ་དངུལ་སྤྲོད་མེད་ཚེ་སྨན་རིན་༧༠%རྩིས་ཞུ་བྱས་ཆོག

（2）在县(市、区)定点医疗机构就医所发生的住院费用，交纳个人筹资的免收或报销85%；未交纳个人筹资的免收或报销65%。

（༢）རྫོང་དང་གྲོང་ཁྱེར།　ཆུས་བཅས་ཀྱི་དམིགས་འཛུགས་སྨན་ཁང་ལ་བསྟོད་དེ་སྨན་བཅོས་བྱས་པའི་འགྲོ་སྒྲོན་ལ།　རང་སྐྱེར་གྱིས་གྲབས་གསོག་མ་དངུལ་སྤྲོད་ཡོད་ཚེ་སྨན་རིན་མི་བསྡུ་བའམ་ཡང་ན་༨༥%རྩིས་ཞུ་བྱས་ཆོག་པ་དང་།　རང་སྐྱེར་གྱིས་གྲབས་གསོག་མ་དངུལ་སྤྲོད་མེད་ཚེ། སྨན་རིན་མི་བསྡུ་བའམ་ཡང་ན་༦༥%རྩིས་ཞུ་བྱས་ཆོག

（3）在地(市)及以上定点医疗机构就医所发生的住院费用，交纳个人筹资的在大病统筹基金中报销70%；未交纳个人筹资的报销50%。

（༣）ས་ཁུལ་དང་གྲོང་ཁྱེར། དེ་བཞིན་གོང་གསལ་གྱི་དམིགས་འཛུགས་སྨན་བཅོས་ཁང་ལ་བསྟོད་དེ་སྨན་བཅོས་བྱས་པའི་འགྲོ་སྒྲོན་ལ། རང་སྐྱེར་གྱིས་གྲབས་གསོག་མ་དངུལ་སྤྲོད་ཡོད་ཚེ།　ན་ཚ་ཚབས་ཆེ་རིགས་ཀྱི་གཅིག་སྒྱུར་གྲབས་གསོག་མ་དངུལ་ནང་ནས་༧༠%རྩིས་ཞུ་བྱས་ཆོག་པ་དང་། རང་སྐྱེར་གྱི་གྲབས་གསོག་མ་དངུལ་སྤྲོད་མེད་ཚེ་༥༠%རྩིས་ཞུ་བྱས་ཆོག

农牧民患者在统筹地区内的定点医疗机构住院治疗的，出院时农牧民患者只结算个人自付部分，报销补偿部分由医院垫付，垫付的资金由患者户籍所在地的医疗管理经办机构按规定与定点医疗机构进行即时结算或者定期结算。

ཞིང་འབྲོག་གི་ནད་པ་གཅིག་གྱུར་གྲབས་གསོག་ས་ཁུལ་གྱི་དམིགས་འཛུགས་སྨན་ཁང་ལ་བསྡད་དེ་སྨན་བཅོས་བྱས་ཚེ། སྨན་ཁང་ནས་ཐོན་སྐབས་ཞིང་འབྲོག་གི་ནད་པས་རང་སྐོར་གྱིས་སྤྲོད་དགོས་པའི་ཆ་དེ་མ་གཏོགས་སྤྲོད་མི་དགོས། ཁ་གསབ་རྩིས་ཞུའི་ཆ་དེ་དག་སྨན་ཁང་ནས་ཚབ་སྤྲོད་བྱེད་པ་དང་། ཚབ་སྤྲོད་ཀྱི་མ་དངུལ་ནི་ནད་པའི་ཐེམ་ཐོ་གནས་སའི་སྨན་བཅོས་དོ་དམ་གཉེར་སྐྱོང་ལས་ཁུངས་ཀྱི་གཏན་འབེབས་ལ་གཞིགས་ནས་དམིགས་འཛུགས་སྨན་བཅོས་ལས་ཁུངས་དང་མཉམ་དུ་འཕྲལ་མར་མཇུག་རྩིས་རྒྱག་པའམ་ཡང་ན་དུས་བཀག་ཐོག་མཇུག་རྩིས་རྒྱག་པ་ཡིན།

3. 农牧民孕产妇住院分娩和新生儿抢救治疗发生的医疗费用如何报销?

༣.ཞིང་འབྲོག་གི་སྦྲུམ་མ་སྨན་ཁང་ལ་བསྡད་དེ་ཕྲུ་གུ་སྐྱེ་བ་དང་། ཡང་ན་བཙས་ཕྲུག་སྐྱུར་སྐྱོབ་བྱས་རྗེས་ཀྱི་སྨན་བཅོས་འགྲོ་གྲོན་རྩིས་ཞུ་གང་འདྲ་བྱེད་དགོས་སམ།

农牧民孕产妇在各级定点医疗机构住院分娩和新生儿抢救治疗发生的医疗费用，凭《家庭医疗账户本》、县(市、区)医疗机构转诊转院证明和医疗费用有效票据，在大病统筹基金中全额报销。

ཞིང་འབྲོག་གི་སྦྲུམ་མ་རིམ་པ་ཁག་གི་དམིགས་འཛུགས་སྨན་ཁང་ལ་བསྡད་དེ་ཕྲུ་གུ་སྐྱེས་པ་དང་བཙས་ཕྲུག་སྐྱུར་སྐྱོབ་ཀྱི་སྨན་བཅོས་བྱས་པའི་འགྲོ་གྲོན་ལ། 《ཁྱིམ་ཚང་སྨན་བཅོས་ཀྱི་ཐོ་དེབ་》དང་རྫོང་དང་གྲོང་ཁྱེར་ཆུས་བཅས་ཀྱི་སྨན་བཅོས་ཁང་ནས་སྨན་ཁང་གཞན་ལ་བསྐྱུར་སྤྲོད་བྱས་པའི་ར་སྤྲོད་ཡི་གེ་དང་སྨན་བཅོས་འགྲོ་གྲོན་གྱི་ནུས་ལྡན་སྤྱ་སེ་བཅས་བསྟན་ནས་ན

ཚ་ཚབས་ཆེ་རིགས་ཀྱི་གཅིག་གྱུར་གྲུབས་གསོག་མ་དངུལ་ནང་ནས་ཆ་ཚང་རྩིས་ཞུ་བྱས་ཆོག

农牧民孕产妇在家庭接受消毒接生的，免收其发生的医药费用。

ཞིང་འབྲོག་སྦྲུམ་མ་ཁྱིམ་ཚང་ནང་དུག་སེལ་བྱས་ནས་ཕྲུ་གུ་སྐྱེ་ལེན་བྱས་ཚེ། དེའི་སྨན་བཅོས་འགྲོ་གྲོན་བསྡུ་ཡི་མེད།

4.享受五保供养的农牧民应具备哪些条件？

༤.འགན་སྲུང་ལྔའི་འཚོ་སྐྱོང་ལོངས་སྤྱོད་བྱེད་རུང་བའི་ཞིང་འབྲོག་པར་ཆ་རྐྱེན་གང་དག་ཚང་དགོས་སམ།

享受五保供养的农牧民应具备条件为：老年、残疾或者未满16周岁的村民，无劳动能力、无生活来源又没有父母、兄弟姐妹、子女等，或者其父母、兄弟姐妹、子女等没有能力去照顾他(她)，能享受农村五保供养待遇。

འགན་སྲུང་ལྔའི་འཚོ་སྐྱོང་ལོངས་སྤྱོད་བྱེད་ཐུབ་པའི་ཞིང་འབྲོག་པར་ཚང་དགོས་པའི་ཆ་རྐྱེན་ནི། རྒན་རྒོན་ཡིན་པ། དབང་པོ་སྐྱོན་ཅན་ཡིན་པ། ཡང་ན་ལོ་ན་བཅུ་དྲུག་མ་ཟིན་པའི་གྲོང་མི་ཡིན་པ། ངལ་རྩོལ་ནུས་པ་མེད་པ། འཚོ་བའི་རྟེན་ཁུངས་མེད་པའི་ཁར་ཕ་མ་དང་གཅེན་གཅུང་། བུ་ཕྲུག་སོགས་གང་ཡང་མེད་པའམ་ཡང་ན་ཕོ་པའི་ཕ་མ་དང་གཅེན་གཅུང་། བུ་ཕྲུག་སོགས་ལ་ཕོ་པར་ལྟ་རྟོག་བྱེད་པའི་ནུས་པ་མེད་པ་བཅས་ལ་གྲོང་གསེབ་ཀྱི་འགན་སྲུང་ལྔའི་འཚོ་སྐྱོང་གི་ཐོབ་ཐང་ལོངས་སྤྱོད་བྱ་རྒྱུ་ཡོད།

5. 五保供养待遇的审批程序是什么？

༥. འགན་སྲུང་ལྔའི་འཚོ་སྐྱོང་ཐོབ་ཐང་ལ་ཞིབ་མཆན་འགོད་པའི་གོ་རིམ་གང་འདྲ་ཡིན་ནམ།

（1）申请。由村民本人向村民委员会提出申请；因年幼或者智力残疾无法表达意愿的，由村民小组或者其他村民代为提出申请。

（༡）རེ་ཞུ་བྱ་དགོས་པ་སྟེ། གྲོང་མི་རང་ཉིད་ཀྱིས་གྲོང་ཚོ་ཨུ་ཡོན་ལྷན་ཁང་ལ་རེ་ཞུ་བྱེད་དགོས། ལོ་ན་ཆུང་བ་དང་ཡང་ན་རིག་སྟོབས་སྐྱོན་ཅན་ཡིན་པས་བསམ་འདུན་ཤོད་ཐབས་མེད་ཚེ། གྲོང་མིའི་ཚོགས་ཆུང་ངམ་ཡང་ན་གྲོང་མི་གཞན་དག་གིས་ཚབ་བྱས་ནས་རེ་ཞུ་བྱེད་དགོས།

（2）初核。乡、民族乡、镇人民政府应当自收到评议意见之日起20日内提出审核意见，并将审核意见和有关材料报送县级人民政府民政部门审批。

（༢）ཐོག་མའི་ཞིབ་དཔྱད་བྱ་དགོས་པ་སྟེ། ཤང་དང་མི་རིགས་ཤང་། གྲོང་རྡལ་མི་དམངས་སྲིད་གཞུང་བཅས་ཀྱིས་དཔྱད་མོལ་བྱས་པའི་བསམ་འཆར་འབྱོར་བའི་ཉིན་ནི་ཤུའི་ནང་ཞིབ་དཔྱད་ཀྱི་བསམ་འཆར་འདོན་དགོས་པ་མ་ཟད། ཞིབ་དཔྱད་བྱས་པའི་བསམ་འཆར་དང་འབྲེལ་ཡོད་ཡིག་ཆ་རྫོང་རིམ་པའི་མི་དམངས་སྲིད་གཞུང་གི་དམངས་སྲིད་སྡེ་ཁག་ལ་ཞིབ་མཆན་འགོད་རྒྱུར་འབུལ་དགོས།

（3）审批。县级人民政府民政部门应当自收到审核意见和有关材料之日起20日内作出审批决定。对批准给予农村五保供养待遇的，发给《农村五保供养证书》；对不符合条件不予批准的，应当书面说明理由。

（༣）ཞིབ་བཤེར་ཆོག་མཆན་འགོད་དགོས་པ་སྟེ། རྫོང་རིམ་པའི་མི་དམངས་སྲིད་གཞུང་གི་དམངས་སྲིད་སྡེ་ཁག་ནས་ཞིབ་དཔྱད་ཀྱི་བསམ་འཆར་དང་འབྲེལ་ཡོད་ཡིག་ཆ་འབྱོར་བའི་ཉིན་ཉི་ཤུའི་ནང་ཞིབ་མཆན་འགོད་རྒྱུའི་གཏན་འབེབས་བྱ་དགོས་པ་དང་། གྲོང་གསེབ་ཀྱི་འགན་སྲུང་ལྔའི་འཚོ་སྐྱོང་ཐོབ་ཐང་སྤྲོད་རྒྱུར་ཆོག་མཆན་སྤྲད་ཚེ། 《གྲོང་གསེབ་ཀྱི་འགན་སྲུང་ལྔའི་འཚོ་སྐྱོང་ཐོབ་ཐང་ལག་ཁྱེར》སྤྲོད་དགོས་པ། ཆ་རྐྱེན་དང་མ་མཐུན་པར་ཆོག་མཆན་སྤྲོད་མི་ཉུང་བར། ཡིག་ཐོག་ནས་རྒྱུ་མཚན་གསལ་བཤད་བྱ་དགོས།

九、宗教信仰

དགུ་པ། ཆོས་དད།

1.什么是宗教信仰自由？

༡. གང་ཞིག་ལ་ཆོས་དད་རང་མོས་ཟེར་རམ།

《中华人民共和国宪法》规定：中华人民共和国公民有宗教信仰自由。任何国家机关、社会团体和个人不得强制公民信仰宗教或者不信仰宗教，不得歧视信仰宗教的公民和不信仰宗教的公民。国家保护正常的宗教活动。任何人不得利用宗教进行破坏社会秩序、损害公民身体健康、妨碍国家教育制度的活动。宗教团体和宗教事务不受外国势力的支配。

《ཀྲུང་ཧྭ་མི་དམངས་སྤྱི་མཐུན་རྒྱལ་ཁབ་ཀྱི་རྩ་ཁྲིམས་》ནང་། ཀྲུང་ཧྭ་མི་དམངས་སྤྱི་མཐུན་རྒྱལ་ཁབ་ཀྱི་སྤྱི་དམངས་ལ་ཆོས་ལ་དད་པ་བྱེད་པའི་རང་དབང་ཡོད། རྒྱལ་ཁབ་ལས་ཁུངས་དང་སྤྱི་ཚོགས་ཚོགས་པ། མི་སྒེར་བཅས་གང་རུང་ཞིག་གིས་སྤྱི་དམངས་ལ་ཆོས་ལ་དད་པ་བྱེད་དང་མི་བྱེད་པའི་ཐད་བཙན་ཤེད་བྱེད་མི་ཆོག་ལ། ཆོས་ལ་དད་པ་བྱེད་མཁན་སྤྱི་དམངས་དང་དད་པ་མི་བྱེད་པའི་སྤྱི་དམངས་ལ་མཐོང་ཆུང་བྱེད་མི་རུང་བ། རྒྱལ་ཁབ་ནས་རྒྱུན་གཏན་གྱི་ཆོས་

ལུགས་བྱེད་སྒོར་སྤྱང་སྐྱོབ་བྱེད་པ། མི་སུ་འདྲ་ཞིག་གིས་ཀྱང་ཆོས་ལུགས་བེད་སྤྱོད་དེ་སྤྱི་ཚོགས་ཀྱི་སྒྲིག་ལམ་ལ་གཏོར་བཤིག་དང་སྤྱི་དམངས་ཀྱི་མི་ལུས་བདེ་ཐང་ལ་གནོད་སྐྱོན། རྒྱལ་ཁབ་ཀྱི་སློབ་གསོའི་ལམ་ལུགས་ལ་འགོག་རྐྱེན་བཟོ་བ་བཅས་ཀྱི་བྱེད་སྒོ་སྤེལ་མི་རུང་བ། ཆོས་ལུགས་ཚོགས་པ་དང་ཆོས་ལུགས་ལས་དོན་ལ་ཕྱི་རྒྱལ་སྟོབས་ཤུགས་ཀྱི་བཀོད་པ་ཐོག་མི་རུང་བ་བཅས་ཀྱི་གཏན་འབེབས་བྱས་ཡོད།

2. 老百姓应该怎么信教?

༢.མང་ཚོགས་ཀྱིས་ཚུལ་ཇི་ལྟ་བུའི་སྒོ་ནས་ཆོས་ལུགས་ལ་དད་པ་བྱེད་དགོས་སམ།

《宗教事务条例》规定：要遵守宪法、法律、法规和规章，践行社会主义核心价值观，维护国家统一、民族团结、宗教和睦和社会稳定。依法信教，不得利用宗教进行危害国家安全、破坏社会秩序、损害公民身体健康、妨碍国家教育制度以及其他损害国家利益、社会公共利益和公民合法权益等违法活动。同时将信教活动和正常的生产生活合理调配好，积极过好今生幸福生活。

《ཆོས་ལུགས་ལས་དོན་སྲོལ་ཡིག་》ནང་། རྩ་ཁྲིམས་དང་བཅའ་ཁྲིམས། ཁྲིམས་སྲོལ་དང་སྒྲིག་སྲོལ་བཅས་ལ་བརྩི་སྲུང་དང་། སྤྱི་ཚོགས་རིང་ལུགས་ཀྱི་ལྟེ་བའི་རིན་ཐང་ལྟ་བ་ལག་བསྟར། རྒྱལ་ཁབ་གཅིག་གྱུར་དང་མི་རིགས་མཐུན་སྒྲིལ། ཆོས་ལུགས་འཆམ་མཐུན་དང་སྤྱི་ཚོགས་བརྟན་ལྷིང་བཅས་སྲུང་སྐྱོང་། ཁྲིམས་ལྟར་ཆོས་ལ་དད་པ་བྱེད་པ་ལས་ཆོས་ལུགས་བེད་སྤྱོད་དེ་རྒྱལ་ཁབ་ཀྱི་བདེ་འཇགས་ལ་གནོད་སྐྱོན་དང་སྤྱི་ཚོགས་ཀྱི་སྒྲིག་ལམ་གཏོར་བཤིག སྤྱི་དམངས་ཀྱི་མི་ལུས་བདེ་ཐང་ལ་གནོད་སྐྱོན། རྒྱལ་ཁབ་ཀྱི་སློབ་གསོའི་ལམ་ལུགས་ལ་འགོག་རྐྱེན་བཟོ་བ་བཅས་དང་། དེ་བཞིན་རྒྱལ་ཁབ་ཀྱི་ཁེ་ཕན་དང་སྤྱི་ཚོགས་ཀྱི་སྤྱི་པའི་ཁེ་ཕན། སྤྱི་དམངས་ཀྱི་ཁྲིམས་མཐུན་ཁེ་ཕན་སོགས་ལ་གནོད་པའི་ཁྲིམས་འགལ་བྱེད་སྒོ་སྤེལ་མི་རུང་བ། དེ་དང་དུས་མཚུངས་

ཆོས་ཕྱོགས་ཀྱི་བྱེད་སྒོ་དང་རྒྱུན་གཏན་གྱི་ཐོན་སྐྱེད་འཚོ་བ་བཀོད་སྒྲིག་ལུགས་མཐུན་བྱས་ནས་དེང་གི་བདེ་སྐྱིད་འཚོ་བ་གང་ལེགས་སྐྱེལ་དགོས་པ་བཅས་ཀྱི་གཏན་འཁེལ་བྱས་ཡོད།

3. 我能够和村民设立宗教活动场所吗？

༣.ངས་གྲོང་མི་དང་མཉམ་དུ་ཆོས་ལུགས་བྱེད་སྒོ་ སྤེལ་ས་བཙུགས་ན་འགྲིག་གམ།

《宗教事务条例》第二十条规定，设立宗教活动场所，应当具备下列条件:

《ཆོས་ལུགས་ལས་དོན་སྒྲོལ་ཡིག་》གི་དོན་ཚན་ཉི་ཤུ་པའི་ནང་། ཆོས་ལུགས་བྱེད་སྒོ་སྤེལ་ས་བཙུགས་ཚེ། གཤམ་གསལ་གྱི་ཆ་རྐྱེན་ལྡན་དགོས་པ་གཏན་འཁེལ་བྱས་ཡོད་པ་སྟེ།

（1）设立宗旨不违背《宗教事务条例》第四条、第五条的规定；

（༡）ཆོས་ལུགས་བྱེད་སྒོ་སྤེལ་ས་འཛུགས་པའི་དམིགས་ཡུལ་དེ་《ཆོས་ལུགས་ལས་དོན་སྲོལ་ཡིག་》གི་དོན་ཚན་བཞི་པ་དང་ལྔ་པའི་གཏན་འབེབས་ལས་འགལ་མི་རུང་བ།

（2）当地信教公民有经常进行集体宗教活动的需要；

（༢）ས་གནས་དེ་གའི་དད་ལྡན་སྤྱི་དམངས་ལ་རྟག་ཏུ་མཉམ་སྡེབ་ཀྱི་ཆོས་ལུགས་བྱེད་སྒོ་སྤེལ་རྒྱུར་དགོས་མཁོ་ཡོད་པ།

（3）有拟主持宗教活动的宗教教职人员或者符合本宗教规定的其他人员；

（༣）ཆོས་ལུགས་བྱེད་སྒོ་གཙོ་སྐྱོང་བྱེད་མཁན་དེ་ཆོས་ཕྱོགས་ལས་དོན་མི་སྣ་འམ་ཡང་ན་ཆོས་ལུགས་དེ་གའི་ལྟ་གྲུབ་ཀྱི་གཏན་འབེབས་དང་འཚམ་པའི་མི་སྣ་གཞན་དག་ཡིན་དགོས་པ།

（4）有必要的资金，资金来源渠道合法；

（༤）དགོས་ངེས་ཀྱི་མ་དངུལ་ཡོད་དགོས་པ་དང་། མ་དངུལ་གྱི་ཡོང་ཁུངས་ཁྲིམས་མཐུན་ཡིན་དགོས་པ།

（5）布局合理，符合城乡规划要求，不妨碍周围单位和居民的正常生产、生活。

（༥）བཀོད་སྒྲིག་ལུགས་མཐུན་ཡིན་པ་དང་། གྲོང་ཁྱེར་དང་གྲོང་གསེབ་ཀྱི་འཆར་འགོད་བླང་བྱ་དང་འཚམ་པ་ལས་ཉེ་འཁོར་གྱི་ཚན་པ་དང་གྲོང་མིའི་རྒྱུན་གཏན་གྱི་ཐོན་སྐྱེད་དང་འཚོ་བར་འགོག་རྐྱེན་མི་བཟོ་བ་བཅས་ཡིན་དགོས་སོ། །

4.信教群众煨桑时有哪些注意事项？

༤. དད་ལྡན་མང་ཚོགས་ཀྱིས་བསང་གཏོང་སྐབས་དོ་སྣང་བྱེད་དགོས་པ་གང་དག་ཡོད་དམ།

（1）在规定时间到规定地点进行煨桑。为避免火灾，不要私自焚烧松柏枝；

（༡）གཏན་འཁེལ་བའི་དུས་ཚོད་ནང་གཏན་འཁེལ་བྱས་པའི་གནས་སུ་བསང་གཏོང་དགོས། མེ་སྐྱོན་མི་ཡོང་བ་བྱེད་ཆེད་རང་དགར་སྤྱ་མ་མེར་བསྲེགས་གཏོང་མི་རུང་བ།

（2）不乱砍爬地柏和小叶杜鹃等植物；合理确定自己煨桑的次数和时间，把更多的时间和精力用在子女和家庭等方面。

（༢）སུ་ལུ་དང་བ་ལུ་སོགས་ཀྱི་རྩི་ཤིང་མེར་བསྲེགས་མི་རུང་། སོ་སོའི་བསང་གཏོང་ཚད་དང་དུས་ཚོད་བཀོད་སྒྲིག་ལུགས་མཐུན་བྱེད་དགོས་པ་དང་། དུས་ཚོད་དང་ནུས་ཤུགས་གང་མང་བུ་ཕྲུག་དང་ཁྱིམ་ཚང་སོགས་ཀྱི་ཐད་བཀོལ་སྤྱོད་བྱེད་དགོས།

十、土地流转

བཅུ་པ། ས་ཞིང་བརྒྱུད་བསྒྱུར།

1. 我国的土地所有权属于谁？

༡. རང་རྒྱལ་ས་ཞིང་གི་བདག་དབང་སུར་ཡོད་དམ།

（1）国家所有。如城市土地；

（༡）རྒྱལ་ཁབ་ལ་དབང་བ་ནི། དཔེར་ན་གྲོང་ཁྱེར་གྱི་ས་ཆ་ལྟ་བུ།

（2）集体所有。如农村和城市郊区的土地；宅基地、自留山也属于集体所有。

（༢）ཐུན་མོང་ལ་དབང་བ་ནི། དཔེར་ན་གྲོང་གསེབ་དང་གྲོང་ཁྱེར་ཉེ་འདབས་ཁུལ་གྱི་ས་ཞིང་ལྟ་བུ་སྟེ། ཁང་སའི་རྟེན་གཞི་དང་རང་ཉར་རི་ཁུལ་སོགས་ཀྱང་ཐུན་མོང་ལ་དབང་བ་ཡིན།

2. 土地所有权能否转让？

༢. ས་ཞིང་གི་བདག་དབང་བརྒྱུད་བསྒྱུར་བྱས་ན་འགྲིག་གམ།

不能。土地所有权是不能交易的，个人不享有土地所有权，个人只有土地使用权。

དེ་ནི་མི་འགྲིག་སྟེ། ས་ཞིང་གི་བདག་དབང་ཉོ་ཚོང་བྱེད་མི་ཆོག་པ་དང་། མི་སྒེར་ལ་ས་ཞིང་བེད་སྤྱོད་བྱེད་པའི་དབང་ཆ་མ་གཏོགས་ས་ཞིང་རང་བདག་གི་དབང་ཆ་མེད།

西藏自治区首例涉土地资源保护刑事附带民事公益诉讼案

བོད་རང་སྐྱོང་ལྗོངས་ཀྱི་ས་ཞིང་ཐོན་ཁུངས་སྲུང་སྐྱོང་དང་འབྲེལ་བ་ཡོད་པའི་ཉེས་རྡོན་ཞོར་གཏོགས་དམངས་ཕན་ཞུ་གཏུག་རྒྱུད་གཞི།

案情：

རྒྱུད་གཞིའི་གནས་ཚུལ།

2011年，被告人拉某以15万元的价格从罗某处购买位于拉萨市某街道

办事处的一块土地。2015年，被告人拉某将该处土地作价300万元折抵其对其某、扎某的债务。经核实，该土地属于农村集体土地。

སྤྱི་ལོ་༢༠༡༡ལོར་ཞུ་སྐྱོར་ཕྱི་མ་ལྷག་ཆེ་གེ་མོས་སྒོར་ཁྲི་༡༥སྤྲད་དེ་བློ་ཆེ་གེ་མོའི་ལག་ནས་ལྷ་ས་གྲོང་ཁྱེར་ཁྲོམ་གཞུང་དོན་གཅོད་ཁང་ཞིག་གི་ཁོངས་ནས་ས་ཞིང་ཞིག་ཉོས་ཤིང་། སྤྱི་ལོ་༢༠༡༥ལོར་ཞུ་སྐྱོར་ཕྱི་མ་ལྷག་ཆེ་གེ་མོས་ས་ཞིང་དེ་རིན་གོང་སྒོར་ཁྲི་༣༠༠བྱས་ནས་འཆི་ཆེ་གེ་མོ་དང་བཀྲ་ཆེ་གེ་མོར་བུན་ཚབ་ཏུ་སྤྲད། ཞིབ་དཔྱད་བྱས་པ་བརྒྱུད། ས་ཞིང་དེ་ནི་གྲོང་གསེབ་མཉམ་སྤྱོད་ལ་དབང་བའི་ས་ཞིང་ཞིག་ཡིན་པ་རེད།

2018年，被告人拉某将其从他人处购买的位于某街道办事处另一块耕地，利用平整土地名义对该耕地以及耕地附近的天然牧草地进行开挖，平整，并在该土地上修建单体别墅9栋。

སྤྱི་ལོ་༢༠༡༨ལོར་ཞུ་སྐྱོར་ཁྲི་མ་ལྷག་ཆེ་གེ་མོས་མི་གཞན་གྱི་ལག་ནས་ཉོས་པའི་ཁྲིམ་གཞུང་དོན་གཅོད་ཁང་ཞིག་གི་ས་ཞིང་གཞན་དག་ཅིག་ལ་ས་ཁོད་སྙོམས་པའི་མིང་ཐོག་ནས་ས་ཆ་དེ་དང་། དེ་བཞིན་དེའི་ཉེ་འཁོར་གྱི་རང་བྱུང་སྤང་རྩྭ་ཡོད་པའི་ས་ཆ་ཞིག་འདྲུ་བརྟོག་དང་ཁོད་སྙོམས་ནས་དེའི་ཐོག་སྒེར་ཁང་སྣར་པ་༩བསྐྲུན་པ་རེད།

2018年，被告人拉某在没有取得相关行政部门审批的情况下，非法占用城关区娘热乡某村农用地，改变土地用途用于非农建设，修建单体建筑9栋。

སྤྱི་ལོ་༢༠༡༨ལོར་ཞུ་སྐྱོར་ཁྲི་མ་ལྷག་ཆེ་གེ་མོས་འབྲེལ་ཡོད་སྲིད་འཛིན་སྡེ་ཁག་གི་ཞིབ་བཤེར་ཆོག་མཆན་མ་བརྒྱུད་པར། ཁྲིང་ཀོན་ཆུས་ཉང་བྲན་ཤང་གི་གྲོང་ཚོ་ག་གེ་མོའི་ཞིང་སྤྱོད་ས་ཆ་བདག་ཏུ་བཟུང་སྟེ། དེའི་ཐོག་སྒེར་ཁང་སྣར་པ་༩བསྐྲུན་པ་རེད།

分析:

དབྱེ་ཞིབ།

被告人拉某以牟利为目的，违反《中华人民共和土地管理法》，非法倒卖土地使用权且情节特别严重，其行为触犯了《中华人民共和国刑法》第二百二十八条规定，应当以非法倒卖土地使用权罪追究其刑事责任。被告人拉某违反《中华人民共和国土地管理法》，非法占用农用地且数量较大，造成农用地大量毁坏，其行为触犯了《中华人民共和国刑法》第三百四十二条规定，应当以非法占用农用地罪追究其刑事责任。同时，根据《中华人民共和国侵权责任法》第四条、第十五条规定，被告人不仅应当承担刑事责任，还应当依法承担民事责任。

ཞུ་སྐྱོར་ཁྲི་མ་ལྷག་ཆེ་གེ་མོས་ཁེ་བཟང་ལོན་ཆེད། 《ཀྲུང་ཧྭ་མི་དམངས་སྤྱི་མཐུན་རྒྱལ་

ཁབ་ཀྱི་ས་ཞིང་དོ་དམ་བཅའ་ཁྲིམས་》ལས་འགལ་ཏེ་ས་ཞིང་གི་བེད་སྤྱོད་བྱེད་དབང་བར་ཚོང་བརྒྱབ་པ་དེ་ནི་གནས་ཚུལ་ཚབས་ཆ་ཅང་ཆེན་པོ་ཡིན་པ་དང་། ཁོ་པའི་བྱ་སྤྱོད་དེ་ནི་《གྲུང་ཧྭ་མི་དམངས་སྤྱི་མཐུན་རྒྱལ་ཁབ་ཀྱི་ཉེས་དོན་བཅའ་ཁྲིམས་》ཀྱི་དོན་ཚན་ཉིས་བརྒྱ་ཉི་ཤུ་རྩ་བརྒྱད་ཀྱི་གཏན་འབེབས་ལས་འགལ་བས་ཁྲིམས་འགལ་དང་ས་ཞིང་བེད་སྤྱོད་བྱེད་དབང་བར་ཚོང་བྱས་པའི་ཉེས་པའི་ཐོག་ནས་ཉེས་དོན་འགན་འཁྲི་རྩད་གཅོད་བྱེད་དགོས་པ་དང་། ཞུ་སྐྱོར་ཁྲི་མ་ལྷག་ཆེ་གེ་མོས་《གྲུང་ཧྭ་མི་དམངས་སྤྱི་མཐུན་རྒྱལ་ཁབ་རྒྱལ་ཁོངས་ས་ཆའི་དོ་དམ་བཅའ་ཁྲིམས་》ལས་འགལ་ཏེ། ཁྲིམས་འགལ་དང་ཞིང་སྤྱོད་ས་ཆ་བཟུང་སྤྱོད་བྱས་པ་མ་ཟད། རྒྱུ་ཁྱོན་ཅུང་ཆེ་བས་ཞིང་སྤྱོད་ས་ཆ་འཕོར་ཆེན་གཏོར་བརླག་བཏང་ཡོད། ཁོ་པའི་བྱ་སྤྱོད་དེ་《གྲུང་ཧྭ་མི་དམངས་སྤྱི་མཐུན་རྒྱལ་ཁབ་ཀྱི་ཉེས་དོན་བཅའ་ཁྲིམས་》ཀྱི་དོན་ཚན་སུམ་བརྒྱ་བཞི་བཅུ་ཞེ་གཉིས་ཀྱི་གཏན་འབེབས་ལས་འགལ་བས་ཁྲིམས་འགལ་དང་ཞིང་སྤྱོད་ས་ཆ་བཟུང་སྤྱོད་བྱས་པའི་ཉེས་པའི་ཐོག་ནས་ཉེས་དོན་འགན་འཁྲི་རྩད་གཅོད་བྱེད་དགོས། དེ་དང་དུས་མཚུངས་《གྲུང་ཧྭ་མི་དམངས་སྤྱི་མཐུན་རྒྱལ་ཁབ་ཀྱི་དབང་གནོད་འགན་འཁྲིའི་བཅའ་ཁྲིམས་》ཀྱི་དོན་ཚན་བཞི་པ་དང་དོན་ཚན་བཅོ་ལྔ་པའི་གཏན་འབེབས་ལ་གཞིགས་ནས་ཞུ་སྐྱོར་ཁྲི་མས་ཉེས་དོན་འགན་འཁྲི་འཁུར་དགོས་པ་མ་ཟད། ད་དུང་ཁྲིམས་ལྟར་དམངས་དོན་འགན་འཁྲི་འཁུར་དགོས་པ་ཡིན།

3. 什么是耕地“八不准”？

༣. གང་འདྲ་ཞིག་ལ་རྨ་ཞིང་ཐད་ཀྱི"མི་ཆོག་པ་བརྒྱད"ཟེར་རམ།

《关于农村乱占耕地建房“八不准”的通知》中要求：

《གྲོང་གསེབ་ཀྱི་རྨ་ཞིང་གང་བྱུང་བཟུང་ནས་ཁང་པ་བརྒྱབ་པའི་"མི་ཆོག་པ་བརྒྱད"སྐོར་ཀྱི་བརྡ་ཐོའི་》ནང་གི་བླང་བྱ་གཤམ་གསལ།

（1）不准占用永久基本农田建房。

（༡）གཏན་འཇགས་གཞི་རྩའི་ས་ཞིང་བཟུང་སྤྱོད་བྱས་ཏེ་ཁང་པ་རྒྱག་མི་ཆོག

（2）不准强占多占耕地建房。

（༣）སོ་ཞིང་གང་མང་ཉམ་བཟུང་བྱས་ཏེ་ཁང་པ་རྒྱག་མི་ཆོག

（3）不准买卖、流转耕地违法建房。

（༣）སོ་ཞིང་ཉོ་ཚོང་དང་འཕོར་རྒྱུག་བྱས་ཏེ་ཁྲིམས་འགལ་སྒོས་ཁང་པ་རྒྱག་མི་ཆོག

（4）不准在承包耕地上违法建房。

（༤）འགན་གཙང་བླངས་པའི་སོ་ཞིང་ཐོག་ཁྲིམས་འགལ་སྒོས་ཁང་པ་རྒྱག་མི་ཆོག

（5）不准巧立名目违法占用耕地建房。

（༥）མིང་འདྲ་ཚགས་པོ་བཏགས་ནས་ཁྲིམས་འགལ་དང་སོ་ཞིང་བཟུང་སྤྱོད་ཀྱིས་ཁང་པ་རྒྱག་མི་ཆོག

（6）不准违反“一户一宅”规定占用耕地建房。

（༦）“དུད་ཚང་གཅིག་ལ་ཁང་ཁྱིམ་གཅིག་”གི་གཏན་འབེབས་ལས་འགལ་ཏེ་སོ་ཞིང་བཟུང་སྤྱོད་ཀྱིས་ཁང་པ་རྒྱག་མི་ཆོག

（7）不准非法出售占用耕地建的房屋。

（༧）ཁྲིམས་འགལ་དང་སོ་ཞིང་བཟུང་སྤྱོད་བྱས་ཏེ་བརྒྱབ་པའི་ཁང་པ་བཙོང་མི་ཆོག

（8）不准违法审批占用耕地建房。

（༨）ཁྲིམས་འགལ་དང་བཟུང་སྤྱོད་བྱས་པའི་སོ་ཞིང་ཐོག་ཁང་པ་བརྒྱབ་རྒྱུར་ཆོག་མཆན་སྤྲོད་མི་རུང་།

4.我的土地和房屋被征收了，应该获得什么补偿？

༤.ངའི་ས་ཞིང་དང་ཁང་པ་བསྡུ་ལེན་བྱས་པ་རེད་ཀྱང་གུན་གསབ་གང་འདྲ་ཐོབ་བམ།

征收集体所有的土地,应当依法及时足额支付土地补偿费、安置补助费以及农村村民住宅、其他地上附着物和青苗等的补偿费用,并安排被征地农民的社会保障费用,保障被征地农民的生活,维护被征地农民的合法权益。

ཐུན་མོང་ལ་དབང་བའི་ས་ཆ་བསྡུ་སྐབས་ཁྲིམས་ལྟར་ས་ཞིང་གི་གུན་གསབ་འགྲོ་སྲོན་

དང་སྤྱི་སྤྱོད་ཁ་གསབ་འགྲོ་གྲོན། དེ་བཞིན་གྲོང་གསེབ་ཀྱི་གྲོང་མིའི་སྡོད་ཁང་དང་། ས་ཆའི་ཐོག་གི་ཟུར་གཏོགས་དངོས་པོ་གཞན་དག་དང་རྩ་ཐེ་ཤིང་སོགས་ཀྱི་སྐྱིན་གསབ་དངུལ་བཅས་དུས་ཐོག་ལ་འདང་ངེས་སྤྲོད་དགོས། ས་ཆ་བསྡུས་པའི་ཞིང་པའི་སྤྱི་ཚོགས་འགན་སྲུང་གྲོན་དངུལ་བཀོད་སྒྲིག་བྱས་ནས་ས་ཆ་བསྡུས་པའི་ཞིང་པའི་འཚོ་བ་འགན་སྲུང་དང་། ས་ཆ་བསྡུས་པའི་ཞིང་པའི་ཁྲིམས་མཐུན་ཁེ་དབང་སྲུང་སྐྱོང་བྱེད་དགོས།

征收组织、个人的房屋以及其他不动产,应当依法给予征收补偿,维护被征收人的合法权益；征收个人住宅的,还应当保障被征收人的居住条件。

རྩ་འཛུགས་དང་མི་སྒེར་གྱི་ཁང་པ་དང་། དེ་བཞིན་གཏན་འཇགས་རྒྱུ་ནོར་གཞན་དག་བསྡུས་ཚེ། ཁྲིམས་ལྟར་བསྡུ་ལེན་བྱས་པའི་སྐྱིན་གསབ་སྤྲད་ནས་ས་ཆ་བསྡུ་ཡུལ་གྱི་མིའི་ཁྲིམས་མཐུན་ཁེ་དབང་སྲུང་སྐྱོང་བྱེད་དགོས་པ། མི་སྒེར་གྱི་སྡོད་ཁང་བསྡུས་ཚེ། ད་དུང་བསྡུ་ཡུལ་གྱི་མིའི་སྡོད་ཁང་ཆ་རྐྱེན་འགན་སྲུང་བྱེད་དགོས།

5. 我的房子因为山体滑坡损坏，宅基地也不能再使用了，怎么办？

༥.ངའི་ཁང་པ་རི་ཉིལ་ནས་གཏོར་སྐྱོན་ཐེབ་པ་དང་། ཁང་ས་ཡང་བསྐྱར་དུ་བེད་སྤྱོད་བྱ་ཐབས་མི་འདུག་པས་གང་འདྲ་བྱེད་དགོས་སམ།

《中华人民共和国民法典》第三百六十四条中规定，宅基地因自然灾害等原因灭失的，宅基地使用权消灭。对失去宅基地的村民，应当依法重新分配宅基地。

《ཀྲུང་ཧྭ་མི་དམངས་སྤྱི་མཐུན་རྒྱལ་ཁབ་ཀྱི་དམངས་དོན་ཁྲིམས་གཞུང་》གི་དོན་ཚན་སུམ་བརྒྱ་དྲུག་ཅུ་རེ་བཞི་པའི་ནང་། རང་བྱུང་གནོད་འཚེ་སོགས་ཀྱིས་རྐྱེན་པས་ཁང་ས་གཏོར་བརླག་སོང་ཚེ། ཁང་ས་བེད་སྤྱོད་ཀྱི་དབང་ཆ་མེད་པར་ཆགས་པ་ཡིན། ཁང་ས་ཤོར་བའི་གྲོང་མིར་ཁྲིམས་ལྟར་བསྐྱར་དུ་ཁང་ས་བགོད་སྒྲིག་བྱེད་དགོས་པ་གཏན་འབེབས་བྱས་ཡོད།

6. 我父母留下的宅基地可以继承或转让吗？

༦.ཕ་མས་ངར་ཤུལ་དུ་བཞག་པའི་ཁང་ས་རྒྱུན་འཛིན་ནམ་ཡང་ན་བརྒྱུད་བསྒྱུག་བྱས་ཆོག་གམ།

不可以。宅基地使用权不能继承，但可以在本村集体内流转。宅基地并不是真正意义上的财产，只是一种使用权，所有权归村集体。我国的宅基地是合理分配给农村村民建筑房屋的，虽然宅基地不能买卖，但是只要符合相关的法律规定是可以进行转让的。

དེ་ནི་མི་འགྲིག་སྟེ། ཁང་ས་བེད་སྤྱོད་བྱེད་དབང་རྒྱུན་འཛིན་བྱེད་མི་ཆོག་ཀྱང་གྲོང་ཚོའི་ནང་ཁུལ་དུ་བརྒྱུད་བསྒྱུག་བྱེད་ཆོག ཁང་ས་ནི་དོན་དམ་པའི་རྒྱུ་ནོར་མ་ཡིན་པས་བེད་སྤྱོད་བྱེད་དབང་ཁོ་ན་ཡོད་པ་ཙམ་ལས་བདག་དབང་ནི་གྲོང་ཚོ་མཉམ་སྡེབ་ལ་གཏོགས་པ་ཡིན། རང་རྒྱལ་གྱི་ཁང་ས་ནི་ལུགས་མཐུན་དང་གྲོང་གསེབ་ཀྱི་གྲོང་མིར་ཁང་པ་རྒྱག་རྒྱུར་བགོད་སྒྲིག

བྱས་པ་ཞིག་རེད། མ་གཞི་ཁང་ས་ཉོ་ཚོང་བྱས་མི་ཆོག་ཀྱང་འབྲེལ་ཡོད་ཀྱི་བཅའ་ཁྲིམས་གཏན་འབེབས་དང་མཐུན་ཚེ་ནང་བཤུག་གཏོང་ཆོག

7. 农村宅基地上房屋坍塌后还享有宅基地使用权吗？

༧.གྲོང་གསེབ་ཀྱི་ཁང་སའི་ཐོག་ཁང་ཁྱིམ་ཡོག་པ་དང་བཤིག་རྗེས་ད་དུང་ཁང་ས་བེད་སྤྱོད་བྱེད་དབང་ཡོད་དམ།

农村宅基地房屋坍塌后不再享有宅基地使用权。宅基地在其上的房屋坍塌后，空闲或房屋坍塌、拆除两年以上未恢复使用的宅基地，不确定土地使用权。已经确定使用权的，由集体报经县级人民政府批准，注销其土地登记，土地由集体收回。单独的宅基地村集体可以不予补偿，但是考虑到农村习惯，拆迁时村集体和拆迁单位一般会与宅基地原使用者或继承者协商解决。

གྲོང་གསེབ་ཀྱི་ཁང་སའི་ཐོག་ཁང་ཁྱིམ་ཡོག་པ་དང་བཤིག་རྗེས་སུ་མུད་ཁང་ས་བེད་སྤྱོད་བྱེད་དབང་མེད། ཁང་སའི་ཐོག་གི་ཁང་པ་ཡོག་རྗེས་སྟོང་པར་འཇོག་པའམ་ཡང་ན། ཡོག་པ་དང་བཤིག་ནས་ལོ་གཉིས་ཡན་སོང་ན་ཡང་བེད་སྤྱོད་བྱ་རྒྱུ་སླར་གསོ་བྱས་མེད་པའི་ཁང་ས་ནི་ས་ཆའི་བེད་སྤྱོད་དབང་ཆ་གཏན་འཁེལ་མེད། བེད་སྤྱོད་དབང་ཆ་གཏན་འཁེལ་བྱུང་ཚེ། མཉམ་སྡེབ་ཀྱིས་རྫོང་རིམ་པ་ཡན་གྱི་མི་དམངས་སྲིད་གཞུང་ལ་སྙན་སེང་ཞུས་ནས་ཆོག་མཆན་ཐོབ་རྗེས་དེའི་ས་ཆའི་ཐོ་འགོད་མེད་པ་བཟོ་རྒྱུ་དང་། ས་ཆ་དེ་མཉམ་སྡེབ་ཀྱིས་བསྡུ་ལེན་བྱེད་དགོས། ཁེར་རྐྱང་གི་ཁང་ས་ཡོད་པའི་གྲོང་ཚོ་མཉམ་སྡེབ་ལ་གུན་གསབ་མ་སྤྲད་ནའང་ཆོག་པ་ཡིན། འོན་ཀྱང་གྲོང་ཚོའི་གོམས་གཤིས་ལ་བསམ་ཞིབ་བྱས་ཏེ། བཤིག་སྤོས་བྱེད་སྐབས་གྲོང་ཚོ་མཉམ་སྡེབ་དང་བཤིག་སྤོས་བྱེད་མཁན་ཚན་པས་སྤྱིར་བཏང་ཁང་ས་ཐོག་མར་བེད་སྤྱོད་བྱེད་མཁན་ནམ་ཡང་ན་རྒྱུན་འཛིན་པར་གྲོས་མོལ་བྱས་ནས་ཐག་གཅོད་བྱེད་པ་ཡིན།

8. 土地承包经营权可以转让吗？

༨.ས་ཞིང་འགན་གཙང་བླངས་ཏེ་གཉེར་སྐྱོང་བྱེད་པའི་དབང་ཆ་བརྒྱུད་བརྒྱུག་བྱས་ཆོག་གམ།

可以。土地承包经营权人依照法律规定，有权将土地承包经营权互换、转让。未经依法批准，不得将承包地用于非农建设。

དེ་ནི་འགྲིག་སྟེ། ས་ཞིང་འགན་གཙང་བླངས་ཏེ་གཉེར་སྐྱོང་བྱེད་དབང་ཡོད་པའི་མིར་བཅའ་ཁྲིམས་ཀྱི་གཏན་འབེབས་ལྟར་ས་ཞིང་འགན་གཙང་བླངས་ནས་གཉེར་སྐྱོང་བྱེད་པའི་དབང་ཆ་ཕན་ཚུན་བརྗེ་རེས་དང་བརྒྱུད་བརྒྱུག་བྱས་ཆོག ཁྲིམས་ལྟར་ཆོག་མཆན་མ་ཐོབ་པར་འགན་གཙང་བླངས་པའི་ས་ཞིང་དག་ཞིང་ལས་མ་ཡིན་པའི་འཛུགས་སྐྲུན་གཞན་དག་ཐད་བེད་སྤྱོད་བྱེད་མི་རུང་།

十一、法律维权及信访

བཅུ་གཅིག བཅའ་ཁྲིམས་ལ་བརྟེན་ནས་དབང་ཆ་སྲུང་སྐྱོང་དང་ཡིག་བསྐུར་ཞུ་གཏུག

1. 什么事情可以进行人民调解？

༡.དོན་དག་གང་འདྲ་ཞིག་གི་ཐད་མི་དམངས་ཀྱི་འདུམ་འགྲིག་བྱས་ཆོག་གམ།

一般认为，凡是发生在公民与公民之间、公民与法人和其他组织之间，涉及当事人有权处分的人身、财产权益的纠纷，都属于民间纠纷，都可以通过人民调解来处理。但法律、行政法规规定应当由专门机关管辖处理的纠纷或者禁止采用调解方式解决的纠纷除外。

སྤྱིར་སྤྱི་དམངས་དང་སྤྱི་དམངས་དབར་དང་། སྤྱི་དམངས་དང་ཁྲིམས་མིའམ་ཡང་ན་རྩ་འཛུགས་དབར་ལྷག་པའི་དོ་བདག་ལ་ཆད་པ་གཅོད་དབང་ཡོད་པའི་མི་ལུས་དང་རྒྱུ་ནོར་ཁེ་དབང་ཐད་ཀྱི་རྩོད་གཞི་ཡིན་ཕྱིན། ཚང་མ་དམངས་ཁྲོད་ཀྱི་རྩོད་གཞི་ཡིན་པས་ཚང་མ་མི་དམངས་ཀྱི་འདུམ་འགྲིག་བརྒྱུད་ཐག་གཅོད་བྱས་ཆོག འོན་ཀྱང་བཅའ་ཁྲིམས་དང་སྲིད་འཛིན་ཁྲིམས་སྲོལ་གྱི་གཏན་འབེབས་ལྟར་ཆེད་དོན་ལས་ཁུངས་མངའ་འོག་གིས་ཐག་གཅོད་བྱེད་པའི་

རྩོད་གཞི་དང་ཡང་ན་འདུམ་འགྲིག་གི་བྱ་ཐབས་ལ་བརྟེན་ནས་ཐག་གཅོད་བྱེད་མི་ཆོག་པའི་རྩོད་གཞི་ནི་དེའི་ཁོངས་སུ་མི་གཏོགས།

2. 我们应该向什么地方申请人民调解？

༢.མི་དམངས་འདུམ་འགྲིག་གི་རེ་ཞུ་ཐུ་ཡུལ་གང་དུ་ཡིན་ནམ།

向纠纷当事人所在地（所在单位）或者纠纷发生地的村民委员会、居民委员会或者企业事业单位的人民调解组织申请。

རྩོད་གཞི་ཐུག་སའི་ས་གནས་ཚན་པའམ་ཡང་ན་རྩོད་གཞི་ཐུག་སའི་གྲོང་ཚོ་ཨུ་ཡོན་ལྷན་ཁང་དང་གྲོང་མི་ཨུ་ཡོན་ལྷན་ཁང་།　　ཡང་ན་ཁེ་ལས་བྱ་གཞག་ཚན་པའི་མི་དམངས་འདུམ་འགྲིག་རྩ་འཛུགས་བཅས་ལ་རེ་ཞུ་བྱེད་དགོས།

3. 法律咨询服务热线是什么？

༣.བཅའ་ཁྲིམས་བློ་འདྲི་ཞབས་ཞུའི་ཐད་གཏོང་ཁ་པར་ཨང་གྲངས་ག་ཚོད་ཡིན་ནམ།

12348。

༡༢༣༤༨ཡིན།

4. 公民就哪些事项可以申请法律援助？

༤.སྤྱི་དམངས་ཀྱིས་ལས་དོན་གང་དག་གི་ཐད་བཅའ་ཁྲིམས་རོགས་སྐྱོར་གྱི་རེ་ཞུ་བྱས་ཆོག་གམ།

一是需要咨询、代理的事项，包括:

གཅིག་ནི་བློ་འདྲི་དགོས་པ་དང་ལས་ཚབ་ཀྱི་ལས་དོན་ཡིན་ཞིང་དེ་དག་ཁྲོད།

（1）依法请求国家赔偿的；

（༡）ཁྲིམས་ལྟར་རྒྱལ་ཁབ་ནས་གུན་གསབ་སྤྲོད་རྒྱུའི་རེ་ཞུ།

（2）请求给予社会保险待遇或者最低生活保障待遇的；

（༢）སྤྱི་ཚོགས་འགན་བཅོལ་གྱི་ཐོབ་ཐང་དམ་ཡང་ན་མ་མཐའི་འཚོ་བའི་འགན་སྲུང་ཐོབ་ཐང་སྤྲོད་རྒྱུའི་རེ་ཞུ།

（3）请求发给抚恤金或者救济金的；

（༣）འཆི་གོད་གུན་གསབ་དངུལ་དང་ཡང་ན་སྐྱོབ་གསོའི་དངུལ་སྤྲོད་རྒྱུའི་རེ་ཞུ།

（4）请求给付赡养费、抚养费、扶养费的；

（༤）ཞབས་ཏོག་དང་གསོ་སྐྱོང་། འཚོ་སྐྱོང་བཅས་ཀྱི་འགྲོ་གྲོན་སྤྲོད་རྒྱུའི་རེ་ཞུ།

（5）请求支付劳动报酬的；

（༥）ངལ་རྩོལ་གླ་ཆ་སྤྲོད་རྒྱུའི་རེ་ཞུ།

（6）主张因见义勇为行为产生的民事权益的；

（༦）བདེན་པའི་རྒྱབ་ལངས་བྱས་པའི་རྐྱེན་གྱིས་ཐོན་པར་ངོས་འཛིན་པའི་དམངས་དོན་ཁེ་དབང་།

（7）因劳动关系请求经济补偿、赔偿的；

（༧）ངལ་རྩོལ་འབྲེལ་བས་རྐྱེན་པས་དཔལ་འབྱོར་གུན་གསབ་དང་སྐྱིན་ཚབ་སྤྲོད་རྒྱུའི་རེ་ཞུ།

（8）残疾人、老年人、未成年人、妇女请求人身损害赔偿的；

（༨）དབང་པོ་སྐྱོན་ཅན་དང་རྒན་རྒོན། ནར་མ་སོན་པའི་མི། བུད་མེད་བཅས་ཀྱི་མི་ལུས་ལ་གནོད་སྐྱོན་བཟོས་པར་གུན་གསབ་སྤྲོད་རྒྱུའི་རེ་ཞུ།

（9）涉及虐待、遗弃或暴力干涉婚姻自由的；

（༩）མནར་གཅོད་དང་བསྐྱུར་བ།　ཡང་ན་གཏུམ་སྤྱོད་ཀྱིས་གཉེན་སྒྲིག་རང་མོས་ལ་ཐེ་ཛུས་བྱས་པ།

（10）交通事故、医疗事故、工伤事故、产品质量事故受害人请求赔偿的。

(༡༠) འགྲིམ་འགྲུལ་དོན་འཛོལ་དང་སྨན་བཅོས་ལས་འཛོལ། ལས་ཀའི་ཆེད་དུ་རྨས་པའི་ཆག་སྐྱོ། ཐོན་རྫས་སྤུས་ཚད་ཀྱི་ཆག་སྐྱོ་བཅས་ཀྱི་ནང་གནོད་འཚེ་ཕོག་མཁན་གྱིས་བཏོན་པའི་གུན་གསབ་ཀྱི་རེ་ཞུ།

二是刑事诉讼中因经济困难没有聘请律师或者没有委托诉讼代理人但需要代理的事项，包括:

གཉིས་ནི་ཉེས་དོན་གཏུག་བཤེར་བྱེད་སྐབས་དཔལ་འབྱོར་ཐད་དཀའ་ངལ་ཡོད་པའི་རྐྱེན་དག་འབུད་ཁྲིམས་རྩོད་པ་གདན་འདྲེན་ཞུས་མེད་པའམ་ཡང་ན་མངགས་བཅོལ་གཏུག་བཤེར་གྱི་ལས་ཚབ་པ་མེད་ཅིང་། ངེས་པར་དུ་ལས་ཚབ་པ་ཡོད་དགོས་པའི་ལས་དོན་ཡིན་ཞིང་དེའི་ཁོངས་སུ།

（1）犯罪嫌疑人在被侦查机关第一次询问后或者采取强制措施之日起的代理事项；

（༡）ནོགས་ཡོད་ཉེས་གསོག་པར་སྤྱི་བདེ་ལས་ཁུངས་ཀྱིས་འདྲི་རྩད་ཐེངས་དང་པོ་བྱས་རྗེས་དང་། ཡང་ན་བཙན་ཤེད་ཀྱི་བྱ་ཐབས་བཟུང་ཚུན་གྱི་ལས་ཚབ་པའི་ལས་དོན།

（2）公诉案件中的被害人及其法定代理人或者近亲属，自案件移送审查起诉之日起的代理事项；

（༢）གཞུང་གཏུག་གྲོད་གཞིའི་ནང་གི་གནོད་འཚེ་ཕོག་མཁན་དང་དེའི་ཁྲིམས་བཀོད་ལས་ཚབ་པ་དང་ཡང་ན་ སྤུན་ཉེས་གྲོད་གཞི་ཞིབ་བཤེར་ཞུ་གཏུག་བྱ་རྒྱུར་བསྐྱལ་ཚུན་གྱི་ལས་ཚབ་པའི་ལས་དོན།

（3）自诉案件的自诉人及其法定代理人，自案件被人民法院受理之日起的代理事项。

（༣）རང་སྐྱེར་གྱིས་ཞུ་སྐྱོར་བྱས་པའི་གྲོད་གཞིའི་སྐྱེར་ཞུ་པ་དང་དེའི་ཁྲིམས་བཀོད་ལས་ཚབ་པས་གྲོད་གཞི་མི་དམངས་ཁྲིམས་ཁང་ལ་བདག་སྐྱོད་བྱ་རྒྱུར་བསྐྱལ་ཚུན་གྱི་ལས་ཚབ་པའི་ལས་དོན།

三是公诉人出庭公诉的案件，被告人因经济困难或者其他原因没有委托辩护人，人民法院为被告人指定辩护的事项。

གསུམ་ནི་གཞུང་གཏུག་བྱེད་མིས་ཁྲིམས་རར་གྲོད་གཞི་གཞུང་གཏུག་བྱེད་སྐབས། ཞུ་སྐྱོར་ཕྱི་མར་དཔལ་འབྱོར་དཀའ་ངལ་གྱིས་རྐྱེན་པའམ་ཡང་ན་རྒྱུ་རྐྱེན་གཞན་དག་དབང་གིས་དག་འབུད་ཀྱི་ཁྲིམས་རྩོད་པ་མེད་ཚེ། མི་དམངས་ཁྲིམས་ཁང་གིས་ཞུ་སྐྱོར་ཕྱི་མར་དག་འབུད་ཁྲིམས་འཛུགས་པ་དམིགས་འཛུགས་བྱས་ཆོག་པའི་ལས་དོན།

5.什么情况可以申请社会救助？如何申请？

༥.གནས་ཚུལ་གང་འདྲ་ཞིག་གི་འོག་སྤྱི་ཚོགས་ཀྱི་རོགས་སྐྱོབ་རེ་ཞུ་བྱེད་དགོས་པ་དང་། རེ་ཞུ་ཇི་ལྟར་བྱེད་དགོས་སམ།

遭受自然灾害、失去劳动能力或者其他低收入群众，可以申请社会救助。申请人可以向户籍所在地的街道社会救助管理所提出书面申请，并根据“社会救助申请公开告知书”的要求，如实提供有关证明，亲笔填写承诺书，自觉履行义务。

རང་བྱུང་གི་གནོད་འཚེ་ཕོག་པ་དང་ངལ་རྩོལ་གྱི་ནུས་པ་ཤོར་བ། ཡང་ན་ཡོང་འབབ་དམའ་བའི་མི་ཚོགས་གཞན་དག་གིས་སྤྱི་ཚོགས་ཀྱི་རོགས་སྐྱོབ་རེ་ཞུ་བྱས་ཆོག རེ་ཞུ་བྱེད་མཁན་གྱིས་ཐེམ་ཐོ་གནས་སའི་སྤྱི་ཚོགས་རོགས་སྐྱོབ་དོ་དམ་ཁང་ལ་ཡིག་ཐོག་ནས་རེ་ཞུ་འབུལ་ཆོག་པ་མ་ཟད། “སྤྱི་ཚོགས་རོགས་སྐྱོབ་རེ་ཞུའི་ཡོངས་བསྒྲགས་བརྡ་ཁྱབ་ཡི་གེའི”བླང་བྱར་གཞིགས་ནས་དྲང་གཞག་ངང་འབྲེལ་ཡོད་ཀྱི་ར་སྤྲོད་ཡི་གེ་མཁོ་འདོན་བྱེད་པ་དང་། རང་ཉིད་ནས་ཁས་ལེན་ཡི་གེ་འབྲི་བ། རང་འགུལ་ངང་འོས་འགན་ལག་བསྟར་བྱེད་དགོས།

6.什么是信访？

༦.གང་འདྲ་ཞིག་ལ་ཡིག་བསྐུར་ཞུ་གཏུག་ཟེར་རམ།

信访是指公民、法人或者其他组织采用书信、电子邮件、传真、电话、走访等形式，向各级人民政府、县级以上各级人民政府工作部门反映情况，提出建议、意见或者投诉请求，依法由有关请求行政机关处理的活动。

ཡིག་བསྐུར་ཞུ་གཏུག་ཟེར་བ་ནི་སྤྱི་དམངས་དང་ཁྲིམས་མི། ཡང་ན་ཚ་འཛུགས་གཞན་དག་གིས་འཕྲིན་ཡིག་དང་གློག་རྡུལ་སྦྲག་བསྐུར། བརྙན་སྐྱེལ། ཁ་པར། བཅར་འདྲི་སོགས་ཀྱི་རྣམ་པའི་ཐོག་ནས་རིམ་ཁག་མི་དམངས་སྲིད་གཞུང་དང་རྫོང་རིམ་པ་ཡན་གྱི་མི་དམངས་སྲིད་

གཞུང་གི་ལས་དོན་སྟེ་ཁག་ལ་གནས་ཚུལ་གསལ་ཞུ་བྱེད་པ་དང་གྲོས་འགོ་དང་བསམ་འཆར་འདོན་པ། ཡང་ན་ཞུ་གཏུག་རེ་ཞུ་བཅས་བྱས་ཏེ། ཁྲིམས་ལྟར་འབྲེལ་ཡོད་རེ་ཞུ་སྲིད་འཛིན་ལས་ཁུངས་ནས་ཐག་གཅོད་བྱེད་པའི་བྱེད་སྟོར་ཟེར་བ་ཡིན།

7.哪些情形可以信访？

༧.གནས་ཚུལ་གང་དག་ཡིག་བསྐུར་ཞུ་གཏུག་བྱས་ཆོག་གམ།

信访条例规定信访人对下列组织、人员的职务行为反映情况，提出建议、意见，或者不服下列组织、人员的职务行为，可以向有关行政机关提出信访事项：

ཡིག་བསྐུར་ཞུ་གཏུག་གི་སྒྲོལ་ཡིག་ནང་། ཡིག་བསྐུར་ཞུ་གཏུག་བྱེད་མཁན་གྱིས་གཤམ་

གསལ་གྱི་རྩ་འཛུགས་དང་མི་སྣའི་གོ་གནས་བྱ་སྤྱོད་ཐད་གནས་ཚུལ་གསལ་བཤད་དང་། གྲོས་འགོ་དང་བསམ་འཆར་འདོན་པ་དང་། ཡང་ན་གཤམ་གསལ་གྱི་རྩ་འཛུགས་དང་མི་སྣའི་བྱ་སྤྱོད་ལ་མོས་མཐུན་མེད་ཚེ། འབྲེལ་ཡོད་སྲིད་འཛིན་ལས་ཁུངས་ལ་ཡིག་བསྐུར་ཞུ་གཏུག་བྱས་ཆོག་པ་བཅས་ཀྱི་གཏན་འབེབས་བྱས་ཡོད་དེ།

(1) 行政机关及其工作人员；

(༡) སྲིད་འཛིན་ལས་ཁུངས་དང་དེའི་ལས་དོན་མི་སྣ།

(2) 法律、法规授权的具有管理公共事务职能的组织及其工作人员；

(༢) བཅའ་ཁྲིམས་དང་ཁྲིམས་སྲོལ་ཐོག་ནས་དབང་ཆ་སྤྲད་པའི་སྤྱི་པའི་ལས་དོན་ལ་དོ་དམ་བྱེད་པའི་འགན་ནུས་ལྡན་པའི་རྩ་འཛུགས་དང་དེའི་ལས་དོན་མི་སྣ།

(3) 提供公共服务的企业、事业单位及其工作人员；

(༣) སྤྱི་པའི་ཞབས་ཞུ་མཁོ་འདོན་བྱེད་མཁན་ཁེ་ལས་དང་བྱ་གཞག་ཚན་པ། དེ་དག་གི་ལས་དོན་མི་སྣ།

(4) 社会团体或者其他企业、事业单位中由国家行政机关任命、派出的人员；

(༤) སྤྱི་ཚོགས་ཚོགས་པའམ་ཡང་ན་ཁེ་ལས་དང་བྱ་གཞག་ཚན་པ་གཞན་དག་ནང་རྒྱལ་ཁབ་སྲིད་འཛིན་ལས་ཁུངས་ནས་བསྐོ་གཞག་དང་མངག་གཏོང་བྱས་པའི་ལས་དོན་མི་སྣ།

(5) 村民委员会、居民委员会及其成员。

(༥) གྲོང་ཚོ་ཨུ་ཡོན་ལྷན་ཁང་དང་གྲོང་མི་ཨུ་ཡོན་ལྷན་ཁང་། དེའི་ཁོངས་མི་བཅས་སོ།།

8. 信访应向哪个机关或部门提出？

༨.ཡིག་བསྐུར་ཞུ་གཏུག་དེ་ལས་ཁུངས་དང་ཡང་ན་སྡེ་ཁག་གང་ཞིག་ལ་བྱེད་དགོས་སམ།

根据《信访条例》第四条规定：信访工作实行属地管理、分级负责、谁主管谁负责的原则。《信访条例》第十五条规定，信访人对各级人民代表大会以及县级以上各级人民代表大会常务委员会、人民法院、人民检察院职权范围内的信访事项，应当分别向有关的人民代表大会及其常务委员会、人民法院、人民检察院提出，并遵守本条例的相关规定。

《ཡིག་བསྐུར་ཞུ་གཏུག་སྒྲིལ་ཡིག་》གི་དོན་ཚན་བཞི་པའི་གཏན་འབེབས་ལ་གཞིགས་ན། ཡིག་བསྐུར་ཞུ་གཏུག་གི་ལས་ཀ་བྱེད་སྐབས་ཁོངས་གཏོགས་ཀྱི་དོ་དམ་བྱེད་པ་དང་རིམ་པ་དབྱེ་ནས་འགན་འཁུར་བ། སུས་གཙོ་གཉེར་བྱེད་པ་དེས་འགན་འཁུར་བའི་རྩ་དོན་ལག་བསྟར་བྱེད་དགོས་པ་ཡིན། 《ཡིག་བསྐུར་ཞུ་གཏུག་སྒྲིལ་ཡིག་》གི་དོན་ཚན་བཅོ་ལྔ་པར། ཡིག་བསྐུར་ཞུ་གཏུག་བྱེད་མཁན་གྱིས་རིམ་ཁག་མི་དམངས་འཐུས་ཚོགས་དང་། དེ་བཞིན་རྫོང་རིམ་པ་ཡན་གྱི་མི་དམངས་འཐུས་ཚོགས་རྒྱུན་ལས་ཨུ་ལྷན། མི་དམངས་ཁྲིམས་ཁང་། མི་དམངས་ཞིབ་དཔྱོད་ཁང་བཅས་ཀྱི་འགན་ནུས་ཁྱབ་ཁོངས་ནང་གི་ཡིག་བསྐུར་ཞུ་གཏུག་གི་ལས་དོན་ཐད། ཁག་སོ་སོར་མི་དམངས་འཐུས་ཚོགས་དང་དེའི་རྒྱུན་ལས་ཨུ་ལྷན། མི་དམངས་ཁྲིམས་ཁང་། མི་དམངས་ཞིབ་དཔྱོད་ཁང་བཅས་ལ་ཡིག་བསྐུར་ཞུ་གཏུག་དགོས་པ་མ་ཟད། སྒྲིལ་ཡིག་འདིའི་འབྲེལ་ཡོད་གཏན་འབེབས་ལ་བརྩི་སྲུང་ཞུ་དགོས་པའི་གཏན་འབེབས་བྱས་ཡོད།

9.信访方式有哪些?

༩. ཡིག་བསྐུར་ཞུ་གཏུག་བྱེ་ཐབས་མི་འདྲ་བ་གང་དག་ཡོད་དམ།

根据《信访条例》第十七条规定：信访人提出信访事项，一般应当采取书信、电子邮件、传真等书面形式；信访人提出投诉请求的，还应当载明信访人的姓名(名称)、住址和请求、事实、理由。

《ཡིག་བསྐུར་ཞུ་གཏུག་སྒྲིལ་ཡིག་》གི་དོན་ཚན་བཅུ་བདུན་པའི་གཏན་འབེབས་ལྟར་ན། ཡིག་བསྐུར་ཞུ་གཏུག་བྱེད་མཁན་གྱིས་ཡིག་བསྐུར་ཞུ་གཏུག་གི་ལས་དོན་འདོན་སྐབས། སྤྱིར་འཕྲིན་ཡིག་དང་གློག་རྡུལ་སྦྲག་བསྐུར། བརྙན་སྐྱེལ་སོགས་ཡིག་ཐོག་གི་རྣམ་པའི་ཐོག་ནས་འདོན་དགོས། ཞུ་གཏུག་བྱེད་མཁན་གྱིས་ཞུ་གཏུག་རེ་ཞུ་བྱེད་སྐབས། ད་དུང་ཡིག་བསྐུར་ཞུ་གཏུག་བྱེད་མཁན་གྱི་ཏུས་མིང་དང་སྡོད་གནས། རེ་ཞུ། དོན་དངོས། རྒྱུ་མཚན་བཅས་གསལ་པོ་འབྲི་དགོས།

有关机关对采用口头形式提出的投诉请求，应当记录信访人的姓名(名称)、住址和请求、事实、理由。

འབྲེལ་ཡོད་ལས་ཁུངས་ཀྱིས་ཁ་ཐོག་གི་ཞུ་གཏུག་རེ་ཞུ་བདག་སྤྲོད་བྱེད་སྐབས། ཡིག་བསྐུར་ཞུ་གཏུག་བྱེད་མཁན་གྱི་རུས་མིང་དང་སྡོད་གནས། རེ་ཞུ། དོན་དངོས། རྒྱུ་མཚན་བཅས་ཐེམ་ཐོར་འགོད་དགོས།

１０.信访人在信访时应该遵守哪些规定？

༡༠.ཡིག་བསྐུར་ཞུ་གཏུག་བྱེད་མཁན་གྱིས་ཞུ་གཏུག་བྱེད་སྐབས་གཏན་འབེབས་གང་དག་ལ་བརྩི་སྲུང་ཞུ་དགོས་སམ།

信访人在信访工作中应当遵守法律、法规，不得损害国家、社会、集体的利益和其他公民的合法权益，自觉维护社会公共秩序和信访秩序，不得有下列行为:

ཡིག་བསྐུར་ཞུ་གཏུག་བྱེད་མཁན་གྱིས་ཡིག་བསྐུར་ཞུ་གཏུག་གི་ལས་དོན་ནང་། བཅའ་ཁྲིམས་དང་ཁྲིམས་སྲོལ་ལ་བརྩི་སྲུང་ཞུ་དགོས་པ་ལས་རྒྱལ་ཁབ་དང་སྤྱི་ཚོགས། མཉམ་སྡེབ་བཅས་ཀྱི་ཁེ་ཕན་དང་། སྤྱི་དམངས་ཀྱི་ཁྲིམས་མཐུན་ཁེ་དབང་གཞན་དག་ལ་གནོད་སྐྱོན་གཏོང་མི་རུང་། རང་འགུལ་དང་སྤྱི་ཚོགས་ཀྱི་སྤྱི་པའི་སྒྲིག་ལམ་དང་ཡིག་བསྐུར་ཞུ་གཏུག་གི་སྒྲིག་ལམ་ལ་སྲུང་སྐྱོང་བྱེད་དགོས་པ་ལས། གཤམ་གསལ་གྱི་བྱ་སྤྱོད་རིགས་བཟུང་མི་རུང་སྟེ།

（1）在国家机关公共场所周围、公共场所非法聚集，围堵、冲击国家机关，拦截公务车辆，或者堵塞、阻断交通；

（༡）རྒྱལ་ཁབ་ལས་ཁུངས་ཀྱི་སྤྱི་པའི་ཚོགས་རའི་ཉེ་འཁོར་དང་སྤྱི་པའི་ཚོགས་རར་ཁྲིམས་འགལ་དང་འདུ་འཛོམས་དང་མཐའ་བསྐོར་བ། རྒྱལ་ཁབ་ལས་ཁུངས་ལ་ཞུར་མཆོངས་བྱེད་པ། གཞུང་དོན་རླངས་འཁོར་འགོག་པའམ་འགྲིམ་འགྲུལ་བཀག་པ་དང་འགོག་གཅོད་བྱེད་པ།

（2）携带危险物品、管制器具的；

（༢）ཉེན་ཁ་ཡོད་པའི་དངོས་ཟས་དང་འཁྲིར་མི་ཆོག་པའི་ལག་ཆ་འཁྱེར་བ།

（3）侮辱、殴打、威胁国家机关工作人员，或者非法限制他人人身自由的；

（༣）རྒྱལ་ཁབ་ལས་ཁུངས་ཀྱི་ལས་དོན་མི་སྣར་སྨད་བཀྲོ་དང་ཉེས་རྡུང་། འཇིགས་སྐུལ་བཅས་བྱེད་པ་དང་། ཡང་ན་ཁྲིམས་འགལ་ངང་མི་གཞན་གྱི་མི་ལུས་རང་དབང་ལ་ཚོད་འཛིན་བྱེད་པ།

（4）在信访接待场所滞留、滋事，或者将生活不能自理的人弃留在信访接待场所的；

（༤）ཡིག་བསྐུར་ཞུ་གཏུག་སྣེ་ལེན་བྱེད་ས་ནས་ཁ་མི་བྲལ་བ་དང་། དེར་ཟིང་ཆ་སློང་བ། ཡང་ན་འཚོ་བའི་རང་སྐྱོ་མི་འཕེར་བའི་མི་ཡིག་བསྐུར་ཞུ་གཏུག་སྣེ་ལེན་བྱེད་སར་བསྐྱུར་འཇོག་བྱེད་པ།

（5）煽动、串联、胁迫、以财物诱使、幕后操纵他人信访或者以信访为名借机敛财的；

（༥）མི་གཞན་ལ་ཡིག་བསྐུར་ཞུ་གཏུག་བྱ་རྒྱུར་ངན་སྐུལ་དང་ཁ་བསྡུ། བཙན་ཤེད། རྒྱུ་དངོས་ཀྱི་བསླུ་ བྲིད། རྒྱབ་ཕྱོགས་ནས་བཀོད་པ་གཏོང་བ་བཅས་དང་། ཡང་ན་ཡིག་བསྐུར་ཞུ་གཏུག་ལ་ཁ་གཡར་ནས་རྒྱུ་ནོར་གཡོ་ལེན་བྱེད་པ།

（6）扰乱公共秩序、妨害国家和公共安全的其他行为。

（༦）སྤྱི་པའི་སྒྲིག་ལམ་གཏོར་བཤིག་དང་རྒྱལ་ཁབ་དང་སྤྱི་པའི་བདེ་འཇགས་ལ་གནོད་སྐྱོན་གཏོང་བའི་བྱ་སྤྱོད་གཞན་དག་བཅས་སོ།།

11.信访人对信访处理意见不服该怎么办？

༡༡.ཡིག་བསྐུར་ཞུ་གཏུག་བྱེད་མཁན་གྱིས་ཡིག་བསྐུར་ཞུ་གཏུག་གི་ཐག་གཅོད་བསམ་འཆར་ལ་མོས་མཐུན་མེད་ཚེ་ཇི་ལྟར་བྱེད་དགོས་སམ།

信访人对行政机关作出的信访事项处理意见不服的，可以自收到书面答复之日起30日内请求原办理行政机关的上一级行政机关复查。收到复查请求的行政机关应当自收到复查请求之日起30日内提出复查意见，并予以书面答复。

ཡིག་བསྐུར་ཞུ་གཏུག་བྱེད་མཁན་གྱིས་སྲིད་འཛིན་ལས་ཁུངས་ནས་བཏོན་པའི་ཡིག་བསྐུར་ཞུ་གཏུག་ཐག་གཅོད་བྱ་ཐབས་ཀྱི་བསམ་འཆར་ལ་མོས་མཐུན་མེད་ཚེ། ཡིག་ཐོག་གི་ལན་འབྱོར་བའི་ཉིན་ནས་བཟུང་ཉིན་༣༠ནང་དེ་སྔའི་སྒྲུབ་གཉེར་བྱེད་མཁན་སྲིད་འཛིན་ལས་ཁུངས་ཀྱི་གོང་རིམ་སྲིད་འཛིན་ལས་ཁུངས་ལ་བསྐྱར་ཞིབ་བྱ་རྒྱུའི་རེ་བ་འདོན་ཆོག བསྐྱར་ཞིབ་བྱ་རྒྱུའི་རེ་ཞུ་འབྱོར་སའི་སྲིད་འཛིན་ལས་ཁུངས་ཀྱིས་བསྐྱར་ཞིབ་ཀྱི་རེ་ཞུ་འབྱོར་བའི་ཉིན་མོ་ནས་བཟུང་ཉིན་༣༠ནང་བསྐྱར་ཞིབ་བྱས་རྗེས་ཀྱི་བསམ་འཆར་འདོན་དགོས་པ་མ་ཟད། ཡིག་ཐོག་གི་ལན་འདེབས་དགོས།

十二、物　　权

བཅུ་གཉིས། རྒྱུ་དངོས་ཀྱི་བདག་དབང་།

1.口头借款的约定是否有约束力？

༧. ངག་ཐོག་གི་དངུལ་བུན་ཁ་ཆད་ལ་ཆོད་འཛིན་གྱི་ནུས་པ་ཡོད་དམ།

口头承诺有效，法律也承认口头合同的效力。《中华人民共和国民法典》中规定：当事人订立合同，可以采用书面形式、口头形式或者其他形式。为了更好的保留证据，建议采取书面约定或请两个以上的见证人在场见证。

ཁ་ཐོག་ནས་ཁས་བླངས་ན་ནུས་པ་ཐོན་གྱི་ཡོད། བཅའ་ཁྲིམས་ནང་ལ་ཡང་ཁ་ཐོག་གི་གན་རྒྱར་ནུས་པ་ཡོད་པ་ཁས་ལེན་གྱི་ཡོད།《ཀྲུང་ཧྭ་མི་དམངས་སྤྱི་མཐུན་རྒྱལ་ཁབ་ཀྱི་དམངས་དོན་ཁྲིམས་གཞུང་》ནང་། དོ་བདག་གིས་གན་རྒྱ་འཛུགས་སྐབས། ཡིག་ཐོག་དང་ཁ་ཐོག ཡང་ན་རྣམ་པ་གཞན་དག་ཐོག་ནས་བཞག་ཆོག་པའི་གཏན་འབེབས་བྱས་ཡོད། དཔང་རྟགས་ཡག་པོ་ཉར་འཛོག་བྱེད་ཆེད། ཡིག་ཐོག་གི་ཁ་ཆད་བྱེད་པའམ་ཡང་ན་དཔང་མི་གཉིས་ཡན་གྱིས་གན་རྒྱ་འཛོག་སར་བདེན་དཔང་བྱེད་དགོས་པའི་གྲོས་འགོ་བཏོན་ཡོད།

未写在纸张上的利息就可以不还了吗

ཡིག་ཐོག་ལ་མ་འཀོད་པའི་སྐྱེད་ཀ་མ་སྤྲད་ན་འགྲིག་གམ།

案情:

རྒྱུད་གཞིའི་གནས་ཚུལ།

张某与李某原是朋友关系。张某于2011年至2013年期间，多次向李某借款，合计70万元。并口头承诺按照月利率2.5%偿还利息。李某通过银行转账的方式将借款支付给张某。张某将借款合计成一笔，写了一张借条。借条载明：“今借到李某人民币柒拾万元整。”张某在借条的“借款人”落款处签名、按指印。但是，该借条未载明借款期限和借款利息。

ཀྲང་ཚེ་གེ་མོ་དང་ལི་ཚེ་གེ་མོ་གཉིས་ནི་ཐོག་མར་གྲོགས་པོ་ཡིན། ཀྲང་ཚེ་གེ་མོས་སྤྱི་ལོ་༢༠༡༡ལོ་ནས་༢༠༡༣ལོའི་བར་ལ་ལི་ཚེ་གེ་མོའི་ས་ནས་དངུལ་ཐེངས་མང་གཡར་ཅིང་། ཁྲོན་སྒོར་ཁྲི་༧༠ཟིན་ཡོད། དེས་མ་ཚད་ཁ་ཐོག་ནས་ཟླ་རེའི་སྐྱེད་ཚད་༢.༥%ལ་གཞིགས་ནས་སྐྱེད་ཀ་སྤྲོད་རྒྱུ་ཁས་བླངས་ཡོད། ལི་ཚེ་གེ་མོས་དངུལ་ཁང་གི་ཐོ་ཁོངས་ནས་ཀྲང་ཚེ་གེ་མོར་གཡར་དངུལ་བསྐུར་སྤྲོད་བྱས་ཤིང་། ཀྲང་ཚེ་གེ་མོས་གཡར་དངུལ་གྱི་བསྡོམས་འབོར་ཡིག་ཐོག་ལ་ཕབ་ནས་གཡར་འཛིན་བྲིས། གཡར་འཛིན་ཐོག"དེ་རིང་ངས་ལི་ཚེ་གེ་མོའི་ས་ནས་མི་དམངས་ཤོག་སྒོར་ཁྲི་བདུན་ཅུ་གཡར་བ་ཡིན"ཞེས་གསལ་པོ་བྲིས་ཡོད་ལ། ཀྲང་ཚེ་གེ་མོས་ད་དུང་གཡར་འཛིན་གྱི"གཡར་མཁན་གྱི་མིའི"མིང་འབྲི་སར་རང་མིང་བྲིས་པ་དང་མཛུབ་ཐེལ་ཡང་བརྒྱབ་ཡོད། འོན་ཀྱང་གཡར་འཛིན་དེའི་ཐོག་དངུལ་གཡར་བའི་དུས་བཀག་དང་གཡར་དངུལ་གྱི་སྐྱེད་ཀ་ག་ཚོད་ཡིན་པ་བྲིས་མེད།

张某从2013年至2015年期间，向李某归还了63万余元的款项。

ཀྲང་ཚེ་གེ་མོས་སྤྱི་ལོ་༢༠༡༣ལོ་ནས་སྤྱི་ལོ་༢༠༡༥ལོའི་བར་ལ་ལི་ཚེ་གེ་མོར་སྒོར་ཁྲི་༦༣ལྷག་ཕྱིར་སྤྲོད་བྱས་ཡོད།

李某认为，张某的借款本金为70万元，口头约定月利率为2.5%。张某已归还的款项，其中35万元为借款本金，其他所支付的款项均为利息。张某则认为，因借条上未约定有利息，故向李某支付的全部款项均为借款本金。

ལི་ཚེ་གེ་མོའི་བསམ་པར་ཀྲང་ཚེ་གེ་མོས་མ་དངུལ་སྒོར་ཁྲི་༧༠གཡར་བ་དང་། ཁ་ཐོག་ནས་ཟླ་རེར་སྐྱེད་ཚད་༢.༥%སྤྲད་རྒྱུ་བྱས་ཤིང་། ཀྲང་ཚེ་གེ་མོས་ཕྱིར་སྤྲད་ཟིན་པའི་གཡར་དངུལ་ཁྲོད་ནས་སྒོར་ཁྲི་༣༥ནི་ཐོག་མའི་མ་དངུལ་དང་། དེ་འཕྲོས་ཚང་མ་སྐྱེད་ཀ་ཡིན་པར་འདོད། ཀྲང་ཚེ་གེ་མོས་ནི་གཡར་འཛིན་ཐོག་སྐྱེད་ཀའི་སྐོར་གྱི་ཁ་ཆད་བྲིས་མེད། དེར་བརྟེན་ལི་ཚེ་གེ་མོར་སྤྲད་པའི་དངུལ་ཚང་མ་ཐོག་མའི་མ་དངུལ་ཡིན་པར་ངོས་འཛིན་བྱེད།

双方意见不一，李某遂将张某起诉至法院。

ཕྱོགས་གཉིས་པོའི་བསམ་འཆར་མ་མཐུན་པས་ལི་ཚེ་གེ་མོས་ཀྲང་ཚེ་གེ་མོ་ཁྲིམས་ཁང་ལ་ཞུ་སྐྱོར་བྱས།

分析:

དབྱེ་ཞིབ།

在本案中，一方面，虽然李某提供的借条上并未对借款利息作出约定，但李某主张双方口头约定了借款利息且已实际履行，李某提供的银行历史交易明细清单亦可以证明张某曾连续有规律地支付利息。另一方面，从人情常理和商业习惯上来分析，李某、张某之间仅是朋友关系，并无深交，李某不可能将资金无息交给张某使用。故对于李某、张某双方未进行书面约定利息的借款，法院可以根据日常生活经验和民间借贷交易习惯，结合案件具体案情确认双方存在利息约定。

གྱོད་གཞི་འདིའི་ནང་། ཕྱོགས་གཅིག་ནས་བལྟས་ན། མ་གཞི་ལི་ཚེ་གེ་མོས་སྤྲད་པའི་གཡར་འཛིན་ཐོག་གཡར་དངུལ་གྱི་སྐྱེད་ཀའི་སྐོར་གྱི་ཁ་ཆད་བྲིས་མེད། འོན་ཀྱང་ལི་ཚེ་གེ་མོས་ཕྱོགས་གཉིས་པོས་ཁ་ཐོག་ནས་གཡར་དངུལ་གྱི་སྐྱེད་ཀ་སྤྲོད་རྒྱུའི་ཁ་ཆད་བྱས་ཡོད་པར་ངོས་འཛིན་བྱེད། ལི་ཚེ་གེ་མོས་མཁོ་འདོན་བྱས་པའི་དངུལ་ཁང་བརྒྱུད་དངུལ་བུན་སྤྲད་པའི་ཞིབ་ཐོའི་ཐོག་ནས་ཀྱང་ཚེ་གེ་མོས་བསྟུད་མར་དུས་མཚམས་ངེས་ཅན་ནང་སྐྱེད་ཀ་སྤྲད་པ་ར་སྤྲོད་ཐུབ་ཀྱི་ཡོད། ཕྱོགས་གཞན་ཞིག་ནས་སྤྱིར་མི་ཆོས་ཀྱི་འགྲོ་ལུགས་དང་ཚོང་ལས་ཀྱི་གོམས་གཤིས་ཐོག་ནས་དབྱེ་ཞིབ་བྱས་ན། ལི་ཚེ་གེ་མོ་དང་ཀྲང་ཚེ་གེ་མོ་གཉིས་ནི་གྲོགས་པོ་ཡིན་ཙང་། འབྲེལ་བ་ཟབ་པོ་དེ་ཙམ་མེད་པས་ལི་ཚེ་གེ་མོས་སྐྱེད་ཀ་མེད་པར་ཀྲང་ཚེ་གེ་མོར་དངུལ་གཡར་མི་སྲིད། དེར་བརྟེན་ལི་ཚེ་གེ་མོ་དང་ཀྲང་ཚེ་གེ་མོ་གཉིས་དབར་གྱི་ཡིག་ཐོག་ལ་སྐྱེད་ཀའི་ཁ་ཆད་མེད་པའི་གཡར་དངུལ་དེའི་ཐད། ཁྲིམས་ཁང་ནས་རྒྱུན་གཏན་གྱི་འཚོ་བའི་ཉམས་མྱོང་དང་དམངས་ཁྲོད་ཀྱི་དངུལ་བུན་གཡར་སྣངས་ཀྱི་གོམས་གཤིས་ལ་གཞིགས་པ་དང་། གྱོད་གཞི་འདི་གའི་ཞིབ་ཕྲའི་གནས་ཚུལ་དང་ཟུང་འབྲེལ་གྱིས་ཕྱོགས་གཉིས་པོའི་དབར་སྐྱེད་ཀའི་ཁ་ཆད་ཡོད་པ་གཏན་འཁེལ་བྱས་ཆོག

法院依法作出以下判决：张某偿还李某借款本金35万元。

ཁྲིམས་ཁང་ནས་གཤམ་གསལ་གྱི་ཁྲིན་ཐག་བཅད་པ་སྟེ། ཀྲང་ཚེ་གེ་མོས་ལི་ཚེ་གེ་མོར་དངུལ་གཡར་དངུལ་གྱི་མ་དངུལ་སྒོར་ཁྲི་༣༥སྤྲོད་དགོས་པའི་ཐག་བཅད་ཡོད།

2. 我的邻居、朋友欠了我的钱，到期不还，我该怎么办？

༢.ངའི་ཁྱིམ་མཚེས་དང་གྲོགས་པོས་ངར་དངུལ་ཆད་པ་དང་ཕྱིར་སྤྲོད་ཀྱི་དུས་ཚོད་ཟིན་ཀྱང་མ་སྤྲད་ཚེ་གང་འདྲ་བྱེད་དགོས་སམ།

首先和他们好言商量，共同约定一个时间还钱；如果他们不愿意或直接拒绝，可以请村（居）委会调解；村（居）委会调解后他们仍不还钱，可以请求人民法院进行处理。

དང་ཐོག་ཁོ་ཚོ་དང་སྐད་ཆ་ཡག་པོ་བྱས་ཏེ་དངུལ་ཕྱིར་སྤྲོད་བྱ་རྒྱུའི་དུས་བཀག་ཁ་ཆད་བྱེད་དགོས། གལ་སྲིད་ཁོ་ཚོས་སེམས་མཐུན་མི་བྱེད་པའམ་ཐད་ཀར་ཁས་མ་བླངས་ཚེ། གྲོང་ཚོའམ་གྲོང་མི་ཨུ་ཡོན་ལྷན་ཁང་ལ་འདུམ་འགྲིག་བྱེད་རོགས་ཞུས་ཆོག གྲོང་ཚོའམ་གྲོང་མི་ཨུ་ཡོན་ལྷན་ཁང་གིས་འདུམ་འགྲིག་བྱས་ན་ཡང་ཁོ་ཚོས་སྔར་བཞིན་མ་སྤྲད་ན། མི་དམངས་ཁྲིམས་ཁང་ལ་ཐག་གཅོད་བྱ་རྒྱུའི་རེ་ཞུ་བྱས་ཆོག

3. 我家自己种的树，我能随意砍伐吗？

༣.རང་ཁྱིམ་གྱིས་བཏབ་པའི་ལྗོང་ཤིང་མ་སོ་སོས་རང་འཚམ་དང་བཅད་ན་འགྲིག་གམ།

不能。采伐林木必须申请采伐许可证，按许可证的规定进行采伐，农村居民采伐自留地和房屋前后个人所有的零星林木除外。

དེ་ནི་མི་འགྲིག་སྟེ། ནགས་ཤིང་གཅོད་རྒྱུས་ཡོད་ན་ངེས་པར་དུ་བཅད་ཆོག་འཁྱུས་ཀྱི་ལག་ཁྱེར་རེ་ཞུ་བྱེད་དགོས་པ་དང་། ཆོག་འཁྱུས་ལག་ཁྱེར་གྱི་གཏན་འབེབས་ལྟར་ནགས་ཤིང་གཅོད་དགོས། འོན་ཀྱང་དེའི་ནང་གྲོང་ཚོའི་གྲོང་མིས་རང་ཉར་ས་ཆ་དང་ཁང་པའི་རྒྱབ་མདུན་གྱི་སྒེར་ལ་བདག་པའི་ནགས་ཤིང་ཅག་ཅིག་གཅོད་པ་ཚུད་མེད།

4. 我卖给别人的母牛，后来生了小牛，小牛应该归我吗？

༤.ངས་མི་གཞན་ལ་བཙོངས་པའི་བ་མོར་རྗེས་སུ་བེའུ་སྐྱེས་ན་བེའུ་ངར་བདག་གམ།

不应该。根据《中华人民共和国民法典》第六百三十条的规定：标的物在交付前产生的孳息（指由原物所产生的额外收益），归出卖人所有，交付后产生的孳息，归买受人所有。如果当事人有特别约定的，按约定办理，法律对此有特别规定的，按法律规定。

དེ་ནི་མི་བདག་སྟེ། 《ཀྲུང་ཧྭ་མི་དམངས་སྤྱི་མཐུན་རྒྱལ་ཁབ་ཀྱི་དམངས་དོན་ཁྲིམས་གཞུང་》གི་དོན་ཚན་དྲུག་བརྒྱ་སུམ་ཅུའི་གཏན་འབེབས་ལྟར་ན། སྡར་ཡོད་དངོས་པོ་མི་གཞན་ལ་མ་བསྟོང་གོང་དུ་དེ་ལས་བྱུང་བའི་ཕན་ཆ་ནི་དངོས་པོ་བཙོང་མཁན་ལ་བདག་པ་དང་། བཙོང་ཟིན་རྗེས་དེ་ལས་བྱུང་བའི་ཕན་ཆ་ནི་ཉོ་མཁན་ལ་བདག་པ་ཡིན། གལ་སྲིད་དོ་བདག་གཉིས་དབར་དམིགས་བསལ་གྱི་ཁ་ཆད་ཡོད་ཚེ། ཁ་ཆད་ལྟར་ཐག་གཅོད་བྱེད་དགོས་པ་དང་བཅའ་ཁྲིམས་ནང་དེའི་ཐད་དམིགས་བསལ་གྱི་གཏན་འབེབས་ཡོད་ཚེ། བཅའ་ཁྲིམས་ཀྱི་གཏན་འབེབས་ལ་གཞིགས་དགོས།

5. 家里的羊被野狼咬死了，能否申请补偿？补偿的范围是什么？补偿标准是什么？

༥.ཁྱིམ་ཚང་གི་ར་ལུག་སྤྱང་ཀིས་བསད་ན། གུན་གསབ་ཀྱི་རེ་ཞུ་བྱས་ཆོག་གམ། གུན་གསབ་ཀྱི་ཁྱབ་ཁོངས་དང་གུན་གསབ་ཀྱི་ཚད་གཞི་གང་འདྲ་ཡིན་ནམ།

野生动物对从事正常生产、生活的老百姓造成身体伤害或者死亡的；对在可以放牧的草场、林地或者圈养区域内的牲畜造成死亡的；对在依法划定的生产经营范围内种植的农作物(如青稞、藜麦、土豆等)、经济作物(如水果、茶叶等）、经济林木（如黑枸杞等）造成损毁的；对房屋、家具、畜圈等家庭财产造成损毁的，如野生动物撞墙、踩坏家具，踏平鸡、羊圈等行为，都可申请补偿。

རི་སྐྱེས་སྲོག་ཆགས་ཀྱིས་རྒྱུན་གཏན་གྱི་ཐོན་སྐྱེད་དང་འཚོ་བ་སྐྱེལ་མཁན་མང་ཚོགས་ལ་ལུས་པོར་གནོད་སྐྱོན་བཟོས་པའམ་ཡང་ན་འདུས་གྲོངས་སོང་བ་དང་། ཕྱུགས་འཚོ་སའི་རྩྭ་ཐང་དང་ནགས་ས། ཡང་ན་ཕྱུགས་ར་བཅས་ཀྱི་ས་ཁོངས་ནང་ཕྱུགས་ཟོག་ཤི་སྐྱོན་བྱུང་བ། ཁྲིམས་ལྟར་ས་བཅད་གཏན་འཁེལ་བྱས་པའི་ཐོན་སྐྱེད་ཁེ་གཉེར་ཁུལ་ཁོངས་ནང་འདེབས་འཛུགས་བྱས་པའི་ཞིང་ནྙིན་ལོ་ཏོག་སྟེ། ནས་དང་གྲོ། ཞོག་ཁོག་སོགས་དང་། དཔལ་འབྱོར་ལོ་ཏོག་སྟེ། ཤིང་འབྲས་དང་ཇ་ལོ་སོགས། དཔལ་འབྱོར་ནགས་ཤིང་སྟེ། འདྲེ་ཚེར་ནག་པོ་སོགས་ལ་གནོད་སྐྱོན་བཏང་བ། ཁང་ཁྱིམ་དང་ཁྱིམ་ཆས། ཕྱུགས་ར་སོགས་ཁྱིམ་ཚང་གི་རྒྱུ་ནོར་ལ་གཏོར་སྐྱོན་བཟོས་པ། དཔེར་ན་རི་སྐྱེས་སྲོག་ཆགས་ཀྱིས་གྱང་ལ་རྡུང་པ་དང་ཁྱིམ་ཆས་རྡོག་རྫིས་བཏང་བ། བྱ་ཚང་དང་ལུག་ཚང་གཏོར་བ་སོགས་ཀྱི་གོད་ཆག་བྱུང་བ་ཚང་མར་གུན་གསབ་ཀྱི་རེ་ཞུ་བྱས་ཆོག

但因当事人过错造成的损失（如故意挑衅野生动物），不在补偿范围。

འོན་ཀྱང་དོ་བདག་གིས་རྐྱེན་པས་གྱོང་གུན་བཟོས་ཚེ(དཔེར་ན་ཧང་བཙུགས་ནས་རི་སྐྱེས་སྲོག་ཆགས་ལ་རྡབ་བསིག་བཟོས་པ་ལྟ་བུས་རྐྱེན་བྱས་པ་)གུན་གསབ་ཀྱི་ཁྱབ་ཁོངས་ནང་ཚུད་མེད།

补偿标准的依据为《西藏自治区陆生野生动物造成公民人身伤害或者财产损失补偿标准》。

གུན་གསབ་ཀྱི་ཚད་གཞི་ནི《བོད་རང་སྐྱོང་ལྗོངས་ཀྱི་སྐམ་སའི་རི་སྐྱེས་སྲོག་ཆགས་ཀྱིས་སྤྱི་དམངས་ཀྱི་མི་ལུས་ལ་གནོད་སྐྱོན་བཟོས་པའམ་ཡང་ན་རྒྱུ་ནོར་ལ་གྱོང་གུན་བཟོས་པའི་གུན་གསབ་ཚད་གཞི་》གཞིར་བཟུང་ཡིན།

十三、人身安全

བཅུ་གསུམ། མི་ལུས་ཀྱི་བདེ་འཇགས།

1. 我喝了酒，还能开车吗？

༡.ཆང་རག་བཏུངས་ནས་རྣམ་འཁོར་བཏང་ན་འགྲིག་གམ།

不能。《中华人民共和国道路交通安全法》第九十一条规定：饮酒后驾驶机动车的，处暂扣六个月机动车驾驶证，并处一千元以上二千元以下罚款。因饮酒后驾驶机动车被处罚，再次饮酒后驾驶机动车的，处十日以下拘留，并处一千元以上二千元以下罚款，吊销机动车驾驶证。醉酒驾驶机动车的，由公安机关交通管理部门约束至酒醒，吊销机动车驾驶证，依法追究刑事责任；五年内不得重新取得机动车驾驶证。饮酒后或者醉酒驾驶机动车发生重大交通事故，构成犯罪的，依法追究刑事责任，并由公安机关交通管理部门吊销机动车驾驶证，终生不得重新取得机动车驾驶证。其中，酒后挪车也是属于酒后驾驶。

དེ་ནི་མི་འགྲིག་སྟེ། 《ཀྲུང་ཧྭ་མི་དམངས་སྤྱི་མཐུན་རྒྱལ་ཁབ་ཀྱི་གཞུང་ལམ་བདེ་འཇགས་བཅའ་ཁྲིམས་》ཀྱི་དོན་ཚན་དགུ་བཅུ་གོ་གཅིག་ནང་། ཆང་རག་བཏུངས་རྗེས་རླངས་འཁོར་བཏང་ཚེ། ཟླ་བ་དྲུག་རིང་འཕྲུལ་སྣུལ་འཁོར་ལོའི་ཁ་ལོ་བའི་ལག་ཁྱེར་འཇོག་རྒྱུ་མ་ཟད། སྒོར་ཆིག་སྟོང་ཡན་ནས་སྒོར་ཉིས་སྟོང་མན་གྱི་ཆད་དངུལ་གཅོད་རྒྱུ། ཆང་རག་བཏུངས་རྗེས་རླངས་འཁོར་བཏང་བའི་རྐྱེན་གྱིས་ཆད་པ་ཕོག་ནས། སླར་ཡང་ཆང་རག་བཏུངས་རྗེས་འཕྲུལ་སྣུལ་འཁོར་ལོ་བཏང་ཚེ། ཉིན་བཅུ་མན་བཀག་ཉར་བྱ་རྒྱུ་མ་ཟད། སྒོར་ཆིག་སྟོང་ཡན་ནས་སྒོར་ཉིས་སྟོང་མན་གྱི་ཆད་དངུལ་གཅོད་རྒྱུ་དང་ཁ་ལོ་བའི་ལག་ཁྱེར་མེད་པ་བཟོ་རྒྱུ། ར་བཟི་ནས་རླངས་འཁོར་བཏང་ཚེ། སྤྱི་བདེ་ལས་ཁུངས་འགྲིམ་འགྲུལ་དོ་དམ་སྡེ་ཁག་གིས་ར་མ་དྭངས་བར་བཀག་ཉར་བྱ་རྒྱུ་དང་ཁ་ལོ་བའི་ལག་ཁྱེར་མེད་པ་བཟོ་རྒྱུ། ཁྲིམས་ལྟར་ཉེས་དོན་འགན་འཁྲི་རྩད་གཅོད་བྱ་རྒྱུ། ལོ་ལྔའི་ནང་ཚུན་དུ་འཕྲུལ་སྣུལ་འཁོར་ལོའི་ཁ་ལོ་བའི་ལག་ཁྱེར་བསྐྱར་དུ་ལེན་མི་ཆོག ཆང་རག་བཏུངས་པའི་རྗེས་སམ་ར་བཟི་ནས་འཕྲུལ་སྣུལ་འཁོར་ལོ་བཏང་སྟེ་འགྲིམ་འགྲུལ་ཆག་སྒོ་ཚབས་ཆེན་བྱུང་བ་དང་ཉེས་གསོག་གི་ཚད་ལ་སླེབས་ཡོད་ཚེ། ཁྲིམས་ལྟར་ཉེས་དོན་འགན་འཁྲི་རྩད་གཅོད་བྱ་རྒྱུ་མ་ཟད། སྤྱི་བདེ་ལས་ཁུངས་འགྲིམ་འགྲུལ་དོ་དམ་སྡེ་ཁག་ནས་འཕྲུལ་སྣུལ་འཁོར་ལོའི་ཁ་ལོ་བའི་ལག་ཁྱེར་མེད་པ་བཟོ་རྒྱུ་དང་ཚེ་གང་རིང་བསྐྱར་དུ་འཕྲུལ་སྣུལ་འཁོར་ལོའི་ཁ་ལོ་བའི་ལག་ཁྱེར་ལེན་མི་ཆོག དེ་དག་ཁྲིད་དུ་ཆང་རག་བཏུངས་རྗེས་རླངས་འཁོར་སྐྱོ་འཛོག་བྱས་ན་ཡང་ཆང་རག་བཏུངས་རྗེས་རླངས་འཁོར་བཏང་བར་བརྩི་རྒྱུ་བཅས་ཀྱི་གཏན་འབེབས་བྱས་ཡོད།

2.我知道朋友喝了酒，把车借给他开后撞伤了行人，我需要担责吗？

༢.ངས་གྲོགས་པོས་ཆང་རག་བཏུངས་པ་ཤེས་ནས། རླངས་འཁོར་ཁོ་ལ་གཡར་རྗེས་ཁོས་མིར་བརྡུངས་ནས་རྨས་སྐྱོན་བཟོས་ན་དེའི་ཐད་ངས་འགན་འཁྲི་འཁུར་དགོས་སམ།

需要。《中华人民共和国民法典》第一千二百零九条规定：因租赁、借用等情形机动车所有人、管理人与使用人不是同一人时，发生交通事故造成损害，属于该机动车一方责任的，由机动车使用人承担赔偿责任；机动车所有人、管理人对损害的发生有过错的，承担相应的赔偿责任。车辆所有人明知借车人已经饮酒且要求驾驶机动车时，仍将车辆出借给借用人的也要承担相应赔偿责任。

འབྱུང་དགོས་ཏེ། 《ཀྲུང་ཧྭ་མི་དམངས་སྤྱི་མཐུན་རྒྱལ་ཁབ་ཀྱི་དམངས་དོན་ཁྲིམས་གཞུང་》གི་དོན་ཚན་ཆིག་སྟོང་ཉིས་བརྒྱ་བཅུ་མེད་དགུའི་ནང་། འཕྲུལ་སྐྱུལ་འཁོར་ལོ་གླས་པ་དང་གཡར་བ་སོགས་བྱེད་སྐབས་དོ་བདག་དང་དོ་དམ་བྱེད་མཁན་དང་བེད་སྤྱོད་བྱེད་མཁན་མི་གཅིག་མིན་པ་དང་། འགྲིམ་འགྲུལ་གྱི་ཆག་སྒོ་བྱུང་ནས་གནོད་སྐྱོན་བཟོས་ཚེ། འཕྲུལ་སྐྱུལ་འཁོར་ལོ་ཕྱོགས་གཅིག་པུའི་འགན་འཁྲི་ཡིན་ན། འཕྲུལ་སྐྱུལ་འཁོར་ལོ་བེད་སྤྱོད་བྱེད་མཁན་གྱིས་གུན་གསབ་ཀྱི་འགན་འཁྲི་འབྱུང་དགོས། འཕྲུལ་སྐྱུལ་འཁོར་ལོའི་བདག་པོ་དང་དོ་དམ་བྱེད་མཁན་ལ་གནོད་སྐྱོན་དེའི་ཐོན་རྐྱེན་ཐད་ནོར་འཁྲུལ་ཡོད་ཚེ། གུན་གསབ་འོས་འཚམ་སྤྲོད་རྒྱུའི་འགན་འཁྲི་འབྱུང་དགོས། རླངས་འཁོར་དོ་བདག་གིས་རླངས་འཁོར་གཡར་མཁན་གྱིས་ཆང་རག་བཏུངས་ཡོད་པ་ཤེས་པ་མ་ཟད། རླངས་འཁོར་གཏོང་རྒྱུའི་རེ་བ་ལྟར་རླངས་འཁོར་གཡར་ན། རླངས་འཁོར་གཡར་མཁན་དེས་ཀྱང་གུན་གསབ་ཀྱི་འགན་འཁྲི་འོས་འཚམ་འབྱུང་དགོས་པ་བཅས་ཀྱི་གཏན་འབེབས་བྱས་ཡོད།

明知对方饮酒还借车，按醉驾共犯定罪判刑

ཕ་རོལ་པོས་ཆང་རག་བཏུངས་ཡོད་པ་ཤེས་བཞིན་དུ་རླངས་འཁོར་གཡར་ཚེ། ར་བཟི་ནས་རླངས་འཁོར་བཏང་བའི་ཉེས་པ་མཉམ་དུ་བསགས་པར་བརྩིས་ནས་ཁྲིམས་ཐག་གཅོད་རྒྱ།

案情:

སྐོར་གཞིའི་གནས་ཚུལ།

2019年，被告人李某与孔某下班后，驾车至一家饭店吃饭，期间二人喝了不少酒，孔某自觉不胜酒力，李某觉得自己酒量比较好，还清醒

一些，二人便决定由李某开车。孔某将自己的车钥匙交给李某，由李某驾驶该车搭载孔某回家。可刚开出去没多久，与一辆挂货车发生剐蹭，后与对方发生争执。经鉴定，从李某所检血中检出乙醇成分，其含量为202.07mg/100m1，属醉酒驾驶机动车。

སྤྱི་ལོ་༢༠༡༨ལོར་ཞུ་སྦྱོར་ཕྱི་མ་ལི་ཆེ་གེ་མོ་དང་ཁུང་ཆེ་གེ་མོ་གཉིས་ལས་ཀ་གྲོལ་རྗེས་རླངས་འཁོར་བཏང་ནས་ཟ་ཁང་ཞིག་ཏུ་ལྟོ་ཆས་ཟ་བར་ཕྱིན་པ་དང་། ཁོ་གཉིས་ཀྱིས་ཆང་རག་ཀྱང་མང་པོ་བཏུངས། ཁུང་ཆེ་གེ་མོས་རང་ཉིད་ཆང་རག་འཐུང་ཤེད་མེད་སྙམ་པ་དང་། ལི་ཆེ་གེ་མོས་ཁོ་པ་ཆང་རག་འཐུང་ཤེད་ཨའོ་ཙམ་ཡོད་ལ་ད་ལྟ་བཟི་མེད་སྙམ་སྟེ། ཁོ་གཉིས་ཀྱིས་རླངས་འཁོར་ལི་ཆེ་གེ་མོས་གཏོང་རྒྱུར་ཐག་བཅད། ཁུང་ཆེ་གེ་མོས་རང་ཉིད་ཀྱི་རླངས་འཁོར་གྱི་ལྡེ་མིག་ལི་ཆེ་གེ་མོར་སྤྲད་ཅིང་། ལི་ཆེ་གེ་མོས་ཁུང་ཆེ་གེ་མོ་བླུགས་ནས་རླངས་འཁོར་བཏང་སྟེ་ཁྱིམ་དུ་ལོག་བཞིན་པའི་སྐབས་ཡུན་རིང་མ་སོང་བར་ཐོག་འདྲེན་རླངས་འཁོར་ཞིག་དང་བརྡར་ནས་ཕ་རོལ་དང་ཁ་རྗོད་ཤོར། གསལ་འབྱེད་བྱས་པ་བརྒྱུད། ལི་ཆེ་གེ་མོའི་ཁྲག་གི་ནང་ཨ་རག་ཉིང་ཁུའི་འདུས་ཚད་༢༠༢.༠༧mg/༡༠༠m1ཟིན་ཡོད་པས་ར་བཟི་ནས་རླངས་འཁོར་བཏང་བའི་ཚོད་ལ་སླེབས་ཡོད།

分析:

དབྱེ་ཞིབ།

根据《中华人民共和国刑法》第一百三十三条规定：孔某在明知李某大量饮酒的情况下，仍让李某驾驶其机动车在道路上行驶，李某和孔某的行为均已构成危险驾驶罪，属共同犯罪。最终被告人李某、孔某当庭自愿认罪，并由李某赔偿对方车辆损失。

《ཀྲུང་ཧྭ་མི་དམངས་སྤྱི་མཐུན་རྒྱལ་ཁབ་ཀྱི་ཉེས་དོན་བཅའ་ཁྲིམས་》ཀྱི་དོན་ཚན་བརྒྱ་དང་སུམ་ཅུ་སོ་གསུམ་གྱི་གཏན་འབེབས་ལྟར་ན། ཁུང་ཆེ་གེ་མོས་ལི་ཆེ་གེ་མོས་ཆང་རག་བཏུངས་པ་གསལ་པོ་ཤེས་བཞིན་དུ་ལི་ཆེ་གེ་མོར་རང་གི་རླངས་འཁོར་གཏོང་དུ་བཅུག་པས་

ལི་དང་ཁུང་གཉིས་ཀའི་བྱ་སྤྱོད་དེ་ཉེན་ཆེའི་རླངས་འཁོར་བཏང་བའི་ཉེས་གསོག་གི་ཚད་ལ་སླེབས་པ་དང་། གཉིས་ཀས་ཉེས་པ་བསགས། མཐར་ཞུ་སྐྱོར་ཁྲི་མ་ལི་ཆེ་གེ་མོ་དང་ཁུང་ཆེ་གེ་མོ་གཉིས་ཀ་ནས་ཁྲིམས་རར་རང་ཉེས་ཁས་ལེན་བྱས་པ་མ་ཟད། ཕ་རོལ་པོའི་རླངས་འཁོར་ལ་སྐྱོན་བཏང་བའི་གུན་གསབ་ལི་ཆེ་གེ་མོ་སྤྲོད་དུ་བཅུག

3. 正当防卫打伤了人，该怎么办？

༣.ལུགས་མཐུན་གྱི་འགོག་སྲུང་བྱས་ཏེ་མིར་རྨས་སྐྱོན་བཟོས་ཚེ། གང་འདྲ་བྱེད་དགོས་སམ།

《中华人民共和国民法典》第一百八十一条规定：因正当防卫造成损害的，不承担民事责任。正当防卫超过必要的限度，造成不应有的损害的，正当防卫人应当承担适当的民事责任。

《ཀྲུང་ཧྭ་མི་དམངས་སྤྱི་མཐུན་རྒྱལ་ཁབ་ཀྱི་དམངས་དོན་ཁྲིམས་གཞུང་》གི་དོན་ཚན་བརྒྱ་དང་བརྒྱད་ཅུ་གྱ་གཅིག་ནང་། ལུགས་མཐུན་གྱི་འགོག་སྲུང་བྱས་ཏེ་གནོད་སྐྱོན་བཟོས་ཚེ། དམངས་དོན་འགན་འཁྲི་འཁུར་མི་དགོས་པ་དང་། ལུགས་མཐུན་གྱི་འགོག་སྲུང་བྱེད་ཚད་དེ་དགོས་ངེས་ཀྱི་ཚད་ལས་བརྒལ་ནས་དགོས་མེད་ཀྱི་གནོད་སྐྱོན་བཟོས་ཡོད་ཚེ། ལུགས་མཐུན་གྱི་འགོག་སྲུང་བྱེད་མཁན་གྱིས་འོས་འཚམ་གྱི་དམངས་དོན་འགན་འཁྲི་འཁུར་དགོས་པའི་གཏན་འབེབས་བྱས་ཡོད།

4. 我好心搭载朋友回家，但路上发生了交通事故，我需要承担赔偿责任吗？

༤.ངས་སེམས་བཟང་བྱས་ཏེ་གྲོགས་པོ་རླངས་འཁོར་ལ་བླུགས་ནས་ནང་ལ་ལོག་པའི་ལམ་བར་ལ་འཁྲིམ་འགྲུལ་ཆག་སྐྱོ་བྱུང་ཆེ། ངས་གུན་གསབ་ཀྱི་འགན་འཁྲི་འཁུར་དགོས་སམ།

《中华人民共和国民法典》第一千二百一十七条中规定：非营运机动车发生交通事故造成无偿搭乘人损害，属于该机动车一方责任的，应当减轻其赔偿责任，但是机动车使用人有故意或者重大过失除外。

《ཀྲུང་ཧྭ་མི་དམངས་སྤྱི་མཐུན་རྒྱལ་ཁབ་ཀྱི་དམངས་དོན་ཁྲིམས་གཞུང་》གི་དོན་ཚན་ཆིག་སྟོང་ཉིས་བརྒྱ་བཅུ་བདུན་ནང་། སྐྱེལ་འདྲེན་གྱི་ཁེ་གཉེར་བྱེད་མཁན་མ་ཡིན་པའི་སྣུལ་སྐྱོད་རླངས་འཁོར་ལ་འཁྲིམ་འགྲུལ་དོན་འཛོལ་བྱུང་སྟེ་སྒྲ་རིན་མེད་པར་བླུགས་པའི་མི་སྣར་གནོད་སྐྱོན་བཟོས་པ་དང་། དེའང་སྣུལ་སྐྱོད་རླངས་འཁོར་ཕྱོགས་ཀྱི་འགན་འཁྲི་ཡིན་ཆེ། ཁོ་པའི་གུན་གསབ་འགན་འཁྲི་ཡང་དུ་གཏོང་དགོས། འོན་ཀྱང་སྣུལ་སྐྱོད་རླངས་འཁོར་བེད་སྤྱོད་བྱེད་མཁན་གྱིས་ཆེད་བཙུགས་ནས་བྱས་པའམ་ཡང་ན་ནོར་འཛོལ་ཚབས་ཆེ་དྲགས་ཆེ་དེའི་ཁོངས་སུ་མ་ཚུད་པའི་གནད་འབེབས་བྱས་ཡོད།

5. 邻居家的小孩一直逗弄我家的狗，狗咬伤了小孩，我需要负全部责任吗？

༥.ཁྱིམ་མཚེས་ཀྱི་ཨ་ཀུས་རྟག་པར་ངའི་ནང་གི་ཁྱི་ལ་སྐྱད་བརྐོ་ཡི་འདུག གལ་སྲིད་ཁྱིས་ཨ་ཀུར་སོ་བརྒྱབ་སྟེ་རྨ་བཟོས་ན། དེའི་འགན་འཁྲི་ཚང་མ་ངས་འཁུར་དགོས་རེད་དམ།

根据《中华人民共和国民法典》第一千二百四十五条规定：饲养的动物造成他人损害的，动物饲养人或者管理人应当承担侵权责任，但能够证明损害是因被侵权人故意或者重大过失造成的，可以不承担或者减轻责任。

《ཀྲུང་ཧྭ་མི་དམངས་སྤྱི་མཐུན་རྒྱལ་ཁབ་ཀྱི་དམངས་དོན་ཁྲིམས་གཞུང་》གི་དོན་ཚན་ཆིག་སྟོང་ཉིས་བརྒྱ་བཞི་བཅུ་ཞེ་ལྔའི་ནང་། གསོ་ཚགས་བྱས་པའི་སྲོག་ཆགས་ཀྱིས་མི་གཞན་ལ་གནོད་སྐྱོན་བཟོས་ཚེ། སྲོག་ཆགས་གསོ་ཚགས་བྱེད་མཁན་ནམ་ཡང་ན་དོ་དམ་བྱེད་མཁན་གྱིས་དབང་གནོད་འགན་འཁྲི་འཁུར་དགོས། འོན་ཀྱང་གནོད་སྐྱོན་དེ་དབང་གནོད་ཕོག་མཁན་གྱིས་ཆང་བཙུགས་ནས་བྱས་པའམ་ཡང་ན་ནོར་འཛོལ་ཆེ་དྲགས་ཏེ་བཟོས་པ་ཡིན་ཚེ། འགན་འཁྲི་འཁུར་མི་དགོས་པའམ་ཡང་ན་འགན་འཁྲི་ཡང་དུ་གཏོང་དགོས།

遗弃、逃逸的动物在遗弃、逃逸期间造成他人损害的，由动物原饲养人或者管理人承担侵权责任。

བསྐྱུར་པ་དང་བྲོས་བྱུར་སོང་བའི་སྲོག་ཆགས་ཀྱིས་བསྐྱུར་པ་དང་བྲོས་བྱུར་སོང་རིང་མི་གཞན་ལ་གནོད་སྐྱོན་བཟོས་ཚེ། སྲོག་ཆགས་ཀྱི་དེ་སྔའི་གསོ་ཚགས་བྱེད་མཁན་ནམ་ཡང་ན་དོ་དམ་བྱེད་མཁན་གྱིས་དབང་གནོད་འགན་འཁྲི་འཁུར་དགོས་པའི་གཏན་འབེབས་བྱས་ཡོད།

十四、防范电信网络诈骗

བཅུ་བཞི། གློག་འཕྲིན་དྲ་རྒྱའི་མགོ་སྐོར་ལ་ཧོགས་ཟོན་བྱ་དགོས།

1. 什么是电信诈骗？

༡.གང་འདྲ་ཞིག་ལ་གློག་འཕྲིན་གྱི་མགོ་སྐོར་བཏང་བ་ཟེར་རམ།

电信诈骗是指通过电话、网络和短信方式，编造虚假信息，设置骗局，对受害人实施远程、非接触式诈骗，诱使受害人打款或转账的犯罪行为，通常犯罪嫌疑人以冒充他人及仿冒、伪造各种合法外衣和形式的方式达到欺骗的目的，如冒充公检法、商家公司厂家、国家机关工作人员、银行工作人员等各类机构工作人员，伪造和冒充招工、婚恋、贷款、中奖、手机定位和招嫖等形式进行诈骗。

གློག་འཕྲིན་གྱི་མགོ་སྐོར་ཞེས་པ་ནི་ཁ་པར་དང་དྲ་རྒྱ། འཕྲིན་ཐུང་བཅས་ཀྱི་ཐབས་ལམ་བརྒྱུད། ཆ་འཕྲིན་རྫུན་མ་བཟོ་བ་དང་གཡོ་ཧུས་བཏིང་ནས་གནོད་འཚེ་ཕོག་མཁན་ལ་ཐག་རིང་ནས་ངོ་གཏུག་བྱེད་མ་དགོས་པའི་ཐོག་མགོ་སྐོར་བཏང་སྟེ། གནོད་འཚེ་ཕོག་མཁན་ནས་དངུལ་བསྐུར་རྒྱུ་དང་ཡང་ན་དངུལ་གྱི་རྩིས་ཐོ་བསྒྱུར་རྒྱུར་བསླུ་ཁྲིད་བྱེད་པའི་ཉེས་གསོག་བྱ་སྤྱོད་ཅིག་ཡིན། དོགས་ཡོད་ཉེས་ཅན་པས་རྟག་ཏུ་མི་གཞན་ཡིན་ཁུལ་དང་ལད་ཟློས་བྱེད་པ། ཁྲིམས་མཐུན་གྱི་རྫུན་རྣམ་སྣ་ཚོགས་ཐོག་ནས་མགོ་སྐོར་གཏོང་རྒྱུའི་དམིགས་ཡུལ་སྒྲུབ་ཐབས་བྱེད་པ་ཡིན། དཔེར་ན་སྤྱི་བདེ་དང་ཞིབ་དཔྱོད། ཁྲིམས་ཁང་། ཚོང་དུད་ཀུང་སིའི་བཟོ་གྲྭ། རྒྱལ་ཁབ་ལས་ཁུངས་ཀྱི་ལས་དོན་མི་སྣ། དངུལ་ཁང་གི་ལས་དོན་མི་སྣ་སོགས་ལས་ཁུངས་སྣ་ཚོགས་ཀྱི་ལས་དོན་མི་སྣ་ཡིན་ཁུལ་བྱས་ཐོག ལས་མི་བསྡུ་རྒྱུ་དང་གཉེན་སྒྲིག་དང་དགའ་རོགས་སྒྲིག་རྒྱུ། དངུལ་བུན་གཡར་རྒྱུ། རྒྱན་ཤོག་བྱ་དགའ་ཐོབ་ཚུལ། ལག་ཐོགས་ཁ་པར་གྱི་གནས་ཐིག་གཏན་འཁེལ། འཆལ་པོ་འགུག་ཐབས་སོགས་ཀྱི་རྣམ་པའི་ཐོག་ནས་མགོ་སྐོར་གཏོང་གི་ཡོད།

2. 常见的诈骗手法有哪些？

༢.རྒྱུན་མཐོང་གི་མགོ་སྐོར་གཏོང་ཐབས་གང་དག་ཡོད་དམ།

谨记“十个凡是”：

“ཡིན་ཕྱིན་བཅུ་”སེམས་ལ་ངེས་དགོས་པ་སྟེ།

（1）凡是自称公检法要求汇款的；

（༡）རང་ཉིད་སྤྱི་བདེ་དང་ཞིབ་དཔྱོད་ཁྲིམས་ཁང་བཅས་ལས་ཁུངས་གང་རུང་ནས་ཡིན་ཚུལ་དང་དངུལ་བསྐུར་དགོས་ཟེར་མཁན་ཡིན་ཕྱིན།

（2）凡是叫你汇款到“安全账户”的；

（༢）རང་ལ་དངུལ་“བདེ་འཇགས་ཀྱི་རྩིས་ཐོར་”བསྐུར་དགོས་པའི་བརྡ་ཐོ་གཏོང་མཁན་ཡིན་ཕྱིན།

（3）凡是通知中奖、领取补贴要你先交钱的；

（༣）རྒྱན་ཤོག་བྱ་དགའ་ཐོབ་པ་དང་ཁ་གསབ་དངུལ་ལེན་རྒྱུ་ཡོད་པས་སྔོན་ལ་དངུལ་གང་ཙམ་སྤྲོད་དགོས་པའི་བརྡ་ཐོ་གཏོང་མཁན་ཡིན་ཕྱིན།

（4）凡是通知“家属”出事要先汇款的；

（༤）“ཁྱིམ་”དུ་གནས་ཚུལ་བྱུང་ནས་དངུལ་བསྐུར་དགོས་པའི་བརྡ་ཐོ་གཏོང་མཁན་ཡིན་ཕྱིན།

（5）凡是索要个人和银行卡信息及短信验证码的；

（༥）མི་སྒེར་དང་དངུལ་ཁང་བྱང་བུའི་ཆ་འཕྲིན་དང་འཕྲིན་ཐུང་གི་ར་སྤྲོད་ཨང་གྲངས་དགོས་ཟེར་མཁན་ཡིན་ཕྱིན།

（6）凡是让你开通网银接受检查的；

（༦）དྲ་དངུལ་བཙུགས་ནས་བརྟག་དཔྱད་བྱེད་དགོས་རེད་ཟེར་མཁན་ཡིན་ཕྱིན།

（7）凡是叫你宾馆开房接受调查的；

（༧）མགྲོན་ཁང་དུ་སྡོད་སྐབས་བརྟག་དཔྱད་དང་ལེན་བྱ་དགོས་ཟེར་མཁན་ཡིན་ཕྱིན།

（8）凡是叫你登陆网站查看通缉令的；

（༨）དྲ་ཚིགས་སུ་ཞུགས་བཅུག་ནས་འཛུ་བཟུང་བཀའ་རྒྱ་ལྟོས་ཟེར་མཁན་ཡིན་ཕྱིན།

（9）凡是自称领导（老板）要求打款的；

（༩）འགོ་ཁྲིད་དམ་(སྦྱིན་བདག་)ཡིན་ཁུལ་གྱིས་དངུལ་བསྐུར་དགོས་ཟེར་མཁན་ཡིན་ཕྱིན།

（10）凡是陌生网站（链接）要登记银行卡信息的。

（༡༠）རྒྱུས་མེད་ཀྱི་དྲ་ཚོགས་ཀྱིས་དངུལ་ཁང་བྱང་བུའི་ཆ་འཕྲིན་པོ་འགོད་བྱེད་དགོས་ཟེར་མཁན་ཡིན་ཕྱིན་བཅས་སོ།།

冒充儿子发短信 诈骗2万元

བུ་ཡིན་ཁུལ་གྱིས་འཕྲིན་ཐུང་བསྐུར་ནས་སྒོར་ཁྲི་༢མགོ་སྐོར་བཏང་བ།

案情:

རྒྱུད་གཞིའི་གནས་ཚུལ།

2020年，西藏自治区某乡村民拉某报案称，有人冒充其儿子发短信，称在拉萨把人打伤，对方要4万元私了。拉某给对方汇去2万元后，与儿子通话后发现被骗。

སྤྱི་ལོ་༢༠༢༠ལོར་བོད་རང་སྐྱོང་ལྗོངས་ཀྱི་གྲོང་གསེབ་ཅིག་གི་གྲོང་མི་ལྷག་ཚེ་གེ་མོས་གྱོད་དོན་སྙན་སེང་ཞུས་པར། མི་ཞིག་གིས་ངའི་བུ་ཡིན་ཁུལ་གྱིས་འཕྲིན་ཐུང་བསྐུར་ནས་བུས་ལྷ་སར་མི་ཉེས་རྡུང་བཏང་སྟེ་རྨས་སྐྱོན་བཟོས་འདུག སྐོར་ཁྲི་༤སྤྲད་ན་ནང་མོལ་བྱས་ཆོག་ཟེར། ལྷག་ཚེ་གི་མོས་ཁོ་པར་སྐོར་ཁྲི་༢བསྐུར་རྗེས་བུར་ཁ་པར་བརྒྱབ་སྟེ་འབྲེལ་བ་བྱས་རྗེས་གཞི་ནས་མགོ་སྐོར་ཐེབས་པ་ཤེས་རྟོགས་བྱུང་ཞེས་བཤད།

接警后，在有关部门配合下，警方通过数据分析，及时锁定犯罪嫌疑人扎某。警方于次日在高速口将扎某抓获。

ཉེན་བརྡ་སྦྱོར་རྗེས་འབྲེལ་ཡོད་སྡེ་ཁག་གི་གཞོགས་འདེགས་འོག ཉེན་རྟོག་ཕྱོགས་ནས་གྲངས་གཞིར་དབྱེ་ཞིབ་བྱས་པ་བརྒྱུད། དུས་ཐོག་ལ་ཉེས་གསོག་དོགས་ཡོད་མི་སྣ་ནི་བཀྲ་ཚེ་གེ་མོ་ཡིན་པ་གཏན་འཁེལ་བྱས་པ་དང་། ཕྱི་ཉིན་ཉེན་རྟོག་པས་མགྱོགས་ལམ་གྱི་མདོ་རུ་བཀྲ་ཚེ་གེ་མོ་འཛུ་བཟུང་བྱས་པ་རེད།

经讯问，扎某对诈骗拉某2万元的犯罪事实供认不讳，同时还供认了其他 3 起诈骗案件。

འདྲི་ཙད་བྱས་རྗེས་བཀྲ་ཚེ་གེ་མོས་ལྷག་ཚེ་གེ་མོའི་སྐོར་ཁྲི་༢མགོ་སྐོར་བཏང་བའི་དོན་དངོས་ཁས་ལེན་བྱས་པ་དང་། དུས་མཚུངས་ད་དུང་མགོ་སྐོར་བཏང་བའི་གྱོད་གཞི་གཞན་དག་གསུམ་ཁས་བླངས་པ་རེད།

分析:

དབྱེ་ཞིབ།

如遇到自称熟人通过短信、微信、QQ等渠道联系你或添加好友，并要求转账汇款时一定要提高警惕。

གལ་སྲིད་རང་ཉིད་ཀྱི་ངོ་ཤེས་པ་ཡིན་ཞེས་འཕྲིན་ཐུང་དང་སྐད་འཕྲིན། ཁྱིའུ་ཁྱིའུ་སོགས་ཀྱི་ཐོག་ནས་ཁྱོད་རང་དང་འབྲེལ་བ་བྱེད་པའམ་ཡང་ན་འཕྲིན་གྲོགས་ནང་བཙུག་པ་མ་ཟད། དངུལ་བསྒྱུར་

སྤྲོད་དང་ཡང་ན་དངུལ་གཡར་རྒྱུའི་རེ་བ་འདོན་སྐབས། ངེས་པར་དུ་དོགས་ཟོན་ཆེན་པོ་བྱེད་དགོས།

切记:凡接到熟人要求转账汇款或借钱的要求时，务必通过电话或当面核实确认后再进行操作。

ཡིན་གཅིག་ངེས་དགོས་པ་ཞིག་ལ།　　ངོ་ཤེས་པ་ཡིན་ཟེར་མཁན་གྱིས་དངུལ་བསྒྱུར་སྤྲོད་དང་ཡང་ན་དངུལ་གཡར་རྒྱུའི་རེ་བ་འདོན་སྐབས་ངེས་པར་དུ་ཁ་པར་རམ་ཡང་ན་མི་དངོས་སུ་ཐུག་ནས་ངོ་ཤེས་ཡིན་པ་གཏན་འཁེལ་བྱུང་རྗེས་གཞི་ནས་ཡ་ལན་བྱེད་དགོས།

3. 冒充公检法机关拨打电话要求将钱款转入安全账号或转账汇款时，一定要牢记的3个“绝对不会”指哪些？

༣.སྤྱི་བདེ་དང་ཞིབ་དཔྱོད། ཁྲིམས་ཁང་བཅས་ཀྱི་ལས་ཁུངས་ཡིན་ཁུལ་གྱིས་ཁ་པར་བརྒྱབ་ནས་དངུལ་སྒར་བདེ་འཇགས་ཀྱི་རྩིས་ཐོའམ་ཡང་ན་དངུལ་ཁོངས་བསྒྱུར་ནས་གཏོང་དགོས་ཟེར་སྐབས། ངེས་པར་དུ“གཏན་ནས་ཡིན་མི་སྲིད་པ”གསུམ་ངེས་དགོས་པ་གང་དག་ཡིན་ནམ།

（1）公检法机关绝对不会通过打电话的方式开展案件侦查工作，通知你涉嫌犯罪、洗黑钱、贩毒等，也不会通过网络或传真给你下达“法院传票”等法律手续。

（༡）སྤྱི་བདེ་དང་ཞིབ་དཔྱོད། ཁྲིམས་ཁང་བཅས་ལས་ཁུངས་ཀྱིས་ཁ་པར་ཐོག་ནས་ཀྱོད་དོན་སྒྲུབ་ཞིབ་ཀྱི་ལས་དོན་སྤེལ་ཏེ་ཁྱོད་རང་ལ་ཉེས་གསོག་དང་དངུལ་བཀྲུ་འཕྲིར། དུག་ཚོང་སོགས་ཀྱི་དོགས་གཞི་ཡོད་པའི་བརྡ་ཐོ་གཏན་ནས་གཏོང་མི་སྲིད་ལ། དྲ་རྒྱ་དང་ཡང་ན་བརྙན་སྐྱེལ་བརྒྱུད་དེ་ཁྱོད་ལ“ཁྲིམས་ཁང་གི་འགུག་བཛ”སོགས་བཅའ་ཁྲིམས་ཀྱི་འགྲོ་ལུགས་ཀྱང་གཏན་ནས་བརྒྱུད་དུ་འཇུག་མི་སྲིད།

（2）公检法机关绝对不会打电话要求群众转账汇款。

（༢）སྤྱི་བདེ་དང་ཞིབ་དཔྱོད། ཁྲིམས་ཁང་བཅས་ལས་ཁུངས་ཀྱིས་ཁ་པར་ཐོག་ནས་མང་ཚོགས་ལ་དངུལ་བསྒྱུར་སྤྲོད་བྱེད་དུ་གཏན་ནས་འཇུག་མི་སྲིད།

（3）公检法机关绝对不会设立所谓的“国家安全账户”。

（༣）སྤྱི་བདེ་དང་ཞིབ་དཔྱོད། ཁྲིམས་ཁང་བཅས་ལས་ཁུངས་ནས་རྒྱལ་ཁབ་ཀྱི་བདེ་འཇགས་རྩིས་ཐོ་ཟེར་བ་གཏན་ནས་འཛུགས་མི་སྲིད།

4. 什么是“杀猪盘”？

༤.“ཕག་གསོད་སྡེར་མ”ཟེར་བ་དེ་གང་ཡིན་ནམ།

杀猪盘，网络流行词，是指诈骗分子利用网络交友，诱导受害人投资赌博的一种电信诈骗方式。“杀猪盘”是“从业者们”（诈骗团伙）自己起的名字，是指放长线“养猪”诈骗，养得越久，诈骗得越狠。

དེ་ནི་དྲ་རྒྱའི་ཐོག་དར་ཁྱབ་ཆེ་བའི་ཚིག་ཅིག་ཡིན། དེའི་གོ་དོན་ནི་མགོ་སྐོར་གཏོང་མཁན་གྱིས་དྲ་རྒྱ་བརྒྱུད་དེ་གྲོགས་པོ་སྒྲིག་ནས་གནོད་འཚེ་ཕོག་མཁན་ནས་མ་དངུལ་བཏང་སྟེ་རྒྱན་འཛུགས་བྱ་རྒྱུར་བསླུ་ཁྲིད་བྱེད་པའི་གློག་འཕྲིན་གྱི་མགོ་སྐོར་གཡོག་སྟངས་ཤིག་ཡིན། “ཕག་གསོད་སྡེར་མ”ཟེར་བ་དེ་ཡང་མགོ་སྐོར་གཏོང་མཁན་ཚོས་རང་ཉིད་ལ་བཏགས་པའི་མིང་ཞིག་རེད། དེ་ནི་གཏོང་ཐོད་ཆེ་ཙམ་གྱིས་ཕག་པ་གསོས་ཏེ་མགོ་སྐོར་བཏང་བའི་དོན་ཡིན་པ་དང་། གསོ་ཡུན་ག་ཚོད་རིང་ན་དེ་ཙམ་གྱིས་མགོ་སྐོར་གཏོང་ཤུགས་ཆེ་བ་ཡོད།

5. “杀猪盘”的常见套路分几步？

༥.“ཕག་གསོད་སྡེར་མ”ཟེར་བའི་རྒྱུན་མཐོང་གི་ཐབས་ལམ་ལ་གོམ་སྟབས་ག་ཚོད་ཡོད་དམ།

（1）网上热聊，萌生情意

诈骗分子在社交平台上将自己包装成“高富帅”“白富美”与受害人接触。在社交平台相聊甚欢，透出进一步发展的意思，多次接触后产生朦胧的网络情愫。

（༡）དྲ་ཐོག་ལ་ཚ་ཚ་འུར་འུར་གྱི་གླེང་མོལ་བྱས་ནས་བརྩེ་དུང་སློབས་པར་བྱེད་པ།

དེའང་མགོ་སྐོར་གཏོང་མཁན་གྱིས་སྤྱི་ཚོགས་འབྲེལ་སྟེགས་ཐོག་རང་ཉིད་“རིང་ཕྱུག་ཐེག་གསུམ”དང་། “དཀར་ཕྱུག་མཛེས་གསུམ”གྱི་རྣམ་པ་བསྟན་ནས་གནོད་འཚེ་ཕོག་མཁན་དང་འབྲེལ་གཏུག་བྱེད་པ་ཡིན། སྤྱི་ཚོགས་འབྲེལ་སྟེགས་ཐོག་ཕན་ཚུན་གླེང་མོལ་གྱི་དབྱིངས་ལ་ཚུད་པའི་སྐབས་སུ་མུ་མཐུད་འབྲེལ་བ་ཟབ་ཏུ་གཏོང་རྒྱུའི་རྣམ་པ་སྟོན་པ་དང་། འབྲེལ་གཏུག་ཐེངས་ཁ་ཤས་བྱས་རྗེས་དྲ་ཐོག་གི་བརྩེ་དུང་སློབས་པར་བྱེད་པ་ཡིན།

（2）动之以情，晓之以“利”

在甜言蜜语中聊感情时，诈骗分子对受害人透露自己在某平台赚得盆满钵满，并声称知道漏洞，或者亲戚朋友是网站工作人员，大肆鼓吹投资/博彩的高额回报，诱使受害人参与。

（༢）བརྩེ་དུང་གིས་སེམས་ཁུག་པར་བྱེད་པ་དང་གནས་ལུགས་ཀྱིས་ཁེ་བཟང་ཐོབ་པར་སེམས་པ།

སྙིང་ཚ་སྙན་ཞིང་འཇམ་པའི་ཁྲོད་བརྩེ་དུང་སྐོར་གླེང་སྐབས། མགོ་སྐོར་གཏོང་མཁན་གྱིས་རང་ཉིད་ལ་སྟེགས་བུ་ཞིག་གི་ཐོག་ནས་འབབ་སྒོ་ཧ་ཅང་ཆེན་པོ་ཡོད་ཚུལ་ཤོད་པ་མ་ཟད། དེའི་རྒྱུ་རྐྱེན་དུ་གྱུར་པའི་སེ་འདང་བའི་ཆ་ཤེས་ཀྱི་ཡོད་ཚུལ། ཡང་ན་རང་གི་སྤུན་མཆེད་དང་གྲོགས་པོ་དྲ་ཐོག་གི་ལས་དོན་པ་ཡིན་ཚུལ་ཤོད་པ། མ་འཇོག་དང་རྒྱན་ཤོག་ཐད་ནས་ཁེ་བཟང་ཆེན་པོ་ཡོད་ཚུལ་འུད་སྒྲོག་གིས་གནོད་འཚེ་ཕོག་མཁན་དེར་ཞུགས་རྒྱུར་བསྐུ་སྲིད་བྱེད་པ་ཡིན།

（3）深信不疑，终致悲剧

在前几次小额投入顺利回本后，受害人尝到甜头逐步放松警惕，对此“致富方式”深信不疑。投入资金从几千元到几万元，甚至几十万元，直到用尽所有积蓄，骗子便会指引受害人贷款投入。随着受害人投资速度放缓，骗子认为“收网”的时候到了，此时“平台客服”也会失联，受害人的爱情小船也就此沉没。

（༣）ཡིད་ཡོངས་སུ་ཆེས་ནས་མཐར་ཆག་སྒོ་འཕྲད་པ།

གོང་དུ་ཐེངས་ཁ་ཤས་ནང་མ་དངུལ་ཅུང་ཟད་བཏང་བར་མ་གནས་བདེ་ཕྲུག་དང་ཕྱིར་ལྡོག་རྗེས། གནོད་འཚེ་ཕོག་མཁན་ལ་ཁེ་བཟང་གི་བློ་བ་ཅུང་ཆེད་ནས་རིམ་བཞིན་དོགས་ཟོན་མེད་པར་གྱུར་པ་དང་། དེས་ན“ཕྱུག་པོ་ཆགས་ཐབས”དེར་ཡིད་ཡོངས་སུ་ཆེས་ནས། མ་རྩ་སྐོར་སྐོང་ཕྲག་ཁ་ཤས་ནས་ཁྲི་ཁ་ཤས་དང་། ཐ་ན་སྐོར་ཁྲི་བཅུ་གྲངས་གཏོང་བར་བྱེད། མཐར་གསོག་དངུལ་ཡོད་ཚད་རྫོགས་པའི་སྐབས་སུ་མགོ་སྐོར་གཏོང་མཁན་གྱིས་གནོད་འཚེ་ཕོག་མཁན་ལ་དངུལ་བུན་གཡར་ནས་མ་རྩ་འཛོག་རྒྱུར་ཁྲིད་སྟོན་བྱེད་པ་དང་། གནོད་འཚེ་ཕོག་མཁན་གྱི་མ་འཛོག་ཤུང་དུ་འགྲོ་བ་དང་བསྟུན་ནས་གནོད་འཚེ་གཏོང་མཁན་གྱིས་མགོ་སྐོར་གཏོང་མཚམས་འཛོག་པ་དང་། དེའི་སྐབས་སུ་སྟེགས་བུའི་ཐོག་གི་ཞབས་ཞུ་བའི་དབར་གྱི་འབྲེལ་ཐག་ཀྱང་ཆད་ཅིང་། གནོད་འཚེ་ཕོག་མཁན་གྱི་བརྩེ་དུང་གི་འབྲེལ་ཐག་ཀྱང་དེ་ནས་ཡོངས་སུ་ཆད་པ་ཡིན།

6. 什么是“杀鱼盘”？

༦.གང་འདྲ་ཞིག་ལ“ཉ་གསོད་སྡེར་མ”ཟེར་རམ།

“杀鱼盘”主要是以交手续费、借贷提额为名义实施的诈骗。骗子一般在网上发布提额信息或二手产品吸引受害者联系，随后通过发布虚假链接诱骗受害者付款。

“ཉ་གསོད་སྡེར་མ”ཟེར་བ་ནི་གཙོ་བོ་འགྲོ་ལུགས་བརྒྱུད་བྱེད་ཀྱི་འགྲོ་གྲོན་དང་བུན་གཡར་དངུལ་གྱི་འཐེན་གྲངས་ལ་མིང་བཏགས་ནས་མགོ་སྐོར་གཏོང་བར་ཟེར། མགོ་སྐོར་གཏོང་མཁན་གྱིས་སྒྲིར་བཏང་དྲ་ཐོག་ལ་འཐེན་གྲངས་ཀྱི་ཆ་འཕྲིན་སྤེལ་བའམ། ཡང་ན་ལག་བརྒྱུད་ཐོན་རྫས་ལ་བརྟེན་ནས་གནོད་འཚེ་ཕོག་མཁན་དང་འབྲེལ་གཏུག་བྱེད་པ་དང་། དེ་རྗེས་སྦྲེལ་བྱེད་རྫུན་མ་ཁྱབ་སྤེལ་བྱས་ཏེ་གནོད་འཚེ་ཕོག་མཁན་ལ་དངུལ་སྤྲོད་རྒྱུར་བསླུ་བྲིད་བྱེད་པ་ཡིན།

骗子把受害者叫做“鱼”，称自己为“钓鱼手”，另外还需要专业技术人员“链接手”。

མགོ་སྐོར་གཏོང་མཁན་གྱིས་གནོད་འཚེ་ཕོག་མཁན་ལ་"ཉ"ཞེས་འབོད་པ་དང་རང་ཉིད་ལ་"ཉ་འཛིན་མཁས་པ"ཞེས་འབོད། གཞན་ཡང་ད་དུང་ཆེད་ལས་ལག་རྩལ་པའི་"སྦྱིལ་མཐུད་མཁས་པ"དགོས་ཀྱི་ཡོད།

7."杀鱼盘"的常见作案手法?

༧."ཉ་གསོད་སྡེར་མ"ཞེས་པའི་རྒྱུན་མཐོང་གི་གྱོད་དོན་བཟོ་ཐབས་གང་འདྲ་ཡིན་ནམ།

（1）撒鱼饵

"杀鱼盘"要求受害人以交服务费、手续费的名义转账汇款，或者发送网址链接，以验证受害人的还款能力或者银行卡资金为由，盗刷受害人的银行卡资金，完成诈骗。

（༡）ཉ་གཟན་གཏོར་བ།

"ཉ་གསོད་སྡེར་མས"གནོད་འཚེ་ཕོག་མཁན་ལ་ཞབས་ཞུའི་རིན་པ་དང་འགྲོ་ལུགས་བརྒྱུད་པའི་རིན་པ་སྤྲོད་རྒྱུར་ཁ་གཡར་ཏེ། དངུལ་བསྒྱུར་སྤྲོད་བྱེད་དགོས་ཟེར་བ་དང་། ཡང་ན་དྲ་གནས་ཀྱི་སྦྲེལ་བྱེད་བསྐུར་བ་དང་། གནོད་འཚེ་ཕོག་མཁན་གྱི་བུན་འཇལ་ནུས་པ་དང་ཡང་ན་དངུལ་ཁང་བྱང་བུའི་མ་དངུལ་ར་སྤྲོད་བྱེད་རྒྱུར་ཁ་གཡར་ནས་གནོད་འཚེ་ཕོག་མཁན་གྱི་དངུལ་ཁང་བྱང་བུའི་ནང་གི་མ་དངུལ་འཐེན་འཕྲོར་བྱེད། དེའི་ཚེ་མགོ་སྐོར་བཏང་ཚར་བ་ཡིན།

（2）钓鱼

"鱼"一旦动心，钓鱼手就开始试探。有的利用二手平台下套，诱骗买家线下购买，实施诈骗；有的利用借贷提额引诱，多次支付中以失败为由，需支付手续费、服务费等，让"鱼"完善几笔交易流水。

（༢）ཉ་བཟུང་བ།

"ཉ"ཡི་སེམས་ལ་གཡོ་འགུལ་ཐེབས་ཙ་ན། ཉ་པས་ཉམས་ཚོད་ལེན་འགོ་ཚུགས། རེ་འགས་ལག་བརྒྱུད་སྣེ་གས་བུ་བེད་སྤྱོད་དེ་གཤམ་སྤྲོད་ཀྱིས་ཉོ་མཁན་དེ་ཉིད་ངོ་གཏུག་ཐོག་ཉོ་རྒྱུར་བསླུ

བྱེད་ཐུབ་ནས་མགོ་སྐོར་གཏོང་བ་དང་། རེ་འགས་ཐུན་གཡར་གྱི་འཐེན་གྲངས་ལ་བརྟེན་ནས་བསླུ་བྲིད་ཐུབ་ཐོག ཐེངས་མང་གཏོང་སྤྲོད་བྱེད་པའི་ནང་སྒྲོང་གུན་ཕོག་པ་རྒྱུ་མཚན་དུ་བྱས་ནས་འགྲོ་ལུགས་བརྒྱུད་པའི་འགྲོ་གྲོན་དང་ཞབས་ཞུའི་འགྲོ་གྲོན་སོགས་དགོས་ཟེར་ནས་"ཉ"ཡི་ཉོ་ཚོང་བྱེད་ཐེངས་ཁ་ཤས་སྒྲོང་གུན་ཕོག་འཇུག་གི་ཡོད།

（3）杀鱼

"杀鱼手"找"链接手"根据"鱼"支付额度量身打造付款链接。通过一些失败程序让"鱼"放松警惕。"杀鱼手"发虚假链接让鱼支付，最后把"鱼"成功支付的订单套现出来，最后拉黑。

（༣）ཉ་གསོད་པ།

"ཉ་གསོད་མཁན་"གྱིས་"སྦྲེལ་བྱེད་པ་"བཙལ་ནས་"ཉ་"ཡི་མ་དངུལ་མང་ཉུང་ལ་བལྟས་ནས་དངུལ་སྤྲོད་ཀྱི་སྦྲེལ་བྱེད་བཟོ་བ་དང་། ག་མི་ཆོད་པའི་གོ་རིམ་བརྒྱུད་"ཉ་"ཡི་དོགས་འཆར་མེད་པ་བཟོ་བ། "ཉ་གསོད་མཁན་"གྱིས་སྦྲེལ་བྱེད་རྫུན་མ་དེ་སྤྱད་ནས་"ཉ་"ལ་དངུལ་སྤྲོད་དུ་བཅུག་པ་དང་། མཐར་"ཉས་"བདེ་བླག་ངང་སྤྲད་པའི་མངག་ཐོ་ཕྱིར་བཏོན་རྗེས་དྲ་ཐོག་ནས་ནག་བསྒྲུབ་གཏོང་གི་ཡོད།

8. 实施电信诈骗将受到哪些惩处?

༨.གློག་འཕྲིན་ཐོག་མགོ་སྐོར་གཏོང་མཁན་ལ་ཆད་པ་གང་དག་ཐོག་གམ།

根据《中华人民共和国刑法》规定，犯电信诈骗的，处三年以下有期徒刑、拘役或者管制，并处或单处罚金；数额巨大或有其他严重情节的，处三年以上十年以下有期徒刑并处罚金；数额特别巨大或者有其他特别严重情节的，处十年以上有期徒刑或无期徒刑，并处罚金或者没收财产。

《ཀྲུང་ཧྭ་མི་དམངས་སྤྱི་མཐུན་རྒྱལ་ཁབ་ཀྱི་ཉེས་དོན་བཅའ་ཁྲིམས་》ཀྱི་གཏན་འབེབས་ལྟར་ན། གློག་འཕྲིན་ཐོག་གི་ཉེས་པ་བསགས་ཚེ། ལོ་གསུམ་མན་ཆད་ཀྱི་དུས་བཀག་བཙོན་འཇུག་དང་བཀག་ཉར་རམ་ཡང་ན་དོ་དམ་བྱ་རྒྱུ་མ་ཟད། ཆད་གཅོད་དམ་ཡང་ན་དངུལ་ཆད་རྐྱང་པ་

གཙོད་རྒྱུ། གྲངས་འབོར་ཏ་ཅང་ཆེ་བ་དང་། ཡང་ན་གནས་ཚུལ་ཚབས་ཆེན་རིགས་གཞན་དག་ཡོད་ཚེ། ལོ་གསུམ་ཡན་དང་ལོ་བཅུ་མན་གྱི་དུས་བཀག་བཙོན་འཇུག་གམ་ཡང་ན་ཚེ་བཙོན་དུ་འཇུག་རྒྱུ་དང་ཆབས་ཅིག་དངུལ་ཆད་གཙོད་པའམ་ཡང་ན་རྒྱུ་ནོར་གཞུང་བཞེས་གཏོང་རྒྱུ་རེད།

༩. 如何防范电信网络诈骗?

༩.གློག་འཕྲིན་ཐོག་མགོ་སྐོར་གཏོང་བར་འགོག་ཟོན་གང་འདྲ་བྱེད་དགོས་སམ།

（1）寄钱转账需提防谨慎。保持冷静的思考，提高防范意识，不要轻易相信别人，避免受骗的事情发生。

（༡）དངུལ་བསྐུར་བ་དང་བསྒྱུར་སྤྲོད་བྱེད་སྐབས་དོགས་ཟོན་དང་ཡིད་གཟབ་བྱེད་དགོས་པ་སྟེ། བསམ་ཞིབ་གནད་སྨིན་བྱེད་པ་དང་ཉེན་ཟོན་གྱི་འདུ་ཤེས་ཟབ་ཏུ་གཏོང་བ། རང་དགར་མི་གཞན་ལ་ཡིད་ཆེས་མི་བྱེད་པ་བཅས་བྱས་ནས་མགོ་སྐོར་འོག་ཚུད་པའི་གནས་ཚུལ་མི་ལྡག་པ་བྱེད་དགོས།

（2）确认联系方式真实性。对于联络方式，可以拨打114核实对方地址的真实性。

（༢）འབྲེལ་གཏུག་བྱ་ཐབས་དངོས་འབྲེལ་ཡིན་མིན་གཏན་འཁེལ་བྱེད་དགོས་པ་སྟེ། འབྲེལ་གཏུག་བྱ་ཐབས་ཐད་༡༡༤ལ་ཁ་པར་བརྒྱབ་ནས་ཕ་རོལ་པོའི་སྡོད་གནས་དངོས་ཡིན་མིན་ཞིབ་དཔྱད་བྱེད་དགོས།

（3）确认网站网页的真实性。

（༣）དྲ་ཚིགས་ཀྱི་དྲ་ངོས་དངོས་འབྲེལ་ཡིན་མིན་གཏན་འཁེལ་བྱེད་དགོས།

（4）在浏览正规网页时，不要搭理自动弹出的网页或网站。

（༤）དངོས་གཞིའི་དྲ་ངོས་ལ་ལྟ་སྐབས། རང་འགུལ་ངང་ཐོན་པའི་དྲ་ངོས་དང་དྲ་ཚིགས་ལ་ཁ་ཡ་བྱེད་མི་རུང་།

10.遇到电信诈骗怎么办？

༡༠.གློག་འཕྲིན་ཐོག་ནས་མགོ་སྐོར་གཏོང་མཁན་འཕྲད་ན་གང་འདྲ་བྱེད་དགོས་སམ།

应及时联系银行办理银行卡挂失、网上银行和手机银行密码修改等，防止可能的损失进一步扩大。同时，应尽可能及时记下诈骗犯罪份子的电话号码、电子邮件地址、QQ号、微信码等及银行卡账号，并记住犯罪分子的口音、语言特征和诈骗的手段经过，及时向公安机关报案，积极配合公安机关开展侦查破案和追缴被骗款等工作。

འཕྲལ་མར་དངུལ་ཁང་དང་འབྲེལ་བ་བྱས་ནས་དངུལ་ཁང་བྱང་བུ་བརླག་པའི་ཐོ་འགོད་པ་དང་། དྲ་ཐོག་དངུལ་ཁང་དང་ལག་ཐོགས་དངུལ་ཁང་གི་གསང་རྟགས་བཟོ་བཅོས་རྒྱག་པ་སོགས་བྱས་ནས་གུ་མཐུད་གྱོང་གུན་མི་ཐོག་པ་བྱེད་དགོས། དེ་དང་དུས་མཚུངས་འཕྲལ་མར་མགོ་སྐོར་གཏོང་མཁན་གྱི་ཁ་པར་ཨང་གྲངས་དང་གློག་རྡུལ་སྦྲག་བསྐུར་ས་ཆ། ཀིའུ་ཀིའུ་ཨང་

རྟགས། སྐད་འཕྲིན་སོགས་དང་དངུལ་ཁང་བྱང་བུའི་རྩིས་ཨང་བཅས་ངེས་བཤུ་བྱེད་དགོས་པ་དང་ཆབས་ཅིག་ཉེས་ཅན་པའི་སྐད་གདངས་དང་སྐད་ཆ་ཤོད་སྟངས། མགོ་སྐོར་གཏོང་སྟངས་ཀྱི་བརྒྱུད་རིམ་བཅས་སེམས་ལ་ངེས་པ་བྱས་ནས་དུས་ཐོག་ལ་གྱོད་དོན་སྙན་སེང་ཞུ་བ་དང་། སྤྱི་བདེ་ལས་ཁུངས་ཀྱིས་སྐྱུལ་ཞིབ་དང་གྱོད་གཞི་རྩད་གཅོད། མགོ་སྐོར་ཐེབས་པའི་དངུལ་ཕྱིར་ལེན་རྒྱུ་སོགས་ཀྱི་ལས་ཀར་གཞོགས་འདེགས་བྱེད་དགོས།

十五、其　他

བཅོ་ལྔ།　གཞན་དག

1．“村霸”问题的主要表现形式是哪五个？

༡.“གྲོང་ཚོའི་གཉེད་མའི”གནད་དོན་གྱི་མངོན་ཚུལ་གཙོ་བོ་ལྔ་ཡོད་པ་གང་དག་ཡིན་ནམ།

（1）干扰基层政权，通过“拳头”、欺骗、贿选等手段插手基层选举，争当村干部或扶植代理人，插手基层公共事务；

（༡）གཞི་རིམ་གྱི་སྲིད་དབང་ལ་འཁྲུག་རྐྱེན་བཟོ་བ་སྟེ། འཇིགས་སྐུལ་བ་དང་མགོ་སྐོར་གཏོང་བ། རྙོག་ཟན་སྤྲད་དེ་འདེམས་དམངས་བསླུ་བ་སོགས་ཀྱི་ཐབས་བརྒྱུད་གཞི་རིམ་གྱི་འདེམས་བསྐོར་ཐེ་རྒྱུས་བྱས་ནས་གྲོང་ཚོའི་ལས་བྱེད་པ་བྱ་རྒྱུར་བརྩོན་ལེན་བྱེད་པའམ་ཡང་ན་ལས་ཚབ་པར་ཟུར་སྐྱོར་བྱེད་པ་དང་གཞི་རིམ་གྱི་སྤྱི་པའི་ལས་དོན་ལ་ཐེ་རྒྱུས་བྱེད་པ།

（2）欺压村民百姓，强拿硬要、随意殴打、寻衅滋事，甚至雇黑佣黑形成帮派势力；

（༢）གྲོང་ཚོའི་མང་ཚོགས་ལ་གཉའ་གནོན་བྱེད་པ་དང་བཙན་འཕྲོར་དང་དྲམ་ལེན་བྱེད་པ། རང་སྣང་གང་ཤར་གྱིས་ཉེས་རྡུང་གཏོང་བ། སྣད་བཀོ་ཟིང་སློང་བྱེད་པ། ཐ་ན་ངན་སྤྱས་ངན་སྤྱོད་ཀྱིས་ཨོག་ཁག་གི་སྟོབས་ཤུགས་བསྒྲིལ་བ།

（3）破坏经营秩序，在土地流转、矿产开采、工程建设、客货运营等过程中暴力打压竞争对手；

（༣）ཁེ་གཉེར་གྱི་སྒྲིག་ལམ་ལ་གཏོར་བཤིག་གཏོང་བ་སྟེ། ས་ཞིང་བརྒྱུད་བཤུག་དང་གཏེར་རྫས་སྔོག་འདོན། ལས་གྲྭའི་འཛུགས་སྐྲུན། འགྲུལ་ཐོག་སྐྱེལ་འདྲེན་སོགས་ཀྱི་བརྒྱུད་རིམ་ནང་དྲག་ཤུགས་ལ་བརྟེན་ནས་འགྲན་ཡར་མགོ་གནོན་བྱེད་པ།

（4）侵占集体资产，非法侵占、骗取国家项目资金，非法占有集体土地、矿产资源；

（༤）མཉམ་སྡེབ་ཀྱི་རྒྱུ་ནོར་ནམ་བཟུང་དང་ཁྲིམས་འགལ་ངང་རྒྱལ་ཁབ་རྣམ་གྲངས་ཀྱི་མ་དངུལ་ནམ་བཟུང་དང་གཡོ་ལེན་བྱེད་པ། ཁྲིམས་འགལ་ངང་མཉམ་སྡེབ་ཀྱི་ས་ཞིང་དང་གཏེར་ལས་ཐོན་ཁུངས་བདག་གིར་བཟུང་བ།

（5）农村宗族势力依仗人多势众，恃强凌弱、横行霸道、危害一方。

（༥）གྲོང་གསེབ་ཀྱི་མི་རྒྱུད་སྟོབས་ཤུགས་ཀྱིས་མི་ཚོགས་མང་བ་རྒྱབ་རྟེན་དུ་བྱས་ཏེ། སྟོབས་ཆེ་བས་ཆུང་བར་བརྙས་བཅོས་བྱེད་པ་དང་། ཁྲིམས་མེད་ལུགས་མེད་བྱེད་པ། ཕྱོགས་གཅིག་ལ་གནོད་འཚེ་གཏོང་བ་བཅས་སོ།།

2.“恶势力”的特征及具体表现是什么？

༢.“ངན་པའི་སྟོབས་ཤུགས”ཀྱི་ཁྱད་ཆོས་དང་དེའི་ཞིབ་ཕྲའི་མངོན་ཚུལ་གང་ཡིན་ནམ།

（1）一般为3人以上(相对固定)；

（༡）སྤྱིར་མི་གསུམ་ཡན་ཡོད་པ།(བལྟོས་བཅས་ཀྱི་གཏན་འཇགས་ཡིན་པ།)

（2）经常纠集在一起；

（༢）རྟག་ཏུ་མཉམ་དུ་འདུ་འཛོམས་བྱེད་པ།

（3）使用暴力、威胁或者其他手段；

（༣）དྲག་ཤུགས་དང་འཇིགས་སྐུལ། ཡང་ན་བྱ་ཐབས་གཞན་དག་བེད་སྤྱོད་བྱེད་པ།

（4）多次为非作恶，欺压百姓，造成较为恶劣的社会影响；

（༤）བྱ་ངན་སྤྱོད་ངན་ཡང་ཡང་སྤེལ་ཞིང་མང་ཚོགས་ལ་གཉའ་གནོན་དང་སྤྱི་ཚོགས་ཀྱི་ཤུགས་རྐྱེན་ཅུང་ངན་པ་བཟོ་བ།

（5）未形成黑社会性质组织。

（༥）ནག་ཚོགས་ཀྱི་ངོ་བོ་ལྡན་པའི་རྩ་འཛུགས་ཆགས་མེད་པ་བཅས་སོ།།

3.在保护河湖生态方面，自治区采取了哪些措施？

༣.ཆུ་བོ་དང་མཚེའུ་ཡི་སྐྱེ་ཁམས་སྲུང་སྐྱོབ་ཐད། རང་སྐྱོང་ལྗོངས་ཀྱིས་བྱ་ཐབས་གང་དག་བཟུང་ཡོད་དམ།

根据《西藏自治区国家生态文明高地建设条例》规定：自治区全面实行河湖长制，划定河湖岸线保护范围，加强水源涵养能力建设，防范和治理水污染，保护江河、湖泊、饮用水水源地等水生态和水安全，守护好亚洲水塔。

《བོད་རང་སྐྱོང་ལྗོངས་ཀྱི་རྒྱལ་ཁབ་སྐྱེ་ཁམས་ཞིས་དཔལ་མཐོ་ས་སྐྲུན་རྒྱུའི་སྒྲོལ་ཡིག་》གི་གཏན་འབེབས་ལྟར་ན། རང་སྐྱོང་ལྗོངས་ཀྱིས་ཁྱོན་ཡོངས་ནས་ཆུ་བོ་དང་མཚོའུ་རྒྱུན་བཅོས་བྱ་རྒྱུ་དང་། ཆུ་བོ་དང་མཚོའུ་ཡི་འགྲམ་ངོགས་སྲུང་སྐྱོབ་ཁྲབ་ཁོངས་དབྱེ་འབྱེད་བྱ་རྒྱུ། ལྟག་ཆུ་སྐྱིལ་གསོག་ནུས་པའི་འཛུགས་སྐྲུན་ལ་ཤུགས་སྣོན་རྒྱག་རྒྱུ། ཆུའི་སྦགས་བཙོག་སྔོན་འགོག་དང་བཅོས་སྐྱོང་བྱ་རྒྱུ། གཙང་པོ་དང་ཆུ་བོ། མཚོའུ། འཐུང་ཆུའི་འབྱུང་ཁུངས་སོགས་ཆུའི་སྐྱེ་ཁམས་དང་ཆུའི་བདེ་འཇགས་ལ་སྲུང་སྐྱོབ་བྱས་ཏེ་ཨེ་ཤེ་ཡའི་ཆུ་གསོག་མཐོ་ལྡིག་ལ་སྲུང་སྐྱོང་ལེགས་པོ་བྱ་རྒྱུ་བཅས་སོ། །

4．可以随意往河里倾倒垃圾吗？

༤.གཙང་པོ་དང་ཆུ་བོའི་ནང་རང་དགར་གད་སྙིགས་གཡུགས་ན་འགྲིག་གམ།

不可以。根据《西藏自治区国家生态文明高地建设条例》第三条的规定，保护西藏生态环境、建设国家生态文明高地是全社会的共同责任和义务。

དེ་ནི་མི་འགྲིག་སྟེ། 《བོད་རང་སྐྱོང་ལྗོངས་ཀྱི་རྒྱལ་ཁབ་སྐྱེ་ཁམས་ཞིས་དཔལ་མཐོ་ས་སྐྲུན་རྒྱུའི་སྒྲོལ་ཡིག་》གི་དོན་ཚན་གསུམ་པའི་གཏན་འབེབས་ལྟར་ན། བོད་ལྗོངས་ཀྱི་སྐྱེ་ཁམས་ཁོར་ཡུག་སྲུང་སྐྱོབ་དང་རྒྱལ་ཁབ་ཀྱི་སྐྱེ་ཁམས་ཞིས་དཔལ་འཛུགས་སྐྲུན་བྱ་རྒྱུ་ནི། སྤྱི་ཚོགས་ཡོངས་ཀྱི་ཐུན་མོང་གི་འགན་འཁྲི་དང་འོས་འགན་ཡིན།

བོད་རང་སྐྱོང་ལྗོངས་ཀྱི"ལོ་ལྔ་ཆར་བརྒྱད་པའི"ཁྲིམས་ལུགས་ཁྱབ་གདལ་བསླབ་གཞི།

རྩོམ་སྒྲིག་པ། བོད་རང་སྐྱོང་ལྗོངས་སྲིད་ཁྲིམས་ཐིང་དང་བོད་རང་སྐྱོང་ལྗོངས་ཁྲིམས་ལུགས་ཁྱབ་གདལ་གཞུང་ལས་ཁང་།

རྩོམ་སྒྲིག་འགན་འཁུར་བ། ཅེང་ཧེང་། དོན་གྲུབ་ཕུན་ཚོགས།

ཡིག་སྒྲུར། བཀྲ་ཤིས་དབང་ཕྱུག

དཔེ་སྐྲུན། བོད་ལྗོངས་བོད་ཡིག་དཔེ་རྙིང་དཔེ་སྐྲུན་ཁང་། སྦྲག་ཨང་850000
པར་གཞི་རྐུ་སྤྱོད་ལ་རྟུང་རྡེག་གཏོང་། 0891-6930339

པར་འདེབས་ཚན་པ། བོད་ལྗོངས་ཕན་བདེ་པར་འདེབས་བཟོ་གྲྭ།

བརྒྱུད་འཚོང་། རྒྱལ་ཡོངས་ཞིན་ཧྭ་དཔེ་ཚོང་ཁང་།

དེབ་ཚད། 710mm×1 000mm 1/16

པར་ཤོག 77.5 (ཁྱོན་དེབ་7)

པར་གྲངས། 1-1,000

ཡིག་གྲངས། ཁྲི་45

པར་གཞི། 2021ལོའི་ཟླ་11པར་པར་གཞི་དང་པོ་བསྒྲིགས།

པར་ཐེངས། 2021ལོའི་ཟླ་11པར་པར་ཐེངས་དང་པོ་བཏབ།

དཔེ་རྟགས། ISBN 978-7-5700-0619-9

རིན་གོང་། སྒོར་198.00 (ཁྱོན་དེབ་7)

西藏自治区“八五”普法教材

བོད་རང་སྐྱོང་ལྗོངས་ཀྱི་“ལོ་ལྔ་ཚན་བརྒྱད་པའི་”ཁྲིམས་ལུགས་ཁྱབ་གདལ་བསླབ་གཞི།

青少年法律知识读本

གཞོན་ནུ་ལོ་ཆུང་གི་བཅའ་ཁྲིམས་ཤེས་བྱའི་ཀློག་དེབ།

西藏自治区司法厅　西藏自治区普法办　编

བོད་རང་སྐྱོང་ལྗོངས་སྲིད་ཁྲིམས་ཐིང་དང་བོད་རང་སྐྱོང་ལྗོངས་
ཁྲིམས་ལུགས་ཁྱབ་གདལ་གཞུང་ལས་ཁང་གིས་བསྒྲིགས།

བོད་ལྗོངས་བོད་ཡིག་དཔེ་རྙིང་དཔེ་སྐྲུན་ཁང་།

西藏藏文古籍出版社

图书在版编目（CIP）数据

西藏自治区“八五”普法教材 ：汉文、藏文 / 西藏自治区司法厅，西藏自治区普法办编 .-- 拉萨 ：西藏藏文古籍出版社，2021.11

ISBN 978-7-5700-0619-9

Ⅰ . ①西… Ⅱ . ①西… ②西… Ⅲ . ①法律—中国—教材—汉、藏 Ⅳ . ① D920.5

中国版本图书馆 CIP 数据核字 (2021) 第 218626 号

西藏自治区“八五”普法教材

编　　者	西藏自治区司法厅　西藏自治区普法办
责任编辑	曾恒　顿珠平措
翻　　译	扎西旺久
出　　版	西藏藏文古籍出版社　邮政编码：850000
	打击盗版：0891-6930339
印　　刷	西藏福利印刷厂
经　　销	全国新华书店
开　　本	16 开（710×1 000）
印　　张	77.5（共 7 册）
印　　数	1-1,000
字　　数	450 千字
版　　次	2021 年 11 月第 1 版
印　　次	2021 年 11 月第 1 次印刷
标准书号	ISBN 978-7-5700-0619-9
定　　价	198.00 元（共 7 册）

目　　录

དཀར་ཆག

一、总　论

དང་པོ།　སྤྱི་བཤད།

1. 习近平新时代中国特色社会主义思想的主要内容是什么？

༡.ཞི་ཅིན་ཕིང་གི་དུས་རབས་གསར་པའི་ཀྲུང་གོའི་ཁྱད་ཆོས་ལྡན་པའི་སྤྱི་ཚོགས་རིང་ལུགས་ཀྱི་དགོངས་པའི་ནང་དོན་གཙོ་བོ་གང་ཡིན་ནམ།

即“八个明确”：

明确坚持和发展中国特色社会主义，总任务是实现社会主义现代化和中华民族伟大复兴，在全面建成小康社会的基础上，分两步走在本世纪中叶建成富强民主文明和谐美丽的社会主义现代化强国；

དེའང“གསལ་སྟོན་བརྒྱད”དེ།

ཀྲུང་གོའི་ཁྱད་ཆོས་ལྡན་པའི་སྤྱི་ཚོགས་རིང་ལུགས་རྒྱུན་འཛིན་དང་འཕེལ་རྒྱས་གཏོང་དགོས་པ་དང་། སྤྱིའི་ལས་འགན་ནི་སྤྱི་ཚོགས་རིང་ལུགས་དེང་རབས་ཅན་དང་ཀྲུང་ཧྭ་མི་རིགས་ཀྱི་ནྲབས་ཆེའི་བསྐྱར་དར་མངོན་འགྱུར་ཡོང་བ་བྱ་རྒྱ་དེ་ཡིན། དེའང་ཁྱོན་ཡོངས་ནས

འགྱུར་འབྱིང་སྤྱི་ཚོགས་བསྐྱན་ཚར་བའི་རྨང་གཞིའི་ཐོག་གོམ་སྟབས་གཉིས་ལ་དབྱེ་ནས་དུས་རབས་འདིའི་དུས་དཀྱིལ་ལ་སླེབས་དུས་སྟོབས་འགྱུར་དང་དམངས་གཙོ། ཤེས་དཔལ། ཞི་མཐུན། མཛེས་སྡུག་བཅས་ལྡན་པའི་སྤྱི་ཚོགས་རིང་ལུགས་དེང་རབས་ཅན་གྱི་སྟོབས་ཆེའི་རྒྱལ་ཁབ་ཅིག་བསྐྲུན་གྲུབ་པ་བྱ་དགོས་པ་གསལ་བཏོན་གནང་བ།

明确新时代我国社会主要矛盾是人民日益增长的美好生活需要和不平衡不充分的发展之间的矛盾，必须坚持以人民为中心的发展思想，不断促进人的全面发展、全体人民共同富裕；

དུས་རབས་གསར་པར་རང་རྒྱལ་སྤྱི་ཚོགས་ཀྱི་འགལ་ཟླ་གཙོ་བོ་ནི་མི་དམངས་ཀྱི་ཉིན་རེ་བཞིན་ཇེ་ལེགས་སུ་འགྲོ་བའི་བདེ་སྐྱིད་ཀྱི་འཚོ་བའི་དགོས་མཁོ་དང་དོ་མི་མཉམ་པ་དང་འཁྱུས་སྐྱོ་མི་ཚང་བའི་འཕེལ་རྒྱས་དབར་གྱི་འགལ་ཟླ་ཡིན་ཕྱིར། ངེས་པར་དུ་མི་དམངས་ལྟེ་བར་འཛིན་པའི་འཕེལ་རྒྱས་ཀྱི་བསམ་བློ་རྒྱུན་འཁྱོངས་ཀྱིས་མི་རྣམས་ཕྱོགས་ཡོངས་ནས་ཡར་རྒྱས་ཡོང་རྒྱ་དང་། དམངས་ཡོངས་ཐུན་མོང་ཐོག་འགྱུར་ཕྱུག་ལྡན་པ་ཡོང་རྒྱུར་སྐུལ་འདེད་ཟམ་མི་ཆད་པ་གཏོང་དགོས་པ་གསལ་བཏོན་གནང་བ།

明确中国特色社会主义事业总体布局是“五位一体”、战略布局是“四个全面”，强调坚定道路自信、理论自信、制度自信、文化自信；

ཀྲུང་གོའི་ཁྱད་ཆོས་ལྡན་པའི་སྤྱི་ཚོགས་རིང་ལུགས་བྱ་གཞག་གི་སྤྱིའི་གྲུབ་སྟངས་ནི“ཕྱོགས་ལྔ་གཞི་གཅིག”ཡིན་པ་དང་། འཐབ་ཇུས་ཀྱི་གྲུབ་སྟངས་ནི“ཕྱོགས་ཡོངས་བཞི”ཡིན་པ་གསལ་བཏོན་གནང་ཞིང་། ལམ་ཕྱོགས་ཀྱི་གདེང་ཚོད་དང་རིག་པའི་གཞུང་ལུགས་ཀྱི་གདེང་ཚོད། ལམ་ལུགས་ཀྱི་གདེང་ཚོད། རིག་གནས་ཀྱི་གདེང་ཚོད་བཅས་བརྟན་དུ་གཏོང་རྒྱ་ནན་བཤད་བྱ་དགོས་པ་གསལ་བཏོན་གནང་བ།

明确全面深化改革总目标是完善和发展中国特色社会主义制度、推进国家治理体系和治理能力现代化；

ཕྱོགས་ཡོངས་ནས་བསྒྱུར་བཅོས་གཏིང་ཟབ་ཏུ་གཏོང་བའི་སྤྱིའི་དམིགས་འབེན་ནི་ཀྲུང་གོའི་ཁྱད་ཆོས་ལྡན་པའི་སྤྱི་ཚོགས་རིང་ལུགས་ཀྱི་ལམ་ལུགས་འཐུས་ཚང་དང་འཕེལ་རྒྱས་གཏོང་རྒྱ་

དང་། རྒྱལ་ཁབ་ཀྱི་བཅོས་སྐྱོང་མ་ལག་དང་བཅོས་སྐྱོང་ནུས་པ་དེང་རབས་ཅན་ལ་འགྱུར་རྒྱུར་སྐུལ་འདེད་གཏོང་དགོས་པ་གསལ་བཏོན་གནང་བ།

明确全面推进依法治国总目标是建设中国特色社会主义法治体系、建设社会主义法治国家；

ཁྲིམས་ལྟར་རྒྱལ་ཁབ་སྐྱོང་རྒྱུར་ཁྱོན་ཡོངས་ནས་སྐུལ་སྐྱེལ་གཏོང་བའི་སྤྱིའི་དམིགས་འབེན་ནི་ཀྲུང་གོའི་ཁྱད་ཆོས་ལྡན་པའི་སྤྱི་ཚོགས་རིང་ལུགས་ཀྱི་ཁྲིམས་སྐྱོང་མ་ལག་འཛུགས་རྒྱུ་དང་། སྤྱི་ཚོགས་རིང་ལུགས་ཀྱི་ཁྲིམས་སྐྱོང་རྒྱལ་ཁབ་འཛུགས་རྒྱུ་དེ་ཡིན་པ་གསལ་བཏོན་གནང་བ།

明确党在新时代的强军目标是建设一支听党指挥、能打胜仗、作风优良的人民军队，把人民军队建设成为世界一流军队；

ཏང་གི་དུས་རབས་གསར་པའི་དམག་དཔུང་སྟོབས་ཆེར་གཏོང་བའི་སྤྱིའི་དམིགས་འབེན་ནི་ཏང་གི་བཀོད་འདོམས་ལ་ཉན་པ་དང་རྒྱལ་ཁ་ཐོབ་པའི་དམག་འཐབ་བྱེད་ཐུབ་ལ། ཀུན་སྤྱོད་ལེགས་པའི་མི་དམངས་དཔུང་སྡེ་ཞིག་འཛུགས་ཐུབ་པ་དང་། མི་དམངས་དཔུང་སྡེ་དེ་ཡང་འཛམ་གླིང་ཐོག་གི་དཔུང་སྡེ་རྩེ་གྲ་ཞིག་ཏུ་འགྱུར་བ་བྱ་དགོས་པ་གསལ་བཏོན་གནང་བ།

明确中国特色大国外交要推动构建新型国际关系，推动构建人类命运共同体；

ཀྲུང་གོའི་ཁྱད་ཆོས་ལྡན་པའི་རྒྱལ་ཁབ་ཆེན་པོའི་ཕྱི་འབྲེལ་ཐད་ནས་རྒྱལ་སྤྱིའི་འབྲེལ་བ་དཔེ་གསར་ཞིག་འཛུགས་རྒྱུར་སྐུལ་འདེད་དང་། མིའི་རིགས་ཀྱི་ལས་དབང་གཅིག་མཐུན་ཚོགས་པ་གཏོད་རྒྱུར་སྐུལ་འདེད་གཏོང་དགོས་པ་གསལ་བཏོན་གནང་བ།

明确中国特色社会主义最本质的特征是中国共产党领导，中国特色社会主义制度的最大优势是中国共产党领导，党是最高政治领导力量，提出新时代党的建设总要求，突出政治建设在党的建设中的重要地位。

ཀྲུང་གོའི་ཁྱད་ཆོས་ལྡན་པའི་སྤྱི་ཚོགས་རིང་ལུགས་ཀྱི་ཆེས་རྩ་བའི་ཁྱད་ཆོས་ནི་ཀྲུང་གོ་གུང་ཁྲན་ཏང་གི་འགོ་ཁྲིད་ཡིན་ལ། ཀྲུང་གོའི་ཁྱད་ཆོས་ལྡན་པའི་སྤྱི་ཚོགས་རིང་ལུགས་ལམ་

ལུགས་ཀྱི་དགེ་མཚན་ཆེ་ཤོས་ཀྱང་ཀྲུང་གོ་གུང་ཁྲན་ཏང་གི་འགོ་ཁྲིད་ཡིན་པ་དང་། ཏང་ནི་ཆེས་མཐོའི་ཆབ་སྲིད་ཀྱི་འགོ་ཁྲིད་སྟོབས་ཤུགས་ཡིན་པ། དུས་རབས་གསར་པའི་ཏང་འཛུགས་སྐྱོང་གི་སྤྱིའི་བླང་བྱ་བཏོན་ཐོག ཆབ་སྲིད་འཛུགས་སྐྱོང་བྱ་རྒྱུ་དེས་ཏང་འཛུགས་སྐྱོང་ཁྲོད་གོ་བབ་གལ་ཆེན་བཟུང་བ་འབུར་དུ་མངོན་པར་བྱ་དགོས་པ་གསལ་བཏོན་གནང་ཡོད།

2. 新时代坚持和发展中国特色社会主义的基本方略是什么？

༢.དུས་རབས་གསར་པར་ཀྲུང་གོའི་ཁྱད་ཆོས་ལྡན་པའི་སྤྱི་ཚོགས་རིང་ལུགས་རྒྱུན་འཁྱོངས་དང་འཕེལ་རྒྱས་གཏོང་བའི་གཞི་རྩའི་ཇུས་གཞི་གང་ཡིན་ནམ།

即“十四个坚持”：

坚持党对一切工作的领导；坚持以人民为中心；坚持全面深化改革；坚持新发展理念；坚持人民当家作主；坚持全面依法治国；坚持社会主义核心价值体系；坚持在发展中保障和改善民生；坚持人与自然和谐共生；坚持总体国家安全观；坚持党对人民军队的绝对领导；坚持“一国两制”和推进祖国统一；坚持推动构建人类命运共同体；坚持全面从严治党。

དེའང་“རྒྱུན་འཁྱོངས་བྱ་དགོས་པ་བཅུ་བཞི”སྟེ།

ཏང་གིས་ལས་དོན་མཐའ་དག་ལ་འགོ་ཁྲིད་བྱ་རྒྱུ་རྒྱུན་འཁྱོངས་དང་། མི་དམངས་ལྟེ་བར་འཛིན་རྒྱུ་རྒྱུན་འཁྱོངས། ཁྱོན་ཡོངས་ནས་བསྒྱུར་བཅོས་གཏིང་ཟབ་བྱ་རྒྱུ་རྒྱུན་འཁྱོངས། གོང་འཕེལ་གྱི་འདུ་ཤེས་གསར་པ་རྒྱུན་འཁྱོངས། མི་དམངས་ཀྱིས་རང་ཁྱིམ་རང་བདག་བྱ་རྒྱུ་རྒྱུན་འཁྱོངས། ཁྱོན་ཡོངས་ནས་ཁྲིམས་ལྟར་རྒྱལ་ཁབ་སྐྱོང་རྒྱུ་རྒྱུན་འཁྱོངས། སྤྱི་ཚོགས་རིང་ལུགས་ཀྱི་ལྟེ་བའི་རིན་ཐང་མ་ལག་རྒྱུན་འཁྱོངས། འཕེལ་རྒྱས་གཏོང་བའི་ཁྲོད་དམངས་ཀྱི་འཚོ་བ་འགན་སྲུང་དང་ལེགས་བཅོས་བྱ་རྒྱུ་རྒྱུན་འཁྱོངས། མི་དང་རང་བྱུང་ཁམས་ཞི་མཐུན་མཉམ་གནས་བྱ་རྒྱུ་རྒྱུན་འཁྱོངས། སྤྱི་ཡོངས་ཀྱི་རྒྱལ་ཁབ་བདེ་འཇགས་ལྟ་བ་རྒྱུན་འཁྱོངས། ཏང་གིས་མི་དམངས་དམག་དཔུང་ལ་མཐའ་གཅིག་ཏུ་འགོ་ཁྲིད་བྱ་རྒྱུ་རྒྱུན་འཁྱོངས། “རྒྱལ་ཁབ་གཅིག་ལ་ལམ་ལུགས་གཉིས”ལག་བསྟར་དང་མེས་རྒྱལ་གོང་དུ་གཅིག་གྱུར་བྱ་རྒྱུར་སྐུལ་འདེད་གཏོང་རྒྱུ་རྒྱུན་

འཁྱོངས། མིའི་རིགས་ཀྱི་ལས་དབང་གཅིག་མཐུན་ཚོགས་པ་གསོད་རྒྱར་སྐུལ་འདེད་གཏོང་རྒྱ་དང་ཕྱོགས་ཡོངས་ནས་ཧྲང་ནན་སྔོང་བྱ་རྒྱ་རྒྱུན་འཁྱོངས་བྱེད་དགོས་པ་བཅས་རེད།

3. 习近平新时代中国特色社会主义思想的重大意义是什么？

༣.ཞི་ཅིན་ཕིང་གི་དུས་རབས་གསར་པའི་ཀྲུང་གོའི་ཁྱད་ཆོས་ལྡན་པའི་སྤྱི་ཚོགས་རིང་ལུགས་ཀྱི་དགོངས་པའི་གལ་འགངས་ཆེ་བའི་དོན་སྙིང་གཙོ་བོ་གང་ཡིན་ནམ།

从马克思主义发展史的角度来说，开辟了马克思主义中国化的新境界；从中华民族复兴史的角度来说，是全党全国人民为实现中华民族伟大复兴而奋斗的行动指南；从人类文明进步史的角度来看，为解决人类面临的共同难题贡献了中国智慧，提供了中国方案。

མ་ཁེ་སི་རིང་ལུགས་གོང་འཕེལ་ལོ་རྒྱུས་ནས་བཤད་ན། མ་ཁེ་སི་རིང་ལུགས་ཀྲུང་གོ་ཅན་

དུ་འགྱུར་བ་བྱེད་པའི་འཕེལ་ཚད་གསར་པ་གཏོད་པ་དང་། དེའང་ཀྲུང་ཧྭ་མི་རིགས་བསྐྱར་དར་འབྱུང་ཐབས་ཀྱི་ལོ་རྒྱུས་ཐོག་ནས་བཤད་ན། ད་ང་ཡོངས་དང་རྒྱལ་ཡོངས་མི་དམངས་ཀྱིས་ཀྲུང་ཧྭ་མི་རིགས་ཀྱི་རླབས་ཆེའི་བསྐྱར་དར་མངོན་འགྱུར་ཡོང་བའི་འབད་འཐབ་བྱ་སྤྱོད་ཀྱི་ཁྲིད་སྟོན་ཞིག་ཡིན་ལ། མིའི་རིགས་ཀྱི་ཤེས་དཔལ་འཕེལ་རྒྱས་གཏོང་བའི་ལོ་རྒྱུས་ཐོག་ནས་བལྟས་ན་འང་དེས་མིའི་རིགས་ལ་འཕྲོད་པའི་ཐུན་མོང་གི་དཀའ་གནད་ཐག་གཅོད་བྱ་ཕྱིར་ཀྲུང་གོའི་བློ་གྲོས་ལེགས་སྐྱེས་དང་ཀྲུང་གོའི་ཇུས་གཞི་མཁོ་འདོན་བྱས་ཡོད།

༤. 习近平法治思想的核心要义是什么?

༤.ཞི་ཅིན་ཕིང་གི་ཁྲིམས་སྲུང་དགོངས་པའི་དོན་སྙིང་གཙོ་བོ་གང་ཡིན་ནམ།

即“十一个坚持”：

坚持党对全面依法治国的领导，是中国特色社会主义法治的本质特征和内在要求。

དེའང་“རྒྱུན་འཁྱོངས་བྱ་དགོས་པ་བཅུ་གཅིག”སྟེ།

ཏང་གིས་ཁྱོན་ཡོངས་ནས་ཁྲིམས་ལྟར་རྒྱལ་ཁབ་སྐྱོང་རྒྱུར་འགོ་ཁྲིད་བྱ་རྒྱ་རྒྱུན་འཁྱོངས་བྱ་དགོས་ཤིང་། དེ་ནི་ཀྲུང་གོའི་ཁྱད་ཆོས་ལྡན་པའི་སྤྱི་ཚོགས་རིང་ལུགས་ཁྲིམས་སྐྱོང་གི་རྩ་བའི་ཁྱད་ཆོས་དང་རང་གྲུབ་ཀྱི་དགོས་མཁོ་ཡིན།

坚持以人民为中心，是全面推进依法治国的力量源泉。

མི་དམངས་ལྟེ་བར་འཛིན་རྒྱ་རྒྱུན་འཁྱོངས་བྱ་དགོས་ཤིང་། དེ་ནི་ཁྲིམས་ལྟར་རྒྱལ་ཁབ་སྐྱོང་རྒྱུར་ཁྱོན་ཡོངས་ནས་སྐུལ་འདེད་གཏོང་བའི་སྟོབས་ཤུགས་ཀྱི་འབྱུང་རྩ་ཡིན།

坚持中国特色社会主义法治道路，是全面推进依法治国的发展道路和正确方向。

ཀྲུང་གོའི་ཁྱད་ཆོས་ལྡན་པའི་སྤྱི་ཚོགས་རིང་ལུགས་ཀྱི་ཁྲིམས་སྐྱོང་ལམ་བུ་རྒྱུན་འཁྱོངས་བྱ་དགོས་ཤིང་། དེ་ནི་ཁྲིམས་ལྟར་རྒྱལ་ཁབ་སྐྱོང་རྒྱུར་ཁྱོན་ཡོངས་ནས་སྐུལ་འདེད་གཏོང་བའི་འཕེལ་རྒྱས་ཀྱི་ལམ་བུ་དང་ཡང་དག་པའི་ཁ་ཕྱོགས་ཡིན།

坚持依宪治国、依宪执政，是全面推进依法治国的工作重点。

རྩ་ཁྲིམས་ལྟར་རྒྱལ་ཁབ་སྐྱོང་རྒྱུ་དང་རྩ་ཁྲིམས་ལྟར་སྲིད་འཛིན་རྒྱུ་རྒྱུན་འཁྱོངས་བྱ་དགོས་ཤིང་། དེ་ནི་ཁྲིམས་ལྟར་རྒྱལ་ཁབ་སྐྱོང་རྒྱུར་ཕྱོགས་ཡོངས་ནས་སྐུལ་འདེད་གཏོང་བའི་ལས་དོན་གྱི་གཙོ་གནད་ཡིན།

坚持在法治轨道上推进国家治理体系和治理能力现代化，是实现良法善治的必由之路。

ཁྲིམས་སྐྱོང་གི་ལམ་བུའི་ཐོག་རྒྱལ་ཁབ་ཀྱི་བཅོས་སྐྱོང་མ་ལག་དང་བཅོས་སྐྱོང་ནུས་པ་དེང་རབས་ཅན་དུ་འགྱུར་རྒྱུར་སྐུལ་འདེད་གཏོང་རྒྱུ་རྒྱུན་འཁྱོངས་བྱ་དགོས་ཤིང་། དེ་ནི་ཁྲིམས་བཟང་ལེགས་སྐྱོང་ཡོང་ཐུབ་རྒྱུར་བརྒྱུད་དགོས་ངེས་ཀྱི་ཐབས་ལམ་ཞིག་ཡིན།

坚持建设中国特色社会主义法治体系，是全面推进依法治国的发展目标和总抓手。

ཀྲུང་གོའི་ཁྱད་ཆོས་ལྡན་པའི་སྤྱི་ཚོགས་རིང་ལུགས་ཀྱི་ཁྲིམས་སྐྱོང་མ་ལག་འཛུགས་རྒྱུ་རྒྱུན་འཁྱོངས་བྱ་དགོས་ཤིང་། དེ་ནི་ཁྲིམས་ལྟར་རྒྱལ་ཁབ་སྐྱོང་རྒྱུར་ཕྱོགས་ཡོངས་ནས་སྐུལ་འདེད་གཏོང་བའི་གོང་འཕེལ་གྱི་དམིགས་འབེན་དང་སྤྱི་ཡོངས་ཀྱི་དམ་འཛིན་བྱེད་ས་ཞིག་ཡིན།

坚持依法治国、依法执政、依法行政共同推进，法治国家、法治政府、法治社会一体建设，是全面推进依法治国的战略布局。

ཁྲིམས་ལྟར་རྒྱལ་ཁབ་སྐྱོང་རྒྱུ་དང་ཁྲིམས་ལྟར་སྲིད་སྐྱོང་རྒྱུ། ཁྲིམས་ལྟར་སྲིད་དབང་ལག་བསྟར་བྱ་རྒྱུ་ཐུན་མོང་ཐོག་སྐུལ་འདེད་བཏང་ཐོག ཁྲིམས་སྐྱོང་རྒྱལ་ཁབ་དང་ཁྲིམས་སྐྱོང་སྲིད་གཞུང་། ཁྲིམས་སྐྱོང་སྤྱི་ཚོགས་བཅས་གཞི་གཅིག་ཏུ་འཛུགས་སྐྱོང་བྱ་རྒྱུ་རྒྱུན་འཁྱོངས་བྱ་དགོས་ཤིང་། དེ་ནི་ཁྲིམས་ལྟར་རྒྱལ་ཁབ་སྐྱོང་རྒྱུར་ཕྱོགས་ཡོངས་ནས་སྐུལ་འདེད་གཏོང་བའི་འཐབ་ཇུས་ཀྱི་བཀོད་སྒྲིག་ཅིག་ཡིན།

坚持全面推进科学立法、严格执法、公正司法、全民守法，是新时代法治建设的“十六字”方针。

ཚན་རིག་དང་མཐུན་པའི་ཁྲིམས་འཛུགས་དང་ཁྲིམས་ལག་བསྟར་ནན་པོ། ཁྲིམས་འཛིན་

གཞུང་དྲང་། དམངས་ཡོངས་ནས་ཁྲིམས་སྲུང་བ་བཅས་ལ་ཁྱོན་ཡོངས་ནས་སྐུལ་འདེད་གཏོང་རྒྱ་ རྒྱན་འཁྱོངས་བྱ་དགོས་ཤིང་། དེ་ནི་དུས་རབས་གསར་པའི་ཁྲིམས་སྐྱོང་འཛུགས་སྐྱོང་བྱེད་ཕྱོགས་ཀྱི་“རྩ་དོན་བཞི”ཡིན།

坚持统筹推进国内法治和涉外法治，是建设法治强国的必然要求。

རྒྱལ་ནང་གི་ཁྲིམས་སྐྱོང་དང་ཕྱི་འབྲེལ་གྱི་ཁྲིམས་སྐྱོང་གཉིས་གཅིག་གྱུར་འཆར་འགོད་ཐོག་སྐུལ་འདེད་གཏོང་དགོས་ཤིང་། དེ་ནི་ཁྲིམས་སྐྱོང་གི་རྒྱལ་ཁབ་སྟོབས་ལྡན་འཛུགས་སྐྲུན་བྱེད་པའི་དགོས་ངེས་ཀྱི་བླང་བྱ་ཡིན།

坚持建设德才兼备的高素质法治工作队伍，是全面推进依法治国的组织保障。

སྤྱོད་ཡོན་གཉིས་ལྡན་གྱི་སྤུད་ཚད་མཐོ་བའི་ཁྲིམས་སྐྱོང་ལས་དོན་དཔུང་ཁག་འཛུགས་སྐྲུན་བྱ་རྒྱ་རྒྱན་འཁྱོངས་བྱ་དགོས་ཤིང་། དེ་ནི་ཁྲིམས་ལྟར་རྒྱལ་ཁབ་སྐྱོང་རྒྱུར་ཁྱོན་ཡོངས་ནས་སྐུལ་འདེད་གཏོང་བའི་རྩ་འཛུགས་ཀྱི་འགན་སྲུང་ཡིན།

坚持抓住领导干部这个“关键少数”，是全面推进依法治国的关键问题。

འགོ་ཁྲིད་ལས་བྱེད་པའི་“འགག་རྩའི་ཉུང་ཤས”འདིར་དམ་འཛིན་བྱ་རྒྱ་རྒྱན་འཁྱོངས་བྱ་དགོས་ཤིང་། དེ་ནི་ཁྲིམས་ལྟར་རྒྱལ་ཁབ་སྐྱོང་རྒྱུར་ཁྱོན་ཡོངས་ནས་སྐུལ་འདེད་གཏོང་བའི་འགག་རྩའི་གནད་དོན་ཡིན།

5. 习近平法治思想有什么重大意义？

༥.ཞི་ཅིན་ཕིང་གི་ཁྲིམས་སྐྱོང་དགོངས་པར་དོན་སྙིང་གལ་ཆེན་གང་འདྲ་ལྡན་ཡོད་དམ།

习近平法治思想是顺应实现中华民族伟大复兴时代要求应运而生的重大理论创新成果，是马克思主义法治理论中国化最新成果，是习近平新时代中国特色社会主义思想的重要组成部分，是全面依法治国的根本遵循和行动指南。

དེའང་ཞི་ཅིན་ཕིང་གི་ཁྲིམས་སྐྱོང་དགོངས་པ་ནི་ཀྲུང་ཧྭ་མི་རིགས་ཀྱི་རླབས་ཆེའི་བསྐྱར་དར་མངོན་འགྱུར་ཡོང་བར་བྱེད་པའི་དུས་རབས་ཀྱི་དགོས་མཁོར་གཞིགས་ཏེ་ཐོན་པའི་རིགས་པའི་གཞུང་ལུགས་ཀྱི་གསར་གཏོད་གྲུབ་འབྲས་གལ་ཆེན་ཞིག་ཡིན་པ་དང་། མ་ཁེ་སི་རིང་ལུགས་ཀྱི་ཁྲིམས་སྐྱོང་རིགས་པའི་གཞུང་ལུགས་དག་ཀྲུང་གོ་ཅན་དུ་གྱུར་པའི་གྲུབ་འབྲས་གསར་ཤོས་ཤིག་ཡིན་པ། ཞི་ཅིན་ཕིང་གི་དུས་རབས་གསར་པའི་ཀྲུང་གོའི་ཁྱད་ཆོས་ལྡན་པའི་སྤྱི་ཚོགས་རིང་ལུགས་དགོངས་པའི་གྲུབ་ཆ་གལ་ཆེན་ཞིག་ཡིན་པ། ཁྱོན་ཡོངས་ནས་ཁྲིམས་ལྟར་རྒྱལ་ཁབ་སྐྱོང་རྒྱུའི་རྩ་བའི་གཞི་འཛིན་ས་དང་བྱ་སྤྱོད་ཀྱི་ཕྱོགས་སྟོན་ཡིན།

⑥. 如何理解习近平总书记在庆祝中国共产党成立 100 周年大会上的重要讲话？

༦.སྤྱི་ཁྱབ་ཧྲུའུ་ཅི་ཞི་ཅིན་ཕིང་གིས་ཀྲུང་གོ་གུང་ཁྲན་ཏང་དབུ་བརྙེས་ནས་ལོ་ངོ་༡༠༠འཁོར་བའི་ཚོགས་ཆེན་ཐོག་གནང་བའི་གསུང་བཤད་གལ་ཆེན་ལ་གོ་བ་གང་འདྲ་ལེན་དགོས་སམ།

习近平总书记在庆祝中国共产党成立 100 周年大会上的重要讲话，全面回顾一百年来我们党围绕实现中华民族伟大复兴，团结带领中国人民开辟的伟大道路、创造的伟大事业、取得的伟大成就，庄严宣告我们实现了第一个百年奋斗目标，在中华大地上全面建成了小康社会，深刻总结了伟大建党精神，系统阐述了以史为鉴、开创未来的“九个必须”，是一篇马克思主义的纲领性文献，为全党全国各族人民向第二个百年奋斗目标迈进指明了前进方向、提供了根本遵循。

དེའང་སྤྱི་ཁྱབ་ཧྲུའུ་ཅི་ཞི་ཅིན་ཕིང་གིས་ཀྲུང་གོ་གུང་ཁྲན་ཏང་དབུ་བརྙེས་ནས་ལོ་ངོ་༡༠༠འཁོར་བའི་ཚོགས་ཆེན་ཐོག་གནང་བའི་གསུང་བཤད་གལ་ཆེན་ནང་། ལོ་ངོ་བརྒྱ་སོང་ཙམ་དུ་རང་རེའི་ཏང་གིས་ཀྲུང་ཧྭ་མི་རིགས་ཀྱི་རླབས་ཆེའི་བསྐྱར་དར་མངོན་འགྱུར་ཡོང་བ་བྱ་རྒྱུར་གཞིགས་ནས་ཀྲུང་གོ་མི་

དམངས་ལ་མཐུན་སྐྱོལ་སྐྱེ་ཁྲིད་ཀྱིས་གསར་གཏོད་བྱས་པའི་རླབས་ཆེའི་ལམ་བུ་དང་། གསར་གཏོད་བྱས་པའི་རླབས་ཆེའི་བྱ་གཞག དེ་བཞིན་ཐོབ་ཐེན་པའི་རླབས་ཆེའི་གྲུབ་འབྲས་བཅས་ལ་ཁྱོན་ཡོངས་ནས་རྗེས་དྲན་གནང་བ་དང་། བརྗོད་ཉམས་ལྡན་པའི་དང་ང་ཚོའི་ལོ་བརྒྱ་བྱས་པ་དང་པོའི་འབད་འཐབ་དམིགས་ཚད་མངོན་གྲུབ་བྱུང་ཞིང་། ཀྲུང་ཧྭ་ཡི་ས་གཞི་ཆེན་པོའི་ཐོག་ཁྱོན་ཡོངས་ནས་འགྱུར་འབྲིང་སྤྱི་ཚོགས་བསྐྲུན་གྲུབ་པ་ཁྱབ་བསྒྲགས་གནང་བ་དང་། རླབས་ཆེའི་ཏང་འཛུགས་ཀྱི་སྙིང་སྟོབས་ལ་ཕྱོགས་བསྡོམས་གཏིང་ཟབ་གནང་བ། ལོ་རྒྱུས་མི་ལོང་དུ་འཛིན་ཏེ་འབྱུང་འགྱུར་གསར་གཏོད་བྱ་རྒྱུའི་“དགོས་ངེས་དགུ”རྒྱས་བཤད་ཞིབ་ཕྲ་གནང་ཡོད་པས་དེ་ནི་མ་ཁེ་སི་རིང་ལུགས་ཀྱི་རྩ་འཛིན་རང་བཞིན་གྱི་ཡིག་ཆ་ཡིན་གཤིས། དེས་ཏང་ཡོངས་དང་རྒྱལ་ཡོངས་མི་རིགས་ཁག་གི་མི་དམངས་ལོ་བརྒྱ་བྱས་པ་གཉིས་པའི་འབད་འཐབ་དམིགས་འབེན་གྱི་ཕྱོགས་སུ་བསྐྱོད་རྒྱུར་མདུན་སྐྱོད་ཀྱི་ཁ་ཕྱོགས་གསལ་པོ་བསྟན་པ་དང་། རྩ་བའི་གཞི་འཛིན་ས་མགོ་འདོན་བྱས་ཡོད།

7. 习近平总书记在西藏和平解放 70 周年之际考察西藏时有何重要指示？

༧.སྤྱི་ཁྱབ་རྒྱུའུ་ཅི་ཞི་ཅིན་ཕིང་གིས་བོད་ཞི་བས་བཅིངས་འགྲོལ་བཏང་ནས་ལོ་ངོ་༧༠འཁོར་བའི་སྐབས་བོད་ལྗོངས་ལ་གཟིགས་ཞིབ་གནང་སྐབས་མཛུབ་སྟོན་གལ་ཆེན་གང་དག་གནང་ཡོད་དམ།

在庆祝西藏和平解放70周年之际，中共中央总书记、国家主席、中央军委主席习近平来到西藏，祝贺西藏和平解放70周年，看望慰问西藏各族干部群众，给各族干部群众送去党中央的关怀。习近平作为中共中央总书记、国家主席、中央军委主席到西藏庆祝西藏和平解放，在党和国家历史上是第一次，充分表达了党中央对西藏工作的支持、对西藏各族干部群众的关怀。

དེའང་བོད་ཞི་བས་བཅིངས་འགྲོལ་བཏང་ནས་ལོ་༧༠འཁོར་བར་རྟེན་འབྲེལ་ཞུ་བའི་སྐབས་སུ། ཀྲུང་གུང་ཀྲུང་དབྱང་གི་སྤྱི་ཁྱབ་རྒྱུའུ་ཅི། རྒྱལ་ཁབ་ཀྱི་ཀྲུའུ་ཞི། ཀྲུང་དབྱང་དམག་ཨུད་ཀྱི་ཀྲུའུ་ཞི་ཞི་ཅིན་ཕིང་མཆོག་བོད་དུ་ཕེབས་ཏེ་བོད་ཞི་བས་བཅིངས་འགྲོལ་བཏང་ནས་ལོ་༧༠འཁོར་བར་བཀྲ་ཤིས་རྟེན་འབྲེལ་ཞུས་གནང་བ་དང་། བོད་ལྗོངས་མི་རིགས་ཁག་གི་ལས་བྱེད་མང་ཚོགས་ལ་གཟིགས་ཞིབ་དང་འཚམ་འདྲི་གནང་ནས་མི་རིགས་ཁག་གི་ལས་བྱེད་མང་ཚོགས་ལ་ཏང་ཀྲུང་དབྱང་གིས་ཐུགས་ཁུར་གནང་ཚུལ་མཚོན་པར་གནང་ཡོད། ཞི་ཅིན་ཕིང་གང་ཉིད་ཀྲུང་གུང་ཀྲུང་དབྱང་གི་སྤྱི་ཁྱབ་རྒྱུའུ་ཅི་དང་རྒྱལ་ཁབ་ཀྱི་ཀྲུའུ་ཞི། ཀྲུང་དབྱང་དམག་ཨུད་ཀྱི་ཀྲུའུ་ཞི་བཅས་ཡིན་པའི་ངོས་ནས་བོད་ཞི་བས་བཅིངས་འགྲོལ་བཏང་ནས་ལོ་༧༠འཁོར་བར་རྟེན་འབྲེལ་ཞུ་བར་ཕེབས་པ་དེ་ཡང་ཏང་དང་རྒྱལ་ཁབ་ཀྱི་ལོ་རྒྱུས་ཐོག་ཐེངས་དང་པོ་ཡིན། དེའི་ཐོག་ནས་ཏང་ཀྲུང་དབྱང་གིས་བོད་ལྗོངས་ཀྱི་ལས་དོན་ལ་རྒྱབ་སྐྱོར་དང་། བོད་ལྗོངས་མི་རིགས་ཁག་གི་ལས་བྱེད་མང་ཚོགས་ལ་ཐུགས་ཁུར་གང་ལེགས་གནང་བ་མཚོན་གྱི་ཡོད།

习近平强调，要全面贯彻新时代党的治藏方略，坚持稳中求进工作总基调，立足新发展阶段，完整、准确、全面贯彻新发展理念，服务和融入新发展格局，推动高质量发展，加强边境地区建设，抓好稳定、发展、生态、强边四件大事，在推动青藏高原生态保护和可持续发展上不断取得新成就，奋力谱写雪域高原长治久安和高质量发展新篇章。

ཞི་ཅིན་ཕིང་གིས་ནན་བརྗོད་གནང་བར། དུས་རབས་གསར་པའི་ཏང་གི་བོད་སྐྱོང་རྩུས་གཞི་ཁྱོན་ཡོངས་ནས་ལག་བསྟར་དང་བརྟན་པོའི་ཁྲོད་ཡར་རྒྱས་ཡོང་བ་བྱེད་པའི་ལས་དོན་གྱི་སྤྱིའི་བྱེད་ཕྱོགས་རྒྱུན་འཁྱོངས་བྱེད་དགོས་པ་དང་། གོང་འཕེལ་གྱི་དུས་མཚམས་གསར་པར་རྣང་པ་བཙུགས་ཐོག གོང་འཕེལ་གྱི་འདུ་ཤེས་གསར་པ་འཇུས་ཚང་དང་གནད་འཕིགས། ཁྱོན་ཡོངས་བཅས་ཀྱི་སྒོ་ནས་ལག་བསྟར་དང་། གོང་འཕེལ་གྱི་གནས་བབས་གསར་པར་ཞབས་ཞུ་དང་འབྲེལ་འདྲིས་ཡོང་བ་བྱེད་པ། སྤུས་ཚད་མཐོ་བའི་གོང་འཕེལ་ལ་སྐུལ་འདེད་དང་མཐའ་མཚམས་ས་ཁུལ་གྱི་འཛུགས་སྐྲུན་ལ་ཤུགས་སྣོན་རྒྱག་པ། བརྟན་ལྷིང་དང་འཕེལ་རྒྱས། སྐྱེ་ཁམས། མཐའ་མཚམས་སྟོབས་ཆེར་གཏོང་རྒྱ་བཅས་དོན་ཆེན་བཞིར་དམ་འཛིན་ཡག་པོ་བྱེད་པ། མཚོ་བོད་ས་མཐོའི་སྐྱེ་ཁམས་ཁོར་ཡུག་སྲུང་སྐྱོང་དང་རྒྱུན་མཐུད་གོང་འཕེལ་ཡོང་བ་བྱེད་པའི་ཐད་གྲུབ་འབྲས་གསར་པ་ཟམ་མི་ཆད་པ་ཐོབ་པ་བཅས་བྱས་མཐར། གངས་ལྗོངས་ས་མཐོར་ཡུན་རིང་དུས་བདེ་དང་སྤུས་ཚད་མཐོ་བའི་འཕེལ་རྒྱས་ཀྱི་ལེའུ་གསར་པ་ཞིག་བརྩམ་དགོས།

要坚持保护优先，坚持山水林田湖草沙冰一体化保护和系统治理，加强重要江河流域生态环境保护和修复，统筹水资源合理开发利用和保护，守护好这里的生灵草木、万水千山。

ཐོག་ལ་སྲུང་སྐྱོང་བྱ་རྒྱུ་རྒྱུན་འཁྱོངས་དང་། རི་ཆུ་ནགས་ཞིང་དང་མཚོའུ་རྩྭ་ཐང་། བྱེ་ས་འཁྱགས་རོམ་བཅས་ཚང་མ་མཉམ་དུ་སྲུང་སྐྱོང་དང་ཆ་ལག་ཚང་བའི་བཅོས་སྐྱོང་བྱ་རྒྱ་རྒྱུན་འཁྱོངས་བྱ་དགོས་པ་དང་། གལ་གནད་ཆེ་བའི་གཙང་པོ་དང་ཆུ་བོ་རྒྱུག་ཁུལ་གྱི་སྐྱེ་ཁམས་ཁོར་ཡུག་སྲུང་སྐྱོང་དང་སླར་གསོ་བྱ་རྒྱར་ཤུགས་སྣོན་རྒྱག་དགོས་པ། ཆུའི་ཐོན་ཁུངས་ལུགས་མཐུན་ངང་གསར་སྤེལ་དང་བེད་སྤྱོད། སྲུང་སྐྱོབ་བཅས་བྱ་རྒྱ་གཅིག་སྒྲུར་འཆར་འགོད་བྱས་ནས་གནས་དེ་གའི་སྲོག་ཆགས་དང་རྩི་ཤིང་། རི་ཀླུང་ཚང་མ་སྲུང་སྐྱོང་ཡག་པོ་བྱ་དགོས།

要坚持以人为本，不断完善城市功能，提高群众生活品质。

མི་རྩ་བར་འཛིན་རྒྱ་རྒྱུན་འཁྱོངས་བྱས་ཐོག གྲོང་ཁྱེར་གྱི་ནུས་པ་ཟམ་མི་ཆད་པར་འཕྱུས་ཚང་དུ་གཏོང་བ་དང་། མང་ཚོགས་ཀྱི་འཚོ་བའི་སྤུས་ཚད་མཐོ་རུ་གཏོང་དགོས།

要全面贯彻党的宗教工作基本方针，尊重群众的宗教信仰，坚持独立自主自办原则，依法管理宗教事务，积极引导藏传佛教与社会主义社会相适应，促进宗教和顺、社会和谐、民族和睦，在推动社会发展进步中发挥积极作用。

ཏང་གི་ཆོས་ལུགས་ལས་དོན་གྱི་གཞི་རྩའི་བྱེད་ཐབས་ཁྱོན་ཡོངས་ནས་ལག་བསྟར་བྱས་ཏེ། མང་ཚོགས་ཀྱི་ཆོས་དད་ལ་བརྩི་འཇོག་དང་རང་ཚུགས་རང་བདག རང་གཉེར་བཅས་ཀྱི་རྩ་དོན་རྒྱུན་འཁྱོངས་བྱེད་དགོས་པ། ཁྲིམས་ལྟར་ཆོས་ལུགས་ལས་དོན་དོ་དམ་བྱས་ཐོག བོད་བརྒྱུད་ནང་བསྟན་དེ་སྤྱི་ཚོགས་རིང་ལུགས་ཀྱི་སྤྱི་ཚོགས་དང་འཚམ་མཐུན་ཡོང་བ་བྱེད་པ་དང་། ཆོས་ལུགས་འཆམ་མཐུན་དང་སྤྱི་ཚོགས་ཞི་མཐུན། མི་རིགས་མཛའ་མཐུན་ཡོང་བ་བཅས་བྱས་ནས་སྤྱི་ཚོགས་འཕེལ་རྒྱས་དང་ཡར་ཐོན་ཡོང་བ་བྱེད་པའི་ཐད་དགེ་མཚན་ལྡན་པའི་ནུས་པ་འདོན་སྤེལ་བྱ་དགོས།

要准确把握西藏工作的阶段性特征，扎实做好群众工作，提高社会治理水平，确保国家安全、社会稳定、人民幸福。

བོད་ལྗོངས་ལས་ཀའི་དུས་མཚམས་རང་བཞིན་གྱི་ཁྱད་ཆོས་ཡང་དག་པའི་ངང་ཁོང་དུ་ཆུད་པ་བྱས་ཏེ། མང་ཚོགས་ལས་དོན་ཏན་ཏིག་དང་ཡག་པོ་སྒྲུབ་པ་དང་། སྤྱི་ཚོགས་བཅོས་སྒྲིག་གི་ཆུ་ཚད་མཐོ་རུ་བཏང་ནས་རྒྱལ་ཁབ་ཀྱི་བདེ་འཇགས་དང་སྤྱི་ཚོགས་ཀྱི་བརྟན་ལྷིང་། མི་དམངས་ཀྱི་བདེ་སྐྱིད་བཅས་འགན་སྲུང་བྱ་དགོས།

要坚持把民族团结进步宣传教育与社会主义核心价值观教育、爱国主义教育、反分裂斗争教育、新旧西藏对比教育和马克思主义国家观、历史观、民族观、文化观、宗教观教育结合起来，多谋长久之策，多行固本之举。

མི་རིགས་མཐུན་སྒྲིལ་དང་ཡར་ཐོན་གྱི་དྲིལ་བསྒྲགས་སློབ་གསོ་བྱ་རྒྱ་དེ་སྤྱི་ཚོགས་རིང་

ལུགས་ཀྱི་ལྟེ་བའི་རིན་ཐང་ལྟ་བའི་སློབ་གསོ་དང་རྒྱལ་གཅེས་རིང་ལུགས་ཀྱི་སློབ་གསོ། ཁ་འབྲལ་ལ་ངོ་རྒོལ་གྱི་འཐབ་རྩོད་བྱ་རྒྱུའི་སློབ་གསོ། བོད་ལྗོངས་གསར་རྙིང་བསྡུར་བ་བྱེད་པའི་སློབ་གསོ། མ་ཁེ་སི་རིང་ལུགས་ཀྱི་རྒྱལ་ཁབ་ལྟ་བ་དང་ལོ་རྒྱུས་ལྟ་བ། མི་རིགས་ལྟ་བ། རིག་གནས་ལྟ་བ། ཆོས་ལུགས་ལྟ་བ་བཅས་ཀྱི་སློབ་གསོ་དང་ཟུང་འབྲེལ་བྱས་ནས་ཕུགས་ཕན་གྱི་ཐབས་ཇུས་མང་ཙམ་འདོན་པ་དང་རྩ་བརྟན་གྱི་བྱ་སྤྱོད་མང་ཙམ་བཟུང་དགོས།

要加强民族交往交流交融，不断增强各族群众对伟大祖国、中华民族、中华文化、中国共产党、中国特色社会主义的认同，打牢民族团结的思想基础。

མི་རིགས་དབར་གྱི་འགྲོ་འོང་དང་སྤེལ་རེས། འབྲེལ་འདྲིས་བཅས་ལ་ཤུགས་སྣོན་བརྒྱབ་སྟེ། མི་རིགས་ཁག་གི་མང་ཚོགས་ཀྱིས་ཧྲབས་ཆེན་གྱི་མེས་རྒྱལ་དང་ཀྲུང་ཧྭ་མི་རིགས། ཀྲུང་ཧྭའི་རིག་གནས། ཀྲུང་གོའི་ཁྱད་ཆོས་ལྡན་པའི་སྤྱི་ཚོགས་རིང་ལུགས་བཅས་ལ་ངོས་འཛིན་གཅིག་མཐུན་ཡོང་རྒྱུར་ཤུགས་སྣོན་ཟམ་མི་ཆད་པ་བརྒྱབ་ནས་མི་རིགས་མཐུན་སྒྲིལ་གྱི་བསམ་བློའི་རྨང་གཞི་སྲ་བརྟན་ཡོང་བ་བྱ་དགོས།

要坚持以人民为中心的发展思想，推动巩固拓展脱贫攻坚成果同全面推进乡村振兴有效衔接，更加聚焦群众普遍关注的民生问题，办好就业、教育、社保、医疗、养老、托幼、住房等民生实事，一件一件抓落实，让各族群众的获得感成色更足、幸福感更可持续、安全感更有保障。

མི་དམངས་ལྟེ་བར་འཛིན་པའི་གོང་འཕེལ་གྱི་བསམ་བློ་རྒྱུན་འཁྱོངས་བྱས་ཐོག དབུལ་འགྲོལ་འགག་གཏོར་གྱི་གྲུབ་འབྲས་སྲ་བརྟན་དང་ཇེ་ཆེར་གཏོང་རྒྱ་དང་ཁྱོན་ཡོངས་ནས་ཞིང་གྲོང་དར་རྒྱས་ལ་སྐུལ་འདེད་གཏོང་རྒྱ་གཉིས་ནུས་ཡོད་ངང་འབྲེལ་མཐུད་བྱེད་པ་དང་། མང་ཚོགས་ནས་ཡོངས་ཁྱབ་ངང་དོ་ཁུར་བྱེད་པའི་དམངས་འཚོའི་གནད་དོན་སྔར་བས་གཙོ་ཆེར་བཟུང་ནས་ལས་ཞུགས་དང་སློབ་གསོ། སྤྱི་ཚོགས་འགན་བཅོལ། སྨན་བཅོས། རྒན་གསོ། བུ་བཅོལ། སྡོད་ཁང་སོགས་དམངས་འཚོའི་དོན་དག་དངོས་ཡག་པོ་སྒྲུབ་པ་དང་། དོན་དག་རེ་རེ་བཞིན་དོན་འཁྱོལ་ཡོང་བར་དམ་འཛིན་གྱིས་མི་རིགས་ཁག་གི་མང་ཚོགས་ཀྱི་ཐོབ་ཚོར་སྔར་བས་ཆེ་རུ་

གཏོང་བ་དང་བདེ་སྐྱིད་ཀྱི་ཚོར་སྣང་སྤར་བས་རྣམ་མཐུན་ཡོང་བ། བདེ་འཛུགས་ཀྱི་ཚོར་སྣང་སྤར་བས་འགན་སྲུང་ཐུབ་པ་བཅས་བྱ་དགོས།

要加强边境基础设施建设，鼓励各族群众扎根边陲、守护国土、建设家乡。

མཐའ་མཚམས་ཀྱི་རྟེན་གཞིའི་སྒྲིག་བཀོད་འཛུགས་སྐྲུན་བྱེད་ཤུགས་ཆེ་རུ་བཏང་ནས་མི་རིགས་ཁག་གི་མང་ཚོགས་མཐའ་མཚམས་ལ་རྩ་བ་འཛུགས་རྒྱུ་དང་རྒྱལ་ཁོངས་ས་ཆ་ལ་སྲུང་བྱ་རྒྱུ། ཕ་ཡུལ་འཛུགས་སྐྲུན་བྱ་རྒྱུ་བཅས་ལ་སྐུལ་མ་གཏོང་དགོས།

学史力行是党史学习教育的落脚点，要把学史明理、学史增信、学史崇德的成果转化为改造主观世界和客观世界的实际行动。要在锤炼党性上力行，要在为民服务上力行，要在推动发展上力行。

ལོ་རྒྱུས་སློབ་སྦྱོང་བྱས་ཏེ་ལག་ལེན་དུ་འཁྱོལ་བ་བྱ་རྒྱུ་ནི་ཏང་གི་ལོ་རྒྱུས་སློབ་སྦྱོང་སློབ་གསོའི་རྐང་པ་འཛུགས་ས་དེ་ཡིན་ཞིང་། ལོ་རྒྱུས་སློབ་སྦྱོང་བྱས་ཏེ་གནས་ལུགས་གསལ་པོ་ཤེས་པ་དང་ལོ་རྒྱུས་སློབ་སྦྱོང་བྱས་ཏེ་བློ་སྤོབས་ཆེ་རུ་བཏང་བ། ལོ་རྒྱུས་སློབ་སྦྱོང་བྱས་ཏེ་ཀུན་སྤྱོད་གཙིགས་ཆེར་འཛིན་པའི་གྲུབ་འབྲས་རང་སྣང་གི་འཛིག་རྟེན་ལྟ་བ་དང་ཕྱི་རོལ་གྱི་འཛིག་རྟེན་ལྟ་བར་འགྱུར་ལྡོག་གཏོང་བའི་བྱ་སྤྱོད་དངོས་ལ་འགྱུར་བ་བྱ་དགོས་པ་དང་། ཏང་གཤིས་སྦྱོང་བརྡར་བྱེད་པའི་ཐད་ལག་ལེན་བསྟར་དགོས་པ། མི་དམངས་ལ་ཞབས་འདེགས་ཞུ་བའི་ཐད་ལག་ལེན་བསྟར་དགོས་པ། འཕེལ་རྒྱས་ལ་སྐུལ་འདེད་གཏོང་བའི་ཐད་ལག་ལེན་བསྟར་དགོས།

8. 建设中国特色社会主义法治体系的内容包括哪些？

༨.ཀྲུང་གོའི་ཁྱད་ཆོས་ལྡན་པའི་སྤྱི་ཚོགས་རིང་ལུགས་ཁྲིམས་སྲོང་མ་ལག་འཛུགས་སྐྲུན་གྱི་ནང་དོན་གྲངས་སུ་གང་དག་ཚུད་ཡོད་དམ།

建设中国特色社会主义法治体系，就是在中国共产党领导下，坚持中国特色社会主义制度，贯彻中国特色社会主义法治理论，形成完备的法律规范体系、高效的法治实施体系、严密的法治监督体系、有力的法治保障体系，形成完善的党内法规体系，坚持依法治国、依法执政、依法行政共同推进，坚持法治国家、法治政府、法治社会一体建设，实现科学立法、严格执法、公正司法、全民守法，促进国家治理体系和治理能力现代化。

དེ་འདང་ཀྲུང་གོའི་ཁྱད་ཆོས་ལྡན་པའི་སྤྱི་ཚོགས་རིང་ལུགས་ཀྱི་ཁྲིམས་སྲོལ་མ་ལག་འཛུགས་རྒྱ་ནི་ཀྲུང་གོ་གུང་ཁྲན་ཏང་གི་འགོ་ཁྲིད་འོག ཀྲུང་གོའི་ཁྱད་ཆོས་ལྡན་པའི་སྤྱི་ཚོགས་རིང་ལུགས་ཀྱི་ལམ་ལུགས་རྒྱུན་འཁྱོངས་བྱས་ཐོག ཀྲུང་གོའི་ཁྱད་ཆོས་ལྡན་པའི་སྤྱི་ཚོགས་རིང་ལུགས་ཀྱི་ཁྲིམས་སྲོལ་གཞུང་ལུགས་ལག་ལེན་མཐར་ཕྱིན་བྱས་ནས། འཐུས་སྒོ་ཚང་བའི་བཅའ་ཁྲིམས་ཀྱི་གཅིག་གྱུར་མ་ལག་དང་ཕན་ནུས་ཆེ་བའི་ཁྲིམས་སྲོལ་ལག་བསྟར་མ་ལག ངོ་ནན་གྱི་ཁྲིམས་སྲོལ་ལྟ་སྐུལ་མ་ལག ནུས་ཡོད་ཀྱི་ཁྲིམས་སྲོལ་འགན་སྲུང་མ་ལག་བཅས་ཆགས་པ་བྱ་རྒྱ་དང་། འཐུས་སྒོ་ཚང་བའི་ཏང་ནང་ཁྲལ་གྱི་ཁྲིམས་སྲོལ་མ་ལག་ཆགས་པ་བྱ་དགོས། ཁྲིམས་ལྟར་རྒྱལ་ཁབ་སྐྱོང་རྒྱ་དང་ཁྲིམས་ལྟར་སྲིད་འཛིན་རྒྱ། ཁྲིམས་ལྟར་སྲིད་དབང་ལག་བསྟར་བྱ་རྒྱ་བཅས་མཉམ་དུ་སྐུལ་སྤེལ་གཏོང་རྒྱ་རྒྱུན་འཁྱོངས་དང་ཁྲིམས་སྲོལ་རྒྱལ་ཁབ་དང་ཁྲིམས་སྲོལ་སྲིད་གཞུང་། ཁྲིམས་སྲོལ་སྤྱི་ཚོགས་བཅས་གཞི་གཅིག་ཏུ་འཛུགས་སྐྲུན་བྱ་རྒྱ་རྒྱུན་འཁྱོངས་བྱས་ཏེ། ཚན་རིག་དང་མཐུན་པའི་ཁྲིམས་འཛུགས་དང་ཁྲིམས་ལག་བསྟར་ནན་པོ། ཁྲིམས་འཛིན་གཞུང་དྲང་། དམངས་ཡོངས་ནས་ཁྲིམས་ལུགས་སྲུང་བ་བཅས་བྱས་མཐར། རྒྱལ་ཁབ་ཀྱི་ཁྲིམས་སྲོལ་མ་ལག་དང་བཅོས་སྐྱོང་མ་ལག་གི་ནུས་པ་དེང་རབས་ཅན་དུ་འགྱུར་རྒྱར་སྐུལ་འདེད་གཏོང་དགོས།

9. “四个意识”是指什么？

༩.“འདུ་ཤེས་བཞི”གང་དག་ཡིན་ནམ།

“四个意识”是指政治意识、大局意识、核心意识、看齐意识。

“འདུ་ཤེས་བཞི”ནི་ཆབ་སྲིད་ཀྱི་འདུ་ཤེས་དང་ཁྱོན་ཡོངས་ཀྱི་འདུ་ཤེས། སྙིག་ཤིང་གི་འདུ་ཤེས། མིག་སྟོས་ཀྱི་འདུ་ཤེས་བཅས་ཡིན།

10. “四个自信”是指什么？

༡༠. “གདེང་ཚོད་བཞི”གང་དག་ཡིན་ནམ།

“四个自信”即中国特色社会主义道路自信、理论自信、制度自信、文化自信。

“གདེང་ཚོད་བཞི”ནི་ཀྲུང་གོའི་ཁྱད་ཆོས་ལྡན་པའི་སྤྱི་ཚོགས་རིང་ལུགས་ཀྱི་ལམ་བུར་གདེང་ཚོད་ཡོད་པ་དང་། རིགས་པའི་གཞུང་ལུགས་ལ་གདེང་ཚོད་ཡོད་པ། ལམ་ལུགས་ལ་གདེང་ཚོད་ཡོད་པ། རིག་གནས་ལ་གདེང་ཚོད་ཡོད་པ་བཅས་རེད།

11. “两个维护”是指什么？

༡༡. “སྲུང་སྐྱོང་གཉིས”གང་དག་ཡིན་ནམ།

“两个维护”是指坚决维护习近平总书记党中央的核心、全党的核心地位，坚决维护党中央权威和集中统一领导。

“སྲུང་སྐྱོང་གཉིས”ནི་སྤྱི་ཁྱབ་ཧྲུའུ་ཅི་ཞི་ཅིན་ཕིང་ནི་ཏང་ཀྲུང་དབྱང་གི་སྲོག་ཤིང་ཡིན་པ་དང་ཏང་ཡོངས་ཀྱི་སྲོག་ཤིང་ཡིན་པའི་གོ་བབ་སྲུང་སྐྱོང་མཐའ་གཅིག་ཏུ་བྱ་རྒྱུ་དང་། ཏང་ཀྲུང་དབྱང་གི་དབང་གྲགས་དང་གཅིག་བསྡུད་གཅིག་གྱུར་གྱི་འགོ་ཁྲིད་སྲུང་སྐྱོང་མཐའ་གཅིག་ཏུ་བྱ་རྒྱུ་གཉིས་ཡིན།

12. 社会主义核心价值观的基本内容是什么？

༡༢.སྤྱི་ཚོགས་རིང་ལུགས་ཀྱི་ལྟེ་བའི་རིན་ཐང་ལྟ་བའི་གཞི་རྩའི་ནང་དོན་གང་ཡིན་ནམ།

富强、民主、文明、和谐，自由、平等、公正、法治，爱国、敬业、诚信、友善。

འབྱོར་ཕྱུག་དང་དམངས་གཙོ། ཤེས་དཔལ། ཞི་མཐུན། རང་དབང་། འདྲ་མཉམ། དྲང་གཞག ཁྲིམས་སྐྱོང་། རྒྱལ་གཅེས། ལས་བཀུར། ཡིད་རྟོན། མཛའ་མཐུན་བཅས་རེད།

13. 什么是“五个认同”？

༡༣. “གཅིག་མཐུན་གྱི་ངོས་འཛིན་ལྔ”གང་དག་ཡིན་ནམ།

“五个认同”是指对伟大祖国的认同、对中华民族的认同、对中华文化的认同、对中国共产党的认同、对中国特色社会主义的认同。

“གཅིག་མཐུན་གྱི་ངོས་འཛིན་ལྔ”ནི་རྒྱལ་ཁབ་ཆེན་གྱི་མེས་རྒྱལ་ལ་ངོས་འཛིན་གཅིག་མཐུན་དང་། ཀྲུང་ཧྭ་མི་རིགས་ལ་ངོས་འཛིན་གཅིག་མཐུན། ཀྲུང་ཧྭའི་རིག་གནས་ལ་ངོས་འཛིན་གཅིག་མཐུན། ཀྲུང་གོ་གུང་ཁྲན་ཏང་ལ་ངོས་འཛིན་གཅིག་མཐུན། ཀྲུང་གོའི་ཁྱད་ཆོས་ལྡན་པའི་སྤྱི་ཚོགས་རིང་ལུགས་ལ་ངོས་འཛིན་གཅིག་མཐུན་བྱ་རྒྱུ་བཅས་རེད།

14. “三个离不开”指什么？

༡༤. “ཁ་འབྲལ་ཐབས་མེད་པ་གསུམ”གང་དག་ཡིན་ནམ།

汉族离不开少数民族，少数民族离不开汉族，各少数民族之间也相互离不开。

རྒྱ་རིགས་ནི་གྲངས་ཉུང་མི་རིགས་དང་ཁ་འབྲལ་ཐབས་མེད་པ་དང་གྲངས་ཉུང་མི་རིགས་ནི་རྒྱ་རིགས་དང་ཁ་འབྲལ་ཐབས་མེད་པ། གྲངས་ཉུང་མི་རིགས་ཁག་ཀྱང་ཕན་ཚུན་ཁ་འབྲལ་ཐབས་མེད་པ་བཅས་རེད།

15. 西藏工作的着眼点和着力点是什么？

༡༥. བོད་ལྗོངས་ལས་དོན་གྱི་དམིགས་ས་གཙོ་བོ་དང་ཤུགས་རྒྱག་ས་གཙོ་བོ་གང་ཡིན་ནམ།

西藏工作必须坚持以维护祖国统一、加强民族团结为着眼点和着力点。

བོད་ལྗོངས་ལས་དོན་གྱི་དམིགས་ས་གཙོ་བོ་དང་ཤུགས་རྒྱག་ས་གཙོ་བོ་ནི་བོད་ལྗོངས་

ལས་དོན་ཁྲིད་ངེས་པར་དུ་རྒྱུན་མཐུད་དང་མེས་རྒྱལ་གོང་དུ་གཅིག་གྱུར་ལ་སྲུང་སྐྱོང་དང་། མི་རིགས་མཐུན་སྒྲིལ་ལ་ཤུགས་སྣོན་རྒྱག་དགོས་པ་དེ་ཡིན།

16. 新时代党的治藏方略是什么?

༡༦.དུས་རབས་གསར་པའི་བོད་སྐྱོང་གི་ཐུས་གཞི་གང་ཡིན་ནམ།

在中央第七次西藏工作座谈会上，习近平总书记进一步丰富和发展了新时代党的治藏方略，并用“十个必须”高度概括，即：

དེའང་ཀྲུང་དབྱང་གི་བོད་ལྗོངས་ལས་དོན་སྐོར་གྱི་བཞུགས་མོལ་ཚོགས་འདུ་ཐེངས་བདུན་པའི་ཐོག སྤྱི་ཁྲུབ་རྒྱུའུ་ཅི་ཞི་ཅིན་ཕིང་གིས་དུས་རབས་གསར་པའི་ཏང་གི་བོད་སྐྱོང་ཐུས་གཞི་སྔར་བས་ཕུན་སུམ་ཛེ་ཚོགས་དང་འཕེལ་རྒྱས་བཏང་ཡོད་པ་མ་ཟད། “ངེས་པར་དུ་བཅུ”ཞེས་པའི་ནང་ཚད་མཐོའི་ཕྱོགས་བསྡུས་གནང་ཡོད་པ་དེ་ཡང་།

必须坚持中国共产党领导、中国特色社会主义制度、民族区域自治制度；

ངེས་པར་དུ་ཀྲུང་གོ་ཀུང་ཁྲན་ཏང་གི་འགོ་ཁྲིད་དང་ཀྲུང་གོའི་ཁྱད་ཆོས་ལྡན་པའི་སྤྱི་ཚོགས་རིང་ལུགས་ཀྱི་ལམ་ལུགས། མི་རིགས་ས་ཁོངས་རང་སྐྱོང་ལམ་ལུགས་བཅས་རྒྱུན་འཁྱོངས་བྱ་དགོས་པ།

必须坚持治国必治边，治边先稳藏的战略思想；

ངེས་པར་དུ་རྒྱལ་ཁབ་སྐྱོང་བར་ཡིན་གཅིག་གིས་མཐའ་མཚམས་སྐྱོང་དགོས་པ་དང་། མཐའ་མཚམས་སྐྱོང་བར་དང་ཐོག་བོད་བརྟན་ལྷིང་ཡོང་བ་བྱ་རྒྱུའི་འཐབ་ཇུས་བསམ་བློ་རྒྱུན་འཁྱོངས་བྱ་དགོས་པ།

必须把维护祖国统一、加强民族团结作为西藏工作的着眼点和着力点；

ངེས་པར་དུ་མེས་རྒྱལ་གོང་བུ་གཅིག་གྱུར་ལ་སྲུང་སྐྱོང་དང་མི་རིགས་མཐུན་སྒྲིལ་ལ་ཤུགས་སྣོན་རྒྱག་རྒྱ་དེ་བོད་ལྗོངས་ལས་དོན་གྱི་དམིགས་ས་གཙོ་བོ་དང་ཤུགས་རྒྱག་ས་གཙོ་བོར་འཛུགས་དགོས་པ།

必须坚持依法治藏、富民兴藏、长期建藏、凝聚人心、夯实基础的重要原则；

ངེས་པར་དུ་ཁྲིམས་ལྟར་བོད་བདག་སྐྱོང་བྱེད་པ་དང་དམངས་ཕྱུག་བོད་དར་ཡོང་རྒྱ། ཡུན་རིང་ནང་བོད་ལྗོངས་འཛུགས་སྐྲུན་བྱེད་རྒྱ། མི་སེམས་གོང་བུ་གཅིག་ཏུ་བསྒྲིལ་རྒྱ། རྨང་གཞི་བརྟན་དུ་གཏོང་རྒྱ་བཅས་ཀྱི་རྩ་དོན་གལ་ཆེན་རྒྱུན་འཁྱོངས་བྱ་དགོས་པ།

必须统筹国内国际两个大局；

ངེས་པར་དུ་རྒྱལ་ཕྱི་རྒྱལ་ནང་གཉིས་ཀྱི་ཁྱོན་ཡོངས་གནས་བབས་གཅིག་གྱུར་ཐོག་འཆར་འགོད་བྱ་དགོས་པ།

必须把改善民生、凝聚人心作为经济社会发展的出发点和落脚点；

ངེས་པར་དུ་དམངས་འཚོ་ལེགས་བཅོས་དང་མི་སེམས་གཅིག་ཏུ་འགུག་རྒྱ་དེ་དཔལ་འབྱོར་དང་སྤྱི་ཚོགས་གོང་འཕེལ་གྱི་འགོ་བརྩམ་ས་དང་གཞི་ཚུགས་སར་འཛུགས་དགོས་པ།

必须促进各民族交往交流交融；

ངེས་པར་དུ་མི་རིགས་ཁག་དབར་འགྲོ་འོང་དང་སྤེལ་རེས། འབྲེལ་འདྲིས་བཅས་བྱ་རྒྱར་སྐུལ་འདེད་གཏོང་དགོས་པ།

必须坚持我国宗教中国化方向、依法管理宗教事务；

ངེས་པར་དུ་རང་རྒྱལ་གྱི་ཆོས་ལུགས་དེ་ཀྲུང་གོ་ཅན་གྱི་ཁ་ཕྱོགས་སུ་འགྱུར་རྒྱ་དང་ཁྲིམས་ལྟར་ཆོས་ཕྱོགས་ལས་དོན་ལ་དོ་དམ་བྱ་རྒྱ་རྒྱུན་འཁྱོངས་བྱ་དགོས་པ།

必须坚持生态保护第一；

ངེས་པར་དུ་སྐྱེ་ཁམས་སྲུང་སྐྱོང་བྱ་རྒྱ་ཨང་དང་པོར་འཛིན་དགོས་པ།

必须加强党的建设特别是政治建设。

ངེས་པར་དུ་ཏང་འཛུགས་སྐྱོང་དང་ལྷག་པར་དུ་ཆབ་སྲིད་འཛུགས་སྐྱོང་ལ་ཤུགས་སྣོན་རྒྱག་དགོས་པ་བཅས་རེད།

17. 维护民族团结的思想基础是什么？

༡༧.མི་རིགས་མཐུན་སྒྲིལ་སྲུང་སྐྱོང་བྱེད་པའི་བསམ་བློའི་རྨང་གཞི་གང་ཡིན་ནམ།

坚持铸牢中华民族共同体意识是维护民族团结的思想基础。习近平总书记强调，“加强民族团结，基础在于搞好民族团结进步教育，建设各民族共有精神家园。要深入践行守望相助理念，深化民族团结进步教育，铸牢中华民族共同体意识，促进各民族像石榴籽一样紧紧抱在一起”。

དེའང་ཀྲུང་ཧྭ་མི་རིགས་གཅིག་མཐུན་ཚོགས་པའི་འདུ་ཤེས་རྒྱུན་མཐུད་དང་སྲ་བརྟན་གཏོང་རྒྱ་ནི་མི་རིགས་མཐུན་སྒྲིལ་སྲུང་སྐྱོང་བྱེད་པའི་བསམ་བློའི་རྨང་གཞི་ཡིན། སྤྱི་ཁྱབ་རྩྭའུ་ཅི་ཞི་ཅིན་ཕིང་གིས“མི་རིགས་མཐུན་སྒྲིལ་ལ་ཤུགས་སྣོན་རྒྱག་རྒྱུའི་རྨང་གཞི་ནི་མི་རིགས་མཐུན་སྒྲིལ་དང་ཡར་ཐོན་གྱི་སློབ་གསོ་ཡག་པོ་བརྒྱབ་སྟེ། མི་རིགས་ཁག་ལ་ཐུན་མོང་གི་བསམ་པའི་ཁྱིམ་གཞིས་འཛུགས་དགོས་པ་དང་། ཕན་ཚུན་ལྟ་སྐྱོང་དང་རོགས་རེས་ཀྱི་འདུ་ཤེས་སྤྱོད་རོལ་གཏིང་ཟབ་ཡོང་བ་དང་མི་རིགས་མཐུན་སྒྲིལ་དང་ཡར་ཐོན་གྱི་སློབ་གསོ་གཏིང་ཟབ་ཐེབས་པ། ཀྲུང་ཧྭ་མི་རིགས་གཅིག་མཐུན་ཚོགས་པའི་འདུ་ཤེས་བརྟན་པོ་ཡོང་བ་བཅས་བྱས་ནས་མི་རིགས་ཁག་སེ་འབྲུ་དང་འདྲ་བར་རྡོག་རྩ་གཅིག་ཏུ་བསྒྲིལ་རྒྱུར་སྐུལ་འདེད་གཏོང་དགོས”ཞེས་ནན་བརྗོད་གནང་ཡོད།

中华民族一家亲

18. 西藏自治区针对民族团结出台的地方性法规是什么？

༡༨.བོད་རང་སྐྱོང་ལྗོངས་ཀྱིས་མི་རིགས་མཐུན་སྒྲིལ་ལ་དམིགས་ཏེ་བཏོན་པའི་ས་གནས་རང་བཞིན་གྱི་ཁྲིམས་སྲོལ་གང་ཡིན་ནམ།

2020 年 1 月 11 日，西藏自治区第十一届人民代表大会第三次会议通过了《西藏自治区民族团结进步模范区创建条例》，《条例》指出：西藏自古以来就是伟大祖国不可分割的一部分，各民族都是中华民族大家庭的重要成员。民族团结是各族人民的生命线，维护祖国统一、加强民族团结，旗帜鲜明反对分裂，是各族人民的共同责任和义务。

དེའང་སྤྱི་ལོ་༢༠༢༠ལོའི་ཟླ་༡ཚེས་༡༡ཉིན། བོད་རང་སྐྱོང་ལྗོངས་སྐབས་བཅུ་གཅིག་པའི་མི་དམངས་འདུས་མི་ཚོགས་ཆེན་ཐེངས་གསུམ་པའི་ཐོག《བོད་རང་སྐྱོང་ལྗོངས་མི་རིགས་མཐུན་སྒྲིལ་ཡར་ཐོན་དཔེ་སྟོན་ཁུལ་འཛུགས་རྒྱུའི་སྲོལ་ཡིག》ལ་གྲོས་འཆམ་བྱུང་ཞིང་།《སྲོལ་ཡིག》ནང་། བོད་ནི་གནའ་ནས་བཟུང་རླབས་ཆེན་མེས་རྒྱལ་གྱི་ཁ་འབྲལ་དུ་མེད་པའི་མངའ་ཁོངས་ཀྱི་ཆ་ཤས་ཤིག་ཡིན་པ་དང་། མི་རིགས་ཁག་ཚང་མ་ཀྱང་ཀྲུང་ཧྭ་མི་རིགས་ཁྱིམ་ཚང་ཆེན་པོའི་ནང་གི་ཁོངས་གཏོགས་གལ་ཆེན་ཤ་སྟག་ཡིན་པ། མི་རིགས་མཐུན་སྒྲིལ་ནི་མི་རིགས་ཁག་གི་མི་དམངས་ཀྱི་སྲོག་རྩ་ཡིན་པ། མེས་རྒྱལ་གོང་བུ་གཅིག་གྱུར་ལ་སྲུང་སྐྱོང་བྱ་རྒྱུ་དང་མི་རིགས་མཐུན་སྒྲིལ་ལ་ཤུགས་སྣོན་རྒྱག་རྒྱུ། དར་ཆ་གསལ་སྟོན་ཐོག་ཁ་བྲལ་ལ་ངོ་རྒོལ་བྱ་རྒྱུ་བཅས་ནི་མི་རིགས་ཁག་གི་མི་དམངས་ཀྱི་ཐུན་མོང་གི་འགན་འཁྲི་དང་འོས་འགན་ཡིན་ཞེས་བསྟན་ཡོད།

19. 西藏自治区民族团结进步模范区创建的总体要求是什么？

༡༩.བོད་རང་སྐྱོང་ལྗོངས་ཀྱི་མི་རིགས་མཐུན་སྒྲིལ་ཡར་ཐོན་དཔེ་སྟོན་ཁུལ་འཛུགས་རྒྱུའི་སྤྱིའི་བླང་བྱ་གང་ཡིན་ནམ།

《西藏自治区民族团结进步模范区创建条例》指出：民族团结进步模范区创建，以“中华民族一家亲、同心共筑中国梦”为总目标，以共同团结奋斗、共同繁荣发展为主题，以铸牢中华民族共同体意识为主线，以社会主义核心价值观为引领，以加强各民族交往交流交融为根本途径，增强对伟大祖国、中华民族、中华文化、中国共产党、中国特色社会主义的认同，促进各民族和睦相处、和衷共济、和谐发展，充分展现中国精神、中国价值、中国力量。

《བོད་རང་སྐྱོང་ལྗོངས་ཀྱི་མི་རིགས་མཐུན་སྒྲིལ་ཡར་ཐོན་དཔེ་སྟོན་ཁུལ་འཛུགས་རྒྱུའི་སྲོལ་ཡིག》ནང་བསྟན་དོན། མི་རིགས་མཐུན་སྒྲིལ་ཡར་ཐོན་དཔེ་སྟོན་ཁུལ་འཛུགས་སྐབས། “ཀྲུང་ཧྭ་མི་རིགས་ཁྱིམ་ཚང་གཅིག་ལྟར་འཆམ་མཐུན་དང་བློ་སེམས་གཅིག་ཏུ་བསྒྲིལ་ནས་ཀྲུང་

གོའི་ཕྱུགས་འདུན་བསྟན་རྒྱ”སྤྱིའི་དམིགས་ཡུལ་དུ་བཟུང་བ་དང་། མཉམ་དུ་མཐུན་སྒྲིལ་འབད་འཐབ་དང་མཉམ་དུ་དར་རྒྱས་གོང་འཕེལ་ཡོང་བ་བྱ་རྒྱ་བརྗོད་དོན་གཙོ་བོར་བཟུང་བ། ཀྲུང་ཧྭ་མི་རིགས་གཅིག་མཐུན་ཚོགས་པའི་འདུ་ཤེས་བརྟན་པོ་འཛུགས་རྒྱ་གཙོ་ཐིག་ཏུ་བཟུང་བ། སྤྱི་ཚོགས་རིང་ལུགས་ཀྱི་ལྕེ་བའི་རིན་ཐང་ལྟ་བས་ཁྲིད་སྟོན་བྱེད་པ། མི་རིགས་དབར་འགྲོ་འོང་དང་སྤེལ་རེས། འབྲེལ་འདྲིས་བྱ་རྒྱ་གཞི་རྩའི་ཐབས་ལམ་དུ་བཟུང་བ་བཅས་བྱས་ཐོག རླབས་ཆེན་གྱི་མེས་རྒྱལ་དང་ཀྲུང་ཧྭ་མི་རིགས། ཀྲུང་ཧྭའི་རིག་གནས། ཀྲུང་གོ་གུང་ཁྲན་ཏང་། ཀྲུང་གོའི་ཁྱད་ཆོས་ལྡན་པའི་སྤྱི་ཚོགས་རིང་ལུགས་བཅས་ལ་ངོས་འཛིན་གཅིག་མཐུན་བྱ་རྒྱར་ཤུགས་སྣོན་རྒྱག་པ་དང་། མི་རིགས་ཁག་འཆམ་མཐུན་མཉམ་གནས་དང་ཕྱུར་བ་གྲུ་འདེགས། ཞི་མཐུན་འཕེལ་རྒྱས་ཡོང་བ་བཅས་ལ་སྐུལ་འདེད་ཀྱིས་ཀྲུང་གོའི་སྙིང་སྟོབས་དང་ཀྲུང་གོའི་རིན་ཐང་། ཀྲུང་གོའི་སྟོབས་ཤུགས་བཅས་གང་ལེགས་མངོན་པར་བྱ་དགོས་ཞེས་འཁོད་ཡོད།

20. 西藏自治区针对环境保护出台的地方性法规是什么？

༢༠.བོད་རང་སྐྱོང་ལྗོངས་ཀྱིས་ཁོར་ཡུག་སྲུང་སྐྱོང་ལ་དམིགས་ཏེ་བཏོན་པའི་ས་གནས་རང་བཞིན་གྱི་ཁྲིམས་སྲོལ་གང་ཡིན་ནམ།

2021 年 1 月 24 日，由西藏自治区第十一届人民代表大会第四次会议审议通过了《西藏自治区国家生态文明高地建设条例》，《条例》指出：西藏是青藏高原的主体，是重要的国家生态安全屏障。保护好青藏高原生态事关中华民族生存和长远发展，事关铸牢中华民族共同体意识，事关西藏长治久安和高质量发展，事关全区各族人民的民生福祉。

དེའང་སྤྱི་ལོ་༢༠༢༡ལོའི་ཟླ་༡ཚེས་༢༤ཉིན། བོད་རང་སྐྱོང་ལྗོངས་སྐབས་བཅུ་གཅིག་པའི་མི་དམངས་འཐུས་མི་ཚོགས་ཆེན་ཐེངས་བཞི་པའི་ཐོག《བོད་རང་སྐྱོང་ལྗོངས་རྒྱལ་ཁབ་སྐྱེ་ཁམས་ཤེས་དཔལ་གྱི་མཐོ་ས་བསྐྲུན་རྒྱའི་སྲོལ་ཡིག》ལ་གྲོས་ཞིབ་དང་གྲོས་འཆམ་བྱུང་ཞིང་།《སྲོལ་ཡིག》ནང་བསྟན་དོན། བོད་ལྗོངས་ནི་མཚོ་བོད་ས་མཐོའི་གཞི་རྐང་ཡིན་ལ། རྒྱལ་ཁབ་སྐྱེ་ཁམས་བདེ་འཇགས་ཀྱི་གྱང་ར་གལ་ཆེན་ཞིག་ཀྱང་ཡིན། མཚོ་བོད་ས་མཐོའི་སྐྱེ་ཁམས་སྲུང་སྐྱོང་ཡག་

པོ་བྱ་རྒྱུ་དེ་ཀྲུང་ཧྭ་མི་རིགས་ཀྱི་འཚོ་གནས་དང་ཡུན་རིང་གི་འཕེལ་རྒྱས་དང་འབྲེལ་བ་ཡོད་པ་དང་། ཀྲུང་ཧྭ་མི་རིགས་གཅིག་མཐུན་ཚོགས་པའི་འདུ་ཤེས་བརྟན་པོ་འཛུགས་རྒྱུ་དང་འབྲེལ་བ་ཡོད་པ། བོད་ལྗོངས་ཡུན་རིང་དུས་བདེ་དང་སྤུས་ཚད་མཐོ་བའི་གོང་འཕེལ་ཡོང་རྒྱུ་དང་འབྲེལ་བ་ཡོད་པ། ལྗོངས་ཡོངས་མི་རིགས་ཁག་གི་མི་དམངས་ཀྱི་དམངས་འཚོའི་བདེ་སྐྱིད་དང་འབྲེལ་བ་ཡོད་པ་བཅས་ཡིན་ཞེས་འགོད་ཡོད།

21. 党的宗教工作基本方针是什么?

༢༡. ཏང་གི་ཆོས་ལུགས་ལས་དོན་གྱི་གཞི་རྩའི་ཇུས་ཕྱོགས་གང་ཡིན་ནམ།

全面贯彻党的宗教信仰自由政策，依法管理宗教事务，坚持独立自主自办的原则，积极引导宗教与社会主义社会相适应。

ཏང་གི་ཆོས་དད་རང་མོས་སྲིད་ཇུས་ཁྱོན་ཡོངས་ནས་ལག་ལེན་མཐར་ཕྱིན་པ་བསྒྲར་དགོས་པ་དང་ཁྲིམས་ལྟར་ཆོས་ཕྱོགས་ལས་དོན་ལ་དོ་དམ་བྱ་དགོས་པ། རང་ཚུགས་རང་བདག་དང་རང་གཉེར་བཅས་ཀྱི་རྩ་དོན་བརྟན་འཛིན་བྱ་དགོས་པ། ཆོས་ལུགས་དེ་སྤྱི་ཚོགས་རིང་ལུགས་དང་ཕན་ཚུན་འཚམ་མཐུན་ཡོང་བར་ཁྲིད་སྟོན་ཧུར་ཐག་བྱ་དགོས་པ་བཅས་ཡིན།

22. 西藏社会的特殊矛盾是什么？

༢༢. བོད་ལྗོངས་སྤྱི་ཚོགས་ཀྱི་དམིགས་བསལ་འགལ་ཟླ་གང་ཡིན་ནམ།

西藏社会的特殊矛盾依然是各族人民同以达赖集团为代表的分裂势力之间的矛盾。

བོད་ལྗོངས་སྤྱི་ཚོགས་ཀྱི་དམིགས་བསལ་འགལ་ཟླ་ནི་སྔར་བཞིན་མི་རིགས་ཁག་གི་མི་དམངས་དང་ཏཱ་ལའི་རུ་ཚོགས་ཀྱིས་འཐུས་ཚབ་བྱས་པའི་ཁ་བྲལ་སྟོབས་ཤུགས་དབར་གྱི་འགལ་ཟླ་དེ་ཡིན།

23. 怎么看待各族人民与达赖集团的斗争？

༢༣.མི་རིགས་ཁག་གི་མི་དམངས་དང་ཏཱ་ལའི་རུ་ཚོགས་དབར་གྱི་འཐབ་རྩོད་ལ་ལྟ་སྟངས་གང་འདྲ་འཛིན་དགོས་སམ།

十四世达赖是图谋“西藏独立”的分裂主义政治集团的总头子，是国际反华势力的忠实工具，是在西藏制造社会动乱的总根源，是阻挠藏传佛教建立正常秩序的最大障碍，是披着宗教外衣祸藏乱教的政客。达赖集团“中间道路”的本质是分裂祖国，我们同达赖集团及支持他们的西方敌对势力的斗争，是中华民族反对帝国主义、殖民主义斗争的继续，是西藏各族人民同政教合一封建农奴主阶级残余势力斗争的继续，是关系国家统一、民族团结的重大政治斗争，对十四世达赖集团斗争始终是西藏工作的重中之重。

དེའང་ཏཱ་ལ་སྐུ་ཕྲེང་བཅུ་བཞི་པ་ནི་“བོད་རང་བཙན”གྱི་རི་ངན་འཆང་མཁན་ཁ་བྲལ་རིང་ལུགས་ཆབ་སྲིད་སྟོབས་ཤུགས་ཀྱི་སྤྱིའི་འགོ་གཙོ་ཡིན་པ་དང་། རྒྱལ་སྤྱིའི་ཐོག་ཀྱང་གོར་ངོ་རྒོལ་བྱེད་མཁན་སྟོབས་ཤུགས་ཀྱི་ལག་ཆ་འཁྲུལ་མེད་ཅིག་ཡིན་པ། བོད་ལྗོངས་ཀྱི་སྤྱི་ཚོགས་ཟང་ཟིང་བཟོ་བའི་རྩ་བའི་འབྱུང་རྩ་ཡིན་པ། བོད་བརྒྱུད་ནང་བསྟན་གྱི་རྒྱུན་གཏན་སྙིག་ལམ་འཛུགས་རྒྱུའི་འགོག་རྐྱེན་ཆེ་ཤོས་ཡིན་པ། ཆོས་ལུགས་ཀྱི་ཕྱི་གོས་གྱོན་ནས་བོད་ལ་ཆག་སྒོ་དང་ཆོས་ལུགས་ལ་འཁྲུག་རྐྱེན་སློང་བའི་ཆབ་སྲིད་ཀྱི་མི་སྣ་བཅས་ཡིན། ཏཱ་ལའི་ཚོགས་པའི་“དབུ་མའི་ལམ”གྱི་ངོ་བོ་ནི་མེས་རྒྱལ་ཁ་བྲལ་གཏོང་རྒྱ་དེ་རེད། ང་ཚོ་དང་ཏཱ་ལའི་རུ་ཚོགས་དང་ཁོ་ཚོར་རྒྱབ་སྐྱོར་བྱེད་མཁན་ནུབ་ཕྱོགས་དགྲ་འཛིན་སྟོབས་ཤུགས་དབར་གྱི་འཐབ་རྩོད་ནི་ཀྲུང་ཧྭ་མི་རིགས་ཀྱིས་བཙན་རྒྱལ་རིང་ལུགས་ལ་ངོ་རྒོལ་དང་མི་སེར་སྒྲོལ་བའི་རིང་ལུགས་ལ་ངོ་རྒོལ་བྱེད་པའི་འཐབ་རྩོད་ཀྱི་རྒྱུན་མཐུད་ཅིག་ཡིན་པ་དང་། བོད་ལྗོངས་མི་རིགས་ཁག་གི་མི་དམངས་ཀྱིས་ཆོས་སྲིད་ཟུང་འབྲེལ་བཀས་བཀོད་རྒྱུད་འཛིན་ཞིང་བྲན་བདག་པོའི་གྲལ་རིམ་གྱི་ངན་པའི་ཤུགས་ལྷག་དབར་འཐབ་རྩོད་བྱེད་པའི་རྒྱུན་མཐུད་ཅིག་ཡིན་པ། ཏཱ་ལ་སྐུ་ཕྲེང་བཅུ་བཞི་པའི་ཕྱོགས་གཏོགས་དང་འཐབ་རྩོད་བྱ་རྒྱུ་དེ་ནི་སྤྱི་ཕྱི་བར་གསུམ་དུ་བོད་ལྗོངས་ལས་དོན་གྱི་གལ་འགངས་ཆེ་ཤོས་དེ་ཡིན།

二、宪法及基本常识

གཉིས་པ། རྩ་ཁྲིམས་དང་གཞི་རྩའི་རྒྱུན་ཤེས།

1. 宪法的地位是什么？

༡.རྩ་ཁྲིམས་ཀྱི་གོ་གནས་གང་ཡིན་ནམ།

《中华人民共和国宪法》是中华人民共和国的根本大法，规定拥有最高法律效力。一切法律、行政法规和地方性法规都不得同宪法相抵触。一切国家机关和武装力量、各政党和各社会团体、各企业事业组织都必须遵守宪法和法律。一切违反宪法和法律的行为，必须予以追究。任何组织或者个人都不得有超越宪法和法律的特权。

《ཀྲུང་ཧྭ་མི་དམངས་སྤྱི་མཐུན་རྒྱལ་ཁབ་ཀྱི་རྩ་ཁྲིམས་》ནི་ཀྲུང་ཧྭ་མི་དམངས་སྤྱི་མཐུན་རྒྱལ་ཁབ་ཀྱི་གཞི་རྩའི་ཁྲིམས་ཆེན་ཞིག་ཡིན་ཞིང་། དེར་ཆེས་མཐོའི་བཅའ་ཁྲིམས་ཀྱི་ནུས་པ་ལྡན་པ་གཏན་འབེབས་བྱས་ཡོད། ཁྲིམས་ལུགས་མཐའ་དག་དང་སྲིད་འཛིན་ཁྲིམས་སྲོལ། ས་གནས་རང་བཞིན་གྱི་ཁྲིམས་སྲོལ་བཅས་ཚང་མ་རྩ་ཁྲིམས་དང་རྒྱབ་འགལ་བྱེད་མི་ཆོག རྒྱལ་ཁབ་ཀྱི་ལས་ཁུངས་མཐའ་དག་དང་དྲག་ཆས་སྟོབས་ཤུགས། སྲིད་ཇུང་ཁག་དང་སྤྱི་ཚོགས་ཚོགས་པ་ཁག ཁེ་ལས་བྱ་གཞག་རྩ་འཛུགས་ཁག་བཅས་ཚང་མས་ངེས་པར་དུ་རྩ་ཁྲིམས་དང་བཅའ་ཁྲིམས་ལ་བསྲི་སྲུང་ཞུ་དགོས། རྩ་ཁྲིམས་དང་བཅའ་ཁྲིམས་ལས་འགལ་བའི་བྱ་སྤྱོད་མཐའ་དག་ངེས་པར་དུ་རྙད་གཅོད་བྱ་དགོས་པ་དང་། རྩ་འཛུགས་དང་མི་སྒེར་གང་འདྲ་ཞིག་ཡིན་རུང་ཚང་མར་རྩ་ཁྲིམས་དང་བཅའ་ཁྲིམས་ལས་བརྒལ་བའི་དམིགས་བསལ་དབང་ཆ་ཡོད་མི་རུང་།

2. 我国的国家性质是什么？

༢.རང་རྒྱལ་གྱི་རྒྱལ་ཁབ་ཀྱི་ངོ་བོ་གང་ཡིན་ནམ།

中华人民共和国是工人阶级领导的、以工农联盟为基础的人民民主专政的社会主义国家。

དེའང་ཀྲུང་ཧྭ་མི་དམངས་སྤྱི་མཐུན་རྒྱལ་ཁབ་ནི་བཟོ་པའི་གྲལ་རིམ་གྱིས་འགོ་ཁྲིད་བྱས་པ་དང་བཟོ་ཞིང་མནའ་འབྲེལ་གྱིས་རྨང་གཞི་བྱས་པའི་མི་དམངས་དམངས་གཙོའི་སྲིད་དབང་སྒེར་འཛིན་གྱི་སྤྱི་ཚོགས་རིང་ལུགས་ཀྱི་རྒྱལ་ཁབ་ཅིག་ཡིན།

3. 我国的根本制度是什么？

༣.རང་རྒྱལ་གྱི་གཞི་རྩའི་ལམ་ལུགས་གང་ཡིན་ནམ།

社会主义制度是中华人民共和国的根本制度。

དེའང་སྤྱི་ཚོགས་རིང་ལུགས་ནི་ཀྲུང་ཧྭ་མི་དམངས་སྤྱི་མཐུན་རྒྱལ་ཁབ་ཀྱི་གཞི་རྩའི་ལམ་ལུགས་ཤིག་ཡིན།

4. 我国的国家权力属于谁？

༤.རང་རྒྱལ་གྱི་རྒྱལ་ཁབ་དབང་ཆ་སུ་ཞིག་གི་ལག་ཏུ་བཟུང་ཡོད་དམ།

中华人民共和国的一切权力属于人民。

དེའང་ཀྲུང་ཧྭ་མི་དམངས་སྤྱི་མཐུན་རྒྱལ་ཁབ་ཀྱི་དབང་ཆ་མཐའ་དག་མི་དམངས་ལ་བདག་པ་ཡིན།

5. 我国的政体是什么？

༥.རང་རྒྱལ་སྲིད་དབང་གི་སྒྲིག་སྲོལ་གང་འདྲ་ཡིན་ནམ།

我国的政体是人民代表大会制度。

རང་རྒྱལ་སྲིད་དབང་གི་སྒྲིག་སྲོལ་ནི་མི་དམངས་འཐུས་མི་ཚོགས་ཆེན་གྱི་ལམ་ལུགས་ཡིན།

6.《中华人民共和国宪法》针对民族关系有何规定？

༦.《ཀྲུང་ཧྭ་མི་དམངས་སྤྱི་མཐུན་རྒྱལ་ཁབ་ཀྱི་རྩ་ཁྲིམས་》ནང་མི་རིགས་ཀྱི་འབྲེལ་བར་དམིགས་ནས་གཏན་འབེབས་གང་འདྲ་བྱས་ཡོད་དམ།

中华人民共和国各民族一律平等。国家保障各少数民族的合法的权利和利益，维护和发展各民族的平等团结互助和谐关系。禁止对任何民族的歧视和压迫，禁止破坏民族团结和制造民族分裂的行为。

དེའང་ཀྲུང་ཧྭ་མི་དམངས་སྤྱི་མཐུན་རྒྱལ་ཁབ་ནང་གི་མི་རིགས་ཁག་ཚང་མ་འདྲ་མཉམ་ཡིན། རྒྱལ་ཁབ་ནས་གྲངས་ཉུང་མི་རིགས་ཁག་གི་ཁྲིམས་མཐུན་དབང་ཆ་དང་ཁེ་ཕན་འགན་ལེན་བྱེད་པ་དང་། མི་རིགས་ཁག་གི་འདྲ་མཉམ་དང་མཐུན་སྒྲིལ་རོགས་རེས། ཞི་མཐུན་བཅས་ཀྱི་འབྲེལ་བ་སྲུང་སྐྱོང་དང་འཕེལ་རྒྱས་གཏོང་བ། མི་རིགས་གང་རུང་ཞིག་ལ་ཡང་སྨད་ཆུང་དང་གཉའ་གནོན་བྱེད་མི་རུང་བ་དང་མི་རིགས་མཐུན་སྒྲིལ་ལ་གཏོར་བཤིག་དང་མི་རིགས་ཁ་བྲལ་གཏོང་བའི་བྱ་སྤྱོད་སྤྱིལ་མི་ཆོག

7. 关于国家安全，《中华人民共和国宪法》有哪些规定？

༧.རྒྱལ་ཁབ་ཀྱི་བདེ་འཇགས་སྐོར་ལ་《ཀྲུང་ཧྭ་མི་དམངས་སྤྱི་མཐུན་རྒྱལ་ཁབ་ཀྱི་རྩ་ཁྲིམས་》ནང་གཏན་འབེབས་གང་དག་བྱས་ཡོད་དམ།

国家维护社会秩序，镇压叛国和其他危害国家安全的犯罪活动，制裁危害社会治安、破坏社会主义经济和其他犯罪的活动，惩办和改造犯罪分

子。中华人民共和国公民有维护祖国的安全、荣誉和利益的义务，不得有危害祖国的安全、荣誉和利益的行为。保卫祖国、抵抗侵略是中华人民共和国每一个公民的神圣职责。

དེའང་རྒྱལ་ཁབ་ཀྱིས་སྤྱི་ཚོགས་ཀྱི་སྒྲིག་ལམ་སྲུང་སྐྱོང་དང་རྒྱལ་ཁབ་ལ་ངོ་ལོག་དང་རྒྱལ་ཁབ་ཀྱི་བདེ་འཇགས་ལ་གནོད་པའི་ཉེས་གསོག་བྱེད་སྒོ་གཞན་དག་ལ་དྲག་གནོན་བྱེད་རྒྱུ། སྤྱི་ཚོགས་ཀྱི་བདེ་འཇགས་ལ་གནོད་འཚེ་དང་སྤྱི་ཚོགས་རིང་ལུགས་ཀྱི་དཔལ་འབྱོར་ལ་གཏོར་བཤིག་གཏོང་མཁན་དང་ཉེས་གསོག་གི་བྱེད་སྒོ་གཞན་དག་ལ་བཀག་སྡོམ་བྱ་རྒྱུ། ཉེས་ཅན་པར་ཆད་གཅོད་དང་བསྒྱུར་བཅོས་བྱེད་རྒྱུ། ཀྲུང་ཧྭ་མི་དམངས་སྤྱི་མཐུན་རྒྱལ་ཁབ་ཀྱི་སྤྱི་དམངས་ལ་མེས་རྒྱལ་གྱི་བདེ་འཇགས་དང་གཟི་བརྗིད་མཚན་སྙན། ཁེ་ཕན་བཅས་སྲུང་སྐྱོང་བྱ་རྒྱུའི་འོས་འགན་ཡོད་པ། མེས་རྒྱལ་གྱི་བདེ་འཇགས་དང་གཟི་བརྗིད་མཚན་སྙན། ཁེ་ཕན་བཅས་ལ་གནོད་པའི་བྱ་སྤྱོད་སྤེལ་མི་ཆོག་པ། མེས་རྒྱལ་སྲུང་སྐྱོབ་དང་བཙན་འཛུལ་ལ་འགོག་རྒོལ་བྱེད་རྒྱུ་ནི་ཀྲུང་ཧྭ་མི་དམངས་སྤྱི་མཐུན་རྒྱལ་ཁབ་ཀྱི་སྤྱི་དམངས་མི་རེ་ངོ་རེའི་བླ་ན་མེད་པའི་འགན་འཁྲི་ཡིན།

8. 公民的基本权利有哪些？

༡.སྤྱི་དམངས་ལ་གཞི་རྩའི་དབང་ཆ་གང་དག་ཡོད་དམ།

（1）法律面前一律平等；

（༡）བཅའ་ཁྲིམས་ཀྱི་མདུན་དུ་ཚང་མ་འདྲ་མཉམ་ཡིན་པ།

（2）政治权利和自由，包括选举权和被选举权，言论、出版、集会、结社、游行、示威的自由；

（༢）ཆབ་སྲིད་ཀྱི་དབང་ཆ་དང་རང་དབང་གི་ཐད་གདམ་བྱ་དང་འདེམས་བྱེད་ཀྱི་དབང་ཆ་དང་གཏམ་བརྗོད། པར་སྐྲུན། འདུ་འཛོམས། ཚོགས་པ་འཛུགས་པ། ཁྲོམ་སྐོར། རྣམ་སྟོན་བཅས་ཀྱི་རང་དབང་ཡོད།

（3）宗教信仰自由；

（༣）ཆོས་དད་རང་མོས་ཡིན་པ།

（4）人身与人格权，包括人身自由不受侵犯，人格尊严不受侵犯，住宅不受侵犯，通信自由和通信秘密受法律保护；

（༤）མི་ལུས་དང་མི་གཞིའི་དབང་ཆའི་ཐད། མི་ལུས་རང་དབང་ལ་བཙན་གནོད་བྱེད་མི་རུང་བ་དང་མི་གཞིའི་ལ་རྣར་བཙན་གནོད་བྱེད་མི་རུང་བ། སྡོད་ཁང་ལ་བཙན་གནོད་བྱེད་མི་རུང་བ། འཕྲིན་གཏོང་རང་དབང་དང་འཕྲིན་གཏོང་གསང་བའི་ཐད་བཅའ་ཁྲིམས་ཀྱི་སྲུང་སྐྱོང་ཐོབ་ཀྱི་ཡོད།

（5）监督权，包括对国家机关及其工作人员有批评、建议、申诉、控告、检举并依法取得赔偿的权利；

（༥）ལྟ་སྐྱུལ་དབང་ཆའི་ཐད། རྒྱལ་ཁབ་ཀྱི་ལས་ཁུངས་དང་དེའི་ལས་དོན་མི་སྣར་སྐྱོན་བརྗོད་དང་གྲོས་འགོ་འདོན་པ། རྣ་མཚན་ཞུ་བ། ཞུ་གཏུག སྐྱོན་འདོན། དེ་བཞིན་ཁྲིམས་ལྟར་གུན་གསབ་ལེན་པ་བཅས་ཀྱི་དབང་ཆ་ཡོད།

（6）社会经济权利，包括劳动权利，劳动者休息权利，退休人员生活保障权利，因年老、疾病、残疾或丧失劳动能力时从国家和社会获得社会保障与物质帮助的权利；

（༦）དཔལ་འབྱོར་སྤྱི་ཚོགས་ཀྱི་དབང་ཆའི་ཐད། ངལ་རྩོལ་གྱི་དབང་ཆ་དང་ངལ་རྩོལ་པའི་ངལ་གསོའི་དབང་ཆ། ལས་འཁྱུར་ངལ་གསོ་བྱེད་མཁན་མི་སྣའི་འཚོ་བ་འགན་སྲུང་དབང་ཆ། ལོ་རྒས་པ་དང་ནད་ཐོག་པ། དབང་པོ་སྐྱོན་ཅན་ནམ་ངལ་རྩོལ་གྱི་ནུས་པ་ཤོར་བ་བཅས་ཀྱི་སྐབས་སུ་རྒྱལ་ཁབ་དང་སྤྱི་ཚོགས་ཐོག་ནས་སྤྱི་ཚོགས་འགན་སྲུང་དང་དངོས་པོའི་རོགས་སྐྱོར་ཐོབ་པའི་དབང་ཆ་ཡོད།

（7）社会文化权利和自由，包括受教育权利，进行科研、文艺创作和其他文化活动的自由；

（༧）སྤྱི་ཚོགས་རིག་གནས་ཀྱི་དབང་ཆ་དང་རང་དབང་ཐད། སློབ་གསོ་ཐོབ་པའི་དབང་ཆ་དང་ཚན་རིག་ཞིབ་འཇུག རིག་གནས་སྒྱུ་རྩལ་གསར་རྩོམ། དེ་བཞིན་རིག་གནས་ཀྱི་བྱེད་སྒོ་གཞན་དག་སྤེལ་བའི་དབང་ཆ་ཡོད།

（8）妇女保护权，妇女在政治、经济、文化、社会和家庭生活等方面享有同男子同等的权利；

（༨）བུད་མེད་སྲུང་སྐྱོང་དབང་ཆའི་ཐད། བུད་མེད་ལ་ཆབ་སྲིད་དང་དཔལ་འབྱོར། རིག་གནས། སྤྱི་ཚོགས། དེ་བཞིན་ཁྱིམ་ཚང་འཚོ་བ་སོགས་ཀྱི་ཐད་སྐྱེས་པ་དང་འདྲ་མཉམ་གྱི་དབང་ཆ་ཡོད།

（9）婚姻、家庭、母亲和儿童受国家的保护；

（༩）གཉེན་སྒྲིག་དང་ཁྱིམ་ཚང་། མ་དང་བྱིས་པ་བཅས་ལ་རྒྱལ་ཁབ་ནས་སྲུང་སྐྱོང་ཐོབ་པ་ཡིན།

（10）华侨、归侨和侨眷的正当权利和利益受国家保护。

（༡༠）ཕྱི་སྡོད་སྤྱུན་རྒྱ་དང་ཕྱིར་ལོག་སྤྱུན་རྒྱ། ཕྱི་སྡོད་རང་མིའི་ཁྱིམ་མི་བཅས་ཀྱི་ལུགས་མཐུན་ཁེ་དབང་ལ་རྒྱལ་ཁབ་ནས་སྲུང་སྐྱོང་ཐོབ་པ་བཅས་ཡིན།

9. 什么是国家象征？

༩.རྒྱལ་ཁབ་ཀྱི་མཚོན་བྱེད་གང་ཞིག་ཡིན་ནམ།

国家象征是一个主权国家的代表和标志，主要包括国旗、国徽、国歌、首都等。

རྒྱལ་ཁབ་ཀྱི་མཚོན་བྱེད་ནི་བདག་དབང་ཡོད་པའི་རྒྱལ་ཁབ་ཅིག་གི་ཚབ་བྱེད་དང་མཚོན་རྟགས་ཡིན། དེའི་ནང་གཙོ་བོ་རྒྱལ་དར་དང་རྒྱལ་རྟགས། རྒྱལ་གླུ། རྒྱལ་ས་སོགས་ཚུད་ཡོད།

10. 公民的基本义务有哪些？

༡༠. སྤྱི་དམངས་ཀྱི་གཞི་རྩའི་འོས་འགན་གང་དག་ཡིན་ནམ།

（1）维护国家的统一和全国各民族的团结；

（༡）རྒྱལ་ཁབ་ཀྱི་གཅིག་གྱུར་དང་རྒྱལ་ཡོངས་མི་རིགས་ཁག་གི་མཐུན་སྒྲིལ་ལ་སྲུང་སྐྱོང་བྱ་དགོས་པ།

（2）遵守宪法和法律，保守国家秘密，爱护公共财产，遵守劳动纪律，遵守公共秩序，尊重社会公德；

（༢）རྩ་ཁྲིམས་དང་བཅའ་ཁྲིམས་ལ་བརྩི་སྲུང་དང་རྒྱལ་ཁབ་ཀྱི་གསང་བ་སྲུང་རྒྱུ། སྤྱི་པའི་རྒྱུ་ནོར་ལ་གཅེས་འཛིན། ངལ་རྩོལ་སྒྲིག་ཁྲིམས་ལ་བརྩི་སྲུང་། སྤྱི་པའི་སྒྲིག་ལམ་ལ་བརྩི་སྲུང་། སྤྱི་ཚོགས་ཀྱི་སྤྱོད་བཟང་ལ་བརྩི་འཇོག་བཅས་བྱ་དགོས་པ།

（3）维护国家的安全、荣誉和利益；

（༣）རྒྱལ་ཁབ་ཀྱི་བདེ་འཇགས་དང་གཟི་བརྗིད་མཚན་སྙན། ཁེ་ཕན་བཅས་ལ་སྲུང་སྐྱོང་བྱ་དགོས་པ།

（4）保卫祖国，抵抗侵略，依照法律服兵役和参加民兵组织；

（༤）མེས་རྒྱལ་སྲུང་སྐྱོང་དང་བཙན་འཛུལ་ལ་འགོག་རྒོལ། བཅའ་ཁྲིམས་ལ་གཞིགས་ནས་དམག་ཞབས་ཞུ་དགོས་པ་དང་ཡུལ་དམག་རུ་འཛུགས་ནང་ཞུགས་དགོས་པ།

（5）依照法律纳税；

（༥）བཙའ་ཁྲིམས་ལ་གཞིགས་ནས་དཔྱ་ཁྲལ་འཇལ་དགོས་པ།

（6）其他义务。

（༦）ད་དུང་འོས་འགན་གཞན་དག་སྒྲུབ་དགོས་པ།

三、国旗法、国徽法、国歌法

གསུམ་པ། རྒྱལ་དར་གྱི་བཅའ་ཁྲིམས་དང་རྒྱལ་རྟགས་ཀྱི་བཅའ་ཁྲིམས། རྒྱལ་གླུའི་བཅའ་ཁྲིམས།

1. 五星红旗的构成及其内涵是什么？

༡.སྐར་ལྔའི་དར་དམར་གྱི་གྲུབ་ཆ་དང་དེའི་གོ་དོན་གང་ཡིན་ནམ།

五星红旗的旗面为红色，象征着革命。左上方缀有五颗黄色五角星，四颗小五角星环拱在一颗大星的右面。大五角星代表中国共产党，四颗小五角星代表工人、农民、小资产阶级和民族资产阶级。每颗小五角星各有一个尖角正对大五角星中心点，象征着中华儿女一心向党。

སྐར་ལྔའི་དར་དམར་གྱི་ཚོས་གཞི་ནི་དམར་པོ་ཡིན་པ་དང་། དེ་ནི་གསར་བརྗེའི་མཚོན་རྟགས་ཡིན། གཡོན་སྟེང་དུ་སེར་མདོག་ཅན་གྱི་ཟུར་ལྔའི་སྐར་མ་ལྔ་ཡོད་པ་དེའང་ཟུར་ལྔའི་སྐར་མ་ཆུང་བ་བཞིས་ཟུར་ལྔའི་སྐར་མ་ཆེ་བ་གཅིག་ལ་གཡས་ངོས་ནས་ཕྱེད་སྒོར་གྱི་ཚུལ་དུ་བསྐོར་ནས་ཡོད། ཟུར་ལྔའི་སྐར་མ་ཆེ་བ་ནི་ཀྲུང་གོ་གུང་ཁྲན་ཏང་གི་མཚོན་རྟགས་དང་ཟུར་ལྔའི་སྐར་མ་ཆུང་བ་བཞི་ནི་བཟོ་པ་དང་ཞིང་པ། འབྱོར་ལྡན་གྲལ་རིམ་ཆུང་གྲས་དང་མི་རིགས་འབྱོར་

ལྷན་གྲལ་རིམ་གྱི་མཚོན་རྟགས་ཡིན། ཟུར་ལྔའི་སྐར་མ་ཆུང་བ་དེ་དག་གི་ཟུར་རྩེ་གཅིག་རེ་ནི་ཟུར་ལྔའི་སྐར་མ་ཆེ་བ་དེའི་ལྟེ་བར་ཁ་གཏད་ཡོད་ཅིང་། དེས་ཀྲུང་ཧྭའི་བུ་ཕྲུག་རྣམས་སེམས་རྩེ་གཅིག་གིས་ཏང་ལ་ཁ་ཕྱོགས་པ་མཚོན་གྱི་ཡོད།

2.《中华人民共和国国旗法》对升挂国旗有什么要求?

༢.《ཀྲུང་ཧྭ་མི་དམངས་སྤྱི་མཐུན་རྒྱལ་ཁབ་ཀྱི་རྒྱལ་དར་བཅའ་ཁྲིམས་》ནང་རྒྱལ་དར་འགེལ་བའི་སྐབས་བླང་བྱ་གང་ཡོད་དམ།

（1）不得升挂或者使用破损、污损、褪色或者不合规格的国旗，不得倒挂、倒插或者以其他有损国旗尊严的方式升挂、使用国旗。

（༡）དར་ངོས་རལ་བ་དང་བཙོག་སྦྲོན་ཡོད་པ། ཚོས་གཞི་བུད་པའམ་ཡང་ན་ཚད་གཞི་དང་མི་མཐུན་པའི་རྒྱལ་དར་འགེལ་བའམ་བེད་སྤྱོད་བྱེད་མི་ཆོག་པ། རྒྱལ་དར་མགོ་མཇུག་སློག་ནས་འགེལ་བའམ་འཛུགས་པ། དེ་བཞིན་རྒྱལ་དར་གྱི་གཟི་བརྗིད་ལ་གནོད་པའི་ཐབས་ནས་འགེལ་བ་དང་བེད་སྤྱོད་བྱེད་མི་ཆོག

（2)升挂国旗时，可以举行升旗仪式。举行升旗仪式时，应当奏唱国歌。在国旗升起的过程中，在场人员应当面向国旗肃立，行注目礼或者按照规定要求敬礼，不得有损害国旗尊严的行为。

（༢）རྒྱལ་དར་འགེལ་བའི་སྐབས་རྒྱལ་དར་སྒྲེང་བའི་མཛད་སྒོ་སྤེལ་ཆོག རྒྱལ་དར་སྒྲེང་བའི་མཛད་སྒོ་སྤེལ་སྐབས་རྒྱལ་གླུ་གཏོང་དགོས། རྒྱལ་དར་སྒྲེང་བའི་བརྒྱུད་རིམ་ནང་སྒྲེང་སར་ཡོད་པའི་མི་རྣམས་རྒྱལ་དར་ལ་ཁ་ཕྱོགས་ནས་ཀྲོང་ངེར་ལངས་ཐོག མོས་གུས་ཀྱིས་མིག་རྒྱལ་དར་ལ་བལྟ་བའམ་ཡང་ན་གཏན་འབེབས་ཀྱི་བླང་བྱ་ལྟར་གུས་བཏུད་ཞུ་དགོས་པ་ལས་རྒྱལ་དར་གྱི་གཟི་བརྗིད་ལ་གནོད་པའི་བཟོ་ལྟ་སྟོན་མི་ཆོག

3. 不得使用国旗及其图案的情形有哪些？

༣.རྒྱལ་དར་དང་རྒྱལ་དར་གྱི་དཔེ་རིས་གང་ཟྱང་དུ་བེད་སྤྱོད་བྱེད་མི་ཆོག་པ་གང་དག་ཡིན་ནམ།

国旗及其图案不得用作商标、授予专利权的外观设计和商业广告，不得用于私人丧事活动等不适宜的情形。

དེའང་རྒྱལ་དར་དང་རྒྱལ་དར་གྱི་དཔེ་རིས་ཚོང་རྟགས་དང་གཅིག་བདག་ཁེ་དབང་ཐོབ་པའི་ཕྱི་ངོས་ཀྱི་རྣམ་འགོད་དང་ཚོང་ལས་འགྲེམས་བསྒྲགས་ཐད་བེད་སྤྱོད་བྱེད་མི་ཆོག་པ་དང་། མི་སྒེར་གྱི་འདས་འཇུག་བྱེད་སྒོ་སོགས་འོས་མིན་གྱི་རྣམ་པའི་ཐད་བེད་སྤྱོད་བྱེད་མི་ཆོག

4. 国徽的内容和含义是什么？

༤.རྒྱལ་རྟགས་ཀྱི་དཔེ་རིས་དང་དེའི་གོ་དོན་གང་ཡིན་ནམ།

国徽的内容为国旗、天安门、齿轮和麦稻穗，象征中国人民自“五四”运动以来的新民主主义革命斗争和工人阶级领导的以工农联盟为基础的人民民主专政的新中国的诞生。

རྒྱལ་རྟགས་ཀྱི་དཔེ་རིས་གྲས་སུ་རྒྱལ་དར་དང་གནམ་བདེ་སྒོ་མོ། འཁོར་ལོ་སོ་ཅན། གྲོའི་སྙེ་མ་བཅས་ཡོད་ཅིང་། དེས་ཀྲུང་གོ་མི་དམངས་ཀྱིས“ལྔ་བཞིའི”ལས་འགུལ་སྤེལ་ཚུན་དུ་མི་དམངས་དམངས་གཙོའི་གསར་བརྗེའི་འཐབ་རྩོད་བྱས་མཐར། བཟོ་པའི་གྲལ་རིམ་གྱིས་འགོ་ཁྲིད་བྱས་པ་དང་བཟོ་ཞིང་མཐུན་འབྲེལ་གྱིས་རྨང་གཞི་བྱས་པའི་མི་དམངས་དམངས་གཙོའི་སྲིད་དབང་སྒེར་འཛིན་གྱི་ཀྲུང་གོ་གསར་པ་དབུ་བརྙེས་པ་མཚོན་གྱི་ཡོད།

5. 不得使用国徽及其图案的情形有哪些？

༥.རྒྱལ་རྟགས་དང་རྒྱལ་རྟགས་ཀྱི་དཔེ་རིས་གང་ཞྭང་དུ་བེད་སྤྱོད་བྱེད་མི་ཆོག་པ་གང་དག་ཡིན་ནམ།

（1）商标、授予专利权的外观设计、商业广告；

（༡）ཚོང་རྟགས་དང་གཅིག་བདག་ཁེ་དབང་ཐོབ་པའི་ཕྱི་རོས་ཇུས་འགོད། ཚོང་ལས་འགྲེམས་བསྒྲགས།

（2）日常用品、日常生活的陈设布置；

（༢）རྒྱུན་སྤྱོད་དངོས་རྫས་དང་རྣམ་ཀུན་འཚོ་བའི་ཐད་ཀྱི་བཀོད་སྒྲིག

（3）私人庆吊活动；

（༣）མི་སྒེར་གྱི་རྟེན་འབྲེལ་དང་སྐྱུངས་ཀྱི་བྱེད་སྒོ།

（4）国务院办公厅规定不得使用国徽及其图案的其他场合。

（༤）རྒྱལ་སྲིད་སྲི་ཁྲུབ་གཞུང་ལས་ཁང་ནས་རྒྱལ་རྟགས་དང་དེའི་དཔེ་རིས་ཚོགས་ར་གཞན་དག་ལ་བེད་སྤྱོད་བྱེད་མི་ཆོག་པའི་གཏན་འབེབས་བྱས་ཡོད།

6. 侮辱中华人民共和国国旗、国徽的，应当承担什么责任？

༦.ཀྲུང་ཧྭ་མི་དམངས་སྤྱི་མཐུན་རྒྱལ་ཁབ་ཀྱི་རྒྱལ་དར་དང་རྒྱལ་རྟགས་ལ་སྨད་འདོགས་བྱས་ཚེ། འགན་འཁྲི་གང་ཞིག་འཁུར་དགོས་སམ།

在公共场合故意以焚烧、毁损、涂划、玷污、践踏等方式侮辱中华人民共和国国旗、国徽的，依法追究刑事责任；情节较轻的，由公安机关处以十五日以下拘留。

དེའང་སྤྱི་པའི་ཚོགས་རར་རྐང་བཙུགས་ནས་མེར་བསྲེགས་གཏོང་བ་དང་རྡུལ་པོར་གཏོང་བ། རི་མོ་འབྲི་བ། ནག་ནོག་བྱུག་པ། རྡོག་བརྫིས་གཏོང་བ་སོགས་ཀྱི་རྣམ་པའི་ཐོག་ནས་ཀྲུང་ཧྭ་མི་དམངས་སྤྱི་མཐུན་རྒྱལ་ཁབ་ཀྱི་རྒྱལ་དར་དང་རྒྱལ་རྟགས་ལ་སྨད་འདོགས་བྱས་ཚེ།

ཁྲིམས་ལྷར་འགན་འཁྲི་རྒྱུད་གཙོད་བྱ་རྒྱུ་ཡིན་ཞིང་། གནས་ཚུལ་ཚབས་ཅུང་ཆུང་བའི་རིགས་སྤྱི་བདེ་ལས་ཁུངས་ནས་ཉིན་བཅོ་ལྔ་མན་བཀག་ཉར་བྱ་རྒྱུ་རེད།

损毁国旗违法

རྒྱལ་དར་ལ་གནོད་སྐྱོན་བཏང་ན་ཁྲིམས་འགལ་ཡིན།

案情：

རྐྱེན་གཞིའི་གནས་ཚུལ།

扎西是初一（4）班的体育委员，学校召开了一年一度的春季运动会，身为体育委员的他正在为运动会做准备工作。班级的啦啦队需要做一个条幅，写一些为运动员加油的口号。扎西一时找不到合适的布料，就把活动室的一面旧国旗拿了过来，当着同学们的面将国旗进行了剪裁，做成了条幅。班主任知道后大吃一惊，严厉地教育了扎西。事后，班主任召开了一次主题班会，告诉了同学们侮辱国旗的严重性，教育大家要爱护国徽、国旗。

བཀྲ་ཤིས་ནི་དམའ་རིམ་སློབ་འབྲིང་ལོ་རིམ་དང་པོའི་འཛིན་གྲྭ་བཞི་པའི་ལུས་རྩལ་ཨུ་ཡོན་ཡིན། ཐེངས་གཅིག་སློབ་གྲྭས་ལོ་གཅིག་དུས་གཅིག་གི་དཔྱིད་དུས་ལུས་རྩལ་འགྲན་ཚོགས་འཚོགས་སྐབས། ཁོ་པ་ལུས་རྩལ་ཨུ་ཡོན་ཡིན་པས་ལུས་རྩལ་འགྲན་ཚོགས་ཀྱི་གྲ་སྒྲིག་ལས་ཀ་བྱེད་བཞིན་ཡོད། འཛིན་གྲྭའི་ངར་སློང་རུ་ཁག་ལ་ཡིག་བྱང་ཞིག་བཟོས་ཏེ་ལུས་རྩལ་པར་སྐུལ་སློང་བྱེད་པའི་འབོད་ཚིག་འགའ་ཞིག་འབྲི་དགོས་ཀྱི་ཡོད། བཀྲ་ཤིས་ལ་འཕྲལ་འཚམ་གྱི་རས་ཆ་ལམ་སེང་མ་རག་པར་བརྟེན་བྱེད་སྒོ་ཁང་གི་རྒྱལ་དར་རྙིང་པ་ཞིག་འཁྱེར་ཡོང་ནས་སློབ་གྲོགས་གཞན་གྱི་མདུན་དུ་རྒྱལ་དར་དེ་བྲེགས་ནས་ཡིག་བྱང་བཟོས་པ་རེད། འཛིན་བདག་གིས་མཐོང་ཐྲོལ་ཧང་སང་བ་དང་། བཀྲ་ཤིས་ལ་སློབ་གསོ་ནན་པོ་བརྒྱབ། གནས་ཚུལ་ལྷག་རྗེས་འཛིན་བདག་གིས་བརྗོད་དོན་གཙོ་བོའི་ཚོགས་འདུ་ཞིག་འཚོགས་ཏེ་སློབ་གྲོགས་ཚོར་རྒྱལ་དར་གང་

བྱུང་དུ་བྲིགས་པའི་ཚབས་ཆེའི་རང་བཞིན་བཤད་པ་དང་ཚང་མར་རྒྱལ་རྟགས་དང་རྒྱལ་དར་ལ་གཅེས་འཛིན་བྱེད་དགོས་པའི་བསླབ་བྱ་བྱས་པ་རེད།

分析:

དབྱེ་ཞིབ།

国旗、国徽代表的是一个国家，对国旗、国徽的侮辱就代表对一个国家的不尊重，所以，我国法律规定公民有爱护国旗、国徽的义务。《中华人民共和国国旗法》规定，在公共场合故意以焚烧、损毁、涂划、玷污、践踏等方式侮辱中华人民共和国国旗的，依法追究刑事责任；情节较轻的，由公安机关处以十五日以下拘留。案例中，扎西将国旗裁剪，但是扎西并没有侮辱国旗的意思，且扎西仍属于未成年人，学校可针对这一行为进行处罚，以此告诫学校其他学生要爱护国旗、不得损毁国旗。

རྒྱལ་དར་དང་རྒྱལ་རྟགས་ནི་རྒྱལ་ཁབ་ཀྱི་ཚབ་མཚོན་ཡིན་ཞིང་། རྒྱལ་དར་དང་རྒྱལ་རྟགས་ལ་སྨད་འདོགས་བྱེད་པ་ནི་རྒྱལ་ཁབ་ལ་བརྙས་འཛུག་མི་བྱེད་པ་ཞིག་ཡིན། དེར་བརྟེན་རང་རྒྱལ་གྱི་བཅའ་ཁྲིམས་ནང་སྤྱི་དམངས་ནས་རྒྱལ་དར་དང་རྒྱལ་རྟགས་ལ་གཅེས་འཛིན་བྱེད་པའི་འོས་འགན་ཡོད་པ་གཏན་འབེབས་བྱས་ཡོད། 《ཀྲུང་ཧྭ་མི་དམངས་སྤྱི་མཐུན་རྒྱལ་ཁབ་ཀྱི་རྒྱལ་དར་བཅའ་ཁྲིམས་》ནང་སྤྱི་པའི་ཚོགས་རར་རྐང་བཙུགས་ནས་ཀྲུང་ཧྭ་མི་དམངས་སྤྱི་མཐུན་རྒྱལ་ཁབ་ཀྱི་རྒྱལ་དར་མེར་བསྲེགས་པ་དང་གཏོར་སྐྱོན་བཏང་བ། རི་མོ་འབྲི་བ། ནག་ཉོག་བཟོ་བ། རྡོག་རོལ་གཏོང་བ་སོགས་སྨད་འདོགས་བྱས་ཚེ། ཁྲིམས་ལྟར་ཉེས་དོན་འགན་འཁྲི་རྩད་གཅོད་བྱ་རྒྱུ་དང་། གནས་ཚུལ་ཚབས་ཆེན་པོ་མེད་ན་སྤྱི་བདེ་ལས་ཁུངས་ནས་ཉིན་བཅོ་ལྔ་མན་བཀག་ཉར་བྱ་རྒྱུའི་གཏན་འབེབས་བྱས་ཡོད། གྱོད་དོན་ནང་བཀྲ་ཤིས་ཀྱིས་རྒྱལ་དར་བྲེགས་ནའང་རྒྱལ་དར་ལ་སྨད་འདོགས་ཀྱི་བསམ་བློ་མེད་པ་མ་ཟད། བཀྲ་ཤིས་ནར་མ་སོན་པའི་མི་ཞིག་ཡིན་ཕྱིར་སློབ་གྲྭས་བྱ་སྤྱོད་དེར་ཆད་པ་བཅད་མེད་པ་དང་། གནས་ཚུལ་དེར་བརྟེན་

ནས་སློབ་གྲྭ་སློབ་མ་གཞན་དག་ཚོར་རྒྱལ་དར་ལ་གཅེས་འཛིན་བྱེད་པ་ལས་རྒྱལ་དར་ལ་གཏོར་སྐྱོན་གཏོང་མི་རུང་བའི་བསླབ་བྱ་བྱས་པ་རེད།

7.《中华人民共和国国歌法》对奏唱国歌有什么要求？

༧.《ཀྲུང་ཧྭ་མི་དམངས་སྤྱི་མཐུན་རྒྱལ་ཁབ་ཀྱི་རྒྱལ་གླུའི་བཅའ་ཁྲིམས་》ནང་རྒྱལ་གླུ་དཀྲོལ་གཏོང་བཏང་བླང་བྱ་གང་བཏོན་ཡོད་དམ།

奏唱国歌，应当按照标准的国歌的歌词和曲谱，不得采取有损国歌尊严的奏唱形式。奏唱国歌时，在场人员应当肃立，举止庄重，不得有不尊重国歌的行为。

རྒྱལ་གླུ་གཏོང་སྐབས་ཚད་ལྡན་གྱི་རྒྱལ་གླུའི་གླུ་ཚིག་དང་གཞས་གདངས་ལ་གཞིགས་དགོས་པ་ལས་རྒྱལ་གླུའི་གཟི་བརྗིད་ལ་གནོད་པའི་དཀྲོལ་གཏོང་རིགས་བྱེད་མི་ཆོག རྒྱལ་གླུ་དཀྲོལ་གཏོང་བྱེད་སྐབས་ཚོགས་ར་དེ་གར་ཡོད་པའི་མི་རྣམས་ཀྱང་དེར་ལངས་པ་དང་སྒྲིམ་བརྟེན་ངེས་ཀྱི་ཚུལ་སྟོན་དགོས་པ་ལས་རྒྱལ་གླུར་བརྩི་འཇོག་མེད་པའི་ཚུལ་སྤྱོད་བཟུང་མི་རུང་།

8. 不得使用国歌的情形有哪些？

༨.རྒྱལ་གླུ་བེད་སྤྱོད་བྱེད་མི་ཆོག་པའི་ཆ་གང་དག་ཡིན་ནམ།

国歌不得用于或者变相用于商标、商业广告，不得在私人丧事活动等不适宜的场合使用，不得作为公共场所的背景音乐等。

དེའང་རྒྱལ་གླུ་ནི་ཚོང་རྟགས་དང་ཚོང་ལས་འགྲེམས་བསྒྲགས་ཐད་དངོས་སུ་བེད་སྤྱོད་དམ་ཡང་ན་རྣམ་པ་འགྱུར་བའི་ཐོག་ནས་བེད་སྤྱོད་བྱེད་མི་རུང་བ་དང་། མི་སྒེར་གྱི་འདས་འཇུག་བྱེད་སྒོ་སོགས་འོས་མིན་གྱི་ཚོགས་རར་བེད་སྤྱོད་བྱེད་མི་རུང་བ། སྤྱི་པའི་ཚོགས་རར་རྒྱབ་ལྗོངས་ཀྱི་རོལ་དབྱངས་སུ་བྱས་ནས་བེད་སྤྱོད་བྱེད་མི་རུང་བ་སོགས་སོ།།

9. 侮辱中华人民共和国国歌的，应当承担什么责任？

༩.ཀྲུང་ཧྭ་མི་དམངས་སྤྱི་མཐུན་རྒྱལ་ཁབ་ཀྱི་རྒྱལ་གླུར་སྨད་འདོགས་བྱས་ཚེ། འགན་འཁྲི་གང་ཞིག་འཁུར་དགོས་སམ།

在公共场合，故意篡改国歌歌词、曲谱，以歪曲、贬损方式奏唱国歌，或者以其他方式侮辱国歌的，由公安机关处以警告或者十五日以下拘留；构成犯罪的，依法追究刑事责任。

དེའང་སྤྱི་པའི་ཚོགས་རར་རྐང་བཙུགས་ནས་རྒྱལ་གླུའི་གཞས་ཚིག་ལ་བཟོ་བཅོས་དང་གཞས་གདངས་གསར་བཟོ། དེ་བཞིན་གཞས་གདངས་འཁྱུག་བཅོས་དང་དམའ་འབེབས་ཀྱི་རྣམ་པའི་ཐོག་ནས་རྒྱལ་གླུ་དཀྲོལ་གཏོང་དང་། ཡང་ན་རྣམ་པ་གཞན་དག་ཐོག་ནས་རྒྱལ་གླུར་སྨད་འདོགས་བྱས་ཚེ་སྤྱི་བདེ་ལས་ཁུངས་ནས་ཐ་ཚིག་གཏོང་བའམ་ཡང་ན་ཉིན་བཅོ་ལྔ་མན་བཀག་འཛུག་བྱ་རྒྱུ་དང་། ཉེས་གསོག་གི་ཚད་ལ་སླེབས་ཡོད་ཚེ་ཉེས་དོན་འགན་འཁྲི་རྩད་གཅོད་བྱ་རྒྱུ་རེད།

四、民法典

བཞི་པ། དམངས་དོན་ཁྲིམས་གཞུང་།

1.《中华人民共和国民法典》颁布的时间及意义？

༡.《ཀྲུང་ཧྭ་མི་དམངས་སྤྱི་མཐུན་རྒྱལ་ཁབ་ཀྱི་དམངས་དོན་ཁྲིམས་གཞུང་》ཡོངས་བསྒྲགས་བྱས་པའི་དུས་ཚོད་དང་དེའི་དོན་སྙིང་གང་ཡིན་ནམ།

《中华人民共和国民法典》由中华人民共和国第十三届全国人民大会第三次会议于2020年5月28日通过，自2021年1月1日起实行。民法典是新中国第一部以“典”命名的法律，关于民法典的定位，习近平总书记指出，“民法典在中国特色社会主义法律体系中具有重要地位，是一部固根本、稳预期、利长远的基础性法律”。民法典颁布的重要意义体现在坚持和完善中国特色社会主义制度的现实需要，是推进全面依法治国，推进国家治理体系和治理能力现代化的一个重大举措，让社会主义核心价值观通过法治建设更加深入人心。

《ཀྲུང་ཧྭ་མི་དམངས་སྤྱི་མཐུན་རྒྱལ་ཁབ་ཀྱི་དམངས་དོན་ཁྲིམས་གཞུང་》ནི་ཀྲུང་ཧྭ་མི་དམངས་སྤྱི་མཐུན་རྒྱལ་ཁབ་ཀྱི་སྐབས་བཅུ་གསུམ་པའི་རྒྱལ་ཡོངས་མི་དམངས་འདུས་མི་ཚོགས་ཆེན་ཐེངས་གསུམ་པའི་ཐོག་སྟེ། སྤྱི་ལོ་༢༠༢༠ལོའི་ཟླ་༥པའི་ཚེས་༢༨ཉིན་གྲོས་འཆམ་བྱུང་བ་དང་། སྤྱི་ལོ་༢༠༢༡ལོའི་ཟླ་༡ཚེས་༡ཉིན་ནས་བཟུང་ལག་བསྟར་བྱེད་འགོ་ཚུགས་ཡོད། དམངས་དོན་ཁྲིམས་གཞུང་ནི་ཀྲུང་གོ་གསར་པའི་མིང་དུ“གཞུང་”ཞེས་ཐོགས་པའི་ཁྲིམས་གཞུང་ཨང་དང་པོ་དེ་ཡིན། དམངས་དོན་ཁྲིམས་གཞུང་གི་གོ་བབ་སྐོར་ལ་སྤྱི་ཁྱབ་ཧྲུའུ་ཅི་ཞི་ཅིན་ཕིང་གིས“དམངས་དོན་ཁྲིམས་གཞུང་གིས་ཀྲུང་གོའི་ཁྱད་ཆོས་ལྡན་པའི་སྤྱི་ཚོགས་རིང་ལུགས་ཀྱི་བཅའ་ཁྲིམས་མ་ལག་ཁྲོད་གནས་བབ་གལ་ཆེན་བཟུང་ཡོད་ཅིང་། དེ་ནི་འབྱུང་རྩ་སྲ་ལ་སྔོན་དཔག་བརྟན་པ། ཕུགས་ལ་ཕན་པ་བཅས་རྨང་གཞིའི་རང་བཞིན་གྱི་བཅའ་ཁྲིམས་ཤིག་ཡིན”ཞེས་བསྟན་ཡོད། དམངས་དོན་ཁྲིམས་གཞུང་ཡོངས་བསྒྲགས་བྱས་པའི་གལ་ཆེའི་དོན་སྙིང་ནི་ཀྲུང་གོའི་ཁྱད་ཆོས་ལྡན་པའི་སྤྱི་ཚོགས་རིང་ལུགས་ཀྱི་ལམ་ལུགས་རྒྱུན་འཁྱོངས་དང་འཛུགས་ཚང་དུ་བཏང་བའི་དོན་དངོས་ཀྱི་དགོས་མཁོའི་ཐོག་ནས་མངོན་གྱི་ཡོད་ཅིང་། དེའང་ཁྱོན་ཡོངས་ནས་ཁྲིམས་ལྟར་རྒྱལ་ཁབ་སྐྱོང་རྒྱུར་སྐུལ་འདེད་དང་རྒྱལ་ཁབ་ཀྱི་བཅོས་སྐྱོང་མ་ལག་དང་བཅོས་སྐྱོང་ནུས་པ་དེང་རབས་ཅན་དུ

འགྱུར་བ་བྱེད་པའི་བྱ་སྤྱོད་གལ་ཆེན་ཞིག་ཡིན་པས་སྤྱི་ཚོགས་རིང་ལུགས་ཀྱི་ལྟེ་བའི་རིན་ཐང་ལྟ་བ་དག་ཁྲིམས་སྲུང་འཛུགས་སྐྲུན་བརྒྱུད་མི་རྣམས་ཀྱི་སེམས་ལ་གཏིང་ཟབ་ཟུག་རྒྱ་རེད།

2.《中华人民共和国民法典》的立法目的是什么？

༢.《ཀྲུང་ཧྭ་མི་དམངས་སྤྱི་མཐུན་རྒྱལ་ཁབ་ཀྱི་དམངས་དོན་ཁྲིམས་གཞུང་》འཛུགས་པའི་དམིགས་ཡུལ་གང་ཡིན་ནམ།

为了保护民事主体的合法权益，调整民事关系，维护社会和经济秩序，适应中国特色社会主义发展要求，弘扬社会主义核心价值观。

དེའང་དམངས་དོན་བྱེད་པོའི་ཁྲིམས་མཐུན་ཁེ་དབང་སྲུང་སྐྱོང་དང་དམངས་དོན་འབྲེལ་བ་སྙོམས་སྒྲིག སྤྱི་ཚོགས་དང་དཔལ་འབྱོར་སྒྲིག་ལམ་སྲུང་སྐྱོང་། དེ་བཞིན་ཀྲུང་གོའི་ཁྱད་ཆོས་ལྡན་པའི་སྤྱི་ཚོགས་རིང་ལུགས་གོང་འཕེལ་གྱི་དགོས་མཁོ་དང་འཚམ་པ། སྤྱི་ཚོགས་རིང་ལུགས་ཀྱི་ལྟེ་བའི་རིན་ཐང་ལྟ་བ་དར་སྤེལ་གཏོང་རྒྱ་བཅས་ཀྱི་ཆེད་དུ་གཏན་འབེབས་བྱས་པ་ཞིག་ཡིན།

3.《中华人民共和国民法典》与我们有什么关系？

༣.《ཀྲུང་ཧྭ་མི་དམངས་སྤྱི་མཐུན་རྒྱལ་ཁབ་ཀྱི་དམངས་དོན་ཁྲིམས་གཞུང་》དེ་ཉིད་ང་ཚོ་དང་འབྲེལ་བ་གང་ཡོད་དམ།

《中华人民共和国民法典》被誉为“社会生活的百科全书”和“保障民事权利的宣言书”，分为总则、物权、合同、人格权、婚姻家庭、继承、侵权责任七编和附则，共84章、1260条，是迄今为止我国条文数最多的一部法律。它不仅在我国法治进程中具有划时代的历史意义，而且真正照顾到人们日常生活的方方面面。从生老病死到衣食住行，从婚姻家庭到生产生活，从物权、继承，到合同、侵权责任……可谓包罗社会万象，与每个人息息相关。

《ཀྲུང་ཧྭ་མི་དམངས་སྤྱི་མཐུན་རྒྱལ་ཁབ་ཀྱི་དམངས་དོན་ཁྲིམས་གཞུང་》ལ་“སྤྱི་ཚོགས་འཚོ་བའི་ཤེས་བྱ་ཀུན་བཏུས”དང་། “དམངས་དོན་ཁེ་དབང་འགན་སྲུང་བྱེད་པའི་བསྟུགས་གཏམ་ཡི་གེ”ཞེས་འབོད་ཅིང་། དེར་སྤྱིའི་རྣམ་དོན་དང་དངོས་དབང་། གན་རྒྱ། མི་གཤིའི་དབང་ཆ། གཉེན་སྒྲིག་གི་ཁྱིམ་ཚང་། རྒྱུན་འཛིན། ཞུས་ནོར་དབང་གནོད་འགན་འཁྲི་བཅས་ལེ་ཚན་བདུན་དང་ཞར་བྱུང་དོན་ཚན་བཅས་སུ་དབྱེ་བ་དང་། དེར་ཁྱོན་ལེའུ་༡༢དང་དོན་ཚན་༡༢༦༠ཡོད་པས་ད་བར་རང་རྒྱལ་གྱི་དོན་ཚན་འབོར་གྲངས་མང་ཤོས་ཀྱི་བཅའ་ཁྲིམས་ཤིག་ཡིན། དེར་རང་རྒྱལ་གྱི་ཁྲིམས་སྐྱོང་འཕེལ་རིམ་ཁྲོད་དུས་རབས་དབྱེ་བའི་ལོ་རྒྱུས་ཀྱི་དོན་སྙིང་ལྡན་པ་མ་ཟད། དོན་དམ་པའི་ཐོག་ནས་མི་རྣམས་ཀྱི་རྒྱུན་གཏན་འཚོ་བའི་ཕྱོགས་གང་སར་ལྷ་རྟོག་བྱས་ཡོད། སྐྱེ་རྒྱ་ན་འཆི་ནས་ཟས་གོས་འགྲོ་སྤྱོད་བར་དང་། གཉེན་སྒྲིག་གི་ཁྱིམ་ཚང་ནས་ཐོན་སྐྱེད་འཚོ་བའི་བར། དངོས་དབང་དང་རྒྱུན་འཛིན་ནས་གན་རྒྱ་དང་དབང་གནོད་འགན་འཁྲིའི་བར་བཅས་སྤྱི་ཚོགས་ཀྱི་སྣང་ཚུལ་སྣ་ཚོགས་ཚུད་ཡོད་པས་མི་མི་རེ་ངོ་རེ་དང་འབྲེལ་བ་ཆེན་པོ་ཡོད།

4.《中华人民共和国民法典》中的平等原则指什么？

༤.《ཀྲུང་ཧྭ་མི་དམངས་སྤྱི་མཐུན་རྒྱལ་ཁབ་ཀྱི་དམངས་དོན་ཁྲིམས་གཞུང་》ནང་འདྲ་མཉམ་གྱི་རྩ་དོན་ཞེས་པ་དེ་གང་ལ་ཟེར་རམ།

民事主体在民事活动中的法律地位一律平等。

དམངས་དོན་བྱེད་པོས་དམངས་དོན་བྱེད་སྒོའི་ནང་བཟུང་བའི་བཅའ་ཁྲིམས་ཀྱི་གོ་བབ་ཚང་མ་འདྲ་མཉམ་ཡིན་པ།

自然人的民事权利能力一律平等。

རང་བྱུང་མིའི་དམངས་དོན་ཁེ་དབང་གི་ནུས་པ་ཚང་མ་འདྲ་མཉམ་ཡིན་པ།

民事主体的财产权利受法律平等保护。

དམངས་དོན་བྱེད་པོའི་རྒྱ་ནོར་དབང་ཆར་བཅའ་ཁྲིམས་ཀྱི་སྲུང་སྐྱོང་ཐོབ་པ།

夫妻在婚姻家庭中地位平等。

བཟའ་ཚང་གཉིས་གཉེན་སྒྲིག་གི་ཁྱིམ་ཚང་ནང་གོ་བབ་འདྲ་མཉམ་ཡིན་པ།

继承权男女平等。

རྒྱུན་འཛིན་བྱེད་དབང་ཐད་ཕོ་མོ་འདྲ་མཉམ་ཡིན་པ་བཅས་ལ་ཟེར།

5.《中华人民共和国民法典》中的诚信原则指什么？

༥.《ཀྲུང་ཧྭ་མི་དམངས་སྤྱི་མཐུན་རྒྱལ་ཁབ་ཀྱི་དམངས་དོན་ཁྲིམས་གཞུང་》ནང་གི་ཡིད་རྟོན་གྱི་རྩ་དོན་ཞེས་པ་གང་ལ་ཟེར་རམ།

《中华人民共和国民法典》第七条规定，民事主体从事民事活动，应当遵循诚信原则，秉持诚实，恪守承诺。第五百条规定，当事人在订立合同过程中有下列情形之一，造成对方损失的，应当承担赔偿责任：（1）假借订立合同，恶意进行磋商；（2）故意隐瞒与订立合同有关的重要事实或者提供虚假情况；（3）有其他违背诚信原则的行为。第五百零九条

规定：当事人应当遵循诚信原则，根据合同的性质、目的和交易习惯履行通知、协助、保密等义务。

དེའང་《ཀྲུང་ཧྭ་མི་དམངས་སྤྱི་མཐུན་རྒྱལ་ཁབ་ཀྱི་དམངས་དོན་ཁྲིམས་གཞུང་》གི་དོན་ཚན་བདུན་པའི་ནང་། དམངས་དོན་བྱེད་པོས་དམངས་དོན་བྱེད་སྒོ་སྤེལ་སྐབས་ཡིད་རྟོན་གྱི་རྩ་དོན་ལ་བརྩི་སྲུང་བྱས་ཐོག གཞུང་དྲང་དང་ཁས་ལེན་ལག་བསྟར་བྱ་དགོས་པ་གཏན་འབེབས་བྱས་ཡོད་པ་དང་། དོན་ཚན་ཨང་ལྔ་བརྒྱའི་ནང་དོ་བདག་གིས་གན་རྒྱ་འཛོག་པའི་བརྒྱུད་རིམ་ནང་གཤམ་གསལ་གྱི་གནས་ཚུལ་རིགས་བྱུང་ནས་ཕ་རོལ་ལ་གྱོང་གུན་བཟོས་ཚེ་གྱོང་གུན་གསབ་སྤྲོད་ཀྱི་འགན་འཁྲི་འཁུར་དགོས་པ་དེའང་（༡）གན་རྒྱ་འཛོག་པར་ཁ་གཡར་ནས་རྐྱང་བཙུགས་ཏེ་གྲོས་བསྡུར་བྱས་པ། （༢）གན་རྒྱ་འཛོག་རྒྱ་དང་འབྲེལ་བ་ཡོད་པའི་དོན་དངོས་གལ་ཆེན་རྐྱང་བཙུགས་ནས་གསང་བ་བྱས་པའམ་ཡང་ན་གནས་ཚུལ་རྫུན་མ་མཁོ་འདོན་བྱས་པ། （༣）ཡིད་རྟོན་གྱི་རྩ་དོན་ལས་འགལ་བའི་བྱ་སྤྱོད་གཞན་དག་ཡོད་པ་བཅས་ཡིན། དོན་ཚན་ཨང་ལྔ་བརྒྱ་བཅུ་མེད་དགུའི་ནང་། དོ་བདག་གིས་ཡིད་རྟོན་འཕེར་བའི་རྩ་དོན་བརྩི་སྲུང་བྱེད་དགོས་ཤིང་། གན་རྒྱའི་ངོ་བོ་དང་དམིགས་ཡུལ། ཉོ་ཚོང་གི་གོམས་སྲོལ་བཅས་དང་བསྟུན་ནས་བརྡ་གཏོང་བ་དང་། རམ་འདེགས་བྱེད་པ། གསང་དོན་སྲུང་བ་སོགས་ཀྱི་འོས་འགན་སྒྲུབ་དགོས་པ་གཏན་འབེབས་བྱས་ཡོད།

6.《中华人民共和国民法典》中的守法与公序良俗原则指什么？

༦.《ཀྲུང་ཧྭ་མི་དམངས་སྤྱི་མཐུན་རྒྱལ་ཁབ་ཀྱི་དམངས་དོན་ཁྲིམས་གཞུང་》ནང་གི་ཁྲིམས་སྲུང་དང་སྤྱི་སྒྲིག་སྲོལ་བཟང་གི་རྩ་དོན་ཞེས་པ་གང་ལ་ཟེར་རམ།

民事主体从事民事活动，不得违反法律，不得违背公序良俗。

དམངས་དོན་བྱེད་པོས་དམངས་དོན་བྱེད་སྒོ་སྤེལ་སྐབས་བཅའ་ཁྲིམས་ལས་འགལ་མི་རུང་བ་དང་སྤྱི་པའི་སྒྲིག་སྲོལ་བཟང་པོ་ལས་འགལ་མི་རུང་བ།

违反法律、行政法规的强制性规定的民事法律行为无效。但是，该强制性规定不导致该民事法律行为无效的除外。

བཅའ་ཁྲིམས་དང་སྲིད་འཛིན་ཁྲིམས་སྲོལ་ལས་འགལ་ཏེ་བཙན་ཐབས་རང་བཞིན་གྱིས་གཏན་འབེབས་བྱས་པའི་དམངས་དོན་ཁྲིམས་ལུགས་ཡོད་རིགས་གོ་ཆོད་དུ་མེད། འོན་ཀྱང་བཙན་ཐབས་རང་བཞིན་གྱི་གཏན་འབེབས་དེ་རིགས་ཀྱིས་དམངས་དོན་བཅའ་ཁྲིམས་དེར་ནུས་པ་མི་ཐོན་པའི་རིགས་འདིའི་ཁོངས་སུ་ཚུད་མེད།

违背公序良俗的民事法律行为无效。

སྤྱི་སྒྲིག་སྲོལ་བཟང་དང་འགལ་བའི་དམངས་དོན་བཅའ་ཁྲིམས་ཀྱི་རིགས་གོ་ཆོད་དུ་མེད།

7.《中华人民共和国民法典》中的绿色原则指什么？

༧.《ཀྲུང་ཧྭ་མི་དམངས་སྤྱི་མཐུན་རྒྱལ་ཁབ་ཀྱི་དམངས་དོན་ཁྲིམས་གཞུང་》ནང་གི་ལྗང་མདོག་རྩ་དོན་ཞེས་པ་གང་ལ་ཟེར་རམ།

民事主体从事民事活动，应当有利于节约资源、保护生态环境。

དམངས་དོན་བྱེད་པོས་དམངས་དོན་བྱེད་སྒོ་སྤེལ་སྐབས་ཐོན་ཁུངས་གྲོན་ཆུང་དང་ཁོར་ཡུག་སྲུང་སྐྱོང་ལ་ཕན་ཐོགས་ཡོད་པ་བྱ་དགོས།

不动产权利人不得违反国家规定弃置固体废物，排放大气污染物、水污染物、土壤污染物、噪声、光辐射、电磁辐射等有害物质。

བརྟན་ནོར་ཐད་བདག་དབང་ཡོད་མཁན་གྱིས་རྒྱལ་ཁབ་ཀྱི་གཏན་འབེབས་ལས་འགལ་ཏེ་སྲ་གཟུགས་ཟོག་རོ་བསྐྱུར་འཛོག་དང་རླུང་ཁམས་ལ་སྦགས་བཙོག་དང་ཆུ་ལ་སྦགས་བཙོག ས་རྡུར་སྦགས་བཙོག་བཟོ་བའི་དངོས་པོ་འབུད་བཤངས་བྱེད་མི་ཆོག་པ་དང་། འཛེར་སྐད་དང་འོད་རླབས་འཕྲོ་གྱིས། གློག་རླབས་འཕྲོ་གྱིས་སོགས་གནོད་ཡོད་རིགས་འབུད་མི་ཆོག་པ།

当事人在履行合同过程中，应当避免浪费资源、污染环境和破坏生态。

ངོ་བདག་གིས་གན་རྒྱ་ལག་བསྟར་བྱེད་པའི་བརྒྱུད་རིམ་ནང་ཐོན་ཁུངས་འཕྲོ་བརླག་མི་འགྲོ་བ་དང་ཁོར་ཡུག་ལ་སྦགས་བཙོག་མི་བཟོ་བ། སྐྱེ་ཁམས་ལ་གནོད་སྐྱོན་མི་ཐོག་པ་བྱ་དགོས།

侵权人违反法律规定故意污染环境、破坏生态造成严重后果的，被侵权人有权请求相应的惩罚性赔偿。

དབང་ཆར་གནོད་སྐྱོན་བཟོ་མཁན་གྱིས་བཅའ་ཁྲིམས་ཀྱི་གཏན་འབེབས་ལས་འགལ་ཏེ་ཧྣང་བཙུགས་ནས་ཁོར་ཡུག་ལ་སྦགས་བཙོག་བཟོས་པ་དང་སྐྱེ་ཁམས་ལ་གཏོར་བཤིག་བཏང་སྟེ་མཇུག་འབྲས་ཚབས་ཆེན་བཟོས་ཚེ། གནོད་སྐྱོན་ཐོག་ཡུལ་གྱིས་འོས་འཚམ་གྱི་ཆད་གཅོད་དང་གུན་གསབ་སྤྲོད་པའི་རེ་ཞུ་བྱེད་དབང་ཡོད།

8.《中华人民共和国民法典》主要有哪些新增亮点和变化？

༨.《ཀྲུང་ཧྭ་མི་དམངས་སྤྱི་མཐུན་རྒྱལ་ཁབ་ཀྱི་དམངས་དོན་ཁྲིམས་གཞུང་》ནང་བསྣན་པའི་གནད་ཆེ་བ་དང་འགྱུར་ལྡོག་གསར་པ་གཙོ་བོ་གང་དག་ཡོད་དམ།

（1）见义勇为免责

因保护他人民事权益使自己受到损害的，由侵权人承担民事责任，受益人可以给予适当补偿。没有侵权人、侵权人逃逸或者无力承担民事责任，受害人请求补偿的，受益人应当给予适当补偿。因自愿实施紧急救助行为造成受助人损害的，救助人不承担民事责任。

（༡）བདེན་པའི་རྒྱབ་ལངས་ལ་འགན་འཁྲི་མེད་པ།

དེའང་མི་གཞན་གྱི་དམངས་དོན་ཁེ་དབང་སྲུང་སྐྱོང་བྱ་ཕྱིར་རང་ཉིད་ལ་གནོད་སྐྱོན་ཐོག་ཚེ། དབང་གནོད་གཏོང་མཁན་གྱིས་དམངས་དོན་འགན་འཁྲི་འཁུར་དགོས་པ་དང་། ཁེ་ཕན་ཐོབ་མཁན་གྱིས་གུང་གསབ་འོས་འཚམ་སྤྲོད་དགོས་པ། དབང་གནོད་གཏོང་མཁན་མཐོང་དུ་མེད་པ་དང་བྲོས་བྱོལ་ལ་སོང་བའམ་ཡང་ན་དམངས་དོན་འགན་འཁྲི་འཁུར་ནུས་

མེད་དུས། གནོད་སྐྱོན་ཕོག་མཁན་གྱིས་ཀུན་གསལ་རེ་བ་བཏོན་ན། ཁེ་ཕན་ཐོབ་མཁན་གྱིས་ཀུན་གསལ་འོས་འཚམ་སྤྲོད་དགོས། རང་སོས་དང་ཁ་ཚ་དགོས་གཏུག་གི་རོགས་སྐྱོར་བྱས་ཏེ་རོགས་སྐྱོར་བྱ་ཡུལ་ལ་གནོད་འཚེ་བཟོས་ཚེ། རོགས་སྐྱོར་བྱེད་མཁན་གྱིས་དམངས་དོན་འགན་འཁྲི་འཁུར་མི་དགོས།

（2）小区共有场所收入归业主

建设单位、物业服务企业或者其他管理人等利用业主的共有部分产生的收入，在扣除合理成本之后，属于业主共有。

（༢）སྡེ་ཁུལ་གྱི་ཐུན་མོང་ལ་དབང་བའི་ས་ཆ་དང་ཚོགས་རའི་ཡོང་འབབ་རྣམས་སྡེ་བདག་ལ་ཐོབ་པ།

དེའང་འཛུགས་སྐྲུན་ཚན་པ་དང་སྡེ་ལས་ཞབས་ཞུའི་ཁེ་ལས་སམ་ཡང་ན་དོ་དམ་བྱེད་མི་གཞན་དག་སོགས་ཀྱིས་སྡེ་བདག་གི་ཐུན་མོང་ཆ་ནས་བྱུང་བའི་ཡོང་འབབ་ལས་ལུགས་མཐུན་མ་གནས་འཛིན་གཙོག་བྱས་རྗེས་དེ་བྱིངས་ཚང་མ་སྡེ་བདག་ཐུན་མོང་ལ་དབང་བ་ཡིན།

（3）禁止高利放贷

禁止高利放贷，借款的利率不得违反国家有关规定。借款合同对支付利息没有约定的，视为没有利息。借款合同对支付利息约定不明确，当事人不能达成补充协议的，按照当地或者当事人的交易方式、交易习惯、市场利率等因素确定利息；自然人之间借款的，视为没有利息。

（༣）སྐྱེད་ཀ་མཐོ་བའི་དངུལ་བུན་བཏང་མི་ཆོག་པ།

དེའང་སྐྱེད་ཀ་མཐོ་བའི་དངུལ་བུན་བཏང་མི་ཆོག་པ་དང་། དངུལ་བུན་གྱི་སྐྱེད་ཀའི་ཚད་གཞི་རྒྱལ་ཁབ་ཀྱི་འབྲེལ་ཡོད་གཏན་འབེབས་ལས་འགལ་མི་རུང་། དངུལ་གཡར་གན་རྒྱའི་ནང་སྐྱེད་ཀ་འཇལ་རྒྱའི་ཐད་ཁ་དན་མེད་ཚེ། སྐྱེད་ཀ་མེད་པར་བརྩི་རྒྱ་ཡིན། དངུལ་གཡར་གན་རྒྱའི་ནང་སྐྱེད་ཀ་འཇལ་རྒྱའི་ཐད་ཁ་དན་གསལ་པོ་མེད་ཚེ། དོ་བདག་གིས་ཁ་གསབ་གྲོས་མཐུན་བཞག་མི་རུང་བར་ས་གནས་དེ་གའམ་ཡང་ན་དོ་བདག་གི་བརྗེ་ཚོང་བྱ་ཐབས་དང་བརྗེ་ཚོང་

གོམས་གཤིས། ཁྲིམ་རའི་སྒྲིད་ཚད་སོགས་རྒྱ་རྐྱེན་ལ་གཞིགས་ཏེ་སྒྲིད་ཀ་གཏན་འཁེལ་བྱ་དགོས། རང་བྱུང་མིའི་དབར་དངུལ་བུན་གཏོང་རེས་བྱས་ན་སྒྲིད་ཀ་མེད་པར་བརྩི་བ་ཡིན།

（4）界定夫妻共同债务

夫妻双方共同签字或者夫妻一方事后追认等共同意思表示所负的债务，以及夫妻一方在婚姻关系存续期间以个人名义为家庭日常生活需要所负的债务，属于夫妻共同债务。

（༤）བཟའ་ཚང་ཐུན་མོང་གི་བུ་ལོན་དབྱེ་མཚམས།

དེའང་བཟའ་ཚང་གཉིས་ཀས་མཉམ་དུ་མཆན་འགོད་བྱས་པའམ་ཡང་ན་བཟའ་ཚང་ཕྱོགས་གཅིག་གིས་གནས་ཚུལ་ཐོན་པའི་རྗེས་སུ་ཁས་བླངས་པ་སོགས་ཐུན་མོང་ནས་འཇལ་རྒྱུའི་རྣམ་པ་བསྟན་པའི་བུ་ལོན་དང་། དེ་བཞིན་བཟའ་ཚང་ཕྱོགས་གཅིག་གིས་གཉེན་སྒྲིག་འབྲེལ་བ་གནས་ སུས་ཡིན་པའི་སྐབས་སུ་རང་སྒེར་གྱི་མིང་ཐོག་ནས་ཁྱིམ་ཚང་དེ་གའི་རྣམ་ཀུན་འཚོ་བའི་དགོས་མཁོར་བརྟེན་ནས་གཡར་བའི་བུ་ལོན་ནི་བཟའ་ཚང་གཉིས་ནས་མཉམ་དུ་འཇལ་དགོས།

夫妻一方在婚姻关系存续期间以个人名义超出家庭日常生活需要所负的债务，不属于夫妻共同债务；但是，债权人能够证明该债务用于夫妻共同生活、共同生产经营或者基于夫妻双方共同意思表示的除外。

བཟའ་ཚང་ཕྱོགས་གཅིག་གིས་གཉེན་སྒྲིག་གི་འབྲེལ་བ་གནས་ལུས་སྐབས་སུ་རང་སྒེར་གྱི་མིང་ཐོག་ནས་ཁྱིམ་ཚང་གི་རྣམ་ཀུན་འཚོ་བའི་དགོས་མཁོ་ལས་བརྒལ་ཏེ་གཡར་བའི་བུ་ལོན་ནི་བཟའ་ཚང་ཐུན་མོང་གི་བུ་ལོན་དུ་བརྩི་མི་རུང་། འོན་ཀྱང་བུན་བདག་གིས་བུ་ལོན་དེ་བཟའ་ཚང་ཐུན་མོང་གི་འཚོ་བ་དང་ཐུན་མོང་གི་ཐོན་སྐྱེད་ཁེ་གཉེར་རམ་ཡང་ན་བཟའ་ཚང་ཐུན་མོང་གི་བསམ་ཚུལ་བཅས་ཀྱི་ཆེད་དུ་བེད་སྤྱོད་བྱས་པ་ར་སྤྲོད་བྱེད་ཐུབ་ན་བུ་ལོན་དེ་བཟའ་ཚང་ཐུན་མོང་གིས་འཇལ་དགོས་པ་ཡིན།

（5）设立离婚冷静期

自婚姻登记机关收到离婚登记申请之日起三十日内，任何一方不愿意离婚的，可以向婚姻登记机关撤回离婚登记申请。前款规定期限届满后三十日内，双方应当亲自到婚姻登记机关申请发给离婚证；未申请的，视为撤回离婚登记申请。

（༥）གཉེན་འཐོར་བསམ་གཞིག་དུས་བཀག

དེའང་གཉེན་སྒྲིག་ཐོ་འགོད་ལས་ཁུངས་ལ་བཟའ་ཚང་ཁ་བྲལ་གྱི་ཐོ་འགོད་རེ་ཞུ་འབྱོར་བ་ནས་བཟུང་ཉིན་སུམ་ཅུའི་ནང་ཁ་འབྲལ་འདོད་མེད་པའི་ཕྱོགས་གང་རུང་ཞིག་གིས་གཉེན་སྒྲིག་ཐོ་འགོད་ལས་ཁུངས་ནས་བཟའ་ཚང་ཁ་བྲལ་གྱི་ཐོ་འགོད་རེ་ཞུ་ཕྱིར་འཐེན་བྱས་ཆོག དོན་ཚན་གོང་མའི་གཏན་འབེབས་དུས་བཀག་ཡོལ་ནས་ཉིན་སུམ་ཅུ་སོང་ན་བཟའ་ཚང་གཉིས་ཀ་དངོས་སུ་གཉེན་སྒྲིག་ཐོ་འགོད་ལས་ཁུངས་ལ་བཟའ་ཚང་ཁ་བྲལ་གྱི་ལག་ཁྱེར་སྤྲོད་རྒྱུའི་རེ་ཞུ་བྱེད་པར་ཡོང་དགོས། རེ་ཞུ་མ་བྱས་ཚེ་བཟའ་ཚང་ཁ་བྲལ་གྱི་ཐོ་འགོད་རེ་ཞུ་རང་འགུགས་ཀྱིས་ཕྱིར་འཐེན་བྱས་པར་བརྩི་བ་ཡིན།

（6）侄子、外甥也可以继承财产

将代位继承扩大至被继承人的兄弟姐妹先于被继承人死亡的情形，使得被继承人的侄、甥获得第二顺位法定继承人资格，突破了原先晚辈直系血亲的限制。

（༦）ཕོ་རྒྱུད་ཚ་བོ་དང་མོ་རྒྱུད་ཚ་བོས་ཀྱང་ཤུལ་ནོར་རྒྱུན་འཛིན་བྱས་ཆོག་པ།

དེའང་ཚབ་བྱེད་རྒྱུན་འཛིན་བྱེད་སྟངས་རྒྱ་ཆེར་བཏང་བ་སྟེ། ཤུལ་ནོར་བདག་པོའི་གཅེན་གཅུང་མིང་སྲིང་སྔོན་ནས་གྲོངས་པ་ཡིན་ཆེ་ཤུལ་ནོར་བདག་པོའི་ཕོ་རྒྱུད་ཚ་བོ་དང་མོ་རྒྱུད་ཚ་བོར་ཤུལ་ནོར་རྒྱུན་འཛིན་པ་ཨང་གཉིས་པའི་ཐོབ་ཐང་ཡོད་ཅིང་། དེ་སྔའི་མི་རབས་རྗེས་མའི་ཐད་ཀའི་སྐྱུན་མཆེད་ཀྱི་ཚོད་བཀག་ལས་བརྒལ་ཡོད།

（7）增加遗嘱形式

打印遗嘱应当有两个以上见证人在场见证。遗嘱人和见证人应当在遗嘱每一页签名，注明年、月、日。

（༧）ཁ་ཆེམས་འཇོག་སྟངས་ཁ་སྣོན་བྱས་པ།

ཁ་ཆེམས་པར་དུ་འདེབས་སྐབས་གཞོགས་ལ་དཔང་མི་གཉིས་ཡན་ཡོད་དགོས། ཁ་ཆེམས་འཇོག་མཁན་དང་དཔང་མི་གཉིས་ཀ་ནས་ཁ་ཆེམས་ཡི་གེའི་ཤོག་ལྷེ་ཚང་མའི་ཐོག་མིང་རྟགས་འགོད་པ་དང་མིང་རྟགས་འགོད་པའི་ལོ་དང་ཟླ་བ། ཚེས་པ་བཅས་དུས་ཚོད་གསལ་པོ་འབྲི་དགོས།

（8）守护“头顶上的安全”

禁止高空抛物。从建筑物中抛掷物品或者从建筑物上坠落的物品造成他人损害的，由侵权人依法承担侵权责任；经调查难以确定具体侵权人的，除能够证明自己不是侵权人的外，由可能加害的建筑物使用人给予补偿。可能加害的建筑物使用人补偿后，有权向侵权人追偿。

（༨）“མགོ་ཐོག་གི་བདེ་འཇགས”སྲུང་སྐྱོབ་བྱ་ཐབས།

དེའང་མཐོ་ས་ནས་དངོས་པོ་གཡུག་མི་རུང་བ་སྟེ། ཁང་ཁྱིམ་སོགས་མཐོ་ས་ནས་དངོས་པོ་དབྱུག་པའམ་ཡང་ན་ཁང་ཁྱིམ་སོགས་མཐོ་ས་ནས་དངོས་པོ་ལྷུང་སྟེ་མི་གཞན་ལ་གནོད་འཚེ་བཟོས་ཚེ། དབང་གནོད་གཏོང་མཁན་གྱིས་ཁྲིམས་ལྟར་དབང་གནོད་འགན་འཁྲི་འཁུར་དགོས། བརྟག་དཔྱད་བྱས་ཀྱང་དབང་གནོད་གཏོང་མཁན་ཡང་སླེང་སུ་ཡིན་མི་ཤེས་པ་དང་། རང་ཉིད་

དབང་གནོད་གཏོང་མཁན་མིན་པ་ར་སྤྲོད་བྱེད་ཐུབ་པ་ཕུད། གནོད་སྐྱོན་བཟོ་སྲིད་པའི་ཁང་ཁྱིམ་སོགས་བེད་སྤྱོད་བྱེད་མཁན་ནས་ཁ་གསབ་སྤྲོད་དགོས། གནོད་སྐྱོན་བཟོ་སྲིད་པའི་ཁང་ཁྱིམ་སོགས་བེད་སྤྱོད་བྱེད་མཁན་གྱིས་གུན་གསབ་སྤྲད་རྗེས་སྤྱར་དབང་གནོད་གཏོང་མཁན་ཕྱོགས་ནས་གུན་གསབ་ཀྱི་སྙིན་པ་ལེན་དབང་ཡོད།

（9）肖像权侵权不再看“是否以营利为目的了”

任何组织或者个人不得以丑化、污损，或者利用信息技术手段伪造等方式侵害他人的肖像权。未经肖像权人同意，不得制作、使用、公开肖像权人的肖像，但是法律另有规定的除外。

（༩）འདྲ་བརྙན་ཁེ་དབང་གི་དབང་གནོད་ཐད་ཕྱིས་འགྱུར“ཁེ་བོགས་དམིགས་ཡུལ་དུ་འཛིན་པ་ཡིན་མིན་”ལ་མི་བལྟ་བ།

དེའང་རྩ་འཛུགས་སམ་མི་སྒེར་གང་འདྲ་ཞིག་ཡིན་རུང་། དམའ་འབེབས་དང་བཙོག་སྐྱོན་བཏང་བ། ཡང་ན་ཆ་འཕྲིན་ལག་རྩལ་གྱི་ཐབས་ལ་བརྟེན་ནས་རྫུན་བཟོ་སོགས་བྱས་ཏེ་མི་གཞན་གྱི་འདྲ་བརྙན་ཁེ་དབང་ལ་གནོད་སྐྱོན་གཏོང་མི་ཆོག བཅའ་ཁྲིམས་ཀྱི་གཏན་འབེབས་ནང་ཚུད་པ་ཕུད། འདྲ་བརྙན་བདག་པོའི་མོས་མཐུན་མ་ཐོབ་པར་འདྲ་བརྙན་བཟོ་བཞེངས་དང་བེད་སྤྱོད། ཡོངས་བསྒྲགས་བཅས་བྱེད་མི་ཆོག

（10）“熊孩子”给主播打赏，可以要求对方退还

八周岁以上的未成年人为限制民事行为能力人，实施民事法律行为由其法定代理人代理或者经其法定代理人同意、追认；但是，可以独立实施纯获利益的民事法律行为或者与其年龄、智力相适应的民事法律行为。

（༡༠）“ཕྲུ་གུ་འཚུབ་པོ་”ཡིས་བརྙན་སྣོན་པར་བྱ་དགའི་དངུལ་སྤྲད་ན་ཕྱིར་སྤྲོད་བྱ་རྒྱུའི་རེ་བ་འདོན་ཆོག་པ།

རང་ལོ་བརྒྱད་ཡན་གྱི་ནར་མ་སོན་པའི་མི་ནི་དམངས་དོན་བྱ་སྤྱོད་ཀྱི་ནུས་པར་ཚོད་བཀག་ཡོད་པའི་མི་ཡིན། དམངས་དོན་བཅའ་ཁྲིམས་ཀྱི་དོན་དག་གཙོད་སྐབས། མི་དེའི་ཁྲིམས་བཀོད་ཚབ་བྱེད་མི་སྣས་ཚབ་བྱེད་པའམ་ཡང་ན་དེའི་ཁྲིམས་བཀོད་ཚབ་བྱེད་མི་སྣའི་མོས་

མཐུན་དང་རྗེས་སུ་ཁས་ལེན་ཐོབ་པ་བྱ་དགོས། འོན་ཀྱང་ཁེ་བཟང་རྒྱུད་རྒྱུད་ཐོབ་པའི་དམངས་དོན་བཅའ་ཁྲིམས་བྱ་སྤྱོད་དམ་ཡང་ན་མི་དེའི་ལོ་ཚོད་དང་རིག་སྟོབས་དང་འཚམ་པའི་དམངས་དོན་བཅའ་ཁྲིམས་བྱ་སྤྱོད་ཁེར་རྐྱང་ཐོག་ལག་བསྟར་བྱས་ཆོག

（11）男性可以要求不“被性骚扰”了

违背他人意愿，以言语、文字、图像、肢体行为等方式对他人实施性骚扰的，受害人有权依法请求行为人承担民事责任。

（༡༡）སྐྱེས་པས“ཆགས་རྙེད་ཞེ་བསྣུན་”མི་བཟོ་བའི་རེ་བ་འདོན་ཆོག་པ།

མི་གཞན་གྱི་འདོད་མོས་དང་འགལ་ནས་སྐད་ཆ་དང་ཡི་གེ པར་རིས། ཡན་ལག་བྱ་སྤྱོད་སོགས་ཀྱི་བྱེད་སྟངས་ཐོག་ནས་མི་གཞན་ལ“ཆགས་རྙེད་ཞེ་བསྣུན་”བཟོས་ཚེ། གནོད་འཚེ་ཕོག་མཁན་གྱིས་ཁྲིམས་ལྟར་བྱ་སྤྱོད་སྤེལ་མཁན་ལ་དམངས་དོན་འགན་འཁྲི་འཁུར་དགོས་པའི་རེ་ཞུ་བྱེད་དབང་ཡོད།

（12）人肉他人信息的，准备好承担责任

自然人享有隐私权。任何组织或者个人不得以刺探、侵扰、泄露、公开等方式侵害他人的隐私权。处理个人信息的，应当遵循合法、正当、必要原则，不得过度处理，并符合下列条件：（一）征得该自然人或者其监护人同意，但是法律、行政法规另有规定的除外；（二）公开处理信息的规则；（三）明示处理信息的目的、方式和范围；（四）不违反法律、行政法规的规定和双方的约定。个人信息的处理包括个人信息的收集、存储、使用、加工、传输、提供、公开等。

（༡༢）མི་གཞན་གྱི་ཆ་འཕྲིན་དྲ་ཐོག་དམར་འཚོལ་བྱས་རིགས་ལ་འགན་འཁྲི་འཁུར་རྒྱུའི་གྲ་སྒྲིག་བྱ་དགོས།

རང་བྱུང་མིར་སྒེར་གྱི་གསང་བའི་དབང་ཆ་ཡོད། རྩ་འཛུགས་སམ་མི་སྒེར་གང་འདྲ་ཞིག་ཡིན་རུང་ཉམས་ཚོད་དང་བསྣུན་གཅེས། ཕྱིར་རྔོལ། ཡོངས་བསྒྲགས་སོགས་ཀྱི་བྱ་ཐབས་ཐོག

ནས་མི་གཞན་གྱི་སྒེར་གྱི་གསང་བའི་དབང་ཆར་གནོད་སྐྱོན་གཏོང་མི་ཆོག མི་སྒེར་གྱི་ཆ་འཕྲིན་ཐག་གཅོད་བྱེད་སྐབས། ཁྲིམས་མཐུན་དང་ལུགས་མཐུན། དགོས་ངེས་ཀྱི་རྩ་དོན་བཅས་ལ་བརྩི་འཛོག་བྱེད་དགོས་པ་ལས་ཐལ་དྲགས་པའི་ཐག་གཅོད་བྱེད་མི་རུང་བ་དང་གཤམ་གསལ་གྱི་དོན་ཚན་ཁག་དང་མཐུན་པ་བྱེད་དགོས་པ་སྟེ། གཅིག རང་བྱུང་གི་མི་དེ་རང་ངམ་ཡང་ན་ལྟ་སྐྱོང་པའི་མོས་མཐུན་ཐོབ་པ་བྱ་དགོས། འོན་ཀྱང་ཁྲིམས་ལུགས་དང་སྲིད་འཛིན་ཁྲིམས་སྲོལ་ནང་གནད་འཕེབས་གཞན་དག་ཡོད་པ་དེར་ཚུད་མེད། གཉིས། ཆ་འཕྲིན་ཐག་གཅོད་བྱེད་པའི་རྩ་དོན་ཡོངས་བསྒྲགས་བྱེད་དགོས་པ། གསུམ། ཆ་འཕྲིན་ཐག་གཅོད་བྱེད་པའི་དམིགས་ཡུལ་དང་བྱ་ཐབས། ཁྱབ་ཁོངས་བཅས་གསལ་སྟོན་བྱ་དགོས་པ། བཞི། བཅའ་ཁྲིམས་དང་སྲིད་འཛིན་ཁྲིམས་སྲོལ་གྱི་གནད་འཕེབས་དང་ཕྱོགས་གཉིས་པོའི་ཁ་ཆད་ལས་མ་འགལ་བ་བྱེད་དགོས་པ། མི་སྒེར་གྱི་ཆ་འཕྲིན་ཐག་གཅོད་བྱེད་པའི་ནང་མི་སྒེར་གྱི་ཆ་འཕྲིན་བསྡུ་རུབ་དང་ཉར་འཛོག་བེད་སྤྱོད། ཁ་སྣོན། བརྒྱུད་གཏོང་། མངོ་འདོན། ཡོངས་བསྒྲགས་སོགས་ཚུད་ཡོད།

五、未成年人保护

ལྔ་པ། ནར་མ་སོན་པའི་མི་རར་སྲུང་སྐྱོབ་བྱ་ཐབས།

1. 新修订的《中华人民共和国未成年人保护法》是什么时候开始施行？包括哪些方面的内容？有何意义？

༡.གསར་དུ་བཟོ་བཅོས་གཏན་འཁེལ་བྱས་པའི་《ཀྲུང་ཧྭ་མི་དམངས་སྤྱི་མཐུན་རྒྱལ་ཁབ་ཀྱི་ནར་མ་སོན་པའི་མིའི་སྲུང་སྐྱོང་སྐོར་གྱི་བཅའ་ཁྲིམས་》ག་དུས་ནས་ལག་བསྟར་བྱས་པ་ཡིན་ནམ། དེའི་ནང་ཕྱོགས་གང་དག་གི་ནང་དོན་ཚུད་ཡོད་དམ། དེར་དོན་སྙིང་གང་འདྲ་ལྡན་ནམ།

《中华人民共和国未成年人保护法》是未成年人保护领域最重要的一部法律。新修订的《中华人民共和国未成年人保护法》自 2021 年 6 月 1 日起施行。

《ཀྲུང་ཧྭ་མི་དམངས་སྤྱི་མཐུན་རྒྱལ་ཁབ་ཀྱི་ནར་མ་སོན་པའི་མིའི་སྲུང་སྐྱོང་སྐོར་གྱི་བཅའ་ཁྲིམས་》ནི་ནར་མ་སོན་པའི་མིར་སྲུང་སྐྱོབ་བྱེད་པའི་ཁྱབ་ཁོངས་ཀྱི་བཅའ་ཁྲིམས་གལ་ཆེ་ཤོས་ཤིག་ཡིན། གསར་དུ་བཟོ་བཅོས་གཏན་འཁེལ་བྱས་པའི་《ཀྲུང་ཧྭ་མི་དམངས་སྤྱི་མཐུན་རྒྱལ་

ཁབ་ཀྱི་ནར་མ་སོན་པའི་མིའི་སྲུང་སྐྱོང་སྐོར་གྱི་བཅའ་ཁྲིམས་》དེ་སྤྱི་ལོ་༢༠༢༡ལོའི་ཟླ་བ་༦པའི་ཚེས་༡ཉིན་ནས་ལག་བསྟར་བྱེད་འགོ་ཚུགས་ཡོད།

新修订的《中华人民共和国未成年人保护法》分为总则、家庭保护、学校保护、社会保护、网络保护、政府保护、司法保护、法律责任和附则，共九章一百三十二条。该法充分回应了社会对未成年人保护问题的关切，构建了全方位、立体化的未成年人保护体系，开启了我国未成年人保护事业发展的新篇章。

《ཀྲུང་ཧྭ་མི་དམངས་སྤྱི་མཐུན་རྒྱལ་ཁབ་ཀྱི་ནར་མ་སོན་པའི་མིའི་སྲུང་སྐྱོང་སྐོར་གྱི་བཅའ་ཁྲིམས་》ཞེས་པའི་ནང་སྤྱིའི་རྩ་དོན་དང་ཁྱིམ་ཚང་གིས་སྲུང་སྐྱོབ། སློབ་གྲྭས་སྲུང་སྐྱོབ། སྤྱི་ཚོགས་ཀྱིས་སྲུང་སྐྱོབ། དྲ་རྒྱས་སྲུང་སྐྱོབ། སྲིད་གཞུང་གིས་སྲུང་སྐྱོབ། ཁྲིམས་འཛིན་གྱིས་སྲུང་སྐྱོབ། བཅའ་ཁྲིམས་འགན་འཁྲི་དང་ཞར་བྱུང་དོན་ཚན་བཅས་ཁྱོན་ལེའུ་དགུ་དང་དོན་ཚན་བརྒྱ་དང་སུམ་ཅུ་སོ་གཉིས་ལ་དབྱེ་ཡོད། བཅའ་ཁྲིམས་དེས་སྤྱི་ཚོགས་ཀྱིས་ནར་མ་སོན་པའི་མིར་སྲུང་སྐྱོབ་བྱ་རྒྱའི་གནད་དོན་ལ་དོ་ཁུར་གང་ལེགས་བྱེད་པ་མཚོན་པ་དང་། དེས་ཕྱོགས་ཡོངས་དང་འབུར་དུ་མངོན་པའི་ཐོག་ནས་ནར་མ་སོན་པའི་མིར་སྲུང་སྐྱོབ་བྱ་རྒྱའི་མ་ལག་གྲུབ་པ་དང་། རང་རྒྱལ་གྱི་ནར་མ་སོན་པའི་མིར་སྲུང་སྐྱོབ་བྱེད་པའི་བྱ་གཞག་གོང་འཕེལ་གྱི་ལེའུ་གསར་པ་ཞིག་བརྩམས་ཡོད།

2. 什么是未成年人？

༢.གང་འདྲ་ཞིག་ལ་ནར་མ་སོན་པའི་མི་ཟེར་རམ།

未成年人是指未满十八周岁的公民。

ནར་མ་སོན་པའི་མི་ཞེས་པ་ནི་ལོ་ན་བཅོ་བརྒྱད་མ་ཟིན་པའི་སྤྱི་དམངས་ལ་ཟེར་བ་ཡིན།

3. 未成年人都有哪些权利？

༣.ནར་མ་སོན་པའི་མིར་ཁེ་དབང་གང་དག་ཡོད་དམ།

根据《中华人民共和国未成年人保护法》规定，国家保障未成年人的生存权、发展权、受保护权、参与权等权利。

《ཀྲུང་ཧྭ་མི་དམངས་སྤྱི་མཐུན་རྒྱལ་ཁབ་ཀྱི་ནར་མ་སོན་པའི་མིའི་སྲུང་སྐྱོང་སྐོར་གྱི་བཅའ་ཁྲིམས་》ཀྱི་གཏན་འབེབས་ལ་གཞིགས་ན། རྒྱལ་ཁབ་ཀྱིས་ནར་མ་སོན་པའི་མིའི་འཚོ་གནས་དབང་ཆ་དང་འཕེལ་རྒྱས་དབང་ཆ། ཐེ་ཞུགས་དབང་ཆ་སོགས་ལ་འགན་སྲུང་བྱེད་བཞིན་ཡོད།

未成年人依法平等地享有各项权利，不因本人及其父母或者其他监护人的民族、种族、性别、户籍、职业、宗教信仰、教育程度、家庭状况、身心健康状况等受到歧视。

ནར་མ་སོན་པའི་མིར་ཁྲིམས་ལྟར་དབང་ཆ་ཁག་ལོངས་སྤྱོད་བྱེད་དབང་ཡོད། རང་ཉིད་དང་ཕ་མའམ་ཡང་ན་ལྟ་སྐྱོང་བྱེད་མཁན་གཞན་དག་གི་མི་རིགས་དང་རིགས་རྒྱུད། ཕོ་མོ། ཐེམ་ཐོ། ལས་རིགས། ཆོས་དད། སློབ་གསོ་ཐོབ་ཚད། ཁྱིམ་ཚང་གི་གནས་ཚུལ། ལུས་སེམས་བདེ་ཐང་གི་གནས་ཚུལ་སོགས་ཀྱིས་རྐྱེན་པས་མཐོང་ཆུང་ཐོག་མི་རུང་།

4. 保护未成年人，应该坚持什么原则？

༤.ནར་མ་སོན་པའི་མིར་སྲུང་སྐྱོབ་བྱེད་སྐབས། རྩ་དོན་གང་ཞིག་རྒྱུན་འཁྱོངས་བྱེད་དགོས་སམ།

根据《中华人民共和国未成年人保护法》规定，保护未成年人应当坚持最有利于未成年人的原则。处理涉及未成年人事项，应当符合下列要求：

《ཀྲུང་ཧྭ་མི་དམངས་སྤྱི་མཐུན་རྒྱལ་ཁབ་ཀྱི་ནར་མ་སོན་པའི་མིའི་སྲུང་སྐྱོང་སྐོར་གྱི་བཅའ་ཁྲིམས་》ཀྱི་གཏན་འབེབས་ལ་གཞིགས་ན། ནར་མ་སོན་པའི་མིར་སྲུང་སྐྱོབ་བྱེད་སྐབས། ནར་མ་སོན་པའི་མིར་ཕན་ཐོགས་ཆེ་ཤོས་ལྡན་པའི་རྩ་དོན་རྒྱུན་འཁྱོངས་བྱེད་དགོས་ཤིང་།

ནར་མ་སོན་པའི་མི་དང་འབྲེལ་བ་ཡོད་པའི་ལས་དོན་ཐག་གཅོད་བྱེད་སྐབས། གཤམ་གསལ་ལྟང་བྱ་ཁག་དང་མཐུན་དགོས་པ་སྟེ།

（1）给予未成年人特殊、优先保护；

（༡）ནར་མ་སོན་པའི་མིར་དམིགས་བསལ་དང་གཟིགས་སྔོང་ཐོག་ནས་སྲུང་སྐྱོབ་བྱ་དགོས།

（2）尊重未成年人人格尊严；

（༢）ནར་མ་སོན་པའི་མིའི་ཐོབ་ཐང་དང་ལ་རྒྱུར་བརྩི་འཇོག་བྱ་དགོས།

（3）保护未成年人隐私权和个人信息；

（༣）ནར་མ་སོན་པའི་མིའི་སྒེར་དོན་གསང་བའི་དབང་ཆ་དང་སྒེར་གྱི་ཆ་འཕྲིན་སྲུང་སྐྱོབ་བྱ་དགོས།

（4）适应未成年人身心健康发展的规律和特点；

（༤）ནར་མ་སོན་པའི་མིའི་ལུས་སེམས་གཉིས་བདེ་ཐང་དང་འཕེལ་རྒྱས་ཡོང་བའི་ཆོས་ཉིད་དང་ཁྱད་ཆོས་དང་འཚམ་པ་བྱ་དགོས།

（5）听取未成年人的意见；

（༥）ནར་མ་སོན་པའི་མིའི་བསམ་འཆར་ཉན་དགོས།

（6）保护与教育相结合。

（༦）སྲུང་སྐྱོབ་དང་སློབ་གསོ་གཉིས་ཟུང་འབྲེལ་བྱ་དགོས།

5. 未成年人的父母或者其他监护人应当履行哪些监护职责？

༥.ནར་མ་སོན་པའི་མིའི་ཕ་མ་དང་ལྟ་སྐྱོང་པ་གཞན་དག་གིས་ལྟ་སྐྱོང་གི་འགན་འཁྲི་གང་དག་འཁུར་དགོས་སམ།

根据《中华人民共和国未成年人保护法》规定，未成年人的父母或者其他监护人应当履行下列监护职责：

《ཀྲུང་ཧྭ་མི་དམངས་སྤྱི་མཐུན་རྒྱལ་ཁབ་ཀྱི་ནར་མ་སོན་པའི་མིའི་སྲུང་སྐྱོང་སྐོར་གྱི་བཅའ་ཁྲིམས་》ཀྱི་གཏན་འབེབས་ལ་གཞིགས་ན། ནར་མ་སོན་པའི་མིའི་ཕ་མ་དང་ཡང་ན་ལྟ་སྐྱོང་བྱེད་མཁན་གཞན་དག་གིས་གཤམ་གསལ་གྱི་ལྟ་སྐྱོང་འགན་འཁྲི་འཁུར་དགོས་པ་སྟེ།

（1）为未成年人提供生活、健康、安全等方面的保障；

（༡）ནར་མ་སོན་པའི་མིའི་འཚོ་བ་དང་བདེ་ཐང་། བདེ་འཇགས་སོགས་ཀྱི་ཐད་འགན་སྲུང་བྱ་དགོས།

（2）关注未成年人的生理、心理状况和情感需求；

（༢）ནར་མ་སོན་པའི་མིའི་ལུས་ཁམས་དང་སེམས་ཁམས་ཀྱི་གནས་ཚུལ། བརྩེ་དུང་གི་དགོས་མཁོ་སོགས་ལ་དོ་སྣང་བྱ་དགོས།

（3）教育和引导未成年人遵纪守法、勤俭节约，养成良好的思想品德和行为习惯；

（༣）ནར་མ་སོན་པའི་མིར་སྒྲིག་ཁྲིམས་བརྩི་སྲུང་དང་གྲོན་ཆུང་བསྲི་ཚགས་བྱ་རྒྱའི་སློབ་གསོ་དང་ཁྲིད་སྟོན་བྱས་ནས། བསམ་བློ་ཀུན་སྤྱོད་དང་། བྱ་སྤྱོད་ཐད་གོམས་གཤིས་བཟང་པོ་ཆགས་པ་བྱ་དགོས།

（4)对未成年人进行安全教育，提高未成年人的自我保护意识和能力；

（༤)ནར་མ་སོན་པའི་མིར་བདེ་འཇགས་སློབ་གསོ་བརྒྱབ་སྟེ། ནར་མ་སོན་པའི་མིའི་རང་ཉིད་སྲུང་སྐྱོབ་ཀྱི་འདུ་ཤེས་དང་ནུས་པ་ཆེ་རུ་གཏོང་དགོས།

（5）尊重未成年人受教育的权利，保障适龄未成年人依法接受并完成义务教育；

（༥）ནར་མ་སོན་པའི་མིའི་སློབ་གསོ་སྐྱོང་བའི་དབང་ཆར་བརྩི་འཛོག་བྱེད་པ་དང་། ཁོ་ཚོས་འོས་འགན་སློབ་གསོ་དང་ལེན་བྱེད་པ་དང་སྦྱགས་ལེགས་འགྲུབ་བྱ་རྒྱུ་འགན་སྲུང་བྱ་དགོས།

（6）保障未成年人休息、娱乐和体育锻炼的时间，引导未成年人进行有益身心健康的活动；

（༦）ནར་མ་སོན་པའི་མིའི་ངལ་གསོ་དང་སྒོ་རྩེད། ལུས་རྩལ་སྦྱོང་བརྡར་བཅས་ཀྱི་དུས་ཚོད་འགན་སྲུང་དང་། ནར་མ་སོན་པའི་མིས་ལུས་སེམས་བདེ་ཐང་ལ་ཕན་པའི་བྱེད་སྒོ་སྤེལ་རྒྱུར་ཁྲིད་སྟོན་བྱ་དགོས།

（7）妥善管理和保护未成年人的财产；

（༧）ནར་མ་སོན་པའི་མིའི་རྒྱུ་ནོར་འོས་ཤིང་འཚམ་པའི་ངང་དོ་དམ་དང་སྲུང་སྐྱོབ་བྱ་དགོས།

（8）依法代理未成年人实施民事法律行为；

（༨）ཁྲིམས་ལྟར་ནར་མ་སོན་པའི་མིའི་ཚབ་བྱས་ཏེ་དམངས་དོན་བཅའ་ཁྲིམས་ཀྱི་བྱ་སྤྱོད་ལག་བསྟར་བྱ་དགོས།

（9）预防和制止未成年人的不良行为和违法犯罪行为，并进行合理管教；

（༩）ནར་མ་སོན་པའི་མིའི་སྤྱོད་ཚུལ་ངན་པ་དང་ཁྲིམས་འགལ་ཉེས་གསོག་གི་བྱ་སྤྱོད་སྔོན་འགོག་དང་བཀག་འདོམས་བྱེད་པ་མ་ཟད། ལུགས་མཐུན་ངང་དོ་དམ་སློབ་གསོ་རྒྱག་དགོས།

（10）其他应当履行的监护职责。

（༡༠）ད་དུང་ལྟ་སྐྱོང་གི་འགན་འཁྲི་གཞན་དག་ལག་བསྟར་བྱ་དགོས།

6. 父母外出打工，能不能将未成年人交给有酗酒恶习的亲属监护？

༦.ཕ་མ་གཉིས་ཕྱི་ཕྱོགས་ལ་གླ་པར་འགྲོ་དགོས་བྱུག་ཆེ། ནར་མ་སོན་པའི་མི་ཆང་རག་བག་མེད་འཐུང་བའི་གོམས་གཤིས་ངན་པ་ཡོད་པའི་སྤུན་མཆེད་ལ་ལྟ་སྐྱོང་བྱེད་དུ་འཇུག་ན་འགྲིག་གམ།

不能。根据《中华人民共和国未成年人保护法》规定，未成年人的父母或者其他监护人在确定被委托人时，应当综合考虑其道德品质、家庭状况、身心健康状况、与未成年人生活情感上的联系等情况，并听取有表达意愿能力未成年人的意见。

དེ་ནི་མི་འགྲིག་སྟེ། 《ཀྲུང་ཧྭ་མི་དམངས་སྤྱི་མཐུན་རྒྱལ་ཁབ་ཀྱི་ནར་མ་སོན་པའི་མིའི་སྲུང་སྐྱོང་སྲོར་གྱི་བཅའ་ཁྲིམས་》ཀྱི་གཏན་འབེབས་ལ་གཞིགས་ན། ནར་མ་སོན་པའི་མིའི་ཕ་མ་གཉིས་སམ་ཡང་ན་ལྟ་སྐྱོང་བྱེད་མཁན་གཞན་དག་གིས་ལྷ་གུ་དེ་མི་གཞན་ལ་མངགས་བཅོལ་བྱེད་རྒྱུར་ཐག་གཅོད་སྐབས། མི་གཞན་དེའི་ཀུན་སྤྱོད་དང་གཤིས་ཀ ཁྱིམ་ཚང་གི་གནས་ཚུལ། ལུས་སེམས་བདེ་ཐང་གི་གནས་ཚུལ། དེ་བཞིན་ནར་མ་སོན་པའི་མིའི་བརྩེ་དུང་ཐད་ཀྱི་འབྲེལ་བའི་གནས་ཚུལ་སོགས་ཁྱོན་ཡོངས་ལ་བསམ་བློ་གཏོང་དགོས་པ་མ་ཟད། བསམ་འདུན་བཤད་ནུས་ཡོད་པའི་ནར་མ་སོན་པའི་མིའི་བསམ་འཆར་ཉན་དགོས།

具有下列情形之一的，不得作为被委托人：

དེའང་གཤམ་གསལ་གྱི་གནས་ཚུལ་རིགས་ཡོད་ཚེ། མི་དེ་རིགས་ལ་མངགས་བཅོལ་བྱེད་མི་རུང་སྟེ།

（1）曾实施性侵害、虐待、遗弃、拐卖、暴力伤害等违法犯罪行为；

（༡）དེ་སྔ་བཙན་གཡེམ་དང་། མནར་གཅོད། བསྐྱུར་པ། བསླུས་ཚོང་། གཏུམ་སྤྱོད་བཅས་ཀྱི་གནོད་འཚེ་བཏང་སྒྱུར་བ་སོགས་ཁྲིམས་འགལ་ཉེས་གསོག་གི་བྱ་སྤྱོད་ཡོད་པ།

（2）有吸毒、酗酒、赌博等恶习；

（༢）དུག་རྫས་འཐེན་པ་དང་ཆང་རག་བག་མེད་འཐུང་བ། རྒྱན་འཛུགས་པ་སོགས་ཀྱི་གོམས་གཤིས་ངན་པ་ཡོད་པ།

（3）曾拒不履行或者长期怠于履行监护、照护职责；

（༣）སྔར་ལྟ་སྐྱོང་དང་ལྟ་རྟོག་གི་འགན་འཁྲི་འཁུར་རྒྱུ་ཁས་མ་བླངས་པ་དང་ཁས་ལུན་རིང་མ་བླངས་པའི་མི།

（4）其他不适宜担任被委托人的情形。

（༤）ད་དུང་མངགས་བཅོལ་བྱ་རྒྱར་མི་འཚམ་པའི་གནས་ཚུལ་གཞན་དག་ཡོད་རིགས།

7. 美术馆展览向未成年人收取全价门票的做法合理吗？

༧.མཛེས་རྩལ་ཁང་གིས་འགྲེམས་སྟོན་བྱེད་སྐབས་ནར་མ་སོན་པའི་མིའི་ལག་ནས་འཛུལ་སྒོའི་པ་སེའི་རིན་པ་ཆ་ཚང་བླངས་ན་འགྲིག་གམ།

不合理。根据《中华人民共和国未成年人保护法》规定，爱国主义教育基地、图书馆、青少年宫、儿童活动中心、儿童之家应当对未成年人免费开放；博物馆、纪念馆、科技馆、展览馆、美术馆、文化馆、社区公益性互联网上网服务场所以及影剧院、体育场馆、动物园、植物园、公园等场所，应当按照有关规定对未成年人免费或者优惠开放。

དེ་ནི་མི་འགྲིག་སྟེ། 《ཀྲུང་ཧྭ་མི་དམངས་སྤྱི་མཐུན་རྒྱལ་ཁབ་ཀྱི་ནར་མ་སོན་པའི་མིའི་

སྲུང་སྐྱོང་སྐོར་གྱི་བཅའ་ཁྲིམས》ཀྱི་གཏན་འབེབས་ལ་གཞིགས་ན། རྒྱལ་གཅེས་རིང་ལུགས་ཀྱི་སློབ་གསོའི་རྟེན་གཞི་དང་དཔེ་མཛོད་ཁང་། ལོ་ཆུང་གཞོན་ནུའི་ཕོ་བྲང་། བྱིས་པའི་བྱེད་སྒོའི་ལྟེ་གནས། བྱིས་པའི་ཁྱིམ་ཚང་བཅས་ཀྱིས་ནར་མ་སོན་པའི་མིར་རིན་མེད་ཐོག་སྒོ་འབྱེད་དགོས། དངོས་མང་བཤམས་མཛོད་ཁང་དང་དྲན་གསོ་ཁང་། ཚན་རྩལ་ཁང་། འགྲེམས་སྟོན་ཁང་། མཛེས་རྩལ་ཁང་། རིག་གནས་ཁང་། སྤྱི་ཁྱབ་ཀྱི་སྤྱི་ཕན་རང་བཞིན་གྱི་དུ་རྟེན་ཞབས་ཞུ་ཁང་། དེ་བཞིན་གློག་བརྙན་དང་ཟློས་གར་ཁང་། ལུས་རྩལ་ཁང་། སྤོག་ཚགས་གླིང་། རྩེ་ཤིང་གླིང་ག སྤྱི་གླིང་སོགས་ཀྱིས་འབྲེལ་ཡོད་གཏན་འབེབས་ལྟར་ནར་མ་སོན་པའི་མིར་རིན་མེད་དམ་ཡང་ན་གཟིགས་སྐྱོང་ཡོད་པའི་ཐོག་ནས་སྒོ་འབྱེད་དགོས།

8. 酒店在接待未成年人入住时有何特殊要求?

༨.ནར་མ་སོན་པའི་མི་མགྲོན་ཁང་ལ་སྡོད་སྐབས་སྣེ་ལེན་བྱེད་པར་དམིགས་བསལ་གྱི་རེ་བ་གང་ཡོད་དམ།

根据《中华人民共和国未成年人保护法》规定，旅馆、宾馆、酒店等住宿经营者接待未成年人入住，或者接待未成年人和成年人共同入住时，应当询问父母或者其他监护人的联系方式、入住人员的身份关系等有关情况；发现有违法犯罪嫌疑的，应当立即向公安机关报告，并及时联系未成年人的父母或者其他监护人。

《ཀྲུང་ཧྭ་མི་དམངས་སྤྱི་མཐུན་རྒྱལ་ཁབ་ཀྱི་ནར་མ་སོན་པའི་མིའི་སྲུང་སྐྱོང་སྐོར་གྱི་བཅའ་ཁྲིམས》ཀྱི་གཏན་འབེབས་ལ་གཞིགས་ན། མགྲོན་ཁང་ཅི་རིགས་སོགས་ཞག་སྡོད་གཉེར་སྐྱོང་བྱེད་མཁན་གྱིས་ནར་མ་སོན་པའི་མི་ཞག་སྡོད་དུ་རྒྱུར་སྣེ་ལེན་བྱེད་པའམ་ཡང་ན་ནར་མ་སོན་པའི་མི་དང་ནར་སོན་པའི་མི་མཉམ་དུ་ཞག་སྡོད་དུ་རྒྱུར་སྣེ་ལེན་བྱེད་སྐབས། ཕ་མའམ་ཡང་ན་ལྷག་སྐྱོང་བྱེད་མཁན་གྱི་འབྲེལ་གཏུག་བྱེད་སྟངས་དང་། ཞག་སྡོད་བྱེད་མཁན་མི་སྣའི་ཐོབ་ཐང་འབྲེལ་བ་སོགས་ཀྱི་འབྲེལ་ཡོད་གནས་ཚུལ་སྐད་ཆ་གསལ་པོ་འདྲི་དགོས། ཁྲིམས་འགལ་ཉེས་གསོག་གི་དོགས་གཞི་ཡོད་ཚེ། འཕྲལ་མར་སྤྱི་བདེ་ལས་

ཁུངས་ལ་སྙན་སེང་ཞུ་དགོས་པ་མ་ཟད། དུས་ཐོག་ལ་ནར་མ་སོན་པའི་མིའི་ཕ་མའམ་ཡང་ན་ལྟ་སྐྱོང་བྱེད་མཁན་གཞན་དག་ལ་འབྲེལ་བ་བྱ་དགོས།

9. 未成年人能不能出入酒吧等娱乐场所？

༩.ནར་མ་སོན་པའི་མི་ཨར་ཁང་སོགས་སྤྲོ་རྩེད་ཁང་དུ་འགྲོ་ཆོག་གམ།

根据《中华人民共和国未成年人保护法》规定，学校、幼儿园周边不得设置营业性娱乐场所、酒吧、互联网上网服务营业场所等不适宜未成年人活动的场所。营业性歌舞娱乐场所、酒吧、互联网上网服务营业场所等不适宜未成年人活动场所的经营者，不得允许未成年人进入；游艺娱乐场所设置的电子游戏设备，除国家法定节假日外，不得向未成年人提供。经营者应当在显著位置设置未成年人禁入、限入标志；对难以判明是否是未成年人的，应当要求其出示身份证件。

《ཀྲུང་ཧྭ་མི་དམངས་སྤྱི་མཐུན་རྒྱལ་ཁབ་ཀྱི་ནར་མ་སོན་པའི་མིའི་སྲུང་སྐྱོང་སྐོར་གྱི་བཅའ་ཁྲིམས་》ཀྱི་གཏན་འབེབས་ལ་གཞིགས་ན། སློབ་གྲྭ་དང་བུ་བཙོལ་ཁང་གི་ཉེ་འགྲམ་དུ་ནར་མ་སོན་པའི་མིའི་བྱེད་སྒོ་སྤེལ་ས་དང་མི་འཚམ་པའི་ཁེ་གཉེར་རང་བཞིན་གྱི་རོལ་རྩེད་ཁང་དང་ཨར་ཁང་། དྲ་རྒྱ་ཞབས་ཞུའི་ཁེ་གཉེར་ཁང་སོགས་འཛུགས་མི་ཆོག ནར་མ་སོན་པའི་མིའི་བྱེད་སྒོ་སྤེལ་ས་དང་མི་འཚམ་པའི་ཁེ་གཉེར་རང་བཞིན་གྱི་གླུ་གར་རོལ་རྩེད་འདུ་ར་དང་ཨར་ཁང་། དྲ་རྒྱ་ཞབས་ཞུའི་ཁེ་གཉེར་ཁང་སོགས་ཁེ་གཉེར་བྱེད་མཁན་གྱིས་ནར་མ་སོན་པའི་མི་དེ་དག་འཛུལ་དུ་འཇུག་མི་རུང་། རོལ་རྩེད་ཁང་གིས་བཙུགས་པའི་གློག་རྒྱུལ་རོལ་རྩེད་སྒྲིག་ཆས་དག་རྒྱལ་ཁབ་ཀྱི་ཁྲིམས་བཀོད་དུས་ཆེན་དང་ངལ་གསོའི་དུས་ཚོད་ཕུད། ནར་མ་སོན་པའི་མིར་མཁོ་འདོན་བྱེད་མི་རུང་། ཁེ་གཉེར་བྱེད་མཁན་གྱིས་མངོན་གསལ་དོད་སར་ནར་མ་སོན་པའི་མི་འཛུལ་མི་ཆོག་པ་དང་འཛུལ་རྒྱུར་ཚད་བཀག་ཡོད་པའི་མཚོན་རྟགས་འབྲི་འཛུགས་བྱེད་དགོས་པ་དང་། ནར་མ་སོན་པའི་མི་ཡིན་མིན་གསལ་འབྱེད་མ་ཐུབ་ཚེ། ཁོ་པའི་ཐོབ་ཐང་ལག་ཁྱེར་སྟོན་དུ་འཇུག་དགོས།

10. 对未成年提供网络游戏服务有什么特殊要求？

༡༠.ནར་མ་སོན་པའི་མིར་དྲ་རྒྱའི་རོལ་རྩེད་ཞབས་ཞུ་མཁོ་འདོན་བྱས་ཚེ་དམིགས་བསལ་གྱི་བླང་བྱ་གང་དག་ཡོད་དམ།

根据《中华人民共和国未成年人保护法》规定，网络游戏、网络直播、网络音视频、网络社交等网络服务提供者应当针对未成年人使用其服务设置相应的时间管理、权限管理、消费管理等功能。

《ཀྲུང་ཧྭ་མི་དམངས་སྤྱི་མཐུན་རྒྱལ་ཁབ་ཀྱི་ནར་མ་སོན་པའི་མིའི་སྲུང་སྐྱོང་སྐོར་གྱི་བཅའ་ཁྲིམས》ཀྱི་གཏན་འབེབས་ལ་གཞིགས་ན། དྲ་རྒྱའི་རོལ་རྩེད་དང་དྲ་རྒྱའི་ཐད་གཏོང་། དྲ་རྒྱའི་སྒྲ་བརྙན་འཕྲིན་ལམ། དྲ་རྒྱའི་སྤྱི་འབྲེལ་སོགས་དྲ་རྒྱའི་ཞབས་ཞུ་མཁོ་འདོན་བྱེད་མཁན་གྱིས་ནར་མ་སོན་པའི་མིར་དམིགས་ནས་འོས་འཚམ་གྱི་དུས་ཚོད་དོ་དམ་དང་དབང་ཚད་དོ་དམ། འཛད་སྤྱོད་དོ་དམ་སོགས་ཀྱི་ཞབས་ཞུའི་ནུས་པ་འཛུགས་དགོས།

以未成年人为服务对象的在线教育网络产品和服务，不得插入网络游戏链接，不得推送广告等与教学无关的信息。

ནར་མ་སོན་པའི་མིར་ཞབས་ཞུ་བྱ་རྒྱུར་དམིགས་པའི་དྲ་རྒྱའི་སློབ་གསོའི་ཐོན་རྫས་དང་ཞབས་ཞུ་བྱེད་སྐབས། དྲ་རྒྱའི་རོལ་རྩེད་སྒྲིལ་མཐུད་བྱེད་མི་རུང་བ་དང་། བདེ་ཁྱབ་སོགས་སློབ་ཁྲིད་དང་འབྲེལ་བ་མེད་པའི་ཆ་འཕྲིན་སྤེལ་མི་ཆོག

未成年人大额打赏行为无效

ནར་མ་སོན་པའི་མིས་བྱ་དངུལ་འབོར་ཆེན་སྤྲད་ན་ཕན་ནུས་མེད་ཡིན།

案情:

རྒྱུད་གཞིའི་གནས་ཚུལ།

刘某生于2006年，初中辍学。2018年至2019年年间，刘某使用父母用于生意资金流转的银行卡，多次向某科技公司账户转账用于打赏直播平台主播，打赏金额高达近160万元。刘某父母得知后，希望公司能退还全部打赏金额，遭到拒绝。刘某诉至法院要求某科技公司返还上述款项。

ལིའུ་ཆེ་གེ་མོ་༢༠༠༦ལོར་སྐྱེས་པ་དང་། དམའ་རིམ་སློབ་འབྲིང་ནས་སློབ་མཚམས་བཞག སྤྱི་ལོ་༢༠༡༨ལོ་ནས་སྤྱི་ལོ་༢༠༡༩ལོའི་བར། ལིའུ་ཆེ་གེ་མོས་ཕ་མའི་ཉོ་ཚོང་གི་མ་རྩར་གཏོང་རྒྱུའི་དངུལ་ཁང་བྱང་བུ་བེད་སྤྱད་དེ། ཚན་རྩལ་ཀུང་སི་ཞིག་གི་ཐོ་ཁོངས་ལ་ཐད་གཏོང་སྣེ་གས་བུའི་བརྙན་སྣོན་པར་བྱ་དངུལ་དུ་སྤྲར་སྤྲོད་ཐེངས་མང་བྱས་ཤིང་། སྤྲར་སྤྲོད་བྱས་པའི་དངུལ་འབོར་སྒོར་ཁྲི་༡༦༠ཟིན་ཡོད། ལིའུ་ཆེ་གེ་མོའི་ཕ་མས་ཤེས་རྟོགས་བྱུང་རྗེས་ཀུང་སི་དེར་བྱ་དངུལ་ཡོད་ཚད་ཕྱིར་སྤྲོད་བྱ་རྒྱུའི་རེ་བ་བཏོན་ཡང་ཀུང་སིས་ཁས་མ་བླངས། ལིའུ་ཆེ་གེ་མོའི་ཕ་མས་ཁྲིམས་ཁང་ལ་གཏུགས་ནས་ཀུང་སི་དེས་གོང་གསལ་གྱི་བྱ་དངུལ་ཕྱིར་སློག་བྱ་རྒྱུའི་རེ་བ་བཏོན།

法院在审理该案中，多次组织双方当事人调解，最终当事双方达成庭外和解，刘某申请撤回起诉，某科技公司自愿返还近160万元打赏款项，并已履行完毕。

ཁྲིམས་ཁང་ནས་གྱོད་དོན་དེར་འདྲི་ཞིབ་བྱེད་སྐབས། ཕྱོགས་གཉིས་པོའི་ངོ་བདག་དབར་འདུམ་འགྲིག་ཐེངས་མང་བྱས་པ་དང་། མཐར་ངོ་བདག་ཕྱོགས་གཉིས་ཁྲིམས་རའི་ཕྱི་རོལ་དུ་མཐུན་འགྲིག་བྱས་ཏེ། ལིའུ་ཆེ་གེ་མོའི་ཕ་མས་ཞུ་གཏུག་ཕྱིར་འཐེན་བྱས་པ་དང་ཀུང་སིས་རང་མོས་དང་བྱ་དངུལ་སྒོར་ཁྲི་7༥༠ཕྱིར་སློད་བྱས་ནས་གྱོད་དོན་ཐག་ཆོད་པ་རེད།

分析:

དབྱེ་ཞིབ།

本案是一起典型的未成年人参与直播打赏案例。司法实践中涉及网络打赏、网络游戏纠纷的多数是限制行为能力人，即8周岁以上的未成年人。这些人在进行网络游戏或打赏时，有的打赏金额高达几千元、甚至几万元，显然与其年龄和智力水平不相适应，在未得到法定代理人追认的情况下，其行为依法应当被认定无效。

གྱོད་དོན་དེ་ནི་དཔེ་མཚོན་དུ་གྱུར་པའི་ནར་མ་སོན་པའི་མིས་ཐད་གཏོང་བྱ་དངུལ་སྤྲོད་པར་ཐེ་ཞུགས་བྱས་པའི་གྱོད་དཔེ་ཞིག་ཡིན། ཁྲིམས་འཛིན་ལག་བསྟར་བྱེད་པའི་ནང་། དྲ་རྒྱའི་ཐོག་ནས་བྱ་དངུལ་སྤྲོད་པ་དང་དྲ་རྒྱའི་རོལ་རྩེད་དང་འབྲེལ་བ་ཡོད་པའི་རྩོད་གཞིའི་ངོ་བདག་ཕལ་ཆེ་བ་ནི་བྱ་སྤྱོད་ནུས་པར་ཚད་བཀག་ཡོད་པའི་མི་༸སྟག་ཡིན་པ་དེའང་། ལོ་ན་བརྒྱད་ཡན་གྱི་ནར་མ་སོན་པའི་མི་ཡིན། མི་དེ་དག་གིས་དྲ་རྒྱའི་རོལ་རྩེད་དང་ཡང་ན་བྱ་དངུལ་སྤྲོད་སྐབས། ལ་ལས་བྱ་དངུལ་སྒོར་སྟོང་ཕྲག་དང་ཐ་ན་སྒོར་ཁྲི་ཕྲག་སྤྲོད་ཀྱི་ཡོད་ཅིང་། དེ་ནི་ཁོ་པའི་ལོ་ཚོད་དང་རིག་སྟོབས་ཀྱི་ཆུ་ཚད་དང་མི་འཚམ་པ་ཞིག་ཡིན་པ་བརྗོད་མི་དགོས་པས་ཁྲིམས་བཀོད་ངོ་ཚབ་པའི་ཁས་ལེན་མ་ཐོབ་པའི་གནས་ཚུལ་འོག ཁོ་པའི་བྱ་སྤྱོད་ནི་ཁྲིམས་ལྟར་ནུས་མེད་ཡིན་པར་ཐག་བཅད་ཆོག

《中华人民共和国民法典》对未成年人参与网络付费游戏和网络打赏纠纷提供了更为明确的规则指引。意见明确，限制民事行为能力人未经其监护人同意，参与网络付费游戏或者网络直播平台“打赏”等方式支出与其年龄、智力不相适应的款项，监护人请求网络服务提供者返还该款项的，人民法院应予支持。该规定更多地考量了对未成年人合法权益的保护，同时引导网络公司进一步强化社会责任，为未成年人健康成长创造良好的网络环境。

《ཀྲུང་ཧྭ་མི་དམངས་སྤྱི་མཐུན་རྒྱལ་ཁབ་ཀྱི་དམངས་དོན་ཁྲིམས་གཞུང་》ནང་། ནར་མ་སོན་པའི་མིས་དྲ་རྒྱའི་ཐོག་ནས་རོལ་རྩེད་རིན་པ་སྤྲད་པ་དང་། དྲ་རྒྱའི་ཐོག་ནས་བྱ་དངུལ་སྤྲད་པ་དང་འབྲེལ་བ་ཡོད་པའི་རྩོད་གཞིའི་ཐད་དེ་བས་ཁ་གསལ་བའི་སྙིག་སྲོལ་ཁྲིད་སྟོན་བྱས་ཡོད། བསམ་འཆར་ནང་། དམངས་དོན་བྱ་སྤྱོད་ཀྱི་ནུས་པ་ཚད་བཀག་ཡོད་པའི་མིས་ཁོ་པ་ལྟ་སྐྱོང་བྱེད་མཁན་གྱི་མོས་མཐུན་མ་ཐོབ་པར་དྲ་རྒྱའི་ཐོག་ནས་རོལ་རྩེད་རིན་པ་སྤྲོད་པའམ་ཡང་ན་དྲ་རྒྱའི་ཐོག་གི་ཐད་གཏོང་སྟེགས་བུར་བྱ་དངུལ་སྤྲོད་པ་སོགས་ཀྱི་བྱ་ཐབས་ལ་བརྟེན་ནས་ཁོ་པའི་ལོ་ཚོད་དང་རིག་སྟོབས་དང་མི་འཚམ་པའི་དངུལ་སྤྲད་པ་དང་། ལྟ་སྐྱོང་བྱེད་མཁན་གྱིས་དྲ་རྒྱའི་ཞབས་ཞུ་མཁོ་འདོན་བྱེད་མཁན་ཕྱོགས་ནས་དངུལ་དེ་ཕྱིར་སློག་བྱ་རྒྱའི་རེ་བ་བཏོན་ཚེ། མི་དམངས་ཁྲིམས་ཁང་ནས་རོགས་སྐྱོར་བྱ་དགོས་པ་གསལ་བཏོན་བྱས་ཡོད། གཏན་འབེབས་དེའི་ནང་ནར་མ་སོན་པའི་མིའི་ཁྲིམས་མཐུན་ཁེ་དབང་སྲུང་སྐྱོབ་བྱ་རྒྱར་བསམ་བློ་གང་མང་བཏང་ཡོད་པ་དང་། དུས་མཚུངས་དྲ་རྒྱའི་ཀུང་སིས་སྤྱི་ཚོགས་ཀྱི་འགན་འཁྲི་སྔར་བས་ཤུགས་སྣོན་བརྒྱབ་སྟེ་ནར་མ་སོན་པའི་མི་བདེ་ཐང་དང་འཚར་ལོངས་ཡོང་ཆེད་དྲ་རྒྱའི་ཁོར་ཡུག་ཡག་པོ་ཞིག་བསྐྲུན་རྒྱུར་ཁྲིད་སྟོན་བྱས་ཡོད།

11. 学校周边能开烟酒店吗？

༡༡.སློབ་གྲྭའི་ཉེ་འཁྲམ་དུ་ཚང་རག་དང་ཐ་མག་ཚོང་ཁང་འཛུགས་ཆོག་གམ།

根据《中华人民共和国未成年人保护法》规定，学校、幼儿园周边不得设置烟、酒、彩票销售网点。禁止向未成年人销售烟、酒、彩票或者兑付彩票奖金。烟、酒和彩票经营者应当在显著位置设置不向未成年人销售烟、酒或者彩票的标志；对难以判明是否是未成年人的，应当要求其出示身份证件。

《ཀྲུང་ཧྭ་མི་དམངས་སྤྱི་མཐུན་རྒྱལ་ཁབ་ཀྱི་ནར་མ་སོན་པའི་མིའི་སྲུང་སྐྱོང་སྐོར་གྱི་བཅའ་ཁྲིམས་》ཀྱི་གཏན་འབེབས་ལ་གཞིགས་ན། སློབ་གྲྭ་དང་བུ་བཙོལ་ཁང་གི་ཉེ་འཁོར་དུ་ཐ་མག་དང་ཆང་རག་རྒྱན་ཤོག་འཚོང་ས་བཙས་འཛུགས་མི་ཆོག་པ་དང་། ནར་མ་སོན་པའི་མིར་ཐ་མག་དང་ཆང་རག་རྒྱན་ཤོག་བཅས་འཚོང་བའམ་ཡང་ན་རྒྱན་ཤོག་བྱ་དངུལ་སྤྲོད་མི་ཆོག ཐ་མག་དང་ཆང་རག རྒྱན་ཤོག་བཅས་ཁེ་གཉེར་བྱེད་མཁན་གྱིས་མངོན་གསལ་དོད་སར་ནར་མ་སོན་པའི་མིར་ཐ་མག་དང་ཆང་རག་རྒྱན་ཤོག་བཅས་མི་འཚོང་བའི་མཚོན་རྟགས་འབྲི་འཛོག་བྱེད་དགོས་པ་དང་། ནར་མ་སོན་པའི་མི་ཡིན་མིན་གསལ་འབྱེད་མ་ཐུབ་ཚེ་ཁོ་པའི་ཐོབ་ཐང་ལག་ཁྱེར་སྟོན་དུ་འཇུག་དགོས།

12. 学生能不能将手机带入课堂？

༡༢.སློབ་མས་ལག་ཐོགས་ཁ་པར་སློབ་ཁང་ནང་འཁྱེར་ཆོག་གམ།

根据《中华人民共和国未成年人保护法》规定，学校应当合理使用网络开展教学活动。未经学校允许，未成年学生不得将手机等智能终端产品带入课堂，带入学校的应当统一管理。

《ཀྲུང་ཧྭ་མི་དམངས་སྤྱི་མཐུན་རྒྱལ་ཁབ་ཀྱི་ནར་མ་སོན་པའི་མིའི་སྲུང་སྐྱོང་སྐོར་གྱི་བཅའ་ཁྲིམས་》ཀྱི་གཏན་འབེབས་ལ་གཞིགས་ན། སློབ་གྲྭས་ལུགས་མཐུན་དང་དྲ་རྒྱའི་ཐོག་གི་སློབ་ཁྲིད་བྱེད་སྒོ་སྤེལ་དགོས་ཤིང་། སློབ་གྲྭ་ནས་ཆོག་མཆན་མ་སྤྲད་པར་ནར་མ་སོན་པའི་མིར་ལག་ཐོགས་ཁ་པར་སོགས་རིག་ནུས་མཐུད་སྣེའི་ཐོན་རྫས་སློབ་ཁང་ནང་འཁྱེར་དུ་འཇུག་མི་རུང་བ་དང་། སློབ་གྲྭར་འཁྱེར་བ་དག་གཅིག་གྱུར་གྱིས་དོ་དམ་བྱ་དགོས།

13. 初中生能不能开通网络直播？

༡༣.དམའ་རིམ་སློབ་འབྲིང་གི་སློབ་མས་དྲ་རྒྱའི་ཐད་གཏོང་བཙུགས་ན་འགྲིག་གམ།

根据《中华人民共和国未成年人保护法》规定，网络直播服务提供者不得为未满十六周岁的未成年人提供网络直播发布者账号注册服务；为年满十六周岁的未成年人提供网络直播发布者账号注册服务时，应当对其身份信息进行认证，并征得其父母或者其他监护人同意。

《ཀྲུང་ཧྭ་མི་དམངས་སྤྱི་མཐུན་རྒྱལ་ཁབ་ཀྱི་ནར་མ་སོན་པའི་མིའི་སྲུང་སྐྱོང་སྐོར་གྱི་བཅའ་ཁྲིམས་》ཀྱི་གཏན་འབེབས་ལ་གཞིགས་ན། དྲ་རྒྱའི་ཐད་གཏོང་ཞབས་ཞུ་མཁོ་འདོན་བྱེད་མཁན་གྱིས་ལོ་ན་བཅུ་དྲུག་ལ་མ་ལོན་པའི་ནར་མ་སོན་པའི་མིར་དྲ་རྒྱ་ཁྱབ་སྤེལ་གཏོང་བའི་ཐོ་ཁོངས་ཐོ་འགོད་ཞབས་ཞུ་མཁོ་འདོན་བྱེད་མི་རུང་། ལོ་བཅུ་དྲུག་མ་ལོན་པའི་ནར་མ་སོན་པའི་མིར་དྲ་རྒྱའི་ཐད་གཏོང་ཁྱབ་སྤེལ་གཏོང་བའི་ཐོ་ཁོངས་ཐོ་འགོད་ཞབས་ཞུ་མཁོ་འདོན་བྱེད་སྐབས། ཁོ་པའི་ཐོབ་ཐང་ཆ་འཕྲིན་ཐད་བདེན་དཔང་ར་སྤྲོད་

བྱེད་དགོས་པ་མ་ཟད། ཕ་མའམ་ཡང་ན་ཕོ་བའི་ལྟ་སྐྱོང་པ་གཞན་དག་གི་མོས་མཐུན་ཐོབ་པ་བྱ་དགོས།

14. 密切接触未成年人的岗位有什么特殊要求？

༡༤.ནར་མ་སོན་པའི་མི་དང་འབྲེལ་གཏུག་ཟབ་མོ་བྱེད་དགོས་པའི་ལས་གནས་ལ་དམིགས་བསལ་གྱི་བླང་བྱ་གང་ཡོད་དམ།

根据《中华人民共和国未成年人保护法》规定，密切接触未成年人的岗位有相关犯罪记录者禁用。密切接触未成年人的单位招聘工作人员时，应当向公安机关、人民检察院查询应聘者是否具有性侵害、虐待、拐卖、暴力伤害等违法犯罪记录；发现其具有前述行为记录的，不得录用。

《ཀྲུང་ཧྭ་མི་དམངས་སྤྱི་མཐུན་རྒྱལ་ཁབ་ཀྱི་ནར་མ་སོན་པའི་མིའི་སྲུང་སྐྱོང་སྐོར་གྱི་བཅའ་ཁྲིམས》ཀྱི་གཏན་འབེབས་ལ་གཞིགས་ན། ནར་མ་སོན་པའི་མི་དང་འབྲེལ་གཏུག་ཟབ་མོ་བྱེད་དགོས་པའི་ལས་གནས་ཐོག་འབྲེལ་ཡོད་ཀྱི་ཉེས་བསགས་ཟིན་ཐོ་ཡོད་ཚེ་བཀོལ་སྤྱོད་བྱེད་མི་རུང་། ནར་མ་སོན་པའི་མི་དང་འབྲེལ་གཏུག་ཟབ་མོ་བྱེད་དགོས་པའི་ཚན་པར་ལས་དོན་མི་སྣ་བསྡུ་སྐབས་སྤྱི་བདེ་ལས་ཁུངས་དང་མི་དམངས་ཞིབ་དཔྱོད་ཁང་ལ་གདན་ཞུ་བྱ་རྒྱའི་མི་དེར་བཙན་གཡེམ་དང་བསྙུས་ཚོང་། གཏུམ་སྤྱོད་གནོད་འཚེ་སོགས་ཁྲིམས་འགལ་ཉེས་བསགས་ཟིན་ཐོ་ཡོད་མེད་འདྲི་རྩད་བྱ་དགོས། གོང་གསལ་བྱ་སྤྱོད་ཀྱི་ཟིན་ཐོ་ཡོད་པ་ཤེས་ཚེ། མི་དེ་བསྡུ་མི་ཆོག

15. 法院开庭时，未成年被害人要出庭作证吗？

༡༥.ཁྲིམས་ཁང་གིས་ཁྲིམས་རར་འདྲི་གཅོད་བྱེད་སྐབས། གནོད་འཚེ་ཐོག་མཁན་ནར་མ་སོན་པ་ཁྲིམས་རར་བདེན་དཔང་བྱེད་དགོས་སམ།

根据《最高人民检察院办理未成年人刑事案件的规定》，公安机关、人民检察院、人民法院讯问未成年犯罪嫌疑人、被告人，询问未成年被害人、证人，应当依法通知其法定代理人或者其成年亲属、所在学校的代表等合适成年人到场，并采取适当方式，在适当场所进行，保障未成年人的名誉权、隐私权和其他合法权益。

《ཆེས་མཐོའི་མི་དམངས་ཞིབ་དཔྱོད་ཁང་གི་ནར་མ་སོན་པའི་མིའི་ཉེས་དོན་གྱོད་གཞི་ཐག་གཅོད་བྱ་ཐབས་》ཀྱི་གཏན་འབེབས་ལ་གཞིགས་ན། སྤྱི་བདེ་ལས་ཁུངས་དང་མི་དམངས་ཞིབ་དཔྱོད་ཁང་། མི་དམངས་ཁྲིམས་ཁང་བཅས་ཀྱིས་ཉེས་པ་བསགས་པར་དོགས་པ་ཡོད་པའི་ནར་མ་སོན་པའི་མི་དང་ཞུ་སྐྱོར་ཕྱི་མར་འདྲི་རྩད་བྱེད་པ་དང་། གནོད་འཚེ་ཐོག་མཁན་ནར་མ་སོན་པའི་མི་དང་དཔང་མིར་འདྲི་རྩད་བྱས་ཏེ། ཁྲིམས་ལྟར་ཕོ་པའི་ཁྲིམས་བཀོད་ངོ་ཚབ་དང་ཡང་ན་ཕོ་པའི་ནར་སོན་པའི་སྤུན་མཆེད། ཕོ་པའི་སློབ་གྲྭའི་འཐུས་མི་སོགས་ན་ཆོད་འཚམ་པའི་མི་ཁྲིམས་རར་སྐད་གཏོང་དགོས་པ་མ་ཟད། འོས་འཚམ་གྱི་བྱ་ཐབས་དང་འོས་འཚམ་གྱི་ཚོགས་རར་འདྲི་རྩད་བྱས་མཐར། ནར་མ་སོན་པའི་མིའི་མིང་གྲགས་དང་སྒེར་དོན་གསང་བའི་དབང་ཆ། དེ་བཞིན་ཁྲིམས་མཐུན་གྱི་ཁེ་དབང་གཞན་དག་འགན་སྲུང་བྱ་དགོས།

人民法院开庭审理涉及未成年人案件，未成年被害人、证人一般不出庭作证；必须出庭的，应当采取保护其隐私的技术手段和心理干预等保护措施。

མི་དམངས་ཁྲིམས་ཁང་གིས་ནར་མ་སོན་པའི་མི་དང་འབྲེལ་བ་ཡོད་པའི་གྱོད་གཞིར་འདྲི་ཞིབ་བྱེད་སྐབས་གནོད་འཚེ་ཐོག་པའི་ནར་མ་སོན་པའི་མི་དང་དཔང་མི་སྤྱིར་བཏང་ཁྲིམས་རར་དོན་ནས་དཔང་པོ་བྱེད་མི་དགོས། ངེས་པར་དུ་ཁྲིམས་རར་དོན་དགོས་ཚེ། ཕོ་པའི་སྒེར་གསང་སྲུང་སྐྱོབ་བྱ་ཐབས་དང་སེམས་ཁམས་ལ་ཐེ་ཇུས་བྱེད་པ་སོགས་ཀྱི་བྱ་ཐབས་བཟུང་དགོས།

16. 学校能否聘请曾经发生过重大交通事故的人作为校车司机？

༡༦.སློབ་གྲྭས་སྔར་འཁྲིམ་འགྲུལ་དོན་རྐྱེན་ཚབས་ཆེན་ལྷག་འབྱུང་ཡོད་པའི་མི་སྣ་སློབ་གྲྭའི་རླངས་འཁོར་ཁ་ལོ་བར་གདན་འདྲེན་ཞུས་ན་འགྲིག་གམ།

学校是不可以聘请曾经发生过重大交通事故的人员作为校车的司机。为了保证学生的安全，法律对校车驾驶员进行了严格的限制。根据《校车安全管理条例》规定，校车驾驶人要取得校车驾驶资格，应当符合以下几个条件：

དེའང་སློབ་གྲྭས་སྤྱར་འཁྲིམ་འགྲུལ་དོན་རྐྱེན་ཚབས་ཆེན་ལྷག་མྱོང་ཡོད་པའི་མི་སྣ་སློབ་གྲྭའི་རླངས་འཁོར་ཁ་ལོ་བར་གདན་འདྲེན་ཞུ་མི་རུང་། སློབ་མའི་བདེ་འཇགས་འགན་སྲུང་བྱེད་ཆེད། བཅའ་ཁྲིམས་ཐོག་སློབ་གྲྭའི་རླངས་འཁོར་གྱི་ཁ་ལོ་བར་ཚད་བཀག་ནན་པོ་བཟོས་ཡོད། 《སློབ་གྲྭའི་རླངས་འཁོར་གྱི་བདེ་འཇགས་དོ་དམ་སྒྲོལ་ཡིག་》གི་གཏན་འབེབས་ལ་གཞིགས་ན། སློབ་གྲྭའི་རླངས་འཁོར་ཁ་ལོ་བར་སློབ་གྲྭའི་རླངས་འཁོར་གཏོང་བའི་ཐོབ་ཐང་ཐོབ་པར་གཤམ་གསལ་གྱི་ཆ་རྐྱེན་ཁ་ཤས་དང་འཚམ་དགོས་པ་སྟེ།

（1）取得相应准驾车型驾驶证并具有3年以上驾驶经历，年龄在25周岁以上、不超过60周岁；

（༡）རླངས་འཁོར་གྱི་རིགས་དེ་དང་འཚམ་པའི་ཁ་ལོ་བའི་ལག་ཁྱེར་ཡོད་དགོས་པ་མ་ཟད། རླངས་འཁོར་བཏང་ནས་དུས་ཡུན་ལོ་༣ཡན་ཐེན་པ། ལོ་ཚད་ལོ་༢༥ཡན་དང་ལོ་༦༠བརྒལ་མི་རུང་བ།

（2）最近连续3个记分周期内没有被记满分记录；

（༢）ཉེ་དུས་བསྟུད་མར་སྐར་ཐོའི་དུས་འཁོར་གསུམ་ནང་སྐར་མ་ཆ་ཚང་བསྣད་ཡོད་པ།

（3）无致人死亡或者重伤的交通事故责任记录；

（༣）མི་ཤི་བའམ་རྨས་སྐྱོན་ཚབས་ཆེན་བཟོས་པའི་འཁྲིམ་འགྲུལ་དོན་རྐྱེན་གྱི་འགན་འཁྲིའི་ཐེམ་ཐོ་མེད་པ།

（4）无饮酒后驾驶或者醉酒驾驶机动车记录，最近1年内无驾驶客运车辆超员、超速等严重交通违法行为记录；

（༤）ཆང་རག་བཏུངས་ནས་རླངས་འཁོར་བཏང་བའམ་ཡང་ན་ར་བཟི་ནས་སྤྲུལ་སྐྱོད་རླངས་འཁོར་བཏང་བའི་ཐེམ་ཐོ་མེད་པ། དེ་བཞིན་ཉེ་བའི་ལོ་གཅིག་ནང་འགྲུལ་སྐྱེལ་རླངས་འཁོར་ནང་མི་ཚད་ལས་བརྒལ་ཏེ་བླུགས་པ་དང་། ཡང་ན་མྱུར་ཚད་ཚད་ལས་བརྒལ་ཏེ་བཏང་བ་སོགས་འཁྲིམ་འགྲུལ་གྱི་ཁྲིམས་འགལ་བྱ་སྤྱོད་ཚབས་ཆེ་བའི་ཐེམ་ཐོ་མེད་པ།

（5）无犯罪记录；

（༥）ཉེས་བསགས་ཀྱི་ཟིན་ཐོ་མེད་པ།

（6）身心健康，无传染性疾病，无癫痫、精神病等可能危及行车安全的疾病病史，无酗酒、吸毒行为记录。

（༦）ལུས་སེམས་བདེ་ཐང་དང་འགོས་ནད་རང་བཞིན་གྱི་ནད་མེད་པ་དང་། བརྒྱལ་གཟེར་གྱི་ནད་དང་སྨྱོ་ནད་སོགས་ཉྭངས་འཁོར་གྱི་བདེ་འཇགས་ལ་ཉེན་ཁ་བཟོ་སྲིད་པའི་ནད་རིགས་མེད་ཅིང་། ཆང་རག་ཚོད་མེད་འཐུང་བ་དང་། དུག་རྫས་འཛིན་པའི་བྱ་སྤྱོད་ཀྱི་ཟིན་ཐོ་མེད་པ་བཅས་ཡིན།

六、义务教育

དྲུག་པ།   འོས་འགན་སློབ་གསོ།

1. 什么是义务教育？

༡.གང་འདྲ་ཞིག་ལ་འོས་འགན་སློབ་གསོ་ཟེར་རམ།

义务教育是国家统一实施的所有适龄儿童、少年必须接受的教育，是国家必须予以保障的公益性事业。

འོས་འགན་སློབ་གསོ་ནི་རྒྱལ་ཁབ་ཀྱིས་གཅིག་གྱུར་ཐོག་ལག་བསྟར་བྱས་པའི་སློབ་ལོ་ལོན་པའི་བྱིས་པ་དང་ལོ་ཆུང་ཚང་མས་ངེས་པར་དུ་དང་ལེན་བྱ་དགོས་པའི་སློབ་གསོ་ཡིན་པ་དང་། རྒྱལ་ཁབ་ཀྱིས་ངེས་པར་དུ་འགན་སྲུང་བྱ་དགོས་པའི་སྤྱི་ཕན་རང་བཞིན་གྱི་བྱ་གཞག་ཅིག་ཡིན།

2. 西藏自治区实行什么样的义务教育？

༢.བོད་རང་སྐྱོང་ལྗོངས་ཀྱིས་འོས་འགན་སློབ་གསོ་གང་འདྲ་ཞིག་ལག་བསྟར་བྱེད་པ་ཡིན་ནམ།

自治区实行九年义务教育制度，保障适龄儿童、少年享有平等接受义务教育的权利。自治区建立义务教育经费保障机制，保证义务教育制度实施。实施义务教育，不收学费、杂费，免费提供教科书。

དེའང་རང་སྐྱོང་ལྗོངས་ཀྱིས་ལོ་དགུའི་འོས་འགན་སློབ་གསོའི་ལམ་ལུགས་ལག་བསྟར་བྱེད་བཞིན་ཡོད་ཅིང་། སློབ་ལོ་ལོན་པའི་བྱིས་པ་དང་ལོ་ཆུང་ལ་འདྲ་མཉམ་ངང་འོས་འགན་སློབ་གསོ་སྦྱོང་བའི་དབང་ཆ་ཡོད་པ་འགན་སྲུང་བྱེད་པ་དང་། རང་སྐྱོང་ལྗོངས་ཀྱིས་འོས་འགན་སློབ་གསོའི་འགྲོ་གྲོན་འགན་སྲུང་ལམ་ལུགས་བཙུགས་ནས་འོས་འགན་སློབ་གསོའི་ལམ་ལུགས་ལག་བསྟར་ཐུབ་རྒྱུ་འགན་སྲུང་བྱེད་པ། འོས་འགན་སློབ་གསོ་ལག་བསྟར་བྱེད་སྐབས། སློབ་ཡོན་དང་འགྲོ་གྲོན་ཅག་ཅིག་མི་བསྡུ་བར་རིན་མེད་ཀྱིས་སློབ་དེབ་མཁོ་འདོན་བྱེད་ཀྱི་ཡོད།

3. 义务教育的对象有哪些?

༣.འོས་འགན་སློབ་གསོ་ལག་བསྟར་བྱ་ཡུལ་གང་དག་ཡོད་དམ།

凡具有中华人民共和国国籍的适龄儿童、少年，不分性别、民族、种族、家庭财产状况、宗教信仰等，依法享有平等接受义务教育的权利，并履行接受义务教育的义务。

དེའང་ཀྲུང་ཧྭ་མི་དམངས་སྤྱི་མཐུན་རྒྱལ་ཁབ་མངའ་ཁོངས་ཀྱི་སློབ་ལོ་ལོན་པའི་བྱིས་པ་དང་ལོ་ཆུང་ཡིན་ཕྱིན། ཕོ་མོ་དང་། མི་རིགས། རིགས་རྒྱུད། ཁྱིམ་ཚང་གི་རྒྱུ་ནོར་གནས་ཚུལ། ཆོས་དད་སོགས་ཀྱི་དབྱེ་བ་མེད་པར་ཚང་མར་ཁྲིམས་ལྟར་འདྲ་མཉམ་ངང་འོས་འགན་སློབ་གསོ་དང་ལེན་བྱེད་པའི་དབང་ཆ་ཡོད་པ་མ་ཟད། འོས་འགན་སློབ་གསོ་དང་ལེན་བྱེད་པའི་འོས་འགན་ལག་བསྟར་བྱེད་ཀྱི་ཡོད།

4. 义务教育对适龄儿童是怎么规定的？

༤.ངོས་འགན་སློབ་གསོའི་སློབ་ལོ་ལོན་པའི་བྱིས་པ་གཏན་འཁེལ་གང་འདྲ་བྱེད་པ་ཡིན་ནམ།

凡年满六周岁的儿童，其父母或者其他法定监护人应当送其入学接受并完成义务教育；条件不具备的地区的儿童，可以推迟到七周岁。

དེའང་ལོ་༦ལ་སླེབས་པའི་བྱིས་པ་ཡིན་ཕྱིན། དེའི་ཕ་མའམ་ཡང་ན་ཁྲིམས་བཀོད་ལྟ་སྐྱོང་པ་གཞན་དག་གིས་སློབ་གྲྭར་བསྐྱལ་ནས་ངོས་འགན་སློབ་གསོ་དང་ལེན་དང་ལེགས་འགྲུབ་བྱེད་དགོས་ཤིང་། ཆ་རྐྱེན་མི་འདང་བའི་ས་ཁུལ་གྱི་བྱིས་པ་རྣམས་ལོ་༧བར་ནར་འགྱངས་བྱས་ཆོག་པ་ཡིན།

5. 家长能不能以信仰宗教为由不让孩子接受义务教育?

༥.ཁྱིམ་བདག་གིས་ཆོས་དད་རྒྱ་མཚན་དུ་བྱས་ནས་ཕྲུ་གུར་འོས་འགན་སློབ་གསོ་དང་ལེན་བྱེད་དུ་མི་འཇུག་ན་འགྲིག་གམ།

《西藏自治区实施 < 中华人民共和国义务教育法 > 办法》规定：任何组织和个人不得利用宗教妨碍义务教育的实施。除国家特殊规定以外，禁止寺庙招收应当接受义务教育的适龄儿童、少年。寺庙应当对经国家批准招收的适龄儿童、少年进行爱国爱教、维护祖国统一、反对分裂和增强民族团结的教育。禁止任何单位和个人招用或变相招用应当接受义务教育的适龄儿童、少年。

《བོད་རང་སྐྱོང་ལྗོངས་ཀྱི་<ཀྲུང་ཧྭ་མི་དམངས་སྤྱི་མཐུན་རྒྱལ་ཁབ་ཀྱི་འོས་འགན་སློབ་གསོའི་བཅའ་ཁྲིམས་>ལག་བསྟར་བྱ་ཐབས་》ཀྱི་གཏན་འབེབས་ལྟར་ན། རུ་འཛུགས་དང་མི་སྒེར་གང་འདྲ་ཞིག་ཡིན་རུང་ཆོས་ལུགས་བེད་སྤྱད་དེ་འོས་འགན་སློབ་གསོ་ལག་བསྟར་བྱེད་པར་འགོག་རྐྱེན་བཟོས་མི་ཆོག རྒྱལ་ཁབ་ནས་དམིགས་བསལ་གྱིས་གཏན་འབེབས་བྱས་པ་ཕུད། དགོན་པས་འོས་འགན་སློབ་གསོ་དང་ལེན་བྱ་རྒྱའི་ལོ་ཚད་ལ་སླེབས་པའི་བྱིས་པ་དང་ལོ་ཆུང་དགོན་པར་བསྡུ་མི་ཆོག དགོན་པས་རྒྱལ་ཁབ་ནས་ཆོག་མཆན་སྤྲད་པ་བརྒྱུད་བསྡུས་པའི་སློབ་ལོ་ལོན་པའི་བྱིས་པ་དང་ལོ་ཆུང་ལ་རྒྱལ་གཅེས་ཆོས་གཅེས་དང་མེས་རྒྱལ་གཅིག་གྱུར་སྲུང་སྐྱོང་། ཁ་བྲལ་ལ་ངོ་རྒོལ། མི་རིགས་མཐུན་སྒྲིལ་ལ་ཤུགས་སྣོན་རྒྱག་རྒྱུ་བཅས་ཀྱི་སློབ་གསོ་གཏོང་དགོས་པ་དང་། ཚན་པ་དང་མི་སྒེར་གང་འདྲ་ཞིག་གིས་ཀྱང་འོས་འགན་སློབ་གསོ་དང་ལེན་བྱེད་དགོས་ངེས་ཀྱི་སློབ་ལོ་ལོན་པའི་བྱིས་པ་དང་ལོ་ཆུང་བསྡུ་བའམ་ཡང་ན་རྣམ་པ་འགྱུར་བའི་ཐོག་ནས་བསྡུ་མི་ཆོག

6. 学校能不能拒绝残疾儿童入学?

༦.སློབ་གྲྭས་དབང་པོ་སྐྱོན་ཅན་གྱི་བྱིས་པ་སློབ་གྲྭར་མི་འཇུག་ན་འགྲིག་གམ།

自治区人民政府应当重视对残疾适龄儿童、少年实施义务教育的工作，加强对特殊教育学校（班）的投入和建设，保障残疾适龄儿童、少年享有平等接受义务教育的权利。普通学校应当接收具有接受普通义务教育能力的残疾适龄儿童、少年随班就读，并为其学习、康复提供帮助。不得歧视残疾适龄儿童、少年。

དེའང་རང་སྐྱོང་ལྗོངས་མི་དམངས་སྲིད་གཞུང་གིས་དབང་པོ་སྐྱོན་ཅན་གྱི་སློབ་ལོ་ལོན་པའི་བྱིས་པ་དང་ལོ་ཆུང་ལ་ངོས་འགན་སློབ་གསོ་ལག་བསྟར་བྱེད་པའི་ལས་དོན་ལ་མཐོང་ཆེན་དང་། དམིགས་བསལ་སློབ་གསོའི་སློབ་གྲྭར་（འཛིན་གྲྭ་）མ་དངུལ་སོགས་གཏོང་རྒྱ་དང་འཛུགས་སྐྲུན་ཐད་ཤུགས་སྣོན་བརྒྱབ་སྟེ། དབང་པོ་སྐྱོན་ཅན་གྱི་སློབ་ལོ་ལོན་པའི་བྱིས་པ་དང་ལོ་ཆུང་ལ་འདྲ་མཉམ་ངང་ངོས་འགན་སློབ་གསོ་དང་ལེན་བྱེད་པའི་དབང་ཆ་ལོངས་སུ་སྤྱོད་རྒྱུ་ཡོད་པའི་འགན་སྲུང་བྱ་དགོས། སྤྱིར་བཏང་སློབ་གྲྭས་སྤྱིར་བཏང་གི་ངོས་འགན་སློབ་གསོ་དང་ལེན་བྱེད་ནུས་ཡོད་པའི་དབང་པོ་སྐྱོན་ཅན་གྱི་སློབ་ལོ་ལོན་པའི་བྱིས་པ་དང་ལོ་ཆུང་སློབ་གྲྭ་དེ་གའི་འཛིན་གྲྭར་སློབ་སྦྱོང་དུ་ཡོང་རྒྱ་དང་ལེན་བྱེད་དགོས་པ་མ་ཟད། སློབ་མ་དེར་སློབ་སྦྱོང་དང་བདེ་ཐང་སླར་གསོ་ཡོང་རྒྱུར་རོགས་རམ་བྱེད་དགོས་པ་ལས་དབང་པོ་སྐྱོན་ཅན་གྱི་སློབ་ལོ་ལོན་པའི་བྱིས་པ་དང་ལོ་ཆུང་ལ་མཐོང་ཆུང་བྱེད་མི་རུང་།

7. 学校能不能分重点班和非重点班？

༧.སློབ་གྲྭས་གཙོ་གནད་འཛིན་གྲྭ་དང་གཙོ་གནད་མ་ཡིན་པའི་འཛིན་གྲྭ་ཞེས་ལོགས་སུ་འབྱེད་ཆོག་གམ།

县级以上人民政府及其教育行政部门应当促进学校均衡发展，制定农牧区学校（教学点）和薄弱学校改造计划，加强基础设施建设，缩小城乡之间、区域之间办学条件的差距，不得将学校分为重点学校和非重点学校。学校不得分设重点班和非重点班。

རྫོང་རིམ་པ་ཡན་གྱི་མི་དམངས་སྲིད་གཞུང་དང་སློབ་གསོ་སྲིད་འཛིན་སྡེ་ཁག་གིས་སློབ་གྲྭ་དོ་སྙོམས་ངང་འཕེལ་རྒྱས་ཡོང་རྒྱུར་སྐུལ་འདེད་བཏང་ཐོག ཞིང་འབྲོག་ཁུལ་གྱི་

སློབ་གྲྭ་（སློབ་ཁྲིད་བྱེད་ས་）དང་ཉམས་ཞན་གྱི་སློབ་གྲྭ་ལེགས་བཅོས་བྱ་རྒྱའི་འཆར་གཞི་འདིང་བ་དང་། རྡང་གཞིའི་སྙིག་བཀོད་འཛུགས་སྐྲུན་བྱེད་ཤུགས་ཆེ་རུ་བཏང་ནས་གྲོང་ཁྱེར་དང་གྲོང་གསེབ་བར་དང་། ས་ཁོངས་དང་ས་ཁོངས་བར་གྱི་སློབ་གཉེར་ཆ་རྐྱེན་གྱི་ཧེ་བག་ཆུང་དུ་གཏོང་དགོས་པ་ལས་སློབ་གྲྭར་གཙོ་གནད་སློབ་གྲྭ་དང་གཙོ་གནད་མ་ཡིན་པའི་སློབ་གྲྭ་ཞེས་ལོགས་སུ་འབྱེད་མི་ཆོག་པ། སློབ་གྲྭས་གཙོ་གནད་འཛིན་གྲྭ་དང་གཙོ་གནད་མ་ཡིན་པའི་འཛིན་གྲྭ་ཞེས་ལོགས་སུ་འབྱེད་མི་ཆོག

8. 学校能不能开除处于义务教育阶段的学生？

༨.སློབ་གྲྭས་འོས་འགན་སློབ་གསོའི་སྐབས་ཀྱི་སློབ་མ་ཕྱིར་འབུད་བྱས་ཆོག་གམ།

不能。中小学校不可以作出将学生开除的处罚。我国《中华人民共和国义务教育法》规定："对违反学校管理制度的学生，学校应当予以批教育，不得开除。"《中华人民共和国未成年人保护法》也规定："学校应当尊重未成年学生受教育的权利，关心爱护学生，对品行有缺点、学习有困难的学生，应当耐心教育、帮助，不得歧视，不得违反法律和国家规定开除未成年学生。"

དེ་ནི་མི་འགྲིག་སྟེ། སློབ་གྲྭ་འབྲིང་ཆུང་གིས་སློབ་མ་ཕྱིར་འབུད་བྱེད་པའི་ཉེས་ཆད་གཅོད་མི་རུང་། རང་རྒྱལ་གྱི《ཀྲུང་ཧྭ་མི་དམངས་སྤྱི་མཐུན་རྒྱལ་ཁབ་ཀྱི་འོས་འགན་སློབ་གསོའི་བཅའ་ཁྲིམས》ཀྱི་གཏན་འབེབས་ནང་། "སློབ་གྲྭའི་དོ་དམ་ལམ་ལུགས་ལས་འགལ་བའི་སློབ་མར་སློབ་གྲྭས་ཁ་ཡར་སྐྱོན་བརྗོད་དང་སློབ་གསོ་བརྒྱབ་པ་ལས་ཕྱིར་འབུད་བྱེད་མི་རུང་བ"བསྟན་ཡོད། 《ཀྲུང་ཧྭ་མི་དམངས་སྤྱི་མཐུན་རྒྱལ་ཁབ་ཀྱི་ནར་མ་སོན་པའི་མིའི་སྲུང་སྐྱོང་སྲོར་གྱི་བཅའ་ཁྲིམས》ནང་དུའང"སློབ་གྲྭས་ནར་མ་སོན་པའི་མིའི་སློབ་གསོ་སྦྱོང་བའི་དབང་ཆར་བརྩི་འཛོག་བྱེད་པ་དང་། སློབ་མར་སེམས་ཁུར་དང་གཅེས་སྐྱོང་བྱ་དགོས། གཤིས་སྤྱོད་ཐད་སྐྱོན་ཆ་ཡོད་པ་དང་སློབ་སྦྱོང་ཐད་དཀའ་ངལ་ཡོད་པའི་སློབ་མར་ངང་རིང་ཐོག་སློབ་གསོ་དང་རོགས་རམ་བྱེད་པ་ལས་མཐོང་ཆུང་བྱེད་མི་རུང་བ། བཅའ་ཁྲིམས་དང་རྒྱལ་ཁབ་ཀྱི་

གཏན་འབེབས་ལས་འགལ་ཏེ་ནར་མ་སོན་པའི་སློབ་མ་ཕྱིར་འབུད་བྱེད་མི་རུང་བ”གཏན་འབེབས་བྱས་ཡོད།

9. 自治区对农牧民子女教育有何特殊政策?

༩.རང་སྐྱོང་ལྗོངས་ཀྱིས་ཞིང་འབྲོག་བྲེ་ཕྲུག་གི་སློབ་གསོའི་ཐད་དམིགས་བསལ་གྱི་སྲིད་ཇུས་གང་ཞིག་བཟུང་གི་ཡོད་དམ།

自治区对接受义务教育、符合寄宿条件的农牧民子女实行三包，在学习、住宿、生活等方面给予保障。非寄宿的农牧民子女和城镇家庭经济困难的学生实行助学金制度。

དེའང་རང་སྐྱོང་ལྗོངས་ཀྱིས་འོས་འགན་སློབ་གསོ་དང་ལེན་དང་ཞག་སྡོད་སློབ་མའི་ཆ་རྐྱེན་ཚང་བའི་ཞིང་འབྲོག་བུ་ཕྲུག་ལ་འགན་ལེན་གསུམ་ལག་བསྟར་བྱས་ཏེ་སློབ་སྦྱོང་དང་གནས་སྡོད། འཚོ་བ་སོགས་ཀྱི་ཐད་འགན་སྲུང་བྱེད་ཀྱི་ཡོད། ཞག་སྡོད་མ་ཡིན་པའི་ཞིང་འབྲོག་བུ་ཕྲུག་དང་གྲོང་ཁྱེར་དང་གྲོང་རྡལ་གྱི་ཁྱིམ་ཚང་དཔལ་འབྱོར་ལ་དཀའ་ངལ་ཡོད་པའི་སློབ་མར་སློབ་ཞུགས་རོགས་དངུལ་གྱི་ལམ་ལུགས་ལག་བསྟར་བྱེད་ཀྱི་ཡོད།

10. 什么是“三包政策”?

༡༠.འགན་ལེན་གསུམ་གྱི་སྲིད་ཇུས་ཞེས་པ་གང་ཡིན་ནམ།

西藏自治区从 1985 年实行教育“三包政策”，在免费接受义务教育的基础上，对农牧民子女实行了包吃、包住、包学习的“三包政策。”

བོད་རང་སྐྱོང་ལྗོངས་ཀྱིས་སྤྱི་ལོ་༡༩༨༥ལོ་ནས་བཟུང་“འགན་ལེན་གསུམ་གྱི་སྲིད་ཇུས་”ལག་བསྟར་བྱས་ཏེ། རིན་མེད་ངང་འོས་འགན་སློབ་གསོ་དང་ལེན་བྱེད་བཅུག་པའི་རྨང་གཞིའི་ཐོག ཞིང་འབྲོག་བུ་ཕྲུག་ལ་ལྟོ་ཆས་འགན་ལེན་དང་སྡོད་གནས་འགན་ལེན། སློབ་སྦྱོང་འགན་ལེན་བཅས་འགན་ལེན་གསུམ་གྱི་སྲིད་ཇུས་ལག་བསྟར་བྱེད་ཀྱི་ཡོད།

11. 老师向学生灌输迷信思想将会受到什么样的处罚？

༡༡.དགེ་རྒན་གྱིས་སློབ་མར་རྨོངས་དད་ཀྱི་བསམ་བློ་བཤད་ཁྲིད་བྱས་ཚེ་ཆད་པ་གང་འདྲ་ཐོག་སྲིད་དམ།

教师向学生灌输宗教、迷信思想的，由学校或者县级以上人民政府教育行政部门责令其限期改正，并给予行政处分；情节严重的，撤销其教师资格。

དེའང་དགེ་རྒན་གྱིས་སློབ་མར་ཆོས་ལུགས་དང་རྨོངས་དད་ཀྱི་བསམ་བློ་བཤད་ཁྲིད་བྱས་ཚེ། སློབ་གྲྭའམ་ཡང་ན་རྫོང་རིམ་པ་ཡན་གྱི་མི་དམངས་སྲིད་གཞུང་གི་སློབ་གསོ་སྲིད་འཛིན་སྡེ་ཁག་ནས་དེར་དུས་བཀག་ནང་བསྒྱུར་བཅོས་བྱ་རྒྱུའི་བཀའ་འབེབས་པ་མ་ཟད། གནས་ཚུལ་ཚབས་ཆེན་པོ་ཡོད་ཚེ། ཁོ་པའི་དགེ་རྒན་གྱི་ཐོབ་ཐང་མེད་པ་བཟོ་རྒྱུ་རེད།

教师向学生灌输分裂祖国和破坏民族团结言论的，由县级以上人民政府教育行政部门撤销其教师资格；构成犯罪的，依法追究刑事责任。

དགེ་རྒན་གྱིས་སློབ་མར་མེས་རྒྱལ་ཁ་བྲལ་དང་མི་རིགས་མཐུན་སྒྲིལ་ལ་གཏོར་བཤིག་གཏོང་བའི་གཏམ་བཤད་བྱས་ཚེ། རྫོང་རིམ་པ་ཡན་གྱི་མི་དམངས་སྲིད་གཞུང་གི་སློབ་གསོ་སྲིད་འཛིན་སྡེ་ཁག་ནས་ཁོ་པའི་དགེ་རྒན་གྱི་ཐོབ་ཐང་མེད་པ་བཟོ་རྒྱུ་དང་། ཉེས་བསགས་ཀྱི་ཚད་ལ་སླེབས་ཡོད་ན། ཁྲིམས་ལྟར་ཉེས་དོན་འགན་འཁྲི་རྩད་གཅོད་བྱ་རྒྱུ་རེད།

12. 学校能不能占用假期对学生进行集体补课？

༡༢.སློབ་གྲྭས་གུང་གསེང་གི་དུས་ཚོད་ལ་སློབ་མར་མཉམ་སྡེབ་ཐོག་སློབ་ཚན་གསབ་ཁྲིད་བྱས་ན་འགྲིག་གམ།

学校应当与未成年学生的父母或者其他监护人互相配合，合理安排未成年学生的学习时间，保障其休息、娱乐和体育锻炼的时间。

སློབ་གྲྭས་ནར་མ་སོན་པའི་སློབ་མའི་ཕ་མ་དང་ཡང་ན་ལྟ་སྐྱོང་པ་གཞན་དག་ལ་གཞོགས་འདེགས་བྱས་ཏེ། ནར་མ་སོན་པའི་སློབ་མའི་སློབ་སྦྱོང་དུས་ཚོད་བཀོད་སྒྲིག་ལུགས་མཐུན་བྱས་

ཐོག སློབ་མའི་ངལ་གསོ་དང་རོལ་རྩེད། སྦྱོང་བརྡར་བཅས་ཀྱི་དུས་ཚོད་འགན་སྲུང་བྱ་དགོས།

学校不得占用国家法定节假日、休息日及寒暑假期，组织义务教育阶段的未成年学生集体补课，加重其学习负担。

སློབ་གྲྭས་རྒྱལ་ཁབ་ཀྱི་ཁྲིམས་བཀོད་གུང་གསེང་ཉིན་མོ་དང་ངལ་གསོའི་ཉིན་མོ། དེ་བཞིན་དབྱར་དགུན་གཉིས་ཀྱི་གུང་གསེང་ནང་འོས་འགན་སློབ་གསོའི་དུས་མཚམས་ཀྱི་ནར་མ་སོན་པའི་སློབ་མར་མཉམ་སྡེབ་ཐོག་སློབ་ཚན་གསབ་ཁྲིད་བྱ་རྒྱ་སྒྲིག་འཛུགས་བྱས་ཏེ། སློབ་མའི་སློབ་སྦྱོང་ཁུར་པོ་ལྕི་རུ་གཏོང་མི་རུང་།

幼儿园、校外培训机构不得对学龄前未成年人进行小学课程教育。

བྱ་བཅོལ་ཁང་དང་སློབ་ཕྱིའི་གསོ་སྦྱོང་ལས་ཁུངས་ཀྱིས་སློབ་ལོ་མ་លོན་པའི་ནར་མ་སོན་པའི་མིར་སློབ་ཆུང་གི་སློབ་ཚན་བསླབ་མི་རུང་།

13. 学校能够强制学生购买商品吗？

༡༣.སློབ་གྲྭས་བཙན་ཐབས་ཀྱིས་སློབ་མར་ཚོང་ཟོག་ཉོ་རུ་བཅུག་ན་འགྲིག་གམ།

学校、幼儿园不得安排未成年人参加商业性活动，不得向未成年人及其父母或者其他监护人推销或者要求其购买指定的商品和服务。

སློབ་གྲྭ་དང་བྱིས་པ་བཙལ་ཁང་གིས་ནར་མ་སོན་པའི་མི་ཚོང་ལས་རང་བཞིན་གྱི་བྱེད་སྒོར་ཞུགས་སུ་བཀོད་སྒྲིག་བྱེད་མི་རུང་བ་དང་། ནར་མ་སོན་པའི་མི་དང་དེའི་ཕ་མའམ་ཡང་ན་ལྟ་སྐྱོང་པ་གཞན་དག་ལ་འགྲེམ་ཚོང་ངམ་དམིགས་འཛུགས་ཀྱི་ཚོང་ཟོག་ཉོ་རུ་བཅུག་པ་དང་ཞབས་ཞུ་དང་ལེན་བྱེད་དུ་འཇུག་མི་རུང་།

学校强制要求学生购买商品违法

སློབ་གྲྭས་བཙན་ཐབས་ཀྱིས་སློབ་མར་ཚོང་ཟོག་ཉོ་རུ་བཅུག་མི་ཆོག

案情：

རྒྱུད་གཞིའི་གནས་ཚུལ།

卓玛是一名中学生，学习成绩一直非常优异。临近暑假，学校为了激励同学们主动学习，请了一位老师来做讲座。在听完讲座后，同学们都热血沸腾，非常敬佩这位老师。回到班里，班主任对大家说，每个人要交106元钱购买一套刚才那位老师出的书。但是，卓玛认为刚才那位老师已经把他的学习经历告诉大家了，这套书的意义就不是很大了，便问老师可不可以不买。但是，老师告诉卓玛，每个人都必须购买，这是学校要求的，学校这样做也是为了大家好。

སྒྲོལ་མ་ནི་སློབ་འབྲིང་སློབ་མ་ཡིན་ཞིང་། རྒྱུན་དུ་སློབ་སྦྱོང་གི་སྒྲུབ་འབྲས་ཧ་ཅང་ཡག་པོ་ཡོད། དབྱར་ཁའི་གུང་གསེང་འཇོག་གྲབས་ཡོད་པའི་སྐབས་སུ། སློབ་གྲྭས་སློབ་མ་

ཚོའི་རང་འགུལ་གྱི་སློབ་སྦྱོང་བྱེད་སེམས་ལ་སྐྱོལ་མ་གཏོང་ཆེད། དགེ་རྒན་ཞིག་འཆད་ཁྲིད་བྱེད་པར་གདན་འདྲེན་ཞུས། སློབ་མ་ཚོས་འཆད་ཁྲིད་ཉན་རྗེས་ཚང་མ་དགའ་ཚོར་ཆེན་པོ་བྱེད་པ་དང་དགེ་རྒན་དེར་མོས་གུས་ཆེན་པོ་བྱེད། འཛིན་གྲྭའི་ནང་ལོག་རྗེས་འཛིན་བདག་གིས་ཚང་མར་མི་རེས་སྒོར་༡༠༨བཏོན་ནས་གོང་གསལ་དགེ་རྒན་དེའི་རྩོམ་དེབ་ཉོ་དགོས་ཞེས་བཤད། འོན་ཀྱང་སློབ་མས་ད་གིན་གྱི་དགེ་རྒན་དེས་ཕོ་རང་གི་སློབ་སྦྱོང་གི་ཉམས་མྱོང་ང་ཚོར་བཤད་ཟིན་པས་དེབ་དེ་ཉོ་རྒྱུར་དོན་སྙིང་ཆེན་པོ་མེད་པར་འདོད་ནས། དགེ་རྒན་ལ་མ་ཉོས་ན་འགྲིག་གམ་ཞེས་དྲིས། འོན་ཀྱང་དགེ་རྒན་གྱིས་སློབ་མར་མི་རེ་ངོ་རེ་ཚང་མས་ངེས་པར་དུ་ཉོ་དགོས། དེ་ནི་སློབ་གྲྭའི་བླང་བྱ་རེད་ལ། སློབ་གྲྭས་དེ་ལྟར་བྱེད་དོན་ཡང་ཚང་མའི་ཆེད་དུ་རེད་ཅེས་བཤད།

分析：

དབྱེ་ཞིབ།

学校强制学生购买商品的行为是违法的。首先，买卖双方应该遵守自愿、平等的交易原则，一方不能强买强卖。其次，我国《中华人民共和国义务教育法》规定，学校不得违反国家规定收取费用，不得以向学生推销或者变相推销商品、服务等方式谋取利益。在本案例中，学校要求学生购买讲座老师的图书是不合法的，而且也损害了学校“教书育人”的公益形象。

སློབ་གྲྭས་བཙན་ཐབས་ཀྱིས་སློབ་མར་ཚོང་ཟོག་ཉོ་རུ་བཅུག་པའི་བྱ་སྤྱོད་དེ་ནི་ཁྲིམས་དང་འགལ་བ་རེད། དང་ཐོག་ཉོ་མཁན་དང་འཚོང་མཁན་ཕྱོགས་གཉིས་པོས་རང་མོས་དང་འདྲ་མཉམ་གྱི་ཉོ་ཚོང་བྱ་རྒྱའི་རྩ་དོན་ལ་བརྩི་འཛོག་བྱེད་དགོས་པ་ལས་ཕྱོགས་གཅིག་གིས་བཙན་ཉོ་བཙན་འཚོང་བྱེད་མི་རུང་། གཞན་ཡང་རང་རྒྱལ་གྱི《ཀྲུང་ཧྭ་མི་དམངས་སྤྱི་མཐུན་རྒྱལ་ཁབ་ཀྱི་འོས་འགན་སློབ་གསོའི་བཅའ་ཁྲིམས》ནང་། སློབ་གྲྭས་རྒྱལ་ཁབ་ཀྱི་གཏན་འབེབས་ལས་འགལ་ཏེ་འགྲོ་གྲོན་བསྡུ་མི་རུང་བ་དང་། སློབ་མར་ཚོང་ཟོག་འགྲེམས་ཚོང་ངམ་རྣམ་པ

འགྱུར་བའི་འགྲིམ་ཚོང་དང་ཞབས་ཞུ་སོགས་ཀྱི་རྣམ་པའི་ཐོག་ནས་ཁེ་བཟང་སླུབ་མི་རུང་། སྒོད་དཔེ་འདིའི་ནང་། སློབ་གྲྭས་སློབ་མར་འཆད་ཁྲིད་དགེ་རྒན་གྱི་དཔེ་དེབ་ཉོ་རུ་བཙུག་པ་ནི་ཁྲིམས་དང་མི་མཐུན་པ་མ་ཟད། སློབ་གྲྭས"སློབ་ཁྲིད་བྱས་ཏེ་མི་གསོ་སྐྱོང་"བྱ་རྒྱའི་སྤྱི་ཕན་གཟུགས་བརྙན་ལ་གནོད་སྐྱོན་བཏང་ཡོད།

14. 老师能不能对学生进行体罚?

༡༤.དགེ་རྒན་གྱིས་སློབ་མར་ལུས་ཆད་བཅད་ན་འགྲིག་གམ།

教师应当尊重学生的人格，不得歧视学生，不得对学生实施体罚、变相体罚或者其他侮辱人格尊严的行为，不得侵犯学生合法权益。

དགེ་རྒན་གྱིས་སློབ་མའི་མི་གཞིར་བརྩི་འཇོག་བྱེད་དགོས་ཤིང་། སློབ་མར་མཐོང་ཆུང་བྱེད་མི་རུང་བ་དང་སློབ་མར་ལུས་ཆད་དང་རྣམ་པ་འགྱུར་བའི་ལུས་ཆད། ཡང་ན་མི་གཞིའི་ལ་རྒྱར་དམའ་འབེབས་བྱེད་པའི་བྱ་སྤྱོད་གཞན་དག་བཟུང་མི་རུང་ཞིང་། སློབ་མའི་ཁྲིམས་མཐུན་ཁེ་དབང་ལ་བཙན་གནོད་བཅས་བྱེད་མི་རུང་།

15. 学校没有开设体育课和音乐课的做法正确吗?

༡༥.སློབ་གྲྭས་ལུས་རྩལ་སློབ་ཚན་དང་རོལ་དབྱངས་སློབ་ཚན་བཀོད་སྒྲིག་མི་བྱེད་པའི་བྱེད་སྟངས་འགྲིག་གམ།

我国《中华人民共和国未成年人保护法》《中华人民共和国义务教育法》等相关法律法规中对未成年人的教育内容作了明文规定，学校应当全面贯彻国家的教育方针，实施素质教育，提高教育质量，在品德、智力、体质等方面全面发展学生的素质，将德育、智育、体育、美育等有机统一在教育教学活动中，促进未成年学生全面发展。除了学习之外，学校还应该对未成年人给予正确的生理上、心理上的关心、教育和指导。

རང་རྒྱལ་གྱི《ཀྲུང་ཧྭ་མི་དམངས་སྤྱི་མཐུན་རྒྱལ་ཁབ་ཀྱི་ནར་མ་སོན་པའི་མིའི་སྲུང་སྐྱོང་སྐོར་གྱི་བཅའ་ཁྲིམས》དང《ཀྲུང་ཧྭ་མི་དམངས་སྤྱི་མཐུན་རྒྱལ་ཁབ་ཀྱི་འོས་འགན་སློབ་གསོའི་བཅའ་ཁྲིམས》སོགས་འབྲེལ་ཡོད་བཅའ་ཁྲིམས་དང་ཁྲིམས་སྲོལ་ནང་། ནར་མ་སོན་པའི་མིའི་སློབ་གསོའི་ནང་དོན་ཐད་གཏན་འཁེལ་བ་ཁ་གསལ་བྱས་ཡོད། སློབ་གྲྭས་ཁྱོན་ཡོངས་ནས་རྒྱལ་ཁབ་ཀྱི་སློབ་གསོའི་བྱེད་ཕྱོགས་ལག་བསྟར་བྱས་ཐོག བྱུང་ཚད་སློབ་གསོ་ལག་བསྟར་གྱིས་སློབ་གསོའི་སྤུས་ཚད་གོང་མཐོར་གཏོང་དགོས། གཤིས་སྤྱོད་དང་རིག་སྟོབས། ལུས་པོ་སོགས་ཁྱོན་ཡོངས་ནས་སློབ་མའི་བྱུང་ཚད་འཕེལ་རྒྱས་བཏང་མཐར། ཀུན་སྤྱོད་དང་ཤེས་རིག ལུས་པོ། མཛེས་རིག་སོགས་སློབ་ཁྲིད་སློབ་གསོའི་བྱེད་སྒོའི་ནང་གཅིག་གྱུར་ཡོང་བ་བྱེད་པ་དང་ནར་མ་སོན་པའི་མི་ཁྱོན་ཡོངས་ནས་འཕེལ་རྒྱས་ཡོང་བར་མཐུན་རྐྱེན་བསྐྲུན་དགོས། སློབ་སྐྱོང་ཕྱུད་སློབ་གྲྭས་ད་དུང་ནར་མ་སོན་པའི་མིར་ཡང་དག་པའི་ངང་ལུས་ཁམས་དང་སེམས་ཁམས་ཐད་སེམས་ཁུར་དང་སློབ་གསོ། ཁྲིད་སྟོན་བཅས་བྱ་དགོས།

七、预防犯罪与自我保护

བདུན་པ། ཉེས་གསོག་སྔོན་འགོག་དང་རང་ཉིད་སྲུང་སྐྱོབ།

1. 未成年人的不良行为都有哪些？

༡.ནར་མ་སོན་པའི་མིའི་ཚུལ་མིན་གྱི་བྱ་སྤྱོད་ལ་གང་དག་ཡོད་དམ།

不良行为是指未成年人实施的不利于其健康成长的下列行为：

ཚུལ་མིན་གྱི་བྱ་སྤྱོད་ཞེས་པ་ནི་ནར་མ་སོན་པའི་མིས་རང་ཉིད་སྐྱོན་བྲལ་དང་འཚར་ལོངས་ཡོང་རྒྱུར་གནོད་པའི་གཤམ་གསལ་གྱི་བྱ་སྤྱོད་བཟུང་བ་ལ་ཟེར་བ་སྟེ།

（1）吸烟、饮酒；

（༡）ཐ་མག་འཐེན་པ། ཆང་འཐུང་བ།

（2）多次旷课、逃学；

（༢）སློབ་ཚན་ཆད་པ་དང་སློབ་བྲོལ་བྱེད་པ།

（3）无故夜不归宿、离家出走；

（༣）རྒྱུ་མཚན་མེད་པར་མཚན་གང་ཉལ་ཁང་ལ་མ་ལོག་པ་དང་ཁྱིམ་ནས་ཐོན་པ།

（4）沉迷网络；

（༤）དྲ་རྒྱུད་ལ་དབྱིངས་ཞུགས་པ།

（5）与社会上具有不良习性的人交往，组织或者参加实施不良行为的团伙；

（༥）སྤྱི་ཚོགས་ཐོག་གི་གོམས་གཤིས་མི་ལེགས་པའི་མི་དང་འབྲེལ་བ་བྱེད་པ་དང་། སྤྱོད་ངན་གྱི་ཚོགས་པ་བཙུགས་པའམ་དེར་ཞུགས་པ།

（6）进入法律法规规定未成年人不宜进入的场所；

（༦）བཅའ་ཁྲིམས་དང་ཁྲིམས་སྲོལ་ནང་ནར་མ་སོན་པའི་མི་འཇུལ་རྒྱུར་འཚམ་པོ་མེད་པར་གཏན་འཁེལ་བྱས་པའི་ཚོགས་རར་འཛུལ་བ།

（7）参与赌博、变相赌博，或者参加封建迷信、邪教等活动；

（༧）རྒྱན་འཛུགས་དང་རྣམ་པ་འགྱུར་བའི་རྒྱན་འཛུགས་ནང་ཞུགས་པའམ་ཡང་ན་རྙོངས་དད་དང་ཆོས་ལོག་སོགས་ཀྱི་བྱེད་སྒོར་ཞུགས་པ།

（8）阅览、观看或者收听宣扬淫秽、色情、暴力、恐怖、极端等内容的读物、音像制品或者网络信息等；

（༨）འདོད་གཡེམ་དང་ཆགས་སྤྱོད། གཏུམ་སྤྱོད། འཇིགས་སྐུལ། ཐལ་དྲགས་སོགས་ཀྱི་ནང་དོན་ལྡན་པའི་དཔེ་དེབ་དང་སྒྲ་བརྙན་ཐོན་རྫས་སམ་དེ་ལྟ་བུའི་དྲ་རྒྱའི་ཐོག་གི་ཆ་འཕྲིན་ཀློག་པ་དང་ལྟ་བ་སོགས།

（9）其他不利于未成年人身心健康成长的不良行为。

（༩）ད་དུང་ནར་མ་སོན་པའི་མིའི་ལུས་སེམས་བདེ་ཐང་དང་ཚར་ལོངས་ཡོང་བར་གནོད་པའི་ཚུལ་མིན་གྱི་བྱ་སྤྱོད་གཞན་དག་བཅས་ཡིན།

2. 学校可针对未成年人的不良行为采取什么样的措施？

༢.སློབ་གྲྭས་ནར་མ་སོན་པའི་མིའི་ཚུལ་མིན་གྱི་བྱ་སྤྱོད་ལ་སྣོས་ནས་བྱ་ཐབས་གང་འདྲ་འཛིན་དགོས་སམ།

学校对有不良行为的未成年学生，应当加强管理教育，不得歧视；对拒不改正或者情节严重的，学校可以根据情况予以处分或者采取以下管理教育措施：

སློབ་གྲྭས་སྤྱོད་ཚུལ་མི་ལེགས་པའི་ནར་མ་སོན་པའི་སློབ་མར་དོ་དམ་དང་སློབ་གསོར་ཤུགས་སྣོན་བརྒྱབ་པ་ལས་མཐོང་ཆུང་བྱེད་མི་རུང་། བསྒྱུར་བཅོས་དང་ལེན་མི་བྱེད་པའམ་ཡང་ན་གནས་ཚུལ་ཚབས་ཆེན་པོ་ཡོད་ཚེ། སློབ་གྲྭས་གནས་ཚུལ་ལ་གཞིགས་ཏེ་ཆད་པ་གཅོད་པའམ་ཡང་ན་གཤམ་གསལ་གྱི་དོ་དམ་དང་སློབ་གསོའི་བྱ་ཐབས་བཟུང་དགོས་པ་སྟེ།

（1）予以训导；

（༡）ཁ་ཏ་བསླབ་བྱ་བྱེད་པ།

（2）要求遵守特定的行为规范；

（༢）དམིགས་བསལ་གྱི་བྱ་སྤྱོད་ཚད་གཞིར་བརྩི་སྲུང་ཞུ་དགོས་པའི་བླང་བྱ་འདོན་པ།

（3）要求参加特定的专题教育；

（༣）དམིགས་བསལ་གྱི་ཆེད་དོན་སློབ་གསོའི་ནང་ཞུགས་རྒྱུའི་བླང་བྱ་འདོན་པ།

（4）要求参加校内服务活动；

（༤）སློབ་གྲྭའི་ནང་ཁུལ་གྱི་ཞབས་ཞུའི་བྱེད་སྒོར་ཞུགས་རྒྱུའི་བླང་བྱ་འདོན་པ།

（5）要求接受社会工作者或者其他专业人员的心理辅导和行为干预；

（༥）སྤྱི་ཚོགས་ཐོག་གི་ལས་དོན་པའམ་ཡང་ན་ཆེད་ལས་མི་སྣ་གཞན་དག་གི་སེམས་ཁམས་ཀྱི་ཟུར་ཁྲིད་དང་བྱ་སྤྱོད་ཀྱི་ཐེ་ཞུགས་དང་ལེན་བྱེད་དགོས་པའི་བླང་བྱ་འདོན་པ།

（6）其他适当的管理教育措施。

（༦）ད་དུང་འོས་འཚམ་གྱི་དོ་དམ་དང་སློབ་གསོའི་བྱ་ཐབས་གཞན་དག་བཟུང་དགོས་པ་བཅས་སོ། །

3. 未成年人的严重不良行为有哪些？

༣.ནར་མ་སོན་པའི་མིའི་ཚབས་ཆེ་བའི་ཚུལ་མིན་གྱི་བྱ་སྤྱོད་ལ་གང་དག་ཡོད་དམ།

未成年人的严重不良行为，是指未成年人实施的有刑法规定、因不满法定刑事责任年龄不予刑事处罚的行为，以及严重危害社会的下列行为：

ནར་མ་སོན་པའི་མིའི་ཚབས་ཆེ་བའི་ཚུལ་མིན་གྱི་བྱ་སྤྱོད་ཅེས་པ་ནི་ནར་མ་སོན་པའི་མིས་གང་བྱས་པ་དེ་ཉེས་ཁྲིམས་ཀྱི་གཏན་འབེབས་ལྟར་ཉེས་དོན་འགན་འཁྲི་འཁུར་རྒྱའི་ལོ་ཚད་ལ་མ་སླེབས་པར་ཆད་པ་གཅོད་མི་རུང་བའི་བྱ་སྤྱོད་དང་། སྤྱི་ཚོགས་ལ་གནོད་འཚེ་ཚབས་ཆེན་བཟོས་པའི་གཤམ་གསལ་གྱི་བྱ་སྤྱོད་ལ་ཟེར་བ་སྟེ།

（1）结伙斗殴，追逐、拦截他人，强拿硬要或者任意损毁、占用公私财物等寻衅滋事行为；

（༡）ཁ་མཐུན་ནས་གཞུ་འཛིང་དང་མི་གཞན་རྗེས་འདེད་གཏོང་བ། ལམ་འགོག་པ། བཙན་འཕྲོག་དང་བཙན་བླངས། ཡང་ན་གང་འདོད་དང་གཏོར་སྐྱོན་བཏང་བ་དང་སྒེར་གཞུང་གི་རྒྱུ་ནོར་བཟུང་སྤྱོད་བྱེད་པ་སོགས་རང་སྣང་གང་ཤར་གྱི་བྱ་སྤྱོད་སྤེལ་བ།

（2）非法携带枪支、弹药或者弩、匕首等国家规定的管制器具；

（༢）ཁྲིམས་འགལ་ངང་མེ་མདའ་དང་རྫས་མདེལ་ལམ་ཡང་ན་མདའ་དང་གྲི་སོགས་རྒྱལ་ཁབ་ཀྱིས་གཏན་འབེབས་བྱས་པའི་དོ་དམ་བྱ་རྒྱའི་ལག་ཆ་འཁྱེར་བ།

（3）殴打、辱骂、恐吓，或者故意伤害他人身体；

（༣）རྡུག་རྡེས་དང་ངན་སྨས། འཇིགས་སྐུལ། ཡང་ན་ཆེད་བཙུགས་ནས་མི་གཞན་གྱི་ལུས་པོར་གནོད་སྐྱོན་བཏང་བ།

（4）盗窃、哄抢、抢夺或者故意损毁公私财物；

（༤）རྐུ་འཁྱེར་དང་མཉམ་འཕྲོག འཕྲོག་བཅོམ། ཡང་ན་ཆེད་བཙུགས་ནས་གཞུང་སྒེར་གྱི་རྒྱུ་ནོར་ལ་གཏོར་སྐྱོན་བཏང་བ།

（5）传播淫秽的读物、音像制品或者信息等；

（༥）འདོད་གཡེམ་གྱི་དཔེ་དེབ་དང་སྐྱ་བརྙན་ཐོན་རྫས་སམ་ཡང་ན་ཆ་འཕྲིན་སོགས་དྲིལ་བསྒྲགས་བྱས་པ།

（6）卖淫、嫖娼，或者进行淫秽表演；

（༦）སྨད་འཚོང་དང་འཆལ་སྤྱོད། ཡང་ན་འདོད་གཡེམ་གྱི་འཁྲབ་སྟོན་བྱས་པ།

（7）吸食、注射毒品，或者向他人提供毒品；

（༧）དུག་རྫས་འཐེན་པ་དང་དུག་རྫས་ཀྱི་ཁབ་རྒྱག་པ། ཡང་ན་མི་གཞན་ལ་དུག་རྫས་མཁོ་འདོན་བྱས་པ།

（8）参与赌博赌资较大；

（༨）རྒྱན་འཛུགས་ནང་ཞུགས་པའི་རྒྱན་དངུལ་འབོར་ཚད་ཆེ་བ།

（9）其他严重危害社会的行为。

（༩）ད་དུང་སྤྱི་ཚོགས་ལ་གནོད་པའི་བྱ་སྤྱོད་གཞན་དག་བཅས་སོ།།

4. 未成年人有严重不良行为怎么办？

༤.ནར་མ་སོན་པའི་མིར་རྩལ་མིན་གྱི་བྱ་སྤྱོད་ཚབས་ཆེན་ཡོད་ན་གང་འདྲ་བྱེད་དམ།

公安机关接到举报或者发现未成年人有严重不良行为的，应当及时制止，依法调查处理，并可以责令其父母或者其他监护人消除或者减轻违法后果，采取措施严加管教。

སྤྱི་བདེ་ལས་ཁུངས་ལ་ཞེར་འདོན་ཡི་གེ་འབྱོར་བའམ་ཡང་ན་ནར་མ་སོན་པའི་མིར་རྩལ་མིན་གྱི་བྱ་སྤྱོད་ཚབས་ཆེན་ཡོད་པ་ཤེས་ཚེ། དུས་ཐོག་ལ་བཀག་འགོག་བྱེད་པ་དང་། ཁྲིམས་ལྟར་བརྟག་དཔྱད་བྱས་ཏེ་ཐག་གཅོད་བྱེད་དགོས་པ་མ་ཟད། ཕ་པའི་ཕ་མ་དང་ཡང་ན་ལྟ་སྐྱོང་པ་གཞན་དག་ལ་ཁྲིམས་འགལ་གྱི་རྗེས་འབྲས་མེད་པ་བཟོ་བའམ་ཡང་ན་ཉུང་དུ་གཏོང་བ། བྱ་ཐབས་བཟུང་ནས་དོ་དམ་དང་སློབ་གསོ་ནན་པོ་རྒྱག་དགོས་པ་བཅས་ཀྱི་བཀའ་འབེབས་ཆོག

对有严重不良行为的未成年人，公安机关可以根据具体情况，采取以下矫治教育措施：

ཚུལ་མིན་གྱི་བྱ་སྤྱོད་ཚབས་ཆེ་བའི་རིགས་ཡོད་པའི་ནར་མ་སོན་པའི་མིར་སྤྱི་བདེ་ལས་ཁུངས་ནས་ཞིབ་ཕྲའི་གནས་ཚུལ་ལ་གཞིགས་ནས་གཤམ་གསལ་གྱི་བསྒྱུར་བཅོས་ཀྱི་སློབ་གསོ་རྣམ་དགོས་པ་སྟེ།

（1）予以训诫；

（༡）ཁ་ཏ་བསླབ་བྱ་བྱེད་པ།

（2）责令赔礼道歉、赔偿损失；

（༢）དགོངས་དག་ཞུགས་བདེན་ཞུ་རྒྱ་དང་གུན་གསབ་སྤྲོད་རྒྱའི་བཀའ་འབེབས་པ།

（3）责令具结悔过；

（༣）འགྱོད་བཤགས་བྱ་རྒྱའི་བཀའ་འབེབས་པ།

（4）责令定期报告活动情况；

（༤）དུས་བཀག་ཐོག་བྱེད་སྒོའི་གནས་ཚུལ་སྙན་སེང་ཞུ་དགོས་པའི་བཀའ་འབེབས་པ།

（5）责令遵守特定的行为规范，不得实施特定行为、接触特定人员或者进入特定场所；

（༥）དམིགས་བསལ་གྱི་བྱ་སྤྱོད་ཚད་གཞིར་བརྩི་སྲུང་ཞུ་དགོས་པ་ལས་དམིགས་བསལ་གྱི་བྱ་སྤྱོད་སྤེལ་མི་རུང་བ་དང་། དམིགས་བསལ་གྱི་མི་སྣ་དང་འབྲེལ་གཏུག་བྱེད་མི་རུང་བའམ་ཡང་ན་དམིགས་བསལ་གྱི་ཚོགས་རར་འཛུལ་མི་རུང་བའི་བཀའ་འབེབས་པ།

（6）责令接受心理辅导、行为矫治；

（༦）སེམས་ཁམས་ཀྱི་ཟུར་ཁྲིད་དང་བྱ་སྤྱོད་ཡོ་བསྲང་དང་ལེན་བྱ་དགོས་པའི་བཀའ་འབེབས་པ།

（7）责令参加社会服务活动；

（༧）སྤྱི་ཚོགས་ཀྱི་ཞབས་ཞུའི་བྱེད་སྒོར་ཞུགས་རྒྱའི་བཀའ་འབེབས་པ།

（8）责令接受社会观护，由社会组织、有关机构在适当场所对未成年人进行教育、监督和管束；

（༨）སྤྱི་ཚོགས་ཀྱི་ལྟ་སྐྱོང་དང་ལེན་དང་། སྤྱི་ཚོགས་རྩ་འཛུགས་དང་འབྲེལ་ཡོད་ལས་ཁུངས་ཀྱིས་འོས་འཚམ་གྱི་ཚོགས་རར་ནར་མ་སོན་པའི་མིར་སློབ་གསོ་དང་ལྟ་སྐྱུལ། གཅུན་སྡོམ་བྱ་རྒྱའི་བཀའ་འབེབས་པ།

（9）其他适当的矫治教育措施。

（༩）ད་དུང་འོས་འཚམ་གྱི་ཡོ་བསྲང་སློབ་གསོའི་བྱ་ཐབས་གཞན་བཟུང་དགོས་པ་བཅས་སོ།།

5. 什么是毒品？

༥.གང་འདྲ་ཞིག་ལ་དུག་རྫས་ཟེར།

毒品是指鸦片、海洛因、甲基苯丙胺（冰毒）、吗啡、大麻、可卡因以及国家规定管制的其他能够使人形成瘾癖的麻醉药品和精神药品。新型毒品是相对传统毒品而言，主要指冰毒、摇头丸等人工化学合成的致幻剂、兴奋剂类毒品。

དུག་རྫས་ཞེས་པ་ནི་ཉལ་ཐ་དང་ཧའི་ལའུ་དབྱིན། འབྲུགས་དུག མ་ཕྱི། སོ་མ་ར་ཙ། ཁེ་ཁའ་ཆེན་པོ། དེ་བཞིན་རྒྱལ་ཁབ་ཀྱི་གཏན་འབེབས་ལྟར་དོ་དམ་ཆོད་འཛིན་བྱ་རྒྱའི་མིའི་ཀྱད་པ་སྐྱིད་པ་དང་བསམ་བློའི་སྨན་རྫས་གཞན་དག་བཅས་ལ་ཟེར། དུག་རྫས་གསར་པའི་རིགས་ནི་སྲོལ་རྒྱུན་གྱི་དུག་རྫས་དང་བསྡུར་ན། གཙོ་བོ་འབྲུགས་དུག་དང་མགོ་གཡུག་རིལ་བུ་སོགས་ནི་མིའི་ཐབས་ལ་བརྟེན་ནས་རྫས་འགྱུར་འདྲེས་སྦྱོར་བྱས་ཏེ་བཟོས་པའི་འཁྲུལ་སྣང་དང་དར་སྤྲེད་རིགས་ཀྱི་དུག་རྫས་ཡིན།

6. 未成年人吸毒有什么危害？

༦.ནར་མ་སོན་པའི་མིས་དུག་རྫས་འཐེན་ན་གནོད་སྐྱོན་གང་ཡོད་དམ།

未成年人身心发育尚未成熟，一旦吸毒成瘾，会导致记忆力衰退、营养严重不足、抵抗力下降、多种疾病发生，甚至走上犯罪道路。

དེའང་ནར་མ་སོན་པའི་མི་ནི་ལུས་སེམས་ཡོངས་སུ་རྒྱས་མེད་པས་གལ་ཏེ་དུག་འཐེན་རྒྱུར་དབྱིངས་ཚུད་ན། དྲན་ཤེས་ཉམས་པ་དང་། འཚོ་བཅུད་མི་འདང་བ། ནད་འགོག་ནུས་པ་ཉམས་པ། ནད་སྣ་ཚོགས་ན་བ། ཐ་ན་ཉེས་གསོག་གི་ལམ་དུ་བསྒྲོད་པ་ཡིན།

7. 未成年人怎么样才能做到远离毒品？

༧.གང་འདྲ་བྱས་ན་ནར་མ་སོན་པའི་མི་གཞི་ནས་དུག་རྫས་དང་འབྲེལ་བ་མེད་པ་བྱེད་ཐུབ་བམ།

（1）积极接受毒品基本知识和禁毒法律法规教育，牢记“四知道”。知道什么是毒品，知道吸毒极易成瘾、难以戒断，知道毒品的危害，知道毒品违法犯罪要受到法律制裁。

（༡）དེའང་དུག་རྫས་ཀྱི་གཞི་རྩའི་ཤེས་བྱ་དང་དུག་རྫས་ཀྱི་བཅའ་ཁྲིམས་ཁྲིམས་སྲོལ་སློབ་གསོ་དང་ལེན་ཧུར་ཐག་བྱེད་པ་དང་“ཤེས་དགོས་པ་བཞི”སེམས་ལ་བརྟན་པོར་ངེས་པ་བྱེད་དགོས་པ་སྟེ། གང་ཞིག་དུག་རྫས་ཡིན་པ་ཤེས་དགོས་པ་དང་དུག་རྫས་ནི་དབྱིངས་ཞུགས་སླ་བ་དང་བཅད་ཁག་པོ་ཡོད་པ་ཤེས་དགོས་ཤིང་། དུག་རྫས་ཀྱི་གནོད་འཚེ་ཤེས་དགོས། དུག་རྫས་ཀྱི་ཁྲིམས་འགལ་ཉེས་གསོག་ལ་བཅའ་ཁྲིམས་ཀྱིས་བཀག་སྡོམ་བྱེད་པ་བཅས་ཤེས་པར་བྱ་དགོས།

（2）养成良好的行为习惯，杜绝吸烟、饮酒等不良嗜好，不涉足青少年不宜进入的场所，不结交有吸毒、贩毒行为的人。

（༢）སྤྱོད་ཚུལ་བཟང་པོ་གོམས་གཤིས་སུ་འཛུགས་པ་བྱས་ཐོག ཐ་མག་འཐེན་པ་དང་ཆང་རག་འཐུང་བ་སོགས་ཚུལ་མིན་གྱི་ཞེན་ཕྱོགས་སྤོང་བ་དང་། གཞོན་ནུ་ལོ་ཆུང་འཛུལ་རྒྱུར་

མི་འཚམ་པའི་འདུ་རར་མི་འགྲོ་བ། དུག་རྫས་འཛིན་པ་དང་དུག་རྫས་འཚོང་མཁན་དང་འབྲེལ་གཏུག་མི་བྱེད་པ།

（3）不要盲目追求时尚，不要盲目追求享受，不要盲目攀比，树立正确的人生观，坚决抵制不良诱惑。

（༣）རྟོངས་ཚོད་ཀྱིས་དར་སྲོལ་དོན་གཉེར་དང་། རྟོངས་ཚོད་ཀྱིས་ལོངས་སྤྱོད་དོན་གཉེར། རྟོངས་ཚོད་ཀྱིས་ཞེ་སྡང་བཅས་མི་བྱེད་པར་ཡང་དག་པའི་མི་ཚེའི་ལྟ་བ་བཙུགས་ཏེ་བསླུ་བྲིད་ངན་པ་བཀག་འགོག་མཐའ་གཅིག་ཏུ་བྱ་དགོས།

（4）出入KTV、夜店等场所要有戒备意识，对诱惑提高警惕，不轻易和陌生人搭讪，不接受陌生人提供的香烟和饮料，不随便离开座位。离开座位时最好有人看守饮料、食物等。

（༤）KTV（གཞས་གཏོང་ས་）དང་མཚན་མོའི་ཚོང་ཁང་སོགས་ལ་འགྲོ་སྐབས་ཉེན་ཟོན་གྱི་འདུ་ཤེས་ཡོད་དགོས་པ་དང་། བསླུ་བྲིད་ཐད་དོགས་ཟོན་ཆེ་ཙམ་བྱས་ནས་ཚ་རྣས་མེད་པའི་མིར་གང་བྱུང་དུ་ཁ་ཡ་བྱེད་མི་རུང་བ། ངོ་མི་ཤེས་པའི་མིས་ཐ་མག་དང་བཏུང་བྱ་སྤྲད་ན་ལེན་མི་རུང་བ། རང་གི་སྡོད་ས་ནས་གང་བྱུང་ཁ་འབྲལ་མི་རུང་བ། རང་གི་སྡོད་གནས་ནས་ཁ་བྲལ་ཆེ་རང་གི་བཏུང་བྱ་དང་བཟའ་བཅའ་སོགས་ལ་ལྟ་སྲུང་བྱེད་མཁན་ཡོད་དགོས།

8. 未成年人对犯罪如何进行自我防范？

༨.ནར་མ་སོན་པའི་མིས་ཉེས་གསོག་ཐད་རང་ངོས་ཀྱི་འགོག་ཟོན་གང་འདྲ་བྱེད་དགོས་སམ།

未成年人对犯罪的自我防范是指个人为减少被害可能性，进行自我保护而采取的各种措施方法。主要包括以下几方面：未成年人应遵守国家法律、法规及社会公共规范；树立自尊、自律、自强的意识；增强辨别和自我保护的能力；加强未成年人用法律维护自身合法权益的意识。

ནར་མ་སོན་པའི་མིས་ཉེས་གསོག་ཐད་རང་ངོས་ཀྱི་འགོག་ཐོན་བྱེད་དགོས་ཞེས་པ་ནི་རང་ཉིད་ཀྱིས་གནོད་འཚེ་ཕོག་སྲིད་པའི་ཉེན་ཁ་ཆུང་དུ་གཏོང་ཆེད། རང་གིས་རང་སྲུང་སློབ་བྱ་ཕྱིར་བཟུང་བའི་བྱ་ཐབས་སྣ་ཚོགས་ལ་ཟེར་བ་ཡིན། དེའང་གཙོ་བོ་གཤམ་གསལ་གྱི་ཕྱོགས་ཁ་ཤས་ཡོད་པ་སྟེ། ནར་མ་སོན་པའི་མིས་རྒྱལ་ཁབ་ཀྱི་བཅའ་ཁྲིམས་དང་ཁྲིམས་སྲོལ། དེ་བཞིན་སྤྱི་ཚོགས་ཀྱི་སྤྱི་པའི་ཚད་གཞི་བཅས་ལ་བརྩི་སྲུང་བྱེད་པ། རང་བཀུར་རང་གཙུན། རང་ནུས་ལྡན་པ་བཅས་ཀྱི་འདུ་ཤེས་ལྡན་པ། ཤན་འབྱེད་དང་རང་སྲུང་གི་ནུས་པ་ཇེ་ཆེར་གཏོང་བ། བཅའ་ཁྲིམས་ལ་བརྟེན་ནས་རང་ངོས་ཀྱི་ཁྲིམས་མཐུན་ཁེ་དབང་སྲུང་སྐྱོང་བྱེད་པའི་འདུ་ཤེས་ཇེ་ཆེར་གཏོང་བ་བཅས་བྱ་དགོས།

9. 未成年人在道路交通安全中应该注意什么？

༩. ནར་མ་སོན་པའི་མིས་གཞུང་ལམ་འགྲིམ་འགྲུལ་བདེ་འཇགས་ཐད་དོ་སྣང་གང་ཞིག་བྱེད་དགོས་སམ།

（1）行人应当在人行道内行走，没有人行道的靠路边行走。

（༡）སྣང་ཐང་བས་མི་བགྲོད་ལམ་གྱི་ཐོག་འགྲོ་དགོས་པ་དང་མི་བགྲོད་ལམ་མེད་ཚེ་ལམ་ཟུར་ནས་འགྲོ་དགོས།

（2）穿越马路，要走人行横道线，有小黄帽的最好佩戴小黄帽；在有过街天桥和过街地道的路段，应自觉走过街天桥和地下通道。穿越马路时，要走直线，不可迂回穿行；在没有人行横道的路段，应先看左边，再看右边，在确认没有机动车通过时才可以穿越马路。

（༢）འཕྲེད་ལམ་སྒྲོལ་སྐབས་མི་བགྲོད་ལམ་ཐིག་ཐོག་འགྲོ་དགོས་ཤིང་། ཡག་ཤོས་བྱུང་ན་ཞྭ་མོ་སེར་པོ་གྱོན་དགོས། ཁྲོམ་བཀྲལ་གྱི་སྟེང་ཟམ་དང་ཕུག་ལམ་ཡོད་ཚེ། རང་རྟོགས་ངང་སྟེང་ཟམ་དང་ཕུག་ལམ་ནས་འགྲོ་དགོས། གཞུང་ལམ་འཕྲེད་དུ་གཅོད་སྐབས་ཐད་ཐིག་ཐོག་འགྲོ་བ་ལས་ཕར་ཟླུག་ཚུར་ཟླུག་བྱེད་མི་རུང་ཞིང་། མི་བགྲོད་འཕྲེད་ལམ་མེད་སར། སྔོན་ལ་གཡོན་ལ་ལྟ་བ་དང་དེ་རྗེས་གཡས་ལ་བལྟས་རྗེས་འཁྱུལ་སྣོད་རླངས་འཁོར་མེད་པ་གཏན་འཁེལ་ན་གཞི་ནས་འཕྲེད་ལམ་སྒྲོལ་ཆོག

（3）不要翻越道路中央的安全护栏和隔离墩，更不能在马路上滑滑板。

（༣）གཞུང་ལམ་དཀྱིལ་གྱི་བདེ་འཇགས་ར་སྐོར་དང་བཅད་རྒྱ་མཚམས་ནས་འགྲོ་མི་རུང་བ་དང་། དེ་བས་གཞུང་ལམ་ཐོག་ཤུད་པང་བཞུད་ནས་འགྲོ་མི་རུང་།

（4）行人不得跨越、倚坐道路隔离设施，不得扒车、强行拦车或者实施妨碍道路交通安全的其他行为。

（༤）འགྲོ་མིས་གཞུང་ལམ་ཐོག་གི་བཅད་རྒྱ་མཚམས་བརྒལ་བྱེད་མི་རུང་བ་དང་དེའི་སྟེང་སྡོད་མི་རུང་བ། རླངས་འཁོར་ལ་འཐམ་འཁྱུད་དང་རླངས་འཁོར་བཙན་ཤེད་ཀྱིས་འགོག་པ། ཡང་ན་གཞུང་ལམ་འགྲིམ་འགྲུལ་བདེ་འཇགས་ལ་འགོག་རྐྱེན་བཟོ་བའི་བྱ་སྤྱོད་གཞན་དག་སྤེལ་མི་རུང་།

（5）学龄前儿童应当由其监护人、监护人委托的人或者对其负有管理、保护职责的人带领。

（༥）སློབ་ལོ་མ་ལོན་པའི་བྱིས་པ་ཡིན་ཕྱིན་དེའི་ལྟ་སྐྱོང་པ་དང་ལྟ་སྐྱོང་པས་མངགས་བཅོལ་བྱེད་སའི་མིའམ་ཡང་ན་དེ་ཉིད་ལ་དོ་དམ་དང་སྲུང་སྐྱོབ་བྱེད་པའི་འགན་འཁྲི་ཡོད་

མཁན་གྱིས་ཁྲིད་དེ་འགྲོ་དགོས།

（6）乘坐公共汽（电）车，要排队候车，按先后顺序上车，不要拥挤。上下车均应等车停稳以后，先下后上，不要争抢。

（༦）སྤྱི་སྤྱོད་རླངས་འཁོར་（གློག་འཁོར་）ལ་སྡོད་སྐབས། རུ་སྒྲིག་ནས་སྒུག་དགོས་པ་དང་། སྔ་ཕྱི་གོ་རིམ་བཞིན་རླངས་འཁོར་ལ་འཛེགས་དགོས་པ་ལས་འཚང་ཁ་རྒྱག་མི་རུང་ཞིང་། རླངས་འཁོར་འབབ་འཛེགས་གང་བྱུས་ཀྱང་རླངས་འཁོར་ཁ་བཀག་རྗེས་གཞི་ནས་སྔོན་ལ་འབབ་པ་དང་རྗེས་སུ་འཛེགས་དགོས་པ་ལས་ཇབ་ཐོབ་རྒྱག་མི་རུང་།

（7）驾驶自行车、三轮车必须年满 12 周岁；转弯前应当减速慢行，不得突然猛拐，超越前车时不得妨碍被超越的车辆行驶。

（༧）རྐང་འཁོར་དང་འཁོར་གསུམ་བཞོན་དགོས་ཚེ་ངེས་པར་དུ་ལོ་ན་༡༢ཟིན་དགོས་པ་དང་། ཁ་མ་བསྒྱུར་གོང་དལ་དུ་བཏང་ནས་ཁ་བསྒྱུར་དགོས་པ་ལས་གློ་བུར་དུ་ཁ་བསྒྱུར་མི་རུང་ཞིང་། མདུན་གྱི་འཁོར་རིགས་བརྒལ་ནས་འགྲོ་སྐབས་བརྒལ་སའི་འཁོར་རིགས་ཀྱི་འགྲོ་ལམ་ལ་འགོག་རྐྱེན་བཟོ་མི་རུང་།

（8）驾驶电动自行车必须年满 16 周岁；城市中的共享电动车十分方便，但是 16 周岁以下的未成年人禁止骑行，更不可带人骑行。

（༨）གློག་སྒུལ་རྐང་འཁོར་བཞོན་ཚེ་ངེས་པར་དུ་ལོ་ན་༡༦ཟིན་དགོས། གྲོང་ཁྱེར་ནང་གི་མཉམ་སྤྱོད་གློག་སྒུལ་རྐང་འཁོར་ནི་སྟབས་ཏ་ཅང་བདེ་པོ་ཡོད། འོན་ཀྱང་ལོ་༡༦མན་གྱི་ནར་མ་སོན་པའི་མིས་བཞོན་མི་ཆོག་པ་དང་། དེ་བས་ཀྱང་མི་བསྐྱོན་ནས་བཞོན་མི་ཆོག

10. 在校女生如何保护自己？

༡༠.སློབ་གྲྭ་འགྲིམ་བཞིན་པའི་བུད་མེད་སློབ་མས་རང་ཉིད་ལ་སྲུང་སྐྱོབ་གང་འདྲ་བྱེད་དགོས་སམ།

平时尽量少和社会不良青年及校内有不良倾向的学生接触；注意端正自己的行为举止；外出尽量结伴而行；遇到情况要巧妙周旋，学会自我保护；拒绝陌生人的好意。

དེའང་རྣམ་ཀུན་སྤྱི་ཚོགས་ཐོག་གི་ཚུལ་མིན་གྱི་གཞོན་ནུ་དང་སློབ་གྲྭའི་ནང་ཁུལ་གྱི་ཚུལ་མིན་གྱི་རྟགས་མཚན་ཡོད་པའི་སློབ་མ་དང་འབྲེལ་གཏུག་ཉུང་ཙམ་བྱེད་དགོས་པ་དང་། རང་ཉིད་ཀྱི་སྤྱོད་ཚུལ་ལ་དོ་སྣང་བྱ་དགོས། ཕྱིར་འགྲོ་སྐབས་ཅི་ནས་ཀུང་རོགས་པ་དང་མཉམ་དུ་འགྲོ་དགོས། གནས་ཚུལ་འཕྲད་སྐབས་ཁ་གཏད་གཅིག་མཁས་པོ་བྱས་ནས་རང་ཉིད་ལ་སྲུང་སྐྱོབ་བྱེད་ཤེས་པ་དགོས་ལ། རྣམ་མེད་ཀྱི་མིའི་སེམས་བཟང་ལ་ཁ་ཡ་བྱེད་མི་རུང་།

11. 未成年人遭受性侵害的损害赔偿诉讼时效怎么计算?

༡༡.ནར་མ་སོན་པའི་མིར་འདོད་གཡེམ་གྱི་གནོད་འཚེ་ཐོག་པའི་གྱུན་གསབ་གཏུག་བཤེར་གྱི་ནུས་ཡོད་དུས་ཚོད་རྩིས་གང་འདྲ་རྒྱག་དགོས་སམ།

未成年人遭受性侵害的损害赔偿请求权的诉讼时效时间，自受害人年满十八周岁之日起计算。

ནར་མ་སོན་པའི་མིར་འདོད་གཡེམ་གྱི་གནོད་འཚེ་ཐོག་པའི་གྱུན་གསབ་རེ་ཞུ་བྱེད་དབང་གི་གཏུག་བཤེར་ནུས་ཡོད་དུས་ཚོད་ནི། ལོ་བཅོ་བརྒྱད་ལོན་པའི་ཉིན་མོ་ནས་བརྩི་དགོས།

12. 什么是校园贷?

༡༢.གང་འདྲ་ཞིག་ལ་སློབ་གྲྭའི་ནང་གི་དངུལ་བུན་ཟེར་རམ།

（1）是专门针对大学生的分期购物平台，如“趣分期”“任分期”等，部分还提供较低额度的现金提现；

（༡）ཆེད་མངགས་སློབ་གྲྭ་ཆེ་ཁག་གི་སློབ་མར་དམིགས་པའི་དུས་མཚམས་དབྱེ་ནས་ཉོ་སྒྲུབ་བྱེད་དུ་འཇུག་པའི་སྟེགས་བུ་སྟེ། དཔེར་ན་རང་སྤྱོའི་དུས་དབྱེ་དང་རང་འདོད་དུས་དབྱེ་སོགས་ལྟ་བུ་རེད། ཁག་གཅིག་གིས་ད་དུང་གྲངས་འབོར་ཅུང་ཉུང་ཙམ་གྱི་དངུལ་སྒོར་མགོ་འདོན་བྱེད་པ་ཡིན།

（2）是 p2p 贷款平台，用于大学生助学和创业，如投投贷、名校贷等；

(༢) p༢pདངུལ་བུན་སྣེགས་བུ་ཡིན་ཞིང་། དེ་ནི་སློབ་གྲྭ་ཆེ་ཁག་གི་སློབ་མར་སློབ་སྦྱོར་དང་བྱ་གཞག་གསར་གཏོད་ལ་བེད་སྤྱོད་བྱ་ཆེད་ཡིན། དཔེར་ན་དངུལ་འཛོག་དངུལ་བུན་དང་སློབ་གྲྭ་གྲྭགས་ཅན་གྱི་དངུལ་བུན་སོགས་ཡོད།

(3) 是阿里、京东、淘宝等传统电商平台提供的信贷服务。

(༣) ཨ་ལི་དང་དང་ཅིང་ཧྲང་། ཐའོ་པའོ་སོགས་སྲོལ་རྒྱུན་གློག་རྒྱལ་ཚོང་སྣེགས་ཀྱིས་མཁོ་འདོན་བྱས་པའི་ཡིད་རྟོན་དངུལ་བུན་ཞབས་ཞུ་ཡིན།

13. 校园贷的市场如何分布?

༡༣.སློབ་གྲྭའི་དངུལ་བུན་གྱི་ཁྲོམ་རའི་ཁྱབ་སྟངས་གང་འདྲ་ཡིན་ནམ།

校园贷的市场主要分布在二、三线城市，当三、四线城市和农村的孩子考入大学，有些家庭无力负担孩子在城市消费、学习甚至是创业上的资金需求，急速膨胀的消费欲望会促使学生通过各种途径寻找贷款平台，甚至是民间高利贷。

སློབ་གྲྭའི་དངུལ་བུན་གྱི་ཁྲོམ་ར་གཙོ་བོ་ནི་རིམ་པ་གཉིས་པ་དང་རིམ་པ་གསུམ་པའི་གྲོང་ཁྱེར་ལ་ཁྱབ་ཡོད་ཅིང་། རིམ་པ་གསུམ་པ་དང་བཞི་པའི་གྲོང་ཁྱེར་དང་གྲོང་གསེབ་ཀྱི་བུ་ཕྲུག་སློབ་གྲྭ་ཆེ་ཁག་ལ་རྒྱུགས་ལོན་སྐབས། ཁྲིམ་ཚང་རེ་འགར་ཕྱུ་གུ་གྲོང་ཁྱེར་ནང་འཛད་སྤྱོད་དང་སློབ་སྦྱོང་། ཐ་ན་བྱུ་གཞག་གསར་གཏོད་ཀྱི་མ་དངུལ་དགོས་མཁོ་སྤྲོད་ནུས་མེད་པ་དང་། འཛད་སྤྱོད་ཀྱི་རེ་འདོད་ཤུགས་ཆེར་སོང་རྗེན་སློབ་མས་ཐབས་ལམ་སྣ་ཚོགས་བརྒྱུད་དངུལ་བུན་སྐྱེགས་བྱ་དང་། ཐ་ན་དམངས་ཁྲོད་ཀྱི་སྐྱེད་ཀ་མཐོ་བའི་དངུལ་བུན་གཏོང་མཁན་འཚོལ་གྱི་ཡོད།

14. 校园贷有那些危害?

༡༤.སློབ་གྲྭའི་དངུལ་བུན་ལ་གནོད་འཚེ་གང་དག་ཡོད།

（1）部分校园贷款具有高利贷性质。

（༡）སློབ་གྲྭའི་ནང་ཁུལ་གྱི་དངུལ་བུན་ལ་སྐྱེད་ཀ་མཐོ་བའི་རང་བཞིན་དང་ལྡན་པ་སྟེ།

不法分子将目标对准高校，利用高校学生社会认知能力较差，防范心理弱的劣势，进行短期、小额的贷款活动，从表面上看这种借贷是“薄利多销”，但实际上不法分子获得的利率是银行的 20 ~ 30 倍，肆意赚取学生的钱。

དེའང་ཁྲིམས་འགལ་བའི་དམིགས་ས་ནི་སློབ་གྲྭ་ཆེ་ཁག་ཡིན་ཞིང་། སློབ་གྲྭ་ཆེ་ཁག་གི་སློབ་མ་ནི་སྤྱི་ཚོགས་ཀྱི་ཤེས་རྟོགས་ནུས་པ་ཅུང་དམན་པ་དང་ཉེན་ཟོན་གྱི་བསམ་བློ་ཅུང་སྟོབས་བའི་ཞན་ཆ་བེད་སྤྱད་དེ་དུས་ཐུང་དང་གྲངས་འབོར་ཉུང་བའི་དངུལ་བུན་གཏོང་གི་ཡོད། ཕྱི་ཚུལ་ནས་བལྟས་ན་དངུལ་བུན་དེ་རིགས་ནི་ “ཁེ་ཆུང་མང་འཚོང་”ཡིན་རུང་། དོན་དངོས་ཐོག་ཁྲིམས་འགལ་བར་ཐོབ་པའི་སྐྱེད་ཀ་ནི་དངུལ་ཁང་གི་ལྡབ་༢༠ནས་༣༠ཟྱིན་པས་རང་དགར་སློབ་མའི་དངུལ་ཁེ་བཟང་དུ་ལེན་པ་ཡིན།

（2）校园贷款会滋生借款学生的恶习。

（༢）སློབ་གྲྭའི་ནང་ཁུལ་གྱི་དངུལ་བུན་གྱིས་དངུལ་བུན་གཡར་མཁན་སློབ་མར་གོམས་གཤིས་ངན་པ་འཛགས་སུ་འཇུག་པ་སྟེ།

高校学生的经济来源主要靠父母提供的生活费，若学生具有攀比心理，且平时就有恶习，那么父母提供的费用肯定不足以满足其需求。因此，这部分学生可能会转向校园高利贷获取资金，并引发赌博、酗酒等不良恶习，严重的可能因无法还款而逃课、辍学。

དེ་འདང་སློབ་གྲྭ་ཆེ་ཁག་གི་སློབ་མའི་དཔལ་འབྱོར་ཡོང་ཁུངས་གཙོ་བོ་ནི་ཕ་མས་སྤྲད་པའི་འཚོ་བའི་གྲོན་དངུལ་ཡིན། གལ་ཏེ་སློབ་མར་ཞེ་སྡང་གི་བསམ་བློ་ཡོད་པ་མ་ཟད། དེའི་ཁར་ནམ་རྒྱུན་ནས་གོམས་གཤིས་ངན་པ་ཡོད་ཚེ། ཕ་མས་སྤྲད་པའི་གྲོན་དངུལ་གྱིས་ཁོ་པའི་དགོས་མཁོ་སྐོང་ཐུབ་ཐབས་གཏན་ནས་མེད། དེར་བརྟེན་སློབ་མ་དེ་རིགས་ཀྱིས་སློབ་གྲྭའི་ནང་ཁུལ་གྱི་སྐྱེད་ཀ་མཐོ་བའི་བུ་ལོན་གཡར་སྲིད་པ་དང་ཆབས་ཅིག་རྒྱན་འཛུགས་པ་དང་ཆང་རག་བག་མེད་དུ་འཐུང་བ་སོགས་བྱེད་ཅིང་། ཚབས་ཆེ་རིགས་ནི་དངུལ་བུན་སྤྲད་ཐབས་མེད་རྐྱེན་སློབ་བྱོལ་བྱེད་པ་དང་སློབ་གྲྭར་འགྲོ་ཐབས་མེད་པ་ཆགས་ཉེན་ཡོད།

（3）若不能及时归还贷款，放贷人会采用各种手段向学生讨债。

（༣）གལ་ཏེ་དངུལ་བུན་དུས་ཐོག་ལ་འཇལ་མ་ཐུབ་ཚེ། དངུལ་བུན་གཏོང་མཁན་གྱིས་བྱ་ཐབས་སྣ་ཚོགས་བཟུང་ནས་སློབ་མར་བུ་ལོན་འདེད་སྲིད།

一些放贷人进行放贷时会要求提供一定价值的物品进行抵押，而且要收取学生的学生证、身份证复印件，对学生个人信息十分了解，因此一旦学生不能按时还贷，放贷人可能会采取恐吓、殴打、威胁学生甚至其父母的手段进行暴力讨债，对学生的人身安全和高校的校园秩序造成重大危害。

དངུལ་བུན་གཏོང་མཁན་འགའ་ཞིག་གིས་དངུལ་བུན་གཏོང་སྐབས་རིན་ཐང་ངེས་ཅན་ལྡན་པའི་དངོས་རྫས་གཏའ་མར་འཇོག་རྒྱུའི་བླང་བྱ་འདོན་པ་མ་ཟད། སློབ་མའི་ལག་ཁྱེར་དང་ཐོབ་ཐང་ལག་ཁྱེར་གྱི་དཔར་མ་ཉར་ཏེ་སློབ་མའི་སྒེར་གྱི་ཆ་འཕྲིན་ཤེས་རྟོགས་གསལ་པོ་བྱེད་པ་ཡིན། དེས་ན་གལ་ཏེ་སློབ་མས་དུས་ཐོག་ལ་དངུལ་བུན་མ་འཇལ་ཚེ་དངུལ་བུན་གཏོང་མཁན་གྱིས་འཇིགས་སྐུལ་དང་ཉེས་རྡུང་གཏོང་བ་དང་། སློབ་མ་དང་ཐ་ན་ཕ་མར་འཇིགས་སྣང་བསྐུལ་ནས་དྲག་ཤུགས་ཀྱིས་བུ་ལོན་འདེད་དེ། སློབ་མའི་མི་ལུས་བདེ་འཇགས་དང་སློབ་གྲྭ་ཆེ་ཁག་གི་སློབ་གྲྭའི་སྒྲིག་ལམ་ལ་གནོད་སྐྱོན་ཚབས་ཆེན་བཟོ་ཡི་ཡོད།

（4）有不法分子利用“高利贷”进行其他犯罪。

（༤）ཁྲིམས་འགལ་བ་རེ་འགས་སྐྱེད་ཀ་མཐོ་བའི་དངུལ་བུན་ལ་བརྟེན་ནས་ཉེས་པ་གཞན་དག་གསོག་པ།

放贷人可能利用校园“高利贷”诈骗学生的抵押物、保证金，或利用学生的个人信息进行电话诈骗、骗领信用卡，更严重者还会出现“保货”等。

དངུལ་བུན་གཏོང་མཁན་གྱིས་སློབ་གྲྭའི་ནང་ཁུལ་གྱི་སྐྱེད་ཀ་མཐོ་བའི་དངུལ་བུན་ལ་བརྟེན་ནས་སློབ་མས་གཏའ་མར་བཞག་པའི་དངོས་རྫས་དང་འགན་སྲུང་དངུལ་མགོ་སྐོར་གཏོང་བ་དང་། ཡང་ན་སློབ་མའི་སྒེར་གྱི་ཆ་འཕྲིན་བེད་སྤྱད་དེ་ཁ་པར་ཐོག་ནས་མགོ་སྐོར་གཏོང་བ་དང་ཡིད་རྟོན་བྱང་བུ་གཡོ་ལེན་བྱེད་པ། དེ་ལས་ཚབས་ཆེ་བ་རྣམས་ལ་ད་དུང་“དངུལ་བུན་འགན་ལེན”སོགས་ཐོན་སྲིད།

15. 常用的公共服务电话有那些?

༡༥.རྒྱུན་སྤྱོད་ཀྱི་སྤྱི་པའི་ཞབས་ཞུའི་ཁ་པར་གང་དག་ཡོད་དམ།

报警服务台：110

ཉེན་བརྡའི་ཞབས་ཞུའི་སྟེགས་བུའི་ཁ་པར། ༡༡༠

火警应急救援：119

མེ་སྐྱོན་ཉེན་བརྡའི་འཕྲལ་སྐྱོམ་རོགས་སྐྱོབ་ཁ་པར། ༡༡༩

交通事故报警：122

འགྲིམ་འགྲུལ་དོན་འཛོལ་ཉེན་བརྡའི་ཁ་པར། ༡༢༢

急救中心：120

མྱུར་སྐྱོབ་ལྟེ་གནས་ཀྱི་ཁ་པར། ༡༢༠

消费者投诉举报：12315

འཛད་སྤྱོད་པའི་ཞུ་གཏུག་ཐེར་འདོན་ཁ་པར། ༡༢༣༡༥བཅས་ཡིན།

八、校园暴力与欺凌

བརྒྱད་པ། སློབ་གྲྭའི་ནང་ཁུལ་གྱི་དྲག་ཤུགས་དང་བརྙས་བཅོས།

1. 什么是校园暴力?

༡.སློབ་གྲྭའི་ནང་གི་དྲག་ཤུགས་ཟེར་བ་གང་ཡིན་ནམ།

校园暴力是指发生在学校校园内、学生上学或放学途中、学校的教育活动中，由老师、同学或校外人员，蓄意滥用语言、躯体力量、网络、器械等，针对师生的生理、心理、名誉、权利、财产等实施的达到某种程度的侵害行为，都算作校园暴力。它属于社会暴力的一种。

སློབ་གྲྭའི་ནང་གི་དྲག་ཤུགས་ཞེས་པ་ནི་སློབ་གྲྭའི་ནང་ཁུལ་དང་སློབ་མ་སློབ་གྲྭར་འགྲོ་བའམ་ཡང་ན་སློབ་གྲྭ་བཞག་རྗེས་ཕྱིར་ལོག་བྱེད་པའི་ལམ་བར་དང་། སློབ་གྲྭའི་སློབ་གསོའི་བྱེད་སྒོ་བཅས་ཀྱི་སྐབས། དགེ་རྒན་དང་སློབ་གྲོགས་སམ་ཡང་ན་སློབ་གྲྭའི་ཕྱི་རོལ་གྱི་མི་སྣ་བཅས་ཀྱིས་བསམ་ངན་ཁོག་བཅུག་ངང་སྐད་ཆ་དང་། ལུས་པོའི་སྟོབས་ཤུགས། དྲ་རྒྱ་དང་མཚོན་ཆ་སོགས་བེད་སྤྱད་དེ་དགེ་སློབ་ཀྱི་ལུས་ཁམས་དང་སེམས་ཁམས། མིང་གྲགས། རྒྱུ་ནོར་སོགས་ལ་དམིགས་ནས་ཚད་གཞི་གང་རུང་གི་གནོད་འཚེ་བཏང་བའི་བྱ་སྤྱོད་ཚང་མ་སློབ་གྲྭའི་ནང་ཁུལ་གྱི་དྲག་ཤུགས་ལ་བརྩི་ཡི་ཡོད། དེ་ཡང་སྤྱི་ཚོགས་དྲག་ཤུགས་ཀྱི་རིགས་ཤིག་ཡིན།

2. 校园暴力有哪些形式？

༢.སློབ་གྲྭའི་ནང་ཁུལ་གྱི་དྲག་ཤུགས་ལ་རྣམ་པ་མི་འདྲ་བ་གང་དག་ཡོད་དམ།

校园暴力的三种形式：一、语言暴力，通过语言羞辱等方式。二、身体暴力，凭借身体的优势来打击比较弱的同学。三、心理暴力，指的是不断重复地采用语言或其他诡计，影响别人学习生活，造成对方精神或心理状况发生不良改变，这其中也包括不断重复的侮辱性手机短信、网络微博。

སློབ་གྲྭའི་ནང་ཁུལ་གྱི་དྲག་ཤུགས་ལ་རྣམ་པ་མི་འདྲ་བ་གསུམ་ཡོད་པ་དེའང་། གཅིག་ནས་སྐད་ཆའི་ཐོག་གི་དྲག་ཤུགས་ཏེ། སྐད་ཆའི་ཐོག་ནས་དམའ་འབེབས་བཏང་བ་སོགས་དང་། གཉིས་ནས་ལུས་པོའི་ཐོག་གི་དྲག་ཤུགས་ཏེ། ལུས་སྟོབས་ཀྱི་བཟང་ཆར་བརྟེན་ནས་ལུས་སྟོབས་སྙོ་བའི་སློབ་གྲོགས་ལ་ཉེས་རྡུང་བཏང་བ། གསུམ་ནས་སེམས་ཁམས་ཀྱི་དྲག་ཤུགས་ཏེ་ཡང་ནས་ཡང་དུ་སྐད་ཆའི་ཐོག་དང་ཡང་ན་ངན་རྫུས་གཞན་དག་སྤྱད་དེ་སློབ་མ་གཞན་གྱི་སློབ་སྦྱོང་དང་འཚོ་བར་ཤུགས་རྐྱེན་བཟོས་ཐོག ཕ་རོལ་གྱི་གཟུགས་པ་དང་བསམ་བློའི་ཐོག་འགྱུར་ལྡོག་མི་ལེགས་པ་བྱུང་བ། དེའི་ནང་དུ་དུང་དམའ་འབེབས་རང་བཞིན་གྱི་ལག་ཐོགས་ཁ་པར་གྱི་འཕྲིན་ཐུང་དང་དྲ་རྒྱའི་ཐོག་ནས་པོད་འཕྲིན་ཡང་ཡང་བསྐྱར་བ་ཚུད་ཡོད།

3. 如果遇到了校园暴力，应该怎么做？

༣.གལ་ཏེ་སློབ་གྲྭའི་ནང་ཁུལ་དུ་དྲག་ཤུགས་གནོད་འཚེ་ཐོག་ན་གང་འདྲ་བྱེད་དགོས་སམ།

（1）提高自我保护意识。如遇事不要忍气吞声，要及时告诉家长或老师；身上尽量不携带太多的钱物；受到暴力侵害时，立即采取灵活的应急措施，不刺激对方，以减少被侵害程度，事后立即报案。

（༡）རང་གིས་རང་ལ་སྲུང་སྐྱོབ་བྱེད་པའི་འདུ་ཤེས་མཐོ་རུ་གཏོང་དགོས་པ་སྟེ། གལ་ཏེ་གནས་ཚུལ་འཕྲད་ཚེ། བཟོད་སྒོམ་བྱས་ནས་མི་སྡོད་པར་དུས་ཐོག་ཏུ་ཁྱིམ་བདག་གམ་ཡང་ན་དགེ་རྒན་ལ་ཤོད་དགོས་པ་དང་། ལུས་ཐོག་ལ་རྒྱ་དངུལ་གང་ཉུང་ཉུང་འཁྱེར་དགོས། དྲག

ཤུགས་ཀྱི་གནོད་འཚེ་ཕོག་ཆེ། འཕྲུལ་མར་སྣབས་བསྣུན་གྱི་ཁ་གཏད་གཅིག་ཐབས་བཟུང་བ་ལས་པ་རོལ་ལ་ཁོང་ཁྲོ་མི་སློང་བར་གནོད་འཚེ་ཕོག་ཚད་ཉུང་དུ་གཏོང་དགོས་པ་དང་། དེ་རྗེས་འཕྲུལ་མར་ཀྱོད་དོན་སྙན་སེང་ཞུ་དགོས།

（2）提高社会交往能力。外出办事不单独行动，要与同学结伴而行，以免发生意外。

（༢）སྤྱི་ཚོགས་ཀྱི་འབྲེལ་གཏུག་ནུས་པ་ཆེ་རུ་གཏོང་དགོས་པ་སྟེ། ཕྱིར་དོན་དག་སྒྲུབ་པར་འགྲོ་སྐབས་ཁེར་རྐྱང་དུ་འགྲོ་མི་ཉན་པར་སློབ་གྲོགས་རོགས་པར་ཁྲིད་དེ་བསམ་ཡུལ་ལས་འདས་པའི་གནས་ཚུལ་མི་ལྡོག་པ་བྱ་དགོས།

（3）养成谨言慎行的习惯。在学校日常生活中，不要说刺激、伤害别人的话；与他人发生矛盾或冲突时，尽量用和缓的语言和手段加以处理等等。

（༣）སྐད་ཆ་དང་བྱེད་སྟངས་ཐད་ཡིད་གཟབ་བྱེད་པའི་གོམས་གཤིས་འཛུགས་པ་བྱེད་དགོས་པ་སྟེ། སློབ་གྲྭའི་རྒྱུན་གཏན་གྱི་འཚོ་བའི་ནང་། མི་གཞན་ལ་ཁོང་ཁྲོ་སློང་བ་དང་སེམས་ལ་ཕོག་པའི་སྐད་ཆ་ཤོད་མི་རུང་ཞིང་། མི་གཞན་དང་འགལ་ཟླའམ་འགལ་རྩོད་བྱུང་ཆེ། གང་ཐུབ་ཅི་ཐུབ་ཀྱིས་ཞི་འཇམ་གྱི་སྐད་ཆ་དང་བྱ་ཐབས་ལ་བརྟེན་ནས་ཐག་གཅོད་བྱེད་དགོས་པ་སོགས་སོ།།

4. 什么是校园欺凌？

༤.གང་འདྲ་ཞིག་ལ་སློབ་གྲྭའི་ནང་ཁུལ་གྱི་བརྙས་བཅོས་ཟེར་རམ།

校园欺凌，指在校园内外学生间一方（个体或群体）单次或多次蓄意或恶意通过肢体、语言及网络等手段实施欺负、侮辱，造成另一方（个体或群体）身体伤害、财产损失或精神损害等的事件。

སློབ་གྲྭའི་ནང་ཁུལ་གྱི་བརྙས་བཅོས་ཞེས་པ་ནི་སློབ་གྲྭའི་ཕྱི་ནང་དུ་སློབ་མའི་དབར་ཕྱོགས་གཅིག（མི་སྒེར་རམ་ཡང་ན་ཚོགས་པ་）གིས་བསམ་ངན་ཁོག་བཅུག་དང་སྐད་

ལག་དང་སྐད་ཆ། དེ་བཞིན་དྲ་རྒྱ་སོགས་ཀྱི་བྱ་ཐབས་བརྒྱུད་བརྙས་བཅོས་དང་དམའ་འབེབས་ཐེངས་གཅིག་གམ་ཡང་ན་དུ་མ་བྱས་ཏེ་ཕྱོགས་གཞན་པ་ (མི་སྒེར་རམ་ཡང་ན་ཚོགས་པ་) དེའི་ལུས་པོའི་ཐོག་གནོད་འཚེ་བཟོས་པ་དང་། རྒྱ་ནོར་དང་ཡང་ན་བསམ་བློའི་ཐོག་གནོད་སྐྱོན་བཟོས་པའི་དོན་རྐྱེན་ལ་ཟེར་བ་ཡིན།

5. 校园欺凌都有哪些表现形式？

༥.སློབ་གྲྭའི་ནང་ཁུལ་གྱི་བརྙས་བཅོས་ལ་རྣམ་པ་མི་འདྲ་བ་གང་དག་ཡོད་དམ།

（1）在班级等集体中实施歧视、孤立、排挤的；

（༡）འཛིན་གྲྭ་སོགས་མཉམ་སྡེབ་ནང་མཐོང་ཆུང་དང་ཁེར་འཛོག ཟུར་འབུད་ཐེངས་མང་བྱེད་པ།

（2）多次对特定学生进行恐吓、谩骂、讥讽的；

（༢）དམིགས་སུ་བཀར་ནས་སློབ་མར་འཇིགས་སྐུལ་དང་འཕྱ་སྨོད། ཟུར་ཟ་ཐེངས་མང་བྱེད་པ།

（3）多次索要财物的；

（༣）རྒྱ་དངོས་ཐེངས་མང་ལེན་པ།

（4）多次毁损、污损特定学生的文具、衣物等物品的；

（༤）ཆེད་མངགས་སློབ་མའི་ཡིག་ཆས་དང་གྱོན་ཆས་སོགས་དངོས་རྫས་དཔྲལ་སྐྱོན་དང་བཅག་སྐྱོན་གཏོང་བ།

（5）实施殴打、体罚、污损身体等行为的；

（༥）ཉེས་རྡུང་གཏོང་བ་དང་ལུས་ཆད་གཅོད་པ། བཅག་སྐྱོན་གཏོང་བ་སོགས་ཀྱི་བྱ་སྤྱོད།

（6）记录、录制、散布实施欺凌过程的文字、音频、视频等信息的；

（༦）བརྙས་བཅོས་ཀྱི་བརྒྱུད་རིམ་ཡི་གེ་དང་སྒྲ་བརྙན་སོགས་ཀྱི་ཆ་འཕྲིན་ཟིན་ཐོ་དང་པར་འདྲུག ཁྱབ་སྤེལ་བཅས་བྱས་པ།

（7）法律法规规定的其他欺凌行为。

（༧）ད་དུང་བཅའ་ཁྲིམས་དང་སྲིམས་སྲོལ་ཐོག་གཏན་འབེབས་བྱས་པའི་བརྙས་བཅོས་ཀྱི་བྱ་སྤྱོད་གཞན་དག་བཅས་སོ།།

6. 面对校园欺凌，同学们应该怎么做？

༦.སློབ་གྲྭའི་ནང་བརྙས་བཅོས་ཐོག་སྐབས་སློབ་མས་ཇི་ལྟར་བྱ་དགོས།

一是遭遇欺凌时，保持镇定，大声呼救，注意逃离路线，必要时可正当防卫。

དེའང་བརྙས་བཅོས་ཐོག་སྐབས་གཅིག་ནས་བབ་བརྟན་ཐོག་སྐད་ཤུགས་ཆེན་པོས་སྐྱབས་རོགས་བྱེད་དང་ཞིམ་སྐད་རྒྱག་དགོས་པ་དང་བྲོས་སའི་ལམ་ལ་དོ་སྣང་བྱ་དགོས། དགོས་ངེས་ཀྱི་སྐབས་སུ་ལུགས་མཐུན་གྱི་འགོག་སྲུང་བྱ་དགོས།

二是人身安全永远是第一位的。可以试着通过警示性的语言击退对方，或者通过有策略的谈话和借助环境来使自己摆脱困境，但是不要去激怒对方。在学校不主动与同学发生冲突，一旦发生，及时找老师解决。

གཉིས་ནས་མི་ལུས་བདེ་འཇགས་ནི་ནམ་ཡང་ཨང་དང་པོ་ཡིན་ཕྱིར། ཉེན་བརྡ་གཏོང་ཚུལ་གྱི་སྐད་ཆའི་ཐོག་ནས་ཕ་རོལ་ཕྱིར་བཤོལ་བྱེད་ཨེ་ཐུབ་ལྟ་བའམ་ཡང་ན་ཐབས་ལ་མཁས་པའི་སྐད་ཆ་ཤོད་སྟངས་དང་ཁོར་ཡུག་གི་མཐུན་རྐྱེན་ལ་བརྟེན་ནས་རང་ཉིད་དཀའ་གནས་དེ་ལས་ཐར་ཐབས་བྱ་དགོས། འོན་ཀྱང་ཕ་རོལ་ལ་ཁོང་ཁྲོ་སློང་མི་རུང་། སློབ་གྲྭའི་ནང་རང་འགུལ་གྱིས་སློབ་གྲོགས་དབར་འགལ་ཟླ་བཟོ་མི་རུང་ཞིང་། འགལ་ཟླ་བྱུང་ཚེ་དུས་ཐོག་ལ་དགེ་རྒན་བཅལ་ནས་ཐག་གཅོད་བྱ་དགོས།

三是在保证安全的情况下通过音频和视频将过程记录下来，方便学校、家长了解事件的经过。

གསུམ་ནས་བདེ་འཇགས་འགན་སྲུང་བྱེད་པའི་སྔོན་འགྲོའི་ཆ་རྐྱེན་འོག སྒྲ་པབ་དང་བརྙན་པབ་ཐོག་ནས་བརྒྱུད་རིམ་གྱི་ཟིན་ཐོ་འགོད་དགོས། དེ་འདྲ་བྱས་ན་སློབ་གྲྭ་དང་ཁྱིམ་བདག་གིས་དོན་རྐྱེན་གྱི་བརྒྱུད་རིམ་ཤེས་རྟོགས་བྱེད་བདེ་པོ་ཡོད།

四是受欺凌之后，建立自信，明白校园暴力错不在你。

བཞི་ནས་བརྙས་བཅོས་ཕོག་རྗེས་རང་ལ་གདེང་ཚོད་ཡོད་པའི་ཐོག་ནས། སློབ་གྲྭའི་དྲག་ཤུགས་ཀྱི་ནོར་འཁྲུལ་དེ་རང་ཉིད་ཀྱིས་བཟོས་པ་མ་ཡིན་པ་ཤེས་པ་བྱ་དགོས།

五是学习自我防御课程，掌握基本防身技巧。

ལྔ་ནས་རང་ཉེན་རང་འགོག་གི་སློབ་གཞི་སློབ་སྦྱོང་བྱས་ཏེ། གཞི་རྩའི་ལུས་སྲུང་གི་ཐབས་ཤེས་ཤེས་དགོས།

六是向老师和家长求助，情况严重时也可报警。

དྲུག་ནས་དགེ་རྒན་དང་ཁྱིམ་བདག་ལ་རོགས་པ་བྱེད་རོགས་ཞེས་ཞུ་བ་དང་། གནས་ཚུལ་ཚབས་ཆེ་བའི་སྐབས་སུ་ཉེན་རྟོག་པར་སྙན་སེང་ཞུ་དགོས་པ་བཅས་སོ།།

教育挽救“恶逆变”犯罪少年

“ངན་པ་ལྡོག་འགྱུར”གྱི་ཉེས་སྤྱོད་ལས་སྐྱབ་པའི་སློབ་གསོ།

案情:

རྒྱུད་གཞིའི་གནས་ཚུལ།

2015 年 9 月，甘肃省某县中学高三学生高某（17 岁）由于看到同学将自己的照片“丑化”，并在网上发现有损自己形象的图片信息，遂购买了净重 5 克的毒鼠药一包，投入本班饮用水的保温桶中。当日，有 8 名同学饮用此水。后高某担心造成重大后果，便主动告知大家保温桶中投放毒鼠药的情况。校方立即将饮用过保温桶中水的学生送往医院观察治疗，未造成人员伤亡。

སྤྱི་ལོ་༢༠༡༥ལོའི་ཟླ་༩པར། ཀན་སུའུ་ཞིང་ཆེན་གྱི་རྫོང་ཞིག་གི་སློབ་འབྲིང་མཐོ་རིམ་འཛིན་གྲྭ་གསུམ་པའི་སློབ་མ་ཀའོ་ཆེ་གེ་མོས་ (ལོ་༡༧) སློབ་གྲོགས་ཀྱིས་རང་གི་འདྲ་པར་ལ་དམའ་འབེབས་བྱེད་ཚུལ་མཐོང་བས་མ་ཚད། དྲ་རྒྱའི་ཐོག་ལ་རང་ཉིད་ཀྱི་གཟུགས་བརྙན་ལ་གནོད་པའི་པར་རིས་ཆ་འཕྲིན་སྤེལ་བ་མཐོང་རྗེས། སྲང་ལྔ་ཟིན་པའི་ཙིག་སྨན་ཙྲུམ་སྒྲིལ་གཅིག་ཉོས་ཏེ་རང་ཉིད་ཀྱི་འཛིན་གྲྭའི་འཐུང་ཆུ་བླུགས་སའི་དྲོད་ཟོམ་ནང་བླུགས་པ་རེད། ཉིན་དེར་སློབ་གྲོགས་༨ཀྱིས་དེ་ནས་ཆུ་བཏུངས། དེ་རྗེས་ཀའོ་ཆེ་གེ་མོས་མཇུག་འབྲས་ཚབས་ཆེན་བཟོས་དོགས་པའི་སེམས་ཁྲལ་བྱུང་སྟེ་རང་འགུལ་དང་ཚང་མར་དྲོད་ཟོམ་ནང་ཙིག་སྨན་བཅུག་པའི་གནས་ཚུལ་བཤད། སློབ་གྲྭ་ནས་འཕྲལ་མར་དྲོད་ཟོམ་ནང་གི་ཆུ་འཐུང་མཁན་སློབ་མ་སྨན་ཁང་ལ་བསྐྱལ་ནས་ལྟ་ཞིབ་དང་སྨན་བཅོས་བྱས་པས་སློབ་མ་ཤི་རྨས་མ་བྱུང་།

此案在当地引起了相关部门和社会的普遍关注。检察机关受理此案后，通过社会调查了解到，高某因性格内向，长期遭受同学的欺凌，因此造成的心理伤害无法排解，故采取极端方式报复。针对高某长期受欺凌造成的心理问题，检察机关聘请专业人员迅速介入对其进行心理疏导和干预，并依法对高某作出附条件不起诉决定。考验期满后，最终作出了不起诉的处理。与此同时，检察机关就校园欺凌和暴力问题的治理预防向该校及县教育局分别发出检查建议，督促学校及教育部门加强校园法治教育和学生心理关怀，并组织检察官进入案发学校进行专题讲座。对高某也多次进行回访，持续关注其成长。2016年6月，高某顺利考取大学，专门向检察机关发来感谢信。

སྐྱོད་དོན་དེར་ས་གནས་དེ་གཞི་འབྲེལ་ཡོད་སྡེ་ཁག་དང་སྤྱི་ཚོགས་ཐོག་ནས་ཡོངས་ཁྱབ་དང་དོ་ཁུར་ཆེན་པོ་བྱས། ཞིབ་དཔྱོད་ལས་ཁུངས་ནས་སྐྱོད་དོན་དེ་བདག་སྐྱོང་བྱས་རྗེས། སྤྱི་ཚོགས་ཐོག་བརྟག་དཔྱད་བྱས་པ་བརྒྱུད་ཀའོ་ཆེ་གེ་མོ་ནས་རྒྱུན་སྐད་ཆ་མང་པོ་ཤོད་རྒྱུར་མི་དགའ་བ་དང་། ཡུན་རིང་པོར་སློབ་གྲོགས་ཀྱི་བརྙས་བཅོས་ཕོག་སྙེ་སེམས་ལ་ཕོག་ཐུག་བཟོས་སྐབས། ཐལ་དྲག་པའི་འཕོན་ལན་དེ་སློག་པ་ཤེས་རྟོགས་བྱུང་བ་རེད། ཀའོ་ཆེ་གེ་མོ་ཞེས་པར་ཡུན་རིང་པོར་བརྙས་བཅོས་ཕོག་ནས་སེམས་ཁམས་ལ་གནོད་སྐྱོན་བཟོས་པའི་གནད་དོན་ལ་དམིགས་ཏེ། ཞིབ་དཔྱོད་ལས་ཁུངས་ནས་ཆེད་ལས་མི་སྣ་གདན་དྲངས་ནས་ཁོ་པར་བློ་འབྱེད་དང་ཐེ་ཇུས་བྱས་པ་མ་ཟད། ཁྲིམས་ལྟར་ཆ་རྐྱེན་ཟུར་བཀོད་ཀྱིས་ཁོ་པ་ཁྲིམས་ལ་མི་སྐྱོར་བའི་ཐག་བཅད་པ་རེད། དེ་དང་དུས་མཚུངས་ཞིབ་དཔྱོད་ལས་ཁུངས་ཀྱིས་སློབ་གྲྭའི་ནང་ཁུལ་གྱི་བརྙས་བཅོས་དང་དྲག་ཤུགས་ཀྱི་གནད་དོན་བཅོས་སྐྱོང་དང་སྔོན་འགོག་བྱ་ཐབས་ཐད་སློབ་གྲྭ་དང་རྫོང་སློབ་གསོ་ཅུས་ལ་ཞིབ་བཤེར་བྱ་རྒྱའི་གྲོས་འགོ་བཏོན་པ་དང་། སློབ་གྲྭ་དང་སློབ་གསོའི་སྡེ་ཁག་ལ་སློབ་གྲྭའི་ཁྲིམས་སྐྱོང་སློབ་གསོ་དང་སློབ་མའི་སེམས་ཁམས་ལ་ཐུགས་ཁུར་བྱེད་དགོས་པའི་སྐུལ་མ་བཏང་བ་དང་ཆབས་ཅིག་ཞིབ་དཔྱོད་དཔོན་སྒྲིག་འཛུགས་ཀྱིས་སྐྱོད་དོན་ལྷག་སའི་སློབ་གྲྭར་ཆེད་དོན་འཆད་ཁྲིད་བྱེད་པར་བསྐྱོད་པ་རེད། ཀའོ་ཆེ་གེ་མོར་ཡང་ལྟ་རྟོགས་བྱེད་པར་ཐེངས་མང་སྐྱོད་པ་དང་ཁོ་པའི་འཚར་ལོངས་ཐད་རྒྱུན་མཐུད་དང་དོ་ཁུར་བྱས་པ་རེད། སྤྱི་ལོ་༢༠༡༦ལོའི་ཟླ་༦པར་ཀའོ་ཆེ་གེ་མོ་བདེ་བླག་ངང་སློབ་ཆེན་ལ་རྒྱུགས་འཕྲོད་

པས། ཆེད་མངགས་ཞིབ་དཔྱོད་ལས་ཁུངས་ལ་ཐུགས་རྗེ་ལེགས་འབུལ་གྱི་འཕྲིན་ཡིག་བསྐུར་ཡོད་པ་རེད།

分析:

དབྱེ་ཞིབ།

本案中，高某因遭遇长期的校园欺凌而产生严重心理问题，导致其最终采取极端手段，以暴制暴，由一名校园欺凌的受害人“恶逆变”为加害者。检察机关通过深入开展社会调查，挖掘其犯罪动机、遭受长期校园欺凌的经历，坚持教育、感化、挽救方针，迅速组织专业力量进行心理干预，慎重作出不捕不诉决定，助其消除心理危机，最终走上健康成长的道路。

གྱོད་དོན་འདིའི་ནང་ཀའོ་ཆེ་གེ་མོར་སློབ་གྲྭའི་ནང་ཡུན་རིང་བརྙས་བཅོས་ཕོག་རྐྱེན་སེམས་ཁམས་ལ་གནད་དོན་ཚབས་ཆེན་ལྷག་པ་དང་། དེས་རྐྱེན་པས་ཕོ་པས་ཐབས་སྡུག་གི་བྱ་ཐབས་བཟུང་ནས་སྡུག་ལ་སྡུག་ལན་སློག་སྟེ། གནོད་འཚེ་ཕོག་མཁན་དེ“ངན་པ་ལྡོག་འགྱུར”གྱིས་གནོད་འཚེ་བཟོ་མཁན་ལ་གྱུར་པ་རེད། ཞིབ་དཔྱོད་ལས་ཁུངས་ནས་སྤྱི་ཚོགས་ལ་བརྟག་དཔྱད་གཏིང་ཟབ་བྱས་པ་བརྒྱུད། ཁོ་པའི་ཉེས་གསོག་གི་བསམ་བློའི་སྐུལ་སྐྱོང་དང་ཡུན་རིང་པོར་སློབ་གྲྭའི་ནང་བརྙས་བཅོས་ཕོག་པའི་བརྒྱུད་རིམ་ཞིབ་རྟོགས་བྱས་མཐར། སློབ་གསོ་དང་བློ་འགྱུག སྐྱབ་བཅོས་བཅས་ཀྱི་བྱེད་ཕྱོགས་བརྟན་འཛིན་བྱས་ནས་གང་མགྱོགས་ཆེད་ལས་མི་སྣ་སྒྲིག་འཛུགས་ཀྱིས་སེམས་ཁམས་ཀྱི་ཐེ་རྫས་བྱས་པ་དང་། ད་ནན་དང་ཁྲིམས་ལ་མི་སྐྱོར་བའི་ཐག་བཅད་པ་རེད། ཁོ་པའི་སེམས་ཁམས་ཀྱི་འགག་རྐྱེན་སེལ་རོགས་བྱས་སྟབས། མཐར་སྐྱོན་བྲལ་དང་འཚར་ལོངས་ཀྱི་ལམ་དུ་སྐྱོད་ཐུབ་པ་བྱུང་ཡོད།

7. 发现校园欺凌，学校应该怎么处理？

༧.སློབ་གྲྭའི་ནང་བརྙས་བཅོས་བྱེད་རེས་ཀྱི་སྣང་ཚུལ་ཡོད་ཚེ། སློབ་གྲྭས་ཐག་གཅོད་གང་འདྲ་བྱེད་དགོས་སམ།

学校对学生欺凌行为应当立即制止，通知实施欺凌和被欺凌未成年学生的父母或者其他监护人参与欺凌行为的认定和处理；对相关未成年学生及时给予心理辅导、教育和引导；对相关未成年学生的父母或者其他监护人给予必要的家庭教育指导。

དེའང་སློབ་གྲྭས་སློབ་མའི་བར་བརྙས་བཅོས་བྱེད་པའི་བྱ་སྤྱོད་འཕྲལ་དུ་བཀག་འགོག་བྱ་དགོས། བརྙས་བཅོས་བྱེད་མཁན་དང་བརྙས་བཅོས་ཐོག་མཁན་གྱི་ནར་མ་སོན་པའི་སློབ་མའི་ཕ་མ་དང་ཡང་ན་ལྷ་སྐྱོང་པ་གཞན་དག་བརྙས་བཅོས་བྱ་སྤྱོད་ངོས་འཛིན་དང་ཐག་གཅོད་བྱེད་པའི་ནང་ཐེ་ཞུགས་བྱ་རྒྱུའི་བརྡ་ཐོ་བཏང་ནས་འབྲེལ་ཡོད་ནར་མ་སོན་པའི་སློབ་མར་དུས་ཐོག་ལ་སེམས་ཁམས་ཀྱི་ཁྲིད་སྟོན་དང་སློབ་གསོ་རྣམ་དགོས། འབྲེལ་ཡོད་ནར་མ་སོན་པའི་སློབ་མའི་ཕ་མ་དང་ཡང་ན་ལྷ་སྐྱོང་པ་གཞན་དག་ལ་དགོས་ངེས་ཀྱི་ཁྱིམ་ཚང་སློབ་གསོའི་ཐད་མཛུབ་ཁྲིད་བྱ་དགོས།

对实施欺凌的未成年学生，学校应当根据欺凌行为的性质和程度，依法加强管教。对严重的欺凌行为，学校不得隐瞒，应当及时向公安机关、教育行政部门报告，并配合相关部门依法处理。

བརྙས་བཅོས་བྱེད་མཁན་ནར་མ་སོན་པའི་སློབ་མར་སློབ་གྲྭས་བརྙས་བཅོས་བྱ་སྤྱོད་ཀྱི་ངོ་བོ་དང་ཚབས་ཆེ་ཆུང་ལ་གཞིགས་ཏེ་ཁྲིམས་ལྟར་དོ་དམ་སློབ་གསོ་རྒྱག་དགོས། བརྙས་བཅོས་ཀྱི་བྱ་སྤྱོད་ཚབས་ཆེ་རིགས་སློབ་གྲྭས་སྦ་གསང་མི་བྱེད་པར་དུས་ཐོག་ལ་སྤྱི་བདེ་ལས་ཁུངས་དང་སློབ་གསོ་སྲིད་འཛིན་སྡེ་ཁག་ལ་སྙན་སེང་ཞུ་དགོས་པ་མ་ཟད། འབྲེལ་ཡོད་སྡེ་ཁག་ལ་གཞོགས་འདེགས་ཀྱིས་ཁྲིམས་ལྟར་ཐག་གཅོད་བྱ་དགོས།

九、防范电信网络诈骗

དགུ་པ། སློག་འཕྲིན་དྲ་རྒྱའི་མགོ་སྐོར་ལ་ཐོགས་ཟོན་བྱ་དགོས།

1. 什么是电信诈骗？

༡.གང་འདྲ་ཞིག་ལ་གློག་འཕྲིན་གྱི་མགོ་སྐོར་བཏང་བ་ཟེར་རམ།

电信诈骗是指通过电话、网络和短信方式，编造虚假信息，设置骗局，对受害人实施远程、非接触式诈骗，诱使受害人打款或转账的犯罪行为，通常犯罪嫌疑人以冒充他人及仿冒、伪造各种合法外衣和形式的方式达到欺骗的目的，如冒充公检法、商家公司厂家、国家机关工作人员、银行工作人员等各类机构工作人员，伪造和冒充招工、婚恋、贷款、中奖、手机定位和招嫖等形式进行诈骗。

གློག་འཕྲིན་གྱི་མགོ་སྐོར་ཞེས་པ་ནི་ཁ་པར་དང་དྲ་རྒྱ། འཕྲིན་ཐུང་བཅས་ཀྱི་ཐབས་ལམ་བརྒྱུད། ཆ་འཕྲིན་རྫུན་མ་བཟོ་བ་དང་གཡོ་རྫུས་བཀོད་ནས་གནོད་འཚེ་ཕོག་མཁན་ལ་ཐག་རིང་ནས་ངོ་གཏུག་བྱེད་མ་དགོས་པའི་ཐོག་མགོ་སྐོར་བཏང་སྟེ། གནོད་འཚེ་ཕོག་མཁན་ནས་དངུལ་བསྐུར་རྒྱ་དང་ཡང་

ན་དངུལ་གྱི་རྩིས་ཐོ་བསྒྱུར་རྒྱུར་བསླུ་ཁྲིད་བྱེད་པའི་ཉེས་གསོག་བྱ་སྤྱོད་ཅིག་ཡིན། ངོགས་ཡོད་ཉེས་ཅན་པས་རྟག་ཏུ་མི་གཞན་ཡིན་ཁུལ་དང་ལད་ཟློས་བྱེད་པ། ཁྲིམས་མཐུན་གྱི་རྫུན་རྣམ་སྣ་ཚོགས་ཐོག་ནས་མགོ་སྐོར་གཏོང་རྒྱུའི་དམིགས་ཡུལ་སྒྲུབ་ཐབས་བྱེད་པ་ཡིན། དཔེར་ན་སྤྱི་བདེ་དང་ཞིབ་དཔྱོད། ཁྲིམས་ཁང་། ཚོང་དུད་ཀུང་སིའི་བཟོ་གྲྭ། རྒྱལ་ཁབ་ལས་ཁུངས་ཀྱི་ལས་དོན་མི་སྣ། དངུལ་ཁང་གི་ལས་དོན་མི་སྣ་སོགས་ལས་ཁུངས་སྣ་ཚོགས་ཀྱི་ལས་དོན་མི་སྣ་ཡིན་ཁུལ་བྱས་ཐོག ལས་མི་བསྡུ་རྒྱ་དང་གཉེན་སྒྲིག་དང་དགའ་རོགས་སྒྲིག་རྒྱ། དངུལ་བུན་གཡར་རྒྱ། རྒྱན་ཤོག་བྱ་དགའ་ཐོབ་ཚུལ། ལག་ཐོགས་ཁ་པར་གྱི་གནས་ཐིག་གཏན་འཁེལ། འཆལ་པོ་འགྲུག་ཐབས་སོགས་ཀྱི་རྣམ་པའི་ཐོག་ནས་མགོ་སྐོར་གཏོང་གི་ཡོད།

2. 常见的诈骗手法有哪些?

༢.རྒྱུན་མཐོང་གི་མགོ་སྐོར་གཏོང་ཐབས་གང་དག་ཡོད་དམ།

谨记“十个凡是”:

“ཡིན་ཕྱིན་བཅུ”སེམས་ལ་ངེས་དགོས་པ་སྟེ།

（1）凡是自称公检法要求汇款的;

（༡）རང་ཉིད་སྤྱི་བདེ་དང་ཞིབ་དཔྱོད་ཁྲིམས་ཁང་བཅས་ལས་ཁུངས་གང་རུང་ནས་ཡིན་ཚུལ་དང་དངུལ་བསྐུར་དགོས་ཟེར་མཁན་ཡིན་ཕྱིན།

（2）凡是叫你汇款到“安全账户”的;

（༢）རང་ལ་དངུལ་“བདེ་འཇགས་ཀྱི་རྩིས་ཐོར་”བསྐུར་དགོས་པའི་བརྡ་ཐོ་གཏོང་མཁན་ཡིན་ཕྱིན།

（3）凡是通知中奖、领取补贴要你先交钱的;

（༣）རྒྱན་ཤོག་བྱ་དགའ་ཐོབ་པ་དང་ཁ་གསབ་དངུལ་ལེན་རྒྱུ་ཡོད་པས་སྔོན་ལ་དངུལ་གང་ཙམ་སྤྲོད་དགོས་པའི་བརྡ་ཐོ་གཏོང་མཁན་ཡིན་ཕྱིན།

（4）凡是通知“家属”出事要先汇款的;

（༤）“ཁྱིམ་”དུ་གནས་ཚུལ་བྱུང་ནས་དངུལ་བསྐུར་དགོས་པའི་བརྡ་ཐོ་གཏོང་མཁན་ཡིན་ཕྱིན།

（5）凡是索要个人和银行卡信息及短信验证码的；

（༥）མི་སྒེར་དང་དངུལ་ཁང་བྱང་བུའི་ཆ་འཕྲིན་དང་འཕྲིན་ཐུང་གི་ར་སྤྲོད་ཨང་གྲངས་དགོས་ཟེར་མཁན་ཡིན་ཕྱིན།

（6）凡是让你开通网银接受检查的；

（༦）ཁྱ་དངུལ་བཙུགས་ནས་བརྟག་དཔྱད་བྱེད་དགོས་རེད་ཟེར་མཁན་ཡིན་ཕྱིན།

（7）凡是叫你宾馆开房接受调查的；

（༧）མགྲོན་ཁང་དུ་སྡོད་སྐབས་བརྟག་དཔྱད་དང་ལེན་བྱ་དགོས་ཟེར་མཁན་ཡིན་ཕྱིན།

（8）凡是叫你登陆网站查看通缉令的；

（༨）ཁྱ་ཚིགས་སུ་ཞུགས་བཙུག་ནས་འཛུ་བཟུང་བཀའ་རྒྱ་ལྟོས་ཟེར་མཁན་ཡིན་ཕྱིན།

（9）凡是自称领导（老板）要求打款的；

（༩）འགོ་ཁྲིད་དམ་(སྦྱིན་བདག་)ཡིན་ཁུལ་གྱིས་དངུལ་བསྐུར་དགོས་ཟེར་མཁན་ཡིན་ཕྱིན།

（10）凡是陌生网站（链接）要登记银行卡信息的。

（༡༠）རྒྱུས་མེད་ཀྱི་ཁྱ་ཚིགས་ཀྱིས་དངུལ་ཁང་བྱང་བུའི་ཆ་འཕྲིན་ཐོ་འགོད་བྱེད་དགོས་ཟེར་མཁན་ཡིན་ཕྱིན་བཅས་སོ།།

3. 冒充公检法机关拨打电话要求将钱款转入安全账号或转账汇款时，一定要牢记的 3 个“绝对不会”指哪些？

༣.དྲི་བ་དེ་དང་ཞིབ་དཔྱད། ཁྲིམས་ཁང་བཅས་ཀྱི་ལས་ཁུངས་ཡིན་ཁུལ་གྱིས་ཁ་པར་བརྒྱབ་ནས་དངུལ་སྨར་བདེ་འཛུགས་ཀྱི་རྩིས་ཐོའམ་ཡང་ན་དངུལ་ཁོངས་བསྒྱུར་ནས་གཏོང་དགོས་ཟེར་སྐབས། ངེས་པར་དུ“གཏན་ནས་ཡིན་མི་སྲིད་པ”གསུམ་ངེས་དགོས་པ་གང་དག་ཡིན་ནམ།

（1）公检法机关绝对不会通过打电话的方式开展案件侦查工作，通知你涉嫌犯罪、洗黑钱、贩毒等，也不会通过网络或传真给你下达“法院传票”等法律手续。

（༡）སྤྱི་བདེ་དང་ཞིབ་དཔྱོད། ཁྲིམས་ཁང་བཅས་ལས་ཁུངས་ཀྱིས་ཁ་པར་ཐོག་ནས་གྱོད་དོན་སྒྲུབ་ཞིབ་ཀྱི་ལས་དོན་སྤེལ་ཏེ་ཁྱོད་རང་ལ་ཉེས་གསོག་དང་དངུལ་བརྒྱུ་འཁྱེར། དུག་ཚོང་སོགས་ཀྱི་དོགས་གཞི་ཡོད་པའི་བརྡ་ཐོ་གཏན་ནས་གཏོང་མི་སྲིད་ལ། དྲ་རྒྱ་དང་ཡང་ན་བརྙན་སྦྲེལ་བརྒྱུད་དེ་ཁྱོད་ལ་"ཁྲིམས་ཁང་གི་འགུག་བརྡ་"སོགས་བཅའ་ཁྲིམས་ཀྱི་འགྲོ་ལུགས་ཀྱང་གཏན་ནས་བརྒྱུད་དུ་འཇུག་མི་སྲིད།

（2）公检法机关绝对不会打电话要求群众转账汇款。

（༢）སྤྱི་བདེ་དང་ཞིབ་དཔྱོད། ཁྲིམས་ཁང་བཅས་ལས་ཁུངས་ཀྱིས་ཁ་པར་ཐོག་ནས་མང་ཚོགས་ལ་དངུལ་བསྒྱུར་སྤྲོད་བྱེད་དུ་གཏན་ནས་འཇུག་མི་སྲིད།

（3）公检法机关绝对不会设立所谓的“国家安全账户”。

（༣）སྤྱི་བདེ་དང་ཞིབ་དཔྱོད། ཁྲིམས་ཁང་བཅས་ལས་ཁུངས་ནས་རྒྱལ་ཁབ་ཀྱི་བདེ་འཇགས་རྩིས་ཐོ་ཟེར་བ་གཏན་ནས་འཛུགས་མི་སྲིད།

4. 什么是“杀猪盘”？

༤."ཕག་གསོད་སྡེར་མ་"ཟེར་བ་དེ་གང་ཡིན་ནམ།

杀猪盘，网络流行词，是指诈骗分子利用网络交友，诱导受害人投资赌博的一种电信诈骗方式。“杀猪盘”是“从业者们”（诈骗团伙）自己起的名字，是指放长线“养猪”诈骗，养得越久，诈骗得越狠。

དེ་ནི་དྲ་རྒྱའི་ཐོག་དར་ཁྱབ་ཆེ་བའི་ཚིག་ཅིག་ཡིན། དེའི་གོ་དོན་ནི་མགོ་སྐོར་གཏོང་མཁན་གྱིས་དྲ་རྒྱ་བརྒྱུད་དེ་གྲོགས་པོ་སྒྲིག་ནས་གནོད་འཚེ་ཕོག་མཁན་ནས་མ་དངུལ་བཏང་སྟེ་རྒྱན་འཛུགས་བྱ་རྒྱུར་བསླུ་བྲིད་བྱེད་པའི་གློག་འཕྲིན་གྱི་མགོ་སྐོར་གཡོག་སྟངས་ཞིག་ཡིན། "ཕག་གསོད་སྡེར་མ་"ཟེར་བ་དེ་ཡང་མགོ་སྐོར་གཏོང་མཁན་ཚོས་རང་ཉིད་ལ་བཏགས་པའི་མིང་ཞིག་རེད། དེ་ནི་གཏོང་ཐོད་ཆེ་ཙམ་གྱིས་ཕག་པ་གསོས་ཏེ་མགོ་སྐོར་བཏང་བའི་དོན་ཡིན་པ་དང་། གསོ་ཡུན་ག་ཚོད་རིང་ན་དེ་ཙམ་གྱིས་མགོ་སྐོར་གཏོང་ཤུགས་ཆེ་བ་ཡོད།

5. “杀猪盘”的常见套路分几步？

༥.“ཕག་གསོད་སྡེར་མ”ཟེར་བའི་རྒྱུན་མཐོང་གི་ཐབས་ལམ་ལ་གོམ་སྟབས་ག་ཚོད་ཡོད་དམ།

（1）网上热聊，萌生情意

诈骗分子在社交平台上将自己包装成“高富帅”“白富美”与受害人接触。在社交平台相聊甚欢，透出进一步发展的意思，多次接触后产生朦胧的网络情愫。

（༡）དྲ་ཐོག་ལ་ཚ་ཚ་འུར་འུར་གྱི་གླེང་མོལ་བྱས་ནས་བརྩེ་དུང་སྐྱེས་པར་བྱེད་པ།

དེའང་མགོ་སྐོར་གཏོང་མཁན་གྱིས་སྤྱི་ཚོགས་འབྲེལ་སྣེ་གས་ཐོག་རང་ཉིད་“རིང་ཕྱུག་རྡེག་གསུམ”དང་། “དཀར་ཕྱུག་མཛེས་གསུམ”གྱི་རྣམ་པ་བསྟན་ནས་གནོད་འཚེ་ཕོག་མཁན་དང་འབྲེལ་གཏུག་བྱེད་པ་ཡིན། སྤྱི་ཚོགས་འབྲེལ་སྣེ་གས་ཐོག་ཕན་ཚུན་གླེང་མོལ་གྱི་དགྱེས་ལ་ཚུད་པའི་སྐབས་སུ་སྔ་མཐུད་འབྲེལ་བ་ཟབ་ཏུ་གཏོང་རྒྱུའི་རྣམ་པ་སྟོན་པ་དང་། འབྲེལ་གཏུག་ཐེངས་ཁ་ཤས་བྱས་རྗེས་དྲ་ཐོག་གི་བརྩེ་དུང་སྐྱེས་པར་བྱེད་པ་ཡིན།

（2）动之以情，晓之以“利”

在甜言蜜语中聊感情时，诈骗分子对受害人透露自己在某平台赚得盆满钵满，并声称知道漏洞，或者亲戚朋友是网站工作人员，大肆鼓吹投资/博彩的高额回报，诱使受害人参与。

（༢）བརྩེ་དུང་གིས་སེམས་ཁུག་པར་བྱེད་པ་དང་གནས་ལུགས་ཀྱིས་ཁེ་བཟང་ཐོབ་པར་སེམས་པ།

སྐད་ཆ་སྙན་ཞིང་འཇམ་པའི་ཁྲོད་བརྩེ་དུང་སྐོར་གླེང་སྐབས། མགོ་སྐོར་གཏོང་མཁན་གྱིས་རང་ཉིད་ལ་སྣེ་གས་བྱ་ཞིག་གི་ཐོག་ནས་འབབ་སྒོ་ཏ་ཅང་ཆེན་པོ་ཡོད་ཚུལ་ཤོད་པ་མ་ཟད། དེའི་རྒྱ་རྐྱེན་དུ་གྱུར་པའི་མི་འདྲང་བའི་ཆ་ཤེས་ཀྱི་ཡོད་ཚུལ། ཡང་ན་རང་གི་སྤུན་མཆེད་དང་གྲོགས་པོ་དྲ་ཐོག་གི་ལས་དོན་པ་ཡིན་ཚུལ་ཤོད་པ། མ་འཇོག་དང་རྒྱན་ཤོག་ཐད་ནས་ཁེ་བཟང་ཆེན་པོ་ཡོད་ཚུལ་འུད་སྒྲོག་གིས་གནོད་འཚེ་ཕོག་མཁན་དེར་ཞུགས་རྒྱུར་བསྐུ་ཁྲིད་བྱེད་པ་ཡིན།

（3）深信不疑，终致悲剧

在前几次小额投入顺利回本后，受害人尝到甜头逐步放松警惕，对此“致富方式”深信不疑。投入资金从几千元到几万元，甚至几十万元，直到用尽所有积蓄，骗子便会指引受害人贷款投入。随着受害人投资速度放缓，骗子认为“收网”的时候到了，此时“平台客服”也会失联，受害人的爱情小船也就此沉没。

（༣）ཡིད་ཡོངས་སུ་ཆེས་ནས་མཐར་ཆག་སྒོ་འཕྲད་པ།

གོང་དུ་ཐེངས་ཁ་ཤས་ནང་མ་དངུལ་ཅུང་ཟད་བཏང་བར་མ་གནས་བདེ་བླག་ངང་ཕྱིར་ལོག་རྙེས། གནོད་འཚེ་ཕོག་མཁན་ལ་ཁེ་བཟང་གི་བྲོ་བ་ཅུང་ཙམ་ཉེད་ནས་རིམ་བཞིན་དོགས་ཟོན་མེད་པར་གྱུར་པ་དང་། དེས་ན“ཕྱུག་པོ་ཆགས་ཐབས”དེར་ཡིད་ཡོངས་སུ་ཆེས་ནས། མ་རྩ་སྒོར་སྟོང་ཕྲག་ཁ་ཤས་ནས་ཁྲི་ཁ་ཤས་དང་། ཐ་ན་སྒོར་ཁྲི་བཅུ་གྲངས་གཏོང་བར་བྱེད། མཐར་གསོག་དངུལ་ཡོད་ཚད་རྫོགས་པའི་སྐབས་སུ་མགོ་སྐོར་གཏོང་མཁན་གྱིས་གནོད་འཚེ་ཕོག་མཁན་ལ་དངུལ་བུན་གཡར་ནས་མ་རྩ་འཛུགས་རྒྱུར་ཁྲིད་སྟོན་བྱེད་པ་དང་། གནོད་འཚེ་ཕོག་མཁན་གྱི་མ་འཛུགས་ཞུང་དུ་འགྲོ་བ་དང་བསྟུན་ནས་གནོད་འཚེ་གཏོང་མཁན་གྱིས་མགོ་སྐོར་གཏོང་མཚམས་འཇོག་པ་དང་། དེའི་སྐབས་སུ་སྟེགས་བུའི་ཐོག་གི་ཞབས་ཞུ་བའི་དབར་གྱི་འབྲེལ་ཐག་ཀྱང་ཆད་ཅིང་། གནོད་འཚེ་ཕོག་མཁན་གྱི་བརྩེ་དུང་གི་འབྲེལ་ཐག་ཀྱང་དེ་ནས་ཡོངས་སུ་ཆད་པ་ཡིན།

6. 什么是“杀鱼盘”？

༦.གང་འདྲ་ཞིག་ལ“ཉ་གསོད་སྡེར་མ”ཟེར་རམ།

“杀鱼盘”主要是以交手续费、借贷提额为名义实施的诈骗。骗子一般在网上发布提额信息或二手产品吸引受害者联系，随后通过发布虚假链接诱骗受害者付款。

“ཉ་གསོད་སྡེར་མ”ཟེར་བ་ནི་གཙོ་བོ་འགྲོ་ལུགས་བརྒྱུད་བྱེད་ཀྱི་འགྲོ་གྲོན་དང་བུན་གཡར་དངུལ་གྱི་འཐེན་གྲངས་ལ་མིང་བཏགས་ནས་མགོ་སྐོར་གཏོང་བར་ཟེར། མགོ་སྐོར་གཏོང་

མཁན་གྱིས་སྐྱིར་བཏང་དུ་ཐོག་ལ་འཐེན་གྲངས་ཀྱི་ཆ་འཕྲིན་སྤེལ་བའམ། ཡང་ན་ལག་བརྡ་ཐོན་རྫས་ལ་བརྟེན་ནས་གནོད་འཚེ་ཕོག་མཁན་དང་འབྲེལ་གཏུག་བྱེད་པ་དང་། དེ་རྗེས་སྤེལ་བྱེད་རྫུན་མ་ཁྱབ་སྤེལ་བྱས་ཏེ་གནོད་འཚེ་ཕོག་མཁན་ལ་དངུལ་སྤྲོད་རྒྱུར་བསླུ་ཁྲིད་བྱེད་པ་ཡིན།

骗子把受害者叫做“鱼”，称自己为“钓鱼手”，另外还需要专业技术人员“链接手”。

མགོ་སྐོར་གཏོང་མཁན་གྱིས་གནོད་འཚེ་ཕོག་མཁན་ལ“ཉ”ཞེས་འབོད་པ་དང་རང་ཉིད་ལ“ཉ་འཛིན་མཁས་པ”ཞེས་འབོད། གཞན་ཡང་ད་དུང་ཆེད་ལས་ལག་རྩལ་པའི“སྦྲེལ་མཐུད་མཁས་པ”དགོས་ཀྱི་ཡོད།

7.“杀鱼盘”的常见作案手法?

༧.“ཉ་གསོད་སྡེར་མ”ཞེས་པའི་རྒྱུན་མཐོང་གི་ཀྱིད་དོན་བཟོ་ཐབས་གང་འདྲ་ཡིན་ནམ།

（1）撒鱼饵

“杀鱼盘”要求受害人以交服务费、手续费的名义转账汇款，或者发送网址链接，以验证受害人的还款能力或者银行卡资金为由，盗刷受害人的银行卡资金，完成诈骗。

（༡）ཉ་གཟན་གཏོར་བ།

“ཉ་གསོད་སྡེར་མས”གནོད་འཚེ་ཕོག་མཁན་ལ་ཞབས་ཞུའི་རིན་པ་དང་འགྲོ་ལུགས་བརྒྱུད་པའི་རིན་པ་སྤྲོད་རྒྱུར་ཁ་གཡར་ཏེ། དངུལ་བསྒྱུར་སྤྲོད་བྱེད་དགོས་ཟེར་བ་དང་། ཡང་ན་དྲ་གནས་ཀྱི་སྦྲེལ་བྱེད་བསྐུར་བ་དང་། གནོད་འཚེ་ཕོག་མཁན་གྱི་བུན་འཇལ་ནུས་པ་དང་ཡང་ན་དངུལ་ཁང་བྱང་བུའི་མ་དངུལ་ར་སྤྲོད་བྱེད་རྒྱུར་ཁ་གཡར་ནས་གནོད་འཚེ་ཕོག་མཁན་གྱི་དངུལ་ཁང་བྱང་བུའི་ནང་གི་མ་དངུལ་འཐེན་འཁྱེར་བྱེད། དེའི་ཚེ་མགོ་སྐོར་བཏང་ཚར་བ་ཡིན།

（2）钓鱼

“鱼”一旦动心，钓鱼手就开始试探。有的利用二手平台下套，诱骗买家线下购买，实施诈骗；有的利用借贷提额引诱，多次支付中以失败为由，需支付手续费、服务费等，让“鱼”完善几笔交易流水。

（༢）ཉ་བཟུང་བ།

“ཉ”ཡི་སེམས་ལ་གཡོ་འགུལ་ཐེབས་ཙ་ན། ཉ་པས་ཉམས་ཚོད་ལེན་འགོ་ཚུགས། རེ་འགས་ལག་བརྒྱུད་སྲིགས་བུ་བེད་སྤྱད་དེ་གཞམ་སྤྱོད་ཀྱིས་ཉོ་མཁན་དེ་ཉིད་ངོ་གཏུག་ཐོག་ཉོ་རྒྱར་བསླུ་བྲིད་བྱས་ནས་མགོ་སྐོར་གཏོང་བ་དང་། རེ་འགས་བུན་གཡར་གྱི་འཐེན་གྲངས་ལ་བརྟེན་ནས་བསླུ་བྲིད་བྱས་ཐོག ཐེངས་མང་གཏོང་སྤྲོད་བྱེད་པའི་ནང་ཕྱོང་གུན་ཕོག་པ་རྒྱུ་མཚན་དུ་བྱས་ནས་འགྲོ་ལུགས་བརྒྱུད་པའི་འགྲོ་སྒྲོན་དང་ཞབས་ཞུའི་འགྲོ་སྒྲོན་སོགས་དགོས་ཟེར་ནས་“ཉ”ཡི་ཉོ་ཚོང་བྱེད་ཐེངས་ཁ་ཤས་ཕྱོང་གུན་ཕོག་འཇུག་གི་ཡོད།

（3）杀鱼

“杀鱼手”找“链接手”根据“鱼”支付额度量身打造付款链接。通过一些失败程序让“鱼”放松警惕。“杀鱼手”发虚假链接让鱼支付，最后把“鱼”成功支付的订单套现出来，最后拉黑。

（༣）ཉ་གསོད་པ།

“ཉ་གསོད་མཁན”གྱིས“སྦྲེལ་བྱེད་པ”བཙལ་ནས“ཉ”ཡི་མ་དངུལ་མང་ཉུང་ལ་བལྟས་ནས་དངུལ་སྤྲོད་ཀྱི་སྦྲེལ་བྱེད་བཟོ་བ་དང་། ཕོ་ཕི་ཆོད་པའི་གོ་རིམ་བརྒྱུད་“ཉ”ཡི་ངོགས་འཆར་མེད་པ་བཟོ་བ། “ཉ་གསོད་མཁན”གྱིས་སྦྲེལ་བྱེད་རྫུན་མ་དེ་སྤྱད་ནས“ཉ”ལ་དངུལ་སྤྲོད་དུ་བཅུག་པ་དང་། མཐར“ཉས”བདེ་བླག་ངང་སྤྲད་པའི་མངག་ཐོ་ཕྱིར་བཏོན་རྗེས་དྲ་ཐོག་ནས་ནག་བསྒུབ་གཏོང་གི་ཡོད།

8. 实施电信诈骗将受到哪些惩处？

༨.སློག་འཁྲིད་ཐོག་མགོ་སྐོར་གཏོང་མཁན་ལ་ཆད་པ་གང་དག་ཐོག་གམ།

根据《中华人民共和国刑法》规定，犯电信诈骗的，处三年以下有期徒刑、拘役或者管制，并处或单处罚金；数额巨大或有其他严重情节的，处三年以上十年以下有期徒刑并处罚金；数额特别巨大或者有其他特别严重情节的，处十年以上有期徒刑或无期徒刑，并处罚金或者没收财产。

《ཀྲུང་ཧྭ་མི་དམངས་སྤྱི་མཐུན་རྒྱལ་ཁབ་ཀྱི་ཉེས་དོན་བཅའ་ཁྲིམས》ཀྱི་གཏན་འབེབས་ལྟར་ན། སློག་འཁྲིད་ཐོག་གི་ཉེས་པ་བསགས་ཚེ། ལོ་གསུམ་མན་ཆད་ཀྱི་དུས་བཀག་བཙོན་འཇུག་དང་བཀག་ཉར་རམ་ཡང་ན་དོ་དམ་བྱ་རྒྱུ་མ་ཟད། ཆད་གཅོད་དམ་ཡང་ན་དངུལ་ཆད་རྐྱང་པ་གཅོད་རྒྱུ། གྲངས་འབོར་ཧ་ཅང་ཆེ་བ་དང་། ཡང་ན་གནས་ཚུལ་ཚབས་ཆེན་རིགས་གཞན་དག་ཡོད་ཚེ། ལོ་གསུམ་ཡན་དང་ལོ་བཅུ་མན་གྱི་དུས་བཀག་བཙོན་འཇུག་གམ་ཡང་ན་ཚེ་བཙོན་དུ་འཇུག་རྒྱུ་དང་ཆབས་ཅིག་དངུལ་ཆད་གཅོད་པའམ་ཡང་ན་རྒྱུ་ནོར་གཞུང་བཞེས་གཏོང་རྒྱུ་རེད།

9. 如何防范电信网络诈骗？

༩.གློག་འཕྲིན་ཐོག་མགོ་སྐོར་གཏོང་བར་འགོག་ཐབས་གང་འདྲ་བྱེད་དགོས་སམ།

（1）寄钱转账需提防谨慎。保持冷静的思考，提高防范意识，不要轻易相信别人，避免受骗的事情发生。

（༡）དངུལ་བསྐུར་བ་དང་བསྒྱུར་སྤྲོད་བྱེད་སྐབས་ངོགས་ཐོན་དང་ཡིད་གཟབ་བྱེད་དགོས་པ་སྟེ། བསམ་ཞིབ་གནད་སྨིན་བྱེད་པ་དང་ཉེན་ཐོན་གྱི་འདུ་ཤེས་ཟབ་ཏུ་གཏོང་བ། རང་དགར་མི་གཞན་ལ་ཡིད་ཆེས་མི་བྱེད་པ་བཅས་བྱས་ནས་མགོ་སྐོར་འོག་ཚུད་པའི་གནས་ཚུལ་མི་ལྡུག་པ་བྱ་དགོས།

（2）确认联系方式真实性。对于联络方式，可以拨打114核实对方地址的真实性。

（༢）འབྲེལ་གཏུག་བྱ་ཐབས་དངོས་འབྲེལ་ཡིན་མིན་གཏན་འཁེལ་བྱེད་དགོས་པ་སྟེ། འབྲེལ་གཏུག་བྱ་ཐབས་ཐད་༡༡༤ལ་ཁ་པར་བརྒྱབ་ནས་ཕ་རོལ་པོའི་སྡོད་གནས་དངོས་ཡིན་མིན་ཞིབ་དཔྱད་བྱ་དགོས།

（3）确认网站网页的真实性。

（༣）དྲ་ཚིགས་ཀྱི་དྲ་ངོས་དངོས་འབྲེལ་ཡིན་མིན་གཏན་འཁེལ་བྱ་དགོས།

（4）在浏览正规网页时，不要搭理自动弹出的网页或网站。

（༤）དངོས་གཞིའི་དྲ་ངོས་ལ་ལྟ་སྐབས། རང་འགུལ་ངང་ནོན་པའི་དྲ་ངོས་དང་དྲ་ཚིགས་ལ་ཁ་ཡ་བྱེད་མི་རུང་།

10. 遇到电信诈骗怎么办？

༡༠.གློག་འཕྲིན་ཐོག་ནས་མགོ་སྐོར་གཏོང་མཁན་འཕྲད་ན་གང་འདྲ་བྱེད་དགོས་སམ།

应及时联系银行办理银行卡挂失、网上银行和手机银行密码修改等，防止可能的损失进一步扩大。同时，应尽可能及时记下诈骗犯罪份子的电

话号码、电子邮件地址、QQ 号、微信码等及银行卡账号，并记住犯罪分子的口音、语言特征和诈骗的手段经过，及时向公安机关报案，积极配合公安机关开展侦查破案和追缴被骗款等工作。

འཕྲུལ་མར་དངུལ་ཁང་དང་འབྲེལ་བ་བྱས་ནས་དངུལ་ཁང་བྱང་བུ་བཀག་པའི་ཐོ་འགོད་པ་དང་། དྲ་ཐོག་དངུལ་ཁང་དང་ལག་ཐོགས་དངུལ་ཁང་གི་གསང་རྟགས་བཟོ་བཅོས་རྒྱག་པ་སོགས་བྱས་ནས་མུ་མཐུད་གྱོང་གུན་མི་ཕོག་པ་བྱ་དགོས། དེ་དང་དུས་མཚུངས་འཕྲུལ་མར་མགོ་སྐོར་གཏོང་མཁན་གྱི་ཁ་པར་ཨང་གྲངས་དང་གློག་རྫུལ་སྦྲག་བསྐུར་ས་ཚ། ཁིའུ་ཁིའུ་ཨང་རྟགས། སྐད་འཕྲིན་སོགས་དང་དངུལ་ཁང་བྱང་བུའི་རྩིས་ཨང་བཅས་ངེས་བཟུང་བྱེད་དགོས་པ་དང་ཆབས་ཅིག་ཉེས་ཅན་པའི་སྐད་གདངས་དང་སྐད་ཆ་ཤོད་སྟངས། མགོ་སྐོར་གཏོང་སྟངས་ཀྱི་བརྒྱུད་རིམ་བཅས་སེམས་ལ་ངེས་པ་བྱས་ནས་དུས་ཐོག་ལ་གྱོད་དོན་སྙན་སེང་ཞུ་བ་དང་། སྤྱི་བདེ་ལས་ཁུངས་ཀྱིས་སྲུལ་ཞིབ་དང་གྱོད་གཞི་རྩད་གཅོད། མགོ་སྐོར་ཐེབས་པའི་དངུལ་ཕྱིར་ལེན་རྒྱུ་སོགས་ཀྱི་ལས་ཀར་གཞོགས་འདེགས་བྱ་དགོས།

11. 常见校园贷诈骗手法有哪些？

༡༡.རྒྱུན་མཐོང་གི་སློབ་གྲྭའི་ནང་དངུལ་བུན་ཐད་ནས་མགོ་སྐོར་གཏོང་ཐབས་གང་དག་ཡོད་དམ།

（1）名为助学 实则圈钱

不法分子往往以家境贫困、尤其是从边远闭塞地区考入大城市的大学生为目标，以提供助学金的名义，要求学生提前将学费汇入指定的账户，用于“成功注册学籍”。

(༡)མིང་དུ་སློབ་སྐྱོར་ཟེར་བས་མ་གཏོགས་དོན་དུ་དངུལ་མགོ་སྐོར་གཏོང་མཁན་ཡིན་པ།

ཁྲིམས་འགལ་བས་རྟག་ཏུ་ཁྱིམ་ཚང་དབུལ་ཕོངས་དང་། ལྷག་པར་དུ་ཐག་རིང་ལུང་ཁུག་ས་ཁུལ་ནས་གྲོང་ཁྱེར་དུ་རྒྱུགས་ལོན་པའི་སློབ་ཆེན་སློབ་མར་དམིགས་ནས་སློབ་སྐྱོར་མ་དངུལ་མཁོ་འདོན་བྱེད་པའི་མིང་ཐོག་ནས་སློབ་མར་སློབ་ཡོན་སྔ་ནུར་དུ་དམིགས་འཛུགས་ཀྱི་ཐོ་

ཁོངས་ལ་བསྒུར་དགོས་པ་དང་། དེའང་“སློབ་ཁོངས་ཐོ་འགོད་བདེ་ བླག”ཡོང་རྒྱུར་བཞེད་སྒྲོད་བྱ་རྒྱ་རེད་ཅེས་ཤོད་པ།

（2）名为校友 实则骗子

不法分子假冒学生或校友身份，获取信任，借手续费、奖励话费等名义，引诱被骗者提供真实身份信息，假冒身份骗贷圈钱。

（༢）མིང་དུ་སློབ་གྲོགས་ཟེར་བས་མ་གཏོགས་དོན་དུ་མགོ་སྐོར་གཏོང་མཁན་ཡིན་པ།

ཁྲིམས་འགལ་བས་སློབ་མ་ཡིན་ཁུལ་དང་ཡང་ན་སློབ་གྲོགས་ཡིན་ཁུལ་གྱིས་ཡིད་ཆེས་ཐོབ་པ་བྱས་ནས་འགྲོ་ལུགས་བརྒྱུད་རིན་དང་ཁ་པར་བརྒྱབ་གྲངས་ཀྱི་བྱ་དགའ་ཟེར་བ་སོགས་ཀྱི་མིང་ཐོག་ནས་ཐོབ་ཐང་ཆ་འཕྲིན་དངོས་མཁོ་འདོན་བྱ་རྒྱུར་བསླུ་ཁྲིད་བྱེད་པ་དང་། ཐོབ་ཐང་རྫུན་བཟོ་བྱས་ཏེ་དངུལ་བུན་ཐད་ནས་མགོ་སྐོར་གཏོང་བ།

（3）名为创业 实则敛财

不法分子假借投资名义，打着助学或者创业的旗号，以发展“下线”等传销方式，实施逐级诈骗敛财。

（༣）མིང་དུ་བྱ་གཞག་གསར་གཏོད་ཟེར་བས་མ་གཏོགས་དོན་དུ་རྒྱ་ནོར་མགོ་སྐོར་གཏོང་བ།

དེའང་ཁྲིམས་འགལ་བས་མ་འཛོག་བྱེད་ཁུལ་གྱི་མིང་ཐོག་ནས་སློབ་སྐྱོར་དང་ཡང་ན་བྱ་གཞག་གསར་གཏོད་ཀྱི་མིང་ཐོག དེ་བཞིན“འོག་རིམ”འཕེལ་རྒྱས་གཏོང་བ་སོགས་བརྒྱུད་ཚོང་བྱ་ཐབས་ཐོག་ནས་རིམ་པ་བཞིན་རྒྱ་ནོར་མགོ་སྐོར་གཏོང་བ།

（4）名为帮忙 实则借贷

身边同学苦苦请求，借用你的学生证或身份证信息帮他办理校园贷、注册网络公司，出于义气，将信息告诉同学，结果被追讨欠款的成了自己。

（༤）མིང་དུ་རོགས་ཟེར་བས་མ་གཏོགས་དོན་དུ་དངུལ་བུན་གཡར་བ།

དེའང་ཉེ་འཁོར་གྱི་སློབ་གྲོགས་ནས་རེ་བ་ཡང་ཡང་བཏོན་ཏེ་ཁྱོད་རང་གི་སློབ་མའི་ལག་ཁྱེར་དང་ཡང་ན་ཐོབ་ཐང་ལག་ཁྱེར་གཡར་ནས་ཁོ་པར་སློབ་གྲྭའི་ནང་ཁུལ་གྱི་དངུལ་བུན་གཡར་རོགས་དང་དྲ་རྒྱའི་ཀུང་སིར་ཐོ་འགོད་བྱེད་རོགས་ཟེར་བའི་ཚེ། ཁྱོད་རང་གིས་ངོ་

མ་ལྟོགས་པར་རང་གི་ཆ་འཕྲིན་སློབ་གྲོགས་དེར་བཤད་ན། མཐར་བུ་ལོན་འདེད་ས་དེ་རང་ཉིད་ཆགས་པ་ཡིན།

（5）名为兼职 实则陷阱

不法分子打着兼职、刷单、招聘或培新旗号，假借提升社会综合能力或赚取零花钱的名义，诱骗在贷款平台注册并将贷款划转到指定账号作为保证金、或承诺将分期归还本息等骗取资金。

（༥）མིང་དུ་ལས་ཀ་གཅིག་ལྟོགས་ཟེར་བས་མ་གཏོགས་དོན་དུ་རྙ་ཧྲི་ཡིན་པ།

དེའང་ཁྲིམས་འགལ་བས་ལས་ཀ་གཅིག་ལྟོགས་དང་ཐོ་བཤེར། གདན་ཞུའམ་ཡང་ན་གསར་གསོ་བཅས་ལ་ཁ་གཡར་བ་དང་། སྤྱི་ཚོགས་ཀྱི་ཕྱོགས་བསྡུས་ནུས་པ་ཆེ་རུ་གཏོང་རྒྱུའམ་ཡང་ན་ལག་དངུལ་རག་པའི་མིང་ཐོག་ནས་དངུལ་བུན་སྡེགས་བུར་ཐོ་འགོད་བྱེད་ཁུལ་བྱེད་པ་དང་ཆབས་ཅིག་དངུལ་བུན་དམིགས་འཛུགས་ཀྱི་ཐོ་ཁོངས་ལ་བསྒྱུར་ཏེ་འགན་སྲུང་དངུལ་བྱ་དགོས་ཟེར་བ། ཡང་ན་དུས་མཚམས་དབྱེ་ནས་མ་སྐྱེད་ཕྱིར་སློག་བྱ་རྒྱུ་ཁས་བླང་བ་སོགས་བྱས་ཏེ་མ་དངུལ་གཡོ་ཞེན་བྱེད་པ་ཡིན།

12. 我们应该如何防范校园贷诈骗？

༡༢.ང་ཚོས་སློབ་གྲྭའི་ནང་ཁུལ་གྱི་དངུལ་བུན་བཏད་ནས་མགོ་སྐོར་གཏོང་བར་འགོག་ཟོན་གང་འདྲ་བྱེད་དགོས་སམ།

（1）树立理性消费观，切勿盲目攀比。学生应根据自身经济状况合理消费，做到量入为出、适度消费，减少情绪化消费、跟风消费，拒绝过度消费、超前消费。

（༡）ཚོད་ཟིན་པོའི་འཛད་སྤྱོད་ལྟ་ཚུལ་བཟུང་དགོས་པ་ལས་རྟོངས་ཚོད་ཀྱིས་བསྡུར་རེས་གཏན་ནས་བྱེད་མི་རུང་བ་སྟེ། སློབ་མས་རང་ཉིད་ཀྱི་དཔལ་འབྱོར་ཆ་རྐྱེན་ལ་གཞིགས་ནས་ལུགས་མཐུན་གྱི་འཛད་སྤྱོད་བྱེད་པ་དང་། ཡོང་སྒོར་གཞིགས་ནས་འགྲོ་སོང་གཏོང་བ། འོས་

འཚམ་གྱི་འཛད་སྤྱོད་བྱེད་པ་ལས། གང་དྲན་གྱི་འཛད་སྤྱོད་དང་གཞན་རྒྱུག་གི་འཛད་སྤྱོད། ཐལ་དྲགས་པའི་འཛད་སྤྱོད། སྔ་ཉུར་གྱི་འཛད་སྤྱོད་བཅས་བྱེད་མི་རུང་།

（2）应掌握金融贷款知识，提高对金融诈骗和不良借贷的防范意识，谨防落入欺诈陷阱；遇到困难，应主动向学校寻求帮助；谨慎选择线下正规金融机构，建议选择经银监部门批准可为大学生提供信贷服务的线下正规金融机构。

(༢)དངུལ་རྩའི་དངུལ་བུན་གྱི་ཤེས་བྱ་ཤེས་རྟོགས་བྱེད་དགོས་པ་དང་། དངུལ་རྩའི་མགོ་སྐོར་གཏོང་ཚུལ་དང་ཚུལ་མིན་གྱི་དངུལ་བུན་གཏོང་ཚུལ་ལ་འགོག་ཟོན་བྱེད་པའི་འདུ་ཤེས་ཆེ་རུ་བཏང་ནས། མགོ་སྐོར་གྱི་རྙི་རུ་མི་ཚུད་པའི་འགོག་ཟོན་བྱེད་དགོས་པ་དང་། དཀའ་ངལ་འཕྲད་སྐབས་རང་འགུལ་ངང་སློབ་གྲྭ་བཅལ་ནས་རོགས་སྐྱོར་བྱ་རྒྱུའི་རེ་བ་འདོན་དགོས་པ། དོ་ནན་ངང་དྲ་འོག་གི་དངོས་གཞིའི་དངུལ་རྩའི་ལས་ཁུངས་གདམ་ག་བྱས་ནས། དཔལ་འབྱོར་ལྟ་སྐུལ་སྡེ་ཁག་ནས་སློབ་ཆེན་སློབ་མར་དངུལ་བུན་གཏོང་རྒྱུའི་འཐུས་མཆན་ཐོབ་པའི་དྲ་འོག་དངོས་གཞིའི་དངུལ་རྩའི་ལས་ཁུངས་གདམ་ག་བྱ་རྒྱུའི་གྲོས་འགོ་འདོན་དགོས་པ་བཅས་ཡིན།

（3）要谨慎使用个人信息，不随意泄露；妥善保管身份证、银行卡，坚决不将身份证、银行卡借给他人使用；如已陷入不良网贷困扰，应及时向学校报告有关情况，并寻求公安部门帮助。

(༣)མི་སྒེར་གྱི་ཆ་འཕྲིན་བེད་སྤྱོད་ཐད་ཡིད་གཟབ་ཀྱིས་གང་བྱུང་དུ་ཕྱིར་བསྒྲགས་བྱེད་མི་རུང་ཞིང་། ཐོབ་ཐང་ལག་ཁྱེར་དང་དངུལ་ཁང་བྱང་བུར་བདག་གཅེས་ཡག་པོ་བྱེད་དགོས་པ་ལས་ཐོབ་ཐང་ལག་ཁྱེར་དང་དངུལ་ཁང་བྱང་བུ་མི་གཞན་ལ་གཡར་མི་རུང་། གལ་ཏེ་ཚུལ་མིན་གྱི་དྲ་རྒྱའི་དངུལ་བུན་གཡར་བའི་དཀའ་རྙོག་ནང་ཚུད་ཚེ། དུས་ཐོག་ལ་སློབ་གྲྭར་འབྲེལ་ཡོད་གནས་ཚུལ་སྙན་སེང་ཞུ་བ་དང་ཆབས་ཅིག་སྤྱི་བདེ་སྡེ་ཁག་ལ་རོགས་སྐྱོར་བྱ་རྒྱུའི་རེ་བ་འདོན་དགོས།

13. 什么是“清网行动”？

༡༣.གང་འདྲ་ཞིག་ལ་“དྲ་རྒྱ་དག་སེལ་གྱི་བྱ་སྤྱོད་”ཟེར་རམ།

“清网行动”也称“网上追逃行动”。公安部2011年5月26日召开的电视电话会议决定，从即日起至2011年12月15日，全国公安机关将开展为期约7个月的网上追逃专项督察“清网行动”，以“全国追逃、全警追逃”的力度缉捕在逃的各类犯罪嫌疑人。

“དྲ་རྒྱ་དག་སེལ་གྱི་བྱ་སྤྱོད་”ཅེས་པར་དྲ་རྒྱའི་རྗེས་འདེད་ཀྱི་བྱ་སྤྱོད་ཀྱང་ཟེར། སྤྱི་བདེ་པུའུ་ནས་སྤྱི་ལོ་༢༠༡༡ལོའི་ཟླ་༥ཚེས་༢༦ཉིན་བརྙན་འཕྲིན་ཁ་པར་གྲོས་ཚོགས་འཚོགས་ཏེ། ཉིན་དེ་ནས་བཟུང་སྤྱི་ལོ་༢༠༡༡ལོའི་ཟླ་༡༢ཚེས་༡༥ཉིན་བར་རྒྱལ་ཡོངས་སྤྱི་བདེ་ལས་ཁུངས་ནས་དུས་ཡུན་ཟླ་བ་༧རིང་གི་དྲ་རྒྱའི་རྗེས་འདེད་ཆེད་དོན་ལྟ་སྐུལ་ཞིབ་བཤེར་གྱི་“དྲ་རྒྱའི་དག་སེལ་གྱི་བྱ་སྤྱོད་”སྤེལ་ནས་རྒྱལ་ཡོངས་ཀྱི་ཁྱབ་ཁོངས་ནང་རྗེས་འདེད་དང་ཉེན་རྟོག་པ་ཡོངས་ནས་རྗེས་འདེད་གཏོང་ཤུགས་ཆེ་རུ་བཏང་སྟེ་བྲོས་བྱོལ་དུ་སོང་བའི་ཉེས་བསགས་དོགས་ཡོད་མི་སྣ་འཛུ་བཟུང་བྱ་རྒྱའི་གཏན་འབེབས་བྱས་ཡོད།

十、家庭与继承

བཅུ་པ། ཁྲིམས་ཚང་དང་རྒྱུན་འཛིན།

1. 父母离婚后，子女由谁来抚养？

༡.ཕ་མ་གཉིས་ཁ་བྲལ་རྗེས་བུ་ཕྲུག་སུས་གསོ་སྐྱོང་བྱེད་དགོས་སམ།

父母与子女间的关系，不因父母离婚而消除。离婚后，子女无论由父或者母直接抚养，仍是父母双方的子女。离婚后，父母对子女仍有抚养、教育、保护的权利和义务。离婚后，不满两周岁的子女，以由母亲直接抚养为原则。已满两周岁的子女，父母双方对抚养问题达不成协议的，由人民法院根据双方的具体情况，按照最有利于未成年子女的原则判决。子女已满八周岁的，应当尊重其真实意愿。如果父母离婚后，乙方不履行监护责任和抚养义务，子女有权要求父母履行监护职责，有权请求父母给付抚养费。

དེའང་ཕ་མ་དང་ཕྲུ་གུའི་དབར་གྱི་འབྲེལ་བ་དེ་ཕ་མ་གཉིས་ཁ་བྲལ་བའི་རྐྱེན་གྱིས་འབྲེལ་ཐག་བཅད་མི་ཆོག ཁ་བྲལ་རྗེས་བུ་ཕྲུག་ཕའམ་མ་སུས་གསོ་སྐྱོང་བྱས་ནའང་སྔར་བཞིན་ཕ་མ་ཕྱོགས་གཉིས་ཀའི་བུ་ཕྲུག་ཡིན། ཁ་བྲལ་རྗེས་ཕ་མས་བུ་ཕྲུག་སྔར་བཞིན་གསོ་སྐྱོང་དང་སློབ་གསོ།

སྲུང་སྐྱོབ་བཅས་བྱེད་པའི་དབང་ཆ་དང་འོས་འགན་ཡོད། ཁ་བྲལ་རྗེས་ལོ་ན་གཉིས་མ་ཟིན་པའི་བུ་ཕྲུག་དག་མ་ཡིས་ཐད་ཀར་གསོ་སྐྱོང་བྱ་རྒྱུའི་རྩ་དོན་བཟུང་དགོས། ལོ་ན་གཉིས་ཟིན་པའི་བུ་ཕྲུག་དག་གསོ་སྐྱོང་བྱ་རྒྱུའི་ཐད་ཕ་མ་གཉིས་ནས་གྲོས་མཐུན་མ་བྱུང་ཚེ། མི་དམངས་ཁྲིམས་ཁང་ནས་ཕྱོགས་གཉིས་པོའི་ཞིབ་ཕྲའི་གནས་ཚུལ་ལ་གཞིགས་པ་དང་། ནར་མ་སོན་པའི་བུ་ཕྲུག་ལ་ཕན་ཐོགས་ཤོས་ཀྱི་རྩ་དོན་ལྟར་ཁྲིམས་ཐག་གཅོད་ཀྱི་ཡོད། ལོ་ན་བརྒྱད་ཟིན་པའི་བུ་ཕྲུག་ཡིན་ན་བུ་ཕྲུག་དེ་གའི་བསམ་འདུན་ངོ་མར་བརྩི་འཇོག་བྱ་དགོས། གལ་སྲིད་ཕ་མ་གཉིས་ཁ་བྲལ་རྗེས་ཕ་མས་ལྟ་སྐྱོང་གི་འགན་འཁྲི་དང་གསོ་སྐྱོང་གི་འོས་འགན་མ་འཁུར་ཚེ། བུ་ཕྲུག་གིས་ཕ་མ་གཉིས་ནས་ལྟ་སྐྱོང་གི་འགན་འཁྲི་འཁུར་རྒྱུའི་རེ་བ་འདོན་དབང་ཡོད་པ་དང་། ཕ་མ་གཉིས་ནས་གསོ་སྐྱོང་གི་འགྲོ་གྲོན་གཏོང་རྒྱུའི་རེ་བ་འདོན་དབང་ཡོད།

2. 未成年子女的民事责任由谁承担？

༢.ནར་མ་སོན་པའི་བུ་ཕྲུག་གི་དམངས་དོན་འགན་འཁྲི་སུས་འཁུར་དགོས་སམ།

父母有教育、保护未成年子女的权利和义务。未成年子女造成他人损害的，父母应当依法承担民事责任。

ཕ་མར་བུ་ཕྲུག་ལ་སློབ་གསོ་དང་སྲུང་སྐྱོབ་བྱེད་པའི་དབང་ཆ་དང་འོས་འགན་ཡོད། ནར་མ་སོན་པའི་བུ་ཕྲུག་གིས་མི་གཞན་ལ་གནོད་འཚེ་བཟོས་ཚེ། ཕ་མ་གཉིས་ནས་དམངས་དོན་འགན་འཁྲི་འཁུར་དགོས།

3. 对于子女的存款，父母有权随意处分吗？

༣.བུ་ཕྲུག་གི་བཅོལ་དངུལ་ཕ་མས་རང་དགར་ཐག་གཅོད་བྱེད་དབང་ཡོད་དམ།

父母是没有权利随意处分子女的财产的。未成年人的父母是未成年人的监护人，监护人应当履行监护职责，保护被监护人的人身权利、财产权利及其他合法权益，除了被监护人的利益外，不得处理被监护人的财产。

ཕ་མས་བུ་ཕྲུག་གི་རྒྱ་ནོར་རང་དགར་ཐག་གཅོད་བྱེད་དབང་མེད། ནར་མ་སོན་པའི་བུ་

ཕྲུག་གི་ཕ་མ་ནི་ནར་མ་སོན་པའི་མིའི་ལྷ་སྐྱོང་པ་ཡིན། ལྷ་སྐྱོང་པས་ལྷ་སྐྱོང་གི་འགན་འཁྲི་འཁུར་དགོས་པ་དང་། ལྷ་སྐྱོང་བྱ་ཡུལ་གྱི་མི་ལུས་ཀྱི་དབང་ཆ་དང་རྒྱ་ནོར་གྱི་དབང་ཆ། དེ་བཞིན་ཁྲིམས་མཐུན་གྱི་ཁེ་དབང་གཞན་དག་སྲུང་སྐྱོབ་བྱ་དགོས། ལྷ་སྐྱོང་བྱ་ཡུལ་ལ་ཁེ་ཕན་ཡོད་པ་ཕུད། ལྷ་སྐྱོང་བྱ་ཡུལ་གྱི་རྒྱ་ནོར་ཐག་གཅོད་བྱེད་མི་རུང་།

4. 父母离婚后，子女的抚养费应该由谁承担?

༤.ཕ་མ་གཉིས་ཁ་བྲལ་རྗེས་བུ་ཕྲུག་གསོ་སྐྱོང་གི་འགྲོ་གྲོན་སུས་གཏོང་དགོས་སམ།

离婚后，子女由一方直接抚养的，另一方应当负担部分或者全部抚养费。负担费用的多少和期限的长短，由双方协议；协议不成的，由人民法院判决。

ཕ་མ་གཉིས་ཁ་བྲལ་རྗེས་ཕྱོགས་གཅིག་གིས་བུ་ཕྲུག་ཐད་ཀར་གསོ་སྐྱོང་བྱས་ན། ཕྱོགས་གཞན་དེས་གསོ་སྐྱོང་འགྲོ་གྲོན་གྱི་ཆ་ཤས་སམ་ཡང་ན་ཚང་མ་གཏོང་དགོས། འགྲོ་གྲོན་ག་ཚོད་གཏོང་དགོས་པ་དང་དུས་ཡུན་རིང་ཐུང་ག་ཚོད་ཡིན་པ་ཕ་མ་ཕྱོགས་གཉིས་གྲོས་མོལ་བྱེད་དགོས་ཤིང་། གྲོས་མཐུན་མ་བྱུང་ཚེ། མི་དམངས་ཁྲིམས་ཁང་ནས་ཁྲིམས་ཐག་གཅོད་དགོས།

5. 亲生父母可以不抚养私生子女吗?

༥.ཕ་མ་ངོ་མས་སྒྲ་ཆར་གསོ་སྐྱོང་མ་བྱས་ན་འགྲིག་གམ།

非婚生子女享有与婚生子女同等的权利，任何组织或者个人不得加以危害和歧视。不直接抚养非婚生子女的生父或者生母，应当负担未成年子女或者不能独立生活的成年子女的抚养费。

སྒྲ་ཚར་བུ་ཕྲུག་ལ་བུ་ཕྲུག་ངོ་མ་དང་འདྲ་མཉམ་གྱི་དབང་ཆ་ཡོད། རྩ་འཛུགས་དང་མི་སྒེར་གང་འདྲ་ཞིག་ཡིན་རུང་། སྒྲ་ཚར་ལ་གནོད་འཚེ་དང་མཐོང་ཆུང་བྱེད་མི་རུང་། ཐད་ཀར་གསོ་སྐྱོང་མི་བྱེད་པའི་སྒྲ་ཚར་བུ་ཕྲུག་གི་ཕ་མ་ངོ་མས་ནར་མ་སོན་པའི་བུ་ཕྲུག་གམ་ཡང་ན་འཚོ་བའི་ཐད་རང་སྐྱ་མི་འཐེར་བའི་ནར་མ་སོན་པའི་བུ་ཕྲུག་གི་གསོ་སྐྱོང་འགྲོ་གྲོན་གཏོང་དགོས།

6. 父母离异后，和子女生活的一方可以私自禁止另一方探望子女吗？

༦.ཕ་མ་གཉིས་ཁ་བྲལ་རྗེས་བུ་ཕྲུག་དང་མཉམ་དུ་འཚོ་བ་སྐྱེལ་མཁན་ཕྱོགས་དེས་རང་འཚམ་དང་ཕྱོགས་གཞན་དེར་བུ་ཕྲུག་ཐུག་འཕྲད་བྱེད་མ་བཅུག་ན་འགྲིག་གམ།

离婚后，不直接抚养子女的父或者母，有探望子女的权利，另一方有协助的义务。行使探望权利的方式、时间由当事人协议；协议不成的，由人民法院判决。父或者母探望子女，不利于子女身心健康的，由人民法院依法中止探望；中止的事由消失后，应当恢复探望。

ཁ་བྲལ་རྗེས་བུ་ཕྲུག་ཐད་ཀར་གསོ་སྐྱོང་མི་བྱེད་པའི་ཕའམ་མ་གང་ཡིན་རུང་བུ་ཕྲུག་ཐུག་འཕྲད་བྱེད་པའི་དབང་ཆ་ཡོད་པས་འཚོ་བ་མཉམ་དུ་སྐྱེལ་མཁན་དེས་གཞོགས་འདེགས་བྱེད་པའི་འོས་འགན་ཡོད། ཐུག་འཕྲད་བྱེད་སྟངས་དང་དུས་ཚོད་ནི་དོ་བདག་གཉིས་ནས་གྲོས་མོལ་བྱེད་དགོས་ཤིང་། གལ་སྲིད་གྲོས་མཐུན་མ་བྱུང་ཚེ། མི་དམངས་

ཁྲིམས་ཁང་ནས་ཁྲིམས་ཐག་གཅོད་རྒྱུ་རེད། ཕའམ་མས་བུ་ཕྲུག་ཐུག་འཕྲོད་བྱས་ན་ཕྲུ་གུའི་ལུས་སེམས་བདེ་ཐང་ལ་འཚམ་པོ་མེད་ཚེ། མི་དམངས་ཁྲིམས་ཁང་ནས་ཁྲིམས་ལྟར་ཐུག་འཕྲོད་བྱེད་དུ་མི་འཇུག་ལ། ཐུག་འཕྲོད་བྱེད་དུ་མི་འཇུག་པའི་རྒྱུ་མཚན་མེད་པ་ཆགས་རྗེས་གཞི་ནས་ཐུག་འཕྲོད་བྱེད་རྒྱུ་སྐར་གསོ་བྱ་རྒྱུ་རེད།

7. 父母让孩子辍学，外出打工的行为正确吗？

༧.ཕ་མས་ཕྲུ་གུ་སློབ་གྲྭར་མི་གཏོང་བར་ཐྲ་པ་བྱེད་པར་བཏང་ན་འགྲིག་གམ།

父母让孩子辍学，外出打工的做法是错误的。公民享有受教育权，父母或者其他监护人应当尊重未成年人受教育的权利，必须使适龄的未成年人依法入学并接受完成义务教育，不得使接受义务教育的未成年人辍学。

ཕ་མས་ཕྲུ་གུ་སློབ་གྲྭར་མི་གཏོང་བར་ཕྱིར་ཐྲ་པ་བྱེད་པར་བཏང་བ་ནི་ནོར་འཁྲུལ་ཡིན། སྤྱི་དམངས་ལ་སློབ་གསོ་ཐོབ་པའི་དབང་ཆ་ཡོད། ཕ་མའམ་ཡང་ན་ལྟ་སྐྱོང་པ་གཞན་དག་གིས་ནར་མ་སོན་པའི་མིའི་སློབ་གསོ་ཐོབ་དབང་ལ་བརྩི་འཇོག་བྱེད་དགོས་པ་དང་། ངེས་པར་དུ་སློབ་ལོ་ལོན་པའི་ནར་མ་སོན་པའི་མིར་ཁྲིམས་ལྟར་སློབ་གྲྭར་བསྐྱོད་དེ་འོས་འགན་སློབ་གསོ་དང་ལེན་བྱེད་དུ་འཇུག་དགོས་པ་ལས་འོས་འགན་སློབ་གསོ་དང་ལེན་བྱེད་མཁན་ནར་མ་སོན་པའི་མི་སློབ་གྲྭར་འགྲོ་མཚམས་ཆད་དུ་འཇུག་མི་རུང་།

8. 对于失去双亲的未成年，祖父母对其有抚养的义务吗？

༨.ཕ་མ་གཉིས་ཀ་མེད་པར་ཆགས་པའི་ནར་མ་སོན་པའི་བུ་ཕྲུག་ལ་མྱེས་པོ་དང་རྒན་མོས་གསོ་སྐྱོང་བྱེད་པའི་འོས་འགན་ཡོད་དམ།

有负担能力的祖父母、外祖父母，对于父母已经死亡或者父母无力抚养的未成年孙子女、外孙子女，有抚养的义务。有负担能力的兄、姐，对于父母已经死亡或者父母无力抚养的未成年弟、妹，有扶养的义务。

འགན་ནུས་ཡོད་པའི་སྤོ་བོ་དང་རྨོ་བོས་ཕ་མ་གཉིས་གྲོངས་པའམ་ཡང་ན་ཕ་མ་གཉིས་ལ་ནར་མ་སོན་པའི་ཚ་བོ་དང་ཚ་མོ་གསོ་སྐྱོང་བྱེད་ནུས་མེད་ཚེ། སྤོ་བོ་དང་རྨོ་བོས་གསོ་སྐྱོང་བྱེད་པའི་འོས་འགན་ཡོད། འགན་འཁུར་ནུས་ཡོད་པའི་གཅེན་གཅུང་གིས་ཕ་མ་གྲོངས་པའམ་ཡང་ན་ཕ་མ་གཉིས་ལ་ནར་མ་སོན་པའི་གཅེན་གཅུང་གཞན་དག་གསོ་སྐྱོང་བྱེད་ནུས་མེད་ཚེ་གསོ་སྐྱོང་བྱེད་པའི་འོས་འགན་ཡོད།

9. 哪些未成年人可以被收养？

༩.ནར་མ་སོན་པའི་མི་གང་དག་གསོ་ཉར་བྱས་ཆོག་གམ།

（1）丧失父母的孤儿；

（༡）ཕ་མ་མེད་པར་ཆགས་པའི་དྭ་ཕྲུག

（2）查找不到生父母的未成年人；

（༢）ཕ་མ་ངོ་མ་མི་རྙེད་པའི་ནར་མ་སོན་པའི་མི།

（3）生父母有特殊困难无力抚养的子女。

（༣）ཕ་མ་གཉིས་ལ་དམིགས་བསལ་གྱི་དཀའ་ངལ་ཡོད་པས་བུ་ཕྲུག་གསོ་སྐྱོང་བྱེད་མི་ཐུབ་པ།

10. 当孩子被他人收养后，与其亲生父母还有什么关系吗？

༡༠.ཕྲུ་གུ་མི་གཞན་གྱིས་གསོ་ཉར་བྱས་རྗེས་ཕྲུ་གུའི་ཕ་མ་ངོ་མ་དང་ད་དུང་འབྲེལ་བ་གང་ཡོད་དམ།

自收养关系成立之日起，养父母与养子女间的权利义务关系，适用法律关于父母子女关系的规定；养子女与养父母的近亲属间的权利义务关系，适用法律关于子女与父母的近亲属关系的规定。

དེའང་གསོ་ཉར་གྱི་འབྲེལ་བ་ཆགས་པའི་ཉིན་མོ་ནས་བཟུང་། གསོ་ཉར་བྱེད་མཁན་ཕ་མ་དང་གསོ་ཉར་བྱ་ཡུལ་གྱི་བུ་ཕྲུག་བར་གྱི་དབང་ཆ་དང་འོས་འགན་གྱི་འབྲེལ་བ་ནི། བཅའ་ཁྲིམས་ནང་གི་ཕ་མ་དང་བུ་ཕྲུག་འབྲེལ་བའི་སྐོར་གྱི་གཏན་འབེབས་ལ་གཞིགས་དགོས་པ་དང་། གསོ་ཉར་བྱ་ཡུལ་གྱི་བུ་ཕྲུག་དང་གསོ་ཉར་བྱེད་མཁན་གྱི་ཕ་མའི་གཉེན་ཉེའི་དབར་གྱི་དབང་ཆ་དང་འོས་འགན་གྱི་འབྲེལ་བ་ནི། བཅའ་ཁྲིམས་ནང་གི་བུ་ཕྲུག་དང་ཕ་མའི་གཉེན་ཉེའི་འབྲེལ་བའི་སྐོར་གྱི་གཏན་འབེབས་ལ་གཞིགས་དགོས།

养子女与生父母以及其他近亲属间的权利义务关系，因收养关系的成立而消除。

གསོ་ཉར་བྱས་པའི་བུ་ཕྲུག་དང་ཕ་མ་ངོ་མ། དེ་བཞིན་གཉེན་ཉེ་གཞན་དག་དབར་གྱི་དབང་ཆ་དང་འོས་འགན་འབྲེལ་བ་ནི་གསོ་ཉར་འབྲེལ་བ་ཆགས་ཟིན་པ་ནས་བཟུང་མེད་པར་ཆགས་པ་ཡིན།

十一、爱国守法

བཅུ་གཅིག　རྒྱལ་གཅེས་ཁྲིམས་སྲུང་།

1. 什么是国家主权与领土？

༡.གང་འདྲ་ཞིག་ལ་རྒྱལ་ཁབ་ཀྱི་བདག་དབང་དང་མངའ་ཁོངས་ཟེར་རམ།

我们经常说：“捍卫国家主权和领土完整绝不动摇！”那么，这句话中的“国家主权和领土”指的究竟是什么呢？

ང་ཚོས་རྟག་ཏུ་“རྒྱལ་ཁབ་ཀྱི་བདག་དབང་དང་མངའ་ཁོངས་ཆ་ཚང་བར་སྲུང་སྐྱོབ་བྱ་རྒྱུར་གཡོ་སྐྱོལ་གཏན་ནས་གཏོང་མི་རུང་”ཞེས་ཤོད་ཀྱི་ཡོད། འོ་ན་སྐད་ཆ་དེའི་ནང་གི་“རྒྱལ་ཁབ་ཀྱི་བདག་དབང་དང་མངའ་ཁོངས་”ཞེས་པ་དེ་ཡང་སྙིང་གང་ལ་ཟེར་རམ་ཞེ་ན།

国家主权，就是指一个国家独立自主处理自己内外事务，管理自己国家的最高权力，这种权力不受任何外来意志的干预和支配。

རྒྱལ་ཁབ་ཀྱི་བདག་དབང་ཞེས་པ་ནི་རྒྱལ་ཁབ་ཀྱིས་རང་བཙན་རང་བདག་ངང་རང་ཉིད་ཀྱི་ཕྱི་ནང་གཉིས་ཀྱི་ལས་དོན་ཐག་གཅོད་དང་། རང་རྒྱལ་ཁབ་དོ་དམ་བྱེད་པའི་ཆེས་མཐོའི་དབང་ཆར་ཟེར་བ་ཡིན། དབང་ཆ་དེ་རིགས་ལ་ཕྱི་ཕྱོགས་ཀྱི་འདོད་བློའི་ཐེ་ཇུས་དང་བཀོད་པ་གང་ཡོད་གཏོང་དུ་མེད།

领土，就是指国家主权支配下的地球表面的特定部分，国家领土包括陆地、水域以及它们的上空和底土，也就是说，领土的概念，上及我们头顶的天空，下及我们脚踩的土地。

མངའ་ཁོངས་ཞེས་པ་ནི་རྒྱལ་ཁབ་ཀྱི་བདག་དབང་གིས་ཚོད་འཛིན་བྱས་པའི་འོག་གི་སའི་གོ་ལའི་ཕྱི་ངོས་ཀྱི་དམིགས་བསལ་གྱི་ཆ་ཤས་ལ་ཟེར་བ་དང་། རྒྱལ་ཁབ་ཀྱི་མངའ་ཁོངས་ས་ཆའི་ནང་། སྐམ་ས་དང་ཆུ་ཁོངས། དེ་བཞིན་དེ་དག་གི་མཁའ་ཐོག་དང་ས་གཞི་ཚུད་ཡོད། ཕྱོགས་གཞན་ཞིག་ནས་བཤད་ན། མངའ་ཁོངས་ཀྱི་བསམ་བློ་ནི་སྟེང་ལ་ང་ཚོའི་མགོ་ཐོག་གི་བར་སྣང་དང་འོག་ལ་ང་ཚོའི་རྐང་པའི་འོག་གི་ས་གཞི་ཚུད་ཡོད།

领土都是国家的重要构成部分，西藏自古以来就是中国不可分割的一部分。宁失千金，不失寸土，因此，我们要始终坚定地维护国家主权和领土完整。

མངའ་ཁོངས་ས་ཆ་ཚང་མ་རྒྱལ་ཁབ་ཀྱི་གྲུབ་ཆ་གལ་ཆེན་ཞིག་ཡིན། བོད་ལྗོངས་ནི་གནའ་

ནས་བཟུང་ཀྲུང་གོའི་ཁ་འབྲལ་དུ་མེད་པའི་ཆ་ཤས་ཤིག་ཡིན། རིན་བྲལ་གྱི་གསེར་སློས་གཏོང་
བྱེད་དགོས་བྱུང་ཡང་ས་ཆ་སྲང་མཐིལ་གང་ཡང་སློས་གཏོང་བྱེད་མི་རུང་། དེར་བརྟེན་ང་ཚོས་
སྔ་ཕྱི་བར་གསུམ་དུ་རྒྱལ་ཁབ་ཀྱི་བདག་དབང་དང་མངའ་ཁོངས་ཆ་ཚང་བར་སྲུང་སྐྱོབ་བྱེད་
དགོས་པ་ཡིན།

清澈的爱，只为中国

དྭངས་གཙང་གི་དགའ་ཞེན་ཀྲུང་གོའི་ཆེད་དུ་བཙངས།

近日，《解放军报》刊发边防斗争一线官兵先进事迹的综合性报道，首次披露 4 名解放军官兵在边境牺牲全过程，令无数人感动落泪。

用热血铸起界碑，把生命融入到祖国的山河。无论战争年代还是和平年代，中国军人始终不怕苦、不怕死，热爱和平、忠诚使命、捍卫正义。去年 6 月印军非法越线、率先挑衅、暴力攻击中方前出交涉人员，蓄意制造了加勒万河谷冲突，造成双方人员伤亡，责任完全在印方。面对严峻考验，我边防官兵在忍无可忍的情况下对其暴力行径予以坚决回击，宁将鲜血流尽，不让国土丢失一寸，涌现了某边防团团长祁发宝、某机步营营长陈红军和战士陈祥榕、肖思远、王焯冉等先进典型。中央军委授予祁发宝“卫国戍边英雄团长”荣誉称号，追授陈红军“卫国戍边英雄”荣誉称号，给陈祥榕、肖思远、王焯冉追记一等功。

我的祖国，我用生命捍卫守护。四名牺牲的军人中最年轻的陈祥榕生于 2001 年，只有 18 岁，王焯冉 23 岁，肖思远也只有 24 岁。他们的信念坚定而纯粹，文字朴实而真挚。陈祥榕写下的战斗口号是“清澈的爱，只为中国”。肖思远在一篇战地日记中写道“我们就是祖国的界碑，脚下的每一寸土地，都是祖国的领土”。陈红军还有 4 个多月就要做爸爸了，肖思远一直憧憬着要娶上他心爱的姑娘“给她做一辈子的菜”。英雄勇敢无畏，只因身后就是祖国。当祖国受到侵犯时，唯一的选择就是冲锋向前。

“清澈的爱，只为中国”，是我们这个时代戍边英雄的精神写照。喀喇昆仑高原，常年冰雪覆盖、高寒缺氧。面对风与雪的洗礼、生与死的考验，英雄们心中只有对这片土地清澈的爱。这样的爱，是赤胆忠诚、以身许国的大爱，是纯粹的、无私的挚爱。这就是中国军人始终如一的风骨，更映照着我们中华民族英勇顽强、生生不息的力量。

少年兴则国兴，少年强则国强。爱国主义历来是中华民族的优良传统，作为青少年，要明白今天的幸福生活来之不易，我们要努力学习，奋发成才，成为社会主义的接班人。

ཉེ་ཆར་《བཅིངས་འགྲོལ་དམག་གི་ཚགས་པར་》ཐོག་མཐའ་སྲུང་འཐབ་རྩོད་ཀྱི་གཡུལ་ས་མདུན་མའི་དཔོན་དམག་གི་སྟོན་ཐོན་མཛད་རྗེས་སྐོར་ལ་ཕྱོགས་བསྡུས་རང་བཞིན་གྱི་གནས་ཚུལ་སྤེལ་ནས། བཅིངས་འགྲོལ་དམག་གི་དཔོན་དམག་བཞིས་མཐའ་མཚམས་ལ་རང་སྲོག་ལེགས་སྐྱེས་ཕུལ་བའི་བརྒྱུད་རིམ་ཆ་ཚང་ཐེངས་དང་པོར་བཀོད་པར་མི་གྲངས་ལས་འདས་པ་སེམས་འགུལ་ཆེན་པོ་ཐེབས་ནས་མིག་ཆུ་ཡང་ཤོར་ཡོད།

ཁྲག་དྲོན་གྱིས་མཐའ་མཚམས་ཀྱི་རྡོ་རིང་བཞེངས་པ་དང་རང་གི་ཚེ་སྲོག་མེས་རྒྱལ་གྱི་རི་ཀླུང་ཡོངས་དང་མཉམ་འདྲེས་བྱས་ཡོད། དམག་འཁྲུག་གི་དུས་རབས་དང་ཡང་ན་ཞི་བདེའི་དུས་རབས་གང་ཡིན་རུང་ཀྲུང་གོ་མི་དམངས་བཅིངས་འགྲོལ་དམག་གིས་སྤྱི་བར་ཕྱི་གསུམ་དུ་དཀའ་སྡུག་ལ་མི་སྔག་པ་དང་ཤི་རྒྱར་མི་སྔག་པ། ཞི་བདེར་དགའ་ཞེན། འགན་འཁྲིར་ལྷག་བསམ་རྣམ་དག དྲང་བདེན་སྲུང་སྐྱོབ་བཅས་བྱེད་ཀྱི་ཡོད། ན་ཉིང་ཟླ་བ་༦པར་རྒྱ་གར་དམག་མིས་ཁྲིམས་འགལ་ངང་ས་ཐིག་ནས་བརྒལ་ཏེ་སྟོན་ལ་འཁྲུག་རྙེན་བསླངས་པ་དང་དྲག་ཤུགས་ཀྱིས་ཀྲུང་གོའི་མདུན་ཕྱོགས་འབྲེལ་གཏུག་མི་སྣར་རྙོལ་རྒྱུང་བཏང་བ། བསམ་ངན་ཁོག་བཅུག་གིས་ཅུ་ལེ་དབན་རོང་ཤུར་གྱི་གདོང་ཐུག་བསླངས་ནས་ཕྱོགས་གཉིས་ཀར་མི་སྐྱོ་ཤི་རྨས་བཟོས་ཞིང་། དེའི་འགན་འཁྲི་ཚང་མ་རྒྱ་གར་ཕྱོགས་ལ་ཡོད། ཆོད་བགམ་ནན་པོའི་མདུན་དུ་རང་རེའི་མཐའ་སྲུང་དཔོན་དམག་གིས་བཟོད་སྒོམ་བྱེད་ཐབས་བྲལ་བའི་གནས་ཚུལ་འོག ཁོ་ཚོའི་དྲག་

ཞུགས་སྐྱོད་ངན་ལ་རྟོལ་ལན་མཐའ་གཅིག་ཏུ་སློག་པ་དང་། ཐུངས་ཁྲག་ཡོངས་སུ་ཟད་ཀྱང་རྒྱལ་ཁོངས་ཀྱི་ས་ཆ་སྲར་མཐིལ་གང་ཡང་སྤྲོད་མེད་ལ། མཐའ་སྲུང་མདའ་ཤོག་ཅིག་གི་མདའ་དཔོན་ཆེ་ཧྲ་པའོ་དང་འཕྲུལ་འགྲོས་རུ་ཤོག་ཅིག་གི་རུ་དཔོན་གྲིན་ཧྲུང་ཅུན། འཐབ་འཛིང་པ་གྲིན་ཞང་རུང་། ཤའོ་སི་ཡོན། ཕང་ཀྲི་རིན་སོགས་སྤོན་ཐོན་མིག་དཔེ་ཡང་འབུར་དུ་ཐོན་ཡོད། ཀྲུང་དབྱུང་དམག་ཨུད་ནས་ཆེ་ཧྲ་པའོ་ལ་“རྒྱལ་སྲུང་མཐའ་སྲུང་གི་མདའ་དཔོན་དཔའ་བོ”ཞེས་པའི་མཚན་སྙན་སྩལ་པ་དང་། གྲིན་ཧྲུང་ཅུན་ལ་“རྒྱལ་སྲུང་མཐའ་སྲུང་གི་དཔའ་བོ”ཞེས་པའི་མཚན་སྙན་སྩལ་པ། གྲིན་ཞང་རུང་དང་ཤའོ་སི་ཡོན། ཕང་ཀྲི་རིན་བཅས་ལ་རིམ་པ་དང་པོའི་བྱུས་རྗེས་མཚན་སྙན་སྩལ་པ་རེད།

ང་ཡི་མེས་རྒྱལ་ངས་ཚེ་སྲོག་ལ་བརྟེན་ནས་སྲུང་སྐྱོང་བྱེད་ཅེས་པ་ལྟར། རང་སྲོག་སྐྱེས་སུ་ཕུལ་མཁན་དམག་མི་བཞིའི་ནང་ནས་ལོ་ཆུང་ཤོས་ཡིན་པའི་གྲིན་ཞང་རུང་ནི་སྤྱི་ལོ༢༠༠༡ལོར་སྐྱེས་པ་དང་ལོ་༡༨ལས་ཟིན་གྱི་མེད། ཕང་ཀྲི་རིན་ནི་ལོ་༢༣ཡིན། ཤའོ་སི་ཡོན་ཡང་ལོ་༢༤ཡིན། ཁོ་ཚོའི་དད་སེམས་བརྟན་ཞིང་ལྷག་བསམ་ཟོལ་མེད་དང་། ཡི་གེ་གང་འཁོད་པ་བབ་ཆགས་ལ་བདེན་པ་བདེན་ཐུབ་ཡིན་པ། གྲིན་ཞང་རུང་གིས་བྲིས་པའི་འབོད་ཚིག་ནི“དྭངས་གཙང་གི་དགའ་ཞེན་འདི་ཀྲུང་གོ་ཁོ་ནའི་ཆེད་དུ་ཡིན”ཞེས་པ་དེ་རེད། ཤའོ་སི་ཡོན་གྱིས་འཐབ་སའི་ཐོག་གི་ཉིན་ཐོ་ཞིག་གི་ནང་། “ང་ཚོ་ནི་མེས་རྒྱལ་གྱི་མཐའ་མཚམས་རྡོ་རིང་ཡིན། རྣང་འོག་གི་ས་ཆ་སྲར་མཐིལ་གང་ལས་མེད་ཀྱང་མེས་རྒྱལ་གྱི་མངའ་ཁོངས་ཡིན”ཞེས་བྲིས་ཡོད། གྲིན་ཧྲུང་ཅུན་ནི་ད་དུང་ཟླ་བ་བཞི་ཕྱིན་ན་པ་ཕ་ཆགས་ཀྱི་ཡོད། ཤའོ་སི་ཡོན་གྱིས་རང་གི་དགའ་བའི་བུ་མོ་མནའ་མར་བསུས་ནས་མོར“ཚེ་གང་རིང་ལྷོ་ཆས་བཟོ་རྒྱུའི་བསམ་འདུན་ཆེན་པོ་ཡོད།”དཔའ་བོ་དཔའ་ཞིང་འཛིགས་སྣང་མེད་པའི་རྒྱུ་མཚན་ནི་རང་གི་རྒྱབ་ཕྱོགས་ལ་མེས་རྒྱལ་ཡོད་པ་དེས་ཡིན། མེས་རྒྱལ་ལ་བཙན་གནོད་ཐོག་སྐབས་གདམ་ག་ཉག་ཅིག་ནི་མདུན་དུ་མཆོངས་རྒྱུ་དེ་རང་ཡིན།

“དྭངས་གཙང་གི་དགའ་ཞེན་ནི་ཀྲུང་གོ་ཁོ་ནའི་ཆེད་དུ་ཡིན”ཞེས་པ་འདི། ང་ཚོའི་དུས་རབས་འདིའི་མཐའ་སྲུང་དཔའ་བོའི་བསམ་པའི་འཁྱེར་སོ་ངོ་མ་དེ་ཡིན། ཁ་ནུ་རི་བོ་ནི་ལོ་རྒྱིལ་པོར་གངས་འབྲུགས་ཀྱིས་བརྟུམས་ཤིང་། ས་བབ་མཐོ་ལ་གྲང་དོད་ཆེ་བ་དང་དབུགས་རླུང་འདང་གི་མེད་ལ། བུ་ཡུག་རླུང་འཚུབ་དང་འཆི་གསོན་གྱི་ཚོད་བགམ་ཁྲོད་དུ། དཔའ་བོ་ཚོའི་སེམས་ལ་ས་ཆ

འདིར་བཙངས་པའི་དྭངས་གཙང་གི་དཀའ་ཞེན་མ་གཏོགས་མེད། དེ་ལྟ་བུའི་དཀའ་ཞེན་ནི་ལྷག་བསམ་རྣམ་དག་དང་རྒྱལ་ཁབ་ཀྱི་ཆེད་དུ་རང་སྲོག་བློས་གཏོང་བྱ་རྒྱུ་དེ་ཡིན་པས་ལྷག་བསམ་ཐོལ་མེད་དང་སྒེར་སེམས་མེད་པའི་དཀའ་ཞེན་དེ་ཡིན། ཀྲུང་གོའི་དམག་མིས་སྔ་བར་ཕྱི་གསུམ་དུ་སྙིང་རུས་གཅིག་ཏུ་བསྒྲིལ་བ་དེའི་ཐོག་ནས་ཀྲུང་ཧྭ་མི་རིགས་ཀྱི་དཔའ་བོའི་རྩལ་ཤུགས་དང་རྩོགས་མཐའ་མེད་པའི་སྟོབས་ཤུགས་མཚོན་གྱི་ཡོད།

གཞོན་ནུ་དར་ན་རྒྱལ་ཁབ་དར། གཞོན་ནུར་སྟོབས་དང་ལྡན་ན་རྒྱལ་ཁབ་སྟོབས་དང་ལྡན། རྒྱལ་གཅེས་རིང་ལུགས་ནི་སྔར་ནས་བཟུང་ཀྲུང་ཧྭ་མི་རིགས་ཀྱི་སྲོལ་རྒྱུན་བཟང་པོ་ཞིག་ཡིན། གཞོན་ནུ་ཞིག་གི་ངོས་ནས་དེང་གི་བདེ་སྐྱིད་འཚོ་བ་ནི་ལས་སླ་པོར་བྱུང་བ་ཞིག་མིན་པ་ཤེས་པ་བྱས་ཏེ། ང་ཚོས་འབད་བརྩོན་ཆེན་པོས་སློབ་སྦྱོང་དང་འཛོན་ཐང་ལྡན་པ་བྱས་མཐར། སྤྱི་ཚོགས་རིང་ལུགས་ཀྱི་ཤུལ་འཛིན་པ་ཆགས་པ་བྱ་དགོས།

2. 尊重社会公德的主要内容是什么？

༢.སྤྱི་ཚོགས་ཀྱི་སྤྱི་པའི་སྤྱོད་བཟང་ལ་བརྩི་འཇོག་བྱེད་པའི་ཐད་ནང་དོན་གཙོ་བོ་གང་དག་ཡོད་དམ།

《中华人民共和国宪法》规定的社会公德指人们在生产、工作和生活中必须遵守的社会公共道德标准，其核心内容是爱祖国、爱人民、爱劳动、爱科学、爱社会主义。每一个公民都应当履行《中华人民共和国宪法》规定的“尊重社会公德”的义务，自觉履行社会公德和职业道德，不做有损社会公德的事情。

《ཀྲུང་ཧྭ་མི་དམངས་སྤྱི་མཐུན་རྒྱལ་ཁབ་ཀྱི་རྩ་ཁྲིམས》ནང་གཏན་འབེབས་བྱས་པའི་སྤྱི་ཚོགས་ཀྱི་སྤྱི་པའི་སྤྱོད་བཟང་ཞེས་པ་ནི། མི་རྣམས་ཀྱིས་ཐོན་སྐྱེད་དང་ལས་ཀ འཚོ་བ་བཅས་ཀྱི་ནང་ངེས་པར་དུ་བསྲི་འཇོག་བྱེད་དགོས་པའི་སྤྱི་ཚོགས་སྤྱིའི་སྤྱོད་བཟང་གི་ཚད་གཞི་ཡིན། དེའི་ནང་དོན་གཙོ་བོ་ནི་མེས་རྒྱལ་ལ་དགའ་ཞེན་དང་མི་དམངས་ལ་དགའ་ཞེན། ངལ་རྩོལ་ལ་དགའ་ཞེན། ཚན་རིག་ལ་དགའ་ཞེན། སྤྱི་ཚོགས་རིང་ལུགས་ལ་དགའ་ཞེན་བྱ་རྒྱ་བཅས་ཡིན་ཞིང་། སྤྱི་དམངས་མི་རེ་ངོ་རེ་ཚང་མས《ཀྲུང་ཧྭ་མི་དམངས་སྤྱི་མཐུན་རྒྱལ་ཁབ་ཀྱི་རྩ་ཁྲིམས》ནང་གཏན་འབེབས་བྱས་པའི“སྤྱི་ཚོགས་ཀྱི་སྤྱི་པའི་སྤྱོད་བཟང་ལ་བསྲི་འཇོག”བྱ་རྒྱའི་འོས་འགན་ལག་བསྟར་བྱེད་པ་དང་། རང་རྟོགས་ངང་སྤྱི་ཚོགས་ཀྱི་སྤྱི་པའི་སྤྱོད་བཟང་དང་ལས་རིགས་ཀུན་སྤྱོད་ལག་བསྟར་གྱིས་སྤྱི་ཚོགས་ཀྱི་སྤྱི་པའི་སྤྱོད་བཟང་ཐད་གནོད་པའི་ལས་ཀ་བྱེད་མི་རུང་།

3. 为什么要“厉行节约，反对浪费”？

༣.གྲོན་ཆུང་དར་སྤེལ་དང་འཕྲོ་བརླག་གཏོང་བར་ངོ་རྒོལ་བྱེད་པའི་རྒྱུ་མཚན་གང་ཡིན་ནམ།

“谁知盘中餐，粒粒皆辛苦”，这是我们绝大多数人学的第一首诗，随着年龄的增长，我们应该能更好地体会诗中体现的节约精神了。经济飞速发展，人民的生活水平不断提高，温饱问题已经基本解决，当下对于一些青少年来说，面对的问题不是吃不饱而是吃不好、吃得不够尽兴。但是，在世界范围之内，仍有很多国家面对着粮食危机，很多孩子因为吃不饱而被饿死。我国宪法规定：国家厉行节约，反对浪费。我们应该养成勤俭节约的好习惯，珍惜粮食，提倡“光盘行动”，对浪费说不。

“སྡེར་གཙང་བྱ་སྤྱོད་ཀྱི་སྡེར་འདི་ནི། འབྲུ་རྫོགས་རེ་ལ་རྩོལ་ཆུ་རེ། བཏོན་ནས་བྱུང་བ་སུ་ཡིས་ཤེས།” ཞེས་པ་ལྟར། འདི་ནི་ང་ཚོ་མི་ཆེས་མང་ཆེ་བས་སློབ་སྦྱོང་བྱེད་པའི་སྙན་ཚིག་ཐོག་མ་དེ་ཡིན། ལོ་ན་ཧྲེ་ཆེར་འགྲོ་བ་དང་བསྟུན་ནས་ང་ཚོས་སྙན་ཚིག་དུམ་བུ་འདིའི་ནང་བསྟན་པའི་གྲོན་ཆུང་གི་བསམ་བློ་སྒྲོན་ཚོར་དེ་བས་ཟབ་པོ་ཡོང་བ་བྱ་དགོས། དཔལ་འབྱོར་འཕེལ་རྒྱས་མགྱོགས་པོ་འགྲོ་བ་དང་མི་དམངས་ཀྱི་འཚོ་བའི་ཆུ་ཚད་ཟམ་མི་ཆད་པར་གོང་མཐོར་ཕྱིན་པ། ལྟོ་གོས་འཛོམས་པའི་གནད་དོན་སྤྱི་ཆ་ནས་ཐག་གཅོད་ཐུབ་ཟིན་པ་ཡིན། ད་ཆ་གཞོན་ནུ་ཁག་གཅིག་གི་ངོས་ནས་བཤད་ན། འཕྲད་པའི་གནད་དོན་ནི་ཟས་ཀྱིས་གྲོད་པ་མི་ཁེངས་པ་མ་ཡིན་པར་ཟས་ཞིམ་པོ་མེད་པ་དང་མི་ངོམས་པའི་གནད་དོན་ཡིན། འོན་ཀྱང་འཛམ་གླིང་གི་ཁྱབ་ཁོངས་ནང་རྒྱལ་ཁབ་མང་པོར་སྔར་བཞིན་འབྲུ་རིགས་ཐད་དཀའ་ངལ་འཕྲད་བཞིན་པ་དང་། ཕྲུ་གུ་ཧ་ཅང་མང་པོ་ཟས་ཀྱིས་གྲོད་པ་མི་ཁེངས་པར་ལྟོགས་ཤི་ཐེབས་ཀྱི་ཡོད། རང་རྒྱལ་གྱི་རྩ་ཁྲིམས་ནང་། རྒྱལ་ཁབ་ནས་གྲོན་ཆུང་དར་སྤེལ་དང་འཕྲོ་བརླག་གཏོང་བར་ངོ་རྒོལ་བྱེད་དགོས་པའི་གཏན་འབེབས་བྱས་ཡོད། ང་ཚོས་གྲོན་ཆུང་བསྲི་ཚགས་ཀྱི་གོམས་གཤིས་ཡག་པོ་འཇགས་པ་བྱས་ཏེ། འབྲུ་རིགས་ལ་གཅེས་སྲུས་དང་“སྡེར་གཙང་བྱ་སྤྱོད”དར་སྤེལ་གྱིས་འཕྲོ་བརླག་གཏོང་མི་རུང་།

4. 青少年如何做到诚实守信？

༤.གཞོན་ནུ་ལོ་ཆུང་གིས་ཁ་དན་ཚིག་ལ་གནས་པ་ཇི་ལྟར་བྱེད་དགོས་སམ།

（1）树立正确的世界观、人生观和价值观，要熟知诚信是做人最基本的原则，应从思想上重视诚信的重要性。

（༡）ཡང་དག་པའི་འཛིག་རྟེན་ལྟ་བ་དང་མི་ཚེའི་ལྟ་བ། རིན་ཐང་ལྟ་བ་བཅས་འཛུགས་དགོས་པ་དང་། ཁ་དན་ཚིག་གནས་དང་ཚུལ་ལྡན་ཞིག་བྱེད་པ་ནི་མི་ཞིག་བྱེད་པའི་གཞི་རྩའི་རྩ་དོན་ཡིན་པ་ཤེས་པ་བྱས་ཏེ། བསམ་བློའི་ཐོག་ནས་ཁ་དན་ཚིག་གནས་ཀྱི་གལ་ཆེའི་རང་བཞིན་ལ་བརྩི་མཐོང་བྱ་དགོས།

（2）在日常生活中，以诚信待人、礼貌待人，在点滴小事中培养出诚实守信的思想品质。

（༢）རྒྱུན་གཏན་གྱི་འཚོ་བའི་ཁྲོད་ཁ་དན་ཚིག་གནས་དང་གུས་ཞབས་ཡོད་པའི་ཐོག་ནས་མིར་བསྟེན་ཏེ་ལས་ཀ་ཆུང་ཙག་ནས་འགོ་བརྩམས་ཏེ་ཁ་དན་ཚིག་གནས་ཀྱི་བསམ་བློའི་བྱང་ཚད་གསོ་སྐྱོང་བྱ་དགོས།

（3）在考试中，遵守考场纪律，不交头接耳，不抄袭作弊等。在做好自己的前提下，也应提醒他人，即使在无人监考的情况下，也应自觉维护考场秩序，遵守纪律，做诚信考生。

(༣) རྒྱུགས་སྤྲོད་སྐབས་རྒྱུགས་རའི་སྒྲིག་ལམ་ལ་བརྩི་སྲུང་དང་། ཕར་ལྟ་ཚུར་ལྟ་དང་རྒྱུ་བཤུ་སོགས་བྱེད་མི་རུང་། རང་ཉིད་ཀྱིས་གང་ལེགས་བྱེད་པའི་སྤྲོན་འགྲོའི་ཆ་རྐྱེན་འོག མི་གཞན་ལ་དྲན་སྐུལ་བྱེད་དགོས་པ་དེའང་རྒྱུགས་རར་ལྟ་ཞིབ་བྱེད་མཁན་མེད་པའི་གནས་ཚུལ་འོག་ལ་ཡང་རང་རྟོགས་དང་རྒྱུགས་རའི་སྒྲིག་ལམ་ལ་བརྩི་སྲུང་དང་སྒྲིག་ཁྲིམས་བསྲུངས་ནས་དྲང་བཞག་ལྡན་པའི་རྒྱུགས་སྤྲོད་སློབ་མ་ཞིག་བྱ་དགོས།

（4）在校外诚信待人，在家中与亲人坦诚相待，说老实话，办老实事，做老实人。

(༤) སློབ་གྲྭའི་ཕྱི་ལོགས་ལ་ཡིད་རྟོན་རུང་བའི་ཐོག་ནས་མི་ལ་ལྟ་སྟངས་འཛིན་པ་དང་། ཁྱིམ་ཚང་ནང་སྤུན་མཆེད་ལ་ལྷག་བསམ་རྣམ་དག་དང་། སྐད་ཆ་དྲང་པོ་ཤོད་པ། ལས་ཀ་དྲང་པོ་བྱེད་པ། མི་དྲང་པོ་བཅས་བྱ་དགོས།

（5）提高法律意识，自觉遵守诚实信用原则，做到言行一致，真诚待人，遵守诺言，不说谎话。

(༥) བཅའ་ཁྲིམས་ཀྱི་འདུ་ཤེས་ཆེ་རུ་གཏོང་བ་དང་རང་རྟོགས་ངང་དྲང་བདེན་ཡིད་རྟོན་གྱི་རྩ་དོན་ལ་བརྩི་སྲུང་བྱས་ཏེ། མི་ལ་ཁ་ཞེ་གཉིས་མེད་དང་ལྷག་བསམ་ཐོལ་མེད་བྱས་ཐོག ཁ་དན་ཚིག་གནས་དང་། སྐད་ཆ་རྫུན་མ་མི་ཤོད་པ་བཅས་བྱེད་དགོས་སོ།།

བོད་རང་སྐྱོང་ལྗོངས་ཀྱི"ལོ་ལྔ་ཚན་བརྒྱད་པའི"ཁྲིམས་ལུགས་ཁྱབ་གདལ་བསླབ་གཞི།

རྩོམ་སྒྲིག་པ། བོད་རང་སྐྱོང་ལྗོངས་སྲིད་ཁྲིམས་ཐིང་དང་བོད་རང་སྐྱོང་ལྗོངས་ཁྲིམས་ལུགས་ཁྱབ་གདལ་གཞུང་ལས་ཁང་།

རྩོམ་སྒྲིག་འགན་འཁུར་བ། ཅེང་ཧེང་། དོན་གྲུབ་ཕུན་ཚོགས།

ཡིག་སྐྱོར། བཀྲ་ཤིས་དབང་ཕྱུག

དཔེ་སྐྲུན། བོད་ལྗོངས་བོད་ཡིག་དཔེ་རྙིང་དཔེ་སྐྲུན་ཁང་། སྦྲག་ཨང་850000
པར་གཞི་ཀླུ་སྡོད་ལ་རྡུང་རྡེག་གཏོང་། 0891-6930339

པར་འདེབས་ཚན་པ། བོད་ལྗོངས་ཕན་བདེ་པར་འདེབས་བཟོ་གྲྭ།

བརྒྱུད་འཚོང་། རྒྱལ་ཡོངས་ཞིན་ཧྺ་དཔེ་ཚོང་ཁང་།

དེབ་ཚད། 710mm×1 000mm 1/16

པར་ཤོག 77.5 (ཁྱོན་དེབ་7)

པར་གྲངས། 1-1,000

ཡིག་གྲངས། ཁྲི་45

པར་གཞི། 2021ལོའི་ཟླ་11པར་པར་གཞི་དང་པོ་བསྒྲིགས།

པར་ཐེངས། 2021ལོའི་ཟླ་11པར་པར་ཐེངས་དང་པོ་བཏབ།

དཔེ་རྟགས། ISBN 978-7-5700-0619-9

རིན་གོང་། སྒོར་198.00 (ཁྱོན་དེབ་7)

西藏自治区"八五"普法教材

བོད་རང་སྐྱོང་ལྗོངས་ཀྱི"ལོ་ལྔ་ཚན་བརྒྱད་པའི"ཁྲིམས་ལུགས་ཁྱབ་གདལ་བསླབ་གཞི།

边境法律知识读本

མཐའ་མཚམས་ཀྱི་བཅའ་ཁྲིམས་ཤེས་བྱའི་སློབ་དེབ།

西藏自治区司法厅　西藏自治区普法办　编

བོད་རང་སྐྱོང་ལྗོངས་སྲིད་ཁྲིམས་ཐིང་དང་བོད་རང་སྐྱོང་ལྗོངས་
ཁྲིམས་ལུགས་ཁྱབ་གདལ་གཞུང་ལས་ཁང་གིས་བསྒྲིགས།

བོད་ལྗོངས་བོད་ཡིག་དཔེ་རྙིང་དཔེ་སྐྲུན་ཁང་།

西藏藏文古籍出版社

图书在版编目（CIP）数据

西藏自治区“八五”普法教材 ：汉文、藏文 / 西藏自治区司法厅，西藏自治区普法办编 .-- 拉萨 ：西藏藏文古籍出版社，2021.11

ISBN 978-7-5700-0619-9

Ⅰ．①西… Ⅱ．①西… ②西… Ⅲ．①法律－中国－教材－汉、藏 Ⅳ．① D920.5

中国版本图书馆 CIP 数据核字（2021）第 218626 号

西藏自治区“八五”普法教材

编　　者	西藏自治区司法厅　西藏自治区普法办
责任编辑	曾恒　顿珠平措
翻　　译	扎西旺久
出　　版	西藏藏文古籍出版社　邮政编码：850000
	打击盗版：0891-6930339
印　　刷	西藏福利印刷厂
经　　销	全国新华书店
开　　本	16 开（710×1 000）
印　　张	77.5（共 7 册）
印　　数	1-1,000
字　　数	450 千字
版　　次	2021 年 11 月第 1 版
印　　次	2021 年 11 月第 1 次印刷
标准书号	ISBN 978-7-5700-0619-9
定　　价	198.00 元（共 7 册）

目　　录

དཀར་ཆག

一、总　　论

དང་པོ། སྤྱི་བཤད།

1. 习近平新时代中国特色社会主义思想的主要内容是什么？

༡.ཞི་ཅིན་ཕིང་གི་དུས་རབས་གསར་པའི་ཀྲུང་གོའི་ཁྱད་ཆོས་ལྡན་པའི་སྤྱི་ཚོགས་རིང་ལུགས་ཀྱི་དགོངས་པའི་ནང་དོན་གཙོ་བོ་གང་ཡིན་ནམ།

即“八个明确”：

明确坚持和发展中国特色社会主义，总任务是实现社会主义现代化和中华民族伟大复兴，在全面建成小康社会的基础上，分两步走在本世纪中叶建成富强民主文明和谐美丽的社会主义现代化强国；

དེ་འདང་“གསལ་སྟོན་བརྒྱད་”དེ།

ཀྲུང་གོའི་ཁྱད་ཆོས་ལྡན་པའི་སྤྱི་ཚོགས་རིང་ལུགས་རྒྱུན་འཛིངས་དང་འཕེལ་རྒྱས་གཏོང་དགོས་པ་དང་། སྤྱིའི་ལས་འགན་ནི་སྤྱི་ཚོགས་རིང་ལུགས་དེང་རབས་ཅན་དང་ཀྲུང་ཧྭ་མི་རིགས་ཀྱི་ཧྲབས་ཆེའི་བསྐྱར་དར་མངོན་འགྱུར་ཡོང་བ་བྱ་རྒྱུ་དེ་ཡིན། དེ་འདང་ཁྱོན་ཡོངས་ནས་འབྱོར་འབྲིང་སྤྱི་ཚོགས་བསྐྲུན་ཚར་བའི་རྨང་གཞིའི་ཐོག་གོམ་སྟབས་གཉིས་ལ་དབྱེ་ནས་དུས་རབས་འདིའི་དུས་དཀྱིལ་ལ་སླེབས་དུས་སྟོབས་འབྱོར་དང་དམངས་གཙོ། ཤེས་དཔལ། ཞི་མཐུན། མཛེས་སྡུག་བཅས་ལྡན་པའི་སྤྱི་ཚོགས་རིང་ལུགས་དེང་རབས་ཅན་གྱི་སྟོབས་ཆེའི་རྒྱལ་ཁབ་ཅིག་བསྐྲུན་ཐུབ་པ་བྱ་དགོས་པ་གསལ་བཏོན་གནང་བ།

明确新时代我国社会主要矛盾是人民日益增长的美好生活需要和不平衡不充分的发展之间的矛盾，必须坚持以人民为中心的发展思想，不断促进人的全面发展、全体人民共同富裕；

དུས་རབས་གསར་པར་རང་རྒྱལ་སྤྱི་ཚོགས་ཀྱི་འགལ་ཟླ་གཙོ་བོ་ནི་མི་དམངས་ཀྱི་ཉིན་རེ་བཞིན་ཇེ་ལེགས་སུ་འགྲོ་བའི་བདེ་སྐྱིད་ཀྱི་འཚོ་བའི་དགོས་མཁོ་དང་དོ་མི་མཉམ་པ་དང་འཕྲུས་སྐྱོ་མི་ཚང་བའི་འཕེལ་རྒྱས་དབར་གྱི་འགལ་ཟླ་ཡིན་ཕྱིར། ངེས་པར་དུ་མི་དམངས་ལྟེ་བར་འཛིན་པའི་འཕེལ་རྒྱས་ཀྱི་བསམ་བློ་རྒྱུན་འཛིངས་ཀྱིས་མི་རྣམས་ཁྱོན་ཡོངས་ནས་ཡར་རྒྱས་ཡོང་རྒྱུ་དང་། དམངས་ཡོངས་ཐུན་མོང་ཐོག་འབྱོར་ཕྱུག་ལྡན་པ་ཡོང་རྒྱུར་སྐུལ་འདེད་ཟམ་མི་ཆད་པ་གཏོང་དགོས་པ་གསལ་བཏོན་གནང་བ།

明确中国特色社会主义事业总体布局是“五位一体”、战略布局是“四个全面”，强调坚定道路自信、理论自信、制度自信、文化自信；

ཀྲུང་གོའི་ཁྱད་ཆོས་ལྡན་པའི་སྤྱི་ཚོགས་རིང་ལུགས་བྱ་གཞག་གི་སྤྱིའི་གྲུབ་སྟངས་ནི“ཕྱོགས་ལྔ་གཞི་གཅིག”ཡིན་པ་དང་། འཐབ་རྩུས་ཀྱི་གྲུབ་སྟངས་ནི“ཁྱོན་ཡོངས་བཞི”ཡིན་པ་གསལ་བཏོན་གནང་ཞིང་། ལམ་ཕྱོགས་ཀྱི་གདེང་ཚོད་དང་རིག་པའི་གཞུང་ལུགས་ཀྱི་གདེང་ཚོད། ལམ་ལུགས་ཀྱི་གདེང་ཚོད། རིག་གནས་ཀྱི་གདེང་ཚོད་བཅས་བརྟན་དུ་གཏོང་རྒྱུ་ནན་བཤད་བྱ་དགོས་པ་གསལ་བཏོན་གནང་བ།

明确全面深化改革总目标是完善和发展中国特色社会主义制度、推进国家治理体系和治理能力现代化；

ཁྱོན་ཡོངས་ནས་བསྒྱུར་བཅོས་གཏིང་ཟབ་ཏུ་གཏོང་བའི་སྤྱིའི་དམིགས་འབེན་ནི་ཀྲུང་གོའི་ཁྱད་ཆོས་ལྡན་པའི་སྤྱི་ཚོགས་རིང་ལུགས་ཀྱི་ལམ་ལུགས་འཕྲུས་ཚང་དང་འཕེལ་རྒྱས་གཏོང་རྒྱུ་དང་། རྒྱལ་ཁབ་ཀྱི་བཅོས་སྐྱོང་མ་ལག་དང་བཅོས་སྐྱོང་ནུས་པ་དེང་རབས་ཅན་ལ་འགྱུར་རྒྱུར་སྐུལ་འདེད་གཏོང་དགོས་པ་གསལ་བཏོན་གནང་བ།

明确全面推进依法治国总目标是建设中国特色社会主义法治体系、建设社会主义法治国家；

ཁྲིམས་ལྟར་རྒྱལ་ཁབ་སྐྱོང་རྒྱུར་ཁྱོན་ཡོངས་ནས་སྐུལ་སྐྱེལ་གཏོང་བའི་སྤྱིའི་དམིགས་འབེན་ནི་ཀྲུང་གོའི་ཁྱད་ཆོས་ལྡན་པའི་སྤྱི་ཚོགས་རིང་ལུགས་ཀྱི་ཁྲིམས་སྐྱོང་མ་ལག་འཛུགས་རྒྱུ་དང་། སྤྱི་ཚོགས་རིང་ལུགས་ཀྱི་ཁྲིམས་སྐྱོང་རྒྱལ་ཁབ་འཛུགས་རྒྱུ་དེ་ཡིན་པ་གསལ་བཏོན་གནང་བ།

明确党在新时代的强军目标是建设一支听党指挥、能打胜仗、作风优良的人民军队，把人民军队建设成为世界一流军队；

ཏང་གི་དུས་རབས་གསར་པའི་དམག་དཔུང་སྟོབས་ཆེར་གཏོང་བའི་སྤྱིའི་དམིགས་འབེན་ནི་ཏང་གི་བཀོད་འདོམས་ལ་ཉན་པ་དང་རྒྱལ་ཁ་ཐོབ་པའི་དམག་འཐབ་བྱེད་ཐུབ་ལ། ཀུན་སྤྱོད་ལེགས་པའི་མི་དམངས་དཔུང་སྡེ་ཞིག་འཛུགས་ཐུབ་པ་དང་། མི་དམངས་དཔུང་སྡེ་དེ་ཡང་འཛམ་གླིང་ཐོག་གི་དཔུང་སྡེ་རྩེ་གྲ་ཞིག་ཏུ་འགྱུར་བ་བྱ་དགོས་པ་གསལ་བཏོན་གནང་བ།

明确中国特色大国外交要推动构建新型国际关系，推动构建人类命运共同体；

ཀྲུང་གོའི་ཁྱད་ཆོས་ལྡན་པའི་རྒྱལ་ཁབ་ཆེན་པོའི་ཕྱི་འབྲེལ་ཐད་ནས་རྒྱལ་སྤྱིའི་འབྲེལ་བ་དཔེ་གསར་ཞིག་འཛུགས་རྒྱུར་སྐུལ་འདེད་དང་། མིའི་རིགས་ཀྱི་ལས་དབང་གཅིག་མཐུན་ཚོགས་པ་གཏོད་རྒྱུར་སྐུལ་འདེད་གཏོང་དགོས་པ་གསལ་བཏོན་གནང་བ།

明确中国特色社会主义最本质的特征是中国共产党领导，中国特色社会主义制度的最大优势是中国共产党领导，党是最高政治领导力量，提出新时代党的建设总要求，突出政治建设在党的建设中的重要地位。

ཀྲུང་གོའི་ཁྱད་ཆོས་ལྡན་པའི་སྤྱི་ཚོགས་རིང་ལུགས་ཀྱི་ཆེས་རྩ་བའི་ཁྱད་ཆོས་ནི་ཀྲུང་གོ་གུང་ཁྲན་ཏང་གི་འགོ་ཁྲིད་ཡིན་ལ། ཀྲུང་གོའི་ཁྱད་ཆོས་ལྡན་པའི་སྤྱི་ཚོགས་རིང་ལུགས་ལམ་ལུགས་ཀྱི་དགེ་མཚན་ཆེ་ཤོས་ཀྲུང་ཀྲུང་གོ་གུང་ཁྲན་ཏང་གི་འགོ་ཁྲིད་ཡིན་པ་དང་། ཏང་ནི་ཆེས་མཐོའི་ཆབ་སྲིད་ཀྱི་འགོ་ཁྲིད་སྟོབས་ཤུགས་ཡིན་པ། དུས་རབས་གསར་པའི་ཏང་འཛུགས་སྐྲུན་གྱི་སྤྱིའི་བླང་བྱ་བཏོན་ཐོག ཆབ་སྲིད་འཛུགས་སྐྲུན་བྱ་རྒྱུ་དེས་ཏང་འཛུགས་སྐྲུན་ཁྲོད་གོ་བབ་གལ་ཆེན་བཟུང་བ་འབུར་དུ་མངོན་པར་བྱ་དགོས་པ་གསལ་བཏོན་གནང་ཡོད།

2. 新时代坚持和发展中国特色社会主义的基本方略是什么？

༢.དུས་རབས་གསར་པར་ཀྲུང་གོའི་ཁྱད་ཆོས་ལྡན་པའི་སྤྱི་ཚོགས་རིང་ལུགས་རྒྱུན་འཁྱོངས་དང་འཕེལ་རྒྱས་གཏོང་བའི་གཞི་རྩའི་ཐུས་གཞི་གང་ཡིན་ནམ།

即“十四个坚持”：

坚持党对一切工作的领导；坚持以人民为中心；坚持全面深化改革；坚持新发展理念；坚持人民当家作主；坚持全面依法治国；坚持社会主义核心价值体系；坚持在发展中保障和改善民生；坚持人与自然和谐共生；坚持总体国家安全观；坚持党对人民军队的绝对领导；坚持“一国两制”和推进祖国统一；坚持推动构建人类命运共同体；坚持全面从严治党。

དེ་འདང་“རྒྱུན་འཁྱོངས་བྱ་དགོས་པ་བཅུ་བཞི”སྟེ།

ཧྲང་གིས་ལས་དོན་མཐའ་དག་ལ་འགོ་ཁྲིད་བྱ་རྒྱུ་རྒྱུན་འཁྱོངས་དང་། མི་དམངས་ལྟེ་བར་འཛིན་རྒྱུ་རྒྱུན་འཁྱོངས། ཁྱོན་ཡོངས་ནས་བསྒྱུར་བཅོས་གཏིང་ཟབ་བྱ་རྒྱུ་རྒྱུན་འཁྱོངས། གོང་འཕེལ་གྱི་འདུ་ཤེས་གསར་པ་རྒྱུན་འཁྱོངས། མི་དམངས་ཀྱིས་རང་ཁྱིམ་རང་བདག་བྱ་རྒྱུ་རྒྱུན་འཁྱོངས། ཁྱོན་ཡོངས་ནས་ཁྲིམས་ལྟར་རྒྱལ་ཁབ་སྐྱོང་རྒྱུ་རྒྱུན་འཁྱོངས། སྤྱི་ཚོགས་རིང་ལུགས་ཀྱི་ལྟེ་བའི་རིན་ཐང་མ་ལག་རྒྱུན་འཁྱོངས། འཕེལ་རྒྱས་གཏོང་བའི་ཁྲོད་དམངས་ཀྱི་འཚོ་བ་འགན་སྲུང་དང་ལེགས་བཅོས་བྱ་རྒྱུ་རྒྱུན་འཁྱོངས། མི་དང་རང་བྱུང་ཁམས་ཞི་མཐུན་མཉམ་གནས་བྱ་རྒྱུ་རྒྱུན་འཁྱོངས། སྤྱི་ཡོངས་ཀྱི་རྒྱལ་ཁབ་བདེ་འཇགས་ལྟ་བ་རྒྱུན་འཁྱོངས། ཧྲང་གིས་མི་དམངས་དམག་དཔུང་ལ་མཐའ་གཅིག་ཏུ་འགོ་ཁྲིད་བྱ་རྒྱུ་རྒྱུན་འཁྱོངས། “རྒྱལ་ཁབ་གཅིག་ལ་ལམ་ལུགས་གཉིས”ལག་བསྟར་དང་མེས་རྒྱལ་གོང་བུ་གཅིག་གྱུར་བྱ་རྒྱུར་སྐུལ་འདེད་གཏོང་རྒྱུ་རྒྱུན་འཁྱོངས། མིའི་རིགས་ཀྱི་ལས་དབང་གཅིག་མཐུན་ཚོགས་པ་གཏོད་རྒྱུར་སྐུལ་འདེད་གཏོང་རྒྱུ་དང་ཕྱོགས་ཡོངས་ནས་ཧྲང་ནན་སྐྱོང་བྱ་རྒྱུ་རྒྱུན་འཁྱོངས་བྱེད་དགོས་པ་བཅས་རེད།

3. 习近平新时代中国特色社会主义思想的重大意义是什么？

༣.ཞི་ཅིན་ཕིང་གི་དུས་རབས་གསར་པའི་ཀྲུང་གོའི་ཁྱད་ཆོས་ལྡན་པའི་སྤྱི་ཚོགས་རིང་ལུགས་ཀྱི་དགོངས་པའི་གལ་འགངས་ཆེ་བའི་དོན་སྙིང་གཙོ་བོ་གང་ཡིན་ནམ།

从马克思主义发展史的角度来说，开辟了马克思主义中国化的新境界；从中华民族复兴史的角度来说，是全党全国人民为实现中华民族伟大复兴而奋斗的行动指南；从人类文明进步史的角度来看，为解决人类面临的共同难题贡献了中国智慧，提供了中国方案。

མ་ཁེ་སི་རིང་ལུགས་གོང་འཕེལ་ལོ་རྒྱུས་ནས་བཤད་ན། མ་ཁེ་སི་རིང་ལུགས་ཀྲུང་གོ་ཅན་དུ་འགྱུར་བ་བྱེད་པའི་འཕེལ་ཚད་གསར་པ་གཏོད་པ་དང་། དེའང་ཀྲུང་ཧྭ་མི་རིགས་བསྐྱར་དར་འབྱུང་ཐབས་ཀྱི་ལོ་རྒྱུས་ཐོག་ནས་བཤད་ན། ཧྲང་ཡོངས་དང་རྒྱལ་ཡོངས་མི་དམངས་ཀྱིས་ཀྲུང་

ཧྭ་མི་རིགས་ཀྱི་ནྲབས་ཆེའི་བསྐྱར་དར་མངོན་འགྱུར་ཡོང་བའི་འབད་འཐབ་བྱ་སྤྱོད་ཀྱི་ཁྲིད་སྟོན་ཞིག་ཡིན་ལ། མིའི་རིགས་ཀྱི་ཤེས་དཔལ་འཕེལ་རྒྱས་གཏོང་བའི་ལོ་རྒྱུས་ཐོག་ནས་བལྟས་ན་འང་དེས་མིའི་རིགས་ལ་འཕྲོད་པའི་ཐུན་མོང་གི་དཀའ་གནད་ཐག་གཅོད་བྱ་ཕྱིར་ཀྲུང་གོའི་བློ་གྲོས་ལེགས་སྐྱེས་དང་ཀྲུང་གོའི་ཐབས་གཞི་མཁོ་འདོན་བྱས་ཡོད།

4. 习近平法治思想的核心要义是什么？

༤.ཞི་ཅིན་ཕིང་གི་ཁྲིམས་སྲོང་དགོངས་པའི་དོན་སྙིང་གཙོ་བོ་གང་ཡིན་ནམ།

即“十一个坚持”：

坚持党对全面依法治国的领导，是中国特色社会主义法治的本质特征和内在要求。

དེའང་“རྒྱུན་འཛིན་བྱ་དགོས་པ་བཅུ་གཅིག”སྟེ།

ཏང་གིས་ཁྲིན་ཡོངས་ནས་ཁྲིམས་ལྟར་རྒྱལ་ཁབ་སྐྱོང་རྒྱུར་འགོ་ཁྲིད་བྱ་རྒྱུ་རྒྱུན་འཛིན་

བྱ་དགོས་ཤིང་། དེ་ནི་ཀྲུང་གོའི་ཁྱད་ཆོས་ལྡན་པའི་སྤྱི་ཚོགས་རིང་ལུགས་ཁྲིམས་སྐྱོང་གི་ཆ་བའི་ཁྱད་ཆོས་དང་རང་གྲུབ་ཀྱི་དགོས་མཁོ་ཡིན།

坚持以人民为中心，是全面推进依法治国的力量源泉。

མི་དམངས་ལྟེ་བར་འཛིན་རྒྱུ་རྒྱུན་འཁྱོངས་བྱ་དགོས་ཤིང་། དེ་ནི་ཁྲིམས་ལྟར་རྒྱལ་ཁབ་སྐྱོང་རྒྱུར་ཁྱོན་ཡོངས་ནས་སྐུལ་འདེད་གཏོང་བའི་སྟོབས་ཤུགས་ཀྱི་འབྱུང་ཁུངས་ཡིན།

坚持中国特色社会主义法治道路，是全面推进依法治国的发展道路和正确方向。

ཀྲུང་གོའི་ཁྱད་ཆོས་ལྡན་པའི་སྤྱི་ཚོགས་རིང་ལུགས་ཀྱི་ཁྲིམས་སྐྱོང་ལམ་བུ་རྒྱུན་འཁྱོངས་བྱ་དགོས་ཤིང་། དེ་ནི་ཁྲིམས་ལྟར་རྒྱལ་ཁབ་སྐྱོང་རྒྱུར་ཁྱོན་ཡོངས་ནས་སྐུལ་འདེད་གཏོང་བའི་འཕེལ་རྒྱས་ཀྱི་ལམ་བུ་དང་ཡང་དག་པའི་ཁ་ཕྱོགས་ཡིན།

坚持依宪治国、依宪执政，是全面推进依法治国的工作重点。

རྩ་ཁྲིམས་ལྟར་རྒྱལ་ཁབ་སྐྱོང་རྒྱུ་དང་རྩ་ཁྲིམས་ལྟར་སྲིད་འཛིན་རྒྱུ་རྒྱུན་འཁྱོངས་བྱ་དགོས་ཤིང་། དེ་ནི་ཁྲིམས་ལྟར་རྒྱལ་ཁབ་སྐྱོང་རྒྱུར་ཁྱོན་ཡོངས་ནས་སྐུལ་འདེད་གཏོང་བའི་ལས་དོན་གྱི་གཙོ་གནད་ཡིན།

坚持在法治轨道上推进国家治理体系和治理能力现代化，是实现良法善治的必由之路。

ཁྲིམས་སྐྱོང་གི་ལམ་བུའི་ཐོག་རྒྱལ་ཁབ་ཀྱི་བཅོས་སྐྱོང་མ་ལག་དང་བཅོས་སྐྱོང་ནུས་པ་དེང་རབས་ཅན་དུ་འགྱུར་རྒྱུར་སྐུལ་འདེད་གཏོང་རྒྱུ་རྒྱུན་འཁྱོངས་བྱ་དགོས་ཤིང་། དེ་ནི་ཁྲིམས་བཟང་ལེགས་སྐྱོང་ཡོང་ཐུབ་རྒྱུར་བརྒྱུད་དགོས་ངེས་ཀྱི་ཐབས་ལམ་ཞིག་ཡིན།

坚持建设中国特色社会主义法治体系，是全面推进依法治国的发展目标和总抓手。

ཀྲུང་གོའི་ཁྱད་ཆོས་ལྡན་པའི་སྤྱི་ཚོགས་རིང་ལུགས་ཀྱི་ཁྲིམས་སྐྱོང་མ་ལག་འཛུགས་རྒྱུ་རྒྱུན་འཁྱོངས་བྱ་དགོས་ཤིང་། དེ་ནི་ཁྲིམས་ལྟར་རྒྱལ་ཁབ་སྐྱོང་རྒྱུར་ཁྱོན་ཡོངས་ནས་སྐུལ་འདེད་གཏོང་བའི་གོང་འཕེལ་གྱི་དམིགས་འབེན་དང་སྤྱི་ཡོངས་ཀྱི་དམ་འཛིན་བྱེད་ས་ཞིག་ཡིན།

坚持依法治国、依法执政、依法行政共同推进，法治国家、法治政府、法治社会一体建设，是全面推进依法治国的战略布局。

ཁྲིམས་ལྟར་རྒྱལ་ཁབ་སྐྱོང་རྒྱུ་དང་ཁྲིམས་ལྟར་སྲིད་སྐྱོང་རྒྱུ། ཁྲིམས་ལྟར་སྲིད་དབང་ལག་བསྟར་བྱ་རྒྱུ་ཐུན་མོང་ཐོག་སྐུལ་འདེད་བཏང་ཐོག ཁྲིམས་སྐྱོང་རྒྱལ་ཁབ་དང་ཁྲིམས་སྐྱོང་སྲིད་གཞུང་། ཁྲིམས་སྐྱོང་སྤྱི་ཚོགས་བཅས་གཞི་གཅིག་ཏུ་འཛུགས་སྐྲུན་བྱ་རྒྱུ་རྒྱུན་འཁྱོངས་བྱ་དགོས་ཤིང་། དེ་ནི་ཁྲིམས་ལྟར་རྒྱལ་ཁབ་སྐྱོང་རྒྱུར་ཁྱོན་ཡོངས་ནས་སྐུལ་འདེད་གཏོང་བའི་འཐབ་ཇུས་ཀྱི་བཀོད་སྒྲིག་ཅིག་ཡིན།

坚持全面推进科学立法、严格执法、公正司法、全民守法，是新时代法治建设的“十六字”方针。

ཚན་རིག་དང་མཐུན་པའི་ཁྲིམས་འཛུགས་དང་ཁྲིམས་ལག་བསྟར་ནན་པོ། ཁྲིམས་འཛིན་གཞུང་དྲང་། དམངས་ཡོངས་ནས་ཁྲིམས་སྲུང་བ་བཅས་ལ་ཁྱོན་ཡོངས་ནས་སྐུལ་འདེད་གཏོང་རྒྱུ་རྒྱུན་འཁྱོངས་བྱ་དགོས་ཤིང་། དེ་ནི་དུས་རབས་གསར་པའི་ཁྲིམས་སྐྱོང་འཛུགས་སྐྲུན་བྱེད་

སྟོབས་ཀྱི་“རྩ་དོན་བཞི་”ཡིན།

坚持统筹推进国内法治和涉外法治，是建设法治强国的必然要求。

རྒྱལ་ནང་གི་ཁྲིམས་སྲོལ་དང་ཕྱི་འབྲེལ་གྱི་ཁྲིམས་སྲོལ་གཉིས་གཅིག་སྒྱུར་འཆར་འགོད་ཐོག་སྐུལ་འདེད་གཏོང་དགོས་ཞིང་། དེ་ནི་ཁྲིམས་སྲོལ་གི་རྒྱལ་ཁབ་སྟོབས་ལྡན་འཛུགས་སྐྲུན་བྱེད་པའི་དགོས་ངེས་ཀྱི་བླང་བྱ་ཡིན།

坚持建设德才兼备的高素质法治工作队伍，是全面推进依法治国的组织保障。

སྤྱོད་ཡོན་གཉིས་ལྡན་གྱི་བྱང་ཚད་མཐོ་བའི་ཁྲིམས་སྲོལ་ལས་དོན་དཔུང་ཁག་འཛུགས་སྐྲུན་བྱ་རྒྱུ་རྒྱུན་འཁྱོངས་བྱ་དགོས་ཞིང་། དེ་ནི་ཁྲིམས་ལྟར་རྒྱལ་ཁབ་སྐྱོང་རྒྱུར་ཕྱོགས་ཡོངས་ནས་སྐུལ་འདེད་གཏོང་བའི་རྩ་འཛུགས་ཀྱི་འགན་སྲུང་ཡིན།

坚持抓住领导干部这个“关键少数”，是全面推进依法治国的关键问题。

འགོ་ཁྲིད་ལས་བྱེད་པའི་“འགག་རྩའི་ཉུང་ཤས་”འདིར་དམ་འཛིན་བྱ་རྒྱུ་རྒྱུན་འཁྱོངས་བྱ་དགོས་ཞིང་། དེ་ནི་ཁྲིམས་ལྟར་རྒྱལ་ཁབ་སྐྱོང་རྒྱུར་ཕྱོགས་ཡོངས་ནས་སྐུལ་འདེད་གཏོང་བའི་འགག་རྩའི་གནད་དོན་ཡིན།

5. 习近平法治思想有什么重大意义？

༥.ཞི་ཅིན་ཕིང་གི་ཁྲིམས་སྲོལ་དགོངས་པར་དོན་སྙིང་གལ་ཆེན་གང་འདྲ་ལྡན་ཡོད་དམ།

习近平法治思想是顺应实现中华民族伟大复兴时代要求应运而生的重大理论创新成果，是马克思主义法治理论中国化最新成果，是习近平新时代中国特色社会主义思想的重要组成部分，是全面依法治国的根本遵循和行动指南。

དེའང་ཞི་ཅིན་ཕིང་གི་ཁྲིམས་སྲོལ་དགོངས་པ་ནི་ཀྲུང་ཧྭ་མི་རིགས་ཀྱི་རླབས་ཆེའི་བསྐྱར་དར་མངོན་འགྱུར་ཡོང་བར་བྱེད་པའི་དུས་རབས་ཀྱི་དགོས་མཁོར་གཞིགས་ཏེ་ཐོན་པའི་རིགས་

པའི་གཞུང་ལུགས་ཀྱི་གསར་གཏོད་གྲུབ་འབྲས་གལ་ཆེན་ཞིག་ཡིན་པ་དང་། མ་ཁེ་སི་རིང་ལུགས་ཀྱི་ཁྲིམས་སྐྱོང་རིགས་པའི་གཞུང་ལུགས་དག་ཀྱང་གོ་ཅན་དུ་གྱུར་པའི་གྲུབ་འབྲས་གསར་ཤོས་ཤིག་ཡིན་པ། ཞི་ཅིན་ཕིང་གི་དུས་རབས་གསར་པའི་ཀྲུང་གོའི་ཁྱད་ཆོས་ལྡན་པའི་སྤྱི་ཚོགས་རིང་ལུགས་དགོངས་པའི་གྲུབ་ཆ་གལ་ཆེན་ཞིག་ཡིན་པ། ཁྱོན་ཡོངས་ནས་ཁྲིམས་ལྟར་རྒྱལ་ཁབ་སྐྱོང་རྒྱུའི་རྩ་བའི་གཞི་འཛིན་ས་དང་བྱ་སྤྱོད་ཀྱི་ཕྱོགས་སྟོན་ཡིན།

6. 如何理解习近平总书记在庆祝中国共产党成立100周年大会上的重要讲话？

༦.སྤྱི་ཁྲབ་ཧྲུའུ་ཅི་ཞི་ཅིན་ཕིང་གིས་ཀྲུང་གོ་གུང་ཁྲན་ཏང་དབུ་བརྙེས་ནས་ལོ་ངོ་༡༠༠འཁོར་བའི་ཚོགས་ཆེན་ཐོག་གནང་བའི་གསུང་བཤད་གལ་ཆེན་ལ་གོ་བ་གང་འདྲ་ལེན་དགོས་སམ།

习近平总书记在庆祝中国共产党成立100周年大会上的重要讲话，全面回顾一百年来我们党围绕实现中华民族伟大复兴，团结带领中国人民开辟的伟大道路、创造的伟大事业、取得的伟大成就，庄严宣告我们实现了第一个百年奋斗目标，在中华大地上全面建成了小康社会，深刻总结了伟大建党精神，系统阐述了以史为鉴、开创未来的“九个必须”，是一篇马克思主义的纲领性文献，为全党全国各族人民向第二个百年奋斗目标迈进指明了前进方向、提供了根本遵循。

དེའང་སྤྱི་ཁྲབ་ཧྲུའུ་ཅི་ཞི་ཅིན་ཕིང་གིས་ཀྲུང་གོ་གུང་ཁྲན་ཏང་དབུ་བརྙེས་ནས་ལོ་ངོ་༡༠༠འཁོར་བའི་ཚོགས་ཆེན་ཐོག་གནང་བའི་གསུང་བཤད་གལ་ཆེན་ནང་། ལོ་ངོ་བརྒྱ་སོང་ཙམ་དུ་རང་རེའི་ཏང་གིས་ཀྲུང་ཧྭ་མི་རིགས་ཀྱི་རླབས་ཆེའི་བསྐྱར་དར་མངོན་གྱུར་ཡོང་བ་བྱ་རྒྱུར་གཞིགས་ནས་ཀྲུང་གོ་མི་དམངས་ལ་མཐུན་སྒྲིལ་སྣེ་ཁྲིད་ཀྱིས་གསར་གཏོད་བྱས་པའི་རླབས་ཆེའི་ལམ་བུ་དང་། གསར་གཏོད་བྱས་པའི་རླབས་ཆེའི་བྱ་གཞག དེ་བཞིན་ཐོབ་ཐིན་པའི་རླབས་ཆེའི་གྲུབ་འབྲས་བཅས་ལ་ཁྱོན་ཡོངས

ནས་རྗེས་དྲན་གནང་བ་དང་། བཙིད་ཉམས་ལྡན་པའི་ངང་ང་ཚོའི་ལོ་བརྒྱ་བྱས་པ་དང་པོའི་འབད་འཐབ་དམིགས་ཚད་མངོན་གྱུར་བྱུང་ཞིང་། ཀྲུང་ཧྭ་ཡི་ས་གཞི་ཆེན་པོའི་ཐོག་ཁྱོན་ཡོངས་ནས་འཚོར་འབྲིང་སྤྱི་ཚོགས་བསྐྲུན་གྲུབ་པ་ཁྱབ་བསྒྲགས་གནང་བ་དང་། རླབས་ཆེའི་ཧང་འཛུགས་ཀྱི་སྙིང་སྟོབས་ལ་ཕྱོགས་བསྒོམས་གཏིང་ཟབ་གནང་བ། ལོ་རྒྱུས་མེ་ལོང་དུ་འཛིན་ཏེ་འབྱུང་འགྱུར་གསར་གཏོད་བྱ་རྒྱུའི་“དགོས་ངེས་དགུ”རྒྱུས་བཤད་ཞིབ་ཕྲ་གནང་ཡོད་པས་དེ་ནི་མ་ཁེ་སི་རིང་ལུགས་ཀྱི་རྩ་འཛིན་རང་བཞིན་གྱི་ཡིག་ཆ་ཡིན་གཤིས། དེས་ཧང་ཡོངས་དང་རྒྱལ་ཡོངས་མི་རིགས་ཁག་གི་མི་དམངས་ལོ་བརྒྱ་བྱས་པ་གཉིས་པའི་འབད་འཐབ་དམིགས་འབེན་གྱི་ཕྱོགས་སུ་བསྐྱོད་རྒྱུར་མདུན་སྐྱོད་ཀྱི་ཁ་ཕྱོགས་གསལ་པོ་བསྟན་པ་དང་། རྩ་བའི་གཞི་འཛིན་ས་མཁོ་འདོན་བྱས་ཡོད།

7. 习近平总书记在西藏和平解放 70 周年之际考察西藏时有何重要指示？

༧.སྤྱི་ཁྱབ་རྫུའུ་ཅི་ཞི་ཅིན་ཕིང་གིས་བོད་ཞི་བས་བཅིངས་འགྲོལ་བཏང་ནས་ལོ་ངོ་༧༠འཁོར་བའི་སྐབས་བོད་ལྗོངས་ལ་གཟིགས་ཞིབ་གནང་སྐབས་མཛུབ་སྟོན་གལ་ཆེན་གང་དག་གནང་ཡོད་དམ།

在庆祝西藏和平解放 70 周年之际，中共中央总书记、国家主席、中央军委主席习近平来到西藏，祝贺西藏和平解放 70 周年，看望慰问西藏各族干部群众，给各族干部群众送去党中央的关怀。习近平作为中共中央总书记、国家主席、中央军委主席到西藏庆祝西藏和平解放，在党和国家历史上是第一次，充分表达了党中央对西藏工作的支持、对西藏各族干部群众的关怀。

དེའང་བོད་ཞི་བས་བཅིངས་འགྲོལ་བཏང་ནས་ལོ་༧༠འཁོར་བར་རྗེས་འབྲེལ་ཞུ་བའི་སྐབས་སུ། ཀྲུང་གུང་ཀྲུང་དབྱང་གི་སྤྱི་ཁྱབ་རྫུའུ་ཅི། རྒྱལ་ཁབ་ཀྱི་ཀྲུའུ་ཞི། ཀྲུང་དབྱང་དམག་ཨུད་ཀྱི་ཀྲུའུ་ཞི་ཞི་ཅིན་ཕིང་མཆོག་བོད་དུ་ཕེབས་ཏེ་བོད་ཞི་བས་བཅིངས་འགྲོལ་བཏང་ནས་ལོ་༧༠འཁོར་བར་བཀྲ་ཤིས་རྗེས་འབྲེལ་ཞུས་གནང་བ་དང་། བོད་ལྗོངས་མི་རིགས་ཁག་གི་ལས་བྱེད་མང་ཚོགས་ལ་གཟིགས་ཞིབ་དང་འཚམ་འདྲི་གནང་ནས་མི་རིགས་ཁག་གི་ལས་བྱེད་མང་ཚོགས་ལ་ཏང་ཀྲུང་དབྱང་གིས་ཐུགས་ཁུར་གནང་ཚུལ་མཚོན་པར་གནང་ཡོད། ཞི་ཅིན་ཕིང་གང་ཉིད་ཀྲུང་གུང་ཀྲུང་དབྱང་གི་སྤྱི་ཁྱབ་རྫུའུ་ཅི་དང་རྒྱལ་ཁབ་ཀྱི་ཀྲུའུ་ཞི། ཀྲུང་དབྱང་དམག་ཨུད་ཀྱི་ཀྲུའུ་ཞི་བཅས་ཡིན་པའི་ངོས་ནས་བོད་ཞི་བས་བཅིངས་འགྲོལ་བཏང་ནས་ལོ་༧༠འཁོར་བར་རྗེས་འབྲེལ་ཞུ་བར་ཕེབས་པ་དེ་ཡང་ཏང་དང་རྒྱལ་ཁབ་ཀྱི་ལོ་རྒྱུས་ཐོག་ཐེངས་དང་པོ་ཡིན། དེའི་ཐོག་ནས་ཏང་ཀྲུང་དབྱང་གིས་བོད་ལྗོངས་ཀྱི་ལས་དོན་ལ་རྒྱབ་སྐྱོར་དང་། བོད་ལྗོངས་མི་རིགས་ཁག་གི་ལས་བྱེད་མང་ཚོགས་ལ་ཐུགས་ཁུར་གང་ལེགས་གནང་བ་མཚོན་གྱི་ཡོད།

习近平强调，要全面贯彻新时代党的治藏方略，坚持稳中求进工作总基调，立足新发展阶段，完整、准确、全面贯彻新发展理念，服务和融入新发展格局，推动高质量发展，加强边境地区建设，抓好稳定、发展、生态、强边四件大事，在推动青藏高原生态保护和可持续发展上不断取得新成就，奋力谱写雪域高原长治久安和高质量发展新篇章。

ཞི་ཅིན་ཕིང་གིས་ནན་བརྗོད་གནང་བར། དུས་རབས་གསར་པའི་ཧྲང་གི་བོད་སྐྱོང་ཇུས་གཞི་ཁྱོན་ཡོངས་ནས་ལག་བསྟར་དང་བརྟན་པོའི་ཁྲོད་ཡར་རྒྱས་ཡོང་བ་བྱེད་པའི་ལས་དོན་གྱི་སྤྱིའི་བྱེད་ཕྱོགས་རྒྱུན་འཁྱོངས་བྱེད་དགོས་པ་དང་། གོང་འཕེལ་གྱི་དུས་མཚམས་གསར་པར་རྐང་པ་བཙུགས་ཐོག གོང་འཕེལ་གྱི་འདུ་ཤེས་གསར་པ་འཐུས་ཚང་དང་གནད་འཕེགས། ཁྱོན་ཡོངས་བཅས་ཀྱི་སྒོ་ནས་ལག་བསྟར་དང་། གོང་འཕེལ་གྱི་གནས་བབས་གསར་པར་ཞབས་ཞུ་དང་འབྲེལ་འདྲིས་ཡོང་བ་བྱེད་པ། སྤུས་ཚད་མཐོ་བའི་གོང་འཕེལ་ལ་སྐུལ་འདེད་དང་མཐའ་མཚམས་ས་ཁུལ་གྱི་འཛུགས་སྐྲུན་ལ་ཤུགས་སྣོན་རྒྱག་པ། བརྟན་ལྷིང་དང་འཕེལ་རྒྱས། སྐྱེ་ཁམས། མཐའ་མཚམས་སྲུང་སྐྱོབས་ཆེར་གཏོང་རྒྱུ་བཅས་དོན་ཆེན་བཞིར་དམ་འཛིན་ཡག་པོ་བྱེད་པ། མཚོ་བོད་ས་མཐོའི་སྐྱེ་ཁམས་ཁོར་ཡུག་སྲུང་སྐྱོང་དང་རྒྱུན་མཐུད་གོང་འཕེལ་ཡོང་བ་བྱེད་པའི་ཐད་གྲུབ་འབྲས་གསར་པ་ཟམ་མི་ཆད་པ་ཐོབ་པ་བཅས་བྱས་མཐར། གངས་ལྗོངས་ས་མཐོར་ཡུན་རིང་དུས་བདེ་དང་སྤུས་ཚད་མཐོ་བའི་འཕེལ་རྒྱས་ཀྱི་ལེའུ་གསར་པ་ཞིག་བརྩམ་དགོས།

要坚持保护优先，坚持山水林田湖草沙冰一体化保护和系统治理，加强重要江河流域生态环境保护和修复，统筹水资源合理开发利用和保护，守护好这里的生灵草木、万水千山。

སྔོན་ལ་སྲུང་སྐྱོང་བྱ་རྒྱུ་རྒྱུན་འཁྱོངས་དང་། རི་ཆུ་ནགས་ཞིང་དང་མཚོའུ་རྩྭ་ཐང་། བྱེ་ས་འཁྱགས་ས་བཅས་ཚང་མ་མཉམ་དུ་སྲུང་སྐྱོང་དང་ཆ་ལག་ཚང་བའི་བཅོས་སྐྱོང་བྱ་རྒྱུ་རྒྱུན་འཁྱོངས་བྱ་དགོས་པ་དང་། གལ་གནད་ཆེ་བའི་གཙང་པོ་དང་ཆུ་བོ་རྒྱུག་ཁུལ་གྱི་སྐྱེ་ཁམས་ཁོར་ཡུག་སྲུང་སྐྱོང་དང་སླར་གསོ་བྱ་རྒྱུར་ཤུགས་སྣོན་རྒྱག་དགོས། ཆུའི་ཐོན་ཁུངས་ལུགས་མཐུན་ངང་གསར་སྤེལ་དང་བེད་སྤྱོད། སྲུང་སྐྱོབ་བཅས་བྱ་རྒྱུ་གཅིག་གྱུར་འཆར་འགོད་བྱས་ནས་གནས་དེ་གའི་སྲོག་ཆགས་དང་རྩི་ཤིང་། རི་ཀླུང་ཚང་མ་སྲུང་སྐྱོང་ཡག་པོ་བྱ་དགོས།

要坚持以人为本，不断完善城市功能，提高群众生活品质。

མི་རྩ་བར་འཛིན་རྒྱུ་རྒྱུན་འཁྱོངས་བྱས་ཐོག གྲོང་ཁྱེར་གྱི་ནུས་པ་ཟམ་མི་ཆད་པར་འཐུས་

ཚང་དུ་གཏོང་བ་དང་། མང་ཚོགས་ཀྱི་འཚོ་བའི་སྣུས་ཚད་མཐོ་རུ་གཏོང་དགོས།

要全面贯彻党的宗教工作基本方针，尊重群众的宗教信仰，坚持独立自主自办原则，依法管理宗教事务，积极引导藏传佛教与社会主义社会相适应，促进宗教和顺、社会和谐、民族和睦，在推动社会发展进步中发挥积极作用。

ཏང་གི་ཆོས་ལུགས་ལས་དོན་གྱི་གཞི་རྩའི་བྱེད་ཐབས་ཁྱོན་ཡོངས་ནས་ལག་བསྟར་བྱས་ཏེ། མང་ཚོགས་ཀྱི་ཆོས་དད་ལ་བརྩི་འཇོག་དང་རང་ཚུགས་རང་བདག རང་གཉེར་བཅས་ཀྱི་རྩ་དོན་རྒྱུན་འཁྱོངས་བྱེད་དགོས། ཁྲིམས་ལྟར་ཆོས་ལུགས་ལས་དོན་དོ་དམ་བྱས་ཐོག བོད་བརྒྱུད་ནང་བསྟན་དེ་སྤྱི་ཚོགས་རིང་ལུགས་ཀྱི་སྤྱི་ཚོགས་དང་འཚམ་མཐུན་ཡོང་བ་བྱེད་པ་དང་། ཆོས་ལུགས་འཆམ་མཐུན་དང་སྤྱི་ཚོགས་ཞི་མཐུན། མི་རིགས་མཛའ་མཐུན་ཡོང་བ་བཅས་བྱས་ནས་སྤྱི་ཚོགས་འཕེལ་རྒྱས་དང་ཡར་ཐོན་ཡོང་བ་བྱེད་པའི་ཐད་དགེ་མཚན་ལྡན་པའི་ནུས་པ་འདོན་སྤེལ་བྱ་དགོས།

要准确把握西藏工作的阶段性特征，扎实做好群众工作，提高社会治理水平，确保国家安全、社会稳定、人民幸福。

བོད་ལྗོངས་ལས་ཀའི་དུས་མཚམས་རང་བཞིན་གྱི་ཁྱད་ཆོས་ཡང་དག་པའི་ངང་ཐོག་ཏུ་ཆུད་པ་བྱས་ཏེ། མང་ཚོགས་ལས་དོན་ཏན་ཏིག་ངང་ཡག་པོ་སྒྲུབ་པ་དང་། སྤྱི་ཚོགས་བཅོས་སྐྱོང་གི་ཆུ་ཚད་མཐོ་རུ་བཏང་ནས་རྒྱལ་ཁབ་ཀྱི་བདེ་འཇགས་དང་སྤྱི་ཚོགས་ཀྱི་བརྟན་ལྷིང་། མི་དམངས་ཀྱི་བདེ་སྐྱིད་བཅས་འགན་སྲུང་བྱ་དགོས།

要坚持把民族团结进步宣传教育与社会主义核心价值观教育、爱国主义教育、反分裂斗争教育、新旧西藏对比教育和马克思主义国家观、历史观、民族观、文化观、宗教观教育结合起来，多谋长久之策，多行固本之举。

མི་རིགས་མཐུན་སྒྲིལ་དང་ཡར་ཐོན་གྱི་དྲིལ་བསྒྲགས་སློབ་གསོ་བྱ་རྒྱུ་དེ་སྤྱི་ཚོགས་རིང་ལུགས་ཀྱི་ལྟེ་བའི་རིན་ཐང་ལྟ་བའི་སློབ་གསོ་དང་རྒྱལ་གཅེས་རིང་ལུགས་ཀྱི་སློབ་གསོ། ཁ་འབྲལ་ལ་ངོ་རྒོལ་གྱི་འཐབ་རྩོད་བྱ་རྒྱུའི་སློབ་གསོ། བོད་ལྗོངས་གསར་རྙིང་བསྡུར་བ་བྱེད་པའི་སློབ་གསོ།

མ་ཁེ་སི་རིང་ལུགས་ཀྱི་རྒྱལ་ཁབ་ལྟ་བ་དང་ལོ་རྒྱུས་ལྟ་བ། མི་རིགས་ལྟ་བ། རིག་གནས་ལྟ་བ། ཆོས་ལུགས་ལྟ་བ་བཅས་ཀྱི་སློབ་གསོ་དང་ཟུང་འབྲེལ་བྱས་ནས་ཕྱུགས་ཕན་གྱི་ཐབས་ཇུས་མང་ཙམ་འདོན་པ་དང་རྩ་བརྟན་གྱི་བྱ་སྤྱོད་མང་ཙམ་བཟུང་དགོས།

要加强民族交往交流交融，不断增强各族群众对伟大祖国、中华民族、中华文化、中国共产党、中国特色社会主义的认同，打牢民族团结的思想基础。

མི་རིགས་དབར་གྱི་འགྲོ་འོང་དང་སྤེལ་རེས། འབྲེལ་འདྲིས་བཅས་ལ་ཤུགས་སྣོན་བརྒྱབ་སྟེ། མི་རིགས་ཁག་གི་མང་ཚོགས་ཀྱིས་ཐབས་ཆེན་གྱི་མེས་རྒྱལ་དང་ཀྲུང་ཧྭ་མི་རིགས། ཀྲུང་ཧྭའི་རིག་གནས། ཀྲུང་གོའི་ཁྲུད་ཆོས་ལྡན་པའི་སྤྱི་ཚོགས་རིང་ལུགས་བཅས་ལ་ངོས་འཛིན་གཅིག་མཐུན་ཡོང་རྒྱུར་ཤུགས་སྣོན་ཟམ་མི་ཆད་པ་བརྒྱབ་ནས་མི་རིགས་མཐུན་སྒྲིལ་གྱི་བསམ་བློའི་རྨང་གཞི་སྲ་བརྟན་ཡོང་བ་བྱ་དགོས།

要坚持以人民为中心的发展思想，推动巩固拓展脱贫攻坚成果同全面推进乡村振兴有效衔接，更加聚焦群众普遍关注的民生问题，办好就业、教育、社保、医疗、养老、托幼、住房等民生实事，一件一件抓落实，让各族群众的获得感成色更足、幸福感更可持续、安全感更有保障。

མི་དམངས་ལྟེ་བར་འཛིན་པའི་གོང་འཕེལ་གྱི་བསམ་བློ་རྒྱུན་འཁྱོངས་བྱས་ཐོག དབུལ་འཐུལ་འགག་གཏོར་གྱི་གྲུབ་འབྲས་སྲ་བརྟན་དང་ཇེ་ཆེར་གཏོང་རྒྱུ་དང་ཁྱོན་ཡོངས་ནས་ཤར་གྲོང་དར་རྒྱས་ལ་སྐུལ་འདེད་གཏོང་རྒྱུ་གཉིས་ནུས་ཡོད་ངང་འབྲེལ་མཐུད་བྱེད་པ་དང་། མང་ཚོགས་ནས་ཡོངས་ཁྱབ་ངང་དོ་ཁུར་བྱེད་པའི་དམངས་འཚོའི་གནད་དོན་སྟེང་བས་གཙོ་ཆེར་བཟུང་ནས་ལས་ཞུགས་དང་སློབ་གསོ། སྤྱི་ཚོགས་འགན་བཙོལ། སྨན་བཅོས། རྒན་གསོ། བྱིས་བཅོལ། སྡོད་ཁང་སོགས་དམངས་འཚོའི་དོན་དག་དངོས་ཡག་པོ་སྒྲུབ་པ་དང་། དོན་དག་རེ་རེ་བཞིན་དོན་འཁྱོལ་ཡོང་བར་དམ་འཛིན་གྱིས་མི་རིགས་ཁག་གི་མང་ཚོགས་ཀྱི་ཐོབ་ཚོར་སྔར་བས་ཆེ་རུ་གཏོང་བ་དང་བདེ་སྐྱིད་ཀྱི་ཚོར་སྣང་སྔར་བས་རྒྱུན་མཐུད་ཡོང་བ། བདེ་འཇགས་ཀྱི་ཚོར་སྣང་སྔར་བས་འགན་སྲུང་ཐུབ་པ་བཅས་བྱ་དགོས།

要加强边境基础设施建设，鼓励各族群众扎根边陲、守护国土、建设家乡。

མཐའ་མཚམས་ཀྱི་རྨང་གཞིའི་སྒྲིག་བཀོད་འཛུགས་སྐྲུན་བྱེད་ཤུགས་ཆེ་རུ་བཏང་ནས་མི་རིགས་ཁག་གི་མང་ཚོགས་མཐའ་མཚམས་ལ་རྩ་བ་འཛུགས་རྒྱུ་དང་རྒྱལ་ཁོངས་ས་ཆ་ལྟ་སྲུང་བྱ་རྒྱུ། ཕ་ཡུལ་འཛུགས་སྐྲུན་བྱ་རྒྱུ་བཅས་ལ་སྐུལ་མ་གཏོང་དགོས།

学史力行是党史学习教育的落脚点，要把学史明理、学史增信、学史崇德的成果转化为改造主观世界和客观世界的实际行动。要在锤炼党性上力行，要在为民服务上力行，要在推动发展上力行。

ལོ་རྒྱུས་སློབ་སྦྱོང་བྱས་ཏེ་ལག་ལེན་དུ་འཁྱོལ་བ་བྱ་རྒྱུ་ནི་ཏང་གི་ལོ་རྒྱུས་སློབ་སྦྱོང་སློབ་གསོའི་རྐང་པ་འཛུགས་ས་དེ་ཡིན་ཞིང་། ལོ་རྒྱུས་སློབ་སྦྱོང་བྱས་ཏེ་གནས་ལུགས་གསལ་པོ་ཤེས་པ་དང་ལོ་རྒྱུས་སློབ་སྦྱོང་བྱས་ཏེ་བློ་སྤོབས་ཆེ་རུ་བཏང་བ། ལོ་རྒྱུས་སློབ་སྦྱོང་བྱས་ཏེ་ཀུན་སྤྱོད་གཙིགས་ཆེར་འཛིན་པའི་གྲུབ་འབྲས་རང་སྣང་གི་འཇིག་རྟེན་ལྟ་བ་དང་ཕྱི་རོལ་གྱི་འཇིག་རྟེན་ལྟ་བར་འགྱུར་ལྡོག་གཏོང་བའི་བྱ་སྤྱོད་དངོས་ལ་འགྱུར་བ་བྱ་དགོས་པ་དང་། ཏང་གཤིས་སྦྱོང་བརྡར་བྱེད་པའི་ཐད་ལག་ལེན་བསྟར་དགོས། མི་དམངས་ལ་ཞབས་འདེགས་ཞུ་བའི་ཐད་ལག་ལེན་བསྟར་དགོས། འཕེལ་རྒྱས་ལ་སྐུལ་འདེད་གཏོང་བའི་ཐད་ལག་ལེན་བསྟར་དགོས།

8. 建设中国特色社会主义法治体系的内容包括哪些？

༨.ཀྲུང་གོའི་ཁྱད་ཆོས་ལྡན་པའི་སྤྱི་ཚོགས་རིང་ལུགས་ཁྲིམས་སྐྱོང་མ་ལག་འཛུགས་སྐྲུན་གྱི་ནང་དོན་གྲས་སུ་གང་དག་ཚུད་ཡོད་དམ།

建设中国特色社会主义法治体系，就是在中国共产党领导下，坚持中国特色社会主义制度，贯彻中国特色社会主义法治理论，形成完备的法律规范体系、高效的法治实施体系、严密的法治监督体系、有力的法治保障体系，形成完善的党内法规体系，坚持依法治国、依法执政、依法行政共同推进，坚持法治国家、法治政府、法治社会一体建设，实现科学立法、严格执法、公正司法、全民守法，促进国家治理体系和治理能力现代化。

དེའང་ཀྲུང་གོའི་ཁྱད་ཆོས་ལྡན་པའི་སྤྱི་ཚོགས་རིང་ལུགས་ཀྱི་ཁྲིམས་སྐྱོང་མ་ལག་འཛུགས་རྒྱུ་ནི་ཀྲུང་གོ་གུང་ཁྲན་ཏང་གི་འགོ་ཁྲིད་འོག ཀྲུང་གོའི་ཁྱད་ཆོས་ལྡན་པའི་སྤྱི་ཚོགས་རིང་ལུགས་ཀྱི་ལམ་ལུགས་རྒྱུན་འཁྱོངས་བྱས་ཐོག ཀྲུང་གོའི་ཁྱད་ཆོས་ལྡན་པའི་སྤྱི་ཚོགས་རིང་ལུགས་ཀྱི་ཁྲིམས་སྐྱོང་གཞུང་ལུགས་ལག་ལེན་མཐར་ཕྱིན་བྱས་ནས། འཐུས་མི་ཚང་བའི་བཅའ་ཁྲིམས་ཀྱི་གཅིག་གྱུར་མ་ལག་དང་ཕན་ནུས་ཆེ་བའི་ཁྲིམས་སྐྱོང་ལག་བསྟར་མ་ལག ངོ་ནན་གྱི་ཁྲིམས་སྐྱོང་ལྟ་སྐུལ་མ་ལག ནུས་ཡོད་ཀྱི་ཁྲིམས་སྐྱོང་འགན་སྲུང་མ་ལག་བཅས་ཆགས་པ་བྱ་རྒྱུ་དང་། འཐུས་མི་ཚང་བའི་ཏང་ནང་ཁྲུལ་གྱི་ཁྲིམས་སྲོལ་མ་ལག་ཆགས་པ་བྱ་དགོས། ཁྲིམས་ལྟར་རྒྱལ་ཁབ་སྐྱོང་རྒྱུ་དང་ཁྲིམས་ལྟར་སྲིད་འཛིན་རྒྱུ། ཁྲིམས་ལྟར་སྲིད་དབང་ལག་བསྟར་བྱ་རྒྱུ་བཅས་མཉམ་དུ་སྐུལ་སྤེལ་གཏོང་རྒྱུ་རྒྱུན་འཁྱོངས་དང་ཁྲིམས་སྐྱོང་རྒྱལ་ཁབ་དང་ཁྲིམས་སྐྱོང་སྲིད་གཞུང་། ཁྲིམས་སྐྱོང་སྤྱི་ཚོགས་བཅས་གཞི་གཅིག་ཏུ་འཛུགས་སྐྱོང་བྱ་རྒྱུ་རྒྱུན་འཁྱོངས་བྱས་ཏེ། ཚན་རིག་དང་མཐུན་པའི་ཁྲིམས་འཛུགས་དང་ཁྲིམས་ལག་བསྟར་ནན་པོ། ཁྲིམས་འཛིན་གཞུང་དྲང་།

དམངས་ཡོངས་ནས་ཁྲིམས་ལུགས་སྲུང་བ་བཅས་བྱས་མཐར། རྒྱལ་ཁབ་ཀྱི་ཁྲིམས་སྲུང་མ་ལག་དང་བཅོས་སྐྱོང་མ་ལག་གི་ནུས་པ་དེང་རབས་ཅན་དུ་འགྱུར་རྒྱུར་སྐུལ་འདེད་གཏོང་དགོས།

9. "四个意识"是指什么?

༩."འདུ་ཤེས་བཞི"གང་དག་ཡིན་ནམ།

"四个意识"是指政治意识、大局意识、核心意识、看齐意识。

"འདུ་ཤེས་བཞི"ནི་ཆབ་སྲིད་ཀྱི་འདུ་ཤེས་དང་ཁྱོན་ཡོངས་ཀྱི་འདུ་ཤེས། སྙིང་ཤིང་གི་འདུ་ཤེས། མིག་ལྟོས་ཀྱི་འདུ་ཤེས་བཅས་ཡིན།

10. "四个自信"是指什么?

༡༠."གདེང་ཚོད་བཞི"གང་དག་ཡིན་ནམ།

"四个自信"即中国特色社会主义道路自信、理论自信、制度自信、文化自信。

"གདེང་ཚོད་བཞི"ནི་ཀྲུང་གོའི་ཁྱད་ཆོས་ལྡན་པའི་སྤྱི་ཚོགས་རིང་ལུགས་ཀྱི་ལམ་བུར་གདེང་ཚོད་ཡོད་པ་དང་། རིགས་པའི་གཞུང་ལུགས་ལ་གདེང་ཚོད་ཡོད་པ། ལམ་ལུགས་ལ་གདེང་ཚོད་ཡོད་པ། རིག་གནས་ལ་གདེང་ཚོད་ཡོད་པ་བཅས་རེད།

11. "两个维护"是指什么?

༡༡."སྲུང་སྐྱོང་གཉིས"གང་དག་ཡིན་ནམ།

"两个维护"是指坚决维护习近平总书记党中央的核心、全党的核心地位，坚决维护党中央权威和集中统一领导。

"སྲུང་སྐྱོང་གཉིས"ནི་སྤྱི་ཁྱབ་རྩྭའུ་ཅི་ཞི་ཅིན་ཕིང་ནི་ཏང་ཀྲུང་དབྱང་གི་སྙིང་ཤིང་ཡིན་པ་དང་ཏང་ཡོངས་ཀྱི་སྙིང་ཤིང་ཡིན་པའི་གོ་བབ་སྲུང་སྐྱོང་མཐའ་གཅིག་ཏུ་བྱ་རྒྱུ་དང་། ཏང་ཀྲུང་

དབྱང་གི་དབང་གྲགས་དང་གཅིག་བསྡུད་གཅིག་གྱུར་གྱི་འགོ་ཁྲིད་སྲུང་སྐྱོང་མཐའ་གཅིག་ཏུ་བྱ་རྒྱུ་གཉིས་ཡིན།

12. 社会主义核心价值观的基本内容是什么？

༡༢.སྤྱི་ཚོགས་རིང་ལུགས་ཀྱི་སྙེ་བའི་རིན་ཐང་ལྟ་བའི་གཞི་རྩའི་ནང་དོན་གང་ཡིན་ནམ།

富强、民主、文明、和谐，自由、平等、公正、法治，爱国、敬业、诚信、友善。

འབྱོར་ཕྱུག་དང་དམངས་གཙོ། ཤེས་དཔལ། ཞི་མཐུན། རང་དབང་། འདྲ་མཉམ། དྲང་གཞག ཁྲིམས་སྐྱོང་། རྒྱལ་གཅེས། ལས་བཀུར། ཡིད་རྟོན། མཛའ་མཐུན་བཅས་རེད།

13. 什么是“五个认同”？

༡༣.“གཅིག་མཐུན་གྱི་ངོས་འཛིན་ལྔ་”གང་དག་ཡིན་ནམ།

“五个认同”是指对伟大祖国的认同、对中华民族的认同、对中华文化的认同、对中国共产党的认同、对中国特色社会主义的认同。

“གཅིག་མཐུན་གྱི་ངོས་འཛིན་ལྔ་”ནི་རླབས་ཆེན་གྱི་མེས་རྒྱལ་ལ་ངོས་འཛིན་གཅིག་མཐུན་དང་། ཀྲུང་ཧྭ་མི་རིགས་ལ་ངོས་འཛིན་གཅིག་མཐུན། ཀྲུང་ཧྭའི་རིག་གནས་ལ་ངོས་འཛིན་གཅིག་མཐུན། ཀྲུང་གོ་གུང་ཁྲན་ཏང་ལ་ངོས་འཛིན་གཅིག་མཐུན། ཀྲུང་གོའི་ཁྱད་ཆོས་ལྡན་པའི་སྤྱི་ཚོགས་རིང་ལུགས་ལ་ངོས་འཛིན་གཅིག་མཐུན་བྱ་རྒྱུ་བཅས་རེད།

14. “三个离不开”指什么？

༡༤.“ཁ་འབྲལ་ཐབས་མེད་པ་གསུམ་”གང་དག་ཡིན་ནམ།

汉族离不开少数民族，少数民族离不开汉族，各少数民族之间也相互离不开。

རྒྱ་རིགས་ནི་གྲངས་ཉུང་མི་རིགས་དང་ཁ་འབྲལ་ཐབས་མེད་པ་དང་གྲངས་ཉུང་མི་རིགས་ནི་རྒྱ་རིགས་དང་ཁ་འབྲལ་ཐབས་མེད་པ། གྲངས་ཉུང་མི་རིགས་ཁག་ཀྱང་ཕན་ཚུན་ཁ་འབྲལ་ཐབས་མེད་པ་བཅས་རེད།

15. 西藏工作的着眼点和着力点是什么？

༡༥.བོད་ལྗོངས་ལས་དོན་གྱི་དམིགས་ས་གཙོ་བོ་དང་ཤུགས་རྒྱག་ས་གཙོ་བོ་གང་ཡིན་ནམ།

西藏工作必须坚持以维护祖国统一、加强民族团结为着眼点和着力点。

བོད་ལྗོངས་ལས་དོན་གྱི་དམིགས་ས་གཙོ་བོ་དང་ཤུགས་རྒྱག་ས་གཙོ་བོ་ནི་བོད་ལྗོངས་ལས་དོན་ཁྲོད་ངེས་པར་དུ་རྒྱུན་མཐུད་ངང་མེས་རྒྱལ་གོང་བུ་གཅིག་གྱུར་ལ་སྲུང་སྐྱོང་དང་། མི་རིགས་མཐུན་སྒྲིལ་ལ་ཤུགས་སྣོན་རྒྱག་དགོས་པ་དེ་ཡིན།

16. 新时代党的治藏方略是什么？

༡༦.དུས་རབས་གསར་པའི་བོད་སྐྱོང་གི་ཐུས་གཞི་གང་ཡིན་ནམ།

在中央第七次西藏工作座谈会上，习近平总书记进一步丰富和发展了新时代党的治藏方略，并用“十个必须”高度概括，即：

དེའང་ཀྲུང་དབྱང་གི་བོད་ལྗོངས་ལས་དོན་སྐོར་གྱི་བཞུགས་མོལ་ཚོགས་འདུ་ཐེངས་བདུན་པའི་ཐོག སྤྱི་ཁྲབ་ཤྲུའུ་ཅི་ཞི་ཅིན་ཕིང་གིས་དུས་རབས་གསར་པའི་ཏང་གི་བོད་སྐྱོང་ཐུས་གཞི་སྔར་བས་ཕུན་སུམ་ཚོགས་དང་འཕེལ་རྒྱས་བཏང་ཡོད་པ་མ་ཟད། “ངེས་པར་དུ་བཅུ”ཞེས་པའི་ནང་ཚན་མཐོའི་ཕྱོགས་བསྡུས་གནང་ཡོད་པ་དེ་ཡང་།

必须坚持中国共产党领导、中国特色社会主义制度、民族区域自治制度；

ངེས་པར་དུ་ཀྲུང་གོ་གུང་ཁྲན་ཏང་གི་འགོ་ཁྲིད་དང་ཀྲུང་གོའི་ཁྱད་ཆོས་ལྡན་པའི་སྤྱི་ཚོགས་རིང་ལུགས་ཀྱི་ལམ་ལུགས། མི་རིགས་ས་ཁོངས་རང་སྐྱོང་ལམ་ལུགས་བཅས་རྒྱུན་འཁྱོངས་བྱ་དགོས།

必须坚持治国必治边，治边先稳藏的战略思想；

ངེས་པར་དུ་རྒྱལ་ཁབ་སྐྱོང་བར་ཡིན་གཅིག་གིས་མཐའ་མཚམས་སྐྱོང་དགོས་པ་དང་། མཐའ་མཚམས་སྐྱོང་བར་དང་ཐོག་བོད་བརྟན་ལྷིང་ཡོང་བ་བྱ་རྒྱུའི་འཐབ་ཇུས་བསམ་བློ་རྒྱུན་འཁྱོངས་བྱ་དགོས།

必须把维护祖国统一、加强民族团结作为西藏工作的着眼点和着力点；

ངེས་པར་དུ་མེས་རྒྱལ་གོང་བུ་གཅིག་གྱུར་ལ་སྲུང་སྐྱོང་དང་མི་རིགས་མཐུན་སྒྲིལ་ལ་ཤུགས་སྣོན་རྒྱག་རྒྱུ་དེ་བོད་ལྗོངས་ལས་དོན་གྱི་དམིགས་ས་གཙོ་བོ་དང་ཤུགས་རྒྱག་ས་གཙོ་བོར་འཛུག་དགོས།

必须坚持依法治藏、富民兴藏、长期建藏、凝聚人心、夯实基础的重要原则；

ངེས་པར་དུ་ཁྲིམས་ལྟར་བོད་བདག་སྐྱོང་བྱེད་པ་དང་དམངས་ཕྱུག་བོད་དར་ཡོང་རྒྱུ། ཡུན་རིང་ནང་བོད་ལྗོངས་འཛུགས་སྐྲུན་བྱེད་རྒྱུ། མི་སེམས་གོང་བུ་གཅིག་ཏུ་བསྒྲིལ་རྒྱུ། རྨང་གཞི་བརྟན་དུ་གཏོང་རྒྱུ་བཅས་ཀྱི་རྩ་དོན་གལ་ཆེན་རྒྱུན་འཁྱོངས་བྱ་དགོས།

必须统筹国内国际两个大局；

ངེས་པར་དུ་རྒྱལ་ཕྱི་རྒྱལ་ནང་གཉིས་ཀྱི་ཁྱོན་ཡོངས་གནས་བབས་གཅིག་གྱུར་ཐོག་འཆར་འགོད་བྱ་དགོས།

必须把改善民生、凝聚人心作为经济社会发展的出发点和落脚点；

ངེས་པར་དུ་དམངས་འཚོ་ལེགས་བཅོས་དང་མི་སེམས་གཅིག་ཏུ་འགུག་རྒྱུ་དེ་དཔལ་འབྱོར་དང་སྤྱི་ཚོགས་གོང་འཕེལ་གྱི་འགོ་བཙུམ་ས་དང་གཞི་རྩུགས་སར་འཛུག་དགོས།

必须促进各民族交往交流交融；

ངེས་པར་དུ་མི་རིགས་ཁག་དབར་འགྲོ་འོང་དང་སྤེལ་རེས། འབྲེལ་འདྲིས་བཅས་བྱ་རྒྱུར་

སྐྱུལ་འདེད་གཏོང་དགོས།

必须坚持我国宗教中国化方向、依法管理宗教事务；

ངེས་པར་དུ་རང་རྒྱལ་གྱི་ཆོས་ལུགས་དེ་ཀྲུང་གོ་ཅན་གྱི་ཁ་ཕྱོགས་སུ་འགྱུར་རྒྱུ་དང་ཁྲིམས་ལྟར་ཆོས་ཕྱོགས་ལས་དོན་ལ་དོ་དམ་བྱ་རྒྱུ་རྒྱུན་འཁྱོངས་བྱ་དགོས།

必须坚持生态保护第一；

ངེས་པར་དུ་སྐྱེ་ཁམས་སྲུང་སྐྱོང་བྱ་རྒྱུ་ཨང་དང་པོར་འཛིན་དགོས།

必须加强党的建设特别是政治建设。

ངེས་པར་དུ་ཏང་འཛུགས་སྐྲུན་དང་ལྷག་པར་དུ་ཆབ་སྲིད་འཛུགས་སྐྲུན་ལ་ཤུགས་སྣོན་རྒྱག་དགོས་པ་བཅས་རེད།

17. 维护民族团结的思想基础是什么？

༡༧.མི་རིགས་མཐུན་སྒྲིལ་སྲུང་སྐྱོང་བྱེད་པའི་བསམ་བློའི་རྨང་གཞི་གང་ཡིན་ནམ།

坚持铸牢中华民族共同体意识是维护民族团结的思想基础。习近平总书记强调，“加强民族团结，基础在于搞好民族团结进步教育，建设各民族共有精神家园。要深入践行守望相助理念，深化民族团结进步教育，铸牢中华民族共同体意识，促进各民族像石榴籽一样紧紧抱在一起”。

དེ་འང་ཀྲུང་ཧྭ་མི་རིགས་གཅིག་མཐུན་ཚོགས་པའི་འདུ་ཤེས་རྒྱུན་མཐུད་དང་སྲ་བརྟན་གཏོང་རྒྱུ་ནི་མི་རིགས་མཐུན་སྒྲིལ་སྲུང་སྐྱོང་བྱེད་པའི་བསམ་བློའི་རྨང་གཞི་ཡིན། སྤྱི་ཁྱབ་ཧྲུའུ་ཅི་ཞི་ཅིན་ཕིང་གིས“མི་རིགས་མཐུན་སྒྲིལ་ལ་ཤུགས་སྣོན་རྒྱག་རྒྱུའི་རྨང་གཞི་ནི་མི་རིགས་མཐུན་སྒྲིལ་དང་ཡར་ཐོན་གྱི་སློབ་གསོ་ཡག་པོ་བརྒྱབ་སྟེ། མི་རིགས་ཁག་ལ་ཐུན་མོང་གི་བསམ་པའི་ཁྱིམ་གཞིས་འཛུགས་དགོས་དང་། ཕན་ཚུན་ལྟ་སྐྱོང་དང་རོགས་རེས་ཀྱི་འདུ་ཤེས་སྤྱོད་རོལ་གཏིང་ཟབ་ཡོང་བ་དང་མི་རིགས་མཐུན་སྒྲིལ་དང་ཡར་ཐོན་གྱི་སློབ་གསོ་གཏིང་ཟབ་ཐེབས་པ། ཀྲུང་ཧྭ་མི་རིགས་གཅིག་མཐུན་ཚོགས་པའི་འདུ་ཤེས་བརྟན་པོ་ཡོང་བ་བཅས་བྱས་ནས་མི་རིགས་ཁག་སེ་འབྲུ་དང་འདྲ་བར་ཛོག་ཚ་གཅིག་ཏུ་བསྒྲིལ་རྒྱུར་སྐུལ་འདེད་གཏོང་དགོས”ཞེས་ནན་བརྗོད་གནང་ཡོད།

18. 西藏自治区针对民族团结出台的地方性法规是什么？

༡༨.བོད་རང་སྐྱོང་ལྗོངས་ཀྱིས་མི་རིགས་མཐུན་སྒྲིལ་ལ་དམིགས་ཏེ་བཏོན་པའི་ས་གནས་རང་བཞིན་གྱི་ཁྲིམས་སྲོལ་གང་ཡིན་ནམ།

2020 年 1 月 11 日，西藏自治区第十一届人民代表大会第三次会议通过了《西藏自治区民族团结进步模范区创建条例》，《条例》指出：西藏自古以来就是伟大祖国不可分割的一部分，各民族都是中华民族大家庭的重要成员。民族团结是各族人民的生命线，维护祖国统一、加强民族团结，旗帜鲜明反对分裂，是各族人民的共同责任和义务。

དེ་འདང་སྤྱི་ལོ་༢༠༢༠ལོའི་ཟླ་༡ཚེས་༡༡ཉིན། བོད་རང་སྐྱོང་ལྗོངས་སྐབས་བཅུ་གཅིག་པའི་མི་དམངས་འཐུས་མི་ཚོགས་ཆེན་ཐེངས་གསུམ་པའི་ཐོག《བོད་རང་སྐྱོང་ལྗོངས་མི་རིགས་མཐུན་སྒྲིལ་ཡར་ཐོན་དཔེ་སྟོན་ཁུལ་འཛུགས་རྒྱུའི་སྒྲིལ་ཡིག་》ལ་གྲོས་འཆམ་བྱུང་ཞིང་།《སྒྲིལ་ཡིག་》ནང་། བོད་ནི་གནའ་ནས་བཟུང་ རྣབས་ཆེན་མེས་རྒྱལ་གྱི་ཁ་འབྲལ་དུ་མེད་པའི་མངའ་ཁོངས་ཀྱི་ཆ་ཤས་ཤིག་ཡིན་པ་དང་། མི་རིགས་ཁག་ཚང་མ་ཀུང་ཀྲོ་མི་རིགས་ཁྱིམ་ཚང་ཆེན་པོའི་ནང་གི་ཁོངས་གཏོགས་གལ་ཆེན་ཤ་སྟག་ཡིན་པ། མི་རིགས་མཐུན་སྒྲིལ་ནི་མི་རིགས་ཁག་གི་མི་དམངས་ཀྱི་སྲོག་རྩ་ཡིན་པ། མེས་རྒྱལ་གོང་བུ་གཅིག་གྱུར་ལ་སྲུང་སྐྱོང་བྱ་རྒྱུ་དང་མི་རིགས་མཐུན་སྒྲིལ་ལ་ཤུགས་སྣོན་རྒྱག་རྒྱུ། དར་ཆ་གསལ་སྟོན་ཐོག་ཁ་བྲལ་ལ་ངོ་རྒོལ་བྱ་རྒྱུ་བཅས་ནི་མི་རིགས་ཁག་གི་མི་དམངས་ཀྱི་ཐུན་མོང་གི་འགན་འཁྲི་དང་འོས་འགན་ཡིན་ཞེས་བསྟན་ཡོད།

19. 西藏自治区民族团结进步模范区创建的总体要求是什么？

༡༩.བོད་རང་སྐྱོང་ལྗོངས་ཀྱི་མི་རིགས་མཐུན་སྒྲིལ་ཡར་ཐོན་དཔེ་སྟོན་ཁུལ་འཛུགས་རྒྱུའི་སྤྱིའི་བླང་བྱ་གང་ཡིན་ནམ།

《西藏自治区民族团结进步模范区创建条例》指出：民族团结进步模范区创建，以“中华民族一家亲、同心共筑中国梦”为总目标，以共同团结奋斗、共同繁荣发展为主题，以铸牢中华民族共同体意识为主线，以社会主义核心价值观为引领，以加强各民族交往交流交融为根本途径，增强对伟大祖国、中华民族、中华文化、中国共产党、中国特色社会主义的认同，促进各民族和睦相处、和衷共济、和谐发展，充分展现中国精神、中国价值、中国力量。

《བོད་རང་སྐྱོང་ལྗོངས་ཀྱི་མི་རིགས་མཐུན་སྒྲིལ་ཡར་ཐོན་དཔེ་སྟོན་ཁུལ་འཛུགས་རྒྱུའི་སྒྲིལ་ཡིག་》ནང་བསྟན་དོན། མི་རིགས་མཐུན་སྒྲིལ་ཡར་ཐོན་དཔེ་སྟོན་ཁུལ་འཛུགས་སྐབས། "ཀྲུང་ཧྭ་མི་རིགས་ཁྱིམ་ཚང་གཅིག་ལྟར་འཆམ་མཐུན་དང་བློ་སེམས་གཅིག་ཏུ་བསྒྲིལ་ནས་ཀྲུང་གོའི་ཞུགས་འདུན་བསྒྲུབ་རྒྱུ"སྤྱིའི་དམིགས་ཡུལ་དུ་བཟུང་བ་དང་། མཉམ་དུ་མཐུན་སྒྲིལ་འབད་

འཐབ་དང་མཉམ་དུ་དར་རྒྱས་གོང་འཕེལ་ཡོང་བ་བྱ་རྒྱུ་བརྗོད་དོན་གཙོ་བོར་བཟུང་བ། ཀྲུང་ཧྭ་མི་རིགས་གཅིག་མཐུན་ཚོགས་པའི་འདུ་ཤེས་བརྟན་པོ་འཛུགས་རྒྱུ་གཙོ་ཐིག་ཏུ་བཟུང་བ། སྤྱི་ཚོགས་རིང་ལུགས་ཀྱི་ལྟེ་བའི་རིན་ཐང་ལྟ་བས་ཁྲིད་སྟོན་བྱེད་པ། མི་རིགས་དབར་འགྲོ་འོང་དང་སྤེལ་རེས། འབྲེལ་འདྲིས་བྱ་རྒྱུ་གཞི་རྩའི་ཐབས་ལམ་དུ་བཟུང་བ་བཅས་བྱས་ཐོག ཧླབས་ཆེན་གྱི་སེམས་རྒྱལ་དང་ཀྲུང་ཧྭ་མི་རིགས། ཀྲུང་ཧྭའི་རིག་གནས། ཀྲུང་གོ་གུང་ཁྲན་ཏང་། ཀྲུང་གོའི་ཁྱད་ཆོས་ལྡན་པའི་སྤྱི་ཚོགས་རིང་ལུགས་བཅས་ལ་ངོས་འཛིན་གཅིག་མཐུན་བྱ་རྒྱུར་ཤུགས་སྣོན་རྒྱག་པ་དང་། མི་རིགས་ཁག་འཆམ་མཐུན་མཉམ་གནས་དང་ཕྱུར་བ་གྲུ་འདེགས། ཞི་མཐུན་འཕེལ་རྒྱས་ཡོང་བ་བཅས་ལ་སྐུལ་འདེད་ཀྱིས་ཀྲུང་གོའི་སྙིང་སྟོབས་དང་ཀྲུང་གོའི་རིན་ཐང་། ཀྲུང་གོའི་སྟོབས་ཤུགས་བཅས་གང་ལེགས་མངོན་པར་བྱ་དགོས་ཞེས་འཁོད་ཡོད།

20. 西藏自治区针对环境保护出台的地方性法规是什么？

༢༠.བོད་རང་སྐྱོང་ལྗོངས་ཀྱིས་ཁོར་ཡུག་སྲུང་སྐྱོང་ལ་དམིགས་ཏེ་བཏོན་པའི་ས་གནས་རང་བཞིན་གྱི་ཁྲིམས་སྲོལ་གང་ཡིན་ནམ།

2021 年 1 月 24 日，由西藏自治区第十一届人民代表大会第四次会议审议通过了《西藏自治区国家生态文明高地建设条例》，《条例》指出：西藏是青藏高原的主体，是重要的国家生态安全屏障。保护好青藏高原生态事关中华民族生存和长远发展，事关铸牢中华民族共同体意识，事关西藏长治久安和高质量发展，事关全区各族人民的民生福祉。

དེའང་སྤྱི་ལོ་༢༠༢༡ལོའི་ཟླ་༡ཚེས་༢༤ཉིན། བོད་རང་སྐྱོང་ལྗོངས་སྐབས་བཅུ་གཅིག་པའི་མི་དམངས་འཐུས་མི་ཚོགས་ཆེན་ཐེངས་བཞི་པའི་ཐོག《བོད་རང་སྐྱོང་ལྗོངས་རྒྱལ་ཁབ་སྐྱེ་ཁམས་ཤེས་དཔལ་གྱི་མཐོ་ས་བསྐྲུན་རྒྱུའི་སྲོལ་ཡིག》ལ་གྲོས་ཞིབ་དང་གྲོས་འཆམ་བྱུང་ཞིང་།《སྲོལ་ཡིག》ནང་བསྟན་དོན། བོད་ལྗོངས་ནི་མཚོ་བོད་ས་མཐོའི་གཞི་རྐང་ཡིན་ལ། རྒྱལ་ཁབ་སྐྱེ་ཁམས་བདེ་འཇགས་ཀྱི་སྲུང་ར་གལ་ཆེན་ཞིག་ཀྱང་ཡིན། མཚོ་བོད་ས་མཐོའི་སྐྱེ་ཁམས་སྲུང་སྐྱོང་ཡག་

པོ་བྱ་རྒྱུ་དེ་ཀྲུང་ཧྭ་མི་རིགས་ཀྱི་འཚོ་གནས་དང་ཡུན་རིང་གི་འཕེལ་རྒྱས་དང་འབྲེལ་བ་ཡོད་པ་དང་། ཀྲུང་ཧྭ་མི་རིགས་གཅིག་མཐུན་ཚོགས་པའི་འདུ་ཤེས་བརྟན་པོ་འཛུགས་རྒྱུ་དང་འབྲེལ་བ་ཡོད་པ། བོད་ལྗོངས་ཡུན་རིང་དུས་བདེ་དང་སྤུས་ཚད་མཐོ་བའི་གོང་འཕེལ་ཡོང་རྒྱུ་དང་འབྲེལ་བ་ཡོད་པ། ལྗོངས་ཡོངས་མི་རིགས་ཁག་གི་མི་དམངས་ཀྱི་དམངས་འཚོའི་བདེ་སྐྱིད་དང་འབྲེལ་བ་ཡོད་པ་བཅས་ཡིན་ཞེས་འཁོད་ཡོད།

21. 党的宗教工作基本方针是什么？

༢༡.ཏང་གི་ཆོས་ལུགས་ལས་དོན་གྱི་གཞི་རྩའི་ཇུས་ཕྱོགས་གང་ཡིན་ནམ།

全面贯彻党的宗教信仰自由政策，依法管理宗教事务，坚持独立自主自办的原则，积极引导宗教与社会主义社会相适应。

ཏང་གི་ཆོས་དད་རང་མོས་སྲིད་ཇུས་ཁྱོན་ཡོངས་ནས་ལག་ལེན་མཐར་ཕྱིན་པ་བསྟར་དགོས་པ་དང་ཁྲིམས་ལྟར་ཆོས་ཕྱོགས་ལས་དོན་ལ་དོ་དམ་བྱ་དགོས། རང་ཚུགས་རང་བདག་དང་རང་གཉེར་བཅས་ཀྱི་རྩ་དོན་རྒྱུན་འཁྱོངས་བྱ་དགོས། ཆོས་ལུགས་དེ་སྤྱི་ཚོགས་རིང་ལུགས་དང་ཕན་ཚུན་འཚམ་མཐུན་ཡོང་བར་ཁྲིད་སྟོན་ཧུར་ཐག་བྱ་དགོས་པ་བཅས་ཡིན།

22. 西藏社会的特殊矛盾是什么？

༢༢.བོད་ལྗོངས་སྤྱི་ཚོགས་ཀྱི་དམིགས་བསལ་འགལ་ཟླ་གང་ཡིན་ནམ།

西藏社会的特殊矛盾依然是各族人民同以达赖集团为代表的分裂势力之间的矛盾。

བོད་ལྗོངས་སྤྱི་ཚོགས་ཀྱི་དམིགས་བསལ་འགལ་ཟླ་ནི་སྔར་བཞིན་མི་རིགས་ཁག་གི་མི་དམངས་དང་ཏཱ་ལའི་རུ་ཚོགས་ཀྱིས་འཐུས་ཚབ་བྱས་པའི་ཁ་བྲལ་སྟོབས་ཤུགས་དབར་གྱི་འགལ་ཟླ་དེ་ཡིན།

23. 怎么看待各族人民与达赖集团的斗争?

༢༣.མི་རིགས་ཁག་གི་མི་དམངས་དང་ཏཱ་ལའི་རུ་ཚོགས་དབར་གྱི་འཐབ་རྩོད་ལ་ལྟ་སྟངས་གང་འདྲ་འཛིན་དགོས་སམ།

十四世达赖是图谋“西藏独立”的分裂主义政治集团的总头子，是国际反华势力的忠实工具，是在西藏制造社会动乱的总根源，是阻挠藏传佛教建立正常秩序的最大障碍，是披着宗教外衣祸藏乱教的政客。达赖集团“中间道路”的本质是分裂祖国，我们同达赖集团及支持他们的西方敌对势力的斗争，是中华民族反对帝国主义、殖民主义斗争的继续，是西藏各族人民同政教合一封建农奴主阶级残余势力斗争的继续，是关系国家统一、民族团结的重大政治斗争，对十四世达赖集团斗争始终是西藏工作的重中之重。

དེ་འང་ཧྭ་ལ་སྒྲི་ཕྲེང་བཅུ་བཞི་པ་ནི“བོད་རང་བཙན”གྱི་རེ་ངན་འཆང་མཁན་ཁ་ཐྲལ་རིང་ལུགས་ཆབ་སྲིད་སྟོབས་ཤུགས་ཀྱི་སྤྱིའི་འགོ་གཙོ་ཡིན་པ་དང་། རྒྱལ་སྤྱིའི་ཐོག་ཀྱང་གོར་ངོ་རྒོལ་བྱེད་མཁན་སྟོབས་ཤུགས་ཀྱི་ལག་ཆ་འཁྲུལ་མེད་ཅིག་ཡིན་པ། བོད་ལྗོངས་ཀྱི་སྤྱི་ཚོགས་ཟང་ཟིང་བཟོ་བའི་རྩ་བའི་འབྱུང་རྩ་ཡིན་པ། བོད་བརྒྱུད་ནང་བསྟན་གྱི་རྒྱུན་གཏན་སྒྲིག་ལམ་འཛུགས་རྒྱུའི་འགོག་རྐྱེན་ཆེ་ཤོས་ཡིན་པ། ཆོས་ལུགས་ཀྱི་ཕྱི་གོས་གྱོན་ནས་བོད་ལ་ཆག་སྒོ་དང་ཆོས་ལུགས་ལ་འཁྲུག་རྐྱེན་སློང་བའི་ཆབ་སྲིད་ཀྱི་མི་སྣ་བཅས་ཡིན། ཧྭ་ལའི་ཚོགས་པའི“དབུ་མའི་ལམ”གྱི་ངོ་བོ་ནི་སེམས་རྒྱལ་ཁ་ཐྲལ་གཏོང་རྒྱུ་དེ་རེད། ང་ཚོ་དང་ཧྭ་ལའི་ཊ་ཚོགས་དང་ཕོ་ཚོར་རྒྱབ་སྐྱོར་བྱེད་མཁན་ནུབ་ཕྱོགས་དགྲ་འཛིན་སྟོབས་ཤུགས་དབར་གྱི་འཐབ་རྩོད་ནི་ཀྱང་ཧྲ་མི་རིགས་ཀྱིས་བཙན་རྒྱལ་རིང་ལུགས་ལ་ངོ་རྒོལ་དང་མི་སེར་སྲིལ་བའི་རིང་ལུགས་ལ་ངོ་རྒོལ་བྱེད་པའི་འཐབ་རྩོད་ཀྱི་རྒྱུན་མཐུད་ཅིག་ཡིན་པ་དང་། བོད་ལྗོངས་མི་རིགས་ཁག་གི་མི་དམངས་ཀྱིས་ཆོས་སྲིད་ཟུང་འབྲེལ་བཀས་བཀོད་རྒྱུད་འཛིན་ཞིང་བྲན་བདག་པོའི་གྲལ་རིམ་གྱི་ངན་པའི་ཤུགས་ལྷག་དབར་འཐབ་རྩོད་བྱེད་པའི་རྒྱུན་མཐུད་ཅིག་ཡིན་པ། ཧྭ་ལ་སྒྲི་ཕྲེང་བཅུ་བཞི་པའི་ཕྱོགས་གཏོགས་དང་འཐབ་རྩོད་བྱ་རྒྱུ་དེ་ནི་སྔ་ཕྱི་བར་གསུམ་དུ་བོད་ལྗོངས་ལས་དོན་གྱི་གལ་འགངས་ཆེ་ཤོས་དེ་ཡིན།

二、宪法及基本常识

གཉིས་པ།　རྩ་ཁྲིམས་དང་གཞི་རྩའི་རྒྱུན་ཤེས།

1. 宪法的地位是什么？

༡.རྩ་ཁྲིམས་ཀྱི་གོ་བབ་གང་ཡིན་ནམ།

《中华人民共和国宪法》是中华人民共和国的根本大法，规定拥有最高法律效力。一切法律、行政法规和地方性法规都不得同宪法相抵触。一切国家机关和武装力量、各政党和各社会团体、各企业事业组织都必须遵守宪法和法律。一切违反宪法和法律的行为，必须予以追究。任何组织或者个人都不得有超越宪法和法律的特权。

《ཀྲུང་ཧྭ་མི་དམངས་སྤྱི་མཐུན་རྒྱལ་ཁབ་ཀྱི་རྩ་ཁྲིམས་》ནི་ཀྲུང་ཧྭ་མི་དམངས་སྤྱི་མཐུན་རྒྱལ་ཁབ་ཀྱི་གཞི་རྩའི་ཁྲིམས་ཆེན་ཞིག་ཡིན་ཞིང་། དེར་ཆེས་མཐོའི་བཅའ་ཁྲིམས་ཀྱི་ནུས་པ་ལྡན་པ་གཏན་འབེབས་བྱས་ཡོད། ཁྲིམས་ལུགས་མཐའ་དག་དང་སྲིད་འཛིན་ཁྲིམས་སྲོལ། ས་གནས་རང་བཞིན་གྱི་ཁྲིམས་སྲོལ་བཅས་ཚང་མ་རྩ་ཁྲིམས་དང་རྒྱབ་འགལ་བྱེད་མི་ཆོག རྒྱལ་ཁབ་ཀྱི་ལས་ཁུངས་མཐའ་དག་དང་དམག་ཆས་སྟོབས་ཤུགས། སྲིད་ཏང་ཁག་དང་སྤྱི་ཚོགས་ཚོགས་པ་ཁག

ཁེ་ལས་བྱ་གཞག་རྩ་འཛུགས་ཁག་བཅས་ཚང་མས་ངེས་པར་དུ་རྩ་ཁྲིམས་དང་བཅའ་ཁྲིམས་ལ་བརྩི་སྲུང་ཞུ་དགོས། རྩ་ཁྲིམས་དང་བཅའ་ཁྲིམས་ལས་འགལ་བའི་བྱ་སྤྱོད་མཐའ་དག་ངེས་པར་དུ་རྩད་གཅོད་བྱ་དགོས་པ་དང་། རྩ་འཛུགས་དང་མི་སྒེར་གང་འདྲ་ཞིག་ཡིན་རུང་ཚང་མར་རྩ་ཁྲིམས་དང་བཅའ་ཁྲིམས་ལས་བརྒལ་བའི་དམིགས་བསལ་དབང་ཆ་ཡོད་མི་རུང་།

2. 我国的国家性质是什么?

༢.རང་རྒྱལ་གྱི་རྒྱལ་ཁབ་ཀྱི་ངོ་བོ་གང་ཡིན་ནམ།

中华人民共和国是工人阶级领导的、以工农联盟为基础的人民民主专政的社会主义国家。

དེའང་ཀྲུང་ཧྭ་མི་དམངས་སྤྱི་མཐུན་རྒྱལ་ཁབ་ནི་བཟོ་པའི་གྲལ་རིམ་གྱིས་འགོ་ཁྲིད་བྱས་པ་དང་བཟོ་ཞིང་མནའ་འབྲེལ་གྱིས་རྨང་གཞི་བྱས་པའི་མི་དམངས་དམངས་གཙོའི་སྲིད་དབང་སྒེར་འཛིན་གྱི་སྤྱི་ཚོགས་རིང་ལུགས་ཀྱི་རྒྱལ་ཁབ་ཅིག་ཡིན།

3. 我国的根本制度是什么?

༣.རང་རྒྱལ་གྱི་གཞི་རྩའི་ལམ་ལུགས་གང་ཡིན་ནམ།

社会主义制度是中华人民共和国的根本制度。

དེའང་སྤྱི་ཚོགས་རིང་ལུགས་ནི་ཀྲུང་ཧྭ་མི་དམངས་སྤྱི་མཐུན་རྒྱལ་ཁབ་ཀྱི་གཞི་རྩའི་ལམ་ལུགས་ཤིག་ཡིན།

4. 我国的国家权力属于谁?

༤.རང་རྒྱལ་གྱི་རྒྱལ་ཁབ་དབང་ཆ་སུ་ཞིག་གི་ལག་ཏུ་བཟུང་ཡོད་དམ།

中华人民共和国的一切权力属于人民。

དེའང་ཀྲུང་ཧྭ་མི་དམངས་སྤྱི་མཐུན་རྒྱལ་ཁབ་ཀྱི་དབང་ཆ་མཐའ་དག་མི་དམངས་ལ་བདག་པ་ཡིན།

5. 我国的政体是什么？

༥.རང་རྒྱལ་སྲིད་དབང་གི་སྒྲིག་སྲོལ་གང་འདྲ་ཡིན་ནམ།

我国的政体是人民代表大会制度。

རང་རྒྱལ་སྲིད་དབང་གི་སྒྲིག་སྲོལ་ནི་མི་དམངས་འཐུས་མི་ཚོགས་ཆེན་གྱི་ལམ་ལུགས་ཡིན།

6.《中华人民共和国宪法》针对民族关系有何规定？

༦.《ཀྲུང་ཧྭ་མི་དམངས་སྤྱི་མཐུན་རྒྱལ་ཁབ་ཀྱི་རྩ་ཁྲིམས་》ནང་མི་རིགས་ཀྱི་འབྲེལ་བར་དམིགས་ནས་གཏན་འབེབས་གང་འདྲ་བྱས་ཡོད་དམ།

中华人民共和国各民族一律平等。国家保障各少数民族的合法的权利和利益，维护和发展各民族的平等团结互助和谐关系。禁止对任何民族的歧视和压迫，禁止破坏民族团结和制造民族分裂的行为。

དེའང་ཀྲུང་ཧྭ་མི་དམངས་སྤྱི་མཐུན་རྒྱལ་ཁབ་ནང་གི་མི་རིགས་ཁག་ཚང་མ་འདྲ་མཉམ་ཡིན། རྒྱལ་ཁབ་ནས་གྲངས་ཉུང་མི་རིགས་ཁག་གི་ཁྲིམས་མཐུན་དབང་ཆ་དང་ཁེ་ཕན་འགན་ལེན་བྱེད་པ་དང་། མི་རིགས་ཁག་གི་འདྲ་མཉམ་དང་མཐུན་སྒྲིལ་རོགས་རེས། ཞི་མཐུན་བཅས་ཀྱི་འབྲེལ་བ་སྲུང་སྐྱོང་དང་འཕེལ་རྒྱས་གཏོང་བ། མི་རིགས་གང་རུང་ཞིག་ལ་ཡང་སྨད་ཆུང་དང་གཉའ་གནོན་བྱེད་མི་རུང་བ་དང་མི་རིགས་མཐུན་སྒྲིལ་ལ་གཏོར་བཤིག་དང་མི་རིགས་ཁ་བྲལ་གཏོང་བའི་བྱ་སྤྱོད་སྤྱིལ་མི་ཆོག

7. 关于国家安全，《中华人民共和国宪法》有哪些规定？

༧.རྒྱལ་ཁབ་ཀྱི་བདེ་འཇགས་སྐོར་ལ་《ཀྲུང་ཧྭ་མི་དམངས་སྤྱི་མཐུན་རྒྱལ་ཁབ་ཀྱི་རྩ་ཁྲིམས་》ནང་གཏན་འབེབས་གང་དག་བྱས་ཡོད་དམ།

国家维护社会秩序，镇压叛国和其他危害国家安全的犯罪活动，制裁危害社会治安、破坏社会主义经济和其他犯罪的活动，惩办和改造犯罪分

子。中华人民共和国公民有维护祖国的安全、荣誉和利益的义务，不得有危害祖国的安全、荣誉和利益的行为。保卫祖国、抵抗侵略是中华人民共和国每一个公民的神圣职责。

དེ་འང་རྒྱལ་ཁབ་ཀྱིས་སྤྱི་ཚོགས་ཀྱི་སྒྲིག་ལམ་སྲུང་སྐྱོང་དང་རྒྱལ་ཁབ་ལ་ངོ་ལོག་དང་རྒྱལ་ཁབ་ཀྱི་བདེ་འཇགས་ལ་གནོད་པའི་ཉེས་གསོག་བྱེད་སྒོ་གཞན་དག་ལ་དྲག་གནོན་བྱེད་རྒྱུ། སྤྱི་ཚོགས་ཀྱི་བདེ་འཇགས་ལ་གནོད་འཚེ་དང་སྤྱི་ཚོགས་རིང་ལུགས་ཀྱི་དཔལ་འབྱོར་ལ་གཏོར་བཤིག་གཏོང་མཁན་དང་ཉེས་གསོག་གི་བྱེད་སྒོ་གཞན་དག་ལ་བཀག་སྡོམ་བྱ་རྒྱུ། ཉེས་ཅན་པར་ཆད་གཅོད་དང་བསྒྱུར་བཅོས་བྱེད་རྒྱུ། ཀྲུང་ཧྭ་མི་དམངས་སྤྱི་མཐུན་རྒྱལ་ཁབ་ཀྱི་སྤྱི་དམངས་ལ་མེས་རྒྱལ་གྱི་བདེ་འཇགས་དང་གཟི་བརྗིད་མཚན་སྙན། ཁེ་ཕན་བཅས་སྲུང་སྐྱོང་བྱ་རྒྱུའི་འོས་འགན་ཡོད་པ། མེས་རྒྱལ་གྱི་བདེ་འཇགས་དང་གཟི་བརྗིད་མཚན་སྙན། ཁེ་ཕན་བཅས་ལ་གནོད་པའི་བྱ་སྤྱོད་སྤེལ་མི་ཆོག་པ། མེས་རྒྱལ་སྲུང་སྐྱོབ་དང་བཙན་འཛུལ་ལ་འགོག་རྒོལ་བྱེད་རྒྱུ་ནི་ཀྲུང་ཧྭ་མི་དམངས་སྤྱི་མཐུན་རྒྱལ་ཁབ་ཀྱི་སྤྱི་དམངས་མི་རེ་ངོ་རེའི་བླ་ན་མེད་པའི་འགན་འཁྲི་ཡིན།

8. 什么是国家象征？

༨.རྒྱལ་ཁབ་ཀྱི་མཚོན་བྱེད་གང་ཞིག་ཡིན་ནམ།

国家象征是一个主权国家的代表和标志，主要包括国旗、国徽、国歌、首都等。

རྒྱལ་ཁབ་ཀྱི་མཚོན་བྱེད་ནི་བདག་དབང་ཡོད་པའི་རྒྱལ་ཁབ་ཅིག་གི་ཚབ་བྱེད་དང་མཚོན་རྟགས་ཡིན། དེའི་ནང་གཙོ་བོ་རྒྱལ་དར་དང་རྒྱལ་རྟགས། རྒྱལ་གླུ། རྒྱལ་ས་སོགས་ཚུད་ཡོད།

9. 公民的基本权利有哪些？

༩.སྤྱི་དམངས་ལ་གཞི་རྩའི་དབང་ཆ་གང་དག་ཡོད་དམ།

（1）法律面前一律平等；

（༡）བཅའ་ཁྲིམས་ཀྱི་མདུན་དུ་ཚང་མ་འདྲ་མཉམ་ཡིན་པ།

（2）政治权利和自由，包括选举权和被选举权，言论、出版、集会、结社、游行、示威的自由；

（༢）ཆབ་སྲིད་ཀྱི་དབང་ཆ་དང་རང་དབང་གི་ཐད་གདམ་བྱ་དང་འདེམས་བྱེད་ཀྱི་དབང་ཆ་དང་གཏམ་བརྗོད། པར་སྐྲུན། འདུ་འཛོམས། ཚོགས་པ་འཛུགས་པ། ཁྲོམ་སྐོར། ཐམ་སྟོན་བཅས་ཀྱི་རང་དབང་ཡོད།

（3）宗教信仰自由；

（༣）ཆོས་དད་རང་མོས་ཡིན་པ།

（4）人身与人格权，包括人身自由不受侵犯，人格尊严不受侵犯，住宅不受侵犯，通信自由和通信秘密受法律保护；

（༤）མི་ལུས་དང་མི་གཞིའི་དབང་ཆའི་ཐད། མི་ལུས་རང་དབང་ལ་བཙན་གནོད་བྱེད་མི་རུང་བ་དང་མི་གཞིའི་ལ་རྒྱར་བཙན་གནོད་བྱེད་མི་རུང་བ། སྡོད་ཁང་ལ་བཙན་གནོད་བྱེད་མི་རུང་བ། འཕྲིན་གཏོང་རང་དབང་དང་འཕྲིན་གཏོང་གསང་བའི་ཐད་བཅའ་ཁྲིམས་ཀྱི་སྲུང་སྐྱོང་ཐོབ་ཀྱི་ཡོད།

（5）监督权，包括对国家机关及其工作人员有批评、建议、申诉、控告、检举并依法取得赔偿的权利；

（༥）ལྟ་སྐུལ་དབང་ཆའི་ཐད། རྒྱལ་ཁབ་ཀྱི་ལས་ཁུངས་དང་དེའི་ལས་དོན་མི་སྣར་སྐྱོན་བརྗོད་དང་གྲོས་འགོ་འདོན་པ། རྒྱུ་མཚན་ཞུ་བ། ཞུ་གཏུག སྐྱོན་འདོན། དེ་བཞིན་ཁྲིམས་ལྟར་གུན་གསབ་ལེན་པ་བཅས་ཀྱི་དབང་ཆ་ཡོད།

（6）社会经济权利，包括劳动权利，劳动者休息权利，退休人员生活保障权利，因年老、疾病、残疾或丧失劳动能力时从国家和社会获得社会保障与物质帮助的权利；

（༦）དཔལ་འབྱོར་སྤྱི་ཚོགས་ཀྱི་དབང་ཆའི་ཐད། ངལ་རྩོལ་གྱི་དབང་ཆ་དང་ངལ་རྩོལ་པའི་ངལ་གསོའི་དབང་ཆ། ལས་འགྲུར་ངལ་གསོ་བྱེད་མཁན་མི་སྣའི་འཚོ་བ་འགན་སྲུང་དབང་ཆ། ལོ་རྒས་པ་དང་ནད་ཐོག་པ། དབང་པོ་སྐྱོན་ཅན་ནམ་ངལ་རྩོལ་གྱི་ནུས་པ་ཤོར་བ་བཅས་ཀྱི་

སྐབས་སུ་རྒྱལ་ཁབ་དང་སྤྱི་ཚོགས་ཐོག་ནས་སྤྱི་ཚོགས་འགན་སྲུང་དང་དངོས་པོའི་རོགས་སྐྱོར་ཐོབ་པའི་དབང་ཆ་ཡོད།

（7）社会文化权利和自由，包括受教育权利，进行科研、文艺创作和其他文化活动的自由；

（༧）སྤྱི་ཚོགས་རིག་གནས་ཀྱི་དབང་ཆ་དང་རང་དབང་ཐད། སློབ་གསོ་ཐོབ་པའི་དབང་ཆ་དང་ཚན་རིག་ཞིབ་འཇུག རིག་གནས་སྒྱུ་རྩལ་གསར་རྩོམ། དེ་བཞིན་རིག་གནས་ཀྱི་བྱེད་སྒོ་གཞན་དག་སྤེལ་བའི་དབང་ཆ་ཡོད།

（8）妇女保护权，妇女在政治、经济、文化、社会和家庭生活等方面享有同男子同等的权利；

（༨）བུད་མེད་སྲུང་སྐྱོང་དབང་ཆའི་ཐད། བུད་མེད་ལ་ཆབ་སྲིད་དང་དཔལ་འབྱོར། རིག་གནས། སྤྱི་ཚོགས། དེ་བཞིན་ཁྱིམ་ཚང་འཚོ་བ་སོགས་ཀྱི་ཐད་སྐྱེས་པ་དང་འདྲ་མཉམ་གྱི་དབང་ཆ་ཡོད།

（9）婚姻、家庭、母亲和儿童受国家的保护；

（༩）གཉེན་སྒྲིག་དང་ཁྱིམ་ཚང་། མ་དང་བྱིས་པ་བཅས་ལ་རྒྱལ་ཁབ་ནས་སྲུང་སྐྱོང་ཐོབ་པ་ཡིན།

（10）华侨、归侨和侨眷的正当权利和利益受国家保护。

（༡༠）ཕྱི་སྡོད་སྤུན་ཟླ་དང་ཕྱིར་ལོག་སྤུན་ཟླ། ཕྱི་སྡོད་རང་མིའི་ཁྱིམ་མི་བཅས་ཀྱི་ལུགས་མཐུན་ཁེ་དབང་ལ་རྒྱལ་ཁབ་ནས་སྲུང་སྐྱོང་ཐོབ་པ་བཅས་ཡིན།

10. 公民的基本义务有哪些？

༡༠.སྤྱི་དམངས་ཀྱི་གཞི་རྩའི་འོས་འགན་གང་དག་ཡིན་ནམ།

（1）维护国家的统一和全国各民族的团结；

（༡）རྒྱལ་ཁབ་ཀྱི་གཅིག་གྱུར་དང་རྒྱལ་ཡོངས་མི་རིགས་ཁག་གི་མཐུན་སྒྲིལ་ལ་སྲུང་སྐྱོང་བྱ་དགོས།

（2）遵守宪法和法律，保守国家秘密，爱护公共财产，遵守劳动纪律，遵守公共秩序，尊重社会公德；

（༢）རྩ་ཁྲིམས་དང་བཅའ་ཁྲིམས་ལ་བརྩི་སྲུང་དང་རྒྱལ་ཁབ་ཀྱི་གསང་བ་སྲུང་རྒྱུ། སྤྱི་པའི་རྒྱུ་ནོར་ལ་གཅེས་འཛིན། ངལ་རྩོལ་སྒྲིག་ཁྲིམས་ལ་བརྩི་སྲུང་། སྤྱི་པའི་སྒྲིག་ལམ་ལ་བརྩི་སྲུང་། སྤྱི་ཚོགས་ཀྱི་སྤྱོད་བཟང་ལ་བརྩི་འཇོག་བཅས་བྱ་དགོས།

（3）维护国家的安全、荣誉和利益；

（༣）རྒྱལ་ཁབ་ཀྱི་བདེ་འཇགས་དང་གཟི་བརྗིད་མཚན་སྙན། ཁེ་ཕན་བཅས་ལ་སྲུང་སྐྱོང་བྱ་དགོས།

（4）保卫祖国，抵抗侵略，依照法律服兵役和参加民兵组织；

（༤）མེས་རྒྱལ་སྲུང་སྐྱོང་དང་བཙན་འཛུལ་ལ་འགོག་རྒོལ། བཅའ་ཁྲིམས་ལ་གཞིགས་ནས་དམག་ཞབས་ཞུ་དགོས་པ་དང་ཡུལ་དམག་རུ་འཛུགས་ནང་ཞུགས་དགོས།

（5）依照法律纳税；

（༥）བཅའ་ཁྲིམས་ལ་གཞིགས་ནས་དཔྱ་ཁྲལ་འཇལ་དགོས།

（6）其他义务。

（༦）ད་དུང་འོས་འགན་གཞན་དག་སྒྲུབ་དགོས།

三、国旗法、国徽法、国歌法

གསུམ་པ། རྒྱལ་དར་གྱི་བཅའ་ཁྲིམས་དང་རྒྱལ་རྟགས་ཀྱི་བཅའ་ཁྲིམས། རྒྱལ་གླུའི་བཅའ་ཁྲིམས།

1. 五星红旗的构成及其内涵是什么？

༡.སྐར་ལྔའི་དར་དམར་གྱི་གྲུབ་ཆ་དང་དེའི་གོ་དོན་གང་ཡིན་ནམ།

五星红旗的旗面为红色，象征着革命。左上方缀有五颗黄色五角星，四颗小五角星环拱在一颗大星的右面。大五角星代表中国共产党，四颗小五角星代表工人、农民、小资产阶级和民族资产阶级。每颗小五角星各有一个尖角正对大五角星中心点，象征着中华儿女一心向党。

སྐར་ལྔའི་དར་དམར་གྱི་ཚོས་གཞི་ནི་དམར་པོ་ཡིན་པ་དང་། དེ་ནི་གསར་བརྗེའི་མཚོན་རྟགས་ཡིན། གཡོན་སྟེང་དུ་སེར་མདོག་ཅན་གྱི་ཟུར་ལྔའི་སྐར་མ་ལྔ་ཡོད་པ་དེའང་ཟུར་ལྔའི་སྐར་མ་ཆུང་བ་བཞིས་ཟུར་ལྔའི་སྐར་མ་ཆེ་བ་གཅིག་ལ་གཡས་ངོས་ནས་སྐྱེད་སྐོར་གྱི་ཚུལ་དུ་བསྐོར་ནས་ཡོད། ཟུར་ལྔའི་སྐར་མ་ཆེ་བ་ནི་ཀྲུང་གོ་གུང་ཁྲན་ཏང་གི་མཚོན་རྟགས་དང་ཟུར་ལྔའི་སྐར་མ་ཆུང་བ་བཞི་ནི་བཟོ་པ་དང་ཞིང་པ། འབྱོར་ལྡན་གྲལ་རིམ་ཆུང་གྲས་དང་མི་རིགས་འབྱོར་ལྡན་གྲལ་རིམ་གྱི་མཚོན་རྟགས་ཡིན། ཟུར་ལྔའི་སྐར་མ་ཆུང་བ་དེ་དག་གི་ཟུར་རྩེ་གཅིག་རེ་ནི་

བྱུར་ལྷའི་སྐར་མ་ཆེ་བ་དེའི་ལྟེ་བར་ཁ་གཏད་ཡོད་ཅིང་། དེས་ཀྲུང་ཧྭའི་བུ་ཕྲུག་རྣམས་སེམས་རྩེ་གཅིག་གིས་ཏང་ལ་ཁ་ཕྱོགས་པ་མཚོན་གྱི་ཡོད།

2.《中华人民共和国国旗法》对升挂国旗有什么要求?

༢.《ཀྲུང་ཧྭ་མི་དམངས་སྤྱི་མཐུན་རྒྱལ་ཁབ་ཀྱི་རྒྱལ་དར་བཅའ་ཁྲིམས་》ནང་རྒྱལ་དར་འགེལ་བའི་སྐབས་བླང་བྱ་གང་ཡོད་དམ།

（1）不得升挂或者使用破损、污损、褪色或者不合规格的国旗，不得倒挂、倒插或者以其他有损国旗尊严的方式升挂、使用国旗。

（༡）དར་ངོས་རལ་བ་དང་བཙོག་སྦྱིན་ཡོད་པ། ཚོས་གཞི་ཡུད་པའམ་ཡང་ན་ཚད་གཞི་དང་མི་མཐུན་པའི་རྒྱལ་དར་འགེལ་བའམ་བེད་སྤྱོད་བྱེད་མི་ཆོག་པ། རྒྱལ་དར་མགོ་མཇུག་སློག་ནས་འགེལ་བའམ་འཛུགས་པ། དེ་བཞིན་རྒྱལ་དར་གྱི་གཟི་རྗམ་ལ་གནོད་པའི་ཐབས་ནས་འགེལ་བ་དང་བེད་སྤྱོད་བྱེད་མི་ཆོག

（2）升挂国旗时，可以举行升旗仪式。举行升旗仪式时，应当奏唱国歌。在国旗升起的过程中，在场人员应当面向国旗肃立，行注目礼或者按照规定要求敬礼，不得有损害国旗尊严的行为。

（༢）རྒྱལ་དར་འགེལ་བའི་སྐབས་རྒྱལ་དར་སྒྲེང་བའི་མཛད་སྒོ་སྤེལ་ཆོག རྒྱལ་དར་སྒྲེང་བའི་མཛད་སྒོ་སྤེལ་སྐབས་རྒྱལ་གླུ་གཏོང་དགོས། རྒྱལ་དར་སྒྲེང་བའི་བརྒྱུད་རིམ་ནང་སྒྲེང་སར་ཡོད་པའི་མི་རྣམས་རྒྱལ་དར་ལ་ཁ་ཕྱོགས་ནས་ཀྲོང་ངེར་ལངས་ཐོག མིག་གུས་ཀྱིས་མིག་རྒྱལ་དར་ལ་བལྟ་བའམ་ཡང་ན་གཏན་འབེབས་ཀྱི་བླང་བྱ་ལྟར་གུས་བཏུད་ཞུ་དགོས་པ་ལས་རྒྱལ་དར་གྱི་གཟི་རྗམ་ལ་གནོད་པའི་བཟོ་ལྟ་སྟོན་མི་ཆོག

3. 不得使用国旗及其图案的情形有哪些？

༣.རྒྱལ་དར་དང་རྒྱལ་དར་གྱི་དཔེ་རིས་གང་ཟུང་དུ་བེད་སྤྱོད་བྱེད་མི་ཆོག་པ་གང་དག་ཡིན་ནམ།

国旗及其图案不得用作商标、授予专利权的外观设计和商业广告，不得用于私人丧事活动等不适宜的情形。

དེའང་རྒྱལ་དར་དང་རྒྱལ་དར་གྱི་དཔེ་རིས་ཚོང་རྟགས་དང་གཅིག་བདག་ཁེ་དབང་ཐོབ་པའི་ཕྱི་ངོས་ཀྱི་ཇུས་འགོད་དང་ཚོང་ལས་འགྲེམས་བསྒྲགས་ཐད་བེད་སྤྱོད་བྱེད་མི་ཆོག་པ་དང་། མི་སྒེར་གྱི་འདས་འཇུག་བྱེད་སྒོ་སོགས་འོས་མིན་གྱི་རྣམ་པའི་ཐད་བེད་སྤྱོད་བྱེད་མི་ཆོག

4. 国徽的内容和含义是什么？

༤.རྒྱལ་རྟགས་ཀྱི་དཔེ་རིས་དང་དེའི་གོ་དོན་གང་ཡིན་ནམ།

国徽的内容为国旗、天安门、齿轮和麦稻穗，象征中国人民自“五四”运动以来的新民主主义革命斗争和工人阶级领导的以工农联盟为基础的人民民主专政的新中国的诞生。

རྒྱལ་རྟགས་ཀྱི་དཔེ་རིས་གྲས་སུ་རྒྱལ་དར་དང་གནམ་བདེ་སྒོ་མོ། འཁོར་ལོ་སོ་ཅན། གྲོའི་སྙེ་མ་བཅས་ཡོད་ཅིང་། དེས་ཀྲུང་གོ་མི་དམངས་ཀྱིས“ལྔ་བཞིའི”ལས་འགུལ་སྤེལ་ཚུན་དུ་མི་དམངས་དམངས་གཙོའི་གསར་བརྗེའི་འཐབ་རྩོད་བྱས་མཐར། བཟོ་པའི་གྲལ་རིམ་གྱིས་འགོ་ཁྲིད་བྱས་པ་དང་བཟོ་ཞིང་མནའ་འབྲེལ་གྱིས་རྨང་གཞི་བྱས་པའི་མི་དམངས་དམངས་གཙོའི་སྲིད་དབང་སྒེར་འཛིན་གྱི་ཀྲུང་གོ་གསར་པ་དབུ་བརྙེས་པ་མཚོན་གྱི་ཡོད།

5. 不得使用国徽及其图案的情形有哪些？

༥.རྒྱལ་རྟགས་དང་རྒྱལ་རྟགས་ཀྱི་དཔེ་རིས་གང་ཟུང་དུ་བེད་སྤྱོད་བྱེད་མི་ཆོག་པ་གང་དག་ཡིན་ནམ།

（1）商标、授予专利权的外观设计、商业广告；

（༡）ཚོང་རྟགས་དང་གཅིག་བདག་ཁེ་དབང་ཐོབ་པའི་ཕྱི་ངོས་རྟུས་འགོད། ཚོང་ལས་འགྲེམས་བསྒྲགས།

（2）日常用品、日常生活的陈设布置；

（༢）རྒྱུན་སྤྱོད་དངོས་ཟོག་དང་རྣམ་ཀུན་འཚོ་བའི་ཐད་ཀྱི་བཀོད་སྒྲིག

（3）私人庆吊活动；

（༣）མི་སྒེར་གྱི་རྟེན་འབྲེལ་དང་མྱ་ངན་གྱི་བྱེད་སྒོ།

（4）国务院办公厅规定不得使用国徽及其图案的其他场合。

（༤）རྒྱལ་སྲིད་སྤྱི་ཁྱབ་གཞུང་ལས་ཁང་ནས་རྒྱལ་རྟགས་དང་དེའི་དཔེ་རིས་ཚོགས་ར་གཞན་དག་ལ་བེད་སྤྱོད་བྱེད་མི་ཆོག་པའི་གཏན་འབེབས་བྱས་ཡོད།

6. 侮辱中华人民共和国国旗、国徽的，应当承担什么责任？

༦.ཀྲུང་ཧྭ་མི་དམངས་སྤྱི་མཐུན་རྒྱལ་ཁབ་ཀྱི་རྒྱལ་དར་དང་རྒྱལ་རྟགས་ལ་སྨད་འདྲོགས་བྱས་ཚེ། འགན་འཁྲི་གང་ཞིག་འཁུར་དགོས་སམ།

在公共场合故意以焚烧、毁损、涂划、玷污、践踏等方式侮辱中华人民共和国国旗、国徽的，依法追究刑事责任；情节较轻的，由公安机关处以十五日以下拘留。

དེ་འདང་སྤྱི་པའི་ཚོགས་རར་ཆང་བཙུགས་ནས་མེར་བསྲེགས་གཏོང་བ་དང་རྫུལ་པོར་གཏོང་བ། རི་མོ་འབྲི་བ། ནག་ནོག་བྱུག་པ། རྡོག་བརྫིས་གཏོང་བ་སོགས་ཀྱི་རྣམ་པའི་ཐོག་ནས་ཀྲུང་ཧྭ་མི་དམངས་སྤྱི་མཐུན་རྒྱལ་ཁབ་ཀྱི་རྒྱལ་དར་དང་རྒྱལ་རྟགས་ལ་སྨད་འདྲོགས་བྱས་ཚེ།

ཁྲིམས་ལྟར་འགན་འཁྲི་ཅད་གཅོད་བྱ་རྒྱུ་ཡིན་ཞིང་། གནས་ཚུལ་ཚབས་ཆུང་ཆུང་བའི་རིགས་ སྤྱི་བདེ་ལས་ཁུངས་ནས་ཉིན་བཅོ་ལྔ་མན་བཀག་ཉར་བྱ་རྒྱུ་རེད།

国旗老阿妈——次仁曲珍

རྒྱལ་དར་ཨ་མ་རྒན་མོ། ཚེ་རིང་ཆོས་སྒྲོན།

次仁曲珍老阿妈是西藏边境县聂拉木县樟木镇邦村人。西藏民主改革前，次仁曲珍曾是背夫，承担着繁重的苛捐杂税和服不完的徭役，生活毫无希望。民主改革后，次仁曲珍同西藏百万农奴一样翻身做了主人，过上了好日子。她经常跟别人念叨：“感谢党，感谢解放军！没有党，我们农奴摆脱不了万恶的旧制度；没有解放军，我们过不上幸福的新生活。”次仁曲珍不仅这样说，还体现在自己的实际行动中。

从民主改革至离开人世的50多年时间里，她风雨无阻地每天在自家院子里升挂国旗。生病时，她仍然挣扎着起来升挂国旗，实在起不了身，也会叮嘱来照看她的人帮忙升挂国旗，五十年如一日。

次仁曲珍老阿妈先后被中央电视台列为感动中国十大人物候选人之一，被自治区评选为爱国守法道德模范，被日喀则市授予首届最感动日喀则人物，并接受天安门国旗护卫队赠送的国旗。次仁曲珍就是用这种朴实无华的方式来感谢党和政府，表达一位藏族老阿妈真挚且深厚的爱国情怀。

ཨ་མ་རྒན་མོ་ཚེ་རིང་ཆོས་སྒྲོན་ནི་བོད་ལྗོངས་ཀྱི་མཐའ་མཚམས་རྫོང་སྟེ། གཉའ་ལམ་རྫོང་འགྲམ་གྲོང་རྫལ་སྤང་གྲོང་ཚོའི་མི་ཡིན། བོད་དུ་དམངས་གཙོའི་བཅོས་བསྒྱུར་མ་བྱས་གོང་། ཚེ་རིང་ཆོས་སྒྲོན་ནི་ཁྲལ་ངན་སྣ་ཚོགས་ཀྱི་ཁུར་པོ་ལྕི་ཞིང་། ཚར་དུ་མེད་པའི་ཨུ་ལག་རྒྱུག་དགོས་པས་འཚོ་བར་རེ་བ་སྤུ་ཙམ་ཡང་བཅོལ་དུ་མེད། དམངས་གཙོའི་བཅོས་བསྒྱུར་བྱས་རྗེས་ཚེ་རིང་ཆོས་སྒྲོན་ཡང་བོད་ཀྱི་ཡར་ལངས་ཞིང་ཁྲན་ཁྲི་ཚོ་བརྒྱ་དང་འདྲ་བར་ཡར་

ལངས་བྱུང་བ་དང་བདག་པོར་གྱུར་ནས་འཚོ་བ་སྐྱིད་པོ་སྐྱེལ་རྒྱུ་བྱུང་། ཁོང་གིས་རྟག་ཏུ་མི་གཞན་ལ་གུང་ཁྲན་ཏང་ཐུགས་རྗེ་ཆེ། བཅིངས་འགྲོལ་དམག་ཐུགས་རྗེ་ཆེ། གུང་ཁྲན་ཏང་མེད་ན་ང་ཚོ་ཞིང་བྲན་རྣམས་ངན་ཀུ་ཚང་བའི་ལམ་ལུགས་རྙིང་པའི་འོག་ནས་ཐར་ཐབས་མེད། བཅིངས་འགྲོལ་དམག་མེད་ན་ང་ཚོ་བདེ་སྐྱིད་ཀྱི་འཚོ་བ་གསར་པ་སྐྱེལ་མི་ཐུབ་ཅེས་ཤོད་ཀྱི་ཡོད། ཚེ་རིང་ཆོས་སྒྲོན་གྱིས་ཁ་ནས་དེ་ལྟར་ཤོད་པ་མ་ཟད། རང་ཉིད་ཀྱི་བྱ་སྤྱོད་ངོ་མའི་ཐོག་ནས་ཀྱང་དེ་ལྟར་མངོན་པ་བྱེད་ཀྱི་ཡོད།

དམངས་གཙོའི་བཅོས་བསྒྱུར་བྱས་པ་ནས་ཁོ་རང་ཆེ་ལས་མ་འདས་བར་གྱི་ལོ་ངོ་༥༠ལྷག་ཙམ་རིང་། ཁོང་གིས་དྲག་ཆར་རླུང་འཚུབ་ལ་མ་འཛེམ་པར་ཉིན་ལྟར་རང་གི་སྒོ་རའི་ནང་རྒྱལ་དར་སྒྲེང་བཞིན་ཡོད། ཐ་ན་ལུས་ལ་ནད་གཞི་ཐོག་ནའང་སྨུག་ཏུས་ཀྱིས་ཡར་ལངས་ནས་རྒྱལ་དར་སྒྲེང་བ་དང་། གལ་ཏེ་གཏན་ནས་ལངས་མ་ཐུབ་ཚེ། ཁོང་ལ་ནད་གཡོག་རྒྱུག་མཁན་གྱི་མིར་རྒྱལ་དར་སྒྲེང་འཇུག་གི་ཡོད། དེ་ལྟར་ལོ་ངོ་ལྔ་བཅུའི་རིང་ཉིན་གཅིག་ལ་དཔེ་ལེན་པ་ལྟར་བྱས་ཡོད།

ཨ་མ་རྒན་མོ་ཚེ་རིང་ཆོས་སྒྲོན་ནི་སྤྱི་ཕྱིར་ཀྲུང་དབྱང་བརྙན་འཕྲིན་ལས་ཁུངས་ཀྱིས་ཀྲུང་གོའི་མི་སེམས་འགུལ་བའི་མི་ཆེན་བཅུའི་འོས་མིའི་གྲས་སུ་བདམས་པ་དང་། རང་སྐྱོང་ལྗོངས་ཀྱིས་རྒྱལ་གཅེས་ཁྲིམས་སྲུང་གི་ཀུན་སྤྱོད་དཔེ་བཟང་ལ་བདམས་པ། གཞིས་རྩེ་གྲོང་ཁྱེར་གྱིས་སྐབས་དང་པོའི་གཞིས་རྩེའི་མི་སེམས་འགུལ་བའི་མི་སྣར་བདམས་པ་མ་ཟད། གནམ་བདེ་སྒོ་མོའི་ཐང་ཆེན་གྱི་རྒྱལ་དར་སྲུང་དམག་ཏུ་ཁག་གིས་གནང་བའི་རྒྱལ་དར་དང་ལེན་བྱས་པ་རེད། ཚེ་རིང་ཆོས་སྒྲོན་གྱིས་དེ་ལྟར་བབས་ཆགས་ཚུལ་ལྡན་གྱི་ཐོག་ནས་ཏང་དང་སྲིད་གཞུང་ལ་ཐུགས་རྗེ་ཆེ་ཞུ་བ་དང་། བོད་རིགས་ཨ་མ་རྒན་རྒོན་ཞིག་གི་ལྷག་བསམ་རྣམ་དག་དང་སྙིང་ཁོང་གི་རྒྱལ་གཅེས་བསམ་བློ་མཚོན་པར་བྱས་ཡོད།

7.《中华人民共和国国歌法》对奏唱国歌有什么要求？

༧.《ཀྲུང་ཧྭ་མི་དམངས་སྤྱི་མཐུན་རྒྱལ་ཁབ་ཀྱི་རྒྱལ་གླུའི་བཅའ་ཁྲིམས་》ནང་རྒྱལ་གླུ་དཀྲོལ་གཏོང་ཐད་བླང་བྱ་གང་བཏོན་ཡོད་དམ།

奏唱国歌，应当按照标准的国歌的歌词和曲谱，不得采取有损国歌尊严的奏唱形式。奏唱国歌时，在场人员应当肃立，举止庄重，不得有不尊重国歌的行为。

རྒྱལ་གླུ་གཏོང་སྐབས་ཚད་ལྡན་གྱི་རྒྱལ་གླུའི་གླུ་ཚིག་དང་གཞས་གདངས་ལ་གཞིགས་དགོས་པ་ལས་རྒྱལ་གླུའི་གཟི་རྗམ་ལ་གནོད་པའི་དཀྲོལ་གཏོང་རིགས་བྱེད་མི་ཆོག རྒྱལ་གླུ་དཀྲོལ་གཏོང་བྱེད་སྐབས་ཚོགས་ར་དེ་གར་ཡོད་པའི་མི་རྣམས་ཀྱང་ངེར་ལངས་པ་དང་སྤམ་བསྲིང་གི་ཚུལ་སྟོན་དགོས་པ་ལས་རྒྱལ་གླུར་བརྩི་འཇོག་མེད་པའི་ཚུལ་སྤྱོད་བཟུང་མི་རུང་།

8. 不得使用国歌的情形有哪些？

༨.རྒྱལ་གླུ་བེད་སྤྱོད་བྱེད་མི་ཆོག་པའི་ཆ་གང་དག་ཡིན་ནམ།

国歌不得用于或者变相用于商标、商业广告，不得在私人丧事活动等不适宜的场合使用，不得作为公共场所的背景音乐等。

དེའང་རྒྱལ་གླུ་ནི་ཚོང་རྟགས་དང་ཚོང་ལས་འགྲེམས་བསྒྲགས་ཐད་དངོས་སུ་བེད་སྤྱོད་དམ་ཡང་ན་རྣམ་པ་འགྱུར་བའི་ཐོག་ནས་བེད་སྤྱོད་བྱེད་མི་རུང་བ་དང་། མི་སྒེར་གྱི་འདས་འཇུག་བྱེད་སྒོ་སོགས་འོས་མིན་གྱི་ཚོགས་རར་བེད་སྤྱོད་བྱེད་མི་རུང་བ། སྤྱི་པའི་ཚོགས་རར་རྒྱབ་ལྗོངས་ཀྱི་རོལ་དབྱངས་སུ་བྱས་ནས་བེད་སྤྱོད་བྱེད་མི་རུང་བ་སོགས་སོ།།

9. 侮辱中华人民共和国国歌的，应当承担什么责任？

༩.ཀྲུང་ཧྭ་མི་དམངས་སྤྱི་མཐུན་རྒྱལ་ཁབ་ཀྱི་རྒྱལ་གླུར་སྨད་འདོགས་བྱས་ཚེ། འགན་འཁྲི་གང་ཞིག་འཁུར་དགོས་སམ།

在公共场合，故意篡改国歌歌词、曲谱，以歪曲、贬损方式奏唱国歌，或者以其他方式侮辱国歌的，由公安机关处以警告或者十五日以下拘留；构成犯罪的，依法追究刑事责任。

དེའང་སྤྱི་པའི་ཚོགས་རར་ཧ་ཅང་བཙུགས་ནས་རྒྱལ་གླུའི་གཞས་ཚིག་ལ་བཟོ་བཅོས་དང་གཞས་གདངས་གསར་བཟོ། དེ་བཞིན་གཞས་གདངས་འཁྱོག་བཅོས་དང་དམའ་འབེབས་ཀྱི་རྣམ་པའི་ཐོག་ནས་རྒྱལ་གླུ་དཀྲོལ་གཏོང་དང་། ཡང་ན་རྣམ་པ་གཞན་དག་ཐོག་ནས་རྒྱལ་གླུར་སྨད་འདོགས་བྱས་ཚེ་སྤྱི་བདེ་ལས་ཁུངས་ནས་ཐ་ཚིག་གཏོང་བའམ་ཡང་ན་ཉིན་བཅོ་ལྔ་མན་བཀག་འཛུག་བྱ་རྒྱུ་དང་། ཉེས་གསོག་གི་ཚད་ལ་སླེབས་ཡོད་ཚེ་ཉེས་དོན་འགན་འཁྲི་ཟུང་གཅོད་བྱ་རྒྱུ་རེད།

四、民法典

བཞི་པ། དམངས་དོན་ཁྲིམས་གཞུང་།

1.《中华人民共和国民法典》颁布的时间及意义?

༡.《ཀྲུང་ཧྭ་མི་དམངས་སྤྱི་མཐུན་རྒྱལ་ཁབ་ཀྱི་དམངས་དོན་ཁྲིམས་གཞུང་》ཡོངས་བསྒྲགས་བྱས་པའི་དུས་ཚོད་དང་དེའི་དོན་སྙིང་གང་ཡིན་ནམ།

《中华人民共和国民法典》由中华人民共和国第十三届全国人民大会第三次会议于2020年5月28日通过，自2021年1月1日起实行。民法典是新中国第一部以“典”命名的法律，关于民法典的定位，习近平总书记指出，“民法典在中国特色社会主义法律体系中具有重要地位，是一部固根本、稳预期、利长远的基础性法律”。民法典颁布的重要意义体现在坚持和完善中国特色社会主义制度的现实需要，是推进全面依法治国，推进国家治理体系和治理能力现代化的一个重大举措，让社会主义核心价值观通过法治建设更加深入人心。

《ཀྲུང་ཧྭ་མི་དམངས་སྤྱི་མཐུན་རྒྱལ་ཁབ་ཀྱི་དམངས་དོན་ཁྲིམས་གཞུང་》ནི་ཀྲུང་ཧྭ་མི་དམངས་སྤྱི་མཐུན་རྒྱལ་ཁབ་ཀྱི་སྐབས་བཅུ་གསུམ་པའི་རྒྱལ་ཡོངས་མི་དམངས་འཐུས་མི་ཚོགས་ཆེན་ཐེངས་གསུམ་པའི་ཐོག་སྟེ། སྤྱི་ལོ་༢༠༢༠ལོའི་ཟླ་༥པའི་ཚེས་༢༨ཉིན་གྲོས་འཆམ་བྱུང་བ་དང་། སྤྱི་ལོ་༢༠༢༡ལོའི་ཟླ་༡ཚེས་༡ཉིན་ནས་བཟུང་ལག་བསྟར་བྱེད་འགོ་ཚུགས་ཡོད། དམངས་དོན་ཁྲིམས་གཞུང་ནི་ཀྲུང་གོ་གསར་པའི་མིང་དུ“གཞུང་”ཞེས་ཐོགས་པའི་ཁྲིམས་གཞུང་ཨང་དང་པོ་དེ་ཡིན། དམངས་དོན་ཁྲིམས་གཞུང་གི་གོ་བབ་སྐོར་ལ་སྤྱི་ཁྱབ་ཧྲུའུ་ཅི་ཞི་ཅིན་ཕིང་གིས“དམངས་དོན་ཁྲིམས་གཞུང་གིས་ཀྲུང་གོའི་ཁྱད་ཆོས་ལྡན་པའི་སྤྱི་ཚོགས་རིང་ལུགས་ཀྱི་བཅའ་ཁྲིམས་མ་ལག་ཁྲོད་གནས་བབ་གལ་ཆེན་བཟུང་ཡོད་ཅིང་། དེ་ནི་འབྱུང་རྩ་སྲ་ལ་སྔོན་དཔག་བརྟན་པ། ཕུགས་ལ་ཕན་པ་བཅས་ཀྱི་རྨང་གཞིའི་རང་བཞིན་གྱི་བཅའ་ཁྲིམས་ཤིག་ཡིན”ཞེས་བསྟན་ཡོད། དམངས་དོན་ཁྲིམས་གཞུང་ཡོངས་བསྒྲགས་བྱས་པའི་གལ་ཆེའི་དོན་སྙིང་ནི་ཀྲུང་གོའི་ཁྱད་ཆོས་ལྡན་པའི་སྤྱི་ཚོགས་རིང་ལུགས་ཀྱི་ལམ་ལུགས་བརྟན་འཛིན་དང་འཕྲིན་ཆ་ཚང་དུ་བཏང་བའི་དོན་དངོས་ཀྱི་དགོས་མཁོའི་ཐོག་ནས་མངོན་གྱི་ཡོད་ཅིང་། དེའང་ཁྲིན་ཡོངས་ནས་ཁྲིམས་ལྟར་རྒྱལ་ཁབ་སྐྱོང་རྒྱུར་སྐུལ་འདེད་དང་རྒྱལ་ཁབ་ཀྱི་བཅོས་སྐྱོང་མ་ལག་དང་བཅོས་སྐྱོང་ནུས་པ་དེང་རབས་ཅན་དུ

འགྱུར་བ་བྱེད་པའི་བྱ་སྤྱོད་གལ་ཆེན་ཞིག་ཡིན་པས་སྤྱི་ཚོགས་རིང་ལུགས་ཀྱི་ལྟེ་བའི་རིན་ཐང་ལྟ་བ་དག་ཁྲིམས་སྐྱོང་འཛུགས་སྐྱོང་བརྒྱུད་མི་རྣམས་ཀྱི་སེམས་ལ་གཏིང་ཟབ་ཟུག་རྒྱུ་དེའོ།

2.《中华人民共和国民法典》的立法目的是什么？

༢.《ཀྲུང་ཧྭ་མི་དམངས་སྤྱི་མཐུན་རྒྱལ་ཁབ་ཀྱི་དམངས་དོན་ཁྲིམས་གཞུང་》འཛུགས་པའི་དམིགས་ཡུལ་གང་ཡིན་ནམ།

为了保护民事主体的合法权益，调整民事关系，维护社会和经济秩序，适应中国特色社会主义发展要求，弘扬社会主义核心价值观。

དེའང་དམངས་དོན་བྱེད་པོའི་ཁྲིམས་མཐུན་ཁེ་དབང་སྲུང་སྐྱོང་དང་དམངས་དོན་འབྲེལ་བ་སྙོམས་སྒྲིག སྤྱི་ཚོགས་དང་དཔལ་འབྱོར་སྒྲིག་ལམ་སྲུང་སྐྱོང་། དེ་བཞིན་ཀྲུང་གོའི་ཁྱད་ཆོས་ལྡན་པའི་སྤྱི་ཚོགས་རིང་ལུགས་གོང་འཕེལ་གྱི་དགོས་མཁོ་དང་འཚམ་པ། སྤྱི་ཚོགས་རིང་ལུགས་ཀྱི་ལྟེ་བའི་རིན་ཐང་ལྟ་བ་དར་སྤེལ་གཏོང་རྒྱུ་བཅས་ཀྱི་ཆེད་དུ་གཏན་འབེབས་བྱས་པ་ཞིག་ཡིན།

3.《中华人民共和国民法典》与我们有什么关系？

༣.《ཀྲུང་ཧྭ་མི་དམངས་སྤྱི་མཐུན་རྒྱལ་ཁབ་ཀྱི་དམངས་དོན་ཁྲིམས་གཞུང་》དེ་ཉིད་ང་ཚོ་དང་འབྲེལ་བ་གང་ཡོད་དམ།

《中华人民共和国民法典》被誉为“社会生活的百科全书”和“保障民事权利的宣言书”，分为总则、物权、合同、人格权、婚姻家庭、继承、侵权责任七编和附则，共 84 章、1260 条，是迄今为止我国条文数最多的一部法律。它不仅在我国法治进程中具有划时代的历史意义，而且真正照顾到人们日常生活的方方面面。从生老病死到衣食住行，从婚姻家庭到生产生活，从物权、继承，到合同、侵权责任……可谓包罗社会万象，与每个人息息相关。

《ཀྲུང་ཧྭ་མི་དམངས་སྤྱི་མཐུན་རྒྱལ་ཁབ་ཀྱི་དམངས་དོན་ཁྲིམས་གཞུང་》ལ་“སྤྱི་ཚོགས་འཚོ་བའི་ཤེས་བྱ་ཀུན་བཏུས་”དང་། “དམངས་དོན་ཁེ་དབང་འགན་སྲུང་བྱེད་པའི་བསྒྲགས་གཏམ་ཡི་གེ”ཞེས་འབོད་ཅིང་། དེར་སྤྱིའི་རྩ་དོན་དང་དངོས་དབང་། གན་རྒྱ། མི་གཤིས་དབང་ཆ། གཉེན་སྒྲིག་གི་ཁྱིམ་ཚང་། རྒྱུན་འཛིན། ཤུལ་ནོར་དབང་གནོད་འགན་འཁྲི་བཅས་ལེ་ཚན་བདུན་དང་ཞར་བྱུང་དོན་ཚན་བཅས་སུ་དབྱེ་བ་དང་། དེར་ཁྱོན་ལེའུ་༨༤དང་དོན་ཚན་༡༢༦༠ཡོད་པས་ད་བར་རང་རྒྱལ་གྱི་དོན་ཚན་འབོར་གྲངས་མང་ཤོས་ཀྱི་བཅའ་ཁྲིམས་ཤིག་ཡིན། དེར་རང་རྒྱལ་གྱི་ཁྲིམས་སྐྱོང་འཕེལ་རིམ་ཁྲོད་དུས་རབས་དབྱེ་བའི་ལོ་རྒྱུས་ཀྱི་དོན་སྙིང་ལྡན་པ་མ་ཟད། དོན་དམ་པའི་ཐོག་ནས་མི་རྣམས་ཀྱི་རྒྱུན་གཏན་འཚོ་བའི་ཕྱོགས་གང་སར་ལྟ་རྟོག་བྱས་ཡོད། སྐྱེ་རྒ་ན་འཆི་ནས་ཟས་གོས་འགྲོ་སྡོད་བར་དང་། གཉེན་སྒྲིག་གི་ཁྱིམ་ཚང་ནས་ཐོན་སྐྱེད་འཚོ་བའི་བར། དངོས་དབང་དང་རྒྱུན་འཛིན་ནས་གན་རྒྱ་དང་དབང་གནོད་འགན་འཁྲིའི་བར་བཅས་སྤྱི་ཚོགས་ཀྱི་སྣང་ཚུལ་སྣ་ཚོགས་ཚུད་ཡོད་པས་མི་མི་རེ་རེ་དང་འབྲེལ་བ་ཆེན་པོ་ཡོད།

4.《中华人民共和国民法典》中的平等原则指什么？

༤.《ཀྲུང་ཧྭ་མི་དམངས་སྤྱི་མཐུན་རྒྱལ་ཁབ་ཀྱི་དམངས་དོན་ཁྲིམས་གཞུང་》ནང་འདྲ་མཉམ་གྱི་རྩ་དོན་ཞེས་པ་དེ་གང་ལ་ཟེར་རམ།

民事主体在民事活动中的法律地位一律平等。

དམངས་དོན་བྱེད་པོས་དམངས་དོན་བྱེད་སྒོའི་ནང་བཟུང་བའི་བཅའ་ཁྲིམས་ཀྱི་གོ་བབ་ཚང་མ་འདྲ་མཉམ་ཡིན་པ།

自然人的民事权利能力一律平等。

རང་བྱུང་མིའི་དམངས་དོན་ཁེ་དབང་གི་ནུས་པ་ཚང་མ་འདྲ་མཉམ་ཡིན་པ།

民事主体的财产权利受法律平等保护。

དམངས་དོན་བྱེད་པོའི་རྒྱུ་ནོར་དབང་ཆར་བཅའ་ཁྲིམས་ཀྱི་སྲུང་སྐྱོང་ཐོབ་པ།

夫妻在婚姻家庭中地位平等。

བཟའ་ཚང་གཉིས་གཉེན་སྒྲིག་གི་ཁྱིམ་ཚང་ནང་གོ་བབ་འདྲ་མཉམ་ཡིན་པ།

继承权男女平等。

རྒྱུན་འཛིན་བྱེད་དབང་ཐད་ཕོ་མོ་འདྲ་མཉམ་ཡིན་པ་བཅས་ལ་ཟེར།

5.《中华人民共和国民法典》中的诚信原则指什么？

༥.《ཀྲུང་ཧྭ་མི་དམངས་སྤྱི་མཐུན་རྒྱལ་ཁབ་ཀྱི་དམངས་དོན་ཁྲིམས་གཞུང་》ནང་གི་ཡིད་རྟོན་གྱི་རྩ་དོན་ཞེས་པ་གང་ལ་ཟེར་རམ།

《中华人民共和国民法典》第七条规定，民事主体从事民事活动，应当遵循诚信原则，秉持诚实，恪守承诺。第五百条规定，当事人在订立合同过程中有下列情形之一，造成对方损失的，应当承担赔偿责任：（1）假借订立合同，恶意进行磋商；（2）故意隐瞒与订立合同有关的重要事实或者提供虚假情况；（3）有其他违背诚信原则的行为。第五百零九条

规定：当事人应当遵循诚信原则，根据合同的性质、目的和交易习惯履行通知、协助、保密等义务。

དེའང་《ཀྲུང་ཧྭ་མི་དམངས་སྤྱི་མཐུན་རྒྱལ་ཁབ་ཀྱི་དམངས་དོན་ཁྲིམས་གཞུང་》གི་དོན་ཚན་བདུན་པའི་ནང་། དམངས་དོན་བྱེད་པོས་དམངས་དོན་བྱེད་སྒོ་སྤེལ་སྐབས་ཡིད་རྟོན་གྱི་རྩ་དོན་ལ་བརྩི་སྲུང་བྱས་ཐོག གཞུང་དྲང་དང་ཁས་ལེན་ལག་བསྟར་བྱ་དགོས་པ་གཏན་འབེབས་བྱས་ཡོད་པ་དང་། དོན་ཚན་ཤང་ལྔ་བརྒྱའི་ནང་དོ་བདག་གིས་གན་རྒྱ་འཛོག་པའི་བརྒྱུད་རིམ་ཁྲོད་གཤམ་གསལ་གྱི་གནས་ཚུལ་རིགས་བྱུང་ནས་ཕ་རོལ་ལ་གྱོང་གུན་བཟོས་ཚེ་གྱོང་གུན་གསབ་སྡོད་ཀྱི་འགན་འཁྲི་འཁུར་དགོས་པ་དེའང་（༡）གན་རྒྱ་འཛོག་པར་ཁ་གཡར་ནས་ཧང་བཙུགས་ཏེ་གྲོས་བསྡུར་བྱས་པ།（༢）གན་རྒྱ་འཛོག་རྒྱུ་དང་འབྲེལ་བ་ཡོད་པའི་དོན་དངོས་གལ་ཆེན་ཧང་བཙུགས་ནས་གསང་བ་བྱས་པའམ་ཡང་ན་གནས་ཚུལ་རྫུན་མ་མགོ་འདོན་བྱས་པ།（༣）ཡིད་རྟོན་གྱི་རྩ་དོན་ལས་འགལ་བའི་བྱ་སྤྱོད་གཞན་དག་ཡོད་པ་བཅས་ཡིན། དོན་ཚན་ཨང་ལྔ་བརྒྱ་བཅུ་མེད་དགུའི་ནང་། དོ་བདག་གིས་ཡིད་རྟོན་འཕེར་བའི་རྩ་དོན་བརྩི་སྲུང་བྱེད་དགོས་ཤིང་། གན་རྒྱའི་ངོ་བོ་དང་དམིགས་ཡུལ། ཉོ་ཚོང་གི་གོམས་སྲོལ་བཅས་དང་བསྟུན་ནས་བརྡ་གཏོང་བ་དང་། རམ་འདེགས་བྱེད་པ། གསང་དོན་སྲུང་བ་སོགས་ཀྱི་འོས་འགན་སྒྲུབ་དགོས་པ་གཏན་འབེབས་བྱས་ཡོད།

6.《中华人民共和国民法典》中的守法与公序良俗原则指什么？

༦.《ཀྲུང་ཧྭ་མི་དམངས་སྤྱི་མཐུན་རྒྱལ་ཁབ་ཀྱི་དམངས་དོན་ཁྲིམས་གཞུང་》ནང་གི་ཁྲིམས་སྲུང་དང་སྤྱི་སྒྲིག་སྲོལ་བཟང་གི་རྩ་དོན་ཞེས་པ་གང་ལ་ཟེར་རམ།

民事主体从事民事活动，不得违反法律，不得违背公序良俗。

དམངས་དོན་བྱེད་པོས་དམངས་དོན་བྱེད་སྒོ་སྤེལ་སྐབས་བཅའ་ཁྲིམས་ལས་འགལ་མི་ཉན་པ་དང་སྤྱི་པའི་སྒྲིག་སྲོལ་བཟང་པོ་ལས་འགལ་མི་ཉན་པ།

违反法律、行政法规的强制性规定的民事法律行为无效。但是，该强制性规定不导致该民事法律行为无效的除外。

བཅའ་ཁྲིམས་དང་སྲིད་འཛིན་ཁྲིམས་སྲོལ་ལས་འགལ་ཏེ་བཙན་ཐབས་རང་བཞིན་གྱིས་གཏན་འབེབས་བྱས་པའི་དམངས་དོན་ཁྲིམས་ལུགས་ཡོད་རིགས་གོ་ཆོད་དུ་མེད། འོན་ཀྱང་བཙན་ཐབས་རང་བཞིན་གྱི་གཏན་འབེབས་དེ་རིགས་ཀྱིས་དམངས་དོན་བཅའ་ཁྲིམས་དེར་ནུས་པ་མི་ཐོན་པའི་རིགས་འདིའི་ཁོངས་སུ་ཚུད་མེད།

违背公序良俗的民事法律行为无效。

སྤྱི་སྒྲིག་སྲོལ་བཟང་དང་འགལ་བའི་དམངས་དོན་བཅའ་ཁྲིམས་ཀྱི་རིགས་གོ་ཆོད་དུ་མེད།

7.《中华人民共和国民法典》中的绿色原则指什么?

༧.《ཀྲུང་ཧྭ་མི་དམངས་སྤྱི་མཐུན་རྒྱལ་ཁབ་ཀྱི་དམངས་དོན་ཁྲིམས་གཞུང་》ནང་གི་ལྗང་མདོག་རྩ་དོན་ཞེས་པ་གང་ལ་ཟེར་རམ།

民事主体从事民事活动，应当有利于节约资源、保护生态环境。

དམངས་དོན་བྱེད་པོས་དམངས་དོན་བྱེད་སྒོ་སྤེལ་སྐབས་ཐོན་ཁུངས་གྲོན་ཆུང་དང་ཁོར་ཡུག་སྲུང་སྐྱོང་ལ་ཕན་ཐོགས་ཡོད་པ་བྱ་དགོས།

不动产权利人不得违反国家规定弃置固体废物，排放大气污染物、水污染物、土壤污染物、噪声、光辐射、电磁辐射等有害物质。

བརྟན་འགྱུར་ཐད་བདག་དབང་ཡོད་མཁན་གྱིས་རྒྱལ་ཁབ་ཀྱི་གཏན་འབེབས་ལས་འགལ་ཏེ་སྲ་གཟུགས་ཟོག་རོ་བསྐྱུར་འཇོག་དང་རླུང་ཁམས་ལ་སྦགས་བཙོག་དང་ཆུ་ལ་སྦགས་བཙོག་ས་རྒྱུར་སྦགས་བཙོག་བཟོ་བའི་དངོས་པོ་འབུད་བཤངས་བྱེད་མི་ཆོག་པ་དང་། འཛེར་སྐད་དང་འོད་རླབས་འཕྲོ་གྱེས། གློག་རླབས་འཕྲོ་གྱེས་སོགས་གནོད་ཡོད་རིགས་འབུད་མི་ཆོག་པ།

当事人在履行合同过程中，应当避免浪费资源、污染环境和破坏生态。

ངོ་བདག་གིས་གན་རྒྱ་ལག་བསྟར་བྱེད་པའི་བརྒྱུད་རིམ་ནང་ཐོན་ཁུངས་འཕྲོ་བརླག་མི་འགྲོ་བ་དང་ཁོར་ཡུག་ལ་སྦགས་བཙོག་མི་བཟོ་བ། སྐྱེ་ཁམས་ལ་གནོད་སྐྱོན་མི་ཐེག་པ་བྱ་དགོས།

侵权人违反法律规定故意污染环境、破坏生态造成严重后果的，被侵权人有权请求相应的惩罚性赔偿。

དབང་ཆར་གནོད་སྐྱོན་བཟོ་མཁན་གྱིས་བཅའ་ཁྲིམས་ཀྱི་གཏན་འབེབས་ལས་འགལ་ཏེ་རྐང་བཙུགས་ནས་ཁོར་ཡུག་ལ་སྦགས་བཙོག་བཟོས་པ་དང་སྐྱེ་ཁམས་ལ་གཏོར་བཤིག་བཏང་སྟེ་མཇུག་འབྲས་ཚབས་ཆེན་བཟོས་ཚེ། གནོད་སྐྱོན་ཕོག་ཡུལ་གྱིས་འོས་འཚམ་གྱི་ཆད་གཅོད་དང་གུན་གསབ་སྤྲོད་པའི་རེ་ཞུ་བྱེད་དབང་ཡོད།

8.《中华人民共和国民法典》主要有哪些新增亮点和变化？

༨.《ཀྲུང་ཧྭ་མི་དམངས་སྤྱི་མཐུན་རྒྱལ་ཁབ་ཀྱི་དམངས་དོན་ཁྲིམས་གཞུང་》ནང་བསྣན་པའི་གནད་ཆེ་བ་དང་འགྱུར་ལྡོག་གསར་པ་གཙོ་བོ་གང་དག་ཡོད་དམ།

（1）见义勇为免责

因保护他人民事权益使自己受到损害的，由侵权人承担民事责任，受益人可以给予适当补偿。没有侵权人、侵权人逃逸或者无力承担民事责任，受害人请求补偿的，受益人应当给予适当补偿。因自愿实施紧急救助行为造成受助人损害的，救助人不承担民事责任。

（༡）བདེན་པའི་རྒྱབ་ལྔངས་ལ་འགན་འཁྲི་མེད་པ།

དེའང་མི་གཞན་གྱི་དམངས་དོན་ཁེ་དབང་སྲུང་སྐྱོང་བྱ་ཕྱིར་རང་ཉིད་ལ་གནོད་སྐྱོན་ཕོག་ཚེ། དབང་གནོད་གཏོང་མཁན་གྱིས་དམངས་དོན་འགན་འཁྲི་འཁུར་དགོས་པ་དང་། ཁེ་ཕན་ཐོབ་མཁན་གྱིས་གྱོང་གསབ་འོས་འཚམ་སྤྲོད་དགོས། དབང་གནོད་གཏོང་མཁན་མཐོང་དུ་མེད་པ་དང་བྲོས་བྱོལ་ལ་སོང་བའམ་ཡང་ན་དམངས་དོན་འགན་འཁྲི་འཁུར་ནུས་མེད་དུས། གནོད་སྐྱོན་ཕོག་མཁན་གྱིས་གུན་གསབ་རེ་བ་བཏོན་ན། ཁེ་ཕན་ཐོབ་མཁན་གྱིས་གུན་གསབ་འོས་འཚམ་སྤྲོད་དགོས། རང་མོས་ངང་ཁ་ཚ་དགོས་གཏུག་གི་རོགས་སྐྱོར་བྱས་ཏེ་རོགས་སྐྱོར་བྱ་ཡུལ་ལ་གནོད་འཚེ་བཟོས་ཚེ། རོགས་སྐྱོར་བྱེད་མཁན་གྱིས་དམངས་དོན་འགན་འཁྲི་འཁུར་མི་དགོས།

（2）小区共有场所收入归业主

建设单位、物业服务企业或者其他管理人等利用业主的共有部分产生的收入，在扣除合理成本之后，属于业主共有。

（༢）སྡེ་ཁུལ་གྱི་ thun་མོང་ལ་དབང་བའི་ས་ཆ་དང་ཚོགས་རའི་ཡོང་འབབ་རྣམས་སྡེ་བདག་ལ་ཐོབ་པ།

དེའང་འཛུགས་སྐྲུན་ཚན་པ་དང་སྡེ་ལས་ཞབས་ཞུའི་ཁེ་ལས་སམ་ཡང་ན་དོ་དམ་བྱེད་མི་གཞན་དག་སོགས་ཀྱིས་སྡེ་བདག་གི་ཐུན་མོང་ཆ་ནས་བྱུང་བའི་ཡོང་འབབ་ལས་ལུགས་མཐུན་མ་གནས་འཛིན་གཙོག་བྱས་རྗེས་དེ་ཕྱིངས་ཚང་མ་སྡེ་བདག་ཐུན་མོང་ལ་དབང་བ་ཡིན།

（3）禁止高利放贷

禁止高利放贷，借款的利率不得违反国家有关规定。借款合同对支付利息没有约定的，视为没有利息。借款合同对支付利息约定不明确，当事人不能达成补充协议的，按照当地或者当事人的交易方式、交易习惯、市场利率等因素确定利息；自然人之间借款的，视为没有利息。

（༣）སྐྱེད་ཀ་མཐོ་བའི་དངུལ་བུན་བཏང་མི་ཆོག་པ།

དེའང་སྐྱེད་ཀ་མཐོ་བའི་དངུལ་བུན་བཏང་མི་ཆོག་པ་དང་། དངུལ་བུན་གྱི་སྐྱེད་ཀའི་ཚད་གཞི་རྒྱལ་ཁབ་ཀྱི་འབྲེལ་ཡོད་གཏན་འབེབས་ལས་འགལ་མི་རུང་། དངུལ་གཡར་གན་རྒྱའི་ནང་སྐྱེད་ཀ་འཇལ་རྒྱུའི་ཐད་ཁ་དན་མེད་ཚེ། སྐྱེད་ཀ་མེད་པར་བརྩི་རྒྱུ་ཡིན། དངུལ་གཡར་གན་རྒྱའི་ནང་སྐྱེད་ཀ་འཇལ་རྒྱུའི་ཐད་ཁ་དན་གསལ་པོ་མེད་ཚེ། དོ་བདག་གིས་ཁ་གསབ་གྲོས་མཐུན་བཞག་མི་ཐུབ་པར་ས་གནས་དེ་གའམ་ཡང་ན་དོ་བདག་གི་བརྗེ་ཚོང་བྱ་ཐབས་དང་བརྗེ་ཚོང་གོམས་གཤིས། ཁྲོམ་རའི་སྐྱེད་ཚད་སོགས་རྒྱུ་རྐྱེན་ལ་གཞིགས་ཏེ་སྐྱེད་ཀ་གཏན་འཁེལ་བྱ་དགོས། རང་བྱུང་མིའི་དབར་དངུལ་བུན་གཏོང་རེས་བྱས་ན་སྐྱེད་ཀ་མེད་པར་བརྩི་བ་ཡིན།

（4）界定夫妻共同债务

夫妻双方共同签字或者夫妻一方事后追认等共同意思表示所负的债务，以及夫妻一方在婚姻关系存续期间以个人名义为家庭日常生活需要所负的债务，属于夫妻共同债务。

（༤）བཟའ་ཚང་ཐུན་མོང་གི་བུ་ལོན་དབྱེ་མཚམས།

དེ་འདང་བཟའ་ཚང་གཉིས་ཀས་མཉམ་དུ་མཆན་འགོད་བྱས་པའམ་ཡང་ན་བཟའ་ཚང་ཕྱོགས་གཅིག་གིས་གནས་ཚུལ་ཐོན་པའི་རྗེས་སུ་ཁས་བླངས་པ་སོགས་ཐུན་མོང་ནས་འཇལ་རྒྱུའི་རྣམ་པ་བསྟན་པའི་བུ་ལོན་དང་། དེ་བཞིན་བཟའ་ཚང་ཕྱོགས་གཅིག་གིས་གཉེན་སྒྲིག་འབྲེལ་བ་གནས་ཤུལ་ཡིན་པའི་སྐབས་སུ་རང་སྐེར་གྱི་མིང་ཐོག་ནས་ཁྱིམ་ཚང་དེ་གའི་རྣམ་ཀུན་འཚོ་བའི་དགོས་མཁོར་བརྟེན་ནས་གཡར་བའི་བུ་ལོན་ནི་བཟའ་ཚང་གཉིས་ནས་མཉམ་དུ་འཇལ་དགོས།

夫妻一方在婚姻关系存续期间以个人名义超出家庭日常生活需要所负的债务，不属于夫妻共同债务；但是，债权人能够证明该债务用于夫妻共同生活、共同生产经营或者基于夫妻双方共同意思表示的除外。

བཟའ་ཚང་ཕྱོགས་གཅིག་གིས་གཉེན་སྒྲིག་གི་འབྲེལ་བ་གནས་ཤུལ་སྐབས་སུ་རང་སྐེར་གྱི་མིང་ཐོག་ནས་ཁྱིམ་ཚང་གི་རྣམ་ཀུན་འཚོ་བའི་དགོས་མཁོ་ལས་བརྒལ་ཏེ་གཡར་བའི་བུ་ལོན་ནི་བཟའ་ཚང་ཐུན་མོང་གི་བུ་ལོན་དུ་བརྩི་མི་རུང་། འོན་ཀྱང་བུན་བདག་གིས་བུ་ལོན་དེ་བཟའ་ཚང་ཐུན་མོང་གི་འཚོ་བ་དང་ཐུན་མོང་གི་ཐོན་སྐྱེད་ཁེ་གཉེར་རམ་ཡང་ན་བཟའ་ཚང་ཐུན་མོང་གི་བསམ་ཚུལ་བཅས་ཀྱི་ཆེད་དུ་བེད་སྤྱོད་བྱས་པ་ར་སྤྲོད་བྱེད་ཐུབ་ན་བུ་ལོན་དེ་བཟའ་ཚང་ཐུན་མོང་གིས་འཇལ་དགོས་པ་ཡིན།

（5）设立离婚冷静期

自婚姻登记机关收到离婚登记申请之日起三十日内，任何一方不愿意离婚的，可以向婚姻登记机关撤回离婚登记申请。前款规定期限届满后三十日内，双方应当亲自到婚姻登记机关申请发给离婚证；未申请的，视为撤回离婚登记申请。

（༥）གཉེན་འཐོར་བསམ་གཞིག་དུས་བཀག

དེ་འདང་གཉེན་སྒྲིག་ཐོ་འགོད་ལས་ཁུངས་ལ་བཟའ་ཚང་ཁ་བྲལ་གྱི་ཐོ་འགོད་རེ་ཞུ་འབྱོར་བ་ནས་བཟུང་ཉིན་སུམ་ཅུའི་ནང་ཁ་འབྲལ་འདོད་མེད་པའི་ཕྱོགས་གང་རུང་ཞིག་གིས་གཉེན་སྒྲིག་ཐོ་འགོད་ལས་ཁུངས་ནས་བཟའ་ཚང་ཁ་བྲལ་གྱི་ཐོ་འགོད་རེ་ཞུ་ཕྱིར་འཐེན་བྱས་ཆོག དོན་ཚན་

གོང་མའི་གཏན་འབེབས་དུས་བཀག་ཡོལ་ནས་ཉིན་སུམ་ཅུ་སོང་ན་བཟའ་ཚང་གཉིས་ཀ་དངོས་སུ་གཉེན་སྒྲིག་ཐོ་འགོད་ལས་ཁུངས་ལ་བཟའ་ཚང་ཁ་བྲལ་གྱི་ལག་ཁྱེར་སྤྲོད་རྒྱུའི་རེ་ཞུ་བྱེད་པར་ཡོང་དགོས། རེ་ཞུ་མ་བྱས་ཚེ་བཟའ་ཚང་ཁ་བྲལ་གྱི་ཐོ་འགོད་རེ་ཞུ་རང་ཤུགས་ཀྱིས་ཕྱིར་འཐེན་བྱས་པར་བརྩི་བ་ཡིན།

（6）侄子、外甥也可以继承财产

将代位继承扩大至被继承人的兄弟姐妹先于被继承人死亡的情形，使得被继承人的侄、甥获得第二顺位法定继承人资格，突破了原先晚辈直系血亲的限制。

（༦）ཕོ་རྒྱུད་ཚ་བོ་དང་མོ་རྒྱུད་ཚ་བོས་ཀྱང་ཤུལ་ནོར་རྒྱུན་འཛིན་བྱས་ཆོག་པ།

དེའང་ཚབ་བྱེད་རྒྱུན་འཛིན་བྱེད་སྟངས་རྒྱ་ཆེར་བཏང་བ་སྟེ། ཤུལ་ནོར་བདག་པོའི་གཅེན་གཅུང་མིང་སྲིང་སྔོན་ནས་གྲོངས་པ་ཡིན་ཚེ་ཤུལ་ནོར་བདག་པོའི་ཕོ་རྒྱུད་ཚ་བོ་དང་མོ་རྒྱུད་ཚ་བོར་ཤུལ་ནོར་རྒྱུན་འཛིན་པ་ཨང་གཉིས་པའི་ཐོབ་ཐང་ཡོད་ཅིང་། དེ་སྔའི་མི་རབས་རྗེས་མའི་ཐད་ཀའི་སྤུན་མཆེད་ཀྱི་ཚད་བཀག་ལས་བརྒལ་ཡོད།

（7）增加遗嘱形式

打印遗嘱应当有两个以上见证人在场见证。遗嘱人和见证人应当在遗嘱每一页签名，注明年、月、日。

（༧）ཁ་ཆེམས་འཇོག་སྟངས་ཁ་སྣོན་བྱས་པ།

ཁ་ཆེམས་པར་དུ་འདེབས་སྐབས་གཞོགས་ལ་དཔང་མི་གཉིས་ཡན་ཡོད་དགོས། ཁ་ཆེམས་འཇོག་མཁན་དང་དཔང་མི་གཉིས་ཀ་ནས་ཁ་ཆེམས་ཡི་གེའི་ཤོག་ལྷེ་ཚང་མའི་ཐོག་མིང་རྟགས་འགོད་པ་དང་མིང་རྟགས་འགོད་པའི་ལོ་དང་ཟླ་བ། ཚེས་པ་བཅས་དུས་ཚོད་གསལ་པོ་འབྲི་དགོས།

（8）守护“头顶上的安全”

禁止高空抛物。从建筑物中抛掷物品或者从建筑物上坠落的物品造成他人损害的，由侵权人依法承担侵权责任；经调查难以确定具体侵权人的，除能够证明自己不是侵权人的外，由可能加害的建筑物使用人给予补偿。可能加害的建筑物使用人补偿后，有权向侵权人追偿。

（༨）“མགོ་ཐོག་གི་བདེ་འཛུགས”སྲུང་སྐྱོབ་བྱ་ཐབས།

དེ་འདང་མཐོ་ས་ནས་དངོས་པོ་གཡུག་མི་རུང་བ་སྟེ། ཁང་ཁྲིམ་སོགས་མཐོ་ས་ནས་དངོས་པོ་དབྱུག་པའམ་ཡང་ན་ཁང་ཁྲིམ་སོགས་མཐོ་ས་ནས་དངོས་པོ་ལྷུང་སྟེ་མི་གཞན་ལ་གནོད་འཚེ་བཟོས་ཚེ། དབང་གནོད་གཏོང་མཁན་གྱིས་ཁྲིམས་ལྟར་དབང་གནོད་འགན་འཁྲི་འཁུར་དགོས། བརྟག་དཔྱད་བྱས་ཀྱང་དབང་གནོད་གཏོང་མཁན་ཡང་སྐྱིང་སུ་ཡིན་མི་ཤེས་པ་དང་། རང་ཉིད་དབང་གནོད་གཏོང་མཁན་མིན་པ་ར་སྤྲོད་བྱེད་ཐུབ་པ་ཕུད། གནོད་སྐྱོན་བཟོ་སྲིད་པའི་ཁང་ཁྲིམ་སོགས་བེད་སྤྱོད་བྱེད་མཁན་ནས་ཁ་གསབ་སྤྲོད་དགོས། གནོད་སྐྱོན་བཟོ་སྲིད་པའི་ཁང་ཁྲིམ་སོགས་བེད་སྤྱོད་བྱེད་མཁན་གྱིས་གུན་གསབ་སྤྲད་རྗེས་སླར་དབང་གནོད་གཏོང་མཁན་ཕྱོགས་ནས་གུན་གསབ་ཀྱི་སྙིན་པ་ལེན་དབང་ཡོད།

（9）肖像权侵权不再看“是否以营利为目的了”

任何组织或者个人不得以丑化、污损，或者利用信息技术手段伪造等方式侵害他人的肖像权。未经肖像权人同意，不得制作、使用、公开肖像权人的肖像，但是法律另有规定的除外。

（༩）འདྲ་བརྙན་ཁེ་དབང་གི་དབང་གནོད་ཐད་ཕྱིས་འབྱུང་“ཁེ་ཕོགས་དམིགས་ཡུལ་དུ་འཛིན་པ་ཡིན་མིན”ལ་མི་བལྟ་བ།

དེ་འདང་རྩ་འཛུགས་སམ་མི་སྒེར་གང་འདྲ་ཞིག་ཡིན་རུང་། དམའ་འབེབས་དང་བཙོག་སྐྱོན་བཏང་བ། ཡང་ན་ཆ་འཕྲིན་ལག་རྩལ་གྱི་ཐབས་ལ་བརྟེན་ནས་རྫུན་བཟོ་སོགས་བྱས་ཏེ་མི་གཞན་གྱི་འདྲ་བརྙན་ཁེ་དབང་ལ་གནོད་སྐྱོན་གཏོང་མི་ཆོག བཅའ་ཁྲིམས་ཀྱི་གཏན་འབེབས་ནང་ཚུད་པ་ཕུད། འདྲ་བརྙན་བདག་པོའི་མོས་མཐུན་མ་ཐོབ་པར་འདྲ་བརྙན་བཟོ་བཞེངས་དང་བེད་སྤྱོད། ཡོངས་བསྒྲགས་བཅས་བྱེད་མི་ཆོག

（10）“熊孩子”给主播打赏，可以要求对方退还

八周岁以上的未成年人为限制民事行为能力人，实施民事法律行为由

其法定代理人代理或者经其法定代理人同意、追认；但是，可以独立实施纯获利益的民事法律行为或者与其年龄、智力相适应的民事法律行为。

（༡༠）“སྨྱུ་གུ་འཚུབ་པོ་”ཡིས་བརྟན་སྒྲོན་པར་བྱ་དགའི་དངུལ་སྤྲད་ན་ཕྱིར་སྤྲོད་བྱ་རྒྱུའི་རེ་བ་འདོན་ཆོག་པ།

རང་ལོ་བརྒྱད་ཡན་གྱི་ནར་མ་སོན་པའི་མི་ནི་དམངས་དོན་བྱ་སྤྱོད་ཀྱི་ནུས་པར་ཚོད་བཀག་ཡོད་པའི་མི་ཡིན། དམངས་དོན་བཅའ་ཁྲིམས་ཀྱི་དོན་དག་གཙོད་སྐབས། མི་དེའི་ཁྲིམས་བཀོད་ཚབ་བྱེད་མི་སྣས་ཚབ་བྱེད་པའམ་ཡང་ན་དེའི་ཁྲིམས་བཀོད་ཚབ་བྱེད་མི་སྣའི་མོས་མཐུན་དང་རྗེས་སུ་ཁས་ལེན་ཐོབ་པ་བྱ་དགོས། འོན་ཀྱང་ཁེ་བཟང་རྐྱང་རྐྱང་ཐོབ་པའི་དམངས་དོན་བཅའ་ཁྲིམས་བྱ་སྤྱོད་དམ་ཡང་ན་མི་དེའི་ལོ་ཚོད་དང་རིག་སྟོབས་དང་འཚམ་པའི་དམངས་དོན་བཅའ་ཁྲིམས་བྱ་སྤྱོད་ཁེར་རྐྱང་ཐོག་ལག་བསྟར་བྱས་ཆོག

（11）男性可以要求不“被性骚扰”了

违背他人意愿，以言语、文字、图像、肢体行为等方式对他人实施性骚扰的，受害人有权依法请求行为人承担民事责任。

（༡༡）སྐྱེས་པས་“ཆགས་རྩེད་ཞེ་བསུན”མི་བཟོ་བའི་རེ་བ་འདོན་ཆོག་པ།

མི་གཞན་གྱི་འདོད་མོས་དང་འགལ་ནས་སྐད་ཆ་དང་ཡི་གེ པར་རིས། ཡན་ལག་བྱ་སྤྱོད་སོགས་ཀྱི་བྱེད་སྟངས་ཐོག་ནས་མི་གཞན་ལ་“ཆགས་རྩེད་ཞེ་བསུན”བཟོས་ཚེ། གནོད་འཚེ་ཐོག་མཁན་གྱིས་ཁྲིམས་ལྟར་བྱ་སྤྱོད་སྤེལ་མཁན་ལ་དམངས་དོན་འགན་འཁྲི་འཁུར་དགོས་པའི་རེ་ཞུ་བྱེད་དབང་ཡོད།

（12）人肉他人信息的，准备好承担责任

自然人享有隐私权。任何组织或者个人不得以刺探、侵扰、泄露、公开等方式侵害他人的隐私权。处理个人信息的，应当遵循合法、正当、必要原则，不得过度处理，并符合下列条件：（一）征得该自然人或者其监护人同意，但是法律、行政法规另有规定的除外；（二）公开处理信息的规则；（三）明示处理信息的目的、方式和范围；（四）不违反法律、行政法规的规定和双方的约定。个人信息的处理包括个人信息的收集、存储、使用、加工、传输、提供、公开等。

（༧༢）མི་གཞན་གྱི་ཆ་འཕྲིན་དྲ་ཐོག་དམར་འཚོལ་བྱས་རིགས་ལ་འགན་འཁྲི་འཁུར་རྒྱུའི་ཀྲ་སྒྲིག་བྱ་དགོས།

རང་བྱུང་མིར་སྒེར་གྱི་གསང་བའི་དབང་ཆ་ཡོད། རྩ་འཛུགས་སམ་མི་སྒེར་གང་འདྲ་ཞིག་ཡིན་རུང་ཉམས་ཆོད་དང་བསུན་གཙེས། ཕྱིར་རྟོལ། ཡོངས་བསྒྲགས་སོགས་ཀྱི་བྱ་ཐབས་ཐོག་ནས་མི་གཞན་གྱི་སྒེར་གྱི་གསང་བའི་དབང་ཆར་གནོད་སྐྱོན་གཏོང་མི་ཆོག མི་སྒེར་གྱི་ཆ་འཕྲིན་ཐག་གཅོད་བྱེད་སྐབས། ཁྲིམས་མཐུན་དང་ལུགས་མཐུན། དགོས་ངེས་ཀྱི་རྩ་དོན་བཅས་ལ་བརྩི་འཛོག་བྱེད་དགོས་པ་ལས་ཐལ་དྲགས་པའི་ཐག་གཅོད་བྱེད་མི་རུང་བ་དང་གཤམ་གསལ་གྱི་དོན་ཚན་ཁག་དང་མཐུན་པ་བྱེད་དགོས་པ་སྟེ། གཅིག རང་བྱུང་གི་མི་དེ་རང་ངམ་ཡང་ན་ལྟ་སྐྱོང་པའི་མོས་མཐུན་ཐོབ་པ་བྱ་དགོས། འོན་ཀྱང་ཁྲིམས་ལུགས་དང་སྲིད་འཛིན་ཁྲིམས་སྲོལ་ནང་གཏན་འབེབས་གཞན་དག་ཡོད་པ་དེར་ཚུད་མེད། གཉིས། ཆ་འཕྲིན་ཐག་གཅོད་བྱེད་པའི་རྩ་དོན་ཡོངས་བསྒྲགས་བྱེད་དགོས། གསུམ། ཆ་འཕྲིན་ཐག་གཅོད་བྱེད་པའི་དམིགས་ཡུལ་དང་བྱ་ཐབས། ཁྱབ་ཁོངས་བཅས་གསལ་སྟོན་བྱ་དགོས། བཞི། བཅའ་ཁྲིམས་དང་སྲིད་འཛིན་ཁྲིམས་སྲོལ་གྱི་གཏན་འབེབས་དང་ཕྱོགས་གཉིས་པོའི་ཁ་ཆད་ལས་མ་འགལ་བ་བྱེད་དགོས། མི་སྒེར་གྱི་ཆ་འཕྲིན་ཐག་གཅོད་བྱེད་པའི་ནང་མི་སྒེར་གྱི་ཆ་འཕྲིན་བསྡུ་རུབ་དང་ཉར་འཛོག བེད་སྤྱོད། ཁ་སྒྲོན། བརྒྱུད་གཏོང་། མཁོ་འདོན། ཡོངས་བསྒྲགས་སོགས་ཚུད་ཡོད།

五、国家安全、民族团结

ལྔ་པ། རྒྱལ་ཁབ་ཀྱི་བདེ་འཇགས་དང་མི་རིགས་ཀྱི་མཐུན་སྒྲིལ།

1. 总体国家安全观的五大要素是什么？

༡.སྤྱི་ཡོངས་ཀྱི་རྒྱལ་ཁབ་བདེ་འཇགས་ལྟ་བའི་རྒྱུ་རྐྱེན་གཙོ་བོ་ལྔ་གང་དག་ཡིན་ནམ།

以人民安全为宗旨，以政治安全为根本，以经济安全为基础，以军事、文化、社会安全为保障，以促进国际安全为依托。

མི་དམངས་ཀྱི་བདེ་འཇགས་དམིགས་ཡུལ་དུ་འཛིན་པ་དང་ཆབ་སྲིད་ཀྱི་བདེ་འཇགས་རྩ་བར་འཛིན་པ། དཔལ་འབྱོར་གྱི་བདེ་འཇགས་རྨང་གཞིར་འཛིན་པ། དམག་དོན་དང་རིག་གནས། སྤྱི་ཚོགས་ཀྱི་བདེ་འཇགས་བཅས་འགན་སྲུང་བྱེད་པ། རྒྱལ་སྤྱིའི་བདེ་འཇགས་ལ་སྐུལ་འདེད་གཏོང་རྒྱུ་རྟེན་གཞིར་འཛིན་པ་བཅས་ཡིན།

2. 总体国家安全观的五对关系指什么？

༢.སྤྱི་ཡོངས་ཀྱི་རྒྱལ་ཁབ་བདེ་འཇགས་ལྟ་བ་ལྔ་པོའི་བར་གྱི་འབྲེལ་བ་ཞེས་པ་གང་ལ་ཟེར་རམ།

既重视外部安全，又重视内部安全；既重视国土安全，又重视国民安全；既重视传统安全，又重视非传统安全；既重视发展问题，又重视安全问题；既重视自身安全，又重视共同安全。

ཕྱི་ཕྱོགས་ཀྱི་བདེ་འཇགས་ལ་མཐོང་ཆེན་བྱེད་དགོས་ལ་ནང་ལོགས་ཀྱི་བདེ་འཇགས་ལ་ཡང་མཐོང་ཆེན་བྱེད་དགོས་པ་དང་། རྒྱལ་ཁོངས་ས་ཆའི་བདེ་འཇགས་ལ་མཐོང་ཆེན་བྱེད་དགོས་ལ། རྒྱལ་དམངས་ཀྱི་བདེ་འཇགས་ལ་ཡང་མཐོང་ཆེན་བྱེད་དགོས། སྲོལ་རྒྱུན་གྱི་བདེ་འཇགས་ལ་མཐོང་ཆེན་བྱེད་དགོས་ལ། སྲོལ་རྒྱུན་མ་ཡིན་པའི་བདེ་འཇགས་ལ་ཡང་མཐོང་ཆེན་བྱེད་དགོས། གོང་འཕེལ་གྱི་གནད་དོན་ལ་མཐོང་ཆེན་བྱེད་དགོས་ལ། བདེ་འཇགས་ཀྱི་གནད་དོན་ལ་ཡང་མཐོང་ཆེན་བྱེད་དགོས། རང་ངོས་ཀྱི་བདེ་འཇགས་ལ་མཐོང་ཆེན་བྱེད་དགོས་ལ། ཐུན་མོང་གི་བདེ་འཇགས་ལ་ཡང་མཐོང་ཆེན་བྱེད་དགོས་པ་བཅས་ཡིན།

3. 维护国家安全包括哪些重点领域的安全？

༣.རྒྱལ་ཁབ་ཀྱི་བདེ་འཇགས་སྲུང་སྐྱོང་བྱེད་པའི་ཁྲོད་གཙོ་གནད་ཁྱབ་ཁོངས་གང་དག་གི་བདེ་འཇགས་ཚུད་ཡོད་དམ།

主要包括：政治安全、国土安全、军事安全、经济安全、文化安全、社会安全、科技安全、网络安全、生态安全、资源安全、核安全、海外利益安全。

དེའི་ཁྲོད་གཙོ་བོ་ཆབ་སྲིད་བདེ་འཇགས་དང་རྒྱལ་ཁོངས་ས་ཆའི་བདེ་འཇགས། དམག་དོན་བདེ་འཇགས། དཔལ་འབྱོར་བདེ་འཇགས། རིག་གནས་བདེ་འཇགས། སྤྱི་ཚོགས་བདེ་འཇགས། ཚན་རྩལ་བདེ་འཇགས། དྲ་རྒྱའི་བདེ་འཇགས། སྐྱེ་ཁམས་བདེ་འཇགས། ཐོན་ཁུངས་བདེ་འཇགས། ཉིང་རྡུལ་བདེ་འཇགས། ཕྱི་རྒྱལ་དང་འབྲེལ་བ་ཡོད་པའི་ཁེ་ཕན་གྱི་བདེ་འཇགས་བཅས་ཚུད་ཡོད།

清澈的爱，只为中国

དྭངས་གཙང་གི་དགའ་ཞེན་འདི་ཀྲུང་གོ་ཁོ་ནའི་ཆེད་དུ་ཡིན།

用热血铸起界碑，把生命融入到祖国的山河。

ཁྲག་དྲོན་གྱིས་མཐའ་མཚམས་ཀྱི་རྡོ་རིང་བཞེངས་པ་དང་རང་གི་ཚེ་སྲོག་མེས་རྒྱལ་གྱི་རི་ཀླུང་ཡོངས་དང་མཉམ་འདྲེས་བྱས་ཡོད།

2020 年 6 月，印军非法越线、率先挑衅、暴力攻击中方前出交涉人员，蓄意制造了加勒万河谷冲突，造成双方人员伤亡，责任完全在印方。面对严峻考验，我边防官兵在忍无可忍的情况下对其暴力行径予以坚决回击，宁将鲜血流尽，不让国土丢失一寸，涌现了某边防团团长祁发宝、某机步营营长陈红军和战士陈祥榕、肖思远、王焯冉等先进典型。中央军委授予祁发宝“卫国戍边英雄团长”荣誉称号，追授陈红军“卫国戍边英雄”荣誉称号，给陈祥榕、肖思远、王焯冉追记一等功。

ཕྱི་ལོ་༢༠༢༠ལོའི་ཟླ་༦པར་རྒྱ་གར་དམག་མིས་ཁྲིམས་འགལ་དང་ས་ཐིག་ནས་བརྒལ་ཏེ་རྫོན་ལ་འཁྲུག་རྐྱེན་བསླངས་པ་དང་དྲག་ཤུགས་ཀྱིས་ཀྲུང་གོའི་མདུན་ཕྱོགས་འབྲེལ་གཏུག་མི་སྣར་རྒོལ་རྫུང་བཏང་། བསམ་ངན་ཁོག་བཅུག་གིས་ཐྭ་ལེ་དབན་རོང་ཤུར་གྱི་གདོང་ཐུག་བསླངས་ནས་ཕྱོགས་གཉིས་ཀར་མི་སྣ་ཤི་རྨས་བཟོས་ཤིང་། དེའི་འགན་འཁྲི་ཚང་མ་རྒྱ་གར་ཕྱོགས་ལ་ཡོད། ཚོད་བགམ་ནན་པོའི་མདུན་དུ་རང་རེའི་མཐའ་སྲུང་དཔོན་དམག་གིས་བཟོད་སྒོམ་བྱེད་ཐབས་བྲལ་བའི་གནས་ཚུལ་འོག ཕོ་ཆོའི་དྲག་ཤུགས་སྤྱོད་ངན་ལ་རྒོལ་ལན་མཐའ་གཅིག་ཏུ་སློག་པ་དང་། ཟུངས་ཁྲག་ཡོངས་སུ་ཟད་ཀྱང་རྒྱལ་ཁོངས་ས་ཆ་སྲ་མཐིལ་གང་ཡང་སྤྲོད་མེད་ལ། མཐའ་སྲུང་མདའ་ཤོག་ཅིག་གི་མདའ་དཔོན་ཆི་ཧྥ་པའོ་དང་འཕྲུལ་འགྲོས་ཏུ་ཤོག་ཅིག་གི་ཏུ་དཔོན་གྲེན་ཧྲུང་ཙུན། འཐབ་འཛིང་པ་གྲེན་ཞང་ཡུང་། ཤའོ་སི་ཡོན། ཝང་ཀྲོ་རེན་སོགས་སྟོན་ཐོན་མིག་དཔེ་ཡང་འབྱུར་དུ་ཐོན་ཡོད། ཀྲུང་དབྱང་དམག་ཨུད་ནས་ཆི་ཧྥ་པའོ་ལ“རྒྱལ་སྲུང་མཐའ་སྲུང་གི་མདའ་དཔོན་དཔའ་བོ”ཞེས་པའི་མཚན་སྙན་སྤྲད་པ་དང་། གྲེན་ཧྲུང་ཙུན་ལ“རྒྱལ་སྲུང་མཐའ་སྲུང་གི་དཔའ་བོ”ཞེས་པའི་མཚན་སྙན་སྤྲད་པ། གྲེན་ཞང་ཡུང་དང་ཤའོ་སི་ཡོན། ཝང་ཀྲོ་རེན་བཅས་ལ་རིམ་པ་དང་པོའི་བྱས་རྗེས་མཚན་སྙན་སྤྲད་པ་རེད།

我的祖国，我用生命捍卫守护。四名牺牲的军人中最年轻的陈祥榕生于 2001 年，只有 18 岁，王焯冉 23 岁，肖思远也只有 24 岁。他们的信念坚定而纯粹，文字朴实而真挚。陈祥榕写下的战斗口号是“清澈的爱，只为中国”。肖思远在一篇战地日记中写道“我们就是祖国的界碑，脚下的每一寸土地，都是祖国的领土”。

“清澈的爱，只为中国”，是我们这个时代戍边英雄的精神写照。

ང་ཡི་མེས་རྒྱལ་ངས་ཚེ་སྲོག་ལ་བརྟེན་ནས་སྲུང་སྐྱོང་བྱེད་ཅེས་པ་ལྟར། རང་སྲོག་སྐྱེས་སུ་ཕུལ་མཁན་དམག་མི་བཞིའི་ནང་ནས་ལོ་ཆུང་ཤོས་ཡིན་པའི་གྲེན་ཞང་ཡུང་ནི་ཕྱི་ལོ་༢༠༠༡ལོར་

སྐྱེས་པ་དང་ལོ་༡༨ལས་ཐེན་གྱི་མེད། ཕང་ཀོ་རེན་ནི་ལོ་༢༣ཡིན། ཤའོ་སི་ཡོན་ནི་ལོ་༢༥ཡིན། ཁོ་ཚོའི་དད་སེམས་བརྟན་ཞིང་ལྷག་བསམ་ཟོལ་མེད་དང་། ཡི་གེར་གང་བྲིས་པ་བབ་ཆགས་ལ་བདེན་པ་བདེན་ཐུབ་ཡིན་པ། ཀྲིན་ཞང་རུང་གིས་བྲིས་པའི་འབོད་ཚིག་ནི“དྲངས་གཙང་གི་དགའ་ཞེན་འདི་ཀྲུང་གོ་ཁོ་ནའི་ཆེད་དུ་ཡིན”ཞེས་པ་དེ་རེད། ཤའོ་སི་ཡོན་གྱིས་འཐབ་སའི་ཐོག་གི་ཉིན་ཐོ་ཞིག་གི་ནང་། “ང་ཚོ་ནི་མེས་རྒྱལ་གྱི་མཐའ་མཚམས་རྗེ་རིང་ཡིན། རྐང་འོག་གི་ས་ཆ་སྦར་མཐིལ་གང་ལས་མེད་ཀྱང་མེས་རྒྱལ་གྱི་མངའ་ཁོངས་ཡིན”ཞེས་བྲིས་གནང་ཡོད།

དྲངས་གཙང་གི་དགའ་ཞེན་ནི་ཀྲུང་གོ་ཁོ་ནའི་ཆེད་དུ་ཡིན་ཞེས་པ་འདི། ང་ཚོའི་དུས་རབས་འདིའི་མཐའ་སྲུང་དཔའ་བོའི་བསམ་པའི་འཁྱེར་སོ་ངོ་མ་དེ་ཡིན།

4. 哪些是危害国家安全的行为？

༤.བྱ་སྤྱོད་གང་དག་ནི་རྒྱལ་ཁབ་ཀྱི་བདེ་འཇགས་ལ་གནོད་པའི་བྱ་སྤྱོད་ཡིན་ནམ།

《中华人民共和国国家安全法》及《实施细则》对危害国家安全的行为进行了界定。

《ཀྲུང་ཧྭ་མི་དམངས་སྤྱི་མཐུན་རྒྱལ་ཁབ་ཀྱི་རྒྱལ་ཁབ་བདེ་འཇགས་བཅའ་ཁྲིམས་》དང་《ལག་བསྟར་ཞིབ་ཕྲའི་སྒྲོལ་ཡིག་》ནང་རྒྱལ་ཁབ་ཀྱི་བདེ་འཇགས་ལ་གནོད་པའི་བྱ་སྤྱོད་ཐད་དབྱེ་འབྱེད་བྱས་ཡོད་པ་སྟེ།

（1）阴谋颠覆政府，分裂国家，推翻社会主义制度的行为。

（༡）སྲིད་གཞུང་མགོ་རྗེ་ལོག་རྒྱུ་དང་རྒྱལ་ཁབ་ཁ་བྲལ་གཏོང་རྒྱུ། སྤྱི་ཚོགས་རིང་ལུགས་ཀྱི་ལམ་ལུགས་རྩ་ལྡོག་གཏོང་རྒྱུ་བཅས་ཀྱི་གློག་གཡོའི་བྱ་སྤྱོད།

（2）参加境外各种间谍组织，或者接受间谍组织或代理人的任务的行为。

（༢）རྒྱལ་ཁོངས་ཕྱི་རོལ་གྱི་གསང་སྤྱལ་རྩ་འཛུགས་སྣ་ཚོགས་ནང་ཞུགས་པའམ་ཡང་ན་གསང་སྤྱལ་རྩ་འཛུགས་སམ་འཐུས་ཚབ་མི་སྣས་སྤྲད་པའི་ལས་འགན་དང་ལེན་བྱས་པའི་བྱ་སྤྱོད།

（3）窃取、刺探、收买、非法提供国家秘密的行为。

（༣）རྒྱལ་ཁབ་ཀྱི་གསང་བ་རྐུ་འཕྲོར་དང་སྤྱལ་ཞིབ། བརྙ་ཉོ། ཁྲིམས་འགལ་ངང་མཁོ་འདོན་བཅས་བྱས་པའི་བྱ་སྤྱོད།

（4）策动、勾引、收买国家工作人员叛变或者将防地设施、武器装备交付他国或敌方的行为。

（༤）རྒྱལ་ཁབ་ཀྱི་ལས་དོན་མི་སྣས་རྒྱབ་གཏོད་བྱེད་རྒྱུར་ངན་སླུལ་དང་བསླུ་འགུག བསླུ་ཉོ་བཅས་བྱས་པ་དང་། ཡང་ན་འགོག་སྲུང་ས་ཆའི་ཐོག་གི་སྒྲིག་ཆས་དང་གོ་མཚོན་སྒྲིག་ཆས་རྒྱལ་ཁབ་གཞན་ནམ་ཡང་ན་དགྲ་ཕྱོགས་ལ་རྩིས་སྤྲད་པའི་བྱ་སྤྱོད།

（5）进行危害国家安全的其它破坏活动的行为。

（༥）ད་དུང་རྒྱལ་ཁབ་ཀྱི་བདེ་འཇགས་ལ་གནོད་པའི་གཏོར་བཤིག་གི་བྱ་སྤྱོད་གཞན་དག་བཅས་སོ།།

5. 恐怖主义是什么?

༥.གང་འདྲ་ཞིག་ལ་འཇིགས་སྐུལ་རིང་ལུགས་ཟེར་རམ།

根据《中华人民共和国反恐怖主义法》规定，恐怖主义是指通过暴力、破坏、恐吓等手段，制造社会恐慌、危害公共安全、侵犯人身财产，或者胁迫国家机关、国际组织，以实现其政治、意识形态等目的的主张和行为。

དེ་འདང་《ཀྲུང་ཧྭ་མི་དམངས་སྤྱི་མཐུན་རྒྱལ་ཁབ་ཀྱི་འཇིགས་སྐུལ་རིང་ལུགས་ལ་ངོ་རྒོལ་བྱེད་པའི་བཅའ་ཁྲིམས་》ཀྱི་གཏན་འབེབས་ལ་གཞིགས་ན། འཇིགས་སྐུལ་རིང་ལུགས་ཞེས་པ་ནི། དྲག་ཤུགས་དང་གཏོར་བཤིག འཇིགས་སྐུལ་སོགས་ཀྱི་བྱ་ཐབས་ལ་བརྟེན་ནས་སྤྱི་ཚོགས་ལ་འཇིགས་སྐྲག་བཟོ་བ་དང་སྤྱི་པའི་བདེ་འཇགས་ལ་གནོད་སྐྱོན་གཏོང་བ། མི་ལུས་དང་རྒྱུ་ནོར་ལ་གནོད་འཚེ་གཏོང་བ་བཅས་དང་། ཡང་ན་རྒྱལ་ཁབ་ལས་ཁུངས་དང་རྒྱལ་སྤྱིའི་ཚ་འཛུགས་ལ་བཙན་སྐུལ་གྱིས་ཁོ་པའི་ཆབ་སྲིད་དང་འདུ་ཤེས་འཛིན་སྟངས་སོགས་ཀྱི་དམིགས་ཡུལ་གྲུབ་ཐབས་བྱེད་པའི་འདོད་ཚུལ་དང་བྱ་སྤྱོད་ལ་ཟེར་བ་ཡིན།

6. 什么是恐怖活动?

༦.གང་འདྲ་ཞིག་ལ་འཇིགས་སྐུལ་གྱི་བྱེད་སྒོ་ཟེར་རམ།

根据《中华人民共和国反恐怖主义法》规定，恐怖活动是指恐怖性质的活动，包括：

དེ་འདང་《ཀྲུང་ཧྭ་མི་དམངས་སྤྱི་མཐུན་རྒྱལ་ཁབ་ཀྱི་འཇིགས་སྐུལ་རིང་ལུགས་ལ་ངོ་རྒོལ་བྱེད་པའི་བཅའ་ཁྲིམས་》ཀྱི་གཏན་འབེབས་ལྟར་ན། འཇིགས་སྐུལ་གྱི་བྱེད་སྒོ་ཞེས་པ་ནི་འཇིགས་སྐུལ་གྱི་ངོ་བོ་ལྡན་པའི་བྱེད་སྒོར་ཟེར་ཞིང་། དེའི་ནང་།

（1）组织、策划、准备实施造成或者意图造成人员伤亡、重大财产损失、公共设施损坏、社会秩序混乱等严重社会危害的活动；

（༡）སྒྲིག་འཛུགས་དང་ཇུས་འགོད། གྲ་སྒྲིག་ལག་བསྟར་བཅས་བྱས་མཐར། མི་སྣ་ཤི་རྨས་

ཚབས་ཆེན་དང་རྒྱ་ནོར་ལ་གྱོང་གུན་ཚབས་ཆེན། སྤྱི་པའི་སྒྲིག་ཆས་ལ་གཏོར་སྐྱོན། སྤྱི་ཚོགས་ཀྱི་སྒྲིག་ལམ་ཟང་ཟིང་སོགས་བཟོས་པའམ་ཡང་ན་བཟོ་རྩིས་བྱེད་པའི་སྤྱི་ཚོགས་ལ་གནོད་ཚབས་ཆེ་བའི་བྱེད་སྒོ།

（2）宣扬恐怖主义，煽动实施恐怖活动，或者非法持有宣扬恐怖主义的物品，强制他人在公共场所穿戴宣扬恐怖主义的服饰、标志的；

（༢）འཇིགས་སྐུལ་རིང་ལུགས་སྒྲོག་སྤེལ་དང་འཇིགས་སྐུལ་བྱེད་སྒོ་སྤེལ་རྒྱུར་ངན་སྐུལ་བྱེད་པ་དང་། ཡང་ན་ཁྲིམས་འགལ་ངང་འཇིགས་སྐུལ་རིང་ལུགས་སྒྲོག་སྤེལ་བྱེད་པའི་དངོས་ཟོག་འཁྱེར་བ་དང་མི་གཞན་ལ་བཙན་ཤེད་ཀྱིས་སྤྱི་པའི་ཚོགས་རར་འཇིགས་སྐུལ་རིང་ལུགས་སྒྲོག་སྤེལ་བྱེད་པའི་གྱོན་ཆས་དང་མཚོན་རྟགས་གྱོན་དུ་འཇུག་པ།

（3）组织、领导、参加恐怖活动组织的；

（༣）འཇིགས་སྐུལ་བྱེད་སྒོའི་ཚ་འཛུགས་སྒྲིག་འཛུགས་དང་དེར་འགོ་ཁྲིད་དང་ཞེ་ཞུགས་བྱས་པ།

（4）为恐怖活动组织、恐怖活动人员、实施恐怖活动或者恐怖活动培训提供信息、资金、物资、劳务、技术、场所等支持、协助、便利的；

（༤）འཇིགས་སྐུལ་བྱེད་སྒོའི་ཚ་འཛུགས་དང་འཇིགས་སྐུལ་བྱེད་སྒོའི་མི་སྣ། འཇིགས་སྐུལ་བྱེད་སྒོ་སྤེལ་རྒྱུ་དང་། ཡང་ན་འཇིགས་སྐུལ་བྱེད་སྒོའི་གསོ་སྦྱོང་བཅས་ཀྱི་ཆེད་དུ་ཆ་འཕྲིན་དང་མ་དངུལ། དངོས་ཟོག ངལ་རྩོལ། ལག་རྩལ། ཚོགས་ར་སོགས་ཀྱི་ཐད་ནས་རྒྱབ་སྐྱོར་དང་རམ་འདེགས། མཐུན་རྐྱེན་བསྐྲུན་པ་བཅས་བྱས་པ།

（5）其他恐怖活动。

（༥）ད་དུང་འཇིགས་སྐུལ་གྱི་བྱེད་སྒོ་གཞན་དག་བཅས་སོ།།

7. 如何防范和处置恐怖主义、极端主义？

༧.འཇིགས་སྐུལ་རིང་ལུགས་དང་མཐའ་དྲག་རིང་ལུགས་ལ་ཉེན་ཟློན་དང་ཐག་གཅོད་གང་འདྲ་བྱེད་དགོས་སམ།

根据《中华人民共和国国家安全法》规定，国家反对一切形式的恐怖主义和极端主义，加强防范和处置恐怖主义的能力建设，依法开展情报、调查、防范、处置，以及资金监管等工作，依法取缔恐怖活动组织和严厉惩治暴力恐怖活动。

དེ་འདང་《ཀྲུང་ཧྭ་མི་དམངས་སྤྱི་མཐུན་རྒྱལ་ཁབ་ཀྱི་རྒྱལ་ཁབ་བདེ་འཇགས་བཅའ་ཁྲིམས་》ཀྱི་གཏན་འབེབས་ལྟར་ན། རྒྱལ་ཁབ་ཀྱིས་རྣམ་པ་མཐའ་དག་གི་འཇིགས་སྐུལ་རིང་ལུགས་དང་མཐའ་དྲག་རིང་ལུགས་ལ་ངོ་རྒོལ་བྱེད་པ་དང་། འཇིགས་སྐུལ་རིང་ལུགས་ལ་ཉེན་ཟློན་དང་ཐག་གཅོད་བྱེད་ནུས་ཇེ་ཆེར་གཏོང་བ། ཁྲིམས་ལྟར་གསང་འཕྲིན་དང་བརྟག་དཔྱད། ཉེན་ཟློན། ཐག་གཅོད་བཅས་དང་། དེ་བཞིན་མ་དངུལ་ལ་ལྟ་སྐུལ་དོ་དམ་སོགས་ཀྱི་ལས་ཀ་བྱེད་པ། ཁྲིམས་ལྟར་འཇིགས་སྐུལ་བྱེད་སྒོའི་ཚ་འཛུགས་མེད་པ་བཟོ་བ་དང་དྲག་ཤུགས་ཀྱི་འཇིགས་སྐུལ་བྱེད་སྒོར་ཆད་པ་ནན་པོ་གཅོད་པ་བཅས་བྱེད་ཀྱི་ཡོད།

《中华人民共和国刑法》规定，成立恐怖主义组织，充当头目者除没收个人全部财产外，将判处 8 ~ 15 年的监禁，参与恐怖主义活动的个人，除没收个人财产外，被处以 6 ~ 12 年的监禁；故意散布恐怖主义虚假信息，将会被判处 6 年监禁。

《ཀྲུང་ཧྭ་མི་དམངས་སྤྱི་མཐུན་རྒྱལ་ཁབ་ཀྱི་ཉེས་དོན་བཅའ་ཁྲིམས་》ནང་། འཇིགས་སྐུལ་རིང་ལུགས་ཀྱི་ཚ་འཛུགས་བཙུགས་པ་དང་། དེའི་འགོ་པ་བྱས་ཚེ། སྒེར་གྱི་རྒྱུ་ནོར་ཡོད་ཚད་གཞུང་བཞེས་གཏོང་བ་ཕུད། བཙོན་འཇུག་ལོ་༨ནས་༡༥བར་བྱ་རྒྱུ་དང་། མི་སྒེར་འཇིགས་སྐུལ་རིང་ལུགས་ཀྱི་བྱེད་སྒོར་ཞེ་ཞུགས་བྱས་ཚེ། སྒེར་གྱི་རྒྱུ་ནོར་གཞུང་བཞེས་གཏོང་བ་ཕུད། བཙོན་འཇུག་ལོ་༦ནས་༡༢བར་བྱ་རྒྱུ། ཧང་བཙུགས་ནས་འཇིགས་སྐུལ་རིང་ལུགས་ཀྱི་ཆ་འཕྲིན་རྫུན་མ་སྒྲོག་སྤེལ་བྱས་ཚེ། བཙོན་འཇུག་ལོ་༦བྱ་རྒྱུའི་ཁྲིན་ཐག་གཅོད་རྒྱུའི་གཏན་འབེབས་བྱས་ཡོད།

8. 我国反恐怖主义安全防范措施是什么？

༨.རང་རྒྱལ་གྱི་འཇིགས་སྐུལ་རིང་ལུགས་ལ་ཟོ་རྗོལ་བྱེད་པའི་བདེ་འཇགས་ཉེན་སྔོན་འགོག་ཐབས་གང་ཡིན་ནམ།

根据《中华人民共和国反恐怖主义法》：

དེའང་《ཀྲུང་ཧྭ་མི་དམངས་སྤྱི་མཐུན་རྒྱལ་ཁབ་ཀྱི་འཇིགས་སྐུལ་རིང་ལུགས་ལ་ཟོ་རྗོལ་བྱེད་པའི་བཅའ་ཁྲིམས་》ལྟར་ན།

一是基础防范措施。包括宣传教育、网络安全管理、运输寄递货物信息查验、危险物品管理、防范恐怖主义融资、城乡规划和技防物防等。

གཅིག་ནས་རྨང་གཞིའི་ཉེན་སྔོན་བྱ་ཐབས་ཏེ། དེའི་ནང་དྲིལ་བསྒྲགས་སློབ་གསོ་བྱ་རྒྱུ་དང་དྲ་རྒྱའི་བདེ་འཇགས་དོ་དམ་བྱ་རྒྱུ། བསྐུར་སྐྱེལ་བྱེད་པའི་དངོས་ཟོག་དང་ཆ་འཕྲིན་ལ་བརྟག་ཞིབ་བྱ་རྒྱུ་དང་། ཉེན་ཁ་ཡོད་པའི་དངོས་རྫས་དོ་དམ་བྱ་རྒྱུ། འཇིགས་སྐུལ་རིང་ལུགས་ཀྱི་མ་རྩ་མཉམ་བསྡུས་ལ་ཉེན་སྔོན་བྱ་རྒྱུ། གྲོང་ཁྱེར་དང་གྲོང་གསེབ་ཀྱི་འཆར་འགོད་ལག་རྩལ་དང་དངོས་རྫས་ལ་ཉེན་སྔོན་བྱ་རྒྱུ་སོགས་ཚུད་ཡོད།

二是禁止极端主义。极端主义是当前我国恐怖主义的主要思想基础。本法明确规定，公安机关和有关部门对宣扬极端主义，利用极端主义危害公共安全、扰乱公共秩序、侵犯人身财产、妨害社会管理的，应当及时予以制止，依法追究法律责任。公安机关发现极端主义活动的，应当责令立即停止，将有关人员强行带离现场并登记身份信息，对有关物品、资料予以收缴，对非法活动场所予以查封。任何单位和个人发现宣扬极端主义的物品、资料、信息的，应当立即向公安机关报告。

གཉིས་ནས་ཐལ་དྲགས་རིང་ལུགས་བཀག་འགོག་བྱ་དགོས། ཐལ་དྲགས་རིང་ལུགས་ནི་མིག་སྔར་རང་རྒྱལ་འཇིགས་སྐུལ་རིང་ལུགས་ཀྱི་བསམ་བློའི་རྨང་གཞི་གཙོ་བོ་དེ་རེད། བཅའ་ཁྲིམས་འདི་གའི་ནང་། འཇིགས་སྐུལ་རིང་ལུགས་སྒྲོག་སྤེལ་དང་འཇིགས་སྐུལ་རིང་ལུགས་ལ་

བརྟེན་ནས་སྤྱི་པའི་བདེ་འཇགས་ལ་གནོད་འཚེ་གཏོང་བ་དང་སྤྱི་པའི་སྒྲིག་ལམ་ཟང་ཟིང་བཟོ་བ། མི་ལུས་དང་རྒྱུ་ནོར་ལ་གནོད་སྐྱོན་གཏོང་བ། སྤྱི་ཚོགས་ཀྱི་དོ་དམ་ལ་གནོད་སྐྱོན་གཏོང་བ་བཅས་བྱས་ཚེ། སྤྱི་བདེ་ལས་ཁུངས་དང་འབྲེལ་ཡོད་སྡེ་ཁག་གིས་དུས་ཐོག་ལ་བཀག་འགོག་དང་། ཁྲིམས་ལྟར་འགན་འཁྲི་ཅད་གཅོད་བྱ་དགོས་པའི་གཏན་འབེབས་གསལ་པོ་བྱས་ཡོད། སྤྱི་བདེ་ལས་ཁུངས་ཀྱིས་ཐལ་དྲགས་རིང་ལུགས་ཀྱི་བྱེད་སྒོ་ཤེས་རྟོགས་བྱུང་ཚེ། འཕྲལ་མར་མཚམས་འཛོག་བྱེད་དགོས་པའི་བཀའ་གཏོང་དགོས་པ་དང་འབྲེལ་ཡོད་མི་སྣ་བཙན་ཐབས་ཀྱིས་ས་ཆ་དངོས་ནས་ཁྲིད་དེ་ཐོབ་ཐང་ཆ་འཕྲིན་ཐོ་འགོད་བྱེད་དགོས། འབྲེལ་ཡོད་དངོས་ཟོག་དང་རྒྱུ་ཆ་བསྡུ་ལེན་བྱེད་དགོས། ཁྲིམས་འགལ་གྱི་བྱེད་སྒོ་སྲིད་སར་བཀག་སྡོམ་བྱེད་དགོས། ཚན་པ་དང་མི་སྒེར་གང་འདྲ་ཞིག་ཡིན་ཡང་ཐལ་དྲགས་རིང་ལུགས་ཀྱི་དངོས་ཟོག་དང་རྒྱུ་ཆ། ཆ་འཕྲིན་བཅས་སྒྲིག་སྲིལ་བྱེད་པ་ཤེས་རྟོགས་བྱུང་རྗེས་འཕྲལ་མར་སྤྱི་བདེ་ལས་ཁུངས་ལ་སྙན་སེང་ཞུ་དགོས།

三是重点目标保护，包括重点目标范围、单位职责、主要安全制度及主管部门的管理职责等。

གསུམ་ནས་གཙོ་གནད་དམིགས་འབེན་སྲུང་སྐྱོབ་བྱ་དགོས་པ་སྟེ། དེའི་ནང་གཙོ་གནད་དམིགས་འབེན་གྱི་ཁྱབ་ཁོངས་དང་ཚན་པའི་འགན་འཁྲི། བདེ་འཇགས་ཀྱི་ལམ་ལུགས་གཙོ་བོ། དེ་བཞིན་གཙོ་གཉེར་སྡེ་ཁག་གི་དོ་དམ་འགན་འཁྲི་སོགས་ཚུད་ཡོད།

四是国（边）境管控与防范境外风险，包括边防管理职责、出入境监管、境外利益保护、驻外机构内部安全防范等。

བཞི་ནས་རྒྱལ་ཁོངས་མཐའ་མཚམས་དོ་དམ་ཚོད་འཛིན་དང་ཕྱི་ཁོངས་ཀྱི་ཉེན་ཁ་འགོག་ཟོན་བྱེད་དགོས་པ་སྟེ། དེའི་ནང་མཐའ་སྲུང་གི་དོ་དམ་འགན་འཁྲི་དང་རྒྱལ་ཁོངས་ཀྱི་འགྲོ་འོང་ལ་ལྟ་སྐུལ་དོ་དམ་བྱ་རྒྱུ། ཕྱི་ཁོངས་ཀྱི་ཁེ་ཕན་སྲུང་སྐྱོབ་བྱ་རྒྱུ། ཕྱི་རྒྱལ་ལ་བཅའ་སྡོད་བྱེད་མཁན་ལས་ཁུངས་ནང་ཁུལ་གྱི་བདེ་འཇགས་ཐད་ཉེན་ཟོན་བྱ་རྒྱུ་སོགས་ཚུད་ཡོད།

9. 当有人向你打听当地的国防电缆和电站等位置时，你应该怎么做？

༩.མི་གཞན་གྱིས་ཁྱོད་རང་ལ་ས་གནས་དེ་གའི་རྒྱལ་སྲུང་གློག་ཐག་དང་གློག་ཁང་སོགས་ཀྱི་གནས་ས་སྐད་ཆ་དྲིས་ཚེ། ཁྱོད་རང་གིས་གང་འདྲ་བྱེད་དམ།

向当地国家安全部门反应，或者拨打国家安全举报电话 12339。

ས་གནས་དེ་གའི་རྒྱལ་ཁབ་བདེ་འཇགས་དོ་དམ་སྡེ་ཁག་ལ་སྙན་སེང་ཞུ་བའམ་ཡང་ན་རྒྱལ་ཁབ་བདེ་འཇགས་ཀྱི་ཐེར་འདོན་ཁ་པར་༡༢༣༣༩བརྒྱབ་ཆོག

10. 当地群众在军事禁区外围安全控制范围内不得进行哪些活动？

༡༠.ས་གནས་དེ་གའི་མང་ཚོགས་ཀྱིས་དམག་དོན་བཀག་སྡོམ་ཁུལ་ཕྱི་རོལ་གྱི་བདེ་འཇགས་ཚོད་འཛིན་ཁྱབ་ཁོངས་ནང་བྱེད་སྒོ་གང་དག་སྤྱེལ་མི་ཆོག་གམ།

根据《中华人民共和国军事设施保护法》规定，在陆地、水域军事禁区外围安全控制范围内，当地居民可以照常生产生活，但是不得进行爆破、射击以及其他危害军事设施安全和使用效能的活动。

དེའང་《ཀྲུང་ཧྭ་མི་དམངས་སྤྱི་མཐུན་རྒྱལ་ཁབ་ཀྱི་དམག་དོན་སྒྲིག་ཆས་སྲུང་སྐྱོབ་བཅའ་ཁྲིམས་》ཀྱི་གཏན་འབེབས་ལྟར་ན། སྐམ་ས་དང་ཆུ་ཁུལ་གྱི་དམག་དོན་བཀག་སྡོམ་ཁུལ་གྱི་ཕྱི་རོས་བདེ་འཇགས་ཚོད་འཛིན་ཁོངས་སུ་ས་གནས་དེ་གའི་སྡོད་མིས་རྒྱུན་གཏན་ལྟར་ཐོན་སྐྱེད་འཚོ་བར་རོལ་ཆོག འོན་ཀྱང་ཤགས་གཏོར་དང་མཚོན་ལྷ་བ། དེ་བཞིན་དམག་དོན་སྒྲིག་ཆས་ཀྱི་བདེ་འཇགས་དང་བེད་སྤྱོད་ནུས་པར་གནོད་པའི་བྱེད་སྒོའི་རིགས་སྤྱེལ་མི་རུང་།

11. 组织、策划、实施分裂国家、破坏国家统一的需要承担什么样的刑事责任？

༡༡.རྒྱལ་ཁབ་ཁ་བྲལ་དང་རྒྱལ་ཁབ་ཀྱི་གཅིག་གྱུར་ལ་གནོད་པའི་གནོད་སྐྱོན་འཛུགས་དང་རྩུས་འགོད། ལག་བསྟར་བཅས་བྱས་ཚེ། ཉེས་དོན་གྱི་འགན་འཁྲི་གང་འདྲ་འཁུར་དགོས་སམ།

根据《中华人民共和国刑法》规定，组织、策划、实施分裂国家、破坏国家统一的，对首要分子或者罪行重大的，处无期徒刑或者十年以上有期徒刑；对积极参加的，处三年以上十年以下有期徒刑；对其他参加的，处三年以下有期徒刑、拘役、管制或者剥夺政治权利。

དེའང《ཀྲུང་ཧྭ་མི་དམངས་སྤྱི་མཐུན་རྒྱལ་ཁབ་ཀྱི་ཉེས་དོན་བཅའ་ཁྲིམས》ཀྱི་གཏན་འབེབས་ལྟར་ན། རྒྱལ་ཁབ་ཁ་བྲལ་དང་རྒྱལ་ཁབ་ཀྱི་གཅིག་གྱུར་ལ་གནོད་པའི་གནོད་སྐྱོན་འཛུགས་དང་རྩུས་འགོད། ལག་བསྟར་བྱས་ཚེ། ཁྲིད་གཉེར་གཙོ་བོའམ་ཡང་ན་ཉེས་སྐྱོན་ཚབས་ཆེ་རིགས་ལ་ཚེ་བཙོན་ནམ་ལོ་བཅུ་ཡན་གྱི་དུས་བཀག་བཙོན་འཇུག་གི་ཁྲིམས་ཆད་གཅོད་རྒྱུ་དང་། དེར་ཐེ་ཞུགས་ཧུར་ཐག་བྱེད་མཁན་ནི་ལོ་གསུམ་ཡན་ནས་ལོ་བཅུ་མན་གྱི་དུས་བཀག་བཙོན་འཇུག་བྱ་རྒྱུ། ཐེ་ཞུགས་བྱེད་མཁན་གཞན་དག་ནི་ལོ་གསུམ་མན་གྱི་དུས་བཀག་བཙོན་འཇུག་དང་བཀག་ཉར། ཕོ་དམ་ཚོད་འཛིན་བྱ་རྒྱུའམ་ཡང་ན་ཆབ་སྲིད་ཀྱི་དབང་ཆ་འཕྲོག་རྒྱུ།

煽动分裂国家、破坏国家统一的，处五年以下有期徒刑、拘役、管制或者剥夺政治权利；首要分子或者罪行重大的，处五年以上有期徒刑。

རྒྱལ་ཁབ་ཁ་བྲལ་དང་རྒྱལ་ཁབ་ཀྱི་གཅིག་གྱུར་ལ་གནོད་པའི་གནོད་སྐྱོར་ངན་སློལ་བྱས་ཚེ། ལོ་ལྔ་མན་གྱི་དུས་བཀག་བཙོན་འཇུག་དང་བཀག་ཉར། ཕོ་དམ་ཚོད་འཛིན་བཅས་བྱ་རྒྱུ་དང་། ཡང་ན་ཆབ་སྲིད་ཀྱི་དབང་ཆ་འཕྲོག་རྒྱུ། ཁྲིད་གཉེར་གཙོ་བོའམ་ཡང་ན་ཉེས་སྐྱོན་ཚབས་ཆེ་རིགས་ལ་ལོ་ལྔ་ཡན་གྱི་དུས་བཀག་བཙོན་འཇུག་གི་ཁྲིམས་ཆད་གཅོད་རྒྱུ་རེད།

12.“治国必治边 治边先稳藏”的指导思想是什么时候提出的？

༡༢."རྒྱལ་ཁབ་སྐྱོང་བར་ངེས་པར་དུ་མཐའ་མཚམས་སྐྱོང་དགོས་པ་དང་མཐའ་མཚམས་སྐྱོང་བར་སྔོན་ལ་བོད་བརྟན་སྲིང་ཡོང་བ་བྱ་དགོས།"ཞེས་པའི་མཛུབ་ཁྲིད་བསམ་བློ་དེ་ག་དུས་བཏོན་པ་ཡིན་ནམ།

2013 年 3 月，十二届全国人大一次会议上提出的。

དེ་ནི་སྤྱི་ལོ་༢༠༡༣ལོའི་ཟླ་༣པར་སྐབས་བཅུ་གཉིས་པའི་རྒྱལ་ཡོངས་མི་དམངས་འཐུས་ཚོགས་ཀྱི་གྲོས་ཚོགས་ཐེངས་དང་པོའི་ཐོག་བཏོན་པ་རེད།

13. 我区的乡村振兴战略的主题是什么？

༡༣.རང་ལྗོངས་ཀྱི་གྲོང་གསེབ་དར་རྒྱས་གཏོང་རྒྱུའི་འཐབ་ཇུས་ཀྱི་བརྗོད་བྱ་གཙོ་བོ་གང་ཡིན་ནམ།

根据《西藏自治区民族团结进步模范区创建条例》规定，我区实施以“神圣国土守护者、幸福家园建设者”为主题的乡村振兴战略，实施促进人口较少民族发展、兴边富民行动、边境小康村等规划。

དེའང《བོད་རང་སྐྱོང་ལྗོངས་མི་རིགས་མཐུན་སྒྲིལ་ཡར་ཐོན་དཔེ་སྟོན་ཁུལ་འཛུགས་སྐྲུན་སྒྲིག་སྲོལ》གྱི་གཏན་འབེབས་ལྟར་ན། རང་ལྗོངས་ཀྱིས"ལྷ་ན་མེད་པའི་རྒྱལ་ཁོངས་ས་ཆ་སྲུང་སྐྱོང་བྱེད་མཁན་དང་། བདེ་སྐྱིད་ཀྱི་ཁྱིམ་གཞིས་འཛུགས་སྐྲུན་བྱེད་མཁན"ཞེས་པ་བརྗོད་བྱ་གཙོ་བོར་བྱས་པའི་གྲོང་གསེབ་དར་རྒྱས་འཐབ་ཇུས་ལག་བསྟར་བྱེད་རྒྱུ་དང་། མི་འབོར་ཉུང་ཉུང་བའི་གྲངས་ཉུང་མི་རིགས་འཕེལ་རྒྱས་དང་། མཐའ་དར་དམངས་ཕྱུག་གི་བྱ་སྤྱོད། མཐའ་མཚམས་ཀྱི་ཕྱུ་གོས་འཛོམས་པའི་གྲོང་ཚོ་སོགས་ཀྱི་འཆར་འགོད་ལག་བསྟར་བྱེད་རྒྱུར་སྐུལ་འདེད་གཏོང་རྒྱུ་དེ་རེད།

再苦再累也要守好祖国每一寸土地

དཀའ་སྡུག་ག་ཚོད་ཆེ་ཡང་མེས་རྒྱལ་གྱི་ས་ཆ་སྲར་མཐིལ་གང་ཡང་མ་ལུས་པར་ལྟ་སྲུང་ཡག་པོ་བྱེད།

卓嘎，藏族，西藏隆子人，1996 年 7 月入党。她是爱国守边精神的传承者，秉持“家是玉麦、国是中国”的坚定信念，数十年如一日以抵边放牧、巡逻的方式守护数千平方公里的国土，国旗挂遍走过的每一条路，践行了“再苦再累也要守好祖国的每一寸土地”的承诺。她还积极宣讲党的恩情，引导群众听党话、感党恩、跟党走。先后荣获“全国三八红旗手标兵”“时代楷模”等称号。2021 年，卓嘎荣获“七一勋章”。

卓嘎和央宗居住的玉麦乡，被险峻的喜马拉雅山脉包裹。到 40 公里外的隆子县城需要翻过两座海拔 5000 多米的雪山。向南，则可以一直走到印度。从两姐妹的父亲桑杰曲巴算起，一家人放牧守边已坚持 50 多年。央宗回忆父亲的话：“我们放牧，也是为祖国守边疆。”

2017 年，习近平总书记在给西藏隆子县玉麦乡牧民卓嘎、央宗姐妹的回信中提到了“做神圣国土的守护者、幸福家园的建设者”。冬去春来、雨打风吹、日月轮回，数十年来卓嘎、央宗姐妹如磐石般坚守在玉麦，放牧守边，守护祖国领土、传承爱国精神。

སྒྲོལ་དཀར་ནི་བོད་རིགས། བོད་ལྗོངས་ལྷུན་རྩེ་རྫོང་གི་མི་ཡིན། སྤྱི་ལོ་༡༩༩༦ལོའི་ཟླ་༧པར་ཏང་ནང་ཞུགས། ཁོང་ནི་རྒྱལ་གཅེས་མཐའ་སྲུང་གི་བསམ་བློའི་རྒྱུན་འཛིན་པ་ཡིན་ཞིང་། “ཁྱིམ་གཞིས་ནི་ཡུལ་སྨད་ཡིན། རྒྱལ་ཁབ་ནི་ཀྲུང་གོ་ཡིན་”ཞེས་པའི་དད་སེམས་བརྟན་པོར་བཅངས་ནས། ལོ་བཅུ་ཕྲག་ནང་ཉིན་གཅིག་ལྟར་མཐའ་མཚམས་སུ་ཕྱུགས་འཚོ་བ་དང་སྐོར་གཡེང་བྱེད་པའི་རྣམ་པའི་ཐོག་ནས་སྤྱི་ལེ་གྲུ་བཞི་མ་སྟོང་ཕྲག་ཁ་ཤས་ཟིན་པའི་རྒྱལ་ཁོངས་ཀྱི་ས་ཆ་ལྟ་སྲུང་བྱེད་པ་དང་། འགྲོ་སོང་བའི་ལམ་དུ་ཚང་མར་རྒྱལ་དར་འགེལ་

བ། “དཀའ་སྡུག་ག་ཚོད་ཆེ་ཡང་མེས་རྒྱལ་གྱི་ས་ཆ་སྲུང་མཐིལ་གང་ཡང་མ་ལུས་པར་ལྷ་སྲུང་ཡག་པོ་བྱ་རྒྱུའི་”དམ་བཅའ་ལག་བསྟར་བྱས་ཡོད། ཁོང་གིས་ད་དུང་ང་ཚང་གི་བཀའ་དྲིན་སྒྲོག་འགྲེལ་རུར་ཐག་བྱེད་པ་དང་མང་ཚོགས་ལ་ང་ཚང་གི་བཀའ་ལ་ཉན་པ་དང་། ང་ཚང་གི་དྲིན་ཚོར་བ། ང་ཚང་གི་རྗེས་སུ་འབྲང་དགོས་པའི་ཁྲིད་སྟོན་བྱེད་ཀྱི་ཡོད། སྔ་ཕྱིར་ཁོང་ལ་“རྒྱལ་ཡོངས་གསུམ་བརྒྱད་དར་དམར་བའི་དཔེ་དམག”དང་“དུས་རབས་ཀྱི་མིག་དཔེ”ཞེས་པ་སོགས་ཀྱི་མཚན་སྙན་ཐོབ་ཡོད་པ་དང་། སྤྱི་ལོ༢༠༢༡ལོར་སྒྲོལ་དཀར་ལ“བདུན་གཅིག་གཟེངས་བསྟོད་རྟགས་མ”ཐོབ་ཡོད།

སྒྲོལ་དཀར་དང་གཡང་འཛོམས་ཀྱི་སྡོད་ས་ནི་ཡུལ་སྣད་ལ་ཡིན་ཞིང་། གཡང་གཟར་གྱི་རི་བོ་ཧི་མ་ལ་ཡའི་རི་རྒྱུད་ཀྱིས་མཐའ་ཡོངས་སུ་བསྐོར་ཡོད། བར་ཐག་སྤྱི་ལི་༩༠ཡོད་པའི་ལྷུན་རྩེ་རྫོང་གྲོང་དུ་འགྲོ་སྐབས་རྒྱ་མཚོའི་ངོས་ལས་མཐོ་ཚད་སྨིད་༥༠༠༠ཟིན་པའི་གངས་རི་གཉིས་བརྒྱབ་དགོས་པ་དང་། ལྷོ་ངོས་སུ་ཕྱིན་ན་ཐད་ཀར་རྒྱ་གར་ལ་སླེབས་པ་ཡིན། གཅིན་གཅུང་གཉིས་ཀྱི་ཕ་སྐལ་བཟང་ཆོས་འཕེལ་ནས་བརྩིས་ན། ཁྲིམ་ཚང་དེས་ལོ་༥༠ལྷག་ཙམ་རིང་ཕྱུགས་འཚོ་བཞིན་མཐའ་མཚམས་སྲུང་རྒྱ་རྒྱུན་འཁྱོངས་བྱས་ཡོད། གཡང་འཛོམས་ཀྱིས་ཕ་ཡི་བཤད་པའི་སྐད་ཆ་དྲན་གསོ་བྱས་ཏེ། “ང་ཚོ་ཕྱུགས་འཚོ་བ་འདི་ཡང་མེས་རྒྱལ་གྱི་མཐའ་མཚམས་སྲུང་པ་ཞིག་ཡིན་”ཞེས་ཤོད་ཀྱི་ཡོད།

སྤྱི་ལོ༢༠༡༧ལོར་སྤྱི་ཁྲབ་རྡུའུ་ཅི་ཞི་ཅིན་ཕིང་གིས་བོད་ལྗོངས་ལྷུན་རྩེ་རྫོང་ཡུལ་སྣད་ཤང་གི་འབྲོག་པ་སྒྲོལ་དཀར་དང་གཡང་འཛོམས་གཅིན་གཅུང་གཉིས་ལ་འཕྲིན་ལན་བསྐུར་བའི་ནང་། “བླ་ན་མེད་པའི་རྒྱལ་ཁོངས་ས་ཆ་ལྷ་སྲུང་བྱེད་མཁན་དང་། བདེ་སྐྱིད་ལྡན་པའི་ཁྲིམ་ཚང་གི་འཛུགས་སྐྲུན་པ་བྱ་དགོས་”ཞེས་བྲིས་གནང་ཡོད། དུས་ཀྱི་འཕེན་པ་དང་ལོ་ཟླའི་ཆར་རླུང་གདོང་གིས་བསུས་ནས་ལོ་ངོ་བཅུ་གྲངས་རིང་སྒྲོལ་དཀར་དང་གཡང་འཛོམས་ཀྱིས་ཡུལ་སྣད་བརྟན་པོར་སྲུང་པ་དང་། ཕྱུགས་འཚོ་བཞིན་མེས་རྒྱལ་གྱི་ས་ཆ་ལྷ་སྲུང་བྱས་ཏེ་རྒྱལ་གཅེས་ཀྱི་བསམ་བློ་རྒྱུན་འཛིན་བྱས་ཡོད།

14. 哪些间谍行为，会被追究刑事责任？

༡༤.གསང་སྤྱོལ་གྱི་བྱེད་སྒོ་གང་དག་ལ་ཉེས་དོན་འགན་འཁྲི་ཆ་གཅོད་བྱེད་དམ།

根据《中华人民共和国反间谍法》规定，下列行为会被追究刑事责任：

《ཀྲུང་ཧྭ་མི་དམངས་སྤྱི་མཐུན་རྒྱལ་ཁབ་ཀྱི་གསང་སྤྱོལ་ལ་ངོ་རྒོལ་བྱེད་པའི་བཅའ་ཁྲིམས་》ཀྱི་གཏན་འབེབས་ལྟར་ན། གཤམ་གསལ་གྱི་བྱ་སྤྱོད་ཐད་ཉེས་དོན་འགན་འཁྲི་ཆད་གཅོད་བྱ་རྒྱུ་སྟེ།

（1）境外机构、组织、个人实施或指使、资助他人实施，或者境内机构、组织、个人与境外机构、组织、个人相勾结实施间谍行为，构成犯罪的，依法追究刑事责任。

（༡）རྒྱལ་ཁོངས་ཕྱི་རོལ་གྱི་ལས་ཁུངས་དང་ཚ་འཛུགས། མི་སྒེར་བཅས་ཀྱིས་ལག་བསྟར་བྱས་པ་དང་ཡང་ན་མི་གཞན་གྱིས་ལག་བསྟར་བྱ་རྒྱུར་བཀོད་པ་བཏང་བ་དང་རོགས་དངུལ་བཏང་བ། ཡང་ན་རྒྱལ་ནང་གི་ལས་ཁུངས་དང་ཚ་འཛུགས། མི་སྒེར་བཅས་ཀྱིས་ཕྱི་ཁོངས་ཀྱི་ལས་ཁུངས་དང་ཚ་འཛུགས། མི་སྒེར་བཅས་དང་ངན་འབྲེལ་གྱིས་གསང་སྤྱོལ་གྱི་བྱེད་སྒོ་སྤེལ་རྗེས་ཉེས་གསོག་གི་ཚད་ལ་སླེབས་ཡོད་ཚེ། ཁྲིམས་ལྟར་ཉེས་དོན་འགན་འཁྲི་ཆད་གཅོད་བྱ་རྒྱུ།

（2）明知他人有间谍犯罪行为，在国家安全机关向其调查有关情况、收集有关证据时，拒绝提供的，构成犯罪的，依法追究刑事责任。

（༢）མི་ཆེ་གེ་མོས་གསང་སྤྱོལ་གྱི་ཉེས་གསོག་བྱ་སྤྱོད་སྤེལ་བ་གསལ་རྟོགས་བྱུང་བ་དང་། རྒྱལ་ཁབ་སྲི་བདེ་ལས་ཁུངས་ནས་མི་དེར་འབྲེལ་ཡོད་གནས་ཚུལ་བརྟག་ཞིབ་དང་འབྲེལ་ཡོད་དཔང་རྟགས་འཚོལ་སྐབས། མི་དེས་རམ་འདེགས་མི་བྱེད་པ་དང་། ཉེས་གསོག་གི་ཚད་ལ་སླེབས་ཡོད་ན། ཁྲིམས་ལྟར་ཉེས་དོན་འགན་འཁྲི་ཆད་གཅོད་བྱ་རྒྱུ།

（3）以暴力、威胁方法阻碍国家安全机关依法执行任务的，依法追究刑事责任。故意阻碍国家安全机关依法执行任务，未使用暴力、威胁方法，造成严重后果的，依法追究刑事责任。

（༣）དྲག་ཤུགས་དང་འཇིགས་སྐུལ་གྱི་བྱ་ཐབས་ལ་བརྟེན་ནས་རྒྱལ་ཁབ་བདེ་འཛུགས་ལས་ཁུངས་ནས་ཁྲིམས་ལྟར་ལས་འགན་སྒྲུབ་རྒྱུར་བཀག་འགོག་བྱས་ཚེ། ཁྲིམས་ལྟར་ཉེས་དོན་འགན་འཁྲི་རྩད་གཅོད་བྱ་རྒྱུ་དང་། རྐང་བཙུགས་ནས་རྒྱལ་ཁབ་བདེ་འཛུགས་ལས་ཁུངས་ནས་ཁྲིམས་ལྟར་ལས་འགན་སྒྲུབ་རྒྱུར་བཀག་འགོག་བྱས་པ་དང་། དྲག་ཤུགས་དང་འཇིགས་སྐུལ་གྱི་ཐབས་ལ་མ་བརྟེན་ཡང་རྗེས་འབྲས་ཚབས་ཆེན་བཟོས་ཡོད་ཚེ། ཁྲིམས་ལྟར་ཉེས་དོན་འགན་འཁྲི་རྩད་གཅོད་བྱ་རྒྱུ།

（4）泄露有关反间谍工作的国家秘密的，构成犯罪的，依法追究刑事责任。

（༤）གསང་སྒྲུབ་ལ་ངོ་རྒོལ་བྱེད་པའི་ལས་ཀའི་སྐོར་གྱི་རྒྱལ་ཁབ་གསང་བ་ཕྱིར་བསྒྲགས་བྱས་ཏེ་ཉེས་གསོག་གི་ཚད་ལ་སླེབས་ཡོད་ཚེ། ཁྲིམས་ལྟར་ཉེས་དོན་འགན་འཁྲི་རྩད་གཅོད་བྱ་རྒྱུ།

（5）非法持有属于国家秘密的文件、资料和其他物品，构成犯罪的，依法追究刑事责任。

（༥）ཁྲིམས་འགལ་ངང་རྒྱལ་ཁབ་ཀྱི་གསང་བའི་ཁོངས་སུ་གཏོགས་པའི་ཡིག་ཆ་དང་དཔྱད་ཡིག དེ་བཞིན་དངོས་རྫས་གཞན་དག་ཉར་ཏེ་ཉེས་གསོག་གི་ཚད་ལ་སླེབས་ཡོད་ཚེ། ཁྲིམས་ལྟར་ཉེས་དོན་འགན་འཁྲི་རྩད་གཅོད་བྱ་རྒྱུ།

（6）隐藏、转移、变卖、损毁国家安全机关依法查封、扣押、冻结的财物的，或者明知是间谍活动的涉案财物而窝藏、转移、收购、代为销售或者以其他方法掩饰、隐瞒的，由国家安全机关追回。构成犯罪的，依法追究刑事责任。

（༦）རྒྱལ་ཁབ་བདེ་འཛུགས་ལས་ཁུངས་ནས་ཁྲིམས་ལྟར་སྒོ་ཐེལ་བརྒྱབ་པ་དང་བཀག་འཛིན་བྱས་པ། བཀག་སྡོམ་བྱས་པ་བཅས་ཀྱི་རྒྱུ་ནོར་སྐོག་ཏུ་སྦས་པ་དང་གནས་སྤོས་བྱས་པ། འགྱུར་ཚོང་བྱས་པ། གཏོར་བརླག་བཏང་བ་བཅས་དང་། ཡང་ན་གསང་སྒྲུལ་བྱེད་སྒོའི་གྱོད་གཞི་དང་འབྲེལ་བ་ཡོད་པའི་རྒྱུ་ནོར་ཡིན་པ་གསལ་པོ་ཤེས་བཞིན་དུ་སྦས་པ་དང་གནས་སྤོས། ཉོ་སྒྲུབ། ཚབ་ཚོང་། ཡང་ན་རྣམ་པ་གཞན་དག་གི་ཐོག་ནས་འགེབས་སྲུང་དང་སྦ་གསང་བཅས་

བྱས་ཚེ། རྒྱལ་ཁབ་བདེ་འཇགས་ལས་ཁུངས་ནས་ཕྱིར་ལེན་བྱ་རྒྱུ་དང་། ཉེས་གསོག་གི་ཚད་ལ་སླེབས་ཡོད་ན། ཁྲིམས་ལྟར་ཉེས་དོན་འགན་འཁྲི་རྩད་གཅོད་བྱ་རྒྱུ།

15. 公民应当履行哪些反间谍安全防范义务？

༧༥.སྤྱི་དམངས་ཀྱིས་གསང་སྐྱུལ་ལ་ངོ་རྒོལ་དང་བདེ་འཇགས་ཐབ་ཉེན་ཟོན་བྱེད་པའི་འོས་འགན་གང་དག་འཁུར་དགོས་སམ།

根据《西藏自治区反间谍安全防范条例》规定，公民应当履行下列反间谍安全防范义务：

དེ་འང་《བོད་རང་སྐྱོང་ལྗོངས་ཀྱི་གསང་སྐྱུལ་ལ་ངོ་རྒོལ་དང་བདེ་འཇགས་ཉེན་ཟོན་བྱ་ཐབས་ཀྱི་སྒྲིག་ཡིག》གི་གཏན་འབེབས་ལྟར་ན། སྤྱི་དམངས་ཀྱིས་གཤམ་གསལ་གྱི་གསང་སྐྱུལ་ལ་ངོ་རྒོལ་དང་བདེ་འཇགས་ཉེན་ཟོན་གྱི་འོས་འགན་ཁག་འཁུར་དགོས་ཏེ།

（1）遵守反间谍安全防范有关法律、法规；

（༡）གསང་སྐྱུལ་ལ་ངོ་རྒོལ་དང་བདེ་འཇགས་ཉེན་ཟོན་སྐོར་གྱི་བཅའ་ཁྲིམས་དང་ཁྲིམས་སྲོལ་ལ་བརྩི་སྲུང་ཞུ་དགོས།

（2）为国家安全机关依法开展反间谍工作提供便利或者其他协助；

（༢）རྒྱལ་ཁབ་བདེ་འཇགས་ལས་ཁུངས་ཀྱིས་ཁྲིམས་ལྟར་གསང་སྐྱུལ་ལ་ངོ་རྒོལ་བྱེད་པའི་ལས་དོན་སྤེལ་སྐབས་མཐུན་རྐྱེན་ནམ་ཡང་ན་རམ་འདེགས་གཞན་དག་བྱེད་དགོས།

（3）在国家安全机关调查了解有关间谍行为、收集有关证据时，应当如实提供相关情况；

（༣）རྒྱལ་ཁབ་བདེ་འཇགས་ལས་ཁུངས་ཀྱིས་འབྲེལ་ཡོད་གསང་སྐྱུལ་བྱ་སྤྱོད་ལ་བརྟག་དཔྱད་དང་ཞིབ་རྟོགས་བྱེད་པ་དང་འབྲེལ་ཡོད་དཔང་རྟགས་འཚོལ་སྐབས། འབྲེལ་ཡོད་གནས་ཚུལ་ཇི་མ་ཇི་བཞིན་མཁོ་འདོན་བྱེད་དགོས།

（4）保守所知悉的有关反间谍工作的国家秘密；

（༤）རང་གིས་ཆ་རྒྱུས་ཡོད་པའི་གསང་སྲུང་ལ་ངོ་རྒོལ་བྱེད་པའི་ལས་ཀའི་རྒྱལ་ཁབ་ཀྱི་གསང་བ་བསྲུང་དགོས།

（5）接受反间谍安全防范教育；

（༥）གསང་སྲུང་ལ་ངོ་རྒོལ་དང་བདེ་འཇགས་ཉེན་སྔོན་ཐད་ཀྱི་སློབ་གསོ་དང་ལེན་བྱ་དགོས།

（6）其他应当履行的反间谍安全防范义务。

（༦）ད་དུང་གསང་སྲུང་ལ་ངོ་རྒོལ་དང་བདེ་འཇགས་ཉེན་སྔོན་ཐད་འཁུར་དགོས་པའི་འོས་འགན་གཞན་དག་བཅས་སོ།།

16. 为维护网络通信领域安全，自治区有何规定？

༡༦.དྲ་རྒྱའི་འཕྲིན་གཏོང་ཁྱབ་ཁོངས་ཀྱི་བདེ་འཇགས་སྲུང་སྐྱོང་བྱེད་ཆེད། རང་སྐྱོང་ལྗོངས་ཀྱིས་གཏན་འབེབས་གང་འདྲ་བྱས་ཡོད་དམ།

根据《西藏自治区网络通信活动管理规定》，现将西藏自治区网络通信领域活动禁止性行为集中通告如下：

དེ་འང་《བོད་རང་སྐྱོང་ལྗོངས་ཀྱི་དྲ་རྒྱའི་འཕྲིན་གཏོང་བྱེད་སྒོའི་དོ་དམ་གཏན་འབེབས་》ལྟར་ན། བོད་རང་སྐྱོང་ལྗོངས་ཀྱི་དྲ་རྒྱའི་འཕྲིན་གཏོང་ཁྱབ་ཁོངས་བྱེད་སྒོའི་ནང་བཀག་འགོག་བྱ་དགོས་ངེས་ཀྱི་བྱ་སྤྱོད་རིགས་གཅིག་བསྡུས་ཐོག་གསལ་བརྡ་གཏོང་རྒྱུ་གཤམ་གསལ།

一、严禁利用网络通信工具组织、参与、煽动颠覆国家、破坏国家统一、推翻社会主义制度的活动。

གཅིག　དྲ་རྒྱའི་འཕྲིན་གཏོང་ལག་ཆ་བེད་སྤྱད་དེ་རྒྱལ་ཁབ་མགོ་རྗེང་སློག་རྒྱུ་དང་རྒྱལ་ཁབ་ཀྱི་གཅིག་གྱུར་ལ་གནོད་བཤིག་གཏོང་རྒྱུ། སྤྱི་ཚོགས་རིང་ལུགས་ཀྱི་ལམ་ལུགས་རྩ་སློག་གཏོང་རྒྱུ་བཅས་སྒྲིག་འཛུགས་དང་དེར་ཞེ་ཞུགས། ངན་སྐུལ་བཅས་བྱེད་པའི་བྱེད་སྒོ་བཀག་འགོག་ནན་པོ་བྱ་རྒྱུ།

二、严禁利用网络通信工具侮辱、诽谤他人。

གཉིས། དྲ་རྒྱའི་འཕྲིན་གཏོང་ལག་ཆ་བེད་སྤྱད་དེ་མི་གཞན་ལ་དམའ་འབེབས་དང་སྐྱོན་འདོགས་བྱེད་པར་བཀག་འགོག་ནན་པོ་བྱ་རྒྱུ།

三、严禁利用网络通信工具组织、参与、煽动宗教极端、暴力恐怖、诈骗犯罪等非法活动。

གསུམ། དྲ་རྒྱའི་འཕྲིན་གཏོང་ལག་ཆ་བེད་སྤྱད་དེ་ཆོས་ལུགས་ཕྱོགས་ལྷུང་དང་གདུག་རྩུབ་འཇིགས་སྐུལ། མགོ་སྐོར་གཏོང་བའི་ཉེས་གསོག་སོགས་ཁྲིམས་འགལ་བྱ་སྤྱོད་ལ་འཛུགས་སྐུལ་དང་དེར་ཞུགས། སྐུལ་སློང་བྱེད་པར་བཀག་འགོག་ནན་པོ་བྱ་རྒྱུ།

四、严禁利用网络通信工具向境内外组织、机构、个人非法提供国家未公开的信息。

བཞི། དྲ་རྒྱའི་འཕྲིན་གཏོང་ལག་ཆ་བེད་སྤྱད་དེ་རྒྱལ་ཁབ་ཕྱི་ནང་གི་ཚོགས་པ་དང་ལས་ཁུངས། མི་སྒེར་བཅས་ལ་ཁྲིམས་འགལ་ངང་རྒྱལ་ཁབ་ཀྱིས་ཡོངས་བསྒྲགས་མ་བྱས་པའི་ཆ་འཕྲིན་མཁོ་འདོན་བྱེད་པར་བཀག་འགོག་ནན་པོ་བྱ་རྒྱུ།

五、严禁利用网络通信工具搜集、制作、下载、存储、发布、传播、宣扬颠覆国家、破坏国家统一、推翻社会主义制度的信息。

ལྔ། དྲ་རྒྱའི་འཕྲིན་གཏོང་ལག་ཆ་བེད་སྤྱད་དེ་རྒྱལ་ཁབ་མགོ་རྗེད་སློག་རྒྱུ་དང་རྒྱལ་ཁབ་ཀྱི་གཅིག་གྱུར་ལ་གཏོར་བཤིག་གཏོང་རྒྱུ། སྤྱི་ཚོགས་རིང་ལུགས་ཀྱི་ལམ་ལུགས་རྩ་སློག་གཏོང་རྒྱུའི་ཆ་འཕྲིན་འཚོལ་བསྡུ་དང་འབྲི་བཟོ། ཕབ་ལེན། ཉར་འཛོག ཡོངས་བསྒྲགས། ཁྱབ་སྤེལ། དྲིལ་སྒྲོག་བཅས་བྱེད་པར་བཀག་འགོག་ནན་པོ་བྱ་རྒྱུ།

六、严禁利用网络通信工具搜集、制作、下载、存储、发布、传播、宣扬宗教极端思想、暴力恐怖、诱骗诈骗等信息。

དྲུག དྲ་རྒྱའི་ཆ་འཕྲིན་ལག་ཆ་བེད་སྤྱད་དེ་ཆོས་ལུགས་ཕྱོགས་ལྷུང་གི་བསམ་བློ་དང་དྲག་ཤུགས་ཀྱི་འཇིགས་སྐུལ། བསླུ་ཁྲིད་ཀྱིས་མགོ་སྐོར་གཏོང་བ་སོགས་ཀྱི་ཆ་འཕྲིན་འཚོལ་བསྡུ་དང་འབྲི་བཟོ། ཕབ་ལེན། ཉར་འཛོག ཡོངས་བསྒྲགས། ཁྱབ་སྤེལ། དྲིལ་སྒྲོག་བཅས་བྱེད་པར་བཀག་འགོག་ནན་པོ་བྱ་རྒྱུ།

七、严禁利用网络通信工具为颠覆国家政权、分裂国家、暴力恐怖、宗教极端活动提供资金、场所、人员、交通、通信等帮助或便利。

བདུན། དྲ་རྒྱའི་འཕྲིན་གཏོང་ལག་ཆ་བེད་སྤྱད་དེ་རྒྱལ་ཁབ་ཀྱི་སྲིད་དབང་ཟ་སློག་དང་རྒྱལ་ཁབ་ཁ་བྲལ། དྲག་ཤུགས་ཀྱི་འཇིགས་སྐུལ། ཆོས་ལུགས་ཕྱོགས་ལྷུང་བྱེད་སྒོ་བཅས་ལ་མ་དངུལ་དང་ཚོགས་ར། མི་སྣ། འགྲིམ་འགྲུལ། ཆ་འཕྲིན་སོགས་ཀྱི་ཐད་ནས་རམ་འདེགས་དང་ཡང་ན་སྟབས་བདེ་བསྐྲུན་རྒྱུ་བཀག་འགོག་ནན་པོ་བྱ་རྒྱུ།

八、严禁利用网络通信工具编造、散布挑拨民族关系、制造民族矛盾、煽动民族仇恨等信息。

བརྒྱད། དྲ་རྒྱའི་འཕྲིན་གཏོང་ལག་ཆ་བེད་སྤྱད་དེ་མི་རིགས་ཀྱི་འབྲེལ་བར་དཀྲུག་ཤིང་དང་མི་རིགས་དབར་འགལ་ཟླ་བཟོ་བ། མི་རིགས་ཀྱི་འཁོན་འཛིན་ཐད་རྣ་སྐུལ་བྱེད་པ་སོགས་ཀྱི་ཆ་འཕྲིན་རྫུན་བཟོ་དང་སྒྲོག་སྤེལ་བྱེད་པར་བཀག་འགོག་ནན་པོ་བྱ་རྒྱུ།

九、严禁利用网络通信工具组织、利用会道门等邪教组织破坏法律实施。

དགུ། དྲ་རྒྱའི་འཕྲིན་གཏོང་ལག་ཆ་བེད་སྤྱད་དེ་རྫོངས་དད་ཚོགས་པའམ་ཆོས་ལོག་ཟ་འཛུགས་སྒྲིག་འཛུགས་ཀྱིས་བཅའ་ཁྲིམས་ལག་བསྟར་བྱེད་པར་གནོད་པ་གཏོང་བར་བཀག་འགོག་ནན་པོ་བྱ་རྒྱུ།

十、严禁利用网络通信工具煽动暴力抗拒法律实施、聚众扰乱社会秩序。

བཅུ། དྲ་རྒྱའི་འཕྲིན་གཏོང་ལག་ཆ་བེད་སྤྱད་དེ་དྲག་ཤུགས་ཀྱིས་བཅའ་ཁྲིམས་ལག་བསྟར་བྱེད་པར་འགོག་རྒོལ་དང་མི་ཚོགས་འདུས་ནས་སྤྱི་ཚོགས་ཀྱི་སྒྲིག་ལམ་ཟིང་ཟིང་བཟོ་རྒྱུར་རྣ་སྐུལ་བྱེད་པ་བཀག་འགོག་ནན་པོ་བྱ་རྒྱུ།

十一、严禁利用网络通信工具组织、参与非法集会、游行、示威。

བཅུ་གཅིག དྲ་རྒྱའི་འཕྲིན་གཏོང་ལག་ཆ་བེད་སྤྱད་དེ་ཁྲིམས་འགལ་དང་འདུ་ཚོགས་དང་ཁྲོམ་སྐོར། ཧམ་སྟོན་བཅས་སྒྲིག་འཛུགས་དང་དེར་ཞེ་ཞུགས་བྱེད་པར་བཀག་འགོག་ནན་པོ་བྱ་རྒྱུ།

十二、严禁利用网络通信工具为实施违法犯罪活动而接受境内外组织、机构或个人资助。

བཅུ་གཉིས། དྲ་རྒྱའི་འཕྲིན་གཏོང་ལག་ཆ་བེད་སྤྱད་དེ་ཁྲིམས་འགལ་གྱི་ཉེས་གསོག་བྱེད་སྒོ་སྤེལ་ཕྱིར་རྒྱལ་ཁབ་ཕྱི་ནང་གི་རྩ་འཛུགས་སམ་ལས་ཁུངས། ཡང་ན་མི་སྒེར་བཅས་ཀྱི་རོགས་དངུལ་དང་ལེན་བྱེད་པར་བཀག་འགོག་ནན་པོ་བྱ་རྒྱུ།

十三、严禁利用网络通信工具成立、参加非法组织，进行非法金融活动。

བཅུ་གསུམ། དྲ་རྒྱའི་འཕྲིན་གཏོང་ལག་ཆ་བེད་སྤྱད་དེ་ཁྲིམས་འགལ་གྱི་རྩ་འཛུགས་བཙུགས་པ་དང་ཡང་ན་དེར་ཞེ་ཞུགས་བྱས་ནས་ཁྲིམས་འགལ་གྱི་དངུལ་རྩའི་བྱེད་སྒོ་སྤེལ་བར་བཀག་འགོག་ནན་པོ་བྱ་རྒྱུ།

十四、严禁利用网络通信工具编造、散布虚假或不实险情、疫情、灾情、警情等信息。

བཅུ་བཞི། དྲ་རྒྱའི་འཕྲིན་གཏོང་ལག་ཆ་བེད་སྤྱད་དེ་རྫུན་བཟོ་བྱས་པའམ་ཡང་ན་ཉེན་ཁའི་གནས་ཚུལ་དངོས་མིན་པ། རིམས་ནད། གནོད་འཚེའི་གནས་ཚུལ། ཉེན་བརྡའི་གནས་ཚུལ་སོགས་ཀྱི་ཆ་འཕྲིན་རྫུན་སྒྲིག་དང་ཁྱབ་སྤེལ་གཏོང་བར་བཀག་འགོག་ནན་པོ་བྱ་རྒྱུ།

十五、严禁未经许可经营国际联网业务，擅自建立、使用非法定信道进行国际联网。

བཅོ་ལྔ། འཐུས་མཆན་མ་བརྒྱུད་པར་རྒྱལ་སྤྱིའི་དྲ་རྒྱའི་ལས་སྒོ་གཉེར་ཏེ། རང་འཚམ་དང་ཁྲིམས་འགལ་གྱི་འཕྲིན་ལམ་བེད་སྤྱད་ནས་རྒྱལ་སྤྱིའི་དྲ་རྒྱའི་ལས་ཀ་བྱེད་པར་བཀག་འགོག་ནན་པོ་བྱ་རྒྱུ།

十六、严禁利用网络通信工具非法获取、出售、提供、利用公民个人信息。

བཅུ་དྲུག དྲ་རྒྱའི་འཕྲིན་གཏོང་ལག་ཆ་བེད་སྤྱད་དེ་ཁྲིམས་འགལ་དང་སྤྱི་དམངས་མི་སྒེར་གྱི་ཆ་འཕྲིན་རག་ཐབས་དང་བཙོངས་པ། བེད་སྤྱོད་བཅས་བྱེད་པར་བཀག་འགོག་ནན་པོ་བྱ་རྒྱུ།

十七、严禁利用网络通信工具实施黑客攻击破坏、盗窃、诈骗、编造或故意传播虚假信息等行为。

བཅུ་བདུན། དྲ་རྒྱའི་འཕྲིན་གཏོང་ལག་ཆ་བེད་སྤྱད་དེ་མགྲོན་ནག་གིས་གཏོར་བཤིག་གཏོང་བ་དང་བཀུ་འཁྱེར་བྱེད་པ། མགོ་སྐོར་གཏོང་བ། རྫུན་བཟོ་བྱེད་པའམ་ཡང་ན་རྐང་བཙུགས་ནས་ཆ་འཕྲིན་རྫུན་མ་དྲིལ་སྒྲོག་བྱེད་པ་སོགས་ཀྱི་བྱ་སྤྱོད་བཀག་འགོག་ནན་པོ་བྱ་རྒྱུ།

十八、严禁利用网络通信工具参与、诱骗公民进行涉枪支弹药，易燃、易爆、易制毒、放射性等危险品，淫秽色情，赌博，毒品犯罪活动。

བཅོ་བརྒྱད། དྲ་རྒྱའི་འཕྲིན་གཏོང་ལག་ཆ་བེད་སྤྱད་དེ་སྤྱི་དམངས་ཀྱིས་མེ་མདའ་དང་རྫས་མདེལ། འབར་སླ་བ་དང་གས་སླ་བ། དུག་རྫས་བཟོ་སླ་བ། འགྱེས་འཕྲོའི་རང་བཞིན་སོགས་ཉེན་ཁའི་དངོས་རྫས་དང་། དེ་བཞིན་སྨད་ཚོང་ཆགས་སྤྱོད་དང་རྒྱན་འཛུགས། དུག་རྫས་སོགས་ཉེས་གསོག་བྱེད་སྒོ་དང་འབྲེལ་བ་བྱེད་རྒྱུར་བསླུ་བྲིད་བྱེད་པར་བཀག་འགོག་ནན་པོ་བྱ་རྒྱུ།

十九、严禁利用网络通信工具向网络犯罪活动提供互联网接入、服务器托管、网络存储、通信传输等技术支持或广告推广、支付结算等帮助。

བཅུ་དགུ། དྲ་རྒྱའི་འཕྲིན་གཏོང་ལག་ཆ་བེད་སྤྱད་དེ་དྲ་རྒྱའི་ཐོག་གི་ཉེས་གསོག་བྱེད་སྒོར་དྲ་རྒྱའི་མཐུད་ཞུགས་དང་ཞབས་ཞུའི་སྒྲིག་ཆས་ཚབ་ཉར། དྲ་ཐོག་ཉར་གསོག ཆ་འཕྲིན་བརྒྱུད་སྤེལ་སོགས་ཀྱི་ལག་རྩལ་རོགས་སྐྱོར་རམ་ཡང་ན་བརྡ་ཁྱབ་སྒྲོག་སྤེལ་དང་གཏོང་སྤྲོད་ཀྱི་མཇུག་རྩིས་སོགས་ཀྱི་ཐད་རོགས་སྐྱོར་བྱེད་པར་བཀག་འགོག་ནན་པོ་བྱ་རྒྱུ།

二十、严禁利用网络通信工具设立用于实施犯罪活动的网站、通讯群组或者发布违法犯罪信息，或利用网络通信工具加入此类网站、通讯群组浏览、接收、发布信息，或利用网络通信工具破坏网络通信公共设施。

ཉི་ཤུ། དྲ་རྒྱའི་འཕྲིན་གཏོང་ལག་ཆ་བེད་སྤྱད་དེ་ཉེས་གསོག་གི་བྱེད་སྒོ་སྤེལ་རྒྱུར་མཁོ་བའི་དྲ་ཚིགས་དང་འཕྲིན་སྤེལ་ཚོགས་ཚུང་བཙུགས་པ་དང་། ཡང་ན་ཁྲིམས་འགལ་ཉེས་གསོག་གི་ཆ་འཕྲིན་ཁྱབ་བསྒྲགས་བྱེད་པ། ཡང་ན་དྲ་རྒྱའི་འཕྲིན་གཏོང་ལག་ཆ་བེད་སྤྱད་དེ་དེ་ལྟ་བུའི་དྲ་ཚིགས་དང་འཕྲིན་སྤེལ་ཚོགས་ཚུང་གི་ཆ་འཕྲིན་ལྟ་བཤེར་དང་བསྡུ་ལེན། ཁྱབ་སྤེལ་བྱེད་པའམ་ཡང་ན་དྲ་རྒྱའི་འཕྲིན་གཏོང་ལག་ཆ་བེད་སྤྱད་དེ་དྲ་རྒྱའི་འཕྲིན་གཏོང་གི་སྤྱི་པའི་སྒྲིག་ཆས་ལ་གཏོར་བཤིག་གཏོང་བ་བཅས་ལ་བཀག་འགོག་ནན་པོ་བྱ་རྒྱུ།

六、宗教信仰

དྲུག་པ། ཆོས་དད།

1. 什么是宗教信仰自由?

༡.གང་འདྲ་ཞིག་ལ་ཆོས་དད་རང་མོས་ཟེར་རམ།

根据《中华人民共和国宪法》规定：中华人民共和国公民有宗教信仰自由。任何国家机关、社会团体和个人不得强制公民信仰宗教或者不信仰宗教，不得歧视信仰宗教的公民和不信仰宗教的公民。国家保护正常的宗教活动。任何人不得利用宗教进行破坏社会秩序、损害公民身体健康、妨碍国家教育制度的活动。宗教团体和宗教事务不受外国势力的支配。

དེའང་《ཀྲུང་ཧྭ་མི་དམངས་སྤྱི་མཐུན་རྒྱལ་ཁབ་ཀྱི་རྩ་ཁྲིམས་》ཀྱི་གཏན་འབེབས་ལྟར་ན། ཀྲུང་ཧྭ་མི་དམངས་སྤྱི་མཐུན་རྒྱལ་ཁབ་ཀྱི་སྤྱི་དམངས་ལ་ཆོས་ལ་དད་པ་བྱེད་པའི་རང་དབང་ཡོད། རྒྱལ་ཁབ་ལས་ཁུངས་དང་སྤྱི་ཚོགས་ཚོགས་པ། མི་སྒེར་བཅས་གང་འདྲ་ཞིག་གིས་ཀྲུང་སྤྱི་དམངས་ཀྱིས་ཆོས་ལ་དད་པ་བྱེད་དང་མ་བྱེད་ཐད་བཙན་ཤེད་བྱེད་མི་ཉུང་ལ། ཆོས་ལ་དད་པ་བྱེད་མཁན་སྤྱི་དམངས་དང་ཆོས་ལ་དད་པ་མི་བྱེད་པའི་སྤྱི་དམངས་ལ་མཐོང་ཆུང་བྱེད་མི་ཉུང་། རྒྱལ་ཁབ་ཀྱིས་རྒྱུན་གཏན་གྱི་ཆོས་ལུགས་བྱེད་སྒོར་སྲུང་སྐྱོབ་བྱེད་ཀྱི་ཡོད། མི་སུ་འདྲ་ཞིག་གིས་ཆོས་ལུགས་བེད་སྤྱད་དེ་སྤྱི་ཚོགས་ཀྱི་སྒྲིག་ལམ་ལ་གཏོར་བཤིག་གཏོང་བ་དང་སྤྱི་དམངས་ཀྱི་མི་ལུས་བདེ་ཐང་ལ་གནོད་འཚེ་གཏོང་བ། རྒྱལ་ཁབ་ཀྱི་སློབ་གསོའི་ལམ་ལུགས་བྱེད་སྒོར་འགོག་རྐྱེན་བཟོ་བ་བཅས་བྱེད་མི་ཉུང་། ཆོས་ལུགས་ཚོགས་པ་དང་ཆོས་ཕྱོགས་ལས་དོན་ཐད་ཕྱི་རྒྱལ་སྟོབས་ཤུགས་ཀྱི་བཀོད་སྒྲིག་ལ་བརྟེན་མི་དགོས།

2. 擅自组织公民出境参加宗教活动、擅自开展宗教教育、传教活动的行为，会受到什么惩处？

༢.རང་འཚམ་དང་སྤྱི་དམངས་ཕྱི་རྒྱལ་ལ་ཆོས་ལུགས་བྱེད་སྒོར་ཞུགས་པར་འགྲོ་རྒྱ་སྒྲིག་འཛུགས་བྱེད་པ་དང་། རང་འཚམ་དང་ཆོས་ལུགས་སློབ་གསོ་དང་ཆོས་སྤེལ་བའི་བྱ་སྤྱོད་ལ་ཆད་པ་གང་འདྲ་ཐོག་སྲིད་དམ།

根据《宗教事务条例》规定：擅自组织公民出境参加宗教方面的培训、会议、朝觐等活动的，或者擅自开展宗教教育培训的，由宗教事务部门会同有关部门责令停止活动，可以并处2万元以上20万元以下的罚款；有违法所得的，没收违法所得；构成犯罪的，依法追究刑事责任。

《ཆོས་ལུགས་ལས་དོན་སྒྲིག་ཡིག་》གི་གཏན་འབེབས་ལྟར་ན། རང་འཚམ་དང་སྤྱི་དམངས་ཕྱི་རྒྱལ་ལ་ཆོས་ཕྱོགས་ཀྱི་གསོ་སྦྱོང་དང་ཚོགས་འདུ། མཇལ་ཁ་སོགས་ཀྱི་བྱེད་སྒོར་ཞུགས་རྒྱ་སྒྲིག་འཛུགས་བྱས་པའམ་ཡང་ན་རང་འཚམ་དང་ཆོས་ལུགས་སློབ་གསོ་དང་གསོ་སྦྱོང་བྱས་ཚེ། ཆོས་ལུགས་ལས་དོན་སྡེ་ཁག་ནས་འབྲེལ་ཡོད་སྡེ་ཁག་དང་མཉམ་དུ་བྱེད་སྒོ་མཚམས་འཇོག་བྱ་རྒྱུའི་བཀའ་གཏོང་རྒྱུ་དང་། ཆབས་ཅིག་སྒོར་ཁྲི་༢ཡན་ནས་ཁྲི་༢༠མན་གྱི་དངུལ་ཆད་གཅོད་རྒྱུ། ཁྲིམས་འགལ་དང་ཐོབ་པའི་རྒྱུ་དངུལ་གཞུང་བཞེས་གཏོང་རྒྱུ། ཉེས་གསོག་གི་ཚད་ལ་སླེབས་ཡོད་ཚེ། ཁྲིམས་ལྟར་ཉེས་དོན་འགན་འཁྲི་རྩད་གཅོད་བྱ་རྒྱུ་རེད།

在宗教院校以外的学校及其他教育机构传教、举行宗教活动、成立宗教组织、设立宗教活动场所的，由其审批机关或者其他有关部门责令限期改正并予以警告；有违法所得的，没收违法所得；情节严重的，责令停止招生、吊销办学许可；构成犯罪的，依法追究刑事责任。

ཆོས་ལུགས་སློབ་གྲྭ་ཆེ་ཁག་ཕུད་པའི་སློབ་གྲྭ་དང་དེ་བཞིན་སློབ་གསོའི་ལས་ཁུངས་གཞན་དག་ལ་ཆོས་སྤེལ་བ་དང་ཆོས་ལུགས་ཀྱི་བྱེད་སྒོ་སྤེལ་བ། ཆོས་ལུགས་རྩ་འཛུགས་བཙུགས་པ། ཆོས་ལུགས་བྱེད་སྒོ་སྤེལ་ས་བཙུགས་པ་བཅས་བྱས་ཚེ། དེ་གའི་ཞིབ་མཆན་འགོད་མཁན་ལས་

ཁྱུངས་སམ་ཡང་ན་འབྲེལ་ཡོད་སྡེ་ཁག་གཞན་དག་གིས་དུས་བཀག་ནང་བཅོས་སྒྲིག་བྱ་རྒྱུའི་བཀའ་གཏོང་རྒྱུ་མ་ཟད། ཐ་ཆོག་སྒྲིག་རྒྱུ་དང་། ཁྲིམས་འགལ་དང་ཐོབ་པའི་རྒྱུ་དངུལ་གཞུང་བཞེས་གཏོང་རྒྱུ། གནས་ཚུལ་ཚབས་ཆེན་པོ་ཡོད་ཚེ། སློབ་མ་བསྡུ་མཚམས་འཇོག་རྒྱུའི་བཀའ་གཏོང་རྒྱུ་དང་སློབ་གཉེར་གྱི་འཐུས་མཆན་ལག་ཁྱེར་མེད་པ་བཟོ་རྒྱུ། ཉེས་གསོག་གི་ཚད་ལ་སླེབས་ཡོད་ཚེ། ཁྲིམས་ལྟར་ཉེས་དོན་འགན་འཁྲི་ཐད་གཅོད་བྱ་རྒྱུ་རེད།

3. 老百姓应该怎么信教?

༣.མང་ཚོགས་ཀྱིས་ཆོས་ལུགས་ལ་དད་པ་གང་འདྲ་བྱེད་དགོས་སམ།

根据《宗教事务条例》规定：要遵守宪法、法律、法规和规章，践行社会主义核心价值观，维护国家统一、民族团结、宗教和睦和社会稳定。依法信教，不得利用宗教进行危害国家安全、破坏社会秩序、损害公民身体健康、妨碍国家教育制度以及其他损害国家利益、社会公共利益和公民合法权益等违法活动。同时将信教活动和正常的生产生活合理调配好，积极过好今生幸福生活。

དེ་འདང་《ཆོས་ལུགས་ལས་དོན་སྲོལ་ཡིག་》གི་གཏན་འབེབས་ལྟར་ན། རྩ་ཁྲིམས་དང་བཅའ་ཁྲིམས། ཁྲིམས་སྲོལ་དང་སྒྲིག་སྲོལ་བཅས་ལ་བརྩི་སྲུང་དང་། སྤྱི་ཚོགས་རིང་ལུགས་ཀྱི་ལྟེ་བའི་རིན་ཐང་ལྟ་བ་ལག་བསྟར། རྒྱལ་ཁབ་གཅིག་གྱུར་དང་མི་རིགས་མཐུན་སྒྲིལ། ཆོས་ལུགས་འཆམ་མཐུན་དང་སྤྱི་ཚོགས་བརྟན་ལྷིང་བཅས་སྲུང་སྐྱོང་། ཁྲིམས་ལྟར་ཆོས་ལ་དད་པ་བྱེད་པ་ལས་ཆོས་ལུགས་བེད་སྤྱད་དེ་རྒྱལ་ཁབ་ཀྱི་བདེ་འཇགས་ལ་གནོད་སྐྱོན་དང་སྤྱི་ཚོགས་ཀྱི་སྒྲིག་ལམ་ལ་གཏོར་བཤིག སྤྱི་དམངས་ཀྱི་མི་ལུས་བདེ་ཐང་ལ་གནོད་སྐྱོན། རྒྱལ་ཁབ་ཀྱི་སློབ་གསོའི་ལམ་ལུགས་ལ་འགོག་རྐྱེན་བཟོ་བ་བཅས་དང་། དེ་བཞིན་རྒྱལ་ཁབ་ཀྱི་ཁེ་ཕན་དང་སྤྱི་ཚོགས་ཀྱི་སྤྱི་པའི་ཁེ་ཕན། སྤྱི་དམངས་ཀྱི་ཁྲིམས་མཐུན་ཁེ་ཕན་སོགས་ལ་གནོད་པའི་ཁྲིམས་འགལ་བྱེད་སྒོ་སྤེལ་མི་རུང་བ། དེ་དང་དུས་མཚུངས་ཆོས་ཕྱོགས་ཀྱི་བྱེད་སྒོ་དང་རྒྱུན་གཏན་གྱི་ཐོན་སྐྱེད་

འཚོ་བ་བཀོད་སྒྲིག་ལུགས་མཐུན་བྱས་ནས་དེང་གི་བདེ་སྐྱིད་འཚོ་བ་གང་ལེགས་སྐྱེལ་དགོས་པ་བཅས་ཀྱི་གཏན་འབེབས་བྱས་ཡོད།

4. 党员能信仰宗教吗？

༤. ཏང་ཡོན་གྱིས་ཆོས་ལུགས་ལ་དད་པ་བྱེད་ཆོག་གམ།

党的十八届六中全会通过的《关于新形势下党内政治生活的若干准则》明确规定："党员不准搞封建迷信，不准信仰宗教，不准参与邪教，不准纵容和支持宗教极端势力、民族分裂势力、暴力恐怖势力及其活动。"

ཏང་གི་སྐབས་བཅོ་བརྒྱད་པའི་ཀྲུང་ཡུད་ཚང་འཛོམས་གྲོས་ཚོགས་ཐེངས་དྲུག་པའི་ཐོག་གྲོས་འཆམ་བྱུང་བའི་《དུས་བབ་གསར་པའི་འོག་ཏང་ནང་ཁྲུལ་གྱི་ཆབ་སྲིད་འཚོ་བའི་སྐོར་གྱི་རྩ་འཛིན་འགའ་ཞིག》ཅེས་པའི་ནང་ཏང་ཡོན་གྱིས་བཀས་བཀོད་རྒྱུད་འཛིན་གྱི་སྤོངས་དད་བྱེད་མི་རུང་བ་དང་ཆོས་ལ་དད་པ་བྱེད་མི་རུང་བ། ཆོས་ལོག་ནང་ཞུགས་མི་རུང་བ། ཆོས་ལུགས་མཐོགས་ལྷུང་སྟོབས་ཤུགས་དང་མི་རིགས་ཁ་བྲལ་སྟོབས་ཤུགས། དྲག་ཤུགས་འཇིགས་སྐུལ་སྟོབས་ཤུགས་བཅས་དང་། དེ་ཚོའི་བྱེད་སྒོ་རྒྱ་ཡན་དུ་གཏོང་བ་དང་དེར་རྒྱབ་སྐྱོར་བྱེད་མི་རུང་བའི་གཏན་འབེབས་གསལ་པོ་བྱས་ཡོད།

七、婚姻家庭

བདུན་པ། གཉེན་སྒྲིག་གི་ཁྱིམ་ཚང་།

1. 结婚的法定年龄是多少？

༡.གཉེན་སྒྲིག་གི་ཁྲིམས་བཀོད་ལོ་ཚད་ག་ཚོད་ཡིན་ནམ།

根据《中华人民共和国民法典》规定，男不得早于二十二周岁，女不得早于二十周岁。

《ཀྲུང་ཧྭ་མི་དམངས་སྤྱི་མཐུན་རྒྱལ་ཁབ་ཀྱི་དམངས་དོན་ཁྲིམས་གཞུང་》གི་གཏན་འབེབས་ལྟར་ན། སྐྱེས་པ་ལོ་ཉེར་གཉིས་ལས་སྔ་མི་རུང་བ་དང་། བུད་མེད་ལོ་ཉི་ཤུ་ལས་སྔ་མི་རུང་།

2. 禁止结婚的情形有哪？

༢.གཉེན་སྒྲིག་བྱེད་མི་རུང་བའི་གནས་ཚུལ་རིགས་གང་དག་ཡོད་དམ།

根据《中华人民共和国民法典》规定，有下列情形之一的，禁止结婚：（1）直系血亲。（2）三代以内的旁系血亲。

དེ་འདང་《ཀྲུང་ཧྭ་མི་དམངས་སྤྱི་མཐུན་རྒྱལ་ཁབ་ཀྱི་དམངས་དོན་ཁྲིམས་གཞུང་》གི་གཏན་འབེབས་ལྟར་ན། གཤམ་གསལ་གྱི་གནས་ཚུལ་རིགས་ཡོད་ཚེ། གཉེན་སྒྲིག་བྱས་མི་ཆོག་སྟེ།

（༡）ཁྲག་རྒྱུད་འབྲེལ་བའི་གཉེན་ཚན།（༢）མི་རབས་གསུམ་ནང་ཚུན་གྱི་རྒྱུད་འབྲེལ་གཉེན་ཚན།

3. 一夫多妻制合法吗？

༣.ཁྱོ་གཅིག་ཟུག་མང་གི་གཉེན་སྒྲིག་ཁྲིམས་མཐུན་ཡིན་ནམ།

不合法。根据《中华人民共和国民法典》规定，实行婚姻自由、一夫一妻、男女平等的婚姻制度。

དེ་ནི་ཁྲིམས་མཐུན་མ་ཡིན་ཏེ།《ཀྲུང་ཧྭ་མི་དམངས་སྤྱི་མཐུན་རྒྱལ་ཁབ་ཀྱི་དམངས་དོན་ཁྲིམས་གཞུང་》གི་གཏན་འབེབས་ལྟར་ན། གཉེན་སྒྲིག་རང་མོས་དང་ཁྱོ་གཅིག་ཞུག་གཅིག ཕོ་མོ་འདྲ་མཉམ་གྱི་གཉེན་སྒྲིག་ལམ་ལུགས་ལག་བསྟར་བྱ་དགོས།

4. 婚姻无效的情形有哪些？

༤.གཉེན་སྒྲིག་རྩིས་མེད་ཀྱི་རིགས་གང་དག་ཡོད་དམ།

根据《中华人民共和国民法典》规定，有下列情形之一的，婚姻无效：

དེ་འདང་《ཀྲུང་ཧྭ་མི་དམངས་སྤྱི་མཐུན་རྒྱལ་ཁབ་ཀྱི་དམངས་དོན་ཁྲིམས་གཞུང་》གི་གཏན་འབེབས་ལྟར་ན། གཤམ་གསལ་གྱི་གནས་ཚུལ་རིགས་ཡོད་ཚེ་གཉེན་སྒྲིག་རྩིས་མེད་ཡིན་ཏེ།

（1）重婚；

（༡）གཉེན་སྒྲིག་ཉིས་བརྩེགས།

（2）有禁止结婚的亲属关系；

（༢）གཉེན་སྒྲིག་བྱེད་མི་རུང་བའི་གཉེན་ཚན་གྱི་འབྲེལ་བ་ཡོད་པ།

（3）未到法定婚龄。

（༣）ཁྲིམས་བཀོད་གཉེན་སྒྲིག་གི་ལོ་ཚད་ལ་མ་སླེབས་པ།

5. 只办了仪式，未领取结婚证，就是婚姻关系了吗？

༥.ཆང་ས་བརྒྱབ་ཀྱང་གཉེན་སྒྲིག་གི་ལག་ཁྱེར་བླངས་མེད་ཚེ། གཉེན་སྒྲིག་གི་འབྲེལ་བ་ཡིན་པར་ངོས་འཛིན་བྱས་ཆོག་གམ།

不是。男女双方只有办理了结婚登记，领取了结婚证，才算确立夫妻关系，这样的婚姻才能够受到法律的认可和保护。

ངོས་འཛིན་བྱེད་མི་རུང་། ཕོ་མོ་གཉིས་གཉེན་སྒྲིག་གི་ཐོ་འགོད་བྱས་པ་དང་གཉེན་སྒྲིག་གི་ལག་ཁྱེར་བླངས་ཡོད་ཚེ། གཞི་ནས་བཟའ་ཚང་གི་འབྲེལ་བ་ཡིན་པར་གཏན་འཁེལ་བ་ཡིན། གཉེན་སྒྲིག་དེ་རིགས་ལ་བཅའ་ཁྲིམས་ཀྱི་ཁས་ལེན་དང་སྲུང་སྐྱོབ་ཐོབ་པ་ཡིན།

6. 什么是非婚生子女（私生子女）？

༦.གང་འདྲ་ཞིག་ལ་སྒེ་ཚར་བུ་ཕྲུག་ཟེར་རམ།

根据《中华人民共和国民法典》规定，非婚生子女是指没有婚姻关系的男女所生育的子女。包括男女双方未婚所生的子女或者已有婚姻关系的男或者女与婚姻关系以外的第三人发生性行为致孕所生的子女。

དེའང《ཀྲུང་ཧྭ་མི་དམངས་སྤྱི་མཐུན་རྒྱལ་ཁབ་ཀྱི་དམངས་དོན་ཁྲིམས་གཞུང་》གི་གཏན་འབེབས་ལྟར་ན། སྒེ་ཚར་བུ་ཕྲུག་ཅེས་པ་ནི་གཉེན་སྒྲིག་གི་འབྲེལ་བ་མེད་པའི་ཕོ་མོ་གཉིས་ལ་སྐྱེས་པའི་བུ་ཕྲུག་ལ་ཟེར་བ་ཡིན། དེའི་ནང་ཕོ་མོ་ཕྱོགས་གཉིས་ཀར་གཉེན་སྒྲིག་མ་བྱས་པར་སྐྱེས་པའི་བུ་ཕྲུག་དང་། ཡང་ན་གཉེན་སྒྲིག་གི་འབྲེལ་བ་ཡོད་པའི་སྐྱེས་པའམ་ཡང་ན་བུད་མེད་ལ་གཉེན་སྒྲིག་གི་འབྲེལ་བ་ཕུད་པའི་མི་གཞན་དང་ལུས་འབྲེལ་བྱུང་རྗེས་སྐྱེས་པའི་བུ་ཕྲུག་ཚུད་ཡོད།

7. 歧视、侮辱非婚生子女（私生子女）的行为合法吗？

༧.སྤྱི་ཚར་བུ་ཕྲུག་ལ་མཐོང་ཆུང་དང་བརྙས་བཅོས་བྱེད་པའི་བྱ་སྤྱོད་ཁྲིམས་མཐུན་ཡིན་ནམ།

不合法。根据《中华人民共和国民法典》规定，非婚生子女享有与婚生子女同等的权利，任何组织或者个人不得加以危害和歧视。

དེ་ནི་ཁྲིམས་མཐུན་མ་ཡིན་ཏེ། 《ཀྲུང་ཧྭ་མི་དམངས་སྤྱི་མཐུན་རྒྱལ་ཁབ་ཀྱི་དམངས་དོན་ཁྲིམས་གཞུང་》གི་གཏན་འབེབས་ལྟར་ན། སྤྱི་ཚར་བུ་ཕྲུག་ལ་གཉེན་སྒྲིག་བྱས་ཏེ་སྐྱེས་པའི་བུ་ཕྲུག་དང་འདྲ་མཉམ་གྱི་དབང་ཆ་ཡོད། ཚ་འཛུགས་དང་མི་སྒེར་གང་འདྲ་ཞིག་གིས་ཀྱང་གནོད་འཚེ་གཏོང་བ་དང་མཐོང་ཆུང་བྱེད་མི་ཆོག

8. 不直接抚养非婚生子女的生父或者生母应该尽什么义务？

༨.ཐད་ཀར་གསོ་སྐྱོང་མི་བྱེད་པའི་སྤྱི་ཚར་བུ་ཕྲུག་གི་ཕ་མ་ངོ་མར་འོས་འགན་གང་ཡོད་དམ།

根据《中华人民共和国民法典》规定，应当负担未成年子女或者不能独立生活的成年子女的抚养费。

དེའང་《ཀྲུང་ཧྭ་མི་དམངས་སྤྱི་མཐུན་རྒྱལ་ཁབ་ཀྱི་དམངས་དོན་ཁྲིམས་གཞུང་》གི་གཏན་འབེབས་ལྟར་ན། ནར་མ་སོན་པའི་བུ་ཕྲུག་དང་ཡང་ན་འཚོ་བ་རང་སྐྱ་འཕེར་མེད་ལ་ནར་མ་སོན་པའི་བུ་ཕྲུག་གསོ་སྐྱོང་ཐད་ཀྱི་འགྲོ་སྒྲོན་གཏོང་དགོས།

9. 法律严令禁止非法侵害妇女权益的行为有哪些？

༩.བཅའ་ཁྲིམས་ནང་ཁྲིམས་འགལ་ངང་བུད་མེད་ཀྱི་ཁེ་དབང་ལ་གནོད་འཚེ་གཏོང་བའི་བྱ་སྤྱོད་བཀག་འགོག་ནན་པོ་བྱ་རྒྱུའི་གྲས་སུ་གང་དག་ཡོད་དམ།

根据《中华人民共和国妇女权益保障法》规定，禁止溺、弃、残害女婴，禁止歧视、虐待生育女婴的妇女和不育的妇女；禁止用迷信、暴力等手段残害妇女；禁止虐待、遗弃病、残妇女和老年妇女。

དེའང་《ཀྲུང་ཧྭ་མི་དམངས་སྤྱི་མཐུན་རྒྱལ་ཁབ་ཀྱི་བུད་མེད་ཀྱི་ཁེ་དབང་འགན་སྲུང་བྱེད་ཐབས་སྐོར་གྱི་བཅའ་ཁྲིམས་》ཀྱི་གཏན་འབེབས་ལྟར་ན། བྱིས་པ་བུ་མོ་ཆུ་གསོད་གཏོང་བ་དང་བསྐྱུར་བ། སྡུག་གསོད་གཏོང་བ་བཅས་བྱེད་མི་ཆོག་པ་དང་། ལྷུ་གུ་བུ་མོ་སྐྱེས་པའི་བུད་མེད་དང་ལྷུ་གུ་མི་སྐྱེ་བའི་བུད་མེད་ལ་མཐོང་ཆུང་དང་མནར་བཅོས་གཏོང་མི་ཆོག་པ། རྫོངས་དད་དང་གཏུམ་སྤྱོད་སོགས་ཀྱི་བྱ་ཐབས་ཐོག་ནས་བུད་མེད་སྡུག་གསོད་གཏོང་མི་ཆོག་པ། ནད་པ་དང་དབང་པོ་སྐྱོན་ཅན་གྱི་བུད་མེད་དང་རྒན་རྒོན་ལ་མནར་གཅོད་དང་ཁོ་ཚོ་ཕྱིར་འབུད་གཏོང་མི་ཆོག་པ་བཅས་སོ།།

10. 在调解无效的情况下，法律准予离婚的情形有哪些？

༡༠.འདུམ་འགྲིག་བྱས་ཀྱང་ཕན་ཐོགས་མེད་པའི་གནས་ཚུལ་འོག་བཅའ་ཁྲིམས་ནང་ཁ་འབྲལ་ཆོག་པའི་གནས་ཚུལ་གྱི་རིགས་སུ་གང་དག་ཡོད་དམ།

根据《中华人民共和国民法典》规定，有下列情形之一，调节无效的，应当准予离婚：

དེའང་《ཀྲུང་ཧྭ་མི་དམངས་སྤྱི་མཐུན་རྒྱལ་ཁབ་ཀྱི་དམངས་དོན་ཁྲིམས་གཞུང་》གི་གཏན་འབེབས་ལྟར་ན། གཤམ་གྱི་གནས་ཚུལ་རིགས་ཡོད་ཆེ། འདུམ་འགྲིག་མི་ནུས་པར་ཁ་འབྲལ་ཆོག་གོ

（1）重婚或者与他人同居；

（༡）གཉེན་སྒྲིག་ཉིས་བརྩེགས་སམ་ཡང་ན་མི་གཞན་དང་འགབ་མཐུན་མཉམ་སྡོད་བྱས་པ།

（2）实施家庭暴力或者虐待、遗弃家庭成员；

（༢）ཁྱིམ་ཚང་གི་གཏུམ་སྤྱོད་བཟུང་བ་དང་ཡང་ན་ཁྱིམ་མིར་མནར་གཅོད་གཏོང་བ་དང་ཁྱིམ་མི་ཕྱིར་འབུད་པ།

（3）有赌博、吸毒等恶习屡教不改；

（༣）བསླབ་བྱ་ཡང་ཡང་བྱས་ཀྱང་རྒྱན་འཛུགས་དང་དུག་རྫས་འཛིན་པ་སོགས་ཀྱི་གོམས་གཤིས་ངན་པ་བསྒྱུར་བཅོས་མི་བྱེད་པ།

（4）因感情不和分居满二年；

（༤）བརྩེ་དུང་ཐད་མ་འཆམ་པ་དང་ལོགས་སུ་བསྡད་ནས་ལོ་གཉིས་ཟིན་པ།

（5）其他导致夫妻感情破裂的情形。

（༥）ད་དུང་བཟའ་ཚོའི་བརྩེ་དུང་མེད་པར་ཆགས་པའི་གནས་ཚུལ་གཞན་དག་བཅས་སོ།།

11. 遭遇了家庭暴力应该怎么办？

༡༡.ཁྱིམ་ཚང་གི་གདུག་སྤྱོད་ཕོག་ན་གང་འདྲ་བྱེད་དགོས་སམ།

受到家庭暴力伤害的受害人可以寻求当地的村委会或者居委会的帮助，村委会或者居委会应当介入进行调解，对于那些正在实施家暴的行为应当立即阻止。若无力调解的，可以寻求人民法院的帮助。

ཁྲིམ་ཚང་གི་གཏུམ་སྤྱོད་གནོད་འཚེ་ཕོག་མཁན་གྱིས་ས་གནས་དེ་གའི་གྲོང་ཚོ་ཨུ་ཡོན་ལྷན་ཁང་དང་ཡང་ན་གྲོང་མི་ཨུ་ཡོན་ལྷན་ཁང་ལ་རོགས་རམ་བྱ་རྒྱུའི་རེ་བ་འདོན་ཆོག་པ་དང་། གྲོང་ཚོ་ཨུ་ཡོན་ལྷན་ཁང་དང་ཡང་ན་གྲོང་མི་ཨུ་ཡོན་ལྷན་ཁང་གིས་དེར་ཞེ་དྲུས་དང་འདུམ་འགྲིག་བྱས་ཏེ་ཁྲིམ་ཚང་གི་གཏུམ་སྤྱོད་བྱ་སྤྱོད་བཟུང་མཁན་དེ་དག་འཕྲལ་མར་བཀག་འགོག་བྱ་དགོས། གལ་ཏེ་འདུམ་འགྲིག་བྱེད་པའི་ནུས་པ་མེད་ཚེ། མི་དམངས་ཁྲིམས་ཁང་ལ་རོགས་སྐྱོར་བྱ་རྒྱུའི་རེ་ཞུ་བྱས་ཆོག

德某与嘎某婚姻家庭纠纷调解案

བདེ་ཆེ་གེ་མོ་དང་སྐལ་ཆེ་གེ་མོའི་གཉེན་སྒྲིག་ཁྲིམ་ཚང་གི་འགལ་རྫོད་འདུམ་འགྲིག་བྱས་པའི་གྱོད་དོན།

案情:

གྱོད་གཞིའི་གནས་ཚུལ།

某村要建设边境小康村，村里有几个建设项目，外来务工人员较多，闲暇时经常在该村茶馆喝茶聊天。德某在村里的茶馆喝茶，其丈夫嘎某从放牧点回家，发现妻子德某在茶馆里与一外来务工男子有说有笑，极为生气，疑心妻子有外遇，立即将妻子带回家。当晚嘎某喝醉酒后，因此事与德某发生争吵，争吵中嘎某一气之下拿酒瓶砸伤了德某的头部，导致德某轻微伤，两人当即决定离婚。第二天，德某冷静下来后反悔，不同意离婚，并向该村人民调解委员会申请调解。

གྲོང་ཚོ་ག་གེ་མོ་ཞིག་མཐའ་མཚམས་ཀྱི་ལྷ་སོག་འཛོམས་པའི་གྲོང་ཚོར་འཛུགས་སྐྲུན་བྱེད་སྐབས། གྲོང་ཚོར་འཛུགས་སྐྲུན་གྱི་རྣམ་གྲངས་ཁ་ཤས་ཡོད་པ་དང་། ཕྱི་ཕྱོགས་ནས་ཡོང་བའི་ལས་མི་ཡང་ཅུང་མང་པོ་ཡོད། ཁོ་ཚོ་ལས་ཞོར་གྱི་སྐབས་སུ་རྟག་ཏུ་གྲོང་ཚོ་དེའི་ཇ་ཁང་ནང་ཇ་

འཕྱུང་བཞིན་ཁ་བརྡར་གློད་ནས་སྡོད་ཀྱི་ཡོད། བདེ་ཆེ་གེ་མོ་ཟླ་ཁང་ནང་ཇ་འཕྱུང་བཞིན་ཡོད་པ་དང་། མོའི་ཕྲུ་གུ་སྐལ་ཆེ་གེ་མོ་ཕྱུགས་འཚོ་ས་ནས་ནང་ལ་ཕྱིར་ལོག་བྱེད་སྐབས། བདེ་ཆེ་གེ་མོ་ནི་ཇ་ཁང་ནང་ཕྱི་ནས་ཡོང་བའི་ལས་མི་སྐྱེས་པ་ཞིག་དང་སྐད་ཆ་ཤོད་པ་དང་གད་མོ་དགོད་བཞིན་བསྡད་ཡོད་པ་མཐོང་བས་ཁོང་ཁྲོ་ཆེན་པོ་ལངས་པ་དང་། རང་གི་སྐྱེ་དམན་ལ་སྐྱེས་པ་གཞན་ཡོད་པར་དོགས་པ་བྱུང་སྟེ། འཕྲུལ་མར་སྐྱེ་དམན་ཁྲིད་དེ་ནང་ལ་ལོག དེ་ཉིན་དགོང་མོ་སྐལ་ཆེ་གེ་མོ་ར་བཟི་བ་དང་། དོན་དག་དེའི་ཐད་བདེ་ཆེ་གེ་མོ་དང་ཁ་རྩོད་ཤོར། ཁ་རྩོད་ཤོར་བའི་སྐབས་སྐལ་ཆེ་གེ་མོས་ཁོང་ཁྲོ་ཆེན་པོ་ལངས་ནས་སྒྲི་རག་ཤེལ་དམ་བདེ་ཆེ་གེ་མོའི་མགོ་ལ་གཞུས་པས། བདེ་ཆེ་གེ་མོའི་མགོར་རྨས་སྐྱོན་ཕྲན་བུ་བཟོས་པ་དང་། ཁོ་གཉིས་ཀྱིས་འཕྲུལ་མར་ཁ་འབྲལ་རྒྱུར་ཐག་བཅད། ཕྱི་ཉིན་བདེ་ཆེ་གེ་མོས་བསམ་བློ་ཞིབ་མོ་བཏང་རྗེས་འགྱོད་པ་སྐྱེས་པ་དང་། ཁ་འབྲལ་རྒྱུར་མོས་མཐུན་མ་བྱུས་པར་གྲོང་ཚོ་དེ་གའི་མི་དམངས་བར་འདུམ་ཨུ་ཡོན་ལྷན་ཁང་ལ་བར་འདུམ་བྱ་རྒྱུའི་རེ་བ་བཏོན།

分析:

དབྱེ་ཞིབ།

调解员了解到，德某、嘎某感情很好，实际上都不想离婚，于是调解员根据双方都不愿离婚的诉求展开调解。劝说德某，根据《中华人民共和国民法典》规定：夫妻应当互相忠实，互相尊重，互相关爱；家庭成员应当敬老爱幼，互相帮助，维护平等、和睦、文明的婚姻家庭关系。

བར་འདུམ་བྱས་རྗེས་ཤེས་རྟོགས་བྱུང་བར། བདེ་ཆེ་གེ་མོ་དང་སྐལ་ཆེ་གེ་མོའི་དབར་བརྩེ་དུང་ཡག་པོ་ཡོད་པས་དོན་དངོས་ཐོག་ཕྱོགས་གཉིས་ཀ་ཁ་འབྲལ་འདོད་མེད། དེས་ན་བར་འདུམ་བྱེད་མཁན་གྱིས་ཕྱོགས་གཉིས་ཀ་ཁ་འབྲལ་འདོད་མེད་པའི་རེ་བར་གཞིགས་ཏེ་བར་འདུམ་བྱས། བདེ་ཆེ་གེ་མོར《ཀྲུང་ཧྭ་མི་དམངས་སྤྱི་མཐུན་རྒྱལ་ཁབ་ཀྱི་དམངས་དོན་ཁྲིམས་གཞུང་》གི་གཏན་འབེབས་ལྟར། བཟའ་ཚང་གཉིས་ཕན་ཚུན་ལྷག་བསམ་རྣམ་དག་དང་ཕན་ཚུན་བརྩི་འཇོག ཕན་ཚུན་སེམས་ཁུར། རྒན་བཀུར་གཞོན་གཅེས། ཕན་ཚུན་རོགས་རམ། འདྲ

མཉམ་དང་འཆམ་མཐུན། ཡ་རབས་བཅས་ཀྱི་སྣོ་ནས་གཉེན་སྒྲིག་གི་ཁྱིམ་ཚང་སྲུང་སྐྱོང་བྱ་དགོས་པའི་བསླབ་བྱ་བྱས།

经过调解，德某、嘎某签订以下内容的调解协议：

བར་འདུམ་བྱས་རྗེས་བདེ་ཆེ་གི་མོ་དང་སྐལ་ཆེ་གི་མོས་གཤམ་གསལ་གྱི་བར་འདུམ་གྲོས་མཐུན་ལ་མིང་རྟགས་བཀོད་པ་སྟེ།

（1）嘎某自此以后少喝酒，不再无故怀疑德某，有事情要与德某多沟通；

（༡）སྐལ་ཆེ་གི་མོས་སླད་ཕྱིན་ཆང་རག་ཉུང་ཙམ་འཐུང་རྒྱུ་དང་རྒྱུ་མཚན་མེད་པར་བདེ་ཆེ་གི་མོར་དོགས་པ་མི་བྱེད་པ། དོན་དག་ཡོད་ཚེ་བདེ་ཆེ་གི་མོ་དང་སྐད་ཆ་ཡག་པོ་བྱ་རྒྱུ།

（2）德某少去茶馆，多在家做家务，不得再经常无故晚归；

（༢）བདེ་ཆེ་གི་མོས་ཇ་ཁང་ལ་ཉུང་ཙམ་འགྲོ་རྒྱུ་དང་ཁྱིམ་ལས་མང་ཙམ་བྱེད་རྒྱུ། རྟག་པར་རྒྱུ་མཚན་མེད་པར་ནང་ལ་ཕྱི་པོར་ལོག་པ་བསྐྱར་བཅོས་བྱ་རྒྱུ།

（3）德某以后要多与嘎某沟通交流，避免产生误会。

（༣）བདེ་ཆེ་གི་མོས་སླད་ཕྱིན་སྐལ་ཆེ་གི་མོ་དང་སྐད་ཆ་ཤོད་རེས་མང་ཙམ་བྱས་ནས་གོ་འཛོལ་མི་ཐེབས་པ་བྱ་རྒྱུ་བཅས་སོ།།

12. 父母或者其他监护人要求在校接受义务教育的未成年人辍学合法吗？

༡༢.ཕ་མའམ་ལྷ་སྐྱོང་པ་གཞན་དག་གིས་སློབ་གྲྭར་ངོས་འཛིན་སློབ་གསོ་དང་ལེན་བྱེད་བཞིན་པའི་ནར་མ་སོན་པའི་མི་སློབ་གྲྭར་གཏོང་མཚམས་འཇོག་པ་ཁྲིམས་མཐུན་ཡིན་ནམ།

不合法。根据《中华人民共和国未成年人保护法》规定，父母或者其他监护人应当尊重未成年人接受教育的权利，必须使适龄未成年人按照规定接受义务教育，不得使在校接受义务教育的未成年人辍学。

དེ་ནི་ཁྲིམས་མཐུན་མ་ཡིན་ཏེ། 《ཀྲུང་ཧྭ་མི་དམངས་སྤྱི་མཐུན་རྒྱལ་ཁབ་ཀྱི་ནར་མ་སོན་པའི་མིའི་སྲུང་སྐྱོབ་བཅའ་ཁྲིམས་》ཀྱི་གཏན་འབེབས་ལྟར་ན། ཕ་མའམ་ལྟ་སྐྱོང་པ་གཞན་དག་གིས་ནར་མ་སོན་པའི་མིའི་སློབ་གསོ་དང་ལེན་བྱེད་པའི་དབང་ཆར་བརྩི་འཛོག་བྱེད་དགོས་པ་དེའང་ངེས་པར་དུ་སློབ་ལོ་ལོན་པའི་ནར་མ་སོན་པའི་མིར་གཏན་འབེབས་ལྟར་འོས་འགན་སློབ་གསོ་དང་ལེན་བྱེད་དུ་འཇུག་དགོས་པ་ལས་སློབ་གྲྭར་འོས་འགན་སློབ་གསོ་དང་ལེན་བྱེད་བཞིན་པའི་ནར་མ་སོན་པའི་མི་སློབ་གྲྭར་འགྲོ་མཚམས་གཅོད་མི་ཉུང་།

八、环境保护

བརྒྱད་པ། ཁོར་ཡུག་སྲུང་སྐྱོབ།

1. 在保护河湖生态方面，自治区采取了哪些措施？

༡.ཆུ་བོ་དང་མཚོའུ་ཡི་སྐྱེ་ཁམས་སྲུང་སྐྱོབ་ཐད། རང་སྐྱོང་ལྗོངས་ཀྱིས་བྱ་ཐབས་གང་དག་བཟུང་ཡོད་དམ།

根据《西藏自治区国家生态文明高地建设条例》规定，自治区全面实行河湖长制，划定河湖岸线保护范围，加强水源涵养能力建设，防范和治理水污染，保护江河、湖泊、饮用水水源地等水生态和水安全，守护好亚洲水塔。

དེའང་《བོད་རང་སྐྱོང་ལྗོངས་ཀྱི་རྒྱལ་ཁབ་སྐྱེ་ཁམས་ཤེས་དཔལ་མཐོ་ས་འཛུགས་སྐྱོང་བྱ་རྒྱའི་སྒྲིལ་ཡིག》གི་གཏན་འབེབས་ལྟར་ན། རང་སྐྱོང་ལྗོངས་ཀྱིས་ཁྱོན་ཡོངས་ནས་ཆུ་བོ་དང་མཚོའུ་ཡི་འགོ་འཛིན་ལམ་ལུགས་ལག་བསྟར་བྱས་ཐོག ཆུ་བོ་དང་མཚོའུ་ཡི་འགྲམ་རྒྱུད་ཀྱི་སྲུང་སྐྱོབ་ཁྱབ་ཁོངས་དབྱེ་འབྱེད་དང་། ཆུ་མགོའི་འབྱུང་ནུས་འཛུགས་སྐྱོང་བྱེད་ཤུགས་ཆེ་རུ་གཏོང་བ། ཆུའི་སྦགས་བཙོག་འགོག་ཐབས་དང་བཅོས་སྐྱོང་བྱེད་པ། གཙང་པོ་དང་ཆུ་བོ། མཚོའུ། འཐུང་ཆུའི་ཆུ་མགོ་སོགས་ཆུའི་སྐྱེ་ཁམས་དང་ཆུའི་བདེ་འཇགས་སྲུང་སྐྱོབ་བྱས་ནས་ཨེ་ཤེ་ཡའི་ཆུ་མཛོད་སྟེགས་བུ་སྲུང་སྐྱོབ་ཡག་པོ་བྱེད་ཀྱི་ཡོད།

2. 往河湖里倾倒垃圾、在河湖岸边乱扔垃圾对吗？

༢.ཆུ་བོ་དང་མཚོ་འུ་ཡི་ནང་གད་སྙིགས་གཡུགས་པ་དང་ཆུ་བོ་དང་མཚོ་འུ་ཡི་འགྲམ་ངོགས་ལ་གད་སྙིགས་གང་བྱུང་དུ་གཡུགས་པ་འགྲིག་གམ།

不对。根据《西藏自治区国家生态文明高地建设条例》规定：树立绿水青山就是金山银山的理念，尊重自然、顺应自然、保护自然。

དེ་ནི་མི་འགྲིག་སྟེ།《བོད་རང་སྐྱོང་ལྗོངས་ཀྱི་རྒྱལ་ཁབ་སྐྱེ་ཁམས་ཞིས་དཔལ་མཐོ་ས་འཛུགས་སྐྲུན་བྱ་རྒྱུའི་སྒྲོལ་ཡིག》གི་གཏན་འབེབས་ལྟར་ན། རི་སྔོན་ཆུ་དྭངས་གསེར་དངུལ་རི་ལས་ལྷག་ཅེས་པའི་འདུ་ཤེས་བཙུགས་ཏེ་རང་བྱུང་ཁམས་ལ་བརྩི་འཇོག་དང་རང་བྱུང་ཁམས་ལ་བསྟུན་པ། རང་བྱུང་ཁམས་སྲུང་སྐྱོབ་བཅས་བྱ་དགོས།

3. 滥砍滥伐树木对吗？

༣.རྩི་ཤིང་གང་བྱུང་དུ་བཅད་ན་འགྲིག་གམ།

不对。根据《西藏自治区国家生态文明高地建设条例》规定：自治区全面实行林长制，加强森林草原保护与治理，加强森林草原火灾和有害生物防控，保持森林草原生态稳定；落实天然林、公益林保护制度，禁止滥砍滥伐树木，因地制宜推进国土绿化。

དེ་ནི་མི་འགྲིག་སྟེ། 《བོད་རང་སྐྱོང་ལྗོངས་ཀྱི་རྒྱལ་ཁབ་སྐྱེ་ཁམས་ཞིས་དཔལ་མཐོ་ས་འཛུགས་སྐྲུན་བྱ་རྒྱུའི་སྒྲོལ་ཡིག》གི་གཏན་འབེབས་ལྟར་ན། རང་སྐྱོང་ལྗོངས་ཀྱིས་ཁྱོན་ཡོངས་ནས་ནགས་ཚལ་འགོ་འཛིན་ལམ་ལུགས་ལག་བསྟར་བྱས་ཐོག ནགས་ཚལ་དང་རྩྭ་ཐང་སྲུང་སྐྱོབ་དང་བཅོས་སྐྱོང་བྱེད་ཤུགས་ཆེ་རུ་གཏོང་བ་དང་། ནགས་ཚལ་དང་རྩྭ་ཐང་གི་མེ་སྐྱོན་དང་གནོད་བྱེད་སྐྱེ་དངོས་སྔོན་འགོག་ཚོད་འཛིན་ལ་ཤུགས་སྣོན་རྒྱག་པ། ནགས་ཚལ་དང་རྩྭ་ཐང་གི་སྐྱེ་ཁམས་བརྟན་བརྟེན་རྒྱུན་འཁྱོངས་ཡོང་བ་བྱེད་པ། རང་བྱུང་ནགས་ཚལ་དང་སྤྱི་ཕན་ནགས་ཚལ་གྱི་སྲུང་སྐྱོབ་ལམ་ལུགས་དོན་འཁྱོལ་དང་རྩི་ཤིང་གང་བྱུང་དུ་གཅོད་རྒྱུ་བཀག་འགོག་བཅས་བྱས་མཐར་ཡུལ་བབ་དང་བསྟུན་པའི་ངང་རྒྱལ་ཁོངས་ས་ཆ་སྔོ་ལྗང་ཅན་དུ་འགྱུར་བ་བྱ་དགོས།

4. 在保护大气环境方面，自治区采取了哪些措施？

༤.རླུང་ཁམས་ཆེན་མོའི་ཁོར་ཡུག་སྲུང་སྐྱོབ་བྱེད་པའི་ཐད། རང་སྐྱོང་ལྗོངས་ཀྱིས་བྱ་ཐབས་གང་དག་བཟུང་ཡོད་དམ།

根据《西藏自治区国家生态文明高地建设条例》规定：各级人民政府应当严格管控工业废气排放，加强机动车船废气、沙尘扬尘、生活烟尘等大气污染综合防治，保持大气环境优良。

《བོད་རང་སྐྱོང་ལྗོངས་ཀྱི་རྒྱལ་ཁབ་སྐྱེ་ཁམས་ཤེས་དཔལ་མཐོ་ས་འཛུགས་སྐྲུན་བྱ་རྒྱུའི་སྒྲིག་ཡིག་》གི་གཏན་འབེབས་ལྟར་ན། རིམ་ཁག་མི་དམངས་སྲིད་གཞུང་གིས་བཟོ་ལས་ཀྱི་རླངས་རོ་འབུད་གཏོང་ལ་དོ་དམ་ཚོད་འཛིན་ནན་པོ་བྱེད་དགོས་པ་དང་། སྣུལ་སྐྱོད་རླངས་འཁོར་དང་གྲུ་གཟིངས་ཀྱི་རླངས་རོ། བྱེ་རྡུལ་གྱི་རླུང་འཚུབ། འཚོ་བའི་དུ་རླངས་སོགས་རླུང་ཁམས་ཆེན་མོའི་སྦགས་བཙོག་ཕྱོགས་བསྡུས་ཐོག་བཅོས་སྐྱོང་བྱ་རྒྱུར་ཤུགས་སྣོན་བརྒྱབ་སྟེ། རླུང་ཁམས་ཆེན་མོའི་ཁོར་ཡུག་དྭངས་གཙང་ཡོང་བ་བྱ་དགོས།

墨脱县某村村民与某建设公司环境污染纠纷调解案

མེ་ཏོག་རྫོང་གི་གྲོང་ཚོ་ཞིག་གི་གྲོང་མི་དང་འཛུགས་སྐྲུན་ཀུང་སི་ཞིག་གི་ཁོར་ཡུག་སྦགས་བཙོག་རྩོད་གཞི་བར་འདུམ་བྱས་པའི་རྒྱུད་གཞི།

案情:

རྒྱུད་གཞིའི་གནས་ཚུལ།

墨脱县某乡人民调解委员会调解员在调解一起合同纠纷时，了解到墨脱县某乡某村幼儿园项目建设中没有安装遮挡设施，导致施工过程中产生的大量粉尘严重污染了周围空气，影响到附近村民的正常生活，附近村民与该工程的承建单位某建设公司负责人李某多次协商均未达成一致意见，村民代表要求上访。

མི་ཧྲག་རྫོང་གི་ཤར་ཞིག་གི་མི་དམངས་བར་འདུམ་ཨུ་ཡོན་ལྷན་ཁང་གི་བར་འདུམ་པས་གནད་རྒྱུའི་རྩོད་གཞི་ཞིག་བར་འདུམ་བྱེད་སྐབས། མི་ཧྲག་རྫོང་གི་ཤར་ག་གེ་མོའི་གྲོང་ཚོ་ཞིག་གི་བུ་བཙོལ་ཁང་གི་རྣམ་གྲངས་འཛུགས་སྐྲུན་ནང་། ཡར་ལས་བྱེད་སྐབས་ཐལ་རྡུལ་ཆེན་པོ་འཚུབ་ནས་ཉེ་འཁོར་གྱི་མཁའ་རླུང་ལ་སྦགས་བཙོག་ཚབས་ཆེན་བཟོས་སྟབས། ཉེ་འཁོར་གྱི་གྲོང་མིའི་རྒྱུན་གཏན་འཚོ་བར་ཤུགས་རྐྱེན་ཐེབས་ཡོད། དེར་བརྟེན་ཉེ་འདབས་ཀྱི་གྲོང་མི་དང་ལས་གྲྭ་འགན་གཉེར་ཚན་པའི་འཛུགས་སྐྲུན་ཀུང་སིའི་འགན་ཁུར་པ་ལི་ཆེ་གེ་མོ་ཞེས་པ་གྲོས་མོལ་ཐེངས་མང་བྱས་རྗེས་བསམ་འཆར་གཅིག་མཐུན་མ་བྱུང་བར་གྲོང་མིའི་འཐུས་ཚབ་ཀྱིས་ཞུ་གཏུག་བྱ་རྒྱུའི་རེ་བ་བཏོན་པ་རེད།

分析:

དབྱེ་ཞིབ།

化解本案纠纷的调解员指出，李某的行为严重违反了《建设工程安全生产管理条例》《西藏自治区环境保护条例》中关于建筑工程要采取措施减少粉尘污染的相关规定，如果被环保部门通知整改很有可能会被要求停工或者罚款，建议李某立即在工地安装遮挡网等遮挡设施。同时，调解员告知村民代表解决矛盾的方式很多，像此次的纠纷既可以通过人民调解委员会解决，还可以通过县环保局解决，这两种方式解决纠纷都非常便捷。村民代表表示只要工地一周内安装上遮挡网，村民将放弃所有诉求，同时，村民代表表示以后遇到矛盾纠纷一定先到人民调解委员会。最终李某同村民代表签订以下调解协议：

སྐྱོད་དོན་འདི་གའི་རྩོད་གཞི་འདུམ་འགྲིག་བྱེད་མཁན་གྱིས་བསྟན་པར། ལི་ཆེ་གེ་མོས《འཛུགས་སྐྲུན་ལས་གྲྭའི་བདེ་འཇགས་ཐོན་སྐྱེད་དོ་དམ་སྲོལ་ཡིག་》དང《བོད་རང་སྐྱོང་ལྗོངས་ཀྱི་ཁོར་ཡུག་སྲུང་སྐྱོབ་སྲོལ་ཡིག་》ནང་འཛུགས་སྐྲུན་ལས་གྲྭས་བྱ་ཐབས་བཟུང་ནས་བྱེ་རྡུལ་འཚུབ་ཚད་ཉུང་དུ་གཏོང་རྒྱུའི་སྐོར་གྱི་འབྲེལ་ཡོད་གཏན་འབེབས་ལས་ཚབས་ཆེན་འགལ་ཡོད་

ཅིང་། གལ་ཏེ་ཁོར་ཡུག་སྲུང་སྐྱོབ་སྡེ་ཁག་གིས་བཅོས་སྒྲིག་བྱ་རྒྱུའི་བརྡ་ཐོ་བཏང་ཚེ། ལས་མཚམས་འཇོག་པའམ་ཡང་ན་དངུལ་ཆད་གཅོད་བཟོ་ཡོད། དེར་བརྟེན་ལི་ཆེ་གེ་མོར་ལས་ཡུལ་དངོས་ལ་འགེབས་དྲ་སོགས་སྒྲིག་ཆས་བསྒྲིགས་དགོས་པའི་གྲོས་འགོ་བཏོན་པ་ཡིན་ཞེས་དང་། དུས་མཚུངས་འདུམ་འགྲིག་པས་གྲོང་མིའི་འཐུས་ཚབ་ལ་འགལ་ཟླ་ཐག་གཅོད་བྱ་ཐབས་མང་པོ་ཡོད། ད་ཐེངས་ཀྱི་རྩོད་གཞི་འདིར་ཆ་མཚོན་ན། མི་དམངས་འདུམ་འགྲིག་ཨུ་ཡོན་ལྷན་ཁང་བརྒྱུད་དེ་ཐག་གཅོད་བྱས་ན་འགྲིག་ལ། རྫོང་ཁོར་ཡུག་སྲུང་སྐྱོབ་ཅུས་བརྒྱུད་དེ་ཐག་གཅོད་བྱས་ནའང་འགྲིག་རྩོད་གཞི་ཐག་གཅོད་བྱ་ཐབས་དེ་གཉིས་ཀ་སྟབས་ཏ་ཅང་བདེ་པོ་ཡོད་ཅེས་བསྟན་པ་རེད། གྲོང་མིའི་འཐུས་ཚབ་ཀྱིས་ལས་ཡུལ་ལ་གཟའ་འཁོར་གཅིག་གི་ནང་འགེབས་དྲ་བསྒྲིགས་ཚེ། གྲོང་མིས་ཞུ་གཏུག་གང་ཡང་བྱེད་ཀྱི་མིན་ཞེས་དང་། དུས་མཚུངས་གྲོང་མིའི་འཐུས་ཚབ་ཀྱིས་ཕྱིན་ཆད་འགལ་རྩོད་བྱུང་ཚེ། སྔོན་ལ་མི་དམངས་འདུམ་འགྲིག་ཨུ་ཡོན་ལྷན་ཁང་འཚོལ་རྒྱུ་ཡིན་ཞེས་བཤད་པ་རེད། མཐར་ལི་ཆེ་གེ་མོས་གྲོང་མིའི་འཐུས་ཚབ་དང་ལྷན་དུ་གཤམ་གསལ་གྱི་གྲོས་མཐུན་བཞག་པ་སྟེ།

（1）李某于一周内在该幼儿园项目工地外围安装遮挡网；

(༡) ལི་ཆེ་གེ་མོས་གཟའ་འཁོར་གཅིག་གི་ནང་དུ་བཅོལ་ཁང་དེའི་རྣམ་གྲངས་ཀྱི་ལས་ཡུལ་དངོས་ལ་དྲ་འགེབས་བསྒྲིག་རྒྱུ།

（2）在接下来该村幼儿园项目建设过程中，必须接受村民的监督和村委会干部的定期检查。

(༢) རྗེས་སུ་བུ་བཅོལ་ཁང་དེའི་རྣམ་གྲངས་འཛུགས་སྐྲུན་བྱེད་རིང་། ངེས་པར་དུ་གྲོང་མིའི་ལྟ་སྐྱུལ་དང་གྲོང་ཚོ་ཨུ་ཡོན་ལྷན་ཁང་གི་ལས་བྱེད་པའི་དུས་བཀག་བརྟག་དཔྱད་དང་ལེན་བྱ་རྒྱུའོ། །

5. 虫草采集人员应当如何保护草原生态环境和草原建设设施？

༥.དབྱར་རྩྭ་དགུན་འབུ་འབུ་མཁན་གྱིས་རྩྭ་ཐང་གི་སྐྱེ་ཁམས་ཁོར་ཡུག་དང་རྩྭ་ཐང་འཛུགས་སྐྲུན་གྱི་སྒྲིག་ཆས་སྲུང་སྐྱོབ་གང་འདྲ་བྱེད་དགོས་སམ།

根据《西藏自治区冬虫夏草采集管理暂行办法》规定，虫草采集人员应当遵守下列规定：

དེ་འདང་《བོད་རང་སྐྱོང་ལྗོངས་ཀྱི་དབྱར་རྩྭ་དགུན་འབུ་འབུ་མཁན་དོ་དམ་བྱེད་པའི་གནས་སྐབས་ལག་བསྟར་བྱ་ཐབས་》ཀྱི་གཏན་འབེབས་ལྟར་ན། དབྱར་རྩྭ་དགུན་འབུ་འབུ་མཁན་གྱིས་གཤམ་གསལ་གྱི་གཏན་འབེབས་ལ་བརྩི་འཛོག་བྱེད་དགོས་ཏེ།

（1）尊重虫草采集地的风俗习惯；

（༡）དབྱར་རྩྭ་དགུན་འབུ་འབུ་སའི་ཡུལ་སྲོལ་གོམས་གཤིས་ལ་བརྩི་འཛོག་བྱ་དགོས།

（2）设立居住点不得破坏草原植被；

（༢）སྡོད་གནས་དམིགས་འཛུགས་བྱས་ནས་རྩྭ་ཐང་གི་རྩྭ་རྩི་ཤིང་ལ་གནོད་སྐྱོན་གཏོང་མི་རུང་བ།

（3）采集虫草对草皮随挖随填；

（༣）དབྱར་རྩྭ་དགུན་འབུ་འབུ་སྐབས། སྤང་ས་ཡར་བསློགས་རྗེས་མར་བརྒྱང་དགོས།

（4）不得使用对草原植被具有破坏性的虫草采集工具；

（༤）རྩྭ་ཐང་གི་རྩྭ་རྩི་ཤིང་ལ་གནོད་སྐྱོན་གཏོང་བའི་ལག་ཆ་བེད་སྤྱོད་དེ་དབྱར་རྩྭ་དགུན་འབུ་འབུ་མི་ཆོག་པ།

（5）不得毁坏草原、畜牧业建设设施；

（༥）རྩྭ་ཐང་དང་ཕྱུགས་ལས་ཀྱི་འཛུགས་སྐྲུན་སྒྲིག་བཀོད་ལ་གཏོར་སྐྱོན་གཏོང་མི་ཆོག་པ།

（6）不得砍挖灌木、挖草皮、掘壕沟、采挖其他野生珍稀植物、防风固沙植物；

(༦) ཤིང་གཅོད་པ་དང་སྤང་ས་བསྐོགས་པ། ས་དོང་འདྲུ་བ། དེ་བཞིན་རི་སྐྱེས་རྩི་ཤིང་དཀོན་རིགས་དང་རླུང་འགོག་དང་བྱེ་འགོག་གི་རྩི་ཤིང་གཞན་དག་འགོག་པ་བཅས་བྱེད་མི་ཆོག་པ།

（7）不得非法猎捕野生动物；

(༧) ཁྲིམས་འགལ་ངང་རི་སྐྱེས་སྲོག་ཆགས་གསོད་མི་ཆོག་པ།

（8）做好生活垃圾的及时处理；

(༨) འཚོ་བའི་གད་སྙིགས་ཐག་གཅོད་ཡག་པོ་བྱེད་དགོས།

（9）遵守虫草产区县（市、区）人民政府的有关规定。

(༩) དབྱར་རྩྭ་དགུན་འབུ་ཐོན་ཁུལ་གྱི་རྫོང་（གྲོང་ཁྱེར་དང་ཆུས་）མི་དམངས་སྲིད་གཞུང་གི་འབྲེལ་ཡོད་གཏན་འབེབས་གཞན་དག་ལ་བརྩི་སྲུང་ཞུ་དགོས་པ་བཅས་སོ།།

6. 捕猎国家和自治区重点保护野生动物，应当受到哪些处罚？

༦.རྒྱལ་ཁབ་དང་རང་སྐྱོང་ལྗོངས་ཀྱིས་གཙོ་གནད་དུ་སྲུང་སྐྱོབ་བྱ་རྒྱུའི་རི་སྐྱེས་སྲོག་ཆགས་བརྔོན་ན། ཆད་གཅོད་གང་དག་ཐོག་གམ།

根据《西藏自治区实施<中华人民共和国野生动物保护法>办法》规定，无特许猎捕证或未按特许猎捕证规定对国家和自治区重点保护野生动物进行猎捕的，没收猎物、猎捕工具和违法所得，吊销特许猎捕证，并处以相当于猎获物价值的七至十倍罚款。没有猎获物的处五千至一万元罚款。

དེའང་《བོད་རང་སྐྱོང་ལྗོངས་ཀྱི་<ཀྲུང་ཧྭ་མི་དམངས་སྤྱི་མཐུན་རྒྱལ་ཁབ་ཀྱི་རི་སྐྱེས་སྲོག་ཆགས་སྲུང་སྐྱོབ་བཅའ་ཁྲིམས་>ལག་བསྟར་བྱ་ཐབས་》ཀྱི་གཏན་འབེབས་ལྟར་ན། རི་དྭགས་བརྔོན་ཆོག་པའི་དམིགས་བསལ་གྱི་འཐུས་མཆན་ལག་ཁྱེར་མེད་པའམ་ཡང་ན་རི་དྭགས་བརྔོན་ཆོག་པའི་དམིགས་བསལ་འཐུས་མཆན་ལག་ཁྱེར་གྱི་གཏན་འབེབས་ལ་མ་གཞིགས་པར་རྒྱལ་

ཁབ་དང་རང་སྐྱོང་ལྗོངས་ཀྱི་གཙོ་གནད་དུ་སྲུང་སྐྱོབ་བྱ་རྒྱུའི་རི་སྐྱེས་སྲོག་ཆགས་ཉོན་འཛིན་བྱས་ཚེ། ཉོན་པའི་རི་སྐྱེས་སྲོག་ཆགས་དང་ཉོན་བྱེད་ཀྱི་ལག་ཆ། ཁྲིམས་འགལ་གྱི་ཐོབ་ཆ་བཅས་གཞུང་བཞེས་གཏོང་རྒྱུ་དང་། རི་དྭགས་ཉོན་ཚོང་པའི་དམིགས་བསལ་འཐུས་མཚན་ལག་ཁྱེར་མེད་པ་བཟོ་རྒྱུ་མ་ཟད། ཉོན་འཛིན་རི་དྭགས་ཀྱི་རིན་ཐང་གི་ལྡབ་བདུན་ནས་བཅུ་བར་གྱི་དངུལ་ཆད་གཅོད་རྒྱུ། ཉོན་འཛིན་གྱི་རི་སྐྱེས་སྲོག་ཆགས་མེད་ནའང་། སྒོར་ལྔ་སྟོང་ནས་ཆིག་ཁྲིའི་བར་གྱི་དངུལ་ཆད་གཅོད་རྒྱུ་རེད།

7. 如果遇到受伤的野生动物该怎么做？

༧.གལ་སྲིད་རི་སྐྱེས་སྲོག་ཆགས་རྨས་མ་དང་ཕྲད་ཚེ་གང་འདྲ་བྱེད་དགོས་སམ།

可联系林业部门或直接拨打110，请专业人员处理，个人不要擅自接触。

དེའང་ནགས་ལས་སྡེ་ཁག་ལ་འབྲེལ་བ་བྱེད་པའམ་ཡང་ན་ཐད་ཀར་༡༡༠ལ་ཁ་པར་བརྒྱབ་ནས་ཆེད་ལས་མི་སྣ་ཐག་གཅོད་བྱེད་པར་སྐད་གཏོང་བ་ལས། རང་དགར་རེག་ཐུག་བྱེད་མི་རུང་།

九、扫黑除恶

དགུ་པ།　ནག་སེལ་གཉེད་འཛོམས།

1. 黑势力是什么？恶势力是什么？

༡.ནག་ཚོགས་ཀྱི་སྟོབས་ཤུགས་དང་། ངན་པའི་སྟོབས་ཤུགས་ཟེར་བ་གང་ཡིན་ནམ།

黑社会性质的组织应当同时具备以下特征：

ནག་ཚོགས་ཀྱི་ངོ་བོ་ལྡན་པའི་རུ་འཛུགས་ལ་དུས་མཚུངས་གཤམ་གསལ་གྱི་ཁྱད་ཆོས་དག་ལྡན་པ་སྟེ།

（1）形成较稳定的犯罪组织，人数较多，有明确的组织者、领导者，骨干成员基本固定；

（༡）ཅུང་བརྟན་ལྷིང་གི་ཉེས་གསོག་རུ་འཛུགས་གྲུབ་པ་དང་མི་གྲངས་ཅུང་མང་བ། མངོན་གསལ་གྱི་སྒྲིག་འཛུགས་མཁན་དང་འགོ་ཁྲིད་མཁན་ཡོད་པ་དང་། ཀ་འཛིན་པ་གཞི་རྩའི་ཆ་ནས་གཏན་འཇགས་ཡིན་པ།

（2）有组织地通过违法犯罪活动或者其他手段获取经济利益，具有一定的经济实力，以支持该组织的活动；

（༢）སྒྲིག་འཛུགས་ཡོད་པའི་ངང་ཁྲིམས་འགལ་གྱི་ཉེས་གསོག་བྱེད་སྒོའམ་ཡང་ན་བྱ་ཐབས་གཞན་དག་བརྒྱུད་དེ། དཔལ་འབྱོར་གྱི་ཁེ་ཕན་རག་ཐབས་བྱེད་པ། དཔལ་འབྱོར་གྱི་སྟོབས་ཤུགས་ངེས་ཅན་ཞིག་ལྡན་པས་རུ་འཛུགས་དེའི་བྱེད་སྒོར་རྒྱབ་སྐྱོར་བྱེད་པ།

（3）以暴力、威胁或者其他手段，有组织地多次进行违法犯罪活动，为非作恶，欺压、残害群众；

（༣）དྲག་ཤུགས་དང་འཇིགས་སྐུལ་ལམ་ཡང་ན་བྱ་ཐབས་གཞན་དག་ཐོག་ནས་སྒྲིག་འཛུགས་ཡོད་པའི་ངང་ཁྲིམས་འགལ་གྱི་ཉེས་གསོག་བྱེད་སྒོ་ཐེངས་མང་སྤེལ་བ་དང་། བྱ་ངན་སྤྱོད་ངན་བྱེད་པ། མང་ཚོགས་ལ་གནྲའ་གནོན་དང་གནོད་འཚེ་ཚབས་ཆེན་གཏོང་བ།

（4）通过实施违法犯罪活动，或者利用国家工作人员的庇护或者纵容，称霸一方，在一定区域内或者行业内，形成非法控制或者重大恶劣影响，严重破坏经济、社会生活秩序。

(༩) ཁྲིམས་འགལ་ཉེས་གསོག་བྱེད་སྒོ་སྤྱིལ་བའམ་ཡང་ན་རྒྱལ་ཁབ་ཀྱི་ལས་དོན་མི་སྣའི་འགེབས་སྲུང་དང་རྒྱ་ཡན་དུ་གཏོང་བར་བརྟེན་ནས་བཙན་པོ་དབང་ཡོད་བྱེད་པ། ས་ཁོངས་ངེས་ཅན་དང་ཡང་ན་ལས་རིགས་ནང་ཁྲིམས་འགལ་གྱིས་ཚོད་འཛིན་བྱེད་པ་དང་ཡང་ན་ཤུགས་རྐྱེན་ངན་པ་ཚབས་ཆེན་བཞག་པ། དཔལ་འབྱོར་དང་སྤྱི་ཚོགས་འཚོ་བའི་སྒྲིག་ལམ་ལ་གཏོར་བཤིག་ཚབས་ཆེན་བཏང་བ་བཅས་སོ།།

恶势力是指以暴力、威胁、滋扰等手段，在一定区域内或行业内多次实施违法犯罪活动，严重扰乱经济、社会生活秩序，造成恶劣影响的犯罪组织。

ངན་པའི་སྟོབས་ཤུགས་ཞེས་པ་ནི་དྲག་ཤུགས་དང་འཇིགས་སྐུལ། སྣད་འདོགས་ཟེར་སྐྱོང་སོགས་ཀྱི་བྱ་ཐབས་ཐོག་ནས་ས་ཁོངས་ངེས་ཅན་དང་ལས་རིགས་ནང་ཁྲིམས་འགལ་གྱི་ཉེས་གསོག་བྱེད་སྒོ་ཐེངས་མང་སྤྱིལ་བ་དང་། དཔལ་འབྱོར་དང་སྤྱི་ཚོགས་འཚོ་བའི་སྒྲིག་ལམ་ལ་གཏོར་བཤིག་ཚབས་ཆེན་བཏང་ནས་བག་ཆགས་ངན་པ་བཟོ་མཁན་གྱི་ཉེས་གསོག་རུ་འཛུགས་ལ་ཟེར་བ་ཡིན།

2. “扫黑除恶”的对象有哪些?

༢."ནག་སེལ་གཉེད་འཛོམས"བྱ་ཡུལ་གྲས་སུ་གང་དག་ཡོད་དམ།

（1）威胁政治安全特别是制度安全、政权安全以及向政治领域渗透的黑恶势力；

（༡）ཆབ་སྲིད་ཀྱི་བདེ་འཇགས་སྤྱི་དང་ལྷག་པར་དུ་ལམ་ལུགས་ཀྱི་བདེ་འཇགས་དང་སྲིད་དབང་གི་བདེ་འཇགས་ལ་འཇིགས་སྐུལ་བྱེད་པ་དང་། དེ་བཞིན་ཆབ་སྲིད་ཁྱབ་ཁོངས་ལ་སིམ་འཛུལ་བྱེད་པའི་ནག་ཚོགས་སྟོབས་ཤུགས།

（2）把持基层政权、操纵破坏基层换届选举、垄断农村资源、侵吞集体资产的黑恶势力；

（༢）གཞི་རིམ་གྱི་སྲིད་དབང་བཟུང་བ་དང་གཞི་རིམ་གྱི་སྐབས་བརྗེ་བའི་འདེམས་བསྐོར་བཀོད་གཏོང་། གྲོང་གསེབ་ཀྱི་ཐོན་ཁུངས་སྐྱེར་སྡེམ། མཉམ་སྡེབ་ཀྱི་རྒྱུ་ནོར་བཙན་བཟུང་བཅས་བྱེད་པའི་ནག་ཚོགས་སྟོབས་ཤུགས།

（3）利用家族、宗教势力横行乡里、称霸一方、欺压残害百姓的“村霸”等黑恶势力；

（༣）ཁྱིམ་རྒྱུད་དང་ཆོས་ལུགས་ཀྱི་སྟོབས་ཤུགས་བེད་སྤྱད་དེ་ཤང་ནང་རང་སྟང་གང་ཤར་གྱིས་བཙན་པོ་དབང་ཡོད་བྱེད་པ། མང་ཚོགས་ལ་བནྲས་བཙེས་བྱེད་པ་དང་གནོད་འཚེ་གཏོང་བའི"གྲོང་ཚོའི་གཤེད་མ"སོགས་ཀྱི་ནག་ཚོགས་སྟོབས་ཤུགས།

（4）在征地、租地、清表、折迁、工程项目建设、医患纠纷、房地产纠纷等过程中恶意阻工、煽动闹事的黑恶势力；

（༤）ས་ཆ་བསྡུ་བ་དང་ས་ཆ་བོགས་གཏོང་། རིའུ་མིག་གཙང་བཤེར། བཤིག་སྤོ། ལས་གྲྭའི་རྣམ་གྲངས་འཛུགས་སྐྲུན། ནད་པ་དང་སྨན་པའི་དབར་གྱི་རྩོད་གཞི། ས་ཁང་བདག་ཁོངས་ཐད་ཀྱི་རྩོད་གཞི་སོགས་ཀྱི་བརྒྱུད་རིམ་ནང་མ་རུངས་ཁོག་བཙུག་གིས་ལས་ཀར་བཀག་འགོག་བྱེད་པ་དང་། ཟིང་ཆ་སློང་རྒྱུར་ངན་སྐུལ་བྱེད་པའི་ནག་ཚོགས་སྟོབས་ཤུགས།

（5）在建筑工程、交通运输、矿产资源、渔业捕捞等行业、领域，强揽工程、恶意竞标、非法占地、滥开滥采的黑恶势力；

（༥）འཛུགས་སྐྲུན་ལས་གྲྭ་དང་འགྲིམ་འགྲུལ་སྐྱེལ་འདྲེན། གཏེར་ཁའི་ཐོན་ཁུངས། ཉ་ལས་སོགས་ཀྱི་ལས་རིགས་དང་ཁྱབ་ཁོངས་ནང་། བཙན་ཐབས་ཀྱིས་ལས་ཀ་འགན་ལེན་དང་མ་རུངས་ཁོག་བཅུག་གིས་དམིགས་བྱར་འགྲན་ལེན། ཁྲིམས་འགལ་གྱིས་ས་ཆ་བཟུང་བ། གང་བྱུང་དུ་སྔོག་འདོན་བཅས་བྱེད་པའི་ནག་ཚོགས་སྟོབས་ཤུགས།

（6）在商贸集市、批发市场、车站码头、旅游景区等场所欺行霸市、强买强卖、收取保护费、故意破坏正常经济秩序的市霸、行霸、路霸等黑恶势力；

（༦）ཉོ་ཚོང་ཚོང་འདུས་དང་སྡེབ་འཚོང་ཁྲོམ་ར། རླངས་འཁོར་འབབ་ཚུགས་དང་དང་གྲུ་ཁ། ཡུལ་སྐོར་གནས་ལྗོངས་སོགས་ལ་ཚོང་ར་ཏམ་བཟུང་དང་བཙན་ཉོ་བཙན་འཚོང་། སྲུང་སྐྱོབ་གྲོན་དངུལ་བསྡུ་ལེན། ཁང་བཙུགས་ནས་རྒྱུན་གཏན་གྱི་དཔལ་འབྱོར་གྲིག་ལམ་ལ་གཏོར་བཤིག་གཏོང་བའི་ཁྲོམ་རའི་གཤེད་མ་དང་ལས་རིགས་ཁག་གི་གཤེད་མ། ལམ་གྱི་གཤེད་མ་སོགས་ནག་ཚོགས་སྟོབས་ཤུགས།

（7）操纵、经营“黄赌毒”等违法犯罪活动的黑恶势力；

（༧）“ཚགས་སྲིད་དང་རྒྱན་འཛུགས་དུག་རྫས”སོགས་ཁྲིམས་འགལ་བྱེད་སྒོར་བཀོད་པ་གཏོང་བ་དང་ཁེ་གཉེར་བྱེད་པའི་ནག་ཚོགས་སྟོབས་ཤུགས།

（8）非法高利放贷、暴力讨债的黑恶势力；

（༨）ཁྲིམས་འགལ་དང་སྐྱེད་ཀ་མཐོ་བའི་དངུལ་བུན་གཏོང་བ་དང་དྲག་ཤུགས་ལ་བརྟེན་ནས་བུ་ལོན་འདེད་པའི་ནག་ཚོགས་སྟོབས་ཤུགས།

（9）插手民间纠纷，充当“地下执法队”的黑恶势力；

（༩）དམངས་ཁྲོད་ཀྱི་རྩོད་གཞིར་ཐེ་ཇུས་བྱས་ནས་“གསང་བའི་ཁྲིམས་འཛིན་རུ་ཁག”བྱེད་མཁན་གྱི་ནག་ཚོགས་སྟོབས་ཤུགས།

（10）境外黑社会入境发展渗透以及跨国跨境的黑恶势力；

（༡༠）ཕྱི་ཕྱོགས་ཀྱི་ནག་ཚོགས་རྒྱལ་ནང་དུ་སིམ་འཛུལ་བྱས་ཏེ་འཕེལ་རྒྱས་བཏང་བ་དང་དེ་བཞིན་རྒྱལ་ཁོངས་དང་ས་མཚམས་ལས་བརྒལ་བའི་ནག་ཚོགས་སྟོབས་ཤུགས།

（11）恶意煽动、组织、参与“非访”“闹访”，干扰破坏机关单位正常工作秩序的黑恶势力；

（༡༡）མ་རུངས་ཁོག་བཅུག་གིས་“ཚུལ་མིན་གྱི་ཞུ་གཏུག”དང་“ཟིང་སློང་”བྱ་རྒྱུར་ངན་སྐུལ་དང་སྒྲིག་འཛུགས། དེར་ཐེ་ཞུགས་བྱེད་པ་དང་། ལས་ཁུངས་དང་སྡེ་ཚན་གྱི་རྒྱུན་གཏན་ལས་ཀའི་སྒྲིག་ལམ་ལ་རྙབ་གསིག་དང་གཏོར་བཤིག་གཏོང་བའི་ནག་ཚོགས་སྟོབས་ཤུགས།

（12）其他涉黑涉恶违法犯罪的黑恶势力。

（༡༡）ད་དུང་ནག་ཚོགས་དང་འབྲེལ་བ་ཡོད་པའི་ཁྲིམས་འགལ་ཉེས་གསོག་གཞན་དག་བཅས་སོ།།

3. 扫黑除恶专项斗争为什么要与农村“两委”换届选举结合起来？

༣.ནག་སེལ་གཤེད་འཇོམས་ཀྱི་ཆེད་དོན་འཐབ་རྩོད་དེ་གྲོང་ཚོའི་“ཨུ་ལྷན་གཉིས་”ཀྱི་སྐབས་བརྗེའི་འདེམས་བསྐོ་དང་ཟུང་འབྲེལ་བྱེད་པའི་རྒྱུ་མཚན་གང་ཡིན་ནམ།

扫黑除恶专项斗争与村“两委”换届工作结合起来，建立协调会商机制，坚决遏制黑恶势力干扰、介入换届选举，坚决杜绝黑恶势力进入村“两委”，严防“操纵破坏选举、侵蚀基层政权的黑恶势力以及横行乡里，破坏治安秩序，或是利用宗族家族势力称霸一方的村霸等黑恶势力”进入村“两委”。确保村“两委”换届风清气正，净化社会环境，不断提高广大人民的获得感、幸福感、安全感和自豪感。

ནག་སེལ་གཤེད་འཇོམས་ཀྱི་ཆེད་དོན་འཐབ་རྩོད་དེ་གྲོང་ཚོའི་“ཨུ་ལྷན་གཉིས་”ཀྱི་སྐབས་བརྗེའི་འདེམས་བསྐོ་དང་ཟུང་འབྲེལ་བྱས་ཐོག མཐུན་སྒྲིག་གྲོས་མོལ་གྱི་སྒྲིག་གཞི་བཙུགས་ནས་ནག་ཚོགས་སྟོབས་ཤུགས་ཀྱིས་སྐབས་བརྗེའི་འདེམས་བསྐོར་རྙབ་གསིག་བཟོ་བ་དང་ཐེ་ཛུས་

བྱེད་པར་བཀག་འགོག་མཐའ་གཅིག་ཏུ་བྱ་རྒྱུ་དང་། ནག་ཚོགས་སྟོབས་ཤུགས་གྲོང་ཚོའི་“ཨུ་ལྷན་གཉིས”ཀྱི་ནང་འཛུལ་རྒྱུར་གཏན་འགོག་མཐའ་གཅིག་ཏུ་བྱ་རྒྱུ། འདེམས་བསྐོར་བཀོད་པ་དང་གཏོར་བཤིག་གཏོང་བ་དང་། གཞི་རིམ་གྱི་སྲིད་དབང་ནང་བཙན་འཛུལ་བྱེད་པའི་ནག་ཚོགས་སྟོབས་ཤུགས་འགོག་ཐོན་ནན་པོ་བྱ་རྒྱུ། དེ་བཞིན་ཤང་ནང་རང་སྐྱང་གང་ཤར་བྱེད་པ་དང་བདེ་འཇགས་དང་སྒྲིག་ལམ་ལ་གཏོར་བཤིག་གཏོང་བ། ཡང་ན་མི་རྒྱུད་དང་ཁྲིམ་རྒྱུད་ཀྱི་སྟོབས་ཤུགས་བེད་སྤྱད་དེ་རང་དགར་བཙན་བདག་བྱེད་པའི་གྲོང་ཚོའི་གཤེད་མ་སོགས་ཀྱི་ནག་ཚོགས་སྟོབས་ཤུགས་གྲོང་ཚོའི་“ཨུ་ལྷན་གཉིས”ཀྱི་ནང་འཛུལ་རྒྱུར་འགོག་ཐོན་ནན་པོ་བྱ་རྒྱུ། གྲོང་ཚོའི་“ཨུ་ལྷན་གཉིས”ཀྱི་སྐབས་བརྗེའི་དྲང་གཞག་གི་རྣམ་པ་འགན་སྲུང་བྱེད་པ་དང་སྤྱི་ཚོགས་ཀྱི་ཁོར་ཡུག་དྭངས་གཙང་ཡོང་བ་བྱས་ནས་རྒྱ་ཆེའི་མི་དམངས་ཀྱི་ཐོབ་ཚོར་དང་བདེ་སྐྱིད། བདེ་འཇགས་ཀྱི་ཚོར་སྣང་། སྤོབས་སེམས་བཅས་ཟམ་མི་ཆད་པར་ཇེ་ཆེར་གཏོང་རྒྱུ་བཅས་ཀྱི་ཆེད་དུ་ཡིན།

4. “村霸”问题的主要表现形式有哪些？

༤.“གྲོང་ཚོའི་གཤེད་མའི”གནད་དོན་གྱི་མངོན་ཚུལ་གཙོ་བོ་གང་དག་ཡིན་ནམ།

（1）干扰基层政权，通过“拳头”、欺骗、贿选等手段插手基层选举，争当村干部或扶植代理人，插手基层公共事务；

（༡）གཞི་རིམ་སྲིད་དབང་ལ་ཛབ་གསིག་བཟོ་བ་དང་གཏུམ་སྤྱོད་དང་མགོ་སྐོར། འདེམས་ཤོག་ཛན་བསླུས་སོགས་ཀྱི་བྱ་ཐབས་བརྒྱུད་གཞི་རིམ་གྱི་འདེམས་བསྐོར་ཐེ་ཇུས་བྱས་ཐོག གྲོང་ཚོའི་ལས་བྱེད་པར་འཐོབ་ཐབས་དང་ཡང་ན་ཚབ་བྱེད་མི་སྣར་ཟུར་སྐྱོར་བྱས་ནས་གཞི་རིམ་གྱི་སྤྱི་པའི་ལས་དོན་ལ་ཐེ་ཇུས་བྱེད་པ།

（2）欺压村民百姓，强拿硬要、随意殴打、寻衅滋事，甚至雇黑佣黑形成帮派势办；

（༢）གྲོང་མི་མང་ཚོགས་ལ་གཉའ་གནོན་དང་བཙན་འཕྱིར་བཙན་ལེན་བྱེད་པ། རང་དགར་ཉེས་རྒུད་གཏོང་བ། སྐྱད་འདོགས་ཟིང་སློང་བྱེད་པ། ཐ་ན་ངན་རོགས་སྤྲུས་ནས་ཤོག་ཁག་སྟོབས་ཤུགས་ཆགས་པར་བྱེད་པ།

（3）破坏经营秩序，在土地流转、矿产开采、工程建设、客货运营等过程中暴力打压竞争对手；

（༣）ཁེ་གཉེར་གྱི་སྒྲིག་ལམ་ལ་གཏོར་བཤིག་གཏོང་བ་དང་ས་ཞིང་བརྒྱུད་བཤུག་དང་གཏེར་ཁ་སྔོག་འདོན། ལས་གྲྭའི་འཛུགས་སྐྲུན། འགྲུལ་ཟོག་སྐྱེལ་འདྲེན་སོགས་ཀྱི་བརྒྱུད་རིམ་ནང་དྲག་ཤུགས་ལ་བརྟེན་ནས་འགྲན་ཡར་རྒུད་གནོན་བྱེད་པ།

（4）侵占集体资产，非法侵占、骗取国家项目资金，非法占有集体土地、矿产资源；

（༤）མཉམ་སྤེལ་གྱི་རྒྱུ་ནོར་བཙན་བཟུང་བྱེད་པ་དང་རྒྱལ་ཁབ་ཀྱི་རྣམ་གྲངས་མ་དངུལ་

ཁྲིམས་འགལ་ངང་བཙན་བཟུང་དང་གཡོ་ལེན་བྱེད་པ། མཉམ་སྡེབ་ཀྱི་ས་ཞིང་དང་གཏེར་ཁའི་ཐོན་ཁུངས་ཁྲིམས་འགལ་ངང་བདག་གིར་བཟུང་བ།

（5）农村宗族势力依仗人多势众，恃强凌弱、横行霸道、危害一方。

（༥）གྲོང་གསེབ་ཀྱི་མི་རྒྱུད་དང་རིགས་རྒྱུད་སྟོབས་ཤུགས་བེད་སྤྱད་ནས་སྟོབས་ཆེ་བས་ཆུང་བར་བརྙས་བཅོས་དང་ཁྲིམས་མེད་ལུགས་མེད་བྱས་ཏེ། ཕྱོགས་གཅིག་ལ་གནོད་སྐྱོན་གཏོང་བ།

5. 对寻衅滋事的行为该如何处罚？

༥.སྣད་འདོགས་ཟིང་སློང་གི་བྱ་སྤྱོད་ལ་ཆད་པ་གང་འདྲ་གཅོད་དགོས་སམ།

根据《中华人民共和国治安管理处罚法》规定，有下列行为之一的，处5日以上10日以下的拘留，可以并处500元以下罚款；情节较重的，处10日以上15日以下拘留，可以并处1000元以下罚款：

དེ་འདང་《ཀྲུང་ཧྭ་མི་དམངས་སྤྱི་མཐུན་རྒྱལ་ཁབ་ཀྱི་བདེ་འཇགས་དོ་དམ་ཆད་གཅོད་བཅའ་ཁྲིམས་》ཀྱི་གཏན་འབེབས་ལྟར་ན། གཤམ་གསལ་གྱི་བྱ་སྤྱོད་རིགས་ཡོད་ཚེ། ཉིན་༥ཡན་ནས་ཉིན་༡༠མན་བཀག་ཉར་བྱ་རྒྱུ་དང་སྒོར་༥༠༠མན་གྱི་དངུལ་ཆད་གཅོད་རྒྱུ། གནས་ཚུལ་ཅུང་ཚབས་ཆེན་པོ་ཡོད་ཚེ། ཉིན་༡༠ཡན་ནས་ཉིན་༡༥མན་བཀག་ཉར་བྱ་རྒྱུ་དང་སྒོར་༡༠༠༠མན་གྱི་དངུལ་ཆད་གཅོད་རྒྱུ།

（1）结伙斗殴的；

（༡）དཔུང་ཚོགས་བསྒྲིལ་ནས་འཛིང་རེས་བྱེད་པ།

（2）追逐、拦截他人的；

（༢）མི་གཞན་རྗེས་འདེད་དང་བགྲོད་ལམ་བཀག་པ།

（3）强拿硬要或者任意损毁、占用公私财物的；

（༣）གཞུང་དང་སྒེར་གྱི་རྒྱུ་ནོར་བཙན་འཕྲོག་དང་བཙན་ལེན་བྱེད་པའམ་ཡང་ན་རང་དགར་གཏོར་བརླག་གཏོང་བ་དང་བཟུང་སྤྱོད་བྱེད་པ།

（4）其他寻衅滋事行为。

（༤）དུ་དུང་སྣད་འདོགས་ཟིང་སློང་གི་བྱ་སྤྱོད་གཞན་དག་བཅས་སོ།།

《中华人民共和国刑法》第二百九十三条规定，有下列寻衅滋事行为之一，破坏社会秩序的，处五年以下有期徒刑、拘役或者管制：

《ཀྲུང་ཧྭ་མི་དམངས་སྤྱི་མཐུན་རྒྱལ་ཁབ་ཀྱི་ཉེས་དོན་བཅའ་ཁྲིམས་》ཀྱི་དོན་ཚན་༢༩༣པའི་གཏན་འབེབས་ལྟར་ན་གཤམ་གསལ་གྱི་སྣད་འདོགས་ཟིང་སློང་གི་བྱ་སྤྱོད་རིགས་ཏེ། སྤྱི་ཚོགས་ཀྱི་སྒྲིག་ལམ་ལ་གནོད་སྐྱོན་བཟོས་པ་ཡོད་ཚེ། ལོ་ལྔ་མན་གྱི་དུས་བཀག་བཙོན་འཇུག་བྱ་རྒྱུ་དང་བཀག་ཉར་རམ་ཡང་ན་དོ་དམ་ཚོད་འཛིན་བྱ་རྒྱུ།

（1）随意殴打他人，情节恶劣的；

（༡）རང་དགར་མི་གཞན་ལ་ཉེས་རྡུང་བཏང་བ་དང་། ཉེས་ཚབས་ཆེན་པོ་བསགས་པ།

（2）追逐、拦截、辱骂、恐吓他人，情节恶劣的；

（༢）མི་གཞན་རྗེས་འདེད་དང་བགྲོད་ལམ་བཀག་པ། ངན་སྨྲས་བྱས་པ། འཇིགས་སྣང་སྐུལ་ནས་ཉེས་ཚབས་ཆེན་པོ་བསགས་པའི་རིགས།

（3）强拿硬要或者任意损毁、占用公私财物，情节严重的；

（༣）གཞུང་དང་སྒེར་གྱི་རྒྱུ་ནོར་བཙན་འཁྱེར་བཙན་ལེན་བྱས་པའམ་ཡང་ན་རང་དགར་གཏོར་བརླག་བཏང་བ་དང་བཟུང་སྤྱོད་བྱས་ནས་ཉེས་ཚབས་ཆེན་པོ་བསགས་པ།

（4）在公共场所起哄闹事，造成公共场所秩序严重混乱的。

纠集他人多次实施前款行为，严重破坏社会秩序的，处五年以上十年以下有期徒刑，可以并处罚金。

（༤）སྤྱི་པའི་ཚོགས་རར་ཟུར་ཟིང་བསླངས་ནས་སྤྱི་པའི་ཚོགས་རའི་སྒྲིག་ལམ་ཟང་ཟིང་ཚབས་ཆེན་བཟོས་པ།

མི་གཞན་དག་བསྡོང་ནས་གོང་གསལ་གྱི་བྱ་སྤྱོད་དེ་རིགས་ཐེངས་མང་སྤེལ་ནས་སྤྱི་ཚོགས་ཀྱི་སྒྲིག་ལམ་ལ་གནོད་བཤིག་ཚབས་ཆེན་བཏང་ཚེ། ལོ་ལྔ་ཡན་ནས་ལོ་བཅུ་མན་གྱི་དུས་བཀག་བཙོན་འཇུག་བྱ་རྒྱུ་དང་ཆབས་ཅིག་དངུལ་ཆད་གཅོད་རྒྱུ།

十、防范电信网络诈骗

བཅུ་པ། གློག་འཕྲིན་དྲ་རྒྱའི་མགོ་སྐོར་ལ་ངོགས་ཐོན་བྱ་དགོས།

1. 什么是电信诈骗？

༡.གང་འདྲ་ཞིག་ལ་གློག་འཕྲིན་གྱི་མགོ་སྐོར་བཏང་བ་ཟེར་རམ།

电信诈骗是指通过电话、网络和短信方式，编造虚假信息，设置骗局，对受害人实施远程、非接触式诈骗，诱使受害人打款或转账的犯罪行为，通常犯罪嫌疑人以冒充他人及仿冒、伪造各种合法外衣和形式的方式达到欺骗的目的，如冒充公检法、商家公司厂家、国家机关工作人员、银行工作人员等各类机构工作人员，伪造和冒充招工、婚恋、贷款、中奖、手机定位和招嫖等形式进行诈骗。

གློག་འཕྲིན་གྱི་མགོ་སྐོར་ཞེས་པ་ནི་ཁ་པར་དང་དྲ་རྒྱ། འཕྲིན་ཐུང་བཅས་ཀྱི་ཐབས་ལམ་བརྒྱུད། ཆ་འཕྲིན་རྫུན་མ་བཟོ་བ་དང་གཡོ་རྫུས་བཀོད་ནས་གནོད་འཚེ་ཕོག་མཁན་ལ་ཐག་རིང་ནས་ངོ་གཏུག་བྱེད་མ་དགོས་པའི་ཐོག་མགོ་སྐོར་བཏང་སྟེ། གནོད་འཚེ་ཕོག་མཁན་ནས་དངུལ་བསྐུར་རྒྱུ་དང་ཡང་ན་དངུལ་གྱི་རྩིས་ཐོ་བསྒྱུར་རྒྱུར་བསླུ་བྲིད་བྱེད་པའི་ཉེས་གསོག་བྱ་སྤྱོད་

ཅིག་ཡིན། དོགས་ཡོད་ཉེས་ཅན་པས་རྟག་ཏུ་མི་གཞན་ཡིན་ཁུལ་དང་ལད་ཟློས་བྱེད་པ། ཁྲིམས་མཐུན་གྱི་ཛུན་རྣམ་སྣ་ཚོགས་ཐོག་ནས་མགོ་སྐོར་གཏོང་རྒྱུའི་དམིགས་ཡུལ་སྒྲུབ་ཐབས་བྱེད་པ་ཡིན། དཔེར་ན་སྤྱི་བདེ་དང་ཞིབ་དཔྱོད། ཁྲིམས་ཁང་། ཚོང་དུད་ཀུང་སིའི་བཟོ་གྲྭ། རྒྱལ་ཁབ་ལས་ཁུངས་ཀྱི་ལས་དོན་མི་སྣ། དངུལ་ཁང་གི་ལས་དོན་མི་སྣ་སོགས་ལས་ཁུངས་སྣ་ཚོགས་ཀྱི་ལས་དོན་མི་སྣ་ཡིན་ཁུལ་བྱས་ཐོག ལས་མི་བསྡུ་རྒྱུ་དང་གཉེན་སྒྲིག་དང་དགའ་རོགས་སྒྲིག་རྒྱུ། དངུལ་བུན་གཡར་རྒྱུ། རྒྱན་ཤོག་བྱ་དགའ་ཐོབ་ཚུལ། ལག་ཐོགས་ཁ་པར་གྱི་གནས་ཐིག་གཏན་འཁེལ། འཆལ་པོ་འགྲུག་ཐབས་སོགས་ཀྱི་རྣམ་པའི་ཐོག་ནས་མགོ་སྐོར་གཏོང་གི་ཡོད།

2. 常见的诈骗手法有哪些？

༢.རྒྱུན་མཐོང་གི་མགོ་སྐོར་གཏོང་ཐབས་གང་དག་ཡོད་དམ།

谨记“十个凡是”：

“ཡིན་ཕྱིན་བཅུ”སེམས་ལ་ངེས་དགོས་པ་སྟེ།

（1）凡是自称公检法要求汇款的；

（༡）རང་ཉིད་སྤྱི་བདེ་དང་ཞིབ་དཔྱོད་ཁྲིམས་ཁང་བཅས་ལས་ཁུངས་གང་རུང་ནས་ཡིན་ཚུལ་དང་དངུལ་བསྐུར་དགོས་ཟེར་མཁན་ཡིན་ཕྱིན།

（2）凡是叫你汇款到“安全账户”的；

（༢）རང་ལ་དངུལ་“བདེ་འཇགས་ཀྱི་རྩིས་ཐོར”བསྐུར་དགོས་པའི་བརྡ་ཐོ་གཏོང་མཁན་ཡིན་ཕྱིན།

（3）凡是通知中奖、领取补贴要你先交钱的；

（༣）རྒྱན་ཤོག་བྱ་དགའ་ཐོབ་པ་དང་ཁ་གསབ་དངུལ་ལེན་རྒྱུ་ཡོད་པས་སྔོན་ལ་དངུལ་གང་ཙམ་སྤྲོད་དགོས་པའི་བརྡ་ཐོ་གཏོང་མཁན་ཡིན་ཕྱིན།

（4）凡是通知“家属”出事要先汇款的；

（༤）“ཁྱིམ་”དུ་གནས་ཚུལ་བྱུང་ནས་དངུལ་བསྐུར་དགོས་པའི་བརྡ་ཐོ་གཏོང་མཁན་ཡིན་ཕྱིན།

（5）凡是索要个人和银行卡信息及短信验证码的；

（༥）མི་སྒེར་དང་དངུལ་ཁང་བྱང་བུའི་ཆ་འཕྲིན་དང་འཕྲིན་ཐུང་གི་ར་སྤྲོད་ཨང་གྲངས་དགོས་ཟེར་མཁན་ཡིན་ཕྱིན།

（6）凡是让你开通网银接受检查的；

（༦）ང་དངུལ་བཙུགས་ནས་བརྟག་དཔྱད་བྱེད་དགོས་རེད་ཟེར་མཁན་ཡིན་ཕྱིན།

（7）凡是叫你宾馆开房接受调查的；

（༧）མགྲོན་ཁང་དུ་སྡོད་སྐབས་བརྟག་དཔྱད་དང་ལེན་བྱ་དགོས་ཟེར་མཁན་ཡིན་ཕྱིན།

（8）凡是叫你登陆网站查看通缉令的；

（༨）དྲ་ཚིགས་སུ་ཞུགས་བཙུག་ནས་འཛུ་བཟུང་བཀའ་རྒྱ་ལྟོས་ཟེར་མཁན་ཡིན་ཕྱིན།

（9）凡是自称领导（老板）要求打款的；

（༩）འགོ་ཁྲིད་དམ་(སྦྱིན་བདག་)ཡིན་ཁུལ་གྱིས་དངུལ་བསྐུར་དགོས་ཟེར་མཁན་ཡིན་ཕྱིན།

（10）凡是陌生网站（链接）要登记银行卡信息的。

（༡༠）རྒྱུས་མེད་ཀྱི་དྲ་ཚིགས་ཀྱིས་དངུལ་ཁང་བྱང་བུའི་ཆ་འཕྲིན་ཐོ་འགོད་བྱེད་དགོས་ཟེར་མཁན་ཡིན་ཕྱིན་བཅས་སོ།།

3. 冒充公检法机关拨打电话要求将钱款转入安全账号或转账汇款时，一定要牢记的 3 个“绝对不会”指哪些？

༣.སྤྱི་བདེ་དང་ཞིབ་དཔྱོད། ཁྲིམས་ཁང་བཅས་ཀྱི་ལས་ཁུངས་ཡིན་ཁུལ་གྱིས་ཁ་པར་བརྒྱབ་ནས་དངུལ་སྒྲར་བདེ་འཛུགས་ཀྱི་རྩིས་ཐོའམ་ཡང་ན་དངུལ་ཁོངས་བསྒྱུར་ནས་གཏོང་དགོས་ཟེར་སྐབས། ངེས་པར་དུ“གཏན་ནས་ཡིན་མི་སྲིད་པ”གསུམ་ངེས་དགོས་པ་གང་དག་ཡིན་ནམ།

（1）公检法机关绝对不会通过打电话的方式开展案件侦查工作，通知你涉嫌犯罪、洗黑钱、贩毒等，也不会通过网络或传真给你下达“法院传票”等法律手续。

（༡）སྤྱི་བདེ་དང་ཞིབ་དཔྱོད། ཁྲིམས་ཁང་བཅས་ལས་ཁུངས་ཀྱིས་ཁ་པར་ཐོག་ནས་སྐྱོད་དོན་སྒྲུལ་ཞིབ་ཀྱི་ལས་དོན་སྲེལ་ཏེ་ཁྱོད་རང་ལ་ཉེས་གསོག་དང་དངུལ་བཀུ་འཁྲིར། དུག་ཚོང་སོགས་ཀྱི་དོགས་གཞི་ཡོད་པའི་བཟ་ཐོ་གཏན་ནས་གཏོང་མི་སྲིད་ལ། དྲ་རྒྱ་དང་ཡང་ན་བརྙན་སྐྱེལ་བརྒྱུད་དེ་ཁྱོད་ལ་"ཁྲིམས་ཁང་གི་འགུག་བཟ་"སོགས་བཅའ་ཁྲིམས་ཀྱི་འགྲོ་ལུགས་ཀྱང་གཏན་ནས་བརྒྱུད་དུ་འཇུག་མི་སྲིད།

（2）公检法机关绝对不会打电话要求群众转账汇款。

（༢）སྤྱི་བདེ་དང་ཞིབ་དཔྱོད། ཁྲིམས་ཁང་བཅས་ལས་ཁུངས་ཀྱིས་ཁ་པར་ཐོག་ནས་མང་ཚོགས་ལ་དངུལ་བསྒྱུར་སྤྲོད་བྱེད་དུ་གཏན་ནས་འཇུག་མི་སྲིད།

（3）公检法机关绝对不会设立所谓的"国家安全账户"。

（༣）སྤྱི་བདེ་དང་ཞིབ་དཔྱོད། ཁྲིམས་ཁང་བཅས་ལས་ཁུངས་ནས་རྒྱལ་ཁབ་ཀྱི་བདེ་འཇགས་རྩིས་ཐོ་ཟེར་བ་གཏན་ནས་འཛུགས་མི་སྲིད།

4. 什么是"杀猪盘"？

༤."ཕག་གསོད་སྡེར་མ"ཟེར་བ་དེ་གང་ཡིན་ནམ།

杀猪盘，网络流行词，是指诈骗分子利用网络交友，诱导受害人投资赌博的一种电信诈骗方式。"杀猪盘"是"从业者们"（诈骗团伙）自己起的名字，是指放长线"养猪"诈骗，养得越久，诈骗得越狠。

དེ་ནི་དྲ་རྒྱའི་ཐོག་དར་ཁྱབ་ཆེ་བའི་ཚིག་ཅིག་ཡིན། དེའི་གོ་དོན་ནི་མགོ་སྐོར་གཏོང་མཁན་གྱིས་དྲ་རྒྱ་བརྒྱུད་དེ་གྲོགས་པོ་སྒྲིག་ནས་གནོད་འཚེ་ཕོག་མཁན་ནས་མ་དངུལ་བཏང་སྟེ་རྒྱན་འཛུགས་བྱ་རྒྱུར་བསླུ་བྲིད་བྱེད་པའི་སློག་འཕྲིན་གྱི་མགོ་སྐོར་གཡོག་སྟངས་ཤིག་ཡིན། "ཕག་གསོད་སྡེར་མ"ཟེར་བ་དེ་ཡང་མགོ་སྐོར་གཏོང་མཁན་ཚོས་རང་ཉིད་ལ་བཏགས་པའི་མིང་ཞིག་རེད། དེ་ནི་གཏོང་ཕོད་ཆེ་ཙམ་གྱིས་ཕག་པ་གསོས་ཏེ་མགོ་སྐོར་བཏང་བའི་དོན་ཡིན་པ་དང་། གསོ་ཡུན་ག་ཚོད་རིང་ན་དེ་ཙམ་གྱིས་མགོ་སྐོར་གཏོང་ཤུགས་ཆེ་བ་ཡོད།

5. “杀猪盘”的常见套路分几步？

༥.“ཕག་གསོད་སྡེར་མ”ཟེར་བའི་རྒྱུན་མཐོང་གི་ཐབས་ལམ་ལ་གོམ་སྟབས་ག་ཚོད་ཡོད་དམ།

（1）网上热聊，萌生情意

诈骗分子在社交平台上将自己包装成“高富帅”“白富美”与受害人接触。在社交平台相聊甚欢，透出进一步发展的意思，多次接触后产生朦胧的网络情愫。

（༡）དྲ་ཐོག་ལ་ཚ་ཚ་འུར་འུར་གྱི་གླེང་མོལ་བྱས་ནས་བརྩེ་དུང་སློབས་པར་བྱེད་པ།

དེའང་མགོ་སྐོར་གཏོང་མཁན་གྱིས་སྤྱི་ཚོགས་འབྲེལ་སྡེགས་ཐོག་རང་ཉིད་“རིང་ཕྱུག་ཟེག་གསུམ”དང་། “དཀར་ཕྱུག་མཛེས་གསུམ”གྱི་རྣམ་པ་བསྟན་ནས་གནོད་འཚེ་ཕོག་མཁན་དང་འབྲེལ་གཏུག་བྱེད་པ་ཡིན། སྤྱི་ཚོགས་འབྲེལ་སྡེགས་ཐོག་ཕན་ཚུན་གླེང་མོལ་གྱི་དབྱིངས་ལ་ཚུད་པའི་སྐབས་སུ་མུ་མཐུད་འབྲེལ་བ་ཟབ་ཏུ་གཏོང་རྒྱུའི་རྣམ་པ་སྟོན་པ་དང་། འབྲེལ་གཏུག་ཐེངས་ཁ་ཤས་བྱས་རྗེས་དྲ་ཐོག་གི་བརྩེ་དུང་སློབས་པར་བྱེད་པ་ཡིན།

（2）动之以情，晓之以“利”

在甜言蜜语中聊感情时，诈骗分子对受害人透露自己在某平台赚得盆满钵满，并声称知道漏洞，或者亲戚朋友是网站工作人员，大肆鼓吹投资/博彩的高额回报，诱使受害人参与。

（༢）བརྩེ་དུང་གིས་སེམས་ཁུག་པར་བྱེད་པ་དང་གནས་ལུགས་ཀྱིས་ཁེ་བཟང་ཐོབ་པར་སེམས་པ།

སྐད་ཆ་སྙན་ཞིང་འཇམ་པའི་ཁྲོད་བརྩེ་དུང་སྐོར་གླེང་སྐབས། མགོ་སྐོར་གཏོང་མཁན་གྱིས་རང་ཉིད་ལ་སྡེགས་བུ་ཞིག་གི་ཐོག་ནས་འབབ་སྒོ་ཧ་ཅང་ཆེན་པོ་ཡོད་ཚུལ་ཤོད་པ་མ་ཟད། དེའི་རྒྱུ་རྐྱེན་དུ་གྱུར་པའི་སྐྱོན་འདུག་པའི་ཆ་ཤེས་ཀྱི་ཡོད་ཚུལ། ཡང་ན་རང་གི་སྤུན་མཆེད་དང་གྲོགས་པོ་དྲ་ཐོག་གི་ལས་དོན་པ་ཡིན་ཚུལ་ཤོད་པ། མ་འཛོག་དང་རྒྱན་ཤོག་ཐད་ནས་ཁེ་བཟང་ཆེན་པོ་ཡོད་ཚུལ་འུད་སྒྲོག་གིས་གནོད་འཚེ་ཕོག་མཁན་དེར་ཞུགས་རྒྱུར་བསླུ་ཁྲིད་བྱེད་པ་ཡིན།

（3）深信不疑，终致悲剧

在前几次小额投入顺利回本后，受害人尝到甜头逐步放松警惕，对此“致富方式”深信不疑。投入资金从几千元到几万元，甚至几十万元，直到用尽所有积蓄，骗子便会指引受害人贷款投入。随着受害人投资速度放缓，骗子认为“收网”的时候到了，此时“平台客服”也会失联，受害人的爱情小船也就此沉没。

（༣）ཡིད་ཡོངས་སུ་ཆེས་ནས་མཐར་ཆག་སྒོ་འཕྲད་པ།

གོང་དུ་ཐེངས་ཁ་ཤས་ནང་མ་དངུལ་ཅུང་ཟད་བཏང་བར་མ་གནས་བདེ་བླག་ངང་ཕྱིར་ལྡོག་རྙེས། གནོད་འཚེ་ཕོག་མཁན་ལ་ཁེ་བཟང་གི་བྲོ་བ་ཅུང་ཉེད་ནས་རིམ་བཞིན་དོགས་ཟོན་མེད་པར་གྱུར་པ་དང་། དེས་ན“ཕྱུག་པོ་ཆགས་ཐབས”དེར་ཡིད་ཡོངས་སུ་ཆེས་ནས། མ་རྩ་སྒོར་སྟོང་ཕྲག་ཁ་ཤས་ནས་ཁྲི་ཁ་ཤས་དང་། ཐ་ན་སྒོར་ཁྲི་བཅུ་གྲངས་གཏོང་བར་བྱེད། མཐར་གསོག་དངུལ་ཡོད་ཚད་རྫོགས་པའི་སྐབས་སུ་མགོ་སྐོར་གཏོང་མཁན་གྱིས་གནོད་འཚེ་ཕོག་མཁན་ལ་དངུལ་བུན་གཡར་ནས་མ་རྩ་འཇོག་རྒྱུར་ཁྲིད་སྟོན་བྱེད་པ་དང་། གནོད་འཚེ་ཕོག

མཁན་གྱི་མ་འཇོག་ཁུང་དུ་འགྲོ་བ་དང་བསྡུན་ནས་གནོད་འཚེ་གཏོང་མཁན་གྱིས་མགོ་སྐོར་གཏོང་མཚམས་འཇོག་པ་དང་། དེའི་སྐབས་སུ་སྡེགས་བུའི་ཐོག་གི་ཞབས་ཞུ་བའི་དབར་གྱི་འབྲེལ་ཐག་ཀྱང་ཆད་ཅིང་། གནོད་འཚེ་ཕོག་མཁན་གྱི་བརྩེ་དུང་གི་འབྲེལ་ཐག་ཀྱང་དེ་ནས་ཡོངས་སུ་ཆད་པ་ཡིན།

6. 什么是"杀鱼盘"？

༦.གང་འདྲ་ཞིག་ལ་"ཉ་གསོད་སྡེར་མ"ཟེར་རམ།

"杀鱼盘"主要是以交手续费、借贷提额为名义实施的诈骗。骗子一般在网上发布提额信息或二手产品吸引受害者联系，随后通过发布虚假链接诱骗受害者付款。

"ཉ་གསོད་སྡེར་མ"ཟེར་བ་ནི་གཙོ་བོ་འགྲོ་ལུགས་བརྒྱུད་བྱེད་ཀྱི་འགྲོ་གྲོན་དང་བུན་གཡར་དངུལ་གྱི་འཛིན་གྲངས་ལ་མིང་བཏགས་ནས་མགོ་སྐོར་གཏོང་བར་ཟེར། མགོ་སྐོར་གཏོང་མཁན་གྱིས་སྦྱིར་བཏང་དྲ་ཐོག་ལ་འཛིན་གྲངས་ཀྱི་ཆ་འཕྲིན་སྤེལ་བའམ། ཡང་ན་ལག་བརྒྱུད་ཐོན་ཟོས་ལ་བརྟེན་ནས་གནོད་འཚེ་ཕོག་མཁན་དང་འབྲེལ་གཏུག་བྱེད་པ་དང་། དེ་རྗེས་སྦྲེལ་བྱེད་རྫུན་མ་ཁྱབ་སྤེལ་བྱས་ཏེ་གནོད་འཚེ་ཕོག་མཁན་ལ་དངུལ་སྤྲོད་རྒྱུར་བསླུ་བྲིད་བྱེད་པ་ཡིན།

骗子把受害者叫做"鱼"，称自己为"钓鱼手"，另外还需要专业技术人员"链接手"。

མགོ་སྐོར་གཏོང་མཁན་གྱིས་གནོད་འཚེ་ཕོག་མཁན་ལ་"ཉ"ཞེས་འབོད་པ་དང་རང་ཉིད་ལ་"ཉ་འཛིན་མཁས་པ"ཞེས་འབོད། གཞན་ཡང་ད་དུང་ཆེད་ལས་ལག་རྩལ་པའི་"སྦྲེལ་མཐུད་མཁས་པ"དགོས་ཀྱི་ཡོད།

7. “杀鱼盘”的常见作案手法？

༧.“ཉ་གསོད་སྡེར་མ་”ཞེས་པའི་རྒྱུན་མཐོང་གི་ཉེས་གསོད་བཟོ་ཐབས་གང་འདྲ་ཡིན་ནམ།

（1）撒鱼饵

“杀鱼盘”要求受害人以交服务费、手续费的名义转账汇款，或者发送网址链接，以验证受害人的还款能力或者银行卡资金为由，盗刷受害人的银行卡资金，完成诈骗。

（༡）ཉ་གཟན་གཏོར་བ།

“ཉ་གསོད་སྡེར་མས་”གནོད་འཚེ་ཐོག་མཁན་ལ་ཞབས་ཞུའི་རིན་པ་དང་འགྲོ་ལུགས་བརྒྱུད་པའི་རིན་པ་སྤྲོད་རྒྱུར་ཁ་གཡར་ཏེ། དངུལ་བསྒྱུར་སྤྲོད་བྱེད་དགོས་ཟེར་བ་དང་། ཡང་ན་དྲ་གནས་ཀྱི་སྦྲེལ་བྱེད་བསྐུར་བ་དང་། གནོད་འཚེ་ཐོག་མཁན་གྱི་བུན་འཇལ་ནུས་པ་དང་ཡང་ན་དངུལ་ཁང་བྱང་བུའི་མ་དངུལ་ར་སྤྲོད་བྱེད་རྒྱུར་ཁ་གཡར་ནས་གནོད་འཚེ་ཐོག་མཁན་གྱི་དངུལ་ཁང་བྱང་བུའི་ནང་གི་མ་དངུལ་འཐེན་འཁྱེར་བྱེད། དེའི་ཚེ་མགོ་སྐོར་བཏང་ཚར་བ་ཡིན།

（2）钓鱼

“鱼”一旦动心，钓鱼手就开始试探。有的利用二手平台下套，诱骗买家线下购买，实施诈骗；有的利用借贷提额引诱，多次支付中以失败为由，需支付手续费、服务费等，让“鱼”完善几笔交易流水。

（༢）ཉ་བཟུང་བ།

“ཉ་”ཡི་སེམས་ལ་གཡོ་འགུལ་ཐེབས་ཙ་ན། ཉ་པས་ཉམས་ཚོད་ལེན་འགོ་ཚུགས། རེ་འགས་ལག་བརྒྱུད་རྙིགས་བུ་བེད་སྤྱོད་དེ་གཉམ་སྤྲོད་ཀྱིས་ཉོ་མཁན་དེ་ཉིད་ངོ་གདུག་ཐོག་ཉོ་རྒྱུར་བསླུ་བྲིད་བྱས་ནས་མགོ་སྐོར་གཏོང་བ་དང་། རེ་འགས་བུན་གཡར་གྱི་འཐེན་གྲངས་ལ་བརྟེན་ནས་བསླུ་བྲིད་བྱས་ཐོག ཐེངས་མང་གཏོང་སྤྲོད་བྱེད་པའི་ནང་ཕྱོང་ཁུན་ཐོག་པ་རྒྱུ་མཚན་དུ་བྱས་ནས་འགྲོ་ལུགས་བརྒྱུད་པའི་འགྲོ་སྒྲོན་དང་ཞབས་ཞུའི་འགྲོ་སྒྲོན་སོགས་དགོས་ཟེར་ནས་“ཉ་”ཡི་ཉོ་ཚོང་བྱེད་ཐེངས་ཁ་ཤས་ཕྱོང་ཁུན་ཐོག་འཇུག་གི་ཡོད།

（3）杀鱼

“杀鱼手”找“链接手”根据“鱼”支付额度量身打造付款链接。通过一些失败程序让“鱼”放松警惕。“杀鱼手”发虚假链接让鱼支付，最后把“鱼”成功支付的订单套现出来，最后拉黑。

（༣）ཉ་གསོད་པ།

“ཉ་གསོད་མཁན་”གྱིས་“སྤྲེལ་བྱེད་པ་”བཙལ་ནས་“ཉ་”ཡི་མ་དངུལ་མང་ཉུང་ལ་བལྟས་ནས་དངུལ་སྤྲོད་ཀྱི་སྤྲེལ་བྱེད་བཟོ་བ་དང་། ཕོ་མི་ཆོད་པའི་གོ་རིམ་བརྒྱུད་“ཉ་”ཡི་དོགས་འཆར་མེད་པ་བཟོ་བ། “ཉ་གསོད་མཁན་”གྱིས་སྤྲེལ་བྱེད་རྫུན་མ་དེ་སྤྲད་ནས་“ཉ་”ལ་དངུལ་སྤྲོད་དུ་བཅུག་པ་དང་། མཐར་“ཉས་”བདེ་བླག་ངང་སྤྲད་པའི་མངག་ཐོ་ཕྱིར་བཏོན་རྗེས་དྲ་ཐོག་ནས་ནག་བསྒྲུབ་གཏོང་གི་ཡོད།

8. 实施电信诈骗将受到哪些惩处？

༨.གློག་འཕྲིན་ཐོག་མགོ་སྐོར་གཏོང་མཁན་ལ་ཆད་པ་གང་དག་ཐོག་གམ།

根据《中华人民共和国刑法》规定，犯电信诈骗的，处三年以下有期徒刑、拘役或者管制，并处或单处罚金；数额巨大或有其他严重情节的，处三年以上十年以下有期徒刑并处罚金；数额特别巨大或者有其他特别严重情节的，处十年以上有期徒刑或无期徒刑，并处罚金或者没收财产。

《ཀྲུང་ཧྭ་མི་དམངས་སྤྱི་མཐུན་རྒྱལ་ཁབ་ཀྱི་ཉེས་དོན་བཅའ་ཁྲིམས་》ཀྱི་གཏན་འབེབས་ལྟར་ན། གློག་འཕྲིན་ཐོག་གི་ཉེས་པ་བསགས་ཚེ། ལོ་གསུམ་མན་ཆད་ཀྱི་དུས་བཀག་བཙོན་འཇུག་དང་བཀག་ཉར་རམ་ཡང་ན་དོ་དམ་བྱ་རྒྱུ་མ་ཟད། ཆད་གཅོད་དམ་ཡང་ན་དངུལ་ཆད་རྐྱང་པ་གཅོད་རྒྱུ། གྲངས་འབོར་ཧ་ཅང་ཆེ་བ་དང་། ཡང་ན་གནས་ཚུལ་ཚབས་ཆེན་རིགས་གཞན་དག་ཡོད་ཚེ། ལོ་གསུམ་ཡན་དང་ལོ་བཅུ་མན་གྱི་དུས་བཀག་བཙོན་འཇུག་གམ་ཡང་ན་ཚེ་བཙོན་དུ་འཇུག་རྒྱུ་དང་ཆབས་ཅིག་དངུལ་ཆད་གཅོད་པའམ་ཡང་ན་རྒྱུ་ནོར་གཞུང་བཞེས་གཏོང་རྒྱུ་རེད།

9. 如何防范电信网络诈骗？

༩.གློག་འཕྲིན་ཐོག་མགོ་སྐོར་གཏོང་བར་འགོག་ཟོན་གང་འདྲ་བྱེད་དགོས་སམ།

（1）寄钱转账需提防谨慎。保持冷静的思考，提高防范意识，不要轻易相信别人，避免受骗的事情发生。

（༡）དངུལ་བསྐུར་བ་དང་བསྒྱུར་སྤྲོད་བྱེད་སྐབས་ངོགས་ཟོན་དང་ཡིད་གཟབ་བྱེད་དགོས་པ་སྟེ། བསམ་ཞིབ་རྣལ་སྐྱིན་བྱེད་པ་དང་ཉེན་ཟོན་གྱི་འདུ་ཤེས་ཆེ་རུ་གཏོང་བ། རང་དགར་མི་གཞན་ལ་ཡིད་ཆེས་མི་བྱེད་པ་བཅས་བྱས་ནས་མགོ་སྐོར་འོག་ཚུད་པའི་གནས་ཚུལ་མི་ལྡོག་པ་བྱེད་དགོས།

（2）确认联系方式真实性。对于联络方式，可以拨打114核实对方地址的真实性。

（༢）འབྲེལ་གཏུག་བྱ་ཐབས་དངོས་འབྲེལ་ཡིན་མིན་གཏན་འཁེལ་བྱེད་དགོས་པ་སྟེ། འབྲེལ་གཏུག་བྱ་ཐབས་ཐད་༡༡༤ལ་ཁ་པར་བརྒྱབ་ནས་ཕ་རོལ་པོའི་སྡོད་གནས་དངོས་འབྲེལ་ཡིན་མིན་ཞིབ་དཔྱད་བྱ་དགོས།

（3）确认网站网页的真实性。

（༣）དྲ་ཚིགས་ཀྱི་དྲ་ངོས་དངོས་འབྲེལ་ཡིན་མིན་གཏན་འཁེལ་བྱ་དགོས།

（4）在浏览正规网页时，不要搭理自动弹出的网页或网站。

（༤）དངོས་གཞིའི་དྲ་ངོས་ལ་ལྟ་སྐབས། རང་འགུལ་ངང་དོན་པའི་དྲ་ངོས་དང་དྲ་ཚིགས་ལ་ཁ་ཡ་བྱེད་མི་རུང་།

10. 遇到电信诈骗怎么办？

༡༠.གློག་འཕྲིན་ཐོག་ནས་མགོ་སྐོར་གཏོང་མཁན་འཕྲད་ན་གང་འདྲ་བྱེད་དགོས་སམ།

应及时联系银行办理银行卡挂失、网上银行和手机银行密码修改等，防止可能的损失进一步扩大。同时，应尽可能及时记下诈骗犯罪份子的电

话号码、电子邮件地址、QQ 号、微信码等及银行卡账号，并记住犯罪分子的口音、语言特征和诈骗的手段经过，及时向公安机关报案，积极配合公安机关开展侦查破案和追缴被骗款等工作。

འཕྲུལ་མར་དངུལ་ཁང་དང་འབྲེལ་བ་བྱས་ནས་དངུལ་ཁང་བྱང་བུ་བཀག་པའི་ཐོ་འགོད་པ་དང་། ཏྲ་ཐོག་དངུལ་ཁང་དང་ལག་ཐོགས་དངུལ་ཁང་གི་གསང་རྟགས་བཟོ་བཅོས་རྒྱག་པ་སོགས་བྱས་ནས་ཨུ་མཐུད་སྒྲོང་གུན་མི་ཕོག་པ་བྱ་དགོས། དེ་དང་དུས་མཚུངས་འཕྲུལ་མར་མགོ་སྐོར་གཏོང་མཁན་གྱི་ཁ་པར་ཨང་གྲངས་དང་གློག་རྫུལ་སྦྲག་བསྐུར་ས་ཆ། ཁྱིའུ་ཁྱིའུ་ཨང་རྟགས། སྐད་འཕྲིན་སོགས་དང་དངུལ་ཁང་བྱང་བུའི་རྩིས་ཨང་བཅས་ངེས་བཟུང་བྱེད་དགོས་པ་དང་ཆབས་ཅིག་ཉེས་ཅན་པའི་སྐད་གདངས་དང་སྐད་ཆ་ཤོད་སྟངས། མགོ་སྐོར་གཏོང་སྟངས་ཀྱི་བརྒྱུད་རིམ་བཅས་སེམས་ལ་ངེས་པ་བྱས་ནས་དུས་ཐོག་ལ་གྱོད་དོན་སྙན་སེང་ཞུ་བ་དང་། སྤྱི་བདེ་ལས་ཁུངས་ཀྱིས་སྒྲུབ་ཞིབ་དང་གྱོད་གཞི་རྩད་གཅོད། མགོ་སྐོར་ཐེབས་པའི་དངུལ་ཕྱིར་ལེན་རྒྱུ་སོགས་ཀྱི་ལས་ཀར་གཞོགས་འདེགས་བྱ་དགོས།

十一、出入境管理

བཅུ་གཅིག རྒྱལ་ཁོངས་ནས་འགྲོ་འོང་བྱེད་པར་དོ་དམ་བྱ་ཐབས།

1. 因公出国（境）的办理流程是什么？

༡.གཞུང་དོན་གྱི་ཆེད་དུ་ཕྱི་རྒྱལ་ལ་འགྲོ་སྐབས་འགྲོ་ལུགས་གང་ཞིག་བརྒྱུད་དགོས་སམ།

（1）由因公出国（境）单位向地区外事办提出书面申请；

（༡）གཞུང་དོན་གྱི་ཆེད་དུ་ཕྱི་རྒྱལ་（ཀང་ཨའོ་）ལ་འགྲོ་མཁན་ཚན་པས་ས་ཁུལ་གྱི་ཕྱི་དོན་གཞུང་ལས་ཁང་ལ་ཡིག་ཐོག་གི་རེ་ཞུ་བྱ་དགོས།

（2）由因公出国（境）单位向地区外事办提供出访人员《近三年出访情况表》；

（༢）གཞུང་དོན་གྱི་ཆེད་དུ་ཕྱི་རྒྱལ་（ཀང་ཨའོ་）ལ་འགྲོ་མཁན་ཚན་པས་ས་ཁུལ་གྱི་ཕྱི་དོན་གཞུང་ལས་ཁང་ལ་ཕྱི་རྒྱལ་（ཀང་ཨའོ་）ལ་འགྲོ་མཁན་གྱི་མི་དེའི་《ཉེ་བའི་ལོ་གསུམ་ནང་ཕྱི་རྒྱལ་ལ་ཕྱིན་པའི་གནས་ཚུལ་གྱི་རེའུ་མིག་》མཁོ་འདོན་བྱ་དགོས།

（3）到组织部领取《因公出国（境）人员审查表》；

（༣）རྩ་འཛུགས་པུའུ་ནས་《གཞུང་དོན་གྱི་ཆེད་དུ་ཕྱི་རྒྱལ་（ཀང་ཨའོ་）ལ་འགྲོ་མཁན་གྱི་མི་དེའི་ཞིབ་བཤེར་རེའུ་མིག་》ལེན་དགོས།

（4）组织部出具政审批复；

（༤）རྩ་འཛུགས་པུའུ་ནས་ཆབ་སྲིད་ཐད་ཞིབ་བཤེར་བྱས་པའི་མཆན་འགོད་ཡི་གེ་འབྲི་དགོས།

（5）填写《因公出国（赴港澳）申请表》《因公出国（境）人员备案表》；

（༥）《གཞུང་དོན་གྱི་ཆེད་དུ་ཕྱི་རྒྱལ་དང་（ཀང་ཨའོ་）ལ་འགྲོ་རྒྱུའི་རེ་ཞུའི་རེའུ་མིག་》དང་《གཞུང་དོན་གྱི་ཆེད་དུ་ཕྱི་རྒྱལ་（ཀང་ཨའོ་）ལ་འགྲོ་མཁན་མི་སྣའི་ཐོ་འགོད་སྔོན་སེང་རེའུ་མིག་》འབྲི་དགོས།

（6）地委或行署批复；

（༦）ས་ཁུལ་ཨུ་ཡོན་ལྷན་ཁང་ངམ་ཡང་ན་སྲིད་འཛིན་ཀུང་ཧྲུའུ་ཡིས་འཐུས་མཆན་འགོད་དགོས།

（7）填写《党政干部因公出国（境）经费登记表》《因公临时出国（境）任务和预算审批意见表》；

（༧）《ཏང་སྲིད་ལས་བྱེད་པ་གཞུང་དོན་གྱི་ཆེད་དུ་ཕྱི་རྒྱལ་（ཀང་ཨའོ་）ལ་འགྲོ་བའི་འགྲོ་སྒྲོན་ཐོ་འགོད་རེའུ་མིག་》དང་《གཞུང་དོན་གྱི་ཆེད་དུ་གནས་སྐབས་ཕྱི་རྒྱལ་（ཀང་ཨའོ་）ལ་འགྲོ་བའི་ལས་འགན་དང་སྔོན་རྩིས་ཞིབ་མཆན་བསམ་འཆར་རེའུ་མིག་》འབྲི་དགོས།

（8）提供本人身份证复印件及办理护照或港澳通行证所需的照片；

（༨）མི་སྒེར་གྱི་ཐོབ་ཐང་ལག་ཁྱེར་གྱི་པར་མ། དེ་བཞིན་ལམ་ཡིག་དང་། ཡང་ན་ཀང་ཨའོ་ལ་འགྲོ་འཐུས་ལག་ཁྱེར་ལེན་རྒྱུར་མཁོ་བའི་འདྲ་པར་མཁོ་འདོན་བྱ་དགོས།

（9）接受行前教育。

（༩）མ་འགྲོ་གོང་གི་སློབ་གསོ་དང་ལེན་བྱ་དགོས།

2. 在我区，出入边境管理区的人员应持什么证件？

༢.རང་ས་ཁུལ་གྱི་མཐའ་མཚམས་དོ་དམ་ཁུལ་ནས་འགྲོ་འོང་བྱེད་མཁན་མི་སྣས་ལག་ཁྱེར་གང་ཞིག་འཁྱེར་དགོས་སམ།

（1）常住边境管理区十六周岁以上的中国公民，应持《中华人民共和国居民身份证》和《西藏自治区边境管理区居民证》；

（༡）མཐའ་མཚམས་དོ་དམ་ཁུལ་དུ་རྒྱུན་སྡོད་རང་ལོ་བཅུ་དྲུག་ཡན་གྱི་ཀྲུང་གོའི་སྤྱི་དམངས་ཀྱིས《ཀྲུང་ཧྭ་མི་དམངས་སྤྱི་མཐུན་རྒྱལ་ཁབ་ཀྱི་གྲོང་མིའི་ཐོབ་ཐང་ལག་ཁྱེར་》དང་《བོད་རང་སྐྱོང་ལྗོངས་མཐའ་མཚམས་དོ་དམ་ཁུལ་གྱི་གྲོང་མིའི་ལག་ཁྱེར་》འཁྱེར་དགོས།

（2）非常住边境管理区十六周岁以上的中国公民进入边境管理区，应持《中华人民共和国边境管理区通行证》和《中华人民共和国居民身份证》；

（༢）མཐའ་མཚམས་དོ་དམ་ཁུལ་དུ་རྒྱུན་སྡོད་མ་ཡིན་པའི་རང་ལོ་བཅུ་དྲུག་ཡན་གྱི་ཀྲུང་གོའི་སྤྱི་དམངས་མཐའ་མཚམས་དོ་དམ་ཁུལ་དུ་བསྐྱོད་ན།《ཀྲུང་ཧྭ་མི་དམངས་སྤྱི་མཐུན་རྒྱལ་ཁབ་མཐའ་མཚམས་དོ་དམ་ཁུལ་གྱི་འགྲོ་འཐུས་ལག་ཁྱེར་》དང་《ཀྲུང་ཧྭ་མི་དམངས་སྤྱི་མཐུན་རྒྱལ་ཁབ་ཀྱི་གྲོང་མིའི་ཐོབ་ཐང་ལག་ཁྱེར་》འཁྱེར་དགོས།

（3）常住边境管理区未满十六周岁的中国公民，应持当地乡级以上人民政府出具的有效证件；非常住边境管理区未满十六周岁的中国公民，应持当地县级以上公安机关出具的有效证件；

（༣）མཐའ་མཚམས་དོ་དམ་ཁུལ་དུ་རྒྱུན་སྡོད་རང་ལོ་བཅུ་དྲུག་མ་སོན་པའི་ཀྲུང་གོའི་སྤྱི་དམངས་ཀྱིས་ས་གནས་དེ་གའི་ཤང་རིམ་པ་ཡན་གྱི་མི་དམངས་སྲིད་གཞུང་གིས་སྤྲད་པའི་ནུས་ལྡན་ལག་ཁྱེར་འཁྱེར་དགོས། མཐའ་མཚམས་དོ་དམ་ཁུལ་དུ་རྒྱུན་སྡོད་མ་ཡིན་པའི་རང་ལོ་བཅུ་དྲུག་མ་སོན་པའི་ཀྲུང་གོའི་སྤྱི་དམངས་ཀྱིས་ས་གནས་དེ་གའི་རྫོང་རིམ་པ་ཡན་གྱི་སྤྱི་བདེ་ལས་ཁུངས་ནས་སྤྲད་པའི་ནུས་ལྡན་ལག་ཁྱེར་འཁྱེར་དགོས།

（4）海外华侨、国外藏族同胞、港澳台同胞前往未对外开放的边境管理区，应持《中华人民共和国边境管理区通行证》和本人有效证件；

(༤) ཕྱི་སྡོད་རང་མི་དང་ཕྱི་རྒྱལ་ལ་ཡོད་པའི་བོད་རིགས་སྤུན་ཟླ། ཀང་ཨའོ་ཐའེའི་སྤུན་ཟླ་སོགས་ཕྱི་ཕྱོགས་ལ་སྒོ་མི་དབྱེ་བའི་མཐའ་མཚམས་དོ་དམ་ཁུལ་དུ་བསྐྱོད་ན། 《ཀྲུང་ཧྭ་མི་དམངས་སྤྱི་མཐུན་རྒྱལ་ཁབ་མཐའ་མཚམས་དོ་དམ་ཁུལ་གྱི་འགྲོ་འཐུས་ལག་ཁྱེར་》དང་མི་སྒེར་གྱི་ནུས་ལྡན་ལག་ཁྱེར་འཁྱེར་དགོས།

（5）外国人、无国籍人前往未对外国人开放的边境管理区，应持公安机关签发的《中华人民共和国外国人旅行证》和出入境有效证件；

(༥) ཕྱི་རྒྱལ་གྱི་མི་དང་རྒྱལ་ཁོངས་མེད་པའི་མི་སྣ་ཕྱི་རྒྱལ་བར་སྒོ་མི་དབྱེ་བའི་མཐའ་མཚམས་དོ་དམ་ཁུལ་དུ་བསྐྱོད་ཚེ། སྤྱི་བདེ་ལས་ཁུངས་ནས་མཆན་འགོད་བྱས་ཏེ་སྤྲོད་པའི་《ཀྲུང་ཧྭ་མི་དམངས་སྤྱི་མཐུན་རྒྱལ་ཁབ་ཀྱི་ཕྱི་རྒྱལ་བའི་ཡུལ་སྐོར་ལག་ཁྱེར་》དང་མངའ་ཁོངས་ནས་འགྲོ་འོང་བྱས་ཆོག་པའི་ནུས་ལྡན་ལག་ཁྱེར་འཁྱེར་དགོས།

（6）中国人民解放军和中国人民武装警察部队官兵进出边境管理区，应持《中国人民解放军军人通行证》《中国人民武装警察通行证》和本人有效证件；驻边境管理区的中国人民解放军和中国人民武装警察部队官兵，凭本人有效证件进出边境管理区。

(༦) ཀྲུང་གོ་མི་དམངས་བཅིངས་འགྲོལ་དམག་དང་ཀྲུང་གོ་མི་དམངས་དྲག་ཆས་ཉེན་རྟོག་དཔུང་སྡེའི་དཔོན་དམག་མཐའ་མཚམས་དོ་དམ་ཁུལ་ནས་འགྲོ་འོང་བྱེད་སྐབས《ཀྲུང་གོ་མི་དམངས་བཅིངས་འགྲོལ་དམག་གི་དམག་མིའི་འགྲོ་འཐུས་ལག་ཁྱེར་》དང་《ཀྲུང་གོ་མི་དམངས་དྲག་ཆས་ཉེན་རྟོག་གི་འགྲོ་འཐུས་ལག་ཁྱེར་》མི་སྒེར་གྱི་ནུས་ལྡན་ལག་ཁྱེར་འཁྱེར་དགོས། མཐའ་མཚམས་དོ་དམ་ཁུལ་དུ་བཅའ་སྡོད་ཀྲུང་གོ་མི་དམངས་བཅིངས་འགྲོལ་དམག་དང་ཀྲུང་གོ་མི་དམངས་དྲག་ཆས་ཉེན་རྟོག་དཔུང་སྡེའི་དཔོན་དམག་གིས་མི་སྒེར་གྱི་ནུས་ལྡན་ལག་ཁྱེར་ལ་བརྟེན་ནས་མཐའ་མཚམས་དོ་དམ་ཁུལ་ནས་འགྲོ་འོང་བྱེད་དགོས།

3. 西藏哪些地方需要办理《中华人民共和国边境管理区通行证》?

༣.བོད་ལྗོངས་ཀྱི་ས་ཁུལ་གང་དག་ལ་《ཀྲུང་ཧྭ་མི་དམངས་སྤྱི་མཐུན་རྒྱལ་ཁབ་མཐའ་མཚམས་དོ་དམ་ཁུལ་གྱི་འགྲོ་འཐུས་ལག་ཁྱེར་》ལེན་དགོས་སམ།

日喀则市：仲巴县、萨嘎县、聂拉木县、定日县、康马县、亚东县、岗巴县、定结县、吉隆县；

དེའང་གཞིས་རྩེ་གྲོང་ཁྱེར་གྱི་འབྲོང་པ་རྫོང་དང་ས་དགའ་རྫོང་། གཉའ་ལམ་རྫོང་། དིང་རི་རྫོང་། ཁང་དམར་རྫོང་། གྲོ་མོ་རྫོང་། གམ་པ་རྫོང་། གཏིང་སྐྱེས་རྫོང་། སྐྱིད་གྲོང་རྫོང་།

山南市：错那县、隆子县、洛扎县、浪卡子县；

ལྷོ་ཁ་གྲོང་ཁྱེར་གྱི་མཚོ་སྣ་རྫོང་དང་ལྷུན་རྩེ་རྫོང་། ལྷོ་བྲག་རྫོང་། སྣ་དཀར་རྩེ་རྫོང་།

林芝市：米林县、朗县、察隅县、墨脱县；

ཉིང་ཁྲི་གྲོང་ཁྱེར་གྱི་སྨན་གླིང་རྫོང་དང་སྣང་རྫོང་། རྫ་ཡུལ་རྫོང་། མེ་ཏོག་རྫོང་།

阿里地区：普兰县、扎达县、日土县、噶尔县。

མངའ་རིས་ས་ཁུལ་གྱི་སྤུ་རངས་རྫོང་དང་རྩ་མདའ་རྫོང་། རུ་ཐོག་རྫོང་། སྒར་རྫོང་བཅས་སོ། །

4. 关于西藏自治区边境活动“十五禁”的通告指什么？

༤.བོད་རང་སྐྱོང་ལྗོངས་ཀྱི་མཐའ་མཚམས་བྱེད་སྒོའི“མི་ཆོག་པ་བཅོ་ལྔའི”བརྡ་ཐོ་ཞེས་པ་གང་ལ་ཟེར་རམ།

为加强边境管理，维护边境地区安全和稳定，根据《中华人民共和国刑法》《中华人民共和国治安管理处罚法》《中华人民共和国出境入境管理法》《中华人民共和国军事设施保护法》《西藏自治区边境管理条例》等法律法规及相关政策文件规定，现将西藏自治区边境管理禁止行为通告如下：

དེ་འདང་མཐའ་མཚམས་དོ་དམ་ལ་ཤུགས་སྣོན་དང་མཐའ་མཚམས་ས་ཁུལ་གྱི་བདེ་འཇགས་དང་བརྟན་ལྷིང་སྲུང་སྐྱོང་བྱེད་ཆེད།《ཀྲུང་ཧྭ་མི་དམངས་སྤྱི་མཐུན་རྒྱལ་ཁབ་ཀྱི་ཉེས་དོན་བཅའ་ཁྲིམས་》དང《ཀྲུང་ཧྭ་མི་དམངས་སྤྱི་མཐུན་རྒྱལ་ཁབ་ཀྱི་བདེ་འཇགས་དོ་དམ་ཆད་གཅོད་བཅའ་ཁྲིམས་》《ཀྲུང་ཧྭ་མི་དམངས་སྤྱི་མཐུན་རྒྱལ་ཁབ་ཀྱི་རྒྱལ་ཁོངས་འགྲོ་འོང་བཅའ་ཁྲིམས་》《ཀྲུང་ཧྭ་མི་དམངས་སྤྱི་མཐུན་རྒྱལ་ཁབ་ཀྱི་དམག་དོན་སྒྲིག་ཆས་སྲུང་སྐྱོབ་བཅའ་ཁྲིམས་》《བོད་རང་སྐྱོང་ལྗོངས་ཀྱི་མཐའ་མཚམས་དོ་དམ་སྒྲོལ་ཡིག་》སོགས་བཅའ་ཁྲིམས་དང་ཁྲིམས་སྲོལ། དེ་བཞིན་འབྲེལ་ཡོད་སྲིད་ཇུས་ཡིག་ཆ་བཅས་ཀྱི་གཏན་འབེབས་ལྟར། བོད་རང་སྐྱོང་ལྗོངས་མཐའ་མཚམས་དོ་དམ་ཐད་མི་ཆོག་པའི་བྱ་སྤྱོད་སྐོར་གྱི་བརྡ་ཐོ་གཤམ་གསལ།

（1）严禁未持有效边境通行证或相关批准文件擅自进入边境管理区、边境地带、边境特定区域、军事禁区、军事管理区，以及设有“游客禁止通行”标识等区域；

（༡）ནུས་ལྡན་གྱི་མཐའ་མཚམས་འགྲོ་འཐུས་ལག་ཁྱེར་རམ་ཡང་ན་འབྲེལ་ཡོད་འཐུས་མཆན་ཡིག་ཆ་མེད་པར་རང་འཚམ་ངང་མཐའ་མཚམས་དོ་དམ་ཁུལ་དང་མཐའ་མཚམས་ཁུལ། མཐའ་མཚམས་ཀྱི་དམིགས་བསལ་ས་ཁོངས། དམག་དོན་བཀག་སྡོམ་ཁུལ། དམག་དོན་དོ་དམ་ཁུལ་བཅས་དང་། དེ་བཞིན“ཡུལ་སྐོར་བ་འགྲོ་མི་ཆོག་པའི”མཚོན་རྟགས་སོགས་འབྲི་འཛུགས་བྱས་པའི་ས་ཁོངས་སུ་གཏན་ནས་འཛུལ་མི་ཆོག་པ།

（2）严禁拒绝、逃避边防检查和管理；

（༢）མཐའ་མཚམས་ཀྱི་ཞིབ་བཤེར་དང་དོ་དམ་ལ་མི་ཉན་པ་དང་དེ་ལས་གཡོལ་ཐབས་གཏན་ནས་བྱེད་མི་ཆོག་པ།

（3）严禁伪造、变造、买卖、骗取、冒用各类边境通行证件；

（༣）མཐའ་མཚམས་ཀྱི་འགྲོ་འཐུས་ལག་ཁྱེར་སྣ་ཚོགས་རྫུན་བཟོ་དང་སྒྱུར་བཟོ། ཉོ་ཚོང་། གཡོ་ལེན། བརྫུས་སྤྱོད་བཅས་གཏན་ནས་བྱེད་མི་ཆོག་པ།

（4）严禁组织或者运送、收留、藏匿无有效边境通行证或相关批准文件人员出入边境管理区；

（༤）ནུས་ལྡན་གྱི་མཐའ་མཚམས་འགྲོ་འཐུས་ལག་ཁྱེར་རམ་ཡང་ན་འབྲེལ་ཡོད་ཀྱི་འཐུས་མཆན་བཀོད་པའི་ཡིག་ཆ་མེད་པའི་མི་སྣ་མཐའ་མཚམས་དོ་དམ་ཁུལ་ནས་འགྲོ་འོང་བྱ་རྒྱུ་སྒྲིག་འཛུགས་དང་སྐྱེལ་འདྲེན། ཉར་འཛོག འགེབས་གསང་བཅས་གཏན་ནས་བྱེད་མི་ཆོག་པ།

（5）严禁资助、协助、组织或者运送他人偷越国（边）境，为偷越国（边）境人员提供条件；

（༥）མི་གཞན་རྒྱལ་མཚམས་ནས་སྒྲོལ་རྒྱུར་རོགས་དངུལ་གཏོང་བ་དང་རམ་འདེགས་བྱེད་པ། ཡང་ན་སྒྲིག་འཛུགས་དང་སྐྱེལ་འདྲེན་བྱས་ཏེ་རྒྱལ་ཁོངས་ནས་ལྐོག་ཏུ་སྒྲོལ་མཁན་མི་སྣར་མཐུན་རྐྱེན་བསྐྲུན་པ་བཅས་གཏན་ནས་བྱེད་མི་ཆོག་པ།

（6）严禁未经有关主管部门批准在边境管理区、军事禁区、军事管理区从事测绘、勘探、采矿、采伐、爆破、科学考察、登山和拍摄影视等活动；

（༦）འབྲེལ་ཡོད་སྡེ་ཁག་ནས་ཆོག་མཆན་མ་སྤྲད་པར་མཐའ་མཚམས་དོ་དམ་ཁུལ་དང་དམག་དོན་བཀག་སྡོམ་ཁུལ། དམག་དོན་དོ་དམ་ཁུལ་བཅས་ལ་ས་ཐིག་ལེན་པ་དང་ཙད་ཞིབ་བྱེད་པ། གཏེར་ཁ་སློག་པ། འབྲིག་གཙོད་བྱེད་པ། གས་གཏོར་གཏོང་བ། ཚན་རིག་གི་རྟོག་ཞིབ་བྱེད་པ། རི་འཛེགས་དང་གློག་བརྙན་པར་ལེན་བྱེད་པ་སོགས་ཀྱི་བྱ་སྤྱོད་གཏན་ནས་སྤེལ་མི་ཆོག་པ།

（7）严禁携带、载运、散播含有危害国家安全、破坏民族团结内容的报刊、书籍、图片、音像制品、电子产品等违禁物品；

（༧）རྒྱལ་ཁབ་ཀྱི་བདེ་འཇགས་ལ་གནོད་པ་དང་མི་རིགས་མཐུན་སྒྲིལ་ལ་གཏོར་བཤིག་གཏོང་བའི་ནང་དོན་ལྡན་པའི་ཚགས་པར་དང་དུས་དེབ། དཔེ་དེབ། པར་རིས། སྒྲ་བརྙན་ཐོན་རྫས། གློག་རྡུལ་ཐོན་རྫས་སོགས་བཀག་སྡོམ་དངོས་རྫས་འཁྱེར་བ་དང་སྐྱེལ་འདྲེན། བཀྲམ་པ་བཅས་གཏན་ནས་བྱེད་མི་ཆོག་པ།

（8）严禁在边境地区私自开展“低慢小”飞行器飞行活动，以及擅自处置不明飞行器、空飘物、漂流物或者其他可疑物品；

（༨）མཐའ་མཚམས་ས་ཁུལ་དུ་“དལ་ཅིང་དམའ་བའི”འཕུར་སྐྱོད་འཕྲུལ་ཆས་ཆུང་རིགས་རང་འཚམ་དང་འཕུར་སྐྱོད་བྱེད་སྒོ་སྤེལ་བ་དང་། དེ་བཞིན་བཀོལ་མཁན་མི་གསལ་བའི་འཕུར་སྐྱོད་འཕྲུལ་ཆས་དང་མཁའ་ལྡིང་དངོས་པོ། འཕྱོ་གཡེང་དངོས་པོའམ་ཡང་ན་དོགས་ཡོད་དངོས་པོ་གཞན་དག་རང་འཚམ་དང་ཐག་གཅོད་གཏན་ནས་བྱེད་མི་ཆོག་པ།

（9）严禁在边境地区猎杀、捕捞、采集、走私国家保护珍稀动植物；

（༩）མཐའ་མཚམས་ས་ཁུལ་དུ་རྒྱལ་ཁབ་ཀྱིས་སྲུང་སྐྱོབ་བྱེད་པའི་རྩ་ཆེའི་སྲོག་ཆགས་རྫོན་རྒྱག་པ་དང་རྩ་ཆེའི་རྩི་ཤིང་བྲེག་གཅོད། འཚོལ་བསྡུ། ལྐོག་ཚོང་བཅས་གཏན་ནས་བྱེད་མི་ཆོག་པ།

（10）严禁毁坏或者擅自移动、拆除国（边）界一线的交通、通信、水利、水文、电力、测绘、边防、国土资源保护等设施；

（༡༠）མཐའ་མཚམས་ཀྱི་འགྲིམ་འགྲུལ་དང་འཕྲིན་གཏོང་། ཆུ་བེད། ཆུ་ཁ་བརྟག་དཔྱད། གློག་ཤུགས། ཐིག་ལེན། མཐའ་སྲུང་། རྒྱལ་ཁོངས་ས་ཆའི་ཐོན་ཁུངས་སྲུང་སྐྱོང་སོགས་ཀྱི་སྒྲིག་ཆས་གཏོར་སྐྱོན་དང་ཡང་ན་རང་དགར་གནས་སྤོས། བཤིག་གཏོར་བཅས་གཏན་ནས་བྱེད་མི་ཆོག་པ།

（11）严禁毁坏或者擅自移动、拆除国（边）界标志和标志国（边）界的方位物，擅自修建影响国（边）界线走向或者清晰的设施，以及在国（边）界标志上刻划、涂改；

（༡༡）རྒྱལ་མཚམས་ཀྱི་མཚོན་རྟགས་དང་མཐའ་མཚམས་ཀྱི་ས་ཕྱོགས་མཚོན་བྱེད་གཏོར་བཤིག་དང་ཡང་ན་རང་འཚམ་གྱིས་གནས་སྤོས་དང་གཏོར་བཤིག་གཏོང་བ་དང་། རྒྱལ་ཁབ་ཀྱི་མཐའ་མཚམས་དབྱེ་ཕྱོགས་དང་ཡང་ན་གསལ་རྟོགས་ལ་ཤུགས་རྐྱེན་ཐེབས་པའི་སྒྲིག་ཆས་རང་འཚམ་དང་འཛུགས་པ་དང་། དེ་བཞིན་མཐའ་མཚམས་ཀྱི་མཚོན་རྟགས་ཐོག་རི་མོ་བཀོ་འབྲི་དང་བསུབ་བཅོས་གཏན་ནས་བྱེད་མི་ཆོག་པ།

（12）严禁在边境地区破坏军事设施，干扰军事通信，盗窃军事通信线路、设备，冲击军事禁区，扰乱军事管理区秩序；

（༡༢）མཐའ་མཚམས་ས་ཁུལ་གྱི་དམག་དོན་སྒྲིག་ཆས་ལ་གཏོར་བཤིག་གཏོང་བ་དང་དམག་དོན་འཕྲིན་གཏོང་ལ་འགོག་རྐྱེན་བཟོ་བ། དམག་དོན་འཕྲིན་གཏོང་སྐུད་ལམ་དང་སྒྲིག་ཆས་བརྐུ་འཁྱེར་བྱེད་པ། དམག་དོན་བཀག་སྡོམ་ཁུལ་དུ་རྡབ་གསིག་བཟོ་བ། དམག་དོན་དོ་དམ་ཁུལ་གྱི་སྒྲིག་ལམ་ཟང་ཟིང་བཟོ་བ་བཅས་གཏན་ནས་བྱེད་མི་ཆོག་པ།

（13）严禁未经有关主管部门批准，通过拍摄、录音等方式获取边境地区相关保密信息资料；

（༡༣）གཙོ་གཉེར་སྡེ་ཁག་གི་ཆོག་མཆན་མ་ཐོབ་པར་པར་ལེན་དང་སྒྲ་ཕབ་སོགས་ཀྱི་བྱ་ཐབས་བརྒྱུད་མཐའ་མཚམས་ས་ཁུལ་གྱི་འབྲེལ་ཡོད་གསང་བའི་ཆ་འཕྲིན་ནམ་ཡིག་ཆ་རག་ཐབས་གཏན་ནས་བྱེད་མི་ཆོག་པ།

（14）严禁阻碍、谩骂、侮辱国家机关工作人员依法执行公务；

（༡༤）རྒྱལ་ཁབ་ལས་ཁུངས་ཀྱི་ལས་དོན་མི་སྣས་ཁྲིམས་ལྟར་གཞུང་དོན་སྒྲུབ་རྒྱུར་འགོག་རྐྱེན་བཟོ་བ་དང་ངན་སྨྲས་དང་བརྙས་བཅོས་བཅས་གཏན་ནས་བྱེད་མི་ཆོག་པ།

（15）严禁从事其他危害边境秩序的活动。

（༡༥）ད་དུང་མཐའ་མཚམས་ཀྱི་སྒྲིག་ལམ་ལ་གནོད་པའི་བྱེད་སྒོ་གཞན་དག་གཏན་ནས་སྤྱོལ་མི་ཆོག་པ་བཅས་ཡིན།

凡违反上述规定的，依法追究当事人和其他责任人员责任。构成犯罪的，移送司法机关处理。

གོང་གསལ་གྱི་གཏན་འབེབས་དང་འགལ་རིགས། ཁྲིམས་ལྟར་དོ་བདག་དང་འགན་འཁུར་མི་སྣ་གཞན་དག་གི་འགན་ཁྲི་བདའ་འདེད་བྱ་རྒྱུ། བྱས་ཉེས་སུ་གྲུབ་རིགས་དག་ཁྲིམས་འཛིན་ལས་ཁུངས་ལ་ཐག་གཅོད་བྱ་རྒྱུར་བསྐྱལ་དགོས།

钱某某冒充军人进行招摇撞骗案

ཆན་ཆེ་གེ་མོས་དམག་མི་ཡིན་ཁུལ་གྱིས་གཡོ་འཁྲབ་མགོ་སྐོར་བཏང་བའི་གྱོད་གཞི།

案情:

གྱོད་གཞིའི་གནས་ཚུལ།

2018 年某一天，某边境检查站执勤民警在对过往的大巴车依法进行登记检查时，发现一男子未办理边境管理区通行证，身着中国人民解放军陆军夏季迷彩服，佩戴上尉军衔。该男子声称是某军分区干部，需通过某边境检查站前往。该民警要求该男子出示本人军官证，该男子拒不出示。在劝导过程中，民警发现该男子言行与军人身份不符，随即对其身份与行李物品进行核查。经查，该男子属假冒军人。

སྤྱི་ལོ་༢༠༡༨ལོའི་ཉིན་ཞིག་ལ་མཐའ་མཚམས་ཞིབ་བཤེར་ས་ཚིགས་ཤིག་གི་ལས་རེས་ཉེན་ཏོག་པས་འགྲོ་འོང་བྱེད་མཁན་འགྲུལ་སྐྱེལ་རླངས་འཁོར་ལ་ཁྲིམས་ལྟར་ཐོ་འགོད་ཞིབ་བཤེར་བྱེད་སྐབས། སྐྱེས་པ་ཞིག་ལ་མཐའ་མཚམས་ཀྱི་འགྲོ་འཐུས་ལག་ཁྱེར་འཁྱེར་རྒྱུ་མེད་པ་དང་། ལུས་ལ་ཀྲུང་གོ་མི་དམངས་བཅིངས་འགྲོལ་དམག་སྐམ་དམག་གི་དབྱར་ཆས་སྤོ་ཁྲ་གྱོན་ཞིང་། སྟང་ལེ་དམག་དཔོན་གྱི་གོ་རྟགས་བཏགས་ཡོད། སྐྱེས་པ་དེས་རང་ཉིད་ཡན་ལག་དམག་ཁུལ་ཁང་ཞིག་གི་ལས་བྱེད་པ་ཡིན། མཐའ་མཚམས་ཤིག་གི་བརྟག་དཔྱད་ས་ཚིགས་བརྒྱུད་ནས་འགྲོ་དགོས་ཡོད་ཅེས་བཤད། ཉེན་ཏོག་པས་སྐྱེས་པ་དེར་ཕོ་པའི་དམག་དཔོན་ལག་ཁྱེར་བསྟན་དགོས་ཞེས་ཟེར་སྐབས། སྐྱེས་པ་དེས་གཏན་ནས་མ་བསྟན། ཁ་ཏ་བསླབ་བྱ་བྱེད་པའི་བརྒྱུད་རིམ་ནང་ཉེན་ཏོག

པས་སྐྱེས་པ་དེའི་སྐད་ཆ་ཨོད་སྟངས་དང་བྱེད་སྟངས་ཐོག་ནས་ལྟ་དུས་དམག་མིའི་ཐོབ་ཐང་དང་གཏན་ནས་མི་མཚུངས་པ་ཤེས་རྟོགས་བྱུང་མ་ཐག་ཁོ་པའི་ཐོབ་ཐང་དང་རྟོག་ཁྲིས་ལ་ཞིབ་བཤེར་བྱས། བརྟག་དཔྱད་བྱས་པ་བརྒྱུད་སྐྱེས་པ་དེ་ནི་དམག་མི་རྫུན་མ་ཞིག་ཡིན་པ་རེད།

分析:

དབྱེ་ཞིབ།

根据《中华人民共和国治安管理处罚法》规定，“冒充国家机关工作人员或者以其他虚假身份招摇撞骗的，处五日以上十日以下拘留，可以并处五百元以下罚款；情节较轻的，处五日以下拘留或者五百元以下罚款。”“冒充军警人员招摇撞骗的，从重处罚。”

དེའང《ཀྲུང་ཧྭ་མི་དམངས་སྤྱི་མཐུན་རྒྱལ་ཁབ་ཀྱི་བདེ་འཇགས་དོ་དམ་ཆད་གཅོད་བཅའ་ཁྲིམས་》ཀྱི་གཏན་འབེབས་ལྟར་ན། “རྒྱལ་ཁབ་ལས་ཁུངས་ཀྱི་ལས་བྱེད་པར་བརྫུས་པའམ་ཡང་ན་མིང་ཐོབ་རྫུན་མ་གཞན་དག་གི་ཐོག་ནས་གཡོ་འཁྲབ་མགོ་སྐོར་བཏང་ཚེ། ཉིན་ལྔ་ཡན་དང་ཉིན་བཅུ་མན་བཀག་ཉར་བྱ་རྒྱུ་དང་ཆབས་ཅིག་སྒོར་ལྔ་བརྒྱ་མན་གྱི་དངུལ་ཆད་གཅོད་རྒྱུ། གནས་ཚུལ་ཚབས་ཆུང་ཆུང་རིགས་ལ་ཉིན་ལྔ་མན་བཀག་ཉར་རམ་ཡང་ན་སྒོར་ལྔ་བརྒྱ་མན་གྱི་དངུལ་ཆད་གཅོད་རྒྱུ།” “དམག་མི་དང་ཉེན་རྟོག་མི་སྣར་བརྫུས་ནས་གཡོ་འཁྲབ་མགོ་སྐོར་བཏང་ཚེ། ཆད་པ་ལྗིད་པོ་གཅོད་རྒྱུ་རེད།”

此人身着购买的军装并佩戴军衔及相关军服标识，冒充现役军人，并在未办理《边境管理区通行证》的情况下到边境县，已构成招摇撞骗的违法行为及未持有效证件进入边境管理区的违法行为。公安机关对该男子招摇撞骗的违法行为处6日行政拘留，收缴其购买的假冒军装及相关配饰；对其未持有效证件进入边境管理区的违法行为处200元罚款。

མི་དེས་དམག་ཆས་ཉོས་ཏེ་ཀྱོན་པ་དང་དམག་མིའི་གོ་རྟགས་དང་འབྲེལ་ཡོད་དམག་ཆས་ཀྱི་མཚོན་རྟགས་ཐོགས་པ། དམག་ཞབས་ཞུ་བཞིན་པའི་དམག་མི་ཡིན་ཁུལ་བྱས་པ། 《མཐའ་མཚམས་དོ་དམ་ཁུལ་གྱི་འགྲོ་འཐུས་ལག་ཁྱེར་》 གླངས་མེད་པ་བཅས་ཀྱི་གནས་ཚུལ་འོག་མཐའ་མཚམས་རྫོང་དུ་བསྐྱོད་པ་དེ་ནི་གཡོ་འཁྲབ་མགོ་སྐོར་བཏང་བའི་ཁྲིམས་འགལ་གྱི་བྱ་སྤྱོད་དང་ནུས་ལྡན་གྱི་ལག་ཁྱེར་མེད་པར་མཐའ་མཚམས་སུ་སྐྱོད་པའི་ཁྲིམས་འགལ་གྱི་བྱ་སྤྱོད་ཅིག་རེད། སྤྱི་བདེ་ལས་ཁུངས་ནས་སྐྱེས་པ་དེས་གཡོ་འཁྲབ་མགོ་སྐོར་བཏང་བའི་ཁྲིམས་འགལ་གྱི་བྱ་སྤྱོད་དེར་ཉིན་དྲུག་རིང་བཀག་ཉར་བྱ་རྒྱུའི་ཆད་པ་བཅད་པ་དང་། ཁོ་པས་ཉོས་པའི་དམག་ཆས་རྫུན་མ་དང་འབྲེལ་ཡོད་གོ་རྟགས་བསྡུ་ལེན་བྱས་པ་དང་། ནུས་ལྡན་གྱི་ལག་ཁྱེར་མེད་པར་མཐའ་མཚམས་དོ་དམ་ཁུལ་དུ་བསྐྱོད་པའི་ཁྲིམས་འགལ་བྱ་སྤྱོད་དེར་དངུལ་ཆད་སྒོར་༢༠༠བཅད་པ་རེད།

十二、边境贸易

བཅུ་གཉིས།　མཐའ་མཚམས་ཀྱི་ཉོ་ཚོང་།

1. 什么是边境贸易？

༡.གང་འདྲ་ཞིག་ལ་མཐའ་མཚམས་ཀྱི་ཉོ་ཚོང་ཟེར་རམ།

边境贸易指两国接壤地区的居民之间的集市贸易。有两种形式：边境小额贸易（又称“边民区市”）和边境地方贸易。

མཐའ་མཚམས་ཀྱི་ཉོ་ཚོང་ཞེས་པ་ནི་རྒྱལ་ཁབ་གཉིས་ཀྱི་ས་མཚམས་ཁུལ་གྱི་གྲོང་མིའི་དབར་ཚོང་འདུས་ཉོ་ཚོང་བྱེད་པར་ཟེར་བ་ཡིན། དེར་རྣམ་པ་གཉིས་ཡོད་དེ། མཐའ་མཚམས་ཀྱི་ཉོ་ཚོང་ཆུང་གྲས་（མཐའ་མཚམས་ཡུལ་མིའི་ཚོང་ར་ཡང་ཟེར་）དང་མཐའ་མཚམས་ས་ཁུལ་གྱི་ཉོ་ཚོང་གཉིས་ཡིན།

2. 什么是走私？

༢.གང་འདྲ་ཞིག་ལ་སྒྲིག་འཛིན་ཟེར་རམ།

根据《中华人民共和国海关行政处罚实施条例》规定，违反海关法及其他有关法律、行政法规，逃避海关监管，偷逃应纳税款、逃避国家有关进出境的禁止性或者限制性管理，有下列情形之一的，是走私行为：

《ཀྲུང་ཧྭ་མི་དམངས་སྤྱི་མཐུན་རྒྱལ་ཁབ་ཀྱི་འགག་སྒོའི་སྲིད་འཛིན་ཆད་གཅོད་ལག་བསྟར་སྒྲིལ་ཡིག་》གི་གཏན་འབེབས་ལྟར་ན། འགག་སྒོའི་བཅའ་ཁྲིམས་དང་འབྲེལ་ཡོད་བཅའ་ཁྲིམས། སྲིད་འཛིན་ཁྲིམས་སྒྲིལ་གཞན་དག་ལས་འགལ་ཏེ། འགག་སྒོའི་ལྟ་ཞིབ་དོ་དམ་ལས་གཡོལ་བ་དང་སྤྲོད་དགོས་ངེས་ཀྱི་དཔྱ་ཁྲལ་མ་སྤྲད་པ། རྒྱལ་ཁབ་ཀྱི་མངའ་ཁོངས་འགྲོ་འོང་ཐད་ཀྱི་བཀག་སྡོམ་རང་བཞིན་དང་ཚད་བཀག་རང་བཞིན་ལྡན་པའི་འབྲེལ་ཡོད་དོ་དམ་ལས་གཡོལ་བ་སོགས་གཤམ་གསལ་གྱི་གནས་ཚུལ་རིགས་ཡོད་ན། དེ་ནི་སྐུག་འདྲེན་གྱི་བྱ་སྤྱོད་ཡིན་ཏེ།

（1）未经国务院或者国务院授权的机关批准，从未设立海关的地点运输、携带国家禁止或者限制进出境的货物、物品或者依法应当缴纳税款的货物、物品进出境的；

（༡）རྒྱལ་སྲིད་སྤྱི་ཁྱབ་ཁང་དང་ཡང་ན་རྒྱལ་སྲིད་སྤྱི་ཁྱབ་ཁང་ནས་དབང་ཆ་སྤྲད་པའི་ལས་ཁུངས་ཀྱི་ཆོག་མཆན་མ་བརྒྱུད་པར་འགག་སྒོ་བཙུགས་མེད་པའི་ས་གནས་ནས་རྒྱལ་ཁབ་ཀྱིས་བཀག་སྡོམ་བྱས་པའམ་ཡང་ན་ཚད་བཀག་བཟོས་པའི་ཕྱིར་གཏོང་ནང་འདྲེན་གྱི་ཚོང་ཟོག་དང་དངོས་ཟས་སྐྱེལ་འདྲེན་དང་འཁྱེར་བ། ཡང་ན་ཁྲིམས་ལྟར་དཔྱ་ཁྲལ་འཇལ་དགོས་ངེས་ཀྱི་ཚོང་ཟོག་དང་དངོས་ཟས་ཕྱིར་གཏོང་ནང་འདྲེན་བྱས་པ།

（2）经过设立海关的地点，以藏匿、伪装、瞒报、伪报或者其他方式逃避海关监管，运输、携带、邮寄国家禁止或者限制进出境的货物、物品或者依法应当缴纳税款的货物、物品进出境的；

（༢）འགག་སྒོ་བཙུགས་པའི་ས་གནས་བརྒྱུད། འགེབས་གསང་དང་རྫུན་སྒྲིག ཇི་བཞིན་མ་བཤད་པ། རྫུན་ཞུའམ་ཡང་ན་རྣམ་པ་གཞན་དག་གི་ཐོག་ནས་འགག་སྒོའི་ལྟ་ཞིབ་དོ་དམ་ལས་གཡོལ་ཏེ། རྒྱལ་ཁབ་ཀྱིས་བཀག་སྡོམ་བྱས་པའམ་ཡང་ན་ཚད་བཀག་བཟོས་པའི་ཕྱིར་གཏོང་ནང་འདྲེན་གྱི་ཚོང་ཟོག་དང་དངོས་ཟས་སྐྱེལ་འདྲེན་དང་འཁྱེར་བ། སྦྲག་ཐོག་ནས་བསྐུར་བ། ཡང་ན་ཁྲིམས་ལྟར་དཔྱ་ཁྲལ་འཇལ་དགོས་ངེས་ཀྱི་ཚོང་ཟོག་དང་དངོས་ཟས་ཕྱིར་གཏོང་ནང་འདྲེན་བྱས་པ།

（3）使用伪造、变造的手册、单证、印章、账册、电子数据或者以其他方式逃避海关监管，擅自将海关监管货物、物品、进境的境外运输工具，在境内销售的；

（༣）རྫུན་བཟོ་དང་སྒྱུར་བཟོ་བྱས་པའི་ལག་དེབ་དང་འཛིན་དཔང་། ཐམ་ག རྩིས་ཐོ། གློག་རྡུལ་གཞི་གྲངས་བཅས་བེད་སྤྱོད་བྱས་པའམ་ཡང་ན་བྱ་ཐབས་གཞན་དག་སྤྱད་དེ་འགག་སྒོའི་ལྟ་ཞིབ་དོ་དམ་ལས་གཡོལ་ཏེ་འགག་སྒོས་ལྟ་སྐུལ་དོ་དམ་བྱེད་པའི་ཚོང་ཟོག་དང་དངོས་རྫས། ནང་འདྲེན་བྱས་པའི་མཐའ་ཁོངས་ཕྱི་རོལ་གྱི་སྐྱེལ་འདྲེན་ཡོ་བྱད་རང་འཚམ་ངང་རྒྱལ་ནང་དུ་བཙོངས་པ།

（4）使用伪造、变造的手册、单证、印章、账册、电子数据或者以伪报加工贸易制成品单位耗料量等方式，致使海关监管货物、物品脱离监管的；

（༤）རྫུན་བཟོ་དང་སྒྱུར་བཟོ་བྱས་པའི་ལག་དེབ་དང་འཛིན་དཔང་། ཐམ་ག རྩིས་ཐོ། གློག་རྡུལ་གཞི་གྲངས་སམ་ཡང་ན་ལས་སྣོན་ཉོ་ཚོང་གི་བཟོ་རྫས་རྒྱུ་ཆའི་ཟད་གྲོན་རྫུན་ཞུ་བྱེད་པ་སོགས་ཀྱི་བྱ་ཐབས་སྤྱད་དེ་འགག་སྒོས་ལྟ་ཞིབ་དོ་དམ་བྱེད་པའི་ཚོང་ཟོག་དང་དངོས་རྫས་དག་ལྟ་ཞིབ་དོ་དམ་ལས་གཡོལ་ཐབས་བྱས་པ།

（5）以藏匿、伪装、瞒报、伪报或者其他方式逃避海关监管，擅自将保税区、出口加工区等海关特殊监管区域内的海关监管货物、物品，运出区外的；

（༥）འགེབ་གསང་དང་སྒྱུར་བཟོ། ཇི་བཞིན་མ་བཤད་པ། རྫུན་ཞུའམ་ཡང་ན་བྱ་ཐབས་གཞན་དག་སྤྱད་ནས་འགག་སྒོའི་ལྟ་ཞིབ་དོ་དམ་ལས་གཡོལ་ཏེ་སྒོ་ཁྲལ་ཁུལ་དང་ཕྱིར་གཏོང་ལས་སྣོན་ཁུལ་སོགས་འགག་སྒོའི་དམིགས་བསལ་དོ་དམ་ལྟ་སྐུལ་ས་ཁོངས་ནང་གི་འགག་སྒོས་ལྟ་ཞིབ་དོ་དམ་བྱེད་པའི་ཚོང་ཟོག་དང་དངོས་རྫས་རང་འཚམ་ངང་ལྡིངས་ཕྱི་རོལ་ལ་སྐྱེལ་འདྲེན་བྱས་པ།

（6）有逃避海关监管，构成走私的其他行为的。

（༦）ད་དུང་འགག་སྒོའི་ལྟ་ཞིབ་དོ་དམ་ལས་གཡོལ་ཏེ་ཁྲིག་འདྲེན་གྱི་བྱས་ཉེས་བསགས་པའི་བྱ་སྤྱོད་གཞན་དག་བཅས་སོ།།

有下列行为之一的，按走私行为论处：

གཤམ་གསལ་གྱི་གནས་ཚུལ་རིགས་ཡོད་ཚེ། སྒྲིག་འདྲེན་གྱི་བྱ་སྤྱོད་ལ་བརྩིས་ནས་ཐག་གཅོད་བྱ་རྒྱུ་སྟེ།

明知是走私进口的货物、物品，直接向走私人非法收购的；在内海、领海、界河、界湖，船舶及所载人员运输、收购、贩卖国家禁止或者限制进出境的货物、物品，或者运输、收购、贩卖依法应当缴纳税款的货物，没有合法证明的。

སྒྲིག་ཏུ་ནང་འདྲེན་བྱས་པའི་ཚོང་ཟོག་དང་དངོས་རྫས་ཡིན་པ་ཤེས་བཞིན་དུ་ཐད་ཀར་སྒྲིག་འདྲེན་བྱེད་མཁན་ས་ནས་ཁྲིམས་འགལ་ངང་ཉོས་པའི་རིགས་དང་། ནང་སའི་རྒྱ་མཚོ་དང་མངའ་ཁོངས་རྒྱ་མཚོ། མཚམས་ཆུ། མཚམས་མཚོའུ་བཅས་དང་། གྲུ་གཟིངས་དང་དེའི་ཐོག་གི་མི་སྣས་རྒྱལ་ཁབ་ཀྱིས་བཀག་སྡོམ་བྱས་པའམ་ཡང་ན་ཚད་བཀག་བཟོས་པའི་ཚོང་ཟོག་དང་དངོས་རྫས་སྐྱེལ་འདྲེན་དང་ཉོ་སྒྱུབ་བྱས་པ། ཡང་ན་ཁྲིམས་ལྟར་དཔྱ་ཁྲལ་འཇལ་དགོས་ངེས་ཀྱི་ཚོང་ཟོག་སྐྱེལ་འདྲེན་དང་ཉོ་སྒྱུབ། བར་ཚོང་བཅས་བྱས་རིགས་ལ་ཁྲིམས་མཐུན་གྱི་དཔང་ཡིག་མེད་པ་བཅས་སོ། །

可爱但不合法！八廓海关首次查获不明品种“多肉”类植物

སྙིང་རྗེ་བྱེད་རུང་ཡང་ཁྲིམས་མཐུན་མིན་པ། བར་སྐོར་འགག་སྒོས་གསལ་པོ་མི་ཤེས་པའི་སྣ་རིགས་ཏེ“ཤ་མང”རིགས་ཀྱི་རྩི་ཤིང་ཐོག་མར་རྙེད་ཚོད་པ།

案情：

རྐྱེན་གཞིའི་གནས་ཚུལ།

2021 年 4 月，八廓海关在一进境邮件中首次查获不明品种“多肉”类植物 4 株。

སྤྱི་ལོ་༢༠༢༡ལོའི་ཟླ་བ་༤པར་བར་སྐོར་འགག་སྒོས་ཀྱང་གོའི་ཐེ་དབན་ས་ཁུལ་ནས་སྤྲག་ཐོག་ལ་བསྐུར་བའི་དངོས་རྫས་ཤིག་གི་ནང་ནས་སྣ་རིགས་གསལ་པོ་མི་ཤེས་པའི་"ཤ་མང"གི་རྩི་ཤིང་ཁང་བཞི་ཐོག་མར་ཟུད་ཆོད་པ་རེད།

"这些境外未经检疫的种子苗木可能造成生物入侵或携带有害生物，会对国内的生态安全造成极大危害。根据《进出境动植物检疫法》等有关规定，未经检疫的种子（苗）、苗木及其他具有繁殖能力的植物材料禁止携带、邮递进境。"八廓海关监管科现场查验关员表示，"多肉"植物的查获，仅是诸多冲击国门生物安全风险之一。

"ཕྱི་རོལ་གྱི་རིམས་ནད་ཞིབ་བཤེར་མ་བྱས་པའི་ཤིང་སོན་དེ་དག་གིས་སྐྱེ་དངོས་ཀྱི་གནོད་འཚེ་བཟོ་བའམ་ཡང་ན་གནོད་བྱེད་ཀྱི་སྐྱེ་དངོས་ཁྱེར་ཏེ་རྒྱལ་ནང་གི་སྐྱེ་དངོས་བདེ་འཛགས་ལ་གནོད་འཚེ་ཆེན་པོ་བཟོ་སྲིད། 《ཕྱིར་གཏོང་ནང་འདྲེན་གྱི་རྩི་ཤིང་རིམས་ནད་ཞིབ་བཤེར་བཅའ་ཁྲིམས་》སོགས་འབྲེལ་ཡོད་གཏན་འབེབས་ལྟར་ན། རིམས་ནད་ཞིབ་བཤེར་མ་བྱས་པའི་ཤིང་སོན་དང་སྐྱེ་འཕེལ་གྱི་ནུས་པ་ལྡན་པའི་རྩི་ཤིང་གི་རྒྱུ་ཆ་གཞན་དག་རྒྱལ་ནང་ལ་འཁྱེར་བ་དང་བསྐུར་བ་སོགས་བྱས་མི་ཆོག"བར་སྐོར་འགག་སྒོའི་ལྟ་ཞིབ་དོ་དམ་ཚན་པའི་ས་ཡུལ་དངོས་ཀྱི་ཞིབ་དཔྱད་བྱེད་མཁན་དཔོན་རིགས་ཀྱིས"ཤ་མང"རྩི་ཤིང་ཟུད་ཆོད་པ་དེ་ནི་རྒྱལ་སའི་མཁར་སྒོའི་སྐྱེ་དངོས་བདེ་འཛགས་ལ་རྡབ་གསིག་བཟོ་ཉེན་ཆེ་བའི་ཆ་ཤས་ཙམ་ཡིན་ཞེས་བསྟན་ཡོད།

分析:

དཔྱད་ཞིབ།

2021 年 4 月 15 日起，《中华人民共和国生物安全法》正式施行，这是我国国家安全治理体系和治理能力现代化进程中的一件大事。在生物安全重要性和紧迫性日趋上升的当下，全面贯彻生物安全法，对筑牢国家生物安全防线具有里程碑的意义。

སྤྱི་ལོ་༢༠༢༡ལོའི་ཟླ་༤པའི་ཚེས་༡༥ཉིན་ནས་བཟུང་《ཀྲུང་ཧྭ་མི་དམངས་སྤྱི་མཐུན་རྒྱལ་ཁབ་ཀྱི་སྐྱེ་དངོས་བདེ་འཇགས་བཅའ་ཁྲིམས་》དངོས་སུ་ལག་བསྟར་བྱེད་འགོ་ཚུགས་ཤིང་། དེ་ནི་རང་རྒྱལ་གྱི་རྒྱལ་ཁབ་བདེ་འཇགས་བཙོས་སྐྲུན་མ་ལག་དང་བཙོས་སྐྲུན་ནུས་པ་དེང་རབས་ཅན་དུ་འགྱུར་བར་བྱེད་པའི་བརྒྱུད་རིམ་ནང་གི་དོན་དག་གལ་ཆེན་ཞིག་ཡིན། སྐྱེ་དངོས་བདེ་འཇགས་ཀྱི་གལ་ཆེའི་རང་བཞིན་དང་ཁ་ཚ་དགོས་གཏུག་གི་རང་བཞིན་ཉིན་རེ་བཞིན་ཇེ་ཆེར་འགྲོ་བའི་སྐབས་འདིར། སྐྱེ་དངོས་བདེ་འཇགས་བཅའ་ཁྲིམས་ཁྱབ་ཡོངས་ནས་ལག་བསྟར་བྱས་པ་དེས་རྒྱལ་ཁབ་ཀྱི་སྐྱེ་དངོས་བདེ་འཇགས་ཀྱི་འགོག་སྲུང་འཛིན་རགས་སུ་བརྟན་གཏོང་རྒྱུར་ལམ་ཚད་རྗེ་རིང་ལྟ་བུའི་དོན་སྙིང་ལྡན་ཡོད།

国门生物安全与人也是息息相关的，不少出境旅游的游客，会将在境外购买的宠物、植物带回来，但根据生物安全法及相关法律法规，携带动物、动物产品、植物种子、种苗等其他繁殖材料进境的，必须事先提出申请，并办理检疫审批手续，确保所携带物品不存在生物安全风险。

རྒྱལ་སའི་མཁར་སྒོའི་སྐྱེ་དངོས་བདེ་འཇགས་དེ་ཡང་མི་དང་འབྲེལ་བ་ཧ་ཅང་ཆེན་པོ་ཡོད། ཕྱི་རྒྱལ་ལ་ཡུལ་སྐོར་དུ་འགྲོ་མཁན་མི་ཉུང་བ་ཞིག་གིས་ཕྱི་རྒྱལ་ནས་ཉོ་སྒྲུབ་བྱས་པའི་གཅེས་ཉར་སྲོག་ཆགས་དང་རྩི་ཤིང་རྒྱལ་ནང་དུ་འཁྱེར་ཡོང་གི་ཡོད། འོན་ཀྱང་སྐྱེ་དངོས་བདེ་འཇགས་བཅའ་ཁྲིམས་དང་དེ་བཞིན་འབྲེལ་ཡོད་བཅའ་ཁྲིམས་དང་ཁྲིམས་སྲོལ་ལྟར་ན། སྲོག་ཆགས་དང་སྲོག་ཆགས་ཀྱི་ཐོན་རྫས། རྩི་ཤིང་གི་ས་བོན། འདེབས་སོན་སོགས་སྐྱེ་འཕེལ་གྱི་ནུས་པ་ལྡན་པའི་རྒྱུ་ཆ་གཞན་དག་འཁྱེར་ཡོང་ན་ངེས་པར་དུ་སྔོན་ལ་རེ་ཞུ་བྱ་དགོས་པ་མ་ཟད། རིམས་ནད་ཞིབ་བཤེར་གྱི་ཞིབ་མཆན་འགྲོ་ལུགས་བརྒྱུད་ནས་འཁྱེར་བའི་དངོས་རྫས་ལ་སྐྱེ་དངོས་བདེ་འཇགས་ཀྱི་ཉེན་ཁ་མེད་པ་འགན་སྲུང་བྱ་དགོས།

十三、打击毒品犯罪

བཅུ་གསུམ། དུག་རྫས་ཉེས་གསོག་ལ་རྡུང་རྡེག་གཏོང་དགོས།

1. 什么是毒品?

༡.གང་འདྲ་ཞིག་ལ་དུག་རྫས་ཟེར་རམ།

根据《中华人民共和国刑法》规定，毒品是指鸦片、海洛因、甲基苯丙胺（冰毒）、吗啡、大麻、可卡因以及国家规定管制的其它能够使人形成瘾癖的麻醉药品和精神药品。它具有依赖性、非法性和危害性。

དེའང་《ཀྲུང་ཧྭ་མི་དམངས་སྤྱི་མཐུན་རྒྱལ་ཁབ་ཀྱི་ཉེས་དོན་བཅའ་ཁྲིམས་》ཀྱི་གཏན་འབེབས་ལྟར་ན། དུག་རྫས་ཞེས་པ་ནི་ཉལ་ཐ་དང་ཉལ་ཐ་ཏའི་ལའུ་དབྱིན། འཁྱགས་དུག་ མྷོ་ཧྥི། སོ་མ་ར་ཙ། ཁོ་ཁ་དབྱིན་བཅས་དང་། དེ་བཞིན་རྒྱལ་ཁབ་ཀྱིས་དོ་དམ་བྱ་རྒྱུར་གཏན་འབེབས་བྱས་པའི་མིས་དབྱིངས་ཞུགས་སླ་བའི་སྦྲིད་སྨན་དང་བསམ་བློའི་སྨན་རྫས་གཞན་དག་བཅས་ཡིན། དེར་གཞན་རྟེན་གྱི་རང་བཞིན་དང་ཁྲིམས་འགལ་གྱི་རང་བཞིན། གནོད་འཚེའི་རང་བཞིན་ལྡན་ཡོད།

2. 毒品有哪些危害?

༢.དུག་རྫས་ཀྱི་གནོད་འཚེ་གང་དག་ཡིན་ནམ།

一是身体依赖性；二是精神依赖性；三是人体机理的损坏。

གཅིག་ནི་ལུས་ཀྱི་གཞན་རྟེན་གྱི་རང་བཞིན། གཉིས་ནི་བསམ་བློའི་གཞན་རྟེན་རང་བཞིན། གསུམ་ནི་མིའི་ལུས་ཁམས་ལ་གནོད་འཚེ་བཟོ་བ།

3. 吸毒会对身体造成哪些损害？

༣.དུག་རྫས་འཐེན་ན་ལུས་པོར་གནོད་འཚེ་གང་དག་བཟོ་སྲིད་དམ།

吸毒严重损害人的身体，会造成：（1）营养不良；（2）损害呼吸道；（3）损害免疫系统，引起许多疾病的传播和感染；（4）损伤血管；（5）损害神经系统；（6）造成身体功能障碍；（7）吸毒孕妇分娩婴儿死亡率高；（8）引发多种精神病症状；（9）肾脏疾患。

དུག་རྫས་འཐེན་ན་མིའི་ལུས་ཁམས་ལ་གནོད་སྐྱོན་ཚབས་ཆེན་བཟོ་བ་སྟེ།（༡）འཚོ་བཅུད་མི་འདང་བ།（༢）དབུགས་ལམ་ལ་གནོད་སྐྱོན་བཟོ་བ།（༣）རིམས་འགོག་མ་ལག་ལ་གནོད་སྐྱོན་བཟོས་ནས་རིམས་ནད་སྣ་ཚོགས་འགོ་ཁྱབ་འགྲོ་བ།（༤） ཁྲག་རྩར་གནོད་སྐྱོན་བཟོ་བ།（༥）དབང་རྩའི་མ་ལག་ལ་གནོད་སྐྱོན་བཟོ་བ།（༦）ལུས་ནུས་ཉམས་པ།（༧）སྦྲུམ་མས་དུག་རྫས་འཐེན་ན་ཕྲུ་གུ་སྐྱེ་སྐབས་ཕྲུ་གུ་ཤི་ཚད་མཐོ་བ།（༨）སྨྱོ་ནད་སོགས་ཀྱི་ནད་རྟགས་འབྱུང་བ།（༩）མཁལ་མར་གནོད་སྐྱོན་བཟོ་བ་བཅས་སོ།།

从周某贩毒案看贩卖毒品罪和共犯认定

ཀྲའུ་ཚེ་གེ་མོའི་དུག་རྫས་སྐྱོག་ཚོང་གྱོད་གཞིའི་ཐོག་ནས་དུག་རྫས་འཚོང་གཉེར་གྱི་ཉེས་པ་དང་མཉམ་བསགས་ཉེས་པར་ངོས་འཛིན་བྱེད་སྟངས་ལ་ལྟ་བ།

案情:

གྱོད་གཞིའི་གནས་ཚུལ།

2017年某一天，某公安局禁毒支队在工作中发现周某有贩卖毒品的嫌疑，随即公安局禁毒支队针对这一线索展开侦查布控，当日下午，公安局禁毒支队在酒店门口将刚刚交易完毒品的犯罪嫌疑人周某及在另一家酒店某房间里的吸毒人员李某抓获。当场在犯罪嫌疑人周某钱包中查获1小包冰毒及毒资900元钱，并从吸毒人员李某处查获周某贩卖给其的冰毒1小包。经突审查明，犯罪嫌疑人周某同伙何某住某公寓，随后公安局禁毒支队民警在某公寓将犯罪嫌疑人何某抓获，并从周某和何某住处的一黑色铁盒中查获31小袋冰毒、在桌上查获1小包冰毒残渣，从一金色盒中查获1包冰毒，吸毒工具和透明塑料袋46个，从一土黄色木盒中查获毒资3500元。经讯问得知周某、何某贩卖的毒品是从周某的朋友处购得，由其托黑车从外地带来。犯罪嫌疑人周某、何某对自己贩卖毒品的事实供认不讳。

སྤྱི་ལོ་༢༠༡༧ལོའི་ཉིན་ཞིག་ལ་སྤྱི་བདེ་ཅུས་ཤིག་གི་དུག་འགོག་ཡན་ལག་རུ་ཁག་གིས་ལས་དོན་སྒྲུབ་པའི་ཁྲོད་ཀྲའུ་ཚེ་གེ་མོས་དུག་རྫས་སྐྱོག་ཚོང་བྱས་པར་དོགས་གཞི་ཡོད་པ་ཤེས་རྟོགས་བྱུང་། དེ་མ་ཐག་སྤྱི་བདེ་ཅུས་དུག་འགོག་ཡན་ལག་རུ་ཁག་གིས་ཁུངས་སྣེ་དེར་དམིགས་ནས་སྲུལ་ཞིབ་ལྟ་སྲུང་བྱེད་འགོ་ཚུགས། ཉིན་དེའི་ཕྱི་དྲོ་སྤྱི་བདེ་ཅུས་དུག་འགོག་ཡན་ལག་རུ་ཁག་གིས་མགྲོན་ཁང་སྒོ་འགྲམ་ནས་དུག་རྫས་ཉོ་ཚོང་བྱས་ཚར་མ་ཐག་པའི་དོགས་ཡོད་ཉེས་ཅན་པ་ཀྲའུ་ཚེ་གེ་མོ་འཛུ་བཟུང་བྱས་པ་དང་། མགྲོན་ཁང་གཞན་ཞིག་གི་ཉལ་ཁང་ནང་ནས་དུག་རྫས་འཐེན་མཁན་ལི་ཚེ་གེ་མོ་འཛུ་བཟུང་བྱས། རང་ས་ནས་ཀྲའུ་

ཚེ་གེ་མོའི་དངུལ་ཁུག་ནང་ནས་འཁྲུགས་དུག་འགྲིག་ཁུག་ཆུང་ཆུང་གང་དང་། དུག་རྫས་ཀྱི་མ་རྩ་སྒོར་༡༠༠ཙམ་བཤེར་ཐུབ་པ་མ་ཟད། དུག་རྫས་འཛིན་མཁན་ལི་ཚེ་གེ་མོའི་ས་ནས་ཀྲའུ་ཚེ་གེ་མོས་ཁོ་པར་བཙོངས་པའི་འཁྲུགས་དུག་འགྲིག་ཁུག་ཆུང་ཆུང་གཅིག་ཙམ་བཤེར་ཐུབ་པ་རེད། སློ་བུར་དུ་འདྲི་རྩད་བྱས་རྗེས་དོགས་ཡོད་ཉེས་ཅན་ཀྲའུ་ཚེ་གེ་མོའི་རོགས་པ་ཧྥེ་ཚེ་གེ་མོའི་སྡོད་སའི་སྒོ་ཤག་ཙམ་བཤེར་ཐུབ་པ་རེད། དེ་རྗེས་སྤྱི་བདེ་ཅུས་དུག་འགོག་ཡན་ལག་རུ་ཁག་གི་ཉེན་རྟོག་པས་སྒོ་ཤག་ཅིག་ནས་དོགས་ཡོད་ཉེས་ཅན་པ་ཧྥེ་ཚེ་གེ་མོ་འཛུ་བཟུང་བྱས་པ་དང་། ཆབས་ཅིག་ཀྲའུ་ཚེ་གེ་མོ་དང་ཧྥེ་ཚེ་གེ་མོའི་སྡོད་སའི་ལྕགས་སྒམ་ཞིག་གི་ནང་ནས་འཁྲུགས་དུག་འགྲིག་ཁུག་ཆུང་ཆུང་༣༧སྟོག་བཤེར་ཐུབ་ཅིང་། སྒྲོག་ཅོའི་སྙིང་ནས་འཁྲུགས་དུག་གི་སྙིགས་རོ་འགྲིག་ཁུག་ཆུང་ཆུང་གང་དང་སྒམ་ཆུང་སེར་པོ་ཞིག་གི་ནང་ནས་འཁྲུགས་དུག་འགྲིག་ཁུག་གང་། དུག་རྫས་འཛིན་བྱེད་ཀྱི་ཡོ་བྱད། ཕྱི་གསལ་ནང་གསལ་གྱི་འགྲིག་ཁུག་༤༨ཤིང་སྒམ་གསར་པ་ཞིག་གི་ནང་ནས་དུག་རྫས་ཀྱི་མ་རྩ་སྒོར་༣༥༠༠བཅས་རྩད་བཤེར་ཐུབ་པ་རེད། འདྲི་རྩད་བྱས་རྗེས་ཀྲའུ་ཚེ་གེ་མོ་དང་ཧྥེ་ཚེ་གེ་མོས་འཚོང་བཞིན་པའི་དུག་རྫས་ནི་ཀྲའུ་ཚེ་གེ་མོའི་གྲོགས་པོའི་ས་ནས་ཉོས་ཏེ། ཁོ་པས་ས་ཆ་གཞན་ནས་སྐྱོག་འདྲེན་རྒྱངས་འཁོར་ལ་བསྐུར་བ་ཞིག་ཡིན་པ་རེད། དོགས་ཡོད་ཉེས་ཅན་པ་ཀྲའུ་ཚེ་གེ་མོ་དང་ཧྥེ་ཚེ་གེ་མོ་གཉིས་ཀྱིས་དུག་རྫས་སྐྱོག་ཚོང་བརྒྱབ་པའི་དོན་དངོས་སྤྲ་གསང་མེད་པར་ངོས་ལེན་ཞུས་པ་རེད།

分析:

དཔྱད་ཞིབ།

根据《中华人民共和国刑法》规定的走私、贩卖、运输、制造毒品罪是选择性罪名，凡实施了走私、贩卖、运输、制造毒品行为之一的，即以该行为确定罪名。共同犯罪是指二人以上共同故意犯罪。

དེའང《ཀྲུང་ཧྭ་མི་དམངས་སྤྱི་མཐུན་རྒྱལ་ཁབ་ཀྱི་ཉེས་དོན་བཅའ་ཁྲིམས་》ཀྱི་གཏན་འབེབས་ལྟར་ན། དུག་རྫས་སྐྱོག་འདྲེན་དང་ཉོ་ཚོང་། སྐྱེལ་འདྲེན། བཟོ་སྦྱོར་བཅས་བྱས་པའི་

ཉེས་པ་ནི་གནམ་གསེས་རང་བཞིན་གྱི་ཉེས་མིང་ཞིག་ཡིན་ཞིང་། དུག་རྫས་སྨྱུག་འདྲེན་དང་ཉོ་ཚོང་། སྐྱེལ་འདྲེན། བཟོ་སྦྱོར་བཅས་བྱས་པའི་བྱ་སྤྱོད་ཀྱི་གྲུས་ཤིག་ཡིན་ཕྱིན། བྱ་སྤྱོད་དེ་རང་ལ་གཞིགས་ནས་ཉེས་མིང་གཏན་འཁེལ་བྱེད་ཀྱི་ཡོད། བྱས་ཉེས་མཉམ་བསགས་ཞེས་པ་ནི་མི་གཉིས་ཡན་གྱིས་ཤང་བཙུགས་ནས་བྱས་ཉེས་མཉམ་དུ་བསགས་པར་ཟེར་བ་ཡིན།

本案中，犯罪嫌疑人周某与何某两人共谋贩卖毒品，且两人均与吸毒人员联系，贩卖所得的毒资由两人平均分配，周某与何某主观上有共同贩卖毒品的故意，客观上互相配合，促成了贩卖毒品犯罪行为的实施，构成贩卖毒品罪共犯。

གྱོད་གཞི་འདིའི་ནང་དོགས་ཡོད་ཉེས་ཅན་པ་ཀྲའོ་ཆེ་གེ་མོ་དང་ཧེ་ཆེ་གེ་མོས་མཉམ་དུ་དུག་རྫས་ཚོང་གཉེར་བྱས་པ་མ་ཟད། ཁོ་གཉིས་གཉིས་ཀ་དུག་རྫས་འཐེན་མཁན་དང་འབྲེལ་བ་ཡོད་པ་དང་། དུག་རྫས་བཙོངས་པའི་ཡོང་སྒོ་ཁོ་གཉིས་ཀྱིས་ཆ་བགོས་བྱེད་ཀྱི་ཡོད་པ་རེད། ཀྲའོ་ཆེ་གེ་མོ་དང་ཧེ་ཆེ་གེ་མོ་གཉིས་ཀྱིས་བསམ་བློའི་ནང་ནས་ཤང་བཙུགས་ཏེ་དུག་རྫས་ཚོང་གཉེར་བྱེད་པའི་ཉེས་སེམས་ཡོད་པ་དང་། དོན་དངོས་ཐོག་ཕན་ཚུན་གཞོགས་འདེགས་བྱས་ཡོད་པ་དེས་དུག་རྫས་སྨྱུག་ཚོང་གི་ཉེས་གསོག་བྱ་སྤྱོད་སྤེལ་རྒྱུར་སྐུལ་མ་ཐེབས་པ་དང་མཉམ་དུ་དུག་རྫས་ཚོང་གཉེར་བྱས་པའི་ཉེས་པ་གྲུབ་པ་རེད།

十四、其　　他

བཅུ་བཞི། གཞན་དག

1. 士兵预备役的年龄是多少?

༡.གྲ་སྒྲིག་དམག་ཞབས་ཞུ་བའི་ལོ་ཚད་ག་ཚོད་ཡིན་ནམ།

根据《中华人民共和国兵役法》规定，士兵预备役的年龄是18岁至35岁。

དེའང་《ཀྲུང་ཧྭ་མི་དམངས་སྤྱི་མཐུན་རྒྱལ་ཁབ་ཀྱི་དམག་ཞབས་བཅའ་ཁྲིམས་》ཀྱི་གཏན་འབེབས་ལྟར་ན། གྲ་སྒྲིག་དམག་ཞབས་ཞུ་བའི་ལོ་ཚད་ནི་ལོ་༡༨ནས་༣༥བར་ཡིན་པ་རེད།

2. 宅基地和自留地、自留山属于谁?

༢.ཁང་ས་དང་རང་ཉར་ས་ཞིང་། རང་ཉར་རི་བོ་བཅས་སུ་ལ་དབང་བ་ཡིན་ནམ།

根据《中华人民共和国宪法》规定，农村和城市郊区的土地，除有法律规定属于国家所有的以外，属于集体所有；宅基地和自留地、自留山，也属于集体所有。

དེའང་《ཀྲུང་ཧྭ་མི་དམངས་སྤྱི་མཐུན་རྒྱལ་ཁབ་ཀྱི་རྩ་ཁྲིམས་》ཀྱི་གཏན་འབེབས་ལྟར་ན། གྲོང་གསེབ་དང་གྲོང་ཁྱེར་ཉེ་འདབས་ཁུལ་གྱི་ས་ཞིང་ནང་ནས་བཅའ་ཁྲིམས་ཐོག་རྒྱལ་ཁབ་ལ་བདག་པ་གཏན་འཁེལ་བའི་ས་ཞིང་ཕུད། དེ་ཕྱིངས་ཚང་མ་མཉམ་སྡེབ་ལ་བདག་པ་ཡིན། ཁང་ས་དང་རང་ཉར་ས་ཞིང་། རང་ཉར་རི་བོ་བཅས་ཀྱང་མཉམ་སྡེབ་ལ་བདག་པ་ཡིན།

3. 农民工是否要与用人单位签订劳动合同?

༣.ཞིང་པ་ལས་མིས་ལས་མི་བཀོལ་སྤྱོད་ཚན་པ་དང་ངལ་རྩོལ་གན་རྒྱ་འཛོག་དགོས་སམ།

根据《中华人民共和国劳动法》规定，建立劳动关系应当订立劳动合同。用人单位招收农民工同样要与农民工签订劳动合同。劳动合同依法订立即具有法律约束力。

དེའང་《ཀྲུང་ཧྭ་མི་དམངས་སྤྱི་མཐུན་རྒྱལ་ཁབ་ཀྱི་ངལ་རྩོལ་གན་རྒྱའི་བཅའ་ཁྲིམས་》ཀྱི་

གཏན་འབེབས་ལྟར་ན། ངལ་རྩོལ་འབྲེལ་བ་འཛུགས་སྐབས་ངལ་རྩོལ་གན་རྒྱ་འཛོག་དགོས། ལས་མི་བཀོལ་སྤྱོད་ཚན་པས་ཞིང་པ་ལས་མི་བཟུ་སྐབས་ཀྱང་ཞིང་པ་ལས་མི་དང་ངལ་རྩོལ་གན་རྒྱ་འཛོག་དགོས། ཁྲིམས་ལྟར་ངལ་རྩོལ་གན་རྒྱ་བཞག་རྗེས་བཅའ་ཁྲིམས་ཀྱི་གཙུན་ནུས་ལྡན་པ་ཡིན།

4. 我的房子被拆了，谁来赔偿我的损失？

༤.ངའི་ཁང་པ་བཤིག་འདུག སུས་ངར་གྱོང་གུན་ཁ་གསབ་བྱེད་དམ།

根据《中华人民共和国民法典》规定，为了公共利益的需要，依照法律规定的权限和程序征收、征用不动产或者动产的，应当给予公平、合理的补偿。

དེའང་《ཀྲུང་ཧྭ་མི་དམངས་སྤྱི་མཐུན་རྒྱལ་ཁབ་ཀྱི་དམངས་དོན་ཁྲིམས་གཞུང་》གི་གཏན་འབེབས་ལྟར་ན། སྤྱི་པའི་ཁེ་ཕན་གྱི་དགོས་མཁོའི་ཆེད་བཅའ་ཁྲིམས་ཐོག་གཏན་འཁེལ་བའི་དབང་ཚད་དང་གོ་རིམ་ལྟར་བཏན་ནོར་རམ་ཡང་ན་སྒུལ་ནོར་བསྡུ་ལེན་དང་བཀྱུ་སྤྱོད་བྱས་ཆེ། དེར་དྲང་གཞག་ལུགས་མཐུན་གྱི་གུན་གསབ་སྤྲོད་དགོས།

5. 赌债是否受法律的保护？

༥.རྒྱན་འཛུགས་བུ་ལོན་ལ་བཅའ་ཁྲིམས་ཀྱི་སྲུང་སྐྱོབ་ཐོབ་བམ།

不受保护。因为赌博是我国法律所禁止的行为，因赌博产生的钱财利益要依法由公安、人民法院等部门罚没。

བཅའ་ཁྲིམས་ཀྱི་སྲུང་སྐྱོབ་མི་ཐོབ། གང་ལགས་ཤེ་ན། དེ་ནི་རང་རྒྱལ་གྱི་བཅའ་ཁྲིམས་ནང་བཀག་སྡོམ་བྱེད་པའི་བྱ་སྤྱོད་ཅིག་ཡིན། རྒྱན་རྩེད་ལས་ཐོབ་པའི་རྒྱུ་དངུལ་གྱི་ཁེ་ཕན་ནི་ཁྲིམས་ལྟར་སྤྱི་བདེ་ལས་ཁུངས་དང་མི་དམངས་ཁྲིམས་ཁང་སོགས་སྡེ་ཁག་གིས་དངུལ་ཆད་གཅོད་པ་དང་གཞུང་བཞེས་གཏོང་དགོས་པ་ཡིན།

6. 侵害他人造成人身损害的，应当赔偿哪些费用呢？

༦.མི་གཞན་ལ་གནོད་འཚེ་བཏང་ནས་མི་ལུས་ལ་གནོད་སྐྱོན་བཟོས་ཚེ། འགྲོ་གྲོན་གང་དག་གུན་གསབ་བྱེད་དགོས་སམ།

侵害他人造成损害的，应当赔偿医疗费、护理费、交通费、营养费、伙食补助费等为治疗和康复支出的合理费用，以及因误工减少的收入。造成残疾的，还应当赔偿辅助器具费和残疾赔偿金；造成死亡的，还应当赔偿丧葬费和死亡赔偿金。

མི་གཞན་ལ་གནོད་འཚེ་བཏང་ནས་མི་ལུས་ལ་གནོད་སྐྱོན་བཟོས་ཚེ། སྨན་བཅོས་འགྲོ་གྲོན་དང་ནད་གཡོག་གི་འགྲོ་གྲོན། འགྲིམ་འགྲུལ་འགྲོ་གྲོན། འཚོ་བཅུད་འགྲོ་གྲོན། ལྟོ་ཆས་ཁ་གསབ་འགྲོ་གྲོན་སོགས་སྨན་བཅོས་དང་བདེ་ཐང་སླར་གསོའི་ཐད་བཏང་བའི་ལུགས་མཐུན་གྱི་འགྲོ་གྲོན་དང་། དེ་བཞིན་ལས་ཀར་འཐུས་ཤོར་བྱུང་སྟེ་ཡོང་འབབ་ཆ་ཉུང་དུ་ཕྱིན་པའི་ཆ་རྣམས་གུན་གསབ་སྤྲོད་དགོས། དབང་པོ་སྐྱོན་ཅན་བཟོས་ཚེ། ད་དུང་རམ་འདེགས་མཐོ་ཆས་ཀྱི་འགྲོ་གྲོན་དང་དབང་པོ་སྐྱོན་ཅན་གྱི་གུན་གསབ་དངུལ་སྤྲོད་དགོས། འདས་གྲོངས་ཕྱིན་ཚེ། ད་དུང་འདས་འཇུག་འགྲོ་གྲོན་དང་འདས་གྲོངས་གུན་གསབ་དངུལ་སོགས་གསབ་སྤྲོད་བྱ་དགོས།

7. 被胁迫做出的决定可以撤销吗？

༧.བཙན་ཤེད་ཀྱིས་ཐག་བཅད་པ་དེ་རྩིས་མེད་དུ་གཏོང་ཆོག་གམ།

一方或者第三人以胁迫手段，使对方在违背真实意思的情况下实施的民事法律行为，受胁迫方有权请求人民法院或者仲裁机构予以撤销。

ཕྱོགས་གཅིག་གམ་ཡང་ན་མི་ཕྱོགས་གསུམ་པས་བཙན་ཐབས་ལ་བརྟེན་ནས་ཕར་ཕྱོགས་ལ་བསམ་ཚུལ་དངོས་མ་ཡིན་པའི་གནས་ཚུལ་འོག་དམངས་དོན་བཅའ་ཁྲིམས་ཀྱི་བྱ་སྤྱོད་བཟུང་ཚེ། བཙན་སྐུལ་ཕོག་མཁན་ཕྱོགས་ཀྱིས་མི་དམངས་ཁྲིམས་ཁང་ངམ་ཡང་ན་འདུམ་གཙོད་ལས་ཁུངས་ལ་རྩིས་མེད་དུ་གཏོང་རྒྱུའི་རེ་ཞུ་བྱས་ཆོག

8. 正当防卫打伤了人，该怎么办？

༨.ལུགས་མཐུན་གྱི་འགོག་སྲུང་བྱས་ཏེ་མིར་གནོད་སྐྱོན་བཟོས་ཚེ་གང་འདྲ་བྱེད་དམ།

因正当防卫造成损害的，不承担民事责任。

ལུགས་མཐུན་གྱི་འགོག་སྲུང་བྱས་ཏེ་མིར་གནོད་སྐྱོན་བཟོས་ཚེ། དམངས་དོན་གྱི་འགན་འཁྲི་འཁུར་མི་དགོས།

正当防卫超过必要的限度，造成不应有的损害的，正当防卫人应当承担适当的民事责任。

ལུགས་མཐུན་གྱི་འགོག་སྲུང་བྱས་པ་དེ་དགོས་ངེས་ཀྱི་ཚད་ལས་བརྒལ་ཏེ་དགོས་མེད་ཀྱི་གནོད་སྐྱོན་བཟོས་ཚེ། ལུགས་མཐུན་གྱི་འགོག་སྲུང་བྱེད་མཁན་གྱིས་དམངས་དོན་གྱི་འགན་འཁྲི་འོས་འཚམ་འཁུར་དགོས།

9. 外出搭乘顺风车出了事故，这个损害该由谁承担？

༩.ཕྱི་ཕྱོགས་ལ་འགྲོ་ཁར་དུ་རླངས་འཁོར་ནང་མི་ཞུགས་ཏེ་ཆག་སྒོ་བྱུང་ཚེ། དེའི་གྱོང་གུན་འགན་འཁྲི་སུས་འཁུར་དགོས་སམ།

非营运机动车发生交通事故造成无偿搭乘人损害，属于该机动车一方责任的，应当减轻其赔偿责任，但是机动车使用人有故意或者重大过失的除外。

འགྲུལ་སྐྱེལ་ཁེ་གཉེར་བྱེད་མཁན་མ་ཡིན་པའི་སྐུལ་སྐྱོད་རླངས་འཁོར་ལ་འགྲིམ་འགྲུལ་ཆག་སྒོ་བྱུང་ནས་གླ་རིན་མེད་པར་ཞུགས་པའི་མིར་གནོད་སྐྱོན་ཕོག་ཚེ། གལ་ཏེ་སྐུལ་སྐྱོད་རླངས་འཁོར་ཕྱོགས་རྐྱང་པའི་འགན་འཁྲི་ཡིན་ན། དེའི་གུན་གསབ་འགན་འཁྲི་ཡང་དུ་གཏོང་ཆོག འོན་ཀྱང་སྐུལ་སྐྱོད་རླངས་འཁོར་བེད་སྤྱོད་བྱེད་མཁན་གྱིས་ཀྲང་བཙུགས་ནས་བཟོས་པའམ་ཡང་ན་ལས་འཛོལ་ཚབས་ཆེན་ཤོར་བ་ཡིན་ཚེ་དེར་མི་ཚུད་དོ།།

བོད་རང་སྐྱོང་ལྗོངས་ཀྱི“ལོ་ལྔ་ཚན་བརྒྱད་པའི”ཁྲིམས་ལུགས་ཁྱབ་གདལ་བསླབ་གཞི།

རྩོམ་སྒྲིག་པ། བོད་རང་སྐྱོང་ལྗོངས་སྲིད་ཁྲིམས་ཐིང་དང་བོད་རང་སྐྱོང་ལྗོངས་
ཁྲིམས་ལུགས་ཁྱབ་གདལ་གཞུང་ལས་ཁང་།

རྩོམ་སྒྲིག་འགན་འཁུར་བ། ཙེང་ཧེང་། དོན་གྲུབ་ཕུན་ཚོགས།

ཡིག་སྒྱུར། བཀྲ་ཤིས་དབང་ཕྱུག

དཔེ་སྐྲུན། བོད་ལྗོངས་བོད་ཡིག་དཔེ་རྙིང་དཔེ་སྐྲུན་ཁང་། སྦྲག་ཨང་850000
པར་གཞི་རྐུ་སྤྱོད་ལ་རྟུང་རྗེག་གཏོང་། 0891-6930339

པར་འདེབས་ཚན་པ། བོད་ལྗོངས་ཕན་བདེ་པར་འདེབས་བཟོ་གྲྭ།

བརྒྱུད་འཚོང་། རྒྱལ་ཡོངས་ཞིན་ཧྭ་དཔེ་ཚོང་ཁང་།

རེབ་ཚད། 710mm×1 000mm 1/16

པར་ཤོག 77.5 (ཁྱོན་དེབ་7)

པར་གྲངས། 1-1,000

ཡིག་གྲངས། ཁྲི་45

པར་གཞི། 2021ལོའི་ཟླ་11པར་པར་གཞི་དང་པོ་བསྒྲིགས།

པར་ཐེངས། 2021ལོའི་ཟླ་11པར་པར་ཐེངས་དང་པོ་བཏབ།

དཔེ་རྟགས། ISBN 978-7-5700-0619-9

རིན་གོང་། སྒོར་198.00 (ཁྱོན་དེབ་7)

西藏自治区“八五”普法教材
བོད་རང་སྐྱོང་ལྗོངས་ཀྱི་“ལོ་ལྔ་ཚན་བརྒྱད་པའི་”ཁྲིམས་ལུགས་ཁྱབ་གདལ་བསླབ་གཞི།

宗教教职人员法律知识读本

ཆོས་ལུགས་ལས་དོན་མི་སྣའི་བཅའ་ཁྲིམས་ཤེས་བྱའི་ཀློག་དེབ།

西藏自治区司法厅　西藏自治区普法办　编
བོད་རང་སྐྱོང་ལྗོངས་སྲིད་ཁྲིམས་ཐིང་དང་བོད་རང་སྐྱོང་ལྗོངས་
ཁྲིམས་ལུགས་ཁྱབ་གདལ་གཞུང་ལས་ཁང་གིས་བསྒྲིགས།

བོད་ལྗོངས་བོད་ཡིག་དཔེ་རྙིང་དཔེ་སྐྲུན་ཁང་།
西藏藏文古籍出版社

图书在版编目（CIP）数据

西藏自治区“八五”普法教材 ：汉文、藏文 / 西藏自治区司法厅，西藏自治区普法办编 .-- 拉萨 ：西藏藏文古籍出版社，2021.11

ISBN 978-7-5700-0619-9

Ⅰ．①西… Ⅱ．①西… ②西… Ⅲ．①法律－中国－教材－汉、藏 Ⅳ．① D920.5

中国版本图书馆 CIP 数据核字（2021）第 218626 号

西藏自治区“八五”普法教材

编　　者	西藏自治区司法厅　西藏自治区普法办
责任编辑	曾恒　顿珠平措
翻　　译	扎西旺久
出　　版	西藏藏文古籍出版社　邮政编码：850000 打击盗版：0891-6930339
印　　刷	西藏福利印刷厂
经　　销	全国新华书店
开　　本	16 开（710×1 000）
印　　张	77.5（共 7 册）
印　　数	1-1,000
字　　数	450 千字
版　　次	2021 年 11 月第 1 版
印　　次	2021 年 11 月第 1 次印刷
标准书号	ISBN 978-7-5700-0619-9
定　　价	198.00 元（共 7 册）

目　　录

དཀར་ཆག

一、总　　论

དང་པོ། སྤྱི་བཤད།

1. 习近平新时代中国特色社会主义思想的主要内容是什么？

༧.ཞི་ཅིན་ཕིང་གི་དུས་རབས་གསར་པའི་ཀྲུང་གོའི་ཁྱད་ཆོས་ལྡན་པའི་སྤྱི་ཚོགས་རིང་ལུགས་ཀྱི་དགོངས་པའི་ནང་དོན་གཙོ་བོ་གང་ཡིན་ནམ།

即“八个明确”：

明确坚持和发展中国特色社会主义，总任务是实现社会主义现代化和中华民族伟大复兴，在全面建成小康社会的基础上，分两步走在本世纪中叶建成富强民主文明和谐美丽的社会主义现代化强国；

དེའང“གསལ་སྟོན་བརྒྱད”དེ།

ཀྲུང་གོའི་ཁྱད་ཆོས་ལྡན་པའི་སྤྱི་ཚོགས་རིང་ལུགས་རྒྱུན་འཁྱོངས་དང་འཕེལ་རྒྱས་གཏོང་དགོས་པ་དང་། སྤྱིའི་ལས་འགན་ནི་སྤྱི་ཚོགས་རིང་ལུགས་དེང་རབས་ཅན་དང་ཀྲུང་ཧྭ་མི་རིགས་ཀྱི་ནྲབས་ཆེའི་བསྐྱར་དར་མངོན་གྱུར་ཡོང་བ་བྱ་རྒྱུ་དེ་ཡིན། དེའང་ཁྱོན་ཡོངས་ནས་

འགྱུར་འབྱིང་སྤྱི་ཚོགས་བསྐྱན་ཚར་བའི་རྨང་གཞིའི་ཐོག་གོམ་སྟབས་གཉིས་ལ་དབྱེ་ནས་དུས་རབས་འདིའི་དུས་དཀྱིལ་ལ་སླེབས་དུས་སྟོབས་འགྱུར་དང་དམངས་གཙོ། ཤེས་དཔལ། ཞི་མཐུན། མཛེས་སྡུག་བཅས་ལྡན་པའི་སྤྱི་ཚོགས་རིང་ལུགས་དེང་རབས་ཅན་གྱི་སྟོབས་ཆེའི་རྒྱལ་ཁབ་ཅིག་བསྐྱན་ཐུབ་པ་བྱ་དགོས་པ་གསལ་བཏོན་གནང་བ།

明确新时代我国社会主要矛盾是人民日益增长的美好生活需要和不平衡不充分的发展之间的矛盾，必须坚持以人民为中心的发展思想，不断促进人的全面发展、全体人民共同富裕；

དུས་རབས་གསར་པར་རང་རྒྱལ་སྤྱི་ཚོགས་ཀྱི་འགལ་ཟླ་གཙོ་བོ་ནི་མི་དམངས་ཀྱི་ཉིན་རེ་བཞིན་ཇེ་ལེགས་སུ་འགྲོ་བའི་བདེ་སྐྱིད་ཀྱི་འཚོ་བའི་དགོས་མཁོ་དང་དོ་མི་མཉམ་པ་དང་འཐུས་སྒོ་མི་ཚང་བའི་འཕེལ་རྒྱས་དབར་གྱི་འགལ་ཟླ་ཡིན་ཕྱིར། ངེས་པར་དུ་མི་དམངས་ལྟེ་བར་འཛིན་པའི་འཕེལ་རྒྱས་ཀྱི་བསམ་བློ་རྒྱུན་འཁྱོངས་ཀྱིས་མི་རྣམས་ཕྱོགས་ཡོངས་ནས་ཡར་རྒྱས་ཡོང་རྒྱུ་དང་། དམངས་ཡོངས་ཐུན་མོང་ཐོག་འགྱུར་ཕྱུག་ལྡན་པ་ཡོང་རྒྱུར་སྐུལ་འདེད་ཟམ་མི་ཆད་པ་གཏོང་དགོས་པ་གསལ་བཏོན་གནང་བ།

明确中国特色社会主义事业总体布局是“五位一体”、战略布局是“四个全面”，强调坚定道路自信、理论自信、制度自信、文化自信；

ཀྲུང་གོའི་ཁྱད་ཆོས་ལྡན་པའི་སྤྱི་ཚོགས་རིང་ལུགས་བྱ་གཞག་གི་སྤྱིའི་གྲུབ་སྟངས་ནི“ཕྱོགས་ལྔ་གཞི་གཅིག”ཡིན་པ་དང་། འཐབ་ཇུས་ཀྱི་གྲུབ་སྟངས་ནི“ཁྱོན་ཡོངས་བཞི”ཡིན་པ་གསལ་བཏོན་གནང་ཞིང་། ལམ་ཕྱོགས་ཀྱི་གདེང་ཚོད་དང་རིག་པའི་གཞུང་ལུགས་ཀྱི་གདེང་ཚོད། ལམ་ལུགས་ཀྱི་གདེང་ཚོད། རིག་གནས་ཀྱི་གདེང་ཚོད་བཅས་བརྟན་དུ་གཏོང་རྒྱུ་ནན་བཤད་བྱ་དགོས་པ་གསལ་བཏོན་གནང་བ།

明确全面深化改革总目标是完善和发展中国特色社会主义制度、推进国家治理体系和治理能力现代化；

ཁྱོན་ཡོངས་ནས་བསྒྱུར་བཅོས་གཏིང་ཟབ་ཏུ་གཏོང་བའི་སྤྱིའི་དམིགས་འབེན་ནི་ཀྲུང་གོའི་ཁྱད་ཆོས་ལྡན་པའི་སྤྱི་ཚོགས་རིང་ལུགས་ཀྱི་ལམ་ལུགས་འཐུས་ཚང་དང་འཕེལ་རྒྱས་གཏོང་རྒྱུ་

དང་། རྒྱལ་ཁབ་ཀྱི་བཙན་སྐྱོང་མ་ལག་དང་བཙན་སྐྱོང་ནུས་པ་དེང་རབས་ཅན་ལ་འགྱུར་རྒྱུར་སྐུལ་འདེད་གཏོང་དགོས་པ་གསལ་བཏོན་གནང་བ།

明确全面推进依法治国总目标是建设中国特色社会主义法治体系、建设社会主义法治国家；

ཁྲིམས་ལྟར་རྒྱལ་ཁབ་སྐྱོང་རྒྱུར་ཁྱོན་ཡོངས་ནས་སྐུལ་སློང་གཏོང་བའི་སྤྱིའི་དམིགས་འབེན་ནི་ཀྲུང་གོའི་ཁྱད་ཆོས་ལྡན་པའི་སྤྱི་ཚོགས་རིང་ལུགས་ཀྱི་ཁྲིམས་སྐྱོང་མ་ལག་འཛུགས་རྒྱུ་དང་། སྤྱི་ཚོགས་རིང་ལུགས་ཀྱི་ཁྲིམས་སྐྱོང་རྒྱལ་ཁབ་འཛུགས་རྒྱུ་དེ་ཡིན་པ་གསལ་བཏོན་གནང་བ།

明确党在新时代的强军目标是建设一支听党指挥、能打胜仗、作风优良的人民军队，把人民军队建设成为世界一流军队；

ཏང་གི་དུས་རབས་གསར་པའི་དམག་དཔུང་སྟོབས་ཆེར་གཏོང་བའི་སྤྱིའི་དམིགས་འབེན་ནི་ཏང་གི་བཀོད་འདོམས་ལ་ཉན་པ་དང་རྒྱལ་ཁ་ཐོབ་པའི་དམག་འཐབ་བྱེད་ཐུབ་ལ། ཀུན་སྤྱོད་ལེགས་པའི་མི་དམངས་དཔུང་སྡེ་ཞིག་འཛུགས་ཐུབ་པ་དང་། མི་དམངས་དཔུང་སྡེ་དེ་ཡང་འཛམ་གླིང་ཐོག་གི་དཔུང་སྡེ་རྩེ་གྲ་ཞིག་ཏུ་འགྱུར་བ་བྱ་དགོས་པ་གསལ་བཏོན་གནང་བ།

明确中国特色大国外交要推动构建新型国际关系，推动构建人类命运共同体；

ཀྲུང་གོའི་ཁྱད་ཆོས་ལྡན་པའི་རྒྱལ་ཁབ་ཆེན་པོའི་ཕྱི་འབྲེལ་ཐད་ནས་རྒྱལ་སྤྱིའི་འབྲེལ་བ་དཔེ་གསར་ཞིག་འཛུགས་རྒྱུར་སྐུལ་འདེད་དང་། མིའི་རིགས་ཀྱི་ལས་དབང་གཅིག་མཐུན་ཚོགས་པ་གཏོད་རྒྱུར་སྐུལ་འདེད་གཏོང་དགོས་པ་གསལ་བཏོན་གནང་བ།

明确中国特色社会主义最本质的特征是中国共产党领导，中国特色社会主义制度的最大优势是中国共产党领导，党是最高政治领导力量，提出新时代党的建设总要求，突出政治建设在党的建设中的重要地位。

ཀྲུང་གོའི་ཁྱད་ཆོས་ལྡན་པའི་སྤྱི་ཚོགས་རིང་ལུགས་ཀྱི་ཆེས་རྩ་བའི་ཁྱད་ཆོས་ནི་ཀྲུང་གོ་གུང་ཁྲན་ཏང་གི་འགོ་ཁྲིད་ཡིན་ལ། ཀྲུང་གོའི་ཁྱད་ཆོས་ལྡན་པའི་སྤྱི་ཚོགས་རིང་ལུགས་ལམ་

ལུགས་ཀྱི་དགེ་མཚན་ཆེ་ཤོས་ཀྱང་ཀྲུང་གོ་གུང་ཁྲན་ཏང་གི་འགོ་ཁྲིད་ཡིན་པ་དང་། ཏང་ནི་ཆེས་མཐོའི་ཆབ་སྲིད་ཀྱི་འགོ་ཁྲིད་སྟོབས་ཤུགས་ཡིན་པ། དུས་རབས་གསར་པའི་ཏང་འཛུགས་སྐྱོང་གི་སྤྱིའི་སྙང་བྱ་བཏོན་ཐོག ཆབ་སྲིད་འཛུགས་སྐྱོང་བྱ་རྒྱུ་དེས་ཏང་འཛུགས་སྐྱོང་ཁྲིད་གོ་བབ་གལ་ཆེན་བཟུང་བ་འགྱུར་དུ་མངོན་པར་བྱ་དགོས་པ་གསལ་བཏོན་གནང་ཡོད།

2. 新时代坚持和发展中国特色社会主义的基本方略是什么?

༢.དུས་རབས་གསར་པར་ཀྲུང་གོའི་ཁྱད་ཆོས་ལྡན་པའི་སྤྱི་ཚོགས་རིང་ལུགས་རྒྱུན་འཁྱོངས་དང་འཕེལ་རྒྱས་གཏོང་བའི་གཞི་རྩའི་ཐབས་གཞི་གང་ཡིན་ནམ།

即“十四个坚持”：

坚持党对一切工作的领导；坚持以人民为中心；坚持全面深化改革；坚持新发展理念；坚持人民当家作主；坚持全面依法治国；坚持社会主义核心价值体系；坚持在发展中保障和改善民生；坚持人与自然和谐共生；坚持总体国家安全观；坚持党对人民军队的绝对领导；坚持“一国两制”和推进祖国统一；坚持推动构建人类命运共同体；坚持全面从严治党。

དེའང“རྒྱུན་འཁྱོངས་བྱ་དགོས་པ་བཅུ་བཞི”སྟེ།

ཏང་གིས་ལས་དོན་མཐའ་དག་ལ་འགོ་ཁྲིད་བྱ་རྒྱུ་རྒྱུན་འཁྱོངས་དང་། མི་དམངས་ལྟེ་བར་འཛིན་རྒྱུ་རྒྱུན་འཁྱོངས། ཁྱོན་ཡོངས་ནས་བསྒྱུར་བཅོས་གཏིང་ཟབ་བྱ་རྒྱུ་རྒྱུན་འཁྱོངས། གོང་འཕེལ་གྱི་འདུ་ཤེས་གསར་པ་རྒྱུན་འཁྱོངས། མི་དམངས་ཀྱིས་རང་ཁྱིམ་རང་བདག་བྱ་རྒྱུ་རྒྱུན་འཁྱོངས། ཁྱོན་ཡོངས་ནས་ཁྲིམས་ལྟར་རྒྱལ་ཁབ་སྐྱོང་རྒྱུ་རྒྱུན་འཁྱོངས། སྤྱི་ཚོགས་རིང་ལུགས་ཀྱི་ལྟེ་བའི་རིན་ཐང་མ་ལག་རྒྱུན་འཁྱོངས། འཕེལ་རྒྱས་གཏོང་བའི་ཁྲོད་དམངས་ཀྱི་འཚོ་བ་འགན་སྲུང་དང་ལེགས་བཅོས་བྱ་རྒྱུ་རྒྱུན་འཁྱོངས། མི་དང་རང་བྱུང་ཁམས་ཞི་མཐུན་མཉམ་གནས་བྱ་རྒྱུ་རྒྱུན་འཁྱོངས། སྤྱི་ཡོངས་ཀྱི་རྒྱལ་ཁབ་བདེ་འཇགས་ལྟ་བ་རྒྱུན་འཁྱོངས། ཏང་གིས་མི་དམངས་དམག་དཔུང་ལ་མཐའ་གཅིག་ཏུ་འགོ་ཁྲིད་བྱ་རྒྱུ་རྒྱུན་འཁྱོངས། “རྒྱལ་ཁབ་གཅིག་ལ་ལམ་ལུགས་གཉིས”ལག་བསྟར་དང་མེས་རྒྱལ་གོང་བུ་གཅིག་གྱུར་བྱ་རྒྱུར་སྐུལ་འདེད་གཏོང་རྒྱུ་རྒྱུན་

འགྲོངས། མིའི་རིགས་ཀྱི་ལས་དབང་གཅིག་མཐུན་ཚོགས་པ་གཏོད་རྒྱུར་སྐུལ་འདེད་གཏོང་རྒྱུ་དང་ཕྱོགས་ཡོངས་ནས་ཏང་ནན་སྐྱོང་བྱ་རྒྱུ་རྒྱུན་འགྲོངས་བྱེད་དགོས་པ་བཅས་རེད།

3. 习近平新时代中国特色社会主义思想的重大意义是什么?

༣.ཞི་ཅིན་ཕིང་གི་དུས་རབས་གསར་པའི་ཀྲུང་གོའི་ཁྱད་ཆོས་ལྡན་པའི་སྤྱི་ཚོགས་རིང་ལུགས་ཀྱི་དགོངས་པའི་གལ་འགངས་ཆེ་བའི་དོན་སྙིང་གཙོ་བོ་གང་ཡིན་ནམ།

从马克思主义发展史的角度来说，开辟了马克思主义中国化的新境界;从中华民族复兴史的角度来说，是全党全国人民为实现中华民族伟大复兴而奋斗的行动指南；从人类文明进步史的角度来看，为解决人类面临的共同难题贡献了中国智慧，提供了中国方案。

མ་ཁེ་སི་རིང་ལུགས་གོང་འཕེལ་ལོ་རྒྱུས་ནས་བཤད་ན། མ་ཁེ་སི་རིང་ལུགས་ཀྲུང་གོ་ཅན་དུ་འགྱུར་བ་བྱེད་པའི་འཕེལ་ཚད་གསར་པ་གཏོད་པ་དང་། དེའང་ཀྲུང་ཧྭ་མི་རིགས་བསྐྱར་དར་འབྱུང་ཐབས་ཀྱི་ལོ་རྒྱུས་ཐོག་ནས་བཤད་ན། ཏང་ཡོངས་དང་རྒྱལ་ཡོངས་མི་དམངས་ཀྱིས་ཀྲུང་ཧྭ་མི་རིགས་ཀྱི་སྟོབས་ཆེའི་བསྐྱར་དར་མངོན་འགྱུར་ཡོང་བའི་འབད་འཐབ་བྱ་སྤྱོད་ཀྱི་ཁྲིད་སྟོན་ཞིག་ཡིན་ལ། མིའི་རིགས་ཀྱི་ཤེས་དཔལ་འཕེལ་རྒྱས་གཏོང་བའི་ལོ་རྒྱུས་ཐོག་ནས་བལྟས་ནའང་དེས་མིའི་རིགས་ལ་འཕྲད་པའི་ཐུན་མོང་གི་དཀའ་གནད་ཐག་གཅོད་བྱ་ཕྱིར་ཀྲུང་གོའི་བློ་གྲོས་ལེགས་སྐྱེས་དང་ཀྲུང་གོའི་ཇུས་གཞི་མཁོ་འདོན་བྱས་ཡོད།

4. 习近平法治思想的核心要义是什么?

༤.ཞི་ཅིན་ཕིང་གི་ཁྲིམས་སྐྱོང་དགོངས་པའི་དོན་སྙིང་གཙོ་བོ་གང་ཡིན་ནམ།

即“十一个坚持”：

坚持党对全面依法治国的领导，是中国特色社会主义法治的本质特征和内在要求。

དེའང་“རྒྱུན་འཁྱོངས་བྱ་དགོས་པ་བཅུ་གཅིག”སྟེ།

ཏང་གིས་ཁྲིད་ཡོངས་ནས་ཁྲིམས་ལྟར་རྒྱལ་ཁབ་སྐྱོང་རྒྱུར་འགོ་ཁྲིད་བྱ་རྒྱུ་རྒྱུན་འཁྱོངས་བྱ་དགོས་ཤིང་། དེ་ནི་ཀྲུང་གོའི་ཁྱད་ཆོས་ལྡན་པའི་སྤྱི་ཚོགས་རིང་ལུགས་ཁྲིམས་སྐྱོང་གི་རྩ་བའི་ཁྱད་ཆོས་དང་རང་གྲུབ་ཀྱི་དགོས་མཁོ་ཡིན།

坚持以人民为中心，是全面推进依法治国的力量源泉。

མི་དམངས་ལྟེ་བར་འཛིན་རྒྱུ་རྒྱུན་འཁྱོངས་བྱ་དགོས་ཤིང་། དེ་ནི་ཁྲིམས་ལྟར་རྒྱལ་ཁབ་སྐྱོང་རྒྱུར་ཁྱོན་ཡོངས་ནས་སྐུལ་འདེད་གཏོང་བའི་སྟོབས་ཤུགས་ཀྱི་འབྱུང་རྩ་ཡིན།

坚持中国特色社会主义法治道路，是全面推进依法治国的发展道路和正确方向。

ཀྲུང་གོའི་ཁྱད་ཆོས་ལྡན་པའི་སྤྱི་ཚོགས་རིང་ལུགས་ཀྱི་ཁྲིམས་སྐྱོང་ལམ་བུ་རྒྱུན་འཁྱོངས་བྱ་དགོས་ཤིང་། དེ་ནི་ཁྲིམས་ལྟར་རྒྱལ་ཁབ་སྐྱོང་རྒྱུར་ཁྱོན་ཡོངས་ནས་སྐུལ་འདེད་གཏོང་བའི་འཕེལ་རྒྱས་ཀྱི་ལམ་བུ་དང་ཡང་དག་པའི་ཁ་ཕྱོགས་ཡིན།

坚持依宪治国、依宪执政，是全面推进依法治国的工作重点。

རྩ་ཁྲིམས་ལྟར་རྒྱལ་ཁབ་སྐྱོང་རྒྱུ་དང་རྩ་ཁྲིམས་ལྟར་སྲིད་འཛིན་རྒྱུ་རྒྱུན་འཁྱོངས་བྱ་དགོས་ཤིང་། དེ་ནི་ཁྲིམས་ལྟར་རྒྱལ་ཁབ་སྐྱོང་རྒྱུར་ཁྱོན་ཡོངས་ནས་སྐུལ་འདེད་གཏོང་བའི་ལས་དོན་གྱི་གཙོ་གནད་ཡིན།

坚持在法治轨道上推进国家治理体系和治理能力现代化，是实现良法善治的必由之路。

ཁྲིམས་སྐྱོང་གི་ལམ་བུའི་ཐོག་རྒྱལ་ཁབ་ཀྱི་བཅོས་སྐྱོང་མ་ལག་དང་བཅོས་སྐྱོང་ནུས་པ་དེང་རབས་ཅན་དུ་འགྱུར་རྒྱུར་སྐུལ་འདེད་གཏོང་རྒྱུ་རྒྱུན་འཁྱོངས་བྱ་དགོས་ཤིང་། དེ་ནི་ཁྲིམས་བཟང་ལེགས་སྐྱོང་ཡོང་ཐུབ་རྒྱུར་བརྒྱུད་དགོས་ངེས་ཀྱི་ཐབས་ལམ་ཞིག་ཡིན།

坚持建设中国特色社会主义法治体系，是全面推进依法治国的发展目标和总抓手。

ཀྲུང་གོའི་ཁྱད་ཆོས་ལྡན་པའི་སྤྱི་ཚོགས་རིང་ལུགས་ཀྱི་ཁྲིམས་སྐྱོང་མ་ལག་འཛུགས་རྒྱུ་

རྒྱུན་འཁྱོངས་བྱ་དགོས་ཤིང་། དེ་ནི་ཁྲིམས་ལྟར་རྒྱལ་ཁབ་སྐྱོང་རྒྱུར་ཁྱོན་ཡོངས་ནས་སྐུལ་འདེད་གཏོང་བའི་གོང་འཕེལ་གྱི་དམིགས་འབེན་དང་སྤྱི་ཡོངས་ཀྱི་དམ་འཛིན་བྱེད་ས་ཞིག་ཡིན།

坚持依法治国、依法执政、依法行政共同推进，法治国家、法治政府、法治社会一体建设，是全面推进依法治国的战略布局。

ཁྲིམས་ལྟར་རྒྱལ་ཁབ་སྐྱོང་རྒྱུ་དང་ཁྲིམས་ལྟར་སྲིད་སྐྱོང་རྒྱུ། ཁྲིམས་ལྟར་སྲིད་དབང་ལག་བསྟར་བྱ་རྒྱུ་ཐུན་མོང་ཐོག་སྐུལ་འདེད་བཏང་ཐོག ཁྲིམས་སྐྱོང་རྒྱལ་ཁབ་དང་ཁྲིམས་སྐྱོང་སྲིད་གཞུང་། ཁྲིམས་སྐྱོང་སྤྱི་ཚོགས་བཅས་གཞི་གཅིག་ཏུ་འཛུགས་སྐྲུན་བྱ་རྒྱུ་རྒྱུན་འཁྱོངས་བྱ་དགོས་ཤིང་། དེ་ནི་ཁྲིམས་ལྟར་རྒྱལ་ཁབ་སྐྱོང་རྒྱུར་ཁྱོན་ཡོངས་ནས་སྐུལ་འདེད་གཏོང་བའི་འཐབ་ཇུས་ཀྱི་བཀོད་སྒྲིག་ཅིག་ཡིན།

坚持全面推进科学立法、严格执法、公正司法、全民守法，是新时代法治建设的“十六字”方针。

ཚན་རིག་དང་མཐུན་པའི་ཁྲིམས་འཛུགས་དང་ཁྲིམས་ལག་བསྟར་ནན་པོ། ཁྲིམས་འཛིན་གཞུང་དྲང་། དམངས་ཡོངས་ནས་ཁྲིམས་སྲུང་བ་བཅས་ལ་ཁྱོན་ཡོངས་ནས་སྐུལ་འདེད་གཏོང་རྒྱ་རྒྱུན་འཁྱོངས་བྱ་དགོས་ཤིང་། དེ་ནི་དུས་རབས་གསར་པའི་ཁྲིམས་སྐྱོང་འཛུགས་སྐྲུན་བྱེད་ཕྱོགས་ཀྱི“ཚ་དོན་བཞི”ཡིན།

坚持统筹推进国内法治和涉外法治，是建设法治强国的必然要求。

རྒྱལ་ནང་གི་ཁྲིམས་སྐྱོང་དང་ཕྱི་འབྲེལ་གྱི་ཁྲིམས་སྐྱོང་གཉིས་གཅིག་གྱུར་འཆར་འགོད་ཐོག་སྐུལ་འདེད་གཏོང་དགོས་ཤིང་། དེ་ནི་ཁྲིམས་སྐྱོང་གི་རྒྱལ་ཁབ་སྟོབས་ལྡན་འཛུགས་སྐྲུན་བྱེད་པའི་དགོས་ངེས་ཀྱི་བླང་བྱ་ཡིན།

坚持建设德才兼备的高素质法治工作队伍，是全面推进依法治国的组织保障。

སྤྱོད་ཡོན་གཉིས་ལྡན་གྱི་བྱང་ཚད་མཐོ་བའི་ཁྲིམས་སྐྱོང་ལས་དོན་དཔུང་ཁག་འཛུགས་སྐྲུན་བྱ་རྒྱ་རྒྱུན་འཁྱོངས་བྱ་དགོས་ཤིང་། དེ་ནི་ཁྲིམས་ལྟར་རྒྱལ་ཁབ་སྐྱོང་རྒྱུར་ཁྱོན་ཡོངས་ནས་སྐུལ་འདེད་གཏོང་བའི་རྩ་འཛུགས་ཀྱི་འགན་སྲུང་ཡིན།

坚持抓住领导干部这个“关键少数”，是全面推进依法治国的关键问题。

འགོ་ཁྲིད་ལས་བྱེད་པའི་“འགག་རྩའི་ཉུང་ཤས་”འདིར་དམ་འཛིན་བྱ་རྒྱུ་རྒྱུན་འཁྱོངས་བྱ་དགོས་ཤིང་། དེ་ནི་ཁྲིམས་ལྟར་རྒྱལ་ཁབ་སྐྱོང་རྒྱུར་ཁྱོན་ཡོངས་ནས་སྐུལ་འདེད་གཏོང་བའི་འགག་རྩའི་གནད་དོན་ཡིན།

5. 习近平法治思想有什么重大意义？

༥.ཞི་ཅིན་ཕིང་གི་ཁྲིམས་སྐྱོང་དགོངས་པར་དོན་སྙིང་གལ་ཆེན་གང་འདྲ་ལྡན་ཡོད་དམ།

习近平法治思想是顺应实现中华民族伟大复兴时代要求应运而生的重大理论创新成果，是马克思主义法治理论中国化最新成果，是习近平新时代中国特色社会主义思想的重要组成部分，是全面依法治国的根本遵循和行动指南。

དེ་འདང་ཞི་ཅིན་ཕིང་གི་ཁྲིམས་སྐྱོང་དགོངས་པ་ནི་ཀྲུང་ཧྭ་མི་རིགས་ཀྱི་རླབས་ཆེའི་བསྐྱར་དར་མངོན་འགྱུར་ཡོང་བར་བྱེད་པའི་དུས་རབས་ཀྱི་དགོས་མཁོར་གཞིགས་ཏེ་ཐོན་པའི་རིགས་པའི་གཞུང་ལུགས་ཀྱི་གསར་གཏོད་གྲུབ་འབྲས་གལ་ཆེན་ཞིག་ཡིན་པ་དང་། མ་ཁེ་སི་རིང་ལུགས་ཀྱི་ཁྲིམས་སྐྱོང་རིགས་པའི་གཞུང་ལུགས་དག་ཀྲུང་གོ་ཅན་དུ་འགྱུར་པའི་གྲུབ་འབྲས་གསར་ཤོས་ཤིག་ཡིན་པ། ཞི་ཅིན་ཕིང་གི་དུས་རབས་གསར་པའི་ཀྲུང་གོའི་ཁྱད་ཆོས་ལྡན་པའི་སྤྱི་ཚོགས་རིང་ལུགས་དགོངས་པའི་གྲུབ་ཆ་གལ་ཆེན་ཞིག་ཡིན་པ། ཁྱོན་ཡོངས་ནས་ཁྲིམས་ལྟར་རྒྱལ་ཁབ་སྐྱོང་རྒྱུའི་རྩ་བའི་གཞི་འཛིན་ས་དང་བྱ་སྤྱོད་ཀྱི་ཕྱོགས་སྟོན་ཡིན།

6. 如何理解习近平总书记在庆祝中国共产党成立 100 周年大会上的重要讲话？

༦.སྤྱི་ཁྱབ་ཧྲུའུ་ཅི་ཞི་ཅིན་ཕིང་གིས་ཀྲུང་གོ་གུང་ཁྲན་ཏང་དབུ་བརྙེས་ནས་ལོ་ངོ་༡༠༠འཁོར་བའི་ཚོགས་ཆེན་ཐོག་གནང་བའི་གསུང་བཤད་གལ་ཆེན་ལ་གོ་བ་གང་འདྲ་ལེན་དགོས་སམ།

习近平总书记在庆祝中国共产党成立 100 周年大会上的重要讲话，全面回顾一百年来我们党围绕实现中华民族伟大复兴，团结带领中国人民开辟的伟大道路、创造的伟大事业、取得的伟大成就，庄严宣告我们实现了第一个百年奋斗目标，在中华大地上全面建成了小康社会，深刻总结了伟大建党精神，系统阐述了以史为鉴、开创未来的“九个必须”，是一篇马克思主义的纲领性文献，为全党全国各族人民向第二个百年奋斗目标迈进指明了前进方向、提供了根本遵循。

དེ་འདང་སྤྱི་ཁྱབ་ཧྲུའུ་ཅི་ཞི་ཅིན་ཕིང་གིས་ཀྲུང་གོ་གུང་ཁྲན་ཏང་དབུ་བརྙེས་ནས་ལོ་ངོ་༡༠༠འཁོར་བའི་ཚོགས་ཆེན་ཐོག་གནང་བའི་གསུང་བཤད་གལ་ཆེན་ནང་། ལོ་ངོ་བརྒྱ་སོང་ཚུན་དུ་རང་རེའི་ཏང་གིས་ཀྲུང་ཧྭ་མི་རིགས་ཀྱི་རླབས་ཆེའི་བསྐྱར་དར་མངོན་འགྱུར་ཡོང་བ་བྱ་རྒྱུར་གཞིགས་ནས་ཀྲུང་གོ་མི་དམངས་ལ་མཐུན་སྒྲིལ་སྣེ་ཁྲིད་ཀྱིས་གསར་གཏོད་བྱས་པའི་རླབས་ཆེའི་ལམ་བུ་དང་། གསར་གཏོད་

བྱས་པའི་རླབས་ཆེའི་བྱ་གཞག དེ་བཞིན་ཐོབ་ཟིན་པའི་རླབས་ཆེའི་གྲུབ་འབྲས་བཅས་ལ་ཁྱོན་ཡོངས་ནས་རྗེས་དྲན་གནང་བ་དང་། བརྗོད་ཉམས་ལྡན་པའི་ངང་ང་ཚོའི་ལོ་བརྒྱ་བྱས་པ་དང་པོའི་འབད་འཐབ་དམིགས་ཚད་མངོན་གྱུར་བྱུང་ཞིང་། ཀྲུང་ཧྭ་ཡི་ས་གཞི་ཆེན་པོའི་ཐོག་ཁྱོན་ཡོངས་ནས་འབྱོར་འབྲིང་སྤྱི་ཚོགས་བསྐྲུན་གྲུབ་པ་ཁྱབ་བསྒྲགས་གནང་བ་དང་། རླབས་ཆེའི་ཧྲང་འཛུགས་ཀྱི་སྙིང་སྟོབས་ལ་ཕྱོགས་བསྡོམས་གཏིང་ཟབ་གནང་བ། ལོ་རྒྱུས་མེ་ལོང་དུ་འཛིན་ཏེ་འབྱུང་འགྱུར་གསར་གཏོད་བྱ་རྒྱུའི་“དགོས་ངེས་དགུ”རྒྱས་བཤད་ཞིབ་ཕྲ་གནང་ཡོད་པས་དེ་ནི་མ་ཁེ་སི་རིང་ལུགས་ཀྱི་རྩ་འཛིན་རང་བཞིན་གྱི་ཡིག་ཆ་ཡིན་གཤིས། དེས་ཧྲང་ཡོངས་དང་རྒྱལ་ཡོངས་མི་རིགས་ཁག་གི་མི་དམངས་ལོ་བརྒྱ་བྱས་པ་གཉིས་པའི་འབད་འཐབ་དམིགས་འབེན་གྱི་ཕྱོགས་སུ་བསྐྱོད་རྒྱུར་མདུན་སྐྱོད་ཀྱི་ཁ་ཕྱོགས་གསལ་པོ་བསྟན་པ་དང་། རྩ་བའི་གཞི་འཛིན་ས་མཁོ་འདོན་བྱས་ཡོད།

7. 习近平总书记在西藏和平解放 70 周年之际考察西藏时有何重要指示？

༧.སྤྱི་ཁྲབ་ཧྲུའུ་ཅི་ཞི་ཅིན་ཕིང་གིས་བོད་ཞི་བས་བཅིངས་འགྲོལ་བཏང་ནས་ལོ་ངོ་༧༠འཁོར་བའི་སྐབས་བོད་ལྗོངས་ལ་གཟིགས་ཞིབ་གནང་སྐབས་མཛུབ་སྟོན་གལ་ཆེན་གང་དག་གནང་ཡོད་དམ།

在庆祝西藏和平解放70周年之际，中共中央总书记、国家主席、中央军委主席习近平来到西藏，祝贺西藏和平解放70周年，看望慰问西藏各族干部群众，给各族干部群众送去党中央的关怀。习近平作为中共中央总书记、国家主席、中央军委主席到西藏庆祝西藏和平解放，在党和国家历史上是第一次，充分表达了党中央对西藏工作的支持、对西藏各族干部群众的关怀。

དེའང་བོད་ཞི་བས་བཅིངས་འགྲོལ་བཏང་ནས་ལོ་༧༠འཁོར་བར་རྟེན་འབྲེལ་ཞུ་བའི་སྐབས་སུ། ཀྲུང་གུང་ཀྲུང་དབྱང་གི་སྤྱི་ཁྲབ་ཧྲུའུ་ཅི། རྒྱལ་ཁབ་ཀྱི་ཀྲུའུ་ཞི། ཀྲུང་དབྱང་དམག་ཨུད་ཀྱི་ཀྲུའུ་ཞི་ཞི་ཅིན་ཕིང་མཆོག་བོད་དུ་ཕེབས་ཏེ་བོད་ཞི་བས་བཅིངས་འགྲོལ་བཏང་ནས་ལོ་༧༠འཁོར་བར་བཀྲ་ཤིས་རྟེན་འབྲེལ་ཞུས་གནང་བ་དང་། བོད་ལྗོངས་མི་རིགས་ཁག་གི་ལས་

བྱེད་མང་ཚོགས་ལ་གཟིགས་ཞིབ་དང་འཚམ་འདྲི་གནང་ནས་མི་རིགས་ཁག་གི་ལས་བྱེད་མང་ཚོགས་ལ་ཏང་ཀྲུང་དབྱང་གིས་ཐུགས་ཁུར་གནང་ཚུལ་མཚོན་པར་གནང་ཡོད། ཞི་ཅིན་ཕིང་གང་ཉིད་ཀྲུང་གུང་ཀྲུང་དབྱང་གི་སྤྱི་ཁྱབ་ཧྲུའུ་ཅི་དང་རྒྱལ་ཁབ་ཀྱི་ཀྲུའུ་ཞི། ཀྲུང་དབྱང་དམག་ཨུད་ཀྱི་ཀྲུའུ་ཞི་བཅས་ཡིན་པའི་ངོས་ནས་བོད་ཞི་བས་བཅིངས་འགྲོལ་བཏང་ནས་ལོ་༧༠འཁོར་བར་རྟེན་འབྲེལ་ཞུ་བར་ཕེབས་པ་དེ་ཡང་ཏང་དང་རྒྱལ་ཁབ་ཀྱི་ལོ་རྒྱུས་ཐོག་ཐེངས་དང་པོ་ཡིན། དེའི་ཐོག་ནས་ཏང་ཀྲུང་དབྱང་གིས་བོད་ལྗོངས་ཀྱི་ལས་དོན་ལ་རྒྱབ་སྐྱོར་དང་། བོད་ལྗོངས་མི་རིགས་ཁག་གི་ལས་བྱེད་མང་ཚོགས་ལ་ཐུགས་ཁུར་གང་ལེགས་གནང་བ་མཚོན་གྱི་ཡོད།

习近平强调，要全面贯彻新时代党的治藏方略，坚持稳中求进工作总基调，立足新发展阶段，完整、准确、全面贯彻新发展理念，服务和融入新发展格局，推动高质量发展，加强边境地区建设，抓好稳定、发展、生态、强边四件大事，在推动青藏高原生态保护和可持续发展上不断取得新成就，奋力谱写雪域高原长治久安和高质量发展新篇章。

ཞི་ཅིན་ཕིང་གིས་ནན་བརྗོད་གནང་བར། དུས་རབས་གསར་པའི་ཏང་གི་བོད་སྐྱོང་ཇུས་གཞི་ཁྱོན་ཡོངས་ནས་ལག་བསྟར་དང་བརྟན་པོའི་ཁྲོད་ཡར་རྒྱས་ཡོང་བ་བྱེད་པའི་ལས་དོན་གྱི་སྤྱིའི་བྱེད་ཕྱོགས་རྒྱུན་འཁྱོངས་བྱེད་དགོས་པ་དང་། གོང་འཕེལ་གྱི་དུས་མཚམས་གསར་པར་རྐང་པ་བཙུགས་ཐོག གོང་འཕེལ་གྱི་འདུ་ཤེས་གསར་པ་འཐུས་ཚང་དང་གནད་འཕིགས། ཁྱོན་ཡོངས་བཅས་ཀྱི་སྒོ་ནས་ལག་བསྟར་དང་། གོང་འཕེལ་གྱི་གནས་བབས་གསར་པར་ཞབས་ཞུ་དང་འབྲེལ་འདྲིས་ཡོང་བ་བྱེད་པ། སྤུས་ཚད་མཐོ་བའི་གོང་འཕེལ་ལ་སྐུལ་འདེད་དང་མཐའ་མཚམས་ས་ཁུལ་གྱི་འཛུགས་སྐྲུན་ལ་ཤུགས་སྣོན་རྒྱག་པ། བརྟན་ལྷིང་དང་འཕེལ་རྒྱས། སྐྱེ་ཁམས། མཐའ་མཚམས་སྟོབས་ཆེར་གཏོང་རྒྱུ་བཅས་དོན་ཆེན་བཞི་ར་དམ་འཛིན་ཡག་པོ་བྱེད་པ། མཚོ་བོད་ས་མཐོའི་སྐྱེ་ཁམས་ཁོར་ཡུག་སྲུང་སྐྱོང་དང་རྒྱུན་མཐུད་གོང་འཕེལ་ཡོང་བ་བྱེད་པའི་ཐད་གྲུབ་འབྲས་གསར་པ་ཟམ་མི་ཆད་པ་ཐོབ་པ་བཅས་བྱས་མཐར། གངས་ལྗོངས་ས་མཐོར་ཡུན་རིང་དུས་བདེ་དང་སྤུས་ཚད་མཐོ་བའི་འཕེལ་རྒྱས་ཀྱི་ལེའུ་གསར་པ་ཞིག་བརྩམ་དགོས།

要坚持保护优先，坚持山水林田湖草沙冰一体化保护和系统治理，加强重要江河流域生态环境保护和修复，统筹水资源合理开发利用和保护，守护好这里的生灵草木、万水千山。

སྔོན་ལ་སྲུང་སྐྱོང་བྱ་རྒྱུ་རྒྱུན་འཁྱོངས་དང་། རི་ཆུ་ནགས་ཞིང་དང་མཚོའུ་རྩྭ་ཐང་། བྱེ་ས་འཁྱགས་ས་བཅས་ཚང་མ་མཉམ་དུ་སྲུང་སྐྱོང་དང་ཆ་ལག་ཚང་བའི་བཅོས་སྐྱོང་བྱ་རྒྱུ་རྒྱུན་འཁྱོངས་བྱ་དགོས་པ་དང་། གལ་གནད་ཆེ་བའི་གཙང་པོ་དང་ཆུ་བོ་རྒྱུག་ཁུལ་གྱི་སྐྱེ་ཁམས་ཁོར་ཡུག་སྲུང་སྐྱོང་དང་སླར་གསོ་བྱ་རྒྱུར་ཤུགས་སྣོན་རྒྱག་དགོས་པ། ཆུའི་ཐོན་ཁུངས་ལུགས་མཐུན་ངང་གསར་སྤེལ་དང་བེད་སྤྱོད། སྲུང་སྐྱོབ་བཅས་བྱ་རྒྱུ་གཅིག་གྱུར་འཆར་འགོད་བྱས་ནས་གནས་དེ་གའི་སྲོག་ཆགས་དང་རྩི་ཤིང་། རི་ཀླུང་ཚང་མ་སྲུང་སྐྱོང་ཡག་པོ་བྱ་དགོས།

要坚持以人为本，不断完善城市功能，提高群众生活品质。

མི་རྩ་བར་འཛིན་རྒྱུ་རྒྱུན་འཁྱོངས་བྱས་ཐོག གྲོང་ཁྱེར་གྱི་ནུས་པ་ཟམ་མི་ཆད་པར་འཕྲུས་ཚང་དུ་གཏོང་བ་དང་། མང་ཚོགས་ཀྱི་འཚོ་བའི་སྤུས་ཚད་མཐོ་རུ་གཏོང་དགོས།

要全面贯彻党的宗教工作基本方针，尊重群众的宗教信仰，坚持独立自主自办原则，依法管理宗教事务，积极引导藏传佛教与社会主义社会相适应，促进宗教和顺、社会和谐、民族和睦，在推动社会发展进步中发挥积极作用。

ཏང་གི་ཆོས་ལུགས་ལས་དོན་གྱི་གཞི་རྩའི་བྱེད་ཕྱོགས་ཁྱོན་ཡོངས་ནས་ལག་བསྟར་བྱས་ཏེ། མང་ཚོགས་ཀྱི་ཆོས་དད་ལ་བརྩི་འཛུགས་དང་རང་ཚུགས་རང་བདག རང་གཉེར་བཅས་ཀྱི་རྩ་དོན་རྒྱུན་འཁྱོངས་བྱེད་དགོས་པ། ཁྲིམས་ལྟར་ཆོས་ལུགས་ལས་དོན་དོ་དམ་བྱས་ཐོག བོད་བརྒྱུད་ནང་བསྟན་དེ་སྤྱི་ཚོགས་རིང་ལུགས་ཀྱི་སྤྱི་ཚོགས་དང་འཚམ་མཐུན་ཡོང་བ་བྱེད་པ་དང་། ཆོས་ལུགས་འཚམ་མཐུན་དང་སྤྱི་ཚོགས་ཞི་མཐུན། མི་རིགས་མཛའ་མཐུན་ཡོང་བ་བཅས་བྱས་ནས་སྤྱི་ཚོགས་འཕེལ་རྒྱས་དང་ཡར་ཐོན་ཡོང་བ་བྱེད་པའི་ཐད་དགེ་མཚན་ལྡན་པའི་ནུས་པ་འདོན་སྤེལ་བྱ་དགོས།

要准确把握西藏工作的阶段性特征，扎实做好群众工作，提高社会治理水平，确保国家安全、社会稳定、人民幸福。

བོད་ལྗོངས་ལས་ཀའི་དུས་མཚམས་རང་བཞིན་གྱི་ཁྱད་ཆོས་ཡང་དག་པའི་ངང་ཁོང་དུ་ཆུད་པ་བྱས་ཏེ། མང་ཚོགས་ལས་དོན་ཏན་ཏིག་དང་ཡག་པོ་སྒྲུབ་པ་དང་། སྤྱི་ཚོགས་བཅོས་སྐྱོང་གི་ཚུ་ཚད་མཐོ་རུ་བཏང་ནས་རྒྱལ་ཁབ་ཀྱི་བདེ་འཇགས་དང་སྤྱི་ཚོགས་ཀྱི་བརྟན་ལྷིང་། མི་དམངས་ཀྱི་བདེ་སྐྱིད་བཅས་འགན་སྲུང་བྱ་དགོས།

要坚持把民族团结进步宣传教育与社会主义核心价值观教育、爱国主义教育、反分裂斗争教育、新旧西藏对比教育和马克思主义国家观、历史观、民族观、文化观、宗教观教育结合起来，多谋长久之策，多行固本之举。

མི་རིགས་མཐུན་སྒྲིལ་དང་ཡར་ཐོན་གྱི་དྲིལ་བསྒྲགས་སློབ་གསོ་བྱ་རྒྱུ་དེ་སྤྱི་ཚོགས་རིང་ལུགས་ཀྱི་ལྟེ་བའི་རིན་ཐང་ལྟ་བའི་སློབ་གསོ་དང་རྒྱལ་གཅེས་རིང་ལུགས་ཀྱི་སློབ་གསོ། ཁ་འབྲལ་ལ་ངོ་རྒོལ་གྱི་འཐབ་རྩོད་བྱ་རྒྱུའི་སློབ་གསོ། བོད་ལྗོངས་གསར་རྙིང་བསྡུར་བ་བྱེད་པའི་སློབ་གསོ། མ་ཁེ་སི་རིང་ལུགས་ཀྱི་རྒྱལ་ཁབ་ལྟ་བ་དང་ལོ་རྒྱུས་ལྟ་བ། མི་རིགས་ལྟ་བ། རིག་གནས་ལྟ་བ། ཆོས་ལུགས་ལྟ་བ་བཅས་ཀྱི་སློབ་གསོ་དང་ཟུང་འབྲེལ་བྱས་ནས་ཕུགས་ཕན་གྱི་ཐབས་ཇུས་མང་ཙམ་འདོན་པ་དང་རྩ་བརྟན་གྱི་བྱ་སྤྱོད་མང་ཙམ་བཟུང་དགོས།

要加强民族交往交流交融，不断增强各族群众对伟大祖国、中华民族、中华文化、中国共产党、中国特色社会主义的认同，打牢民族团结的思想基础。

མི་རིགས་དབར་གྱི་འགྲོ་འོང་དང་སྤེལ་རེས། འབྲེལ་འདྲིས་བཅས་ལ་ཤུགས་སྣོན་བརྒྱབ་སྟེ། མི་རིགས་ཁག་གི་མང་ཚོགས་ཀྱིས་རླབས་ཆེན་གྱི་མེས་རྒྱལ་དང་ཀྲུང་ཧྭ་མི་རིགས། ཀྲུང་ཧྭའི་རིག་གནས། ཀྲུང་གོའི་ཁྱད་ཆོས་ལྡན་པའི་སྤྱི་ཚོགས་རིང་ལུགས་བཅས་ལ་ངོས་འཛིན་གཅིག་མཐུན་ཡོང་རྒྱུར་ཤུགས་སྣོན་ཟམ་མི་ཆད་པ་བརྒྱབ་ནས་མི་རིགས་མཐུན་སྒྲིལ་གྱི་བསམ་བློའི་རྨང་གཞི་སྲ་བརྟན་ཡོང་བ་བྱ་དགོས།

要坚持以人民为中心的发展思想，推动巩固拓展脱贫攻坚成果同全面推进乡村振兴有效衔接，更加聚焦群众普遍关注的民生问题，办好就业、教育、社保、医疗、养老、托幼、住房等民生实事，一件一件抓落实，让各族群众的获得感成色更足、幸福感更可持续、安全感更有保障。

མི་དམངས་ལྟེ་བར་འཛིན་པའི་གོང་འཕེལ་གྱི་བསམ་བློ་རྒྱུན་འཁྱོངས་བྱས་ཐོག དབུལ་འཐོལ་འགག་གཏོར་གྱི་གྲུབ་འབྲས་སྲ་བརྟན་དང་ཇེ་ཆེར་གཏོང་རྒྱུ་དང་ཁྲོན་ཡོངས་ནས་ཤང་གྲོང་དར་རྒྱས་ལ་སྐུལ་འདེད་གཏོང་རྒྱུ་གཉིས་ནུས་ཡོད་དང་འབྲེལ་མཐུད་བྱེད་པ་དང་། མང་ཚོགས་ནས་ཡོངས་ཁྱབ་དང་དོ་ཁུར་བྱེད་པའི་དམངས་འཚོའི་གནད་དོན་སྔར་བས་གཙོ་ཆེར་བཟུང་ནས་ལས་ཞུགས་དང་སློབ་གསོ། སྤྱི་ཚོགས་འགན་བཅོལ། སྨན་བཅོས། རྒན་གསོ། བུ་བཅོལ། སྡོད་ཁང་སོགས་དམངས་འཚོའི་དོན་དག་དངོས་ཡག་པོ་སྒྲུབ་པ་དང་། དོན་དགག་རེ་བཞིན་དོན་འཁྱོལ་ཡོང་བར་དམ་འཛིན་གྱིས་མི་རིགས་ཁག་གི་མང་ཚོགས་ཀྱི་ཐོབ་ཚོར་སྔར་བས་ཆེ་རུ་གཏོང་བ་དང་བདེ་སྐྱིད་ཀྱི་ཚོར་སྣང་སྔར་བས་རྒྱུན་མཐུད་ཡོང་བ། བདེ་འཇགས་ཀྱི་ཚོར་སྣང་སྔར་བས་འགན་སྲུང་ཐུབ་པ་བཅས་བྱ་དགོས།

要加强边境基础设施建设，鼓励各族群众扎根边陲、守护国土、建设家乡。

མཐའ་མཚམས་ཀྱི་རྨང་གཞིའི་སྒྲིག་བཀོད་འཛུགས་སྐྲུན་བྱེད་ཤུགས་ཆེ་རུ་བཏང་ནས་མི་རིགས་ཁག་གི་མང་ཚོགས་མཐའ་མཚམས་ལ་རྩ་བ་འཛུགས་རྒྱུ་དང་རྒྱལ་ཁོངས་ས་ཆ་ལྟ་སྲུང་བྱ་རྒྱུ། ཕ་ཡུལ་འཛུགས་སྐྲུན་བྱ་རྒྱུ་བཅས་ལ་སྐུལ་མ་གཏོང་དགོས།

学史力行是党史学习教育的落脚点，要把学史明理、学史增信、学史崇德的成果转化为改造主观世界和客观世界的实际行动。要在锤炼党性上力行，要在为民服务上力行，要在推动发展上力行。

ལོ་རྒྱུས་སློབ་སྦྱོང་བྱས་ཏེ་ལག་ལེན་དུ་འཁྱོལ་བ་བྱ་རྒྱུ་ནི་ཏང་གི་ལོ་རྒྱུས་སློབ་སྦྱོང་སློབ་གསོའི་རྐང་པ་འཛུགས་ས་དེ་ཡིན་ཞིང་། ལོ་རྒྱུས་སློབ་སྦྱོང་བྱས་ཏེ་གནས་ལུགས་གསལ་པོ་ཤེས་པ་དང་ལོ་རྒྱུས་སློབ་སྦྱོང་བྱས་ཏེ་བློ་སྤོབས་ཆེ་རུ་བཏང་བ། ལོ་རྒྱུས་སློབ་སྦྱོང་བྱས་ཏེ་ཀུན་སྤྱོད་གཙིགས་ཆེར་འཛིན་པའི་གྲུབ་འབྲས་རང་སྣང་གི་འཇིག་རྟེན་ལྟ་བ་དང་ཕྱི་རོལ་གྱི་འཇིག་རྟེན་

ལྟ་བར་འགྱུར་ལྡོག་གཏོང་བའི་བྱ་སྤྱོད་དངོས་ལ་འགྱུར་བ་བྱ་དགོས་པ་དང་། ཏང་གཞིས་སྤྱོང་བརྡར་བྱེད་པའི་ཐད་ལག་ལེན་བསྟར་དགོས་པ། མི་དམངས་ལ་ཞབས་འདེགས་ཞུ་བའི་ཐད་ལག་ལེན་བསྟར་དགོས་པ། འཕེལ་རྒྱས་ལ་སྐུལ་འདེད་གཏོང་བའི་ཐད་ལག་ལེན་བསྟར་དགོས།

8. 建设中国特色社会主义法治体系的内容包括哪些？

༨.ཀྲུང་གོའི་ཁྱད་ཆོས་ལྡན་པའི་སྤྱི་ཚོགས་རིང་ལུགས་ཁྲིམས་སྐྱོང་མ་ལག་འཛུགས་སྐྲུན་གྱི་ནང་དོན་གྲས་སུ་གང་དག་ཚུད་ཡོད་དམ།

建设中国特色社会主义法治体系，就是在中国共产党领导下，坚持中国特色社会主义制度，贯彻中国特色社会主义法治理论，形成完备的法律规范体系、高效的法治实施体系、严密的法治监督体系、有力的法治保障体系，形成完善的党内法规体系，坚持依法治国、依法执政、依法行政共同推进，坚持法治国家、法治政府、法治社会一体建设，实现科学立法、严格执法、公正司法、全民守法，促进国家治理体系和治理能力现代化。

དེའང་ཀྲུང་གོའི་ཁྱད་ཆོས་ལྡན་པའི་སྤྱི་ཚོགས་རིང་ལུགས་ཀྱི་ཁྲིམས་སྐྱོང་མ་ལག་འཛུགས་རྒྱ་ནི་ཀྲུང་གོ་གུང་ཁྲན་ཏང་གི་འགོ་ཁྲིད་འོག ཀྲུང་གོའི་ཁྱད་ཆོས་ལྡན་པའི་སྤྱི་ཚོགས་རིང་ལུགས་ཀྱི་ལམ་ལུགས་རྒྱུན་འཁྱོངས་བྱས་ཐོག ཀྲུང་གོའི་ཁྱད་ཆོས་ལྡན་པའི་སྤྱི་ཚོགས་རིང་ལུགས་ཀྱི་ཁྲིམས་སྐྱོང་གཞུང་ལུགས་ལག་ལེན་མཐར་ཕྱིན་བྱས་ནས། འཛུམ་སྒོ་ཚང་བའི་བཅའ་ཁྲིམས་ཀྱི་གཞི་གྲུར་མ་ལག་དང་ཕན་ནུས་ཆེ་བའི་ཁྲིམས་སྐྱོང་ལག་བསྟར་མ་ལག དོ་ནན་གྱི་ཁྲིམས་སྐྱོང་ལྟ་སྐུལ་མ་ལག ནུས་ཡོད་ཀྱི་ཁྲིམས་སྐྱོང་འགན་སྲུང་མ་ལག་བཅས་ཆགས་པ་བྱ་རྒྱུ་དང་། འཛུམ་སྒོ་ཚང་བའི་ཏང་ནང་ཁུལ་གྱི་ཁྲིམས་སྲོལ་མ་ལག་ཆགས་པ་བྱ་དགོས། ཁྲིམས་ལྟར་རྒྱལ་ཁབ་སྐྱོང་རྒྱུ་དང་ཁྲིམས་ལྟར་སྲིད་འཛིན་རྒྱུ། ཁྲིམས་ལྟར་སྲིད་དབང་ལག་བསྟར་བྱ་རྒྱུ་བཅས་མཉམ་དུ་སྐུལ་སློང་གཏོང་རྒྱུ་རྒྱུན་འཁྱོངས་དང་ཁྲིམས་སྐྱོང་རྒྱལ་ཁབ་དང་ཁྲིམས་སྐྱོང་སྲིད་གཞུང་། ཁྲིམས་སྐྱོང་སྤྱི་ཚོགས་བཅས་གཞི་གཅིག་ཏུ་འཛུགས་སྐྲུན་བྱ་རྒྱུ་རྒྱུན་འཁྱོངས་བྱས་ཏེ། ཚན་རིག་

དང་མཐུན་པའི་ཁྲིམས་འཇུགས་དང་ཁྲིམས་ལག་བསྟར་ནན་པོ། ཁྲིམས་འཛིན་གཞུང་དྲང་། དམངས་ཡོངས་ནས་ཁྲིམས་ལུགས་སྲུང་བ་བཅས་བྱས་མཐར། རྒྱལ་ཁབ་ཀྱི་ཁྲིམས་སྲོང་མ་ལག་དང་བཅོས་སྲོང་མ་ལག་གི་ནུས་པ་དེང་རབས་ཅན་དུ་འགྱུར་རྒྱུར་སྐུལ་འདེད་གཏོང་དགོས།

9. "四个意识"是指什么?

༩."འདུ་ཤེས་བཞི"གང་དག་ཡིན་ནམ།

"四个意识"是指政治意识、大局意识、核心意识、看齐意识。

"འདུ་ཤེས་བཞི"ནི་ཆབ་སྲིད་ཀྱི་འདུ་ཤེས་དང་ཁྱོན་ཡོངས་ཀྱི་འདུ་ཤེས། སྙིང་ཤིང་གི་འདུ་ཤེས། མིག་ལྟོས་ཀྱི་འདུ་ཤེས་བཅས་ཡིན།

10. "四个自信"是指什么?

༡༠."གདེང་ཚོད་བཞི"གང་དག་ཡིན་ནམ།

"四个自信"即中国特色社会主义道路自信、理论自信、制度自信、文化自信。

"གདེང་ཚོད་བཞི"ནི་ཀྲུང་གོའི་ཁྱད་ཆོས་ལྡན་པའི་སྤྱི་ཚོགས་རིང་ལུགས་ཀྱི་ལམ་བུར་གདེང་ཚོད་ཡོད་པ་དང་། རིགས་པའི་གཞུང་ལུགས་ལ་གདེང་ཚོད་ཡོད་པ། ལམ་ལུགས་ལ་གདེང་ཚོད་ཡོད་པ། རིག་གནས་ལ་གདེང་ཚོད་ཡོད་པ་བཅས་རེད།

11. "两个维护"是指什么?

༡༡."སྲུང་སྐྱོང་གཉིས"གང་དག་ཡིན་ནམ།

"两个维护"是指坚决维护习近平总书记党中央的核心、全党的核心地位，坚决维护党中央权威和集中统一领导。

"སྲུང་སྐྱོང་གཉིས"ནི་སྤྱི་ཁྱབ་སྡུའུ་ཅི་ཞི་ཅིན་ཕིང་ནི་ཏང་ཀྲུང་དབྱང་གི་སྙིང་ཤིང་ཡིན་པ་

དང་ཧང་ཡོངས་ཀྱི་སྲོག་ཤིང་ཡིན་པའི་གོ་བབ་སྲུང་སྐྱོང་མཐའ་གཅིག་ཏུ་བྱ་རྒྱུ་དང་། ཧང་ཀྲུང་དབྱང་གི་དབང་གྲགས་དང་གཅིག་བསྡུད་གཅིག་གྱུར་གྱི་འགོ་ཁྲིད་སྲུང་སྐྱོང་མཐའ་གཅིག་ཏུ་བྱ་རྒྱུ་གཉིས་ཡིན།

12. 社会主义核心价值观的基本内容是什么？

༡༢.སྤྱི་ཚོགས་རིང་ལུགས་ཀྱི་ལྟེ་བའི་རིན་ཐང་ལྟ་བའི་གཞི་རྩའི་ནང་དོན་གང་ཡིན་ནམ།

富强、民主、文明、和谐，自由、平等、公正、法治，爱国、敬业、诚信、友善。

འབྱོར་ཕྱུག་དང་དམངས་གཙོ། ཤེས་དཔལ། ཞི་མཐུན། རང་དབང་། འདྲ་མཉམ། དྲང་གཞག ཁྲིམས་སྐྱོང་། རྒྱལ་གཅེས། ལས་བཀུར། ཡིད་རྟོན། མཛའ་མཐུན་བཅས་རེད།

13. 什么是“五个认同”？

༡༣.“གཅིག་མཐུན་གྱི་ངོས་འཛིན་ལྔ”གང་དག་ཡིན་ནམ།

“五个认同”是指对伟大祖国的认同、对中华民族的认同、对中华文化的认同、对中国共产党的认同、对中国特色社会主义的认同。

“གཅིག་མཐུན་གྱི་ངོས་འཛིན་ལྔ”ནི་རླབས་ཆེན་གྱི་མེས་རྒྱལ་ལ་ངོས་འཛིན་གཅིག་མཐུན་དང་། ཀྲུང་ཧྭ་མི་རིགས་ལ་ངོས་འཛིན་གཅིག་མཐུན། ཀྲུང་ཧྭའི་རིག་གནས་ལ་ངོས་འཛིན་གཅིག་མཐུན། ཀྲུང་གོ་གུང་ཁྲན་ཏང་ལ་ངོས་འཛིན་གཅིག་མཐུན། ཀྲུང་གོའི་ཁྱད་ཆོས་ལྡན་པའི་སྤྱི་ཚོགས་རིང་ལུགས་ལ་ངོས་འཛིན་གཅིག་མཐུན་བྱ་རྒྱུ་བཅས་རེད།

14. “三个离不开”指什么？

༡༤.“ཁ་འབྲལ་ཐབས་མེད་པ་གསུམ”གང་དག་ཡིན་ནམ།

汉族离不开少数民族，少数民族离不开汉族，各少数民族之间也相互离不开。

རྒྱ་རིགས་ནི་གྲངས་ཉུང་མི་རིགས་དང་ཁ་འབྲལ་ཐབས་མེད་པ་དང་གྲངས་ཉུང་མི་རིགས་ནི་རྒྱ་རིགས་དང་ཁ་འབྲལ་ཐབས་མེད་པ། གྲངས་ཉུང་མི་རིགས་ཁག་ཀྱང་ཕན་ཚུན་ཁ་འབྲལ་ཐབས་མེད་པ་བཅས་རེད།

15. 西藏工作的着眼点和着力点是什么？

༡༥.བོད་ལྗོངས་ལས་དོན་གྱི་དམིགས་ས་གཙོ་བོ་དང་ཤུགས་རྒྱག་ས་གཙོ་བོ་གང་ཡིན་ནམ།

西藏工作必须坚持以维护祖国统一、加强民族团结为着眼点和着力点。

བོད་ལྗོངས་ལས་དོན་གྱི་དམིགས་ས་གཙོ་བོ་དང་ཤུགས་རྒྱག་ས་གཙོ་བོ་ནི་བོད་ལྗོངས་ལས་དོན་ཁྲོད་ངེས་པར་དུ་རྒྱུན་མཐུད་དང་མེས་རྒྱལ་གོང་བུ་གཅིག་གྱུར་ལ་སྲུང་སྐྱོང་དང་། མི་རིགས་མཐུན་སྒྲིལ་ལ་ཤུགས་སྣོན་རྒྱག་དགོས་པ་དེ་ཡིན།

16. 新时代党的治藏方略是什么？

༡༦.དུས་རབས་གསར་པའི་བོད་སྐྱོང་གི་རྣམ་གཞི་གང་ཡིན་ནམ།

在中央第七次西藏工作座谈会上，习近平总书记进一步丰富和发展了新时代党的治藏方略，并用“十个必须”高度概括，即：

དེའང་ཀྲུང་དབྱང་གི་བོད་ལྗོངས་ལས་དོན་སྐོར་གྱི་བཞུགས་མོལ་ཚོགས་འདུ་ཐེངས་བདུན་པའི་ཐོག སྤྱི་ཁྲབ་རྒྱུའུ་ཅི་ཞི་ཅིན་ཕིང་གིས་དུས་རབས་གསར་པའི་ཏང་གི་བོད་སྐྱོང་རྣམ་གཞི་སྔར་བས་ཕུན་སུམ་ཇེ་ཚོགས་དང་འཕེལ་རྒྱས་བཏང་ཡོད་པ་མ་ཟད། “ངེས་པར་དུ་བཅུ”ཞེས་པའི་ནང་ཚད་མཐོའི་ཕྱོགས་བསྡུས་གནང་ཡོད་པ་དེ་ཡང་།

必须坚持中国共产党领导、中国特色社会主义制度、民族区域自治制度；

ངེས་པར་དུ་ཀྲུང་གོ་གུང་ཁྲན་ཏང་གི་འགོ་ཁྲིད་དང་ཀྲུང་གོའི་ཁྱད་ཆོས་ལྡན་པའི་སྤྱི་ཚོགས་རིང་ལུགས་ཀྱི་ལམ་ལུགས། མི་རིགས་ས་ཁོངས་རང་སྐྱོང་ལམ་ལུགས་བཅས་རྒྱུན་འཁྱོངས་བྱ་དགོས་པ།

必须坚持治国必治边，治边先稳藏的战略思想；

ངེས་པར་དུ་རྒྱལ་ཁབ་སྐྱོང་བར་ཡིན་གཅིག་གིས་མཐའ་མཚམས་སྐྱོང་དགོས་པ་དང་། མཐའ་མཚམས་སྐྱོང་བར་དང་ཐོག་བོད་བརྟན་ལྷིང་ཡོང་བ་བྱ་རྒྱུའི་འཐབ་རྟུས་བསམ་བློ་རྒྱུན་འཁྱོངས་བྱ་དགོས་པ།

必须把维护祖国统一、加强民族团结作为西藏工作的着眼点和着力点；

ངེས་པར་དུ་མེས་རྒྱལ་གོང་བུ་གཅིག་གྱུར་ལ་སྲུང་སྐྱོང་དང་མི་རིགས་མཐུན་སྒྲིལ་ལ་ཤུགས་སྣོན་རྒྱག་རྒྱུ་དེ་བོད་ལྗོངས་ལས་དོན་གྱི་དམིགས་ས་གཙོ་བོ་དང་ཤུགས་རྒྱག་ས་གཙོ་བོར་འཛུགས་དགོས་པ།

必须坚持依法治藏、富民兴藏、长期建藏、凝聚人心、夯实基础的重要原则；

ངེས་པར་དུ་ཁྲིམས་ལྟར་བོད་བདག་སྐྱོང་བྱེད་པ་དང་དམངས་ཕྱུག་བོད་དར་ཡོང་རྒྱུ། ཡུན་རིང་ནང་བོད་ལྗོངས་འཛུགས་སྐྲུན་བྱེད་རྒྱུ། མི་སེམས་གོང་བུ་གཅིག་ཏུ་བསྒྲིལ་རྒྱུ། རྨང་གཞི་བརྟན་དུ་གཏོང་རྒྱུ་བཅས་ཀྱི་ཙ་དོན་གལ་ཆེན་རྒྱུན་འཁྱོངས་བྱ་དགོས་པ།

必须统筹国内国际两个大局；

ངེས་པར་དུ་རྒྱལ་ཕྱི་རྒྱལ་ནང་གཉིས་ཀྱི་ཁྱོན་ཡོངས་གནས་བབས་གཅིག་སྒྱུར་ཐོག་འཆར་འགོད་བྱ་དགོས་པ།

必须把改善民生、凝聚人心作为经济社会发展的出发点和落脚点；

ངེས་པར་དུ་དམངས་འཚོ་ལེགས་བཅོས་དང་མི་སེམས་གཅིག་ཏུ་འགྲུག་རྒྱུ་དེ་དཔལ་འབྱོར་དང་སྤྱི་ཚོགས་གོང་འཕེལ་གྱི་འགོ་བརྩམ་ས་དང་གཞི་རྩུགས་སར་འཛུག་དགོས་པ།

必须促进各民族交往交流交融；

ངེས་པར་དུ་མི་རིགས་ཁག་དབར་འགྲོ་འོང་དང་སྤེལ་རེས། འབྲེལ་འདྲིས་བཅས་བྱ་རྒྱུར་སྐུལ་འདེད་གཏོང་དགོས་པ།

必须坚持我国宗教中国化方向、依法管理宗教事务；

ངེས་པར་དུ་རང་རྒྱལ་གྱི་ཆོས་ལུགས་དེ་ཀྲུང་གོ་ཅན་གྱི་ཁ་ཕྱོགས་སུ་འགྱུར་རྒྱུ་དང་ཁྲིམས་ལྟར་ཆོས་ཕྱོགས་ལས་དོན་ལ་དོ་དམ་བྱ་རྒྱུ་རྒྱུན་འཁྱོངས་བྱ་དགོས་པ།

必须坚持生态保护第一；

ངེས་པར་དུ་སྐྱེ་ཁམས་སྲུང་སྐྱོང་བྱ་རྒྱུ་ཨང་དང་པོར་འཛུག་དགོས་པ།

必须加强党的建设特别是政治建设。

ངེས་པར་དུ་ཏང་འཛུགས་སྐྲུན་དང་ལྷག་པར་དུ་ཆབ་སྲིད་འཛུགས་སྐྲུན་ལ་ཤུགས་སྣོན་རྒྱག་དགོས་པ་བཅས་རེད།

17. 维护民族团结的思想基础是什么？

༡༧.མི་རིགས་མཐུན་སྒྲིལ་སྲུང་སྐྱོང་བྱེད་པའི་བསམ་བློའི་རྨང་གཞི་གང་ཡིན་ནམ།

坚持铸牢中华民族共同体意识是维护民族团结的思想基础。习近平总书记强调，“加强民族团结，基础在于搞好民族团结进步教育，建设各民族共有精神家园。要深入践行守望相助理念，深化民族团结进步教育，铸牢中华民族共同体意识，促进各民族像石榴籽一样紧紧抱在一起”。

དེ་འང་ཀྲུང་ཧྭ་མི་རིགས་གཅིག་མཐུན་ཚོགས་པའི་འདུ་ཤེས་རྒྱུན་མཐུད་དང་སྲ་བརྟན་གཏོང་རྒྱུ་ནི་མི་རིགས་མཐུན་སྒྲིལ་སྲུང་སྐྱོང་བྱེད་པའི་བསམ་བློའི་རྨང་གཞི་ཡིན། སྤྱི་ཁྱབ་ཧྲུའུ་ཅི་ཞི་ཅིན་ཕིང་གིས"“མི་རིགས་མཐུན་སྒྲིལ་ལ་ཤུགས་སྣོན་རྒྱག་རྒྱུའི་རྨང་གཞི་ནི་མི་རིགས་མཐུན་སྒྲིལ་དང་ཡར་ཐོན་གྱི་སློབ་གསོ་ཡག་པོ་བརྒྱབ་སྟེ། མི་རིགས་ཁག་ལ་ཐུན་མོང་གི་བསམ་པའི་ཁྱིམ་གཞིས་འཛུགས་དགོས་པ་དང་། ཕན་ཚུན་ལྟ་སྐྱོང་དང་རོགས་རེས་ཀྱི་འདུ་ཤེས་སྤྱོད་རོལ་གཏིང་ཟབ་ཡོང་བ་དང་མི་རིགས་མཐུན་སྒྲིལ་དང་ཡར་ཐོན་གྱི་སློབ་གསོ་གཏིང་ཟབ་ཐེབས་པ། ཀྲུང་ཧྭ་མི་རིགས་གཅིག་མཐུན་ཚོགས་པའི་འདུ་ཤེས་བརྟན་པོ་ཡོང་བ་བཅས་བྱས་ནས་མི་རིགས་ཁག་སེ་འབྲུ་དང་འདྲ་བར་རྫོག་རྩ་གཅིག་ཏུ་བསྒྲིལ་རྒྱུར་སྐུལ་འདེད་གཏོང་དགོས”ཞེས་ནན་བརྗོད་གནང་ཡོད།

18. 西藏自治区针对民族团结出台的地方性法规是什么？

༡༨.བོད་རང་སྐྱོང་ལྗོངས་ཀྱིས་མི་རིགས་མཐུན་སྒྲིལ་ལ་དམིགས་ཏེ་བཏོན་པའི་ས་གནས་རང་བཞིན་གྱི་ཁྲིམས་སྲོལ་གང་ཡིན་ནམ།

2020 年 1 月 11 日，西藏自治区第十一届人民代表大会第三次会议通过了《西藏自治区民族团结进步模范区创建条例》，《条例》指出：西藏自古以来就是伟大祖国不可分割的一部分，各民族都是中华民族大家庭的重要成员。民族团结是各族人民的生命线，维护祖国统一、加强民族团结，旗帜鲜明反对分裂，是各族人民的共同责任和义务。

དེ་འདང་སྤྱི་ལོ་༢༠༢༠ལོའི་ཟླ་༡ཚེས་༡༡ཉིན། བོད་རང་སྐྱོང་ལྗོངས་སྐབས་བཅུ་གཅིག་པའི་མི་དམངས་འཐུས་མི་ཚོགས་ཆེན་ཐེངས་གསུམ་པའི་ཐོག《བོད་རང་སྐྱོང་ལྗོངས་མི་རིགས་མཐུན་སྒྲིལ་ཡར་ཐོན་དཔེ་སྟོན་ཁུལ་འཛུགས་རྒྱུའི་སྒྲོལ་ཡིག་》ལ་གྲོས་འཆམ་བྱུང་ཞིང་།《སྒྲོལ་ཡིག་》ནང་། བོད་ནི་གནའ་ནས་བཟུང་རྣབས་ཆེན་མེས་རྒྱལ་གྱི་ཁ་འབྲལ་དུ་མེད་པའི་མངའ་ཁོངས་ཀྱི་ཆ་ཤས་ཤིག་ཡིན་པ་དང་། མི་རིགས་ཁག་ཚང་མ་ཀྲུང་ཧྭ་མི་རིགས་ཁྲིམ་ཚང་ཆེན་པོའི་ནང་གི་ཁོངས་གཏོགས་གལ་ཆེན་ཤ་སྟག་ཡིན་པ། མི་རིགས་མཐུན་སྒྲིལ་ནི་མི་རིགས་ཁག་གི་མི་དམངས་ཀྱི་སྲོག་རྩ་ཡིན་པ། མེས་རྒྱལ་གོང་བུ་གཅིག་གྱུར་ལ་སྲུང་སྐྱོང་བྱ་རྒྱུ་དང་མི་རིགས་མཐུན་སྒྲིལ་ལ་ཤུགས་སྣོན་རྒྱག་རྒྱུ། དར་ཆ་གསལ་སྟོན་ཐོག་ཁ་བྲལ་ལ་ངོ་རྒོལ་བྱ་རྒྱུ་བཅས་ནི་མི་རིགས་ཁག་གི་མི་དམངས་ཀྱི་ཐུན་མོང་གི་འགན་འཁྲི་དང་འོས་འགན་ཡིན་ཞེས་བསྟན་ཡོད།

19. 西藏自治区民族团结进步模范区创建的总体要求是什么？

༡༩.བོད་རང་སྐྱོང་ལྗོངས་ཀྱི་མི་རིགས་མཐུན་སྒྲིལ་ཡར་ཐོན་དཔེ་སྟོན་ཁུལ་འཛུགས་རྒྱུའི་སྤྱིའི་བླང་བྱ་གང་ཡིན་ནམ།

《西藏自治区民族团结进步模范区创建条例》指出：民族团结进步模范区创建，以“中华民族一家亲、同心共筑中国梦”为总目标，以共同团结奋斗、共同繁荣发展为主题，以铸牢中华民族共同体意识为主线，以社会主义核心价值观为引领，以加强各民族交往交流交融为根本途径，增强对伟大祖国、中华民族、中华文化、中国共产党、中国特色社会主义的认同，促进各民族和睦相处、和衷共济、和谐发展，充分展现中国精神、中国价值、中国力量。

《བོད་རང་སྐྱོང་ལྗོངས་ཀྱི་མི་རིགས་མཐུན་སྒྲིལ་ཡར་ཐོན་དཔེ་སྟོན་ཁུལ་འཛུགས་རྒྱུའི་སྒྲོལ་ཡིག་》ནང་བསྟན་དོན། མི་རིགས་མཐུན་སྒྲིལ་ཡར་ཐོན་དཔེ་སྟོན་ཁུལ་འཛུགས་སྐབས། “ཀྲུང་ཧྭ་མི་རིགས་ཁྲིམ་ཚང་གཅིག་ལྟར་འཆམ་མཐུན་དང་བློ་སེམས་གཅིག་ཏུ་བསྒྲིལ་ནས་ཀྲུང་གོའི་ཕྱུགས་འདུན་བསྒྲུབ་རྒྱུ”སྤྱིའི་དམིགས་ཡུལ་དུ་བཟུང་བ་དང་། མཉམ་དུ་མཐུན་སྒྲིལ་འབད་

འཐབ་དང་མཉམ་དུ་དར་རྒྱས་གོང་འཕེལ་ཡོང་བ་བྱ་རྒྱུ་བརྗོད་དོན་གཙོ་བོར་བཟུང་བ། ཀྲུང་ཧྭ་མི་རིགས་གཅིག་མཐུན་ཚོགས་པའི་འདུ་ཤེས་བརྟན་པོ་འཛུགས་རྒྱུ་གཙོ་ཐིག་ཏུ་བཟུང་བ། སྤྱི་ཚོགས་རིང་ལུགས་ཀྱི་ལྟེ་བའི་རིན་ཐང་ལྟ་བས་ཁྲིད་སྟོན་བྱེད་པ། མི་རིགས་དབར་འགྲོ་འོང་དང་སྤེལ་རེས། འབྲེལ་འདྲིས་བྱ་རྒྱུ་གཞི་རྩའི་ཐབས་ལམ་དུ་བཟུང་བ་བཅས་བྱས་ཐོག རླབས་ཆེན་གྱི་མེས་རྒྱལ་དང་ཀྲུང་ཧྭ་མི་རིགས། ཀྲུང་ཧྭའི་རིག་གནས། ཀྲུང་གོ་གུང་ཁྲན་ཏང་། ཀྲུང་གོའི་ཁྱད་ཆོས་ལྡན་པའི་སྤྱི་ཚོགས་རིང་ལུགས་བཅས་ལ་ངོས་འཛིན་གཅིག་མཐུན་བྱ་རྒྱུར་ཤུགས་སྣོན་རྒྱག་པ་དང་། མི་རིགས་ཁག་འཆམ་མཐུན་མཉམ་གནས་དང་ཕྱུར་བ་གྲུ་འདེགས། ཞི་མཐུན་འཕེལ་རྒྱས་ཡོང་བ་བཅས་ལ་སྐུལ་འདེད་ཀྱིས་ཀྲུང་གོའི་སྙིང་སྟོབས་དང་ཀྲུང་གོའི་རིན་ཐང་། ཀྲུང་གོའི་སྟོབས་ཤུགས་བཅས་གང་ལེགས་མངོན་པར་བྱ་དགོས་ཞེས་འཁོད་ཡོད།

20. 西藏自治区针对环境保护出台的地方性法规是什么？

༢༠.བོད་རང་སྐྱོང་ལྗོངས་ཀྱིས་ཁོར་ཡུག་སྲུང་སྐྱོང་ལ་དམིགས་ཏེ་བཏོན་པའི་ས་གནས་རང་བཞིན་གྱི་ཁྲིམས་སྲོལ་གང་ཡིན་ནམ།

2021 年 1 月 24 日，由西藏自治区第十一届人民代表大会第四次会议审议通过了《西藏自治区国家生态文明高地建设条例》，《条例》指出：西藏是青藏高原的主体，是重要的国家生态安全屏障。保护好青藏高原生态事关中华民族生存和长远发展，事关铸牢中华民族共同体意识，事关西藏长治久安和高质量发展，事关全区各族人民的民生福祉。

དེའང་སྤྱི་ལོ་༢༠༢༡ལོའི་ཟླ་༡ཚེས་༢༤ཉིན། བོད་རང་སྐྱོང་ལྗོངས་སྐབས་བཅུ་གཅིག་པའི་མི་དམངས་འཐུས་མི་ཚོགས་ཆེན་ཐེངས་བཞི་པའི་ཐོག《བོད་རང་སྐྱོང་ལྗོངས་རྒྱལ་ཁབ་སྐྱེ་ཁམས་ཤེས་དཔལ་གྱི་མཐོ་ས་བསྐྲུན་རྒྱུའི་སྲོལ་ཡིག》ལ་གྲོས་ཞིབ་དང་གྲོས་འཆམ་བྱུང་ཞིང་།《སྲོལ་ཡིག》ནང་བསྟན་དོན། བོད་ལྗོངས་ནི་མཚོ་བོད་ས་མཐོའི་གཞི་རྐང་ཡིན་ལ། རྒྱལ་ཁབ་སྐྱེ་ཁམས་བདེ་འཇགས་ཀྱི་སྲུང་ར་གལ་ཆེན་ཞིག་ཀྱང་ཡིན། མཚོ་བོད་ས་མཐོའི་སྐྱེ་ཁམས་སྲུང་སྐྱོང་ཡག་པོ་བྱ་རྒྱུ་དེ་ཀྲུང་ཧྭ་མི་རིགས་ཀྱི་འཚོ་གནས་དང་ཡུན་རིང་གི་འཕེལ་རྒྱས་དང་འབྲེལ་བ་ཡོད་པ་དང་། ཀྲུང་ཧྭ་མི་རིགས

གཅིག་མཐུན་ཚོགས་པའི་འདུ་ཤེས་བརྟན་པོ་འཛུགས་རྒྱུ་དང་འབྲེལ་བ་ཡོད་པ། བོད་ལྗོངས་ཡུན་རིང་དུས་བདེ་དང་སྲུས་ཚད་མཐོ་བའི་གོང་འཕེལ་ཡོང་རྒྱུ་དང་འབྲེལ་བ་ཡོད་པ། ལྗོངས་ཡོངས་མི་རིགས་ཁག་གི་མི་དམངས་ཀྱི་དམངས་འཚོའི་བདེ་སྐྱིད་དང་འབྲེལ་བ་ཡོད་པ་བཅས་ཡིན་ཞེས་འཁོད་ཡོད།

21. 党的宗教工作基本方针是什么？

༢༡.ཏང་གི་ཆོས་ལུགས་ལས་དོན་གྱི་གཞི་རྩའི་བྱེད་ཕྱོགས་གང་ཡིན་ནམ།

全面贯彻党的宗教信仰自由政策，依法管理宗教事务，坚持独立自主自办的原则，积极引导宗教与社会主义社会相适应。

ཏང་གི་ཆོས་དད་རང་མོས་སྲིད་ཇུས་ཁྱོན་ཡོངས་ནས་ལག་ལེན་མཐར་ཕྱིན་པ་བསྟར་དགོས་པ་དང་ཁྲིམས་ལྟར་ཆོས་ཕྱོགས་ལས་དོན་ལ་དོ་དམ་བྱ་དགོས་པ། རང་ཚུགས་རང་བདག་དང་རང་གཉེར་བཅས་ཀྱི་རྩ་དོན་རྒྱུན་འཁྱོངས་བྱ་དགོས་པ། ཆོས་ལུགས་དེ་སྤྱི་ཚོགས་རིང་ལུགས་དང་མཐུན་འཚམ་མཐུན་ཡོང་བར་ཁྲིད་སྟོན་ཧུར་ཐག་བྱ་དགོས་པ་བཅས་ཡིན།

22. 西藏社会的特殊矛盾是什么？

༢༢.བོད་ལྗོངས་སྤྱི་ཚོགས་ཀྱི་དམིགས་བསལ་འགལ་ཟླ་གང་ཡིན་ནམ།

西藏社会的特殊矛盾依然是各族人民同以达赖集团为代表的分裂势力之间的矛盾。

བོད་ལྗོངས་སྤྱི་ཚོགས་ཀྱི་དམིགས་བསལ་འགལ་ཟླ་ནི་སྔར་བཞིན་མི་རིགས་ཁག་གི་མི་དམངས་དང་ཏཱ་ལའི་རྡ་ཚོགས་ཀྱིས་འཐུས་ཚབ་བྱས་པའི་ཁ་བྲལ་སྟོབས་ཤུགས་དབར་གྱི་འགལ་ཟླ་དེ་ཡིན།

23. 怎么看待各族人民与达赖集团的斗争？

༢༣.མི་རིགས་ཁག་གི་མི་དམངས་དང་ཏཱ་ལའི་རྡ་ཚོགས་དབར་གྱི་འཐབ་རྩོད་ལ་ལྟ་སྟངས་གང་འདྲ་འཛིན་དགོས་སམ།

十四世达赖是图谋“西藏独立”的分裂主义政治集团的总头子，是国际反华势力的忠实工具，是在西藏制造社会动乱的总根源，是阻挠藏传佛教建立正常秩序的最大障碍，是披着宗教外衣祸藏乱教的政客。达赖集团“中间道路”的本质是分裂祖国，我们同达赖集团及支持他们的西方敌对势力的斗争，是中华民族反对帝国主义、殖民主义斗争的继续，是西藏各族人民同政教合一封建农奴主阶级残余势力斗争的继续，是关系国家统一、民族团结的重大政治斗争，对十四世达赖集团斗争始终是西藏工作的重中之重。

དེའང་ཏཱ་ལ་སྐྱེ་ཕྲེང་བཅུ་བཞི་པ་ནི“བོད་རང་བཙན”གྱི་རི་ངན་འཆང་མཁན་ཁ་བྲལ་རིང་ལུགས་ཆབ་སྲིད་སྟོབས་ཤུགས་ཀྱི་སྤྱིའི་འགོ་གཙོ་ཡིན་པ་དང་། རྒྱལ་སྤྱིའི་ཐོག་ཀྲུང་གོར་ངོ་རྒོལ་བྱེད་མཁན་སྟོབས་ཤུགས་ཀྱི་ལག་ཆ་འཁྲུལ་མེད་ཅིག་ཡིན་པ། བོད་ལྗོངས་ཀྱི་སྤྱི་ཚོགས་ཟང་ཟིང་བཟོ་བའི་རྩ་བའི་འབྱུང་རྩ་ཡིན་པ། བོད་བརྒྱུད་ནང་བསྟན་གྱི་རྒྱུན་གཏན་སྒྲིག་ལམ་འཛུགས་རྒྱུའི་འགོག་རྐྱེན་ཆེ་ཤོས་ཡིན་པ། ཆོས་ལུགས་ཀྱི་ཕྱི་གོས་གྱོན་ནས་བོད་ལ་ཆག་སྒོ་དང་

ཆོས་ལུགས་ལ་འབྲུག་རྐྱེན་སློང་བའི་ཆབ་སྲིད་ཀྱི་མི་སྣ་བཅས་ཡིན། ཧྭ་ལའི་ཚོགས་པའི་“དབུ་མའི་ལམ་”གྱི་ངོ་བོ་ནི་མེས་རྒྱལ་ཁ་བྲལ་གཏོང་རྒྱུ་དེ་རེད། ང་ཚོ་དང་ཧྭ་ལའི་ཉ་ཚོགས་དང་ཁོ་ཚོར་རྒྱབ་སྐྱོར་བྱེད་མཁན་ནུབ་ཕྱོགས་དགྲ་འཛིན་སྟོབས་ཤུགས་དབར་གྱི་འཐབ་རྩོད་ནི་ཀྲུང་ཧྭ་མི་རིགས་ཀྱིས་བཙན་རྒྱལ་རིང་ལུགས་ལ་ངོ་རྒོལ་དང་མི་སེར་སྤྱིལ་བའི་རིང་ལུགས་ལ་ངོ་རྒོལ་བྱེད་པའི་འཐབ་རྩོད་ཀྱི་རྒྱུན་མཐུད་ཅིག་ཡིན་པ་དང་། བོད་ལྗོངས་མི་རིགས་ཁག་གི་མི་དམངས་ཀྱིས་ཆོས་སྲིད་ཟུང་འབྲེལ་བཀས་བཀོད་རྒྱུད་འཛིན་ཞིང་བྲན་བདག་པོའི་གྲལ་རིམ་གྱི་ངན་པའི་ཤུགས་ལྷག་དབར་འཐབ་རྩོད་བྱེད་པའི་རྒྱུན་མཐུད་ཅིག་ཡིན་པ། ཧྭ་ལ་སྐྱེ་ཕྲེང་བཅུ་བཞི་པའི་ཕྱོགས་གཏོགས་དང་འཐབ་རྩོད་བྱ་རྒྱུ་དེ་ནི་སྔ་ཕྱི་བར་གསུམ་དུ་བོད་ལྗོངས་ལས་དོན་གྱི་གལ་འགངས་ཆེ་ཤོས་དེ་ཡིན།

二、宪法及基本常识

གཉིས་པ། རྩ་ཁྲིམས་དང་གཞི་རྩའི་རྒྱུན་ཤེས།

1. 宪法的地位是什么?

༡.རྩ་ཁྲིམས་ཀྱི་གོ་བབ་གང་ཡིན་ནམ།

《中华人民共和国宪法》是中华人民共和国的根本大法,规定拥有最高法律效力。一切法律、行政法规和地方性法规都不得同宪法相抵触。一切国家机关和武装力量、各政党和各社会团体、各企业事业组织都必须遵守宪法和法律。一切违反宪法和法律的行为,必须予以追究。任何组织或者个人都不得有超越宪法和法律的特权。

《ཀྲུང་ཧྭ་མི་དམངས་སྤྱི་མཐུན་རྒྱལ་ཁབ་ཀྱི་རྩ་ཁྲིམས་》ནི་ཀྲུང་ཧྭ་མི་དམངས་སྤྱི་མཐུན་རྒྱལ་ཁབ་ཀྱི་གཞི་རྩའི་ཁྲིམས་ཆེན་ཞིག་ཡིན་ཞིང་། དེར་ཆེས་མཐོའི་བཅའ་ཁྲིམས་ཀྱི་ནུས་པ་ལྡན་པ་གཏན་འབེབས་བྱས་ཡོད། ཁྲིམས་ལུགས་མཐའ་དག་དང་སྲིད་འཛིན་ཁྲིམས་སྲོལ། ས་གནས་རང་བཞིན་གྱི་ཁྲིམས་སྲོལ་བཅས་ཚང་མ་རྩ་ཁྲིམས་དང་རྒྱབ་འགལ་བྱེད་མི་ཆོག རྒྱལ་ཁབ་ཀྱི་ལས་ཁུངས་མཐའ་དག་དང་དམག་ཆས་སྟོབས་ཤུགས། སྲིད་ཏང་ཁག་དང་སྤྱི་ཚོགས་ཚོགས་པ་ཁག ཁེ་ལས་བྱ་གཞག་རྩ་འཛུགས་ཁག་བཅས་ཚང་མས་ངེས་པར་དུ་རྩ་ཁྲིམས་དང་བཅའ་ཁྲིམས་ལ་བརྩི་སྲུང་ཞུ་དགོས། རྩ་ཁྲིམས་དང་བཅའ་ཁྲིམས་ལས་འགལ་བའི་བྱ་སྤྱོད་མཐའ་དག་ངེས་པར་དུ་རྩད་གཅོད་བྱ་དགོས་པ་དང་། རྩ་འཛུགས་དང་མི་སྒེར་གང་འདྲ་ཞིག་ཡིན་རུང་ཚང་མར་རྩ་ཁྲིམས་དང་བཅའ་ཁྲིམས་ལས་བརྒལ་བའི་དམིགས་བསལ་དབང་ཆ་ཡོད་མི་རུང་།

2. 我国的国家性质是什么?

༢.རང་རྒྱལ་གྱི་རྒྱལ་ཁབ་ཀྱི་ངོ་བོ་གང་ཡིན་ནམ།

中华人民共和国是工人阶级领导的、以工农联盟为基础的人民民主专政的社会主义国家。

དེའང་ཀྲུང་ཧྭ་མི་དམངས་སྤྱི་མཐུན་རྒྱལ་ཁབ་ནི་བཟོ་པའི་གྲལ་རིམ་གྱིས་འགོ་ཁྲིད་བྱས་པ་དང་བཟོ་ཞིང་མནའ་འབྲེལ་གྱིས་རྨང་གཞི་བྱས་པའི་མི་དམངས་དམངས་གཙོའི་སྲིད་དབང་སྐྱོང་འཛིན་གྱི་སྤྱི་ཚོགས་རིང་ལུགས་ཀྱི་རྒྱལ་ཁབ་ཅིག་ཡིན།

3. 我国的根本制度是什么？

༣.རང་རྒྱལ་གྱི་གཞི་རྩའི་ལམ་ལུགས་གང་ཡིན་ནམ།

社会主义制度是中华人民共和国的根本制度。

དེའང་སྤྱི་ཚོགས་རིང་ལུགས་ནི་ཀྲུང་ཧྭ་མི་དམངས་སྤྱི་མཐུན་རྒྱལ་ཁབ་ཀྱི་གཞི་རྩའི་ལམ་ལུགས་ཞིག་ཡིན།

4. 我国的国家权力属于谁？

༤.རང་རྒྱལ་གྱི་རྒྱལ་ཁབ་དབང་ཆ་སུ་ཞིག་གི་ལག་ཏུ་བཟུང་ཡོད་དམ།

中华人民共和国的一切权力属于人民。

དེའང་ཀྲུང་ཧྭ་མི་དམངས་སྤྱི་མཐུན་རྒྱལ་ཁབ་ཀྱི་དབང་ཆ་མཐའ་དག་མི་དམངས་ལ་བདག་པ་ཡིན།

5. 我国的政体是什么？

༥.རང་རྒྱལ་སྲིད་དབང་གི་སྒྲིག་སྲོལ་གང་འདྲ་ཡིན་ནམ།

我国的政体是人民代表大会制度。

རང་རྒྱལ་སྲིད་དབང་གི་སྒྲིག་སྲོལ་ནི་མི་དམངས་འཐུས་མི་ཚོགས་ཆེན་གྱི་ལམ་ལུགས་ཡིན།

6.《中华人民共和国宪法》对民族关系是如何规定的？

༦.《ཀྲུང་ཧྭ་མི་དམངས་སྤྱི་མཐུན་རྒྱལ་ཁབ་ཀྱི་རྩ་ཁྲིམས་》ནང་མི་རིགས་དང་འབྲེལ་བའི་སྐོར་ལ་གཏན་འབེབས་གང་འདྲ་བྱས་ཡོད་དམ།

中华人民共和国各民族一律平等。国家保障各少数民族的合法的权利和利益，维护和发展各民族的平等团结互助和谐关系。禁止对任何民族的歧视和压迫，禁止破坏民族团结和制造民族分裂的行为。

དེའང་ཀྲུང་ཧྭ་མི་དམངས་སྤྱི་མཐུན་རྒྱལ་ཁབ་ནང་གི་མི་རིགས་ཁག་ཚང་མ་འདྲ་མཉམ་ཡིན། རྒྱལ་ཁབ་ནས་གྲངས་ཉུང་མི་རིགས་ཁག་གི་ཁྲིམས་མཐུན་དབང་ཆ་དང་ཁེ་ཕན་འགན་ལེན་བྱེད་པ་དང་། མི་རིགས་ཁག་གི་འདྲ་མཉམ་དང་མཐུན་སྒྲིལ་རོགས་རེས། ཞི་མཐུན་བཅས་ཀྱི་འབྲེལ་བ་སྲུང་སྐྱོང་དང་འཕེལ་རྒྱས་གཏོང་བ། མི་རིགས་གང་རུང་ཞིག་ལ་ཡང་སྨད་ཚུང་དང་གཉའ་གནོན་བྱེད་མི་རུང་བ་དང་མི་རིགས་མཐུན་སྒྲིལ་ལ་གཏོར་བཤིག་དང་མི་རིགས་ཁ་བྲལ་གཏོང་བའི་བྱ་སྤྱོད་སྤེལ་མི་ཆོག

7. 关于国家安全，《中华人民共和国宪法》有哪些规定？

༧.རྒྱལ་ཁབ་ཀྱི་བདེ་འཇགས་སྐོར་ལ་《ཀྲུང་ཧྭ་མི་དམངས་སྤྱི་མཐུན་རྒྱལ་ཁབ་ཀྱི་རྩ་ཁྲིམས་》ནང་གཏན་འབེབས་གང་དག་བྱས་ཡོད་དམ།

国家维护社会秩序，镇压叛国和其他危害国家安全的犯罪活动，制裁危害社会治安、破坏社会主义经济和其他犯罪的活动，惩办和改造犯罪分

子。中华人民共和国公民有维护祖国的安全、荣誉和利益的义务，不得有危害祖国的安全、荣誉和利益的行为。保卫祖国、抵抗侵略是中华人民共和国每一个公民的神圣职责。

དེའང་རྒྱལ་ཁབ་ཀྱིས་སྤྱི་ཚོགས་ཀྱི་སྒྲིག་ལམ་སྲུང་སྐྱོང་དང་རྒྱལ་ཁབ་ལ་ངོ་ལོག་དང་རྒྱལ་ཁབ་ཀྱི་བདེ་འཇགས་ལ་གནོད་པའི་ཉེས་གསོག་བྱེད་སྒོ་གཞན་དག་ལ་དྲག་གནོན་བྱེད་རྒྱུ། སྤྱི་ཚོགས་ཀྱི་བདེ་འཇགས་ལ་གནོད་འཚེ་དང་སྤྱི་ཚོགས་རིང་ལུགས་ཀྱི་དཔལ་འབྱོར་ལ་གཏོར་བཤིག་གཏོང་མཁན་དང་ཉེས་གསོག་གི་བྱེད་སྒོ་གཞན་དག་ལ་བཀག་སྡོམ་བྱ་རྒྱུ། ཉེས་ཅན་པར་ཆད་གཅོད་དང་བསྒྱུར་བཅོས་བྱེད་རྒྱུ། ཀྲུང་ཧྭ་མི་དམངས་སྤྱི་མཐུན་རྒྱལ་ཁབ་ཀྱི་སྤྱི་དམངས་ལ་མེས་རྒྱལ་གྱི་བདེ་འཇགས་དང་གཟི་བརྗིད་མཚན་སྙན། ཁེ་ཕན་བཅས་སྲུང་སྐྱོང་བྱ་རྒྱུའི་འོས་འགན་ཡོད་པ། མེས་རྒྱལ་གྱི་བདེ་འཇགས་དང་གཟི་བརྗིད་མཚན་སྙན། ཁེ་ཕན་བཅས་ལ་གནོད་པའི་བྱ་སྤྱོད་སྤེལ་མི་ཆོག་པ། མེས་རྒྱལ་སྲུང་སྐྱོབ་དང་བཙན་འཛུལ་ལ་འགོག་རྒོལ་བྱེད་རྒྱུ་ནི་ཀྲུང་ཧྭ་མི་དམངས་སྤྱི་མཐུན་རྒྱལ་ཁབ་ཀྱི་སྤྱི་དམངས་མི་རེ་ངོ་རེའི་ལྷག་མེད་པའི་འགན་འཁྲི་ཡིན།

8. 什么是国家象征？

༨.རྒྱལ་ཁབ་ཀྱི་མཚོན་བྱེད་གང་ཞིག་ཡིན་ནམ།

国家象征是一个主权国家的代表和标志，主要包括国旗、国徽、国歌、首都等。

རྒྱལ་ཁབ་ཀྱི་མཚོན་བྱེད་ནི་བདག་དབང་ཡོད་པའི་རྒྱལ་ཁབ་ཅིག་གི་ཚབ་བྱེད་དང་མཚོན་རྟགས་ཡིན། དེའི་ནང་གཙོ་བོ་རྒྱལ་དར་དང་རྒྱལ་རྟགས། རྒྱལ་གླུ། རྒྱལ་ས་སོགས་ཚུད་ཡོད།

9. 公民的基本权利有哪些？

༩.སྤྱི་དམངས་ལ་གཞི་རྩའི་དབང་ཆ་གང་དག་ཡོད་དམ།

（1）法律面前一律平等；

（༡）བཅའ་ཁྲིམས་ཀྱི་མདུན་དུ་ཚང་མ་འདྲ་མཉམ་ཡིན་པ།

（2）政治权利和自由，包括选举权和被选举权，言论、出版、集会、结社、游行、示威的自由；

（༢）ཆབ་སྲིད་ཀྱི་དབང་ཆ་དང་རང་དབང་གི་ཐད་གདམ་བྱ་དང་འདེམས་བྱེད་ཀྱི་དབང་ཆ་དང་གཏམ་བརྗོད། པར་སྐྲུན། འདུ་འཛོམས། ཚོགས་པ་འཛུགས་པ། ཁྲོམ་སྐོར། ཐམ་སྟོན་བཅས་ཀྱི་རང་དབང་ཡོད།

（3）宗教信仰自由；

（༣）ཆོས་དད་རང་མོས་ཡིན་པ།

（4）人身与人格权，包括人身自由不受侵犯，人格尊严不受侵犯，住宅不受侵犯，通信自由和通信秘密受法律保护；

（༤）མི་ལུས་དང་མི་གཞིའི་དབང་ཆའི་ཐད། མི་ལུས་རང་དབང་ལ་བཙན་གནོད་བྱེད་མི་ཆོག་པ་དང་མི་གཞིའི་ལ་རྒྱར་བཙན་གནོད་བྱེད་མི་ཆོག་པ། སྡོད་ཁང་ལ་བཙན་གནོད་བྱེད་མི་ཆོག་པ། འཕྲིན་གཏོང་རང་དབང་དང་འཕྲིན་གཏོང་གསང་བའི་ཐད་བཅའ་ཁྲིམས་ཀྱི་སྲུང་སྐྱོང་ཐོབ་ཀྱི་ཡོད།

（5）监督权，包括对国家机关及其工作人员有批评、建议、申诉、控告、检举并依法取得赔偿的权利；

（༥）ལྟ་སྐྱུལ་དབང་ཆའི་ཐད། རྒྱལ་ཁབ་ཀྱི་ལས་ཁུངས་དང་དེའི་ལས་དོན་མི་སྣར་སྐྱོན་བརྗོད་དང་གྲོས་འགོ་འདོན་པ། རྒྱུ་མཚན་ཞུ་བ། ཞུ་གཏུག སྐྱོན་འདོན། དེ་བཞིན་ཁྲིམས་ལྟར་གུན་གསབ་ལེན་པ་བཅས་ཀྱི་དབང་ཆ་ཡོད།

（6）社会经济权利，包括劳动权利，劳动者休息权利，退休人员生活保障权利，因年老、疾病、残疾或丧失劳动能力时从国家和社会获得社会保障与物质帮助的权利；

（༦）དཔལ་འབྱོར་སྤྱི་ཚོགས་ཀྱི་དབང་ཆའི་ཐད། ངལ་རྩོལ་གྱི་དབང་ཆ་དང་ངལ་རྩོལ་པའི་ངལ་གསོའི་དབང་ཆ། ལས་འཁྱུར་ངལ་གསོ་བྱེད་མཁན་མི་སྣའི་འཚོ་བ་འགན་སྲུང་དབང་ཆ། ལོ་རྒས་པ་དང་ནད་ཐོག་པ། དབང་པོ་སྐྱོན་ཅན་ནམ་ངལ་རྩོལ་གྱི་ནུས་པ་ཤོར་བ་བཅས་ཀྱི་

སྐབས་སུ་རྒྱལ་ཁབ་དང་སྤྱི་ཚོགས་ཐོག་ནས་སྤྱི་ཚོགས་འགན་སྲུང་དང་དངོས་པོའི་རོགས་སྐྱོར་ཐོབ་པའི་དབང་ཆ་ཡོད།

（7）社会文化权利和自由，包括受教育权利，进行科研、文艺创作和其他文化活动的自由；

（༧）སྤྱི་ཚོགས་རིག་གནས་ཀྱི་དབང་ཆ་དང་རང་དབང་ཐད། སློབ་གསོ་ཐོབ་པའི་དབང་ཆ་དང་ཚན་རིག་ཞིབ་འཇུག རིག་གནས་སྒྱུ་རྩལ་གསར་རྩོམ། དེ་བཞིན་རིག་གནས་ཀྱི་བྱེད་སྒོ་གཞན་དག་སྤེལ་བའི་དབང་ཆ་ཡོད།

（8）妇女保护权，妇女在政治、经济、文化、社会和家庭生活等方面享有同男子同等的权利；

（༨）བུད་མེད་སྲུང་སྐྱོང་དབང་ཆའི་ཐད། བུད་མེད་ལ་ཆབ་སྲིད་དང་དཔལ་འབྱོར། རིག་གནས། སྤྱི་ཚོགས། དེ་བཞིན་ཁྱིམ་ཚང་འཚོ་བ་སོགས་ཀྱི་ཐད་སྐྱེས་པ་དང་འདྲ་མཉམ་གྱི་དབང་ཆ་ཡོད།

（9）婚姻、家庭、母亲和儿童受国家的保护；

（༩）གཉེན་སྒྲིག་དང་ཁྱིམ་ཚང་། མ་དང་བྱིས་པ་བཅས་ལ་རྒྱལ་ཁབ་ནས་སྲུང་སྐྱོང་ཐོབ་པ་ཡིན།

（10）华侨、归侨和侨眷的正当权利和利益受国家保护。

（༡༠）ཕྱི་སྡོད་སྤྱན་ཟླ་དང་ཕྱིར་ལོག་སྤྱན་ཟླ། ཕྱི་སྡོད་རང་མིའི་ཁྱིམ་མི་བཅས་ཀྱི་ལུགས་མཐུན་ཁེ་དབང་ལ་རྒྱལ་ཁབ་ནས་སྲུང་སྐྱོང་ཐོབ་པ་བཅས་ཡིན།

10. 公民的基本义务有哪些？

༡༠.སྤྱི་དམངས་ཀྱི་གཞི་རྩའི་འོས་འགན་གང་དག་ཡིན་ནམ།

（1）维护国家的统一和全国各民族的团结；

（༡）རྒྱལ་ཁབ་ཀྱི་གཅིག་གྱུར་དང་རྒྱལ་ཡོངས་མི་རིགས་ཁག་གི་མཐུན་སྒྲིལ་ལ་སྲུང་སྐྱོང་བྱ་དགོས་པ།

（2）遵守宪法和法律，保守国家秘密，爱护公共财产，遵守劳动纪律，遵守公共秩序，尊重社会公德；

（༢）རྩ་ཁྲིམས་དང་བཅའ་ཁྲིམས་ལ་བརྩི་སྲུང་དང་རྒྱལ་ཁབ་ཀྱི་གསང་བ་སྲུང་རྒྱུ། སྤྱི་པའི་རྒྱུ་ནོར་ལ་གཅེས་འཛིན། ངལ་རྩོལ་སྒྲིག་ཁྲིམས་ལ་བརྩི་སྲུང་། སྤྱི་པའི་སྒྲིག་ལམ་ལ་བརྩི་སྲུང་། སྤྱི་ཚོགས་ཀྱི་སྤྱོད་བཟང་ལ་བརྩི་འཇོག་བཅས་བྱ་དགོས་པ།

（3）维护国家的安全、荣誉和利益；

（༣）རྒྱལ་ཁབ་ཀྱི་བདེ་འཇགས་དང་གཟི་བརྗིད་མཚན་སྙན། ཁེ་ཕན་བཅས་ལ་སྲུང་སྐྱོང་བྱ་དགོས་པ།

（4）保卫祖国，抵抗侵略，依照法律服兵役和参加民兵组织；

（༤）མེས་རྒྱལ་སྲུང་སྐྱོང་དང་བཙན་འཛུལ་ལ་འགོག་རྒོལ། བཅའ་ཁྲིམས་ལ་གཞིགས་ནས་དམག་ཞབས་ཞུ་དགོས་པ་དང་ཡུལ་དམག་རུ་འཛུགས་ནང་ཞུགས་དགོས་པ།

（5）依照法律纳税；

（༥）བཅའ་ཁྲིམས་ལ་གཞིགས་ནས་དཔྱ་ཁྲལ་འཇལ་དགོས་པ།

（6）其他义务。

（༦）ད་དུང་འོས་འགན་གཞན་དག་སྒྲུབ་དགོས་པ།

三、国旗法、国徽法、国歌法

གསུམ་པ། རྒྱལ་དར་གྱི་བཅའ་ཁྲིམས་དང་རྒྱལ་རྟགས་ཀྱི་བཅའ་ཁྲིམས། རྒྱལ་གླུའི་བཅའ་ཁྲིམས།

1. 五星红旗的构成及其内涵是什么？

༡.སྐར་ལྔའི་དར་དམར་གྱི་གྲུབ་ཆ་དང་དེའི་གོ་དོན་གང་ཡིན་ནམ།

五星红旗的旗面为红色，象征着革命。左上方缀有五颗黄色五角星，四颗小五角星环拱在一颗大星的右面。大五角星代表中国共产党，四颗小五角星代表工人、农民、小资产阶级和民族资产阶级。每颗小五角星各有一个尖角正对大五角星中心点，象征着中华儿女一心向党。

སྐར་ལྔའི་དར་དམར་གྱི་ཆོས་གཞི་ནི་དམར་པོ་ཡིན་པ་དང་། དེ་ནི་གསར་བརྗེའི་མཚོན་རྟགས་ཡིན། གཡོན་སྟེང་དུ་སེར་མདོག་ཅན་གྱི་ཟུར་ལྔའི་སྐར་མ་ལྔ་ཡོད་པ་དེའང་ཟུར་ལྔའི་སྐར་མ་ཆུང་བ་བཞིས་ཟུར་ལྔའི་སྐར་མ་ཆེ་བ་གཅིག་ལ་གཡས་ངོས་ནས་ཕྱེད་སྒོར་གྱི་ཚུལ་དུ་བསྐོར་ནས་ཡོད། ཟུར་ལྔའི་སྐར་མ་ཆེ་བ་ནི་ཀྲུང་གོ་གུང་ཁྲན་ཏང་གི་མཚོན་རྟགས་དང་ཟུར་ལྔའི་སྐར་མ་ཆུང་བ་བཞི་ནི་བཟོ་པ་དང་ཞིང་པ། འབྱོར་ལྡན་གྲལ་རིམ་ཆུང་གྲས་དང་མི་རིགས་འབྱོར་ལྡན་གྲལ་རིམ་གྱི་མཚོན་རྟགས་ཡིན། ཟུར་ལྔའི་སྐར་མ་ཆུང་བ་དེ་དག་གི་ཟུར་རྩེ་གཅིགང་ནི་ཟུར་ལྔའི་སྐར་མ་ཆེ་བ་དེའི་ལྟེ་བར་ཁ་གཏད་ཡོད་ཅིང་། དེས་ཀྲུང་ཧྭའི་བུ་ཕྲུག་རྣམས་སེམས་རྩེ་གཅིག་གིས་ཏང་ལ་ཁ་ཕྱོགས་པ་མཚོན་གྱི་ཡོད།

2.《中华人民共和国国旗法》对升挂国旗有什么要求？

༢.《ཀྲུང་ཧྭ་མི་དམངས་སྤྱི་མཐུན་རྒྱལ་ཁབ་ཀྱི་རྒྱལ་དར་བཅའ་ཁྲིམས་》ནང་རྒྱལ་དར་འགེལ་བའི་སྐབས་བླང་བྱ་གང་ཡོད་དམ།

（1）不得升挂或者使用破损、污损、褪色或者不合规格的国旗，不得倒挂、倒插或者以其他有损国旗尊严的方式升挂、使用国旗。

（༡）དར་རྡོས་རལ་བ་དང་བཙོག་སྐྱོན་ཡོད་པ། ཆོས་གཞི་བུད་པའམ་ཡང་ན་ཚད་གཞི་དང་མི་མཐུན་པའི་རྒྱལ་དར་འགེལ་བའམ་བེད་སྤྱོད་བྱེད་མི་ཆོག་པ། རྒྱལ་དར་མགོ་མཇུག་སློག་ནས་འགེལ་བའམ་འཛུགས་པ། དེ་བཞིན་རྒྱལ་དར་གྱི་གཟི་རྗམ་ལ་གནོད་པའི་ཐོག་ནས་འགེལ་བ་དང་བེད་སྤྱོད་བྱེད་མི་ཆོག

（2）升挂国旗时，可以举行升旗仪式。举行升旗仪式时，应当奏唱国歌。在国旗升起的过程中，在场人员应当面向国旗肃立，行注目礼或者按照规定要求敬礼，不得有损害国旗尊严的行为。

（༢） རྒྱལ་དར་འགེལ་བའི་སྐབས་རྒྱལ་དར་སྒྲེང་བའི་མཛད་སྒོ་སྲེལ་ཆོག རྒྱལ་དར་སྒྲེང་བའི་མཛད་སྒོ་སྲེལ་སྐབས་རྒྱལ་གླུ་གཏོང་དགོས། རྒྱལ་དར་སྒྲེང་བའི་བརྒྱུད་རིམ་ནང་སྒྲེང་སར་ཡོད་པའི་མི་རྣམས་རྒྱལ་དར་ལ་ཁ་ཕྱོགས་ནས་ཀྲོང་ངེར་ལངས་ཐོག མིག་གུས་ཀྱིས་མིག་རྒྱལ་དར་ལ་བལྟ་བའམ་ཡང་ན་གཏན་འབེབས་ཀྱི་བླང་བྱ་ལྟར་གུས་བཏུད་ཞུ་དགོས་པ་ལས་རྒྱལ་དར་གྱི་གཟི་རྗམ་ལ་གནོད་པའི་བཟོ་ལྟ་སྟོན་མི་ཆོག

3. 不得使用国旗及其图案的情形有哪些？

༣.རྒྱལ་དར་དང་རྒྱལ་དར་གྱི་དཔེ་རིས་གང་ཟྱང་དུ་བེད་སྤྱོད་བྱེད་མི་ཆོག་པ་གང་དག་ཡིན་ནམ།

国旗及其图案不得用作商标、授予专利权的外观设计和商业广告，不得用于私人丧事活动等不适宜的情形。

དེའང་རྒྱལ་དར་དང་རྒྱལ་དར་གྱི་དཔེ་རིས་ཚོང་རྟགས་དང་གཅིག་བདག་ཁེ་དབང་ཐོབ་པའི་ཕྱི་ངོས་ཀྱི་ཇུས་འགོད་དང་ཚོང་ལས་འགྲེམས་བསྒྲགས་ཐད་བེད་སྤྱོད་བྱེད་མི་ཆོག་པ་དང་། མི་སྒེར་གྱི་འདས་འཇུག་བྱེད་སྒོ་སོགས་འོས་མིན་གྱི་རྣམ་པའི་ཐད་བེད་སྤྱོད་བྱེད་མི་ཆོག

4. 国徽的内容和含义是什么？

༤.རྒྱལ་རྟགས་ཀྱི་དཔེ་རིས་དང་དེའི་གོ་དོན་གང་ཡིན་ནམ།

国徽的内容为国旗、天安门、齿轮和麦稻穗，象征中国人民自“五四”运动以来的新民主主义革命斗争和工人阶级领导的以工农联盟为基础的人民民主专政的新中国的诞生。

རྒྱལ་རྟགས་ཀྱི་དཔེ་རིས་གྲས་སུ་རྒྱལ་དར་དང་གནམ་བདེ་སྒོ་མོ། འཁོར་ལོ་སོ་ཅན། གྲོའི་སྙེ་མ་བཅས་ཡོད་ཅིང་། དེས་ཀྲུང་གོ་མི་དམངས་ཀྱིས"ལྔ་བཞིའི"ལས་འགུལ་སྤེལ་ཚུན་དུ་མི་དམངས་དམངས་གཙོའི་གསར་བརྗེའི་འཐབ་རྩོད་བྱས་མཐར། བཟོ་པའི་གྲལ་རིམ་གྱིས་འགོ་ཁྲིད་བྱས་པ་དང་བཟོ་ཞིང་མནའ་འབྲེལ་གྱིས་རྨང་གཞི་བྱས་པའི་མི་དམངས་དམངས་གཙོའི་སྲིད་དབང་སྐྱེར་འཛིན་གྱི་ཀྲུང་གོ་གསར་པ་དབུ་བརྙེས་པ་མཚོན་གྱི་ཡོད།

5. 不得使用国徽及其图案的情形有哪些？

༥.རྒྱལ་རྟགས་དང་རྒྱལ་རྟགས་ཀྱི་དཔེ་རིས་གང་ཟུང་དུ་བེད་སྤྱོད་བྱེད་མི་ཆོག་པ་གང་དག་ཡིན་ནམ།

（1） 商标、授予专利权的外观设计、商业广告；

（༡）ཚོང་རྟགས་དང་གཅིག་བདག་ཁེ་དབང་ཐོབ་པའི་ཕྱི་ངོས་རྟུས་འགོད། ཚོང་ལས་འགྲེམས་བསྒྲགས།

（2） 日常用品、日常生活的陈设布置；

（༢）རྒྱུན་སྤྱོད་དངོས་ཟོག་དང་རྣམ་ཀུན་འཚོ་བའི་ཐད་ཀྱི་བཀོད་སྒྲིག

（3） 私人庆吊活动；

（༣）མི་སྒེར་གྱི་རྟེན་འབྲེལ་དང་མྱ་ངན་གྱི་བྱེད་སྒོ།

（4） 国务院办公厅规定不得使用国徽及其图案的其他场合。

（༤）རྒྱལ་སྲིད་སྲི་ཁྲབ་གཞུང་ལས་ཁྱིང་ནས་རྒྱལ་རྟགས་དང་དེའི་དཔེ་རིས་ཚོགས་ར་གཞན་དག་ལ་བེད་སྤྱོད་བྱེད་མི་ཆོག་པའི་གཏན་འབེབས་བྱས་ཡོད།

6. 侮辱中华人民共和国国旗、国徽的，应当承担什么责任？

༦.ཀྲུང་ཧྭ་མི་དམངས་སྤྱི་མཐུན་རྒྱལ་ཁབ་ཀྱི་རྒྱལ་དར་དང་རྒྱལ་རྟགས་ལ་སྨད་འཛོགས་བྱས་ཚེ། འགན་འཁྲི་གང་ཞིག་འཁུར་དགོས་སམ།

在公共场合故意以焚烧、毁损、涂划、玷污、践踏等方式侮辱中华人民共和国国旗、国徽的，依法追究刑事责任；情节较轻的，由公安机关处以十五日以下拘留。

དེའང་སྤྱི་པའི་ཚོགས་རར་ཁྲང་བཙུགས་ནས་མེར་བསྲེགས་གཏོང་བ་དང་རྡུལ་པོར་གཏོང་བ། རི་མོ་འབྲི་བ། ནག་ནོག་བྱུག་པ། རྫོག་བརྫིས་གཏོང་བ་སོགས་ཀྱི་རྣམ་པའི་ཐོག་ནས་ཀྲུང་ཧྭ་མི་དམངས་སྤྱི་མཐུན་རྒྱལ་ཁབ་ཀྱི་རྒྱལ་དར་དང་རྒྱལ་རྟགས་ལ་སྨད་འདོགས་བྱས་ཚེ། ཁྲིམས་ལྟར་འགན་འཁྲི་རྩད་གཅོད་བྱ་རྒྱུ་ཡིན་ཞིང་། གནས་ཚུལ་ཚབས་ཆུང་ཆུང་བའི་རིགས་སྤྱི་བདེ་ལས་ཁུངས་ནས་ཉིན་བཅོ་ལྔ་མན་བཀག་ཉར་བྱ་རྒྱུ་རེད།

7.《中华人民共和国国歌法》对奏唱国歌有什么要求？

༧.《ཀྲུང་ཧྭ་མི་དམངས་སྤྱི་མཐུན་རྒྱལ་ཁབ་ཀྱི་རྒྱལ་གླུའི་བཅའ་ཁྲིམས་》ནང་རྒྱལ་གླུ་དཀྱིལ་གཏོང་བཏང་བླང་བྱ་གང་བཏོན་ཡོད་དམ།

奏唱国歌，应当按照标准的国歌的歌词和曲谱，不得采取有损国歌尊严的奏唱形式。奏唱国歌时，在场人员应当肃立，举止庄重，不得有不尊重国歌的行为。

རྒྱལ་གླུ་གཏོང་སྐབས་ཚད་ལྡན་གྱི་རྒྱལ་གླུའི་གླུ་ཚིག་དང་གཞས་གདངས་ལ་གཞིགས་དགོས་པ་ལས་རྒྱལ་གླུའི་གཟི་རྗམ་ལ་གནོད་པའི་དཀྱིལ་གཏོང་རིགས་བྱེད་མི་ཆོག རྒྱལ་གླུ་དཀྱིལ་གཏོང་བྱེད་སྐབས་ཚོགས་ར་དེ་གར་ཡོད་པའི་མི་རྣམས་ཀྱིང་ངེར་ལངས་པ་དང་སྐམ་བསྙེང་གི་ཚུལ་སྟོན་དགོས་པ་ལས་རྒྱལ་གླུར་བརྩི་འཇོག་མེད་པའི་ཚུལ་སྤྱོད་བཟུང་མི་རུང་།

8.不得使用国歌的情形有哪些？

༨.རྒྱལ་གླུ་བེད་སྤྱོད་བྱེད་མི་ཆོག་པའི་ཆ་གང་དག་ཡིན་ནམ།

国歌不得用于或者变相用于商标、商业广告，不得在私人丧事活动等不适宜的场合使用，不得作为公共场所的背景音乐等。

དེའང་རྒྱལ་སྒྲ་ནི་ཚོང་རྟགས་དང་ཚོང་ལས་འགྲེམས་བསྒྲགས་ཐད་དངོས་སུ་བེད་སྤྱོད་དམ་ཡང་ན་རྣམ་པ་འགྱུར་བའི་ཐོག་ནས་བེད་སྤྱོད་བྱེད་མི་རུང་བ་དང་། མི་སྒེར་གྱི་འདས་འཇུག་བྱེད་སྒོ་སོགས་འོས་མིན་གྱི་ཚོགས་རར་བེད་སྤྱོད་བྱེད་མི་རུང་བ། སྤྱི་པའི་ཚོགས་རར་རྒྱབ་ལྗོངས་ཀྱི་རོལ་དབྱངས་སུ་བྱས་ནས་བེད་སྤྱོད་བྱེད་མི་རུང་བ་སོགས་སོ།།

9. 侮辱中华人民共和国国歌的，应当承担什么责任?

༩.ཀྲུང་ཧྭ་མི་དམངས་སྤྱི་མཐུན་རྒྱལ་ཁབ་ཀྱི་རྒྱལ་གླུར་སྨད་འདོགས་བྱས་ཚེ། འགན་འཁྲི་གང་ཞིག་འཁུར་དགོས་སམ།

在公共场合，故意篡改国歌歌词、曲谱，以歪曲、贬损方式奏唱国歌，或者以其他方式侮辱国歌的，由公安机关处以警告或者十五日以下拘留；构成犯罪的，依法追究刑事责任。

དེའང་སྤྱི་པའི་ཚོགས་རར་ཆང་བཙུགས་ནས་རྒྱལ་གླུའི་གཞས་ཚིག་ལ་བཟོ་བཅོས་དང་གཞས་གདངས་གསར་བཟོ། དེ་བཞིན་གཞས་གདངས་འཁྱོག་བཅོས་དང་དམའ་འབེབས་ཀྱི་རྣམ་པའི་ཐོག་ནས་རྒྱལ་གླུ་དཀྲོལ་གཏོང་དང་། ཡང་ན་རྣམ་པ་གཞན་དག་ཐོག་ནས་རྒྱལ་གླུར་སྨད་འདོགས་བྱས་ཚེ་སྤྱི་བདེ་ལས་ཁུངས་ནས་ཐ་ཚིག་གཏོང་བའམ་ཡང་ན་ཉིན་བཅོ་ལྔ་མན་བཀག་འཇུག་བྱ་རྒྱུ་དང་། ཉེས་གསོག་གི་ཚད་ལ་སླེབས་ཡོད་ཚེ་ཉེས་དོན་འགན་འཁྲི་རྩད་གཅོད་བྱ་རྒྱུ་རེད།

四、民法典

བཞི་པ། དམངས་དོན་ཁྲིམས་གཞུང་།

1.《中华人民共和国民法典》颁布的时间及意义？

༡.《ཀྲུང་ཧྭ་མི་དམངས་སྤྱི་མཐུན་རྒྱལ་ཁབ་ཀྱི་དམངས་དོན་ཁྲིམས་གཞུང་》ཡོངས་བསྒྲགས་བྱས་པའི་དུས་ཚོད་དང་དེའི་དོན་སྙིང་གང་ཡིན་ནམ།

《中华人民共和国民法典》由中华人民共和国第十三届全国人民大会第三次会议于2020年5月28日通过，自2021年1月1日起实行。民法典是新中国第一部以“典”命名的法律，关于民法典的定位，习近平总书记指出，“民法典在中国特色社会主义法律体系中具有重要地位，是一部固根本、稳预期、利长远的基础性法律”。民法典颁布的重要意义体现在坚持和完善中国特色社会主义制度的现实需要，是推进全面依法治国，推进国家治理体系和治理能力现代化的一个重大举措，让社会主义核心价值观通过法治建设更加深入人心。

《ཀྲུང་ཧྭ་མི་དམངས་སྤྱི་མཐུན་རྒྱལ་ཁབ་ཀྱི་དམངས་དོན་ཁྲིམས་གཞུང་》ནི་ཀྲུང་ཧྭ་མི་དམངས་སྤྱི་མཐུན་རྒྱལ་ཁབ་ཀྱི་སྐབས་བཅུ་གསུམ་པའི་རྒྱལ་ཡོངས་མི་དམངས་འཐུས་མི་ཚོགས་ཆེན་ཐེངས་གསུམ་པའི་ཐོག་སྟེ། སྤྱི་ལོ་༢༠༢༠ལོའི་ཟླ་༥པའི་ཚེས་༢༨ཉིན་གྲོས་འཆམ་བྱུང་བ་དང་། སྤྱི་ལོ་༢༠༢༡ལོའི་ཟླ་༡ཚེས་༡ཉིན་ནས་བཟུང་ལག་བསྟར་བྱེད་འགོ་ཚུགས་ཡོད། དམངས་དོན་ཁྲིམས་གཞུང་ནི་ཀྲུང་གོ་གསར་པའི་མིང་དུ“གཞུང་”ཞེས་ཐོགས་པའི་ཁྲིམས་གཞུང་ཨང་དང་པོ་དེ་ཡིན། དམངས་དོན་ཁྲིམས་གཞུང་གི་གོ་བབ་སྐོར་ལ་སྤྱི་ཁྱབ་ཧྲུའུ་ཅི་ཞི་ཅིན་ཕིང་གིས“དམངས་དོན་ཁྲིམས་གཞུང་གིས་ཀྲུང་གོའི་ཁྱད་ཆོས་ལྡན་པའི་སྤྱི་ཚོགས་རིང་ལུགས་ཀྱི་བཅའ་ཁྲིམས་མ་ལག་ཁྲོད་གནས་བབ་གལ་ཆེན་བཟུང་ཡོད་ཅིང་། དེ་ནི་འབྱུང་རྩ་སྲ་ལ་སྔོན་དཔག་བརྟན་པ། ཕྱོགས་ལ་ཕན་པ་བཅས་རྨང་གཞིའི་རང་བཞིན་གྱི་བཅའ་ཁྲིམས་ཤིག་ཡིན”ཞེས་བསྟན་ཡོད། དམངས་དོན་ཁྲིམས་གཞུང་ཡོངས་བསྒྲགས་བྱས་པའི་གལ་ཆེའི་དོན་སྙིང་ནི་ཀྲུང་གོའི་ཁྱད་ཆོས་ལྡན་པའི་སྤྱི་ཚོགས་རིང་ལུགས་ཀྱི་ལམ་ལུགས་རྒྱུན་འཁྱོངས་དང་འཐུས་ཚང་དུ་བཏང་བའི་དོན་དངོས་ཀྱི་དགོས་མཁོའི་ཐོག་ནས་མངོན་གྱི་ཡོད་ཅིང་། དེའང་ཁྱོན་ཡོངས་ནས་ཁྲིམས་ལྟར་རྒྱལ་ཁབ་སྐྱོང་རྒྱུར་སྐུལ་འདེད་དང་རྒྱལ་ཁབ་ཀྱི་བཅོས་སྐྱོང་མ་ལག་དང་བཅོས་སྐྱོང་ནུས་པ་དེང་རབས་ཅན་དུ་འགྱུར་བ་བྱེད་པའི་བྱ་སྤྱོད་གལ་ཆེན་ཞིག་ཡིན་པས་སྤྱི་ཚོགས་རིང་ལུགས་ཀྱི་ལྟེ་བའི་རིན་ཐང་ལྟ་བ་དག་ཁྲིམས་སྐྱོང་འཛུགས་སྐྱོང་བརྒྱུད་མི་རྣམས་ཀྱི་སེམས་ལ་གཏིང་ཟབ་ཟུག་རྒྱུ་རེད།

2.《中华人民共和国民法典》的立法目的是什么？

༢.《ཀྲུང་ཧྭ་མི་དམངས་སྤྱི་མཐུན་རྒྱལ་ཁབ་ཀྱི་དམངས་དོན་ཁྲིམས་གཞུང་》འཛུགས་པའི་དམིགས་ཡུལ་གང་ཡིན་ནམ།

为了保护民事主体的合法权益，调整民事关系，维护社会和经济秩序，适应中国特色社会主义发展要求，弘扬社会主义核心价值观。

དེའང་དམངས་དོན་བྱེད་པོའི་ཁྲིམས་མཐུན་ཁེ་དབང་སྲུང་སྐྱོང་དང་དམངས་དོན་འབྲེལ་བ་སྙོམས་སྒྲིག སྤྱི་ཚོགས་དང་དཔལ་འབྱོར་སྒྲིག་ལམ་སྲུང་སྐྱོང་། དེ་བཞིན་ཀྲུང་གོའི་ཁྱད་ཆོས་ལྡན་པའི་སྤྱི་ཚོགས་རིང་ལུགས་གོང་འཕེལ་གྱི་དགོས་མཁོ་དང་འཚམ་པ། སྤྱི་ཚོགས་རིང་ལུགས་

ཀྱི་ལྟེ་བའི་རིན་ཐང་ལྟ་བ་དར་སྤེལ་གཏོང་རྒྱུ་བཅས་ཀྱི་ཆེད་དུ་གཏན་འབེབས་བྱས་པ་ཞིག་ཡིན།

3.《中华人民共和国民法典》与我们有什么关系？

༣.《ཀྲུང་ཧྭ་མི་དམངས་སྤྱི་མཐུན་རྒྱལ་ཁབ་ཀྱི་དམངས་དོན་ཁྲིམས་གཞུང་》དེ་ཉིད་ང་ཚོ་དང་འབྲེལ་བ་གང་ཡོད་དམ།

《中华人民共和国民法典》被誉为“社会生活的百科全书”和“保障民事权利的宣言书”，分为总则、物权、合同、人格权、婚姻家庭、继承、侵权责任七编和附则，共 84 章、1260 条，是迄今为止我国条文数最多的一部法律。它不仅在我国法治进程中具有划时代的历史意义，而且真正照顾到人们日常生活的方方面面。从生老病死到衣食住行，从婚姻家庭到生产生活，从物权、继承，到合同、侵权责任……可谓包罗社会万象，与每个人息息相关。

《ཀྲུང་ཧྭ་མི་དམངས་སྤྱི་མཐུན་རྒྱལ་ཁབ་ཀྱི་དམངས་དོན་ཁྲིམས་གཞུང་》ལ་“སྤྱི་ཚོགས་འཚོ་བའི་ཤེས་བྱ་ཀུན་བཏུས་”དང་། “དམངས་དོན་ཁེ་དབང་འགན་སྲུང་བྱེད་པའི་བསྒྲགས་གཏམ་ཡི་གེ་”ཞེས་འབོད་ཅིང་། དེར་སྤྱིའི་རྩ་དོན་དང་དངོས་དབང་། གན་རྒྱ། མི་གཤིའི་དབང་ཆ། གཉེན་སྒྲིག་གི་ཁྱིམ་ཚང་། རྒྱུན་འཛིན། ཤུལ་ནོར་དབང་གནོད་འགན་འཁྲི་བཅས་ལེ་ཚན་བདུན་དང་ཞར་བྱུང་དོན་ཚན་བཅས་སུ་དབྱེ་བ་དང་། དེར་ཁྱོན་ལེའུ་༨༤དང་དོན་ཚན་༡༢༦༠ཡོད་པས་ད་བར་རང་རྒྱལ་གྱི་དོན་ཚན་འབོར་གྲངས་མང་ཤོས་ཀྱི་བཅའ་ཁྲིམས་ཤིག་ཡིན། དེར་རང་རྒྱལ་གྱི་ཁྲིམས་སྐྱོང་འཕེལ་རིམ་ཁྲོད་དུས་རབས་དབྱེ་བའི་ལོ་རྒྱུས་ཀྱི་དོན་སྙིང་ལྡན་པ་མ་ཟད། དོན་དམ་པའི་ཐོག་ནས་མི་རྣམས་ཀྱི་རྒྱུན་གཏན་འཚོ་བའི་ཕྱོགས་གང་སར་ལྟ་རྟོག་བྱས་ཡོད། སྐྱེ་རྒ་ན་འཆི་ནས་ཟས་གོས་འགྲོ་སྡོད་བར་དང་། གཉེན་སྒྲིག་གི་ཁྱིམ་ཚང་ནས་ཐོན་སྐྱེད་འཚོ་བའི་བར། དངོས་དབང་དང་རྒྱུན་འཛིན་ནས་གན་རྒྱ་དང་དབང་གནོད་འགན་འཁྲིའི་བར་བཅས་སྤྱི་ཚོགས་ཀྱི་སྣང་ཚུལ་སྣ་ཚོགས་ཚུད་ཡོད་པས་མི་མི་རེ་རེ་དང་འབྲེལ་བ་ཆེན་པོ་ཡོད།

4.《中华人民共和国民法典》中的平等原则指什么？

༤.《ཀྲུང་ཧྭ་མི་དམངས་སྤྱི་མཐུན་རྒྱལ་ཁབ་ཀྱི་དམངས་དོན་ཁྲིམས་གཞུང་》ནང་འདྲ་མཉམ་གྱི་རྩ་དོན་ཞེས་པ་དེ་གང་ལ་ཟེར་རམ།

民事主体在民事活动中的法律地位一律平等。

དམངས་དོན་བྱེད་པོས་དམངས་དོན་བྱེད་སྒོའི་ནང་བཟུང་བའི་བཅའ་ཁྲིམས་ཀྱི་གོ་གནས་ཚང་མ་འདྲ་མཉམ་ཡིན་པ།

自然人的民事权利能力一律平等。

རང་བྱུང་མིའི་དམངས་དོན་ཁེ་དབང་གི་ནུས་པ་ཚང་མ་འདྲ་མཉམ་ཡིན་པ།

民事主体的财产权利受法律平等保护。

དམངས་དོན་བྱེད་པོའི་རྒྱུ་ནོར་དབང་ཆར་བཅའ་ཁྲིམས་ཀྱི་སྲུང་སྐྱོང་ཐོབ་པ།

夫妻在婚姻家庭中地位平等。

བཟའ་ཚང་གཉིས་གཉེན་སྒྲིག་གི་ཁྱིམ་ཚང་ནང་གོ་གནས་འདྲ་མཉམ་ཡིན་པ།

继承权男女平等。

རྒྱུན་འཛིན་བྱེད་དབང་ཐད་ཕོ་མོ་འདྲ་མཉམ་ཡིན་པ་བཅས་ལ་ཟེར།

5.《中华人民共和国民法典》中的诚信原则指什么？

༥.《ཀྲུང་ཧྭ་མི་དམངས་སྤྱི་མཐུན་རྒྱལ་ཁབ་ཀྱི་དམངས་དོན་ཁྲིམས་གཞུང་》ནང་གི་ཡིད་རྟོན་གྱི་རྩ་དོན་ཞེས་པ་གང་ལ་ཟེར་རམ།

《中华人民共和国民法典》第七条规定，民事主体从事民事活动，应当遵循诚信原则，秉持诚实，恪守承诺。第五百条规定，当事人在订立合同过程中有下列情形之一，造成对方损失的，应当承担赔偿责任：（1）假借订立合同，恶意进行磋商；（2）故意隐瞒与订立合同有关的重要事实或者提供虚假情况；（3）有其他违背诚信原则的行为。第五百零九条

规定：当事人应当遵循诚信原则，根据合同的性质、目的和交易习惯履行通知、协助、保密等义务。

དེའང་《ཀྲུང་ཧྭ་མི་དམངས་སྤྱི་མཐུན་རྒྱལ་ཁབ་ཀྱི་དམངས་དོན་ཁྲིམས་གཞུང་》གི་དོན་ཚན་བདུན་པའི་ནང་། དམངས་དོན་བྱེད་པོས་དམངས་དོན་བྱེད་སྒོ་སྤེལ་སྐབས་ཡིད་རྟོན་གྱི་རྩ་དོན་ལ་བརྩི་སྲུང་བྱས་ཐོག གཞུང་དྲང་དང་ཁས་ལེན་ལག་བསྟར་བྱ་དགོས་པ་གཏན་འབེབས་བྱས་ཡོད་པ་དང་། དོན་ཚན་ཨང་ལྔ་བརྒྱའི་ནང་དོ་བདག་གིས་གན་རྒྱ་འཛོག་པའི་བརྒྱུད་རིམ་ནང་གཤམ་གསལ་གྱི་གནས་ཚུལ་རིགས་བྱུང་ནས་ཕ་རོལ་ལ་གྱོང་གུན་བཟོས་ཚེ་གྱོང་གུན་གསབ་སྤྲོད་ཀྱི་འགན་འཁྲི་འཁུར་དགོས་པ་དེའང་（༡）གན་རྒྱ་འཛོག་པར་ཁ་གཡར་ནས་ཕྲང་བཙུགས་ཏེ་གྲོས་བསྡུར་བྱས་པ།（༢）གན་རྒྱ་འཛོག་རྒྱུ་དང་འབྲེལ་བ་ཡོད་པའི་དོན་དངོས་གལ་ཆེན་ཕྲང་བཙུགས་ནས་གསང་བ་བྱས་པའམ་ཡང་ན་གནས་ཚུལ་རྫུན་མ་མཁོ་འདོན་བྱས་པ།（༣）ཡིད་རྟོན་གྱི་རྩ་དོན་ལས་འགལ་བའི་བྱ་སྤྱོད་གཞན་དག་ཡོད་པ་བཅས་ཡིན། དོན་ཚན་ཨང་ལྔ་བརྒྱ་བཅུ་མེད་དགུའི་ནང་། དོ་བདག་གིས་ཡིད་རྟོན་འཕེར་བའི་རྩ་དོན་བརྩི་སྲུང་བྱེད་དགོས་ཤིང་། གན་རྒྱའི་ངོ་བོ་དང་དམིགས་ཡུལ། ཉོ་ཚོང་གི་གོམས་སྲོལ་བཅས་དང་བསྟུན་ནས་བརྡ་གཏོང་བ་དང་། རམ་འདེགས་བྱེད་པ། གསང་དོན་སྲུང་བ་སོགས་ཀྱི་འོས་འགན་སྒྲུབ་དགོས་པ་གཏན་འབེབས་བྱས་ཡོད།

6.《中华人民共和国民法典》中的守法与公序良俗原则指什么？

༦.《ཀྲུང་ཧྭ་མི་དམངས་སྤྱི་མཐུན་རྒྱལ་ཁབ་ཀྱི་དམངས་དོན་ཁྲིམས་གཞུང་》ནང་གི་ཁྲིམས་སྲུང་དང་སྤྱི་སྒྲིག་སྲོལ་བཟང་གི་རྩ་དོན་ཞེས་པ་གང་ལ་ཟེར་རམ།

民事主体从事民事活动，不得违反法律，不得违背公序良俗。

དམངས་དོན་བྱེད་པོས་དམངས་དོན་བྱེད་སྒོ་སྤེལ་སྐབས་བཅའ་ཁྲིམས་ལས་འགལ་མི་རུང་བ་དང་སྤྱི་པའི་སྒྲིག་སྲོལ་བཟང་པོ་ལས་འགལ་མི་རུང་བ།

违反法律、行政法规的强制性规定的民事法律行为无效。但是，该强制性规定不导致该民事法律行为无效的除外。

བཅའ་ཁྲིམས་དང་སྲིད་འཛིན་ཁྲིམས་སྲོལ་ལས་འགལ་ཏེ་བཙན་ཐབས་རང་བཞིན་གྱིས་གཏན་འབེབས་བྱས་པའི་དམངས་དོན་ཁྲིམས་ལུགས་ཡོད་རིགས་གོ་ཆོད་དུ་མེད། འོན་ཀྱང་བཙན་ཐབས་རང་བཞིན་གྱི་གཏན་འབེབས་དེ་རིགས་ཀྱིས་དམངས་དོན་བཅའ་ཁྲིམས་དེར་ནུས་པ་མི་ཐོན་པའི་རིགས་འདིའི་ཁོངས་སུ་ཚུད་མེད།

违背公序良俗的民事法律行为无效。

སྤྱི་སྒྲིག་སྲོལ་བཟང་དང་འགལ་བའི་དམངས་དོན་བཅའ་ཁྲིམས་ཀྱི་རིགས་གོ་ཆོད་དུ་མེད།

7.《中华人民共和国民法典》中的绿色原则指什么?

༧.《ཀྲུང་ཧྭ་མི་དམངས་སྤྱི་མཐུན་རྒྱལ་ཁབ་ཀྱི་དམངས་དོན་ཁྲིམས་གཞུང་》ནང་གི་ལྗང་མདོག་རྩ་དོན་ཞེས་པ་གང་ལ་ཟེར་རམ།

民事主体从事民事活动，应当有利于节约资源、保护生态环境。

དམངས་དོན་བྱེད་པོས་དམངས་དོན་བྱེད་སྒོ་སྤེལ་སྐབས་ཐོན་ཁུངས་གྲོན་ཆུང་དང་ཁོར་ཡུག་སྲུང་སྐྱོང་ལ་ཕན་ཐོགས་ཡོད་པ་བྱ་དགོས།

不动产权利人不得违反国家规定弃置固体废物，排放大气污染物、水污染物、土壤污染物、噪声、光辐射、电磁辐射等有害物质。

བརྟན་འགྱུར་ཐད་བདག་དབང་ཡོད་མཁན་གྱིས་རྒྱལ་ཁབ་ཀྱི་གཏན་འབེབས་ལས་འགལ་ཏེ་སྲ་གཟུགས་ཟོག་རོ་བསྐྱུར་འཛུག་དང་རླུང་ཁམས་ལ་སྦགས་བཙོག་དང་ཆུ་ལ་སྦགས་བཙོག ས་རྒྱུར་སྦགས་བཙོག་བཟོ་བའི་དངོས་པོ་འབུད་བཤངས་བྱེད་མི་ཆོག་པ་དང་། འཛེར་སྐད་དང་འོད་རླབས་འཕྲོ་གྱིས། གློག་རླབས་འཕྲོ་གྱིས་སོགས་གནོད་ཡོད་རིགས་འབུད་མི་ཆོག་པ།

当事人在履行合同过程中，应当避免浪费资源、污染环境和破坏生态。

ཁོ་བདག་གིས་གན་རྒྱ་ལག་བསྟར་བྱེད་པའི་བརྒྱུད་རིམ་ནང་ཐོན་ཁུངས་འཕྲོ་བརླག་མི་འགྲོ་བ་དང་ཁོར་ཡུག་ལ་སྦགས་བཙོག་མི་བཟོ་བ། སྐྱེ་ཁམས་ལ་གནོད་སྐྱོན་མི་ཐོག་པ་བྱ་དགོས།

侵权人违反法律规定故意污染环境、破坏生态造成严重后果的，被侵权人有权请求相应的惩罚性赔偿。

དབང་ཆར་གནོད་སྐྱོན་བཟོ་མཁན་གྱིས་བཅའ་ཁྲིམས་ཀྱི་གཏན་འབེབས་ལས་འགལ་ཏེ་རྐང་བཙུགས་ནས་ཁོར་ཡུག་ལ་སྦགས་བཙོག་བཟོས་པ་དང་སྐྱེ་ཁམས་ལ་གནོད་བཤིག་བཏང་སྟེ་མཇུག་འབྲས་ཚབས་ཆེན་བཟོས་ཚེ། གནོད་སྐྱོན་ཕོག་ཡུལ་གྱིས་འོས་འཚམ་གྱི་ཆད་གཅོད་དང་གུན་གསབ་སྤྲོད་པའི་རེ་ཞུ་བྱེད་དབང་ཡོད།

8.《中华人民共和国民法典》主要有哪些新增亮点和变化?

༨.《ཀྲུང་ཧྭ་མི་དམངས་སྤྱི་མཐུན་རྒྱལ་ཁབ་ཀྱི་དམངས་དོན་ཁྲིམས་གཞུང་》ནང་བསྣན་པའི་གནད་ཆེ་བ་དང་འགྱུར་ལྡོག་གསར་པ་གཙོ་བོ་གང་དག་ཡོད་དམ།

（1）见义勇为免责

因保护他人民事权益使自己受到损害的，由侵权人承担民事责任，受益人可以给予适当补偿。没有侵权人、侵权人逃逸或者无力承担民事责任，受害人请求补偿的，受益人应当给予适当补偿。因自愿实施紧急救助行为造成受助人损害的，救助人不承担民事责任。

（༡）བདེན་པའི་རྒྱབ་ལྡངས་ལ་འགན་འཁྲི་མེད་པ།

དེའང་མི་གཞན་གྱི་དམངས་དོན་ཁེ་དབང་སྲུང་སྐྱོང་བྱ་ཕྱིར་རང་ཉིད་ལ་གནོད་སྐྱོན་ཕོག་ཚེ། དབང་གནོད་གཏོང་མཁན་གྱིས་དམངས་དོན་འགན་འཁྲི་འཁུར་དགོས་པ་དང་། ཁེ་ཕན་ཐོབ་མཁན་གྱིས་གུན་གསབ་འོས་འཚམ་སྤྲོད་དགོས་པ། དབང་གནོད་གཏོང་མཁན་མཐོང་དུ་མེད་པ་དང་བྲོས་བྱོལ་ལ་སོང་བའམ་ཡང་ན་དམངས་དོན་འགན་འཁྲི་འཁུར་ནུས་མེད་དུས། གནོད་སྐྱོན་ཕོག་མཁན་གྱིས་གུན་གསབ་རེ་བ་བཏོན་ན། ཁེ་ཕན་ཐོབ་མཁན་གྱིས་གུན་གསབ་འོས་འཚམ་སྤྲོད་དགོས། རང་མོས་དང་ཁ་ཚ་དགོས་གཏུག་གི་རོགས་སྐྱོར་བྱས་ཏེ་རོགས་སྐྱོར་བྱ་ཡུལ་ལ་གནོད་འཚེ་བཟོས་ཚེ། རོགས་སྐྱོར་བྱེད་མཁན་གྱིས་དམངས་དོན་འགན་འཁྲི་འཁུར་མི་དགོས།

（2）小区共有场所收入归业主

建设单位、物业服务企业或者其他管理人等利用业主的共有部分产生的收入，在扣除合理成本之后，属于业主共有。

（༢）མི་ཁྱལ་གྱི་ཐུན་མོང་ལ་དབང་བའི་ས་ཆ་དང་ཚོགས་རའི་ཡོང་འབབ་རྣམས་མི་བདག་ལ་ཐོབ་པ།

དེའང་འཇུགས་སྐྱོན་ཚན་པ་དང་མི་ལས་ཞབས་ཞུའི་ཁེ་ལས་སམ་ཡང་ན་དོ་དམ་བྱེད་མི་གཞན་དག་སོགས་ཀྱིས་མི་བདག་གི་ཐུན་མོང་ཆ་ནས་བྱུང་བའི་ཡོང་འབབ་ལས་ལུགས་མཐུན་མ་གནས་འཛིན་གཙོག་བྱས་རྗེས་དེ་བྱིངས་ཚང་མ་མི་བདག་ཐུན་མོང་ལ་དབང་བ་ཡིན།

（3）禁止高利放贷

禁止高利放贷，借款的利率不得违反国家有关规定。借款合同对支付利息没有约定的，视为没有利息。借款合同对支付利息约定不明确，当事人不能达成补充协议的，按照当地或者当事人的交易方式、交易习惯、市场利率等因素确定利息；自然人之间借款的，视为没有利息。

（༣）སྐྱེད་ཀ་མཐོ་བའི་དངུལ་བུན་བཏང་མི་ཆོག་པ།

དེའང་སྐྱེད་ཀ་མཐོ་བའི་དངུལ་བུན་བཏང་མི་ཆོག་པ་དང་། དངུལ་བུན་གྱི་སྐྱེད་ཀའི་ཚད་གཞི་རྒྱལ་ཁབ་ཀྱི་འབྲེལ་ཡོད་གཏན་འབེབས་ལས་འགལ་མི་རུང་། དངུལ་གཡར་གན་རྒྱའི་ནང་སྐྱེད་ཀ་འཇལ་རྒྱུའི་ཐད་ཁ་དན་མེད་ཚེ། སྐྱེད་ཀ་མེད་པར་བརྩི་རྒྱུ་ཡིན། དངུལ་གཡར་གན་རྒྱའི་ནང་སྐྱེད་ཀ་འཇལ་རྒྱུའི་ཐད་ཁ་དན་གསལ་པོ་མེད་ཚེ། དོ་བདག་གིས་ཁ་གསབ་གྲོས་མཐུན་བཞག་མི་ཐུབ་པར་ས་གནས་དེ་གའམ་ཡང་ན་དོ་བདག་གི་བརྗེ་ཚོང་བྱ་ཐབས་དང་བརྗེ་ཚོང་གོམས་གཤིས། ཁྲོམ་རའི་སྐྱེད་ཚད་སོགས་རྒྱུ་རྐྱེན་ལ་གཞིགས་ཏེ་སྐྱེད་ཀ་གཏན་འཁེལ་བྱ་དགོས། རང་བྱུང་མིའི་དབར་དངུལ་བུན་གཏོང་རེས་བྱས་ན་སྐྱེད་ཀ་མེད་པར་བརྩི་བ་ཡིན།

（4）界定夫妻共同债务

夫妻双方共同签字或者夫妻一方事后追认等共同意思表示所负的债务，以及夫妻一方在婚姻关系存续期间以个人名义为家庭日常生活需要所负的债务，属于夫妻共同债务。

（༤）བཟའ་ཚང་ཐུན་མོང་གི་བུ་ལོན་དབྱེ་མཚམས།

དེའང་བཟའ་ཚང་གཉིས་ཀས་མཉམ་དུ་མཚན་འགོད་བྱས་པའམ་ཡང་ན་བཟའ་ཚང་

ཕྱོགས་གཅིག་གིས་གནས་ཚུལ་ཐོན་པའི་རྗེས་སུ་ཁས་བླངས་པ་སོགས་ཐུན་མོང་ནས་འཇལ་རྒྱུའི་རྣམ་པ་བསྟན་པའི་བུ་ལོན་དང་། དེ་བཞིན་བཟའ་ཚང་ཕྱོགས་གཅིག་གིས་གཉེན་སྒྲིག་འབྲེལ་བ་གནས་སྡུས་ཡིན་པའི་སྐབས་སུ་རང་སྐོར་གྱི་མིང་ཐོག་ནས་ཁྱིམ་ཚང་དེ་གའི་རྣམ་ཀུན་འཚོ་བའི་དགོས་མཁོར་བརྟེན་ནས་གཡར་བའི་བུ་ལོན་ནི་བཟའ་ཚང་གཉིས་ནས་མཉམ་དུ་འཇལ་དགོས།

夫妻一方在婚姻关系存续期间以个人名义超出家庭日常生活需要所负的债务，不属于夫妻共同债务；但是，债权人能够证明该债务用于夫妻共同生活、共同生产经营或者基于夫妻双方共同意思表示的除外。

བཟའ་ཚང་ཕྱོགས་གཅིག་གིས་གཉེན་སྒྲིག་གི་འབྲེལ་བ་གནས་སྡུས་སྐབས་སུ་རང་སྐོར་གྱི་མིང་ཐོག་ནས་ཁྱིམ་ཚང་གི་རྣམ་ཀུན་འཚོ་བའི་དགོས་མཁོ་ལས་བརྒལ་ཏེ་གཡར་བའི་བུ་ལོན་ནི་བཟའ་ཚང་ཐུན་མོང་གི་བུ་ལོན་དུ་བརྩི་མི་རུང་། འོན་ཀྱང་བུན་བདག་གིས་བུ་ལོན་དེ་བཟའ་ཚང་ཐུན་མོང་གི་འཚོ་བ་དང་ཐུན་མོང་གི་ཐོན་སྐྱེད་ཁེ་གཉེར་རམ་ཡང་ན་བཟའ་ཚང་ཐུན་མོང་གི་བསམ་ཚུལ་བཅས་ཀྱི་ཆེད་དུ་བེད་སྤྱོད་བྱས་པ་ར་སྤྲོད་བྱེད་ཐུབ་ན་བུ་ལོན་དེ་བཟའ་ཚང་ཐུན་མོང་གིས་འཇལ་དགོས་པ་ཡིན།

（5）设立离婚冷静期

自婚姻登记机关收到离婚登记申请之日起三十日内，任何一方不愿意离婚的，可以向婚姻登记机关撤回离婚登记申请。前款规定期限届满后三十日内，双方应当亲自到婚姻登记机关申请发给离婚证；未申请的，视为撤回离婚登记申请。

（༥）གཉེན་འབྲོར་བསམ་གཞིག་དུས་བཀག

དེའང་གཉེན་སྒྲིག་ཐོ་འགོད་ལས་ཁུངས་ལ་བཟའ་ཚང་ཁ་བྲལ་གྱི་ཐོ་འགོད་རེ་ཞུ་འབྱོར་བ་ནས་བཟུང་ཉིན་སུམ་ཅུའི་ནང་ཁ་འབྲལ་འདོད་མེད་པའི་ཕྱོགས་གང་རུང་ཞིག་གིས་གཉེན་སྒྲིག་ཐོ་འགོད་ལས་ཁུངས་ནས་བཟའ་ཚང་ཁ་བྲལ་གྱི་ཐོ་འགོད་རེ་ཞུ་ཕྱིར་འཐེན་བྱས་ཆོག དོན་ཚན་གོང་མའི་གཏན་འབེབས་དུས་བཀག་ཡོལ་ནས་ཉིན་སུམ་ཅུ་སོང་ན་བཟའ་ཚང་གཉིས་ཀ་དངོས་སུ་གཉེན་སྒྲིག་ཐོ་འགོད་ལས་ཁུངས་ལ་བཟའ་ཚང་ཁ་བྲལ་གྱི་ལག་ཁྱེར་སྤྲོད་རྒྱུའི་རེ་ཞུ་བྱེད་པར་

ཡོང་དགོས། རེ་ཞུ་མ་བྱས་ཚེ་བཟའ་ཚང་ཁ་བྲལ་གྱི་ཐོ་འགོད་རེ་ཞུ་རང་ཤུགས་ཀྱིས་ཕྱིར་འཐེན་བྱས་པར་བརྩི་བ་ཡིན།

（6）侄子、外甥也可以继承财产

将代位继承扩大至被继承人的兄弟姐妹先于被继承人死亡的情形，使得被继承人的侄、甥获得第二顺位法定继承人资格，突破了原先晚辈直系血亲的限制。

（༦）ཕོ་རྒྱུད་ཚ་བོ་དང་མོ་རྒྱུད་ཚ་བོས་ཀྱང་ཤུལ་ནོར་རྒྱུན་འཛིན་བྱས་ཆོག་པ།

དེའང་ཚབ་བྱེད་རྒྱུན་འཛིན་བྱེད་སྟངས་རྒྱ་ཆེར་བཏང་བ་སྟེ། ཤུལ་ནོར་བདག་པོའི་གཅེན་གཅུང་མིང་སྲིང་སྔོན་ནས་གྲོངས་པ་ཡིན་ཚེ་ཤུལ་ནོར་བདག་པོའི་ཕོ་རྒྱུད་ཚ་བོ་དང་མོ་རྒྱུད་ཚ་བོར་ཤུལ་ནོར་རྒྱུན་འཛིན་པ་ཨང་གཉིས་པའི་ཐོབ་ཐང་ཡོད་ཅིང་། དེ་སྔའི་མི་རབས་རྗེས་མའི་ཐད་ཀའི་སྐྱུན་མཆེད་ཀྱི་ཚད་བཀག་ལས་བརྒལ་ཡོད།

（7）增加遗嘱形式

打印遗嘱应当有两个以上见证人在场见证。遗嘱人和见证人应当在遗嘱每一页签名，注明年、月、日。

（༧）ཁ་ཆེམས་འཇོག་སྟངས་ཁ་སྣོན་བྱས་པ།

ཁ་ཆེམས་པར་དུ་འདེབས་སྐབས་གཞོགས་ལ་དཔང་མི་གཉིས་ཡན་ཡོད་དགོས། ཁ་ཆེམས་འཇོག་མཁན་དང་དཔང་མི་གཉིས་ཀ་ནས་ཁ་ཆེམས་ཡི་གེའི་ཤོག་ལྷེ་ཚང་མའི་ཐོག་མིང་རྟགས་འགོད་པ་དང་མིང་རྟགས་འགོད་པའི་ལོ་དང་ཟླ་བ། ཚེས་པ་བཅས་དུས་ཚོད་གསལ་པོ་འབྲི་དགོས།

（8）守护“头顶上的安全”

禁止高空抛物。从建筑物中抛掷物品或者从建筑物上坠落的物品造成他人损害的，由侵权人依法承担侵权责任；经调查难以确定具体侵权人的，除能够证明自己不是侵权人的外，由可能加害的建筑物使用人给予补偿。可能加害的建筑物使用人补偿后，有权向侵权人追偿。

（༨）“མགོ་ཐོག་གི་བདེ་འཇགས”སྲུང་སྐྱོབ་བྱ་ཐབས།

དེའང་མཐོ་ས་ནས་དངོས་པོ་གཡུག་མི་རུང་བ་སྟེ། ཁང་ཁྱིམ་སོགས་མཐོ་ས་ནས་དངོས་པོ་དབྱུག་པའམ་ཡང་ན་ཁང་ཁྱིམ་སོགས་མཐོ་ས་ནས་དངོས་པོ་ལྷུང་སྟེ་མི་གཞན་ལ་གནོད་འཚེ་བཟོས་ཚེ། དབང་གནོད་གཏོང་མཁན་གྱིས་ཁྲིམས་ལྟར་དབང་གནོད་འགན་འཁྲི་འཁུར་དགོས། བརྟག་དཔྱད་བྱས་ཀྱང་དབང་གནོད་གཏོང་མཁན་ཡང་སྙིང་སུ་ཡིན་མི་ཤེས་པ་དང་། རང་ཉིད་དབང་གནོད་གཏོང་མཁན་མིན་པ་ར་སྒྲོད་བྱེད་ཐུབ་པ་ཕུད། གནོད་སྐྱོན་བཟོ་སྲིད་པའི་ཁང་ཁྱིམ་སོགས་བེད་སྤྱོད་བྱེད་མཁན་ནས་ཁ་གསབ་སྤྲོད་དགོས། གནོད་སྐྱོན་བཟོ་སྲིད་པའི་ཁང་ཁྱིམ་སོགས་བེད་སྤྱོད་བྱེད་མཁན་གྱིས་གུན་གསབ་སྤྲད་རྗེས་སྣར་དབང་གནོད་གཏོང་མཁན་ཕྱོགས་ནས་གུན་གསབ་ཀྱི་སྙིན་པ་ལེན་དབང་ཡོད།

（9）肖像权侵权不再看“是否以营利为目的了”

任何组织或者个人不得以丑化、污损，或者利用信息技术手段伪造等方式侵害他人的肖像权。未经肖像权人同意，不得制作、使用、公开肖像权人的肖像，但是法律另有规定的除外。

（༩）འདྲ་བརྙན་ཁེ་དབང་གི་དབང་གནོད་ཐད་ཕྱིས་འབྱུང་“ཁེ་བོགས་དམིགས་ཡུལ་དུ་འཛིན་པ་ཡིན་མིན”ལ་མི་བལྟ་བ།

དེའང་ཚ་འཛུགས་སམ་མི་སྙེར་གང་འདྲ་ཞིག་ཡིན་རུང་། དམའ་འབེབས་དང་བཙོག་སྐྱོན་བཏང་བ། ཡང་ན་ཆ་འཕྲིན་ལག་རྩལ་གྱི་ཐབས་ལ་བརྟེན་ནས་རྫུན་བཟོ་སོགས་བྱས་ཏེ་མི་གཞན་གྱི་འདྲ་བརྙན་ཁེ་དབང་ལ་གནོད་སྐྱོན་གཏོང་མི་ཆོག བཅའ་ཁྲིམས་ཀྱི་གཏན་འབེབས་ནང་ཚུད་པ་ཕུད། འདྲ་བརྙན་བདག་པོའི་མོས་མཐུན་མ་ཐོབ་པར་འདྲ་བརྙན་བཟོ་བཞེངས་དང་བེད་སྤྱོད། ཡོངས་བསྒྲགས་བཅས་བྱེད་མི་ཆོག

（10）“熊孩子”给主播打赏，可以要求对方退还

八周岁以上的未成年人为限制民事行为能力人，实施民事法律行为由其法定代理人代理或者经其法定代理人同意、追认；但是，可以独立实施纯获利益的民事法律行为或者与其年龄、智力相适应的民事法律行为。

（༡༠）“བྲུ་གུ་འཚུབ་པོ་”ཡིས་བརྟན་སྲོན་པར་བྱ་དགའི་དངུལ་སྤྲད་ན་ཕྱིར་སློད་བྱ་རྒྱུའི་རེ་བ་འདོན་ཆོག་པ།

རང་ལོ་བརྒྱད་ཡན་གྱི་ནར་མ་སོན་པའི་མི་ནི་དམངས་དོན་བྱ་སྤྱོད་ཀྱི་ནུས་པར་ཚད་བཀག་ཡོད་པའི་མི་ཡིན། དམངས་དོན་བཅའ་ཁྲིམས་ཀྱི་དོན་དག་གཙོད་སྐབས། མི་དེའི་ཁྲིམས་བཀོད་ཚབ་བྱེད་མི་སྣས་ཚབ་བྱེད་པའམ་ཡང་ན་དེའི་ཁྲིམས་བཀོད་ཚབ་བྱེད་མི་སྣའི་མོས་མཐུན་དང་རྗེས་སུ་ཁས་ལེན་ཐོབ་པ་བྱ་དགོས། འོན་ཀྱང་ཁེ་བཟང་རྐྱང་རྐྱང་ཐོབ་པའི་དམངས་དོན་བཅའ་ཁྲིམས་བྱ་སྤྱོད་དམ་ཡང་ན་མི་དེའི་ལོ་ཚོད་དང་རིག་སྟོབས་དང་འཚམ་པའི་དམངས་དོན་བཅའ་ཁྲིམས་བྱ་སྤྱོད་ཁེར་རྐྱང་ཐོག་ལག་བསྟར་བྱས་ཆོག

（11）男性可以要求不“被性骚扰”了

违背他人意愿，以言语、文字、图像、肢体行为等方式对他人实施性骚扰的，受害人有权依法请求行为人承担民事责任。

（༡༡）སྐྱེས་པས་“ཆགས་རྩེད་ཞེ་བསུན་”མི་བཟོ་བའི་རེ་བ་འདོན་ཆོག་པ།

མི་གཞན་གྱི་འདོད་མོས་དང་འགལ་ནས་སྐད་ཆ་དང་ཡི་གེ པར་རིས། ཡན་ལག་བྱ་སྤྱོད་སོགས་ཀྱི་བྱེད་སྟངས་ཐོག་ནས་མི་གཞན་ལ་“ཆགས་རྩེད་ཞེ་བསུན་”བཟོས་ཚེ། གནོད་འཚེ་ཕོག་མཁན་གྱིས་ཁྲིམས་ལྟར་བྱ་སྤྱོད་སྤྱེལ་མཁན་ལ་དམངས་དོན་འགན་འཁྲི་འཁུར་དགོས་པའི་རེ་ཞུ་བྱེད་དབང་ཡོད།

（12）人肉他人信息的，准备好承担责任

自然人享有隐私权。任何组织或者个人不得以刺探、侵扰、泄露、公开等方式侵害他人的隐私权。处理个人信息的，应当遵循合法、正当、必要原则，不得过度处理，并符合下列条件：（一）征得该自然人或者其监护人同意，但是法律、行政法规另有规定的除外；（二）公开处理信息的规则；（三）明示处理信息的目的、方式和范围；（四）不违反法律、行政法规的规定和双方的约定。个人信息的处理包括个人信息的收集、存储、使用、加工、传输、提供、公开等。

(༡༢) མི་གཞན་གྱི་ཆ་འཕྲིན་དུ་ཐོག་དམར་འཚོལ་བྱས་རིགས་ལ་འགན་འཁྲི་འཁུར་རྒྱུའི་ཀྲ་སྒྲིག་བྱ་དགོས།

རང་བྱུང་མིར་སྒེར་གྱི་གསང་བའི་དབང་ཆ་ཡོད། རྩ་འཛུགས་སམ་མི་སྒེར་གང་འདྲ་ཞིག་ཡིན་རུང་ཉམས་ཆོད་དང་བསུན་གཙེས། ཕྱིར་རྫོལ། ཡོངས་བསྒྲགས་སོགས་ཀྱི་བྱ་ཐབས་ཐོག་ནས་མི་གཞན་གྱི་སྒེར་གྱི་གསང་བའི་དབང་ཆར་གནོད་སྐྱོན་གཏོང་མི་ཆོག མི་སྒེར་གྱི་ཆ་འཕྲིན་ཐག་གཅོད་བྱེད་སྐབས། ཁྲིམས་མཐུན་དང་ལུགས་མཐུན། དགོས་ངེས་ཀྱི་རྩ་དོན་བཅས་ལ་བརྩི་འཛོག་བྱེད་དགོས་པ་ལས་ཐལ་དྲགས་པའི་ཐག་གཅོད་བྱེད་མི་རུང་བ་དང་གཞམ་གསལ་གྱི་དོན་ཚན་ཁག་དང་མཐུན་པ་བྱེད་དགོས་པ་སྟེ། གཅིག རང་བྱུང་གི་མི་དེ་རང་ངམ་ཡང་ན་ལྟ་སྐྱོང་པའི་མོས་མཐུན་ཐོབ་པ་བྱ་དགོས། འོན་ཀྱང་ཁྲིམས་ལུགས་དང་སྲིད་འཛིན་ཁྲིམས་སྲོལ་ནང་གནད་འབེབས་གཞན་དག་ཡོད་པ་དེར་ཚུད་མེད། གཉིས། ཆ་འཕྲིན་ཐག་གཅོད་བྱེད་པའི་རྩ་དོན་ཡོངས་བསྒྲགས་བྱེད་དགོས་པ། གསུམ། ཆ་འཕྲིན་ཐག་གཅོད་བྱེད་པའི་དམིགས་ཡུལ་དང་བྱ་ཐབས། ཁྱབ་ཁོངས་བཅས་གསལ་སྟོན་བྱ་དགོས་པ། བཞི། བཅའ་ཁྲིམས་དང་སྲིད་འཛིན་ཁྲིམས་སྲོལ་གྱི་གཏན་འབེབས་དང་ཕྱོགས་གཉིས་པོའི་ཁ་ཆད་ལས་མ་འགལ་བ་བྱེད་དགོས་པ། མི་སྒེར་གྱི་ཆ་འཕྲིན་ཐག་གཅོད་བྱེད་པའི་ནང་མི་སྒེར་གྱི་ཆ་འཕྲིན་བསྡུ་རུབ་དང་ཉར་འཛོག་བེད་སྤྱོད། ཁ་སྣོན། བརྒྱུད་གཏོང་། མགོ་འདོན། ཡོངས་བསྒྲགས་སོགས་ཚུད་ཡོད།

五、民族区域自治法

ལྔ་པ།　མི་རིགས་ས་ཁོངས་རང་སྐྱོང་བཅའ་ཁྲིམས།

1. 什么是民族区域自治和民族区域自治制度？

༡.གང་འདྲ་ཞིག་ལ་མི་རིགས་ས་ཁོངས་རང་སྐྱོང་དང་མི་རིགས་ས་ཁོངས་རང་སྐྱོང་ལམ་ལུགས་ཟེར་རམ།

中华人民共和国是全国各族人民共同缔造的统一的多民族国家。民族区域自治是中国共产党运用马克思列宁主义解决我国民族问题的基本政策，是国家的一项基本政治制度。民族区域自治是国家统一领导下，各少数民族聚居地方实行区域自治，如西藏自治区是省一级的民族区域自治地方。民族区域自治不是某个民族独享的自治，民族自治地方不是某个民族独有的地方。在民族自治地方，各民族享有平等法律地位和权益，共同建设各项事业。中华人民共和国是全国各族人民共同缔造的统一的多民族国家。

ཀྲུང་ཧྭ་མི་དམངས་སྤྱི་མཐུན་རྒྱལ་ཁབ་ནི་རྒྱལ་ཡོངས་མི་རིགས་ཁག་གི་མི་དམངས་ཀྱིས་ཐུན་མོང་ཐོག་གསར་གཏོད་བྱས་པའི་གཅིག་གྱུར་གྱི་མི་རིགས་མང་བའི་རྒྱལ་ཁབ་ཅིག་ཡིན། མི་རིགས་ས་ཁོངས་རང་སྐྱོང་ནི་ཀྲུང་གོ་གུང་ཁྲན་ཏང་གིས་མ་ལེ་སི་ལེ་ཉིན་རིང་ལུགས་ལ་བརྟེན་ནས་རང་རྒྱལ་གྱི་མི་རིགས་གནད་དོན་ཐག་གཅོད་བྱེད་པའི་གཞི་རྩའི་སྲིད་ཇུས་ཤིག་དང་། རྒྱལ་ཁབ་ཀྱི་གཞི་རྩའི་ཆབ་སྲིད་ལམ་ལུགས་ཤིག་ཡིན། མི་རིགས་ས་ཁོངས་རང་སྐྱོང་ནི་རྒྱལ་ཁབ་ཀྱི་གཅིག་གྱུར་གྱི་འགོ་ཁྲིད་འོག གྲངས་ཉུང་མི་རིགས་ཁག་རུབ་སྡོད་ས་ཁུལ་ལ་ས་ཁོངས་རང་སྐྱོང་ལག་བསྟར་བྱེད་པ་ཡིན་ཏེ། དཔེར་ན་བོད་རང་སྐྱོང་ལྗོངས་ནི་ཞིང་ཆེན་རིམ་པའི་མི་རིགས་ས་ཁོངས་རང་སྐྱོང་གི་ས་གནས་ལྟ་བུ་ཡིན། མི་རིགས་ས་ཁོངས་རང་སྐྱོང་བྱ་རྒྱུ་ནི་མི་རིགས་གང་རུང་ཞིག་གིས་ཁེར་རྐྱང་ཐོག་རང་སྐྱོང་བྱ་རྒྱུ་དེ་མིན་ལ། མི་རིགས་རང་སྐྱོང་ས་གནས་ཀྱང་མི་རིགས་ཤིག་གིས་ཁེར་རྐྱང་ཐོག་བཟུང་བའི་ས་གནས་ཤིག་མ་ཡིན། མི་རིགས་རང་སྐྱོང་ས་གནས་ཀྱི་མི་རིགས་ཁག་ཚང་མར་འདྲ་མཉམ་གྱི་བཅའ་ཁྲིམས་གོ་བབ་དང་ཁེ་དབང་ཡོད་ཅིང་། ཐུན་མོང་ཐོག་བྱ་གཞག་ཁག་འཛུགས་སྐྲུན་བྱེད་དགོས་པ་ཡིན། ཀྲུང་ཧྭ་མི་དམངས་སྤྱི་མཐུན་རྒྱལ་ཁབ་ནི་རྒྱལ་ཡོངས་མི་རིགས་ཁག་གི་མི་དམངས་ནས་མཉམ་དུ་གསར་གཏོད་བྱས་པའི་གཅིག་གྱུར་གྱི་མི་རིགས་མང་བའི་རྒྱལ་ཁབ་ཅིག་ཡིན།

2. 民族区域自治体现了什么原则?

༢.མི་རིགས་ས་ཁོངས་རང་སྐྱོང་གིས་རྩ་དོན་གང་ཞིག་མངོན་གྱི་ཡོད་དམ།

体现了国家充分尊重和保障各少数民族管理本民族内部事务权利的原则；体现了国家坚持实行各民族平等、团结和共同繁荣的原则。

དེའང་རྒྱལ་ཁབ་ཀྱི་གྲངས་ཉུང་མི་རིགས་ཁག་གིས་མི་རིགས་ནང་ཁུལ་གྱི་ལས་དོན་དོ་དམ་བྱེད་པར་བརྩི་འཛོག་དང་འགན་སྲུང་གང་ལེགས་བྱ་རྒྱུའི་རྩ་དོན་མངོན་པ་དང་། རྒྱལ་ཁབ་ཀྱིས་མི་རིགས་ཁག་འདྲ་མཉམ་དང་མཐུན་སྒྲིལ། ཐུན་མོང་ཐོག་དར་རྒྱས་ཡོང་རྒྱུ་བཅས་རྒྱུན་འཁྱོངས་བྱེད་པའི་རྩ་དོན་མངོན་གྱི་ཡོད།

3. 民族自治地方的自治机关如何行使自治权?

༣.མི་རིགས་རང་སྐྱོང་ས་གནས་ཀྱི་རང་སྐྱོང་ལས་ཁུངས་ཀྱིས་རང་སྐྱོང་དབང་ཆ་ལག་བསྟར་གང་འདྲ་བྱེད་དགོས་སམ།

根据《中华人民共和国民族区域自治法》规定：民族自治地方的自治机关必须维护国家的统一，保证宪法和法律在本地方的遵守和执行，领导各族人民集中力量进行社会主义现代化建设。要把国家的整体利益放在首位，积极完成上级国家机关交给的各项任务。要维护和发展各民族平等、团结、互助的社会主义民族关系，保障本地方内各民族都享有平等权利，禁止破坏民族团结和制造民族分裂的行为。

དེ་འདང་《ཀྲུང་ཧྭ་མི་དམངས་སྤྱི་མཐུན་རྒྱལ་ཁབ་ཀྱི་མི་རིགས་ས་ཁུལ་རང་སྐྱོང་བཅའ་ཁྲིམས་》ཀྱི་གཏན་འབེབས་ལྟར་ན། མི་རིགས་རང་སྐྱོང་ས་གནས་ཀྱི་རང་སྐྱོང་ལས་ཁུངས་ཀྱིས་ངེས་པར་དུ་རྒྱལ་ཁབ་ཀྱི་གཅིག་གྱུར་སྲུང་སྐྱོང་དང་། ས་གནས་དེ་གར་རྩ་ཁྲིམས་དང་བཅའ་ཁྲིམས་ལ་བརྩི་སྲུང་དང་ལག་བསྟར་བྱ་རྒྱུ་འགན་སྲུང་བྱེད་དགོས་པ་དང་། མི་རིགས་ཁག་གི་མི་དམངས་ཀྱི་འགོ་ཁྲིད་ནས་སྟོབས་ཤུགས་གཅིག་སྒྲིལ་གྱིས་སྤྱི་ཚོགས་རིང་ལུགས་ཀྱི་དེང་རབས་ཅན་འཛུགས་སྐྲུན་བྱེད་དགོས་པ། ཐོག་ཡོངས་ནས་རྒྱལ་ཁབ་ཀྱི་ཁེ་ཕན་ཡོངས་དང་པོར་བཞག་སྟེ། གོང་རིམ་རྒྱལ་ཁབ་ཀྱི་ལས་ཁུངས་ནས་སྤྲད་པའི་ལས་འགན་ཁག་ལེགས་འགྲུབ་ཏུར་ཐག་སྒྲུབ་དགོས་པ། མི་རིགས་འདྲ་མཉམ་དང་མཐུན་སྒྲིལ་རོགས་རེས་ཀྱི་སྤྱི་ཚོགས་རིང་ལུགས་ཀྱི་མི་རིགས་འབྲེལ་བ་སྲུང་སྐྱོང་དང་འཕེལ་རྒྱས་བཏང་ནས་ས་གནས་དེ་གའི་མི་རིགས་ཁག་གི་འདྲ་མཉམ་དབང་ཆ་འགན་སྲུང་བྱེད་པ་དང་། མི་རིགས་མཐུན་སྒྲིལ་ལ་གཏོར་བཤིག་དང་མི་རིགས་ཁ་བྲལ་གཏོང་བའི་བྱ་སྤྱོད་བཀག་འགོག་བྱེད་དགོས་པ་བཅས་བསྟན་ཡོད།

4. 民族自治地方的自治机关有哪些？

༤.མི་རིགས་རང་སྐྱོང་ས་གནས་ཀྱི་རང་སྐྱོང་ལས་ཁུངས་གང་དག་ཡོད་དམ།

自治区、自治州、自治县的人民代表大会和人民政府。

དེའང་རང་སྐྱོང་ལྗོངས་དང་རང་སྐྱོང་ཁུལ། རང་སྐྱོང་རྫོང་བཅས་ཀྱི་མི་དམངས་འཐུས་མི་ཚོགས་ཆེན་དང་མི་དམངས་སྲིད་གཞུང་ཡོད།

5. 自治地方的人民政府的地位是怎样的？

༥.རང་སྐྱོང་ས་གནས་ཀྱི་མི་དམངས་སྲིད་གཞུང་གི་གོ་བབ་གང་འདྲ་ཡིན་ནམ།

各民族自治地方的人民政府都是国务院统一领导下的国家行政机关，都服从国务院。

མི་རིགས་ཁག་གི་རང་སྐྱོང་ས་གནས་ཀྱི་མི་དམངས་སྲིད་གཞུང་ཚང་མ་རྒྱལ་སྲིད་སྤྱི་ཁྱབ་ཁང་གི་གཅིག་གྱུར་འགོ་ཁྲིད་འོག་གི་རྒྱལ་ཁབ་ཀྱི་སྲིད་འཛིན་ལས་ཁུངས་ཡིན་ཞིང་། ཚང་མས་རྒྱལ་སྲིད་སྤྱི་ཁྱབ་ཁང་ལ་བཙི་བཀུར་ཞུ་དགོས་པ་ཡིན།

六、宗教事务管理

དྲུག་པ། ཆོས་ལུགས་ལས་དོན་དོ་དམ།

1. 党的宗教工作基本方针是什么？

༡.ཏང་གི་ཆོས་ལུགས་ལས་དོན་གྱི་གཞི་རྩའི་བྱེད་ཕྱོགས་གང་ཡིན་ནམ།

全面贯彻党的宗教信仰自由政策，依法管理宗教事务，坚持独立自主自办的原则，积极引导宗教与社会主义社会相适应。

ཏང་གིས་ཆོས་དད་རང་མོས་སྲིད་ཇུས་ཁྱོན་ཡོངས་ནས་ལག་བསྟར་བྱེད་པ་དང་། ཁྲིམས་ལྟར་ཆོས་ལུགས་ལས་དོན་དོ་དམ་བྱེད་པ། རང་ཚུགས་རང་བདག རང་གཉེར་བཅས་ཀྱི་རྩ་དོན་རྒྱུན་འཛིན་བྱས་ཐོག ཆོས་ལུགས་དེ་སྤྱི་ཚོགས་རིང་ལུགས་ཀྱི་སྤྱི་ཚོགས་དང་འཚམ་མཐུན་ཡོང་བར་ཁྲིད་སྟོན་ཧུར་ཐག་བྱེད་པ་དེ་ཡིན།

2. 宗教事务管理坚持什么原则？

༢.ཆོས་ལུགས་ལས་དོན་དོ་དམ་ཐད་རྒྱུན་འཛིན་བྱ་དགོས་པའི་རྩ་དོན་གང་ཡིན་ནམ།

《宗教事务条例》第三条规定：宗教事务管理坚持保护合法、制止非法、遏制极端、抵御渗透、打击犯罪的原则。

《ཆོས་ལུགས་ལས་དོན་སྒྲིག་ཡིག་》གི་དོན་ཚན་གསུམ་པའི་ནང་། ཆོས་ལུགས་ལས་དོན་དོ་དམ་ནང་ཁྲིམས་མཐུན་སྲུང་སྐྱོབ་དང་ཁྲིམས་འགལ་བཀག་སྡོམ། ཐལ་དྲགས་བཀག་འགོག སིམ་འཛུལ་སྔོན་འགོག ཉེས་གསོག་ལ་རྡུང་རྡེག་གཏོང་རྒྱུ་བཅས་རྒྱུན་འཛིན་བྱེད་དགོས་པ་གཏན་འབེབས་བྱས་ཡོད།

3. 怎样理解宗教“坚持独立自主自办”的原则？

༣.ཆོས་ལུགས་ཐད་“རང་ཚུགས་རང་བདག་དང་རང་གཉེར་”གྱི་རྩ་དོན་རྒྱུན་འཛིན་བྱ་རྒྱུར་གོ་བ་གང་འདྲ་ལེན་དགོས་སམ།

《宗教事务条例》第五条规定：各宗教坚持独立自主自办的原则，宗教团体、宗教院校、宗教活动场所和宗教事务不受外国势力的支配。

དེའང་《ཆོས་ལུགས་ལས་དོན་སྒྲོལ་ཡིག་》གི་དོན་ཚན་ལྔ་པའི་ནང་། ཆོས་ལུགས་མི་འདྲ་བ་ཁག་གིས་རང་ཚུགས་རང་བདག་དང་རང་གཉེར་གྱི་རྩ་དོན་རྒྱུན་འཛིན་བྱས་ཐོག ཆོས་ལུགས་ཚོགས་པ་དང་ཆོས་ལུགས་སློབ་གྲྭ་ཆེ་ཁག ཆོས་ལུགས་བྱེད་སྒོ་སྤེལ་ས། ཆོས་ལུགས་ལས་དོན་བཅས་ལ་ཕྱི་ཕྱོགས་སྟོབས་ཤུགས་ཀྱི་བཀོད་པ་ཐོག་མི་ཐུབ།

宗教团体、宗教院校、宗教活动场所、宗教教职人员在相互尊重、平等、友好的基础上开展对外交往；其他组织或者个人在对外经济、文化等合作、交流活动中不得接受附加的宗教条件。

ཆོས་ལུགས་ཚོགས་པ་དང་ཆོས་ལུགས་སློབ་གྲྭ་ཆེ་ཁག ཆོས་ལུགས་བྱེད་སྒོ་སྤེལ་ས། ཆོས་ཕྱོགས་ལས་དོན་མི་སྣ་བཅས་ཀྱིས་ཕན་ཚུན་བརྩི་འཇོག་དང་འདྲ་མཉམ། མཛའ་མཐུན་བཅས་ཀྱི་རྨང་གཞིའི་ཐོག་ཕྱི་ཕྱོགས་ལ་འབྲེལ་གཏུག་བྱ་དགོས། རྩ་འཛུགས་གཞན་དག་དང་ཡང་ན་མི་སྒེར་གྱིས་ཕྱི་ཕྱོགས་དཔལ་འབྱོར་དང་རིག་གནས་སོགས་ཀྱི་མཉམ་ལས་དང་སྤེལ་རེས་བྱེད་སྐབས་ཆོས་ལུགས་ཀྱི་ཆ་རྐྱེན་ཟུར་སྣོན་བྱས་པ་དང་ལེན་བྱེད་མི་ཐུབ་པའི་གཏན་འབེབས་བྱས་ཡོད།

具体包括：中国各宗教团体、宗教活动场所和宗教事务的领导权由中国各宗教自己掌握，不受外国势力的干涉和操控；在经济上，我国各宗教的办教经费独立自筹，不接受境外组织、个人附加条件的办教经费、津贴；在宗教思想建设上做出符合时代发展和社会进步要求的阐释。

དེའང་ཞིབ་ཕྲ་བཤད་ན། ཀྲུང་གོའི་ཆོས་ལུགས་ཚོགས་པ་ཁག་དང་ཆོས་ལུགས་བྱེད་སྒོ་སྤེལ་ས། དེ་བཞིན་ཆོས་ཕྱོགས་ལས་དོན་བཅས་ཀྱི་འགོ་ཁྲིད་ཀྱི་དབང་ཆ་ཀྲུང་གོའི་ཆོས་ལུགས་ཚོགས་པ་ཁག་རང་ཉིད་ཀྱིས་བཟུང་དགོས་པ་ལས་ཕྱི་རྒྱལ་སྟོབས་ཤུགས་ཀྱི་ཐེ་ཇུས་དང་ཚོད་འཛིན་ཐོག་མི་ཐུབ། དཔལ་འབྱོར་ཐད་རང་རྒྱལ་ཆོས་ལུགས་ཁག་གི་ཆོས་དོན་གཉེར་བའི་འགྲོ་གྲོན་རང་ཚུགས་རང་གྲབས་བྱེད་པ་ལས་ཕྱི་རྒྱལ་གྱི་རྩ་འཛུགས་དང་མི་སྒེར་གྱིས་ཆ་རྐྱེན་ཟུར་སྣོན་བྱས་པའི་ཆོས་དོན་འགྲོ་གྲོན་དང་ཁ་གསབ་དང་ལེན་བྱེད་མི་ཐུབ། ཆོས་ལུགས་བསམ་བློའི་འཛུགས་སྐྲུན་ཐད་དུས་རབས་ཀྱི་འཕེལ་རྒྱས་དང་སྤྱི་ཚོགས་ཡར་རྒྱས་ཀྱི་བླང་བྱ་དང་མཐུན་པའི་འགྲེལ་བཤད་བྱ་དགོས་པ་བཅས་ཚུད་ཡོད།

4. 什么是宗教活动？

༤..གང་འདྲ་ཞིག་ལ་ཆོས་ལུགས་བྱེད་སྒོ་ཟེར་རམ།

信教公民的集体宗教活动，一般应当在宗教活动场所内举行，由宗教活动场所、宗教团体或者宗教院校组织，由宗教教职人员或者符合本宗教规定的其他人员主持，在法律、法规规定的范围内，按照教义教规进行。

དེའང་དད་ལྡན་སྤྱི་དམངས་ཀྱི་མཉམ་སྤེབ་ཆོས་ལུགས་བྱེད་སྒོ་ནི་སྤྱིར་ཆོས་ལུགས་བྱེད་སྒོ་སྤེལ་སར་གཉེར་དགོས། ཆོས་ལུགས་བྱེད་སྒོ་སྤེལ་ས་དང་ཆོས་ལུགས་ཚོགས་པའམ་ཡང་ན་ཆོས་ལུགས་སློབ་གྲྭ་ཆེ་ཁག དེ་བཞིན་ཆོས་ལུགས་ལས་དོན་མི་སྣའམ་ཡང་ན་ཆོས་ལུགས་དེ་གའི་གཏན་འབེབས་དང་འཚམ་པའི་མི་སྣ་གཞན་དག་བཅས་ཀྱིས་གཙོ་སྐྱོང་བྱེད་དགོས་ཤིང་། བཅའ་ཁྲིམས་དང་ཁྲིམས་སྲོལ་གྱི་གཏན་འབེབས་ཁྱབ་ཁོངས་ནང་གི་ཆོས་ཕྱོགས་ཀྱི་སྒྲིག་སྲོལ་ལྟར་བྱ་དགོས།

5. 什么是宗教教职人员?

༥.ཆོས་ལུགས་ལས་དོན་མི་སྣ་ཞེས་པ་གང་ཡིན་ནམ།

宗教教职人员是指各宗教专门从事教务活动的人员。

ཆོས་ལུགས་ལས་དོན་མི་སྣ་ཞེས་པ་ནི་ཆོས་ལུགས་ཁག་གི་ཆེད་མངགས་ཆོས་ལུགས་ལས་དོན་བྱེད་སྒོ་སྤྱོད་མཁན་ལ་ཟེར་བ་ཡིན།

《宗教事务条例》对如何取得宗教教职人员资格作了规定。一是宗教教职人员认定备案。《宗教事务条例》第三十六条规定:"宗教教职人员经宗教团体认定,报县级以上人民政府宗教事务部门备案,可以从事宗教教务活动。"根据此条规定,国家宗教事务局出台了《宗教教职人员备案办法》,明确备案的程序。

《ཆོས་ལུགས་ལས་དོན་སྒྲིལ་ཡིག་》ནང་། ཆོས་ལུགས་ལས་དོན་མི་སྣའི་ཐོབ་ཐང་ཇི་ལྟར་ལོན་ཐབས་ཐད་གཏན་འབེབས་བྱས་ཡོད་པ་ལྟར་ཆོས་ཕྱོགས་ལས་དོན་མི་སྣས་ཐོ་འགོད་སྙན་སེང་ཞུ་དགོས། 《ཆོས་ལུགས་ལས་དོན་སྒྲིལ་ཡིག་》གི་དོན་ཚན་སུམ་ཅུ་སོ་དྲུག་པར"ཆོས་ལུགས་ལས་དོན་མི་སྣས་ཆོས་ལུགས་ཚོགས་པས་ཁས་བླངས་པ་བརྒྱུད་རྫོང་རིམ་པ་ཡན་གྱི་མི་དམངས་སྲིད་གཞུང་གི་ཆོས་ལུགས་ལས་དོན་སྡེ་ཁག་ལ་ཐོ་འགོད་སྙན་སེང་ཞུས་རྗེས་གཞི་ནས་ཆོས་ལུགས་ཀྱི་བྱེད་སྒོ་སྤྱོད་ཆོག་པ"གཏན་འབེབས་བྱས་ཡོད། གཏན་འབེབས་དེར་གཞིགས་ན། རྒྱལ་ཁབ་ཆོས་དོན་ཅུས་ནས《ཆོས་ལུགས་ལས་དོན་མི་སྣའི་ཐོ་འགོད་སྙན་སེང་བྱ་ཐབས་》ཞེས་པ་བཏོན་ནས་ཐོ་འགོད་སྙན་སེང་ཞུ་བའི་གོ་རིམ་གསལ་པོ་བསྟན་ཡོད།

6. 什么是邪教?

༦.གང་འདྲ་ཞིག་ལ་ཆོས་ལོག་ཟེར་རམ།

邪教是指冒用宗教、气功或者其他名义建立,神化首要分子,利用制造、散布歪理邪说等手段蛊惑、蒙骗他人,发展、控制成员,危害社会的非法组织。

ཆོས་ལོག་ཅེས་པ་ནི་ཆོས་ལུགས་དང་ཧྲུང་སྒོམ་བརྫུས་སྤྱོད་བྱས་པའམ། ཡང་ན་གཞན་དག་གི་མིང་ཐོག་ནས་བཙུགས་པ་དང་། འགོ་གཙོ་ལྷ་རུ་བསྔགས་ནས་ཁུངས་མེད་ལོག་བཤད་རྫུན་བཟོ་དང་ཁྱབ་སྤེལ་བྱེད་པ་སོགས་ཀྱི་བྱ་ཐབས་ཐོག་ནས་མི་གཞན་ལ་མགོ་སྐོར་བསླུ་བྲིད་ཀྱིས་ཁོངས་མི་འཕེལ་རྒྱས་དང་ཚོད་འཛིན་བྱས་ནས་སྤྱི་ཚོགས་ལ་གནོད་འཚེ་གཏོང་བའི་ཁྲིམས་འགལ་གྱི་ རྩ་འཛུགས་ཤིག་ལ་ཟེར།

邪教大多是以传播宗教教义、拯救人类为幌子，散布谣言，且通常有一个自称开悟的具有超自然力量的教主，以秘密结社的组织形式控制群众，一般以不择手段地敛取钱财为主要目的。

ཆོས་ལོག་ཕལ་ཆེ་བས་ནི་ཆོས་ལུགས་ཀྱི་ལྟ་གྲུབ་དང་མིའི་རིགས་སྐྱོབ་རྒྱུའི་རྫུན་གཏམ་དྲིལ་བསྒྲགས་བྱེད་པ་དང་། འཆལ་གཏམ་སྒྲོག་སྤེལ་བྱེད་པ་མ་ཟད། རྟག་ཏུ་རྟོག་པ་སངས་ཤིང་རང་བྱུང་ལས་འདས་པའི་མཐུ་ནུས་ཅན་གྱི་ཆོས་དཔོན་ཡིན་ཟེར་མཁན་ཞིག་གིས་གསང་ཏུ་ཚོགས་པ་སྒྲིག་འཛུགས་བྱེད་པའི་རྣམ་པའི་ཐོག་ནས་མང་ཚོགས་ལ་ཚོད་འཛིན་བྱེད་པ་དང་། སྤྱིར་དམིགས་ཡུལ་གཙོ་བོ་ནི་ཐབས་ངན་གང་ཡོད་སྤྱད་དེ་རྒྱུ་ནོར་གཡོ་ལེན་བྱ་རྒྱུ་དེ་ཡིན།

7. 我国对邪教犯罪有何惩罚措施？

༧.རང་རྒྱལ་གྱིས་ཆོས་ལོག་ཉེས་གསོག་པར་ཆད་གཅོད་ཀྱི་བྱ་ཐབས་གང་འདྲ་ཡོད་དམ།

《中华人民共和国刑法》第三百条规定：组织、利用会道门、邪教组织或者利用迷信破坏国家法律、行政法规实施的，处三年以上七年以下有期徒刑，并处罚金；情节特别严重的，处七年以上有期徒刑或者无期徒刑，并处罚金或者没收财产；情节较轻的，处三年以下有期徒刑、拘役、管制或者剥夺政治权利，并处或者单处罚金。

《ཀྲུང་ཧྭ་མི་དམངས་སྤྱི་མཐུན་རྒྱལ་ཁབ་ཀྱི་ཉེས་དོན་བཅའ་ཁྲིམས་》ཀྱི་དོན་ཚན་སུམ་བརྒྱ་པའི་ནང་། རྫོངས་དད་ཚོགས་པ་དང་ཆོས་ལོག་རྩ་འཛུགས་སྒྲིག་འཛུགས་དང་བེད་སྤྱོད་

བྱེད་པའམ། ཡང་ན་རྫོངས་དད་བེད་སྤྱད་དེ་རྒྱལ་ཁབ་ཀྱི་བཅའ་ཁྲིམས་དང་སྲིད་འཛིན་ཁྲིམས་སྲོལ་ལ་གནོད་བཤིག་བཏང་ཆེ། ལོ་གསུམ་ཡན་ནས་ལོ་བདུན་མན་ཆད་ཀྱི་དུས་བཀག་བཙོན་འཇུག་བྱ་རྒྱུ་དང་། དངུལ་ཆད་གཅོད་རྒྱུ། གནས་ཚུལ་ཚབས་ཏ་ཅང་ཆེན་པོ་ཡོད་ཆེ། ལོ་བདུན་ཡན་གྱི་དུས་བཀག་བཙོན་འཇུག་བྱ་རྒྱུ་དང་། ཡང་ན་ཚེ་བཙོན་དུ་འཇུག་རྒྱུ་མ་ཟད། དངུལ་ཆད་གཅོད་པའམ་ཡང་ན་རྒྱུ་ནོར་གཞུང་བཞེས་གཏོང་རྒྱུ། གནས་ཚུལ་ཚབས་ཆེན་པོ་རང་མེད་ཆེ། ལོ་གསུམ་མན་གྱི་དུས་བཀག་བཙོན་འཇུག་དང་བཀག་ཉར། དོ་དམ་དང་ཡང་ན་ཆབ་སྲིད་ཀྱི་དབང་ཆ་འཕྲོག་རྒྱུ་དང་དངུལ་ཆད་ཆབས་ཅིག་ཏུ་གཅོད་པའམ་ཡང་ན་གཅིག་པུར་གཅོད་རྒྱུ།

组织、利用会道门、邪教组织或者利用迷信蒙骗他人，致人重伤、死亡的，依照前款的规定处罚。

རྫོངས་དད་ཚོགས་པ་དང་ཆོས་ལོག་རྩ་འཛུགས་སྒྲིག་འཛུགས་དང་བེད་སྤྱོད་བྱས་པའམ་ཡང་ན་རྫོངས་དད་ལ་བརྟེན་ནས་མི་གཞན་ལ་མགོ་སྐོར་བཏང་སྟེ། མིར་རྨས་སྐྱོན་ཆེན་པོ་བཟོས་པ་དང་ཡང་ན་ཤི་བ་ཡིན་ཆེ། གོང་གསལ་གྱི་དོན་ཚན་ནང་གི་གཏན་འབེབས་ལྟར་ཆད་པ་གཅོད་རྒྱུ།

犯第一款罪又有奸淫妇女、诈骗财物等犯罪行为的，依照数罪并罚的规定处罚。

དོན་ཚན་དང་པོའི་ནང་གི་ཉེས་པ་བསགས་པའི་ཁར་ད་དུང་བུད་མེད་ལ་གཡེམ་སྦྱོར་བྱས་པ་དང་རྒྱུ་ནོར་གཡོ་ཟོལ་བྱས་པ་སོགས་ཀྱི་ཉེས་གསོག་བྱ་སྤྱོད་ཡོད་ཆེ། ཉེས་པ་དུ་མར་ཉེས་ཆད་ཆབས་ཅིག་ཏུ་གཅོད་རྒྱུའི་གཏན་འབེབས་ལྟར་ཆད་པ་གཅོད་རྒྱུ་བཅས་ཀྱི་གཏན་འབེབས་བྱས་ཡོད།

8. 设立宗教活动场所需要哪些条件?

༨.ཆོས་ལུགས་བྱེད་སྒོ་སྤེལ་ས་འཛུགས་པར་ཆ་རྐྱེན་གང་དག་དགོས་སམ།

《宗教事务条例》第二十条规定：设立宗教活动场所，应当具备下列条件：设立宗旨不违背《宗教事务条例》第四条、第五条的规定；当地信教公民有经常进行集体宗教活动的需要；有拟主持宗教活动的宗教教职人员或者符合本宗教规定的其他人员；有必要的资金，资金来源渠道合法；布局合理，符合城乡规划要求，不妨碍周围单位和居民的正常生产、生活。

དེ་འདང་《ཆོས་ལུགས་ལས་དོན་སྲོལ་ཡིག་》གི་དོན་ཚན་ཉེ་ཤུ་པའི་ནང་། ཆོས་ལུགས་བྱེད་སྒོ་སྤེལ་ས་འཛུགས་པར་གཤམ་གསལ་གྱི་ཆ་རྐྱེན་ལྡན་དགོས་པ་སྟེ། བཙུགས་པའི་དམིགས་ཡུལ་དེ་《ཆོས་ལུགས་ལས་དོན་སྲོལ་ཡིག་》གི་དོན་ཚན་བཞི་པ་དང་ལྔ་པའི་གཏན་འབེབས་དང་མི་འགལ་བ། ས་གནས་དེ་གའི་དད་ལྡན་སྤྱི་དམངས་ལ་རྟག་ཏུ་ཐུན་མོང་གི་ཆོས་ལུགས་བྱེད་སྒོ་སྤེལ་བའི་དགོས་པ་ཡོད་པ་དང་། ཆོས་ལུགས་བྱེད་སྒོ་གཙོ་སྐྱོང་བྱེད་མཁན་ཆོས་ལུགས་ལས་དོན་མི་སྣའམ་ཡང་ན་ཆོས་ལུགས་དེ་གའི་ཆོས་ལུགས་ཀྱི་སྒྲིག་སྲོལ་གཏན་འབེབས་དང་མཐུན་པའི་མི་སྣ་གཞན་དག་ཡོད་པ། དགོས་ངེས་ཀྱི་མ་དངུལ་ཡོད་པ། མ་དངུལ་གྱི་ཡོང་ཁུངས་ཁྲིམས་མཐུན་ཡིན་པ། བཀོད་སྒྲིག་བྱེད་སྟངས་ལུགས་མཐུན་ཡིན་པ། གྲོང་ཁྱེར་དང་གྲོང་གསེབ་ཀྱི་འཆར་འགོད་བླང་བྱ་དང་མཐུན་པ། ཉེ་འཁོར་གྱི་ཚན་པ་དང་གྲོང་མིའི་རྒྱུན་གཏན་ཐོན་སྐྱེད་དང་འཚོ་བར་འགོག་རྐྱེན་མི་བཟོ་བ་བཅས་ཀྱི་གཏན་འབེབས་བྱས་ཡོད།

9. 擅自设立宗教活动场所应承担哪些责任？

༩.རང་འཚམ་དང་ཆོས་ལུགས་བྱེད་སྒོ་སྤེལ་ས་བཙུགས་ཚེ་འགན་འཁྲི་གང་ཞིག་འཁུར་དགོས་སམ།

《宗教事务条例》第六十九条规定：擅自设立宗教活动场所的，宗教活动场所已被撤销登记或者吊销登记证书仍然进行宗教活动的，或者擅自设立宗教院校的，由宗教事务部门会同有关部门予以取缔，有违法所得、非法财物的，没收违法所得和非法财物，违法所得无法确定的，处 5 万元以下的罚款；有违法房屋、构筑物的，由规划、建设等部门依法处理；有违反治安管理行为的，依法给予治安管理处罚。

《ཆོས་ལུགས་ལས་དོན་སྲོལ་ཡིག》གི་དོན་ཚན་དྲུག་ཅུ་རེ་དགུ་པའི་ནང་། རང་འཚམ་དང་ཆོས་ལུགས་བྱེད་སྒོ་སྤེལ་ས་བཙུགས་པ་དང་། ཆོས་ལུགས་བྱེད་སྒོ་སྤེལ་སའི་ཐོ་འགོད་མེད་པ་བཟོས་པའམ་ཡང་ན་ཐོ་འགོད་ལག་ཁྱེར་མེད་པ་བཟོས་རྗེས་སྔར་བཞིན་ཆོས་ལུགས་བྱེད་སྒོ་སྤེལ་བ་དང་། ཡང་ན་རང་འཚམ་དང་ཆོས་ལུགས་སློབ་གྲྭ་ཆེ་ཁག་བཙུགས་ཚེ། ཆོས་ལུགས་ལས་དོན་སྡེ་ཁག་གིས་འབྲེལ་ཡོད་སྡེ་ཁག་དང་མཉམ་དུ་མེད་པ་བཟོ་རྒྱུ་དང་། ཁྲིམས་འགལ་དང་ཐོབ་པའི་རྒྱུ་ནོར་ཡོད་ཚེ་གཞུང་བཞེས་གཏོང་རྒྱུ། ཁྲིམས་འགལ་ལས་ཐོབ་མིན་གཏན་འཁེལ་བྱ་ཐབས་བྲལ་བའི་ཚེ། སྒོར་ཁྲི་ལྔ་མན་གྱི་དངུལ་ཆད་གཅོད་རྒྱུ། ཁྲིམས་འགལ་གྱི་ཁང་ཁྱིམ་དང་བཟོ་སྐྲུན་གྱི་དངོས་པོའི་རིགས་ཡོད་ཚེ། འཆར་འགོད་དང་འཛུགས་སྐྲུན་སྡེ་ཁག་ནས་ཁྲིམས་ལྟར་ཐག་གཅོད་བྱ་རྒྱུ། བདེ་འཇགས་དོ་དམ་ལས་འགལ་བའི་བྱ་སྤྱོད་རིགས་ཡོད་ཚེ། ཁྲིམས་ལྟར་བདེ་འཇགས་དོ་དམ་གྱི་ཆད་པ་གཅོད་རྒྱུ།

非宗教团体、非宗教院校、非宗教活动场所、非指定的临时活动地点组织、举行宗教活动，接受宗教性捐赠的，由宗教事务部门会同公安、民政、建设、教育、文化、旅游、文物等有关部门责令停止活动；有违法所得、非法财物的，没收违法所得和非法财物，可以并处违法所得 1 倍以上

3倍以下的罚款；违法所得无法确定的，处5万元以下的罚款；构成犯罪的，依法追究刑事责任。

ཆོས་ལུགས་ཚོགས་པ་མ་ཡིན་པ་དང་ཆོས་ལུགས་སློབ་གྲྭ་མ་ཡིན་པ། ཆོས་ལུགས་བྱེད་སྒོ་སྤྱིལ་ས་མ་ཡིན་པ། གནས་སྐབས་དམིགས་འཛུགས་བྱས་པའི་བྱེད་སྒོ་སྤྱིལ་ས་མ་ཡིན་པ་བཅས་ལ་ཆོས་ལུགས་བྱེད་སྒོ་སྒྲིག་འཛུགས་དང་སྤྱིལ་གཉེར་བྱས་ཏེ་ཆོས་ལུགས་རང་བཞིན་གྱི་ཞལ་འདེབས་དང་ལེན་བྱས་ཚེ། ཆོས་ལུགས་ལས་དོན་དོ་དམ་སྡེ་ཁག་གིས་སྤྱི་བདེ་དང་དམངས་སྲིད། འཛུགས་སྐྲུན། སློབ་གསོ། རིག་གནས། ཡུལ་སྐོར། རིག་དངོས་སོགས་འབྲེལ་ཡོད་སྡེ་ཁག་དང་མཉམ་དུ་བྱེད་སྒོ་སྤྱིལ་མཚམས་འཇོག་རྒྱུའི་བཀའ་འབེབས་རྒྱུ། ཁྲིམས་འགལ་དང་ཐོབ་པའི་རྒྱུ་ནོར་ཡོད་ཚེ། གཞུང་བཞེས་གཏོང་རྒྱུ་དང་ཆབས་ཅིག་ཏུ་ཁྲིམས་འགལ་གྱི་ཐོབ་ཆ་ལས་ལྡབ་གཅིག་ཡན་ནས་ལྡབ་གསུམ་མན་གྱི་དངུལ་ཆད་གཅོད་རྒྱུ། ཁྲིམས་འགལ་ལས་བྱུང་མིན་གཏན་འཁེལ་བྱ་ཐབས་མེད་ཚེ། སྒོར་ཁྲི་ལྔ་མན་གྱི་དངུལ་ཆད་གཅོད་རྒྱུ་དང་། ཉེས་གསོག་གི་ཚད་ལ་སླེབས་ཡོད་ཚེ། ཁྲིམས་ལྟར་ཉེས་དོན་འགན་འཁྲི་ཞིབ་གཅོད་བྱ་རྒྱུ་བཅས་ཀྱི་གཏན་འབེབས་བྱས་ཡོད།

10. 宣扬、资助宗教极端主义，或利用宗教进行非法活动，对国家安全、公共安全、民族团结造成危害，进行分裂国家和恐怖活动的，应承担什么责任？

༡༠.ཆོས་ལུགས་ཐལ་དྲགས་རིང་ལུགས་སྒྲོག་སྤེལ་དང་དེར་རོགས་དངུལ་བཏང་བ། ཡང་ན་ཆོས་ལུགས་བེད་སྤྱད་དེ་ཁྲིམས་འགལ་གྱི་བྱེད་སྒོ་སྤེལ་ནས་རྒྱལ་ཁབ་ཀྱི་བདེ་འཇགས་དང་སྤྱི་པའི་བདེ་འཇགས། མི་རིགས་མཐུན་སྒྲིལ་བཅས་ལ་གནོད་འཚེ་བཟོས་པ་དང་། རྒྱལ་ཁབ་ཁ་བྲལ་དང་འཇིགས་སྐུལ་གྱི་བྱེད་སྒོ་སྤེལ་ཚེ། འགན་འཁྲི་གང་ཞིག་འཁུར་དགོས་སམ།

《宗教事务条例》第六十三条规定：宣扬、支持、资助宗教极端主义，或者利用宗教进行危害国家安全、公共安全，破坏民族团结、分裂国家和恐怖活动，侵犯公民人身权利、民主权利，妨害社会管理秩序，侵犯公私财产等违法活动，构成犯罪的，依法追究刑事责任；尚不构成犯罪的，由有关部门依法给予行政处罚；对公民、法人或者其他组织造成损失的，依法承担民事责任。

《ཆོས་ལུགས་ལས་དོན་སྲོལ་ཡིག》གི་དོན་ཚན་དྲུག་ཅུ་རེ་གསུམ་པའི་ནང་། ཆོས་ལུགས་ཐལ་དྲགས་རིང་ལུགས་སྒྲོག་སྤེལ་དང་དེར་རྒྱབ་སྐྱོར་དང་རོགས་དཔུལ་བཏང་བའམ། ཡང་ན་ཆོས་ལུགས་བདེ་སྲུང་དེ་རྒྱལ་ཁབ་ཀྱི་བདེ་འཇགས་དང་སྤྱི་པའི་བདེ་འཇགས་ལ་གནོད་སྐྱོན་བཏང་བ། མི་རིགས་མཐུན་སྒྲིལ་ལ་གཏོར་བཤིག རྒྱལ་ཁབ་ཁ་བྲལ་དང་འཇིགས་སྐུལ་གྱི་བྱེད་སྒོ་སྤེལ་ནས་སྤྱི་དམངས་ཀྱི་མི་ལུས་དབང་ཆ་དང་དམངས་གཙོའི་དབང་ཆར་བཙན་གནོད་བྱས་པ། སྤྱི་ཚོགས་དོ་དམ་སྒྲིག་ལམ་ལ་འགོག་རྐྱེན་བཟོས་པ། གཞུང་སྒེར་གྱི་རྒྱུ་ནོར་ལ་བཙན་གནོད་བྱས་པ་སོགས་ཀྱི་ཁྲིམས་འགལ་བྱེད་སྒོ་སྤེལ་ཚེ། ཉེས་དོན་འགན་འཁྲི་ཞིབ་གཅོད་བྱ་རྒྱུ། ཉེས་གསོག་གི་ཚད་ལ་སླེབས་མེད་ཚེ། འབྲེལ་ཡོད་སྡེ་ཁག་ནས་ཁྲིམས་ལྟར་སྲིད་འཛིན་ཆད་པ་གཅོད་རྒྱུ། སྤྱི་དམངས་དང་ཁྲིམས་མིའམ་ཡང་ན་རྩ་འཛུགས་གཞན་དག་ལ་གནོད་འཚེ་བཟོས་ཡོད་ཚེ་ཁྲིམས་ལྟར་དམངས་དོན་འགན་འཁྲི་ཞིབ་གཅོད་བྱ་རྒྱུའོ། །

宗教团体、宗教院校或者宗教活动场所有前款行为，情节严重的，有关部门应当采取必要的措施对其进行整顿，拒不接受整顿的，由登记管理机关或者批准设立机关依法吊销其登记证书或者设立许可。

ཆོས་ལུགས་ཚོགས་པ་དང་ཆོས་ལུགས་སློབ་གྲྭ་ཆེ་ཁག་གམ་ཡང་ན་ཆོས་ལུགས་བྱེད་སྒོ་སྤེལ་སར་གོང་གསལ་དོན་ཚན་ནང་ཚུད་པའི་བྱ་སྤྱོད་རིགས་ཡོད་པ་དང་། གནས་ཚུལ་ཚབས་ཆེན་པོ་ཡོད་ཚེ། འབྲེལ་ཡོད་སྡེ་ཁག་ནས་དགོས་ངེས་ཀྱི་བྱ་ཐབས་བཟུང་སྟེ་དེ་དག་ལ་བཅོས་སྒྲིག་བྱ་རྒྱུ་དང་། བཅོས་སྒྲིག་དང་ལེན་མ་བྱས་ཚེ། ཐོ་འགོད་དོ་དམ་ལས་ཁུངས་སམ་འཐུས་མཆན་ཆེད་བཙུགས་ལས་ཁུངས་ནས་ཁྲིམས་ལྟར་དེ་དག་གི་ཐོ་འགོད་ལག་ཁྱེར་རམ་ཡང་ན་འཛུགས་ཆོག་པའི་འཐུས་མཆན་མེད་པ་བཟོ་རྒྱུ་བཅས་ཀྱི་གཏན་འབེབས་བྱས་ཡོད།

11. 为违法宗教活动提供条件的，会受到怎样的处罚？

༡༡.ཁྲིམས་འགལ་གྱི་ཆོས་ལུགས་བྱེད་སྒོར་མཐུན་རྐྱེན་མཁོ་འདོན་བྱས་ཚེ། ཆད་པ་གང་འདྲ་ཕོག་གམ།

《宗教事务条例》第七十一条规定：为违法宗教活动提供条件的，由宗教事务部门给予警告，有违法所得、非法财物的，没收违法所得和非法财物，情节严重的，并处 2 万元以上 20 万元以下的罚款；有违法房屋、构筑物的，由规划、建设等部门依法处理；有违反治安管理行为的，依法给予治安管理处罚。

《ཆོས་ལུགས་ལས་དོན་སྒྲིག་ཡིག་》གི་དོན་ཚན་བདུན་ཅུ་དོན་གཅིག་པའི་ནང་། ཁྲིམས་འགལ་གྱི་ཆོས་ལུགས་བྱེད་སྒོར་མཐུན་རྐྱེན་བསྐྲུན་ཚེ། ཆོས་ལུགས་ལས་དོན་སྡེ་ཁག་གིས་ཐ་ཚིག་གཏོང་རྒྱུ་དང་ཁྲིམས་འགལ་ལས་བྱུང་བའི་རྒྱུ་ནོར་གཞུང་བཞེས་གཏོང་རྒྱུ། གནས་ཚུལ་ཚབས་ཆེ་རིགས་ལ་སྒོར་ཁྲི་གཉིས་ཡན་ནས་ཁྲི་ཉི་ཤུ་མན་གྱི་དངུལ་ཆད་གཅོད་རྒྱུ། ཁྲིམས་འགལ་གྱི་ཁང་ཁྱིམ་དང་བཟོ་སྐྲུན་གྱི་དངོས་པོ་ཡོད་ཚེ། འཆར་འགོད་དང་འཛུགས་སྐྲུན་སོགས་སྡེ་ཁག་གིས་ཁྲིམས་ལྟར་ཐག་གཅོད་བྱ་རྒྱུ། བདེ་འཇགས་དོ་དམ་ལས་འགལ་བའི་བྱ་སྤྱོད་ཡོད་ཚེ། ཁྲིམས་ལྟར་བདེ་འཇགས་དོ་དམ་གྱི་ཆད་པ་གཅོད་རྒྱུ་བཅས་ཀྱི་གཏན་འབེབས་བྱས་ཡོད།

12. 对宗教活动场所防范重大事故、事件有何要求？

༡༢.ཆོས་ལུགས་བྱེད་སྒོ་སྒྲིལ་སའི་ཆག་སྒོ་དང་དོན་རྐྱེན་ཚབས་ཆེན་འགོག་ཟོན་བྱེད་པའི་ཐད་ལྷང་བྱ་གང་དག་ཡོད་དམ།

《宗教事务条例》第二十九条规定：宗教活动场所应当防范本场所内发生重大事故或者发生违犯宗教禁忌等伤害信教公民宗教感情、破坏民族团结、影响社会稳定的事件。

《ཆོས་ལུགས་ལས་དོན་སྲོལ་ཡིག་》གི་དོན་ཚན་ཉི་ཤུ་རྩ་དགུ་པའི་ནང་། ཆོས་ལུགས་བྱེད་སྒོ་སྤེལ་སའི་ཚོགས་རའི་ནང་ཆག་སྒོ་དང་དོན་རྐྱེན་ཚབས་ཆེན་ཐོན་རྒྱུ་དང་། ཡང་ན་ཆོས་ཕྱོགས་ཀྱི་འཛེམ་བྱ་ལས་འགལ་བ་སོགས་ཀྱིས་རྐྱེན་པས་དད་ལྡན་སྤྱི་དམངས་ཀྱི་ཆོས་དད་ལ་གནོད་པ་དང་མི་རིགས་མཐུན་སྒྲིལ་ལ་གཏོར་བཤིག སྤྱི་ཚོགས་ཀྱི་བརྟན་ལྷིང་ལ་ཤུགས་རྐྱེན་བཟོ་བའི་དོན་རྐྱེན་ཐོན་རྒྱུ་བཅས་ལ་འགོག་ཟོན་བྱེད་དགོས་པའི་གཏན་འབེབས་བྱས་ཡོད།

13. 如何正确看待宗教活动场所与景区之间的关系?

༡༣.ཆོས་ལུགས་ཀྱི་བྱེད་སྒོ་སྤེལ་ས་དང་མཛེས་ལྗོངས་ཁུལ་དབར་གྱི་འབྲེལ་བར་ལྟ་སྟངས་ཡང་དག་པ་ཇི་ལྟར་འཛིན་དགོས་སམ།

《宗教事务条例》第三十四条规定：景区内有宗教活动场所的，其所在地的县级以上地方人民政府应当协调、处理宗教活动场所与景区管理组织及园林、林业、文物、旅游等方面的利益关系，维护宗教活动场所、宗教教职人员和信教公民的合法权益，保护正常的宗教活动。以宗教活动场所为主要游览内容的景区的规划建设，应当与宗教活动场所的风格、环境相协调。

《ཆོས་ལུགས་ལས་དོན་སྲོལ་ཡིག་》གི་དོན་ཚན་སུམ་ཅུ་སོ་བཞི་པའི་ནང་། མཛེས་ལྗོངས་ཁུལ་ལ་ཆོས་ལུགས་བྱེད་སྒོ་སྤེལ་ས་ཡོད་ཚེ། ས་གནས་དེ་གའི་རྫོང་རིམ་པ་ཡན་གྱི་ས་གནས་མི་དམངས་སྲིད་གཞུང་གིས་ཆོས་ལུགས་བྱེད་སྒོ་སྤེལ་ས་དང་མཛེས་ལྗོངས་ཁུལ་གྱི་དོ་དམ་རྩ་འཛུགས་དང་། དེ་བཞིན་སྐྱེད་ཚལ་དང་ནགས་ལས། རིག་དངོས། ཡུལ་སྐོར་སོགས་ཀྱི་ཁེ་ཕན་ཐད་ཀྱི་འབྲེལ་བ་མཐུན་འགྲིག་དང་ཐག་གཅོད་བྱེད་དགོས་པ་དང་། ཆོས་ལུགས་ཀྱི་བྱེད་སྒོ་སྤེལ་ས་དང་ཆོས་ལུགས་ལས་དོན་མི་སྣ། དད་ལྡན་སྤྱི་དམངས་ཀྱི་ཁྲིམས་མཐུན་ཁེ་དབང་སྲུང་སྐྱོང་དང་། རྒྱུན་གཏན་གྱི་ཆོས་ལུགས་བྱེད་སྒོར་སྲུང་སྐྱོབ་བྱེད་དགོས་པ། ཆོས་ལུགས་བྱེད་སྒོ་སྤེལ་སའི་ཡུལ་སྐོར་གྱི་ནང་དོན་ལྡན་པའི་མཛེས་ལྗོངས་ཁུལ་གྱི་འཛུགས་སྐྲུན་བཀོད་པ་དག་ཆོས་ལུགས་བྱེད་སྒོ་སྤེལ་སའི་ཁྱད་ཆོས་དང་ཁོར་ཡུག་འཚམ་པོ་ཡོང་བ་བྱེད་དགོས་པ་བཅས་ཀྱི་གཏན་འབེབས་བྱས་ཡོད།

14. 对寺庙的捐赠、公益收入等有哪些规定？

༡༤. དགོན་པའི་ཞལ་འདེབས་དང་སྤྱི་ཕན་ཡོང་འབབ་སོགས་ཀྱི་ཐད་གཏན་འབེབས་གང་དག་ཡོད་དམ།

《藏传佛教寺庙管理办法》第三十一条规定：寺庙的财务管理应当遵守《宗教事务条例》《宗教活动场所财务监督管理办法（试行）》。

དེའང་《བོད་བརྒྱུད་ནང་བསྟན་དགོན་པ་དོ་དམ་བྱ་ཐབས་》ཀྱི་དོན་ཚན་སུམ་ཅུ་སོ་གཅིག་པའི་ནང་། དགོན་པའི་ནོར་དོན་དོ་དམ་ཐད་《ཆོས་ལུགས་ལས་དོན་སྒྲིག་ཡིག་》དང་《ཆོས་ལུགས་བྱེད་སྒོ་སྒྲིག་སའི་ནོར་དོན་ལྟ་སྐུལ་དོ་དམ་བྱ་ཐབས་（ཚོད་ལྟའི་ལག་བསྟར་）》ལ་བརྩི་སྲུང་ཞུ་དགོས་པའི་གཏན་འབེབས་བྱས་ཡོད།

寺庙可以按照国家有关规定接受境内外组织和个人的捐赠，所接受的捐赠应当纳入寺庙的财务管理，用于与该寺庙宗旨相符的活动。

དགོན་པས་རྒྱལ་ཁབ་ཀྱི་འབྲེལ་ཡོད་གཏན་འབེབས་ལ་གཞིགས་ནས་རྒྱལ་ཁབ་ཕྱི་ནང་གི་ཚ་འཛུགས་དང་མི་སྒེར་གྱིས་ཕུལ་བའི་ཞལ་འདེབས་དང་ལེན་བྱེད་ཆོག དང་ལེན་བྱས་པའི་ཞལ་འདེབས་དགོན་པའི་ནོར་དོན་དོ་དམ་ནང་བཙུག་ཐོག དགོན་པ་དེ་གའི་ཆོས་དོན་དང་འཚམ་པའི་བྱེད་སྒོའི་ཐད་བེད་སྤྱོད་བྱ་དགོས།

寺庙可以按照国家有关规定举办社会公益慈善等事业，所获收益应当纳入寺庙财务统一管理，用于与该寺庙宗旨相符的活动。

དགོན་པས་རྒྱལ་ཁབ་ཀྱི་འབྲེལ་ཡོད་གཏན་འབེབས་གཞིར་བཟུང་། སྤྱི་ཚོགས་ཀྱི་སྤྱི་ཕན་དང་དགེ་སྐྱབ་སོགས་བྱ་གཞག་གཉེར་ཆོག་པ་དང་། དེ་ལས་བྱུང་བའི་ཡོང་འབབ་དག་དགོན་པའི་ནོར་དོན་གྱིས་གཅིག་གྱུར་ཐོག་དོ་དམ་བྱས་ནས་དགོན་པའི་ཆོས་དོན་དང་འཚམ་པའི་བྱེད་སྒོར་བེད་སྤྱོད་བྱས་ཆོག

15. 宗教团体、宗教院校、宗教活动场所违反国家有关财务、会计、资产、税收管理规定，应承担什么责任？

༡༥.ཆོས་ལུགས་ཚོགས་པ་དང་ཆོས་ལུགས་སློབ་གྲྭ་ཆེ་ཁག དེ་བཞིན་ཆོས་ལུགས་བྱེད་སྒོ་སྤེལ་སས་རྒྱལ་ཁབ་ཀྱི་འབྲེལ་ཡོད་ནོར་དོན་དང་རྩིས་གཞིར། རྒྱུ་ནོར། ཁྲལ་བསྡུ་དོ་དམ་བཅས་ཀྱི་གཏན་འབེབས་ལས་འགལ་ཆེ། འགན་འཁྲི་གང་འཁུར་དགོས་སམ།

《宗教事务条例》第六十七条规定：宗教团体、宗教院校、宗教活动场所违反国家有关财务、会计、资产、税收管理规定的，由财政、税务等部门依据相关规定进行处罚；情节严重的，经财政、税务部门提出，由登记管理机关或者批准设立机关吊销其登记证书或者设立许可。

《ཆོས་ལུགས་ལས་དོན་སྒྲིག་ཡིག་》གི་དོན་ཚན་དྲུག་ཅུ་རེ་བདུན་པའི་ནང་། ཆོས་ལུགས་ཚོགས་པ་དང་ཆོས་ལུགས་སློབ་གྲྭ་ཆེ་ཁག དེ་བཞིན་ཆོས་ལུགས་བྱེད་སྒོ་སྤེལ་ས་བཅས་ཀྱིས་རྒྱལ་ཁབ་ཀྱི་འབྲེལ་ཡོད་ནོར་དོན་དང་རྩིས་གཞིར། རྒྱུ་ནོར། ཁྲལ་བསྡུ་དོ་དམ་བཅས་ཀྱི་གཏན་འབེབས་ལས་འགལ་ཚེ། ནོར་སྲིད་དང་ཁྲལ་དོན་སོགས་སྡེ་ཁག་ནས་འབྲེལ་ཡོད་གཏན་འབེབས་ལ་གཞིགས་ནས་ཆད་པ་གཅོད་དགོས། གནས་ཚུལ་ཚབས་ཆེན་པོ་ཡོད་ཚེ། ནོར་སྲིད་དང་ཁྲལ་དོན་སྡེ་ཁག་བརྒྱུད། ཐོ་འགོད་དོ་དམ་ལས་ཁུངས་སམ་ཡང་ན་འཛུགས་མཆན་ཆེད་བཙུགས་ལས་ཁུངས་ནས་ཐོ་འགོད་ལག་ཁྱེར་རམ་ཡང་ན་འཛུགས་ཆོག་པའི་འཛུགས་མཆན་མེད་པ་བཟོས་ཆོག

16. 宗教院校申请聘用外籍人员需要什么资格？

༡༦.ཆོས་ལུགས་སློབ་གྲྭ་ཆེ་ཁག་གིས་ཕྱི་སྐོངས་མི་སྣ་གདན་ཞུ་བཀོལ་སྤྱོད་ཀྱི་རེ་ཞུ་བྱེད་པར་ཐོབ་ཐང་གང་འདྲ་དགོས་སམ།

《宗教院校聘用外籍专业人员办法》第九条规定，宗教院校申请聘用资格需具备下列条件：

《ཆོས་ལུགས་སློབ་གྲྭ་ཆེ་ཁག་གིས་ཕྱི་ཁོངས་ཆེད་ལས་མི་སྣ་གདན་ཞུ་བཀོལ་སྤྱོད་བྱེད་ཐབས་》ཀྱི་དོན་ཚན་དགུ་པའི་གཏན་འབེབས་ལྟར་ན། ཆོས་ལུགས་སློབ་གྲྭ་ཆེ་ཁག་གིས་གདན་ཞུ་བཀོལ་སྤྱོད་ཀྱི་ཐོབ་ཐང་རེ་ཞུ་བྱེད་པར་གཤམ་གྱི་ཆ་རྐྱེན་དག་ཚང་དགོས་ཏེ།

（1）学制三年以上并已正式开办四年以上；

（༡）སློབ་ཡུན་ལོ་གསུམ་ཡན་ཟིན་པ་མ་ཟད། སློབ་གཉེར་དངོས་སུ་བྱེད་འགོ་ཚུགས་ནས་ལོ་བཞི་ཡན་ཕྱིན་པ།

（2）有专门的管理机构或专职、兼职管理人员；

（༢）ཆེད་དོན་དོ་དམ་ལས་ཁུངས་སམ་ཡང་ན་ཆེད་ལས་དང་གཅིག་ཟློགས་དོ་དམ་མི་སྣ་ཡོད་པ།

（3）有健全的规章制度；

（༣）ཁྲིག་སྲོལ་ལམ་ལུགས་འཛུགས་ཚང་ཡོད་པ།

（4）有保障外籍专业人员工作的基本条件及外事接待和安全保卫能力；

(༤) ཕྱི་ཁོངས་ཆེད་ལས་མི་སྣའི་ལས་དོན་གྱི་གཞི་རྩའི་ཆ་རྐྱེན་དང་ཕྱི་དོན་སྣེ་ལེན་དང་བདེ་འཇགས་སྲུང་སྐྱོབ་ཀྱི་ནུས་པ་འགན་སྲུང་ཐུབ་པ།

(5) 有对外籍人员教学评估和鉴定制度。

(༥) ཕྱི་ཁོངས་མི་སྣའི་སློབ་ཁྲིད་ལ་དཔྱད་དཔོག་དང་གསལ་འབྱེད་བྱེད་པའི་ལམ་ལུགས་ཡོད་པ།

17. 宗教院校外籍受聘人员应具备哪些条件?

༡༧.ཆོས་ལུགས་སློབ་གྲྭ་ཆེ་ཁག་གིས་གདན་ཞུ་བྱས་པའི་ཕྱི་ཁོངས་མི་སྣར་ཆ་རྐྱེན་གང་འདྲ་ལྡན་དགོས་སམ།

《宗教院校聘用外籍专业人员办法》第十三条规定:受聘的外聘专业人员应遵守中国的法律、法规,尊重中国各宗教独立自主自办的原则和各宗教、各教派互相尊重的原则。

《ཆོས་ལུགས་སློབ་གྲྭ་ཆེ་ཁག་གིས་ཕྱི་ཁོངས་ཆེད་ལས་མི་སྣ་གདན་ཞུ་བཀོལ་སྤྱོད་བྱ་ཐབས་》ཀྱི་དོན་ཚན་བཅུ་གསུམ་པའི་ནང་། གདན་ཞུ་བྱས་པའི་ཕྱི་ཁོངས་ཆེད་ལས་མི་སྣས་ཀྲུང་གོའི་བཅའ་ཁྲིམས་དང་ཁྲིམས་སྲོལ་ལ་བརྩི་སྲུང་། ཀྲུང་གོའི་ཆོས་ལུགས་གྲུབ་མཐའ་ཁག་གི་རང་ཚུགས་རང་བདག་དང་རང་གཉེར་གྱི་རྩ་དོན། ཆོས་ལུགས་མི་འདྲ་བ་ཁག་དང་གྲུབ་མཐའ་ཁག་དབར་ཕན་ཚུན་བརྩི་འཛོག་བྱེད་པའི་རྩ་དོན་ལ་བརྩི་སྲུང་ཞུ་དགོས་པ་བཅས་གཏན་འབེབས་བྱས་ཡོད།

《宗教院校聘用外籍专业人员办法》第十四条规定:受聘的外籍专业人员一般应具有硕士以上学位,或者具有相当的学历并在某一宗教学术领域有较高造诣。受聘从事一般语言教学的外籍专业人员,应受过语言教学的专门训练并具有一定的语言教学经验。

《ཆོས་ལུགས་སློབ་གྲྭ་ཆེ་ཁག་གིས་ཕྱི་ཁོངས་ཆེད་ལས་མི་སྣ་གདན་ཞུ་བཀོལ་སྤྱོད་བྱ་ཐབས་》ཀྱི་དོན་ཚན་བཅུ་བཞི་པའི་ནང་། གདན་ཞུ་བྱས་པའི་ཕྱི་ཁོངས་ཆེད་ལས་མི་སྣར་སྤྱིར་

རབ་འབྱམས་པ་ཡན་གྱི་ཡོན་ཚད་ལྡན་པའམ་ཡང་ན་སློབ་གཉས་རིམ་ཅན་ལྡན་དགོས་པ་དང་ཆབས་ཅིག་ཆོས་ལུགས་རིགས་གཞུང་གི་ཁྱབ་ཁོངས་གང་རུང་ཞིག་གི་ནང་བྱང་ཚད་མཐོ་ཙམ་ལྡན་དགོས་པ། ཕྱིར་སྐད་རིག་སློབ་ཁྲིད་བྱེད་མཁན་གྱི་གདན་ཞུའི་ཕྱི་ཁོངས་ཆེད་ལས་མི་སྣར་སྐད་རིག་སློབ་ཁྲིད་ཐད་ཆེད་མངགས་སྦྱོང་བརྡར་བྱེད་མྱོང་ཡོད་པ་མ་ཟད། སྐད་རིག་སློབ་ཁྲིད་ཀྱི་ཉམས་མྱོང་རིམ་ཅན་ལྡན་དགོས་པའི་གཏན་འབེབས་བྱས་ཡོད།

18. 宗教教职人员异地从事教务活动需要履行哪些手续?

༡༨.ཆོས་ལུགས་ལས་དོན་མི་སྣས་ས་ཁུལ་གཞན་ལ་ཆོས་དོན་བྱེད་སྒོ་སྤེལ་སྐབས་འགྲོ་ལུགས་གང་དག་བརྒྱུད་དགོས་སམ།

根据《藏传佛教寺庙管理办法》第二十二条的规定，寺庙教职人员异地从事教务活动，须经本寺庙管理组织和所在地佛教协会同意，并征得目的地佛教协会和寺庙管理组织同意后，由本人所在地佛教协会和目的地佛教协会分别报当地人民政府宗教事务部门备案。其中，跨县（市、区、旗）从事教务活动的，分别报县级人民政府宗教事务部门备案后，由本人所在地县级人民政府宗教事务部门报所在地设区的市级人民政府宗教事务部门备案。跨设区的市（地、州、盟）从事教务活动的，分别报设区的市级人民政府宗教事务部门备案后，由本人所在地设区的市级人民政府宗教事务部门报所在地省级人民政府宗教事务部门备案。跨省、自治区、直辖市从事教务活动的，分别报省级人民政府宗教事务部门备案。

《བོད་བརྒྱུད་ནང་བསྟན་དགོན་པའི་དོ་དམ་བྱ་ཐབས་》ཀྱི་དོན་ཚན་ཉི་ཤུ་རྩ་གཉིས་པའི་ནང་། དགོན་པའི་ཆོས་ལུགས་ལས་དོན་མི་སྣས་ས་གཞན་དག་ལ་ཆོས་དོན་བྱེད་སྒོ་སྤེལ་སྐབས། དགོན་པ་དེ་གའི་དོ་དམ་རུ་འཛུགས་དང་ས་གནས་དེ་གའི་ནང་བསྟན་མཐུན་ཚོགས་ཀྱི་མོས་མཐུན་ཐོབ་དགོས་པ་མ་ཟད། ཆོས་དོན་བྱེད་སྒོ་སྤེལ་སའི་ས་ཁུལ་གྱི་ནང་བསྟན་མཐུན་ཚོགས་

དང་དགོན་པ། དོ་དམ་བྱེད་མཁན་ཚ་འཛུགས་བཅས་ཀྱི་མོས་མཐུན་ཐོབ་པ་བྱས་རྗེས། རང་ས་གནས་ཀྱི་ནང་བསྟན་མཐུན་ཚོགས་དང་ས་ཁུལ་གཞན་དེའི་ནང་བསྟན་མཐུན་ཚོགས་ཀྱིས་ཁག་སོ་སོར་ས་གནས་དེ་གའི་མི་དམངས་སྲིད་གཞུང་ཆོས་ལུགས་ལས་དོན་སྡེ་ཁག་ལ་ཐོ་འགོད་སྙན་སེང་ཞུ་དགོས། དེའང་རྫོང་（གྲོང་ཁྱེར་དང་ཆུས། ཆིའི་）ལས་བརྒལ་ཏེ་ཆོས་དོན་བྱེད་སྒོ་སྤེལ་བ་ཡིན་ཚེ། ཁག་སོ་སོར་རྫོང་རིམ་པའི་མི་དམངས་སྲིད་གཞུང་ཆོས་ལུགས་ལས་དོན་སྡེ་ཁག་ལ་ཐོ་འགོད་སྙན་སེང་ཞུས་རྗེས་རང་ས་གནས་ཀྱི་རྫོང་རིམ་པའི་མི་དམངས་སྲིད་གཞུང་ཆོས་ལུགས་ལས་དོན་སྡེ་ཁག་གིས་ས་གནས་དེ་གར་བཙུགས་པའི་ཆུས་གྲོང་ཁྱེར་རིམ་པའི་མི་དམངས་སྲིད་གཞུང་གི་ཆོས་ལུགས་ལས་དོན་སྡེ་ཁག་ལ་ཐོ་འགོད་སྙན་སེང་ཞུ་དགོས་པ། ཆུས་གྲོང་ཁྱེར་རིམ་པ་（ས་ཁུལ་དང་ཁུལ། མོང་）བརྒལ་ནས་ཆོས་དོན་བྱེད་སྒོ་སྤེལ་བ་ཡིན་ཚེ། ཁག་སོ་སོར་ཆུས་གྲོང་ཁྱེར་རིམ་པའི་མི་དམངས་སྲིད་གཞུང་ཆོས་ལུགས་ལས་དོན་སྡེ་ཁག་ལ་ཐོ་འགོད་སྙན་སེང་ཞུས་རྗེས་རང་ས་གནས་ཀྱི་ཆུས་གྲོང་ཁྱེར་རིམ་པའི་མི་དམངས་སྲིད་གཞུང་ཆོས་ལུགས་ལས་དོན་སྡེ་ཁག་གིས་ས་གནས་དེ་གའི་ཞིང་ཆེན་རིམ་པའི་མི་དམངས་སྲིད་གཞུང་གི་ཆོས་ལུགས་ལས་དོན་སྡེ་ཁག་ལ་ཐོ་འགོད་སྙན་སེང་ཞུ་དགོས་པ། ཞིང་ཆེན་དང་རང་སྐྱོང་ལྗོངས། ཐད་སྐྱོང་གྲོང་ཁྱེར་ལས་བརྒལ་ཏེ་ཆོས་དོན་བྱེད་སྒོ་སྤེལ་བ་ཡིན་ཚེ། ཁག་སོ་སོར་ཞིང་ཆེན་རིམ་པའི་མི་དམངས་སྲིད་གཞུང་གི་ཆོས་ལུགས་ལས་དོན་སྡེ་ཁག་ལ་ཐོ་འགོད་སྙན་སེང་ཞུ་དགོས་པ་བཅས་ཀྱི་གཏན་འབེབས་བྱས་ཡོད།

19. 宗教教职人员如何约束自己的言行？

༡༩.ཆོས་ལུགས་ལས་དོན་མི་སྣས་རང་གི་གཏམ་སྤྱོད་ལ་ཚོད་གང་འདྲ་འཛིན་དགོས་སམ།

《宗教教职人员管理办法》第十二条规定，宗教教职人员不得有下列行为：

《ཆོས་ལུགས་ལས་དོན་མི་སྣའི་དོ་དམ་བྱ་ཐབས་》ཀྱི་དོན་ཚན་བཅུ་གཉིས་པའི་ནང་། ཆོས་ལུགས་ལས་དོན་མི་སྣས་གཤམ་གསལ་གྱི་བྱ་སྤྱོད་ཁག་སྤེལ་མི་རུང་བ་སྟེ།

（1）危害国家安全、公共安全，宣扬、支持、资助宗教极端主义，破坏民族团结、分裂国家，进行恐怖活动或者参与相关活动；

（༡）རྒྱལ་ཁབ་ཀྱི་བདེ་འཇགས་དང་སྤྱི་པའི་བདེ་འཇགས་ལ་གནོད་པ་དང་། ཆོས་ལུགས་མཐའ་དྲགས་རིང་ལུགས་སྒྲོག་སྤེལ་དང་རྒྱབ་སྐྱོར། རོགས་དཔུལ་གཏོང་བ་བཅས་བྱས་ནས་མི་རིགས་མཐུན་སྒྲིལ་ལ་གཏོར་བཤིག་དང་རྒྱལ་ཁབ་ཁ་བྲལ་གཏོང་བ། འཇིགས་སྐུལ་གྱི་བྱེད་སྒོ་སྤེལ་བའམ་ཡང་ན་འབྲེལ་ཡོད་བྱེད་སྒོར་ཐེ་ཞུགས་བྱེད་པ།

（2）干预行政、司法、教育等国家职能的实施；

（༢）སྲིད་འཛིན་དང་ཁྲིམས་འཛིན། སློབ་གསོ་སོགས་རྒྱལ་ཁབ་ཀྱི་འགན་ནུས་ལག་བསྟར་བྱེད་པའི་ཐད་ཐེ་རྙས་བྱེད་པ།

（3）受境外势力支配，擅自接受境外宗教团体或者机构委任教职，以及其他违背宗教独立自主自办原则的行为；

（༣）ཕྱི་རྒྱལ་སྟོབས་ཤུགས་ཀྱི་བཀོད་པར་ཉན་ནས་རང་འཚམ་ངང་ཕྱི་རྒྱལ་གྱི་ཆོས་ལུགས་ཚོགས་པ་དང་། ཡང་ན་ལས་ཁུངས་ཀྱིས་བསྐོ་གཞག་བྱས་པའི་ཆོས་ཕྱོགས་ཀྱི་ལས་འགན་དང་ལེན་བྱས་པ་དང་། དེ་བཞིན་ཆོས་ལུགས་རང་ཚུགས་རང་བདག་དང་རང་གཉེར་གྱི་རྩ་དོན་ལས་འགལ་བའི་བྱ་སྤྱོད་སྤེལ་བ།

（4）违反国家有关规定接受境内外捐赠；

（༤）རྒྱལ་ཁབ་ཀྱི་འབྲེལ་ཡོད་གཏན་འབེབས་ལས་འགལ་ཏེ་རྒྱལ་ཁབ་ཕྱི་ནང་གི་ཞལ་འདེབས་དང་ལེན་བྱས་པ།

（5）影响公民正常生产、生活；

（༥）སྤྱི་དམངས་ཀྱི་རྒྱུན་གཏན་ཐོན་སྐྱེད་དང་འཚོ་བར་ཤུགས་རྐྱེན་བཟོས་པ།

（6）组织、主持或者参加未经批准的在宗教活动场所外举行的宗教活动；

（༦）ཆོག་མཆན་མ་ཐོབ་པར་ཆོས་ལུགས་བྱེད་སྒོ་སྤེལ་སའི་ཕྱིར་ཆོས་ལུགས་བྱེད་སྒོ་སྒྲིག་འཛུགས་དང་དེར་རྒྱབ་སྐྱོར་དང་ཐེ་ཞུགས་བྱས་པ།

（7）利用公益慈善活动传教，在宗教院校以外的学校和其他教育机构传教，以及其他违反国家规定进行传教的行为；

（༧）སྤྱི་ཕན་དགེ་སྐྱབ་ཀྱི་བྱེད་སྒོ་བེད་སྤྱད་ནས་ཆོས་སྤེལ་བ་དང་། ཆོས་ལུགས་སློབ་གྲྭ་ཆེ་ཁག་མ་ཡིན་པའི་སློབ་གྲྭ་དང་སློབ་གསོའི་ལས་ཁུངས་གཞན་དག་ལ་ཆོས་སྤེལ་བ། དེ་བཞིན་རྒྱལ་ཁབ་ཀྱི་གཏན་འབེབས་ལས་འགལ་བའི་ཆོས་སྤེལ་བའི་བྱེད་སྒོ་གཞན་དག

（8）以宗教名义进行商业宣传；

（༨）ཆོས་ལུགས་ཀྱི་མིང་ཐོག་ནས་ཚོང་ལས་ཀྱི་དྲིལ་བསྒྲགས་བྱེད་པ།

（9）其他违反法律、法规和规章的行为。

（༩）ད་དུང་བཅའ་ཁྲིམས་དང་ཁྲིམས་སྲོལ། སྒྲིག་སྲོལ་བཅས་ལས་འགལ་བའི་བྱ་སྤྱོད་གཞན་དག་བཅས་སོ། །

20. 假冒宗教教职人员进行宗教活动或者骗财骗色等违法活动的，应承担什么责任？

༢༠.ཆོས་ལུགས་ལས་དོན་མི་སྣ་ཡིན་ཁུལ་གྱིས་ཆོས་ལུགས་བྱེད་སྒོ་སྤེལ་བའམ་ཡང་ན་རྒྱ་ནོར་དང་འདོད་སྤྱོད་ཐད་མགོ་སྐོར་བཏང་ཚེ། འགན་འཁྲི་གང་ཞིག་འཁུར་དགོས་སམ།

《宗教事务条例》第七十四条规定：假冒宗教教职人员进行宗教活动或者骗取钱财等违法活动的，由宗教事务部门责令停止活动；有违法所得、非法财物的，没收违法所得和非法财物，并处1万元以下的罚款；有违反治安管理行为的，依法给予治安管理处罚；构成犯罪的，依法追究刑事责任。

དེའང《ཆོས་ལུགས་ལས་དོན་སྒྲིག་ཡིག》གི་དོན་ཚན་བདུན་ཅུ་དོན་བཞི་པའི་ནང་། ཆོས་ལུགས་ལས་དོན་མི་སྣ་ཡིན་ཁུལ་གྱིས་ཆོས་ལུགས་བྱེད་སྒོ་སྤེལ་བའམ་ཡང་ན་རྒྱ་དངུལ་མགོ་སྐོར་བཏང་ཚེ། ཆོས་ལུགས་ལས་དོན་སྡེ་ཁག་ནས་བྱེད་སྒོ་སྤེལ་མཚམས་འཇོག་རྒྱུའི་བཀའ་འབེབས་རྒྱུ་དང་། ཁྲིམས་འགལ་གྱིས་ཐོབ་པའི་རྒྱ་ནོར་ཡོད་ཚེ་གཞུང་བཞེས་གཏོང་རྒྱུ་མ་ཟད། སྒོར་ཁྲི་གཅིག་མན་གྱི་དངུལ་ཆད་གཅོད་རྒྱུ་དང་། བདེ་འཇགས་དོ་དམ་ལས་འགལ་བའི་བྱ་སྤྱོད་ཡོད་ཚེ། ཁྲིམས་ལྟར་བདེ་འཇགས་དོ་དམ་གྱི་ཆད་པ་གཅོད་རྒྱུ། ཉེས་གསོག་གི་ཚད་ལ་སླེབས་ཡོད་ཚེ། ཁྲིམས་ལྟར་ཉེས་དོན་འགན་འཁྲི་རྩད་གཅོད་བྱ་རྒྱུ་བཅས་ཀྱི་གཏན་འབེབས་བྱས་ཡོད།

假“活佛”的覆灭

“སྤྲུལ་སྐུ”རྫུན་མ་རྩ་མེད་བཏང་བ།

案情：

གྱོད་གཞིའི་གནས་ཚུལ།

2018年，“洛桑丹真”活佛事件一时间闹得沸沸扬扬。

སྤྱི་ལོ་༢༠༡༨ལོར་སྤྲུལ་སྐུ“བློ་བཟང་བསྟན་འཛིན”གྱི་དོན་རྐྱེན་དེས་སྐབས་ཤིག་རིང་ལབ་

གླིང་ཆེ་ཙམ་བཟོས་ཡོད།

经调查，这位所谓的“洛桑丹真”活佛，真名叫作王某。2018 年，王某通过同门师兄弟鲁某获得僧人身份，并伪造身份证，顺利进行坐床仪式，对外号称洛桑丹真活佛。

བརྟག་དཔྱད་བྱས་པ་བརྒྱུད་བློ་བཟང་བསྟན་འཛིན་ཟེར་བའི་སྤྲུལ་སྐུ་དེའི་དངོས་མིང་དངོས་ལ་ཝང་ཆེ་གེ་མོ་ཟེར་ཞིང་། སྤྱི་ལོ་༢༠༡༨ལོར་ཝང་ཆེ་གེ་མོས་རང་དང་ཆོས་སྒོ་གཅིག་པའི་ལུའུ་ཆེ་གེ་མོ་ཟེར་བ་བརྒྱུད་དེ་དགེ་འདུན་པའི་གོ་བབ་རག་པ་མ་ཟད། ཐོབ་ཐང་ལག་ཁྱེར་རྫུན་བཟོ་བྱས་ཏེ་བདེ་བླག་ངང་ཁྲི་གསོལ་མཛད་སྒོ་སྤེལ་བ་དང་། ཕྱི་ཕྱོགས་སུ་སྤྲུལ་སྐུ་བློ་བཟང་བསྟན་འཛིན་ཞེས་འབོད།

从此王某开始敛财骗色。经调查，王某有 12 套房产和大量现金等财物，总计达 1.98 亿元。

དེ་ནས་བཟུང་ཝང་ཆེ་གེ་མོ་དེས་རྒྱུ་ནོར་དང་འདོད་སྤྱོད་ཐད་ནས་མགོ་སྐོར་གཏོང་འགོ་ཚུགས། བརྟག་དཔྱད་བྱས་པ་བརྒྱུད། ཝང་ཆེ་གེ་མོར་ཁང་པ་ཁག་༡༢ཀྱི་རྒྱུ་ནོར་དང་དངུལ་སྨར་འབོར་ཆེན་ཡོད་ཅིང་ཁྱོན་བསྡོམས་སྒོར་དུང་ཕྱུར་༡དང་ས་ཡ་༩༨ཁྲི་བ་༩ཟིན་གྱི་ཡོད།

为了控制弟子，王某编造“身加持”“双修”的歪理邪说，对女弟子实施精神控制，进而实施强奸猥亵。鲁某也从中获利几千万元。

དགེ་ཕྲུག་ཚོད་འཛིན་བྱ་ཕྱིར་ཝང་ཆེ་གེ་མོས་བྱིན་རླབས་གནང་བ་དང་སྒོམ་གཉིས་ཟེར་བའི་ཁུངས་མེད་ལོག་བཤད་བྱས་ཏེ་དགེ་ཕྲུག་བུད་མེད་ཀྱི་བསམ་བློར་ཚོད་འཛིན་གྱིས་བཙན་གཡེམ་དང་འཆལ་སྤྱོད་བྱེད་བཞིན་ཡོད། ལུའུ་ཆེ་གེ་མོར་དེའི་ཁྲོད་ནས་ཁེ་བཟང་སྒོར་ཁྲི་སྟོང་ཕྲག་ཁ་ཤས་རག་ཡོད།

济南中级人民法院终审判决，王某犯组织利用邪教破坏法律实施罪、非法经营罪、强奸罪、强制猥亵妇女罪，数罪并罚，判处有期徒刑 25 年。鲁某犯组织、利用邪教破坏法律实施罪，判处有期徒刑 6 年。

ཅིས་ནན་འབྲིང་རིམ་མི་དམངས་ཁྲིམས་ཁང་གིས་མཐའ་མའི་འདྲི་གཅོད་བྱས་ཏེ། ཝང་

ཆེ་གེ་མོས་ཆོས་ལོག་སྒྲིག་འཛུགས་བྱས་ནས་བཅའ་ཁྲིམས་ལ་གནོད་བཤིག་བཏང་བའི་ཉེས་པ་དང་ཁྲིམས་འགལ་དང་ཁེ་གཉེར་བྱས་པའི་ཉེས་པ། བུད་མེད་ལ་བཙན་གཡེམ་བཏང་བའི་ཉེས་པ། བུད་མེད་ལ་འཆལ་སྤྱོད་བྱས་པའི་ཉེས་པ་བཅས་ཉེས་པ་དུ་མ་མཉམ་དུ་ཆད་གཅོད་བྱས་མཐར། དུས་བཀག་བཙོན་འཇུག་ལོ་༢༥བྱ་རྒྱའི་ཁྲིམ་ཐག་བཅད་པ་དང་། ལུའུ་ཆེ་གེ་མོས་ཆོས་ལོག་སྒྲིག་འཛུགས་དང་བེད་སྤྱད་དེ་བཅའ་ཁྲིམས་ལ་གནོད་བཤིག་བཏང་བའི་ཉེས་པ་བསགས་སྐབས། དུས་བཀག་བཙོན་འཇུག་ལོ་༨བྱ་རྒྱའི་ཁྲིམ་ཐག་བཅད་པ་རེད།

分析:

དབྱེ་ཞིབ།

组织、利用邪教破坏法律实施罪，是组织和利用邪教组织或者利用迷信破坏国家法律、行政法规实施的行为。根据《关于办理组织和利用邪教组织犯罪案件具体应用法律若干问题的解释》第一条的规定，邪教组织是指冒用宗教、气功或者其他名义建立，神化首要分子，利用制造、散布迷信邪说等手段蛊惑、蒙骗他人，发展、控制成员，危害社会的非法组织。

ཆོས་ལོག་སྒྲིག་འཛུགས་དང་བེད་སྤྱད་དེ་བཅའ་ཁྲིམས་ལ་གནོད་བཤིག་བཏང་བའི་ཉེས་པ་ཞེས་པ་ནི། ཆོས་ལོག་ཚ་འཛུགས་སམ་ཡང་ན་རྨོངས་དད་སྒྲིག་འཛུགས་དང་བེད་སྤྱད་ནས་རྒྱལ་ཁབ་ཀྱི་བཅའ་ཁྲིམས་དང་སྲིད་འཛིན་ཁྲིམས་སྲོལ་ལ་གནོད་བཤིག་བཏང་བའི་བྱ་སྤྱོད་ཅིག་ཡིན། 《ཆོས་ལོག་ཚ་འཛུགས་སྒྲིག་འཛུགས་དང་བེད་སྤྱད་ནས་ཉེས་པ་བསགས་པའི་ཀྱོད་གཞིའི་ཐག་གཅོད་བྱེད་པའི་ཞིབ་ཕྲའི་བཅའ་ཁྲིམས་བེད་སྤྱོད་བྱ་ཐབས་ཀྱི་གནད་དོན་འགའ་ཞིག་སྐོར་གྱི་འགྲེལ་བཤད་》ཀྱི་དོན་ཚན་དང་པོའི་གཏན་འབེབས་ལྟར་ན། ཆོས་ལོག་ཚ་འཛུགས་ནི་ཆོས་ལུགས་དང་རླུང་སྒོམ་བརྡུས་སྤྱོད་བྱས་པའམ་ཡང་ན་གཞན་དག་གི་མིང་ཐོག་ནས་བཙུགས་པ་དང་འགོ་པ་ལྷ་རུ་བསྒྱུར་ཐོག རྨོངས་དད་ཀྱི་ལོག་བཤད་བཟོས་པ་དང་སྒྲོག་སྤེལ་བྱེད་པ་སོགས་ཀྱི་བྱ་ཐབས་ལ་བརྟེན་ནས་མི་གཞན་ལ་བསླུ་བྲིད་དང་མགོ་སྐོར་གྱིས་ཁོངས་མི་འཕེལ་རྒྱས་དང་ཚོད་འཛིན་བྱས་ཏེ། སྤྱི་ཚོགས་ལ་གནོད་འཚེ་གཏོང་བའི་ཁྲིམས་འགལ་གྱི་ཚ་འཛུགས་ཤིག་ཡིན།

组织、利用会道门、邪教组织或者利用迷信破坏国家法律、行政法规实施的，处三年以上七年以下有期徒刑，并处罚金；情节特别严重的，处七年以上有期徒刑或者无期徒刑，并处罚金或者没收财产；情节较轻的，处三年以下有期徒刑、拘役、管制或者剥夺政治权利，并处或者单处罚金。

སྒྲོངས་དད་ཚོགས་པ་དང་ཆོས་ལོག་ཚ་འཛུགས་སྒྲིག་འཛུགས་དང་བེད་སྤྱོད་པའམ་ཡང་ན་སྒྲོངས་དད་བེད་སྤྱོད་དེ་རྒྱལ་ཁབ་ཀྱི་བཅའ་ཁྲིམས་དང་སྲིད་འཛིན་ཁྲིམས་སྲོལ་ལ་གཏོར་བཤིག་བཏང་ཚེ། ལོ་གསུམ་ཡན་ནས་ལོ་བདུན་མན་གྱི་དུས་བཀག་བཙོན་འཇུག་བྱ་རྒྱུ་དང་དངུལ་ཆད་གཅོད་རྒྱུ། གནས་ཚུལ་ཚབས་ཆེན་པོ་ཡོད་ཚེ། ལོ་བདུན་ཡན་གྱི་དུས་བཀག་བཙོན་འཇུག་བྱ་རྒྱུའམ་ཡང་ན་ཚེ་བཙོན་དུ་འཇུག་རྒྱུ་དང་ཆབས་ཅིག་དངུལ་ཆད་གཅོད་རྒྱུའམ་རྒྱུ་ནོར་གཞུང་བཞེས་གཏོང་རྒྱུ། གནས་ཚུལ་ཚབས་ཆེན་པོ་མེད་ཚེ། ལོ་གསུམ་མན་གྱི་དུས་བཀག་བཙོན་འཇུག་དང་བཀག་ཉར། དོ་དམ། ཡང་ན་ཆབ་སྲིད་ཀྱི་དབང་ཆ་འཕྲོག་རྒྱུ་དང་། དངུལ་ཆད་ཆབས་ཅིག་ཏུ་གཅོད་པའམ་ཡང་ན་གཅིག་པུར་སྤྱོད་རྒྱུ།

21. 藏传佛教活佛转世应遵循什么的原则？

༢༡.བོད་བརྒྱུད་ནང་བསྟན་གྱི་སྤྲུལ་སྐུ་ངོས་འཛིན་བྱེད་སྐབས་རྩ་དོན་གང་བརྩི་སྲུང་བྱ་དགོས།

活佛转世应当遵循维护国家统一、维护民族团结、维护宗教和睦与社会和谐、维护藏传佛教正常秩序的原则。活佛转世尊重藏传佛教宗教仪轨和历史定制。活佛转世不受境外任何组织、个人的干涉和支配。

དེའང་སྤྲུལ་སྐུ་ངོས་འཛིན་བྱེད་སྐབས་རྒྱལ་ཁབ་ཀྱི་གཅིག་གྱུར་སྲུང་སྐྱོང་དང་མི་རིགས་མཐུན་སྒྲིལ་སྲུང་སྐྱོང་། ཆོས་ལུགས་ཞི་མཐུན་དང་སྤྱི་ཚོགས་འཆམ་མཐུན་སྲུང་སྐྱོང་། བོད་བརྒྱུད་ནང་བསྟན་གྱི་རྒྱུན་གཏན་སྒྲིག་ལམ་སྲུང་སྐྱོང་བཅས་བྱེད་པའི་རྩ་དོན་ལ་བརྩི་སྲུང་ཞུ་དགོས། སྤྲུལ་སྐུ་ངོས་འཛིན་བྱེད་སྐབས་བོད་བརྒྱུད་ནང་བསྟན་གྱི་ཆོས་ལུགས་ཆོ་ག་དང་ལོ་རྒྱུས་ཀྱི་གོམས་སྲོལ་ལ་བརྩི་འཇོག་བྱེད་དགོས་པ་དང་། སྤྲུལ་སྐུ་ངོས་འཛིན་བྱེད་སྐབས་རྒྱལ་ཕྱིའི་ཚ

འཛུགས་དང་མི་སྒེར་གང་འདྲ་ཞིག་གིས་ཀྱང་ཐེ་ཇུས་དང་བཀོད་པ་གཏོང་མི་ཆོག

22. 藏传佛教活佛转世需经过什么手续?

༢༢.བོད་བརྒྱུད་ནང་བསྟན་གྱི་སྤྲུལ་སྐུ་ངོས་འཛིན་བྱེད་སྐབས་འགྲོ་ལུགས་གང་འདྲ་བརྒྱུད་དགོས་སམ།

《藏传佛教活佛转世管理办法》规定：首先，由拟转世活佛僧籍所在寺庙管理组织或者所在地佛教协会向所在地县级人民政府宗教事务部门提出转世申请；其次，由县级人民政府提出意见后，宗教事务部门逐级上报，由省、自治区人民政府宗教事务部门审批。在佛教界有较大影响的，报省、自治区人民政府批准；有重大影响的，报国家宗教事务局批准；有特别重大影响的，报国务院批准。审核批准活佛转世申请，应当征求相应佛教协会的意见。

《བོད་བརྒྱུད་ནང་བསྟན་གྱི་སྤྲུལ་སྐུ་ངོས་འཛིན་ཐབས་ཇུས་ཀྱི་དོ་དམ་བྱ་ཐབས་》ནང་། དང་ཐོག་སྤྲུལ་སྐུ་ངོས་འཛིན་བྱ་རྩིས་ཡོད་ཚེ་སྤྲུལ་སྐུའི་མ་དགོན་དོ་དམ་རྩ་འཛུགས་དང་ཡང་ན་ས་གནས་དེ་གའི་ནང་བསྟན་མཐུན་ཚོགས་ཀྱིས་ས་གནས་དེ་གའི་ས་ཁུལ་དང་རྫོང་རིམ་པའི་མི་དམངས་སྲིད་གཞུང་གི་ཆོས་ལུགས་ལས་དོན་སྡེ་ཁག་ལ་སྤྲུལ་སྐུ་ངོས་འཛིན་བྱ་རྒྱུའི་རེ་ཞུ་འབུལ་དགོས། དེ་རྗེས་རྫོང་རིམ་པའི་མི་དམངས་སྲིད་གཞུང་གིས་བསམ་འཆར་བཏོན་རྗེས་ཆོས་ལུགས་ལས་དོན་སྡེ་ཁག་ནས་རིམ་པ་བཞིན་གོང་ཞུ་བྱས་ནས་ཞིང་ཆེན་དང་། རང་སྐྱོང་ལྗོངས་མི་དམངས་སྲིད་གཞུང་གི་ཆོས་ལུགས་ལས་དོན་སྡེ་ཁག་གི་ཞིབ་བཤེར་ཆོག་མཆན་ཐོབ་དགོས། ནང་བསྟན་ལས་རིགས་ནང་ཤུགས་རྐྱེན་གང་ལ་གང་འཚམ་ཡོད་ཚེ། ཞིང་ཆེན་དང་རང་སྐྱོང་ལྗོངས་མི་དམངས་སྲིད་གཞུང་ལ་ཆོག་མཆན་འགོད་རྒྱུར་འབུལ་དགོས། ཤུགས་རྐྱེན་ཆེན་པོ་ཡོད་པ་ཡིན་ཚེ། རྒྱལ་ཁབ་ཆོས་ལུགས་ལས་དོན་ཅུས་ལ་ཆོག་མཆན་འགོད་རྒྱུར་འབུལ་དགོས་པ། ཤུགས་རྐྱེན་ཧ་ཅང་ཆེན་པོ་ཡོད་ཚེ། རྒྱལ་སྲིད་སྤྱི་ཁྲབ་ཁང་ལ་ཆོག་མཆན་འགོད་རྒྱུར་འབུལ་དགོས། སྤྲུལ་སྐུ་ངོས་འཛིན་བྱ་རྒྱུར་འཐུས་མཆན་འགོད་ཐབས་ཀྱི་རེ་ཞུར་ཞིབ་དཔྱད་བྱེད་སྐབས། ནང་བསྟན་མཐུན་ཚོགས་ཀྱི་མོས་མཐུན་ཐོབ་དགོས།

23.宗教团体、寺观教堂修建大型宗教造像，需要经过哪些程序？

༢༣.ཆོས་ལུགས་ཚོགས་པ་དང་དགོན་སྡེ། ཆོས་ཁང་སོགས་ཀྱིས་ཆོས་ལུགས་ཀྱི་སྐུ་བརྙན་ཆེ་རིགས་བཞེངས་སྐབས་གོ་རིམ་གང་དག་བརྒྱུད་དགོས་སམ།

根据《宗教事务条例》第三十条规定：宗教团体、寺观教堂拟在寺观教堂内修建大型露天宗教造像，应当由省、自治区、直辖市宗教团体向省、自治区、直辖市人民政府宗教事务部门提出申请。省、自治区、直辖市人民政府宗教事务部门应当自收到申请之日起30日内提出意见，报国务院宗教事务部门审批。国务院宗教事务部门应当自收到修建大型露天宗教造像报告之日起60日内，作出批准或者不予批准的决定。宗教团体、寺观教堂以外的组织以及个人不得修建大型露天宗教造像。禁止在寺观教堂外修建大型露天宗教造像。

དེ་འདང་《ཆོས་ལུགས་ལས་དོན་སྒྲིག་ཡིག་》གི་དོན་ཚན་སུམ་ཅུ་པའི་གཏན་འབེབས་ལྟར་ན། ཆོས་ལུགས་ཚོགས་པ་དང་དགོན་སྡེ། ཆོས་ཁང་སོགས་ཀྱིས་དགོན་པ་དང་ཆོས་ཁང་ནང་ཆོས་ལུགས་ཀྱི་སྐུ་བརྙན་ཆེ་རིགས་བཞེངས་རྩིས་ཡོད་ཚེ། ཞིང་ཆེན་དང་རང་སྐྱོང་ལྗོངས། ཐད་སྐྱོང་གྲོང་ཁྱེར་བཅས་ཀྱི་ཆོས་ལུགས་ཚོགས་པས་ཞིང་ཆེན་དང་རང་སྐྱོང་ལྗོངས། ཐད་སྐྱོང་གྲོང་ཁྱེར་བཅས་ཀྱི་མི་དམངས་སྲིད་གཞུང་གི་ཆོས་ལུགས་ལས་དོན་སྡེ་ཁག་ལ་རེ་ཞུ་འབུལ་དགོས། ཞིང་ཆེན་དང་རང་སྐྱོང་ལྗོངས། ཐད་སྐྱོང་གྲོང་ཁྱེར་བཅས་ཀྱི་མི་དམངས་སྲིད་གཞུང་གི་ཆོས་ལུགས་ལས་དོན་སྡེ་ཁག་ནས་རེ་ཞུ་བྱུས་པའི་ཉིན་དེ་རང་ནས་བཟུང་ཉིན་སུམ་ཅུའི་ནང་བསམ་འཆར་བཏོན་ནས་རྒྱལ་སྲིད་སྲི་ཁྲབ་ཁང་ཆོས་ལུགས་ལས་དོན་སྡེ་ཁག་ལ་ཞིབ་བཤེར་ཆོག་མཆན་འགོད་རྒྱུར་འབུལ་དགོས། རྒྱལ་སྲིད་སྲི་ཁྲབ་ཁང་ཆོས་ལུགས་ལས་དོན་སྡེ་ཁག་གིས་ཆོས་ལུགས་ཀྱི་སྐུ་བརྙན་ཆེ་རིགས་བཞེངས་རྒྱུའི་སྙན་ཞུ་འབྱོར་བའི་ཉིན་དྲུག་ཅུའི་ནང་ཚུན་དུ་ཆོག་མཆན་སྤྲོད་མིན་གྱི་ཐག་གཅོད་དགོས། ཆོས་ལུགས་ཚོགས་པ་དང་དགོན་སྡེ། ཆོས་ཁང་ཕུད་པའི་རྩ་འཛུགས་དང་མི་སྒེར་གྱིས་ཆོས་ལུགས་ཀྱི་སྐུ་བརྙན་ཆེ་རིགས་བཞེངས་མི་ཆོག་པ་དང་། དགོན་སྡེ་དང་ཆོས་ཁང་གི་ཕྱི་རོལ་དུའང་ཆོས་ལུགས་ཀྱི་སྐུ་བརྙན་ཆེ་རིགས་བཞེངས་མི་ཆོག

24. 擅自组织公民出境参加宗教活动、擅自开展宗教教育、传教活动的行为，会受到什么惩处？

༢༤.རང་འཚམ་དང་སྤྱི་དམངས་ཕྱི་རྒྱལ་ལ་ཆོས་ལུགས་བྱེད་སྒོར་ཞུགས་པར་འགྲོ་རྒྱུ་སྒྲིག་འཛུགས་དང་། རང་འཚམ་དང་ཆོས་ལུགས་སློབ་གསོ་དང་ཆོས་ལུགས་བྱེད་སྒོ་སྤེལ་བའི་བྱ་སྤྱོད་ལ་ཆད་པ་གང་འདྲ་ཡོང་གམ།

《宗教事务条例》第七十条规定：擅自组织公民出境参加宗教方面的培训、会议、朝觐等活动的，或者擅自开展宗教教育培训的，由宗教事务部门会同有关部门责令停止活动，可以并处2万元以上20万元以下的罚款；有违法所得的，没收违法所得；构成犯罪的，依法追究刑事责任。

《ཆོས་ལུགས་ལས་དོན་སྲོལ་ཡིག་》གི་དོན་ཚན་བདུན་ཅུ་པར། རང་འཚམ་དང་སྤྱི་དམངས་ཕྱི་རྒྱལ་ལ་ཆོས་ཕྱོགས་ཀྱི་གསོ་སྦྱོང་གྲོས་ཚོགས། མཇལ་ཞུ་སོགས་བྱེད་སྒོར་ཞུགས་པར་འགྲོ་རྒྱུ་སྒྲིག་འཛུགས་བྱས་པའམ་ཡང་ན་རང་འཚམ་དང་ཆོས་ལུགས་སློབ་གསོ་བྱས་ཚེ། ཆོས་ལུགས་ལས་དོན་སྡེ་ཁག་གིས་འབྲེལ་ཡོད་སྡེ་ཁག་དང་མཉམ་དུ་བྱེད་སྒོ་དེ་རིགས་མཚམས་འཇོག་བྱ་རྒྱུའི་བཀའ་འབེབས་རྒྱུ་དང་། སྒོར་ཁྲི་གཉིས་ཡན་དང་ཁྲི་ཉི་ཤུ་མན་གྱི་དངུལ་ཆད་གཅོད་རྒྱུ། ཁྲིམས་འགལ་ལས་བྱུང་བའི་རྒྱུ་ནོར་གཞུང་བཞེས་གཏོང་རྒྱུ། ཉེས་གསོག་གི་ཚད་ལ་སླེབས་ཡོད་ཚེ། ཁྲིམས་ལྟར་ཉེས་དོན་འགན་འཁྲི་རྩད་གཅོད་བྱ་རྒྱུ།

在宗教院校以外的学校及其他教育机构传教、举行宗教活动、成立宗教组织、设立宗教活动场所的，由其审批机关或者其他有关部门责令限期改正并予以警告；有违法所得的，没收违法所得；情节严重的，责令停止招生、吊销办学许可；构成犯罪的，依法追究刑事责任。

ཆོས་ལུགས་སློབ་གྲྭ་ཆེ་ཁག་ཕུད་པའི་སློབ་གྲྭ་དང་། དེ་བཞིན་སློབ་གསོའི་ལས་ཁུངས་གཞན་དག་གིས་ཆོས་སྤེལ་བ་དང་ཆོས་ལུགས་ཀྱི་བྱེད་སྒོ་སྤེལ་བ། ཆོས་ལུགས་རྩ་འཛུགས་བཙུགས་པ། ཆོས་ལུགས་བྱེད་སྒོ་སྤེལ་ས་བཙུགས་པ་བཅས་བྱས་ཚེ། དེ་གའི་ཞིབ་མཆན་འགོད་མཁན་ལས་ཁུངས་དང་ཡང་ན་འབྲེལ་ཡོད་སྡེ་ཁག་གཞན་དག་གིས་དུས་བཀག་ནང་བསྒྱུར་

བཅོས་བྱ་རྒྱུའི་བཀའ་འབེབས་རྒྱུ་དང་ཆབས་ཅིག་ཐ་ཚིག་གཏོང་རྒྱུ། ཁྲིམས་འགལ་ངང་ཐོབ་པའི་རྒྱུ་ནོར་གཞུང་བཞེས་གཏོང་རྒྱུ། གནས་ཚུལ་ཚབས་ཆེན་པོ་ཡོད་ཚེ། སློབ་མ་བསྡུ་མཚམས་འཛོག་རྒྱུའི་བཀའ་འབེབས་རྒྱུ་དང་སློབ་གཉེར་གྱི་ཚོགས་འཐུས་ལག་ཁྱེར་མེད་པ་བཟོ་རྒྱུ། ཉེས་གསོག་གི་ཚད་ལ་སླེབས་ཡོད་ཚེ། ཁྲིམས་ལྟར་ཉེས་དོན་འགན་འཁྲི་རྩད་གཅོད་བྱ་རྒྱུ་བཅས་ཀྱི་གཏན་འབེབས་བྱས་ཡོད།

25. 什么是宗教团体？

༢༥.ཆོས་ལུགས་ཚོགས་པ་ཞེས་པ་གང་ཡིན་ནམ།

宗教团体是指信教公民自愿组成，为团结信教公民爱国爱教、促进宗教健康发展，按照其章程开展活动的非营利性社会组织。宗教团体是中国共产党和人民政府团结、联系宗教界人士和广大信教公民的桥梁和纽带。

ཆོས་ལུགས་ཚོགས་པ་ཞེས་པ་ནི་དད་ལྡན་གྱི་དམངས་ཀྱིས་རང་མོས་ཐོག་བཙུགས་པ་དང་། དད་ལྡན་གྱི་དམངས་དང་མཐུན་སྒྲིལ་གྱིས་རྒྱལ་གཅེས་ཆོས་གཅེས་དང་ཆོས་ལུགས་སྐྱོང་བྱལ་དང་འཕེལ་རྒྱས་ཡོང་བར་སྐུལ་འདེད་གཏོང་ཕྱིར། དེ་གའི་སྒྲིག་ཡིག་ལ་གཞིགས་ནས་བྱེད་སྒོ་སྤེལ་མཁན་གྱི་ཁེ་བོགས་མེད་པའི་རང་བཞིན་གྱི་སྤྱི་ཚོགས་རྩ་འཛུགས་ཤིག་ཡིན། ཆོས་ལུགས་ཚོགས་པ་ནི་ཀྲུང་གོ་གུང་ཁྲན་ཏང་དང་མི་དམངས་སྲིད་གཞུང་གིས་ཆོས་ཕྱོགས་མི་སྣ་དང་རྒྱ་ཆེའི་དད་ལྡན་གྱི་དམངས་དབར་མཐུན་སྒྲིལ་དང་འབྲེལ་གཏུག་བྱེད་པའི་ཟམ་པ་དང་འབྲེལ་ཐག་ལྟ་བུ་ཡིན།

26. 宗教团体应当如何合理、规范地进行内部管理？

༢༦.ཆོས་ལུགས་ཚོགས་པས་གང་འདྲ་བྱས་ཏེ་ལུགས་མཐུན་དང་ཚད་ལྡན་ངང་ནང་ཁུལ་དོ་དམ་བྱེད་དགོས་སམ།

《宗教团体管理办法》要求宗教团体应当建立健全内部管理相关制度，加强自身管理。明确规定，宗教团体应当规范相关会议制度，完善民主决策机制；制定工作规划和年度工作计划，明确远期目标和近期任务；制定本团体工作人员管理制度，规范工作人员行为和活动；建立负责人述职和民主评议制度、学习制度、财务制度；健全互联网宗教信息服务内部管理制度，遵守互联网宗教信息服务相关规定；依法办理税务登记和纳税申报，按规定享受税收优惠。

《ཆོས་ལུགས་ཚོགས་པའི་དོ་དམ་བྱ་ཐབས་》ནང་། ཆོས་ལུགས་ཚོགས་པས་ནང་ཁུལ་དོ་དམ་གྱི་འབྲེལ་ཡོད་ལམ་ལུགས་འཐུས་ཚང་བཙུགས་ནས་རང་ངོས་ཀྱི་དོ་དམ་ལ་ཤུགས་སྣོན་རྒྱག་དགོས་པའི་བླང་བྱ་བཏོན་ཡོད་པ་དང་། ཆོས་ལུགས་ཚོགས་པས་འབྲེལ་ཡོད་གྲོས་ཚོགས་ལམ་ལུགས་ཚད་ལྡན་བཟོ་བ་དང་། དམངས་གཙོ་བཀོད་ཐུས་ཀྱི་སྒྲིག་གཞི་འཐུས་ཚང་དུ་གཏོང་བ། ལས་ཀའི་འཆར་འགོད་དང་ལོ་འཁོར་གྱི་ལས་ཀའི་འཆར་གཞི་གཏན་འཁེལ་བྱེད་པ། ཐུགས་

ཀྱི་དམིགས་འཛིན་དང་ཉེ་དུས་ཀྱི་ལས་འགན་གསལ་བཏོན་བྱེད་པ། ཚོགས་པ་དེ་གའི་ལས་དོན་མི་སྣའི་དོ་དམ་ལམ་ལུགས་འཛུགས་དགོས་པ། ལས་དོན་མི་སྣའི་བྱ་སྤྱོད་དང་བྱེད་སྒོ་ཚད་ལྡན་བཟོ་བ། འགན་འཁུར་པའི་ལས་འགན་སྒྲུབ་ཚུལ་སྐྱན་སེང་དང་དམངས་གཙོའི་དཔྱད་དཔོག་ལམ་ལུགས་དང་སློབ་སྦྱོང་ལམ་ལུགས། ནོར་དོན་ལམ་ལུགས་འཛུགས་དགོས་པ། དྲ་རྒྱའི་ཐོག་གི་ཆོས་ལུགས་ཆ་འཕྲིན་ཞབས་ཞུའི་ནང་ཁུལ་དོ་དམ་ལམ་ལུགས་འཐུས་ཚང་དུ་གཏོང་དགོས་པ། དྲ་རྒྱའི་ཐོག་གི་ཆོས་ལུགས་ཆ་འཕྲིན་ཞབས་ཞུའི་འབྲེལ་ཡོད་གནད་འབེབས་ལ་བརྩི་སྲུང་ཞུ་དགོས་པ། ཁྲིམས་ལྟར་ཁྲལ་དོན་ཐོ་འགོད་དང་ཁྲལ་འཇལ་རེ་ཞུའི་ལས་སྣེ་གཉེར་ནས་གནད་འབེབས་ལྟར་ཁྲལ་བསྡུའི་གཟིགས་སྐྱོང་ལོངས་སྤྱོད་ཐུབ་པ་བྱེད་དགོས་པ་བཅས་གསལ་བཏོན་བྱས་ཡོད།

27. 宗教团体内部管理出现混乱等问题应承担什么责任？

༢༧.ཆོས་ལུགས་ཚོགས་པའི་ནང་ཁུལ་དོ་དམ་ཐད་ཟང་ཟིང་སོགས་ཀྱི་གནད་དོན་ཐོན་ཚེ་འགན་འཁྲི་གང་འཁུར་དགོས་སམ།

《宗教团体管理办法》规定，宗教团体存在内部治理不规范、未按章程规定履行职责等问题的，人民政府宗教事务部门应当对其会长（主席、主任）进行工作约谈；情节严重的，给予通报批评、限期整改等。宗教团体违反国家社会团体管理、宗教事务管理有关规定的，由人民政府宗教事务部门、民政部门等依法处理；违反其他法律、法规的，依法追究法律责任。

《ཆོས་ལུགས་ཚོགས་པའི་དོ་དམ་བྱ་ཐབས》ནང་། ཆོས་ལུགས་ཚོགས་པར་ནང་ཁུལ་གྱི་བཅོས་སྐྱོང་ཚད་ལྡན་མིན་པ་དང་། སྒྲིག་ཡིག་གི་གནད་འབེབས་ལྟར་འགན་འཁྲི་མི་འཁུར་བ་སོགས་ཀྱི་གནད་དོན་ཡོད་ཚེ། མི་དམངས་སྲིད་གཞུང་ཆོས་ལུགས་དོ་དམ་སྡེ་ཁག་གིས་དེ་གའི་ཚོགས་གཙོར（ཀྲུའུ་ཞི་དང་ཀྲུའུ་རེན）ལས་ཀའི་ཐུག་འཕྲད་སྐད་ཆ་བྱ་དགོས། གནས་ཚུལ་ཚབས་ཆེན་པོ་ཡོད་ཚེ། བརྡ་བསྒྲགས་བཏང་ནས་སྐྱོན་བརྗོད་བྱེད་པ་དང་། དུས་བཀག་ནང་

བཙོས་སྒྲིག་སོགས་བྱེད་དགོས་པ། ཆོས་ལུགས་ཚོགས་པས་རྒྱལ་ཁབ་ཀྱི་སྤྱི་ཚོགས་ཚོགས་པའི་དོ་དམ་བྱ་ཐབས་དང་ཆོས་ལུགས་ལས་དོན་དོ་དམ་བྱ་ཐབས་ཀྱི་འབྲེལ་ཡོད་གཏན་འབེབས་དང་འགལ་ཆེ། མི་དམངས་སྲིད་གཞུང་ཆོས་ལུགས་དོ་དམ་སྡེ་ཁག་དང་དམངས་སྲིད་སྡེ་ཁག་སོགས་ཀྱིས་ཁྲིམས་ལྟར་ཐག་གཅོད་བྱ་རྒྱུ། བཅའ་ཁྲིམས་དང་སྒྲིག་ཁྲིམས་གཞན་དག་ལས་འགལ་ཆེ། ཁྲིམས་ལྟར་ཁྲིམས་ལུགས་ཀྱི་འགན་འཁྲི་ཙད་གཅོད་བྱ་རྒྱུ་བཅས་ཀྱི་གཏན་འབེབས་བྱས་ཡོད།

28. 宗教团体有什么职能?

༢༨.ཆོས་ལུགས་ཚོགས་པར་འགན་ནུས་གང་ཡོད་དམ།

《宗教事务条例》第八条明确规定，宗教团体具有下列职能：

《ཆོས་ལུགས་ལས་དོན་སྒྲོལ་ཡིག་》གི་དོན་ཚན་བརྒྱད་པའི་ནང་། ཆོས་ལུགས་ཚོགས་པའི་ཞིབ་ཕྲའི་འགན་ནུས་བསྟན་པ་གཤམ་གསལ།

（1）协助人民政府贯彻落实法律、法规、规章和政策，维护信教公民的合法权益；

（༡）མི་དམངས་སྲིད་གཞུང་ལ་གཞོགས་འདེགས་ཀྱིས་བཅའ་ཁྲིམས་དང་ཁྲིམས་སྲོལ། སྒྲིག་སྲོལ། སྲིད་ཇུས་བཅས་ལག་བསྟར་དོན་འཁྱོལ་བྱེད་རྒྱུ་དང་། དད་ལྡན་སྤྱི་དམངས་ཀྱི་ཁྲིམས་མཐུན་ཁེ་དབང་སྲུང་སྐྱོང་བྱ་རྒྱུ།

（2）指导宗教教务，制定规章制度并督促落实；

（༢）ཆོས་ལུགས་ལས་དོན་ལ་མཛུབ་ཁྲིད་ཀྱིས་སྒྲིག་སྲོལ་ལམ་ལུགས་གཏན་འབེབས་བྱེད་པ་མ་ཟད། དོན་འཁྱོལ་བྱ་རྒྱུར་ལྟ་སྐུལ་བྱ་རྒྱུ།

（3）从事宗教文化研究，阐释宗教教义教规，开展宗教思想建设；

（༣）ཆོས་ལུགས་རིག་གནས་ལ་ཞིབ་འཇུག་དང་། ཆོས་ལུགས་ཀྱི་ལྟ་གྲུབ་དང་འདུལ་ཁྲིམས་ལ་འགྲེལ་བཤད། ཆོས་ལུགས་བསམ་བློ་འཛུགས་སྐྲུན་བྱ་རྒྱུ།

（4）开展宗教教育培训，培养宗教教职人员，认定、管理宗教教职人员；

（༤）ཆོས་ལུགས་སློབ་གསོའི་གསོ་སྐྱོང་བྱས་ཏེ་ཆོས་ལུགས་ལས་དོན་མི་སྣ་གསོ་སྐྱོང་དང་། ཆོས་ལུགས་ལས་དོན་མི་སྣ་རོས་འཛིན་དང་དོ་དམ་བྱ་རྒྱུ།

（5）法律、法规、规章和宗教团体章程规定的其他职能。

（༥）ད་དུང་བཅའ་ཁྲིམས་དང་ཁྲིམས་སྲོལ། སྒྲིག་སྲོལ། ཆོས་ལུགས་ཚོགས་པའི་སྒྲིག་ཡིག་ལས་གཏན་འབེབས་བྱས་པའི་འགན་ནུས་གཞན།

29. 涉及宗教内容的出版物，不得含有哪些内容？

༢༩.ཆོས་ལུགས་ཀྱི་ནང་དོན་ལྡན་པའི་དཔེ་སྐྲུན་དངོས་པོའི་ནང་ནང་དོན་གང་དག་ཡོད་མི་རུང་ངམ།

《宗教事务条例》第四十五条规定，涉及宗教内容的出版物，应当符合国家出版管理的规定，并不得含有下列内容：破坏信教公民与不信教公民和睦相处的；破坏不同宗教之间和睦以及宗教内部和睦的；歧视、侮辱信教公民的；宣传宗教极端主义的；违背宗教的独立自主自办原则的。

《ཆོས་ལུགས་ལས་དོན་སྲོལ་ཡིག་》གི་དོན་ཚན་བཞི་བཅུ་ཞེ་ལྔའི་ནང་། ཆོས་ལུགས་ཀྱི་ནང་དོན་ལྡན་པའི་དཔེ་སྐྲུན་དངོས་པོ་ཞིག་ཡིན་ཕྱིན་རྒྱལ་ཁབ་དཔེ་སྐྲུན་དོ་དམ་གྱི་གཏན་འབེབས་དང་མཐུན་དགོས་ཤིང་། གཤམ་གྱི་ནང་དོན་ཁག་ཡོད་མི་ཆོག་སྟེ། དད་ལྡན་གྱི་དམངས་དང་དད་ལྡན་མ་ཡིན་པའི་སྤྱི་དམངས་དབར་གྱི་འཆམ་མཐུན་ལ་གཏོར་བཤིག་གཏོང་བ་དང་། ཆོས་ལུགས་མི་འདྲ་བའི་དབར་གྱི་འཆམ་མཐུན་དང་། དེ་བཞིན་ཆོས་ལུགས་གཅིག་པའི་ནང་ཁུལ་གྱི་འཆམ་མཐུན་ལ་གཏོར་བཤིག་གཏོང་བ། དད་ལྡན་སྤྱི་དམངས་ལ་མཐོང་ཆུང་དང་དམའ་འབེབས་བྱེད་པ། ཆོས་ལུགས་ཐལ་དྲགས་རིང་ལུགས་དྲིལ་བསྒྲགས་བྱེད་པ། ད་དུང་ཆོས་ལུགས་རང་ཚུགས་རང་བདག་དང་རང་གཉེར་གྱི་རྩ་དོན་ལས་འགལ་བ་བཅས་སོ།།

30. 宗教活动场所举办学经班，应当符合哪些条件？

༣༠.ཆོས་ལུགས་བྱེད་སྒོ་སྒྲིལ་སར་ཆོས་གྲྭ་བཙུགས་ཆེ། ཆ་རྐྱེན་གང་ཞིག་དང་འཚམ་དགོས་སམ།

《西藏自治区实施 < 宗教事务条例 > 办法（试行）》第二十条规定，宗教活动场所举办学经班，应当符合下列条件：该场所有举办学经班的历史；有相关数量的具备一定宗教学识的教职人员；办学目的端正，培训内容合法；学员人数不超过宗教活动场所容纳规模；有较为完整的学员管理措施。

《བོད་རང་སྐྱོང་ལྗོངས་ཀྱི་<ཆོས་ལུགས་ལས་དོན་སྲོལ་ཡིག་>ལག་བསྟར་བྱ་ཐབས་(ཚོད་ལྟའི་ལག་བསྟར་)》ཀྱི་དོན་ཚན་ཉི་ཤུ་པའི་ནང་། ཆོས་ལུགས་བྱེད་སྒོ་སྒྲིལ་སར་ཆོས་གྲྭ་འཛུགས་དགོས་ཚེ་གཤམ་གྱི་ཆ་རྐྱེན་དག་དང་མཐུན་དགོས་ཏེ། བྱེད་སྒོ་སྒྲིལ་ས་དེ་རིགས་ལ་ཆོས་གྲྭ་བཙུགས་པའི་ཉམས་མྱོང་ཡོད་པ་དང་། གྲངས་འབོར་ངེས་ཅན་ཟིན་ཞིང་ཆོས་ལུགས་ཀྱི་ཡོན་

ཏན་ངེས་ཅན་ལྡན་པའི་ཆོས་ལུགས་ལས་དོན་མི་སྣ་ཡོད་པ། ཆོས་གྲྭ་བཙུགས་པའི་དམིགས་ཡུལ་ཚུལ་ལྡན་དང་ནང་དོན་ཁྲིམས་ལུགས་དང་མཐུན་པ། སློབ་མའི་གྲངས་འབོར་ཆོས་ལུགས་བྱེད་སྒོ་སྤྱིལ་སའི་ཁོངས་ཚད་ལས་མི་བརྒལ་བ། ཅུང་འཐུས་སྒོ་ཚང་བའི་སློབ་མ་དོ་དམ་བྱ་ཐབས་ཡོད་པ་བཅས་ཡིན་དགོས།

31. 寺庙土地使用权审批手续是怎样的？

༣༡.དགོན་པའི་ས་ཞིང་བེད་སྤྱོད་དབང་ཆའི་ཐད་ཞིབ་མཆན་འགོད་པའི་འགྲོ་ལུགས་གང་འདྲ་ཡིན་ནམ།

根据国务院颁布的《宗教事务条例》第三十一条规定宗教团体、宗教活动场所所有的房屋和使用的土地，应当依法向县级以上地方人民政府房产、土地管理部门申请登记，领取所有权、使用权证书；产权变更的，应当及时办理变更手续。

རྒྱལ་སྲིད་སྤྱི་ཁྱབ་ཁང་ནས་ཡོངས་བསྒྲགས་བྱས་པའི《ཆོས་ལུགས་ལས་དོན་སྒྲིལ་ཡིག་》གི་དོན་ཚན་སུམ་ཅུ་སོ་གཅིག་པའི་གཏན་འབེབས་ལྟར་ན། ཆོས་ལུགས་ཚོགས་པ་དང་ཆོས་ལུགས་བྱེད་སྒོ་སྤེལ་སར་དབང་བའི་ཁང་ཁྱིམ་དང་བེད་སྤྱོད་བྱེད་པའི་ས་ཆ་ནི། ཁྲིམས་ལྟར་རྫོང་རིམ་པ་ཡན་གྱི་ས་གནས་མི་དམངས་སྲིད་གཞུང་གི་ས་ཁང་དང་ས་ཆ་དོ་དམ་སྡེ་ཁག་ལ་རེ་ཞུ་ཐོ་འགོད་བྱས་ཏེ། བདག་དབང་ལག་ཁྱེར་དང་སྤྱོད་དབང་ལག་ཁྱེར་ལེན་དགོས། ཐོན་དབང་བརྗེ་འགྱུར་བྱས་ཚེ། དུས་ཐོག་ལ་བརྗེ་འགྱུར་འགྲོ་ལུགས་གཉེར་དགོས།

七、网络安全

བདུན་པ། དྲ་རྒྱའི་བདེ་འཇགས།

1. 什么是恐怖主义与分裂主义？如何规避其网络传播？

༡.གང་འདྲ་ཞིག་ལ་འཇིགས་སྐུལ་རིང་ལུགས་དང་ཁ་བྲལ་རིང་ལུགས་ཟེར་བ་དང་། ཁོ་ཚོའི་དྲ་རྒྱའི་སྒྲོག་སྤེལ་ལས་གཡོལ་ཐབས་གང་འདྲ་བྱེད་དགོས་སམ།

恐怖主义是指通过暴力、破坏、恐吓等手段，制造社会恐慌、危害公共安全、侵犯人身财产，或者胁迫国家机关、国际组织，以实现其政治、意识形态等目的的主张和行为。

འཇིགས་སྐུལ་རིང་ལུགས་ཞེས་པ་ནི་དྲག་ཤུགས་དང་གཏོར་བཤིག འཇིགས་སྣང་སྐུལ་བ་སོགས་ཀྱི་བྱ་ཐབས་ལ་བརྟེན་ནས་སྤྱི་ཚོགས་ལ་འཇིགས་སྣང་བཟོ་བ་དང་སྤྱི་པའི་བདེ་འཇགས་ལ་གནོད་སྐྱོན་གཏོང་བ། མི་ལུས་དང་རྒྱུ་ནོར་ལ་བཙན་གནོད་བྱེད་པ། ཡང་ན་རྒྱལ་ཁབ་ལས་ཁུངས་དང་རྒྱལ་སྤྱིའི་ཚ་འཛུགས་ལ་བཙན་སྐུལ་བཅས་བྱས་ནས་ཁོ་པའི་ཆབ་སྲིད་དང་འདུ་ཤེས་འཛིན་སྟངས་སོགས་ཀྱི་དམིགས་ཡུལ་འགྲུབ་ཐབས་བྱེད་པའི་འདོད་ཚུལ་དང་བྱ་སྤྱོད་ལ་ཟེར།

分裂主义是指旨在破坏国家领土完整，把国家领土一部分分裂出去或为分解国家而使用暴力，以及策划、准备、共谋和教唆从事上述活动的行为。

ཁ་བྲལ་རིང་ལུགས་ཞེས་པ་ནི་རྒྱལ་ཁབ་ཀྱི་མངའ་ཁོངས་ཆ་ཚང་ཡོང་བར་གཏོར་བཤིག་བཏང་ནས་རྒྱལ་ཁབ་ཀྱི་མངའ་ཁོངས་ས་ཆ་ཁག་གཅིག་ཁ་ཕྲལ་བའམ་ཡང་ན་རྒྱལ་ཁབ་ཁ་གཏོར་གཏོང་ཆེད་དྲག་ཤུགས་སྤྱད་པ་དང་། དེ་བཞིན་ཇུས་འགོད་དང་གྲ་སྒྲིག མཉམ་གྲོས། ངན་སློབ་བཅས་བྱས་ཏེ་གོང་གསལ་གྱི་བྱ་སྤྱོད་སྤེལ་བར་ཟེར།

电信业务经营者、互联网服务提供者应当依照法律、行政法规规定，落实网络安全、信息内容监督制度和安全技术防范措施，防止含有恐怖主义、极端主义内容的信息传播；发现含有恐怖主义、极端主义内容的信息的，应当立即停止传输，保存相关记录，删除相关信息，并向公安机关或者有关部门报告。网信、电信、公安、国家安全等主管部门对含有恐怖主义、极端主义内容的信息，应当按照职责分工，及时责令有关单位停止传输、删除相关信息，或者关闭相关网站、关停相关服务。有关单位应当立即执行，并保存相关记录，协助进行调查。对互联网上跨境传输的含有恐怖主义、极端主义内容的信息，电信主管部门应当采取技术措施，阻断传播。网民应健康上网，不主动搜索、传播有害信息。

གློག་འཕྲིན་ལས་སྒོའི་གཉེར་སྐྱོང་བ་དང་དྲ་རྒྱའི་ཞབས་ཞུ་མཁོ་འདོན་བྱེད་མཁན་གྱིས་བཅའ་ཁྲིམས་དང་སྲིད་འཛིན་ཁྲིམས་སྲོལ་གྱི་གཏན་འབེབས་ལ་གཞིགས་ནས་དྲ་རྒྱའི་བདེ་འཇགས་དང་། ཆ་འཕྲིན་ནང་དོན་གྱི་ལྟ་སྐུལ་ལམ་ལུགས་དང་། བདེ་འཇགས་ལག་རྩལ་གྱི་འགོག་ཟོན་བྱ་ཐབས་དོན་འཁྱོལ་བྱས་ཏེ། འཇིགས་སྐུལ་རིང་ལུགས་དང་ཐལ་དྲགས་རིང་ལུགས་ཀྱི་ནང་དོན་ལྡན་པའི་ཆ་འཕྲིན་སྒྲོག་སྤེལ་བྱེད་པ་བཀག་འགོག་བྱ་དགོས། འཇིགས་སྐུལ་རིང་ལུགས་དང་ཐལ་དྲགས་རིང་ལུགས་ཀྱི་ནང་དོན་ལྡན་པའི་ཆ་འཕྲིན་ཤེས་རྟོགས་བྱུང་ཚེ། འཕྲལ་མར་སྒྲོག་སྤེལ་བྱེད་མཚམས་བཞག་ཐོག འབྲེལ་ཡོད་ཟིན་ཐོ་ཉར་འཛོག་བྱེད་པ་དང་འབྲེལ་ཡོད་ཆ་འཕྲིན་བསུབ་ནས། སྤྱི་བདེ་ལས་ཁུངས་སམ་ཡང་ན་འབྲེལ་ཡོད་སྡེ་ཁག་ལ་སྙན་སེང་ཞུ

དགོས། ད་འཕྲིན་དང་སྒྲོག་འཕྲིན། སྤྱི་བདེ། རྒྱལ་ཁབ་བདེ་འཇགས་སོགས་གཙོ་གཉེར་སྡེ་ཁག་གིས་འཛིགས་སྐྱུལ་རིང་ལུགས་དང་ཐལ་དྲགས་རིང་ལུགས་ཀྱི་ནང་དོན་ལྡན་པའི་ཆ་འཕྲིན་ཐད་འགན་འཁྲིའི་ལས་བགོས་ལྟར། དུས་ཐོག་ལ་འབྲེལ་ཡོད་ཚན་པར་བརྒྱུད་སྤེལ་བྱེད་མཚམས་འཇོག་རྒྱུ་དང་འབྲེལ་ཡོད་ཆ་འཕྲིན་བསུབ་པའམ་ཡང་ན་འབྲེལ་ཡོད་དྲ་ཚིགས་སྒོ་རྒྱག་རྒྱུ་དང་། འབྲེལ་ཡོད་ཞབས་ཞུ་མཚམས་འཇོག་བྱ་རྒྱུའི་བཀའ་འབེབས་དགོས། འབྲེལ་ཡོད་ཚན་པས་འཕྲུལ་མར་ལག་བསྟར་བྱེད་པ་མ་ཟད། འབྲེལ་ཡོད་ཆ་འཕྲིན་གྱི་ཟིན་ཐོ་ཉར་འཇོག་བྱས་ཏེ། བརྟག་དཔྱད་བྱ་རྒྱུར་གཞོགས་འདེགས་བྱ་དགོས། ད་རྒྱའི་ཐོག་ས་ཁོངས་ལས་བརྒལ་ཏེ་འཛིགས་སྐྱུལ་རིང་ལུགས་དང་ཐལ་དྲགས་རིང་ལུགས་ཀྱི་ནང་དོན་ལྡན་པའི་ཆ་འཕྲིན་བརྒྱུད་སྤེལ་བྱས་ཚེ། སྒྲོག་འཕྲིན་དོ་དམ་སྡེ་ཁག་གིས་ལག་རྩལ་གྱི་བྱ་ཐབས་བཟུང་ནས་བརྒྱུད་སྤེལ་བཀག་བཅད་བྱ་དགོས།

ད་དམངས་ཀྱིས་སྙོན་བརྡལ་དང་ད་རྒྱ་བེད་སྤྱོད་བྱེད་པ་ལས་རང་འགུལ་དང་གནོད་ཡོད་ཀྱི་ཆ་འཕྲིན་འཚོལ་བསྡུ་དང་དྲིལ་བསྒྲགས་བྱེད་མི་རུང་།

达某利用非法出版物危害国家安全案

ཟླ་ཚེ་གེ་མོས་ཁྲིམས་འགལ་གྱི་དཔེ་སྐྲུན་དངོས་པོ་བེད་སྤྱད་དེ་རྒྱལ་ཁབ་ཀྱི་བདེ་འཇགས་ལ་གནོད་འཚེ་བཟོས་པའི་གྱོད་གཞི།

案情:

གྱོད་གཞིའི་གནས་ཚུལ།

2018 年 5 月份至 2019 年 9 月份，达某与境外势力相互沟通、配合，出版和传播大量政治性非法出版物，利用现代文化传媒进行广泛传播，并利用电子邮件、论坛、微信、网络聊天等途径，抨击我国经济社会政策，歪曲、攻击我国人权状况，诋毁我国形象，造成恶劣社会影响。

སྤྱི་ལོ་༢༠༡༨ལོའི་ཟླ་༥པ་ནས་སྤྱི་ལོ་༢༠༡༩ལོའི་ཟླ་༩པའི་བར། ཟླ་ཚེ་གེ་མོས་ཕྱི་རྒྱལ་གྱི་སྟོབས་ཤུགས་དང་ཕན་ཚུན་འབྲེལ་གཏུག་དང་གཞོགས་འདེགས་བྱས་ཏེ། ཆབ་སྲིད་རང་བཞིན་ལྡན་

པའི་ཁྲིམས་འགལ་གྱི་དཔེ་སྣུན་དངོས་པོ་འབོར་ཆེན་པར་འདེབས་དང་བརྒྱུད་སྤེལ་བྱས་ཤིང་། དེང་རབས་ཀྱི་རིག་གནས་སྒྱུན་སྦྱོར་ལ་བརྟེན་ནས་རྒྱ་ཁྱབ་དང་ཁྱབ་སྤེལ་བྱས་པ་མ་ཟད། སློག་རྫུལ་སྦྲག་བསྒྱུར་དང་གླེང་སྟེགས། སྐད་འཕྲིན། དྲ་ཐོག་གླེང་མོལ་སོགས་ཀྱི་ཐབས་ལམ་སྤྱད་དེ། རང་རྒྱལ་གྱི་དཔལ་འབྱོར་སྲིད་ཇུས་ལ་རྒོལ་གཏམ་བཏང་བ་དང་། རང་རྒྱལ་གྱི་སྤྱི་དམངས་ཐོབ་ཐང་གནས་ཚུལ་ལ་འཁྱོག་བཤད་དང་རྒོལ་གཏམ་བཏང་བ། རང་རྒྱལ་གྱི་གཟུགས་བརྙན་ལ་གནོད་སྐྱོན་བཏང་ནས་སྤྱི་ཚོགས་ལ་ཤུགས་རྐྱེན་ངན་པ་བཟོས་ཡོད་པ་རེད།

分析:

དབྱེ་ཞིབ།

《中华人民共和国国家安全法》第十五条规定：国家防范、制止和依法惩治任何叛国、分裂国家、煽动叛乱、颠覆或者煽动颠覆人民民主专政政权的行为；防范、制止和依法惩治境外势力的渗透、破坏、颠覆、分裂活动。

《ཀྲུང་ཧྭ་མི་དམངས་སྤྱི་མཐུན་རྒྱལ་ཁབ་ཀྱི་རྒྱལ་ཁབ་བདེ་འཇགས་བཅའ་ཁྲིམས་》ཀྱི་དོན་ཚན་བཅོ་ལྔ་པའི་ནང་། རྒྱལ་ཁབ་ལ་རྒྱབ་གཏོད་དང་རྒྱལ་ཁབ་ཁ་བྲལ། ངོ་ལོག་ཟིང་འཁྲུག་ལ་ངན་སྐུལ། མི་དམངས་དམངས་གཙོའི་སྲིད་དབང་སྒེར་འཛིན་ཇ་སློག་གཏོང་རྒྱུའམ་ཡང་ན་དེའི་ཐད་ངན་སྐུལ་བྱེད་པའི་བྱ་སྤྱོད་མཐའ་དག་ལ་འགོག་ཐོན་དང་བཀག་འགོག་བྱ་རྒྱུ་དང་། ཁྲིམས་ལྟར་ཆད་པ་གཅོད་རྒྱུ། ཕྱི་རྒྱལ་སྟོབས་ཤུགས་ཀྱིས་སིམ་འཛུལ་དང་གཏོར་བཤིག ཇ་སློག ཁ་བྲལ་གཏོང་བ་བཅས་ཀྱི་བྱ་སྤྱོད་ལ་འགོག་ཐོན་དང་བཀག་འགོག ཁྲིམས་ལྟར་ཆད་པ་གཅོད་རྒྱུ་བཅས་ཀྱི་གཏན་འབེབས་བྱས་ཡོད།

2. 什么是网络实名制?

༢.གང་ཞིག་ནི་དྲ་རྒྱའི་དངོས་མིང་ལམ་ལུགས་ཡིན་ནམ།

网络实名制是指互联网用户在使用互联网的过程中需使用个人真实身

份信息（姓名、身份证号、联系方式等）实名登记注册。

དྲ་རྒྱའི་དངོས་མིང་ལམ་ལུགས་ཞེས་པ་ནི་དྲ་རྒྱ་བེད་སྤྱོད་བྱེད་མཁན་གྱིས་དྲ་རྒྱ་བེད་སྤྱོད་བྱེད་པའི་བརྒྱུད་རིམ་ནང་མི་སྒེར་གྱི་ཐོབ་ཐང་ངོ་མའི་ཆ་འཕྲིན（རུང་མིང་དང་ཐོབ་ཐང་ལག་ཁྱེར། འབྲེལ་གཏུག་ཁ་པར་ཨང་གྲངས་སོགས་）དང་མིང་དངོས་བོ་འགོད་བྱེད་དགོས་པར་ཟེར་གྱི་ཡོད།

网络实名制后，就能够大大提升管理效率，可以让相关部门更精准地对网络违法犯罪活动进行打击。

དྲ་ཐོག་གི་དངོས་མིང་ལམ་ལུགས་ལག་བསྟར་བྱས་རྗེས་དོ་དམ་གྱི་ལས་ཆོད་ཆེ་རུ་གཏོང་ཐུབ་པ་དང་། འབྲེལ་ཡོད་སྡེ་ཁག་གིས་དེ་བས་གནད་ལ་འཕིགས་པའི་ངང་དྲ་ཐོག་གི་ཁྲིམས་འགལ་ཉེས་གསོག་བྱེད་སྒོར་རྡུང་རྡེག་གཏོང་ཐུབ་ཀྱི་ཡོད།

3. 为维护网络通信领域安全，自治区有什么规定？

༣.དྲ་ཐོག་འཕྲིན་གཏོང་ཁྱབ་ཁོངས་ཀྱི་བདེ་འཛགས་སྲུང་སྐྱོབ་བྱེད་ཆེད་རང་སྐྱོང་ལྗོངས་ཀྱིས་གཏན་འབེབས་གང་འདྲ་བྱས་ཡོད་དམ།

根据《西藏自治区网络通信活动管理规定》，现将西藏自治区网络通信领域活动禁止性行为集中通告如下：

《བོད་རང་སྐྱོང་ལྗོངས་ཀྱི་དྲ་ཐོག་འཕྲིན་གཏོང་བྱེད་སྒོའི་དོ་དམ་གཏན་འབེབས་》ལ་གཞིགས་ནས་གསལ་ལ་བོད་རང་སྐྱོང་ལྗོངས་ཀྱི་དྲ་ཐོག་འཕྲིན་གཏོང་ཁྱབ་ཁོངས་ཀྱི་བྱེད་སྒོའི་ནང་བཀག་སྡོམ་བྱ་རྒྱུའི་བྱ་སྤྱོད་ཁག་གཅིག་བསྡུས་ཐོག་བརྡ་ཐོ་གཏོང་རྒྱུ་སྟེ།

一、严禁利用网络通信工具组织、参与、煽动颠覆国家、破坏国家统一、推翻社会主义制度的活动。

གཅིག　དྲ་ཐོག་འཕྲིན་གཏོང་གི་ལག་ཆ་བེད་སྤྱད་དེ་རྒྱལ་ཁབ་ཟ་སློག་གཏོང་རྒྱུ་དང་རྒྱལ་ཁབ་ཀྱི་གཅིག་གྱུར་ལ་གཏོར་བཤིག་གཏོང་རྒྱུ། སྤྱི་ཚོགས་རིང་ལུགས་ཀྱི་ལམ་ལུགས་མགོ་རྗེ་ང

སློག་རྒྱ་སོགས་ཁྲིམས་འགལ་བྱེད་སྒོ་སྒྲིག་འཛུགས་དང་དེར་ཐེ་ཞུགས། ངན་སྐུལ་བཅས་བྱེད་པ་བཀག་སྡོམ་ནན་པོ་བྱ་རྒྱུ།

二、严禁利用网络通信工具侮辱、诽谤他人。

གཉིས། དྲ་ཐོག་འཕྲིན་གཏོང་གི་ལག་ཆ་བེད་སྤྱད་དེ་མི་གཞན་ལ་དམའ་འབེབས་དང་འཕྱ་སྨོད་བྱེད་པ་བཀག་སྡོམ་ནན་པོ་བྱ་རྒྱུ།

三、严禁利用网络通信工具组织、参与、煽动宗教极端、暴力恐怖、诈骗犯罪等非法活动。

གསུམ། དྲ་ཐོག་འཕྲིན་གཏོང་གི་ལག་ཆ་བེད་སྤྱད་དེ་ཆོས་ལུགས་ཐལ་དྲགས་དང་དྲག་ཤུགས་ཀྱི་འཇིགས་སྐུལ། མགོ་སྐོར་ཉེས་གསོག་སོགས་ཁྲིམས་འགལ་བྱེད་སྒོ་སྒྲིག་འཛུགས་དང་དེར་ཐེ་ཞུགས། ངན་སྐུལ་བཅས་བྱེད་པ་བཀག་སྡོམ་ནན་པོ་བྱ་རྒྱུ།

四、严禁利用网络通信工具向境内外组织、机构、个人非法提供国家未公开的信息。

བཞི། དྲ་ཐོག་འཕྲིན་གཏོང་གི་ལག་ཆ་བེད་སྤྱད་དེ་རྒྱལ་ཁབ་ཕྱི་ནང་གི་ཚ་འཛུགས་དང་ལས་ཁུངས། མི་སྒེར་བཅས་ལ་རྒྱལ་ཁབ་ཀྱི་ཡོངས་བསྒྲགས་མ་བྱས་པའི་ཆ་འཕྲིན་མགོ་འདོན་བྱེད་པ་བཀག་སྡོམ་ནན་པོ་བྱ་རྒྱུ།

五、严禁利用网络通信工具搜集、制作、下载、存储、发布、传播、宣扬颠覆国家、破坏国家统一、推翻社会主义制度的信息。

ལྔ། དྲ་ཐོག་འཕྲིན་གཏོང་གི་ལག་ཆ་བེད་སྤྱད་དེ་རྒྱལ་ཁབ་རྩ་སློག་གཏོང་རྒྱུ་དང་རྒྱལ་ཁབ་ཀྱི་གཅིག་གྱུར་ལ་གཏོར་བཤིག་གཏོང་རྒྱུ། སྤྱི་ཚོགས་རིང་ལུགས་ཀྱི་ལམ་ལུགས་མགོ་རྟིང་སློག་རྒྱུ་བཅས་ཀྱི་ཆ་འཕྲིན་འཚོལ་བསྡུ་དང་བཟོ་སྒྲིག ཕབ་འཇུག ཉར་འཛོག ཡོངས་བསྒྲགས། ཁྱབ་སྤེལ། དྲིལ་སྒྲོག་བཅས་བྱེད་པ་བཀག་སྡོམ་ནན་པོ་བྱ་རྒྱུ།

六、严禁利用网络通信工具搜集、制作、下载、存储、发布、传播、宣扬宗教极端思想、暴力恐怖、诱骗诈骗等信息。

དྲུག དྲ་ཐོག་འཕྲིན་གཏོང་གི་ལག་ཆ་བེད་སྤྱོད་དེ་ཆོས་ལུགས་ཐལ་དྲགས་ཀྱི་བསམ་བློ་དང་དྲག་ཤུགས་ཀྱི་འཇིགས་སྐུལ། བསླུ་བྲིད་དང་མགོ་སྐོར་གཏོང་བ་སོགས་ཀྱི་ཆ་འཕྲིན་འཚོལ་བསྡུ་དང་བཟོ་སྒྲིག ཕབ་འཇུག ཉར་འཛོག ཡོངས་བསྒྲགས། ཁྱབ་སྤེལ། དྲིལ་སྒྲིག་བཅས་བྱེད་པ་བཀག་སྡོམ་ནན་པོ་བྱ་རྒྱུ།

七、严禁利用网络通信工具为颠覆国家政权、分裂国家、暴力恐怖、宗教极端活动提供资金、场所、人员、交通、通信等帮助或便利。

བདུན། དྲ་ཐོག་འཕྲིན་གཏོང་གི་ལག་ཆ་བེད་སྤྱོད་དེ་རྒྱལ་ཁབ་ཀྱི་སྲིད་དབང་ཅ་སློག་གཏོང་རྒྱུ་དང་། རྒྱལ་ཁབ་ཁ་བྲལ་གཏོང་རྒྱུ། དྲག་ཤུགས་ཀྱི་འཇིགས་སྐུལ། ཆོས་ལུགས་ཐལ་དྲགས་ཀྱི་བྱེད་སྒོ་བཅས་ཀྱི་ཆེད་དུ་མ་དངུལ་དང་ཚོགས་ར། མི་སྣ། འགྲིམ་འགྲུལ། འཕྲིན་གཏོང་སོགས་ཀྱི་ཐད་ནས་རོགས་སྐྱོར་དང་མཐུན་རྐྱེན་མཁོ་འདོན་བྱེད་པ་བཀག་སྡོམ་ནན་པོ་བྱ་རྒྱུ།

八、严禁利用网络通信工具编造、散布挑拨民族关系、制造民族矛盾、煽动民族仇恨等信息。

བརྒྱད། དྲ་ཐོག་འཕྲིན་གཏོང་གི་ལག་ཆ་བེད་སྤྱོད་དེ་མི་རིགས་ཀྱི་འབྲེལ་བར་དཀྲུག་ཤིང་རྒྱག་པ་དང་། མི་རིགས་དབར་འགལ་ཟླ་བཟོ་བ། མི་རིགས་ཀྱི་འཁོན་འཛིན་ངན་སྐུལ་བྱེད་པ་སོགས་ཆ་འཕྲིན་རྫུན་བཟོ་དང་ཁྱབ་སྤེལ་གཏོང་བ་བཀག་སྡོམ་ནན་པོ་བྱ་རྒྱུ།

九、严禁利用网络通信工具组织、利用会道门等邪教组织破坏法律实施。

དགུ། དྲ་ཐོག་འཕྲིན་གཏོང་གི་ལག་ཆ་བེད་སྤྱོད་དེ་སྒོངས་དང་ཚོགས་པ་སོགས་ཆོས་ལོག་ཚ་འཛུགས་སྒྲིག་འཛུགས་དང་བེད་སྤྱོད་དེ་བཅའ་ཁྲིམས་ལག་བསྟར་བྱེད་པར་གཏོར་བཤིག་གཏོང་བ་བཀག་སྡོམ་ནན་པོ་བྱ་རྒྱུ།

十、严禁利用网络通信工具煽动暴力抗拒法律实施、聚众扰乱社会秩序。

བཅུ། དྲ་ཐོག་འཕྲིན་གཏོང་གི་ལག་ཆ་བེད་སྤྱོད་དེ་དྲག་ཤུགས་ཀྱིས་བཅའ་ཁྲིམས་ལག་

བསྒྱུར་བྱེད་པར་འགོག་རྐོལ་བྱེད་པ་དང་། མི་ཚོགས་འདུས་ནས་སྤྱི་ཚོགས་ཀྱི་སྒྲིག་ལམ་ཟང་ཟིང་བཟོ་བ་བཀག་སྡོམ་ནན་པོ་བྱ་རྒྱུ།

十一、严禁利用网络通信工具组织、参与非法集会、游行、示威。

བཅུ་གཅིག དྲ་ཐོག་འཕྲིན་གཏོང་གི་ལག་ཆ་བེད་སྤྱད་དེ་ཁྲིམས་འགལ་གྱི་འདུ་ཚོགས་དང་ཁྲོམ་སྐོར། ཇམ་སྟོན་སྒྲིག་འཛུགས་དང་དེར་ཞེ་ཞུགས་བྱེད་པ་བཀག་སྡོམ་ནན་པོ་བྱ་རྒྱུ།

十二、严禁利用网络通信工具为实施违法犯罪活动而接受境内外组织、机构或个人资助。

བཅུ་གཉིས། དྲ་ཐོག་འཕྲིན་གཏོང་གི་ལག་ཆ་བེད་སྤྱད་དེ་ཁྲིམས་འགལ་ཉེས་གསོག་བྱེད་སྒོ་སྤེལ་བ་མ་ཟད། རྒྱལ་ཁབ་ཕྱི་ནང་གི་རྩ་འཛུགས་དང་ལས་ཁུངས། མི་སྒེར་བཅས་ནས་རོགས་དངུལ་ལེན་པ་བཀག་སྡོམ་ནན་པོ་བྱ་རྒྱུ།

十三、严禁利用网络通信工具成立、参加非法组织，进行非法金融活动。

བཅུ་གསུམ། དྲ་ཐོག་འཕྲིན་གཏོང་གི་ལག་ཆ་བེད་སྤྱད་དེ་ཁྲིམས་འགལ་གྱི་རྩ་འཛུགས་འཛུགས་པ་དང་། དེར་ཞེ་ཞུགས་བྱེད་པ། ཁྲིམས་འགལ་གྱི་དངུལ་རྩའི་བྱེད་སྒོ་སྤེལ་བ་བཅས་བཀག་སྡོམ་ནན་པོ་བྱ་རྒྱུ།

十四、严禁利用网络通信工具编造、散布虚假或不实险情、疫情、灾情、警情等信息。

བཅུ་བཞི། དྲ་ཐོག་འཕྲིན་གཏོང་གི་ལག་ཆ་བེད་སྤྱད་དེ་རྫུན་མ་དང་ཡང་ན་དོན་དངོས་མ་ཡིན་པའི་ཉེན་ཁའི་གནས་ཚུལ་དང་རིམས་ནད་ཀྱི་གནས་ཚུལ། གནོད་འཚེའི་གནས་ཚུལ། ཉེན་རྟོག་གནས་ཚུལ་སོགས་ཀྱི་ཆ་འཕྲིན་རྫུན་བཟོ་དང་ཁྱབ་སྤེལ་གཏོང་བ་བཀག་སྡོམ་ནན་པོ་བྱ་རྒྱུ།

十五、严禁未经许可经营国际联网业务，擅自建立、使用非法定信道进行国际联网。

བཅོ་ལྔ། འཐུས་མཆན་མ་རག་པར་རྒྱལ་སྤྱིའི་དྲ་རྒྱའི་ལས་སྒོ་གཉེར་བ་དང་། རང་འཚམ་དང་ཁྲིམས་འགལ་གྱི་འཕྲིན་ལམ་བེད་སྤྱད་དེ་རྒྱལ་སྤྱིའི་དྲ་རྒྱའི་ལས་སྒོ་གཉེར་བ་བཀག་སྡོམ་ནན་པོ་བྱ་རྒྱུ།

十六、严禁利用网络通信工具非法获取、出售、提供、利用公民个人信息。

བཅུ་དྲུག དྲ་ཐོག་འཕྲིན་གཏོང་གི་ལག་ཆ་བེད་སྤྱད་དེ་ཁྲིམས་འགལ་དང་སྤྱི་དམངས་མི་སྒེར་གྱི་ཆ་འཕྲིན་རག་ཐབས་བྱེད་པ་དང་ཕྱིར་ཚོང་། བེད་སྤྱོད་བཅས་བྱེད་པ་བཀག་སྡོམ་ནན་པོ་བྱ་རྒྱུ།

十七、严禁利用网络通信工具实施黑客攻击破坏、盗窃、诈骗、编造或故意传播虚假信息等行为。

བཅུ་བདུན། དྲ་ཐོག་འཕྲིན་གཏོང་གི་ལག་ཆ་བེད་སྤྱད་དེ་མགྲོན་ནག་གིས་གཏོར་བཤིག་གཏོང་བ་དང་རྐུ་རྒྱག་པ། མགོ་སྐོར་གཏོང་བ། རྫུན་བཟོ་བྱེད་པ། དེ་བཞིན་ཆ་འཕྲིན་རྫུན་མ་བརྒྱུད་སྤེལ་བྱེད་པ་སོགས་ཀྱི་བྱ་སྤྱོད་བཀག་སྡོམ་ནན་པོ་བྱ་རྒྱུ།

十八、严禁利用网络通信工具参与、诱骗公民进行涉枪支弹药，易燃、易爆、易制毒、放射性等危险品，淫秽色情，赌博，毒品犯罪活动。

བཅོ་བརྒྱད། དྲ་ཐོག་འཕྲིན་གཏོང་གི་ལག་ཆ་བེད་སྤྱད་དེ་སྤྱི་དམངས་ཀྱིས་མེ་མདའ་དང་རྫས་མདེལ། འབར་སླ་བ། གས་སླ་བ། དུག་རྫས་བཟོ་སླ་བ། འཕྲོ་འོད་རང་བཞིན་སོགས་ཉེན་ཁ་ཆེ་བའི་དངོས་རྫས་དང་འདོད་གཡེམ་ཆགས་སྤྱོད། རྒྱན་འཛུགས། དུག་རྫས་ཉེས་གསོག་བཅས་ཀྱི་བྱེད་སྒོ་སྤེལ་རྒྱུར་ཐེ་ཞུགས་དང་བསླུ་ཁྲིད་བྱེད་པ་བཀག་སྡོམ་ནན་པོ་བྱ་རྒྱུ།

十九、严禁利用网络通信工具向网络犯罪活动提供互联网接入、服务器托管、网络存储、通信传输等技术支持或广告推广、支付结算等帮助。

བཅུ་དགུ། དྲ་ཐོག་འཕྲིན་གཏོང་གི་ལག་ཆ་བེད་སྤྱད་དེ་དྲ་རྒྱའི་ཉེས་གསོག་བྱེད་སྒོར་དྲ་རྒྱ་མཐུད་ཞུགས་དང་ཞབས་ཞུའི་ཡོ་བྱད་ཚབ་གཉེར། དྲ་ཐོག་ཉར་འཛོག ཆ་འཕྲིན་བརྒྱུད་སྤེལ་སོགས་ཀྱི་ལག་རྩལ་ཐད་རྒྱབ་སྐྱོར་བྱེད་པ་དང་ཡང་ན་བརྡ་ཁྱབ་གཏོང་རོགས་དང་མཇུག་རྩིས་བརྒྱབ་རོགས་སོགས་བྱེད་པ་བཀག་སྡོམ་ནན་པོ་བྱ་རྒྱུ།

二十、严禁利用网络通信工具设立用于实施犯罪活动的网站、通讯群组或者发布违法犯罪信息，或利用网络通信工具加入此类网站、通讯群组浏览、接收、发布信息，或利用网络通信工具破坏网络通信公共设施。

ཉེ་ཤུ། དྲ་ཐོག་འཕྲིན་གཏོང་གི་ལག་ཆ་བེད་སྤྱད་དེ་ཉེས་གསོག་བྱེད་སྒོ་སྤེལ་རྒྱུར་སྤྱོད་བྱེད་ཀྱི་དྲ་ཚོགས་དང་གསར་འགྱུར་ཚོགས་ཆུང་འཛུགས་པའམ་ཡང་ན་ཁྲིམས་འགལ་གྱི་ཉེས་གསོག་ཆ་འཕྲིན་སྤེལ་བ། ཡང་ན་དྲ་ཐོག་འཕྲིན་གཏོང་གི་ལག་ཆ་བེད་སྤྱད་དེ་དེ་ལྟ་བུའི་དྲ་ཚོགས་དང་གསར་འགྱུར་ཚོགས་ཆུང་ནང་ཞུགས་ཏེ་ཆ་འཕྲིན་ལྟ་བ་དང་སྤེལ་གཏོང་བྱེད་པ། ཡང་ན་དྲ་ཐོག་འཕྲིན་གཏོང་གི་ལག་ཆ་བེད་སྤྱད་དེ་དྲ་ཐོག་འཕྲིན་སྤེལ་གྱི་སྤྱི་པའི་སྒྲིག་ཆས་ལ་གཏོར་བཤིག་གཏོང་བ་བཅས་བཀག་སྡོམ་ནན་པོ་བྱ་རྒྱུ།

八、消防、文物保护

བརྒྱད་པ།　མེ་ཟོན་དང་རིག་དངོས་སྲུང་སྐྱོབ།

1. 为确保寺庙消防安全，僧尼应怎样做？

༡.དགོན་སྡེའི་མེ་ཟོན་བདེ་འཇགས་འགན་སྲུང་བྱེད་ཆེད་གྲྭ་བཙུན་གྱིས་གང་འདྲ་བྱེད་དགོས་སམ།

（1）要防止长明灯、酥油灯、香炉等倾倒，并远离经幡、哈达等可燃物，将其放置在不燃材料桌面（地面）上或铺盖有金属薄板的供桌上。

（༡）ཆོ་འབར་དང་། མཆོད་མེ། སྤོས་ཕོར་སོགས་འགྱེལ་རྒྱུར་འགོག་ཟོན་དང་། དར་རས་དང་། ཁ་བཏགས་སོགས་མེ་མཆེད་སླ་བའི་དངོས་པོ་དང་ཐག་རིང་ཙམ་འཇོག་པ། རབ་བྱུང་ན་མེ་འབར་དཀའ་བའི་སྒྲོག་ཙེའི་སྟེང་དང་ཡང་ན་ལྕགས་ཤོག་སྲབ་མོ་བཀྲིང་པའི་སྒྲོག་ཙེའི་སྟེང་འཇོང་པོར་འཇོག་དགོས།

（2）点烛、烧香、焚烧等用火，应在室外固定位置，并有专人负责看管。

（༢）ཡང་ལྷ་སྦོར་བ་དང་། སྤོས་སྦོར་བ། མེར་བསྲེག་པ་ལ་སོགས་མེ་བེད་སྤྱོད་བྱེད་ཆེ། ཁང་

པའི་ཕྱི་རོལ་དུ་གཏན་འཛུགས་ཀྱི་གནས་སུ་བྱེད་པ་དང་ཆེད་མངགས་ལྟ་རྟོག་བྱེད་མི་ཡོད་དགོས།

（3）火炉要远离衣服、家具、木材等可燃物，要注意有人员看守，做到人走火熄。

（༣）མེ་ཐབ་ཀྱི་གཞོགས་ལ་གྱོན་ཆས་དང་ཁྱིམ་ཆས། ཤིང་རྒྱུ་སོགས་འབར་སླ་བའི་དངོས་པོ་འཇོག་མི་རུང་ཞིང་། ཆེད་མངགས་ལྟ་རྟོག་བྱེད་མི་ཡོད་དགོས་པ་དང་། མི་ཕྱིར་འགྲོ་དགོས་ཚེ་ངེས་པར་དུ་མེ་གསོད་དགོས།

（4）烟囱要远离木头、柴垛等可燃物，防止高温或者火星飞溅引发火灾。

（༤）དུ་ཁུང་གི་ཉེ་འགྲམ་དུ་ཤིང་ཆ་དང་མེ་ཤིང་སོགས་འབར་སླ་བའི་དངོས་པོའི་རིགས་འཇོག་མི་རུང་བ་དང་། ཚ་དྲོད་ཆེ་དྲགས་པ་དང་མེ་ལྕེ་འཕྲོར་བའི་རྐྱེན་གྱིས་མེ་སྐྱོན་མི་འབྱུང་བ་བྱ་དགོས།

（5）不要随意倾倒柴火、香炉的废渣，防止死灰复燃引发火灾。

（༥）བུད་ཤིང་དང་སྤོས་ཕོར་གྱི་གོ་ཐལ་གང་བྱུང་དུ་བསྐྱུར་མི་རུང་ཞིང་། མེ་རོ་བསྐྱར་དུ་འབར་ནས་མེ་སྐྱོན་མི་ཡོང་བ་བྱ་དགོས།

（6）使用电烤炉、电热毯、电蚊香、电热棒、大功率灯泡等“发热电器”，要远离经书、经幡、衣服、木材等可燃物，要确保人走断电。

（༦）གློག་གི་བསྲོ་ཐབ་དང་གློག་གདན། གློག་གི་དུག་སྦྲང་དྲི་པོར། གློག་གི་དབྱུག་པ། ཤུགས་ཚད་ཆེ་བའི་གློག་གི་ཤེལ་ཏོག་སོགས“ཚ་པོ་བཟོ་བྱེད་ཀྱི་གློག་ཆས”བེད་སྤྱོད་བྱེད་སྐབས་དཔེ་ཆ་དང་དར་རས། གྱོན་གོས། ཤིང་ཆ་སོགས་འབར་སླ་བའི་དངོས་རྫས་དང་ཁ་ཐག་རིང་ཙམ་འཇོག་དགོས་ཤིང་། མི་ཕྱིར་འགྲོ་དགོས་ཚེ་ངེས་པར་དུ་གློག་བཀག་དགོས།

（7）汽油、柴油等属于易燃易爆物，极易引起大火，严禁私自存储；酥油等易燃物要妥善保管、安全使用。

（༧）རླངས་སྣུམ་དང་བུད་སྣུམ་སོགས་ནི་འབར་སླ་བ་དང་གས་སླ་བའི་དངོས་རྫས་ཡིན་པས་མེ་ཆེན་འབར་བའི་རྐྱེན་མི་བྱེད་པའི་ཆེད་རང་དགར་ཉར་གསོག་བྱེད་མི་རུང་ཞིང་། མར་

སོགས་མེ་མཆེད་སླ་བའི་དངོས་རྫས་ཉར་ཚགས་ཡག་པོ་བྱེད་པ་དང་བདེ་འཛུགས་ངང་བེད་སྤྱོད་བྱ་དགོས།

（8）寺庙内应保持疏散通道、安全出口的畅通，设置疏散指示标志和应急照明，以便火灾时逃生。

（༨）མེ་སྐྱོན་ཐོན་སྐབས་སྒྲིག་ཉེན་ལས་གྲོལ་ཕྱིར་དགོན་པའི་ནང་གི་ཁ་གྲམ་བསྒྲོད་ལམ་དང་བདེ་འཛུགས་ཐོན་སྒོ་ཤར་གཏོང་ཡོང་བ་རྒྱུན་འཁྱོངས་བྱེད་དགོས་པ་དང་། ཁ་གྲམ་མཚོན་རྟགས་འཛུགས་པ་དང་འཕྲལ་མཁོའི་གློག་སྒྲོན་ཡོད་པ་བྱ་དགོས།

（9）要定期对寺庙进行消防安全检查，及时发现并消除火灾隐患。

（༩）དུས་བཀག་ཐོག་དགོན་པའི་མེ་ཟློན་བདེ་འཛུགས་ཀྱི་ཞིབ་བཤེར་བྱེད་པ་དང་། མེ་སྐྱོན་གྱི་ཉེན་ཁ་དུས་ཐོག་ལ་ཤེས་རྟོགས་ཐུབ་པ་བྱས་ཏེ་ཉེན་ཁ་མེད་པ་བཟོ་དགོས།

（10）要配备足够的消防沙、灭火毯、灭火器、水枪、水带、消火栓、消防水池等消防器材和设施，并定期维护保养。

（༡༠）མེ་གསོད་བྱེ་མ་དང་མེ་གསོད་གདན། མེ་གསོད་ཡོ་བྱད། ཆུ་མདའ། ཆུ་ཁྲིད་སྦུ་གུ། མེ་གསོད་ཆུ་རྫིང་སོགས་མེ་གསོད་ཡོ་བྱད་དང་སྒྲིག་ཆས་བཀོད་སྒྲིག་འདང་ངེས་བྱེད་པ་དང་། དུས་བཀག་ཐོག་ཉམས་བཟོ་བྱ་དགོས།

2 · 17 某寺火灾事故

ཟུར་༢པའི་ཆེས་༡༧ཉིན་དགོན་པ་ཞིག་ལ་མེ་སྐྱོན་ཆག་སྐྱོ་བྱུང་བ།

案情:

གྱོད་གཞིའི་གནས་ཚུལ།

2018 年的一天，某寺发生火灾。火灾被迅速扑灭，未造成人员伤亡。寺内重要文物完好无损。消除复燃隐患后，该寺很快正常对外开放。

སྤྱི་ལོ་༢༠༡༨ལོའི་ཉིན་ཞིག་ལ་དགོན་པ་ཞིག་ལ་མེ་སྐྱོན་བྱུང་བ་རེད། འོན་ཀྱང་མི་འཕྲལ་མར་བསད་ཐུབ་པ་བྱུང་བས་མི་སྣ་ཤི་རྨས་བྱུང་མེད་པ་དང་དགོན་པའི་རིག་དངོས་གལ་ཆེན་ལ་མེ་སྐྱོན་གང་ཡང་བྱུང་མེད། བསྐྱར་དུ་འབར་བའི་ཉེན་ཁ་སེལ་རྗེས་དགོན་པ་རྒྱུན་གཏན་དང་ཕྱི་ཕྱོགས་ལ་སྒོ་ཕྱེ་བ་རེད།

文物专家组成文物保护组，对寺庙文物损失情况进行了调查核实。文物局相关工作人员表示，寺内重要文物、主体建筑完好无损，登记的文物无任何损失。

རིག་དངོས་ཆེད་མཁས་པ་ལས་གྲུབ་པའི་རིག་དངོས་སྲུང་སྐྱོབ་ཚོགས་ཆུང་གིས་དགོན་པའི་རིག་དངོས་ཐད་ཀྱི་གྱོང་གུན་གནས་ཚུལ་ལ་བརྟག་དཔྱད་ཞིབ་བསྡུར་བྱས་པ་རེད། རིག་དངོས་ཅུད་ཀྱི་འབྲེལ་ཡོད་ལས་དོན་མི་སྣས་དགོན་པའི་ནང་གི་རིག་དངོས་གལ་ཆེན་གྱི་རིགས་དང་གཞི་རྩའི་འཛུགས་སྐྲུན་ལ་གནོད་སྐྱོན་གང་ཡང་བྱུང་མེད་པ་དང་། ཐོ་འགོད་བྱས་པའི་རིག་དངོས་ཚང་མར་གནོད་སྐྱོན་གང་ཡང་བྱུང་མེད་པར་བཤད།

火灾发生后，寺庙所在地相关部门成立了事故调查组。公安机关组织技术、侦查人员，对现场进行勘验和调查。相关部门立即采取紧急措施：一是全覆盖拉网式进行安全生产大检查，确保各类文物绝对安全；二是全面深入调查评估该地寺庙公共安全风险，及时消除隐患；三是将依法依规严肃追究相关责任人的责任。

མེ་སྐྱོན་བྱུང་རྗེས་དགོན་པ་དེ་ག་གནས་སའི་འབྲེལ་ཡོད་སྡེ་ཁག་ནས་དོན་འཛོལ་བརྟག་དཔྱད་ཚོགས་ཆུང་བཙུགས་པ་རེད། སྤྱི་བདེ་ལས་ཁུངས་ཀྱིས་ལག་རྩལ་དང་སྒྲུལ་ཞིབ་མི་སྣ་སྒྲིག་འཛུགས་བྱས་ཏེ་ས་ཆ་དངོས་ལ་སྐོར་ཞིབ་དང་བརྟག་དཔྱད་བྱས། འབྲེལ་ཡོད་སྡེ་ཁག་གིས་འཕྲལ་མར་ཛ་དྲག་གི་བྱ་ཐབས་བཟུང་བ་སྟེ། གཅིག་ནས་ཁྱོན་ཡོངས་ནས་བདེ་འཇགས་ཐོན་སྐྱེད་ཀྱི་ཞིབ་བཤེར་ཆེན་པོ་བྱས་ནས་རིགས་ཁག་གི་རིག་དངོས་བདེ་འཇགས་འགན་སྲུང་བྱས་པ་དང་། གཉིས་ནས་ས་གནས་དེ་གའི་དགོན་སྡེའི་བདེ་འཇགས་ལ་ཁྱོན་ཡོངས་ནས་བརྟག་དཔྱད་དང་

དཔྱད་དཔོག་གཏིང་ཟབ་བྱས་ཏེ་དུས་ཐོག་ལ་ཞིབ་ཁ་མེད་པ་བཟོས་པ། གསུམ་ནས་ཁྲིམས་ལུགས་དང་སྒྲིག་སྲོལ་ལྟར་འབྲེལ་ཡོད་འགན་འཁུར་མི་སྣའི་འགན་འཁྲི་ཚད་གཅོད་ནན་པོ་བྱས་པ་རེད།

分析:

དཔྱད་ཞིབ།

该寺庙火灾事故敲响了寺庙消防安全的警钟，要求我们一定要保持高度警惕，不可松懈。

དགོན་སྡེ་འདིར་མེ་སྐྱོན་བྱུང་བ་དེས་དགོན་སྡེའི་མེ་གསོད་བདེ་འཇགས་ཐད་ཉེན་བརྡ་བཏང་བ་དང་། དོགས་ཟོན་ཆེན་པོ་བྱེད་པ་ལས་ལྷོད་གཡེང་གཏོང་མི་རུང་བའི་བླང་བྱ་བཏོན་ཡོད།

2. 在文物保护工作中，国家对有哪些事迹的单位和个人给予精神或者物质奖励？由谁奖励？

༡.རིག་དངོས་སྲུང་སྐྱོབ་ལས་ཀའི་ནང་རྒྱལ་ཁབ་ནས་བྱས་རྗེས་གང་དག་གི་ཐད་ཚན་པ་དང་མི་སྒེར་ལ་བསམ་བློ་དང་ཡང་ན་དངོས་པོའི་བྱ་དགའ་སྤྲོད་དམ། སུས་བྱ་དགའ་སྤྲོད་དམ།

《中华人民共和国文物保护法》规定，有下列事迹的单位或者个人，由国家给予精神鼓励或者物质奖励：

《ཀྲུང་ཧྭ་མི་དམངས་སྤྱི་མཐུན་རྒྱལ་ཁབ་ཀྱི་རིག་དངོས་སྲུང་སྐྱོབ་བཅའ་ཁྲིམས་》ནང་། གཤམ་གསལ་གྱི་བྱས་རྗེས་ཡོད་པའི་ཚན་པ་དང་ཡང་ན་མི་སྒེར་ལ་རྒྱལ་ཁབ་ནས་བསམ་པའི་སྐུལ་ལྕག་དང་དངོས་པོའི་བྱ་དགའ་གནང་གི་ཡོད་དེ།

（1）认真执行文物保护法律、法规，保护文物成绩显著的；

（༡）རིག་དངོས་སྲུང་སྐྱོབ་ཀྱི་བཅའ་ཁྲིམས་དང་ཁྲིམས་སྲོལ་ལག་བསྟར་ནན་ཏན་བྱས་

ཏེ། རིག་དངོས་སྲུང་སྐྱོབ་ཐད་བྱས་རྗེས་མངོན་གསལ་དོད་པོ་བཞག་པ།

（2）为保护文物与违法犯罪行为作坚决斗争的；

（༢）རིག་དངོས་སྲུང་སྐྱོབ་བྱེད་ཆེད་ཁྲིམས་འགལ་ཉེས་གསོག་བྱ་སྤྱོད་དང་འཐབ་རྩོད་མཐའ་གཅིག་ཏུ་བྱས་པ།

（3）将个人收藏的重要文物捐献给国家或者为文物保护事业作出捐赠的；

（༣）མི་སྒེར་གྱིས་ཉར་ཚགས་བྱས་པའི་རིག་དངོས་གལ་ཆེན་རྒྱལ་ཁབ་ལ་ཕུལ་བ་དང་། ཡང་ན་རིག་དངོས་སྲུང་སྐྱོབ་བྱ་གཞག་ཆེད་རིག་དངོས་ཞལ་འདེབས་སུ་ཕུལ་བ།

（4）发现文物及时上报或者上交，使文物得到保护的；

（༤）རིག་དངོས་ཤེས་རྟོགས་བྱུང་རྗེས་དུས་ཐོག་ཏུ་གོང་རིམ་ལ་སྙན་སེང་ཞུས་པ་དང་ཡང་ན་གོང་འབུལ་ཞུས་ཏེ་རིག་དངོས་སྲུང་སྐྱོབ་ཐུབ་པ།

（5）在考古发掘工作中作出重大贡献的；

（༥）གནའ་རྫས་སྔོག་འདོན་གྱི་ལས་ཀའི་ནང་བྱས་རྗེས་ཆེན་པོ་བཞག་པ།

（6）在文物保护科学技术方面有重要发明创造或者其他重要贡献的；

（༦）རིག་དངོས་སྲུང་སྐྱོབ་ཀྱི་ཚན་རིག་ལག་རྩལ་ཐད་གསར་གཏོད་གལ་ཆེན་བྱས་པ་དང་། ཡང་ན་ལེགས་སྐྱེས་གལ་ཆེན་ཕུལ་བ།

（7）在文物面临破坏危险时，抢救文物有功的；

（༧）རིག་དངོས་ལ་གཏོར་བཤིག་གི་ཉེན་ཁ་འཕྲད་སྐབས་རིག་དངོས་མྱུར་སྐྱོབ་བྱེད་པའི་ཐད་བྱས་རྗེས་བཞག་པ།

（8）长期从事文物工作，作出显著成绩的。

（༨）ཡུན་རིང་ནང་རིག་དངོས་ཀྱི་ལས་ཀ་བྱས་པ་དང་བྱས་རྗེས་མངོན་གསལ་དོད་པོ་བཞག་པ་བཅས་སོ། །

西藏某寺被盗案告破 追回12尊文物级佛像

བོད་རང་སྐྱོང་ལྗོངས་ཀྱི་དགོན་སྡེ་ཞིག་ལ་རྐུ་ཤོར་བའི་གྱོད་གཞི་རྩད་གཅོད་ཟིན་ནས་རིག་དངོས་རིམ་པའི་སྐུ་བརྙན་༡༢སྒྱུར་རག་ཐུབ་པ་བྱུང་ཡོད།

案情:

གྱོད་གཞིའི་གནས་ཚུལ།

2019年12月，墨竹工卡县公安局刑警大队举行“1.15”某寺被盗文物归还仪式，将12尊佛像如数返还给该寺。

སྤྱི་ལོ་༢༠༡༩ལོའི་ཟླ་༡༢པར་མལ་གྲོ་གུང་དཀར་རྫོང་སྤྱི་བདེ་ཅུས་ཀྱི་དྲག་ཆས་ཞིན་རྟོག་རུ་ཆེན་གྱིས“ཟླ་༡ཚེས་༡༥”ཞིན་དགོན་སྡེའི་རྐུ་ཤོར་བའི་རིག་དངོས་ཕྱིར་སྤྲོད་ཀྱི་མཛད་སྒོ་སྤེལ་ཏེ། སྐུ་བརྙན་༡༢ཆད་ལུས་མེད་པར་དགོན་པར་ཕྱིར་སྤྲོད་བྱས་པ་རེད།

2019年1月15日，墨竹工卡县公安局刑警大队接到报警称：“某寺佛像被盗，请求刑警大队派员开展案件侦破工作。”接案后，市、县党委政府和公安机关高度重视，成立专案组，强力开展案件侦破工作。专案组通过调查取证，最终锁定了犯罪嫌疑人。

སྤྱི་ལོ་༢༠༡༩ལོའི་ཟླ་༡ཚེས་༡༥ཉིན་མལ་གྲོ་གུང་དཀར་རྫོང་སྤྱི་བདེ་ཅུས་ཀྱི་དྲག་ཆས་ཞིན་རྟོག་རུ་ཆེན་ལ་ཞིན་བརྡ་འགྱུར་ནས“དགོན་སྡེ་ཞིག་གི་སྐུ་བརྙན་རྐུ་ཤོར་སོང་བས་དྲག་ཆས་ཞིན་རྟོག་རུ་ཆེན་གྱིས་མི་མངགས་ཏེ་གྱོད་དོན་ལ་སྒྲུལ་ཞིབ་རྩད་གཅོད་བྱེད་རོགས”ཞེས་བཤད། གྱོད་གཞི་དང་ལེན་བྱས་རྗེས་གྲོང་ཁྱེར་དང་རྫོང་ཏང་ཨུད་སྲིད་གཞུང་དང་སྤྱི་བདེ་ལས་ཁུངས་ཀྱིས་ཚད་མཐོའི་མཐོང་ཆེན་གྱིས་གྱོད་གཞི་ཆེད་དོན་ཚོགས་ཚུང་སྒྲིག་འཛུགས་བྱས་ནས་གྱོད་གཞི་རྩད་གཅོད་ཀྱི་ལས་ཀ་བྱེད་འགོ་ཚུགས་པ་རེད། གྱོད་གཞི་ཆེད་དོན་ཚོགས་ཚུང་གིས་བརྟག་དཔྱད་དཔང་ལེན་བྱས་པ་བརྒྱུད། མཐར་དོགས་ཡོད་ཉེས་ཅན་པ་གཏན་འཁེལ་བྱས་པ་རེད།

2019年1月18日，在湖北省公安机关的大力协助下，专案组将犯罪嫌疑人明某、刘某、柯某三人抓获归案，并将埋藏的文物全部追回，包含国家二级文物 1 件、国家三级文物 2 件、一般文物 8 件。

སྤྱི་ལོ་༢༠༡༨ལོའི་ཟླ་༡ཚེས་༡༨ཉིན་ཧུའུ་པེ་ཞིང་ཆེན་སྤྱི་བདེ་ལས་ཁུངས་ཀྱིས་རམ་འདེགས་ཤུགས་ཆེན་བྱས་པའི་འོག སྐྱོད་གཞི་ཆེད་དོན་ཚོགས་ཆུང་གིས་དོགས་ཡོད་ཉེས་ཅན་པ་མིང་ཆེ་གེ་མོ་དང་ལིའུ་ཆེ་གེ་མོ། ཁེ་ཆེ་གེ་མོ་བཅས་མི་གསུམ་འཛུ་བཟུང་བྱས་པ་མ་ཟད། སྦས་འཇོག་བྱས་པའི་རིག་དངོས་ཚང་མ་ཚུར་རག་ཐུབ་པ་བྱུང་ཞིང་། དེ་དག་ནང་རྒྱལ་ཁབ་ཀྱི་རིམ་པ་གཉིས་པའི་རིག་དངོས་༡དང་རྒྱལ་ཁབ་ཀྱི་རིམ་པ་གསུམ་པའི་རིག་དངོས་༢ སྤྱིར་བཏང་གི་རིག་དངོས་༨བཅས་ཡོད་པ་རེད།

人民法院根据《中华人民共和国刑法》规定，分别判被告人柯某有期徒刑十二年三个月，并处罚金 2 万元，被告人明某有期徒刑七年七个月，并处罚金 1 万元，被告人刘某有期徒刑七年七个月，并处罚金 1 万元。

མི་དམངས་ཁྲིམས་ཁང་གིས《ཀྲུང་ཧྭ་མི་དམངས་སྤྱི་མཐུན་རྒྱལ་ཁབ་ཀྱི་ཉེས་ཁྲིམས་》ཀྱི་གཏན་འབེབས་ལ་གཞིགས་ནས་ཞུ་སྐྱོར་ཕྱི་མ་ཁེ་ཆེ་གེ་མོ་དུས་བཀག་བཙོན་འཇུག་ལོ་བཅུ་གཉིས་དང་ཟླ་གསུམ་བྱ་རྒྱུ་དང་། དངུལ་ཆད་སྒོར་ཁྲི་༢གཅོད་རྒྱུ། ཞུ་སྐྱོར་ཕྱི་མ་མིང་ཆེ་གེ་མོ་དུས་བཀག་བཙོན་འཇུག་ལོ་བདུན་དང་ཟླ་བདུན་བྱ་རྒྱུ་དང་། དངུལ་ཆད་སྒོར་ཁྲི་༡གཅོད་རྒྱུ། ཞུ་སྐྱོར་ཕྱི་མ་ལིའུ་ཆེ་གེ་མོ་དུས་བཀག་བཙོན་འཇུག་ལོ་བདུན་དང་ཟླ་བདུན་བྱ་རྒྱུ་དང་། དངུལ་ཆད་སྒོར་ཁྲི་༡གཅོད་རྒྱུའི་ཁྲིན་ཐག་བཅད་པ་རེད།

分析:

དབྱེ་ཞིབ།

《中华人民共和国刑法》第三百二十八条对盗掘古文化遗址、古墓葬罪作了详细解释：盗掘具有历史、艺术、科学价值的古文化遗址、古墓葬的，处三年以上十年以下有期徒刑，并处罚金；情节较轻的，处三年以下有期徒刑、拘役或者管制，并处罚金；有下列情形之一的，处十年以上有期徒刑或者无期徒刑，并处罚金或者没收财产。

《ཀྲུང་ཧྭ་མི་དམངས་སྤྱི་མཐུན་རྒྱལ་ཁབ་ཀྱི་ཉེས་ཁྲིམས་》ཀྱི་དོན་ཚན་སུམ་བརྒྱ་ཉི་ཤུ་རྩ་བརྒྱད་པའི་གཏན་འབེབས་ལྟར་ན་གནའ་བོའི་རིག་གནས་རྗེས་ཤུལ་དང་གནའ་བོའི་བང་སོ་བརྐོགས་འཁྱེར་གྱི་བྱས་ཉེས་ལ་ཞིབ་ཐྲའི་གསལ་འགྲེལ་བྱས་ཡོད་དེ། ལོ་རྒྱུས་དང་སྒྱུ་རྩལ། ཚན་རིག་བཅས་ཀྱི་རིན་ཐང་ལྡན་པའི་གནའ་བོའི་རིག་གནས་ཀྱི་རྗེས་ཤུལ་དང་གནའ་བོའི་བང་སོ་བརྐོགས་འཁྱེར་བྱས་རིགས་ལ་དུས་བཀག་བཙོན་འཇུག་ལོ་གསུམ་ཡན་ནས་ལོ་བཅུ་མན་གྱི་ཉེས་ཆད་དང་དངུལ་ཆད་ཆབས་ཅིག་ཏུ་གཅོད་རྒྱུ། ཉེས་ཚབས་ཆུང་ཆུང་རིགས་ལ་ལོ་གསུམ་མན་གྱི་དུས་བཀག་བཙོན་འཇུག་དང་ཆབས་ཅིག་དངུལ་ཆད་གཅོད་རྒྱུ། གཤམ་གསལ་གྱི་གནས་ཚུལ་རིགས་ཡོད་ཚེ། དུས་བཀག་བཙོན་འཇུག་ལོ་བཅུ་དང་ཡང་ན་ཚེ་བཙོན་དུ་འཇུག་རྒྱུ་མ་ཟད་དངུལ་ཆད་དམ་རྒྱུ་ནོར་གཞུང་བཞེས་ཀྱི་ཉེས་ཆད་ཆབས་ཅིག་ཏུ་གཅོད་རྒྱུའི་གཏན་འབེབས་བྱས་ཡོད་པ་སྟེ།

（1）盗掘确定为全国重点文物保护单位和省级文物保护单位的古文化遗址、古墓葬的；

（༡）རྒྱལ་ཡོངས་ཀྱི་གཙོ་གནད་རིག་དངོས་སྲུང་སྐྱོབ་ཚན་པ་དང་ཞིང་ཆེན་རིམ་པའི་རིག་དངོས་སྲུང་སྐྱོབ་ཚན་པར་གཏན་འཁེལ་བྱས་པའི་གནའ་བོའི་རིག་གནས་ཀྱི་རྗེས་ཤུལ་དང་གནའ་བོའི་བང་སོ་བརྐོགས་འཁྱེར་བྱས་རིགས།

（2）盗掘古文化遗址、古墓葬集团的首要分子；

（༢）གནའ་བོའི་རིག་གནས་ཀྱི་རྗེས་ཤུལ་དང་གནའ་བོའི་བང་སོ་བརྐོགས་འཁྱེར་ཚོགས་པའི་བྱེད་གཏེ།

（3）多次盗掘古文化遗址、古墓葬的；

（༣）གནའ་བོའི་རིག་གནས་ཀྱི་རྗེས་ཤུལ་དང་གནའ་བོའི་བང་སོ་བརྐོགས་འཁྱེར་ཐེངས་མང་བྱས་རིགས།

（4）盗掘古文化遗址、古墓葬，并盗窃珍贵文物或者造成珍贵文物严重破坏的。

(༥) གནའ་བོའི་རིག་གནས་ཀྱི་རྗེས་ཤུལ་དང་གནའ་བོའི་བང་སོ་བརྐོགས་འབྲིར་བྱས་པ་མ་ཟད། རྩ་ཆེའི་རིག་དངོས་རྐུ་འཁྱེར་བྱས་པའམ་ཡང་ན་རྩ་ཆེའི་རིག་དངོས་ལ་གནོད་སྐྱོན་ཚབས་ཆེན་བཟོས་རིགས་བཅས་ཡིན།

作为公民，我们有义务保护国家文物，对破坏、盗窃文物的行为进行举报。

སྤྱི་དམངས་ཡིན་པའི་ངོས་ནས་ང་ཚོར་རྒྱལ་ཁབ་ཀྱི་རིག་དངོས་སྲུང་སྐྱོབ་དང་། རིག་དངོས་གནོད་བཤིག་དང་རྐུ་འཁྱེར་བྱེད་པའི་བྱ་སྤྱོད་ཐེར་འདོན་བྱེད་པའི་འོས་འགན་ཡོད།

九、西藏自治区利寺惠僧政策

དགུ་པ།　བོད་རང་སྐྱོང་ལྗོངས་ཀྱི་དགོན་ཕན་གྲྭ་ཕན་གྱི་སྲིད་ཇུས།

1. 什么是“九有”工程？怎样结合“九有”在寺庙工作中进行落实？

༡.“ཡོད་པ་དགུའི”ལས་གྲྭ་ཞེས་པ་གང་དག་ཡིན་ནམ། གང་འདྲ་བྱས་ནས་“ཡོད་པ་དགུ”དགོན་སྡེའི་ལས་དོན་ནང་དོན་འཁྱོལ་བྱེད་དགོས་སམ།

“九有”指的是：有领袖像、有国旗、有道路、有水、有电、有广播电视、有电影、有书屋、有报纸。

“ཡོད་པ་དགུ”ཞེས་པ་ནི་གཙོ་འཛིན་གྱི་སྐུ་པར་ཡོད་པ་དང་རྒྱལ་དར་ཡོད་པ། གཞུང་ལམ་ཡོད་པ། ཆུ་ཡོད་པ། གློག་ཡོད་པ། རླུང་འཕྲིན་བརྙན་འཕྲིན་ཡོད་པ། གློག་བརྙན་ཡོད་པ། དཔེ་དེབ་ཁང་ཡོད་པ། ཚགས་པར་ཡོད་པ་བཅས་ཡིན།

一是履职尽责、发挥作用，加强维护社会稳定，把寺庙建成爱国爱教的阵地，把僧尼教育成为止人为恶、与人为善、引人向善的好僧尼；二是加强学习、采取措施、发挥优势，提高广大僧尼的知识面；三是加强沟通、团结协助，形成干部僧尼一家亲的良好氛围；四是因地制宜、结合实际，提出有价值、切实贴近僧尼和群众生活的提案。

གཅིག་ནས་འགན་འཁྲི་ལག་བསྟར་དང་ནུས་པ་འདོན་སྤེལ་བྱེད་པ། སྤྱི་ཚོགས་ཀྱི་བརྟན་ལྷིང་སྲུང་སྐྱོང་ལ་ཤུགས་སྣོན་རྒྱག་པ། དགོན་སྡེ་དག་རྒྱལ་གཅེས་ཆོས་གཅེས་ཀྱི་འཐབ་སར་འཛུགས་སྐྱོང་བྱས་ཐོག གྲྭ་བཙུན་རྣམས་ལ་སློབ་གསོ་བརྒྱབ་ནས་གཞན་གྱི་མི་དགེ་བཀག་འགོག་དང་རང་གིས་གཞན་ལ་དགེ་བ་སྒྲུབ་པ། མི་རྣམས་དགེ་བའི་ལམ་ལ་འཁྲིད་མཁན་གྱི་གྲྭ་བཙུན་ཞིག་བྱེད་དགོས་པ། གཉིས་ནས་སློབ་སྦྱོང་ལ་ཤུགས་སྣོན་རྒྱག་པ་དང་བྱ་ཐབས་བཟུང་ནས་བཟང་ཆ་འདོན་སྤེལ་བྱས་ཏེ། རྒྱ་ཆེའི་གྲྭ་བཙུན་གྱི་ཤེས་རྒྱ་ཆེ་རུ་གཏོང་དགོས་པ། གསུམ་ནས་འབྲེལ་གཏུག་ལ་ཤུགས་སྣོན་དང་མཐུན་སྒྲིལ་རོགས་རེས་བྱས་ཏེ་ལས་བྱེད་པ་དང་གྲྭ་བཙུན་ཁྱིམ་ཚང་གཅིག་ལྟ་བུའི་འཆམ་མཐུན་གྱི་རྣམ་པ་ཆགས་པ་བྱེད་དགོས་པ། བཞི་ནས་ཡུལ་བབ་ལ་བསྟུན་ནས་དོན་དངོས་དང་ཟུང་འབྲེལ་བྱས་ཏེ་རིན་ཐང་ཡོད་པ་དང་དངོས་འབྲེལ་གྲྭ་བཙུན་དང་མང་ཚོགས་ཀྱི་འཚོ་བ་དང་ཐག་ཉེ་བའི་གྲོས་འགོ་འདོན་དགོས་པ་བཅས་སོ།།

2. 什么是“一创建”活动？

༢.གང་འདྲ་ཞིག་ལ་“གཅིག་འཛུགས་པ”ཟེར་རམ།

开展和谐模范寺庙暨爱国守法先进僧尼创建活动。

ཞི་མཐུན་དཔེ་སྟོན་གྱི་དགོན་སྡེ་སྟེ། རྒྱལ་གཅེས་ཁྲིམས་སྲུང་གི་སྔོན་ཐོན་གྲྭ་བཙུན་འཛུགས་པའི་བྱེད་སྒོ་སྤེལ་དགོས་པར་ཟེར་བ་ཡིན།

3. 什么是“一联系”制度？

༣.གང་འདྲ་ཞིག་ལ་“འབྲེལ་བ་གཅིག”གི་ལམ་ལུགས་ཟེར་རམ།

即建立省级领导干部联系全区 158 座重点寺庙制度，地县相应建立县级以上干部联系寺庙制度，各级领导干部经常深入联系点督查指导工作，协调解决困难和问题。

དེ་འདང་ཞིང་ཆེན་རིམ་པའི་འགོ་ཁྲིད་ལས་བྱེད་པས་ལྟེངས་ཡོངས་ཀྱི་དགོན་སྡེ་༡༥༨ལ་འབྲེལ་གཏུག་བྱེད་པའི་ལམ་ལུགས་འཛུགས་དགོས་པ་དང་། ས་ཁུལ་དང་རྫོང་གིས་རྫོང་རིམ་པ་ཡན་གྱི་ལས་བྱེད་ཀྱིས་དགོན་སྡེར་འབྲེལ་བ་བྱེད་པའི་ལམ་ལུགས་འཛུགས་དགོས་པ། རིམ་པ་ཁག་གི་འགོ་ཁྲིད་ལས་བྱེད་པས་རྟག་ཏུ་འབྲེལ་གཏུག་བྱེད་གནས་སུ་བསྐྱོད་དེ་ལས་དོན་ཐད་ལྟ་སྐུལ་ཞིབ་བཤེར་དང་ཁྲིད་སྟོན་བྱེད་པར་ཟབ་བསྐྱོད་བྱས་ནས། དཀའ་ངལ་དང་གནད་དོན་མཐུན་སྒྲོར་དང་ཐག་གཅོད་བྱེད་དགོས་པར་ཟེར་བ་ཡིན།

4. 什么是“一服务”活动？

༤."ཞབས་ཞུ་གཅིག"ཅེས་པ་གང་ལ་ཟེར་རམ།

开展爱国爱教宣传服务下乡活动，完善利寺惠僧措施。

རྒྱལ་གཅེས་ཆོས་གཅེས་ཀྱི་དྲིལ་བསྒྲགས་ཞབས་ཞུ་གཤམ་སྤེལ་བྱེད་པའི་བྱེད་སྒོ་སྤེལ་བ་དང་དགོན་པར་ཕན་གྲྭ་པར་ཕན་གྱི་བྱ་ཐབས་འཐུས་ཚང་དུ་གཏོང་དགོས་པར་ཟེར་བ་ཡིན།

5. 什么是“一培训”工作？

༥."གསོ་སྦྱོང་གཅིག"ཅེས་པ་གང་ལ་ཟེར་རམ།

加强边境、偏远地区寺庙僧尼培养培训工作。

དེ་འདང་མཐའ་མཚམས་དང་མཐའ་འཁོབ་ཀྱི་དགོན་སྡེའི་གྲྭ་བཙུན་གསོ་སྦྱོང་བྱེད་པའི་ལས་ཀར་ཤུགས་སྣོན་རྒྱག་དགོས་པར་ཟེར་བ་ཡིན།

6. 什么是“一工程”？

༦.“ལས་གྲྭ་གཅིག”ཅེས་པ་གང་ལ་ཟེར་རམ།

即百名高僧大德培养工程。

དེའང་གྲྭ་བཙུན་བརྒྱ་ཕྲག་ལ་བཟང་སྐྱོད་ཀྱི་གསོ་སྐྱོང་བྱེད་དགོས་པར་ཟེར་བ་ཡིན།

7. 什么是“一教育”活动？

༧.གང་འདྲ་ཞིག་ལ“སློབ་གསོ་གཅིག”ཟེར་རམ།

在全区寺庙深入开展以弘扬历代高僧大德“爱国爱教、遵规守法、弃恶扬善、崇尚和谐、祈求和平”为主题的法制宣传教育活动。

དེའང་ལྗོངས་ཡོངས་ཀྱི་དགོན་སྡེར་བླ་སྤྲུལ་དམ་པ་རྣམས་ཀྱི“རྒྱལ་གཅེས་ཆོས་གཅེས་དང་
ཁྲིམས་བཀུར་ཁྲིམས་སྲུང་། སྡིག་སྤོང་དགེ་སྒྲུབ། ཞི་མཐུན་གོང་བཀུར། ཞི་བདེར་རེ་སྨོན”བཅས་
བྱེད་པའི་བརྗོད་བྱ་གཙོ་བོའི་དྲིལ་བསྒྲགས་སློབ་གསོའི་བྱེད་སྒོ་སྤེལ་དགོས་པར་ཟེར་བ་ཡིན།

8.《西藏自治区寺庙僧尼参加社会保险暂行办法》何时实施，解决了僧尼哪些问题？什么是落实“一覆盖”？

༨.《བོད་རང་སྐྱོང་ལྗོངས་ཀྱི་དགོན་སྡེ་ཁག་གི་གྲྭ་བཙུན་རྣམས་སྤྱི་ཚོགས་
འགན་བཅོལ་ནང་ཞུགས་རྒྱུའི་གནས་སྐབས་ལག་བསྟར་བྱ་ཐབས》ཞེས་པ་ག་
དུས་ནས་ལག་བསྟར་བྱས་པ་ཡིན་ནམ། གྲྭ་བཙུན་གྱི་གནད་དོན་གང་དག་ཐག་
གཅོད་བྱས་ཡོད་དམ། གང་འདྲ་ཞིག་ལ“ཁྱབ་པ་གཅིག”ཟེར་རམ།

2012 年 1 月 1 日，西藏自治区开始实施《西藏自治区寺庙僧尼参加社会保险暂行办法》，该政策把僧尼纳入了城镇居民社会养老保险和城镇居民基本医疗保险体系，切实解决了僧尼看病和养老问题。

དེའང་སྤྱི་ལོ་༢༠༡༢ལོའི་ཟླ་༡ཚེས་༡ཉིན་ནས་བཟུང་། བོད་རང་སྐྱོང་ལྗོངས་ཀྱིས《བོད་རང་སྐྱོང་ལྗོངས་ཀྱི་དགོན་སྡེ་ཁག་གི་གྲྭ་བཙུན་རྣམས་སྤྱི་ཚོགས་འགན་བཅོལ་ནང་ཞུགས་རྒྱུའི་གནས་སྐབས་ལག་བསྟར་བྱ་ཐབས》ཞེས་པ་ལག་བསྟར་བྱེད་འགོ་ཚུགས་ཤིང་། སྲིད་ཇུས་དེས་གྲྭ་བཙུན་རྣམས་གྲོང་ཁྱེར་དང་གྲོང་རྡལ་གྱི་གྲོང་མིའི་སྤྱི་ཚོགས་ཀྱི་རྒན་གསོ་འགན་བཅོལ་དང་། གྲོང་ཁྱེར་དང་གྲོང་མིའི་གཞི་རྩའི་སྨན་བཅོས་འགན་བཅོལ་མ་ལག་ནང་བཅུག་ཡོད་པས་གྲྭ་བཙུན་རྣམས་ཀྱི་སྨན་བཅོས་དང་རྒན་གསོའི་གནད་དོན་ཐག་གཅོད་ཏན་ཏིག་ཐུབ་ཡོད།

“一覆盖”是指西藏全区在编僧尼实现养老、医疗保险全覆盖。

“ཁྱབ་པ་གཅིག”ཅེས་པ་ནི་བོད་རང་སྐྱོང་ལྗོངས་ཀྱི་སྒྲིག་ཁོངས་ནང་ཚུད་པའི་གྲྭ་བཙུན་རྣམས་ལ་རྒན་གསོ་དང་སྨན་བཅོས་འགན་བཅོལ་ཡོངས་སུ་ཁྱབ་པ་དེར་ཟེར་བ་ཡིན།

9. 僧尼子女能否继承其合法财产？

༩.གྲྭ་བཙུན་གྱི་ཁྲིམས་མཐུན་རྒྱུ་ནོར་རྒྱུད་འཛིན་བྱས་ཆོག་གམ།

《西藏自治区寺庙僧尼参加社会保险暂行办法》第五条（五）中规定：僧尼死亡，个人账户储存余额除政府补贴外可依法继承。由社会保险经办机构一次性支付给其法定继承人或指定受益人。无法定继承人或指定受益人的，将其个人账户余额并入城镇居民社会养老保险基金。

《བོད་རང་སྐྱོང་ལྗོངས་ཀྱི་དགོན་སྡེ་ཁག་གི་གྲྭ་བཙུན་རྣམས་སྤྱི་ཚོགས་འགན་བཅོལ་ནང་ཞུགས་རྒྱུའི་གནས་སྐབས་ལག་བསྟར་བྱ་ཐབས་》ཀྱི་དོན་ཚན་ལྔ་པའི་ནང་། གྲྭ་བཙུན་འདས་གྲོངས་སོང་བ་ཡིན་ཚེ། མི་སྒེར་གྱི་ཐོ་ཁོངས་ནང་གི་དངུལ་ལྷག་མ་ནས་སྲིད་གཞུང་གི་ཁ་གསབ་ཕུད། དེ་བྱིངས་ཚང་མ་རྒྱུད་འཛིན་བྱས་ཆོག སྤྱི་ཚོགས་འགན་བཅོལ་གཙོ་གཉེར་ལས་ཁུངས་ནས་ཁོ་པའི་ཁྲིམས་མཐུན་ཤུལ་འཛིན་ནམ་ཡང་ན་དམིགས་འཛུགས་ཀྱི་ཕན་པ་ཐོབ་མཁན་ལ་སྤྲོད་ཐེངས་གཅིག་ལ་སྤྲོད་དགོས་པ། ཤུལ་འཛིན་པའམ་ཡང་ན་དམིགས་འཛུགས་ཀྱི་ཕན་པ་ཐོབ་མཁན་གཏན་འཁེལ་བྱ་ཐབས་མེད་ཚེ། མི་སྒེར་གྱི་ཐོ་ཁོངས་ནང་གི་དངུལ་ལྷག་མ་རྣམས་གྲོང་ཁྱེར་དང་གྲོང་རྡལ་གྱི་གྲོང་མིའི་སྤྱི་ཚོགས་རྒན་གསོ་དང་འགན་བཅོལ་ཐེབས་རྩའི་ནང་འཇུག་དགོས་པ་གཏན་འབེབས་བྱས་ཡོད།

十、防范电信网络诈骗

བཅུ་པ། གློག་འཕྲིན་དྲ་རྒྱའི་མགོ་སྐོར་ལ་ཛོགས་ཟོན་བྱ་དགོས།

1. 什么是电信诈骗？

༡.གང་འདྲ་ཞིག་ལ་གློག་འཕྲིན་གྱི་མགོ་སྐོར་བཏང་བ་ཟེར་རམ།

电信诈骗是指通过电话、网络和短信方式，编造虚假信息，设置骗局，对受害人实施远程、非接触式诈骗，诱使受害人打款或转账的犯罪行为，通常犯罪嫌疑人以冒充他人及仿冒、伪造各种合法外衣和形式的方式达到欺骗的目的，如冒充公检法、商家公司厂家、国家机关工作人员、银行工作人员等各类机构工作人员，伪造和冒充招工、婚恋、贷款、中奖、手机定位和招嫖等形式进行诈骗。

གློག་འཕྲིན་གྱི་མགོ་སྐོར་ཞེས་པ་ནི་ཁ་པར་དང་དྲ་རྒྱ། འཕྲིན་ཐུང་བཅས་ཀྱི་ཐབས་ལམ་བརྒྱུད། ཆ་འཕྲིན་རྫུན་མ་བཟོ་བ་དང་གཡོ་རྫུས་བཀོད་ནས་གནོད་འཚེ་ཐོག་མཁན་ལ་ཐག་རིང་ནས་ངོ་གཏུག་བྱེད་མ་དགོས་པའི་ཐོག་མགོ་སྐོར་བཏང་སྟེ། གནོད་འཚེ་ཐོག་མཁན་ནས་དངུལ་བསྐུར་རྒྱུ་དང་ཡང་ན་དངུལ་གྱི་རྩིས་ཐོ་བསྒྱུར་རྒྱུར་བསླུ་ཁྲིད་བྱེད་པའི་ཉེས་གསོག་བྱ་སྤྱོད་ཅིག་ཡིན། རྟག་ཏུ་མི་གཞན་ཡིན་ཁུལ་དང་ལད་ཟློས་བྱེད་པ། ཁྲིམས་མཐུན་གྱི་རྫུན་རྣམ་སྣ་ཚོགས་ཐོག་ནས་མགོ་སྐོར་གཏོང་རྒྱུའི་དམིགས་ཡུལ་སྒྲུབ་ཐབས་བྱེད་པ་ཡིན། དཔེར་ན་སྤྱི་བདེ་དང་ཞིབ་དཔྱོད། ཁྲིམས་ཁང་། ཚོང་དུད་ཀུང་སིའི་བཟོ་གྲྭ། རྒྱལ་ཁབ་ལས་ཁུངས་ཀྱི་ལས་དོན་མི་སྣ། དངུལ་ཁང་གི་ལས་དོན་མི་སྣ་སོགས་ལས་ཁུངས་སྣ་ཚོགས་ཀྱི་ལས་དོན་མི་སྣ་ཡིན་ཁུལ་བྱས་ཐོག་ལས་མི་བསྡུ་རྒྱུ་དང་གཉེན་སྒྲིག་དང་དགའ་རོགས་སྒྲིག་རྒྱུ། དངུལ་བུན་གཡར་རྒྱུ། རྒྱན་ཤོག་བྱ་དགའ་ཐོབ་ཚུལ། ལག་ཐོགས་ཁ་པར་གྱི་གནས་ཐིག་གཏན་འཁེལ། འཚལ་པོ་འགུག་ཐབས་སོགས་ཀྱི་རྣམ་པའི་ཐོག་ནས་མགོ་སྐོར་གཏོང་གི་ཡོད།

2. 常见的诈骗手法有哪些？

༢.རྒྱུན་མཐོང་གི་མགོ་སྐོར་གཏོང་ཐབས་གང་དག་ཡོད་དམ།

谨记“十个凡是”：

“ཡིན་ཕྱིན་བཅུ་”སེམས་ལ་ངེས་དགོས་པ་སྟེ།

（1）凡是自称公检法要求汇款的；

（༡）རང་ཉིད་སྤྱི་བདེ་དང་ཞིབ་དཔྱོད་ཁྲིམས་ཁང་བཅས་ལས་ཁུངས་གང་རུང་ནས་ཡིན་ཚུལ་དང་དངུལ་བསྐུར་དགོས་ཟེར་མཁན་ཡིན་ཕྱིན།

（2）凡是叫你汇款到“安全账户”的；

（༢）རང་ལ་དངུལ་“བདེ་འཇགས་ཀྱི་རྩིས་ཐོར་”བསྐུར་དགོས་པའི་བརྡ་ཐོ་གཏོང་མཁན་ཡིན་ཕྱིན།

（3）凡是通知中奖、领取补贴要你先交钱的；

（༣）རྒྱན་ཤོག་བྱ་དགའ་ཐོབ་པ་དང་ཁ་གསབ་དངུལ་ལེན་རྒྱུ་ཡོད་པས་སྔོན་ལ་དངུལ་གང་ཙམ་སྤྲོད་དགོས་པའི་བརྡ་ཐོ་གཏོང་མཁན་ཡིན་ཕྱིན།

（4）凡是通知“家属”出事要先汇款的；

（༤）“ཁྱིམ་”དུ་གནས་ཚུལ་བྱུང་ནས་དངུལ་བསྐུར་དགོས་པའི་བརྡ་ཐོ་གཏོང་མཁན་ཡིན་ཕྱིན།

（5）凡是索要个人和银行卡信息及短信验证码的；

（༥）མི་སྒེར་དང་དངུལ་ཁང་བྱང་བུའི་ཆ་འཕྲིན་དང་འཕྲིན་ཐུང་གི་ར་སྤྲོད་ཨང་གྲངས་དགོས་ཟེར་མཁན་ཡིན་ཕྱིན།

（6）凡是让你开通网银接受检查的；

（༦）དྲ་དངུལ་བཙུགས་ནས་བརྟག་དཔྱད་བྱེད་དགོས་རེད་ཟེར་མཁན་ཡིན་ཕྱིན།

（7）凡是叫你宾馆开房接受调查的；

（༧）མགྲོན་ཁང་དུ་སྡོད་སྐབས་བརྟག་དཔྱད་དང་ལེན་བྱ་དགོས་ཟེར་མཁན་ཡིན་ཕྱིན།

（8）凡是叫你登陆网站查看通缉令的；

（༨）དྲ་ཚིགས་སུ་ཞུགས་བཙུག་ནས་འཛུ་བཟུང་བཀའ་རྒྱ་ལྟོས་ཟེར་མཁན་ཡིན་ཕྱིན།

（9）凡是自称领导（老板）要求打款的；

（༩）འགོ་ཁྲིད་དམ་(སྦྱིན་བདག་)ཡིན་ཁུལ་གྱིས་དངུལ་བསྐུར་དགོས་ཟེར་མཁན་ཡིན་ཕྱིན།

（10）凡是陌生网站（链接）要登记银行卡信息的。

（༡༠）རྒྱུས་མེད་ཀྱི་དྲ་ཚིགས་ཀྱིས་དངུལ་ཁང་བྱང་བུའི་ཆ་འཕྲིན་ཐོ་འགོད་བྱེད་དགོས་ཟེར་མཁན་ཡིན་ཕྱིན་བཅས་སོ།།

3. 冒充公检法机关拨打电话要求将钱款转入安全账号或转账汇款时，一定要牢记的 3 个“绝对不会”指哪些？

༣.སྤྱི་བདེ་དང་ཞིབ་དཔྱོད། ཁྲིམས་ཁང་བཅས་ཀྱི་ལས་ཁུངས་ཡིན་ཁུལ་གྱིས་ཁ་པར་བརྒྱབ་ནས་དངུལ་སྨར་བདེ་འཛུགས་ཀྱི་རྩིས་ཐོའམ་ཡང་ན་དངུལ་ཁོངས་བསྒྱུར་ནས་གཏོང་དགོས་ཟེར་སྐབས། ངེས་པར་དུ“གཏན་ནས་ཡིན་མི་སྲིད་པ”གསུམ་ངེས་དགོས་པ་གང་དག་ཡིན་ནམ།

（1）公检法机关绝对不会通过打电话的方式开展案件侦查工作，通知你涉嫌犯罪、洗黑钱、贩毒等，也不会通过网络或传真给你下达“法院传票”等法律手续。

(༡) སྤྱི་བདེ་དང་ཞིབ་དཔྱོད། ཁྲིམས་ཁང་བཅས་ལས་ཁུངས་ཀྱིས་ཁ་པར་ཐོག་ནས་གྱོད་དོན་སྐྱུལ་ཞིབ་ཀྱི་ལས་དོན་སྤེལ་ཏེ་ཁྱོད་རང་ལ་ཉེས་གསོག་དང་དངུལ་བཀུ་འཕྱིར། དུག་ཚོང་སོགས་ཀྱི་དོགས་གཞི་ཡོད་པའི་བཛ་ཐོ་གཏན་ནས་གཏོང་མི་སྲིད་ལ། དྲ་རྒྱ་དང་ཡང་ན་བརྙན་སྐྱེལ་བརྒྱུད་དེ་ཁྱོད་ལ་"ཁྲིམས་ཁང་གི་འགུག་བཛ"སོགས་བཅའ་ཁྲིམས་ཀྱི་འགྲོ་ལུགས་ཀྱང་གཏན་ནས་བརྒྱུད་དུ་འཇུག་མི་སྲིད།

（2）公检法机关绝对不会打电话要求群众转账汇款。

(༢) སྤྱི་བདེ་དང་ཞིབ་དཔྱོད། ཁྲིམས་ཁང་བཅས་ལས་ཁུངས་ཀྱིས་ཁ་པར་ཐོག་ནས་མང་ཚོགས་ལ་དངུལ་བསྒྱུར་སྤྲོད་བྱེད་དུ་གཏན་ནས་འཇུག་མི་སྲིད།

（3）公检法机关绝对不会设立所谓的“国家安全账户”。

(༣) སྤྱི་བདེ་དང་ཞིབ་དཔྱོད། ཁྲིམས་ཁང་བཅས་ལས་ཁུངས་ནས་རྒྱལ་ཁབ་ཀྱི་བདེ་འཇགས་རྩིས་ཐོ་ཟེར་བ་གཏན་ནས་འཛུགས་མི་སྲིད།

4. 什么是“杀猪盘”？

༤."ཕག་གསོད་སྡེར་མ"ཟེར་བ་དེ་གང་ཡིན་ནམ།

杀猪盘，网络流行词，是指诈骗分子利用网络交友，诱导受害人投资赌博的一种电信诈骗方式。“杀猪盘”是“从业者们”（诈骗团伙）自己起的名字，是指放长线“养猪”诈骗，养得越久，诈骗得越狠。

དེ་ནི་དྲ་རྒྱའི་ཐོག་དར་ཁྱབ་ཆེ་བའི་ཚིག་ཅིག་ཡིན། དེའི་གོ་དོན་ནི་མགོ་སྐོར་གཏོང་མཁན་གྱིས་དྲ་རྒྱ་བརྒྱུད་དེ་གྲོགས་པོ་སྒྲིག་ནས་གནོད་འཚེ་ཕོག་མཁན་ནས་མ་དངུལ་བཏང་སྟེ་རྒྱན་འཛུགས་བྱ་རྒྱུར་བསླུ་བྲིད་བྱེད་པའི་གློག་འཕྲིན་གྱི་མགོ་སྐོར་གཡོག་སྟངས་ཤིག་ཡིན། "ཕག་གསོད་སྡེར་མ"ཟེར་བ་དེ་ཡང་མགོ་སྐོར་གཏོང་མཁན་ཚོས་རང་ཉིད་ལ་བཏགས་པའི་མིང་ཞིག་རེད། དེ་ནི་གཏོང་ཕོད་ཆེ་ཙམ་གྱིས་ཕག་པ་གསོས་ཏེ་མགོ་སྐོར་བཏང་བའི་དོན་ཡིན་པ་དང་། གསོ་ཡུན་ག་ཚོད་རིང་ན་དེ་ཙམ་གྱིས་མགོ་སྐོར་གཏོང་ཤུགས་ཆེ་བ་ཡོད།

5.“杀猪盘”的常见套路分几步？

༥.“ཕག་གསོད་སྡེར་མ”ཟེར་བའི་རྒྱུན་མཐོང་གི་ཐབས་ལམ་ལ་གོམ་སྟབས་ག་ཚོད་ཡོད་དམ།

（1）网上热聊，萌生情意

诈骗分子在社交平台上将自己包装成“高富帅”“白富美”与受害人接触。在社交平台相聊甚欢，透出进一步发展的意思，多次接触后产生朦胧的网络情愫。

（༡）དྲ་ཐོག་ལ་ཚ་ཚ་འུར་འུར་གྱི་གླེང་མོལ་བྱས་ནས་བརྩེ་དུང་སླེབས་པར་བྱེད་པ།

དེ་འདང་མགོ་སྐོར་གཏོང་མཁན་གྱིས་སྤྱི་ཚོགས་འབྲེལ་སྡེགས་ཐོག་རང་ཉིད་“རིང་ཕྱུག་ཐིག་གསུམ་”དང་། “དཀར་ཕྱུག་མཛེས་གསུམ་”གྱི་རྣམ་པ་བསྟན་ནས་གནོད་འཚེ་ཕོག་མཁན་དང་འབྲེལ་གཏུག་བྱེད་པ་ཡིན། སྤྱི་ཚོགས་འབྲེལ་སྡེགས་ཐོག་ཕན་ཚུན་གླེང་མོལ་གྱི་དབྱིངས་ལ་ཚུད་པའི་སྐབས་སུ་སྔ་མཐུད་འབྲེལ་བ་ཟབ་ཏུ་གཏོང་རྒྱུའི་རྣམ་པ་སྟོན་པ་དང་། འབྲེལ་གཏུག་ཐེངས་ཁ་ཤས་བྱས་རྗེས་དྲ་ཐོག་གི་བརྩེ་དུང་སླེབས་པར་བྱེད་པ་ཡིན།

（2）动之以情，晓之以“利”

在甜言蜜语中聊感情时，诈骗分子对受害人透露自己在某平台赚得盆满钵满，并声称知道漏洞，或者亲戚朋友是网站工作人员，大肆鼓吹投资/博彩的高额回报，诱使受害人参与。

（༢）བརྩེ་དུང་གིས་སེམས་ཁུག་པར་བྱེད་པ་དང་གནས་ལུགས་ཀྱིས་ཁེ་བཟང་ཐོབ་པར་སེམས་པ།

སྐད་ཆ་སྙན་ཞིང་འཇམ་པའི་ཁྲོད་བརྩེ་དུང་སྐོར་གླེང་སྐབས། མགོ་སྐོར་གཏོང་མཁན་གྱིས་རང་ཉིད་ལ་སྡེགས་བུ་ཞིག་གི་ཐོག་ནས་འབབ་སྒོ་ཧ་ཅང་ཆེན་པོ་ཡོད་ཚུལ་ཤོད་པ་མ་ཟད། དེའི་རྒྱུ་རྐྱེན་དུ་གྱུར་པའི་མི་འདང་བའི་ཆ་ཤེས་ཀྱི་ཡོད་ཚུལ། ཡང་ན་རང་གི་སྤུན་མཆེད་དང་གྲོགས་པོ་དྲ་ཐོག་གི་ལས་དོན་པ་ཡིན་ཚུལ་ཤོད་པ། མ་འཛུགས་དང་རྒྱན་ཤོག་ཐད་ནས་ཁེ་བཟང་ཆེན་པོ་ཡོད་ཚུལ་འུད་སྒྲོག་གིས་གནོད་འཚེ་ཕོག་མཁན་དེར་ཞུགས་རྒྱུར་བསྐུལ་བྲིད་བྱེད་པ་ཡིན།

（3）深信不疑，终致悲剧

在前几次小额投入顺利回本后，受害人尝到甜头逐步放松警惕，对此“致富方式”深信不疑。投入资金从几千元到几万元，甚至几十万元，直到用尽所有积蓄，骗子便会指引受害人贷款投入。随着受害人投资速度放缓，骗子认为“收网”的时候到了，此时“平台客服”也会失联，受害人的爱情小船也就此沉没。

（༣）ཡིད་ཡོངས་སུ་ཆེས་ནས་མཐར་ཆག་སྒོ་འཕྲད་པ།

གོང་དུ་ཐེངས་ཁ་ཤས་ནང་མ་དངུལ་ཅུང་ཟད་བཏང་བར་མ་གནས་བདེ་བླག་ངང་ཕྱིར་ལྡོག་རྗེས། གནོད་འཚེ་ཕོག་མཁན་ལ་ཁེ་བཟང་གི་བྲོ་བ་ཅུང་ཙམ་ཉེད་ནས་རིམ་བཞིན་ངོགས་ཟོན་མེད་པར་གྱུར་པ་དང་། དེས་ན“ཕྱུག་པོ་ཆགས་ཐབས”དེར་ཡིད་ཡོངས་སུ་ཆེས་ནས། མ་རྩ་སྐོར་སྟོང་ཕྲག་ཁ་ཤས་ནས་ཁྲི་ཁ་ཤས་དང་། ཐ་ན་སྐོར་ཁྲི་བཅུ་ཕྲག་གཏོང་བར་བྱེད། མཐར་གསོག་དངུལ་ཡོད་ཚད་རྫོགས་པའི་སྐབས་སུ་མགོ་སྐོར་གཏོང་མཁན་གྱིས་གནོད་འཚེ་ཕོག་མཁན་ལ་དངུལ་བུན་གཡར་ནས་མ་རྩ་འཛུགས་རྒྱུར་ཁྲིད་སྟོན་བྱེད་པ་དང་། གནོད་འཚེ་ཕོག་མཁན་གྱི་མ་འཛུགས་ཤུགས་ཇེ་དལ་དུ་འགྲོ་བ་དང་བསྟུན་ནས་གནོད་འཚེ་གཏོང་མཁན་གྱིས་མགོ་སྐོར་གཏོང་མཚམས་འཛུགས་པ་དང་། དེའི་སྐབས་སུ་སྟེགས་བུའི་ཐོག་གི་ཞབས་ཞུ་བའི་དབར་གྱི་འབྲེལ་ཐག་ཀྱང་ཆད་ཅིང་། གནོད་འཚེ་ཕོག་མཁན་གྱི་བརྩེ་དུང་གི་འབྲེལ་ཐག་ཀྱང་དེ་ནས་ཡོངས་སུ་ཆད་པ་ཡིན།

6. 什么是“杀鱼盘”？

༦.གང་འདྲ་ཞིག་ལ“ཉ་གསོད་སྡེར་མ”ཟེར་རམ།

“杀鱼盘”主要是以交手续费、借贷提额为名义实施的诈骗。骗子一般在网上发布提额信息或二手产品吸引受害者联系，随后通过发布虚假链接诱骗受害者付款。

“ཉ་གསོད་སྡེར་མ”ཟེར་བ་ནི་གཙོ་བོ་འགྲོ་ལུགས་བརྒྱུད་བྱེད་ཀྱི་འགྲོ་གྲོན་དང་བུན་གཡར་དངུལ་གྱི་འཐེན་གྲངས་ལ་མིང་བཏགས་ནས་མགོ་སྐོར་གཏོང་བར་ཟེར། མགོ་སྐོར་གཏོང་

མཁན་གྱིས་སྒྱུར་བཏང་དུ་ཐོག་ལ་འཛིན་གྲངས་ཀྱི་ཆ་འཕྲིན་སྤེལ་བའམ། ཡང་ན་ལག་བརྒྱུད་ཐོན་རྫས་ལ་བརྟེན་ནས་གནོད་འཚེ་ཕོག་མཁན་དང་འབྲེལ་གཏུག་བྱེད་པ་དང་། དེ་རྗེས་སྦྲེལ་བྱེད་རྟེན་མ་ཁྱབ་སྤེལ་བྱས་ཏེ་གནོད་འཚེ་ཕོག་མཁན་ལ་དངུལ་སྤྲོད་རྒྱུར་བསླུ་བྲིད་བྱེད་པ་ཡིན།

骗子把受害者叫做“鱼”，称自己为“钓鱼手”，另外还需要专业技术人员“链接手”。

མགོ་སྐོར་གཏོང་མཁན་གྱིས་གནོད་འཚེ་ཕོག་མཁན་ལ“ཉ”ཞེས་འབོད་པ་དང་རང་ཉིད་ལ“ཉ་འཛིན་མཁས་པ”ཞེས་འབོད། གཞན་ཡང་ད་དུང་ཆེད་ལས་ལག་རྩལ་པའི“སྦྲེལ་མཐུད་མཁས་པ”དགོས་ཀྱི་ཡོད།

7.“杀鱼盘”的常见作案手法？

༧.“ཉ་གསོད་སྡེར་མ”ཞེས་པའི་རྒྱུན་མཐོང་གི་ཀྲོད་དོན་བཟོ་ཐབས་གང་འདྲ་ཡིན་ནམ།

（1）撒鱼饵

“杀鱼盘”要求受害人以交服务费、手续费的名义转账汇款，或者发送网址链接，以验证受害人的还款能力或者银行卡资金为由，盗刷受害人的银行卡资金，完成诈骗。

（༡）ཉ་གཟན་གཏོར་བ།

“ཉ་གསོད་སྡེར་མས”གནོད་འཚེ་ཕོག་མཁན་ལ་ཞབས་ཞུའི་རིན་པ་དང་འགྲོ་ལུགས་བརྒྱུད་པའི་རིན་པ་སྤྲོད་རྒྱུར་ཁ་གཡར་ཏེ། དངུལ་བསྒྱུར་སྤྲོད་བྱེད་དགོས་ཟེར་བ་དང་། ཡང་ན་དྲ་གནས་ཀྱི་སྦྲེལ་བྱེད་བསྐུར་བ་དང་། གནོད་འཚེ་ཕོག་མཁན་གྱི་བུན་འཇལ་ནུས་པ་དང་ཡང་ན་དངུལ་ཁང་བྱང་བུའི་མ་དངུལ་ར་སྤྲོད་བྱེད་རྒྱུར་ཁ་གཡར་ནས་གནོད་འཚེ་ཕོག་མཁན་གྱི་དངུལ་ཁང་བྱང་བུའི་ནང་གི་མ་དངུལ་འཛིན་འཁྱེར་བྱེད། དེའི་ཚེ་མགོ་སྐོར་བཏང་ཚར་བ་ཡིན།

（2）钓鱼

“鱼”一旦动心，钓鱼手就开始试探。有的利用二手平台下套，诱骗买家线下购买，实施诈骗；有的利用借贷提额引诱，多次支付中以失败为由，需支付手续费、服务费等，让“鱼”完善几笔交易流水。

（༢）ཉ་བཟུང་བ།

“ཉ”ཡི་སེམས་ལ་གཡོ་འགྲུལ་ཐེབས་ཙ་ན། ཉ་པས་ཉམས་ཚོད་ལེན་འགོ་ཚུགས། རེ་འགས་ལག་བརྒྱུད་སྙིགས་བུ་བེད་སྤྱད་དེ་གཉམ་སྤྲོད་ཀྱིས་ཉོ་མཁན་དེ་ཉིད་ངོ་གཏུག་ཐོག་ཉོ་རྒྱུར་བསླུ་བྲིད་བྱས་ནས་མགོ་སྐོར་གཏོང་བ་དང་། རེ་འགས་བུན་གཡར་གྱི་འཐེན་གྲངས་ལ་བརྟེན་ནས་བསླུ་བྲིད་བྱས་ཐོག ཐེངས་མང་གཏོང་སྤྲོད་བྱེད་པའི་ནང་གྱོང་གྱུན་ཕོག་པ་རྒྱུ་མཚན་དུ་བྱས་ནས་འགྲོ་ལུགས་བརྒྱུད་པའི་འགྲོ་གྲོན་དང་ཞབས་ཞུའི་འགྲོ་གྲོན་སོགས་དགོས་ཟེར་ནས་“ཉ”ཡི་ཉོ་ཚོང་བྱེད་ཐེངས་ཁ་ཤས་གྱོང་གྱུན་ཕོག་འདུག་གི་ཡོད།

（3）杀鱼

“杀鱼手”找“链接手”根据“鱼”支付额度量身打造付款链接。通过一些失败程序让“鱼”放松警惕。“杀鱼手”发虚假链接让鱼支付，最后把“鱼”成功支付的订单套现出来，最后拉黑。

（༣）ཉ་གསོད་པ།

“ཉ་གསོད་མཁན”གྱིས“སྦྲེལ་བྱེད་པ”བཙལ་ནས“ཉ”ཡི་མ་དངུལ་མང་ཉུང་ལ་བལྟས་ནས་དངུལ་སྤྲོད་ཀྱི་སྦྲེལ་བྱེད་བཟོ་བ་དང་། ཕོ་མི་ཆོད་པའི་གོ་རིམ་བརྒྱུད“ཉ”ཡི་དོགས་འཆར་མེད་པ་བཟོ་བ། “ཉ་གསོད་མཁན”གྱིས་སྦྲེལ་བྱེད་རྫུན་མ་དེ་སྤྱད་ནས“ཉ”ལ་དངུལ་སྤྲོད་དུ་བཅུག་པ་དང་། མཐར“ཉས”བདེ་བླག་ངང་སྤྲད་པའི་མངག་ཐོ་ཕྱིར་བཏོན་རྗེས་དྲ་ཐོག་ནས་ནག་བསྒྲུབ་གཏོང་གི་ཡོད།

8. 实施电信诈骗将受到哪些惩处？

༨.སྒྲིག་འཕྲིན་ཐོག་མགོ་སྐོར་གཏོང་མཁན་ལ་ཆད་པ་གང་དག་ཕོག་གམ།

根据《中华人民共和国刑法》规定，犯电信诈骗的，处三年以下有期徒刑、拘役或者管制，并处或单处罚金；数额巨大或有其他严重情节的，处三年以上十年以下有期徒刑并处罚金；数额特别巨大或者有其他特别严重情节的，处十年以上有期徒刑或无期徒刑，并处罚金或者没收财产。

《ཀྲུང་ཧྭ་མི་དམངས་སྤྱི་མཐུན་རྒྱལ་ཁབ་ཀྱི་ཉེས་དོན་བཅའ་ཁྲིམས་》ཀྱི་གཏན་འབེབས་ལྟར་ན། གློག་འཕྲིན་ཐོག་གི་ཉེས་པ་བསགས་ཚེ། ལོ་གསུམ་མན་ཆད་ཀྱི་དུས་བཀག་བཙོན་འཇུག་དང་བཀག་ཉར་རམ་ཡང་ན་དོ་དམ་བྱ་རྒྱུ་མ་ཟད། ཆད་གཅོད་དམ་ཡང་ན་དངུལ་ཆད་རྐྱང་པ་གཅོད་རྒྱུ། གྲངས་འབོར་ཧ་ཅང་ཆེ་བ་དང་། ཡང་ན་གནས་ཚུལ་ཚབས་ཆེན་རིགས་གཞན་དག་ཡོད་ཚེ། ལོ་གསུམ་ཡན་དང་ལོ་བཅུ་མན་གྱི་དུས་བཀག་བཙོན་འཇུག་གམ་ཡང་ན་ཚེ་བཙོན་དུ་འཇུག་རྒྱུ་དང་ཆབས་ཅིག་དངུལ་ཆད་གཅོད་པའམ་ཡང་ན་རྒྱུ་ནོར་གཞུང་བཞེས་གཏོང་རྒྱུ་རེད།

9. 如何防范电信网络诈骗？

༩.གློག་འཕྲིན་ཐོག་མགོ་སྐོར་གཏོང་བར་འགོག་ཟོན་གང་འདྲ་བྱེད་དགོས་སམ།

（1）寄钱转账需提防谨慎。保持冷静的思考，提高防范意识，不要轻易相信别人，避免受骗的事情发生。

（༡）དངུལ་བསྐུར་བ་དང་བསྒྱུར་སྤྲོད་བྱེད་སྐབས་ཉོགས་ཟོན་དང་ཡིད་གཟབ་བྱེད་དགོས་པ་སྟེ། བསམ་ཞིབ་གནད་སྨིན་བྱེད་པ་དང་ཉེན་ཟོན་གྱི་འདུ་ཤེས་ཟབ་ཏུ་གཏོང་བ། རང་དགར་མི་གཞན་ལ་ཡིད་ཆེས་མི་བྱེད་པ་བཅས་བྱས་ནས་མགོ་སྐོར་འོག་ཚུད་པའི་གནས་ཚུལ་མི་ལྡང་པ་བྱ་དགོས།

（2）确认联系方式真实性。对于联络方式，可以拨打114核实对方地址的真实性。

（༢）འབྲེལ་གཏུག་བྱ་ཐབས་དངོས་འབྲེལ་ཡིན་མིན་གཏན་འཁེལ་བྱེད་དགོས་པ་སྟེ། འབྲེལ་གཏུག་བྱ་ཐབས་ཐད་༡༡༤ལ་ཁ་པར་བརྒྱབ་ནས་ཕ་རོལ་པོའི་སྡོད་གནས་དངོས་ཡིན་མིན་ཞིབ་དཔྱད་བྱ་དགོས།

（3）确认网站网页的真实性。

（༣）དྲ་ཚིགས་ཀྱི་དྲ་ངོས་དངོས་འབྲེལ་ཡིན་མིན་གཏན་འཁེལ་བྱ་དགོས།

（4）在浏览正规网页时，不要搭理自动弹出的网页或网站。

（༤）དངོས་གཞིའི་དྲ་ངོས་ལ་ལྟ་སྐབས། རང་འགུལ་ངང་དོན་པའི་དྲ་ངོས་དང་དྲ་ཚིགས་ལ་ཁ་ཡ་བྱེད་མི་རུང་།

10. 遇到电信诈骗怎么办？

༡༠.གློག་འཕྲིན་ཐོག་ནས་མགོ་སྐོར་གཏོང་མཁན་འཕྲད་ན་གང་འདྲ་བྱེད་དགོས་སམ།

应及时联系银行办理银行卡挂失、网上银行和手机银行密码修改等，防止可能的损失进一步扩大。同时，应尽可能及时记下诈骗犯罪份子的电

话号码、电子邮件地址、QQ号、微信码等及银行卡账号，并记住犯罪分子的口音、语言特征和诈骗的手段经过，及时向公安机关报案，积极配合公安机关开展侦查破案和追缴被骗款等工作。

འཕྲུལ་མར་དངུལ་ཁང་དང་འབྲེལ་བ་བྱས་ནས་དངུལ་ཁང་བྱང་བུ་བརྣག་པའི་ཐོ་འགོད་པ་དང་། དྲ་ཐོག་དངུལ་ཁང་དང་ལག་ཐོགས་དངུལ་ཁང་གི་གསང་རྟགས་བཟོ་བཅོས་རྒྱག་པ་སོགས་བྱས་ནས་མུ་མཐུད་གྱོང་གུན་མི་ཡོང་བ་བྱ་དགོས། དེ་དང་དུས་མཚུངས་འཕྲུལ་མར་མགོ་སྐོར་གཏོང་མཁན་གྱི་ཁ་པར་ཨང་གྲངས་དང་གློག་རྡུལ་སྦྲག་བསྐུར་ས་ཚ། ཕྱིའུ་ཕྱིའུ་ཨང་རྟགས། སྐད་འཕྲིན་སོགས་དང་དངུལ་ཁང་བྱང་བུའི་རྩིས་ཨང་བཅས་ངེས་བཟུང་བྱེད་དགོས་པ་དང་ཆབས་ཅིག་ཉེས་ཅན་པའི་སྐད་གདངས་དང་སྐད་ཆ་ཤོད་སྟངས། མགོ་སྐོར་གཏོང་སྟངས་ཀྱི་བརྒྱུད་རིམ་བཅས་སེམས་ལ་ངེས་པ་བྱས་ནས་དུས་ཐོག་ལ་གྱོད་དོན་སྙན་སེང་ཞུ་བ་དང་། སྤྱི་བདེ་ལས་ཁུངས་ཀྱིས་སྐྱེལ་ཞིབ་དང་གྱོད་གཞི་རྩད་གཅོད། མགོ་སྐོར་ཐེབས་པའི་དངུལ་ཕྱིར་ལེན་རྒྱུ་སོགས་ཀྱི་ལས་ཀར་གཤོགས་འདེགས་བྱ་དགོས།

11. 什么是套路贷?

༡༡.གང་འདྲ་ཞིག་ལ་སྒྲོག་ཐབས་དངུལ་བུན་ཟེར་རམ།

是对以非法占有为目的，假借民间借贷之名，诱使或迫使被害人签订“借贷”“抵押”“担保”等相关协议，通过虚增借贷金额、恶意制造违约、肆意认定违约、毁匿还款证据等方式形成虚假债权债务，并借助诉讼、仲裁、公证或者采用暴力、威胁以及其他手段非法占有被害人财务的相关违法犯罪活动的概括性称谓。

དེའང་ཁྲིམས་འགལ་ངང་བདག་གིར་བཟུང་རྒྱུ་དམིགས་སུ་བྱས་ཐོག དམངས་ཁྲོད་ནས་དངུལ་བུན་གཡར་བའི་མིང་ཐོག་ནས་བསླུ་བྲིད་དང་བཙན་ཤེད་ཀྱིས་གནོད་འཚེ་ཐོག་མཁན་ལ་“བུ་ལོན་”གཏོང་ལེན་དང་“གཏའ་མ།” “ཁག་ཐེག་”སོགས་འབྲེལ་ཡོད་གྲོས་མཐུན་འཛུག་ཏུ་བཅུག་པ་དང་། དངུལ་གྲངས་མང་དུ་གཏོང་ཁུལ་དང་རྐང་བཙུགས་ནས་ཁ་དན་དང་འགལ་

བ། རང་དགར་ཁ་དན་དང་འགལ་བར་ཐག་གཅོད་པ། དངུལ་བུན་འཇལ་བའི་དཔང་རྟགས་མེད་པ་བཟོ་བ་སོགས་ཀྱི་བྱ་ཐབས་ལ་བརྟེན་ནས་བུན་དཔང་དང་བུ་ལོན་རྫུན་མ་བཟོ་བ་མ་ཟད། གཏུག་བཤེར་དང་ཁྲུན་གཅོད། གཞུང་དཔང་བཅས་སམ་ཡང་ན་དྲག་ཤུགས་དང་འཇིགས་སྐུལ། དེ་བཞིན་བྱ་ཐབས་གཞན་དག་སྤྱད་དེ་གནོད་འཚེ་ཕོག་མཁན་གྱི་རྒྱུ་ནོར་ཁྲིམས་འགལ་དང་བདག་གིར་བཟུང་བའི་འབྲེལ་ཡོད་ཁྲིམས་འགལ་ཉེས་གསོག་བྱེད་སྐོའི་གནད་བསྡུས་རང་བཞིན་གྱི་འབོད་མིང་ཞིག་རེད།

黄某等人恶势力团伙实施“套路贷”系列犯罪案

ཧོང་ཆེ་གེ་མོ་སོགས་ངན་རོགས་ཚོགས་པས་སྒྲིག་ཐབས་དངུལ་བུན་གཏོང་བའི་ཉེས་གསོག་བྱེད་གཞི་རབ་དང་རིམ་པ་བཟོས་པ།

案情:

བྱེད་གཞིའི་གནས་ཚུལ།

被告人黄某以非法占有为目的，假借民间借贷之名，诱骗、迫使被害人签订“借贷”合同，通过虚增借贷金额、恶意制造违约、肆意认定违约等方式形成虚假债权债务，通过非法拘禁、敲诈勒索、寻衅滋事等暴力和软暴力滋扰手段催讨“债务”，达到非法侵占被害人财物的目的。“套路贷”具有很大欺骗性，形式表现主要为现金贷、车贷、房贷，本案为现金贷。这类新型黑恶势力犯罪，不仅严重侵害被害人的财产、人身安全，还扰乱金融市场秩序，影响社会和谐稳定，是当前扫黑除恶专项斗争重点打击治理的行业领域之一。

ཞུ་སྐྱོར་ཕྱི་མ་ཧོང་ཆེ་གེ་མོས་ཁྲིམས་འགལ་ངང་བདག་གིར་བཟུང་རྒྱུ་དམིགས་ཡུལ་དུ་བྱས་ཐོག དམངས་ཁྲོད་ནས་དངུལ་བུན་གཡར་བའི་མིང་ཐོག་ནས་བསླུ་བྲིད་དང་བཙན་ཤེད་ཀྱིས་གནོད་འཚེ་ཕོག་མཁན་ལ་དངུལ་བོན་གཏོང་རྒྱུའི་གན་རྒྱ་འཇོག་ཏུ་བཅུག་པ་དང་། དངུལ་

གྲངས་མང་དུ་གཏོང་ཁུལ་དང་ཐང་བཙུགས་ནས་ཁ་དན་དང་འགལ་ཚུལ་བཟོས་པ། རང་དགར་ཁ་དན་དང་འགལ་བར་ཐག་གཅོད་པ་སོགས་ཀྱི་བྱ་ཐབས་ལ་བརྟེན་ནས་བུན་དབང་དང་བུ་ལོན་རྫུན་མ་བཟོ་བ་མ་ཟད། ཁྲིམས་འགལ་གྱི་བཀག་ཉར་དང་སྐྱད་འདོགས་བཙན་ལེན། སྐྱད་བཀྲ་ཟིང་སློང་སོགས་དྲག་ཤུགས་དང་ཡང་ན་ཁ་སྣན་དྲག་ཤུགས་ཀྱི་རྣམ་གཞིག་བཟོ་ཐབས་ལ་བརྟེན་ནས་བུ་ལོན་འདེད་ལེན་བྱས་ཏེ། གནོད་འཚེ་ཕོག་མཁན་གྱི་རྒྱུ་ནོར་ཁྲིམས་འགལ་དང་ཏམ་བཟུང་བྱ་རྒྱུའི་དམིགས་ཡུལ་སྒྲུབ་ཐབས་བྱས་ཡོད། "སྒྲོག་ཐབས་དངུལ་བུན"ནི་མགོ་སྐོར་གྱི་རང་བཞིན་ཆེན་པོ་ལྡན་པ་ཞིག་རེད། དེའི་མངོན་ཚུལ་གཙོ་བོ་ནི་དངུལ་སྐྱར་གྱི་བུན་གཡར་དང་རླངས་འཁོར་གྱི་བུན་གཡར། ཁང་པའི་བུན་གཡར་བཅས་ཡིན་ཞིང་། གྱོད་གཞི་འདི་ནི་དངུལ་སྐྱར་གྱི་བུན་གཡར་ཡིན། ངན་རོགས་ཚོགས་པའི་ཉེས་གསོག་རིགས་གསར་པ་འདིས་གནོད་འཚེ་ཕོག་མཁན་གྱི་རྒྱུ་ནོར་དང་མི་ལུས་བདེ་འཇགས་ལ་གནོད་འཚེ་ཚབས་ཆེན་བཟོ་བ་མ་ཟད། ད་དུང་དངུལ་རྩའི་ཁྲོམ་རའི་སྒྲིག་ལམ་ཟང་ཟིང་བཟོ་བ་དང་། སྤྱི་ཚོགས་ཀྱི་ཞི་མཐུན་བརྟན་ལྷིང་ལ་ཤུགས་རྐྱེན་བཟོ་ཡི་ཡོད་པས་དེ་ནི་མིག་སྔར་ནག་སེལ་གཉེད་བཅོམ་གྱི་ཆེད་དོན་འཐབ་རྩོད་ནང་གཙོ་གནད་དུ་རྟུང་རྟེག་བཙོས་སྐྱོང་བྱེད་སའི་ལས་ཀའི་ཁྱབ་ཁོངས་ཀྱི་གྲས་ཤིག་ཡིན།

分析：

དཔྱད་ཞིབ།

"套路贷"犯罪在主观上以非法占有为目的，在客观上行侵财之实。本质上，是行为人非法侵占被害人及其近亲属的合法财产，属于侵财类犯罪，但由于犯罪手段、行为表现各有不同。司法办案机关会根据"套路贷"行为人非法取得他人财产的具体手段、方式，依照刑法有关犯罪的构成要件及相关规定，确定具体罪名。

"སྒྲོག་ཐབས་དངུལ་བུན"གྱི་ཉེས་གསོག་ནི་བསམ་བློའི་ཐོག་ཁྲིམས་འགལ་དང་བདག་གིར་བཟུང་རྒྱུ་དམིགས་ཡུལ་དུ་བྱེད་པ་དང་། དོན་དངོས་ཐོག་རྒྱུ་ནོར་ཏམ་བཟུང་བྱེད་པ་ཞིག

ཡིན་ཞིང་། ངོ་བོའི་ཐོག་ནས་བྱ་སྤྱོད་སྤེལ་མཁན་གྱིས་ཁྲིམས་འགལ་དང་གནོད་འཚེ་ཕོག་མཁན་དང་དེ་བཞིན་གཉེན་ཉེའི་ཁྲིམས་མཐུན་རྒྱུ་ནོར་ཧམ་བཟུང་བྱས་པ་ཞིག་ཡིན་པས་རྒྱུ་ནོར་ཧམ་བཟུང་རིགས་ཀྱི་ཉེས་བསགས་ཤིག་ཡིན། འོན་ཀྱང་ཉེས་གསོག་གི་བྱ་ཐབས་དང་བྱ་སྤྱོད་སྤེལ་ཚུལ་མི་འདྲ་བ་ཡོད། ཁྲིམས་འཛིན་སྐྱོད་དོན་ཐག་གཅོད་ལས་ཁུངས་ནས་“སྒྲོག་ཐབས་དངུལ་བུན་”གཡར་མཁན་གྱིས་ཁྲིམས་འགལ་དང་མི་གཞན་གྱི་རྒྱུ་ནོར་བླངས་པའི་ཞིབ་ཕྲའི་བྱ་ཐབས་ལ་གཞིགས་ཏེ། ཉེས་ཁྲིམས་ཀྱི་འབྲེལ་ཡོད་ཉེས་གསོག་གི་གྲུབ་ཆ་གཙོ་བོ་དང་འབྲེལ་ཡོད་གཏན་འབེབས་ལྟར་ཞིབ་ཕྲའི་ཉེས་མིང་གཏན་འཁེལ་བྱེད་པ་ཡིན།

（1）实务中，“套路贷”可能涉及的罪名包括：诈骗罪、敲诈勒索罪、非法拘禁罪、抢劫罪、寻衅滋事罪、虚假诉讼罪等。对于未采用明显的暴力或者威胁手段，主要靠“骗”取得被害人财物的“套路贷”，一般以诈骗罪论处。

（༡）ལས་དོན་དངོས་ཀྱི་ཁྲོད་དུ་“སྒྲོག་ཐབས་དངུལ་བུན་”དང་ཕལ་ཆེར་འབྲེལ་བ་ཡོད་པའི་ཉེས་མིང་ནང་། མགོ་སྐོར་བཏང་བའི་ཉེས་པ་དང་སྐད་འདོགས་རྒྱུ་འཕྲོག་གི་ཉེས་པ། ཁྲིམས་འགལ་དང་བཀག་ཉར་བྱས་པའི་ཉེས་པ། འཕྲོག་བཅོམ་བྱས་པའི་ཉེས་པ། སྐད་བཀྲོ་ཟིང་སློང་གི་ཉེས་པ། གཏུག་བཤེར་རྫུན་མ་བྱས་པའི་ཉེས་པ་སོགས་ཡོད། མངོན་གསལ་དོད་པའི་དྲག་ཤུགས་དང་ཡང་ན་འཇིགས་སྐུལ་བྱ་ཐབས་མ་བཟུང་བར་གཙོ་བོ་མགོ་སྐོར་གཏོང་རྒྱུར་བརྟེན་ནས་གནོད་འཚེ་ཕོག་མཁན་གྱི་རྒྱུ་ནོར་གཡོ་ལེན་བྱེད་པའི་“སྒྲོག་ཐབས་དངུལ་བུན་”གཏོང་བ་ནི་མགོ་སྐོར་བཏང་བའི་ཉེས་མིང་ཐོག་ནས་ཐག་གཅོད་བྱེད་པ།

（2）如果“套路贷”实施人在“索债”时采用了殴打、非法拘禁等暴力手段，或者以对被害人及其近亲属实施暴力相威胁，符合抢劫罪或者敲诈勒索罪的行为特征的，以相关罪名定罪处罚。期间有非法拘禁行为的，情节严重的，以非法拘禁罪认定。

（༢）གལ་སྲིད་“སྒྲོག་ཐབས་དངུལ་བུན་”གཏོང་མཁན་གྱིས་བུ་ལོན་འདེད་སྐབས་ཉེས་རྡུང་བཏང་བ་དང་། ཁྲིམས་འགལ་གྱིས་བཀག་ཉར་བྱས་པ་སོགས་དྲག་ཤུགས་ཀྱི་བྱ་ཐབས་

བཟུང་བ། ཡང་ན་གནོད་འཚེ་ཆེ་ཤོག་མཁན་དང་དེ་བཞིན་གཉེན་ཉེར་དྲག་ཤུགས་ཀྱི་འཛིགས་སྐུལ་བྱས་ཏེ་འཕྲོག་བཅོམ་གྱི་ཉེས་པ་དང་ཡང་ན་སྣད་འདོགས་རྒྱུ་འཕྲོག་གི་ཉེས་པ་བསགས་པའི་ཁྱད་ཆོས་དང་མཐུན་ཆེ། འབྲེལ་ཡོད་ཀྱི་ཉེས་མིང་ཐོག་ནས་ཉེས་པ་གཏན་འཁེལ་གྱིས་ཐག་གཅོད་བྱེད་པ། དེའི་སྐབས་ཁྲིམས་འགལ་གྱིས་བཀག་ཉར་བྱས་པའི་བྱ་སྤྱོད་ཡོད་པ་དང་གནས་ཚུལ་ཚབས་ཆེན་པོ་ཡོད་ཆེ། ཁྲིམས་འགལ་གྱིས་བཀག་ཉར་བྱས་པའི་ཉེས་པར་གཏན་འཁེལ་བྱེད་པ།

（3）如果以捏造的事实提起民事诉讼，妨害司法秩序或者严重侵害他人合法权益的，以虚假诉讼罪名认定。

（༣）གལ་སྲིད་དོན་དངོས་རྫུན་བཟོ་བྱས་ནས་དམངས་དོན་ཞུ་གཏུག་བྱས་པ་དང་། ཁྲིམས་འཛིན་གྱི་སྒྲིག་ལམ་ལ་འགོག་རྐྱེན་བཟོས་པའམ་ཡང་ན་མི་གཞན་གྱི་ཁྲིམས་མཐུན་ཁེ་དབང་ལ་གནོད་འཚེ་ཚབས་ཆེན་བཟོས་ཡོད་ཆེ། ཞུ་གཏུག་རྫུན་མ་བྱས་པའི་ཉེས་མིང་ལ་གཏན་འཁེལ་བྱེད་པ།

（4）对于“套路贷”犯罪行为同时构成诈骗罪、非法拘禁罪、敲诈勒索罪、抢劫罪等多种犯罪的情况，依照刑法规定进行数罪并罚或者选择处罚较重的罪名定罪处罚。

（༤）“སྒྲོག་ཐབས་དངུལ་བུན”བཏང་བའི་ཉེས་གསོག་བྱ་སྤྱོད་ཡོད་པའི་ཁར་མགོ་སྐོར་བཏང་བའི་ཉེས་པ་དང་། ཁྲིམས་འགལ་གྱིས་བཀག་ཉར་བྱས་པའི་ཉེས་པ། སྣད་འདོགས་རྒྱུ་འཕྲོག་བྱས་པའི་ཉེས་པ། འཕྲོག་བཅོམ་བྱས་པའི་ཉེས་པ་སོགས་ཉེས་པ་སྣ་ཚོགས་བསགས་པའི་གནས་ཚུལ་ཡོད་ཆེ། ཉེས་དོན་གྱི་གཏན་འབེབས་ལྟར་ཉེས་པ་དུ་མ་མཉམ་དུ་བསགས་པའི་ཆད་པ་དང་ཡང་ན་ཉེས་པ་ཅུང་ལྗི་བའི་ཉེས་མིང་ཐོག་ནས་ཉེས་ཆད་གཅོད་པ་བཅས་སོ།།

十一、其　　他

བཅུ་གཅིག　གཞན་དག

1. 什么是黑恶势力？

༡.གང་འདྲ་ཞིག་ལ་ངན་པའི་སྟོབས་ཤུགས་ཟེར་རམ།

黑势力会形成较稳定的犯罪组织，人数较多，有明确的组织者、领导者，骨干成员基本固定。而且有组织地通过违法犯罪活动或者其他手段获取经济利益，具有一定的经济实力，以支持该组织的活动。

དེའང་ངན་པའི་སྟོབས་ཤུགས་ནི་ཅུང་གཏན་འཇགས་ཀྱི་ཉེས་གསོག་ཚ་འཛུགས་ཤིག་ཏུ་འགྱུར་སྲིད་ཅིང་། མི་འབོར་ཅུང་མང་བ་དང་། མངོན་གསལ་གྱི་སྒྲིག་འཛུགས་བྱེད་མཁན་དང་འགོ་ཁྲིད་ཡོད་པ། "ཀད་འཛིན་པའི"ཁོངས་མི་གཞི་རྩའི་ཆ་ནས་གཏན་འཇགས་ཡིན་པ་མ་ཟད། སྒྲིག་འཛུགས་ཡོད་པའི་ངང་ཁྲིམས་འགལ་གྱི་ཉེས་གསོག་བྱེད་སྒོའམ་ཡང་ན་བྱ་ཐབས་གཞན་དག་ལ་བརྟེན་ནས་དཔལ་འབྱོར་གྱི་ཁེ་ཕན་རག་ཐབས་བྱེད་པས་དཔལ་འབྱོར་གྱི་སྟོབས་ཤུགས་ངེས་ཅན་ལྡན་པ་དང་། སྒྲིག་འཛུགས་དེ་གཞིའི་བྱེད་སྒོར་རྒྱབ་སྐྱོར་བྱེད་ཀྱི་ཡོད།

2018年2月10日，西藏自治区公安厅发布《关于举报黑恶势力违法犯罪线索的通告》，对黑恶势力的认定如下：

སྤྱི་ལོ་༢༠༡༨ལོའི་ཟླ་༢ཚེས་༡༠ཉིན་བོད་རང་སྐྱོང་ལྗོངས་སྤྱི་བདེ་ཐིང་ནས《ངན་པའི་སྟོབས་ཤུགས་ཀྱི་ཁྲིམས་འགལ་ཉེས་གསོག་ཁུངས་སྣེ་ཐེར་འདོན་བྱ་ཐབས་སྐོར་གྱི་བརྡ་ཐོ་》ཡོངས་བསྒྲགས་བྱས་ཏེ་ངན་པའི་སྟོབས་ཤུགས་ཀྱི་རིགས་སུ་གཏོགས་པ་གཏན་འཁེལ་བྱས་པ་གཤམ་གསལ།

（1）威胁政治安全特别是政权安全、制度安全以及向政治领域渗透的黑恶势力。

（༡）ཆབ་སྲིད་ཀྱི་བདེ་འཇགས་སྤྱི་དང་ལྷག་པར་དུ་སྲིད་དབང་གི་བདེ་འཇགས་དང་ལམ་ལུགས་ཀྱི་བདེ་འཇགས་ལ་འཇིགས་སྐུལ་བཟོ་བ། དེ་བཞིན་ཆབ་སྲིད་ཀྱི་ཁྱབ་ཁོངས་ལ་སིམ་འཛུལ་བྱེད་མཁན་གྱི་ངན་པའི་སྟོབས་ཤུགས།

（2）与达赖集团相互勾联，接受遥控指挥，参与实施分裂破坏活动的黑恶势力。

(༢) ཏཱ་ལའི་ཇ་ཚོགས་དང་ངན་འབྲེལ་གྱིས་རྒྱང་བསྒྱུར་བཀོད་འདོམས་དང་ལེན་བྱས་ཏེ། ཁ་བྲལ་དང་གཏོར་བཤིག་གི་བྱེད་སྒོར་ཐེ་ཞུགས་དང་ལག་བསྟར་བྱེད་མཁན་གྱི་ངན་པའི་སྟོབས་ཤུགས།

(3) 以寺庙为靠山，利用宗教控制、蛊惑、煽动、挟持群众对抗党和政府，干预基层行政、司法、教育等事务的黑恶势力。

(༣) དགོན་པ་རྒྱབ་རྟེན་དུ་བཅོལ་ཐོག ཆོས་ལུགས་བེད་སྤྱད་དེ་མང་ཚོགས་ཚོད་འཛིན་དང་མགོ་སྐོར་གཏོང་བ། ངན་སྐུལ། ཁ་ལོ་བསྒྱུར་བ་བཅས་བྱས་མཐར། ཏང་དང་སྲིད་གཞུང་གི་ཁ་གཏད་དུ་ལངས་པ་དང་གཞི་རིམ་གྱི་སྲིད་འཛིན་དང་ཁྲིམས་འཛིན། སློབ་གསོ་སོགས་ཀྱི་ལས་དོན་ལ་ཐེ་ཛུས་བྱེད་མཁན་གྱི་ངན་པའི་སྟོབས་ཤུགས།

(4)与各类非法组织关系密切、相互勾结，向群众灌输“中间道路”“保护母语”等反动思想和狭隘民族主义思想的黑恶势力。

(༤) ཁྲིམས་འགལ་གྱི་རྩ་འཛུགས་དང་ཕན་ཚུན་ངན་འབྲེལ་དམ་ཟབ་ཀྱིས་མང་ཚོགས་ལ་“དབུ་མའི་ལམ་”དང་“ཕ་སྐད་སྲུང་སྐྱོབ་”ཟེར་བ་སོགས་ངོ་ལོག་བསམ་བློ་དང་གྱ་ནོག་མི་རིགས་རིང་ལུགས་ཀྱི་བསམ་བློ་བསླབ་འདོམས་བྱེད་མཁན་གྱི་ངན་པའི་སྟོབས་ཤུགས།

(5)打着经济、民生、环保、民俗、文化等旗号，表面充当群众所谓“代言人”，实际是达赖集团和境外敌对势力“代言人”的黑恶势力。

(༥) དཔལ་འབྱོར་དང་དམངས་འཚོ། ཁོར་ཡུག་སྲུང་སྐྱོབ། དམངས་སྲོལ། རིག་གནས་སོགས་ལ་ཁ་གཡར་ནས་ཕྱི་ཚུལ་ནས་མང་ཚོགས་ཀྱི་“མགྲིན་ཚབ་པ་”ཡིན་ཁུལ་བྱེད་པ་དང་། དོན་དངོས་ཐོག་ཏཱ་ལའི་ཇ་ཚོགས་དང་ཕྱི་ཕྱོགས་དགྲ་འཛིན་སྟོབས་ཤུགས་ཀྱི་“མགྲིན་ཚབ་པ་”བྱེད་མཁན་གྱི་ངན་པའི་སྟོབས་ཤུགས།

(6) 非法募捐、集资、罚款，强制收取群众供奉，借机敛财，并向达赖集团提供资金的黑恶势力。

(༦) ཁྲིམས་འགལ་ངང་ཞལ་འདེབས་བསྡུ་བ་དང་མ་དངུལ་བསྡུ་རུབ། དངུལ་ཆད་གཅོད་པ། བཙན་ཤེད་ཀྱིས་མང་ཚོགས་ཀྱི་འབུལ་རྫས་བསྡུ་ལེན་བྱེད་པ་དང་། སྐབས་དང་བསྟུན་

ནས་རྒྱུ་ནོར་གཡོ་ལེན་བྱེད་པ་མ་ཟད། ཧྲ་ལའི་ཏུ་ཚོགས་ལ་མ་དངུལ་མགོ་འདོན་བྱེད་མཁན་གྱི་ངན་པའི་སྟོབས་ཤུགས།

（7）把持基层政权、垄断农村经济资源、侵吞集体财产的“黑村官”等黑恶势力。

（༧）གཞི་རིམ་གྱི་སྲིད་དབང་བཟུང་བ་དང་གྲོང་གསེབ་ཀྱི་དཔལ་འབྱོར་ཐོན་ཁུངས་སྒེར་སྡོམ་བྱེད་པ། སྤྱི་པའི་རྒྱུ་ནོར་བཙན་བཟུང་བཅས་བྱེད་པའི་“གྲོང་དཔོན་ངན་པ”སོགས་ཀྱི་ངན་པའི་སྟོབས་ཤུགས།

（8）采用欺骗、贿赂、威胁、暴力等非法手段操纵、干扰、破坏基层换届选举的黑恶势力。

（༨）མགོ་སྐོར་གཏོང་བ་དང་སྐྱག་ཟན་སྤྲོད་པ། འཇིགས་སྣང་སྐུལ་བ། དྲག་ཤུགས་སོགས་ཁྲིམས་འགལ་བྱ་ཐབས་ལ་བརྟེན་ནས་གཞི་རིམ་གྱི་སྐབས་བརྗེ་བའི་འདེམས་བསྐོར་བཀོད་པ་གཏོང་བ་དང་ཐེ་ཇུས། གཏོར་བཤིག་བཅས་གཏོང་མཁན་གྱི་ངན་པའི་སྟོབས་ཤུགས།

（9）利用宗教、家族势力横行乡里、称霸一方、欺压残害百姓的“村霸”等黑恶势力。

（༩）ཆོས་ལུགས་དང་ཁྱིམ་རྒྱུད་ཀྱི་སྟོབས་ཤུགས་བེད་སྤྱོད་དེ་ཤང་ནང་རང་སྣང་གང་ཤར་བྱེད་པ་དང་། ཕྱོགས་གཅིག་གིས་བཙན་བདག་བྱེད་པ། མང་ཚོགས་ལ་གཉའ་གནོན་དང་གནོད་འཚེ་གཏོང་བའི་“གྲོང་གཤེད”སོགས་ཀྱི་ངན་པའི་སྟོབས་ཤུགས།

（10）利用宗教、家族势力非法插手干预地界、草场、虫草、债务等民间矛盾纠纷，充当“地下执法队”插手干预基层行政、司法的黑恶势力。

（༡༠）ཆོས་ལུགས་དང་ཁྱིམ་རྒྱུད་ཀྱི་སྟོབས་ཤུགས་བེད་སྤྱོད་དེ་ཁྲིམས་འགལ་ངང་ས་མཚམས་དང་རྩྭ་ར། དབྱར་རྩྭ་དགུན་འབུ། བུ་ལོན་སོགས་དམངས་ཁྲོད་ཀྱི་རྩོད་གཞིར་ཐེ་ཇུས་བྱས་ཐོག “གསང་བའི་ཁྲིམས་འཛིན་ཏུ་ཁག”བྱས་ནས་གཞི་རིམ་གྱི་སྲིད་འཛིན་དང་ཁྲིམས་འཛིན་ཐད་ཐེ་ཇུས་བྱེད་མཁན་གྱི་ངན་པའི་སྟོབས་ཤུགས།

（11）在征地、租地、拆迁、工程项目等过程中为获取非法利益，煽动闹事的黑恶势力。

（༡༡）ས་ཞིང་བརྐྱ་ལེན་དང་བོགས་གཏོང་། བཤིག་སྒྱུར། ལས་གྲྭའི་རྣམ་གྲངས་སོགས་ཀྱི་བརྒྱུད་རིམ་ནང་ཁྲིམས་འགལ་གྱི་ཁེ་བཟང་ལེན་པ་དང་ཟིང་ཆ་སློང་རྒྱུར་ངན་སྐུལ་བྱེད་མཁན་གྱི་ངན་པའི་སྟོབས་ཤུགས།

（12）在建筑工程、交通运输、矿产资源等行业、领域，强揽工程、恶意竞标、非法占地、滥开滥采、抢占资源、垄断经营或强买强卖、拦路收费、强制雇用设备、人员，干扰工程建设的各类“沙霸”“车霸”“路霸”等黑恶势力。

（༡༢）འཛུགས་སྐྲུན་ལས་གྲྭ་དང་འགྲིམ་འགྲུལ་སྐྱེལ་འདྲེན། གཏེར་ཁའི་ཐོན་ཁུངས་སོགས་ལས་རིགས་ཀྱི་ཁྱབ་ཁོངས་ནང་། ལས་གྲྭ་བཙན་ཐབས་ཀྱིས་ལེན་པ་དང་ངན་སེམས་བཅངས་ནས་སུ་འཛིན་དེ་འགྲུག་བྱེད་པ། ཁྲིམས་འགལ་ངང་ས་ཆ་བཟུང་བ། གང་བྱུང་དང་སྟོག་འདོན་དང་གསར་སྤེལ་བྱེད་པ། ཐོན་ཁུངས་བཙན་བཟུང་བྱེད་པ། ཁེ་གཉེར་སྙེར་སྐྱོང་བྱེད་པའམ་ཡང་ན་བཙན་ཉོ་བཙན་འཚོང་བྱེད་པ་དང་ལམ་བཀག་ནས་འགྲོ་གྲོན་བསྡུ་བ། སྒྲིག་ཆས་དང་མི་སྣ་བཙན་ཐབས་ཀྱིས་གླས་པ། ལས་གྲྭའི་འཛུགས་སྐྲུན་ལ་ཐེ་ཇུས་བྱེད་པ་བཅས་ཀྱི་“བྱེ་གཤེད་”དང་“འཁོར་གཤེད་” “ལམ་གཤེད་”སོགས་ཀྱི་ངན་པའི་སྟོབས་ཤུགས།

（13）在商贸集市、批发市场、车站机场、旅游景区等场所欺行霸市、强买强卖、收保护费的“市霸”“行霸”“菜霸”“肉霸”等黑恶势力。

（༡༣）ཉོ་ཚོང་ཚོང་འདུས་དང་སྤེལ་ཚོང་ཁྲོམ་ར། རླངས་འཁོར་འབབ་ཚུགས་དང་གནམ་གྲུ་ཐང་། ཡུལ་སྐོར་མཛེས་ལྗོངས་ཁུལ་སོགས་ཀྱི་ས་ཁུལ་དུ་ཁྲོམ་ར་ཐམ་བཟུང་བྱས་ཐོག བཙན་ཉོ་བཙན་འཚོང་དང་སྲུང་སྐྱོབ་གླ་རིན་བསྡུ་བ་བཅས་ཀྱི་“ཁྲོམ་གཤེད་”དང་“ལས་གཤེད་” “ཚལ་གཤེད་” “ཤ་གཤེད་”སོགས་ཀྱི་ངན་པའི་སྟོབས་ཤུགས།

（14）操纵、经营“黄赌毒”等违法犯罪活动的黑恶势力。

（༡༤）“འདོད་སྤྱོད་དང་རྒྱན་འཛུགས། དུག་རྫས་”སོགས་ཁྲིམས་འགལ་ཉེས་གསོག་བྱེད་སྒོར་བཀོད་འདོམས་དང་དེ་རིགས་ཁེ་གཉེར་བྱེད་མཁན་གྱི་ངན་པའི་སྟོབས་ཤུགས།

（15）以“套路贷”“校园贷”等各种方式非法高利放贷、暴力讨债的黑恶势力。

（༡༥）“སྒྲོག་ཐབས་དངུལ་བུན་དང་”“སློབ་གྲྭའི་དངུལ་བུན་”སོགས་ཐབས་ཤེས་སྣ་ཚོགས་སྤྱད་ནས་ཁྲིམས་འགལ་ངང་སྐྱེད་ཀ་མཐོ་བའི་དངུལ་བུན་གཏོང་བ་དང་། དྲག་ཤུགས་ལ་བརྟེན་ནས་བུ་ལོན་འདེད་མཁན་གྱི་ངན་པའི་སྟོབས་ཤུགས།

（16）插手民间纠纷，充当“地下执法队”的黑恶势力。

（༡༦）དམངས་ཁྲོད་ཀྱི་རྩོད་གཞིར་ཐེ་རྒྱུས་བྱས་ཏེ། “གསང་བའི་ཁྲིམས་འཛིན་རུ་ཁག”ཡིན་ཁུལ་བྱེད་མཁན་གྱི་ངན་པའི་སྟོབས་ཤུགས།

（17）组织雇佣网络“水军”在网上威胁、恐吓、侮辱、诽谤、滋扰的黑恶势力。

（༡༧）དྲ་ཐོག་གི“མཚོ་དམག”སྒྲིག་འཛུགས་དང་གླས་ནས་དྲ་ཐོག་ནས་འཇིགས་སྐུལ་དང་། ཉིགས་མོ། དམའ་འབེབས། སྐད་འདོགས། ཟིང་སློང་བཅས་བྱེད་མཁན་གྱི་ངན་པའི་སྟོབས་ཤུགས།

（18）通过建立微信群、网络论坛等方式进行网上串联，并在网下实施违法犯罪活动的黑恶势力。

（༡༨）སྐད་འཕྲིན་ཚོགས་པ་འཛུགས་པ་དང་དྲ་ཐོག་གླེང་སྟེགས་སོགས་བརྒྱུད་དེ་དྲ་ཐོག་ནས་ངན་འབྲེལ་བྱེད་པ་མ་ཟད། ཁྲིམས་འགལ་ཉེས་གསོག་བྱེད་སྒོ་སྤེལ་མཁན་གྱི་ངན་པའི་སྟོབས་ཤུགས།

（19）从事非法资金募集和运营等违法犯罪活动，巧取豪夺经济利益，严重损害公平竞争秩序和经济发展环境的黑恶势力。

（༡༩）ཁྲིམས་འགལ་ངང་མ་རྩ་བསྡུ་རུབ་དང་ཞལ་འདེབས་བསྡུ་བ། འཁོར་རྒྱུག་ཚོང་གཉེར་སོགས་ཁྲིམས་འགལ་ཉེས་གསོག་གི་བྱེད་སྒོ་སྤེལ་ནས་དཔལ་འབྱོར་གྱི་ཁེ་ཕན་གཡོ་ཞན་བྱེད་པ་དང་། འདྲ་མཉམ་འགྲན་རྩོད་ཀྱི་སྒྲིག་ལམ་དང་དཔལ་འབྱོར་འཕེལ་རྒྱས་ཀྱི་ཁོར་ཡུག་ལ་གནོད་འཚེ་ཚབས་ཆེན་བཟོ་མཁན་གྱི་ངན་པའི་སྟོབས་ཤུགས།

（20）国家机关工作人员利用职务便利，包庇、纵容黑恶势力犯罪，充当“保护伞”的。

（༢༠）རྒྱལ་ཁབ་ལས་ཁུངས་ཀྱི་ལས་དོན་མི་སྣས་གོ་གནས་ཀྱི་མཐུན་རྐྱེན་བེད་སྤྱད་དེ་ངན་པའི་སྟོབས་ཤུགས་ཀྱི་ཉེས་པ་འགེབས་སྲུང་བྱེད་པ་དང་རྒྱ་ཡན་དུ་གཏོང་བའི་“སྲུང་སྐྱོབ་ཀྱི་དཔུང་གཉེན་”བྱེད་མཁན།

（21）强迫交易、敲诈勒索、寻衅滋事、聚众斗殴、非法拘禁、故意毁坏财物、组织卖淫、强迫卖淫、开设赌场等涉恶类犯罪。

（༢༡）བཙན་ཐབས་ཀྱིས་ཉོ་ཚོང་བྱེད་པ་དང་སྐད་འདོགས་རྒྱུ་ལེན། སྐད་བཀོ་ཟིང་སློང་། མི་ཚོགས་འདུས་ཏེ་རྒྱག་རེས་རྒྱག་པ། ཁྲིམས་འགལ་ངང་བཀག་བཙུག་བྱེད་པ། ཁང་བཙུགས་ནས་རྒྱུ་ནོར་ལ་གཏོར་སྐྱོན་གཏོང་བ། གཡེན་སྤྱོར་སྒྲིག་འཛུགས་བྱེད་པ། བཙན་ཤེད་ཀྱིས་སྨད་ཚོང་བྱེད་དུ་འཇུག་པ། རྒྱན་འཛུགས་ཁང་འཛུགས་པ་སོགས་ངན་ཚོགས་ཀྱི་རིགས་དང་འབྲེལ་བ་ཡོད་པའི་ཉེས་གསོག་བྱ་སྤྱོད།

（22）其他涉黑涉恶违法犯罪线索。

（༢༢）ད་དུང་ནག་ཚོགས་སམ་ངན་ཚོགས་དང་འབྲེལ་བ་ཡོད་པའི་ཁྲིམས་འགལ་ཉེས་གསོག་གི་ཁུངས་སྣེ་གཞན་དག་བཅས་སོ།།

2. 乱砍乱伐、焚烧秸秆、煨桑等，有哪些危害？

༢.སོག་མ་གང་ཟུང་དུ་བཟ་བ་དང་གཅོད་པ། མེར་བསྲེགས་པ། བསང་གཏོང་བ་སོགས་བྱས་ན་གནོད་སྐྱོན་གང་དག་ཡོད་དམ།

会破坏植被，造成空气污染、水土流失、土地沙化等不良后果。

དེ་ལྟར་བྱས་ན་རྩི་ཤིང་ལ་གཏོར་སྐྱོན་ཐེབས་པ་དང་མཁའ་རླུང་ལ་སྦགས་བཙོག་བཟོ་བ། ས་ཆུ་ཤོར་བ། ས་ཞིང་བྱེ་མར་འགྱུར་བ་སོགས་ཀྱི་མཇུག་འབྲས་མི་ལེགས་པ་ཐོན་སྲིད།

2019 年 2 月 24 日自治区人民政府第 20 次常务会议通过的《西藏自治区打赢蓝天保卫战实施方案》规定：结合人居环境整治行动，推行秸秆综

合利用，加强秸秆焚烧管控。教育引导信教群众文明、科学煨桑。实施化肥、农药零增长行动，增加有机肥使用量。开展畜禽养殖废弃物资源化利用，提高综合利用率，减少氨挥发排放。

སྤྱི་ལོ་༢༠༡༨ལོའི་ཟླ་༢ཚེས་༢༨ཉིན་རང་སྐྱོང་ལྗོངས་མི་དམངས་སྲིད་གཞུང་གི་རྒྱུན་ལས་གྲོས་ཚོགས་ཐེངས་༢༠པའི་ཐོག་གྲོས་འཆམ་བྱུང་བའི་《བོད་རང་སྐྱོང་ལྗོངས་ཀྱི་ཨ་སྔོན་སྲུང་སྐྱོབ་ཀྱི་ལག་བསྟར་ཇུས་གཞིའི་》ནང་། མི་སྡོད་སའི་ཁོར་ཡུག་བཅོས་སྐྱོང་བྱ་སྤྱོད་དང་ཟུང་འབྲེལ་གྱིས་སོག་མ་ཕྱོགས་བསྡུས་དང་བེད་སྤྱོད་བྱ་རྒྱུར་སྐུལ་འདེད་དང་། སོག་མ་མེར་བསྲེགས་ཐད་དོ་དམ་ཚོད་འཛིན་བྱེད་ཤུགས་ཆེ་རུ་གཏོང་དགོས་པའི་གཏན་འབེབས་བྱས་ཡོད་པ་དང་། དད་ལྡན་མང་ཚོགས་ལ་ཤེས་དཔལ་ལྡན་པ་དང་ཚན་རིག་དང་མཐུན་པའི་ངང་བསང་གཏོང་དགོས་ཤིང་། རྫས་ལུད་དང་ཞིང་སྨན་མང་དུ་མི་གཏོང་བའི་བྱ་སྤྱོད་ལག་བསྟར་གྱིས་སྐྱེ་ལྡན་ལུད་བེད་སྤྱོད་བྱེད་ཚད་མང་

དུ་གཏོང་དགོས་པ། བྱ་རིགས་དང་ཕྱུགས་ཟོག་གསོ་ཚགས་བྱས་པའི་སྙིགས་རོ་ཐོན་ཁུངས་ཅན་དུ་བསྒྱུར་ནས་བེད་སྤྱོད་བྱས་ཐོག ཕྱོགས་བསྡུས་དང་བེད་སྤྱོད་བྱེད་ཚད་མཐོ་རུ་གཏོང་བ་དང་ཨན་རྒྱུ་འབུད་ཚད་ཉུང་དུ་གཏོང་དགོས་པ་བཅས་ཀྱི་སློབ་གསོ་དང་ཁྲིད་སྟོན་བྱས་ཡོད།

3. 遇到有破坏环境的行为，可以拨打哪个投诉举报电话？

༣.ཁོར་ཡུག་སྲུང་སྐྱོང་ལ་གནོད་སྐྱོན་གཏོང་བའི་བྱ་སྤྱོད་ཤེས་རྟོགས་བྱུང་ཚེ། ཁ་གཏུག་ཞེར་འདོན་གྱི་ཁ་པར་གང་ཞིག་རྒྱག་དགོས་སམ།

可以拨打环保监督电话 12369。

ཁོར་ཡུག་སྲུང་སྐྱོང་ལྟ་སྐུལ་གྱི་ཁ་པར་ཏེ་༡༢༣༦༩ལ་བརྒྱབ་ན་འགྲིག

4. 寺庙在生态文明建设中应发挥什么作用？

༤.དགོན་སྡེས་སྐྱེ་ཁམས་ཤེས་དཔལ་འཛུགས་སྐྲུན་ཐད་ནུས་པ་གང་ཞིག་འདོན་སྤེལ་བྱེད་དགོས་སམ།

寺庙是联系广大僧道信众桥梁纽带的重要阵地，是全面落实生态文明环境保护、道场绿化美化环境工作的重要阵地。应该从爱国教育常态化、人文自然生态化和信仰理念纯净化三方面入手，推动寺院生态文明建设。

དགོན་སྡེ་ནི་རྒྱ་ཆེའི་གྲྭ་བཙུན་དང་དད་ལྡན་མང་ཚོགས་ཀྱི་འབྲེལ་ཟམ་དང་སྦྲེལ་ཐག་གལ་ཆེན་ཞིག་ཡིན་ཞིང་། སྐྱེ་ཁམས་ཤེས་དཔལ་གྱི་ཁོར་ཡུག་སྲུང་སྐྱོང་ཕྱོགས་ཡོངས་ནས་དོན་འཁྱོལ་ཡོང་བ་དང་། ཆོས་ར་སྔོ་ལྗང་ཅན་དང་ཁོར་ཡུག་མཛེས་བསྒྱུར་ལས་ཀའི་འཐབ་ས་གལ་ཆེན་ཞིག་ཡིན་པས་རྒྱལ་གཅེས་སློབ་གསོ་རྒྱུན་རྣམ་ཅན་དང་། མི་ཆོས་རང་བྱུང་སྐྱེ་ཁམས་ཅན། དད་སེམས་ཀྱི་འདུ་ཤེས་དྭངས་གཙང་ཅན་བཅས་ཕྱོགས་གསུམ་ནས་འགོ་བཙམས་ཏེ། དགོན་སྡེའི་སྐྱེ་ཁམས་ཁོར་ཡུག་གི་ཤེས་དཔལ་འཛུགས་སྐྲུན་སྐུལ་འདེད་གཏོང་དགོས།

一、爱国教育常态化。坚持党的领导，拥护党的方针政策，体现爱国爱教，学时政、守法规，持戒律。要不断强化寺院道观生态文明建设中的爱国情怀，形成常态化。在寺院道观要形成制度化，在重要活动中做到升国旗、唱国歌；大型活动要庄重规范，要凸显国旗、国徽、国歌的仪式教育功能。

གཅིག རྒྱལ་གཅེས་སློབ་གསོ་རྒྱུན་རྣམ་ཅན་དུ་འགྱུར་བ་བྱེད་དགོས་པ་སྟེ། ཏང་གི་འགོ་ཁྲིད་རྒྱུན་འཛིན་དང་ཏང་གི་བྱེད་ཕྱོགས་སྲིད་ཇུས་ལ་བརྩི་བཀུར་ཞུས་ནས་རྒྱལ་གཅེས་ཆོས་གཅེས་མངོན་པ་བྱེད་དགོས་པ་དང་། སྐབས་དོན་སྲིད་ཇུས་སློབ་སྦྱོང་བྱས་ཐོག་ཁྲིམས་དང་སྒྲིག་སྲོལ་སྲུང་བ། སྡོམ་ཁྲིམས་སྲུང་བ་བཅས་བྱེད་དགོས་པ། དགོན་སྡེ་དང་ལྷ་ཁང་གི་སྐྱེ་ཁམས་ཤེས་དཔལ་འཛུགས་སྐྲུན་ཁྲོད་ཀྱི་རྒྱལ་གཅེས་བསམ་བློར་རྒྱུན་ཆད་མེད་པར་ཤུགས་སྣོན་བརྒྱབ་ནས་རྒྱུན་རྣམ་ཅན་དུ་འགྱུར་བ་བྱེད་དགོས་པ། དགོན་སྡེ་ལྷ་ཁང་ལམ་ལུགས་ཅན་དུ་འགྱུར་བ་བྱེད་དགོས་པ། བྱེད་སྒོ་གལ་ཆེ་རིགས་སྐབས་རྒྱལ་དར་སྒྲེང་བ་དང་རྒྱལ་གླུ་གཏོང་བ། བྱེད་སྒོ་ཆེ་རིགས་བརྩིད་ཉམས་ལྡན་ལ་ཚད་ལྡན་ཡོང་བ་བྱེད་དགོས་པ། རྒྱལ་དར་དང་རྒྱལ་རྟགས། རྒྱལ་གླུ་བཅས་ཀྱི་མཛད་སྒོའི་སློབ་གསོའི་ནུས་པ་འབུར་དུ་ཐོན་པ་བཅས་བྱ་དགོས།

二、人文自然生态化。将寺庙自然环境、人文环境，纳入工作议事日程。僧尼要积极投入生态文明建设，以增强信众居士对生态文明环境的保护意识，人与自然和谐友好、同是命运共同体的认知，践行“绿水青山就是金山银山”理念。通过自然环境、人文环境的生态改善，达到场所人文与环境、管理与修持可持续发展，实现自然的生态化。

གཉིས། མི་ཆོས་རང་བྱུང་སྐྱེ་ཁམས་ཅན་དུ་འགྱུར་བ་བྱེད་དགོས་པ་སྟེ། དགོན་སྡེའི་རང་བྱུང་ཁོར་ཡུག་དང་མི་ཆོས་རིག་གནས་ཁོར་ཡུག་དེ་ཉིན་རེའི་ལས་ཀའི་གྲོས་རིམ་ནང་འཇུག་དགོས་པ་དང་། གྲྭ་བཙུན་གྱིས་སྐྱེ་ཁམས་ཤེས་དཔལ་འཛུགས་སྐྲུན་ནང་ཧུར་ཐག་ཞུགས་ནས་དད་ལྡན་པའི་སྐྱེ་ཁམས་ཤེས་དཔལ་གྱི་ཁོར་ཡུག་སྲུང་སྐྱོང་བྱེད་པའི་འདུ་ཤེས་ཟབ་ཏུ་གཏོང་དགོས་པ། མི་དང་རང་བྱུང་ཞི་མཐུན་མཉམ་གནས་དང་ཚང་མ་ལས་དབང་གཅིག་མཐུན་

ཡིན་པའི་ངོས་འཛིན་དང་“རི་སྔོན་ཆུ་དྭངས་གསེར་དངུལ་རི་ལས་ལྷག”པའི་འདུ་ཤེས་ལག་ལེན་བྱེད་དགོས་པ། རང་བྱུང་ཁོར་ཡུག་དང་མི་ཆོས་རིག་གནས་ཁོར་ཡུག་གི་སྐྱེ་ཁམས་ཞིགས་སུ་བཏང་མཐར། ཚོགས་རའི་མི་ཆོས་རིག་གནས་དང་ཁོར་ཡུག ངོ་དམ་དང་བཟོ་བཅོས་བཅས་རྒྱུན་མཐུད་དང་འཕེལ་རྒྱས་ཡོང་བ་བྱས་ཏེ་རང་བྱུང་གི་སྐྱེ་ཁམས་ཅན་མཛོན་གྱུར་ཡོང་བ་བྱ་དགོས།

三、信仰理念纯净化。这是寺庙生态文明建设工作的重点和难点。要引导僧尼纯净信仰、平等相待，以信仰为载体，内净自心，外护生态，达成心净则国土净的目标。通过纯净信仰，增强敬畏，自净自心，自律自信，以实际行动推进寺院道观绿色生态文明建设，从心开始，保护生态环境，节约资源。促进生态环境的加速改善，营造良好的社会风气，促进绿色生态发展，积极作为。

གསུམ། དད་སེམས་ཀྱི་འདུ་ཤེས་དྭངས་གཙང་ཡོང་བ་བྱེད་དགོས་ཏེ། དེའང་དགོན་སྡེའི་སྐྱེ་ཁམས་ཤེས་དཔལ་འཛུགས་སྐྲུན་གྱི་ལས་ཀའི་གཙོ་གནད་དང་དཀའ་གནད་ཅིག་ཡིན། གྲྭ་བཙུན་རྣམས་ནས་ཆོས་དད་དྭངས་གཙང་དང་ཕན་ཚུན་འདྲ་མཉམ་དུ་འཛིན་པའི་ཁྲིད་སྟོན་བྱས་ཐོག དད་སེམས་ལ་བརྟེན་ནས་རང་སེམས་དྭངས་གཙང་ཡོང་བ་དང་ཕྱི་རོལ་གྱི་སྐྱེ་ཁམས་སྲུང་སྐྱོང་བྱས་ནས་སེམས་པ་གཙང་ན་རྒྱལ་ཁམས་གཙང་བའི་དམིགས་ཚད་ལ་སླེབས་པ་བྱ་དགོས། དྭངས་གཙང་གི་དད་སེམས་ལ་བརྟེན་ནས་གུས་བཀུར་བྱེད་ཤུགས་ཆེ་རུ་གཏོང་བ་དང་རང་སེམས་དྭངས་གཙང་། རང་གཙུན་རང་རྟོན་ཇེ་ཆེར་གཏོང་བ། བྱ་སྤྱོད་ངོ་མའི་ཐོག་ནས་དགོན་སྡེ་ལྷ་ཁང་གི་སྔོ་ལྗང་སྐྱེ་ཁམས་ཤེས་དཔལ་འཛུགས་སྐྲུན་ལ་སྐུལ་འདེད་གཏོང་བ་དང་། བསམ་པའི་འཁྲིར་ཕྱོགས་ནས་འགོ་བཙམས་ཏེ་སྐྱེ་ཁམས་ཁོར་ཡུག་སྲུང་སྐྱོང་དང་ཐོན་ཁུངས་གྲོན་ཆུང་བྱེད་དགོས་པ། སྐྱེ་ཁམས་ཁོར་ཡུག་གང་མགྱོགས་ལེགས་བཅོས་ཡོང་བར་སྐུལ་འདེད་དང་སྤྱི་ཚོགས་ཀྱི་དར་སྲོལ་ཡག་པོ་ཆགས་པ་བྱེད་པ། སྔོ་ལྗང་སྐྱེ་ཁམས་འཕེལ་རྒྱས་ལ་སྐུལ་འདེད་གཏོང་བའི་ཐད་ཕན་ནུས་གང་ལེགས་འདོན་དགོས་པ་བཅས་སོ། །

5. 僧尼遇到法律问题可寻求法律援助吗？法律援助收费吗？

༥.གྲྭ་བཙུན་ལ་བཅའ་ཁྲིམས་ཀྱི་གནད་དོན་འཕྲད་སྐབས་བཅའ་ཁྲིམས་ཀྱི་རོགས་སྐྱོར་ཐོབ་ཐབས་བྱེད་ཆོག་གམ། བཅའ་ཁྲིམས་ཀྱི་རོགས་སྐྱོར་ཐད་གླ་རིན་སྤྲོད་དགོས་སམ།

根据《法律援助条例》等法律法规和规范性文件的立法精神，我国的法律援助对象是指具备获得法律援助的资格条件并实际获得法律援助的人。其中，所谓具备获得法律援助的资格条件是指要具备以下条件：

《བཅའ་ཁྲིམས་རོགས་སྐྱོར་སྲོལ་ཡིག་》སོགས་བཅའ་ཁྲིམས་ཁྲིམས་སྲོལ་དང་ཚད་ལྡན་རང་བཞིན་གྱི་ཡིག་ཆའི་ཁྲིམས་འཛུགས་སྙིང་དོན་ལ་གཞིགས་ན། རང་རྒྱལ་གྱི་བཅའ་ཁྲིམས་ཀྱི་རོགས་སྐྱོར་བྱ་ཡུལ་ནི་བཅའ་ཁྲིམས་ཀྱི་རོགས་སྐྱོར་ཐོབ་པའི་ཐོབ་ཐང་གི་ཆ་རྐྱེན་འཛོམས་པ་མ་ཟད། དོན་དངོས་ཐོག་བཅའ་ཁྲིམས་ཀྱི་རོགས་སྐྱོར་ཐོབ་མཁན་གྱི་མིར་ཟེར། བཅའ་ཁྲིམས་ཀྱི་རོགས་སྐྱོར་ཐོབ་པའི་ཐོབ་ཐང་གི་ཆ་རྐྱེན་འཛོམས་པ་ཞེས་པ་ནི། གཤམ་གསལ་གྱི་ཆ་རྐྱེན་ཁག་འཛོམས་པར་ཟེར་བ་སྟེ།

一、具备以下条件的中华人民共和国公民，可申请法律援助。1. 有充分理由证明为保障自己合法权益需要帮助；2. 确因经济困难，无能力或无完全能力支付法律服务费用（公民经济困难标准由各地参照当地政府部门的规定执行）。

གཅིག གཤམ་གསལ་གྱི་ཆ་རྐྱེན་ཚང་བའི་ཀྲུང་ཧྭ་མི་དམངས་སྤྱི་མཐུན་རྒྱལ་ཁབ་ཀྱི་སྤྱི་དམངས་ནས་བཅའ་ཁྲིམས་རོགས་སྐྱོར་གྱི་རེ་ཞུ་བྱེད་ཆོག་སྟེ། ༡ རང་ཉིད་ཀྱི་ཁྲིམས་མཐུན་ཁེ་དབང་སྲུང་སྐྱོང་བྱེད་ཆེད་རོགས་སྐྱོར་གྱི་དགོས་མཁོ་ཡོད་པའི་རྒྱུ་མཚན་ཁུངས་བཙན་ཡོད་པ། ༢ དཔལ་འབྱོར་ཐད་དཀའ་ངལ་ཡོད་རྐྱེན་བཅའ་ཁྲིམས་ཞབས་ཞུའི་འགྲོ་སྒྲོན་གཏོང་ནུས་མེད་པ་དང་། ཡང་ན་གཏན་ནས་གཏོང་ནུས་མེད་པ། （སྤྱི་དམངས་ཀྱི་དཔལ་འབྱོར་ཐད་དཀའ་ངལ་ཡོད་པའི་ཚད་གཞི་ནི་ས་གནས་ཁག་གིས་ས་གནས་དེ་གའི་སྲིད་གཞུང་སྡེ་ཁག་གི་གཏན་འབེབས་ལ་གཞིགས་ནས་ལག་བསྟར་བྱ་དགོས། ）

二、盲、聋、哑和未成年人为刑事被告人或犯罪嫌疑人，没有委托辩护律师的，应当获得法律援助。其他残疾人、老年人为刑事被告人或犯罪嫌疑人，因经济困难没有能力聘请辩护律师的，可以获得法律援助。可能被判处死刑的刑事被告人没有委托辩护律师的，应当获得法律援助。

གཉིས། ལོང་བ་དང་འོན་པ། ལྐུགས་པ། དེ་བཞིན་ནར་མ་སོན་པའི་ཉེས་དོན་གྱི་ཞུ་སྙོར་ཕྱི་མ་དང་ཡང་ན་དོགས་ཡོད་ཉེས་ཅན་པར་དག་འབུད་ཁྲིམས་རྩོད་པ་མ་རག་ཚེ། བཅའ་ཁྲིམས་ཀྱི་རོགས་སྐྱོར་ཐོབ་པ་ཡིན། གཞན་ཡང་དབང་པོ་སྐྱོན་ཅན་དང་རྒན་གོན་གྱི་ཞུ་སྙོར་ཕྱི་མ་དང་ཡང་ན་དོགས་ཡོད་ཉེས་ཅན་པར་དཔལ་འབྱོར་དཀའ་ངལ་གྱིས་རྐྱེན་པས་དག་འབུད་ཁྲིམས་རྩོད་པ་གདན་ཞུ་བྱེད་ནུས་མེད་ཚེ། བཅའ་ཁྲིམས་ཀྱི་རོགས་སྐྱོར་ཐོབ་པ་ཡིན། སྲོག་ཆད་ཐོག་བཟོ་ཡོད་པའི་ཞུ་སྙོར་ཕྱི་མར་དག་འབུད་ཁྲིམས་རྩོད་པ་མ་རག་ཚེ། བཅའ་ཁྲིམས་ཀྱི་རོགས་སྐྱོར་ཐོབ་པ་ཡིན།

三、刑事案件中外国籍被告人没有委托辩护人，人民法院指定律师辩护的，可以获得法律援助。

གསུམ། ཉེས་དོན་གྱོད་གཞིའི་ནང་། རྒྱལ་ཁོངས་ཕྱི་རྒྱལ་ཡིན་པའི་ཞུ་སྙོར་ཕྱི་མར་དག་འབུད་ཁྲིམས་རྩོད་པ་མ་རག་ཚེ། མི་དམངས་ཁྲིམས་ཁང་ནས་དག་འབུད་ཁྲིམས་རྩོད་པ་དམིགས་འཛུགས་བྱས་པ་བརྒྱུད་བཅའ་ཁྲིམས་ཀྱི་རོགས་སྐྱོར་ཐོབ་པ་ཡིན།

四、经审查批准的法律援助申请人或符合条件、接受人民法院指定的刑事被告人、嫌疑人为受援人。在法律援助过程中，受援人可以了解为其提供法律援助活动的进展情况；受援人有事实证明法律援助承办人员未适当履行职责的，可以要求更换承办人。

བཞི། ཞིབ་བཤེར་ཆོག་མཆན་ཐོབ་པའི་བཅའ་ཁྲིམས་རོགས་སྐྱོར་གྱི་རེ་ཞུ་བྱེད་མཁན་ནམ་ཡང་ན་ཆ་རྐྱེན་ཚང་བ་དང་། མི་དམངས་ཁྲིམས་ཁང་གི་དམིགས་འཛུགས་དང་ལེན་བྱས་པའི་ཞུ་སྙོར་ཕྱི་མ་དང་དོགས་ཡོད་མི་སྣ་བཅས་བཅའ་ཁྲིམས་ཀྱི་རོགས་སྐྱོར་བྱ་ཡུལ་ཡིན། བཅའ་ཁྲིམས་ཀྱི་རོགས་སྐྱོར་བྱེད་པའི་བརྒྱུད་རིམ་ནང་། རོགས་སྐྱོར་བྱ་ཡུལ་གྱི་མིས་རང་ཉིད་ལ་བཅའ་

ཁྲིམས་ཀྱི་རོགས་སྐྱོར་བྱེད་པའི་འཕེལ་རིམ་གནས་ཚུལ་ཞིབ་རྟོགས་བྱེད་ཆོག རོགས་སྐྱོར་བྱ་ཡུལ་ལ་བཅའ་ཁྲིམས་ཀྱི་རོགས་སྐྱོར་བྱེད་མཁན་གྱིས་ཁོས་འཚམ་གྱི་འགན་འཁྲི་མི་འཁུར་བའི་དོན་དངོས་ཀྱི་དཔང་རྟགས་ཡོད་ཚེ། རོགས་སྐྱོར་བྱེད་མཁན་བརྗེ་པོ་བརྒྱབ་ཆོག

五、受援人因所需援助案件或事项的解决而获得较大利益时，应当向法律援助机构支付服务费用。

༥། རོགས་སྐྱོར་བྱ་ཡུལ་གྱི་མིས་རོགས་སྐྱོར་བྱ་རྒྱུའི་གྱོད་དོན་ནམ་ཡང་ན་དོན་དག་ཐག་གཅོད་ཐུབ་པའི་དབང་གིས་ཁེ་ཕན་ཆེ་ཙམ་ཐོབ་ཚེ། བཅའ་ཁྲིམས་རོགས་སྐྱོར་ལས་ཁུངས་ལ་ཞབས་ཞུའི་གྲོན་དཔྱལ་སྤྲོད་དགོས།

因此，符合条件且遇到法律问题的僧尼可申请法律援助。法律援助不收取任何费用。

དེར་བརྟེན་ཆ་རྐྱེན་དང་མཐུན་ཞིང་བཅའ་ཁྲིམས་ཀྱི་གནད་དོན་འཕྲད་པའི་གྲྭ་བཙུན་གྱིས་བཅའ་ཁྲིམས་རོགས་སྐྱོར་གྱི་རེ་ཞུ་བྱེད་ཆོག་པ་དང་བཅའ་ཁྲིམས་རོགས་སྐྱོར་ལ་གླ་རིན་གང་ཡང་སྤྲོད་མི་དགོས།

6. 法律咨询服务热线是什么？

༦.བཅའ་ཁྲིམས་བློ་འདྲིའི་ཞབས་ཞུའི་ཐད་སྦྲེལ་ཁ་པར་གང་ཡིན་ནམ།

如遇法律问题，可直接拨打 12348 进行咨询。

གལ་ཏེ་བཅའ་ཁྲིམས་ཀྱི་གནད་དོན་འཕྲད་ཚེ། ཐད་ཀར་༡༢༣༤༨ལ་ཁ་པར་བརྒྱབ་ནས་བློ་འདྲི་བྱས་ཆོག

བོད་རང་སྐྱོང་ལྗོངས་ཀྱི"ལོ་ལྔ་ཚན་བརྒྱད་པའི"ཁྲིམས་ལུགས་ཁྱབ་གདལ་བསླབ་གཞི།

རྩོམ་སྒྲིག་པ། བོད་རང་སྐྱོང་ལྗོངས་སྲིད་ཁྲིམས་ཐིང་དང་བོད་རང་སྐྱོང་ལྗོངས་ཁྲིམས་ལུགས་ཁྱབ་གདལ་གཞུང་ལས་ཁང་།

རྩོམ་སྒྲིག་འགན་འཁུར་བ། ཙེང་ཧྲེང་། དོན་གྲུབ་ཕུན་ཚོགས།

ཡིག་སྒྲུར། བཀྲ་ཤིས་དབང་ཕྱུག

དཔེ་སྐྲུན། བོད་ལྗོངས་བོད་ཡིག་དཔེ་རྙིང་དཔེ་སྐྲུན་ཁང་། སྦྲག་ཨང་850000
པར་གཞི་ཀུ་སྤྱོད་ལ་རྟུང་རྟེག་གཏོང་། 0891-6930339

པར་འདེབས་ཚན་པ། བོད་ལྗོངས་ཕན་བདེ་པར་འདེབས་བཟོ་གྲྭ།

བརྒྱུད་འཚོང་། རྒྱལ་ཡོངས་ཞིན་ཧྭ་དཔེ་ཚོང་ཁང་།

དེབ་ཚད། 710mm×1 000mm 1/16

པར་ཤོག 77.5 (ཁྲོན་དེབ་7)

པར་གྲངས། 1-1,000

ཡིག་གྲངས། ཁྲི་45

པར་གཞི། 2021ལོའི་ཟླ་11པར་པར་གཞི་དང་པོ་བསྒྲིགས།

པར་ཐེངས། 2021ལོའི་ཟླ་11པར་པར་ཐེངས་དང་པོ་བཏབ།

དཔེ་རྟགས། ISBN 978-7-5700-0619-9

རིན་གོང་། སྒོར་198.00 (ཁྲོན་དེབ་7)